TROTSKY

DU MÊME AUTEUR

La Révolution et la guerre d'Espagne,
avec Émile Témime (Éd. de Minuit, 1961).
Le Parti bolchevique (Éd. de Minuit, 1963).
Les Procès de Moscou (Julliard, « Archives », 1965).
Le Printemps des peuples commence à Prague (E.L.I.O. 1969).
La Révolution allemande (Éd. de Minuit, 1971).
La Révolution espagnole (Flammarion 1972).
L'Assassinat de Trotsky (Complexe, 1980).

Présentation et annotation de Léon Trotsky, *Œuvres* 1933-1940 (24 volumes. E.D.I. et Institut Léon Trotsky, 1978-1988) *Œuvres* 1928-1933 (en cours : volumes I et II)

PIERRE BROUÉ

TROTSKY

FAYARD

*A Jean van Heijenoort, Van (1912-1986)
qui partagea sept des plus noires années
de cette vie et mourut assassiné près de
Coyoacán.*

Avertissement

Ce livre n'aurait sans doute pas été possible sans le travail de l'Institut Léon Trotsky que je préside et qui assure la publication des Œuvres *et des* Cahiers Léon Trotsky, *deux entreprises de longue haleine dont la marque est inscrite dans ses fondations. Mes remerciements vont d'abord à l'équipe actuelle : Anne Dissez, Damien Durand, Jean P. Joubert, Isabelle Lombard, Isabelle Longuet, Katia Péresse, Jean Redon, René Revol, Gérard Roche, Maurice Stobnicer, Gilles Vergnon, ainsi que Pierre Saccoman, collaborateur technique. Je n'oublie pas non plus ceux qui nous ont quittés pour des raisons aussi diverses qu'honorables.*

Certains ont collaboré avec moi de façon particulièrement étroite dans la mesure où ils ont préparé « sous ma direction », comme on dit, des travaux qui me sont ici très utiles. Je voudrais citer Olivia Gall, aujourd'hui professeur à l'UNAM à Mexico, Damien Durand, brillant docteur en sciences politiques et chômeur, Gérard Roche et Gilles Vergnon, « thésards » et professeurs de lycée. Une mention spéciale pour Isabelle Longuet, auteur d'un passionnant mémoire de maîtrise, préparé sous la direction d'Alexandre Adler.

Collaborateurs et amis ont relu et corrigé ce manuscrit et les nombreuses imperfections de la première mouture. Je citerai seulement Daniel Muraz, le plus jeune mais non le moins exigeant. Pour l'index, Mère Courage, Anne Bauduin, Alain Dontaine

Je n'oublie pas mes étudiants et étudiantes de l'I.E.P. de Grenoble, leurs questions pertinentes, ni les joviales provocations à penser de mon ami philosophe Claude Boyard.

Philippe Robrieux, vieux camarade et coresponsable de mon équipe de recherche, a consacré des semaines à me critiquer sans ménagements et m'a poussé parfois dans mes retranchements : il m'a permis de prendre de la hauteur par rapport à mon sujet et de revoir certaines interprétations.

Je n'oublie pas les miens et leur infinie patience à l'égard d'un perpétuel absent, dans tous les sens du mot : dans les conditions actuelles de travail d'un enseignant qui fait son métier, la recherche, et en particulier un travail de cette dimension, ne peut reposer que sur sacrifices et regrets.

Bien entendu, je voudrais remercier particulièrement les responsables et techniciens de deux centres d'archives dans lesquels j'ai passé des mois entiers de ma vie. Ceux de la Houghton Library à l'Université Harvard, ceux de l'Institution Hoover à Stanford, m'ont inlassablement aidé, écouté, orienté et parfois supporté. Je remercie aussi les responsables de l'Institut international d'histoire sociale d'Amsterdam, de la B.D.I.C. de Nanterre, dont le rôle a été important, et Mlle Bal, du Centre de Prêt interuniversitaire à Grenoble, plaque tournante essentielle.

Enfin, il va sans dire que mon travail a été considérablement facilité par le soutien de l'Université des sciences sociales de Grenoble au Groupe d'études sur l'œuvre de Trotsky, l'aide du ministère de la Recherche en 1981, la création en 1985 d'une « jeune équipe » du C.N.R.S. sur l'« histoire du communisme ». Malgré l'avis des commissions compétentes, celle-ci n'est pas devenue équipe associée, mais j'ose espérer que cette décision administrative pourrait être revue, en toute équité.

Liste des principaux sigles

A.F.L.	American Federation of Labor.
A.S.R.	Action socialiste révolutionnaire.
A.W.P.	American Workers Party.
B.L.	Bolcheviks-léninistes.
B.P.	voir Politburo.
C.C.	Comité central.
C.E.	Commission (ou comité) exécutive (exécutif).
C.G.T.	Confédération générale du Travail.
C.I.O.	Congress for Industrial Organization.
C.L.A.	Communist League of America.
Comintern (ou Komintern), voir I.C.	
C.N.	Comité national.
C.N.T.	Confederación Nacional del Trabajo.
C.R.O.M.	Confederación regional de obrros mexicanos.
C.T.M.	Confederación de los Trabajadores de México.
D.N.A.	Det Norske Arbeiderparti.
G.B.L.	Groupe bolchevik-léniniste.
G.P.U.	Gosoudartsvennoie polititcheskoie upravlenie.
I.C.	Internationale communiste.
I.K.D.	Internationale Kommunisten Deutschlands.
I.L.P.	Independent Labour Party.
I.S.R.	Internationale syndicale rouge.
I.W.W.	Industrial Workers of the World.
J.C.	Jeunesses communistes.
J.S.	Jeunesses socialistes.
J.S.R.	Jeunesses socialistes révolutionnaires.
K.P.D.	Kommunistische Partei Deutschlands.
K.P.O.	Kommunistische Partei-Opposition.
L.C.I.	Ligue communiste internationaliste.
N.K.V.D.	Narodny kommissariat vnoutrennik del.
N.O.I.	Nuova Opposizione italiana.
O.S.P.	Onafhangelijk Socialistische Partij.
P.C.	Parti communiste.
P.C.I.	Parti communiste internationaliste.
P.O.B.	Parti ouvrier belge.
P.O.I.	Parti ouvrier internationaliste.

P.O.U.M.	Partido obrero de unificación marxista.
Profintern	voir I.S.R.
P.S.O.P.	Parti socialiste ouvrier et paysan.
P.S.R.	Parti socialiste révolutionnaire
R.S.F.S.R.	République soviétique fédéraliste socialiste de Russie.
R.S.P.	Revolucionair Socialistische Partij.
S.A.	Sturm-Abteilung.
S.A.P.	Sozialistische Arbeiterpartei.
S.D.N.	Société des Nations.
S.F.I.O.	Section française de l'Internationale ouvrière.
S.I.	Secrétariat international.
s.r.	socialiste révolutionnaire.
S.P.D.	Sozialdemokratische Partei Deutschlands.
S.S.	Schutz Staffel.
S.W.P.	Socialist Workers Party.
T.A.S.S. (ou Tass)	Telegrafnoie Agenstvo Sovietskogo Soiouza.
T.U.C.	Trade-Union Council.
U.G.T.	Unión General de los Trabajadores.
U.R.S.S.	Union des Républiques socialistes soviétiques.
W.P.U.S.	Workers Party of the United States.
Y.P.S.L.	Young People's Socialist League.

Avant-propos

Le lien est personnel entre l'historien et son sujet. Je dois dire à mon lecteur ce qu'a été le mien avec Trotsky, auquel j'ai consacré plus de trente années de travail de ma vie de chercheur avant de pouvoir écrire cette biographie, grâce à Philippe Robrieux et à Claude Durand.

Je n'ai pas rencontré Trotsky dans son dernier séjour en France, bien que sa présence ait été pour moi concrète, du fait de la visite que lui avaient rendue à Noyarey France et Gilbert Serret, militants enseignants, proches des miens. Ma première « rencontre » avec Léon Davidovitch Trotsky date finalement de l'été 1940, quelques jours avant son assassinat. Dans la bibliothèque de mon vieux maître, l'historien et militant ardéchois Élie Reynier, assigné à résidence dans sa propre maison du Petit-Tournon près de Privas, je fus fasciné par les quatre volumes à couverture rouge vif de l'*Histoire de la Révolution* parus chez Rieder. J'ai plaidé et argumenté et, malgré les inquiétudes de ma mère qui me jugeait « trop jeune » à quatorze ans pour lire ces livres, je les ai emportés et dévorés. Qu'ai-je appris? Ai-je appris? Je ne sais pas. En tout cas, j'ai aimé.

Quatre ans plus tard, toujours au cœur de cette guerre mondiale dont le grondement fut la musique de fond de notre enfance sans enfance, j'ai rencontré Trotsky pour la deuxième fois. Je formulai des critiques sur « le chauvinisme du parti » dans mon triangle d'étudiants communistes clandestins de la khâgne d'Henri-IV et déclenchai ainsi un procès qui faillit mal tourner pour le « trotskyste » que j'étais devenu sans le savoir et qui venait de se « démasquer ». Je ne crois pas avoir fait alors le rapprochement entre la lecture enthousiasmante de 1940 et le discours qui m'indignait en 1944.

La deuxième rencontre impliquait pourtant la troisième. Dénoncé comme « trotskyste », je me retrouvai, par la force des choses, dans le cercle des militants du P.C.I. (Parti communiste internationaliste) qui venait de naître de la fusion de groupes clandestins vaillamment internationalistes. Initié, je ne parlais plus de Trotsky mais du « Vieux », et me mis à l'école de la tradition orale entretenue par les militants trotskystes. Certains, des « anciens » plus de trente ans, l'avaient même entrevu. Un homme de cette génération, *Bruno* (Birger), citoyen soviétique, et *Ernesto* (Mauricio) rescapé de la guerre d'Espagne, ont, avec bienveillance, à l'automne de 1944, entrepris de rééduquer le jeune « stalinien » dont ils avaient ainsi hérité. Ils ont disparu tous deux, et je ne les oublie pas.

Après ce recyclage, j'étais assez grand pour fréquenter Trotsky tout seul. Ce n'était pas alors si facile : il m'a fallu prolonger la chasse pendant des années pour arriver à connaître ne fût-ce que tous ses grands livres. Dans l'intervalle, j'étais devenu professeur d'histoire, j'avais écrit mes premiers ouvrages. Je pus, grâce aux Éditions de Minuit, publier deux importants recueils de ses écrits, *Le Mouvement communiste en France* et *La Révolution espagnole* et, pour cela, faire ma première incursion dans les « Trotsky Papers », la partie « ouverte » des archives de Trotsky à la Houghton Library de Harvard. Je ne vécus plus dès lors que dans l'attente de l'ouverture de la « partie fermée » où je fus, le 2 janvier 1980, à 9 heures, le premier chercheur à pénétrer, sans passe-droit, à l'heure même de l'ouverture définitive, avec mes compagnons de l'Institut Léon Trotsky, belle équipe formée pour la circonstance. Depuis, je n'ai plus quitté Trotsky, comme l'attestent le livre que j'ai consacré à son assassinat, les vingt-cinq volumes de ses *Œuvres,* ainsi que les trente-quatre numéros des *Cahiers Léon Trotsky* publiés depuis dix ans.

Spécialiste désormais reconnu, j'ai trouvé accès à quelques-uns des hommes et femmes exceptionnels qui accompagnèrent Trotsky dans sa vie de combats et parlent de lui en l'appelant « L. D. ». Mentionnons pêle-mêle, et en nous excusant d'éventuels oublis, les Mexicains Octavio Fernández, Félix Ibarra et Adolfo Zamora, l'Allemand E.H. Ackerknecht, dit Bauer et l'Italien Leonetti (Feroci), l'ex-citoyenne soviétique Lola Estrine, l'Espagnol Juan Andrade, les Brésiliens Mário Pedrosa et Fulvio Abramo, le Belge Vereeken, le Polonais Stefan Lamed, le Tchécoslovaque Jiří Kopp, l'Autrichien Georg Scheuer, les Suisses Clara et Paul Thalmann, les Français Pierre Frank, Raymond Molinier, Pierre Naville, Gérard Rosenthal, les Américains George Breitman, Al. Buchman, Charlie Curtiss, Milton Genecin, C. Frank Glass, Albert Glotzer, Sam Gordon, Joe Hansen, Tom Kerry, Pearl Kluger, Felix Morrow, George Novack, Max Sterling... dont beaucoup ont disparu depuis. Par eux j'ai obtenu documents, témoignages et clés. En eux, j'ai eu des amis.

Je dois donner une place à part à Jean van Heijenoort, tragiquement disparu en 1986, celui-là même dont André Breton a écrit qu'il était « l'homme tel que je l'entends », « l'ami dans toute l'acception du terme ». Mon ami Van m'a aidé ces dernières années de toute sa mémoire et de toutes ses facultés d'analyse. C'est avec lui que j'eus, en février 1985, la joie d'identifier, dans le fonds Nikolaievsky des archives de l'Institution Hoover à Stanford, les papiers de Léon Sedov, fils de Trotsky, que tout le monde, sauf lui et moi, croyait définitivement perdus. Son image, « le souvenir que je garde au cœur », ne m'ont pas quitté tout au long de ces pages.

C'est également au cours de ces dix dernières années que j'ai eu l'honneur de pouvoir compter sur la confiance et l'amitié d'Esteban Volkow, le petit-fils de Trotsky et de sa famille, ainsi que Vlady, le peintre muraliste mexicain, fils du romancier Victor Serge. Elles m'ont aidé et ouvert bien des portes.

***

Au moment où j'entreprenais cette biographie, la situation était particulièrement favorable en ce qui concernait les sources. Le biographe de Trotsky n'a aucune raison de se plaindre de ses outils de travail et de la documentation. Après la monumentale *Bibliography* de Louis Sinclair et ses suppléments, recensant tout ce qui est de la main de Trotsky, était sur le point de paraître l'ouvrage de Wolfgang Lubitz, *Trotsky Bibliography,* traitant de l'ensemble des écrits sur Trotsky, un outil fantastique.

J'ai eu accès aux dossiers des archives de l'Intérieur – ou du moins à une partie d'entre eux – en France et au Mexique, à nombre d'archives privées et surtout aux papiers de Trotsky lui-même – comprenant de nombreux documents officiels – de la Houghton Library de l'Université Harvard et à ceux de son fils L. Sedov, dans le fonds Nikolaievsky aux archives de l'Institution Hoover à Stanford et à l'Institut international d'Histoire sociale d'Amsterdam, lequel a bien voulu me communiquer en vue d'une édition pour Hoover les lettres, qu'il détient, de Sedov à son père. Philippe Robrieux, qui prépare une édition des archives de Souvarine, a bien voulu me communiquer quelques lettres significatives de Souvarine, écrites à Moscou en 1924 et 1925, et m'indiquer la teneur de certains documents de ses « archives privées » émanant de personnes qui ne veulent pas être identifiées.

Il existe sur Trotsky des souvenirs et des témoignages précieux, émanant notamment de ses proches. Je mentionnerai en premier lieu ceux de sa compagne, Natalia Ivanovna, qui les a publiés dans le cadre d'une biographie de Trotsky par Victor Serge rédigée à Mexico. Il y a également les travaux de Pierre Naville, Gérard Rosenthal et Jean Van Heijenoort, *Trotsky vivant, Avocat de Trotsky,* et *Sept Ans auprès de Trotsky, De Prinkipo à Coyoacán.* Les *Cahiers Léon Trotsky* ont publié bien des souvenirs jusque-là dispersés et désormais accessibles en traduction française.

Du côté soviétique, il n'y a pas eu jusqu'à présent de biographie, seulement des allusions dans des articles ou des études partielles. La plupart, pour ne pas dire la totalité – jusqu'à la *glasnost* et en attendant une « nouvelle production historique » – sont si bêtement et si méchamment agressifs à l'égard de Trotsky qu'ils sont inutilisables en dehors d'un travail sur la falsification et les faussaires à travers les âges.

Du côté occidental, il y a la trilogie d'Isaac Deutscher, *Trotsky – Le Prophète armé, Le Prophète désarmé, Le Prophète hors-la-loi.* Ancien militant « trotskyste » des années trente, très critique à l'égard de son personnage, persuadé d'avoir toujours raison contre lui, Isaac Deutscher règle ses comptes avec son ancien maître et, de ce fait, est loin d'être le biographe idéal. Or c'est un excellent écrivain, un journaliste de grand talent, au style éblouissant, à la formule percutante, d'une qualité littéraire et dramatique exceptionnelle. C'est ce qui lui a valu une notoriété qui lui donne autorité.

Or Deutscher n'est pas un historien. Il lit trop vite, se contente souvent de parcourir, confond parfois ses fiches, oublie les références ou en donne d'inexactes, comble les lacunes de son information par son imagination. En outre, ce n'est pas un compte personnel qu'il règle avec Trotsky, mais bel et bien un compte politique, comme l'ont montré Boris Souvarine, dès la parution de la biographie de Staline par Deutscher, et George Lichtheim qui souligna, dès 1967, que le travail de Deutscher sur Trotsky était finalement « très largement une apologie discrètement voilée de Staline et surtout de ses successeurs* ».

L'existence de la trilogie de Deutscher, qui figure en bonne place dans toutes les bibliographies universitaires, a certes contribué à rompre la conspiration du silence autour de Trotsky. Mais elle constitue aujourd'hui, à mon avis, un véritable obstacle à la connaissance de Trotsky, d'autant qu'elle est présentée comme l'œuvre d'un « trotskyste » ou d'un « sympathisant ». De ce fait, malgré le brillant de sa forme et la qualité de son style, il ne m'était pas possible de laisser passer nombre d'erreurs ou déformations. Mais on ne pouvait pas pourtant polémiquer à chaque instant contre ses interprétations et ses lacunes, ce qui était une tentation permanente. Cette question de méthode a divisé en deux camps les lecteurs du manuscrit : qu'on veuille bien ne pas trop me tenir rigueur si l'on pense qu'il est trop ou pas assez question des jugements de Deutscher dans les pages qui suivent. Trente années après sa publication, en tout cas, le renouvellement du sujet s'imposait d'autant plus que celui des sources et l'élargissement de l'horizon ont revêtu, dans les quinze dernières années, une réelle ampleur.

***

Surtout, il y a ce grand souffle, cette aspiration à la vérité, qui vient d'Union soviétique et qui va secouer bien des réputations et des conforts douillets.

Aleksandr Yakovlev, membre du bureau politique du P.C.U.S., commentant le procès Boukharine dans *Les Nouvelles de Moscou*, montre, après la mort de Lénine, « la lutte sordide pour le pouvoir personnel », stigmatise les procès de Moscou, les dénonciations, les interrogatoires, ce qu'il appelle « les moyens ignobles, la cruauté, la

* Détail piquant : au printemps de 1988, un article de défense de Staline, signé de Nina Andreeva, paru dans *Sovietskaia Rossia* du 13 mars 1988, invoquait pour son argumentation une opinion de Winston Churchill favorable à Staline. Gavril Popov soulignait, avec quelque ironie, dans *Sovietskaia Kultura* du 7 avril 1988, que la citation en question avait été empruntée par Andreeva ... au « trotskyste » Deutscher.

lâcheté, le mensonge » des organisateurs de ces procès qui marquèrent, selon lui, « l'abandon des idéaux du socialisme, la substitution à l'objectif grandiose de la soif du pouvoir personnel ». Son résumé de la pratique stalinienne pourrait être signé de Trotsky :

> « Les innocents étaient sanctionnés, les délateurs et les falsificateurs encouragés, les organes de la justice dégénéraient en instruments de l'arbitraire [1]. »

Les historiens entrent en lice en 1987. Iouri Nikolaiévitch Afanassiev, directeur de l'Institut d'Histoire et des Archives, prend position avec éclat sur la publication des œuvres de Trotsky en réponse à un jeune participant d'un forum des Jeunesses communistes :

> « Je suis partisan de cette publication, afin que nos étudiants puissent lire et étudier tout ce qui est écrit sur l'histoire soviétique, y compris les œuvres de Trotsky [2]. »

Le même historien répond à des attaques de style stalinien par un article qu'il titre « Parlons du passé : c'est de l'avenir du socialisme qu'il s'agit [3] ». Il explique qu'il est impossible de marcher sur la voie révolutionnaire sans des conflits d'idées et sans discussion principielle. Son collègue Nikolai Maslov, sous le titre « Notre force réside dans la vérité », évoque l'époque où une anthologie sur le léninisme publiée en U.R.S.S. contenait des textes de Trotsky [4]. Egor Yakovlev, dans les *Izvestia* du 12 juillet, rappelle l'appartenance de Trotsky, membre du parti bolchevique, au premier conseil des commissaires du peuple d'octobre 1917. C'est enfin le *Spiegel,* dans un retentissant article, où il reprend l'ensemble des signes concernant Trotsky, relevant qu'il est qualifié dans le titre de l'article d'Egor Yakovlev comme « héros et martyr », qui note :

> « L'esprit de Trotsky hante toujours les universités et les turnes d'étudiants en Russie : on évoque comme une légende les idées du révolutionnaire [5]. »

L'été 1987 est celui du grand débat. Des historiens de poids s'expriment pour la révision de la version officielle de l'histoire, la réintégration des exclus, le remplissage des pages blanches. P.S. Volobouiev écrit :

> « Nous nous mettons dans une situation peu enviable quand nous osons écrire sur les acteurs de la Grande Révolution française – Danton, Robespierre, Saint-Just et d'autres – et que nous gardons le silence sur certains acteurs de notre révolution, tels que Trotsky, Boukharine, Zinoviev, ou que nous les représentons comme de fieffés scélérats, quand nous éditons les protocoles de la Commune de Paris de 1871 et que nous n'éditons pas les protocoles de notre propre Commune – le soviet de Petrograd – sous prétexte qu'en mars-août 1917, il y siégeait des mencheviks et des s.r. et qu'à partir de septembre Trotsky en fut le président [6]. »

Et le vieux professeur de rappeler le rôle de Trotsky en octobre 1917, son admission dans le parti bolchevique, son élection à son comité central.

Iouri Nikolaievitch Afanassiev revient à la charge le 1er septembre sous le titre « L'Éducation par la vérité ». Il affirme l'existence d'un décalage entre l'histoire officielle et la mémoire du peuple, évoque quelques ouvrages littéraires qui abordent l'histoire de certains événements de l'histoire stalinienne en rétablissant la vie historique, et poursuit :

> « La parution de ces livres a souligné la rupture dramatique entre la vérité qui les habite, cette vérité qui a forgé les destins des vieilles générations, que les jeunes générations ont apprise par leurs pères et grands-pères, et ce que représentent les traditions actuelles de l'enseignement de l'histoire [7]. »

Rappelant les persécutions contre les historiens, et que cette « histoire de l'histoire » n'est pas moins dramatique que celle de la génétique, il se prononce pour la vérité sur l'histoire de la révolution d'Octobre, assure qu'on ne parviendra qu'à travers la reconnaissance de toutes ses contradictions à cette vérité historique qui n'est pas au « juste milieu », mais ne peut sortir que de la discussion sans concessions.

Violemment attaqué par les historiens staliniens – la majorité – comme V.M. Ivanov, il répond, dans *Sovietskaia Kultura* du 5 janvier 1988, sous le titre « Toutes les Archives ne sont pas encore ouvertes », et fait le point des efforts accomplis pour « surmonter ce phénomène socio-politique qu'on appelle le stalinisme [8] ».

Passant en revue toutes les méthodes et pratiques employées pour, écrit-il, « freiner la conscience et la pratique sociale », celle des « demi-vérités » et celle de « l'éclectisme », il désigne aussi du doigt ceux qui, assure-t-il, « sont prêts à sacrifier Staline lui-même, prêts à révéler sa paranoïa, en un mot à répondre à la question : " Qui est coupable? " afin de n'avoir pas à répondre à la question : " Pourquoi " ».

Pour sa part, « optimiste » parce que convaincu que l'U.R.S.S. traverse une crise profonde et qu'il n'existe pas d'alternative au cours nouveau, il en indique la condition unique :

> « Nous devons avoir une image exacte de notre passé, dans toute sa complexité. Ce n'est pas le cas aujourd'hui, mais les historiens voient s'ouvrir devant eux de vastes horizons et des possibilités illimitées d'exercer leur esprit d'investigation [9]. »

Le dramaturge Mikhail Chatrov a déjà ouvert la voie aux historiens. Dans *Brest-Litovsk* d'abord, où il a mis en scène les principaux protagonistes, puis dans *Plus loin, encore plus loin,* où il met en scène Trotsky mort interpellant Staline :

« Mon activité à l'étranger en vue de la création de la IVe Internationale contre la IIIe, ce n'est pas une invention. Tout cela a eu lieu. Je suis un soldat de la révolution mondiale et je me présente sans défaillance devant le tribunal des descendants.

« Seulement, ce qui n'a jamais eu lieu et ne le pourra jamais, ce que je rejette avec mépris, ce sont les services secrets. Je n'ai eu aucun contact avec les services secrets, sauf, pardon, un seul et unique... *(silence).* Le 20 août 1940, chez moi, dans mon bureau, j'ai été mortellement blessé d'un coup de piolet par un dénommé Jacson sous l'identité duquel agissait l'Espagnol Ramón Mercader. Le diabolique sentiment de vengeance l'emportait [10]. »

Dans le même temps, le juriste Arkadi Vaksberg, dans *Literaturnaia Gazeta,* qualifie les procès de Moscou de « spectacles judiciaires ». Après avoir rappelé le passé menchevique de Vychinsky, choisi, écrit-il, pour en être « le sanguinaire metteur en scène [11] », il révèle que cet homme avait, en 1917, signé un mandat d'arrêt contre Lénine, accusé alors d'être un « agent allemand » et remarque :

« L'enchaînement tragique de l'histoire a voulu que ce soit précisément lui, Vychinsky, qui, vingt ans après, devenu procureur général, accusât les compagnons de Lénine d'avoir voulu s'en débarrasser et requérât contre eux la peine capitale [12]. »

Faut-il le dire ici? La réhabilitation de Boukharine, Rykov, Rakovsky, celle, plus récente, des autres condamnés des procès de Moscou, Zinoviev et Kamenev, Radek et Piatakov en tête, et le commentaire de gens comme Aleksandr Yakovlev et d'autres moins connus sont un événement considérable. Me permettra-t-on une note personnelle? Il y a quatre ans, dans un long article consacré à Khristian Georgiévitch Rakovsky, l'ami de Trotsky, j'écrivais au sujet du calvaire qu'il a subi avant et pendant le procès :

« Il cède, et c'est un homme méconnaissable sous une longue barbe qui contribue à son allure de vieillard épuisé, qui comparaît au troisième procès de Moscou aux côtés de Boukharine, longtemps son adversaire politique, et d'Iagoda, le chef de la police qui le persécuta. Là, sous les coups du procureur, l'ancien menchevik Vychinsky, le vieux révolutionnaire se reconnaît comploteur et espion, saboteur et criminel. Il a pourtant des sursauts, relevant la tête, dupant quelques minutes le procureur et réussissant à parler le langage de l'histoire et de la politique au lieu de celui du droit commun [13]. »

Je l'avoue : j'ai tremblé de la tête aux pieds en entendant à la radio l'information sur sa réhabilitation. « Rako » est revenu. Le vieillard méconnaissable a secoué son âge, sa tristesse infinie, son épuisement de cardiaque. Il marche, de son pas élégant, avec nous, avec la génération qui lira ce livre; il va en toute dignité au-devant de la nouvelle génération soviétique sous les yeux de laquelle il sera rejoint par son ami Lev Davidovitch Trotsky, puisqu'il appartient, lui aussi, à ces jeunes hommes et femmes du monde soviétique et d'ailleurs, en tant que partie intégrante de cette vérité qu'ils revendiquent et attendent légitimement.

Comment, dans ces conditions, ne pas rédiger cette biographie de Trotsky, sur lequel j'ai travaillé pendant des années, accumulant documents, fiches, témoignages? Comment ne pas aider aujourd'hui les historiens et avec eux la jeunesse soviétique, à reconquérir leur passé contre ceux que P. Vidal-Naquet, à propos d'une tragédie de ce siècle, appelle « les assassins de la mémoire »? Ce livre s'adresse, bien entendu, au public français, mais, je ne le cache pas, il s'adresse aussi aux chercheurs soviétiques : qu'il les aide en leur servant de référence, de repoussoir ou d'élément de comparaison, mais qu'il les aide dans cette reconquête dont le succès est essentiel pour tous! Qu'il existe pour la vérité historique! En écrivant ces lignes, je n'oublie pas pour autant l'avertissement récent lancé par Kamil Ikramov, fils d'une des victimes d'un des procès de Moscou :

> « Il reste des gens qui ne veulent pas nous rendre notre passé, car ils espèrent que notre futur sera pareil [14]. »

***

La personnalité même de Trotsky est aussi hors du commun que sa destinée. Cet orateur gigantesque, cet écrivain à l'immense talent a été aussi chef d'armée, dirigeant de l'État, du parti, diplomate, organisateur des transports et l'un des plus fins analystes de la société civile et de la révolution culturelle. Il a cohabité avec Lénine à la tête de l'État soviétique pendant cinq années décisives, démentant la sagesse populaire qui ne croit pas que deux « crocodiles » puissent coexister dans le même marigot. Il est tombé du pouvoir dans l'exil plus vite qu'il n'y avait accédé. Du fait qu'on avait fait de lui une « non-personne », il a pu sembler oublié du peuple soviétique. Or l'on découvre brutalement en 1987 qu'il a conservé sa place dans « l'histoire vécue » qui se raconte dans les familles et que son souvenir hante au moins les salles et les turnes des universités soviétiques. Aucun des autres « Grands » des pays étrangers en 1917 ne jouit d'une renommée aussi universelle et de la capacité à provoquer des polémiques à partir de son seul nom.

Trotsky, c'est d'abord la haine contre lui. On la retrouve tout au long des pages de ce livre : celle des officiers britanniques de l'infanterie coloniale rencontrés au Canada et qui se survit aujourd'hui dans les travaux historiques. Celle des blancs qui le caricaturent en Juif sanglant, en bourreau, au nez et aux serres crochues, en oiseau de proie, en tueur. Celle des nazis qui dénoncent son intervention dans les manifestations du 12 février 1934 à Paris et hurlent à la mort jusqu'à impressionner les bons radicaux des droits de l'homme. Celle des petits-bourgeois français massés devant la villa de Barbizon, hurlant à la mort contre l'homme du refus de payer « les emprunts russes », l'organisateur de la « trahison », signataire, en 1918, du traité de paix avec les « Boches ». Celle des staliniens enfin, de Moscou ou de Paris, grands ou petits, de Jacques Duclos ou Georges Soria, dont la plume fut au service des tueurs.

On est frappé de la sérénité de celui qui est l'objet de tant d'exécration, du sens de la mesure de cet homme qui, bien qu'il haïsse et attise la haine de classe contre l'oppresseur et l'exploiteur, ne semble jamais animé par un ressentiment, une hargne, un désir personnel de revanche et se contente d'analyser ces sentiments comme quelques-uns des multiples ressorts qui donnent le contenu de la conscience, de l'action, finalement de la politique des masses.

Cet homme contre lequel se concentre tant de haine est un homme d'amour. Amour pour Aleksandra Lvovna, pour Natalia Ivanovna, qui partagèrent sa vie. Amour pour Frida Kahlo et d'autres moins célèbres, belles et dignes de son empressement. Amour pour ses enfants, pour le seul petit-fils qui lui restera après 1935. Il n'est pas à l'aise dans l'expression des sentiments, souvent muré dans une raideur inhibée, et malmène ceux qu'il préférerait prendre dans ses bras ou par l'épaule : il ne sait pas le faire. Il est plus à l'aise, en revanche, quand il s'agit d'exprimer son amour pour l'humanité souffrante, les victimes de l'exploitation capitaliste et de la guerre impérialiste, les centaines de milliers qui meurent tous les jours sous les coups ou les balles ou des privations infligées. Il aime aussi ceux qui l'aiment et ceux qui l'ont aimé, la grande armée des ombres des jeunes révolutionnaires qu'il a sans cesse sous les yeux dans ses dernières promenades et pendant ses interminables insomnies.

Même s'il ne peut dissimuler un temps de surprise lorsqu'il apprend que la famille du tsar a été tuée jusqu'au dernier enfant*, il ne manifeste que rarement sa répugnance devant les massacres, quels qu'ils soient, depuis le début de cette guerre civile où il a de toute évidence subi et vécu trop de spectacles atroces.

En toute franchise, je m'attendais un peu, avant de plonger dans les archives, à trouver un Trotsky écrasant, dominant interlocuteurs – camarades et adversaires – de sa stature, de ses connaissances, de son autorité, manœuvrant les militants, sinon comme des pions, du moins comme des unités militaires, condamnant sévèrement les déserteurs avant de « passer à l'ordre du jour », toujours plus profondément atteint cependant par ces défections qu'il ne voulait bien le laisser paraître.

* Dans son *Journal d'exil*, à la date du 9 avril 1935, p. 109, Trotsky raconte, sur la question de l'exécution de la famille du tsar : « Causant avec Sverdlov, je lui demandai en passant : " Oui, et où est le tsar? – Fini, me répondit-il : on l'a fusillé – Et la famille, où est-elle? – Fusillée avec lui – Tous? demandai-je *apparemment avec une nuance d'étonnement*. – Tous, répondit Sverdlov, et alors? " – *Il attendait ma réaction. Je ne répondis rien.* " Et qui a décidé? demandai-je. – C'est nous ici qui avons décidé... " » Les deux membres de phrase signalés par moi ci-dessus soulignent à la fois ses réserves sur l'exécution des enfants et sa détermination de ne pas soulever un tel problème.

Dans une IVe Internationale naissante dont il avoue qu'elle a malheureusement conservé dans son organisme une bonne dose de ce qu'il appelle « un certain poison du Comintern », il a dû trop souvent bâtir sur le terrain miné d'un fractionnisme exacerbé, des luttes de cliques sinon de fractions, du mépris pour la démocratie, du culte des petits chefs omniscients. Or on trouve un homme attentif, tolérant, curieux, expliquant patiemment, préoccupé avant tout de « dire ce qui est », soucieux de clarté et d'unité, convaincu que toute divergence peut être débattue et réglée dans le cadre d'une organisation communiste. Il ne va pas, bien entendu, jusqu'à tolérer le sabotage de l'ennemi et des agents infiltrés, mais les accusations violentes, les insinuations, les excommunications majeures, les cris et les injures, les ruptures fracassantes et les exclusions spectaculairement orchestrées par les dénonciations à coups d'épithètes, ne viennent pas de lui.

Je dois dire que pas un instant je ne me suis ennuyé et que, dans les dizaines de milliers de pages de sa correspondance, je n'ai rencontré qu'à deux ou trois reprises des redites, mon intérêt personnel de lecteur ne faiblissant jamais. Car Trotsky est aussi une machine intellectuelle parfaitement agencée, au rendement exceptionnel, et l'on peut dire de lui ce que lui-même disait de Ferdinand Lassalle et de Jean Jaurès quant à la puissance physique de leur intellect. Rigueur et imagination, puissance de rêve et finesse de l'analyse, netteté des objectifs et souplesse des méthodes, Trotsky disposait de tout cela.

Mais la machine intellectuelle n'était-elle pas trop puissante pour tracter les véhicules légers qu'étaient les organisations « trotskystes » et est-ce pour cette raison que les chaînes de ses remorques se brisèrent si souvent? La question est posée. Je ne l'ai pas résolue : rarement sans doute dans l'Histoire, organisation politique subit semblables pressions.

***

On trouvera dans ce volume de très nombreuses citations. Trotsky fut un politique comme il fut un chef d'armée, un penseur comme il fut un homme d'action. Il est avant tout cependant – et particulièrement à ses propres yeux – orateur et écrivain. Malgré les aléas de la traduction, je n'ai pas voulu priver mon lecteur de son souffle, de son rythme, de ces magnifiques constructions verbales, cette lumière qui jaillit des mots agencés par sa plume.

Sans doute ceux de mes lecteurs qui connaissent un peu Trotsky – mais un peu seulement – plus encore que ceux qui n'en connaissent rien, iront d'étonnement en étonnement. Ceux qui ont appris à l'école de bien des universitaires, voire de groupes politiques se réclamant de la pensée de Marx, que le marxisme consacre la primauté automatique de l'infrastructure et de l'économie dans le développement de l'histoire humaine seront tout étonnés de découvrir chez Trotsky ce qu'ils auraient pu trouver chez Marx, s'ils l'avaient lu, que le « marxisme » de cette espèce n'est qu'un « marxisme vulgaire », une méthode schématique et mécaniste, bonne tout au plus à justifier le fait accompli et faire l'économie de la réflexion et de la lutte d'idées.

Ils découvriront que ce disciple de Marx – qui ne répétait pas des formules toutes faites, mais s'efforçait d'appliquer des méthodes éprouvées d'analyse à des situations nouvelles – n'était nullement un « prophète » et moins encore un doctrinaire. Ils découvriront que ce politique a commis bien des erreurs, mais qu'il ne les a jamais dissimulées, qu'il n'a jamais hésité à dire qu'il s'était trompé ou qu'il avait eu tort, qu'il considérait comme le premier devoir d'un révolutionnaire de « dire ce qui est » et de défendre ses convictions personnelles, même contre l'opinion de son propre parti, tout en restant fidèle et discipliné.

Ils découvriront chez lui une vision mondiale de l'économie, de la société et de la vie politique, un sens aigu des rapports de force et de leurs modifications. Ils connaîtront un homme qui a vu avant bien d'autres la montée des États-Unis; la crise britannique et européenne; la signification du nazisme pour l'Allemagne et pour le monde; le poids de sang de la guerre d'Espagne; les lendemains atroces préparés à Munich sous couleur de « la paix pour notre temps » de Mr Chamberlain; le pacte germano-soviétique enfin, cette poignée de main qui scellait le sort de dizaines de millions d'êtres humains. Quand ils passeront aux analyses sociales, à la culture et la vie quotidienne, ils découvriront cette vision aiguë dont Gramsci s'est légitimement inspiré et qui fait le succès dont il jouit aujourd'hui sans que personne ait jamais souligné sa dette à l'égard de Trotsky, que lui-même ne dissimulait pas.

Ils s'apercevront que Trotsky écrivait dans les années vingt avec la perspective de l'utilisation de l'atome comme source inépuisable d'énergie, qu'il décrivait dans une lettre à Pavlov, l'homme des réflexes conditionnés, que les psychanalystes étaient comme des gens qui « regardent dans un puits profond et assez trouble », qui ont cessé de croire que ce puits est « l'abîme de l'âme » mais n'ont encore construit que des théories « ingénieuses et intéressantes, mais arbitraires » sur les propriétés du fond.

Ils sauront que ce révolutionnaire était un défenseur de la culture accumulée au cours des siècles, qu'il voulait, non la négation, mais l'appropriation du savoir, qui devait constituer pour lui le fondement de la « culture humaine ». Ils s'apercevront que son hostilité à la guerre se nourrissait de ses craintes pour ce qu'il appelait la « civilisation humaine » et dont il était sans doute un des très rares contemporains à avoir vraiment compris quels dangers la menaçaient.

Ils apprendront que cet homme qui aima les femmes en tant que femmes et rompit amicalement des lances contre le féminisme, n'a jamais ignoré que, riches ou pauvres, c'étaient toujours elles qui étaient battues et, avec leurs enfants, faisaient les frais de la crise de la société et de l'institution familiale.

Bref, je crois qu'ils découvriront un homme très différent de l'idée qu'ils s'en faisaient, mais plus encore de l'idée qu'on leur en avait donnée. Je suis convaincu qu'avec moi ils aimeront ce Trotsky-là.

PREMIÈRE PARTIE

L’ascension

CHAPITRE PREMIER

L'enfance [1]

Lev Davidovitch Bronstein – le futur Trotsky – est né dans une *khata,* petite maison au toit de chaume, à Yanovka en Ukraine, dans une famille de colons juifs, le 25 octobre/7 novembre 1879, trente-huit ans presque jour pour jour avant l'insurrection d'octobre à Petrograd.

L'année 1879 n'annonçait pas l'aurore. La révolution, dont cet enfant allait être la plume et l'épée, semblait relever du rêve utopique plus que des perspectives politiques. A Paris, après l'échec de Victor Hugo, Raspail, Schoelcher en 1876, les députés de gauche Naquet, Clemenceau, Louis Blanc tentaient de nouveau d'arracher l'amnistie totale des combattants de la Commune de Paris : ils furent battus par 345 voix contre 104. En Allemagne, où s'abattait la répression commandée par les « lois antisocialistes » de Bismarck, les députés social-démocrates tentaient désespérément de survivre par des concessions, et Marx, comme Engels, condamnait ces « opportunistes ». Le premier numéro du *Sozialdemokrat* en exil sortait à Zürich le 28 septembre à 3 000 exemplaires...

La Russie frissonnait encore des coups de feu que la jeune Véra Zassoulitch avait tirés l'année précédente sur Trepov, un chef de la gendarmerie responsable de tortures. L'organisation terroriste La Volonté du Peuple, à peine constituée, condamnait le tsar à mort. Elle frappa pour la première fois en novembre. Son congrès du 24 juin 1879 marquait aussi une scission : des rangs de ce groupe, où le populisme était jusqu'alors hégémonique, se détachait un petit groupe animé par Plékhanov, Akselrod, Zassoulitch, Leo Deutsch, qui devait constituer le premier noyau des marxistes russes.

Le régime tsariste, sous lequel était né le petit enfant des paysans juifs d'Yanovka, paraissait éternel et tout-puissant. De Londres, dans une lettre du 10 avril à N.F. Danielson, l'un de ses traducteurs, Karl Marx comparait pourtant la situation économique de la Russie à celle de la France de Louis XIV et Louis XV et, dans une lettre à Engels, le 10 septembre, soulignait que le régime intérieur de la Russie révélait ses faiblesses profondes [2]...

Huit enfants naquirent dans la maison de David Léontiévitch Bronstein et de sa femme Anna. Quatre vécurent : Aleksandr, Liza, Lev (Léon) et Olga.

Yanovka est loin d'être le centre du monde, mais ce n'est pas non plus un coin tout à fait perdu. Le premier bureau de poste n'est qu'à vingt-trois kilomètres et la première gare de chemin de fer à trente-cinq. C'est un village de colonisation dans la steppe ukrainienne, dans le « gouvernement » de Kherson. David et Anna s'y sont installés en 1879, quelques mois avant la naissance de Ljova. Anna était née à la ville. David, lui, avait quitté avec ses parents le village juif qu'ils habitaient dans la région de Poltava : le couple s'était lancé dans l'aventure de la « colonisation libre », dont la « liberté » était sérieusement tempérée par les mesures discriminatoires contre les Juifs.

Chez les Bronstein, ce n'est pas l'opulence, ce n'est pas non plus la misère. Trotsky écrira :

> « Mon enfance à moi n'a connu ni la faim ni le froid. Au moment où je suis né, la famille de mes parents possédait une certaine aisance. Mais c'était le bien-être rigoureux de gens qui sortent de l'indigence pour s'élever et qui n'ont pas envie de s'arrêter à mi-chemin. Tous les muscles étaient tendus, toutes les idées dirigées dans le sens du travail et de l'accumulation [3]. »

Le premier chapitre de *Ma Vie* donne une description précise de l'exploitation agricole des Bronstein, des terres affermées autour du noyau d'une centaine d'hectares achetées au « colonel Yanovsky », premier colon d'Yanovka : on fait pousser le blé, on élève chevaux, bêtes à cornes, porcs. Jusqu'en 1896 – donc pendant toute l'enfance de Ljova – la famille vit dans une maison de terre maçonnée, au toit de chaume : cinq petites pièces, avec deux chambres au sol en terre battue, dont celle des enfants, et « la salle » avec son plancher, où l'on héberge les hôtes d'honneur et notamment la colonelle. Tout autour, un jardin où poussent des arbres et des rosiers. David Léontiévitch a construit de ses mains un second bâtiment en glaise, couvert de tuiles, où il a logé son atelier, la cuisine des « maîtres » et le quartier des domestiques. Il y a aussi trois greniers surélevés, l'écurie, l'étable, la porcherie, le poulailler, un peu plus loin. Le puits est à une centaine de mètres, non loin de l'étang et surtout du moulin, où David Léontiévitch moud son grain et celui des voisins moyennant prélèvement de 10 % de la farine.

Tout, ici, et d'abord les relations familiales, est commandé par le travail et son rythme saisonnier. Évoquant sa petite enfance, Trotsky note :

> « Dans ce genre d'existence, la place réservée aux enfants était plus que modeste. Nous ne connaissions pas le besoin, mais nous n'avons pas connu non plus les largesses de la vie ni ses caresses. Mon enfance n'a pas été pour moi une clairière ensoleillée comme pour l'infime minorité; ce ne fut pas non plus la caverne de la faim, des coups et des insultes,

comme il arrive à beaucoup, comme il arrive à la majorité. Ce fut une enfance toute grisâtre dans une famille petite-bourgeoise, au village, dans un coin perdu, où la nature est large, mais où les mœurs, les opinions, les intérêts sont étroits, étriqués [4]. »

L'adulte a des souvenirs très anciens, remontant peut-être à la période précédant sa deuxième année, mais ils ne sont ni précis ni chargés d'émotion. Pas de souvenir de tendresse ni de caresses liés à la mère dont il se rappelle seulement qu'elle s'emportait facilement contre les enfants – ce dont il l'excuse en raison du travail qu'elle effectuait toute la journée*. Il évoque plutôt la nourrice ou les sœurs. Le souvenir du père est plus chaleureux : ce bourreau de travail était certainement psychologue, un intuitif qui sentait l'enfant et sut probablement, en quelques moments décisifs, ne pas le heurter de front ni lui donner un sentiment d'abandon. Pourtant la mère lit, péniblement mais obstinément, en peinant beaucoup, des romans russes dont elle suit les lignes du doigt pendant les soirées d'hiver. Le père est illettré. Son activité intellectuelle se concentre sur des comptes d'entreprise qu'il tient rigoureusement, même si la manière n'est pas tout à fait orthodoxe. La langue qu'il parle est un mélange de russe et d'ukrainien, au sein duquel le second domine. On ne parle pas le yiddish à la maison, et l'enfant ne commence à l'entendre qu'à l'âge de neuf ans, dans sa première école, l'école primaire juive. Le seul écho du vaste monde qui pénètre dans Yanovka par la bouche du père, après la moisson, ce sont les cours du blé, le jeu du marché mondial, force mystérieuse qu'on ne comprend ni ne situe, mais dont on saisit empiriquement le poids, puisque c'est elle qui détermine le prix proposé par le commissionnaire de Nikolaiev qui achète la récolte chaque année [5]. Le marché mondial est bien l'unique mystère, avec ceux du sexe et de la reproduction : aucune allusion à Dieu ou à la religion ne se trouve dans le chapitre de *Ma Vie* que Trotsky consacre à sa petite enfance, à l'exception d'une discrète allusion à un refus de la mère de voyager un samedi.

En fait, l'exploitation familiale comporte un élément plus important même que la maison, la « salle » et le divan troué sur lequel Ljova passe beaucoup de temps : c'est l'atelier, avec son responsable Ivan Vassiliévitch Grébine, qu'entourent le meunier, le chauffeur, le contremaître, le commis, le garçon d'écurie, les apprentis, sans oublier la cuisinière et la masse confuse des « centaines » de saisonniers qui travaillent quatre mois par an et couchent dehors. Pour l'enfant, Ivan Vassiliévitch Grébine est un personnage central de son univers, d'abord pour « ses connaissances techniques universelles », par le respect qu'il inspire à tous – il mange à la table des « maîtres » – par une autorité qui repose sur une compétence reconnue. C'est de ses mains

* Cette « absence » de la mère – ce manque d'amour – est considéré comme la clé de la personnalité de Trotsky et de son conflit « ambivalent » avec le père dans l'intéressante étude d'E. Victor Wolfenstein, *The Revolutionary Personality : Lenin, Trotsky, Gandhi,* Princeton, 1967, pp. 57 *sq.*

brunes d'ouvrier que Ljova, devenu homme, se souvient, non de celles de ses parents. L'enfant est attiré par l'univers nouveau qui s'ouvre avec l'atelier, les quartiers des domestiques, les conversations qui lui livrent des secrets de la vie, les jeux, les rapports humains et sociaux. Il écrira :

> « A l'atelier, dans la maison des domestiques, à la cuisine, dans les arrière-cours, la vie s'ouvrait devant moi, plus largement et autrement que dans la famille [6]. »

C'est là que l'enfant découvre l'existence des rapports sociaux et particulièrement de l'inégalité. Fils de maître, il fait aussi l'expérience cruelle de la moquerie à son égard, de la part des domestiques et des apprentis, insolents et avides de revanche, qui le prennent volontiers pour cible de leurs brocards et plaisanteries.

Il ne semble pas en avoir appris autant à l'école « primaire » où il entre en 1884, à la colonie juive de Gromokleï, hébergé dans la maison de son oncle Abram et de sa tante Rakhil. Il doit apprendre le russe, l'arithmétique et la Bible en hébreu. L'école juive ne lui a guère laissé de souvenirs : est-ce parce que ses camarades parlent le yiddish, qu'il ne connaît pas? Les épisodes qu'il évoque dans *Ma Vie,* en dehors de l'ardoise et de la lecture en chœur de la Bible, relèvent plutôt de la leçon de choses : les méchantes blagues que la femme du maître fait à son époux, la mauvaise réputation d'un voleur de chevaux, une foule qui malmène une femme accusée de voler les maris, la naissance d'un enfant de la nourrice Macha, dont les visiteurs le mettaient toujours à la porte le temps de leur « visite ». Il apprend néanmoins à lire et à écrire, « deux arts », dira-t-il, qui lui ont « rendu des services dans la suite [7] ».

Dans l'immédiat, ils lui valent quelques déboires. Il a écrit sur une feuille de papier, avec beaucoup de soin, les mots qu'il connaît, mais qu'on ne prononce pas en famille, séduisants, pense-t-il, parce que défendus. Mais il pense mourir de honte quand sa mère lui réclame ce papier qu'il parvient tout de même à déchirer. A la Noël de 1886 – il vient d'avoir sept ans –, il persuade un des ouvriers de son père de lui dicter le discours en vers qu'il a récité dans une saynète traditionnelle avec un groupe de « déguisés ». Puis il se met à écrire des vers qu'il sait, qu'il sent mauvais et que les adultes, aussi impitoyables que lourds, lui font réciter devant les visiteurs, à sa grande honte.

En 1885, son oncle Abram lui a apporté un élément important de connaissance en le situant précisément dans cette année, la première, donc, dont il prend conscience. Il écrira :

> « Ce fut le terme d'une durée informe, de l'époque préhistorique de mon existence, d'un chaos : à ce nœud commença ma chronologie. J'avais alors six ans. Pour la Russie, ce fut une année de disette, de crise et une grande agitation dans le monde ouvrier se manifesta pour la première fois. Pour moi, j'étais seulement stupéfait d'apprendre que l'année avait un nom inconcevable. Inquiet, je tâchais de découvrir le lien mystérieux

qui existait entre le temps et les chiffres. Puis les années se succédèrent, d'abord lentement, puis de plus en plus vite. Mais 1885 resta longtemps l'aînée d'entre elles, l'année d'origine. Ce fut mon ère [8]. »

C'est probablement dans cette même année 1885 qu'il a fait connaissance avec la ville. Ce grand voyageur écrira plus tard :

« Aucune des capitales du monde – ni Paris ni New York – n'a produit sur moi une aussi forte impression que celle que je reçus alors d'Elisavetgrad avec ses trottoirs, ses toits peints en vert, ses balcons, ses magasins, ses agents de police et ses globes rouges suspendus à des fils. Durant quelques heures, je pus contempler en face la civilisation [9]. »

En 1887, où un oukaze impérial établit un *numerus clausus* de 10 % pour les enfants juifs dans les établissements secondaires, Ljova est retiré de l'école de la colonie, où il apprend peu et n'est pas heureux. Il revient à la maison d'Yanovka, et ses connaissances techniques fraîches – lire et écrire – lui permettent d'aider le père dans l'établissement des comptes et le versement des salaires. Est-ce reconstitution *a posteriori*, par le militant, de la vision de l'exploitation et de la division en classes qui inspire certains de ses souvenirs : les ouvriers saisonniers qui arrêtent le travail pour protester contre l'insuffisance de la nourriture, la plainte adressée aux autorités parce que certains ouvriers souffrent de « cécité nocturne » due à la sous-alimentation? Le père est un patriarche qui n'a rien d'un philanthrope, et certaines de ses décisions semblent au garçon injustes et brutales : ce sont de tels épisodes qui émergent de sa mémoire familiale de ces années-là. Curieusement, aussi, la campagne lui enseigne la mobilité sociale. Bien qu'un oukaze le prive du droit d'acquérir des terres, le père s'enrichit, prend de nouvelles terres à ferme, construit. Dans le voisinage, des familles issues de l'aristocratie s'appauvrissent et courent à la ruine, tout en discourant sur les souvenirs de leur grandeur.

Il faut cependant régler la question de l'instruction du garçon, dont nul ne doute, dans sa famille, qu'il soit apte à faire des études difficiles et brillantes. Après l'échec de l'expérience de l'école de la colonie, une solution nouvelle s'impose. Elle va surgir, comme par hasard, avec la visite d'un cousin venu passer, pour raisons de santé, un été à la campagne. Moïsséi Filippovitch Spenzer est le neveu d'Anna. Cet homme jeune – vingt-huit ans – est instruit et vient d'être exclu de l'université pour une affaire politique mineure et des sentiments libéraux. Il s'est occupé jusque-là, comme l'écrira Trotsky, d' « un peu de journalisme et d'un peu de statistique ». Il est sur le point d'épouser, à Odessa, la directrice d'une école gouvernementale pour jeunes filles juives. Cet homme jeune et agréable, brillant et ouvert, est parfois rebuté par la dureté que commande la nécessité de l'accumulation primitive. On le gâte parce qu'il tente de protéger son organisme d'une atteinte de tuberculose. Il se prend d'amitié pour le jeune garçon, dont le caractère et l'intelligence le séduisent. Il entreprend de le préparer aux études et à l'avenir. Par ses soins, le jeune fils de David Léontiévitch et d'Anna apprend à se laver, à manger proprement, à bien se tenir avec les adultes. Il lui enseigne aussi les mathématiques et le russe pour le préparer à l'entrée dans une école secondaire – plutôt l' « école réale », collège moderne*, que le gymnase (lycée), pratiquement interdit aux Juifs.

C'est tout naturellement qu'à la fin du séjour de ce citadin la décision est prise, entre les parents de Ljova et Moïsséi Filippovitch, de lui confier le garçonnet à partir du prochain printemps, pour qu'il habite dans sa famille à Odessa et y fréquente une école secondaire.

Ljova entreprend le grand voyage muni d'une énorme caisse de vêtements et de provisions et, en larmes, par voiture, train jusqu'à Nikolaiev, bateau sur le Bug et la mer, parvient enfin dans le grand port du Sud et la maison où un coin de la salle à manger est réservé, derrière un rideau, à sa couche. Il racontera plus tard sur ce séjour qui fut sans doute pour lui une merveilleuse aventure :

> « Je me trouvai tout de suite et entièrement au pouvoir de la discipline séduisante mais exigeante dont j'avais eu le pressentiment au village, auprès de Moïsséi Filippovitch. Le régime de la famille n'était pas tellement sévère que réglé : c'est précisément pour cela que, dans les premiers temps, il me parut sévère. Je dus d'abord me coucher à neuf heures. C'est seulement au fur et à mesure de ma montée en classes que l'on m'autorisa à me coucher plus tard. Petit à petit, on m'enseigna qu'il fallait dire bonjour le matin, se nettoyer les mains et les ongles, ne pas porter les aliments à sa bouche avec son couteau, ne jamais être en retard, remercier la domestique quand elle vous servait et ne pas parler mal des gens derrière leur dos. J'appris que des dizaines de mots qui m'avaient toujours semblé les plus justes au village n'étaient pas du russe, mais de l'ukrainien corrompu. Chaque jour, je découvrais une nouvelle parcelle d'un monde plus cultivé que celui où j'avais passé les dix premières années de mon existence. Même le souvenir de l'atelier commençait à pâlir, à perdre de ses charmes devant les séductions de la littérature classique et l'ensorcellement du théâtre. Je devenais un petit citadin [10]. »

La famille Spenzer s'attache énormément à ce charmant garçon; les domestiques lui font leurs confidences et il leur sert parfois d'écrivain public. Le chef de famille traduit et annote des tragédies grecques, écrit des contes pour enfants, prépare des tables chronologiques, puis se lance dans la création d'une maison d'édition qui sera une excellente affaire après des débuts difficiles. Il a beaucoup de livres. L'enfant se passionne pour le travail, se familiarise avec tous les aspects techniques du métier de l'imprimerie, apprend à corriger, contracte une passion « pour le papier fraîchement imprimé [11] ».

* Le gymnase comportait des études « classiques » avec les humanités (latin, grec), tandis que l'école réale était un établissement où l'on suivait des études qu'on appelait « modernes », sans les humanités, avec dominante scientifique et étude de langues vivantes. La différence entre gymnase et école réale est celle qui existait en France il y a trente ans entre « lycée classique » et « collège moderne ».

A l'automne, le jeune garçon se présente à l'examen d'entrée de l'école réale qui dispense un enseignement de type moderne, avec prédominance de sciences et de langues. Mais il échoue, faute d'une formation antérieure suffisante. L'entrée dans le secondaire sera donc retardée d'une année, passée dans la « préparatoire », annexée à l'école réale Saint-Paul, qui accueille nombre d'enfants juifs dont les parents veulent les faire passer à travers la sévère sélection de l'entrée en « première », l'équivalent de notre « sixième ».

Les premiers jours de la préparatoire sont durs. L'enfant a revêtu le bel uniforme de l'école, et un apprenti un peu plus âgé, dans la rue, crache sur la belle blouse. A l'école, c'est pis encore : les petits de la préparatoire n'ont pas droit au port de l'uniforme, et il faut sur-le-champ se défaire de tout le clinquant, l'écusson, les pattes, la boucle de la ceinture et même les boutons de la veste [12].

Pourtant, après ces jours d'affliction, écrira-t-il, « vinrent des jours d'allégresse [13] ». Ljova, de son entrée à la préparatoire à sa sortie de la réale, demeurera le premier de sa classe. Il n'en sera pourtant pas pour autant la gloire pendant toute cette période.

Odessa est un port, en ces années une ville extraordinairement gaie et vivante, mais aussi – et c'est peut-être pour cette raison qu'il en fut tenu à l'écart par ses hôtes – « la ville la plus empoliciérée de toute la Russie empolicée [14] ». L'école réale Saint-Paul est aussi bigarrée que la ville : fondée par la paroisse luthérienne, elle enseigne en russe à un auditoire d'enfants d'origine allemande, russe, polonaise et même suisse, mélangeant orthodoxes, catholiques et Juifs dans une ambiance finalement libérale et tolérante. Ce qu'Odessa ne pouvait faire, l'école Saint-Paul le fit : l'école donna à Ljova sa « première notion de cosmopolitisme [15] ».

De ses professeurs, nous avons une série de portraits très vivants. Aucun n'a emporté l'affection, aucun n'a suscité la haine. Ils n'étaient pas tous médiocres, certains incontestablement originaux. Aucun ne marque le jeune élève. Parmi ses camarades, il est rapidement très populaire, même auprès des « grands ». Bien qu'un biographe assure qu'il n'eut pas d'« amis » à Saint-Paul [16], lui-même mentionne son « ami » Kostia R., dont il fut séparé par un redoublement, mais qu'il ne perdit pas de vue [17], et aussi ce Krougliakov auquel, écrit-il, « il s'attacha de toute son âme », mais qui disparut très vite, mort comme beaucoup de tuberculose [18].

Ljova lit beaucoup, « à perte de vue [19] », se souviendra-t-il, seul à ses moments de liberté dans la journée, où il faut toujours lui arracher un livre des mains, et il goûte énormément la lecture à voix haute, le soir, par le maître de maison. Il s'expliquera plus tard « cette infatigable absorption de textes imprimés » par « le désir naissant de voir, de savoir, de conquérir [20] ». Bientôt il reconquiert une autre joie qui est celle d'écrire, avec une lycéenne plus âgée, laquelle compose avec lui un poème satirique, puis seul, sous la pression d'un journaliste, ami de la famille, qui lui fait écrire un parallèle entre un poème de Pouchkine et un de Nekrassov. L'ami va lire à haute voix le texte demandé, comme le fait régulièrement le professeur de littérature pour les travaux de Bronstein [21]. Le théâtre, plus tard l'opéra italien, le transportent, et c'est par les feuilletons qui leur sont consacrés dans la presse qu'il aborde la lecture des journaux, avant de devenir un admirateur du « feuilletonniste » libéral Dorochévitch.

C'est la maison Spenzer qui le nourrit intellectuellement. Moïsséi Filippovitch et sa femme, Fania Solomonovna, admirent Ljova et l'entourent de leur affection et de leurs encouragements, confortant une confiance en lui-même que nourrissent bientôt les grands succès scolaires. Et puis la maison est ouverte, fréquentée par une bonne partie de ce qu'Odessa compte d'intellectuels distingués, écrivains, journalistes, artistes, un monde qui fascine le jeune garçon et le séduit, une élite dans laquelle il aspire de toutes ses forces à entrer. Ses contacts avec d'autres milieux sont rares et le marquent peu : par des camarades de classe, il découvre des familles conservatrices dont l'atmosphère le repousse et qui, sans doute, ne s'ouvrent pas volontiers devant un jeune Juif, même brillant élève. Curieusement, ce garçon qui a eu, dans sa petite enfance, l'espace de la steppe pour y déployer ses exercices et ses galops, s'abstient à Odessa de toute activité physique, méprise même la mer, la nage, la navigation, la pêche. Il reste discret sur l'une des activités normales des garçons de son âge, la chasse aux conquêtes féminines chez les « gymnasistes » et les « réalistes », et n'en parle qu'indirectement, à propos de ses vacances chez lui et du retour de ses camarades pensionnaires, avec un détachement qui ne l'empêche pas de porter une appréciation révélatrice : « L'inconstance des demoiselles était indescriptible », dans l'antagonisme « féroce » qui opposait pour elles lycéens, étudiants, « réalistes » du même âge [22]...

Son amour de la littérature va le pousser à des activités compromettantes et même dangereuses. Avec ses camarades de « deuxième », il crée une revue, *La Goutte*, censée contribuer à l'océan de la littérature, avec ses poèmes et ses contes [23]; mais la rédaction de journaux et revues est strictement interdite dans les écoles de l'empire tsariste.

C'est à la fin de cette année, en 1891, que le jeune Ljova se heurte pour la première fois à la répression. A la suite d'un chahut collectif organisé contre l'injustice du professeur de français à l'égard d'un de leurs camarades, il est dénoncé comme « meneur », traité de « monstre moral » par l'enseignant et finalement exclu par le conseil pédagogique de l'école. La sanction est lourde; elle est durement ressentie et l'angoisse est grande de devoir en informer les parents. Mais tout se termine bien, le père prenant l'affaire avec un certain humour et sans doute un peu de fierté, et « le premier de sa classe », après une exclusion temporaire, est finalement autorisé à reprendre les cours dans la classe supérieure à la rentrée d'automne [24]. Evoquant cet épisode dans *Ma Vie*, Trostsky généralise l'expérience :

> « Telle fut ma première épreuve politique en quelque sorte. Les groupements qui s'étaient formés en cette occasion – cafards et envieux d'une

part; garçons francs et hardis à l'autre extrémité; au milieu, les neutres, masse mouvante et instable –, ces trois groupements ne devaient pas se résorber, loin de là, dans les années qui suivirent. Plus tard, je les ai rencontrés à plusieurs reprises, dans les circonstances les plus diverses [25]. »

Faut-il voir dans cette constatation le désir rétrospectif de donner à la classe de seconde de l'école Saint-Paul « l'allure d'un petit parti communiste dans les années vingt, avec ses divisions, pour et contre Trotsky [26] », ramenant à une question personnelle ce qui fut sans doute une grande épreuve, y compris politique, au sens large du terme? Trotsky était sans doute plus proche de sa propre réalité psychologique en écrivant de lui-même :

« L'école est une arène de dure rivalité. Dès le moment où le garçon dont nous parlons fut déclaré le premier élève, laissant loin derrière lui le deuxième, le petit natif d'Yanovka sentit qu'il pouvait plus que d'autres. Les gamins qui se liaient à lui reconnaissaient sa suprématie. Cela ne pouvait pas ne pas influer sur le caractère. Les maîtres l'approuvaient. [...] Les élèves étaient divisés : notre garçon avait d'ardents amis, mais aussi des ennemis. Il était de même plutôt vétilleur à son propre égard. [...] L'idée qu'il avait de devenir meilleur, plus élevé, plus instruit, le poignait de plus en plus en pleine poitrine [27]. »

Le garcon qui sort à dix-sept ans de l'école réale Saint-Paul et qui doit encore achever ses études secondaires en faisant sa « septième » (terminale) dans une autre école, n'est pas dépourvu d'un charme dominateur. Grand, bien bâti, le regard bleu perçant malgré les lunettes de myope qu'il a dû porter dès ses premières années d'école réale, il a un grand souci d'élégance vestimentaire et se préoccupe beaucoup de son apparence et de sa présentation. Il a un vif intérêt pour les sciences et envisage de faire des études supérieures en mathématiques pures. Sa passion la plus élémentaire le porte vers l'écriture. Mais il est totalement étranger à la politique, comme le milieu où il a vécu ces années décisives, la famille Spenzer. A la mort de Friedrich Engels, en 1895, il marchait sur ses seize ans et ne connaissait pas le nom du compagnon de Marx. Il n'a à Odessa aucun contact avec les cercles d'étudiants, voire peut-être, de lycéens qui commencent à échanger des idées sur le socialisme dans des groupes clandestins – si éloigné d'eux que, des décennies plus tard, il supposera qu'il n'y en avait pas.

En fait, les années 1890 voient se poser la question ouvrière, y compris dans l'empire des tsars. Le mouvement politique se gonfle et s'affirme chez les jeunes intellectuels. Comme ses hôtes, les Spenzer, Lev Davidovitch Bronstein est tout inconsciemment pénétré de l'état d'esprit d'un libéralisme modéré, humanitaire, d'un état d'esprit à peine conscient d'opposition qui fait que le jeune homme se détourne avec écœurement du spectacle du chef de la police d'Odessa hurlant ses ordres [28]. Il essaiera lui-même de tracer les contours de la répugnance que lui inspiraient, en dépit de son apolitisme, le régime existant, l'arbitraire, l'injustice :

« D'où cela me venait-il? De la situation générale à l'époque d'Alexandre III, de la tyrannie policière, de l'exploitation à laquelle se livraient les propriétaires, des exactions dont se rendaient coupables les fonctionnaires, des dénis de droits qui frappaient les minorités nationales, des injustices commises à l'école et dans la rue, de mes rapports étroits avec les petits paysans, les domestiques, les ouvriers, des conversations entendues dans l'atelier, de l'esprit d'humanité qui régnait dans la famille des Spenzer, de la lecture des poèmes de Nekrassov et de bien d'autres livres, en un mot de toute l'atmosphère sociale de ce temps-là [29]. »

Nulle révolte cependant comme débouché de tels sentiments. Comme ses hôtes et amis, comme nombre d'hommes et de femmes de l'intelligentsia qui ont partagé les espoirs et la désillusion née de l'échec du mouvement populiste, il éprouve un profond sentiment d'impuissance devant un régime trop solide pour être ébranlé. N'y croyant pas, il se détourne de la recherche de moyens de la lutte. Rien d'étonnant non plus, dans ces conditions, que le jeune garçon subisse fortement, en même temps, l'attrait de l'Occident européen qui lui apparaît comme le foyer de la culture et de la démocratie : il n'y a pas de raison particulière de voir là plus que le formidable attrait qu'exercent sur lui le vaste monde inconnu et l'univers des idées...

Il reste que ce qu'il appellera sa faible préparation, au sens politique, même pour un adolescent de dix-sept ans, fait de lui, au moment où il quitte l'école réale Saint-Paul pour aller faire sa septième à Nikolaiev, une exception dans une génération où bien d'autres se trouvaient à son âge, sinon directement engagés, du moins fortement intéressés par les idées nouvelles et l'action d'opposition. En se transférant de la maison d'Yanovka à celle des Spenzer, le jeune garçon n'a finalement pas quitté l'ambiance de la petite-bourgeoisie travaillant à son ascension individuelle; il a comblé ici son goût de l'activité physique et de l'effort, et, là, sa soif de lectures et de connaissances, mais pas répondu aux grandes questions collectives que commence à se poser sa génération, celle des hommes qui feront la révolution de 1917. Plus encore, en allant à la ville, il a pratiquement perdu de vue les antagonismes sociaux qu'il avait touchés du doigt dans sa campagne. Il faudra une coupure avec ses deux « familles » et la secousse de contacts nouveaux pour que se réalise, dans sa conscience, la rupture qui s'était déjà produite dans le développement du pays.

***

Faisant le point, dans *Ma Vie*, au cours du chapitre intitulé « La Campagne et la Ville » sur ces deux influences contradictoires qui l'on marqué et en quelque sorte disputé, pendant les premières années de sa vie, Trotsky évoque ses conflits avec ses camarades ou les gens d'Yanovka sur ce qu'il appelle « les honteuses croyances » superstitieuses, la validité des conclusions scientifiques apprises à l'école. Il écrit à ce sujet ces remarques, sans doute capitales, concernant sa formation intellectuelle et finalement sa personnalité :

> « Dans la suite, le sentiment de la supériorité du général sur le particulier entra comme partie indissoluble dans mes écrits et dans ma politique. L'empirisme borné, une attitude simplement rampante devant le fait, parfois devant un fait seulement imaginaire, souvent devant un fait mal compris, me furent odieux. Au-dessus des faits, je cherchai des lois. Cela me conduisit bien entendu, plus d'une fois, à des généralisations hâtives, surtout en mes jeunes années, lorsque me manquaient une suffisante connaissance des livres et l'expérience de la vie. Mais, dans tous les domaines sans exception, je ne me sentais capable de me mouvoir et d'agir qu'à condition de posséder un accès aux généralisations. Le radicalisme social et révolutionnaire qui devint la ligne médiane de ma vie spirituelle, et pour toujours, vint précisément de cette aversion intellectuelle pour tout ce qui est lutte mesquine, empirisme, pour tout ce qui, d'une façon générale, n'est pas idéologiquement formé, n'est pas largement établi par la théorie [30]. »

Il fallait un cadre nouveau pour qu'explosent les contradictions qui s'accumulaient dans la conscience et l'inconscient de l'adolescent : il allait trouver à Nikolaiev, un cadre moins protégé que celui qui avait été le sien à Odessa.

Finalement, le jeune Lev Davidovitch n'avait pas été protégé par les particularités de sa famille et l'éloignement de sa campagne, pas plus que par les aptitudes exceptionnelles qui lui ouvraient à coup sûr des études supérieures hors de la portée de la majorité des jeunes de son âge. Il allait, au contraire, être happé par les courants politiques profonds qui affleuraient de plus en plus souvent à la surface et entraînaient, en cette fin de siècle, dans les organisations clandestines, populistes ou marxistes, une élite intellectuelle de jeunes gens aux origines sociales diverses inspirés d'une même haine contre l'aristocratie.

Lecteur attentif, mais tardif de *Ma Vie*, François Mauriac écrit, une fois le livre refermé :

> « Lui surtout, cet enfant attentif et grave, ouvre les yeux sur le monde, avec quelle curieuse fixité! Son univers est celui d'une petite exploitation rurale où l'injustice sociale apparaît peu, où la distance est courte du patron aux ouvriers.
>
> « Que se passe-t-il dans cet enfant juif, élevé en dehors de toute religion? Et n'est-ce pas précisément pour cela que la passion de justice accapare toutes ses puissances? Littérateur-né, à mesure qu'il grandit, l'adolescent ne devient pas le petit Rastignac que nous connaissons tous. Il ne souhaite même pas de faire carrière dans la révolution et par la révolution. Il veut changer le monde, simplement [31]. »

Et le grand romancier catholique de poser à sa façon la question des ressorts personnels de l'enfant Bronstein :

> « Chez cet enfant comblé de dons, chez ce premier de la classe en toute matière, quelle mystérieuse main coupe une à une toutes les racines de l'intérêt personnel, le détache et finalement l'arrache à une destinée normale, pour le précipiter dans un destin presque continûment tragique où les prisons, les déportations, les évasions, servent d'intermèdes à un interminable exil [32]? »

Max Eastman a répondu aux questions que posera Mauriac. Quand il l'a connu, Trotsky était fier de son père et parlait volontiers de lui, de sa capacité à travailler et à comprendre [33]. Mais, pour lui, c'est dans ses rapports avec un père dominateur et autoritaire, comme dans sa sensibilité, la tendresse et la passion qui le portent vers ceux qui souffrent qu'il faut chercher l'origine de sa révolte contre le père et la société [34]. Sympathies belliqueuses et tendresse révoltée ne sont pas les traits dont on fait un homme ordinaire.

Ljova Bronstein n'était déjà pas un enfant ordinaire.

CHAPITRE II

Le grand carrefour [1]

Même si ce tournant brusque dans son orientation se produit dans une ville nouvelle et dans un cadre et des circonstances particulières, il n'en est pas moins vrai que le jeune Bronstein, en rejoignant le courant qui porte une importante fraction de la jeunesse vers le socialisme et l'opposition politique active au tsarisme, ne fait qu'obéir à la généralité des lois des changements et mûrissements d'opinions.

Le développement politique ne se fait pas cependant de façon linéaire. Trotsky le souligne dans ma *Ma Vie* :

> « Une génération suivant l'autre, il n'est pas rare que ce qui est mort gagne ce qui est vivant. Il en fut ainsi pour la génération de révolutionnaires russes dont la première jeunesse se forma sous l'oppression, dans l'ambiance des années 80. En dépit des larges perspectives qui étaient ouvertes par la nouvelle doctrine, les marxistes se trouvaient en bon nombre prisonniers, pratiquement, des sentiments conservateurs qui dataient de 1880 : ils étaient incapables de prendre hardiment l'initiative, ils se retiraient devant les obstacles, ils remettaient les révolutions à un avenir indéterminé, ils étaient enclins à considérer le socialisme comme l'œuvre d'une évolution de plusieurs siècles [2]. »

Évoquant l'atmosphère intellectuelle de la famille Spenzer où « la voix de la critique politique aurait retenti beaucoup plus fort quelques années plus tôt ou quelques années plus tard », il constate qu'il habita chez eux « à l'époque du grand silence » et donne un intéressant témoignage :

> « Sans aucun doute, je m'imprégnai de cette atmosphère des années 80, et, plus tard, quand je commençai à me former comme révolutionnaire, je me surpris à douter parfois de l'action des masses, à considérer la révolution dans un esprit livresque, dans l'abstrait, et, par suite avec scepticisme. Je dus combattre tout cela en moi-même, par la méditation, par la lecture, surtout par l'expérience, jusqu'au jour où je surmontai les éléments d'inertie psychique [3]. »

Trotsky fait allusion ici à la période qui s'ouvrit pour le jeune Ljova avec la septième année de l'école réale, la classe terminale précédant l'université que ses parents et les Spenzer se décidèrent à lui faire effectuer à Nikolaiev, puisque l'école Saint-Paul n'avait pas la classe correspondante. Le changement était brusque. Il logeait désormais dans une famille inconnue à laquelle ne le reliait aucun des puissants liens de l'enfance. Nikolaiev était une ville beaucoup plus provinciale qu'Odessa, et le niveau de l'école réale était bien inférieur. D'emblée, il reprit sans difficulté sa place de « premier élève », avec si peu de difficulté qu'il commença à se désintéresser du jeu et à manquer systématiquement l'école. En même temps, il était pour la première fois hors d'un cocon familial, saisi par de nouvelles fréquentations et la question qu'elles lui posaient, autant que la vie elle-même, celle de sa place d'individu dans la société des hommes.

Logé dans une famille dont les enfants, un peu plus âgés que lui, sont déjà engagés dans le mouvement populiste* et jouent avec sérieux aux opposants au tsarisme, le jeune Bronstein se tient d'abord sur la défensive, adoptant le rôle d'un personnage digne exclusivement intéressé par la science et délibérément à l'écart de la politique qu'il tient pour une activité mineure. Il fait ainsi la joie de la mère de famille qui croit avoir trouvé en lui le modèle à opposer aux activités de ses enfants. La langue bien pendue, sachant toujours trouver la formule tranchante pour clore un débat sur lequel il n'a aucun élément, prenant des airs hautains et supérieurs, Ljova exaspère ses interlocuteurs jusqu'au moment où il les stupéfie par une conversion soudaine.

Derrière la barrière protectrice de son arrogance, il a en réalité résisté pendant de longues semaines, protégeant son indépendance, usant ses arguments jusqu'au dernier. Maintenant convaincu, il se lance avec d'autant plus d'impétuosité.

Les relations des jeunes de la famille de ses logeurs lui ouvrent des horizons dont il n'a jamais eu l'équivalent à Odessa. Il connaît d'autres lycéens ou étudiants dont certains s'intéressent au marxisme. Il rencontre surtout d'anciens déportés qui sont maintenant en résidence surveillée. Il n'y a pas de marxistes parmi eux, et tous sont populistes. Militants de second plan, ils ont été réellement liés au mouvement, ont encore des liaisons et, en tout cas, aux yeux des jeunes, un prestige réel.

Deux hommes vont jouer un rôle décisif dans ce premier grand tournant. Le libraire Galatsky l'oriente dans ses lectures, lui procure les livres rares qu'il juge essentiels [4]. Le frère d'un de ses camarades de classe, l'ouvrier tchèque Franz Chvigovsky, un jardinier, grand lecteur de brochures et de journaux russes ou allemands, habite une sorte

* Le populisme apparut dans les années soixante. Il affirmait la possibilité pour la Russie paysanne de passer au socialisme sans traverser le stade capitaliste. Les intellectuels allant au peuple, les héros qui se sacrifient par des actes exemplaires, les minorités agissantes, etc. constituent d'autres thèmes et symboles du populisme d'où plus tard se dégagera le marxisme russe.

de chaumine au milieu d'un jardin, qui est devenue un lieu de rencontre pour les étudiants avancés, les anciens déportés et tous ceux qu'attire son renom « socialiste » : c'est, écrit Max Eastman, « le Jardin des Idées [5] », tandis que l'un des habitués, Grigori Ziv, parle plus prosaïquement du « salon de Franz [6] ».

Aucun de ceux qui le fréquentent n'est une personnalité marquante de quelque milieu que ce soit; aucun n'a joué le rôle vraiment important, mais certains ont connu dans le passé des militants éminents et même d'authentiques terroristes de La Volonté du Peuple : les jeunes gens qui participent à ces conciliabules ont le sentiment d'entrer dans l'Histoire et d'en constituer un chaînon.

Leurs débats sont dominés par la controverse entre populistes et marxistes. Les populistes ou *narodniki* attendent la révolution de la classe paysanne et de la « pensée critique » des intellectuels allant au peuple, des héros terroristes qui éveilleront sa conscience. Les marxistes, eux, soulignent le déterminisme des faits sociaux, le rôle décisif de la classe ouvrière, la nécessité de l' « action de masses », la vanité du sacrifice des héros qui croient au « terrorisme individuel ». Le jeune Ljova se convainc tous les jours un peu plus d'une ignorance qu'il n'ose avouer mais ne trouve personne sur qui appuyer sa pensée et sa recherche.

Galatsky, le libraire, Chvigovsky, l'ouvrier ouvert aux idées, avec sa chaumine et son jardin, leurs journaux, leurs livres, sont pain bénit pour le jeune homme. Il lit avec passion Lavrov et Mikhaïlovsky, les penseurs révolutionnaires du XIXe, et la séduisante peinture qu'ils font de l'idéal socialiste, tout en célébrant le dévouement des jeunes intellectuels qui font leur ce nouvel évangile social. Pour la première fois apparaît dans son esprit son lien personnel avec le monde, ce qui pourrait constituer l'objectif de sa vie, son « idéal », si l'on préfère.

Il dévore, à perte de vue, brochures clandestines d'abord, vite épuisées, puis, pêle-mêle, des ouvrages dont le rapport n'est pas évident avec la polémique dans laquelle il est plongé, ni avec les arguments qu'il y lance avec fougue. De la lecture de la *Logique* de Stuart Mill, il est passé sans transition à l'histoire sociale et à *La Culture primitive* de Lippert. Il découvre avec enthousiasme l'utilitarisme de Bentham et témoignera qu'il lui parut même pendant plusieurs mois « le dernier mot de la pensée humaine », se ressentant « un irrésistible benthamiste [7] »! Il dévore Tchernychevsky, le père du « populisme révolutionnaire », ancêtre du marxisme, puis l'*Histoire de la Révolution française* de Mignet. Ces lectures éclectiques ne l'éclairent guère : les interprétations se heurtent, s'entrechoquent. Il écrira :

> « La lutte que je menais pour trouver un système était violente, parfois forcenée. En même temps, je reculais devant le marxisme, précisément parce qu'il offrait un système achevé [8]. »

A travers la presse, il découvre le monde. On étudie ligne à ligne le journal libéral de Moscou, dans le jardin. Il s'initie à la politique européenne, lit avec passion les discours de Bebel, le chef de la social-démocratie allemande et même d'Eugen Richter, chef de l'opposition bourgeoise à Bismarck, admire la fière attitude du socialiste polonais Daszynski face à la police envahissant le parlement. Il note :

> « Les succès du socialisme allemand, les élections présidentielles aux États-Unis, les remaniements qui se produisaient dans le Reichsrat autrichien, les menées des royalistes français, tout cela nous intéressait beaucoup plus que notre sort personnel [9]. »

La police garde un œil sur les réunions des jeunes chez Chvigovsky. Elle les fait espionner par un ouvrier et un apprenti travaillant au même jardin, met la main sur un lot de brochures, mais ne prend pas au sérieux ces néophytes bavards.

Bien entendu, la famille est rapidement informée des nouvelles fréquentations de Ljova. Le père veut qu'il devienne ingénieur pour prendre place dans l'entreprise qui se développe et intervient brutalement, avec remontrances et menaces : il rappelle au jeune homme que c'est lui qui le fait vivre. Le choc est vif, douloureux, répété, entre ces deux personnalités vigoureuses et si proches. Ljova défend son indépendance, refuse à son père le droit de décider à sa place de ce qui le concerne [10]. Pour mieux l'affirmer, il refuse désormais l'argent des parents, donne des leçons particulières, quitte ses logeurs et va s'installer chez Chvigovsky où, avec les frères Grigori et Ilya Sokolovsky, Ziv, pendant les vacances, et le frère de Chvigovsky, ils constituent ce qu'il appelle une « commune » :

> « Nous vivions en spartiates, sans draps de lit, et nous nourrissions de soupes grossières que nous préparions nous-mêmes. Nous portions des blouses bleues, des chapeaux de paille, nous avions des cannes de bois noir. En ville, on pensait que nous avions adhéré à une secte mystérieuse. Nous lisions ce qui nous tombait sous la main, nous discutions furieusement, nous explorions l'avenir d'un regard passionné, et, en somme, nous étions heureux à notre manière [11]. »

Le réveil politique du pays, le renouvellement de la répression, nourrissent l'ardeur des jeunes gens. Partout on révoque des professeurs, on interdit des livres, on ferme clubs et bibliothèques. L'obligation pour les étudiants de prêter serment de fidélité au tsar Nicolas II agite toutes les universités. Dans la grande grève de 30 000 ouvriers de Saint-Pétersbourg, en mai 1896, se fait déjà sentir l'influence de l'Union de combat pour l'Émancipation de la Classe ouvrière récemment fondée par Lénine et Martov [12]. L'influence des marxistes grandit.

Mais les jeunes gens des soirées de Chvigovsky, eux, demeurent fidèles au populisme, ne connaissent que vaguement les critiques que lui adressent les marxistes. Une seule personne dans le cercle, Aleksandra Lvovna Sokolovskaia, la fille d'un populiste, se réclame du marxisme et tente d'y gagner ses camarades. Les discussions montent d'un ton avec l'arrivée de Ljova, en plein débat. Il est agressif et dur avec la jeune femme, assure que le marxisme est borné et étroit [13]. Non sans une tendre et amicale ironie, Max Eastman écrit :

« Ce n'était pas seulement contre l'interprétation matérialiste de l'histoire que Trotsky se rebellait aussi férocement. [...] Il avait un cœur vivant, et l'histoire exige qu'on rapporte ce fait que tous les autres, dans le jardin, étaient amoureux d'Aleksandra Lvovna. Elle était au-dessus d'eux comme une Madone, plus avisée qu'eux, et plus tendre, et plus ferme. Dans ce monde de choses inachevées, rarement esprit étincelant et caractère héroïque s'étaient logés dans une personne aussi agréable et digne d'amour [14]. »

Ljova ne sait pas grand-chose des idées de Marx, n'a lu que quelques brochures de vulgarisation. Pourtant, déjà rompu à la discussion d'idées, apte à saisir le point faible de l'interlocuteur, habitué depuis l'école à avoir le dernier mot, sûr de sa capacité à écraser l'adversaire, il se lance sans hésiter, ironise, accable de sarcasmes son contradicteur. Pourquoi a-t-il choisi le camp du populisme? Il explique plus tard sa résistance au marxisme par son souci d'indépendance, son respect du rôle des individus et de leur libre volonté. Sans doute les marxistes qu'il a rencontrés sont-ils de l'espèce que leurs camarades de Sibérie appellent « les mahométans », fatalistes et tristement déterministes, s'abritant derrière les forces productives, étroits et desséchés. Il y a au contraire, derrière les grands thèmes du populisme, un souffle d'épopée, le souvenir des grands terroristes, l'atmosphère héroïque d'un mouvement romantique qui le transporte.

G.A. Ziv et après lui Max Eastman et plus tard Deutscher se sont faits l'écho d'un incident très vif qui se serait déroulé le soir du 31 décembre 1896 dans la cabane de Chvigovsky. Ljova à peine arrivé, annonce qu'il s'est converti au marxisme, à la grande joie d'Aleksandra Lvovna. Puis, au moment des toasts, il aurait lancé : « Au diable tous les marxistes et tous ceux qui veulent instituer cruauté et sécheresse dans les rapports humains », provoquant ainsi le départ d'Aleksandra Lvovna et sa rupture avec le groupe [15]. Trotsky ne mentionne pas cet incident dans *Ma Vie*, et, contrairement à ce qu'écrit Deutscher [16], ne le confirme pas dans sa préface dont il précise qu'il l'a écrite sans avoir lu le manuscrit [17]. L'épisode a-t-il plus de valeur que les affirmations de Ziv, contredites par tous les autres témoins, selon lesquelles Trotsky aurait été épileptique [18]? Eastman a interrogé Aleksandra Lvovna sur l'incident du Nouvel An, et a conclu à une plaisanterie un peu lourde imaginée par Chvigovsky [19]. Nous savons aussi par lui qu'Aleksandra demandera plus tard à Ljova comment quelqu'un d'aussi sympathique et sensible que lui avait pu faire un aussi sale coup [20].

Le groupe ne peut pas discuter sans fin des voies et moyens de la révolution russe. Il faut agir. Les expériences se succèdent avec des résultats divers. La création d'une société pour la diffusion des livres utiles dans les milieux populaires est un échec. D'abord parce que les jeunes gens n'ont pas les moyens d'assurer une telle diffusion, ensuite parce que la police leur confisque un lot important. En revanche, l'action pour la défense de la bibliothèque publique et contre l'augmentation de 5 à 6 roubles de l'abonnement est un succès. L'affaire, dont Aleksandra Lvovna est l'organisatrice, se déroule très bien : on trouve et on organise une foule d'abonnés nouveaux qui sont en majorité à l'assemblée générale, élisent Chvigovsky président et ramènent la cotisation à son ancien montant [21]. C'est pour Ljova le premier succès d'une action collective qu'il a conçue. L'initiative suivante est moins heureuse. Les jeunes gens décident de se donner une université d'enseignement mutuel. Mais les moyens manquent : l'adolescent qui traite de la leçon sur la Révolution française s'embrouille et abandonne, Ljova lui-même ne dépasse pas la seconde leçon du cours de sociologie qu'il a projeté de faire. La dernière entreprise n'est pas collective : Ljova et Grigori Lvovitch, l'un des frères d'Aleksandra, entreprennent d'écrire un drame dont le fond sera constitué par la querelle entre marxistes et populistes. Un jeune homme populiste est épris d'une jeune marxiste et chacun, à tour de rôle, expose ses arguments dans de longs monologues. Mais les auteurs sont bientôt perplexes : sans qu'ils l'aient vraiment voulu, « la marxiste » – est-ce la revanche d'Aleksandra? – est plus attrayante et plus convaincante qu'ils ne le voudraient. Ils terminent le premier acte. Les quatre autres ne verront pas le jour, le manuscrit lui-même ayant disparu, sans doute détruit par une personne qui en avait été dépositaire.

En 1896, Ljova passe sans difficulté l'examen final de l'école réale, toujours à la même « première place » : l'acquis des années précédentes compense largement les heures d'école buissonnière et de « politique ». La famille espère maintenant qu'il entrera à l'université; elle se résigne à ce qu'il étudie les mathématiques, comme à un moindre mal. A l'été, Ljova revient à Yanovka où va se dresser désormais une belle maison de pierre, symbole de l'ascension sociale de la famille de David Léontiévitch. Puis il va passer quelques mois à Odessa.

Logé pendant plusieurs mois chez un oncle libéral qui s'est fait fort de le ramener dans la voie du bon sens, le jeune Ljova suit avec passion les cours de mathématiques qui doivent faire de lui un ingénieur. Le directeur technique des Chantiers de la Baltique à Leningrad a parlé de lui à Eastman en 1925 :

> « C'est un ami de la révolution et fier de son camarade, mais il n'a pas pu retenir un soupir de regret qu'un tel ingénieur ait été perdu pour la profession. Une aptitude lumineuse aux mathématiques, une imagination constructive inlassable, une personnalité impérieuse – et, alors, un père avec beaucoup de terre, beaucoup d'argent et une gigantesque ambition de construire –, c'est vraiment un miracle que Trotsky ne soit pas devenu ingénieur [22]. »

Ce miracle, c'est l'attrait de l'action clandestine : c'est pour elle qu'il quitte Odessa pour Nikolaiev de nouveau où il va vivre de leçons particulières tout en se consacrant au militantisme. Il a trouvé à Odessa ce qu'il y cherchait, des brochures clandestines, pris contact avec des cercles d'étudiants d'écoles professionnelles, et rencontré ses premiers « marxistes ».

Il semble avoir été impressionné par son premier contact avec les ouvriers du port, instruits, intellectuellement intéressés, énergiques quand ils se sont donné un objectif : il a déjà démêlé la protestation sociale qui se cache derrière le développement des sectes religieuses. Au début de l'hiver sur un bateau brise-glace, constatant que la surveillance policière se met en place autour de lui, il retourne à Nikolaiev, abandonnant ses études : il s'installe à nouveau chez Chvigovsky. Laissons-lui la parole :

> « Tout recommença comme par le passé. Nous examinions ensemble les dernières livraisons des revues radicales, nous controversions sur le darwinisme, nous nous préparions d'une façon indéterminée et nous attendions. Quelle fut l'immédiate impulsion qui nous engagea dans la propagande révolutionnaire? Il est difficile de répondre à cette question. L'impulsion fut intérieure. Dans le milieu intellectuel que je fréquentais, personne ne s'occupait d'une véritable besogne révolutionnaire. Nous nous rendions compte qu'entre nos interminables causeries devant des verres de thé et une organisation révolutionnaire, il y avait tout un abîme. Nous savions que, pour établir la liaison avec des ouvriers, il fallait une grande *conspiration.* Nous prononcions ce mot sérieusement, d'un ton grave, presque mystique. Nous ne doutions pas qu'à la fin des fins nous en arriverions des séances de thé à la *conspiration*, mais nul de nous ne pouvait dire nettement quand et comment cela se produirait. Le plus souvent, pour justifier nos retardements nous nous disions entre nous : " Nous devons nous préparer d'abord "... Et ce n'était pas si mal [23]... »

L'impulsion allait venir du développement des luttes ouvrières dans le pays qui redonna courage aux intellectuels et aux étudiants. Aux vacances, des dizaines d'étudiants rapportèrent de Pétersbourg, Moscou, Kiev, les informations concernant les grandes grèves ouvrières, et notamment les grèves des tisserands dans la capitale. Ils avaient, de leur côté, lutté dans les universités et certains en avaient été exclus. En février 1897, l'étudiante Vetrova, emprisonnée dans la forteresse Pierre-et-Paul se suicida par le feu. La flamme se ranima alors dans toutes les villes universitaires, avec le cortège des arrestations et des déportations. C'est dans cette ambiance que le jeune Bronstein et ses camarades s'engagèrent dans le travail révolutionnaire. Trotsky raconte que c'est dans le cours d'une discussion avec Grigori Sokolovsky que les deux jeunes gens décidèrent de « commencer », et que ce fut lui – enfin marxiste, mais le savait-il? – qui donna la formule : « Il faut trouver des ouvriers, n'attendre personne, ne demander rien à personne, mais trouver des ouvriers et commencer. » Le soir même, Sokolovsky avait fait connaissance, grâce à une relation, de plusieurs ouvriers dont l'électrictien Ivan Andréiévitch Moukhine, et ils se réunissaient à six au Café Russie, suants et enthousiastes, écoutant la façon très personnelle et imagée dont Moukhine concevait l'agitation révolutionnaire. Trotsky poursuit dans *Ma Vie* :

« A partir de ce jour, nous nous jetâmes dans le travail à tête perdue. Nous n'avions ni anciens pour nous guider, ni expérience personnelle; mais, je crois, nous n'éprouvâmes pas une seule fois de difficultés ni d'embarras. Une chose sortait de l'autre, aussi irrésistiblement que tout était sorti de l'entretien, mené dans une taverne, avec Moukhine[24]. »

La fondation de l'organisation clandestine répond à une brutale décision du jeune Bronstein dont Max Eastman a très bien analysé toute l'ambivalence :

« Il résistait encore vaillamment à la théorie marxiste. Il défendait encore son " individualité " et la divine importance de la " pensée critique " et, comme corollaire logique, quoique un peu éloigné, le droit divin du paysan russe à conduire la révolution russe. Mais il n'avait pas pris la peine de regarder le paysan dans les yeux et déjà en fait il avait travaillé comme agitateur parmi les ouvriers d'industrie. Ses intuitions pratiques étaient en avance sur sa philosophie[25]. »

Ziv, alors étudiant en médecine, raconte que son ami lui présenta toute l'affaire à partir de la faillite du populisme[26]; de toute façon, une organisation fondée sur les ouvriers semblait relever davantage de la méthode marxiste que du populisme. Ljova la baptise Union ouvrière de la Russie du Sud : c'est à la tradition populiste que ce nom la rattache, puisque, un quart de siècle plus tôt, avait existé à Odessa une organisation clandestine inspirée par elle et animée par des étudiants : elle avait été détruite par la police en 1875 et la plupart de ses dirigeants étaient morts en prison, certains sous la torture, après des souffrances terribles, et leur souvenir était resté vivant dans la région.

C'est Ljova – sous le pseudonyme de Lvov qu'il a adopté, non sans quelque gêne, pour son premier contact avec Moukhine et ses camarades –, qui est le véritable dirigeant et même l'homme-orchestre du groupe. Il a gardé les contacts avec les cercles qu'il a connus à Odessa et cherche à en nouer d'autres. A Nikolaiev, les conditions se révèlent très favorables à l'entreprise, parmi les 10 000 ouvriers, instruits et relativement bien payés, du port et des usines de la ville. Trotsky se souvient dans *Ma Vie* :

« Les ouvriers venaient d'eux-mêmes à nous, comme si nous avions été attendus depuis longtemps dans les usines. Chacun amenait un copain; plusieurs d'entre nous amenèrent leurs femmes; certains ouvriers âgés entrèrent dans nos cercles avec leurs fils. Cependant, ce n'était pas nous qui cherchions les ouvriers; c'étaient eux qui nous cherchaient. Jeunes dirigeants inexpérimentés, nous perdîmes bientôt le souffle dans le mouvement que nous avions soulevé. Le moindre mot avait son écho. A nos leçons et causeries clandestines, qui se faisaient dans les logements, dans les bois, au bord de la rivière, nous réunissions de vingt à vingt-cinq personnes, et quelquefois plus. La majorité se composait d'ouvriers hautement qualifiés, qui gagnaient assez bien leur vie. Aux chantiers maritimes de Nikolaiev, la journée de huit heures était déjà de règle. Les ouvriers de ces ateliers ne se préoccupaient pas de grève; ils cherchaient seulement à établir de la justice dans les relations sociales. Certains d'entre eux se disaient baptistes, sundistes, chrétiens évangéliques. Mais ce n'étaient pas les membres de sectes dogmatiques. S'éloignant simplement de l'orthodoxie, ces travailleurs prenaient le baptisme comme étape d'un court trajet vers le chemin de la révolution. Au cours des premières semaines de nos entretiens, certains d'entre eux usaient encore de formules de sectes chrétiennes et cherchaient des analogies avec le christianisme primitif. Mais presque tous se débarrassèrent bientôt de cette phraséologie que raillaient sans cérémonie de plus jeunes ouvriers [27]... »

« Nous avions parmi les jeunes une élite très cultivée qui avait passé par l'école technique des chantiers de constructions navales. Elle comprenait à demi-mot son moniteur. Ainsi la propagande révolutionnaire s'avéra incomparablement plus facile que nous ne l'avions imaginé. Nous étions surpris et grisés par les exceptionnels résultats de notre travail. D'après ce que nous avions entendu dire de l'activité des militants, nous savions que d'ordinaire le chiffre des ouvriers gagnés à la cause s'exprimait par quelques unités. Un révolutionnaire qui avait persuadé deux ou trois travailleurs comptait cela pour un succès non négligeable. Or, chez nous, le nombre des ouvriers qui s'étaient affiliés à nos cercles ou désiraient y entrer semblait pratiquement illimité. On ne manquait pas de dirigeants. La littérature manquait aussi. Entre moniteurs, on s'arrachait un unique exemplaire archi-usé du *Manifeste communiste* de Marx et Engels, exemplaire manuscrit, copie faite par plusieurs mains à Odessa, comportant bien des lacunes et altérations [28]. »

Tout le groupe des fidèles de Chvigovsky s'est mobilisé pour le succès de l'entreprise; Aleksandra Lvovna les a rejoints dès qu'elle a été informée du développement de l'organisation, et elle dirige un cercle, puisque c'est ainsi que les ouvriers sont regroupés pour lire la presse clandestine, discuter les événements et apprendre. En moins d'une année, l'organisation compte environ 200 membres, essentiellement ouvriers, mais aussi étudiants, dont la majorité ont entre vingt et trente ans mais dont quelques-uns dépassent pourtant la quarantaine.

Très rapidement l'organisation éprouve le besoin de sortir elle-même ses propres publications. Elle se met à produire des tracts et une feuille hectographiée* en 200-300 exemplaires intitulée *Naché Delo* (Notre Cause) [29]. Les tracts dénoncent des conditions locales de travail, des abus de petits chefs, des injustices, commentent les réactions à leurs dénonciations, s'efforcent de suivre l'actualité. Lvov est la pièce maîtresse de cet édifice. Il racontera plus tard :

« J'écrivis des proclamations, des articles; je les recopiais ensuite en caractères d'imprimerie pour l'hectographe. A cette époque, nul n'avait entendu parler de machines à écrire. Je dessinais les lettres avec le plus grand soin. Je me faisais un point d'honneur d'obtenir qu'un ouvrier même presque illettré pût déchiffrer sans peine la proclamation sortie de notre hectographe. Chaque page demandait au moins deux heures de tra-

* L'hectographie est un procédé de reproduction d'un texte qui permet de tirer une centaine d'exemplaires d'un texte dactylographié ou manuscrit avec l'utilisation d'un papier, d'une encre spéciaux et d'alcool. Intermédiaire entre la machine à alcool et la ronéo, l'hectographe permettait une diffusion clandestine limitée.

vail. J'y passais parfois toute une semaine, le dos plié, ne me redressant que pour aller aux réunions et occupations des cercles. Mais quelle satisfaction quand on apprenait des usines, des corporations, comment les mystérieuses feuilles aux lettres violettes avaient été avidement lues, transmises et ardemment discutées par les ouvriers. Ils se représentaient l'auteur des proclamations comme un puissant et mystérieux personnage qui pénétrait dans toutes les usines, savait ce qui se passait dans les corporations, et était en mesure de répondre aux événements, dans les vingt-quatre heures, par des feuilles toutes neuves [30]. »

Max Eastman commente :

« Trotsky sourit un peu du “ pédantisme ” avec lequel il perfectionne son journal, courbé toute la nuit sur sa table comme un coupeur de diamants sur ses joyaux. Il avait peut-être passé sa journée à courir d'un bout à l'autre de la ville pour collecter trois roubles pour acheter l'encre et le papier. Dans la soirée, il avait dirigé une réunion de son cercle. La veille il avait fait son voyage hebdomadaire à Odessa, contribuant à l'organisation locale, faisant des discours, établissant un trait d'union entre les ouvriers des deux villes. Il avait fait un paquet de littérature illégale et avec ça comme oreiller s'était glissé pour son sommeil nocturne sur le pont de troisième classe du petit vapeur qui retournait à Nikolaiev. Dimanche, il avait fait une assemblée générale de l'Union, dans les bois, avec discours, récitations, salutations apportées par un délégué des ouvriers d'Odessa. Lundi, il avait rencontré les organisateurs des divers cercles, expliquant l'organisation, réglant les conflits, arrangeant les moindres détails du travail. Dans l'intervalle, il avait écrit la plus grande partie du journal, réunissant des informations sur le mouvement dans les autres villes, dans les autres pays, faisant une interprétation économique de l'histoire russe, composant des poèmes, écrivant des éditoriaux, fabriquant des dessins en découpant et en combinant les personnages de gravures différentes. Il avait gagné sa vie vaguement aux bizarres moments où il l'avait pu. Et maintenant il allait passer jusqu'au lever du soleil nuit après nuit, imprimant son journal avec son encre et sa plume, faisant chaque exemplaire aussi clair et exquis qu'un livre de prières sur sa machine à miméographier [31]. »

Max Eastman a réussi à lire quelques-unes des proclamations du jeune Lvov. Il a remarqué qu'elles étaient dépourvues de la langue de bois, du sarcasme trop fréquents dans ce genre de littérature :

« Elles parlent directement et chaleureusement, et en fait presque avec tendresse des problèmes des ouvriers et du bel avenir qu'ils peuvent susciter s'ils veulent simplement se réunir dans le courage et l'amitié. [...] On peut lire son cœur, là, dans ces documents simples, les exquises lettres minuscules tracées de sa propre plume, puis miméographiées – patientes, propres, artistiques, apportant les plus grands espoirs à la classe la plus basse [32]. »

Les conditions du travail clandestin de l'époque expliquent en grande partie les difficultés que le groupe semble avoir rencontrées dans ce que Trotsky appellera la « propagande orale ». On ne s'improvise pas orateur du jour au lendemain dans une société où il n'y a pas liberté de parole. Les conférences dans les cercles, en terrain plus sûr, marchent assez bien et contribuent au recrutement, mais Ljova se désespère de ne pas « bien parler ».

Les fondateurs de l'Union n'avaient pas voulu constituer une organisation purement locale et cherchaient même systématiquement à l'élargir à d'autres villes. Odessa est évidemment au centre de leurs relations, et Lvov s'y rend régulièrement, en bateau et de nuit, pour ne pas perdre de temps. Les relations nouées à la Bibliothèque publique d'Odessa avec l'ouvrier imprimeur Polak font date dans l'histoire du groupe, puisqu'elles permettent à Lvov de rapporter à Nikolaiev une valise entière de brochures illégales éditées à l'étranger, dont la diffusion parmi les ouvriers de Nikolaiev vaut un prestige renouvelé aux jeunes dirigeants.

Tous les témoins de l'activité du jeune Bronstein dans l'Union de Nikolaiev s'accordent à reconnaître son rôle capital dans le développement de cette organisation, dont il se fallut de peu qu'elle participât à la fondation clandestine du Parti ouvrier social-démocrate russe : elle avait en effet acquis en quelques mois une réputation plutôt solide. Même le très malveillant Ziv mentionne « son activité inlassable », « son énergie inépuisable », « son inventivité dans tous les domaines [33] ». A.L. Sokolovskaia, des années plus tard, confie à Max Eastman qu'elle n'a rencontré personne qui fût « aussi intégralement et totalement dévoué à la révolution [34] ».

Au début des années vingt pourtant, le témoignage de Ziv, antibolchevique émigré à New York, sonne un peu différemment. Il assure en effet que « s'élever au-dessus des autres, être partout et toujours le premier [...] fut toujours la nature fondamentale et la personnalité de Bronstein », et que « la révolution et son moi coïncidèrent [35] ».

> « Les ouvriers l'intéressaient en tant qu'objets indispensables de son action, de son activité révolutionnaire; ses camarades l'intéressaient en tant que moyens grâce auxquels il pouvait manifester son action révolutionnaire : il aimait les ouvriers, il aimait ses camarades d'organisation parce qu'en eux, c'est lui-même qu'il aimait [36]. »

Ziv affirme aussi que Bronstein lui avait confié à cette époque que « les ouvriers le prenaient pour Lassalle » – le socialiste allemand contemporain de Marx, mort en duel – et assure que « son rêve caché » était d'être « le Lassalle russe [37] ». Il n'est pas discutable que le jeune Ljova fut attiré par la brillante personnalité romantique de Lassalle; pour le reste, son vieux camarade Ziv donne ici un témoignage trop précis et trop malveillant pour n'être pas suspect.

Le genre biographique ayant ses propres pesanteurs, il s'est trouvé un auteur qui, sans dissimuler l'hostilité de Ziv à Lassalle, a cru pouvoir utiliser ses affirmations en les atténuant quelque peu. C'est en s'appuyant sur Ziv qu'Isaac Deutscher écrit :

« L'ego de Bronstein dominait toute sa conduite, mais la révolution dominait son ego [38]. »

Indéniablement séduit par un propos riche de virtualités et se prêtant aux effets littéraires, il poursuit en écrivant que Trotsky « aimait les ouvriers, aimait ses camarades [...] parce qu'en eux, c'est lui-même qu'il aimait [39] ». Reprenant le thème de Lassalle, il fait du « rêve caché » de Ziv une réalité incontestable. Il assure que Lassalle fut « le héros qui inspira » Trotsky « plus que tout autre » et que « la forte impression » qu'il lui fit résultait d'une « affinité incontestable » ainsi que « la grandeur, le brillant, le drame » de la vie de Lassalle qui ne pouvaient qu'« enflammer l'imagination du jeune Bronstein »... Et de conclure prudemment et non sans ambiguïté :

« S'il faut en croire Ziv, il jurait qu'il deviendrait le Lassalle russe. Le jeune homme n'avait aucune disposition pour la modestie, fausse ou réelle. Il ne cachait ni ses défauts, ni ses ambitions. Il avait l'habitude de penser, de rêver et de s'abandonner tout haut à ses songes ambitieux [40]. »

En ce qui me concerne, je ne suivrai pas Ziv dans la connaissance des rêves cachés de son personnage. Tous les témoins sont d'accord pour placer au centre de la personnalité de Lev Davidovitch Bronstein son dévouement à la révolution. Expliquer ce dévouement par l'égocentrisme et le souci de sa propre image ramènerait le phénomène révolutionnaire lui-même à une somme de hasards individuels. Comme l'a démontré Michel Kehrnon [41], il n'y a aucune raison de faire confiance à Ziv et à ses rancunes après leur dernière rencontre américaine : Ljova était devenu l'un des chefs de la révolution et Ziv un obscur émigré.

Je préfère décidément Eastman, parce qu'il aimait Trotsky, parce qu'il a interrogé plusieurs témoins, parce qu'il n'était pas partie prenante dans une pose pour l'Histoire. Il a été incontestablement impressionné par tout ce qu'on lui a dit sur les rapports de couple de Lev Davidovitch et Aleksandra Lvovna :

« Sa personnalité, écrit-il, s'était inclinée devant cette marxiste belle et menue, devant sa sagesse. Il l'aimait et s'était détourné de tout autre objectif auquel se dévouer, sauf elle et la révolution. Elle était bien différente de lui, rayonnant du sérieux de sa foi alors qu'il étincelait de sa gloire, respectant instinctivement toute personnalité et ne la noyant pas sous la force de la sienne. Posée et le regard chaleureux, douée de toutes les qualités de la gentillesse, elle était la jeune mère bien-aimée de tous les ouvriers de l'organisation [42]. »

Le marxisme auquel elle a gagné Ljova, celui qu'il fait sien au temps de ses vingt ans, n'est pas, écrit Eastman, cette doctrine que rallient tous ceux qui cherchent à nier les valeurs les plus précieuses de la vie. Au contraire. Il est la méthode qui permet d'affronter la réalité concrète des faits, afin de pouvoir poursuivre et de continuer à construire précisément « les valeurs les plus précieuses de la vie [43] ».

Après avoir recueilli des témoignages qui, en ces années où il mena l'enquête, se bousculaient devant le biographe, Eastman poursuit en soulignant que Trotsky a « quelque chose d'un volcan » :

> « Il serait une personne souriante, disciplinée, très raisonnable et coopérative, mais si quelque chose soulève son indignation et qu'il commence à cracher le feu, alors, il crachera le feu sans aucune modestie ni considération pour la dimension du paysage. Le sens du Bien et du Mal de Trotsky est aussi arrogant que celui du Christ, et n'est pas tempéré par un grand amour pour ses ennemis. Mais pour ceux avec qui il vit et travaille, pour les masses de ce monde, sa volonté, si irréfléchie qu'elle soit dans sa force, a le sens de donner, non de prendre [44]. »

Il souligne, pour en finir avec ce bref portrait, que cet homme, né « avec un excès de confiance en lui-même », n'en est pas moins remarquablement modeste en ce sens qu'il se voit lui-même comme tout un chacun. Quant à sa soif d'apprendre :

> « Il savait qu'il ne savait rien. [...] Esprit de qualité, sachant distinguer ce qu'il sait et ce qu'il ne sait pas, c'est ce qui, avec un désir dominateur et impérieux d'exceller, fait de lui un éternel jeune homme, un homme qui ne peut cesser de grandir [45]. »

***

On peut légitimement s'interroger sur le fait qu'il ait fallu de longs mois à la police de Nikolaiev avant de mettre la main sur les gamins qui se réunissaient régulièrement dans la pépinière – le mot est délibérément utilisé dans son double sens, propre et figuré – de Chvigovsky. Les policiers ne se faisaient vraisemblablement aucune illusion quant au contenu général des discussions et aux colorations des idées qu'on y brassait. Mais peut-être n'étaient-ils pas capables d'imaginer que ces gamins ainsi repérés allaient d'eux-mêmes passer à l'organisation et au recrutement dans les usines. Peut-être ne concevaient-ils pas qu'ils pussent être autre chose que les simples instruments d'hommes plus âgés, tirant leurs ficelles en coulisses : probablement ont-ils perdu du temps à repérer d'autres éléments de la filière dans l'espoir d'attraper de plus gros poissons.

Toujours est-il que, combinant filatures et surveillances, la police de Nikolaiev en vint rapidement à connaître les grandes lignes de l'organisation et à y nouer, par le chantage et les menaces, des liens avec certains des clandestins qui acceptèrent de la servir, après une interpellation. Découvrant qu'ils étaient filés et surveillés en permanence, ayant réussi par ailleurs à démasquer dans leurs rangs un indicateur, les jeunes dirigeants de l'Union décidèrent alors de s'éloigner par prudence [46] après avoir pris la décision héroïque de revenir se livrer au cas où il y aurait des arrestations, afin qu'on ne puisse faire croire aux ouvriers que les « chefs » les avaient abandonnés à l'heure du danger.

Ljova n'alla pas très loin, puisqu'il se rendit dans la maison familiale à Yanovka, afin de préparer le prochain numéro du journal [47]. Il quitta la maison de ses parents le 27 janvier 1898 pour rejoindre la cabane de Chvigovsky, où avait été fixé le lieu du rendez-vous. Il y retrouva Maria Lvovna, la sœur d'Aleksandra, qui lui apprit l'arrestation de l'un des frères Sokolovsky. Après avoir discuté une nuit durant sur la conduite à suivre, Chvigovsky, Maria Lvovna et Ljova lui-même furent arrêtés au petit matin par la police, dans la cabane de Chvigovsky, entre Yanovka et Nikolaiev [48].

Ainsi, après une jeunesse finalement privilégiée et même particulièrement favorisée pour un enfant de famille juive dans la Russie tsariste et des études en définitive enrichissantes, le jeune homme s'engageait-il brusquement dans un univers tout différent, celui que connaissaient déjà ou allaient connaître tous les révolutionnaires de sa génération.

Son université allait se dérouler en prison et en déportation, et il n'y était pas le seul. Il ferait désormais partie de ceux que Max Eastman appelle les membres d'un « ordre noble », hommes et femmes dont l'héroïsme est reconnu, comme les Chevaliers de la Table Ronde ou les Samouraï, mais dont les lettres de noblesse sont inscrites dans l'avenir et non dans le passé :

> « Trotsky appartenait à cet ordre noble et ses années de prison ne furent qu'une fraction de l'expérience requise. Elles en firent un membre de ces classes opprimées dont il s'était fait le champion de la cause. Il ne serait plus désormais un " agitateur du dehors ". Il n'y aurait pas d'excès de sympathie dans son sentiment de révolte. Il pourrait haïr le tyran à son propre compte et combattre pour son propre droit à la liberté [49]. »

CHAPITRE III

L'université de la prison et de l'exil [1]

Le jeune homme de dix-huit ans qu'une voiture de gendarmes emporte au matin du 28 janvier 1898 vers la prison de Nikolaiev est un criminel d'État. En neuf mois, il a organisé dans cette ville plus de deux cents ouvriers – dont vingt-deux sont sous les verrous en même temps que six « intellectuels » – dans une conspiration criminelle se fixant comme objectif le renversement du régime existant et l'expropriation de la classe capitaliste [2]. Ce n'est pas diminuer son originalité, son courage ni son dévouement que de constater qu'il s'est conformé, ce faisant, au mouvement d'une génération entière d'hommes et de femmes qui, dans tout l'empire du tsar, s'étaient lancés à l'assaut du vieux monde. Ils allaient vivre leur première révolution sept ans plus tard et leur première révolution victorieuse moins de vingt ans après. Pour ceux-là, la prison et l'exil étaient l'université révolutionnaire. Ce fut le cas aussi pour le jeune Lev Davidovitch Bronstein.

Les trois premières semaines de ces années s'écoulent pour lui dans la prison de Nikolaiev. Il se retrouve dans une cellule avec un autre détenu qu'il identifie au bout d'un certain temps, comme un politique, un jeune ouvrier relieur du nom de Micha Yavitch. Laissons-lui la parole :

> « La pièce était très grande, elle aurait pu loger trente personnes, elle n'était pas du tout meublée, elle était à peine chauffée. Il y avait à la porte un grand guichet, donnant sur un corridor qui s'ouvrait directement sur la cour. C'étaient alors les grandes gelées de janvier. Pour la nuit, on nous mettait sur le plancher une paillasse que l'on remportait à six heures du matin. C'était un supplice que de se lever et de s'habiller. En paletot, coiffés de nos bonnets, chaussés de caoutchoucs, nous nous asseyions avec Yavitch, épaule contre épaule, sur le sol et, nous adossant au poêle à peine tiède, nous rêvions et somnolions une heure ou deux. C'était probablement le meilleur moment de la journée. On ne nous appelait pas à l'interrogatoire. Nous courions d'un coin à l'autre pour nous réchauffer, nous livrant à nos souvenirs, à nos conjectures, à nos espérances. J'entrepris d'étudier avec Yavitch. Ainsi s'écoulèrent trois semaines [3]. »

On peut relever qu'il n'y a ni interrogatoire ni enquête. La police sait à peu près tout et ne se soucie pas de perdre du temps avec des jeunes déjà neutralisés. En revanche, pendant qu'on les tient, on peut toujours essayer de les briser. Et c'est sans doute ce qui est recherché avec le transfert de Ljova dans l'isolement absolu de la prison de Kherson, trois semaines après son arrestation. Il raconte, dans *Ma Vie* :

> « L'édifice était encore plus ancien que celui de Nikolaiev. La cellule était vaste, mais sa fenêtre était étroite, aveuglée par une lourde grille qui laissait à peine passer la lumière. Mon isolement était complet, absolu, sans le moindre allégement. Pas de promenades, pas de voisins. Par la fenêtre calfeutrée pour l'hiver, on ne voyait rien. Je ne recevais aucune communication du dehors. Je n'avais ni thé ni sucre. La soupe des détenus était distribuée une fois par jour, à l'heure du dîner. La portion de pain de seigle avec du sel me servait de déjeuner et de dîner. Je monologuais longuement, me demandant si j'avais le droit d'augmenter la portion du matin au détriment de celle du soir. Les motifs que j'avais trouvés dans la matinée me semblaient, le soir, absurdes et criminels. En soupant, je détestais celui qui avait déjeuné le matin. Je n'avais pas de linge de rechange. Pendant trois mois, je portais les mêmes dessous. Je n'avais pas de savon. Les parasites qu'on trouve en prison me dévoraient. Je m'imposais de faire en diagonale mille cent onze pas. J'allais alors avoir dix-neuf ans. Mon isolement était si absolu que je n'en ai connu de pareil nulle part, bien que j'aie passé par une vingtaine de prisons. Je n'avais pas un seul livre, pas de crayon, pas de papier. La cellule n'était pas ventilée. Je pouvais juger de l'air qu'on y respirait par la grimace du chef-adjoint qui venait parfois me voir [4]. »

Toujours pas d'interrogatoire. Il n'en est pas de même – mais il l'ignore – pour certains autres membres de l'organisation clandestine qui sont soumis à la torture. Il n'a pas de voisins et ne peut entrer en communication avec personne. Il ne peut que traverser et retraverser sa cellule en diagonale, en comptant ses pas, faisant et apprenant par cœur des vers, notamment des versions nouvelles des paroles de chansons très populaires. Il refait des paroles « prolétariennes » à une célèbre chanson populiste, des vers, dit-il, « de qualité fort médiocre », qui connaîtront une certaine vogue à l'époque révolutionnaire. Le jeune homme a beau être déterminé, sûr de lui et du choix qu'il a fait pour la vie, il connaît l'angoisse, « la cruelle angoisse de la solitude [5] », dit-il.

Et puis, comme le régime tsariste est un abolutisme tempéré par la corruption, un soir, les surveillants lui apportent du linge propre, une couverture, un oreiller, du pain, du thé, du sucre, du jambon, des conserves, des pommes, des oranges, de la confiture, un savon et un peigne. Le chef-adjoint lui dit que c'est sa mère qui a apporté tout cela, et il comprend à son ton que les responsables de la prison n'ont pas été oubliés [6].

C'est peu après au bout de trois mois et demi à Kherson qu'il est à nouveau transféré, cette fois par bateau, à la prison d'Odessa, une prison moderne dont il parle dans *Ma Vie*, se contentant d'indiquer qu' « après Nikolaiev et Kherson », elle lui « parut idéale ». Mais Max Eastman cite assez longuement ce qu'il lui a écrit à son sujet :

> « La prison d'Odessa représentait, vous le savez, le dernier cri de la technique américaine. C'était une prison de confinement solitaire contenant plusieurs centaines de cellules individuelles. Chaque aile comportait quatre étages et une galerie métallique courait le long de chaque étage, ces galeries se rejoignant par un système d'escaliers métalliques. Brique et métal, métal et brique.
>
> « Les pas, les coups, les mouvements résonnent nettement dans tout le bâtiment. Les lits attachés au mur se replient dans la journée et sont baissés la nuit. On entend distinctement son voisin qui abaisse ou qui relève son lit. Les gardiens de la prison se signalent les uns aux autres avec leurs clés de métal sur les rampes métalliques des galeries. Ce bruit, on l'entend presque continuellement toute la journée. Les pas dans les galeries métalliques, on les entend aussi distinctement aussi bien que ceux de la porte à côté et en dessous et au-dessus. On est entouré par le bruit ininterrompu et le tintement de la brique, du ciment, du métal. Et en même temps on est totalement isolé [7]. »

En fait, il existe des communications, et le jeune détenu s'en aperçoit très vite. Au mois de mai, lorsqu'il arrive, on commence à ouvrir les fenêtres et, en montant sur leurs tables, les prisonniers peuvent se parler, en dépit de l'interdiction formelle qui leur en est faite et des sanctions qui tombent de temps en temps. Quant à l'alphabet des prisons – une sorte de morse pour taper sur les murs –, le jeune prisonnier l'a appris du temps qu'il était en liberté, mais les autres détenus ne le connaissent pas. Après quelques semaines, un voisin de cellule se distingue par son insistance à taper, par la méthode la plus primitive, en donnant à chaque lettre le chiffre qui correspond à sa place dans l'alphabet. Et il découvre, à sa grande stupeur et évidemment beaucoup de joie, que l'homme n'est autre que l'un de ses compagnons de jardin des idées, l'un des frères Sokolovsky, arrêté au même moment que lui et qui vient aussi de passer environ deux mois à la prison de Kherson. Au bout de deux semaines, les deux compères découvrent même la possibilité de communiquer plus facilement encore et directement en enlevant une seule brique dans le mur [8]. Ils peuvent se voir, se serrer la main, se remettre des notes, échanger des livres. La vie collective, l'échange des idées reprennent, l'isolement est terminé. La vie « universitaire » commence.

C'est à la prison d'Odessa que Ljova est enfin informé complètement sur son affaire. Il apprend la liste exacte de ses camarades emprisonnés, l'arrestation d'Aleksandra Lvovna, revenue d'Elisavetgrad en recevant la nouvelle. Il sait aussi qu'après dix mois la fonte des neiges et la fauche de l'herbe, la police a remis la main sur la serviette, sommairement cachée chez Chvigovsky et qui contenait tout le matériel concernant l'organisation et son journal. C'est aussitôt après qu'a lieu l'enquête, et le lieutenant de police Dremliouga vient dans la prison interroger les détenus. Les révolutionnaires n'ont pas encore pour consigne de refuser de répondre, et Bronstein donne une déclaration écrite qui vise à innocenter Chvigovsky. Tous les membres de l'Union qui se trouvent à la prison d'Odessa se sont mis d'accord pour leurs réponses à l'enquête. Le lieutenant de police, d'ailleurs, ne pousse pas et se contente d'interroger deux fois Bronstein sur l'activité de l'organisation.

C'est dans les premiers jours de son séjour en prison, probablement à Nikolaiev, que le jeune homme a dû reconnaître devant lui-même qu'il a été enfin convaincu et qu'il est devenu marxiste. Bien entendu, il a gardé l'information pour lui jusqu'à Odessa. A sa grande surprise, Chvigovsky a été le seul à accueillir fraîchement la nouvelle d'une conversion qu'il n'approuve pas. Les autres, les jeunes, sont d'accord, se sont déjà ralliés ou vont le faire [9]. Mais il lui reste à vérifier, à éprouver, à appliquer la méthode du matérialisme dialectique à une question idéologique complexe. C'est à quoi il va employer d'abord son activité intellectuelle.

Dans les premiers mois de son séjour, il ne peut recevoir de livres venus de l'extérieur et doit se contenter de ceux que lui propose la bibliothèque de la prison et que lui apporte le sous-officier de police Oussov, responsable de l'aile des prisonniers politiques. Il écrit à ce sujet :

> « Elle consistait principalement en revues de religion et d'histoire, d'esprit conservateur et datant de nombreuses années. Je les étudiais avec une inlassable activité. Je connus toutes les sectes et toutes les hérésies des temps anciens et de l'époque contemporaine, les privilèges particuliers à invoquer contre le catholicisme, le protestantisme, le tolstoïsme, le darwinisme [10]. »

Il se passionne pour les recherches sur les diables et les démons, Satan et son royaume, sur le paradis, mais aussi pour les polémiques contre Voltaire, Kant, Darwin, et découvre avec une stupeur ravie l'univers de la pensée théologique qu'il n'avait jamais abordé auparavant. En même temps, il se passionne pour l'histoire de la prison inscrite en signes à peine perceptibles par les prisonniers précédents entre les lignes ou dans les marges.

Quand il est autorisé à recevoir des livres de l'extérieur, il se fait apporter par sa sœur les Évangiles en anglais, allemand, français et italien, et leur lecture parallèle le perfectionne autant dans sa connaissance de l'Évangile que celle de ces quatre langues. Parmi les autres livres qu'il dévora dans sa prison d'Odessa, il cite, dans une lettre à Max Eastman, « Darwin, une collection complète des œuvres de Mikhailovsky, Plékhanov – *Vers le développement d'une théorie moniste de l'histoire* –, Antonio Labriola sur le matérialisme historique, beaucoup de livres sur la franc-maçonnerie et en relation avec eux sur l'histoire des guildes au Moyen Age et des conditions sociales aux XVIIe et XVIIIe siècles [11] ». Il poursuit, soulignant le rôle joué par Darwin dans sa formation, à une époque où il ne pouvait lire Marx :

« Dans la prison d'Odessa, je sentis sous mes pieds comme un terrain scientifique solide. Les faits commençaient à s'établir en un système solide. L'idée de l'évolution et du déterminisme – c'est-à-dire l'idée d'un développement graduel conditionné par le caractère du monde matériel – prit totalement possession de moi.

« Darwin était pour moi comme le puissant gardien de l'entrée du temple de l'univers. J'étais grisé par sa pensée minutieuse, précise, consciencieuse et en même temps puissante. Je fus d'autant plus étonné quand je lus dans un des livres de Darwin, son autobiographie, je crois, qu'il avait gardé sa croyance en Dieu. Je me refusai totalement à comprendre comment une théorie de l'origine des espèces par la voie d'une sélection naturelle et sexuelle, et la croyance en Dieu pouvaient coexister dans une seule et même tête [12]. »

Dans *Ma Vie,* il explique :

« Je résistai relativement longtemps au matérialisme historique, m'en tenant à la théorie de la multiplicité des facteurs historiques qui est, jusqu'à présent, on le sait la théorie la plus répandue dans la science sociale. Des gens disent des divers aspects de leur activité sociale que ce sont des facteurs, ils donnent à ce concept un caractère super-social, et ensuite ils expliquent superstitieusement leur propre activité sociale comme un produit de l'action mutuelle de ces forces indépendantes. D'où viennent ces facteurs, c'est-à-dire dans quelles conditions se sont-ils développés depuis l'humanité primitive? L'éclectisme officiel s'arrête à peine à cette question. Je lus avec enthousiasme dans ma cellule, deux essais bien connus du vieil hégélien italien Antonio Labriola*, marxiste aussi, qui avaient pénétré en français dans la prison. [...] Sous l'éclatant dilettantisme de son exposé, il y avait de véritables profondeurs. Il réglait magnifiquement son compte à la théorie des multiples facteurs qui peuplent l'Olympe de l'Histoire et qui, de là, gouvernent nos destinées. Bien qu'il se soit écoulé trente ans depuis que j'ai lu ses *Essais,* la marche générale de sa pensée est restée fixée dans ma mémoire comme un refrain : " Les idées ne tombent pas du ciel. " Après cela, les théoriciens russes de la multiplicité et de la diversité des facteurs, Lavrov, Mikhailovsky, Kareiev et d'autres m'ont paru sans force [13]. »

Déjà la lecture des sociologues et anthropologues Gumplowitz et Lippert l'avait familiarisé avec le vocabulaire du positivisme et du matérialisme philosophique. Il avait été fortement marqué par la lecture de Tchernychevsky, dont le système était tout entier édifié sur une base matérialiste. Comme le note D.K. Rowney, Trotsky savait probablement ce qu'il avait entre les mains et ce qu'il en attendait en prenant le livre de Labriola. Trente années plus tard, il n'a pas oublié la formule : « Les idées ne tombent pas du ciel [14]. » Il est persuadé, au terme de ce travail, qu'une étude attentive et honnête de la réalité économique, sociale, politique permet non seulement de comprendre et d'expliquer mais aussi de prédire et, mieux encore, de savoir comment modifier le cours des choses et intervenir dans son déroulement.

* Il s'agit sans doute de deux ouvrages en français, *Matérialisme historique* et *A la mémoire du Manifeste communiste.*

Il lui restait cependant à se soumettre à l'épreuve, à tester l'outil récemment forgé dans l'étude d'un problème historique suffisamment complexe. L'intérêt contracté dans la lecture de revues théologiques va lui en donner l'occasion. Pendant une année entière, il travaille sur la franc-maçonnerie, dépouillant systématiquement revues et livres de tout bord, utilisant un cahier de mille pages numérotées au long desquelles il copie des passages empruntés aux documents qu'il lit, intercalant ses propres réflexions, de sa très fine écriture, sur la franc-maçonnerie et aussi sur la conception matérialiste de l'Histoire. Il cherche au fond à arriver à expliquer ce phénomène social passablement complexe au moyen de la méthode historico-critique qu'il pense avoir découverte dans Labriola. Il évoque dans *Ma Vie* ses interrogations :

> « Pourquoi, dans quel but, des commerçants et des artistes, des banquiers, des fonctionnaires et des avocats avaient-ils décidé depuis le début du XVIIe siècle de s'appeler *maçons*, reconstituant le rituel d'une corporation du Moyen Age? D'où venait cette étrange mascarade? Peu à peu le tableau devenait clair pour moi. La corporation d'autrefois n'avait pas été seulement un groupement de production; elle avait été aussi une organisation avec sa personnalité morale et ses mœurs. [...] La dissolution d'une économie corporative marquait la crise morale d'une société qui venait à peine de laisser derrière elle le Moyen Age. La nouvelle morale se définissait beaucoup plus lentement que ne se détruisait l'ancienne. De là cette tentative si fréquente dans l'histoire humaine pour conserver les formes de la discipline morale sous lesquelles le processus historique a depuis longtemps sapé les bases sociales et, dans le cas envisagé, les bases corporatives de la production [15]. »

Passionné par son travail, il se procure des cahiers de contrebande, où il copie et qu'il envoie dans les autres cellules et que ses compagnons discutent. Presque trente ans plus tard, il porte sur ce premier gros travail de sa plume un jugement favorable :

> « Vers la fin de mon séjour à la prison d'Odessa, le gros cahier, vérifié par le brigadier de gendarmerie Oussov et revêtu de sa signature, était devenu un véritable trésor d'érudition historique et de profondeur philosophique. Je ne sais si on pourrait l'imprimer maintenant tel qu'il a été écrit. J'avais appris trop de choses à la fois concernant divers domaines, diverses époques, divers pays et je crains d'avoir voulu en dire beaucoup trop dans mon premier ouvrage. Mais je pense que les idées essentielles et les déductions étaient justes. Alors déjà je me sentais suffisamment solide sur mes jambes et ce sentiment devenait plus fort à mesure que le travail avançait [16]. »

Le manuscrit a été définitivement perdu. Nul doute que ce soit une perte pour l'historien.

Les sévères conditions de son incarcération des premiers mois, à Nikolaiev et Kherson, avaient donné à l'arrestation et à la détention un caractère tragique, durement ressenti par la famille. Il se souvient :

« Pour les entrevues avec la parenté, les détenus entraient dans d'étroites cages de bois qui étaient séparées des visiteurs par deux grilles. A sa première visite, mon père s'imagina que, durant tout le temps de ma détention, je serais forcé de rester dans cette boîte étroite. Un frémissement le priva de la parole. A mes questions, il ne répondait que par un remuement de ses lèvres blanches [17]. »

La vie reprend pourtant bientôt le dessus, et quand le jeune prisonnier fait connaître son intention d'épouser en prison Aleksandra Lvovna, le père autoritaire télégraphie au ministre de la Justice à Saint-Pétersbourg pour lui dire qu'il s'oppose de son droit paternel au mariage de son fils mineur [18].

Les événements de l'extérieur sont connus en prison, souvent de façon fragmentaire voire déformée. Les prisonniers d'Odessa ont appris dans la joie la constitution à Minsk, le 1er mars 1898, du Parti ouvrier social-démocrate russe par neuf délégués, presque aussitôt arrêtés par la police. Ils ont également entendu parler de la guerre des Boers, qu'ils ne comprennent guère. Trotsky raconte aussi :

« L'affaire Dreyfus qui atteignait, à ce moment, son point culminant, nous saisissait de temps à autre par son caractère dramatique. Un jour courut parmi nous le bruit qu'en France un coup d'État avait eu lieu et que la royauté était rétablie. Nous fûmes pris d'un sentiment d'opprobre indicible. Les gendarmes, inquiets, couraient par les corridors et les escaliers de fer pour mettre fin aux frappements et aux cris. Ils s'imaginaient que nous étions encore mécontents d'un dîner fait avec des provisions peu fraîches. Mais non, le quartier politique protestait violemment, contre la restauration de la monarchie en France [19]. »

C'est au terme de presque deux années de détention que le sort des prisonniers en préventive fut réglé. Le crime de Bronstein était suffisant pour lui valoir devant un tribunal une condamnation formelle à vingt ans de travaux forcés dans les mines. Mais le régime ne tenait pas à la publicité que faisaient aux révolutionnaires des procès, forcément peu ou prou publics. Les inculpés de l'affaire de l'Union des ouvriers de la Russie du Sud en bénéficièrent : Bronstein et trois autres furent condamnés administrativement à quatre années d'exil, d'autres à des peines plus courtes, quelques-uns furent même relâchés. Les années et mois de prévention ne comptaient pas. Bientôt, en novembre 1899, ils se retrouvaient tous dans les locaux administratifs de la prison pour un nouveau départ : Bronstein et Aleksandra, les frères Sokolovsky, Chvigovsky, Ziv, Moukhine. Direction : la Sibérie, *via* Kiev, Koursk et Moscou.

La prison Bourtyka de Moscou les garde six mois. Les prisons sont surpeuplées de vieux comme de jeunes révolutionnaires, d'intellectuels et d'ouvriers, de plus en plus nombreux. La vie intellectuelle y est intense, les informations plus fraîches, les livres récents accessibles. Bronstein entend pour la première fois le nom de Lénine et, surtout, a la possibilité de lire son livre récent sur *Le Développement du Capitalisme en Russie.* Il est également informé de la « bernsteiniade », le débat qui divise les social-démocrates allemands et oppose les marxistes orthodoxes, à travers Kautsky et Rosa Luxemburg, aux révisionnistes qui se réclament de Bernstein dont le livre sur *Les Prémisses du Socialisme* circule de cellule en cellule, sans susciter évidemment beaucoup de vocations révisionnistes : l'abandon de la perspective révolutionnaire ne séduit pour le moment personne dans les prisons russes, tant la politique de « réforme » paraît invraisemblable. Bronstein est toujours aussi actif et bouillonnant de projets. Il continue à lire énormément, rédige et réussit à faire sortir de la prison une brochure sur le mouvement ouvrier à Nikolaiev, qui sera publiée en exil.

L'unique témoignage que nous ayons de son comportement en prison émane de Ziv, qui le décrit chaleureux, affectueux et même sentimental envers ses camarades, galant et prévenant avec les femmes, donnant l'exemple en raccommodant lui-même son linge, alors que ses compagnons laissent volontiers ce travail aux femmes prisonnières [20]. Il le montre aussi en organisant avec bravoure et panache une protestation collective de refus de se découvrir la tête en présence du gouverneur, ce qui lui vaut le cachot et un immense prestige [21].

C'est à la prison de transfert de Moscou que le jeune prisonnier se marie, ou plutôt se fait marier avec Aleksandra Lvovna par un rabbin aumônier. Que représente à l'époque ce mariage, la régularisation d'une liaison, une décision d'ordre politique pour peser sur la destination? Un mariage entre déportés peut avoir bien des significations, mais nous savons que les jeunes gens se sont aimés. Dans *Ma Vie,* Trotsky se contente d'écrire :

> « Aleksandra Lvovna avait occupé une des premières places dans l'Union de la Russie méridionale. Son profond dévouement au socialisme et sa complète abnégation de tout intérêt personnel lui avaient fait une autorité morale incontestable. Le travail en commun nous lia étroitement. Pour ne pas être séparément déportés, nous nous mariâmes au dépôt de Moscou [22]. »

Il semble qu'en dernière analyse ce mariage ait finalement consacré une liaison amoureuse elle-même née au terme d'une relation politique orageuse et conflictuelle. Max Eastman, en tout cas, qui a parlé de cette époque avec l'un comme l'autre, précise que ce mariage n'eut pas lieu « parce que Trotsky et Aleksandra Lvovna avaient besoin des bénédictions d'une Église ou des lois sur leur amour [23] ». Bientôt naîtra une petite Zinaïda et, deux ans après, sa petite sœur Nina.

C'est au printemps 1900 que les Bronstein et leurs compagnons commencent le long voyage vers l'Est qui les conduira en Sibérie, où, après de longues « stations » dans les prisons d'Irkoutsk et d'Aleksandrovsk, ils sont embarqués, à la fin d'août, dans un convoi de barges, chargées de prisonniers et de gardes, qui descend la Léna, « grande voie fluviale de la déportation », en direction du cercle arctique. Le convoi dépose Lev Davidovitch et Aleksandra Lvovna à l'ancienne base de chercheurs d'or d'Oust-Koust, bourg sinistre marqué par l'ivrognerie et où Ljova entreprend la lecture du *Capital* de Marx tout en chassant les blattes qui s'enhardissent jusqu'à escalader le livre entre ses mains.

Le gouverneur d'Irkoutsk accorde libéralement les permissions de changer de résidence, et le couple en profite pour s'établir plus à l'est, sur les bords de l'Ilim, à Nijni-Ilinsk, où Ljova trouve un emploi de comptable chez un marchand de fourrures illettré et millionnaire qui lui offre de vivants sujets de réflexion sur la combinaison entre l'arriération du pays et le développement capitaliste. A la suite d'une grosse erreur comptable de sa part, il demande son compte et le couple repart en traîneau – on est en plein hiver – avec la petite Zinaïda, qui a alors dix mois.

Les jeunes gens ne restent pas beaucoup plus longtemps à Oust-Koust et obtiennent l'autorisation d'aller résider un peu plus au sud, à Verkholensk. Ils y trouvent une petite maison dans laquelle ils connaissent un confort relatif. Il y a, sur place, une forte colonie de déportés et de bonnes relations postales avec Irkoutsk.

Après les années d'isolement et la transition de la reprise d'un travail collectif à la prison de transfert de Moscou, c'est, de nouveau, pour les jeunes militants exilés, le contact avec un milieu intellectuel vivant et nourricier, la reprise des débats d'idées. En devenant marxiste, le jeune Bronstein n'a pas seulement réglé pour lui-même la question de l'hégémonie du prolétariat dans la révolution russe à venir : il s'est, sans le savoir, impliqué dans la nouvelle discussion entre les marxistes russes.

Il va le découvrir quand, comme d'autres déportés, il sera contacté à Verkholensk par l'Union sibérienne, organisation social-démocrate clandestine qui rayonne à partir d'Irkoutsk, en recrutant notamment parmi les travailleurs des chemins de fer. Il reçoit désormais du matériel clandestin de l'Union et collabore à son élaboration, écrivant tracts et brochures. Surtout, ses camarades d'Irkoutsk lui font parvenir journaux et textes qui sont les signes du début d'une période nouvelle, celle de la vraie naissance d'un Parti ouvrier social-démocrate en Russie : des exemplaires sur papier ultra-fin, cachés dans les reliures de livres, du journal l'*Iskra*, édité en émigration, ainsi que la brochure de Lénine intitulée *Que faire?*.

L'*Iskra* est née hors de Russie de la jonction entre les noyaux des deux générations marxistes russes : celle du groupe pour la Libération du Travail, fondé en 1883 par G.V. Plékhanov, Véra Zassoulitch et P.B. Akselrod, et celle de la Ligue d'émancipation de la classe ouvrière, fondée en 1895 dans l'empire tsariste par Iouli Martov et V.I. Lénine. C'est le 24 décembre 1901 que ces militants ont publié à Stuttgart le premier numéro de ce journal dont le titre russe se traduit par *l'Étincelle* et qui porte cette épigraphe ambitieuse : « De l'étincelle jaillira la flamme. » Son objectif déclaré est « de concourir au développement et à l'organisation politiques de la classe ouvrière ». Il s'agit en fait d'apporter l'élément de centralisation qui a jusqu'à présent manqué dans les tentatives de construire un parti dans l'empire : l'*Iskra* veut être un « journal organisateur », proposant programme et plan d'action, mots d'ordre politiques et directives pratiques, créant en quelque sorte le parti d'en haut, considérant les organisations locales comme un champ d'action, cherchant à constituer un appareil central, cadre unifié surmontant les particularismes.

Lénine développe les arguments en faveur de cette stratégie de construction du parti dans *Que Faire?*, également publié à Stuttgart. Toute sa vigueur de polémiste y est tournée contre ceux des social-démocrates qu'il baptise « économistes », pour lesquels il n'y a rien d'autre à faire, dans les conditions russes, que de « soutenir la lutte économique du prolétariat et participer à l'activité de l'opposition libérale ». Lénine préconise, au contraire, la construction d'un parti ouvrier – c'est l'œuvre de l'*Iskra* – à travers lequel pénétreront dans la classe ouvrière russe idées et conscience socialistes : pour lui, dans les conditions qui sont celles de l'empire russe en ce début de siècle, le parti ne peut être constitué qu'à partir d'un cadre de « révolutionnaires professionnels ». Ils seront forcément recrutés parmi les militants frappés par la répression, libérés ou évadés mais forcément clandestins désormais du fait de la police. Ce parti ne peut être qu'une organisation rigoureusement centralisée, étroite, disciplinée, secrète, de clandestins éprouvés. Tout semble indiquer que le jeune Bronstein, dans sa déportation, accueille avec enthousiasme des vues qui sont très proches de celles qu'il vient d'exprimer, sur cette question du parti, dans un rapport adressé à l'Union sibérienne.

La découverte de la conception de la construction du parti telle que la développe Lénine constitue pour Trotsky un événement considérable. Lui-même, l'année précédente, a soutenu dans un rapport adressé à ses camarades de l'Union sibérienne une conception analogue :

> « Il n'y a qu'une conclusion possible : une organisation générale du parti avec un comité central à sa tête. Un congrès proclamé *ad hoc* ne résout pas la question. Il faut *créer* un centre avant de le *proclamer* [24]. »

Il retrouve sous la plume de Lénine les idées essentielles qu'il a développées et que ses camarades de l'Union sibérienne ont vivement critiquées comme « jacobines » et « antidémocratiques ».

Dans le même temps, il fait une expérience décisive pour sa formation et son avenir : l'apprentissage pratique du métier d'écrivain. Peu après son arrivée, il envoie une chronique à la *Vostotchnoe Obozyenie* (Revue d'Orient) d'Irkoutsk, d'inspiration populiste, mais assez largement ouverte. L'article est accepté et va paraître dans le numéro de la revue daté du 15 octobre 1900. C'est le début d'une collaboration régulière, d'octobre 1900 à août 1902, somptueusement rétribuée au tarif, magnifique pour un déporté, de deux, puis de quatre kopeks la ligne : trente-huit articles au total. Bien entendu, il utilise un pseudonyme, Antide Oto – tiré de l' « antidoto » du dictionnaire italien. Son succès est tel que la revue lui propose, à l'automne 1902, un salaire mensuel permanent. Mais c'est précisément à ce moment-là que les autorités somment la revue de mettre fin à la collaboration d'Antide Oto! Dans l'intervalle, il a reçu d'Irkoutsk, pour son travail, livres et revues de Pétersbourg, considérablement élargi son horizon, dévoré nombre de livres, beaucoup écrit [25].

Parmi les sujets littéraires qu'il traite dans des articles de nécrologie ou des critiques de livre, les classiques russes occupent la première place : L.N. Andreiev [26], le symboliste Balmont [27], V.G. Belinsky [28], un modèle à ses yeux, Doborychkine, Dobrolyubov [29], Gogol [30], dont il est un admirateur sans faille, Maksim Gorky en qui il voit un rebelle, mais pas un révolutionnaire [31], Aleksandr Herzen [32], M.K. Mikhailovsky [33], Soloviev [34], le fameux populiste Gleb Ouspensky [35] dont il utilise la méthode dans certaines chroniques, Joukovsky [36], l'ami de Pouchkine, Nikolai Berdiaev [37], qu'il brocarde férocement pour son ralliement au christianisme et son mysticisme.

Il consacre aussi des chroniques à des auteurs étrangers, à la fois pour eux-mêmes et parce qu'ils lui permettent mieux, par rapport à la censure, de développer des idées qui lui sont chères. Il écrit au sujet du dramaturge allemand Gerhardt Hauptmann, à propos de sa pièce *Michael Kramer,* sur la philosophie nietszchéenne, à propos de la mort de Nietzsche [38]. Dans un article justement célèbre sur Henrik Ibsen, il reconnaît au dramaturge le mérite d'avoir « mis à nu l'âme de la bourgeoisie [39] ». Il aborde bien d'autres auteurs : D'Annunzio, John Ruskin [40], Guy de Maupassant, Émile Zola, le dramaturge autrichien Arthur Schnitzler [41].

En réalité, dans l'empire des tsars, la critique littéraire doit se garder de la politique pure, mais peut n'être pas éloignée de la critique sociale. Et le jeune homme considère la littérature comme un phénomène social qui le passionne. Dans l'article qu'il consacre à la pièce de Hauptmann, *Michael Kramer,* il s'en prend à la philosophie politique du théoricien du « marxisme légal » de Peter von Strouvé qui attribue à la bourgeoisie le mérite d'incarner la lutte pour le mieux-être matériel [42]. Il décrit en chiffres la situation des paysans sibériens, le problème de la santé dans les villages, la situation scandaleuse faite par la société aux femmes, toujours battues, qu'elles soient riches ou pauvres [43]. L'Américain D.K. Rowney, étudiant ses articles, plus d'un demi-siècle plus tard, ne peut se défendre d'une réelle admiration :

> « Il n'avait que vingt et un ans et n'avait eu que relativement peu de temps pour lire. Et pourtant, dans ses six premiers mois d'exil, il avait écrit sur le système d'administration rurale en Russie, sur la qualité de la critique dans les lettres russes, sur la fonction du symbolisme littéraire, sur l'état de la société mondiale au XXe siècle et sur les perspectives d'avenir et la bourgeoisie russe [44]. »

A une époque où bien des prétendus disciples de Marx égrenaient déjà un sommaire catéchisme économiste et mécaniste, le trait le plus frappant chez le jeune Antide Oto est la passion qu'il apporte à aborder les problèmes humains de toute sorte. Dans son ironie à l'adresse de ceux qu'il appelle « les grands prêtres de l'art pur [45] », dans sa volonté d'analyser, par exemple, le « domaine social » – « pourri » et « contaminé », trouve-t-il – ayant produit le « complexe social brut » qu'est la philosophie du nietzschéisme [46], on aperçoit les idées-forces qui se confirmeront et dessinent une pensée déjà audacieuse et incontestablement originale. Dans « La Déclaration des Droits et le Livre de velours », où il compare la Révolution française, ouvrant la voie au triomphe d'une bourgeoisie dominatrice et sûre d'elle, et la médiocrité de la débile bourgeoisie russe [47], courent des thèses sur l'inégalité de développement qui reviendront souvent sous sa plume. Son article sur « L'Optimisme et le Pessimisme du XXe siècle et bien plus encore », expose la conviction qui l'anime : c'est un puissant mouvement mondial de la société qui marchera au XXe siècle vers la victoire de la justice sociale, la fin de la tyrannie, de l'esclavage, de l'oppression. Reconnaissant franchement que le XIXe siècle a été une déception pour ceux qui voulaient changer le monde, il dit sa conviction, au moment d'entrer dans le XXe, que rien n'est perdu [48]. Il croit à la possibilité de construire prochainement un monde nouveau : ce sera l'œuvre de ce siècle, malgré les obstacles dressés par les « Torquemada collectifs », les inquisiteurs de toute espèce. Son optimisme est celui d'un réaliste. Dans « Poésie, machine et poésie de la machine », il explique que « toute la signification de la civilisation humaine est d'exprimer la révolte et le succès de la révolte de l'humanité contre la dureté même de la nature ». Il souligne l'importance de ce qu'il appelle « le colossal héritage de la pensée pratique, théorique et politique, mis, écrit-il, à notre disposition et dont nous sommes à juste titre si fiers ». Cette civilisation humaine « porte sur elle l'empreinte indélébile du pouvoir de l'homme sur l'homme au nom de son émancipation de la nature ». Or précisément la tâche d'aujourd'hui, la suppression de l'exploitation de l'homme par l'homme est l'épanouissement et l'approfondissement de cette civilisation vers laquelle l'humanité doit se diriger de plus en plus consciemment. La machine, mue par l'homme, sera l'instrument de sa propre libération, et c'est là que réside comme musique de l'avenir la poésie de la machine [49].

Dénué de tout sectarisme, convaincu que l'on ne peut faire du neuf que juché sur les épaules des générations précédentes, Antide Oto affirme avec un rayonnement très convaincant sa foi dans l'avenir de l'humanité. En dépit des Torquemada et des « philistins », l'homme, qui combat pour l'avenir et qui renaît toujours, malgré la répression, « avec une foi, une passion et une ardeur militante égales », « frappe résolument à la porte de l'Histoire ». Antide Oto l'écrit à la manière un peu précieuse de celui qui vient de découvrir le plaisir tout neuf de faire étinceler et sonner les formules, quand il montre le XXe siècle tonnant : « Mort à l'amour! Mort à l'espoir! » « au milieu des crépitements d'incendie et du grondement du canon [50] ». Cette horreur n'est que le présent. L'avenir viendra, tout autre.

Au centre de la personnalité plus encore que de la pensée du jeune exilé a mûri une conviction profonde, qui l'animera pour le restant de ses jours : c'est un puissant mouvement de la société elle-même qui conquerra au XXe siècle la victoire de la justice sociale, la fin de la tyrannie, de l'esclavage et de l'oppression de l'homme par l'homme.

Antide Oto a-t-il vraiment lu d'un bout à l'autre les auteurs et les ouvrages qu'il cite et commente? On peut en douter, ne serait-ce que du fait des conditions générales de sa vie et des années de prison qu'il a purgées. Mais il faut, dans ce cas, lui reconnaître une stupéfiante pénétration et une exceptionnelle aptitude à la généralisation.

Ces articles de jeunesse lui valent en tout cas une notoriété qui dépasse très vite les colonies sibériennes, atteint les centres de la Russie d'Europe et même l'émigration. Sans doute leur inspiration politique, le fait qu'elles soient l'œuvre d'un militant social-démocrate, d'un intellectuel qui se réclame du marxisme, a-t-il pris une part dans la rapidité de ce succès en lui fournissant un réseau d'information. Mais leur qualité littéraire est unanimement reconnue, même si on leur reproche souvent une recherche excessive de l'effet. C'est en travaillant avec acharnement sur ces chroniques, qu'il considère à cet égard comme des exercices, que le jeune exilé, à force de veilles, fait sur le tas l'apprentissage de son métier d'écrivain, trouve peu à peu son style personnel, perfectionne l'élégance naturelle de son expression écrite.

Max Eastman a raconté ses nuits laborieuses :

> « Il restait toute la nuit, assis à sa table, écrivant, récrivant, écrivant de nouveau jusqu'à ce qu'il ait entre les mains à l'aurore quelque chose qu'il puisse apprécier et en quoi il croie [51]. »

Le jeune auteur ne se veut pas écrivain créateur, mais journaliste révolutionnaire : il veut se doter du style efficace d'un pamphlétaire. Tandis que d'autres exilés sombrent dans le désespoir, il consacre ces années à un fervent travail de perfectionnement.

Cette vie de travail littéraire n'est interrompue que par un voyage à Irkoutsk, au printemps 1902, et par les visites d'autres déportés. Il rencontre Ouritsky, plus tard son proche compagnon, et le Polonais Dzerjinski, futur chef de la Tchéka, qui lui lit à la veillée un poème de sa composition.

A la joute contre le révisionnisme, qui inspire désormais quelques reniements et ralliements au libéralisme – quand il n'annonce pas un retour spectaculaire aux valeurs chrétiennes –, vient s'ajouter le contact, nouveau, avec ce qu'il appelle « la critique de gauche ». Le déporté J.V. Makhaisky, qui l'incarne, a commencé par un traité écrit en déportation contre l'opportunisme de la social-démocratie allemande, qui a assis sa réputation. Dans un autre traité en deux parties sur *Le Travailleur intellectuel*, il critique le système économique de

Marx, le rôle assigné aux intellectuels dans le mouvement socialiste et voit dans le socialisme le germe d'une exploitation des ouvriers par les intellectuels, professionnels de la révolution. Il évolue vers l'anarchisme, entreprend de nier la lutte politique. Très vite, Makhaisky intéresse au moins autant que Bernstein, et Ljova se lance avec fougue dans la discussion.

Avec l'année 1902 pourtant, l'exil, jusque-là si plein et si riche, commence à devenir difficilement supportable pour le jeune révolutionnaire. La voie est définitivement fermée à Antide Oto par les autorités de Pétersbourg. L'activité dans l'Union sibérienne a ses limites. Au contraire, dans les grands centres de Russie occidentale, en émigration, se posent et se règlent pour des décennies les problèmes de la stratégie et de la tactique révolutionnaires : la sortie de l'*Iskra,* la parution de *Que Faire?* en constituent des signes qui ne trompent pas. Trotsky écrira plus tard :

> « Mes études hectographiées, les articles que je donnais au journal et les proclamations que j'adressais à l'Union sibérienne me parurent du coup insignifiants, d'un intérêt médiocrement provincial, devant la nouvelle et grandiose tâche qui se posait. Il fallait chercher carrière ailleurs. Il fallait d'abord s'évader [52]. »

Eastman explique, en se référant à ses conversations avec lui :

> « Il s'impatientait. Il avait terminé son éducation. Son voyage à Irkoutsk avait été l'expression d'une impulsion impatiente, un attrait pour la voie qui le ramènerait à l'ouvrage de sa vie. Lénine lui montrait la voie. Une organisation pan-russe de révolutionnaires professionnels – c'est à quoi il appartenait. C'est pour rejoindre Lénine et se mettre à la disposition de cette organisation qu'il s'évada de Sibérie [53]. »

Selon le témoignage d'Aleksandra Lvovna, Ljova est un joyeux compagnon, aimant rire et jouer avec ses fillettes, terrorisant les mouchards de la voix et du geste, expert dans le maniement du balai et le lavage de la vaisselle, capable même de maintenir sobre jusqu'au repas du soir le cuisinier porté sur la bouteille [54]. Cette petite famille pourtant va exploser. Trotsky expliquera :

> « Nous avions, alors, ma femme et moi, déjà deux fillettes [...] La vie en Sibérie était dure. Mon évasion allait imposer à Aleksandra Lvovna un double fardeau. Mais elle rejetait cette considération d'un seul mot : *il faut.* Le devoir révolutionnaire l'emportait à ses yeux sur toutes autres questions et avant tout sur les questions personnelles. Elle fut la première à donner l'idée de cette évasion lorsque nous nous fûmes rendus compte des nouveaux et importants problèmes qui s'offraient. Elle dissipa sur ce point tous mes doutes. Durant plusieurs jours, après ma disparition, elle réussit à cacher mon absence aux policiers [55]. »

Des auteurs que réunit une haine commune contre Trotsky – comme Winston Churchill [56] et d'innombrables staliniens au premier rang desquels récemment encore le Dr V.M. Ivanov [57] – insistent sur le fait que Trotsky aurait ainsi « abandonné » sa femme et ses enfants – un abandon que dément la durée du lien personnel avec Aleksandra Lvovna, morte en déportation comme « trotskyste ».

Le déroulement de l'évasion est un peu obscur d'après nos sources. A la fin de l'été, une nuit, Ljova quitte Verkholensk, caché sous le foin d'une carriole paysanne. Ses camarades d'Irkoutsk ont préparé l'affaire en lui procurant des vêtements respectables – dont une cravate – et un faux passeport en blanc sur lequel il a inscrit le nom de Trotsky. Ziv, seul témoin du temps d'Odessa, suivi là-dessus par les autres auteurs, assure que ce nom était celui d'un de leurs gardiens de la prison d'Odessa – ce dont Trotsky ne dit rien. Mais Ziv explique ce choix par le désir de « se débarrasser du nom juif qu'il haïssait [58] », alors que Max Eastman souligne qu'un patronyme qui ne fût pas juif était une condition de sécurité élémentaire [59].

Dans le Transsibérien qui l'éloigne d'Irkoutsk, il lit Homère en traduction russe. Il arrive sans encombre à sa première destination, Samara, où l'attend l'un des organisateurs de l'*Iskra*, Krjijanovsky, dit Clair, un proche de Lénine.

La route de l'émigration s'ouvre devant lui et comme le pressentait la femme qui l'aimait, celle de l'Histoire.

CHAPITRE IV

Lénine. Collaboration et rupture [1]

Krjijanovsky et sa femme dirigent à Samara le petit groupe qui joue le rôle d'état-major de l'*Iskra* en Russie même. Vieux amis de Lénine, ils ont milité avec lui à Pétersbourg en 1894-1895, puis en déportation. Ils sont en liaison avec lui à Londres où il vient de s'installer après avoir quitté Stuttgart pour des raisons de sécurité vis-à-vis de la police tsariste. L'accueil qu'ils réservent au jeune évadé est chaleureux, car la réputation qui le précède est déjà grande. Il leur fait grosse impression : Edmund Wilson, sans indiquer de source, dit qu'ils le surnommèrent « l'Aiglon [2] », et Krjijanovski choisit pour lui le pseudonyme de Pero (la Plume) en hommage à ses qualités d'écrivain [3].

En attendant les instructions de Londres - c'est Lénine qui va décider -, Pero est utilisé sur place pour visiter des organisations social-démocrates liées à l'*Iskra* ou sympathisantes : sans transition, il devient envoyé du journal à Kharkov, Poltava, Kiev, mais revient bredouille [4] : un bref passage et quelques discussions ne suffisent pas. Un message pressant de Lénine arrive pendant son dernier voyage : on réclame la venue de Pero à Londres où il devra présenter personnellement un rapport sur la situation en Russie. En fait, Lénine, soucieux de sélectionner la meilleure direction possible, veut connaître tous ceux qui comptent, et le jeune évadé est de ceux-là.

Toujours avec le passeport au nom de Trotsky, il reprend le train, muni d'un petit viatique remis par Krjijanovsky, après avoir failli manquer le départ du train. Il rencontre des difficultés pour passer la frontière autrichienne près de Kamenets-Podolsk : le passeur, un militant populiste, commence par décider qu'il ne fera pas passer un « iskriste », puis le loge dans un appartement sans en avoir informé le propriétaire! Finalement remis aux mains de contrebandiers compétents, le fugitif se retrouve dans le village austro-hongrois de Brody d'où un ouvrier juif le conduit en carriole jusqu'à la prochaine gare.

Là commence une nouvelle difficulté : les opérations de change terminées, la somme dont dispose l'évadé ne lui permet pas d'atteindre Zürich où un relais a été prévu chez le vieux militant émigré P.B. Akselrod - un historien stalinien de l'époque Gorbatchev lui reprochera d'ailleurs en 1987 d'être allé d'abord chez un « futur menchevik [5] »! Plein de confiance, il va donc se contenter d'un billet pour Vienne, où il ne connaît personne mais ne doute pas qu'il trouvera de l'aide. C'est ainsi qu'il débarque un dimanche matin à la rédaction du journal social-démocrate autrichien et réclame, au grand scandale de son directeur, Friedrich Austerlitz, de rencontrer immédiatement le chef du parti, Victor Adler. Il parvient pourtant à ses fins, se repose quelques jours chez Adler, puis repart, muni d'un peu d'argent qui lui permet d'atteindre Zürich à deux heures du matin. Il réveille Akselrod en pleine nuit pour lui demander de payer le fiacre qui l'amène de la gare. De Zürich, il va gagner Paris, puis Londres.

Là, c'est encore au mépris de toute civilité qu'il vient frapper trois coups au marteau de la porte de Lénine, à Holford Square « durant l'automne de 1902, probablement en octobre [6] » de très bon matin, réveillant toute la maison. Il s'excuse rétroactivement de ce comportement « barbare » en invoquant « l'élan de son évasion de Verkholensk », et dépeint Lénine, tiré de son sommeil et son visage, « où l'affabilité se nuançait d'un légitime étonnement [7] ». Il s'empresse de narrer aussitôt son évasion devant une tasse de thé, signalant les problèmes pratiques posés par le passage de la frontière, donnant à Nadejda Konstantinovna Kroupskaia, la compagne de Lénine, chargée des relations avec la Russie, lettres et adresses utiles et celles qu'il faut abandonner.

Le « grand examen » vient au cours d'une promenade dans laquelle Lénine l'entraîne sous le prétexte de lui faire voir Londres, « leur » Westminster, et autres monuments. Pero-Trotsky fait son rapport sur la colonie des déportés de la Léna où il a vécu pendant deux ans, évoque les groupements qui s'y dessinaient, au temps de son départ, sur les questions de la lutte politique active et du centralisme dans l'organisation. Il explique à Lénine qu'il a lu à Moscou le livre de Bernstein et, plus tard, la réponse de Kautsky et comment cette polémique avait à ses yeux une connotation exclusivement allemande :

> « Pas un marxiste parmi nous n'avait élevé la voix en faveur de Bernstein. On estimait comme allant de soi que Kautsky avait raison. Mais entre les débats théoriques qui se poursuivaient alors sur le plan international et nos discussions d'organisation politique, nous n'établissions aucun rapport, nous ne nous arrêtions même pas à la pensée d'un rapport possible jusqu'au moment où, sur la Léna, apparurent les premiers numéros de l'*Iskra* et la brochure de Lénine, *Que faire*? » [8].

Les deux hommes échangent quelques mots au sujet des premiers travaux philosophiques de Bogdanov, qui ont intéressé Trotsky : Lénine confie à son jeune camarade l'opinion de Plékhanov, qui pense qu'ils relèvent de l'idéalisme. Trotsky parle de l'écho rencontré par les travaux de Makhaisky, l'impression produite par son premier ouvrage, la désillusion provoquée par le second, l'absence d'intérêt du troisième, et décrit les réactions des « Sibériens » à leur sujet. Le jeune homme mentionne au passage à son « ancien » combien ses camarades et lui-même on été impressionnés par l'importance des matériaux statistiques mis en œuvre pour *Le Développement du Capitalisme en Russie* et constate combien Lénine est sensible à cet hommage rendu à son labeur. A la fin de la promenade, on en est venu à des échanges sur la question de l'avenir personnel de Trotsky.

> « La conversation se borna à des généralités. Il fut entendu que je passerais quelque temps à l'étranger, que je prendrais connaissance de la littérature, que je regarderais autour de moi et qu'on verrait ensuite [9]. »

Trotsky est aussitôt logé dans la pièce libre d'une maison où habitent déjà Véra Zassoulitch, Martov et l'imprimeur Blumenfeld, et où se trouve la pièce, que Plékhanov appelle « le repaire », dans laquelle se tient le comité de rédaction de l'*Iskra* : il est dans le saint des saints et se met aussitôt au travail. Sa première contribution à l'*Iskra* paraît dans le numéro qui suit immédiatement son arrivée à Londres, et porte la date du 1er novembre 1902.

Avec une joyeuse boulimie, le jeune Trotsky lit de nouveau fébrilement journaux et brochures des dernières années, à commencer par l'*Iskra* et la revue *Zaria*, publiée par le même groupe. Il se demande - et demande à Lénine - pourquoi ce dernier emploie couramment le « je » dans des articles pourtant non signés. Il découvre, sous la signature de « Molotov », la plume d'un homme qu'il ne connaît pas encore, mais qui comptera pour lui, Parvus-Helphand. Le vieil émigré Alekseiev, ami de l'*Iskra*, l'initie à la vie anglaise, dans laquelle Lénine aussi lui fait faire quelques incursions, par exemple en l'entraînant dans un meeting social-démocrate qui se tient dans une église, entrecoupé de psaumes. Mais c'est avec Véra Zassoulitch - cette ancienne qu'il vénère - et Martov - guère plus âgé que lui -, qu'il partage, outre le logement et les repas, la vie quotidienne, les loisirs, l'échange intellectuel. Il bénéficie aussi de l'amitié du vétéran L.G. Deutsch, célèbre évadé de Sibérie et auteur d'un livre à succès, qui se fait son protecteur dans les milieux iskristes et l'appelle « Benjamin ».

Lénine semble miser sur lui. Il l'incite à se faire connaître. Pour lui, on organise à White Chapel une conférence d'essai sur le thème « Du Matérialisme historique et de la façon dont il est compris par les socialistes révolutionnaires », dans laquelle il polémique contre les tenants de l'« histoire subjective », disciples des populistes. Il sort victorieux de la contradiction que lui apportent de prestigieux vétérans. Après ce succès, il va donner la même conférence à Bruxelles, à Liège, puis à Paris, mais ne parvient pas à en tirer l'article que Lénine lui réclame pour *Zaria*. On songe un moment à le renvoyer tout de suite en Russie où Krjijanovsky le réclame avec insistance, puis on y renonce, sur l'intervention de Deutsch, qui demande pour lui un délai de grâce, pour se former. Le voilà donc revenu à Paris où il se prépare, comme tous les autres, à un déplacement vers la Suisse, où la direction de l'*Iskra* va être transférée.

Quand exactement a-t-il rencontré à Paris Natalia Ivanovna Sedova? Originaire d'une famille aisée [10], révoltée dès le lycée, âgée de vingt ans à peine, elle a fait des études secondaires à Kharkov, puis entamé à Genève des études de sciences naturelles : elle y a rencontré des iskristes qui l'ont introduite dans le cercle animé par Plékhanov. Passionnée d'art et de culture, elle aspire à remplir en Russie des missions illégales*. Elle racontera plus tard dans des notes confiées à Victor Serge :

> « En 1902, j'habitais Paris. J'allais prendre mes repas dans un appartement de la rue Lalande où, pour vivre à meilleur compte, nous mettions nos ressources en commun. [...] Léon Davidovitch vint rue Lalande le jour même de son arrivée. Il avait vingt-trois ans; il venait de passer trois années d'exil en Sibérie orientale. Sa vitalité, sa vivacité d'esprit, sa capacité de travail faisaient déjà reconnaître en lui une personnalité énergique et formée. Il s'intéressa peu à Paris cette fois. " Odessa vaut mieux ", s'exclamait-il par boutade. Il tenait surtout à se familiariser avec le mouvement socialiste de l'émigration russe. mais il nous arriva de contempler ensemble le tombeau de Baudelaire que l'on apercevait derrière le mur du cimetière Montparnasse. [...] A partir de cette époque, ma vie ne se sépare plus de la sienne. Nous vécûmes rue Gassendi dans ces quartiers aérés que notre émigration affectionnait [11]. »

Trotsky cite dans *Ma Vie* d'autres notes de Sedova racontant comment elle avait été chargée de le loger à son premier séjour. La formule concernant Odessa est ici un peu différente : « Ça ressemble à Odessa, mais Odessa est mieux [12] », dit-il de Paris. Il raconte également avec quelque complaisance comment il résista farouchement à tout ce qu'elle voulut lui faire connaître et goûter à Paris, l'art et les musées, la peinture, la sculpture, l'architecture. Sur le plan politique, il se familiarise avec la situation des socialistes français, divisés par la querelle du « ministérialisme », avec l'entrée du socialiste Millerand dans un gouvernement Waldeck-Rousseau où se trouve le général de Galliffet, bourreau de la Commune de Paris. Il entend parler Jaurès, qu'il n'apprécie pas, car il sent trop directement en lui l'adversaire réformiste. Il lui faudra des années de mûrissement pour mesurer enfin sa stature humaine et politique, admirer sans réserve l'orateur et la force physique de son intellect [13].

De Paris, il continue le cycle de ses conférences, dans lesquelles se révèlent enfin ses dons d'orateur et qui sont toutes des succès. Il va en Suisse, en Allemagne, notamment à Heidelberg, où il polémique avec l'étudiant populiste Avxentiev – lequel, ministre du Gouverne-

* Dans un « Essai de psycho-histoire », Englund et Ceplair (*Revue d'Histoire moderne et contemporaine*, n° 24, 1977, p. 537) montrent beaucoup de légèreté sur le plan de l'élaboration des données de base destinées à leur psycho-analyse : par exemple ils écrivent n. 56, p. 537 : « Natalia Sedova [...] était presque le contraire de Sokolovskaia : menue, attirante, étudiante d'art, plus ou moins apolitique, complètement dévouée à son mari. » A peu près autant de sottises que de mots, car Aleksandra Lvovna était également menue et attirante, et complètement dévouée à Trotsky, au-delà de leur mariage, et loin d'être « plus ou moins apolitique », Natalia était militante iskriste.

ment provisoire, le fera arrêter en 1917. De la capitale française, il conservera des souvenirs précis sur Lénine, une visite à l'Opéra-Comique, avec Kroupskaia et Sedova, et aux pieds des chaussures trop étroites [14], trois conférences magistrales données à l'École pratique des Hautes Études sur la question agraire en Russie, sa conférence politique enfin, sur le même sujet, donnée avenue de Choisy, à l'invitation du groupe parisien de l'*Iskra* - franc succès [15].

Le contact initial avec Lénine a été bon, et les relations qui s'établissent ensuite sont excellentes, même si le style de vie, très familial et replié, de Lénine, ne favorise guère l'épanouissement de relations personnelles. Il semble que Lénine ait accepté sans hésitation ce jeune surdoué, l'ait admis aussitôt dans le cercle étroit des collaborateurs de l'*Iskra* où il a des responsabilités d'organisation. Bien entendu il reprend la plume pour des articles de polémique souvent sarcastique et caustique, qu'apparemment nombre de militants n'apprécient guère. Lénine lui a ouvert la porte des cercles de l'émigration dans l'Europe entière. Il l'entraîne évidemment avec lui à Genève quand il est décidé de transférer et regrouper en Suisse, au début de 1903, le noyau dirigeant de l'*Iskra*. Une lettre de Lénine à Plékhanov, du 2 mars 1903, proposant la cooptation de Trotsky au comité de rédaction, dresse de lui un portrait élogieux :

> « Pero écrit depuis des mois dans chaque numéro. D'une façon générale, il travaille pour l'*Iskra* de la façon la plus énergique, il fait des conférences (et avec un énorme succès). Pour les rubriques d'actualité (articles et notes), il nous sera non seulement très utile, mais vraiment indispensable. C'est un homme aux capacités indubitablement hors de pair, convaincu, énergique, qui ira encore de l'avant. Et, dans le domaine des traductions et de la littérature populaire, il saura faire bien des choses [16]. »

Il est clair que Lénine considère alors Trotsky comme un atout important dans la bataille qu'il veut livrer et gagner au IIe congrès du Parti ouvrier social-démocrate russe dont la préparation directe a été engagée dès l'automne 1902.

***

On sait l'importance historique de ce IIe congrès du Parti ouvrier social-démocrate russe qui consacra le début de la scission entre bolcheviks et mencheviks, elle-même à l'origine lointaine et durable de la scission entre socialistes et communistes à l'intérieur du mouvement ouvrier mondial. Il reste à comprendre comment Trotsky, qui s'était jusque-là situé du côté des éléments les plus révolutionnaires, se trouva, dans cette circonstance exceptionnelle, du côté des modérés et, pour des années, à la tête des conciliateurs.

Nous avons vu que l'*Iskra* était née de l'expérience négative des premières années de la social-démocratie russe : ce journal publié à l'étranger, hors de la portée de la police russe, était conçu comme un outil de la construction du parti par en haut. Sur ce terrain, l'*Iskra* et ses émissaires, ses « agents » selon l'expression consacrée, avaient largement tenu leurs engagements en nouant de nombreux liens avec les comités en Russie et en les engageant dans une centralisation autour du « journal organisateur ». Pour concrétiser ces progrès, il devenait maintenant nécessaire de le formaliser : après le premier congrès, aux lendemains éphémères, il fallait tenir enfin un véritable congrès du P.O.S.D.R., le deuxième. Telle était en tout cas la conviction de Lénine et des autres membres de la direction de l'*Iskra* et l'objectif auquel ils consacraient, à partir de 1902, une importante partie de leurs efforts.

Bien entendu, les iskristes - et notamment Lénine, leur véritable chef d'état-major - ne pouvaient pas ne pas étudier, en même temps que la préparation du congrès, ses aspects politiques, c'est-à-dire les conditions de leur victoire à ce congrès. Les années écoulées les avaient vus conquérir l'un après l'autre, sur les « économistes », les comités du parti dont ils détenaient, sans aucun doute, maintenant une majorité. A la fin de 1902, la reconstitution en Russie même du comité d'organisation (O.K.) du parti leur avait permis de s'y assurer pour la première fois une majorité. Une partie des organisations social-démocrates, et non la moindre, leur échappait cependant, du fait de l'importance et de l'influence du Bund. Le Bund, dénomination familière de l'Union ouvrière générale des ouvriers juifs de Lituanie, de Pologne et de Russie, avait été fondé en 1897 et comptait alors plus de 20 000 membres. Ses dirigeants arguaient de son niveau supérieur de développement et de la spécificité des problèmes « juifs » pour revendiquer pour lui l'autonomie d'organisation et combattaient par conséquent le modèle centralisé de parti social-démocrate préconisé par l'*Iskra* pour l'empire tout entier.

Convaincu que la scission avec le Bund était, de ce fait, inévitable, Lénine avait proposé au noyau de l'*Iskra* un plan de bataille dans le combat triangulaire qui allait s'engager au congrès entre iskristes, bundistes et « économistes ». Les iskristes étaient moins nombreux que bundistes et économistes réunis, mais plus nombreux que les économistes. Il leur fallait vaincre leurs adversaires séparément. En mettant en ouverture du congrès les revendications du Bund, on pouvait espérer normalement leur rejet par la majorité des délégués russes; après le départ prévisible des délégués bundistes, les iskristes seraient majoritaires...

La préparation du congrès n'avait pas révélé de divergences majeures entre gens du noyau de l'*Iskra*. Le plus délicat avait été la rédaction du projet de programme, l'ancien, celui du groupe de L'Émancipation du Travail de 1887, ayant besoin d'une sérieuse mise à jour. Ainsi que le relève Leonard Schapiro, il fallait prendre en compte trois facteurs importants apparus depuis cette époque : la naissance d'un véritable mouvement ouvrier et son expérience d'une décennie, l'éveil des libéraux et la perspective de l'apparition d'un parti constitutionnel ou libéral, la naissance enfin, en 1901, sous la houlette de vieux populistes et de jeunes militants, d'un groupe de socialistes-révolutionnaires promettant aux paysans la distribution des terres [17].

Une partie de la discussion sur le programme tourna, semble-t-il, autour de questions de forme, mais Leonard Schapiro a probablement raison quand il entrevoit dans les discussions du projet les linéaments de divergences sur la nature de la révolution russe à venir. Le texte finalement retenu reprenait l'analyse de la contradiction entre le capitalisme et les masses exploitées, et la perspective de l'abolition des classes par une révolution sociale menée par le prolétariat. La notion de « dictature du prolétariat » faisait son apparition alors qu'elle n'avait pas figuré dans le programme de Gotha de la social-démocratie allemande. Trotsky la défendra au congrès contre un économiste qui a parlé de « conspiration jacobine » :

> « Il oublie que cette dictature ne sera possible que quand la social-démocratie et la classe ouvrière [...] seront près de s'identifier. La dictature du prolétariat ne sera pas une « prise du pouvoir » par une conspiration, mais la domination politique de la classe des ouvriers organisés, constituant la majorité de la nation [18]. »

Le programme reconnaissait que le capitalisme était devenu en Russie la « méthode de production dominante ». L'objectif immédiat du parti était le renversement de l'autocratie et l'établissement d'une république démocratique accompagnée d'une série d'exigences de réformes relevant du programme minimum.

Il semblait à tous les dirigeants de l'*Iskra* qu'au prix de concessions mutuelles ils avaient réussi l'essentiel, la rédaction du programme. Le projet de statuts du parti présenté par Lénine ne faisait pas non plus l'unanimité. Mais on ne considérait pas cette question comme brûlante, et c'est délibérément qu'on la laissa ouverte à la discussion du congrès. La première question était celle de la direction du parti. Deux organes, en principe complémentaires, étaient prévus. L'Organe central (C.O.) qui était en réalité la rédaction du journal, située à l'étranger, « hors de la portée des gendarmes russes » : il contrôlait les publications, donnait « la direction idéologique », « fermeté et continuité ». Le comité central, lui, se trouvait clandestinement à l'intérieur des frontières de l'empire et avait à contrôler les groupes locaux et leur communiquer des directives concrètes.

Les comités, pour des raisons de sécurité, ne pouvaient communiquer avec leurs propres branches et avec l'appareil clandestin des agents que par l'intermédiaire d'une seule personne. Organe et comité central recevaient le droit, rendu nécessaire par les arrestations à prévoir, de se coopter mutuellement pour remplacer les camarades « tombés ». Cela n'impliquait-il pas l'étroite subordination à l'organe central du comité central, forcément plus exposé à la répression? Lénine le pensait mais n'avait pas convaincu ses camarades [19].

La deuxième question posée et non résolue était celle des limites du parti, la définition de l'appartenance. Le parti ne comprenait-il que les membres de l'appareil clandestin, ou bien englobait-il aussi les militants recrutés dans les organisations de base qu'il contrôlait? Le projet de Lénine prévoyait que serait membre du parti « celui qui accepte le programme du parti, le soutient, aussi bien matériellement que par sa participation personnelle à l'une de ses organisations ». Martov avait jugé cette définition trop étroite et proposé, par lettre, de l'amender, sous la forme suivante : « Celui qui accepte son programme et travaille à sa réalisation sous le contrôle et la direction des organes du Parti. » La question n'était pas plus réglée à l'ouverture du congrès que celle de la « cooptation mutuelle » dont nous savons que Trotsky et Lénine s'étaient entretenus : mais la « dictature de la rédaction » que Trotsky entrevoyait dans les statuts n'effrayait pas Lénine [20]. On peut en tout cas penser qu'aucun des deux ne se doutait alors que le congrès dont ils attendaient tant allait, à partir de questions qu'ils tenaient pour secondaires, conduire à une crise et à la scission historique entre bolcheviks et mencheviks.

Sans doute faut-il tenir compte de l'hétérogénéité du groupe dirigeant de l'*Iskra*, traversé notamment par de réelles oppositions personnelles. Résultat d'un compromis et d'une longue histoire, la rédaction a été composée pour moitié de militants de générations différentes. Il y a trois « anciens » – Plékhanov, Véra Zassoulitch, P.B. Akselrod – et trois « jeunes » – Lénine, Martov et Potressov. L'homogénéisation espérée ne s'est pas produite. Ses membres habitent diverses villes d'Europe. Bien qu'on ait, dans le cadre de la parité, donné à Plékhanov une voix prépondérante, son absence fréquente est souvent à l'origine de votes sans majorité claire, voire sans majorité du tout.

En termes de personnes, l'antagonisme principal est indiscutablement celui qui oppose Plékhanov et Lénine. Le premier, pionnier du marxisme dans le mouvement révolutionnaire russe, personnalité historique du socialisme européen, s'irrite volontiers de la concurrence qui nuit à son prestige, tolère mal les ambitions de ceux qu'il ne considère, dans le meilleur des cas, que comme ses disciples. Une pointe de scepticisme, apparue avec l'âge, vient s'ajouter à une arrogance naturelle d'intellectuel. Plus jeune de dix ans, Vladimir Oulianov, qui est devenu Lénine, a marché, depuis son entrée dans le mouvement social-démocrate, tout droit vers les objectifs qu'il s'est très tôt assignés; il a acquis une solide confiance en lui-même. Il n'est guère impressionné, semble-t-il, par Plékhanov, mais, en revanche, il craint, de toute évidence, la division du noyau dirigeant, dans le meilleur des cas son impuissance : l'équipe de rédaction de l'*Iskra* lui apparaît singulièrement faible et dispersée, au moment précisément où la véritable reconstruction du parti va le confronter à des tâches qui exigent énergie et fermeté.

C'est en fonction de cette analyse que Lénine, dès mars 1903, a proposé à ses camarades, dans les termes que l'on sait, de coopter Trotsky comme septième membre de la rédaction. La proposition a reçu l'assentiment de quatre des membres, mais s'est heurtée au veto de

Plékhanov, ce qui suffit à empêcher son application, la règle des cooptations étant l'unanimité. Le récit attentif de Trotsky dans *Ma Vie* permet de suivre les éléments, grands ou petits, de l'antagonisme grandissant entre Plékhanov, le chef historique, et Trotsky, ce « benjamin » qui, avec beaucoup d'inconscience et depuis le premier jour, n'hésite pas à le contredire et à le discuter. L'animosité de l'ancien est grande, et Lénine conseille vainement au « jeunot » une attitude moins tranchante.

***

Le congrès commence ainsi sans que la direction – mais il n'y a là rien de vraiment extraordinaire – ait réglé tous les problèmes qui vont inévitablement y être posés et se soit concertée sur tous les cas de figure. Il s'ouvre le 30 juillet 1903 à Bruxelles, dans un entrepôt de la Maison du Peuple où les ballots de paille entreposés pour isoler et protéger les 57 congressistes laissent échapper des milliers de puces qui vont les dévorer des jours durant. Très sérieusement et de beaucoup trop près contrôlé par les policiers belges et les mouchards tsaristes, en étroite collaboration, il finit par s'ajourner le 5 août et se transférer à Londres, où il reprend ses travaux le 11, pour se terminer définitivement le 23.

Trotsky – c'est décidément une vocation – a une fois de plus pris en catastrophe et sans discrétion le train à la gare de Nyon. A Bruxelles, où il est muni de papiers d'identité bulgares, il est très tôt pris en filature. Dans le congrès, il est écouté, à cause de sa réputation et parce qu'il parle bien. Il intervient à plusieurs reprises au nom des iskristes. Il s'engage à fond contre le Bund et ses prétentions autonomistes, après l'intervention de Liber, et le fait en tant que militant juif – c'est assez rare pour être souligné. Assurant que les prétentions autonomistes ne sont que « méfiance à l'égard du parti dans son ensemble érigée en règle », il affirme :

> « Accepter ces conditions serait reconnaître notre faillite morale et politique, nous suicider moralement et politiquement. »

Il s'engage personnellement, en tant que militant, dans la polémique et s'en justifie hardiment :

> « A la revendication du Bund d'être l'unique représentant du prolétariat juif, j'ai répondu en soulignant que nombre de camarades qui ont travaillé et qui travaillent parmi les ouvriers juifs n'appartiennent pas au Bund, mais se considèrent tout de même comme n'étant pas moins représentants du prolétariat en tant que prolétariat. J'ai noté que ces camarades étaient juifs. Pourquoi? Pour bloquer l'argument favori des publicistes du Bund – un argument misérable – que les adversaires de la position du Bund ne savent rien de la psychologie du " prolétariat juif " [21]. »

Sa conclusion est que le Bund ne peut qu'être une section subordonnée du parti et ne saurait revendiquer le moindre privilège.

Évoquant l'œuvre passée de l'*Iskra*, il fait une vraie profession de foi :

> « Bien que je sois ici, camarades, comme délégué de l'Union sibérienne, j'ai également l'honneur d'appartenir à l'organisation de l'*Iskra*. Les membres de cette organisation et ses partisans d'idées en général étaient et sont appelés " iskristes ". Ce n'est pas seulement un *nom*, c'est un *courant*. Un courant qui a regroupé certains autour de lui, qui a obligé chacun à prendre à son égard une attitude nette [22]. »

Après un historique rapide et le rappel de la confusion dans le mouvement ouvrier russe avant l'apparition de l'*Iskra*, il assure, lyrique et épique :

> « C'était une période de doute, d'hésitation, de désordre. Nous cédions une position après l'autre aux démocrates bourgeois. C'est à ce moment critique qu'est apparu le groupe autour de l'*Iskra* et de *Zaria* et qu'il a pris sur lui de rassembler le parti sous le drapeau du socialisme révolutionnaire. Au début, ce groupe était " en minorité ". Maintenant la situation a changé radicalement. Et si l'*Iskra* a été l'organe qui nous a guidés pendant l'époque de la confusion dans le parti, maintenant, en le reconnaissant comme notre organe central, nous ne faisons que donner une expression formelle à sa victoire, la victoire de notre tendance. Ce n'est pas le *nom* que nous adoptons, c'est le drapeau autour duquel notre parti s'est rassemblé en pratique [23]. »

Le jeune homme que l'un de ses adversaires économistes appellera « le gourdin de Lénine » et qu'un autre décrit comme « l'un des agents des plus agressifs du rouleau compresseur de l'*Iskra* [24] » va être appelé à présider les réunions de iskristes au cours desquelles se concrétise la scission. Ni lui ni sans doute ceux qui l'avaient appelé à la présidence ne se doutaient que ce congrès aboutirait à l'éclatement du groupe et à une scission de si longue portée.

Ce fut pour lui une épreuve très rude. Il envoie à Natalia Ivanovna des lettres désespérées à propos de cette scission dont il est pourtant l'un des principaux agents. La scission est également inattendue pour Lénine dont l'acharnement au combat la précipite pourtant : il la ressent douloureusement au point de connaître pendant plusieurs semaines une véritable dépression qui l'oblige à suspendre son activité. Déjà, pendant le congrès, il avait perdu appétit et sommeil.

Les premiers signes d'un malaise interne dans les rangs des iskristes se sont manifestés dans le cours des réunions tenues par eux en marge du congrès – quatre, semble-t-il – au sujet du mandat de Riazanov. Ce dernier, animateur à Odessa du petit groupe qui édite *Borba*, a vivement critiqué l'*Iskra* et sérieusement attaqué Lénine, cherché à jouer les conciliateurs. Il avait été régulièrement désigné comme délégué avant qu'une majorité nouvelle d'iskristes ne fasse annuler l'élection.

Le comité d'Odessa propose son admission avec voix consultative. Lénine souhaite son invalidation. Les iskristes se divisent entre les « durs » – partisans de Lénine – et ceux qui se prononcent pour l'admission de Riazanov, les « mous », dont Trotsky.

La proposition qui consolide cette opposition sort d'un obscur débat de plus sur les rapports entre l'organe central, le comité central et un « conseil » appelé à les coiffer. Lénine propose en effet de réduire de six à trois le nombre des membres du comité de rédaction, pour le rendre plus efficace, et de n'y conserver que Plékhanov, Martov et lui-même. Cette proposition signifie évidemment l'élimination de Véra Zassoulitch et d'Akselrod par ce congrès qui couronnait leurs efforts de reconstruction du parti; elle est ressentie par beaucoup – et par Trotsky au premier chef – comme une agression contre la vieille garde et fait littéralement exploser le noyau iskriste.

La division entre « durs » et « mous » se cristallise alors de façon définitive dans le débat sur le premier paragraphe des statuts et la définition de membre du parti, au sujet de laquelle s'affrontent Lénine et Martov. C'est désormais le déroulement de cette discussion, que personne ne contrôle, qui commande le cours même du congrès et sa première conséquence, la scission historique des social-démocrates russes entre bolcheviks et mencheviks, majoritaires et minoritaires, « durs » ou « mous », maximalistes et minimalistes comme on dira parfois. Une scission sans doute capitale, mais qui fut bien loin, à l'époque, d'apparaître dans toute sa clarté.

Trotsky, partisan de la centralisation et de l'autorité du comité central dès l'époque de sa déportation en Sibérie, est apparu en émigration comme un « homme de main » de Lénine. Pour lui, le différend sur les statuts n'a aucune portée immédiate. Son tempérament, ses tendances profondes, ses idées semblent devoir le conduire à se ranger parmi les durs. Or il n'en sera rien. Lénine a compté sur lui et n'a rien négligé pour le convaincre. Trotsky évoque dans *Ma Vie* une longue promenade, puis l'envoi d'émissaires amis [25]. Il reste inflexible et sera même le plus « dur » des « doux » et particulièrement contre Lénine, personnellement.

Quelle est la raison d'une telle prise de position, surprenante – en rupture avec son comportement antérieur – et accomplie incontestablement dans un état de rage profonde? On lira avec intérêt l'explication proposée par Englund et Ceplair pour qui le conflit l'atteignit alors qu'il avait « surmonté les pires épreuves de sa crise d'identité et abordait une nouvelle étape de son développement psychologique, celle de l'intimité [26] ». Rétrospectivement, Trotsky écrit :

> « Pourquoi me suis-je trouvé au congrès parmi les " doux "? De tous les membres de la rédaction, j'étais le plus lié avec Véra Zassoulitch et Akselrod. Leur influence sur moi fut indiscutable. Dans la rédaction, jusqu'au congrès, il y avait eu des nuances, mais non des dissentiments nettement exprimés. J'étais surtout éloigné de Plékhanov : après les premiers conflits qui n'avaient en somme qu'une importance secondaire, Plékhanov m'avait pris en aversion. Lénine me traitait fort bien. Mais

c'était justement lui, alors, qui, sous mes yeux, attaquait une rédaction formant à mon avis un ensemble unique et portant le nom prestigieux d'*Iskra*. L'idée d'une scission dans le groupe me paraissait sacrilège. [...] Il ne s'agissait tout au plus que d'exclure Akselrod et Zassoulitch de la rédaction de l'*Iskra*. A leur égard, j'étais pénétré non seulement de respect, mais d'affection. Lénine, lui aussi, les estimait hautement pour leur passé, mais il en était arrivé à conclure qu'ils devenaient de plus en plus gênants sur la route de l'avenir. Et, en organisateur, il décida qu'il fallait les éliminer des postes de direction. C'est à quoi je ne pouvais me résigner. Tout mon être protestait contre cette impitoyable suppression d'anciens qui étaient enfin parvenus au seuil du parti. De l'indignation que j'éprouvai alors provint ma rupture avec Lénine au IIe congrès. Sa conduite me semblait inacceptable, épouvantable, révoltante [27]. »

Sans doute y a-t-il dans cette explication d'après-coup plus qu'un grain de vérité. Trotsky n'avait que vingt-quatre ans et, derrière lui, neuf mois d'action clandestine à Nikolaiev, deux années de prison et deux autres d'exil, quand il a connu les militants de la rédaction de l'*Iskra* avec lesquels il travaille neuf mois... jusqu'à l'explosion de l'équipe. On peut comprendre ce que ces vétérans représentent à ses yeux : il n'était, après tout, pas né quand Véra Zassoulitch, encore populiste, avait abattu le chef des tortionnaires pour venger les révolutionnaires torturés. Les anciens l'avaient accueilli avec amitié, et il avait pour eux les yeux du nouveau venu. Dans leur « essai de psychohistoire », Steve Englund et Larry Ceplair écrivent à ce sujet :

« Il avait cru que ses camarades et lui formaient une vraie " famille ", il avait accepté le rôle de " benjamin " dont le caractère familial était fortement marqué. Pourtant il ne s'agissait pas d'un cercle familial, mais d'un ensemble d'émigrés dévoués à leur cause, tenaces, endurcis par la lutte [28]... »

Peut-on s'en tenir là et accepter l'explication de Trotsky et celle, très proche, des psychanalystes? Il ne me semble pas. Au-delà des discussions formelles sur les articles de statuts et la composition des organismes responsables se posaient des problèmes politiques réels. Trotsky a-t-il sérieusement réfléchi à ce que Lénine lui avait répondu au congrès le 2/15 août :

« La racine de l'erreur que commettent ceux qui sont pour la formulation de Martov réside en ce que non seulement ils ferment les yeux sur l'un des maux essentiels de la vie de notre parti, mais qu'ils vont jusqu'à consacrer ce mal. Ce mal, c'est que, quand le mécontentement politique est général, et que nous devons militer en cachette, que la plus grande partie de notre activité est concentrée dans des cercles clandestins étroits et même dans des rendez-vous personnels, il nous est au plus haut point difficile, presque impossible, de séparer les bavards des militants. [...] Il vaut mieux avoir dix personnes qui militent sans se dire membres du parti (et les militants authentiques ne courent pas après les titres), que de donner à un bavard le droit et la possibilité d'être membre du parti. Voilà un principe qui me semble irréfutable et qui m'oblige à lutter contre Martov [29]. »

En fait, il est d'autant plus difficile d'admettre que la rupture se produisit, comme le prétend Trotsky, sur un plan sentimental et personnel que c'est avec des arguments politiques qu'il combat Lénine en 1903 et devient ensuite l'un de ses plus virulents adversaires. Moins prolixe certes que pendant la première partie du congrès, il conteste l'affirmation de Plékhanov selon laquelle la version des statuts présentée par Lénine permettrait de combattre l'opportunisme; cette position n'a qu'un seul objectif à ses yeux : restreindre les droits des intellectuels militant individuellement pour le parti et sous son contrôle. Cela lui paraît inacceptable.

On connaît le déroulement du congrès. Dans un premier temps, la formule de Martov pour le premier paragraphe des statuts l'emporte sur celle de Lénine par 28 voix contre 22. C'est la première défaite politique de Lénine dans ce congrès, mais c'est aussi la dernière. La situation est complètement retournée en peu de temps. Le rejet des revendications d'autonomie du Bund, le départ du congrès des bundistes et des économistes changent les rapports de force. Les partisans de Lénine, désormais majoritaires, deviennent les « bolcheviks » et leurs adversaires, désormais minoritaires, les « mencheviks ». La nouvelle majorité repousse la résolution de Trotsky proposant le maintien de l'ancienne rédaction de l'*Iskra* et adopte les autres propositions de Lénine, notamment sur la composition des organismes de direction. Trotsky se range désormais parmi les minoritaires, les mencheviks.

*
* *

C'est dans la foulée du congrès, apparemment dans les quarante-huit heures qui ont suivi sa clôture, qu'avec la collaboration des principaux dirigeant mencheviques, Trotsky rédige le « Rapport de la délégation sibérienne » qui sera signé de lui-même et de l'autre délégué de l'Union, V.E. Mandelberg. Selon un usage assez courant, plusieurs dizaines de copies du manuscrit sont alors mises en circulation. Ce texte, en principe compte rendu du IIe congrès, est un acte d'accusation tendu et passionné contre Lénine :

> « Au IIe congrès de la social-démocratie russe, cet homme, avec toute l'énergie et tout le talent qui le caractérisent, a joué le rôle d'un désorganisateur [30]. »

Le bilan de la deuxième moitié du congrès est à ses yeux celui de la liquidation de la rédaction, du comité central, de l'idée même du " centralisme ". Ce qu'il appelle l' « ego-centralisme » de Lénine l'a emporté, appuyé sur la psychologie des « économistes et dilettantes repentis » qui formaient ses troupes au congrès. Après une charge contre ce qu'il appelle « notre robespierrade caricaturale », la « République de la Terreur et de la Vertu » imposée par Lénine grâce à la transformation du modeste « conseil » en Comité de Salut public [31], il conclut :

« Un grave danger nous menace à l'heure actuelle : l'écroulement inévitable et en même temps proche du « centralisme » léniniste risque de compromettre aux yeux de beaucoup de camarades russes l'idée du centralisme en général. Les espérances mises sur le " gouvernement " du parti étaient trop grandes, infiniment trop grandes. Les comités étaient sûrs qu'il leur donnerait des hommes, de la littérature, des ordres, des moyens matériels. Or un régime qui, *pour subsister*, commence par chasser les meilleurs militants dans les domaines théorique et pratique, un tel régime promet trop d'exécutions et trop peu de pain. Il suscitera inévitablement une déception qui peut se révéler fatale, non seulement pour Robespierre et les ilotes du centralisme, mais aussi pour l'idée d'une organisation de combat unique en général. Ce sont les " thermidoriens " de l'opportunisme socialiste qui resteront alors maîtres de la situation, et les portes du parti s'ouvriront effectivement toutes grandes [32]. »

Quelques jours plus tard se tient la première réunion des mencheviks d'après congrès. Elle approuve Martov, qui a refusé de siéger au comité de rédaction de l'*Iskra* et décide de boycotter le journal de Plékhanov-Lénine [33]. La résolution finale, présentée par Trotsky et Martov, vraisemblablement rédigée par le premier, est ferme, tout en s'efforçant de ne pas couper les ponts. Lénine est accusé d'avoir fait triompher au congrès « une tendance à changer radicalement l'ancienne tactique de l'*Iskra* », de marcher vers une coupure entre un appareil clos et trié sur le volet, et une masse sans droits d'ouvriers social-démocrates, ce que Trotsky et Martov appellent un « centralisme déformé ». Ces minoritaires veulent s'organiser pour arriver à changer la composition des organes dirigeants, sans pour autant se placer en dehors du parti et sans jeter le discrédit sur ce dernier ou ses organismes centraux. Aussi les mencheviks s'organisent-ils en fraction à leur tour, face aux bolcheviks, et élisent un bureau dans lequel figurent Trotsky, Akselrod, Martov, Dan et Potressov [34].

Le gros de l'émigration se range derrière les mencheviks, comme le démontre, à la fin d'octobre, le congrès de la Ligue de la social-démocratie révolutionnaire russe en émigration, organisation jusque-là contrôlée par les iskristes. Il refuse en effet les statuts proposés par le comité central et vote des statuts de son choix, rédigés par des mencheviks. Le comité central bolchevique déclare alors le congrès illégal et appelle ses partisans à le quitter, ce qu'ils font comme un seul homme. Kroupskaia assure dans ses Mémoires que, minoritaires dans l'émigration, les bolcheviks rencontraient un réel soutien dans les organisations de Russie où avait été fait un compte rendu du congrès. En réalité, tous les résultats du congrès étaient fragiles et les semaines suivantes allaient le démontrer amplement.

Dans son *Rapport*, Trotsky avait qualifié la deuxième partie du IIe congrès de « loterie électorale ». Les développements ultérieurs relèvent, eux, de la loterie tout court. En quelques semaines les mencheviks vaincus renversent la situation et reviennent à l'*Iskra* – d'où Lénine est parti. Ce retournement, survenu au lendemain du congrès de la Ligue, est dû en fait à Plékhanov qui avait pourtant été au congrès le principal soutien et l'atout maître de Lénine. Peut-être impressionné par le congrès de la Ligue, sûrement sensible au boycottage de l'*Iskra* par les anciens, redoutant la scission, peut-être mal à l'aise dans sa cohabitation à l'étroit avec le seul Lénine dans l'organe central, il propose de faire aux mencheviks une concession qui permettrait de ramener la paix dans le parti : début novembre, il propose de rétablir l'ancien comité de rédaction.

Lénine refuse, arguant qu'il ne peut être question de revenir, sous la pression d'un groupe, sur la décision du congrès. Plékhanov est décidé à passer outre et à user de son droit de cooptation. Le 19 octobre/1er novembre, Lénine démissionne de la rédaction de la *Pravda* et se fait coopter au comité central. Le numéro 52 de l'*Iskra* sort sous la responsabilité du seul Plékhanov. C'est le 13/26 novembre que Plékhanov décide de coopter les anciens membres du comité de rédaction, leaders des mencheviks [35]. Ce n'est pas la scission, puisque Lénine invite les deux autres membres bolcheviques du C.C. à démissionner pour faire place aux candidats des mencheviks. Mais ce n'est certainement ni la paix ni la trêve.

Telle est la situation quand paraît le *Rapport de la Délégation sibérienne* dont la circulation était restée jusque-là confidentielle. Mais le texte publié est expurgé de toutes les attaques qu'il comportait contre Plékhanov [36] et suivi d'une conclusion en forme de polémique furieuse contre Lénine et son article « Pourquoi j'ai quitté la rédaction de l'*Iskra*. » Revenant sur sa formule de « la robespierrade caricaturale » de Lénine, il assure que celle-ci ne se distingue de son modèle que « comme la farce vulgaire se distingue en général de la tragédie historique [37] ». Puis il tourne en ridicule la défaite subie par Lénine en attribuant au « lecteur » les réflexions qui sont de toute évidence les siennes :

> « Le camarade Lénine s'est battu au congrès pour " le remaniement du personnel des centres du parti ". Dans cette lutte, il n'avait aucune base de principe. Malgré tout, il a réussi. La rédaction de l'*Iskra* et le comité d'organisation ont été détruits. Or le résultat le plus immédiat de cette destruction a été la sortie de Lénine lui-même de la rédaction. La tactique du camarade Lénine, " qui n'était pas guidée par des considérations de principe* ", a souffert évidemment d'un certain nombre de lacunes. Mais cela ne doit pas arriver dans des entreprises aussi délicates. Cela s'est mal terminé pour le camarade Lénine. Cela arrive à tout le monde. Dans ce cas, il convient de se retirer le plus discrètement possible et en dérangeant le moins possible [38]... »

Laissons de côté le ton polémique et l'ironie mordante qui vont prévaloir, pour des années, entre ces deux hommes, quelques mois auparavant bons camarades et alliés au sein de leur parti. Il me semble que Trotsky a commis une grossière erreur d'interprétation. Toute sa

* Dans le texte en question, Lénine indiquait que la seule question de principe posée au congrès et objet de désaccord était le § 1 des statuts du parti. Il démentait l'existence de « désaccords dans les questions relatives aux moyens d'appliquer le centralisme, à ses limites, à son caractère, etc. ».

conclusion est écrite sur le mode de la jubilation d'un vainqueur qui se sait du bon côté et invite le vaincu à s'éclipser discrètement sans trop attirer l'attention.

Or, c'est le contraire qui va se produire dans les années suivantes. Le « vaincu », après un moment de désarroi et même de dépression, reprend avec acharnement la tâche d'organisation entreprise des années auparavant et qui passe désormais par la construction d'une fraction bolchevique dans le parti ou, si l'on préfère, la conquête du parti par cette fraction.

Et c'est Trotsky, le « vainqueur », qui va se retrouver à son tour hors de la rédaction, complètement seul, tournant le dos aux luttes fractionnelles et renonçant dans l'immédiat à toute ambition d'organisation. Il « se retire » ainsi dans un isolement qui ne sera cependant pas « discret » du tout et qui réussira à « déranger ».

CHAPITRE V

Un homme seul[1] ?

Plus que tout autre, Trotsky a vécu comme un cauchemar le IIe congrès du P.O.S.D.R. Les lendemains ne sont pas moins hallucinants pour lui. Champion de l'unité et du maintien de l'ancien comité de rédaction de l'*Iskra,* il n'a pas le loisir de goûter la revanche que devrait, en toute logique, constituer pour lui la restauration de l'équipe dont il a vainement défendu le maintien.

Il revient certes à l'*Iskra,* avec Véra Zassoulitch, Martov et leurs amis, mais dans une position de second plan où le maintiennent l'hostilité entêtée de Plékhanov, le mécontentement de nombre de lecteurs contre le ton du *Rapport* et surtout le fait qu'il n'a plus le soutien d'un homme aussi influent que Lénine. Plus grave, quelques mois plus tard, il doit à son tour quitter l'*Iskra.*

L'initiative est venue de Plékhanov. Les raisons ne lui manquent pas. L'hostilité de l'ancien n'a pas désarmé contre le jeune homme, qui vient en outre de démontrer avec éclat qu'il ne recule pas devant les violences verbales dans la polémique interne. Le prétexte qu'il saisit est l'article de Trotsky, « Notre campagne “ militaire ” », dans l'*Iskra* du 15 mars 1904. Trotsky a examiné de façon très critique l'attitude du parti vis-à-vis de la guerre russo-japonaise qui vient d'éclater. Les attaques contre les bolcheviks ne peuvent entièrement dissimuler qu'il s'agit en réalité d'une critique sévère de la propagande des comités du parti, de son incapacité à vertébrer une véritable campagne, de l'abus qu'elle fait des clichés et des généralités et ses inexactitudes factuelles et incertitudes théoriques [2].

Fidèle à la tactique du coup de poing, Plékhanov exige tout simplement du comité de rédaction l'engagement de ne plus publier d'article de Trotsky dans l'*Iskra.* Tirant prétexte des attaques contre lui dans le *Rapport* et de ce qu'il appelle « l'insolence » de Trotsky à son égard, il met sa démission dans la balance, assurant qu'il tient pour « répugnant moralement » d'être le responsable d'un périodique auquel ce dernier collabore [3]. L'état-major des mencheviks est dans une situation difficile. Trotsky est incontestablement des leurs et, dans la période de crise, il vient d'être l'un de leurs principaux porte-parole, alors que Plékhanov, allié à Lénine, cautionnait leur élimination. Mais c'est à Plékhanov qu'ils doivent leur retour, la position reconquise à l'*Iskra*. Il semble qu'ils aient d'abord tenté de résister et décliné fermement la proposition de Trotsky de quitter la scène de l'émigration en revenant en Russie. Martov clame que la question est « hautement principielle » et qu'il faut tenir bon. Mais il cède, et Trotsky doit cesser sa collaboration. Première brèche entre les mencheviks et lui, c'est la première déchirure sur la voie d'une rupture qui est formalisée peu après [4].

En réalité, la pensée politique du jeune homme dans cette période évolue d'une façon à certains égards contradictoire. Plus que jamais convaincu que le prolétariat constitue la classe qui exprime les intérêts de l'ensemble des travailleurs, il considère – et écrit dans l'*Iskra* – que la bataille essentielle du prolétariat est livrée pour son indépendance de classe et qu'il doit la livrer au moins aux trois quarts contre la « démocratie bourgeoise [5] », ce qui le coupe des mencheviks qui veulent s'allier à cette dernière. En même temps, l'approche de la révolution ouvrière, qu'il sent en gestation dans l'empire russe, rend urgente à ses yeux la réunification du parti social-démocrate, et renforce son hostilité à Lénine et aux bolcheviks qui sont selon lui les responsables de la scission.

C'est ainsi que le champion de l'unification se retrouve finalement isolé. Mais c'est aussi pourquoi cet isolement n'a pas pour résultat de le paralyser. Au contraire. On peut tenir pour vraisemblable que c'est précisément cette indépendance de fait qui l'incite à s'exprimer plus librement, donc plus complètement qu'il ne l'avait fait jusqu'à présent, et à se définir publiquement par rapport aux problèmes du parti. L'occasion est bonne d'élaborer de façon systématique son analyse personnelle de la crise du parti – diagnostic et remèdes. Il n'est guère surprenant non plus qu'il ait voulu situer son travail dans la perspective d'une étude historique du développement du parti au cours de ses premières années, et que cela ait signifié une révision de ce qu'avaient été ses impressions premières, avec d'importantes retouches à l'image de l'*Iskra* qu'il avait jusqu'alors conçue et défendue.

C'est ce travail qu'il veut réaliser dans une brochure qu'il prépare pendant la première moitié de 1904 et qui paraît finalement à Genève au mois d'août. *Nos Tâches politiques* est sans doute, de tous les écrits de Trotsky, celui dont le destin fut le plus étrange et la signification la plus contestée. Analyse et polémique, débat d'idées et pamphlet, réquisitoire et leçon érudite d'histoire de la Révolution française, elle manque totalement son but, la réunification ou, du moins, la préparation de ses conditions. Écrite au moment où mûrit sa rupture avec les mencheviks, elle est en même temps le signe de cette éclatante rupture politique avec Lénine qui le poursuivra sa vie durant. Et sa physionomie politique ne se borne pas à son impact immédiat : tandis que la plupart de ceux qui se réclament de la pensée de Trotsky évitent aujourd'hui avec gêne de la commenter, d'autres, qui sont ses adversaires politiques, y voient une géniale prémonition du stalinisme.

***

Les premiers chapitres, essentiellement d'analyse historique, de *Nos Tâches politiques* semblent traduire de la part de l'auteur une certaine distance, un recul personnel, à travers une tentative, indiscutablement solide, d'analyser le développement du Parti social-démocrate russe depuis son origine. Trotsky considère en effet que le parti a été conditionné par la lutte et par une nécessité pressante. Il s'agissait pour lui de concilier sur le plan des principes et de coordonner sur le plan pratique les tâches « révolutionnaires-démocratiques » et les tâches socialistes, issues de deux courants historiques indépendants l'un de l'autre, mais posées simultanément par l'histoire aux révolutionnaires russes.

C'est, selon lui, sur cette contradiction que le populisme s'est brisé. Plékhanov, dès 1899, a indiqué nettement la direction générale dans laquelle ce problème serait réglé, avec sa fameuse formule du congrès de l'Internationale : « Le mouvement révolutionnaire russe triomphera comme mouvement ouvrier ou ne triomphera pas [6]. » Pour Trotsky, l'idée qui a dominé dans le parti depuis le début du siècle, avec l'alternance des tendances, l'ère « économiste » suivie de l'ère « iskriste », a été que la social-démocratie russe « veut consciemment être et rester » le mouvement de la classe ouvrière. Reconsidérant, à la lumière de son expérience dans l'émigration, son appréciation du rôle de l'*Iskra*, il pense qu'elle est loin d'avoir joué le rôle qu'elle s'était fixé; l'*Iskra* a en effet avant tout contribué de façon très importante à la différenciation politique à l'intérieur de l'intelligentsia démocratique, mais son influence n'est guère allée plus loin.

Trotsky met à l'actif de l'*Iskra* d'avoir éclairé la conscience de l'intelligentsia sur les intérêts et le rôle historique du prolétariat. Mais il souligne qu'elle n'a nullement contribué à « délimiter politiquement » le prolétariat lui-même, notamment parce qu'elle n'a jamais proposé de normes tactiques destinées à faciliter ce qu'il appelle « la politique autonome de classe du prolétariat » et le développement de sa conscience à travers son expérience [7]. C'est là une sérieuse critique de fond du bilan et des conceptions de l'ancienne *Iskra* qu'il formule, sans polémiquer vraiment :

> « Le parti n'est pas composé simplement de lecteurs assidus de l'*Iskra*, mais d'éléments actifs du prolétariat qui manifestent quotidiennement leur pratique collective [...]. C'est pour susciter cette activité collective, pour la faire progresser, pour la coordonner et pour lui donner forme, que nous avons besoin d'une organisation souple, mobile, capable d'initiative, d'une " organisation de révolutionnaires professionnels ", non pas de colporteurs de littérature, mais de dirigeants politiques du parti [8]. »

Pour lui, l'ancienne *Iskra* n'a pas répondu – et n'a pas cherché à répondre – à ce besoin. Elle a en particulier splendidement ignoré toutes les tâches qui devraient précisément aider le développement de l'activité autonome du prolétariat au même rythme que sa conscience. S'appuyant sur des lettres et rapports de Russie, il démontre que « le journal organisateur » et son réseau d'« agents » n'ont pas su – et sans doute pas voulu – organiser et mener les campagnes systématiques d'agitation, dans la classe ouvrière et à partir d'elle, qui s'imposaient dans la période récente par exemple pour l'établissement du suffrage universel ou contre la guerre russo-japonaise.

Il souligne en outre la disparition des préoccupations, des dirigeants comme du journal, de ce qu'il appelle « les questions de tactique politique » sur lesquelles les travailleurs doivent devenir capables de se prononcer concrètement : désormais, ce sont « les comités » qui fournissent une orientation toute prête et éventuellement la modifient et, dans ses relations avec les autres organisations sociales, le parti fait appel à la force abstraite des intérêts de classe du prolétariat, « non à la force réelle du prolétariat conscient de ses intérêts de classe ».

Pour Trotsky, l'ancienne *Iskra*, par ses conceptions générales de travail, a instauré dans le parti ce qu'il appelle le « substitutisme », la pratique qui consiste à penser pour le prolétariat et à sa place, à se substituer politiquement à lui [9] : on renonce ainsi à construire « un parti qui l'*éduque* politiquement et le mobilise ». S'appuyant sur quelques exemples empruntés à la correspondance russe, il accuse, assurant que « le trait caractéristique de la période [...], c'est l'émancipation des " révolutionnaires professionnels " de toutes obligations, non seulement morales mais aussi politiques, envers les éléments conscients de la classe au service de laquelle nous avons décidé de consacrer notre vie [10] ». La conclusion, sur ce point, revêt les accents d'un verdict sévère :

> « Les comités ont perdu le besoin de s'appuyer sur les ouvriers dans la mesure où ils ont trouvé appui sur les " principes " du centralisme [11]. »

Reliant l'expérience des « iskristes » à celle des « économistes », qui l'avait précédée, Trotsky formule ce qui lui paraît l'explication commune de leur échec aux uns et aux autres :

> « Tout comme " l'auto-détermination " des " économistes ", le substitutisme politique de leurs antipodes n'est rien d'autre qu'une tentative du jeune parti social-démocrate de " ruser " avec l'histoire. [...] Si les " économistes " ne dirigent pas le prolétariat parce qu'ils se traînent *derrière lui*, les " politiques " ne dirigent pas le prolétariat parce qu'ils *remplissent eux-mêmes ses propres fonctions* [12]. »

Trotsky se livre ensuite à une critique serrée des principes d'organisation mis en avant par Lénine dans la période de l'*Iskra*, particulièrement de la division du travail qui aboutit à ce que Lénine appelle le « militant parcellaire », coupé du travail formateur. Il y voit la manifestation de « la banqueroute des idéaux " manufacturiers " en matière d'organisation [13] ». Il s'insurge également contre l'identification, souvent faite par Lénine, entre « la discipline de la fabrique » et ce qu'il appelle, lui, « la discipline politique et révolutionnaire du prolétariat ». Il faut, écrit-il, tourner dorénavant le dos à ce qu'a été l'activité de l'*Iskra*, que l'on peut résumer par la formule : « Se battre *pour* le prolétariat, *pour* ses principes, *pour* son but final [...] dans le milieu de l'intelligentsia révolutionnaire [14]. » La garantie de la stabilité du parti ne se trouve, selon lui, dans la période qui vient, ni dans la division du travail ni dans le respect d'une « discipline de fabrique », mais dans la base qu'il lui faudra conquérir à travers l'adhésion consciente d'un prolétariat actif et capable d'agir de façon autonome.

Au fur et à mesure que la brochure progresse et que l'auteur approche des polémiques récentes, les allusions à Lénine se multiplient sous forme polémique. Il l'accuse de « démagogie débridée [15] », de « cynisme » à l'égard du patrimoine idéologique du prolétariat [16] », d'ignorance de la dialectique qu'il « ravale au rang de la sophistique [17] » et de mépris à l'égard de ses propres partisans. Ces notations acerbes sont pourtant encore éparses dans la démonstration serrée de Trotsky à partir de son analyse de la situation du parti.

Tout change avec l'avant-dernier chapitre, entièrement dirigé contre la fomule de Lénine, employée dans « Un Pas en avant, deux pas en arrière » et selon laquelle « le jacobin lié indissolublement à l'*organisation* du prolétariat *devenu conscient* de ses intérêts de classe [...] c'est justement le social-démocrate révolutionnaire [18] ».

Trotsky se déchaîne. En historien d'abord, et même, d'une certaine façon, en érudit, il fait le procès de l'assimilation ainsi pratiquée par Lénine entre jacobinisme et social-démocratie, une démonstration étincelante, malgré son indiscutable pédantisme, et que rythme, comme un refrain, son affirmation : « Deux mondes, deux doctrines, deux tactiques, deux mentalités, séparés par un abîme [19]. »

Puis il s'empare des traits de ce « jacobinisme », revendiqué par Lénine dans le cours de sa polémique, pour faire le procès de l'ancienne *Iskra,* dont il assure que la sagesse politique se ramenait à l'aphorisme : « Je ne connais que deux partis, celui des bons et celui des mauvais citoyens », gravé, dit-il, « dans le cœur de Maximilien Lénine [20] ». Les affirmations et les caractérisations rigoureuses s'accumulent. « La pratique du soupçon et de la méfiance » caractérisait l'ancienne *Iskra* dont la tâche consistait à « terroriser théoriquement » l'intelligentsia. Lénine se croit entouré de machinations et d'intrigues; ses adversaires agissent, « sournoisement » et doivent être « mis hors d'état de nuire » : c'est pourquoi il a instauré dans le parti « le régime de l'état de siège » et de la « terreur ». Ce « métaphysicien politique » se « détache de la logique historique du développement du parti », et c'est ce qui nourrit chez lui une « méfiance, malveillante et moralement pénible, plate caricature [...] de l'intolérance tragique du jacobinisme ».

« Chef de l'aile réactionnaire du parti », Lénine a donné de la social-démocratie, en l'assimilant au jacobinisme, une « définition qui n'est autre qu'un attentat théorique contre le caractère de classe [21] » de ce parti : Trotsky estime qu'il s'agit en effet là d'un attentat non moins dangereux que le révisionnisme de Bernstein, puisqu'il identifie la social-démocratie à la variante jacobine du libéralisme. Il termine en sommant Lénine de choisir :

> « *Ou bien* jacobinisme, *ou bien* socialisme prolétarien!
> « Ou bien vous abandonnez la seule position de principe que vous ayez *réellement* prise en luttant contre la " minorité ", ou bien vous abandonnez le terrain du marxisme que vous avez défendu *apparemment* contre la " minorité " [22]. »

Souvent confondu par les commentateurs avec l'avant-dernier, le dernier chapitre est consacré, au moins formellement, à la critique de comités de l'Oural, influencés par les bolcheviks, et de leur défense des positions de Lénine. Analysant un de leurs textes, Trotsky souligne que ces militants se représentent la dictature du prolétariat sous la forme d'une dictature sur le prolétariat, exercée par « une organisation forte et puissante », régnant sur la société tout entière et ayant pour tâche d'assurer le passage au socialisme. Il poursuit :

> « Pour préparer la classe ouvrière à la domination politique, il est indispensable de développer et de cultiver son auto-activité, l'habitude de contrôler activement, en permanence, tout le personnel exécutif de la révolution. Voilà la grande tâche *politique* que s'est fixée la social-démocratie internationale. Mais, pour les " jacobins social-démocrates ", pour les intrépides représentants du substitutisme politique, l'énorme *tâche sociale et politique* qu'est la préparation d'une classe au pouvoir d'État, est remplacée par une tâche *organisationnelle-tactique,* la fabrication d'un appareil de pouvoir [23]. »

Or une telle « fabrication » ne peut se traduire, dans le parti lui-même, que par une sélection d'exécutants disciplinés et l'élimination mécanique de tous ceux qui ne répondent pas à ce modèle. C'est une conception qui rejoint celle de l' « état de siège » à l'intérieur du parti, préconisé et inspiré par Lénine.

S'efforçant alors d'élever le débat jusqu'au régime même de la « dictature du prolétariat » et entreprenant de répondre aux gens de l'Oural sur les causes de la défaite de la Commune de Paris, Trotsky écrit :

> « Si nous imaginons quelque peu les tâches colossales (non pas les tâches d'organisation, les problèmes de conspiration, mais les tâches socio-économiques et socio-politiques) que met en avant la dictature du prolétariat, ouvrant une nouvelle époque historique; si, en d'autres termes, la dictature du prolétariat n'est pas pour nous une phrase creuse, qui couronne notre " orthodoxie " formelle dans les luttes à l'intérieur du parti, mais une notion vivante, qui découle de l'analyse de la lutte sociale toujours plus large et plus aiguë du prolétariat contre la bourgeoisie, alors nous ne tirons pas comme les Ouraliens la conclusion stupide que la

Commune a échoué faute de dictateur, alors nous ne l'accusons pas d'avoir comporté " trop de disputes et trop peu d'action " et nous ne lui recommandons pas, *a posteriori,* d'éliminer les disputailleurs (les intrigants, les désorganisateurs, les adversaires malveillants) par la " dissolution " et la " privation des droits ". Les tâches du nouveau régime sont si complexes qu'elles ne pourront être résolues que par la compétition entre différentes méthodes de construction économique et politique, que par de longues " discussions ", que par la lutte systématique, lutte non seulement du monde socialiste avec le monde capitaliste, mais aussi lutte des divers courants et des diverses tendances à l'intérieur du socialisme : courants qui ne manqueront pas d'apparaître inévitablement dès que la dictature du prolétariat posera par dizaines, par centaines, de nouveaux problèmes, insolubles à l'avance. [...] La classe ouvrière [...] devra absolument à l'époque de sa dictature – comme il le faut maintenant – nettoyer sa conscience des fausses théories, des modes de pensée bourgeois, et expulser de ses rangs les phraseurs politiques et tous ceux dont les catégories de pensée sont surannées. Mais on ne peut opérer une *substitution* de cette tâche complexe en mettant au-dessus du prolétariat un groupe bien sélectionné de personnes ou, mieux, une seule personne nantie du droit de dissoudre et de dégrader. [...] La Commune justement [...] a montré que la seule base pour une politique sociale non aventuriste ne peut être que le prolétariat autonome, et non une classe à laquelle on insuffle un " état d'esprit " en faveur d'une organisation forte et puissante au-dessus d'elle [24]. »

Trotsky est ainsi sans doute le seul socialiste au monde à se préoccuper à cette date des problèmes de la future « dictature du prolétariat »... qu'il aura l'occasion d'explorer plus concrètement quelques années plus tard.

La place de *Nos Tâches politiques* dans la biographie de Trotsky reste encore à démontrer; nous reviendrons sur cette question. Cette diatribe follement excessive contre Lénine – qui, après tout, n'avait exclu et *a fortiori* fait exécuter personne – a constitué plus tard, pour un Trotsky rallié en 1917 aux conceptions d'organisation de Lénine, un document terriblement gênant au sujet duquel, dans le reste de sa vie, il a observé une grande discrétion. Par ailleurs, l'attaque qu'il a menée alors contre les méthodes qui, selon lui, conduisent « l'organisation du parti à " se substituer " au parti, le comité central à l'organisation du parti et finalement le dictateur à se substituer au comité central » peut être tenue – et est effectivement tenue par certains – comme une prescience de ce qu'allait être le stalinisme, ce qui donne à *Nos Tâches politiques* une dimension qu'il faudrait beaucoup de parti pris pour lui contester, au moins *a priori.*

Sur le moment, elle ne pouvait que contribuer à aggraver les antagonismes et même à envenimer la discussion. Isaac Deutscher pense que, dans sa polémique contre Lénine avec cette brochure, Trotsky a dépassé le caractère, tacitement admis jusque-là, de limitation de la diatribe personnelle et qu'il a employé des épithètes qui n'ont pu que choquer, puisqu'elles étaient adressées à un homme qualifié au même moment de « camarade ». Dans l'immédiat, en tout cas, et dans le contexte de la polémique interne dans le cadre de la crise du parti, c'est contre la politique de réconciliation préconisée par Trotsky qu'elle a joué. Il n'est en effet pas douteux que *Nos Tâches politiques* a creusé le fossé avec les bolcheviks, ainsi mis en accusation – en quels termes! –, et fait apparaître Trotsky comme l'ultra des mencheviks au moment où, pourtant, il allait proposer la dissolution de leur fraction.

Cette brochure de combat contre Lénine est en effet précédée d'une préface dans laquelle la question de la crise du parti est traitée avec un incontestable optimisme. Au point qu'on doit se demander pourquoi, dans une telle situation, Trotsky n'a pas renoncé à sa publication. Il constate en effet que « la phase la plus aiguë est passée » et que « les partisans de l'unité du parti peuvent regarder devant eux avec assurance ». Parvenu à « un tournant de son évolution interne », le parti devrait rapidement voir se réaliser « une concentration sur des tâches communes ». Il écrit même :

> « Cet apaisement, auquel aspirent tous les éléments sains du parti, signifie la mort, en tant que force organisationnelle, de ce qu'il est convenu d'appeler la " minorité ". [...] La fin du régime (de " l'état de siège ") dans le Parti signifie en même temps la mort organisationnelle de notre minorité [25]. »

Mais l'opinion de Trotsky ne suffisait pas pour que la minorité menchevique décrète sa propre disparition. La discussion commence un mois après la parution de la brochure. Trotsky souhaite un accord avec le comité central bolchevique en vue de la création d'un nouveau centre, stable, du parti. Le débat se termine par un compromis boiteux. Trotsky obtient satisfaction avec la décision formelle, pas encore publique, des mencheviks, de dissoudre leur fraction, « leur parti dans le parti ». Lui-même, semble-t-il, grâce aux efforts de P.B. Akselrod, recommence sa collaboration à l'*Iskra,* qu'ils contrôlent. Le résultat pratique est tout différent. La fraction menchevique subsiste, Trotsky est bel et bien seul entre deux fractions. Et par-dessus le marché, sa collaboration, par des « Notes politiques » à l'*Iskra,* fait de lui, aux yeux des militants, le menchevik qu'il n'est plus [26]...

* * *

C'est cette même année que Trotsky, devenu une sorte de franc-tireur dans le parti, rencontre un autre franc-tireur, du mouvement international, Aleksandr Israelovitch Helphand. L'homme est, comme lui, originaire d'une famille juive du sud de la Russie, comme lui devenu militant à l'université, comme lui émigré. Il a douze ans de plus que lui. La rencontre a une très grande importance dans la biographie personnelle et politique de Trotsky [27]. Helphand est en quelque sorte à l'intersection des mouvements allemand et russe, l'intermédiaire qui tire toute sa force de cette situation. Sa maison, dans le faubourg des artistes de Munich, Schwabing, est un lieu de rencontre. Bien des réfugiés y ont vécu, passé. Lénine y a rencontré Rosa Luxemburg, et elle abrite une grosse presse à imprimer. Journaliste et économiste marxiste reconnu, collaborateur de la revue théorique *Die neue Zeit*, animateur du bulletin de presse *Aus der Weltpolitik*, connu sous les pseudonymes littéraires militants de Molotov, puis Parvus, l'homme est considéré comme d'extrême gauche dans le parti allemand. Avec lui et sous sa direction, Trotsky s'introduit dans la vie artistique, la vie de bohème du Munich littéraire, se lie aux dessinateurs et aux chroniqueurs du prestigieux *Simplicissimus* [28].

On discutera sans doute longtemps la question de savoir lequel des deux hommes influença le plus l'autre dans ce compagnonnage et cette amitié noués en 1904, et aussi le caractère privilégié de cette influence. L'Australien Nicholas S. Weber, dans un article récent, a souligné combien l'influence des idées de Karl Kautsky et de Rosa Luxemburg sur la pensée de Trotsky en ces années n'est pas loin d'égaler celle de Parvus-Helphand. Trotsky, en tout cas, lui rend dans *Ma Vie* un intéressant hommage :

> « Parvus était [...] en pleine possession de la méthode de Marx, voyait largement, se tenait au courant de tout ce qui se passait d'important sur l'arène mondiale et, avec l'exceptionnelle hardiesse de sa pensée, son style viril, musclé, fit de lui un écrivain véritablement remarquable. Ses travaux d'antan m'avaient conduit aux questions de révolution sociale et, par lui, j'arrivai à me représenter la conquête du pouvoir par le prolétariat non comme une " finale " à distance astronomique, mais comme la tâche pratique de notre temps [29]. »

En 1903, dans la crise du parti, Helphand avait pris parti pour les mencheviks sans pour autant se départir d'une certaine position d'arbitre. Maintenant il apportait à Trotsky sa vision mondiale, l'idée que la guerre russo-japonaise marquait le début d'une série de crises, ouvrait la perspective de la révolution russe et d'une guerre mondiale. C'est un peu avant l'arrivée de Trotsky chez lui que Parvus avait écrit pour l'*Iskra* une série intitulée « Guerre et révolution », consacrée précisément au début de la guerre russo-japonaise, « aube sanglante de grands événements à venir ». Convaincu qu'elle sonnait le glas de la stabilité européenne et de la fin de l'ère de l'État-nation, il y voyait le début d'un cycle de guerres provoquées par la réaction des forces productives contre l'étreinte étouffante des barrières douanières, la recherche de nouveaux marchés à coups de canon. Il entrevoyait les troubles politiques en Russie, leur influence sur les États capitalistes occidentaux, et la « révolution russe ». Il écrivait cette phrase, stupéfiante à l'époque :

> « La révolution russe secouera les fondements politiques du monde capitaliste et le prolétariat russe jouera le rôle d'*avant-garde* de la révolution sociale [30]. »

C'était vraisemblablement la première fois qu'un écrivain marxiste abordait la question de la révolution russe, non pas seulement comme le résultat d'un développement exclusivement russe, mais comme reflet en Russie des contradictions sociales mondiales, liant ainsi révolution russe et lutte des classes dans le monde. Trotsky ne pouvait qu'être sensible à cette méthode, une façon de penser, une ouverture qu'il recherchait et dont il exprimait le besoin dans tous ses pronostics et ses analyses. L'influence probable d'Helphand, sa longue familiarité avec le sujet ne pouvaient qu'approfondir ses divergences avec les mencheviks, moins que quiconque portés à tester les possibilités d'éclatement de la révolution en Russie.

Or ces divergences vont être encore aggravées par les développements politiques qui s'accélèrent en Russie. Les revers militaires face au Japon conduisent à la crise politique. En juillet 1904, l'homme qui avait incarné la répression depuis des années, le comte Plehve, est assassiné par l'organisation de combat socialiste-révolutionnaire. Son successeur, le prince Sviatopolk-Mirsky, ancien commandant de la gendarmerie, nommé quelques semaines plus tard, gagne, en libérant quelques prisonniers politiques et en mettant fin à l'exil de quelques déportés, la réputation d'un homme de compromis. En novembre se tient ce qui n'est officiellement qu'une « conférence privée » d'un certain nombre de délégués des zemstvos, mais qu'une opinion impatiente et abusée baptise « congrès des zemstvos ». Cette agitation des libéraux se poursuit dans le pays par une campagne de banquets en laquelle les éléments libéraux – avec leurs récentes recrues, les « marxistes légaux » de Strouvé – et même les mencheviks, placent beaucoup d'espoirs; de leur côté, les bolcheviks, d'une part, Trotsky, de l'autre, persuadés que les libéraux sont terrorisés par la menace de la révolution, pensent qu'ils sont en réalité à la recherche d'un compromis avec le tsarisme.

En novembre et en décembre 1904, Trotsky se consacre à un travail d'analyse de la situation russe à laquelle il accorde toute son attention. Il souligne la lâcheté dont les libéraux font preuve vis-à-vis du gouvernement tsariste en guerre, allant jusqu'à parler de « notre monarque » et de « notre guerre ». Il ironise sur le prétendu « printemps » du prince Sviatopolk-Mirsky et l'affirmation de ce dernier que son gouvernement a confiance... dans le peuple. Il souligne fortement que le « congrès des zemstvos » s'est prudemment abstenu de revendiquer le suffrage universel, voire simplement une constitution. Convaincu de la faiblesse et de la lâcheté politique des libéraux, prêts à trahir leurs propres principes sans la moindre vergogne, il conclut que tout, dans la situation russe, démontre que seuls les ouvriers, les prolétaires des usines, sont en mesure de porter au tsarisme un coup décisif [31]. C'est à partir de là qu'il faut élaborer la politique social-démocrate, affirme-t-il.

Il sort de ces mois de travail une brochure tout entière imprégnée du « pressentiment de l'imminence de la révolution [32] » : « L'incroyable devient réel, l'impossible devient probable [33] », écrit-il. La société russe secoue ses chaînes. Trotsky entrevoit le chemin de cette révolution qu'il pressent. Il la décrit se matérialisant dans les débrayages, les grèves, les meetings de masse, les manifestations de rue, la grève générale, avec une exactitude fulgurante qui se manifestera avec éclat en octobre 1905 et en février 1917, mais qui n'avait à l'époque aucun précédent.

Convaincu que c'est dans les villes industrielles que se déroulera le combat révolutionnaire, il souligne également l'importance de la paysannerie, de ses énormes ressources d'énergie. Il pense que la classe ouvrière, dont le rôle est déterminant, ne doit pas compter sur la bourgeoisie et, en revanche, veiller à ne pas se couper de la paysannerie. C'est directement sous cet angle qu'il aborde la question clé de l'armée, décisive pour la répression contre le mouvement ouvrier. Il démontre que les social-démocrates doivent mener une intense agitation auprès des paysans sous l'uniforme afin qu'ils ne puissent pas, le moment venu, être utilisés pour écraser la grève générale et l'insurrection ouvrière.

La brochure n'était pas encore publiée – et les mencheviks de Genève hésitaient beaucoup à le faire – quand se produisit à Saint-Pétersbourg le fameux « dimanche rouge », la fusillade devant le Palais d'Hiver où des milliers d'ouvriers en famille, portant icônes et portraits du tsar, étaient venus derrière le syndicaliste « jaune » et informateur de la police, le père Gapone, présenter au monarque leurs revendications. Trotsky raconte :

> « Le 10 (23) janvier au matin, je rentrais à Genève d'une tournée de conférences, fatigué, brisé par la nuit passée sans dormir en wagon. Un gamin me vendit un journal qui datait de la veille. On parlait d'une manifestation d'ouvriers qui devait se diriger vers le Palais d'Hiver, mais on en parlait au futur. Je conclus que la manifestation n'avait pas eu lieu.
>
> « Une heure ou deux après, je passai à la rédaction de l'*Iskra*. Martov était dans tous ses états.
>
> " Elle n'a pas eu lieu? lui dis-je.
>
> – Comment pas eu lieu ", s'écria-t-il, s'élançant vers moi. " Nous avons passé toute la nuit au café à lire les derniers télégrammes. Mais vous ne savez donc rien? Tenez, tenez, tenez! "
>
> « Il me tendait un numéro du jour. Je parcourus les dix premières lignes d'un compte rendu télégraphique sur le dimanche sanglant. Un flot sourd et brûlant me monta à la tête.
>
> « Je ne pouvais plus rester à l'étranger [34]. »

Dans le cours de ses préparatifs de départ, il revient chez Helphand pour lui demander conseil et lui fait lire les épreuves de la brochure qu'il se propose maintenant de titrer *Avant le 9 janvier,* et que retiennent toujours les hésitations des mencheviks. Passionné par cette lecture, Helphand rédige en quelques semaines une préface dans laquelle il souligne que la manifestation du 9 janvier, bien qu'elle se soit déroulée derrière un pope, a constitué la première grève générale politique et que la révolution russe prend le chemin de la grève générale. Il ajoute cette idée tout à fait neuve à l'époque :

> « Seuls les ouvriers peuvent mener à bien le changement révolutionnaire en Russie. Le gouvernement provisoire révolutionnaire en Russie

sera un gouvernement de démocratie ouvrière. Si la social-démocratie se place à la tête du mouvement révolutionnaire du prolétariat russe, alors ce gouvernement sera social-démocrate. Si, dans son initiative révolutionnaire, la social-démocratie se sépare du prolétariat, elle deviendra une fraction sans importance [35]. »

Ces conclusions ne sont pas celles de Trotsky, bien qu'il n'en soit pas très éloigné. Elles vont être âprement discutées dans la presse social-démocrate de toutes les tendances. Les mencheviks refusent la participation éventuelle à un gouvernement provisoire qui, selon eux, ne saurait être que bourgeois, dans le cadre d'une révolution bourgeoise. Les bolcheviks, convaincus que la bourgeoisie est dominée par sa peur de la révolution, ne refuseraient pas d'entrer dans un gouvernement révolutionnaire où prédomineraient des éléments démocratiques, mais ils considèrent que l'idée d'Helphand risque de semer des illusions dangereuses sur la possibilité d'apparition d'un gouvernement social-démocrate;

Dans deux lettres politiques de mars 1905, Trotsky précise sa propre position. Commentant les défaites des armées tsaristes, l'ébranlement du régime, la montée de l'insurrection populaire, il définit les problèmes d'organisation de la révolution et de sa victoire. Le prolétariat a révélé une masse « d'énergie révolutionnaire et de ténacité révolutionnaire » qui lui a permis d'en arriver à « ce prologue de la Grande Révolution russe ». Les mots d'ordre qu'il préconise sont la convocation d'une assemblée constituante, le désarmement de la réaction, l'armement de la révolution et la mise sur pied d'un gouvernement provisoire. L'*Iskra* menchevique marque ses réserves vis-à-vis de cette politique...

Trotsky va revenir, une opération qu'il faut organiser minutieusement car le risque est important. Il la prépare donc méticuleusement sur le plan technique. Il la prépare aussi politiquement, dans des notes insistant sur la lutte implacable qu'il faut mener contre le libéralisme, sur le rôle dirigeant du prolétariat dans la révolution. Il se pose, des mois avant que le développement historique ne les soulève, les problèmes de l'armement du prolétariat, de la fraternisation avec les militaires, tous les problèmes de la technique révolutionnaire qui deviendront dans quelques mois des problèmes concrets et ne semblent pour le moment que des rêveries d'émigré.

Ainsi, en quelques semaines, l'homme seul qu'il était devenu se plonge-t-il, tant par son analyse que par son imagination, dans le mouvement des masses qui commence à bouillonner en Russie et dans lequel il va totalement s'immerger. Natalia Ivanovna est partie en avant-garde pour préparer le point de chute et les liaisons nécessaires. Quelques jours plus tard, Trotsky refait en sens inverse le chemin qu'il a parcouru à l'automne 1902, deux ans et demi plus tôt, après son départ de Verkholensk. Rien d'étonnant si sa dernière étape « européenne » se situe à Vienne, toujours chez Victor Adler, où un coiffeur lui « fait une autre tête [36] ». Le respectable dirigeant du Parti social-démocrate autrichien donne quelques informations à cet homme jeune qui n'est plus du tout le provincial fugitif qu'il a accueilli deux ans auparavant. Dans l'intervalle, il a été au cœur des luttes fractionnelles de la social-démocratie russe en émigration.

Mais il leur tourne résolument le dos pour aller rejoindre les masses en mouvement dans l'empire du tsar.

CHAPITRE VI

1905 : sur les ailes de la révolution[1]

Trotsky arrive à Kiev en février 1905. C'est un point de chute politiquement intéressant et pas trop dangereux, car la police politique est loin d'y manifester la virulence dont elle fait preuve, par exemple, dans la capitale. Ce faisant, il est – et de très loin – le premier des hommes qui ont tenu le haut du pavé dans l'émigration social-démocrate à venir ainsi à la rencontre de la révolution. Martov ne partira que la troisième semaine d'octobre – après avoir appris que le tsar a concédé le « Manifeste du 17 octobre » – et arrivera au début de novembre. Lénine ne quittera Genève qu'à la fin d'octobre pour n'arriver finalement à Saint-Pétersbourg que le 8 novembre. Plékhanov, lui, ne reviendra pas.

Comment expliquer la promptitude de ce retour qui signifie notamment une véritable abstention dans les combats à l'ordre du jour de l'émigration dans les prochains mois? Est-ce parce que Trotsky est, depuis des mois, un homme seul, affranchi de toute obligation envers une fraction, et que ne peut retenir la perspective d'un « IIIe congrès » des bolcheviks ou de toute autre conférence menchevique rivale? L'explication serait par trop simpliste.

En fait, dégagé effectivement de toute obligation fractionnelle, à bonne distance des aléas et rebondissements des conflits entre les deux fractions principales, satisfait, sous cet angle, de sa position « unitaire », dont la victoire lui semble inscrite dans l'avenir, Trotsky a les mains totalement libres pour consacrer son attention et son activité aux événements qui se développent en Russie : cette dernière l'attire, alors que rien ne le retient désormais en Europe.

Le succès de cette entreprise aléatoire s'explique par des facteurs qu'il n'a sans doute pas prévus avec précision. Les conditions politiques dans l'empire tsariste sont différentes de celles de l'émigration par la simple force des choses. C'est probablement parce que ce militant de premier plan, revenu le premier au pays, n'est inféodé à aucune fraction qu'il va pouvoir se lier à toutes, collaborer avec les unes et les autres et, en même temps, inspirer le comité des bocheviks et diriger le groupe des mencheviks de Pétersbourg!

Natalia Ivanovna, on le sait, a ouvert la voie, pour chercher un logement à Kiev et nouer sur place les premiers liens avec ce que l'on appelle alors le « sous-sol », à savoir les clandestins. Lev Davidovitch, muni d'un passeport au nom d'un sous-lieutenant en retraite, la suit de près. Dans un premier temps, ils doivent aller de logement en logement, quittant parfois précipitamment un propriétaire alarmé par le style de vie de son hôte, peu conforme à celui d'un militaire en retraite. Pendant quelques jours, Trotsky doit même se cacher dans une clinique d'ophtalmologie où tout le personnel est loin d'être complice et où il doit accepter de se soumettre à des bains de pied et à des injections dans les yeux, pour ne pas attirer l'attention du personnel [2]...

Son contact à Kiev est le bolchevik L.B. Krassine. Ce n'est pas n'importe quel militant. Ce jeune ingénieur de trente-cinq ans, une lumière dans sa spécialité, est membre du comité central et responsable de l'organisation clandestine des bolcheviks, c'est-à-dire des partisans de Lénine. Mais en même temps, il est l'un des chefs de file et inspirateurs de la tendance des « conciliateurs » qui reprochent à Lénine son intransigeance en matière d'organisation et aspirent – comme Trotsky – à la restauration de l'unité du parti. Trotsky, dans *Ma Vie,* évoque Leonide Borissovitch, ses capacités exceptionnelles, les immenses services qu'il lui rendit alors :

> « Il y avait déjà en lui quelque chose de solide, de la résolution et de " l'esprit administratif ". Comme ingénieur, il avait fait un certain stage, il avait servi et bien servi, il était très apprécié, le cercle de ses connaissances était infiniment plus étendu et plus divers que celui de n'importe lequel des jeunes révolutionnaires d'alors. Dans les quartiers ouvriers, chez les ingénieurs, dans les beaux appartements des fabricants libéraux de Moscou, dans les milieux littéraires, partout Krassine avait des relations. Il savait combiner tout cela et devant lui s'ouvraient des possibilités pratiques inaccessibles à d'autres. En 1905, Krassine, tout en collaborant au travail général du parti, fut le principal dirigeant dans les domaines les plus dangereux : compagnies de combat, achat d'armes, préparation d'explosifs, etc. [3] »

L'accord se fait vite entre les deux hommes. Peu enclin au débat théorique et aux discussions fractionnelles, Krassine n'a pas de réticences à l'égard d'un homme qui lui démontre tous les jours sa capacité d'analyser en termes concrets une situation concrète et qui sait, de plus, admirablement écrire. Trotsky, lui, ne peut que se féliciter de ce contact qui lui ouvre tant de portes et de possibilités. Il écrit que, pour lui, la liaison avec Krassine fut « un véritable bienfait [4] ». Le résultat premier est que Trotsky alimente en textes de tracts l'imprimerie clandestine qui est le joyau de l'appareil de Krassine.

C'est en tout cas grâce à Krassine qu'au mois de mars, vraisemblablement, il peut se transférer à Pétersbourg – position bien plus exposée évidemment à la police, mais infiniment plus importante politiquement, au cœur du mouvement révolutionnaire qui commence à se déployer. Natalia Ivanovna et lui sont installés, par les soins de Krassine, sous le nom de Vikentiev, dans la propre maison du colonel Aleksandr Alejsandrovitch Litkens, médecin-chef à l'académie militaire d'artillerie, dont les fils sont engagés dans le travail clandestin et dont l'appartement, situé dans ce bâtiment militaire, sur Zalbakansky Prospekt, sert de local aux réunions clandestines de Krassine, avec lequel il peut donc poursuivre sa collaboration.

Fidèle à sa politique d'unité dans le parti, et peut-être aussi ne souhaitant pas mettre tous ses œufs dans le même panier, Trotsky, peu après son arrivée, réussit à nouer les liens avec le groupe menchevique de Moscou. Très vite, il l'influence suffisamment pour le décider à appeler au boycottage de la première douma, assemblée consultative, et à entrer ainsi en conflit aigu avec le centre de Genève. C'est par l'intermédiaire de ce groupe – où elle a réussi à infiltrer aux commandes un agent provocateur – que l'Okhrana, la police secrète du régime, réussit à trouver la piste de Trotsky. Natalia Ivanovna est arrêtée le 1er mai au cours d'une réunion en forêt, surprise par la cavalerie. Se sentant en danger, puisque le provocateur le connaît personnellement, Trotsky décide de se cacher en Finlande : Piotr Pétrovitch – tel était le nom qu'il utilisait dans les cercles pétersbourgeois – disparaît donc pour un temps de la circulation.

Cette retraite forcée va lui permettre d'approfondir son analyse et d'affirmer ses convictions. Dès son retour en Russie, il a adressé à l'*Iskra* un article dans lequel il assure que le Parti social-démocrate est l'unique force capable de diriger contre le tsarisme une insurrection armée [5]. Il ajoute cette fois que la composition du gouvernement provisoire dépendra pour l'essentiel du prolétariat et des positions qu'il aura prises dans le mouvement. Une fois de plus, son analyse politique concrète le conduit à un conflit frontal avec les mencheviks : dans le même numéro, Martov rappelle que c'est la tâche historique des classes moyennes que de démocratiser la société russe...

Dans son asile finlandais – un petit « hôtel de la paix » au milieu des bois et près d'un lac –, Trotsky travaille, lit, découpe la presse, constitue des dossiers, prépare notes et remarques. Dans *Ma Vie*, il indique : « C'est en cette période que se forma définitivement l'idée que j'avais des forces intérieures du mouvement russe et des perspectives de la révolution chez nous [6]. » Cette dernière, qui est en train de se déployer en Russie, est, selon lui, une « révolution bourgeoise-démocratique » dont la base est la question agraire. Celui – parti ou classe sociale – qui sera capable de mobiliser les paysans et de les entraîner derrière lui contre le tsarisme et les propriétaires nobles s'emparera du pouvoir. Mais il n'en croit capables ni les forces du libéralisme, ni les intellectuels démocrates : l'heure est au prolétariat. C'est la social-démocratie, par son intermédiaire, qui peut entraîner la paysannerie à l'assaut du tsarisme. Cela signifie que, contrairement aux pronostics formulés jusqu'alors par les marxistes, la social-démocratie russe voit s'ouvrir devant elle la possibilité de s'emparer du pouvoir avant que les partis socialistes d'Europe occidentale n'y parviennent dans leurs propres pays.

Placé à la tête de la révolution bourgeoise-démocratique, le Parti ouvrier social-démocrate devra parachever la révolution démocratique, certes, mais se trouvera contraint en même temps de prendre des mesures proprement socialistes. Le facteur décisif qui implique ce cours ne relève pas des seuls rapports des forces sociales en Russie, mais de l'ensemble de la situation internationale. La ligne stratégique pour les socialistes consiste donc pour le moment à combattre les libéraux, à lutter pour l'hégémonie du prolétariat sur la paysannerie mobilisée contre le tsarisme, et à se poser dans le cours de la révolution bourgeoise le problème de la prise du pouvoir. La tradition programmatique du parti prévoyait, dans le domaine de la tactique, le mot d'ordre d'« assemblée constituante ». Trotsky pense que celle-ci sera convoquée, dans le cours de la révolution et sous son impulsion, par un gouvernement provisoire dans lequel le parti ouvrier devrait avoir un rôle déterminant du fait du rôle dirigeant du prolétariat. Ainsi son jugement rejoint-il celui de Parvus, quelques mois auparavant. Trotsky raconte :

> « Sur cette question s'engagèrent [...] de grandes discussions. [...] Je rédigeai des thèses dans lesquelles je démontrais que la complète victoire de la révolution sur le tsarisme serait ou bien le pouvoir du prolétariat s'appuyant sur la classe paysanne, ou bien la prise directe du pouvoir par le prolétariat. Krassine fut effrayé par une solution si décisive. Il adopta le mot d'ordre du gouvernement révolutionnaire provisoire et le projet de travaux que je traçais pour ce gouvernement, mais sans décider d'avance la question d'une majorité social-démocrate dans le gouvernement. C'est sous cette forme que mes thèses furent imprimées à Pétersbourg et Krassine se chargea de les défendre au congrès du parti [7]. »

En fait, par un retournement de situation qui n'a, au fond, rien d'extraordinaire, ce sont les thèses mêmes de Trotsky que Krassine va défendre au IIIe congrès bolchevique en critiquant le projet de résolution de Lénine, lequel accepte d'amender son projet de résolution dans ce sens.

De cette période, deux textes émergent sur le plan littéraire et politique dans lesquels Trotsky se laisse aller à son goût de la généralisation et à la comparaison historique à laquelle il excelle et prend plaisir. La préface de l'*Adresse au Jury* de Ferdinand Lassalle en juillet 1905 lui permet de tracer une comparaison avec la révolution allemande de 1848; une « Lettre ouverte » à Milioukov, d'août 1905, réquisitoire contre les libéraux traîtres à leurs propres principes, permet aussi à l'auteur de constater que l'Histoire n'apprend rien aux professeurs d'histoire et d'utiliser largement ses connaissances sur la révolution française et la révolution allemande de 1848 pour rappeler comment se déroule l'histoire et comment se franchissent ce que le professeur d'histoire a appelé les « Rubicons historiques ».

Pendant ce temps en effet, bouleversant les situations acquises et les rapports de forces, la révolution continue d'avancer à grands pas dans l'empire russe. Trotsky ne se souvient pas si c'est le 14/27 ou le

15/28 octobre qu'on lui apporta un paquet de journaux, mais que « ce fut comme si une tempête furieuse s'était engouffrée par une fenêtre ouverte [8] » : la grève s'étendait à toutes les villes, la révolution était en marche. Il partit le soir même. Le même soir ou le lendemain – le 15/28 octobre 1905 en tout cas –, il prenait la parole à l'Institut polytechnique de Pétersbourg, en pleine tempête, à une réunion plénière du soviet de Saint-Pétersbourg dont l'existence allait, pendant quelques semaines décisives, se confondre avec la sienne.

***

Les compositeurs de l'imprimerie Sytine, de Moscou, avaient sans le savoir commencé la grève générale politique dans l'ensemble de la Russie, en cessant le travail, le 19 septembre 1905, pour une diminution de leur horaire de travail et une augmentation de leur salaire. Le 24, sous l'impulsion, semble-t-il, d'un syndicat non autorisé et récemment fondé des typographes et lithographes, cinquante imprimeries sont en grève. Après un temps de réflexion et d'hésitation, le mouvement reprend le 7/20 octobre un nouvel élan, avec les premiers débrayages de cheminots et le début d'organisation d'un syndicat des chemins de fer. Le 9, une réunion de délégués des cheminots grévistes décide de télégraphier dans tous les dépôts les mots d'ordre de leur grève : journée de 8 heures, libertés civiques, amnistie, Assemblée constituante. Le 11/24, la grève commence dans les centraux télégraphiques, alors qu'il y a déjà 700 000 grévistes. Le mouvement se développe à grande vitesse vers une grève générale.

A partir du 10/23 octobre se multiplient partout les meetings, les manifestations de rue. Dans plusieurs villes, dont Odessa, les travailleurs dressent des barricades pour se protéger des charges. La grève a débordé les usines, gagne les universités où les salles deviennent autant de salles de réunions pour tous; elle déborde sur les professions libérales; des soldats, des officiers même apparaissent dans les meetings.

C'est dans cette ambiance qu'est né le soviet de Saint-Pétersbourg, conseil des députés des ouvriers de la capitale, constitué à l'initiative du groupe menchevique. Il s'agit, dans l'esprit des initiateurs, de créer une organisation unique, impartiale et représentative des ouvriers, sur la base de l'élection des délégués (ou députés) dans les entreprises et les usines. Les représentants des partis ouvriers et des syndicats – y compris ceux qui n'ont que quelques jours – sont admis de droit au soviet. Sa première séance, le 13 octobre, ne rassemble que quelques dizaines de délégués, en majorité du district de la Néva, mais ils lancent un appel à la grève générale politique et à l'élection des délégués sur la base d'un pour 500 travailleurs. Première organisation élue par des travailleurs jusque-là privés de tout droit d'élire ou d'être élus, le soviet va connaître immédiatement une popularité immense et devenir un élément déterminant dans le développement révolutionnaire.

Le 15/28 octobre au soir, à la réunion du soviet qui a été convoquée à l'Institut de technologie, il y a déjà plusieurs centaines de délégués élus par la moitié environ des travailleurs de la capitale. Trotsky est présent, délégué, sous le nom de L. Yanovsky, par le groupe social-démocrate menchevique de Pétersbourg. Les socialistes révolutionnaires ont également envoyé leurs délégués au soviet et participé à la base aux élections. Les bolcheviks, eux, sont plus que réticents. Dans un premier temps, ils ont appelé au boycottage des élections au soviet, précisant ensuite, à partir du 13/26 octobre, qu'ils ne le considèrent que comme un comité de grève. Trotsky, invité par Krassine, plaide, contre Bogdanov, devant le comité central bolchevique, pour que ce dernier se décide à une participation sans conditions, et ne semble pas l'avoir convaincu, puisqu'à la fin du mois, toujours sous l'inspiration de Bogdanov, les bolcheviks de Pétersbourg exigent du soviet qu'il reconnaisse le rôle dirigeant du parti.

Le 17/30 octobre, impressionné par le développement de la grève générale, une situation qui se détériore pour lui désormais d'heure en heure, le tsar fait publier son célèbre *Manifeste,* œuvre du nouveau Premier ministre, le comte Witte, qui passe pour partisan de concessions aux libéraux : renonçant à l'absolutisme, il promet une constitution, les libertés civiles, le suffrage universel. C'est là la première victoire de la révolution, contresignée par le souverain et donnant raison à la formule de Plékhanov : le mouvement révolutionnaire russe avait effectivement remporté une première victoire, comme prévu, en tant que mouvement ouvrier et à travers la grève générale politique, comme Trotsky l'avait pressenti. Saint-Pétersbourg explose de joie. Une foule joyeuse se déverse dans les rues, lisant, proclamant, chantant, commentant. Dans le même temps, le vice-ministre de l'Intérieur, le général Trepov, qui vient d'ordonner à ses hommes de ne pas épargner les cartouches, poursuit sa politique de répression, fermant les salles de réunion, interdisant à l'Institut de technologie la réunion du soviet et faisant garder la salle par un barrage de policiers et de gendarmes.

Trotsky s'est trouvé dans la foule devant l'Institut de technologie et il la suit dans le repli vers l'université réalisé sur un mot d'ordre qui a circulé de bouche à oreille. Il a décrit l'ambiance juste avant sa première intervention, à la tribune de la rue, devant les grévistes qui manifestent :

> « Un adolescent arracha d'une porte cochère le drapeau tricolore avec sa hampe, déchira la bande bleue et la blanche et brandit bien haut le morceau rouge qui restait de l'étendard “ national ” au-dessus des têtes. Des dizaines de personnes l'imitèrent. Quelques minutes plus tard, une multitude de drapeaux rouges flottaient sur la foule. [...] Sur le quai s'était formé un immense entonnoir à travers lequel l'innombrable foule se coulait avec impatience. Tout le monde tâchait de s'approcher du balcon du haut duquel devaient parler les orateurs. »

Il raconte :

> « J'eus du mal à pénétrer dans l'édifice. Je dus prendre la parole le troisième ou le quatrième. Un étonnant spectacle se découvrait du bal-

con. La rue était complètement barrée par le peuple entassé. Les casquettes bleues des étudiants et des drapeaux rouges mettaient des taches claires sur cette multitude de cent mille âmes. Un silence absolu régnait, tout le monde voulait entendre les orateurs [9]. »

Le « citoyen Yanovsky » ne veut pas céder devant l'euphorie ambiante. Il veut mobiliser ces masses qui l'écoutent, baliser de son mieux la route de la révolution qui ne fait que commencer :

« Citoyens! Maintenant que nous avons mis le pied sur la poitrine des bandits qui nous gouvernent, on nous promet la liberté. On nous promet les droits électoraux, le pouvoir législatif. Qui nous promet cela? Nicolas II. Est-ce de bon gré? Est-ce de bon cœur? Personne n'oserait le prétendre. Il a commencé son règne en remerciant les cosaques d'avoir tiré sur les ouvriers d'Iaroslav et, de cadavres en cadavres, il en est arrivé au Dimanche rouge du 9 janvier. Et nous avons contraint l'infatigable bourreau que nous avons sur le trône à nous promettre la liberté. Quel triomphe pour nous! Mais ne chantez pas victoire trop tôt : elle n'est pas complète. Une promesse de paiement ne vaut pas une pièce d'or. Croyez-vous qu'une promesse de liberté soit déjà la liberté? Celui d'entre vous qui croit aux promesses du tsar, que celui-là vienne le dire tout haut : nous serons heureux de contempler cet original. Regardez autour de vous, citoyens. Quelque chose a-t-il changé depuis hier? Est-ce que les portes de nos prisons se sont ouvertes? Est-ce que la forteresse de Pierre-et-Paul ne domine plus la capitale? N'entendez-vous pas, comme auparavant, les gémissements et les grincements de dents qui retentissent dans ses murailles maudites? Est-ce que nos frères sont revenus à leurs foyers, du fond des déserts de la Sibérie [10]? »

Le contact a eu lieu. La foule approuve, gronde, commence à crier : « Amnistie, amnistie! » L'orateur reprend la balle au bond et pousse :

« Si le gouvernement avait sincèrement voulu se réconcilier avec le peuple, il aurait commencé par accorder l'amnistie. Mais, citoyens, croyez-vous que l'amnistie soit tout? On laissera sortir aujourd'hui une centaine de militants politiques pour en arrêter un millier demain. N'avez-vous pas vu, à côté du manifeste sur les libertés, l'ordre de ne pas épargner les cartouches? N'a-t-on pas tiré cette nuit, sur l'Institut technologique? N'a-t-on pas aujourd'hui chargé le peuple qui écoutait tranquillement un orateur? Ce bourreau de Trepov n'est-il pas encore le maître de Pétersbourg [11]? »

La foule réagit au nom du bourreau qui la menace et dont elle connaît la brutalité. Elle crie : « A bas Trepov! » Et l'orateur reprend appui pour rebondir, plus haut et plus loin :

« A bas Trepov! Mais croyez-vous qu'il soit seul? N'y a-t-il pas dans les réserves de la bureaucratie beaucoup d'autres coquins qui peuvent le remplacer? Trepov nous gouverne avec l'appui des troupes. Les soldats de la Garde, couverts du sang du 9 janvier, voilà son appui et sa force. C'est à eux qu'il ordonne de ne pas ménager les cartouches pour vos têtes et vos poitrines. Nous ne pouvons plus, nous ne voulons plus vivre sous le régime du fusil! Citoyens, exigeons maintenant qu'on éloigne les troupes de Pétersbourg! Qu'à vingt-cinq verstes à la ronde il ne reste plus un soldat. Les libres citoyens se chargeront de maintenir l'ordre. Personne n'aura à souffrir ni arbitraire ni violence. Le peuple prendra tout le monde et chacun sous sa protection [12]... »

La foule réclame par ses cris l'éloignement des troupes de Pétersbourg. Trotsky, du haut du balcon, brandit le *Manifeste* du tsar audessus des têtes dressées :

« Citoyens! Notre force est en nous-mêmes. Le glaive à la main, nous devons prendre la garde de la liberté. Quant au manifeste du tsar, voyez! Ce n'est qu'une feuille de papier! Le voici devant vous et tenez! J'en fais un chiffon! On nous l'a donné aujourd'hui, on nous le reprendra demain pour le mettre en morceaux, comme je la déchire en ce moment, sous vos yeux, cette paperasse de liberté [13]! »

Par son geste spectaculaire après son premier discours de tribun devant une foule embrasée, Trotsky quittait d'un coup l'obscurité des cercles clandestins, se projetait en pleine lumière de l'actualité comme la personnalité la plus marquante et l'orateur le plus apprécié de la période ouverte par le *Manifeste,* que la mémoire du peuple devait conserver sous la formule de « Jours de la Liberté ». Élu le même jour à l'exécutif du soviet, il en devient le véritable inspirateur et dirigeant, le porte-parole dans les grandes circonstances, le rédacteur de ses résolutions importantes en même temps que l'éditorialiste de son journal les *Izvestia.*

C'est maintenant que commence l'épopée révolutionnaire à laquelle il se prépare depuis son adolescence. Dans un développement magnifique, Edmund Wilson analyse les dons qui ont fait de lui un orateur sans rival :

« Maître à la fois de l'élocution et de l'argumentation, quelles que fussent ses difficultés dans les relations avec les gens en tant qu'individus, il avait le génie d'en imposer aux masses. Il savait manier l'ingrate logique marxiste avec tant de liberté et d'ampleur qu'il en faisait un instrument de persuasion et brandissait devant le public l'ironie acérée du marxisme, lorsqu'il écorchait vifs les responsables pour exposer les carcasses ignobles que masquaient leur assurance et leurs promesses. Il savait faire mouche et provoquer le rire du paysan caché dans tout prolétaire russe en illustrant quelque chose par un proverbe ou une légende de la campagne ukrainienne de sa jeunesse. Il savait lancer des épigrammes avec une rapidité et une netteté qui suscitaient l'émerveillement des intellectuels les plus avertis. Et il savait aussi élargir les horizons de l'esprit jusqu'à une vision de la liberté et de la dignité dont chacun des présents pourrait jouir. Partagé entre cette vision et les ignobles carcasses qui l'empêchaient de l'atteindre, l'auditoire se déchaînait [14]. »

L'atmosphère dans Pétersbourg en révolution est plutôt favorable à ses idées de réunification et de parti social-démocrate de masse. Elle entraîne d'ailleurs vers la gauche l'écrasante majorité des mencheviks. Martov a décidé de revenir en Russie, le lendemain du jour où Trotsky a pris la parole du balcon de l'université. Il fait, à son arrivée, une constatation bien peu agréable : porte-parole des mencheviks en émigration, dirigeant de la « minorité » du parti qui contrôle l'*Iskra,* il se trouve une fois de plus en minorité à Pétersbourg devant ce qu'il appelle maintenant « le trotskysme » – l'état d'esprit qui prévaut dans le groupe menchevique de Pétersbourg –, avec son hostilité au libéralisme et sa conviction que le parti est d'ores et déjà engagé dans la lutte pour le pouvoir. C'est d'ailleurs vraisemblablement le 17 octobre 1905 que Trotsky fait accepter au « comité » et au « groupe » social-démocrate de la capitale – en d'autres termes aux bolcheviks et aux mencheviks – la formation d'un « conseil fédératif unifié ». Le communiqué commun qui annonce cette naissance dans les *Izvestia* du 18 octobre, expose qu'il se propose l'« unification et la planification systématiques de l'agitation orale et écrite et de toutes les actions publiques du prolétariat, ainsi que la liaison avec les autres organisations révolutionnaires de Pétersbourg sur les problèmes techniques de combat ».

Il n'existe pas – et cela se comprend aisément – d'étude sérieuse du rôle de Trotsky pendant la révolution de 1905 au sein du soviet de Saint-Pétersbourg. On doit le regretter. A travers les témoignages contemporains – adversaires compris –, le jeune dirigeant de vingt-six ans apparaît certes dans le personnage bien connu de l'orateur flamboyant et de l'écrivain étincelant qui sont inséparables de sa popularité. Mais il apparaît aussi et surtout comme un politique soucieux avant tout d'assurer, en pleine responsabilité et conscience, la progression et le développement du mouvement de masses, de déjouer les provocations de l'ennemi de classe et de sa police, de ne livrer bataille qu'au moment propice. Le Trotsky qui s'impose au soviet de Pétersbourg comme un orateur et un débatteur de première force est aussi un responsable avisé, un dirigeant conscient de la portée de ses prises de position et de ses responsabilités. Il faudra d'ailleurs attendre des années pour que des adversaires sans vergogne « découvrent » dans son activité au sein du soviet un modérantisme qu'aucun de ses adversaires les plus déterminés de l'époque n'aurait jamais osé évoquer!

C'est Trotsky qui, le 21 octobre, persuade le soviet, après la reprise du travail en province et à Moscou, qu'il faut lancer le mot d'ordre de la reprise du travail, tous ensemble, à la même heure, dans une nouvelle démonstration de force. Le lendemain, le tsar signe un oukaze qui octroie une amnistie chichement limitée. Le soviet décide de riposter par une manifestation grandiose à l'occasion des funérailles des combattants de la révolution morts depuis l'annonce du « printemps » : le Premier ministre Witte accepte, mais le général Trepov interdit et menace. La résolution du soviet a été rédigée par Trotsky :

> « Trepov, dans son insolente déclaration, donne à comprendre qu'il dirigera contre le pacifique cortège les bandes noires armées par la police

et qu'ensuite, sous prétexte d'apaisement, il ensanglantera encore une fois les rues de Pétersbourg. Pour déjouer ce plan diabolique, le soviet des députés déclare que le prolétariat de la capitale livrera sa dernière bataille au gouvernement du tsar, non pas au jour et à l'heure qu'a choisis Trepov, mais lorsque les circonstances se présenteront d'une manière avantageuse pour le prolétariat organisé et armé.

« En conséquence, le soviet des députés décide de remplacer les obsèques solennelles par d'imposants meetings qui seront organisés en divers endroits de la ville pour honorer les victimes; on se rappellera en outre que les militants tombés sur le champ de bataille nous ont laissé, en mourant, la consigne de décupler nos efforts pour nous armer et pour hâter l'approche du jour où Trepov, avec toute sa bande policière, sera jeté au tas d'immondices dans lequel doit s'ensevelir la monarchie [15]. »

Le *Manifeste* du 17 octobre 1905 avait mentionné au passage la liberté d'expression, de façon générale, sans aborder spécifiquement la question de la liberté de la presse. Witte assura aux libéraux que la liberté d'expression s'étendrait à la presse, mais que la censure resterait en vigueur jusqu'à l'adoption d'une nouvelle loi. Le soviet, lui, dès le 19 octobre, dans une résolution retentissante, donnait le signal de la bataille ouvrière pour la liberté de la presse :

« La liberté de la parole imprimée reste à conquérir pour les ouvriers. Le Soviet des députés décide que seuls pourront sortir les journaux dont les rédacteurs garderont leur indépendance vis-à-vis du comité de censure, ne soumettront pas leurs numéros à l'approbation et procéderont comme le soviet des députés dans la publication de son journal. Par conséquent, les compositeurs et autres camarades ouvriers de la presse qui concourent par leur travail à la publication des journaux ne se mettront à l'œuvre qu'après avoir obtenu des rédacteurs la promesse formelle de rendre effective la liberté de la presse... Les journaux qui ne se soumettront pas à la présente décision seront confisqués chez les marchands et détruits, les machines typographiques seront sabotées et les ouvriers qui auront passé outre à l'interdiction du soviet seront l'objet d'un boycottage [16]. »

Quand la grève générale se termine, les journaux assurent tous qu'ils paraissent sans tenir compte de la censure, comme l'a demandé le soviet, mais aucun ne fait cependant référence aux décisions de ce dernier! Les « Jours de la Liberté », comme on dira plus tard, sont ceux d'une extraordinaire floraison de la presse – journaux non autorisés, souvent saisis par la police, toujours dévorés par leurs lecteurs. La presse socialiste occupe une place de choix. Les *Izvestia*, l'organe du soviet, paraissent irrégulièrement, imprimées de nuit dans les entreprises d'imprimerie possédées par des réactionnaires, sous la protection de « groupes de combat » du soviet. Mais il y a aussi une presse d'opinion, les organes des groupes politiques, formels et informels. Trotsky ne peut pas s'en tenir à l'écart.

Il a été rejoint par Helphand qui n'a pas plus que lui supporté de n'être pas dans le courant de l'Histoire en train de se faire et qui arrive à la fin d'octobre, à temps pour être élu, lui aussi, au soviet dont il a pourtant manqué la première séance, le 29 octobre [17]. L'esprit d'entreprise du nouveau venu se concrétise dans une magnifique opération, la prise en main d'un insignifiant quotidien libéral, la *Rouskaia Gazeta* qui va devenir, entre les mains des deux compères, un quotidien socialiste et qui plus est « un journal vivant, intelligible ». Au prix d'un kopek, il connaît un succès foudroyant, passant en quelques jours de 30 000 exemplaires vendus à plus de 100 000 pour atteindre le demi-million dans les premiers jours de décembre... Les bolcheviks qui ont, avec un certain retard, il est vrai, lancé *Novaia Jizn,* ne dépassent pas une diffusion de 50 000 exemplaires[18].

Quelques jours plus tard, les mencheviks lancent à leur tour leur journal, abandonnant le titre de l'*Iskra* et fondant *Natchalo.* Martov, qui en a la charge, croit de bonne politique de demander la collaboration de Trotsky et d'Helphand dont le succès, dans *Gazeta,* parle pour eux. Les deux hommes acceptent, à l'expresse condition qu'ils écriront librement, sans aucun contrôle de la rédaction. Le groupe menchevique accepte. Trotsky et Helphand vont faire de cette liberté un usage illimité, transformant ainsi, de fait, *Natchalo* en organe antilibéral militant, une ligne « trotskyste » dans laquelle Martov ne reconnaît pas le menchevisme [19]! C'est ainsi qu'avec l'appui des mencheviks de Pétersbourg, *Natchalo* – l'ancienne *Iskra* – va défendre jusqu'au bout – son numéro du 2 décembre – la ligne de l'hégémonie du prolétariat dans la révolution et de la lutte du parti ouvrier contre les partis de la bourgeoisie.

C'est que, dans ces semaines de fièvre, le souffle de la révolution balaie les préjugés et les routines des petits groupes. Parvus-Helphand l'exprimera un peu plus tard avec un grain de poésie en écrivant dans la revue de la social-démocratie allemande : « Nous n'étions que les cordes d'une harpe éolienne sur laquelle jouait le vent de la révolution [20]. »

En attendant, par un retour de fortune souriant à l'audace juvénile, Georgi Plékhanov qui, l'année précédente, refusait de « se déshonorer » en collaborant au même journal que Trotsky, n'est sans doute que trop heureux de retrouver de temps en temps sa signature, à côté de celle du jeune insolent, dans *Natchalo,* où il n'est, lui, qu'un lointain émigré, écrivant de l'étranger...

***

Le soviet remporta un deuxième grand succès avec la grève de novembre contre la répression. Une mutinerie avait été écrasée dans la base navale de Cronstadt, l'état de siège proclamé. Dans le même élan, le gouvernement Witte avait déclaré l'état de siège en Pologne, où la révolution s'était également propagée à grandes enjambées, en invoquant une tentative « séparatiste ». Enfin l'état de siège avait été proclamé dans plusieurs régions secouées par l'agitation paysanne. L'une après l'autre, de puissantes assemblées générales dans les usines de Pétersbourg réclamaient du soviet l'initiative d'une riposte énergique. Le 1er novembre, après une chaude discussion, ce dernier décida la grève :

> « Le gouvernement continue à marcher sur des cadavres. Il livre à ses cours martiales les hardis soldats de Cronstadt qui se sont dressés pour défendre leurs droits et la liberté du peuple. Le gouvernement met au cou de la Pologne opprimée la corde de l'état de siège.
>
> « Le soviet des députés ouvriers invite le prolétariat révolutionnaire de Pétersbourg à manifester par la grève politique générale [...] et par des meetings de protestation, sa solidarité fraternelle avec les soldats révolutionnaires de Cronstadt et le prolétariat révolutionnaire de Pologne.
>
> « Demain, 2 novembre, à midi, les ouvriers de Pétersbourg cesseront le travail au cri de " A bas les cours martiales! A bas la peine de mort! A bas la loi martiale en Pologne et dans toute la Russie! " [21]. »

L'écho fut immense. Perdant son sang-froid, le comte Witte s'adressa à ceux qu'il appelait ses « frères ouvriers » pour les adjurer de ne plus « écouter les mauvais conseils ». Il allait revenir une fois de plus à Trotsky de rédiger un texte claquant comme un soufflet : « Le soviet des députés ouvriers déclare qu'il n'a nul besoin de la sympathie des favoris du tsar. Il exige un gouvernement populaire sur la base du suffrage universel, égalitaire, direct et secret [22] », concluait la réponse publiée dans les *Izvestia* du 3 novembre.

Le 5 novembre, l'agence télégraphique de Pétersbourg démentait toute intervention de la cour martiale à Odessa; des éléments d'information annonçaient également un recul en Pologne. Au soviet, la discussion porta sur la question de la poursuite ou de l'arrêt de la grève. Dans un discours qui constitua un magnifique morceau d'éloquence, Trotsky s'opposa aux partisans de la continuation de la grève. Pour lui, il ne s'agissait pas encore de la « lutte finale », mais seulement de la préparation des masses à l'action décisive, pour laquelle du temps était encore nécessaire. Paraphrasant Danton, il s'écriait : « L'organisation, encore l'organisation et toujours l'organisation. » La tâche immédiate, c'était de « passer à l'organisation militaire des ouvriers, à leur armement ». Rappelant un épisode de l'histoire de la Révolution française, il concluait :

> « Camarades, lorsque la bourgeoisie libérale fière, dirait-on, d'avoir trahi, nous demande : " Seuls, sans nous, pensez-vous pouvoir lutter? Avez-vous conclu un traité avec la victoire? ", nous lui jetons à la figure notre réponse : " Non, nous avons conclu un pacte avec la mort " [23]. »

Le soviet décida à une écrasante majorité la reprise du travail le lundi 7 novembre à midi. La grève s'arrêta de façon plus impressionnante encore pour tous. Elle avait duré 120 heures.

A cette date, le divorce était devenu patent entre libéraux et socialistes, bourgeois et ouvriers. C'était en dehors du soviet, dans un quartier de Pétersbourg, qu'avait été entreprise la lutte pour imposer la journée de 8 heures en refusant de travailler plus, dont le soviet avait adopté le mot d'ordre dans l'enthousiasme. Coupé en son début par la grève de novembre, le mouvement se heurta très vite à la résistance acharnée du patronat. Gouvernement en tête, les employeurs répondaient par le lock-out brutal à l'initiative ouvrière. Des dizaines de milliers de travailleurs étaient licenciés. La situation devenait d'autant plus dangereuse que de très larges secteurs considéraient la revendication comme une question de survie.

Le 6 novembre, le soviet tenta de trouver une formule de compromis en déclarant qu'il ne fallait lutter pour les 8 heures que là où existait une chance de succès. Mais, à la suite de nouveaux lock-out massifs, il fut amené, le 12 novembre, à tenir, pendant quatre heures, ce qui fut, selon Trotsky, « la plus dramatique » de toutes ses séances. Trotsky, partisan de la pause, évoque avec émotion l'intervention d'une tisserande qui s'en prenait aux métallos de Poutilov et terminait ainsi sa brève intervention : « La victoire ou la mort! Vive la journée de 8 heures! » La résolution finale soulignait que les ouvriers de Pétersbourg ne pouvaient arracher la journée de 8 heures sans la participation à cette lutte de la classe ouvrière de tout le pays et qu'il fallait « suspendre » le mouvement. Trotsky, une fois de plus, avait supporté le poids de la discussion et de la décision puisqu'il avait présenté au soviet le rapport de son exécutif :

> « Si nous n'avons pas conquis la journée de 8 heures pour les masses, nous avons du moins conquis les masses à la journée de 8 heures. Désormais, dans le cœur de chaque ouvrier pétersbourgeois retentit le même cri de bataille : “ Les 8 heures et un fusil ”[24]. »

La lutte pour la journée de 8 heures avait mis en relief le relatif isolement des ouvriers de Pétersbourg et du soviet de la capitale dans le pays. C'est en liaison avec cette situation qu'il faut relever le fait que les partisans du menchevisme argumentent en général sur ce qu'ils appellent « l'isolement des ouvriers » et ont tendance à en rejeter la responsabilité sur « les illusions du trotskysme ». Mais les choses ne sont pas si simples. La grève d'octobre a bien été le fait de la classe ouvrière, et cette dernière a alors joui dans son combat du soutien d'importants secteurs de la bourgeoisie et de la petite-bourgeoisie. Avec des mots d'ordre comme celui de la journée de 8 heures, l'apparition au premier plan des revendications de classe des travailleurs ne pouvait que faire refluer dans les bras du parti de l'ordre des alliés toujours chancelants et jamais enthousiastes.

Mais ce qui caractérisait Trotsky, en opposition avec ses anciens camarades de la « minorité » du parti, c'était précisément qu'il avait, depuis le début, considéré comme inévitable le reflux des bourgeois libéraux, leur peur de la révolution et leur retour dans le giron du monarque et de l'État. Le problème de l'isolement de la classe ouvrière se posait pour lui en relation non pas avec la bourgeoisie, mais avec la paysannerie. Il est incontestable que, de ce côté, le prolétariat russe n'avait pas trouvé le soutien ni les réserves qui lui auraient permis de briser la répression et peut-être même de se lancer finalement à l'assaut du pouvoir avec quelque chance de succès.

Ce serait pourtant caricaturer et déformer la vérité historique que de ne pas relever l'existence, dans l'année 1905, d'un développement puissant, sous des formes diversifiées, d'un mouvement paysan dans plusieurs provinces, conséquence du développement du mouvement ouvrier et manifestation de son adaptation aux formes et méthodes de ce dernier. Par ailleurs, les mutineries dans la marine de guerre – celle du *Potemkine* en juin, de Sébastopol en novembre – sont le reflet de la différenciation sociale devenue politique à l'intérieur de l'armée, dont la force motrice est indiscutablement à chercher dans la montée ouvrière. Dans son *1905,* Trotsky énumère les éléments qui constituent, selon lui, autant de fissures dans l'armée, ouvrant la possibilité du ralliement au prolétariat des « paysans sous l'uniforme » et de la décomposition de l'armée, condition d'une insurrection ouvrière victorieuse. Le tsarisme n'a-t-il pas décidé de porter sa contre-attaque au moment où la classe ouvrière était en effet temporairement isolée et pendant que le paysan sous l'uniforme reconnaissait encore l'autorité de ses officiers? Trotsky écrit dans *Ma Vie* :

> « Le soviet souleva de formidables masses. Tous les ouvriers, comme un seul homme, tenaient pour le soviet. Dans les campagnes, il y avait de l'agitation, de même que dans les troupes qui revenaient d'Extrême-Orient. [...] Mais les régiments de la Garde et les Cosaques étaient encore fermes partisans du régime. Tous les éléments d'une révolution victorieuse existaient en puissance, mais ils n'étaient pas encore mûris [25]. »

Les derniers jours de la vie du soviet montrent que ses dirigeants – et le principal d'entre eux était Trotsky – avaient une conscience aiguë de la situation et ne songeaient plus, par la fermeté de leur comportement, qu'à préparer un avenir qui n'était pas si lointain. L'arrestation, le 26 novembre, d'un certain nombre de dirigeants du soviet, dont son président, l'avocat Nossar dit Khroustalev, constitua une première tentative pour éprouver la capacité de résistance de cette organisation. L'appel lancé par le soviet au lendemain du 27 novembre aux « frères soldats » des prolétaires de Saint-Pétersbourg était une sorte de modèle pour une prochaine occasion historique. Le Manifeste financier, rédigé par Parvus, était une déclaration de guerre devant le monde et l'Histoire. C'est avec toute l'autorité d'un homme certain de son avenir que Trotsky, devenu dans l'intervalle président du soviet, traita les forces policières venues pour l'arrêter avec ses compagnons, obligeant l'officier placé à leur tête à demander la parole et à parler à son tour...

Le Trotsky que les forces de police emmènent vers Kresty d'où il sera rapidement transféré vers Pierre-et-Paul, n'est pas un vaincu et le sait mieux que personne. Il s'est, d'un seul coup, élevé au-dessus de tous ses camarades des diverses fractions du parti, a conquis à la force du poignet, « grâce à son travail brillant et acharné [26] », dira Lénine, la première place devant les masses des travailleurs pétersbourgeois en tant que socialiste et dirigeant révolutionnaire reconnu. Il sait aussi que cette révolution vaincue ouvre la voie de la victoire à la prochaine révolution.

Traité avec déférence, comme un prisonnier d'État, par les policiers, puis par les geôliers, bénéficiant d'un régime politique qui lui assure en prison les conditions les meilleures pour poursuivre son travail intellectuel et assurer la préparation de sa défense pénale, il va se trouver à l'écart des remous et de l'agitation au travers desquels se réalisera, sous la poussée de masses, cette réunification du parti social-démocrate qui a été, dans les mois précédant la révolution, son objectif nº 1 : le congrès de Stockholm qui réunifie le parti, est d'une certaine façon sa victoire et il en est exclu par la force des choses. Pourtant, il est en même temps devenu une figure politique nationale – un symbole de cette révolution dont la défaite ne conjure pas le spectre –, sans avoir perdu ni son indépendance d'esprit, ni son agilité théorique, ni la précision de son analyse concrète, avec une formidable expérience supplémentaire. Il racontera plus tard :

> « Je ne vois pas moi-même bien clairement comment nous vécûmes dans ce remous des grandes eaux. Mais, dans le passé, bien des choses semblent inconcevables parce que les souvenirs ont perdu toute trace d'activité. On ne se voit plus soi-même que de loin. Cependant, en ces journées-là, nous fûmes suffisamment agissants. Non seulement nous tournions dans le remous, mais nous le provoquions. Tout se faisait à la va-vite, mais pas trop mal et quelquefois très bien [27]. »

Il poursuit, en 1930, évoquant cette première révolution avec une ombre d'amertume :

> « Le chaos d'une révolution n'est pas du tout celui d'un tremblement de terre ou d'une inondation. Dans le désordre révolutionnaire commence immédiatement à se former un nouvel ordre; les gens et les idées se répartissent naturellement sur de nouveaux axes. La révolution ne paraît une absurde folie qu'à ceux qu'elle balaye et renverse. Pour nous, la révolution a été l'élément inné, quoique fort agité. Tout y trouvait son heure et sa place. Certains arrivaient même à vivre encore leur vie individuelle, à tomber amoureux, à faire de nouvelles connaissances, voire à fréquenter les théâtres révolutionnaires [28]. »

A. V. Lounatcharsky, qui a observé Trotsky de près pendant plusieurs années, fait une remarque d'importance et écrit :

> « Trotsky ne paraissait pas fait pour le travail au sein de groupements. Mais, plongé au contraire dans l'océan des grands faits historiques où toutes les choses personnelles perdent leur importance, on voyait rayonner ses dons, ses qualités [29]. »

Déjà, de sa cellule de Saint-Pétersbourg, il scrutait l'horizon de la prochaine révolution...

CHAPITRE VII

D'une révolution à l'autre[1]

L'épopée révolutionnaire de 1905 ne s'achève pas, pour Léon Trotsky, avec l'arrestation et l'incarcération qui frappent en sa personne l'un des dirigeants du soviet de la capitale. Pendant des mois, son procès public, sa condamnation, sa déportation, puis sa spectaculaire évasion de Sibérie le maintiennent au premier rang de l'actualité. Dans le même temps, le bilan théorique qu'il dresse de la révolution russe de 1905 – ce sera la théorie de la « révolution permanente » – ne rencontre qu'un écho limité aux milieux étroits des militants social-démocrates les mieux informés, et ce n'est que des années plus tard qu'il deviendra lui-même un facteur historique.

Le sort des prisonniers demeura quelque temps incertain. La grève générale, suivie de l'insurrection de Moscou, fut la riposte ouvrière à leur arrestation, ce pas que le soviet de Pétersbourg avait envisagé de faire. En décembre 1905 et en janvier 1906, les expéditions punitives quotidiennes, la violence de la répression, faisaient craindre une comparution rapide des dirigeants du soviet devant un conseil de guerre. Il n'en fut rien, et après l'élection à la première douma marquée par la victoire électorale des libéraux – les « cadets » – une amnistie générale entra dans le champ des possibles. Finalement le procès fut fixé au 12 juin 1906, repoussé avec le renvoi du ministère Witte, la dissolution de la douma, l'arrivée au pouvoir de Stolypine.

Mais le procès devenait du coup l'occasion d'un règlement de comptes entre pro-libéraux et purs réactionnaires des sphères gouvernementales. Il s'ouvrit enfin le 19 septembre 1906.

En dix mois d'incarcération préventive, les accusés avaient eu largement le temps de préparer leur défense et d'en déterminer l'axe politique. Une question de principe d'une énorme importance avait été tranchée dès le début. Le comité central menchevique, sous la plume de Martov, avait préconisé une attitude défensive, prenant un appui de principe et de droit sur le *Manifeste d'Octobre*, soulignant que l'activité du soviet s'était tenue dans les limites fixées par ce dernier et niant qu'il ait jamais envisagé une insurrection armée. Trotsky avait rédigé une réponse indignée à ce qu'il tenait pour une proposition de capitulation politique [2]. Pour lui, et sans chercher l'auréole des martyrs, les accusés devaient utiliser le procès comme une tribune politique pour exposer leur programme et dénoncer le régime impérial. Trotsky pensait en particulier qu'il était de la plus haute importance que les dirigeants du soviet, tout en niant l'existence de préparatifs techniques d'insurrection, assument totalement la responsabilité de sa préparation politique et continuent, devant les juges, à soutenir sa nécessité pour abattre l'Ancien Régime. De la prison, la discussion était passée dans les groupes et s'était menée à moitié publiquement : les bolcheviks avaient soutenu inconditionnellement la position de Trotsky et celui-ci convaincu ses camarades, et surtout fait plier son prédécesseur à la présidence, Khroustalev-Nossar. Les accusés s'étaient réparti les rôles, et c'était à Trotsky qu'il incombait, en leur nom, de traiter de cette question de l'insurrection armée.

En fait, les circonstances étaient favorables aux accusés et à la défense qu'ils avaient conçue, bien que la réaction battît son plein. Le gouvernement réactionnaire de Stolypine comptait bien, au moyen du procès, régler ses comptes avec Witte, en révélant au grand jour le double jeu qu'il avait pratiqué au pouvoir, l'humiliation qu'avait subie, du fait de sa faiblesse, le gouvernement du tsar en face des élus ouvriers. Il n'était donc pas question de dissimuler. Plus de deux cents témoins – environ la moitié de ceux qui avaient été cités – purent venir quotidiennement déposer et répondre aux questions des avocats de la défense, permettant une reconstitution minutieuse, jour par jour, de l'activité du soviet.

Trotsky a souligné dans son récit du procès le caractère contradictoire des conditions matérielles de son déroulement, signe révélateur d'un réel désarroi des gouvernants. Le Palais de justice est entouré de troupes en armes, l'intérieur bondé de gendarmes, sabre au clair, prêts à bondir. Il semble qu'il y ait là volonté délibérée d'isoler les accusés du monde extérieur, donc de leurs mandants ouvriers. D'ailleurs, un peu plus d'une centaine de personnes seulement sont admises dans la salle d'audience. Mais, en même temps, aucune mesure n'est prise pour empêcher la quarantaine d'avocats, qui font le va-et-vient avec l'extérieur, de revenir les bras chargés de fleurs qu'on leur a confiées pour les accusés. Débordé dès le début par ces manifestations fleuries, le président ne prend pas non plus de mesures pour empêcher les ouvriers de chanter, dans la salle des témoins, les chants révolutionnaires dont l'écho lointain parvient de temps en temps au prétoire à l'occasion de l'ouverture d'une porte.

Le premier incident se produit dans les premières minutes, lors de l'appel des accusés. Le président n'appelle que 51 noms alors qu'il y a 52 inculpés. La défense questionne, et l'on apprend qu'un accusé manque effectivement : il a été fusillé à Cronstadt. Comme un seul homme, accusés, avocats, témoins, public se lèvent en un hommage muet, en protestation solennelle... et sont imités par les officiers de police et de gendarmerie, pris de court [3].

Les témoins ouvriers arrivent en groupe pour la prestation du serment, certains en tenue de travail. Ils saluent à haute voix les accusés et la plupart de ceux d'entre eux qui sont « inscrits » aux yeux de la loi comme chrétiens orthodoxes, refusent de prêter le serment religieux prescrit, ce qui constitue en soi une sorte de défi, que le président ne relève pas non plus. Dans les usines, des assemblées générales ont élu des « témoins » qui ont élaboré ensuite des déclarations collectives, contresignées par des milliers de noms. A la demande des accusés, ces textes, impressionnants par leur simplicité et leur fermeté, sont lus par le président qui se réserve pourtant le droit de ne pas communiquer les déclarations dont le ton lui paraît trop irrespectueux, un autre aveu de faiblesse [4].

Le réquisitoire comporte un historique correct de la formation du soviet et du mode de son élection. Mais, en contradiction avec cet historique, il le présente comme s'il s'agissait, non pas d'un organe représentatif élu, mais d'une « association » qui aurait eu pour but d'« attenter par la violence au régime qui fonctionne en Russie en vertu des lois fondamentales et de le remplacer par une république démocratique [5] ». Ce tour de passe-passe est sans doute jugé nécessaire pour étayer la thèse de l'accusation selon laquelle le comité exécutif – en tant qu'organe responsable du soviet – a armé le prolétariat de Saint-Pétersbourg dans l'intention de le conduire à l'insurrection armée [6].

Le 4 octobre, Trotsky répond à cette partie de l'accusation dans une déposition qui est un véritable manifeste politique du dirigeant d'une révolution. Il ne s'agit pas pour lui de pratiquer la politique du pire et de rechercher la peine sévère qui ferait de lui et de ses camarades les martyrs de la répression. Il s'agit d'expliquer la politique menée par le soviet, donc de développer les perspectives révolutionnaires en Russie. Il reconnaît d'emblée que le soviet s'arrogeait, dans certains cas, le droit d'user de la violence. Il l'explique par le fait que c'était

> « l'organe du gouvernement autonome des masses révolutionnaires, *l'organe d'un pouvoir* [...], nouveau pouvoir historique [...], unique pouvoir au moment de la banqueroute intégrale, morale, politique et technique de l'ancien gouvernement [...], l'unique garantie de l'inviolabilité des personnes et de l'ordre social dans le meilleur sens du mot [7] ».

En tant que pouvoir, le soviet jouissait du droit incontestable d'user de la violence après avoir employé jusqu'au bout l'exhortation et la conviction.

Il répond ensuite à la préoccupation de Martov qui, dans sa lettre aux accusés, leur avait conseillé de souligner le lien entre l'activité du soviet et le contenu du *Manifeste* du 17 octobre. Il revendique hautement les conquêtes du soviet et des travailleurs, la réalisation concrète des promesses du *Manifeste*, en soulignant que les mandataires des ouvriers n'ont jamais cru qu'elles seraient tenues par l'ancien pouvoir :

« Nous avons en fait réalisé la liberté de parole, la liberté des réunions, l'inviolabilité de la personne, tout ce qui avait été promis au peuple sous la pression de la grève d'Octobre. [...] C'est au tribunal de dire si nous avions raison quand nous déclarions que le manifeste constitutionnel n'était qu'une suite de promesses qui ne seraient jamais tenues de bon gré [...] ou qu'il dise que le *Manifeste* du 17 octobre était une véritable base de droit sur laquelle nous autres, républicains, nous agissions conformément à la loi, en dépit de notre défiance et de nos intentions [8]. »

Après avoir souligné que, pour des social-démocrates, l'insurrection armée ne peut être ni une « révolution de palais » ni un « complot militaire », comme semble l'indiquer l'accusation, Trotsky entreprend de démontrer le caractère intrinsèquement « insurrectionnel » de la grève politique qui, à partir d'octobre 1905, a provoqué l'apparition de deux pouvoirs rivaux sans possibilité de coexister, « le pouvoir nouveau, populaire, qui s'appuyait sur les masses, celui du soviet des députés ouvriers, et l'ancien pouvoir officiel qui s'appuyait sur l'armée ». Il explique :

« C'est alors que commence la lutte titanesque de ces deux organes de pouvoir qui veulent, d'un égal désir, s'assurer le concours de l'armée. Et c'est là la seconde étape de l'insurrection populaire qui grandit. [...] Certes, si l'armée avait passé au peuple, l'insurrection n'aurait pas été nécessaire. Mais pouvait-on se figurer que l'armée gagnerait ainsi, sans résistance, sans difficultés, les rangs de la révolution? [...] L'absolutisme devait prendre l'initiative de l'attaque avant que tout ne fût perdu [9]. »

Il est dès lors impossible de ranger la préparation de l'insurrection dans la catégorie des « complots » : elle était une nécessité inéluctable à partir du moment où la contre-révolution était décidée à ne pas céder et à frapper :

« Si l'organisation des forces sociales n'avait été entravée par aucune attaque de la contre-révolution armée, si elle avait continué dans la voie où elle était entrée sous la direction du soviet des députés ouvriers, l'ancien régime serait tombé sans qu'on eût besoin d'employer la moindre violence [10]. »

Il n'en a pas été ainsi. Les social-démocrates, poursuit Trotsky, savaient que le vieil appareil ne céderait pas de son plein gré la place et son pouvoir, qu'il n'abandonnerait sans combat aucune position et tenterait inévitablement de reconquérir ce qu'il avait perdu. A partir de là, ils avaient une claire conscience que l'insurrection armée était inévitable :

« Le soulèvement armé, Messieurs les juges, était pour nous inévitable : il était et reste une nécessité historique dans la lutte du peuple contre un régime d'autorité militaire et policière [...]. Sous des aspects divers, la même idée d'insurrection armée se manifeste dans toutes les décisions du soviet des députés ouvriers [11]. »

C'est avec une ironie cinglante pour les juristes et la franchise du politique pour qui la cour de justice est une tribune de propagande, qu'il s'écrie :

« Remarquez-le bien. Messieurs les juges, nous n'avons jamais *préparé l'insurrection,* comme le dit le procureur, *nous nous sommes préparés à l'insurrection* [...] : éclairer la conscience populaire, expliquer au peuple que le conflit était inévitable, que tout ce qu'on nous accordait serait bientôt enlevé, que seule la force pouvait protéger le droit [12]... »

La péroraison de la déposition de l'accusé Trotsky n'était certainement pas calculée pour lui valoir l'indulgence des juges du tsar, mais elle était destinée à retentir d'un bout à l'autre de son empire :

« Qu'entend donc l'accusation quand elle nous parle d'une certaine " forme de gouvernement "? Existe-t-il donc chez nous une forme quelconque de gouvernement? Le gouvernement s'est depuis longtemps retranché de la nation, il s'est retiré dans le camp de ses forces militaires et policières et des bandes noires. Ce que nous avons en Russie, ce n'est pas un pouvoir national, c'est une machine automatique à massacrer la population. Je ne puis définir autrement la machine gouvernementale qui martyrise le corps vivant de notre pays. Et si l'on me dit que les pogroms, les assassinats, les incendies, les viols, si l'on me dit que tout ce qui s'est passé à Tver, à Rostov, à Koursk, à Sedlice, si l'on me dit que les événements de Kichinev, d'Odessa, de Bialystok, représentent " la forme de gouvernement " de l'Empire de Russie, je reconnais alors avec le procureur qu'en octobre et novembre nous nous sommes armés directement pour lutter contre " la forme de gouvernement " qui existe dans cet empire de Russie [13]. »

Quelques semaines plus tard, à la veille de la conclusion du procès, la défense fait une démonstration pratique de la véracité des affirmations du dernier président du soviet avec l'affaire de la « lettre de Lopoukhine ». Ce dernier, haut fonctionnaire, directeur de la police au cabinet du ministre de l'Intérieur à l'époque du gouvernement Witte, avait été chargé d'une enquête et en avait adressé les conclusions par écrit au Premier ministre. Selon lui, les appels au pogrom imprimés et diffusés à l'automne 1905 avaient été préparés et imprimés par les services de la police secrète elle-même; de même, le général Trepov, commandant du Palais, auteur de rapports confidentiels au tsar, était en réalité le chef des « Cent-Noirs » pogromistes et disposait de crédits officiels importants pour l'organisation et le déroulement de leurs opérations. Cette lettre contredisait évidemment, sur des points essentiels, les dépositions au procès de plusieurs témoins importants de l'accusation, mais renforçait, en revanche, la thèse de la défense sur les liens entre « Cent-Noirs » et pouvoir tsariste. Elle était hautement compromettante pour plusieurs personnalités et éventuellement pour le tsar lui-même.

Cette fois, le tribunal prit peur. Se refusant à courir le risque que laissait prévoir une comparution à la barre des témoins de Lopoukhine, il refusa de le convoquer pour entendre son témoignage et même de recevoir la « lettre » certifiée conforme sous forme de copie que voulait déposer la défense. Les accusés et leurs avocats prirent acte de cette dérobade, de ce qui apparaissait à leurs yeux comme un refus de rechercher la vérité dès lors qu'elle contredisait les thèses de l'accusation et se révélait menaçante pour les gens en place au plus haut niveau. Ils décidèrent de ne plus paraître aux audiences. Le réquisitoire fut prononcé devant des bancs vides d'accusés. L'accusation d'avoir « armé les ouvriers en vue d'une insurrection » n'était finalement pas retenue. Quinze accusés furent condamnés à la privation des droits civils et la déportation perpétuelle. Parmi eux, évidemment, Trotsky [14].

Le jour même de la publication de la sentence, le 2 novembre 1906, retour de l'étranger, le comte Witte assurait, dans une lettre publiée par la presse, qu'il n'avait jamais eu de rapports personnels avec le soviet. Le 4 novembre, dans une lettre ouverte qui fut imprimée le 5, les condamnés répondaient fièrement, après un bref bilan de la « justice officielle », qu'ils faisaient appel au peuple et à la conscience populaire [15].

***

La prison et le procès avaient été pour Trotsky une occasion de reprendre contact avec les siens. Son père et sa mère étaient venus assister au procès. Ils étaient partagés entre la fierté que leur inspirait leur fils, devenu un homme si important et qui parlait si bien, et la crainte de lui voir infliger une peine de travaux forcés. Nous ignorons si Natalia Ivanovna assista au procès. Elle avait mis au monde en février 1906 un garçon nommé comme elle et prénommé comme son père, Lev Sedov, qui allait être à son tour leur Ljova.

La condamnation, dont la première conséquence fut le transfert de Trotsky de la prison préventive à la prison de déportation, met fin à une période dont on est tenté de dire, à la lecture de *Ma Vie*, qu'elle fut dans la vie de Trotsky une période heureuse. Il semble avoir beaucoup apprécié notamment sa vie solitaire et son travail dans la cellule solidement verrouillée de Pierre-et-Paul, où régnaient calme et silence et où l'on était, assure-t-il, « idéalement bien pour un travail intellectuel ».

La prison de détention préventive, dans laquelle il occupe la cellule 462, est nettement plus bruyante. Les cellules ne sont pas fermées dans la journée et les détenus communiquent librement entre eux, faisant en commun promenades et jeux d'extérieur. Natalia Ivanovna lui rend visite deux fois par semaine. Trotsky a beaucoup de connaissances parmi les détenus, non seulement ses co-accusés, mais aussi Parvus, qui lui avait succédé à la présidence du soviet, et son vieux protecteur de Londres, Leo Deutsch... qui ne l'appelle plus « le benjamin ». Le vétéran rêve d'une nouvelle évasion, qu'il prépare et à laquelle il a gagné Parvus. Trotsky est réticent : il ne veut pas manquer au procès. A Pierre-et-Paul en tout cas, comme à la prison préventive, il peut non seulement lire pour son plaisir – les grands romanciers français, nous dit-il – mais surtout écrire, faire le point de l'expérience qu'il a vécue en ces quelques mois avec des millions d'hommes. Ce travail théorique aboutit à une réflexion capitale sous la forme d'une grosse brochure intitulée *Bilan et Perspectives. Les Forces motrices de la Révolution,* qu'il destine à servir de conclusion à un recueil d'articles et d'essais sur 1905 qu'il projette sous le titre *Notre Révolution.*

Ce petit essai – moins de cent pages – est en fait une mise au point qui, à travers la révolution russe, pense les conditions de la révolution mondiale en ce début du XXe siècle, rectifie les pronostics généralement acceptés, corrige les idées reçues, dépasse les débats rituels et les querelles de tendances. A la lumière de l'expérience vécue, Trotsky approfondit la réflexion qu'il a commencée en 1904 avec Parvus et le débat – qui a implicitement commandé l'activité du soviet –, sur l'hégémonie de la classe ouvrière dans la révolution russe. Contrairement aux mencheviks qui, avec le reflux de la révolution, ont perdu leur audace, il maintient que la bourgeoisie russe est incapable de mener à bien la révolution bourgeoise qui comporte le renversement du tsarisme et l'élimination de tout ce qui subsiste des structures féodales et la remise de la terre à ceux qui la travaillent. D'accord avec les bolcheviks sur le fait que c'est bien la classe ouvrière qui doit diriger la révolution bourgeoise, il va plus loin qu'eux en affirmant qu'une fois portée au pouvoir par la révolution, elle sera contrainte de commencer en même temps la transformation socialiste de la propriété. Une telle éventualité – entièrement nouvelle et jamais envisagée jusque-là – ferait donc commencer la révolution socialiste en Russie avant même qu'elle se soit développée dans les pays occidentaux.

L'explication de ce détour dialectique de l'histoire – car c'en est un, et de taille, qui va surprendre plus d'un dialecticien – se trouve, selon Trotsky, dans la spécificité concrète du développement social de la Russie, marqué par sa lenteur et son caractère primitif. La prépondérance économique de l'État et son rôle dans l'industrialisation, la faiblesse sur tous les plans des classes moyennes et la prépondérance des capitaux étrangers dans l'industrie russe contribuent à la fois à la faiblesse politique de la bourgeoisie et à la puissance d'un prolétariat industriel déjà fortement concentré.

Le chapitre « 1789-1848-1905 » est une démonstration convaincante que l'Histoire ne se répète pas, mais qu'elle connaît à travers les années un développement dialectique :

> « Il faut à la société bourgeoise un gigantesque déploiement de forces pour régler radicalement les comptes avec les seigneurs du passé; cela n'est possible que par la puissance de la nation unanime, se dressant contre le despotisme féodal, ou par un ample développement de la lutte des classes au sein de la nation en lutte pour son émancipation [16]. »

C'est évidemment le premier cas qui s'est réalisé, en France, dans le cours de la révolution de 1789-1793, où « l'énergie nationale, comprimée par la vigoureuse résistance de l'ordre ancien, se dépensa entièrement dans la lutte contre la réaction ». Là, « une bourgeoisie éclairée, active, encore inconsciente des contradictions que comportait sa propre position », se considéra comme « le chef de la nation » qu'elle rassembla autour d'elle pour le combat et à qui elle donna mots d'ordre et tactique et l'idéologie politique de la démocratie :

> « La Grande Révolution française fut vraiment une révolution nationale. Et, qui plus est, la lutte mondiale de la bourgeoisie pour la domination pour le pouvoir et pour une victoire totale trouvèrent dans ce cadre national leur expression classique [17]. »

Dans l'Allemagne et l'Autriche de 1848, il est déjà trop tard pour un développement du type « révolution nationale ». La bourgeoisie allemande considère les institutions démocratiques comme une menace pour sa propre position sociale : loin de se lancer dans la révolution, elle s'en dissocie. Trotsky note que le prolétariat, en revanche, n'était alors pas encore en mesure de conquérir ce pouvoir dont la bourgeoisie libérale ne voulait pas. Déjà, comme il le souligne, « seule une tactique indépendante du prolétariat, trouvant dans sa position de classe et seulement dans sa position de classe, les forces nécessaires pour la lutte, pouvait assurer la victoire de la révolution [18] ».

C'est finalement la révolution de 1905 qui a apporté de façon positive la preuve de l'existence d'une situation tout à fait nouvelle d'indépendance du prolétariat avec la création des soviets, « élus par les masses et responsables devant les masses », « incontestables institutions démocratiques faisant la politique de classe la plus résolue dans l'esprit du socialisme révolutionnaire [19] ». Désormais, le déroulement concret de la révolution, le fait que « la peur du prolétariat en armes » soit plus forte chez les bourgeois démocrates que « celle de la soldatesque de l'autocratie » font que « la tâche de l'armement de la révolution pèse de tout son poids sur les épaules du prolétariat [20] ». Tel est le bilan.

Trotsky en vient alors aux perspectives, s'insère dans le débat entre social-démocrates, dont le parti, écrit-il, « lutte naturellement pour la domination politique de la classe ouvrière [21] ». En rupture avec la pratique traditionnelle du mouvement et avec la sienne propre, il s'abstient de toute polémique personnelle et même des traditionnelles citations : il s'en justifie en rappelant, non sans quelque humour, que le marxisme est une méthode d'analyse « non des textes, mais des rapports sociaux [22] ». Il rejette catégoriquement la conception traditionnelle, montre qu'elle résulte de l'établissement d'un lien d'un caractère mécanique entre la croissance du capitalisme et la révolution prolétarienne :

> « Le prolétariat croît et se renforce avec la croissance du capitalisme. En ce sens, le développement du capitalisme est aussi le développement

du prolétariat vers la dictature. Mais le jour et l'heure où le pouvoir passera entre les mains de la classe ouvrière dépendent directement, non du niveau atteint par les forces productives, mais des rapports de la lutte de classes, de la situation internationale, et enfin d'un certain nombre de facteurs subjectifs, les traditions, l'initiative et la combativité des ouvriers [23]. »

Son désaccord est total avec les mencheviks qui continuent de situer l'arrivée au pouvoir d'un gouvernement ouvrier au terme d'années, voire de décennies, de développement capitaliste après la révolution bourgeoise :

« Il est possible que les ouvriers arrivent au pouvoir dans un pays économiquement arriéré avant d'y arriver dans un pays avancé. [...] La révolution russe créera des conditions favorables au passage du pouvoir entre les mains des ouvriers [...] *avant* que les politiciens du libéralisme bourgeois n'aient eu la chance de pouvoir faire pleinement la preuve de leur talent à gouverner [24]. »

La question que doivent se poser les socialistes est par conséquent, selon lui, la suivante :

« Est-il inévitable que la dictature prolétarienne aille se fracasser contre les barrières de la révolution bourgeoise, ou est-il possible que, dans les conditions *historiques mondiales* données, elle puisse découvrir une perspective de victoire en brisant ces barrières? [...] Devons-nous, à mesure que la révolution se rapproche de cette étape, préparer consciemment un gouvernement de la classe ouvrière, ou nous faut-il considérer à ce stade le pouvoir politique comme un malheur que la révolution bourgeoise est prête à imposer aux travailleurs et qu'il vaudrait mieux éviter? Faudra-t-il que nous nous appliquions à nous-mêmes le mot du politicien “ réaliste ” Vollmar sur les communards de 1871 : “ Au lieu de prendre le pouvoir, ils auraient mieux fait d'aller se coucher ” [25]? »

Trotsky pense que la classe ouvrière jouera le rôle décisif dans la victoire de la révolution et qu'elle devra participer au gouvernement né de cette victoire en tant que « force dirigeante et dominante » du gouvernement révolutionnaire provisoire [26]. Le prolétariat au pouvoir, artisan de la révolution démocratique et son réalisateur, sera aux yeux des paysans la classe qui les aura émancipés. Convaincu que l'expérience historique démontre que la paysannerie est incapable d'assumer un rôle politique indépendant, il souligne qu'elle sera, dans cette révolution, l'alliée du prolétariat, dont elle devra en même temps reconnaître l'hégémonie. En ce sens, et sans formules polémiques, il juge simplement « irréalisable, au moins dans un sens direct et immédiat », la formule de Lénine sur « la dictature du prolétariat et de la paysannerie » qui place les deux formations sociales sur un pied d'égalité [27].

De la même façon, prévoyant, à la lumière de l'expérience, l'aggravation des tensions de classes, une fois le prolétariat au pouvoir, la résistance de la bourgeoisie à la journée de 8 heures, par exemple, au moyen de lock-out de masse, il assure qu'il est également impossible de parler, comme le fait Lénine, d'une dictature « démocratique » du prolétariat ou du prolétariat et de la paysannerie :

> « La classe ouvrière ne pourrait préserver le caractère démocratique de sa dictature qu'en renonçant à dépasser les limites du programme démocratique. Toute illusion à cet égard serait fatale. [...] Le prolétariat se battra pour le pouvoir jusqu'au bout et ne pourra manquer de recourir à cette [...] arme que constituera pour lui une politique collectiviste [28]. »

L'autre arme du prolétariat au pouvoir sera l'internationalisme, dicté à la Russie en révolution par une nécessité de fer :

> « Sans le soutien étatique direct du prolétariat européen, la classe ouvrière russe ne pourra rester au pouvoir et transformer sa domination directe en dictature socialiste durable [29]. »

Rappelant qu'il annonçait en juin 1905 que « l'émancipation politique de la Russie sous la direction de la classe ouvrière » ferait d'elle « l'initiatrice de la liquidation du capitalisme mondial dont l'histoire a réalisé toutes les conditions objectives », il conclut, après un examen de la situation européenne :

> « La révolution russe exerce une influence énorme sur le prolétariat européen. Non contente de détruire l'absolutisme russe, force principale de la réaction européenne, elle créera dans la conscience et dans l'humeur du prolétariat européen les prémisses nécessaires de la révolution [30]. »

Parfaitement conscient des problèmes réels qui affaiblissent le mouvement socialiste à l'échelle européenne, il poursuit :

> « La fonction des partis ouvriers était et est de révolutionner la conscience de la classe ouvrière, de même que le développement du capitalisme a révolutionné les rapports sociaux. Mais le travail d'agitation et d'organisation dans les rangs du prolétariat a son inertie interne. Les partis socialistes européens, spécialement le plus grand d'entre eux, la social-démocratie allemande, ont développé leur conservatisme dans la proportion même où les grandes masses ont embrassé le socialisme, et cela d'autant plus que ces masses sont devenues plus organisées et plus disciplinées. Par suite, la social-démocratie, organisation qui embrasse l'expérience politique du prolétariat, peut à un certain moment devenir un obstacle direct au développement du conflit ouvert entre les ouvriers et la réaction bourgeoise. En d'autres termes, le conservatisme du socialisme propagandiste dans les partis prolétariens peut, à un moment donné, freiner le prolétariat dans la lutte directe pour le pouvoir. Mais la formidable influence exercée par la révolution russe montre que cette influence détruira la routine et le conservatisme de parti et mettra à l'ordre du jour

> la question d'une épreuve de force ouverte entre le prolétariat et la réaction capitaliste. [...] La révolution à l'Est infectera le prolétariat occidental de son idéalisme révolutionnaire et éveillera le désir de " parler russe " à l'ennemi. Si le prolétariat russe se trouve lui-même au pouvoir, fût-ce seulement par suite d'un concours momentané de circonstances dans notre révolution bourgeoise, il rencontrera l'hostilité organisée de la réaction mondiale et trouvera d'autre part le prolétariat mondial prêt à lui donner son appui organisé [31]... »

C'est ainsi que, née comme une théorie de la révolution bourgeoise en Russie, la « révolution permanente » s'épanouit en théorie de la révolution mondiale :

> « Laissée à ses propres ressources, la classe ouvrière russe sera inévitablement écrasée par la contre-révolution dès que la paysannerie se détournera d'elle. Elle n'aura pas d'autre possibilité que de lier le sort de son pouvoir politique et, par conséquent, le sort de toute la révolution russe, à celui de la révolution socialiste en Europe. Elle jettera dans la balance de la lutte des classes du monde capitaliste tout entier l'énorme poids politique et étatique que lui aura donné un concours momentané de circonstances dans la révolution bourgeoise russe. Tenant le pouvoir d'État entre leurs mains, les ouvriers russes, avec la contre-révolution devant eux, lanceront à leurs camarades du monde entier le vieux cri de ralliement, qui sera cette fois un appel à la lutte finale : *Prolétaires de tous les pays, unissez-vous* [32]! »

Il est impossible, à la lecture de ce texte capital, de n'être pas saisi d'admiration non pas devant les dons du « prophète », mais devant la capacité d'analyse politique concrète et par conséquent de prévision d'un pan entier de l'histoire mondiale qui devait se dérouler une dizaine d'années plus tard. Il est pourtant nécessaire de préciser immédiatement que *Bilan et Perspectives* ne toucha vraisemblablement qu'un nombre restreint de lecteurs, et ce bien que son auteur ait été, lors de sa première parution, au centre de l'actualité à travers le procès des dirigeants du soviet.

La première raison en est qu'il fut immédiatement saisi par la police et qu'un nombre très réduit d'exemplaires purent se frayer un chemin clandestin vers ses lecteurs. La seconde est qu'il était publié au sein d'un recueil d'articles anciens qui n'attirait pas l'attention comme du neuf et de l'inédit. Peut-on s'étonner de cette méconnaissance relative, compte tenu des nombreuses références connues à une discussion contemporaine sur la « révolution ininterrompue » ou « permanente »? Il est permis d'en douter. En réalité, ce n'est que la grande offensive de Staline et de ses alliés dans les années vingt qui sortit de l'oubli tous les éléments – et sans doute plus encore – d'une discussion bien discrète à l'époque et confinée dans un milieu étroit. Trotsky lui-même ne relève-t-il pas qu'à cette époque Lénine n'avait certainement pas lu *Bilan et Perspectives* [33], et que, quand il le cite, c'est de seconde main à partir de citations faites par un article de Martov [34].

*
* *

Transférés le 3 janvier 1907 dans la prison de déportation, vêtus du costume gris, pantalon, souquenille * et bonnet, mais sans la marque classique de l'as de carreau du forçat **, les condamnés en ressortent le 5, au petit matin, pour prendre la route de la Sibérie à titre « perpétuel ». Trotsky peut se réjouir : il a conservé ses chaussures personnelles avec un passeport dans une semelle et des pièces d'or dans les talons – autant de chances, évidemment, de raccourcir la perpétuité du séjour... Les voyageurs sont fortement gardés – par une escorte militaire que l'on a fait venir de Moscou, les hommes de Pétersbourg n'étant, par définition, pas sûrs. Cela n'empêche pas les soldats de manifester aux prisonniers une sympathie agissante : ce sont eux qui se chargent de poster les lettres, et notamment celles où Trotsky raconte en détail le voyage à Natalia Ivanovna. C'est à Tobolsk, où ils font une petite halte dans la prison locale, que les détenus apprennent, le 29 janvier 1907, qu'ils sont en cours de transfert vers le bourg d'Obdorsk, bien au-delà du cercle polaire. Jusqu'à Tioumen, ils avaient voyagé par train. Ensuite, les quatorze condamnés sont transportés, avec les cinquante-cinq personnes de leur escorte, dans quarante traîneaux.

Trotsky ne semble pas avoir songé à s'évader dans la première partie du trajet. L'idée lui en est venue au trente-troisième jour de route, à l'arrêt de Bérézov, où ils parviennent le 12 février. Ils logent à la prison et peuvent circuler librement dans la journée, l'évasion étant réputée impossible. Un déporté plus ancien, l'arpenteur Rouchkovsky, lui révèle un itinéraire possible, en traîneau tiré par des rennes : peu de risques d'être repris, mais des chances sérieuses de s'égarer ou de périr dans une tempête de neige. Un autre de ses camarades déportés, médecin, lui apprend à simuler une sciatique. Il se fait hospitaliser et est alité quand ses camarades repartent pour Obdorsk. Entre-temps, il a acheté l'attelage de rennes et trouvé l'homme qui le conduira jusqu'à l'Oural, un paysan appelé Pied de Chèvre. Celui-ci est compétent, mais boit énormément, ce qui provoque bien des avatars. Trotsky écrira plus tard :

> « Un beau voyage en vérité dans la vierge solitude des neiges, à travers des bouquets de sapins, où l'on voyait les foulées d'animaux sauvages [35]. »

Engoncé dans ses deux pelisses, une « poil au dehors » et une « poil au-dedans », en bonnet de fourrure et bottes et moufles fourrés, il assiste à un « spectacle merveilleux : trois Ostiaks, munis du lasso, attrapaient en pleine course des rennes choisis d'avance, dans un troupeau de quelques centaines de têtes que les chiens chassaient sur eux [36] ». Il se souvient, des années plus tard :

* La souquenille est une grande blouse que portaient cochers et forçats.
** L'as de carreau, marque désignant un forçat, était imprimé sur la souquenille.

« Notre voiture glissait d'une allure égale, sans bruit, comme une barque sur le miroir d'un étang. Dans un crépuscule enténébré, la forêt semblait plus gigantesque. Je ne discernais absolument pas la route, je ne sentais presque pas le mouvement du traîneau. Des arbres de mirage couraient au-devant de nous, les buissons fuyaient sur les côtés, de vieilles souches, couvertes de neige, disparaissaient sous nos yeux. Tout cela semblait plein de mystère. *Tchou-tchou-tchou*... le souffle égal et pressé des rennes s'entendait seul dans le grand silence de la nuit et de la forêt [37]. »

Finalement, le retour s'effectue en une semaine. Ayant atteint l'Oural, l'évadé quitte le traîneau pour le train. Il a télégraphié à Natalia pour lui donner rendez-vous dans une petite station où il a sa correspondance, mais la poste n'a pas transmis le nom de la gare. Et c'est par miracle qu'ils se trouvent quand même. Il est si furieux que Natalia Ivanovna a toutes les peines du monde à l'empêcher d'aller déposer une réclamation en bonne et due forme qui ne pourrait lui valoir qu'une arrestation immédiate [38]. Ils descendent de leur nouveau train à Saint-Pétersbourg et arrivent inopinément dans l'appartement de la famille Litkens qui n'en croit pas ses yeux. Il passe ensuite en Finlande, où nombre de militants sont déjà réfugiés, et ne tarde pas à rencontrer Lénine et Martov. Le contact avec le premier est bon : il approuve les écrits de Trotsky en prison, tente une fois encore de le gagner à sa fraction, à la fraction bolchevique. Les rapports sont plus tendus avec Martov qui lui reproche d'avoir entraîné les mencheviks de Pétersbourg dans une politique extrémiste et irréaliste.

Il n'y a pas un an, alors qu'il était encore en prison à Pétersbourg, s'est tenu à Stockholm le congrès d'unification formelle du parti, en avril, qui a adopté finalement la rédaction Martov du fameux article premier des statuts qui avait divisé le IIe congrès. Mais des lézardes se dessinent à nouveau, entre autres parce que les mencheviks sont en plein reflux et, une fois de plus, se mettent à compter sur les libéraux tout en condamnant bruyamment, après Plékhanov, l'insurrection de Moscou. Après quelques semaines en Finlande, où il complète sa brochure *Aller et Retour*, récit de sa déportation et de son évasion, Trotsky reprend une nouvelle fois la route de l'Occident, avec notamment l'objectif de participer au congrès de Londres du parti unifié, où, sans le savoir, il va rencontrer Staline pour la première fois.

Il n'y a aucune raison pour nous de mettre en doute ce qu'il écrit de ses rapports avec Lénine à l'époque, dans *Ma Vie*. Lénine avait approuvé le comportement de Trotsky au soviet et plus tard devant le tribunal. Dans *Novaia Jizn*, il s'était solidarisé ouvertement avec ses prises de position dans *Natchalo*, notamment dans son appréciation du rôle des libéraux et de la nécessaire indépendance du prolétariat. Nous avons vu qu'il pensait du bien des écrits de prison – sauf *Bilan et Perspectives*, qu'il n'avait probablement pas lu. Les interventions de Trotsky au congrès, sa vigoureuse critique du « pessimisme révolutionnaire » des mencheviks et de l'idéalisation qu'ils faisaient des Cadets, son affirmation de la communauté d'intérêts entre le prolétariat et la paysannerie, ne pouvaient pas ne pas nourrir chez Lénine l'espoir de regagner Trotsky.

Celui-ci, pourtant, votait avec les mencheviks contre une motion de Lénine qui mettait à l'ordre du jour la discussion sur « le moment présent de la révolution ». Le climat se détériorait très vite dans le congrès sur l'épineux sujet des groupes armés de *boieviki*, ces militants contrôlés par les bolcheviks qui effectuaient, l'arme au poing, ce qu'on appelait les « expropriations » – attaques de banques, de convois – pour financer l'activité révolutionnaire : Trotsky exigeait l'arrêt immédiat de ce genre d'opérations qui, dans le reflux, ne pouvaient être à ses yeux qu'une cause supplémentaire de recul du mouvement révolutionnaire.

A la fin du congrès de Londres, Trotsky prend le chemin de Berlin où Parvus vient de rentrer après une évasion bien menée et où Natalia Sedova est arrivée. Ils vont prendre ensemble des vacances d'été dans un village de Bohême, sans avoir réussi à convaincre Rosa Luxemburg de se joindre à eux. A l'automne, Natalia retourne en Russie pour chercher le bébé Ljova et Parvus, revenu à Berlin de ses vacances d'été, introduit Trotsky dans le Parti social-démocrate allemand.

Quand il se remet à écrire, c'est sûr de son interprétation de la révolution, convaincu de la justesse des perspectives qu'il a tracées. Il constate pourtant, avec Lassalle, que les travaux sur le plan de la théorie ont « engendré des disciples et des sectes ou bien des mouvements pratiques qui sont restés infructueux mais qui n'ont jamais suscité un mouvement général des esprits [39] ». C'est de « la force bouillonnante des événements [40] » qu'il attend désormais avec confiance la réunification véritable du parti à travers son engagement total dans la révolution. Il s'oppose pour le moment, apparemment sans impatience, aux conceptions de la nature de la révolution professées par les bolcheviks et les mencheviks et qui lui paraissent également erronées :

> « Si les mencheviks, en partant de cette conception abstraite, " notre révolution est bourgeoise ", en viennent à l'idée d'adapter toute la tactique du prolétariat à la conduite de la bourgeoisie libérale jusqu'à la conquête du pouvoir par celle-ci, les bolcheviks, partant d'une conception non moins abstraite, " dictature démocratique mais non socialiste ", en viennent à l'idée d'une auto-limitation du prolétariat détenant le pouvoir, à un régime de démocratie bourgeoise. Il est vrai qu'entre mencheviks et bolcheviks il y a une différence essentielle : tandis que les aspects antirévolutionnaires du menchevisme se manifestent dès à présent dans toute leur étendue, ce qu'il y a d'antirévolutionnaire dans le bolchevisme ne nous menace – mais la menace n'en est pas moins sérieuse – que dans le cas d'une victoire révolutionnaire [41]. »

C'est cette dernière phrase qui a généralement attiré – pas toujours à juste titre – les commentateurs. Or la citation de Lassalle sur l'impuissance de la théorie mériterait une attention au moins égale.

Dans un article de 1910 sur les tendances en développement dans la social-démocratie russe [42], Trotsky revient en effet sur cette question, écrivant notamment que « la théorie ne peut pas remplacer l'expérience ». Raya Dunayevskaya a attiré l'attention sur le fait que, quelques années après la formulation de la théorie de la « révolution permanente », son auteur manifeste ainsi une sous-estimation non seulement de la théorie en général, mais de la sienne en particulier. Elle souligne à ce propos que Trotsky n'a pas une seule fois défendu sérieusement de nouveau la théorie de la révolution permanente entre sa formulation en 1907 et sa confirmation en 1917.

Dans le cours du même article, Trotsky assure d'autre part qu'il faut en Russie « un parti unifié et capable d'agir » et une « réorganisation de l'appareil du parti [43] ». Sous-estimation de la théorie et en particulier de la théorie dans la construction du parti, comme le suggère Raya Dunayevskaya [44]? Il y a là, indubitablement, une explication de la violence des critiques de Lénine à son égard.

Trotsky ne peut en tout cas rejeter sur les autres, mencheviks et bolcheviks, la responsabilité qu'il n'y ait pas eu, après sa propre contribution sur *Bilan et Perspectives*, de tentative de clarifier entre social-démocrates les problèmes nouveaux posés par le développement de la révolution de 1905. Les conséquences de son abstention apparaissent dans la confusion qui prévaut dans l'appréciation de la nature et de la signification des soviets, apparus alors pour la première fois.

On se souvient que les mencheviks avaient été à l'origine de celui de Saint-Pétersbourg, et que les bolcheviks l'avaient initialement combattu parce qu'ils y voyaient une concurrence pour le parti. Trotsky, dès le début, voyait dans le soviet, instrument de lutte, l'organe du pouvoir prolétarien qu'il était devenu.

Le reclassement qui se produit dans les années qui suivent 1905 n'apporte guère de clarté supplémentaire. Les mencheviks, entraînés par Trotsky dans le cours même de la révolution, réagissent : dans leur perspective de révolution bourgeoise, les soviets ne peuvent être, au mieux, que le creuset des syndicats ou du « parti de masse » à l'allemande qui manque à la classe ouvrière russe. Les bolcheviks, dans leur majorité, semblent avoir conservé à l'égard des soviets les préjugés qu'ils avaient manifestés à leur apparition, quand ils refusaient à Lénine la publication d'une lettre où il se demandait si le soviet ne pouvait pas être considéré comme l'embryon du « gouvernement révolutionnaire provisoire ».

Une discussion sérieuse entre historiens de valeur en Occident n'a pas abouti à une conclusion indiscutable concernant l'attitude de Lénine lui-même, incontestablement plus proche là-dessus de Trotsky que de ses propres camarades, mais encore hésitant et se contredisant parfois. Incontestablement précurseur, Trotsky est encore un homme seul quand il écrit :

> « Il n'y a aucun doute qu'à la prochaine explosion révolutionnaire, de tels conseils ouvriers se formeront dans tout le pays. Un soviet pan-russe des ouvriers, organisé par un congrès pan-russe [...] assurera la direction [45]. »

Faut-il des temps de révolution pour le sortir d'une solitude dans laquelle il voit pourtant plus clair que les autres?

CHAPITRE VIII

Citoyen d'Europe [1]

L'année 1907, qui est l'année de la deuxième évasion de Trotsky, est aussi celle du début de ce que les révolutionnaires russes ont appelé la « réaction ». La dissolution, en juin, de la deuxième douma, la réforme du mode de scrutin, écartant les classes populaires, la déportation des députés social-démocrates donnent le ton de la période de répression ainsi ouverte. Les cours martiales condamnent par fournées; partis et syndicats, clubs et journaux sont supprimés; les convois, toujours plus fournis, cheminent vers la Sibérie.

Les militants peuvent maintenant mesurer l'ampleur et la profondeur de la défaite dont ils paient le prix non seulement à travers la répression, mais aussi le reflux et la passivité des masses. Le résultat est la démoralisation, parfois l'effondrement de nombreux cadres et membres des partis ouvriers, hauts dirigeants compris, comme Krassine et Krjijanovsky abandonnant toute action, se retournant vers la vie familiale ou professionnelle. Ces conditions nouvelles imposent de revenir aux méthodes anciennes du travail clandestin que personne, après l'embellie de la révolution de 1905, ne retrouve avec enthousiasme.

La réaction se traduit en émigration par l'accélération de ce qu'on peut appeler la « groupuscularisation » : les conflits politiques prennent un tour de plus en plus personnel, l'invective remplace de plus en plus fréquemment l'argument. Rosa Luxemburg avoue qu'elle aurait honte de mentionner à Kautsky le contenu exact du contexte qui a vu se produire la énième scission d'une fraction [2]. C'est parfois seulement l'extrême faiblesse des groupes qui prévient des scissions nouvelles, voire impose la conclusion d'une trêve provisoire en forme d'unification. Les tendances centrifuges se multiplient partout. Chez les mencheviks, les « liquidateurs » proposent d'abandonner le travail clandestin, rendu impossible à leurs yeux par la répression, et d'adapter l'activité aux minces possibilités légales qui demeurent. Chez les bolcheviks se pose la question de la participation ou du boycottage des institutions légales : contre Lénine, les « otzovistes » réclament le départ des députés ouvriers de la douma, tandis que les « ultimatistes » proposent de leur adresser un « ultimatum » pour obtenir qu'ils se soumettent au parti.

Trotsky échappe dans une certaine mesure à l'atmosphère destructrice et démoralisante de l'émigration. D'abord parce qu'il ne vit pas sa vie quotidienne au milieu d'exilés, mais au sein du mouvement socialiste européen. A Vienne, où il a dû se fixer – la police prussienne ne souhaitait pas sa présence à Berlin –, il est pratiquement de plain-pied dans la IIe Internationale et ses partis les plus importants. Ces derniers, d'ailleurs, sont anxieux de se maintenir à l'écart des conflits entre émigrés russes dont ils comprennent mal les enjeux et dont ils craignent les aspects dévorants pour leur temps et l'espace dans leurs journaux. Ils dressent, peut-être inconsciemment, une sorte de « cordon sanitaire » autour des « affaires russes » et des porte-parole obscurs – Lénine compris – des fractions concurrentes.

Or Trotsky échappe aussi à ce barrage. Depuis son rôle public dans le soviet de Pétersbourg, son procès, sa retentissante évasion, son nom est connu bien au-delà du cercle étroit des responsables. Il est un homme politique que l'on peut désirer lire, rencontrer, connaître, une personnalité, en un mot, de l'Internationale. Il présente en outre l'énorme avantage de n'être pas partie prenante dans les querelles de fractions et de sous-fractions, et d'apparaître avec le visage d'un conciliateur unificateur. Parfaitement présentable, il est souvent préféré aux autres comme délégué fraternel, invité à bien des congrès et surtout accueilli dans la presse. C'est ainsi qu'il donne à *Die neue Zeit* et au *Vorwärts* une collaboration épisodique qui fait de lui à cet égard un Russe privilégié.

* * *

Socialiste européen, ayant vécu à Berlin la fin de l'année 1907, il est évidemment et d'abord un familier de la social-démocratie allemande. Il en témoignera dans *Ma Vie* :

> « Pour nous autres, Russes, la social-démocratie allemande fut la mère, l'éducatrice, le vivant modèle. Nous l'idéalisions à distance. Les noms de Bebel et de Kautsky étaient prononcés avec vénération [3]. »

Dans ces années, il a l'occasion de la connaître de plus près, de rencontrer ses dirigeants et de se familiariser avec ceux qu'il avait ainsi vénérés de loin. Il a certes relevé, comme nous l'avons noté, les tendances à ce qu'il appelle « le conservatisme propagandiste [4] » du parti allemand. Il n'en demeure pas moins, comme il le reconnaît, pour des années sous son emprise. Parvus l'a conduit chez Kautsky. Il a été ému avant cette rencontre. « Figure séduisante »; le pape de la social-démocratie allemande a sans doute des aspects attachants, avec ses yeux clairs et ses cheveux gris, accueillant de quelques mots en russe son visiteur à Friedenau [5]. Mais nous n'avons pas d'appréciation contemporaine de Trotsky sur lui et l'évolution ultérieure peut avoir pesé sur ce qu'il écrit dans *Ma Vie*, de « l'esprit anguleux, sec, peu inventif, dénué d'intuition psychologique », de Kautsky, ses « appréciations schématiques » et ses « plaisanteries banales [6] ». En fait, Trotsky a été en bons termes avec Kautsky et le « centre » de la social-démocratie allemande au moins jusqu'en 1912 : il a été de son côté, contre Rosa Luxemburg, dans le débat sur « la grève politique de masse ». C'est Kautsky, dans cette période, qui lui ouvre, à la grande colère de Lénine, les colonnes de *Die neue Zeit* ou du *Vorwärts*.

Les relations entre les deux hommes se gâtent, ou tout au moins se refroidissent, à partir de 1912, à la fois parce que Kautsky vire à droite et parce qu'il craint d'être entraîné par Trotsky dans les querelles de l'émigration russe.

Celui-ci a eu l'honneur d'être de la dizaine d'invités réunis chez Kautsky pour célébrer le 60e anniversaire de Ledebour. A cette occasion, en 1910, il a rencontré pour la première fois le chef du Parti social-démocrate allemand, August Bebel :

> « La personne de Bebel représentait la montée lente et obstinée de la classe nouvelle. Ce vieillard de sèche apparence semblait fait tout entier d'une volonté patiente, mais infrangible, toujours tendue vers un seul but [7]. »

Apprenant de Dobrogeanu Gherea – le pionnier du socialisme roumain – en 1913, en gare de Ploesti, la mort de Bebel, Trotsky exprimera à haute voix son inquiétude pour l'avenir de la social-démocratie allemande [8]. Il rapporte dans *Ma Vie* l'épisode et un incident survenu en 1911, lors du congrès d'Iéna du Parti social-démocrate allemand. Trotsky devait intervenir à cette occasion en tant que délégué fraternel, afin de dénoncer les atrocités commises en Finlande par les troupes et la police du tsar contre travailleurs et révolutionnaires. Bebel lui avait demandé de renoncer à cette intervention en apprenant l'assassinat en Russie du Premier ministre Stolypine, tombé sous les coups d'un terroriste s.r., qui était d'ailleurs également au service de la police. Le dirigeant du parti redoutait que Trotsky fût accusé de couvrir les traces du terrorisme meurtrier : ce dernier s'était incliné, mais en serrant les dents [9].

C'est également dans la maison de Kautsky que Trotsky fait la connaissance de Rudolf Hilferding, un homme de sa génération, venu d'Autriche, qui enseigne l'économie à l'école du parti et met la dernière main à son fameux ouvrage sur *Le Capital financier*. Les deux hommes se tutoient, et Trotsky, vingt ans plus tard, regrettera cette familiarité dont il dit qu'il ne peut retrouver le terrain où elle se situait [10]. Le fonds Kautsky d'Amsterdam où se trouve leur correspondance de cinq ans, montre entre les deux hommes, Hilferding et lui, un réel compagnonnage intellectuel.

Il se souvient aussi d'une rencontre dans un café berlinois, où Hilferding lui fait connaître le dirigeant britannique Ramsay MacDonald. Eduard Bernstein servait d'interprète et Trotsky assure – ce qui est, après tout, bien possible – qu'il se demandait alors « seulement quel était celui des trois qui s'éloignait le plus » de ce qu'il appelait, lui, « le socialisme [11] ».

Il mentionne également, parmi ses connaissances dans la social-démocratie allemande, le favori de Bebel, Hugo Haase, « gentil et attentif dans les relations personnelles », mais « honnête médiocrité, démocrate provincial dépourvu de tempérament révolutionnaire, ainsi que de larges horizons comme théoricien [12] ». Des séances du Reichstag et même du Landtag de Prusse auxquelles il a assisté, il a rapporté des croquis des « débatteurs » du parti, Georg Ledebour – les Russes l'appellent Ledebourov –, qu'il voyait aussi au Furstenhof Café, et Adolf Hoffmann [13].

Hilferding l'a également introduit dans le petit cercle des « gauches » d'Allemagne. Il rencontre Franz Mehring [14], immergé dans ses travaux scientifiques et dont il n'a certainement pas compris alors qu'il était l'un des plus intransigeants révolutionnaires allemands. Il connaît, bien entendu, Karl Liebknecht, dont il précise que c'est depuis longtemps le cas, mais qu'il l'a en fait rarement rencontré : de toute évidence, malgré sa sympathie personnelle pour cet ami des émigrés russes, « expansif », « aisément inflammable », à demi étranger dans son propre parti, il est loin d'avoir mesuré sa personnalité ni deviné le rôle qu'il était appelé à jouer pendant et après la guerre [15].

Ses premières relations avec Rosa Luxemburg datent de 1904, et il a renoué avec elle en 1907, à son retour de déportation : elle ne l'avait pas rencontré quand elle était allée à la prison de Saint-Pétersbourg, en août 1906, visiter Parvus et Léo Deutsch. Il reconnaît que leurs rapports n'eurent rien d'intime, qu'ils ne se rencontrèrent pas beaucoup – il écrit « trop peu » et « trop rarement » – et laisse entendre qu'il ne l'a « pas suffisamment appréciée [16] ».

On peut s'en étonner : ces deux militants ont, après tout, bien des affinités, et on s'explique mal que Rosa Luxemburg au moins ne l'ait manifestement pas ressenti. Ses rares allusions à Trotsky dans sa correspondance suggèrent plutôt une défiance systématique, et ses sentiments sont parfois exprimés par des épithètes et interprétations peu élogieuses [17]...

En octobre, la police prussienne ne voulant vraiment pas de lui à Berlin, Trotsky va s'installer à Vienne avec les siens. Bien entendu, il va mieux connaître les socialistes autrichiens, les « austro-marxistes », comme on commence à dire. Il revoit Victor Adler qu'il rencontra en 1902 et 1905. Il voit en lui un homme d'une grande intuition politique, avec une capacité d'improvisation exceptionnelle et dont, selon lui, la force essentielle réside dans la profondeur de son lien avec les masses. Il devine pourtant en lui un profond scepticisme, à la fois dans son refus systématique de toute motion de principe et dans la façon dont il s'accommode du nationalisme. Il ne dissimule en tout cas pas son admiration pour cette « personnalité humaine » avec une « inépuisable générosité [18] ».

Il sympathise beaucoup avec le fils de Victor, Friedrich, alors inspirateur de la gauche du parti, qu'il voit « doté d'un tempérament révolutionnaire intransigeant [19] » et avec qui il a des liens amicaux. Julius Deutsch – que Trotsky ne mentionne pas – évoque, lui aussi, ses bonnes relations avec Trotsky et une nuit passée en 1911, pendant le congrès d'Innsbruck, à discuter de la question de l'armée avec l'Allemand Hermann Müller, qui défend contre eux une position « pacifiste », alors qu'ils se préoccupent, eux, de la « conquête de l'armée [20] ».

Des autres dirigeants autrichiens – Otto Bauer, Max Adler, Karl Renner – qu'il a souvent écoutés dans leurs discussions du samedi soir au Café central, dans la Herrengasse, il écrira, vingt ans plus tard :

> « C'étaient des hommes très instruits qui, dans divers domaines, en savaient plus que moi. [...] Mais bientôt des doutes me vinrent. Ces gens-là n'étaient pas des révolutionnaires [21]. »

Ce jugement est-il une reconstitution, dans les pages de *Ma Vie*, de ses huit années viennoises à la lumière de l'expérience austro-marxiste dans les années de révolution? On peut le penser. Mais on peut aussi comprendre la surprise et surtout le sentiment de distance éprouvés par le jeune révolutionnaire russe – il a vingt-huit ans quand il arrive à Vienne – qui a déjà derrière lui plus de trois années de prison, deux de déportation et l'expérience unique du soviet de Pétersbourg au sommet de la vague révolutionnaire de 1905 : les hommes faits qui sont devant lui et discutent, souvent de façon académique, les questions de doctrine, ont, sans même s'en être rendu compte, rejeté dans un brumeux avenir la perspective même de la révolution et de la contre-révolution. Le malaise de Trotsky dans le milieu dirigeant austro-marxiste s'explique suffisamment par sa qualité de révolutionnaire russe.

Trotsky a déjà démontré dans son travail de critique littéraire sa capacité de comprendre un adversaire d'idées et d'émettre un jugement dépourvu d'œillères et de préjugés sectaires. Une certaine maturité lui permet désormais d'atteindre le même niveau d'analyse dans le domaine politique. C'est pendant cette période qu'il découvre littéralement Jaurès, qu'il a sous-estimé dans la chaleur de la polémique interne en 1902. Il le rencontre à plusieurs reprises dans les congrès nationaux et internationaux, va l'écouter parler à la Chambre des députés, découvre, en même temps que l'orateur, l'homme exceptionnel. Il admire la « stature morale » du politique, inspiré par « un idéalisme actif et impatient », « cet enthousiaste généreux à l'extrême », « avec quelque chose d'irrésistiblement convaincant, une sorte de sincérité athlétique infantile dans son visage, sa voix, ses gestes » : c'est, écrit-il, « la naïveté géniale de son enthousiasme qui amène Jaurès si près des masses et qui fait de lui ce qu'il est ». Après ce magnifique portrait, il hasarde une prophétie qui restera un rêve :

> « Seul un aveugle rangerait Jaurès au nombre des doctrinaires du compromis politique. A cette politique, il n'a fait qu'apporter ses talents, sa passion et sa capacité d'aller jusqu'au bout, mais n'en a pas fait un catéchisme. Le moment venu, il déploiera sa grand-voile et mettra le cap sur la pleine mer [22]... »

On pourrait sans doute poursuivre assez longuement une galerie des portraits de ces socialistes d'Europe que Trotsky a côtoyés dans les réunions nationales et internationales à l'époque. Mentionnons seulement, pour mémoire, les noms de Jules Guesde et de James Keir-Hardie, de Filipo Turati comme d'Émile Vandervelde, dont il loue le raffinement du style et la perfection du geste oratoire...

***

Il fallait à Trotsky, pour acquérir cette «citoyenneté» européenne, une liberté de mouvements que seules peuvent assurer certaines professions privilégiées. Or, à partir de 1908, il a bénéficié de la possibilité de gagner sa vie sans aliéner son indépendance. Il fut en effet contacté par le grand journal ukrainien de gauche *Kievskaia Mysl* pour devenir son correspondant à Vienne. A nouveau, après des années, la signature d'Antide Oto reparut au bas des chroniques qui rappellent celles de Sibérie. Il commença sa collaboration en juin 1908 par une étude bien documentée et attentive de la revue satirique munichoise *Simplicissimus*, dans laquelle il accordait une particulière attention aux dessins, alors renommés, de T.T. Heine [23].

Peut-être la période viennoise du séjour de Trotsky est-elle moins riche que les précédentes du point de vue de la création littéraire et de la recherche théorique. Il ne faudrait pas cependant forcer ici le trait. Après la théorie de la « révolution permanente », brillamment esquissée dans *Bilan et Perspectives*, il n'avait évidemment rien à ajouter avant, du moins, cette révolution dont il avait analysé les origines et dessiné les caractéristiques, au temps de la défaite de 1906. Et puis, ses travaux journalistiques de Vienne, moins apprêtés peut-être que ceux de la déportation, n'en présentaient pas moins les mêmes qualités, enrichies d'une expérience neuve et d'une maturité durement acquise.

Trotsky, par exemple, n'est pas de ceux qui, en 1909, se sont laissé emporter dans le tourbillon des discussions sur « les troubles abîmes de l'âme humaine » selon l'heureuse expression de Victor Serge, à propos de l' « affaire Azev [24] ». C'est en effet à cette époque que fut découverte l'appartenance à l'Okhrana, la police secrète du tsar, du chef de l'organisation de combat du Parti socialiste-révolutionnaire, Evno Azev. Le double jeu de l'homme – simultanément policier et organisateur du terrorisme pendant des années – fut établi après qu'il eut « déjoué » nombre d'attentats, en menant d'autres à bien pour assurer sa crédibilité auprès de ses camarades! Un des rares à ne pas perdre son sang-froid devant ce scandale énorme, Trotsky écrivait :

« Pour prolonger pendant dix-sept ans ce jeu satanique, pour tromper sans se faire prendre, il fallait un génie extraordinaire ou tout simplement un homme au mécanisme cérébral vraiment élémentaire, tout simplement stupide, menant grossièrement un jeu linéaire sans s'adapter à la psychologie d'autrui et le menant à bien précisément pour cette raison [25]. »

Il voyait dans l'affaire Azev la faillite de l'idéologie populiste incarnée dans le parti s.r., soulignait que la force d'Azev résidait dans son double appui sur des organisations bureaucratiques, le parti s.r., tout entier subordonné à son « organisation de combat », et la police politique du tsar.

De l'affaire, en tout cas, Trotsky tira des arguments nouveaux contre la méthode d'action du terrorisme individuel, qu'il condamne fermement comme un obstacle à l'organisation et à l'action de masse [26].

Des écrits de Trotsky pendant cette période, on doit retenir également l'hommage qu'il fit de Tolstoï pour son quatre-vingtième anniversaire [27]. Sans s'incliner devant ses aspects réactionnaires – particulièrement son mépris de la science et sa négation de l'Histoire –, reconnaissant les contradictions qu'il n'a pas surmontées, il salue le grand écrivain comme un vaincu qui n'a pas été brisé, célèbre son mérite d'avoir « gardé intégralement, au déclin de ses jours, le don précieux de l'indignation morale ».

En 1910, dans *Sovremenny Mir*, il polémique contre Max Adler sur la question de l'intelligentsia, dont il souligne qu'elle s'est peu à peu éloignée du socialisme à mesure que ce dernier gagnait les masses ouvrières. Il analyse la position d'observateurs prise par la majorité des intellectuels et, en contraste, le romantisme des secteurs étudiants qui se tournent vers les travailleurs [28].

En 1912, il revient sur la question de l'intelligentsia russe dans *Kievskaia Mysl* [29]. Il s'efforce d'expliquer ce qu'il considère comme ses deux caractéristiques : son éloignement de la réalité et la conception messianique qu'elle a de son propre rôle. Soulignant sa tendance à se « substituer aux autres forces sociales », il lui adresse un appel qui lui paraît de circonstance : « Investissons plutôt notre amour-propre dans l'avenir que dans le passé! »

Trotsky reconnaît volontiers que, si, « devant les leaders », il avait « la sensation d'être en présence d'étrangers », en revanche, il trouvait sans peine « une langue commune avec les ouvriers social-démocrates » qu'il rencontrait aux réunions ou à la manifestation du 1er mai [30]. Nous savons par ailleurs qu'il se plongea à Vienne dans une vie culturelle particulièrement riche en ces premières années du siècle, qu'il visita expositions et galeries d'art [31] et y contracta un penchant qu'il s'efforça de satisfaire à l'occasion de ses voyages dans d'autres capitales.

Vienne était aussi la ville du docteur Freud et le centre mondial de la psychanalyse : sans l'approfondir, Trotsky s'intéressa à ses travaux. Il connut l'un des disciples et rivaux de Freud, le docteur Alfred

Adler, dont la femme, Raïssa Epstein, était une ancienne militante de Moscou. Il fut sans doute l'un des premiers marxistes à pressentir l'importance de la méthode de Freud et à entrevoir son contenu émancipateur [32].

Pendant la première année de leur séjour à Vienne, Trotsky et Natalia Ivanovna trouvent un logement dans la coquette banlieue de Hutteldorf, où va naître bientôt leur second garçon, Sergéi, qui sera pour eux Sérioja. Ils déménagent peu après pour une autre banlieue, meilleur marché, à Sievering. La famille vit, en gros, de l'activité journalistique du père. Elle ne connaît pas l'aisance, mais pas non plus le besoin, même s'il est des moments où il faut porter au Mont-de-Piété vêtements et objets usuels que l'on récupérera plus tard : c'est seulement parce que l'activité militante coûte cher. Un témoin note que leur maison est celle de pauvres :

> « Son trois pièces dans un faubourg ouvrier de Vienne a moins de meubles que nécessaire pour le confort. Ses vêtements étaient trop bon marché pour qu'il apparaisse comme décent aux yeux des bourgeois de Vienne [33]. »

Fidèles aux principes déjà énoncés dans ses articles sibériens et mis en pratique en prison à Moscou, Trotsky fait sa part de travaux ménagers pour permettre à sa femme d'avoir les activités qu'elle affectionne dans le domaine artistique, et de poursuivre sa formation. Il est aussi un père attentif, s'occupant activement de ses deux garçons et veillant, dès leur entrée à l'école, sur leur travail scolaire.

Ses parents, dont l'aisance n'a cessé de croître avec le dur labeur et les années, se sont résolus à voyager pour garder le contact avec ce fils qui ne peut rentrer au pays. Ils s'entendent bien avec Aleksandra Lvovna, toujours militante, que Lev Davidovitch a d'ailleurs rencontrée à Berlin avant la révolution de 1905. Ils gardent avec eux à Yanovka, pendant quelque temps, la petite Zinaïda et l'amènent aussi quelques semaines à Vienne auprès de son père et de sa nouvelle famille. En 1910, à l'occasion d'une opération – l'ablation d'un rein – que sa mère vient subir à Berlin, ils se rencontrent de nouveau; elle repartira mourir chez elle, quelques mois plus tard. La réconciliation avec le père et la mère, l'établissement de contacts avec ses filles, les rencontres réalisées et projetées apaisent peut-être les secousses affectives dont Trotsky n'a pu manquer de souffrir avec son emprisonnement, puis son évasion et la brutalité des séparations qui ont suivi.

La stabilité du jeune couple, plusieurs années durant, lui permet aussi de nouer des relations personnelles avec un ménage d'émigrés russes plus âgés, les Kliatchko, Semion Lvovitch et Anna Konstantinovna, militants social-démocrates expulsés de France à la demande du gouvernement tsariste et établis à Vienne depuis des années. Trotsky écrit à ce sujet, dans *Ma Vie* :

> « Toute l'histoire de ma deuxième émigration est liée étroitement à la vie de cette famille, qui était un véritable foyer de larges intérêts poli-

tiques et, en général, de préoccupations intellectuelles, où l'on faisait de la musique, où l'on parlait quatre langues, où l'on entretenait les relations les plus variées avec des personnalités européennes. [...] Dans la famille Kliatchko, nous avons toujours trouvé de l'assistance et de l'amitié et nous avions fréquemment besoin de l'une et de l'autre [34]. »

Sémion Lvovitch mourut d'un cancer au printemps de 1914 et Anna Konstantinovna demeura jusqu'au bout l'amie fidèle.

***

Très vite, Trotsky devint le chef incontesté de la colonie social-démocrate de Vienne. Un témoin, peu suspect de sympathie pour lui, assure que Vienne était alors non seulement la capitale des Habsbourg, mais celle de Trotsky, qui y « régnait en monarque absolu au milieu de sa cour, et assure qu'il était idolâtré [35] ».

Bien entendu, il n'abandonne pas « le travail russe ». C'est pendant son séjour à Vienne qu'il tente de renouveler l'expérience de l'*Iskra* en publiant un journal qu'on fera pénétrer ensuite clandestinement. A partir d'octobre 1908, il reprend à son compte le petit journal d'un groupe menchevique ukrainien *(Spilka)* qui s'imprime alors à Lviv (Lemberg), la *Pravda* (Vérité) [36]. Transférée à Vienne en 1909, la *Pravda*, sous la direction de Trotsky, paraît très irrégulièrement – six numéros seulement dans les treize premiers mois. Trotsky écrit que le journal fut « tout au plus bi-mensuel », apparemment un euphémisme. Les exemplaires destinés à la diffusion clandestine pénètrent en Russie par des contrebandiers de la frontière galicienne et des marins de la mer Noire : pour un organe illégal, la diffusion est appréciable.

La *Pravda* se débat pourtant, tout au long de sa courte existence, avec des problèmes financiers et celui des liaisons clandestines. Trotsky et ses proches collaborateurs viennois contribuent évidemment de toutes leurs ressources personnelles : ce sont les besoins du journal qui expliquent les crises économiques aiguës de la famille Trotsky. C'est même à cause de la *Pravda* qu'il faut souvent revendre des livres qui viennent à peine d'être achetés. Parfois on obtient un prêt du Parti social-démocrate allemand ou lituanien, d'un groupe ou d'un autre. En 1909, Lénine, qui dispose de fonds importants, accepte le principe d'une subvention du comité central, où les bolcheviks sont en majorité, mais exige la présence au comité de rédaction d'un de ses représentants, ce que Trotsky refuse comme une atteinte à son indépendance.

La rédaction de la *Pravda* résulte dans sa composition de l'inégalité de la répartition des réfugiés russes dans les capitales européennes. Un seul de ses collaborateurs est déjà connu dans l'émigration à cause de son érudition : c'est Riazanov, spécialiste de Marx, lui aussi farouche partisan de sa propre indépendance vis-à-vis des bolcheviks comme des mencheviks, et qui fréquente assidûment la maison Trotsky, où le jeune Ljova prend sa calvitie pour le canon de la beauté masculine. Les autres collaborateurs sont des inconnus à l'époque : un homonyme de Trotsky, S.L. Bronstein, connu sous le nom de Semkovsky, le secrétaire de rédaction M.I. Skobelev, fils d'un magnat du pétrole de Bakou, Victor Kopp, un peu plus âgé qu'eux, qui ne sort de Russie qu'en 1909. Il semble que la diffusion clandestine de la *Pravda* au pays relevait de la responsabilité d'A.A. Joffé et de M.S. Ouritsky, que Trotsky connaissait depuis sa première déportation sur les bords de la Léna et qui s'était couvert de gloire en 1906 au cours du soulèvement des ouvriers de Krasnoiarsk [37].

De toute l'équipe rédactionnelle et militante de la *Pravda*, le plus important, pour Trotsky, est sans aucun doute Adolf Abramovitch Joffé. Il est né dans une riche famille caraïte, a fait des études de droit, puis de médecine. Militant du parti depuis 1903, avec des activités clandestines en Crimée et déjà des années d'exil à Berlin, puis à Zürich, gravement malade nerveusement, secoué périodiquement par de terribles dépressions, il est venu à Vienne poursuivre ses études médicales tout en suivant un traitement psychanalytique avec Alfred Adler, qu'il a mis en contact avec Trotsky. C'est lui qui l'a intéressé à la psychanalyse, tout en devenant son collaborateur le plus proche, en même temps qu'un véritable ami. Trotsky parle avec beaucoup d'affection, dans *Ma Vie*, de cet homme gravement malade, « au courage merveilleux », « d'une grande douceur personnelle et d'un dévouement à la cause que rien ne pouvait ébranler », souligne « son dévouement dans l'amitié et sa fidélité aux idées », indique qu'il était « bon orateur, réfléchi et prenant à l'âme » et qu'il avait la même valeur comme écrivain, qu'il apportait à tout ce qu'il faisait un soin méticuleux [38]. Il effectue en 1910 une tournée en Russie pour mieux assurer les circuits de la *Pravda*; il recommence en 1912 et se fait prendre, cette fois, retournant en Sibérie pour une déportation « perpétuelle ». Le lien d'amitié avec Joffé, noué à Vienne, durera, comme celui que le couple a noué avec les Kliatchko, jusqu'à la mort – le suicide de Joffé en 1927.

L'historien Leonard Schapiro a souligné le contraste entre la *Pravda* de Vienne et les organes des autres fractions :

> « La *Pravda* évitait toute polémique vive. Dans son effort pour amener l'unité du parti, elle se consacrait au problème général des ouvriers et de la social-démocratie et essayait de trouver un terrain commun entre bolcheviks et mencheviks. La *Pravda* gagna une réelle popularité parmi ses lecteurs ouvriers pour qui l'unité entre ses dirigeants, en tout temps, semblait un objectif évidemment souhaitable. Mais elle était l'objet d'attaques constantes des journaux contrôlés par Lénine, puisque les objectifs de Lénine excluaient tout compromis avec les mencheviks en tant que fraction [39]. »

En fait, la position des partisans de la « conciliation » et de Trotsky au premier chef est particulièrement difficile. Elle peut leur donner éventuellement de spectaculaires succès, mais ils demeurent fragiles dans la mesure où celui qui se veut au-dessus des fractions court le risque permanent de les réunir contre lui et que, dans ce domaine, la Roche Tarpéienne est près du Capitole...

Dans son premier éditorial, Trotsky affirma que la *Pravda* avait pour tâche « pas de diriger, mais de servir, pas de scissionner, mais d'unifier [40] ». Il répète comme un acte de foi que les divergences entre fractions ne peuvent empêcher l'existence d'un parti unifié, commandé par l'unité de la lutte des classes. Son journal est certainement l'un des meilleurs, marqué du souci d'être compris par les lecteurs ouvriers. Les phrases sont courtes, les paragraphes aussi et il n'y a pas de pages massives. On traduit les mots étrangers, on souligne, on emploie les italiques. On s'adresse directement aux lecteurs. Les articles, en forme de rapports plus que d'appels pompeux, témoignent en général d'une grande connaissance des conditions concrètes, qui séduit le lecteur. La rubrique internationale est riche et vivante. Le tiers du journal, enfin, est réservé aux lettres des lecteurs de Russie. A certains égards, la *Pravda*, réussite en tant que journal ouvrier, apparaît longtemps comme un modèle, même à ceux qui la jalousent [41].

Au début de 1910, il semble bien que, dans l'atonie générale et l'affaiblissement de tous les groupes, la corde de l'unité apparaisse comme la plus sensible au cœur des émigrés et que Trotsky soit tout près de l'emporter. Un plénum du parti, tenu à Paris au café d'Harcourt du 15 janvier au 5 février 1910, semble consacrer totalement la victoire des conciliateurs et la réconciliation générale qu'il a défendue : il le qualifie, sur le coup, de « plus grand événement de toute l'histoire de la social-démocratie [42] ».

L'accord prévoit que les deux fractions s'engagent à éliminer chacune leurs extrémistes, à se dissoudre et à fusionner, suspendant leurs journaux respectifs, réunissant leurs ressources financières dans un fond placé sous la responsabilité de trois militants allemands, Kautsky, Mehring et Clara Zetkin. Le plénum a rendu hommage à la *Pravda* et aux services qu'elle a rendus au parti et décidé de la soutenir tant politiquement que financièrement, en lui promettant un versement mensuel de 150 roubles. L. B. Kamenev, beau-frère de Trotsky – mari de sa sœur Olga – et proche collaborateur de Lénine, est délégué à Vienne auprès de la *Pravda* pour assurer la liaison entre le comité central et la rédaction.

Cette lune de miel est de brève durée. Les premiers, les mencheviks violent l'accord, en refusant de dissoudre leur propre fraction et de désavouer les « liquidateurs » qui contrôlent en fait leur secteur russe, alors que Lénine, lui, remplit sa part du contrat en excluant de ses rangs ses propres gauchistes, « otzovistes » et « ultimatistes * ».

Pourquoi Trotsky se solidarise-t-il des mencheviks en semblant partager leurs réactions qui sapent sa propre victoire? Il assure qu'il ne

* Dans le cours de la crise du parti – fraction bolchevique – après l'échec de la fraction qui souhaitait le boycott de la douma, deux fractions s'étaient constituées et se manifestèrent à partir de 1908. D'une part les « otzovistes » étaient partisans du rappel des députés social-démocrates à la douma. D'autre part, les « ultimatistes » étaient partisans d'un « ultimatum » pour amener ces députés à une ligne plus juste et la soumission au parti.

faut pas exclure les liquidateurs dans la mesure où les oppositions sont un phénomène sain, nécessaire dans un parti. Mais les bolcheviks s'indignent et dénoncent à la fois son « double jeu » et sa « trahison » des accords de janvier.

A l'été en tout cas, la rupture est totale. La guerre fractionnelle a repris sur tous les fronts. Trotsky a réclamé à cor et à cri le remplacement de Kamenev, qui est finalement parti en claquant les portes de la rédaction de la *Pravda*. Jouant sur les militants de la Russie même, Trotsky dénonce maintenant avec fracas ce qu'il appelle « la conspiration de la clique émigrée » contre le parti. Sollicité par Kautsky de présenter au lecteur allemand une analyse sérieuse de la situation dans le parti russe, il donne à la presse social-démocrate allemande des articles où il porte au grand jour la polémique interne entre socialistes russes assurant, de façon très provocante, qu'aucun dirigeant de l'émigration ne peut sérieusement se targuer de représenter réellement le mouvement de Russie même, hostile à leurs intrigues et partisan de l'unité.

L'affaire rebondit au congrès de l'Internationale à Copenhague, en octobre 1910. Kautsky a demandé un article à Trotsky sur cette question, Lénine et le Polonais Warski ont protesté. Lénine télégraphie à Trotsky pour qu'il renonce à son article. Celui-ci publié dans le *Vorwärts* du 28 août [43], c'est au tour de Rosa Luxemburg de protester avec véhémence. Trotsky récidive dans *Die neue Zeit* du 9 septembre [44]; Lénine, Warski et Plékhanov rejoignent alors Rosa Luxemburg dans une contre-offensive menée à Copenhague.

Trotsky raconte qu'il dut comparaître devant une sorte de tribunal formé de tous les délégués russes présents et qu'il dut exiger la lecture de son article – que personne ne connaissait – malgré les protestations de Zinoviev qui aurait assuré qu'on pouvait condamner cet article sans l'avoir lu. Finalement, le texte fut traduit en russe par Riazanov, et il semble qu'il parut alors moins épouvantable qu'on ne l'avait dit au premier abord dans les couloirs, et la délégation russe rejeta la motion de blâme présentée par Plékhanov et combattue par Lounatcharsky et Riazanov [45].

Alors que Lénine et Plékhanov refusent de donner les conférences qu'on leur demande, Trotsky accepte de se rendre à l'école du P.O.S.D.R. organisée à Bologne par Lounatcharsky sur une base en principe inter-fractionnelle (novembre 1910-mars 1911). Les rapports avec les bolcheviks ne s'en trouvent pas améliorés : le fonctionnement de l'école est, dit-on, assuré grâce à l'argent d'une « expropriation » réalisée par l'un des leurs et ainsi « détournée »...

C'est que les rapports ne cessent de s'envenimer autour de la question des finances du parti russe, les sommes en provenance des expropriations et un gros héritage que les bolcheviks ont réussi à capter. Trotsky, de concert avec Akselrod, fait une démarche auprès de Kautsky pour obtenir le partage de ce trésor dont sa *Pravda* aurait tant besoin. En juillet 1911, dans une lettre à Luise Kautsky, Rosa Luxemburg s'indigne du « délire » qui prévaut chez les mencheviks – au nombre desquels elle range Trotsky – à ce sujet :

« Le bon Trotsky se révèle de plus en plus comme un fâcheux. Avant même que la commission technique ait conquis sur Lénine la liberté financière pour donner éventuellement des fonds à la *Pravda*, Trotsky, dans ce journal, se déchaîne le plus grossièrement du monde. [...] Il insulte directement les bolcheviks et les Polonais comme " semeurs de division dans le Parti ", mais ne trouve pas une syllabe pour condamner le pamphlet de Martov contre Lénine qui dépasse en ignominie ce qui a jamais existé et tend visiblement à une scission [46]... »

Il semble bien, en réalité, que Rosa Luxemburg n'ait pas réalisé alors que Lénine, comme Martov et contre lui, s'était engagé lui aussi dans la voie de la scission. Convaincu en effet que la phase de réaction est en train de se clore et que le mouvement ouvrier russe renaît avec une génération nouvelle qui afflue dans les organisations, légales ou illégales, et apprend de nouveau le mot de grève, il a décidé de prendre de vitesse ses adversaires et de s'approprier le label du parti. Le « comité d'organisation » du parti, qu'il contrôle – et qui jouit, selon Trotsky, du soutien d'environ un cinquième des organisations du parti en Russie – convoque les partis social-démocrates nationaux et un certain nombre de groupes – les liquidateurs exceptés – à une conférence qui va se tenir à Prague le 18 janvier 1912. Une dizaine des comités locaux vont être présents, avec quatorze délégués, dont douze bolcheviks et deux « mencheviks du parti », du groupe Plékhanov, qui, personnellement, s'est tenu à l'écart [47].

La « conférence de Prague » se proclame représentante du parti tout entier, adopte des résolutions, revendique pour sa propre caisse la totalité des sommes confiées aux mandataires allemands, proclame les liquidateurs « en dehors du parti » et élit un comité central formé de partisans déterminés de Lénine [48]. Ces résultats constituent un coup direct aux plans de réunification de Trotsky, et de la *Pravda*, qui, depuis des mois projetaient la réunion du parti dans une conférence de ce type, d'où auraient été exclus les seuls « liquidateurs ». Pris de vitesse, ils s'efforcent pourtant de rattraper la chose : tel est le sens, vraisemblablement, de la décision, prise à Paris le 12 mars 1912, de convoquer une conférence générale, lors d'une réunion à laquelle prennent part les mencheviks, le Bund, la *Pravda*, le groupe *Vpériod* des gauchistes exclus de la fraction bolchevique et le groupe des conciliateurs qui s'intitulent eux-mêmes « bolcheviks du parti [49] ».

C'est là l'origine de la conférence de Vienne, du 25 août au 2 septembre 1912, organisée par Trotsky et popularisée par la *Pravda*. Dans l'esprit de Trotsky, ce devrait être l'unification générale, la réunification du parti. En fait, le refus des bolcheviks réduit les participants à un bloc contre eux, qu'ils baptiseront le « bloc d'août ». Les social-démocrates polonais et Plékhanov se sont également abstenus de paraître. Trotsky, qui préside, se heurte à plus d'une reprise aux efforts de scissionnistes conscients : d'une part, un délégué bolchevique de Russie, en réalité agent de l'Okhrana, dont la mission est de pousser à la scission, et d'autre part Grigori Aleksinsky, porte-parole du groupe *Vpériod*, et Martov, bouillant dans sa polémique contre les bolcheviks. Sous l'influence de Trotsky, la conférence s'intitule prudemment « conférence des organisations du P.O.S.D.R. » et se contente d'un « comité d'organisation » chargé de diriger le travail en Russie même. Mais cela n'empêche pas que la scission soit consommée [50].

Quelques mois plus tard, les deux organisations ont chacune en Russie leur organe de presse et s'affrontent publiquement. Les mencheviks publient *Loutch,* et les bolcheviks, à la grande indignation de Trotsky, lui prennent le titre de *Pravda.* Jamais sans doute les rapports n'ont été aussi mauvais entre Lénine et Trotsky. Les injures volent. Le 23 février 1913, Trotsky écrit au menchevik géorgien Tchkheidzé une lettre dans laquelle il assure que « le léninisme est bâti sur le mensonge et sur le faux » et qu'il porte en lui « les germes vénéneux de sa décomposition [51] ». Ce banal épisode de la lutte fractionnelle jouera plus tard un rôle disproportionné à son importance historique réelle...

En fait, le retour de Trotsky dans l'arène fractionnelle s'est révélé particulièrement malheureux. Indépendamment de ses intentions, voire de ses précautions, les positions qu'il a prises après la conférence de Prague et son rôle dans la constitution du bloc d'août l'ont fait apparaître, à son corps défendant, comme l'âme d'une coalition générale contre les bolcheviks et un soutien indirect des « liquidateurs ».

Déjà, au lendemain de la publication, dans le *Vorwärts,* du compte rendu de la conférence de Prague, émanant de Lénine, et d'un commentaire plutôt acerbe de Trotsky, Rosa Luxemburg avait envoyé au nom de son parti, le S.D.K.P.i.L. (parti social-démocrate du royaume de Pologne et de Lituanie), une mise au point que le *Vorwärts* du 30 mars 1912 reproduit. Il condamne « la démarche fractionnelle de Lénine dans cette conférence » et le « caractère unilatéral » de l'article de Trotsky, reprochant en particulier à ce dernier d'avoir « stigmatisé les tendances scissionnistes de gauche venant du groupe de Lénine », tout en gardant le silence sur « l'activité scissionniste de droite venant des liquidateurs ». Rosa Luxemburg renvoie ainsi dos à dos tant « la politique insensée du coup de poing », pratiquée, selon elle, par Lénine, que la politique de Trotsky, qu'elle définit comme « le soutien des éléments opportunistes qui contribuent à décomposer le mouvement dans le prétendu intérêt de la tolérance [52] ».

Tout semble indiquer que Trotsky prit conscience qu'il s'était fourvoyé et se trouvait dans une impasse. Il écrit à ce sujet :

> « Je me trouvai formellement engagé dans un " bloc " avec les mencheviks et certains groupes de bolcheviks dissidents. Ce bloc n'avait pas de base politique : sur toutes les questions essentielles, j'étais en désaccord avec les mencheviks, la lutte contre eux reprit dès le lendemain de la clôture de la conférence. Quotidiennement, de graves conflits surgissaient, provoqués par la profonde opposition des deux tendances : celle de la révolution sociale et celle du réformisme démocratique [53]. »

On comprend, dans ces conditions, qu'il ait accepté l'offre de *Kievskaia Mysl* de partir comme correspondant de guerre dans les Balkans. Il écrira plus tard qu'il éprouvait alors le besoin « de s'arracher pour quelque temps aux affaires de l'émigration russe » : depuis le mois d'avril, la *Pravda,* trop identifiée au bloc d'août, avait cessé de paraître.

Il n'est pas question de mettre en doute l'affirmation de Trotsky selon laquelle cette expérience de la guerre fut pour lui riche d'enseignements. Mais on peut aussi se demander si, dans cette circonstance au moins, il n'a pas, pour une fois, résolu par la fuite la position d'impasse totale dans laquelle il s'était enfermé au cœur de la lutte fractionnelle, pour avoir précisément voulu se situer au-dessus des fractions.

***

Le recueil des articles de Trotsky sur les deux guerres des Balkans couvre presque une année [54] : certaines chroniques ont été écrites de Vienne entre les deux guerres. Il connaissait un peu la péninsule, y ayant fait, de Vienne, de brefs séjours depuis 1910, notamment à Sofia et Belgrade. En revanche, au début de ce siècle que beaucoup devaient vivre comme l'ère des guerres et des révolutions, le jeune révolutionnaire, comme la plupart des hommes de sa génération, n'avait jamais vu la guerre.

Il fut bouleversé par la découverte qu'il en fit, l'évidence concrétisée de l'idée, jusque-là abstraite pour lui, selon laquelle l'humanité n'était pas encore sortie de sa barbarie primitive. Tenu à l'écart des opérations militaires proprement dites et du front, il circule cependant beaucoup et rencontre beaucoup de monde. Il interroge combattants et prisonniers dans les hôpitaux et les camps, interviewe les hommes politiques dans leurs palais et, sur un fond sanglant de combats et de massacres, décrit remarquablement les lambris des capitales et la lèpre des faubourgs, le cynisme des grands et l'angoisse des humbles. Passionné pour ce métier qu'il fait avec conscience, il plaide ardemment pour le devoir de dire la vérité et rien que la vérité, ruse et ferraille avec les censeurs, notamment bulgares.

Dans les premières semaines de la guerre, ce militant sensible à la question nationale a ressenti la haine universelle contre le Turc oppresseur. Dénonçant comme le principal danger pour cette région d'Europe une intervention de grandes puissances et notamment de la Russie, sous la drapeau du pan-slavisme, il insiste pour la reconnaissance du droit des peuples des Balkans à régler seuls les problèmes des Balkans. Il illustre la « question nationale » par de remarquables pages consacrées aux problèmes macédonien et arménien. Il pense que l'unique solution est un État unique, une fédération de toutes les nationalités balkaniques.

Bientôt pourtant, il est écœuré et, pourrait-on dire, submergé par les flots du chauvinisme niais et brutal, la sauvagerie des atrocités déchaînées par les armées « slaves et chrétiennes » contre les populations turques, voire simplement musulmanes, la grossièreté des mensonges officiels, l'ampleur de la corruption, la haine et la mauvaise foi de la propagande officielle et le soutien qu'apportent aux Bulgares, dans cette voie, les « pan-slavistes » de Russie. Il saisit l'occasion d'une visite de Milioukov pour adresser à ce dirigeant des Cadets une « lettre ouverte » – la seconde – qui ouvre dans la presse russe la polémique sur les atrocités contre les Turcs jusque-là soigneusement occultées [55].

Au cours de la seconde guerre balkanique, il donne une description absolument saisissante des ravages causés par les vainqueurs et fait une remarquable étude de la Roumanie [56]. Il a visité la Dobroudja, récemment annexée, pillée par les soldats, ravagée par le choléra. Il rapporte aussi un lien personnel et un excellent reportage sur le père du socialisme en Roumanie, Dobrogeanu Gherea, qu'il a passé des heures à écouter dans son restaurant de Ploesti [57].

C'est accompagné de Khristian Rakovsky qu'il a parcouru la Dobroudja. Au cours de ce séjour en Roumanie de 1913 en effet, se consolide avec le militant balkanique cosmopolite une relation personnelle remontant à 1903, qui devient une authentique amitié. « L'ami docteur », qu'il cite dans ses articles, est sans doute l'un des plus internationaux des militants social-démocrates d'Europe, plus citoyen d'Europe que Trotsky lui-même : il a notamment milité à l'intérieur des partis socialistes bulgare, russe, français et roumain – dont il est le fondateur. Figure familière et estimée des congrès internationaux, il est lié à Plékhanov, à Wilhelm et Karl Liebknecht, à Jaurès comme à Guesde. Il a organisé l'accueil en Roumanie et la solidarité avec les mutins du cuirassé *Potemkine.* Entre 1907 et 1913, expulsé de Roumanie comme « étranger », alors qu'il y a fait son service militaire comme citoyen, il s'est trouvé au centre d'une bataille acharnée pour les droits de l'homme et est devenu un vrai symbole [58]. Ce combattant est un homme de charme et de culture. Autrefois, dans le parti bulgare, il s'est trouvé dans les rangs des « étroits », eux-mêmes proches des bolcheviks. Un peu plus âgé que Trotsky, il refuse, lui aussi, de prendre parti dans la lutte entre fractions russes et n'est nullement tenté par ce que Trotsky appellera plus tard « la logique nationale du bolchevisme ». Comme le signale, en 1988, Arkadi Vaksberg à Moscou, il a consacré au mouvement ouvrier la fortune héritée de son père [59].

Bien entendu, le conflit des Balkans concrétise et rend plus menaçante encore aux yeux de Trotsky la guerre européenne dont il pourrait bien être signe avant-coureur ou occasion. La guerre, pour lui, n'est plus une abstraction, et la guerre généralisée en Europe menace à court terme, comme il le rappelle fréquemment. Malgré sa perspicacité et sa force exceptionnelle de pénétration, il est loin cependant d'en avoir prévu et même envisagé tous les aspects, en particulier les implications politiques. Il écrit dans *Loutch,* le 15 mars 1912 :

> « On pourrait vraiment être plongé dans le désespoir par le spectacle de toute cette folie sanglante s'il n'y avait à côté d'elle cette réalisation

d'une grande œuvre de raison et d'humanité – le travail de la social-démocratie internationale [60]. »

Les pieds englués dans la boue et le sang des guerres balkaniques, il salue les voix des social-démocrates serbes et bulgares qui refusent les crédits militaires : ce sont eux, assure-t-il, plus que les gueules meurtrières des canons, qui dictent en définitive l'avenir des peuples balkaniques. Il parle avec confiance de l'action contre la guerre, des campagnes menées par les partis en France, en Allemagne, en Autriche.

La lecture de ses textes de correspondant de guerre l'atteste : aucun autre socialiste européen n'a senti comme lui la proximité de la guerre européenne, en gestation sous ses yeux. Cependant, malgré les réserves qu'il a pu formuler dans le passé sur les faiblesses de tel ou tel parti ou courant de l'Internationale, rien n'indique qu'il ait pu un instant soupçonner, voire envisager, ce qui allait être le corollaire de la guerre, l'effondrement de l'Internationale.

***

Au début de 1914, le mouvement ouvrier russe s'est ranimé, une presse légale, *Pravda* des bolcheviks, *Loutch* pour les mencheviks, s'est développée, portant la polémique au grand jour. En février, Trotsky revient sur la scène russe, avec *Borba* dont la plate-forme est unitaire et non fractionnelle. Lénine triomphe dans un premier temps : la preuve est faite que le « bloc d'août » a éclaté; puis il s'inquiète et accuse Trotsky de préconiser avant tout l'unité avec les liquidateurs. Il ne semble pas que Trotsky lui ait répondu. Mais le mouvement ouvrier qui culmine en juillet 1914, avec grèves et manifestations de rue, est brutalement interrompu par la déclaration de guerre et la répression. L'éphémère existence de *Borba* – huit numéros, dont trois saisis, entre février et juillet – aura permis de regrouper les camarades d'idées de Trotsky, que l'on retrouvera en 1917 dans l'organisation appellée à Pétrograd *Mejraionka* – l'organisation inter-rayons.

Mais elle n'aura pas provoqué de rapprochement entre Trotsky et Lénine. Au contraire.

CHAPITRE IX

La guerre et l'Internationale [1]

Les 16 et 17 juillet se tient à Bruxelles, à l'appel du Bureau socialiste international, une « conférence d'unification » des social-démocrates russes qui n'aboutit à aucune décision concrète : les bolcheviks sont intransigeants, et Lénine délibérément absent. Trotsky, venu de Vienne, loge au petit hôtel Waterloo. Le spectacle de la procession pour la commémoration de l'indépendance belge, mélange « de bondieuserie et de charlatanisme », lui inspire des réflexions moroses sur la lenteur avec laquelle l'humanité s'arrache « aux ténèbres de la barbarie [2] ».

Quand il retrouve les siens à Vienne, la barbarie a progressé, et la capitale autrichienne est déjà au centre de la crise internationale. Le 28 juin, l'archiduc autrichien François-Ferdinand a été assassiné à Sarajevo. Le 23 juillet, le gouvernement autrichien adresse un ultimatum à la Serbie et, le 28, lui déclare la guerre. Jean Jaurès est assassiné le 31, et Trotsky note que sa mort « restera le fait le plus tragique de ce mois d'août, ce mois le plus horrible de l'histoire de l'humanité [3] ».

Le 2 août, c'est la déclaration de guerre de l'Allemagne à la Russie. La plupart des Russes de Vienne sont déjà partis ou vont le faire, s'ils ne veulent pas être internés pour la durée de la guerre en tant que citoyens d'un pays ennemi. Coupé de la Russie et des journaux qui l'emploient, Trotsky s'adresse à Friedrich Adler [4], lui demande 300 couronnes pour quitter Vienne avec sa famille. Au matin du 3 août, il est au local du Parti social-démocrate pour consulter ses camarades sur la conduite à tenir. Victor Adler l'emmène chez le chef de la police politique qui confirme que, le lendemain, tous les ressortissants russes et serbes vont être internés et conseille à Trotsky de partir le jour même.

Trois heures plus tard, la famille Trotsky est dans le train qui se dirige vers Zürich. Trotsky a laissé à Vienne ses livres, ses archives, des travaux inachevés [5] *.

C'est en Suisse qu'il apprend le vote des crédits militaires par les députés social-démocrates au Reichstag. Il en dira plus tard que ses impressions de Vienne l'avaient préparé au pire, sans pour autant nier le caractère tragique du choc ainsi reçu. Il note dans son Journal : « Il s'agit du naufrage de l'Internationale en cette époque de responsabilités [6]. »

***

La Suisse devient en quelques jours l'un des refuges européens des militants d'Europe centrale et orientale qui fuient les camps d'internement : les socialistes suisses organisent solidarité et accueil matériel. De ses rencontres avec d'autres militants, il retiendra, dans *Ma Vie*, celles qu'il eut avec Radek qu'il connaissait très peu et qui venait d'arriver d'Allemagne. D'accord avec la critique féroce que fait ce dernier des dirigeants socialistes allemands, il constate à sa grande stupeur que Radek ne croit pas à la révolution prolétarienne dans un avenir proche, fût-ce à l'occasion de cette guerre qui éclate [7].

Telle n'est pas son opinion à lui, et il le fait savoir d'une façon qui retentit bientôt au sein du parti suisse. Dès le mois d'août, il intervient, lors d'une réunion à l'Union ouvrière Eintracht, pour proposer l'élaboration d'un manifeste « contre la guerre et le social-patriotisme ». En septembre, il débat avec le professeur Ragaz des problèmes de tactique dans le même cadre, et Fritz Brupbacher relève :

> « Avec l'arrivée de Trotsky à Zurich, la vie revint dans le mouvement ouvrier ou au moins dans une partie. Il apportait la conviction [...] que la révolution allait naître de la guerre [8]... »

D'intéressantes notations de son Journal montrent qu'il recherchait alors passionnément les indices d'oppositions à l'intérieur de la social-démocratie à la politique de trahison des chefs. Après avoir lu soigneusement la collection du *Vorwärts* du 29 juillet au 5 août 1914, il note le 15 qu'il est évident que les explications officielles du vote des crédits ne sont approuvées ni par le parti tout entier ni même par le *Vorwärts*. Devinant juste, il ajoute :

> « Il n'y a aucun doute sur le fait que subsiste une minorité d'opposants au vote des crédits. Il y a encore moins de doute sur le fait que, du noyau du parti, des protestations s'élèveront, dès que l'occasion s'en présentera [9]. »

* La bibliothèque viennoise de Trotsky lui sera restituée par le gouvernement austro-hongrois au cours des pourparlers de Brest-Litovsk.

Il s'interroge également, toujours dans son Journal, sur une rumeur en circulation à Zürich : une manifestation à Berlin contre l'exécution de Liebknecht, la mort de Rosa Luxemburg dans la répression. Peu convaincu de la véracité du bruit, il ne doute pourtant pas un instant de la possibilité de voir Liebknecht et Luxemburg tomber « pour sauver la dignité et l'honneur de la social-démocratie allemande ». C'est quelques jours après qu'il apprend, du vétéran allemand Molkenbuhr, la vérité sur le vote dans la fraction parlementaire [10].

Envoyé par ses nouveaux amis zurichois à la conférence nationale du Parti socialiste suisse, il y constate que le fossé « se creuse irrémédiablement entre les nationalistes et les internationalistes », y compris dans le parti de ce pays neutre [11]. Il est, pour sa part, décidé à y contribuer, et, le 7 octobre, dans un exposé de plusieurs heures, présente le texte du « manifeste » dont Ragaz va l'aider à faire la brochure *La Guerre et l'Internationale* [12].

Partant de la situation dans les Balkans où, selon lui, le prolétariat doit présenter son propre programme contre l'appétit de conquête du tsarisme et le conservatisme apeuré des partisans austro-hongrois du *statu quo*, il entreprend la destruction, pour un lecteur allemand ou germanophone, des arguments invoqués pour justifier l'appui des socialistes allemands à la guerre. Il réfute, par des exemples empruntés à leur propre presse, ceux des social-démocrates allemands qui veulent « faire la guerre au tsarisme ». Il dénonce le mensonge des politiciens qui cachent que la victoire allemande sur la France serait avant tout celle « de l'État féodo-monarchiste sur l'État démocratique-républicain », la vérité étant que l'impérialisme allemand se bat contre la Grande-Bretagne pour une hégémonie mondiale. Il ironise amèrement sur le vote par les députés socialistes de crédits militaires pour une guerre « défensive », qui a servi d'entrée à réduire la Belgique en esclavage. Le crime majeur, à ses yeux, est la destruction de l'Internationale, « seule force capable de proposer un programme d'indépendance nationale et de démocratie en opposition à la baïonnette [13] ».

Il oppose l'opportunisme des appareils dirigeants du mouvement socialiste au caractère révolutionnaire de l'époque historique. Il souligne combien il est vain de partager et de repartager le monde : la seule question posée par la guerre est : « Guerre permanente ou Révolution permanente. » Il conclut :

> « Nous sommes déjà nombreux, plus qu'il n'y paraît. Demain nous serons plus nombreux qu'aujourd'hui. Et après-demain, des millions se dresseront sous notre drapeau, des millions qui, même maintenant, soixante-sept ans après le *Manifeste communiste*, n'ont rien à perdre que leurs chaînes [14]. »

La préface de l'auteur caractérise la guerre comme la révolte des forces de production contre la forme politique de la nation et de l'État et montre qu'elle indique la voie au prolétariat pour sortir de l'impasse par la révolution. Prenant acte de l'effondrement de l'Internationale, de la richesse de ses acquis, elle assure que « l'époque nouvelle enseignera au prolétariat à combiner les vieilles armes de la critique avec la nouvelle critique des armes ». Elle se termine par cette affirmation :

> « Le livre tout entier, de la première à la dernière page, a été écrit avec à l'esprit constamment l'idée de la Nouvelle Internationale, cette Nouvelle Internationale qui doit sortir du cataclysme mondial actuel, l'Internationale du dernier conflit et de la victoire finale [15]. »

*
* *

Le séjour de Trotsky en Suisse ne va pas se prolonger. La *Kievskaya Mysl* lui demande d'être son correspondant à Paris. La proposition est tentante à tous égards. Elle assure la subsistance matérielle, elle ouvre aussi des portes pour l'action : il existe à Paris un petit quotidien russe dont l'orientation internationaliste ouvre des possibilités d'expression et d'action. Paris, enfin, n'est pas la Suisse, et le Parti socialiste français est une arène autrement significative et prometteuse que le parti suisse, même si Trotsky est décidé à ne pas le rejoindre formellement.

Laissant temporairement Natalia Ivanovna et les deux garçons à Zürich, il décide donc d'accepter la proposition du journal de Kiev. Il passe la frontière française le 19 novembre 1914 et s'installe à Paris, à proximité de Montparnasse, à l'hôtel d'Odessa, dans la rue du même nom, ce quartier qu'il considère comme le sien depuis ses premiers séjours et qui est celui de l'émigration russe. La *Kievskaya Mysl* ne lui demande pas d'accompagner les armées et de monter au front : les correspondants de guerre accrédités n'y sont pas autorisés. Son travail consiste donc à accommoder les communiqués officiels et, comme pendant les guerres des Balkans, à interroger, quand c'est possible, témoins et acteurs. Il commence par un voyage dans le Midi, à Marseille, qu'il prolonge en poussant jusqu'à Menton, continue dans le Nord, à Boulogne, puis Calais, rencontrant des soldats britanniques et belges, écoutant les récits dépouillés ou mensongers et les couplets héroïques autant qu'artificiels qu'inspire la propagande officielle [16].

Pourtant son métier de correspondant de presse ne l'accapare pas, d'autant que son employeur cède doucement aux pressions des autorités et de la censure et le dispense dans la pratique du devoir d'écrire des articles sérieux qui n'ont aucune chance de voir le jour. Il peut se consacrer en très grande partie à son travail pour la presse émigrée et, après quelques mois, au travail en direction des militants français.

Le journal *Golos* (La Voix) a été fondé au moment de la grande offensive allemande contre Paris, à la veille de la bataille de la Marne. Ce quotidien minuscule – quatre au plus, et souvent deux pages seulement, hachurées des blancs imposés par la censure – avait l'ambition de servir de point de ralliement aux quelques milliers d'émigrés russes en France et de les aider à conserver dans la tourmente leur état d'esprit internationaliste. Il allait y réussir au-delà de toute espérance, devenant l'un des organes européens de l'opposition internationaliste sous son second nom – il en aurait d'autres – de *Naché Slovo* (Notre Parole), après son interdiction en. janvier 1915. On peut imaginer qu'un quotidien, même aussi petit, ne vivait pas sans problèmes. Trotsky raconte :

> « Au moment de lancer les premiers numéros, la " caisse " des éditeurs contenait tout juste trente francs. Pas un homme de " bon sens " n'aurait pu croire que l'on parviendrait à publier un quotidien avec ce capital social. Et en effet, au moins une fois par semaine, le journal, bien que ses rédacteurs et collaborateurs travaillassent gratuitement, passait par une crise à laquelle, semblait-il, on ne trouverait pas d'issue. On en trouvait cependant. Dévoués à leur journal, les typos enduraient famine : les rédacteurs couraient la ville à la recherche de quelques dizaines de francs, et le numéro suivant sortait à son heure [17]. »

Ses deux fondateurs, V.A. Antonov-Ovseenko et D.Z. Manouilsky, étaient des militants déjà relativement anciens, mais peu connus. Le premier, jeune officier menchevique, avait participé avec ses hommes en 1905 à une mutinerie qui lui avait valu d'être condamné à mort. Gracié, il s'était évadé du bagne en 1907, avait fixé sa résidence en France en 1910. Trotsky témoigne à son sujet :

> « Le journal reposa entièrement sur les épaules d'Antonov. Et ce n'est pas seulement une figure de rhétorique : non seulement il écrivait des articles, tenait la chronique quotidienne sur la guerre, traduisait les télégrammes et effectuait les corrections, mais encore il emportait " sur ses épaules " des ballots entiers des éditions imprimées. Ajoutez à cela qu'il organisait des concerts, des spectacles, des soirées au bénéfice du journal et acceptait toutes sortes de dons destinés à une loterie [18]. »

D.Z. Manouilsky joue un rôle nettement moins important : cet ancien étudiant en Sorbonne doit partir très tôt soigner une tuberculose en Suisse et devra, une fois de retour, se ménager [19].

Dès ses premiers numéros, *Golos* a trouvé un collaborateur de marque avec Martov. Le dirigeant historique des mencheviks ne s'est pas laissé emporter par la vague de social-patriotisme d'août 1914 et va tout de suite appeler à élever « un cri de protestation de la conscience socialiste contre la falsification de nos enseignements et contre la capitulation de nos représentants et dirigeants officiels [20] ». La remise en question qu'il effectue est si profonde qu'il écrit même à Akselrod, le 14 octobre 1914, qu'une entente serait possible avec Lénine, lequel, « selon toute apparence, se prépare à agir en militant contre l'opportunisme dans l'Internationale [21] ». Lénine, de son côté, reconnaît que Martov agit exactement comme doit le faire un social-démocrate. La perspective de réunification du parti qu'ouvre la collaboration de Martov à *Naché Slovo* est-elle un facteur de nature à réjouir Trotsky [22]? On peut en effet le penser, mais, dans l'immédiat, pour lui, c'est moins d'unification que de rupture avec les social-patriotes qu'il s'agit.

En fait, son arrivée à Paris ouvre une période de collaboration avec Martov qui va être avant tout un long conflit; Martov opère de subtiles distinctions entre « capitulation » et « trahison » et n'a aucun désir de briser l'unité de son propre parti. La perspective d'une nouvelle Internationale, pour laquelle Trotsky combat, lui paraît une utopie dangereuse, ne pouvant déboucher que sur l'organisation d'une secte. Et le refus de Martov de désavouer ses partenaires engagés dans la voie du social-patriotisme ne peut que conforter Trotsky dans son intransigeance.

Le 14 février, démentant une déclaration de Larine au congrès du P.S. suédois, qui faisait de lui l'un des dirigeants du comité d'organisation, Trotsky publie dans *Naché Slovo* une déclaration dans laquelle il fait pour la première fois le récit de ses divergences passées avec les mencheviks. Il raconte son refus d'écrire dans leur journal dès 1913, son refus, en 1914, d'être le porte-parole du comité en question au Bureau socialiste international, son refus catégorique, récent, de les représenter à la conférence de Londres des socialistes des pays alliés [23]. C'est une rupture éclatante et publique avec « le bloc d'août » et la politique qui l'avait inspiré : elle constitue évidemment un pas important en direction du rapprochement entre Trotsky et les bolcheviks – qui mettra pourtant des années encore avant de revêtir une forme concrète.

Selon Isaac Deutscher, la rédaction de *Naché Slovo*, à partir de l'arrivée de Trotsky se divisa rapidement en trois groupes : à droite, Martov, cherchant à concilier et arrondir les angles avec les social-patriotes, à gauche ceux qu'il appelle «les enfants prodigues du léninisme », Manouilsky, Lozovsky et, dans une certaine mesure, Lounatcharsky, et Trotsky au centre, dans une position « intermédiaire » [24]. Cette analyse est contredite par un témoin contemporain que Deutscher ne semble pas avoir lu, le militant français Alfred Rosmer. Après avoir précisé que le comité de rédaction se réunissait quotidiennement et donnait lieu à des discussions longues et animées où s'exprimaient tous les points de vue reflétés dans le groupe, il distingue, lui, la droite avec Martov, auquel il ajoute Lozovsky, qu'il rencontre beaucoup à l'époque, la gauche avec Trotsky, et mentionne un centre animé par le Polonais Lapinski [25]. Le tableau de Rosmer nous paraît plus vraisemblable que celui de Deutscher, les positions respectives de Martov et de Trotsky constituant les deux pôles, et ces deux hommes les seules personnalités dans le journal capables de défendre une orientation propre. On peut ajouter que le témoin Rosmer était un homme d'une scrupuleuse honnêteté et que le biographe de Martov, Israel Getzler, a retenu son analyse des clivages de tendances à l'intérieur de *Naché Slovo* [26].

L'équipe de *Naché Slovo* est loin d'être incolore. Deutscher n'indique pas ses sources pour faire de Manouilsky, Lozovsky, Lounatcharsky des sympathisants des bolcheviks, faisant pression sur Trotsky. En fait, les collaborateurs du journal russe de Paris ont chacun une physionomie politique nuancée qu'il est difficile de ramener à une politique commune – et l'on commence à savoir que Trotsky n'était guère sensible aux « pressions ». Lounatcharsky, ancien bolchevik qui s'est trouvé embarqué dans l'opposition philosophique de Bogdanov à Lénine – la « construction de Dieu* – est tout à fait séduit par Trotsky quand ils se rencontrent à Paris et pressent en lui « un grand homme d'État [27] ». Manouilsky – qui signe Bezrabotny – est un ancien « gauchiste », partisan du boycott de la douma, qui est revenu de ses erreurs de jeunesse, mais n'est pas pour autant bolchevique et ne le deviendra pas avant 1917, en même temps que Trotsky, Antonov-Ovseenko et autres. Lozovsky, parisien depuis des années, marié à une dentiste, dirigeant d'un petit syndicat de chapeliers juifs, critique plutôt Trotsky de la droite, puisque, selon le témoignage de Marcel Martinet, il s'en prenait avec vivacité à la conception de Trotsky de la possibilité en Russie d'une « révolution socialiste [28] ». D.B. Riazanov, lui, est connu depuis 1903 pour son indépendance jalouse à l'égard des fractions : c'est un ancien de la *Pravda* de Vienne.

Les collaborateurs de l'étranger sont du même type : anciens mencheviks qui se sont, avec le début de la guerre, rapprochés du bolchevisme, comme Aleksandra Kollontai et Radek. L'ancien menchevik G.V. Tchitchérine, ex-diplomate exilé en Grande-Bretagne, n'est pas encore aussi avancé. M.S.Ouritsky, vieux compagnon de Trotsky en Sibérie, ancien collaborateur pour la diffusion de la *Pravda* en Russie, est là, ainsi, bien sûr, que Khristian Rakovsky, qui semble avoir sérieusement aidé *Naché Slovo* financièrement [29].

Des vieux amis de Trotsky, un manque à l'appel et c'est un absent de marque. Non seulement Parvus a approuvé la politique des social-patriotes allemands, mais, depuis la guerre, il s'est lancé en Turquie dans le commerce d'armes avec les puissances centrales, ce qui lui a permis d'amasser une grosse fortune et d'avoir la réputation d'homme aux mains sales. Il vit toujours quand Trotsky lui consacre perfidement une nécrologie dans *Naché Slovo*, le 14 février 1915, une façon aussi nette que possible de rompre un lien politique : « Ci-gît Parvus que, pendant longtemps, nous avons tenu pour un ami et qu'il nous faut maintenant placer sur la liste des morts politiques [30]. »

Le problème des rapports entre Trotsky et Lénine dans cette période est loin d'avoir été totalement éclairci. Il est vrai que le second, dans ses articles comme sa correspondance, n'est pas tendre avec le premier et ne se prive pas, lui non plus, d'abuser des épithètes sommaires. Mais n'est-ce pas ainsi qu'il conçoit le débat politique et ne doit-on pas, selon lui, cogner deux fois plus fort sur celui qui se rapproche de vous afin de rendre inconfortable et intenable toute position

* C'est en 1908, à l'intérieur des groupes « de gauche », « ultimatiste », et « otzoviste » (cf. p. 000) que se constitua, avec Bogdanov, Gorky et Lounatcharsky un groupe d'intellectuels : là, Lounatcharsky et ses camarades portés sur la littérature commencèrent à exprimer une sorte de mystique prolétarienne de la « collectivité » comme religion de l'avenir, qu'ils appelèrent « construction de Dieu ». C'est ce groupe qui inspira en 1909 la fameuse école de Capri que Lénine critiqua durement et s'efforça de détruire à travers le noyautage des élèves par ses partisans.

médiane, « centriste »? Trotsky, lui, se plaint des attaques constantes de Lénine qui le dénonce sans relâche comme l'allié des social-patriotes et qui assure que, malgré son discours de « gauche », il n'a pas cessé d'être partisan de l'unité avec eux : pour sa part, il se dit très tôt partisan de « la fusion avec les léninistes [31] ».

Il existe en réalité de réels désaccords entre Lénine et Trotsky. Le premier considère comme opportuniste et générateur d'illusions le mot d'ordre de Trotsky sur les « États-Unis d'Europe ». Trotsky repousse la formule de Lénine sur le « défaitisme révolutionnaire » comme dangereuse et incompréhensible, obstacle réel à la mobilisation des masses dans la lutte contre la guerre, c'est-à-dire pour la paix. La troisième divergence, celle qui provoque en réalité le plus de remous, porte sur la limite de la rupture ou du clivage avec les éléments centristes. A cette époque, Trotsky, prêt à collaborer, non seulement avec Martov, mais même avec Tchkhéidzé, situe cette limite beaucoup plus à droite que Lénine – ce qui autorise sans doute ce dernier à le qualifier de « kautskyste » parce qu'il juge nécessaire de distinguer la position pacifiste et centriste de Kautsky et Tchkheidzé de l'attitude nationaliste, social-patriotique, d'un Plékhanov ou d'un Ebert.

La réalité est que, pour le moment, comme le note Annie Kriegel, « Trotsky se place de telle manière qu'il maintient le schéma menchevique de la lutte pour la paix comme étape de la révolution, mais qu'il pousse plus loin ce schéma pour arriver sur certains points aux positions pratiques de Lénine, pour une IIIe Internationale, par exemple [32] »... Ce qui signifie une perspective raisonnable de rapprochement graduel entre les deux hommes en réalité séparés seulement par la scission de 1903, depuis longtemps dépassée.

***

C'est, semble-t-il, par Martov que Trotsky est entré en contact avec le groupe internationaliste de Paris, le noyau de *La Vie ouvrière*, qui se réunit tous les jeudis soir dans l'arrière-boutique de son local du quai de Jemmapes. Trotsky écrit que Martov et lui partirent un jour à la recherche de Pierre Monatte, l'animateur du groupe [33]. Ce dernier, soutenu par Alfred Rosmer, proteste : il était, assure-t-il, en contact avec Martov depuis quelques semaines, quand Trotsky est arrivé en France. Il avait connu son existence par une lettre que Martov avait adressée à *La Guerre sociale*. Martov s'était révélé un homme précieux et très bien informé. Monatte précise qu'à l'arrivée de Trotsky, Martov le conduisit non au local de *La Vie ouvrière*, mais à son domicile de la rue des Mignottes, aux Buttes-Chaumont [34]. Le récit des deux Français, plus détaillé, étayé par des précisions plus vérifiables, emporte l'adhésion. Nous retiendrons aussi que Monatte, avouant qu'il était alors lui-même écrasé par les événements, écrit que Trotsky, en revanche, les dominait et ajoute : « Il nous apportait la chaleur d'une grande espérance révolutionnaire [35]. »

La rencontre de Trotsky avec les militants de *La Vie ouvrière* est importante : tous compteront dans sa vie personnelle et militante, d'une façon ou d'une autre. Pierre Monatte – trente-trois ans, correcteur d'imprimerie – est un ancien libertaire passé au syndicalisme révolutionnaire, qu'il a défendu contre Malatesta au congrès d'Amsterdam en 1907. Membre du comité confédéral national de la C.G.T., il va en démissionner pour protester contre la politique social-patriotique de la direction confédérale. Trotsky l'a vu, « maigrichon énergique », abordant tout de suite les questions fondamentales, solide dans le refus, mais manquant toujours de perspectives politiques.

Plus important encore sera pour Trotsky sa relation avec un autre homme de ce noyau, Alfred Griot, dit Rosmer – trente-sept ans, correcteur lui aussi –, qui a suivi le même itinéraire que Monatte. Moins praticien du syndicalisme, il est plus ouvert sur le monde et les questions politiques. C'est un homme de culture, de droiture et de rigueur morale. Ce sera bientôt l'ami de Paris, ne laissant la première place qu'à Rakovsky. Lui aussi a conservé toute sa vie le souvenir de sa première rencontre avec Trotsky, quai de Jemmapes. Répondant à des interrogations des membres du groupe sur l'agression autrichienne en Serbie, qui trouble bien des consciences internationalistes, Trotsky intervient sur la question balkanique, armé de son expérience de journaliste, « sur un ton amical » : il fait « un exposé lumineux, ni suffisance ni pédantisme », c'est « un camarade exceptionnellement bien informé [36] » :

> « Nous eûmes tous l'impression que notre groupe venait de faire une recrue remarquable; notre horizon s'élargissait; nos réunions allaient prendre une nouvelle vie; nous en éprouvions un grand contentement [37]. »

De son côté, l'écrivain et poète Marcel Martinet – un grand malade de vingt-sept ans, diabétique – écrit qu'en présence de Trotsky, lui et ses camarades ont tout de suite décelé « une grandeur intellectuelle et humaine exceptionnelle ». Il en donne une description étonnante :

> « C'était un homme d'assez haute taille, svelte, très droit et un peu raide, dont les traits accusaient une grande intelligence et une énergie magnétique. En même temps, un air de grande jeunesse qui venait pour une part de ce rayonnement d'intelligence et d'énergie. Le front, élevé et fier, était encore élargi par la chevelure drue et bouclée rejetée en arrière. Tout le visage, grave, attentif et calme au repos, prenait dans la discussion une animation extraordinaire. Les yeux étincelaient derrière les lorgnons, avec un éclat que je n'ai vu qu'à eux. Et la bouche aux lèvres fines, ardentes, railleuses, méphistophéliques par instants entre la moustache et la barbiche, achevait l'impression de passion entraînante et de force à laquelle personne ne pouvait rester insensible [38]. »

C'est dans le même cercle qu'il fait la connaissance d'autres militants du mouvement ouvrier français, les instituteurs Louis Bouët et Fernand Loriot, le journaliste Amédée Dunois, mais aussi d'hommes moins proches de ses idées, pacifistes plutôt que révolutionnaires : Alphonse Merrheim, le secrétaire des Métaux C.G.T. qu'il voit comme un homme « circonspect, réservé, insinuant [39] », le secrétaire de la Fédération du Tonneau, Bourderon, l'écrivain et journaliste Henri Guilbeaux. Ces hommes se rencontrent, s'affrontent parfois au cours des réunions du jeudi soir. Tels qu'ils sont, avec leurs divisions, leurs limites, leurs défaillances, mais aussi leur courage et leur abnégation, ils constituent un segment de la nouvelle Internationale qui naît dans ces mois de sang et de deuil et dont le premier vagissement va être la conférence socialiste internationale de Zimmerwald.

Aussitôt que les possibilités matérielles en eurent été dégagées, Trotsky fit venir sa famille. Ils devaient habiter successivement à l'entrée de la rue de l'Amiral-Mouchez, près du parc Montsouris, puis dans une villa prêtée à Sèvres, enfin rue Oudry, dans le quartier des Gobelins. Les enfants fréquentaient une école russe, boulevard Blanqui [40].

Trotsky mena, en France comme ailleurs, une vie de travail, commençant sa journée par une lecture très complète de la presse parisienne, puis participant à la réunion de la rédaction qui traitait des problèmes du journal, de ses finances comme de sa ligne. Il s'arrangeait toujours pour passer quelques heures à la maison avec les enfants. Il lui fallait en outre assurer son gagne-pain en rédigeant pour la *Kievskaja Mysl* des chroniques militaires, ce qui exigeait de sa part des études sérieuses de théorie militaire qu'il effectuait, en bibliothèque, dans des livres et revues spécialisés. Il continua ses voyages – au Havre, par exemple – et ses visites aux hôpitaux pour interroger les blessés, se tint à l'écoute des permissionnaires et des réfugiés. On a sous sa plume d'excellentes chroniques : l'interview d'un volontaire serbe, des souvenirs sur Jaurès et Vaillant, plusieurs analyses sur la technique de la guerre moderne, la psychologie de la guerre de tranchées. Il ne publiera qu'en 1923 ses « Extraits d'un vieux carnet » sur Paris en 1916 [41].

La première année du séjour parisien de Trotsky pendant la guerre l'a placé dans une situation plutôt favorable au sein de l'émigration russe. Il s'est peu à peu imposé au détriment de Martov, est devenu l'âme de *Naché Slovo*. Dans le même temps, il est devenu l'un des animateurs du groupe internationaliste français, l'incontestable dirigeant de sa gauche. Il doit évidemment de telles positions à sa réputation – une notoriété qui déborde les frontières du petit monde des militants –, mais plus encore à ses dons personnels, notamment à sa force de conviction. Du coup, il occupe en tout cas une place de choix pour le regroupement international des adversaires de la guerre, qui ne saurait tarder à venir à l'ordre du jour.

L'initiative du regroupement est venue des partis socialistes des pays neutres. Le rôle de Rakovsky dans les coulisses et auprès du Parti suisse a été considérable. Ce sont des émissaires de ce dernier ainsi que du P.S.I. qui ont pris contact à Paris avec les opposants à la guerre.

A la fin de janvier 1915, l'un des dirigeants du P.S. suisse, Robert Grimm, mandaté par son parti, vient sonder à Paris les possibilités de reprise des relations internationales. Son entrevue avec Pierre Renaudel, dirigeant socialiste, s'étant bornée à un constat d'impossibilité, il prit alors contact avec *Naché Slovo*, rencontrant quai de Jemmapes les animateurs du groupe « russo-polonais », comme on disait alors, et du groupe français de *La Vie ouvrière*. Le deuxième représentant étranger à visiter Paris, quelques mois plus tard, fut le député socialiste italien Morgari, qui devait aller dans la même période en Grande-Bretagne et en Allemagne, afin de susciter une conférence socialiste internationale. Il se heurta très vivement à Vandervelde qui lui assura qu'il ne convoquerait pas l'exécutif international tant qu'un seul soldat allemand serait logé chez des ouvriers belges! Trotsky évoque dans *Ma Vie* une rencontre avec lui sur les grands boulevards à la terrasse d'un café : quelques députés socialistes présents s'éclipsèrent dès qu'il fut question de faux passeports pour se rendre en Suisse [42]. Morgari visita ensuite la boutique du quai de Jemmapes, rencontra les gens de *Naché Slovo* et de *La Vie ouvrière*. C'est à la suite de son voyage et de ces rencontres que le P.S. italien décida de convoquer une conférence internationale : une commission, réunie à Berne le 11 juillet, mit au point la préparation de ce qui allait être la conférence de Zimmerwald, organisée par Grimm.

Pierre Monatte étant mobilisé, le groupe de la *V.O.* choisit comme délégués Merrheim, Bourderon et Rosmer. Également mobilisé, ce dernier ne put finalement partir, et les deux premiers refusèrent obstinément, avant leur départ, de se laisser lier les mains par un mandat quelconque. *Naché Slovo*, pour sa part, désigna Martov, Manouilsky et Trotsky. Dans les débats autour de la validation des mandats, sur place en Suisse, les deux premiers acceptèrent de laisser à Trotsky leur mandat avec droit de vote, validé, malgré les protestations de Lénine qui contestait la représentativité du groupe.

La conférence se tint du 5 au 9 septembre 1915, dans le village de Zimmerwald, à 10 kilomètres de Berne : quatre voitures suffirent pour y conduire la totalité des délégués, un peu serrés cependant. Le samedi soir, invité à la réunion de la gauche par Lénine, Trotsky avait demandé la permission d'y amener les Français. Mais le rapport de Radek avait jeté un froid : « Condamnation formelle des socialistes nationalistes, dénonciation de l'Union sacrée, appel au prolétariat pour le retour à la tactique socialiste, lutte de classes et actes révolutionnaires [43]. » Inquiet de semblables perspectives, Merrheim tint à préciser aussitôt qu'il voulait seulement la lutte pour la paix et l'organisation de la propagande en ce sens. Le dimanche matin, Trotsky assista à la réunion des délégués français et allemands en tant qu'interprète; l'après-midi, avant le départ, éclata un vif incident entre lui et le journaliste français Grumbach, un Alsacien qui signait « Homo » dans *L'Humanité* et incarnait à ses yeux le social-chauvinisme [44].

A la conférence proprement dite, après la présentation des rapports par pays, Lénine intervint le premier pour proposer une résolution et un manifeste. Il fut très vite évident que la majorité des délégués présents – une vingtaine – ne le soutiendraient pas (il n'avait que huit fidèles), et qu'ils voulaient mettre la paix au centre de la lutte internationale. Trotsky intervint le dernier et vit, pour une fois, ses efforts de conciliation couronnés de succès : il expliqua que le projet de résolution des bolcheviks n'était pas suffisamment axé sur l'action immédiate en faveur de la paix et que son programme d'action s'appliquait à un avenir trop lointain. Il estimait, en revanche, que les préoccupations des adversaires de Lénine étaient trop exclusivement pacifistes et insuffisamment socialistes. Il proposait donc un compromis, plaçant la paix au centre, mais traitant en socialiste les causes de la guerre. L'accord général se fit sur un contenu de ce type et la désignation d'une sous-commission, formée de Grimm et de lui, laquelle adopta son projet, repris par la conférence à l'unanimité et sans amendement [45].

Le Manifeste de Zimmerwald définissait la guerre comme un produit de l'impérialisme et caractérisait ses résultats comme « faillite de la civilisation, dépression économique, réaction politique ». Rappelant les positions de l'Internationale, il assurait que les dirigeants des partis et le Bureau socialiste international avaient failli à leur tâche. Il expliquait que les minoritaires s'étaient réunis à Zimmerwald « pour renouer les liens brisés des relations internationales, pour appeler la classe ouvrière à reprendre conscience d'elle-même et l'entraîner dans la lutte pour la paix, une paix sans occupation ni annexions, sans assujettissement économique, respectant le droit des peuples à disposer d'eux-mêmes ». Il se terminait par un appel à lutter « sur le terrain de la lutte de classes irréductible » et à agir « pour le but sacré du socialisme », à commencer par « le rétablissement de la paix entre les peuples et la fameuse formule : « Prolétaires de tous les pays, unissez-vous [46]! »

Zimmerwald était un tournant décisif. La conférence donna un nouvel élan au mouvement en train de se développer. Sans doute constituait-elle déjà, sans que beaucoup en aient pris conscience, même parmi ses partisans, la première pierre de la construction de la Nouvelle Internationale que son *Manifeste*, contre les convictions de son rédacteur, ne mentionnait pas. En dépit de la censure, Trotsky parvint à la commenter dans *Naché Slovo* : assurant que la conférence de Zimmerwald avait sauvé l'honneur de l'Europe, il ironisait sur ses adversaires qui essayaient en même temps de nier son importance et de la passer sous silence au moyen de la censure [47].

Bien entendu, la tenue de la conférence accélère également ruptures et rapprochements. La polémique de Lénine, qui a voté le texte rédigé par Trotsky, baisse d'un ton. Les désaccords subsistent dans toute leur ampleur sur le « défaitisme révolutionnaire » et le mot d'ordre d' « État-Unis d'Europe », mais Lénine commence à penser qu'il lui est possible d'enfoncer un coin entre les internationalistes qui entourent Trotsky et les mencheviks plus ou moins « défensistes » avec lesquels il n'a pas rompu.

Martov va rester en Suisse au lendemain de Zimmerwald, quittant ainsi la rédaction de *Naché Slovo* : ses divergences ne cessant de s'aggraver avec le journal parisien, il va bientôt abandonner sa collaboration à un organe dont il estime qu'il est désormais ouvertement orienté vers Lénine et les bolcheviks. En France, au sein du Comité d'action internationale, puis du Comité pour la reprise des relations internationales, les internationalistes se sont regroupés au lendemain de Zimmerwald et sur son élan, et l'on voit apparaître de nouveaux clivages entre une gauche, située sur les positions de Trotsky, et Merrheim, ouvertement hostile à ce dernier. Dans le même temps, les idées exprimées dans le C.R.R.I. par son aile gauche commencent à faire leur chemin dans les rangs du Parti socialiste derrière Jean Longuet. Trotsky s'efforce de leur frayer la voie par une dénonciation très vigoureuse du caractère ambigu de l'opposition « longuettiste », à la fois pacifiste et opportuniste, qu'il considère désormais comme le principal obstacle au développement d'un courant révolutionnaire.

Les infiltrations et les rapports de policiers sur le C.R.R.I. nous permettent de suivre la montée dans son sein de l'antagonisme entre Trotsky et Merrheim. Les rapports font état notamment d'incidents en avril 1916 et de l'accusation de « scissionisme », lancée par Merrheim contre Trotsky. L'affaire s'aggrave encore en juillet, Merrheim ayant exprimé des réserves sur l'entrée d' « un Russe » dans la commission exécutive et reproché à ce propos à Trotsky de « manquer de tact », c'est-à-dire finalement d'intervenir en militant au sein du mouvement ouvrier français, une accusation en contradiction absolue avec la tradition ouvrière d'accueil et d'égalité de droits absolue des réfugiés politiques.

Trotsky durcit le ton. Il s'agit de tremper en France une minorité qu'il faut, dans un premier temps, protéger de la pression contagieuse des centristes longuettistes, critiques certes, mais encore cramponnés aux basques des social-patriotes et partisans de l'unité à tout prix. Il écrit dans un projet de résolution :

> « La lutte de classe révolutionnaire, l'action énergique contre la guerre, sans aucune considération de défense nationale d'ordre stratégique militaire ou d'ordre politique civil, sont les conclusions primordiales qui se dégagent du véritable esprit socialiste internationaliste. Il faut dire cela brutalement à la classe ouvrière [48]. »

Bourderon, proche de Merrheim, n'est sans doute pas loin du compte quand il assure : « Trotsky voudrait nous faire abandonner le parti et nous entraîner dans une IIIe Internationale [49]. »

La police se préoccupe beaucoup de la conférence de Zimmerwald et de ses conséquences en France. Comme le montrent des rapports français dont des copies ont été conservées dans les archives de l'Okhrana, on est très irrité, en haut lieu, de la façon dont Trotsky, bernant la censure, a réussi à publier dans *Naché Slovo* un compte rendu de la conférence. Un responsable de la police française écrit à ce sujet :

« Nous croyons devoir attirer l'attention de qui de droit sur ce fait indéniable que *Naché Slovo* est le seul et unique journal en France qui ait pu, au mépris de la censure, (n'autorisant aucune publicité pour ladite conférence), propager les renseignements les plus circonstanciés sur la conférence [50]. »

La preuve du succès de *Naché Slovo* et de l'entreprise de Trotsky en France, en même temps que la condamnation à terme du journal et de son rédacteur, se trouve dans l'affirmation de ce même rapport selon laquelle le contenu des articles « pénètre [...] dans les milieux ouvriers français et dans leur organisation politique » et qu'ainsi « ils paralysent tous les efforts du gouvernement [...] tendant à enrayer la propagande des idées de la conférence des sans-patrie [51] ».

Dès juillet 1916 le professeur de sociologie Emile Durkheim, président de la commission chargée des réfugiés russes en France, fait connaître qu'il est question d'interdire *Naché Slovo* et d'expulser Trotsky [52]. La découverte d'un exemplaire du journal à Marseille sur un des militaires russes accusés d'avoir tué leur colonel fournit à la Sureté générale l'occasion qu'elle guettait depuis pas mal de temps. Elle propose formellement l'expulsion de Trotsky le 3 septembre, et le ministre de l'Intérieur, Malvy, prend le décret le 14 septembre. Une démarche de députés socialistes conduits par Jean Longuet vaut à Trotsky un délai pour lui permettre de trouver un pays d'accueil. Mais l'Europe se ferme déjà devant lui, bien que la planète ne soit pas encore « sans visa ». L'Angleterre refuse de le recevoir et même de lui donner un visa de transit pour les Pays-Bas. L'Italie et la Suisse font connaître un refus sur lequel les socialistes de ces pays tentent de faire revenir les autorités. Il ne reste pour l'instant que l'Espagne, où Trotsky refuse de se rendre de son plein gré [53].

Il est donc expulsé sans destination, une situation ambiguë qui se prolonge quelques semaines au cours desquelles la police ne le quitte pas des yeux, même la nuit, et où Jean Longuet multiplie les démarches. Finalement le préfet de police l'informe que le décret d'expulsion va être exécuté. Deux inspecteurs viennent le cueillir à son domicile de la rue Oudry. Et ils prennent ensemble le train à destination d'Irun.

Deux années de guerre avaient déjà profondément détérioré les usages démocratiques en Europe. Entré en Espagne de façon tout à fait légale, Trotsky allait y être accompagné, sans le savoir, d'un rapport confidentiel de la police française destiné à lui valoir à court terme un nouveau séjour en prison et une nouvelle expulsion.

Une nouvelle errance commençait pour lui.

CHAPITRE X

Le début de l'errance [1]

Trotsky ne s'est jamais fait d'illusion sur la possibilité d'obtenir l'annulation du décret qui l'expulsait de France. C'était là bataille de retardement, de laquelle il s'efforçait, pour le présent et l'avenir, de tirer un bénéfice politique pour la cause de la révolution. Une partie du délai obtenu lui servit ainsi à préparer avec soin une « Lettre ouverte » qu'il destinait à « Monsieur le ministre Jules Guesde, ministre d'État », dont la rédaction fut terminée dès le 11 octobre 1916 [2].

La cible avait été bien choisie : Jules Guesde, fondateur du Parti ouvrier français, introducteur du marxisme en France, y avait incarné pendant plusieurs décennies la gauche intransigeante et doctrinale du socialisme – contre Jaurès notamment. Or il était devenu ministre d'État, partisan de l'Union sacrée dans la guerre, symbole désormais non seulement de la collaboration de classes, mais du ralliement à la politique de guerre que Trotsky tenait précisément pour la trahison majeure de ce socialisme auquel il était resté fidèle.

La « Lettre ouverte » à Jules Guesde s'ouvre sur un rappel des explications officielles données pour l'expulsion de Trotsky. Celui-ci ne suggère aucune enquête. Il se contente d'écrire au ministre :

> « Vous, Jules Guesde, dès lors que vous avez pris la responsabilité de la politique extérieure de la IIIe République, de l'alliance franco-russe avec ses conséquences, des prétentions mondiales du tsarisme, de tous les buts et méthodes de cette guerre, vous n'aviez plus qu'à accepter, avec les détachements symboliques de soldats russes, les hauts faits nullement symboliques de Sa Majesté le tsar [3]. »

La guerre, estime-t-il, a rapproché le régime intérieur de la France et de l'Angleterre de celui de la Russie. Le Parti socialiste y est devenu un chœur docile aux capitalistes à l'époque du grand massacre des peuples :

> « Vous, vieux chefs du prolétariat, vous êtes tombés à genoux et vous avez renié tout ce que vous avez appris et enseigné à l'école de la lutte de classe [4]. »

Il évoque son activité militante et journalistique à Paris, *Naché Slovo*, qui « vivait et respirait dans l'atmosphère du socialisme français qui se réveillait ». A l'accusation de « germanophilie », il répond par les noms de Karl Liebknecht, Rosa Luxemburg, Franz Mehring, Clara Zetkin, « ennemis intrépides des Hohenzollern [...], nos frères d'armes [5] ». Il salue « l'esprit de révolte qui se lève de tous les foyers de souffrance, se répand à travers la France et toute l'Europe, dans les faubourgs ouvriers et les campagnes, les ateliers et les tranchées [6] ». La lettre se termine par une interpellation qui constitue sans doute l'une des plus belles pages de littérature politique de cette époque :

> « Descendez, Jules Guesde, de votre automobile militaire, sortez de la cage où l'État capitaliste vous a enfermé, et regardez un peu autour de vous. Peut-être le destin aura-t-il une dernière fois pitié de votre triste vieillesse et pourrez-vous percevoir le bruit sourd des événements qui s'approchent. Nous les attendons, nous les appelons, nous les préparons. Le sort de la France serait trop affreux si le calvaire de ses masses ouvrières ne conduisait pas à une grande revanche, *notre* revanche, où il n'y aura pas de place pour vous, Jules Guesde, ni pour les vôtres.
>
> « Expulsé par vous, je quitte la France avec une foi profonde dans notre triomphe. Par-dessus votre tête, j'envoie un salut fraternel au prolétariat français qui s'éveille aux grands destins. Sans vous et contre vous, vive la France socialiste [7] ! »

Mais la lettre à Jules Guesde n'a encore été lue de personne que, sous la surveillance de deux inspecteurs qui lui font la conversation et lui expliquent doctement leur philosophie de l'existence, Trotsky roule vers l'Espagne. Ses cerbères l'abandonnent à Irun après lui avoir conseillé de prendre le tramway pour se rendre à Saint-Sébastien où il est séduit par la beauté de l'océan et épouvanté par le coût de la vie. Il ne parle pas l'espagnol, ne connaît personne en Espagne. Il prend toutefois le train pour Madrid [8].

Il y arrive le 2 novembre et va remplir de notes son carnet. Il espère encore éviter un long séjour en Espagne, attend en effet une réponse des autorités suisses à de nouvelles démarches socialistes, que doit lui faire connaître Grimm. En attendant, le seul langage dont il dispose pour passer le temps dans la capitale est, note-t-il, celui des beaux-arts. Il choisit donc d'aller « en véritable affamé » contempler les trésors du musée du Prado : Rembrandt, Ribera, Goya, Murillo, Velázquez, Jérôme Bosch dont « l'allégresse naïve est géniale ». Il note qu'il faut s'attendre, après la guerre et « les extraordinaires émotions qui ont pris au cœur presque toute l'humanité civilisée », à la naissance d'un art nouveau [9].

Il s'est installé dans un petit hôtel, a acheté un dictionnaire. Il envoie des lettres, en France, bien sûr, mais aussi en Italie et en Suisse

– pour un visa. Dictionnaire en main, il s'efforce de déchiffrer les quotidiens. La capitale espagnole le surprend, d'abord parce qu'elle est d'un pays neutre où l'on n'a pas, comme à Paris, la grande peur des « zeppelins ». Mais il est aussi surpris par le mode de vie, le bruit la nuit, les cris, la rue, la vie nocturne, des traits qui aggravent sa solitude. Il relève le grand nombre de banques et d'églises, s'amuse à faire des hypothèses sur une lutte à l'amiable pour le pouvoir en Espagne entre la Banque et l'Église.

Quatre jours après son arrivée, il reçoit de Paris – sans doute de Rosmer – l'adresse d'un Français vivant à Madrid et sympathisant de *La Vie ouvrière*, Desprès, qui dirige la succursale d'une importante compagnie d'assurances. Il tient là sa première introduction à l'Espagne, son premier contact humain, sa première source d'information et, ce qui n'est pas moins important, la première possibilité d'une aide matérielle. Desprès le fait déménager et l'installe dans une petite pension. Leurs conversations constituent ses récréations entre les visites studieuses des musées et l'apprentissage de la langue qu'il mène systématiquement... en apprenant par cœur des listes de mots. Il essaie aussi de rompre son isolement et de se constituer une protection en rencontrant des personnalités, mais ne réussit à rencontrer ni Daniel Anguiano, secrétaire du Parti socialiste et dirigeant de son aile gauche, ni le grand intellectuel Ortega y Gasset, sympathisant socialiste à l'époque : le premier est en prison pour quelques jours, et le second ne se décide pas à ouvrir sa porte à un inconnu [10].

Cette routine naissante est brutalement interrompue le 9 novembre : des policiers viennent l'arrêter dans sa pension et le conduisent à la préfecture en lui assurant qu'il en a « pour une heure ou deux ». En fait, il attend sept heures et commence à comprendre la place de la *paciencia* dans la philosophie quotidienne du pays. Pendant son interrogatoire, il comprend que la police française l'a désigné aux collègues d'Espagne comme un « dangereux anarchiste ». On finit par lui expliquer, à l'aide d'un interprète, qu'il a en fait « des idées trop avancées pour l'Espagne », qu'on va par conséquent l'en expulser et que d'ici là on fera subir à sa liberté « une certaine limitation [11] ».

Le soir même, à minuit, il est écroué et fait connaissance avec une nouvelle prison, le *Carcel modelo* de Madrid où il retrouve ce qu'il connaissait déjà depuis Odessa; les escaliers de fer suspendus, les odeurs, les bruits, le lourd silence de la nuit. A la promenade, il apprend avec stupeur de ses codétenus qu'il existe des cellules gratuites, mais médiocres, et que celle qu'il occupe est une cellule de première classe qui va lui coûter une peseta et demie par jour, mais qui lui donne droit à deux promenades d'une heure, soit quatre fois plus qu'à l'habitant d'une cellule ordinaire [12]. Fidèle à l'attitude qui a été la sienne dans les prisons du tsar, il refuse de se prêter volontairement aux opérations d'anthropométrie.

A la demande de Trotsky, Desprès a été prévenu par la police madrilène de son arrestation le jour même et a pu le rencontrer dans la soirée dans les locaux de la police avant son incarcération. Dès le 10 novembre, il informe la direction du Parti socialiste ouvrier espagnol de cette affaire. Le 11, il vient rendre visite à Trotsky au Carcel en compagnie de Daniel Anguiano – de tels retournements de situation existent, le secrétaire du P.S.O.E. vient d'être libéré [13]. Le même jour, *El Socialista* commence à informer ses lecteurs et entame une campagne de protestation contre l'arrestation de Trotsky, ce qui déclenche une polémique avec le journal conservateur *La Acción*. Ainsi l'affaire connaît-elle une certaine publicité et se trouve-t-elle exposée et commentée dans plusieurs journaux.

Trotsky continue son éducation en prison. Il y rencontre un aumônier catholique qui l'assure de sa sympathie pour son « pacifisme » et lui conseille la *paciencia* [14]. Il fait aussi la connaissance d'un autre détenu, surnommé « le roi des voleurs », qui jouit d'une grande autorité parmi les prisonniers de droit commun : « le roi » se prend d'amitié pour lui, l'assure de sa protection, l'interroge sur le monde [15].

Quand il est relâché après quelques jours, il n'a presque plus d'argent et refuse carrément de payer de sa poche le billet de chemin de fer pour Cadix où il a été envoyé en quelque sorte en résidence surveillée. Cette résistance lui vaut de voyager finalement en première classe, « à la charge du roi d'Espagne », escorté une fois encore par deux policiers diserts qui expliquent aux voyageurs que leur compagnon de voyage n'est pas un criminel. C'est un *caballero* [16]... « mais qui n'a pas les idées comme il faut ». Il relève « la sociabilité des Espagnols, leur amabilité, leur dignité, leur caractère d'hommes de bien », mais aussi la malpropreté. Il apprécie le paysage.

L'arrivée à Cadix est suivie d'une désagréable surprise. On veut l'embarquer pour La Havane le lendemain. Après un entretien orageux avec les autorités locales, au cours duquel l'interprète, un diplomate allemand, lui conseille de se montrer « réaliste », il refuse et alerte immédiatement par télégramme Desprès et Anguiano, le chef du gouvernement, la presse libérale, les députés de gauche. Il en profite pour presser encore Suisses et Italiens. Il gagne cette importante partie, avec l'autorisation d'attendre à Cadix le premier bateau en partance pour New York : « sérieuse victoire », écrit-il dans *Ma Vie*, puisque les États-Unis peuvent lui offrir un champ d'action et que le départ avec lui de Natalia Ivanovna et des enfants devient possible.

Il reste finalement six semaines à Cadix. Six semaines laborieuses. Il relance la *Kievskaia Mysl* pour des reportages qui lui seraient payés, alerte les amis d'Europe pour réunir l'argent du voyage pour quatre personnes. A la bibliothèque, il apprend à conjuguer les verbes espagnols et réussit à lire son premier livre en castillan à l'aide du dictionnaire, un livre d'histoire, bien entendu [17]. Il fait d'intéressantes observations sur le mode de filature comparé des policiers espagnols et français : ceux de Paris « sautaient comme des bombes » des trams et des rames de métro pour ne pas le perdre, alors que ceux de Cadix lui donnent des rendez-vous et marchandent à sa place quand il fait des emplettes [18].

Les nouvelles de Suisse et d'Italie concernant les possibilités de visa sont bonnes et d'ailleurs fondées puisque les choses s'y arrangeront finalement, mais après qu'il aura quitté l'Espagne. Il écrit lui-même à *El Socialista* son point de vue sur son « affaire [19] ». Dans l'ensemble cependant, la vie à Cadix est tellement « provinciale » et *El Diario de Cadiz* si chiche d'informations qu'il avoue avoir commencé alors à « perdre l'habitude de penser à la guerre [20] ».

Finalement le bateau sur lequel il doit embarquer est désigné : c'est le *Montserrat* qui partira de Barcelone le 25 décembre 1916. C'est dans cette ville que Natalia et les enfants, venus de Paris en train, accueillis à la gare par Desprès qui a prévu leur logement dans une petite pension, doivent embarquer et il obtient la permission de les y rejoindre. Il quitte donc Cadix le 20 décembre, toujours sous escorte, s'arrête à Madrid une journée entière, qu'il consacre encore au musée du Prado, puis gagne Barcelone où il est gardé plusieurs heures dans les locaux de la police. Il est finalement autorisé à retrouver les siens et même à effectuer une visite de la ville, toujours sous escorte. Les policiers les accompagnent à bord du *Montserrat*; des instructions sont données pour qu'ils ne puissent descendre à terre aux deux escales prévues de Valence et de Malaga. Le départ a lieu à la date prévue [21].

Trotsky pensait-il vraiment, comme il l'écrivait alors à Rosmer, qu'il voyait l'Europe – cette « canaille » – pour la dernière fois?

* * *

La traversée de l'Atlantique, sur une mer mauvaise, avec toutefois des risques de torpillage moindres du fait que le navire bat pavillon neutre, dure dix-sept jours, longs et inconfortables. Parmi les passagers, une population qui lui paraît dans l'ensemble peu attirante, il remarque cependant « un boxeur anglo-français, se piquant de belles-lettres, cousin d'Oscar Wilde [22] ». Il s'agit en fait de son neveu, l'Anglais F.A. Lloyd, plus connu sous le pseudonyme d'Arthur Cravan, qui fut, dit-on, le modèle de Lafcadio, personnage central des *Faux-Monnayeurs* d'André Gide : poète, animateur d'une revue poétique, l'homme allait disputer à Barcelone un combat contre le champion du monde, le Noir américain Joe Johnson [23]. Le bateau semble avoir été infiniment plus attrayant pour les enfants qui se font un ami à bord avec un chauffeur espagnol qui se révèle « républicain [24] »!

C'est le dimanche 3 janvier 1917 que le *Montserrat* arrive devant New York par un temps pluvieux et froid. Trotsky ne débarque pas dans l'anonymat [25]. Il est suffisamment connu pour son rôle dans le soviet de Petrograd pour être interviewé sur le quai même par des reporters de la grande presse américaine. Ce qu'il leur a dit n'a sans doute pas été clair, puisque le *New York Times* le présente comme correspondant de journaux juifs de Pétrograd et de Kiev, tandis que le socialiste *The Call* assure qu'il aurait déclaré ne pas être révolutionnaire [26]. Il se charge lui-même de démentir en écrivant, dès le lendemain, dans le quotidien russe de New York, *Novy Mir*, sorte de *Naché Slovo* du Nouveau Monde, ce salut de nouvel arrivant :

« L'éveil de la haine liée à la pensée critique est terrible, car il signifie " Révolution ". C'est avec une foi profonde dans la révolution qui vient que j'ai quitté l'Europe ensanglantée. Et c'est sans aucune illusion " démocratique " que j'ai posé le pied sur la rive de ce Nouveau Monde, déjà pas mal vieilli. Ici, l'on rencontre les mêmes problèmes, les mêmes dangers, les mêmes obligations et les mêmes forces que là-bas. J'entre dans la famille du socialisme révolutionnaire américain avec le mot d'ordre que m'a enseigné la vieille Europe : Vive la Lutte [27] ! »

Il n'a donc pas attendu pour se remettre au travail militant puisqu'il remet son premier article 24 heures après son arrivée et, le jour même, visite déjà la bibliothèque où il va se documenter pour étudier d'arrache-pied l'économie américaine [28]. La question de sa subsistance et de celle de sa famille est réglée presque naturellement dès son arrivée. Un journaliste d'origine allemande, Ludwig Lore, lui commande en effet des articles et des conférences pour le quotidien allemand de New York *New Yorker Volkszeitung* : il parle en russe, immédiatement traduit, dans les 35 conférences à 10 dollars chacune qui lui sont d'emblée demandées [29]. Du coup, il peut se loger avec sa famille, sans problème, Vyse Avenue dans le Bronx, quartier ouvrier, et même acheter des meubles à crédit. Il écrira sur ce sujet dans *Ma Vie* :

« Ce logement, qui nous coûtait 18 dollars par mois comprenait des commodités absolument inouïes en Europe : électricité, four à gaz, salle de bains, téléphone, monte-charge automatique pour les produits qu'on faisait venir d'en bas et pour les déchets que l'on renvoyait. Tout cela engagea nos garçons à penser beaucoup de bien de New York. Pendant un certain temps, le téléphone, mystérieux instrument qu'ils n'avaient connu ni à Vienne ni à Paris, fut leur grande occupation [30]. »

Dès le premier jour, il a à New York des contacts nombreux et variés. Il s'y trouve déjà de nombreux émigrés socialistes russes. Boukharine est de ceux qui l'ont accueilli avec ce que Trotsky appelle avec un peu de sévérité « les transports puérils qui le caractérisent [31] ». De façon moins contractée, Natalia Ivanovna a raconté à Victor Serge : « Boukharine nous reçut dans ses bras. Boukharine, vingt-neuf ans, la vivacité même, un visage ouvert et rieur, une nature affectueuse, une parole allègre, teintée d'humour. Plein d'idées [32]. » Les deux hommes s'étaient connus à Vienne où la lutte fractionnelle les avait séparés, mais il ne restait pas grand-chose des questions qui les avaient opposés. Le soir même de leur arrivée et sans tenir compte de leur fatigue, Boukharine entraîne les Trotsky pour leur faire connaître cette attraction fantastique pour des Russes! une bibliothèque ouverte le soir [33]. Ils vont se voir quotidiennement, s'affrontant souvent, mais incontestablement personnellement liés.

Aleksandra Kollontai se trouve également, en principe, à New York mais s'en absente souvent. Ancienne menchevique aussi, elle s'est fortement rapprochée des bolcheviks pendant la guerre. Trotsky la rencontre peu et, la considérant comme une informatrice très partiale de Lénine – ce qui est vrai – ne cherche pas à la fréquenter plus [34]. Il a, en revanche, d'emblée d'excellentes relations avec les jeunes collaborateurs de *Novy Mir* : Tchoudnovsky, récemment arrivé [35], et Volodarsky, qui est là depuis 1913 et milite dans le syndicat des tailleurs. Parmi les autres émigrés que Trotsky est appelé à fréquenter presque quotidiennement, il y a également le Japonais Sen Katayama, le « tribuniste » hollandais S. J. Rütgers, l'émigré finnois Santeri Nuorteva, qui édite le journal de la fédération de langue finlandaise du Parti socialiste, le fameux dirigeant ouvrier irlandais Jim Larkin.

Bien entendu, comme il l'a fait à Paris, il a cherché et tout de suite trouvé le contact avec les éléments révolutionnaires, ici la gauche du Parti socialiste américain qui se cherche et commence à se cristalliser en prenant appui sur *Novy Mir*. Ce sont l'avocat Louis B. Boudin, d'origine russe, qui passe pour un théoricien et a – le fait est rare dans ce pays – une connaissance sérieuse de l'œuvre de Marx, le tout jeune Louis C. Fraina, d'origine italienne, vingt-trois ans seulement, mais qui a déjà un sérieux passé militant dans les rangs des I.W.W. (Industrial Workers of the World), « syndicalistes révolutionnaires » et du Socialist Labor Party de Daniel DeLeon qui représente l'extrême gauche socialiste. Ludwig Lore – quarante-deux ans – est le secrétaire de la fédération de langue allemande du Parti socialiste américain et l'un des piliers du *Volkszeitung*. De tous leurs contacts américains, il sera peut-être le plus proche personnellement des Trotsky. C'est à son domicile de Brooklyn que se réunissent dans l'après-midi du 14 janvier 1917 une vingtaine de socialistes de gauche qui veulent discuter d'un « programme d'action » : Trotsky en est, bien entendu [36].

Trotsky professe – et continuera à professer – un très profond mépris pour les dirigeants officiels du parti. Un seul échappe à ce jugement sévère, le vétéran cheminot qui fut le porte-drapeau du socialisme dans l'élection présidentielle de 1912, Eugene V. Debs dont il salue « le feu intérieur, inextinguible, d'idéalisme socialiste », le qualifiant de « sincère révolutionnaire, mais romantique et prédicant, pas du tout homme politique et leader ». Les deux hommes se sont rencontrés à plusieurs reprises. « Il m'étreignait et m'embrassait », écrit Trotsky. Debs ne participera pas au « blocus » organisé contre Trotsky mais s'éloignera cependant de lui [37].

C'est que Trotsky n'est pas le bienvenu pour tous les socialistes à New York. Il raconte dans *Ma Vie* que les dirigeants socialistes de New York, à l'instar des policiers parisiens, redoutaient l'influence qu'il pouvait éventuellement exercer sur la classe ouvrière à partir des émigrés russes. Le Parti socialiste américain – en dépit du million de voix rassemblées par Debs aux présidentielles et de son grand succès aux municipales de 1917 – est encore tout petit et profondément divisé par la perspective très proche de l'entrée en guerre de son pays. Il est clair qu'une personnalité comme celle de Trotsky aurait la possibilité de le déstabiliser, en remettant en question l'autorité de ses dirigeants et en critiquant leur politique. Il se souvient :

« Les mandarins du socialisme officiel s'inquiétèrent. Dans les cénacles commencèrent de furieuses intrigues contre ce nouveau venu d'Europe, débarqué à peine de la veille, qui, sans rien connaître à la psychologie américaine, prétendait imposer ses méthodes fantaisistes aux travailleurs des États-Unis [38]. »

Déjà le combat interne fait rage dans le parti socialiste, surtout dans ses fédérations de langue d'Europe orientale. La fédération juive, avec Abe Cahan et son quotidien new-yorkais, le *Vorwärts*, représente le principal bastion de la droite. La gauche, déjà maîtresse de la fédération lettone et de la fédération russe grâce à *Novy Mir*, progresse dans les fédérations allemande et finlandaise.

Selon l'historien du mouvement communiste américain Theodore Draper, la discussion du 14 janvier 1917, qui se prolongea pendant toute la nuit dans l'appartement de Lore, avait mis en lumière d'importantes divergences tactiques entre les militants présents. Boukharine préconisait depuis quelque temps déjà une scission – la plus rapide possible – et l'organisation de la gauche dans une formation indépendante, séparée du Parti socialiste, ayant sa presse propre. Trotsky soutenait contre lui la nécessité de demeurer plus longtemps dans le Parti socialiste pour en conquérir la base ouvrière, mais préconisait en même temps la sortie d'un organe de presse indépendant qui permettrait l'agitation et la cristallisation des positions sur la gauche [39]. Il l'emporta finalement : il semble que les présents aient vu en lui une sorte de dirigeant tombé du ciel, capable de les entraîner bien au-delà de ce qu'ils pourraient faire par leurs seules forces, bref qu'ils aient beaucoup attendu de lui et de sa direction.

Au moment où les États-Unis se préparent et où le gouvernement prépare l'opinion publique à l'entrée dans la Première Guerre mondiale, Trotsky apporte son témoignage sur le conflit en Europe et exprime son indignation de la trahison commise par les dirigeants socialistes qui soutiennent dans le monde entier les gouvernements de guerre et le grand massacre. Il annonce aux Américains que la guerre des États-Unis sera la guerre de Wall Street pour la conquête du monde et que bientôt, « la musique d'enfer du chauvinisme se répandra partout [40] ». Avec autant d'obstination qu'il en a mis à Zürich en août 1914, il continue en même temps à assurer que va bientôt s'ouvrir dans le monde entier l'époque de la révolution sociale. Il le clame en particulier au meeting international de bienvenue organisé pour lui le 25 janvier 1917 :

« En quittant l'Europe, j'ai emporté cette conviction profonde, loin d'un continent dévasté, incendié et ensanglanté; et ici, en Amérique, je vous salue sous le signe de la Révolution sociale imminente [41]. »

Les semaines qui suivent son arrivée sont celles d'une intense activité politique. Le 17 février, il prend part à New York à une rencontre intitulée « conférence internationale des organisations et groupes socialistes » dont Theodore Draper pense qu'elle a été imaginée et voulue par Boukharine et que c'est elle que visait l'ironie de Trotsky parlant à Boukharine de son « organisation d'une gauche de Zimmerwald au pôle Nord » : la conférence, en tout cas, décide de rejoindre formellement la gauche de Zimmerwald [42].

Le 4 mars, se tient à Manhattan une assemblée générale des membres du parti de ce quartier de New York, afin de déterminer sa position sur l'attitude des socialistes à l'égard de l'entrée en guerre prochaine des États-Unis. De toute évidence, la gauche espère avoir la majorité. Le jeune Louis Fraina présente un contre-rapport signé Trotsky-Fraina : il appelle à organiser la résistance au service militaire, à soutenir les grèves ouvrières et se termine par la proclamation du refus de la « paix civile » et de toute trêve avec la classe dirigeante pour la « guerre de classe du capitalisme ». Dans la salle, deux fractions s'affrontent à coups de poing. Leurs chefs reconnus sont Morris Hillquit pour la droite, Léon Trotsky pour la gauche; la motion Hillquit l'emporte finalement par 101 voix contre 70 [43].

Theodore Draper pense que les exilés russes de 1917 envisageaient tout à fait naturellement une période importante de militantisme dans la gauche américaine, le temps que durerait leur exil de Russie. Il ne fait pas d'exception pour Trotsky, lequel reconnaît d'ailleurs volontiers qu'il s'était sans transition, dès son arrivée, plongé jusqu'au cou dans les affaires du parti américain. L'historien américain relève cependant que Trotsky, rétrospectivement, n'a pas accordé beaucoup d'importance à son séjour américain, qu'il traita plutôt comme un bref interlude entre le long exil européen et la plongée, au retour, dans le torrent de la révolution russe. Il relève aussi que ses biographes, l'ont suivi dans cette interprétation, nous privant ainsi d'informations significatives sur son rôle pendant ce bref séjour à New York [44].

Le lecteur ne s'étonnera pas que l'une des principales préoccupations de Trotsky, pour cet avenir du mouvement socialiste américain dont il se sentait partie prenante, ait été la mise sur pied d'un organe de presse de la gauche, prévu initialement comme bi-mensuel – signe de la faiblesse de l'organisation qui le lançait et le prenait en charge. Ce journal, *The Class Struggle* (La Lutte de Classe), préparé par Trotsky et son jeune camarade Fraina, allait paraître pour la première fois le 22 avril 1917, donc dans un délai relativement bref. Mais à ce moment-là, il n'était plus que l'œuvre du seul Fraina, Trotsky étant parti depuis presque un mois [45].

A partir du 8 mars en effet, les dépêches venues de Russie ont commencé à apporter de passionnantes informations sur les troubles qui se déroulent là-bas. Dès le 13 mars 1917, Trotsky écrit dans *Novy Mir* que « les rues de Pétrograd parlent à nouveau le langage de 1905 » et que, « de nouveau, on ne voit dans les rues de la capitale que ces deux forces : les ouvriers révolutionnaires et les troupes tsaristes ». Soulignant l'absurdité de la politique de l'autruche des agences de presse qui minimisent les événements, il les replace dans le contexte de la fermentation ouvrière interrompue par la guerre et de la maturation politique qui a correspondu à ses ravages, et conclut :

« Le pouvoir est désorganisé, compromis et déchiré. L'armée est disloquée. Les classes dirigeantes sont mécontentes, ne croient plus et ont peur. Le prolétariat se forge au feu des événements. Tout nous donne le droit de dire que nous sommes les témoins du début de la deuxième révolution russe [46]. »

Dans les jours qui suivent, alors que la presse doit tout de même enregistrer la constitution du gouvernement provisoire et l'abdication de Nicolas II (2/15 mars), Trotsky annonce d'ores et déjà que « l'avalanche révolutionnaire est en plein élan [47] ». Il a compris, pour sa part, que le mouvement est venu des quartiers ouvriers, et il découvre dans le « comité de travailleurs » dont les dépêches assurent qu'il s'oppose au gouvernement provisoire, le nouveau soviet des députés ouvriers. Il comprend également qu'en insistant sur la nécessité de mener la guerre jusqu'au bout, Milioukov, le ministre des Affaires étrangères, est en train de dresser les masses contre le nouveau gouvernement et de creuser sa tombe.

L'agitation est à son comble dans la colonie russe de New York où se succèdent les meetings orageux : Ziv, qui vient de retrouver Trotsky – mais en est désormais très éloigné politiquement – témoigne tout de même que ce dernier était la grande vedette et son intervention le grand moment [48], tout en s'épouvantant d'une orientation qui, parce que révolutionnaire, mène selon lui à la catastrophe [49].

Cette révolution que Trotsky suit avec passion depuis sa première explosion n'est pas à ses yeux un événement russe. C'est en cela que réside l'originalité de son analyse. Chaînon du développement de la guerre impérialiste, selon lui, la révolution russe déroule à son tour des conséquences et des virtualités. Elle a mis à l'ordre du jour la chute du tsarisme mais aussi la fin de la guerre, une aspiration largement partagée dans les peuples d'Europe sous la botte du militarisme après trois ans de combats. La tâche la plus urgente, selon lui, est d'arracher le masque de ceux qu'il appelle « les libéraux impérialistes » du gouvernement provisoire, de lutter pour le « gouvernement ouvrier révolutionnaire » qui doit leur arracher le pouvoir. Dès le 21 mars 1917, il écrit dans *Novy Mir* :

« La guerre a fait de l'Europe un vrai baril de poudre. Le prolétariat russe y jette une torche enflammée. Supposer que cette torche ne provoque pas d'explosion, c'est aller contre toutes les lois de la logique et de la psychologie. Mais si l'invraisemblable se produit, si les social-patriotes empêchaient les prolétaires allemands de se soulever contre les classes dirigeantes, alors, cela va de soi, le prolétariat russe défendrait la révolution les armes à la main [50]... »

Dans un essai publié par la revue socialiste juive *Die Zukunft* (L'Avenir), il expose le développement qu'il pressent et les perspectives qu'il en déduit :

« Les masses laborieuses se soulèveront exigeant de meilleures conditions de travail et protestant contre la guerre. Les masses paysannes se soulèveront dans les campagnes et, sans attendre la décision de l'assemblée constituante, commenceront à exproprier les propriétaires terriens. »

Il ironise sur la candeur de ceux qui croient visiblement encore que la révolution est l'œuvre de révolutionnaires qui « peuvent l'arrêter sur commande » :

« Le problème principal de la social-démocratie est d'unir le prolétariat de tous les pays dans l'unité de l'action révolutionnaire. En opposition au gouvernement libéralo-impérialiste, la classe ouvrière se bat sous le drapeau de la paix. Plus vite le prolétariat russe convaincra les travailleurs allemands que la révolution se fait pour la paix et la liberté d'autodétermination nationale, plus vite le mécontentement montant de ces derniers éclatera dans une révolte ouverte. La lutte de la social-démocratie russe pour la paix est dirigée contre la bourgeoisie libérale et son pouvoir. Seule cette lutte peut fortifier la révolution et la projeter en Europe occidentale [51]. »

Cette orientation politique générale en commandait une autre sur le plan personnel, celle du retour. Trotsky en prit la décision dès qu'il apprit que la révolution avait éclaté à Pétrograd. Il raconte dans *Ma Vie* que Sérioja était alors alité avec une diphtérie. Ce garçon de neuf ans, qui avait grandi à Vienne, dont il parlait le dialecte aussi bien que le russe et l'allemand et fréquentait depuis deux mois une école américaine, se mit à danser de joie dans son lit. « Il savait depuis longtemps et fort bien, écrit son père, que la révolution, c'était l'amnistie, le retour en Russie et mille autres bonheurs [52]. » Le jeune garçon allait se distinguer encore le 26 mars, veille de la date fixée pour le départ, en se lançant tout seul, pour sa première sortie de convalescent, à la recherche de la « première » rue, à partir de la 164e et en se perdant pour de bon, jusqu'à un providentiel commissariat de police qui prévint les parents de sa trouvaille [53]...

Trotsky et les siens s'embarquent à New York le 27 mars sur le vapeur norvégien *Christianafjord*. Ainsi que le note Isaac Deutscher, il voyageait pour la première fois « respectablement », sans surveillance policière, avec tous les passeports, visas et autorisations nécessaires, du permis d'entrer sur le territoire russe au visa de transit britannique [54]. Cette respectabilité fut de courte durée. Les services secrets britanniques alertent en effet le commandant du port de Halifax [55].

Lors du contrôle exercé par la marine de guerre britannique à l'escale canadienne où le bateau arrive le 30 mars, les voyageurs russes sont soumis à un interrogatoire serré portant notamment sur leurs idées et projets politiques. Trotsky refuse de répondre aux questions touchant la politique intérieure russe, dont il assure aux policiers qu'elle n'est pas encore, « pour l'instant, sous le contrôle de la police maritime britannique », et les autres voyageurs russes suivent son exemple.

Mais c'est du fait d'instructions antérieures et non, comme Trotsky l'a pensé, en riposte à cette attitude que, le 3 avril, les autorités font monter à bord du *Christianafjord* un détachement armé de marins britanniques. L'officier qui le commande fait débarquer aussitôt la famille Trotsky et cinq autres voyageurs russes, dont leur ami Tchoudnovsky. Refusant de se plier à cette injonction, les passagers ainsi désignés sont entraînés de force vers la vedette qui va les amener à terre. Ljova, onze ans, qui « vient de prendre sa première leçon de démocratie britannique », se jette sur un officier qu'il martelle de ses poings. Natalia Ivanovna et ses enfants ne sont pas des réfugiés politiques, et leurs papiers ne souffrent aucune contestation : ils n'en sont pas moins également débarqués de force et, après une tentative de séparer les enfants de leur mère, qui échoue devant la détermination de cette dernière, sont assignés à résidence au domicile d'un policier où ils resteront onze jours avant d'être transférés dans un hôtel, avec obligation de se présenter quotidiennement à la police.

Trotsky et ses camarades – dont deux de *Novy Mir* – sont transférés sous escorte policière, par train, dans le camp militaire d'Amherst à quelques dizaines de kilomètres. Là, dans une vieille fonderie, 834 prisonniers allemands, 16 Austro-Hongrois, un Turc, disposent dans un local unique de quatre rangées de planches de couchage superposées sur trois rangées : parmi eux, cinq malades mentaux [56]. Les voyageurs russes ainsi enlevés vont passer un mois dans ce local. Les autres détenus sont en majorité – cinq cents environ – des marins allemands ayant appartenu à l'équipage de navires coulés dans l'Atlantique. Il y a également deux cents ouvriers allemands émigrés au Canada avant la guerre et internés ensuite, et une centaine d'officiers allemands prisonniers de guerre et de civils allemands internés. Officiers et sous-officiers sont logés à part, séparés de la plèbe par une cloison en planches qui constitue comme une sorte de clivage de classe à l'intérieur du camp que Trotsky et ses amis s'emploient aussitôt à renforcer. Officiers et bourgeois les traitent en ennemis. Marins et ouvriers comprennent qu'ils sont internés parce qu'ils sont socialistes, révolutionnaires, adversaires de la guerre. Trotsky raconte :

> « Ce mois de résidence dans le camp fut comme un meeting ininterrompu. Je parlais aux prisonniers de la révolution russe, de Liebknecht, de Lénine, des causes de la faillite de la vieille Internationale, de l'intervention des États-Unis. Nous fîmes des conférences; en outre, il y eut constamment des causeries de groupes. Nos amitiés se resserraient de jour en jour [57]. »

L'historien canadien W. Rodney reconnaît que « l'impact de Trotsky sur les prisonniers de guerre fut considérable » : le capitaine Whiteman assure que s'il était resté plus longtemps, il « aurait fait des communistes de tous les prisonniers allemands [58] ». C'est qu'il parle très bien l'allemand et s'intéresse à ses camarades de détention : il aura même à protester pour obtenir l'égalité des droits dans les queues ou pour les corvées car ceux-ci s'ingénient à lui faciliter l'existence ! Cette situation est intolérable pour les officiers allemands qui se plaignent au commandant du camp, le colonel Morris, et obtiennent l'interdiction des prises de parole, signe des temps, puisque l'officier accède ainsi à la demande des officiers « ennemis » d'interdire à un ressortissant « allié » de prendre la parole : une pétition de protestation signée de 530 prisonniers est alors envoyée aux autorités.

Dès son internement, Trotsky a télégraphié pour protester auprès des gouvernements russe et britannique; mais les dépêches n'ont pas été transmises [59]. Pourtant, l'un de ses compagnons d'infortune a réussi à prévenir *Novy Mir* qui publie l'information le 10 avril. L'exécutif du soviet de Petrograd proteste contre cet internement de « combattants de la liberté », ingérence intolérable, « insulte à la révolution russe ». Dans un premier temps, le Cadet Milioukov, ministre des Affaires étrangères, demande à l'ambassadeur britannique Buchanan la libération de Trotsky, puis se ravise deux jours plus tard. L'ambassade britannique adresse à la presse un communiqué dans laquelle elle affirme que les Russes arrêtés à Halifax étaient porteurs de « subsides fournis par l'ambassade d'Allemagne, dans le dessein de renverser le gouvernement provisoire ». La grande calomnie commence et elle n'est pas près de finir !

La *Pravda* bolchevique du 16 avril, après l'arrivée de Lénine, revenu le 4 après son voyage à travers l'Allemagne, répond avec indignation à l'ambassadeur britannique :

> « Peut-on croire une seule minute à la bonne foi d'un informateur selon lequel Trotsky, ancien président du soviet des députés ouvriers de Pétersbourg en 1905, révolutionnaire qui s'est, pendant des dizaines d'années, consacré au service désintéressé de la révolution, ait été capable de se lier avec un plan subventionné par le gouvernement allemand ? C'est une calomnie évidente, inouïe, impudente, à l'adresse d'un révolutionnaire [60]. »

En fait, la résistance à la libération de Trotsky et de ses compagnons provient vraisemblablement du gouvernement provisoire qui s'est ainsi placé dans une position intenable. Milioukov cède d'ailleurs bientôt sous la pression du soviet. Le 27 avril 1917, l'ambassadeur Buchanan explique par télégramme que les autorités britanniques n'ont détenu les voyageurs russes qu'à cause de « la nécessité d'échanger des télégrammes avec le gouvernement de Sa Majesté sur cette question » *(sic)*. Il raconte ensuite qu'un diplomate a pris contact avec la rédaction de la *Pravda* et de *Rabotchaia Gazeta*, journaux bolcheviques qui réclament le rapatriement de tous les Russes, indépendamment de leurs opinions sur la paix et la guerre, et... constate qu' « il est impossible d'obliger ces gens-là à entendre raison [61] ». Le 29 avril, Trotsky et ses camarades russes reçoivent l'ordre de préparer leur paquetage. Ignorant leur destination, ils commencent par refuser d'embarquer. Le commandant britannique doit leur avouer qu'ils vont être embarqués à destination de la Russie sur le navire danois *Helig Olaf*. Tous les prisonniers sont informés. Le même jour, les détenus russes quittent le camp d'Amherst sous les applaudissements et les vivats des prisonniers allemands et au son d'une marche révolutionnaire jouée par un orchestre de fortune.

Cette fois, c'est le bon départ – les Britanniques ont infiltré un mouchard à bord [62]. Après un voyage maritime de presque trois semaines, qui s'achève le 17 mai, le petit groupe des anciens émigrés traverse la Finlande en direction de Pétrograd, dans le même train et le même wagon que les social-patriotes belges Émile Vandervelde et Henri de Man, avec lesquels la conversation, on s'en doute, tourne court.

Imaginant les pensées de son ancien geôlier, vétéran des guerres coloniales, le colonel Morris, Trotsky écrit : « Ah, si nous lui étions tombés entre les pattes sur la côte sud-africaine [63] ! »

Ils sont sans doute nombreux et vont l'être de plus en plus, du côté des classes possédantes, ceux qui souhaiteraient que leur tombe entre les pattes celui-là, cet homme apparemment seul, qui vient, en deux mois, de prendre la tête de la gauche du Parti socialiste américain, puis de devenir en quelques jours l'idole de centaines de marins allemands prisonniers de guerre.

D'autant que cet homme seul, pour la deuxième fois de sa vie, va plonger dans le maelström de la révolution où il a déjà une première fois, douze ans auparavant, fait ses preuves.

CHAPITRE XI

La marche au pouvoir [1]

Trotsky – Lev Davidovitch, ou encore L.D., comme disent ses proches en Russie – avait été en 1905 le premier émigré socialiste à revenir dans la Russie en révolution. En 1917, et ce n'est pas de son fait, il ne fut pas loin d'être le dernier. En 1905, il avait scruté, et de loin et d'avance, la montée de la révolution avant de plonger dans le mouvement. En 1917, il arrivait après un internement et un long voyage maritime, c'est-à-dire avec une coupure d'un bon mois dans son information – à une période où les événements commençaient à se dérouler sur un rythme fiévreux.

A la frontière russe – la gare de Bieloostrov –, un comité d'accueil, des fleurs, des drapeaux, des banderoles, des chants. Il y a là une délégation bolchevique de Petrograd, conduite par le métallo G.O. Fedorov et une délégation de la Mejraionka, « l'organisation inter-rayons », dont il ignore l'existence et que dirige Ouritsky [2]. Fedorov développe l'idée qu'il faut marcher vers la dictature du prolétariat, et Trotsky approuve chaleureusement [3]. Il découvre, en même temps que son accord avec les bolcheviks sur l'orientation, l'existence d'une organisation proche, en train de discuter avec les bolcheviks la perspective d'une fusion, dans l'attente de son arrivée. L'organisation inter-rayons compte dans ses rangs nombre de ses anciens collaborateurs de la *Pravda* de Vienne et de *Borba* : M.S. Ouritsky, A.A. Joffé, Karakhane, Iouréniev, Lounatcharsky sont parmi ses animateurs, et elle rassemble environ 3 000 ouvriers à Petrograd même [4].

C'est enfin la gare de Finlande, l'arrivée à Petrograd. Il y a foule. De nouveau, Fedorov et Ouritsky prennent la parole pour l'accueillir, et il répond par un bref discours dans lequel il parle de la « nouvelle révolution » qui sera « nôtre ». Il raconte :

> « Lorsque, soudain, on m'enleva à bout de bras, je me rappelai immédiatement Halifax, où je m'étais trouvé dans la même situation. Mais maintenant, c'étaient des mains amies qui me soulevaient. Nous étions entourés d'une quantité de drapeaux. J'aperçus le visage empreint d'émotion de ma femme, les faces pâles et inquiètes de mes garçons qui se

demandaient si c'était en bien ou en mal qu'on me portait ainsi : la révolution les avait déçus une première fois [5]. »

Au soviet, le menchevik internationaliste N.N. Soukhanov, assis à la tribune, découvre tout d'un coup derrière lui ce Trotsky qu'il connaît depuis 1903. Le président de séance, le menchevik Tchkheidzé, ne l'accueille pas officiellement, mais déjà, de la salle, fusent des cris : on veut entendre l'ancien président du soviet de 1905, hier encore prisonnier des Anglais [6].

De l'intervention de Trotsky, nous avons un résumé par Soukhanov : elle est modérée et prudente. Il parle, bien entendu, de la solidarité prolétarienne internationale et de la lutte révolutionnaire pour la paix. Il dit aussi que la formation du gouvernement de coalition comprenant des ministres socialistes signifie que le soviet s'est laissé prendre au piège de la bourgeoisie. Il se prononce pour le pouvoir des soviets et finit en saluant la révolution russe, « prologue de la révolution internationale [7] ». Les ministres socialistes sont mal à l'aise; plusieurs font des réponses. Les bolcheviks font un geste significatif en proposant de faire entrer Trotsky dans l'exécutif du soviet, en hommage à son rôle en 1905. Il n'est pas moins significatif que mencheviks et s.r. acceptent cette proposition de mauvais gré, précisant qu'il n'aura voix que consultative, ce qui, après tout, lui suffit probablement pour le moment [8].

Trotsky a d'abord besoin en effet de se mettre au courant. Entre le 27 mars – date de son départ de New York avec des informations éparses et incomplètes sur la révolution de février – et le 4/17 mai 1917 où il arrive enfin à Petrograd, il a été à l'écart et même dans l'ignorance de développements capitaux qui doivent cependant déterminer son comportement politique et en particulier ses relations avec les bolcheviks.

Ces derniers n'avaient joué en février qu'un rôle secondaire : ils n'étaient dans le soviet qu'une vingtaine – sur quatre cents environ – pour repousser la composition du premier gouvernement provisoire.

Les premiers dirigeants sortis de la clandestinité, Chliapnikov et Molotov, ont été surtout attentistes. En revanche, avec le retour d'exil de Staline et de Kamenev le 12/25 mars, c'est une ligne conciliatrice qui s'exprime dans la *Pravda* : elle défend la ligne du « défensisme révolutionnaire » et ne se distingue guère de la ligne social-patriote. Elle se prononce pour un « contrôle » sur le gouvernement provisoire, le « soutien » du soviet dirigé par mencheviks et s.r., la négociation avec les mencheviks pour la réunification.

L'arrivée de Lénine, le 4 mars, renverse la situation. Sur le quai même, sans répondre au discours « défensiste » de Tchkheidzé, il salue dans ses camarades l'avant-garde de l'armée prolétarienne mondiale. A la sortie de la gare, puis dans le local du parti, il commence à développer les idées qu'il exprimera dans les « thèses d'avril », rejetant toute forme de « défensisme », de « contrôle » ou de « soutien » du gouvernement provisoire, appelant à la lutte pour le pouvoir des soviets, la fondation d'une nouvelle Internationale, l'abandon du terme « social-démocrate » – la « chemise sale » – et l'adoption de celui de « communiste ».

Il l'emporte en quelques jours dans cette bataille menée au pas de charge contre les vieux-bolcheviks dont Kamenev et Rykov sont les porte-parole, la conférence du parti le suivant à une large majorité.

Ce ralliement à la lutte pour la « dictature du prolétariat » est-il un alignement sur les perspectives tracées par Trotsky au lendemain de la révolution de 1905? Les « vieux-bolcheviks », comme disait Lénine, ont farouchement résisté et continuent à grogner contre ce qu'ils considèrent comme un « ralliement au trotskysme ». Polémiquant à ce sujet contre Trotsky, son ancienne secrétaire, Raya Dunayevskaya, devait écrire, dans un livre édité en 1981, après avoir rappelé combien Lénine dut peiner pour « réarmer le parti » et surmonter la résistance des vieux-bolcheviks :

> « C'est en partie vrai. Mais toute la vérité, c'est cependant que ce n'est pas la théorie de la Révolution permanente qui a " réarmé le parti " mais les fameuses thèses d'avril de Lénine. [...] Ce n'est pas la théorie de la Révolution permanente de Léon Trotsky, mais la dialectique de la révolution qui a conduit Lénine aussi bien aux thèses d'avril qu'à la rédaction de *L'État et la Révolution* et la mise à l'ordre du jour du parti bolchevique de la prise du pouvoir. Et c'est *alors* que Trotsky a rejoint Lénine, et non pas Lénine Trotsky [9]. »

Par ailleurs, le développement récent du parti bolchevique, précisément, sa croissance foudroyante, son influence grandissante et en particulier l'autorité de ses militants dans les usines, ont fait de lui ce « parti de masses », dont Trotsky avait affirmé pendant des années qu'il était rendu impossible par le sectarisme et l'autoritarisme des bolcheviks. L'existence même de ce parti et la façon dont il s'est déployé démontrent à l'évidence que ce n'est pas seulement en animant le « bloc d'août » que Trotsky a eu tort contre Lénine, mais dans les questions d'organisation et surtout celle de la construction du parti depuis 1903.

Angelica Balabanova croit relever chez Trotsky, lors de son arrivée, une certaine « mauvaise humeur [10] ». On ne peut exclure qu'elle ait bien vu. La situation de l'arrivant est délicate : son accord fondamental avec Lénine sur les questions essentielles lui pose le problème de son attitude vis-à-vis du parti qu'il a combattu pendant quinze ans. Peu lui importe sans doute la rumeur qui court dans les milieux politiques de la capitale, selon laquelle il serait revenu « pire que Lénine lui-même ». Le problème, c'est que ses proches camarades, anciens de la *Pravda* et de *Borba,* animateurs de l'organisation inter-rayons – 4 000 membres environ, une influence certaine dans les cadres ouvriers de la capitale – ont refusé, avant la conférence d'avril, le rapprochement avec le parti bolchevique dont ils jugeaient, à cette époque où Kamenev et Staline dirigeaient la *Pravda,* qu'il suivait une ligne « opportuniste ». Après l'adoption des thèses d'avril, les réserves politiques sont tombées, mais méfiance et anciens griefs demeurent...

Trotsky expliquera plus tard qu'il fut, dès son arrivée, convaincu de la nécessité d'entrer dans les rangs bolcheviques, mais qu'il attendit un peu, le temps de convaincre l'organisation inter-rayons. Le 7/20 mai, c'est ensemble que les deux organisations mettent sur pied pour Trotsky la réunion de bienvenue au cours de laquelle il explique son hostilité totale à la réunification avec les mencheviks, dont une fraction importante de la direction bolchevique n'a pas encore abandonné la perspective. Le 10/23 mai, nouvelle réunion commune pour étudier les problèmes de la fusion. C'est la première fois depuis Zimmerwald que Trotsky revoit Lénine, venu en compagnie de Zinoviev et de Kamenev. Lénine est convaincu qu'ils vont travailler ensemble : il a déjà proposé que Trotsky soit appelé à la tête de la *Pravda* et a été là-dessus mis en minorité à la direction.

Sur cette entrevue, nous ne disposons que des notes prises par Lénine [11], sur la base desquelles Isaac Deutscher écrit d'ailleurs que Trotsky sous-estimait à l'époque l'ampleur du tournant opéré par Lénine, puisqu'il l'interrogeait encore sur la formule de « dictature démocratique du prolétariat et de la paysannerie [12] ». Lénine propose l'entrée immédiate des gens de l'organisation inter-rayons dans le parti, avec les postes responsables à la direction et à la *Pravda.*

Trotsky se dérobe. Il prend acte du fait que le parti s'est, selon sa formule, « débolchevisé », et qu'il a maintenant une optique résolument internationaliste. Mais c'est pour cela qu'il hésite devant l'entrée d'un parti qui s'appellerait toujours « bolchevique ». Il préférerait un parti nouveau, résultant d'une fusion, portant un nom nouveau. La concession n'apparaît sans doute pas possible à Lénine, déjà aux prises avec les critiques qui l'accusent d'avoir capitulé devant Trotsky sur les perspectives : il ne la fera pas. On peut sans doute épiloguer sans fin sur les raisons qui ont ainsi maintenu Trotsky dans une attitude de réserve [13]. Faut-il, comme Deutscher, faire intervenir l'amour-propre [14]? Nous préférons l'explication par le souci de mieux s'informer et donc d'attendre, peut-être aussi de se donner le temps de vaincre les résistances de certains dans l'organisation inter-rayons...

*
* *

Dès ce moment, en tout cas, Trotsky est engagé totalement aux côtés de Lénine et du parti bolchevique dans le travail pratique. Après un tour d'exploration auprès de la rédaction de *Novaia Jizn,* de Gorky, l'organisation inter-rayons lance le 16 juin le premier numéro de *Vpered* (En avant), primitivement hebdomadaire, qui sortira irrégulièrement une quinzaine de numéros avant la fusion avec les bolcheviks.

Le domaine de Trotsky, celui où il est irremplaçable, c'est l'agitation. Avec ses deux camarades d'organisation, Lounatcharsky et Volodarsky, mais plus qu'eux, il devient l'un des orateurs les plus populaires des auditoires ouvriers :

> « Meetings dans les usines, dans les écoles, dans les théâtres, dans les cirques, dans les rues, sur les places... Je rentrais exténué, après minuit,

je trouvais dans un demi-sommeil agité les meilleurs arguments que j'aurais dû opposer à nos adversaires politiques, et, à sept heures du matin, parfois plus tôt, j'étais tiré de mon sommeil par des cognements indésirables à ma porte : on venait me chercher pour un meeting à Peterhof, des matelots de Cronstadt étaient venus me prendre en bateau à moteur pour m'emmener chez eux. [...] Il se trouvait qu'en trois, quatre ou cinq endroits, j'étais attendu par des milliers d'ouvriers qui patientaient une ou deux et trois heures [15]. »

Trotsky est incontestablement un immense orateur, à la voix étincelante – éclairs bien plus que tonnerre. C'est pourquoi il est à ce point réclamé. Un historien stalinien de l'époque Gorbatchev se permet de raconter qu'il parle tellement qu'il ne trouve pas de temps pour faire le travail pratique [16]. Mais A.V. Lounatcharsky, dans ses *Silhouettes révolutionnaires,* qui furent publiées en 1923, a donné de Trotsky orateur un portrait de connaisseur :

« Trotsky est à mon sens le plus grand orateur de ce temps. Il m'a été donné d'entendre les plus grands orateurs parlementaires, toutes les vedettes du socialisme, les plus fameux orateurs de la bourgeoisie : à l'exception de Jaurès, je n'en vois aucun qu'on puisse comparer à Trotsky.

« Une prestance magnétique, le geste large et beau, un rythme tout-puissant, une voix infatigable, une merveilleuse solidité de phrase, une fabuleuse richesse d'images, une ironie brûlante, un pathétique débordant, une logique extraordinaire et projetant dans sa lumière les éclairs de l'acier, telles sont les vertus dont ruissellent les discours de Trotsky. Il peut lancer des flèches acérées, parler par épigrammes : il peut prononcer aussi de majestueux discours politiques, comme seul Jaurès a su en prononcer. J'ai vu Trotsky parler trois heures durant dans le plus absolu silence, devant un auditoire debout et médusé et buvant ses paroles [17]. »

Cet orateur gigantesque d'une époque où l'on ignore encore la « sono », a deux auditoires de prédilection : les marins de Cronstadt et les fidèles du Cirque moderne. C'est en mai, lors du conflit entre leur soviet et le gouvernement provisoire qu'il est devenu l'« idole » des marins de Cronstadt en les défendant contre les menaces de répression et en les aidant à exprimer leurs positions. Le 26 mai, répondant au soviet aux accusations lancées contre les cronstadtiens, il avait lancé sa formule célèbre :

« Quand un général contre-révolutionnaire essaiera de passer un nœud coulant autour du cou de la révolution, les Cadets savonneront la corde et les marins de Cronstadt viendront mourir avec nous [18]. »

C'est lui qui a rédigé de sa main le célèbre *Manifeste de Cronstadt* du 31 mai qui se termine par l'affirmation que les soviets prendront un jour le pouvoir [19].

Le Cirque moderne est, selon l'expression de Natalia Ivanovna, son « Club des Jacobins [20] », mais un club de masses. Il y prend la parole presque tous les soirs, parfois en pleine nuit. Les auditeurs, « des ouvriers, des soldats, de laborieuses mères de famille, des adolescents venus de la rue, les opprimés, les bas-fonds de la capitale » sont entassés au point qu'il ne peut parfois atteindre la tribune que porté à bout de bras au-dessus des têtes. Personne ne fume dans « cette atmosphère lourde de respirations et d'attente », mais il n'y a « aucune lassitude [...] dans la tension électrique de cette agglomération humaine [21] ». C'est en revenant une nuit d'un meeting au Cirque moderne qu'il découvre qu'il est suivi par un inconnu : c'est un étudiant en mathématiques qui a décidé de veiller sur sa sécurité [22]. Ainsi commence avec Igor Moiséiévitch Poznansky un lien qui ne sera défait que par la mort.

C'est à peu près au même moment que ses deux garçons – douze et dix ans – font la connaissance d'un jeune marin de vingt-cinq ans, N.I. Markine, qui deviendra bientôt l'ange tutélaire de la famille. Natalia Ivanovna raconte, pour Victor Serge :

> « Markine, un grand gars au front élevé, plutôt taciturne, au regard concentré, mais qui savait si bien sourire, se prit tout de suite d'affection pour les deux enfants. Quand [il] sut que nous étions, dans la maison même, entourés d'hostilité, il intervint très discrètement, mais sans doute très énergiquement; et comme les marins révolutionnaires jouissaient d'un grand respect, tout changea du jour au lendemain [...] les saluts aimables succédèrent aux visages renfrognés... Markine allait devenir pour Trotsky un précieux collaborateur et un valeureux compagnon d'armes [23]. »

Accusé par l'ambassadeur britannique Buchanan d'avoir été payé par le gouvernement allemand, Trotsky avait déjà interpellé publiquement le ministre des Affaires étrangères du gouvernement provisoire sur cette question. Le 5/18 mai, lors du premier congrès pan-russe des soviets, il mit solennellement en cause Milioukov – qui avait soutenu Buchanan – en le qualifiant d' « infâme calomniateur [24] ».

Il serait d'ores et déjà difficile, même si les interventions de Trotsky révèlent des divergences avec certains vieux-bolcheviks, d'en découvrir avec Lénine. Au premier congrès pan-russe des soviets, qui s'ouvre au début juin, les délégués de l'organisation inter-rayons ne sont que dix à côté de quelque 200 bolcheviks. Mais Trotsky est l'un des principaux porte-parole du bloc de ces deux organisations. Il cherche à convaincre mencheviks et s.r. que la tentative d'arrêter la révolution, qui caractérise leur politique, les voue à tomber dans les bras de la contre-révolution. Il s'indigne de l'expulsion comme « agent allemand » du socialiste suisse Robert Grimm. Il montre que la seule perspective de victoire de la révolution russe passe par la révolution européenne, et d'abord allemande et, sous les huées, explique que les soldats russes sont prêts à verser leur sang pour la révolution, mais refusent de le faire pour la Bourse de Paris et l'impérialisme britannique [25].

Le 2/15 juillet, c'est un état de fait que vise à régulariser la décision de la conférence de Petrograd de l'organisation inter-rayons de rejoindre le parti bolchevique à son prochain congrès, récemment convoqué. Pendant les « journées de juillet », Trotsky et ses camarades combattent pour contrôler et canaliser vers des manifestations pacifiques le mouvement explosif des travailleurs de Petrograd. Il arrache le s.r. Tchernov à une foule en colère qui menaçait de lui faire un mauvais parti. Au lendemain des journées de juillet et de l'inculpation de Lénine, Zinoviev et Kamenev, il se fait leur avocat. Le 17/30 juillet, il affirme à l'exécutif du soviet de Petrograd :

> « Lénine s'est battu pour la révolution pendant trente ans. J'ai moi-même lutté pendant vingt ans contre l'oppression des masses populaires. Nous ne pouvons qu'être pleins de haine contre le militarisme allemand. Quiconque affirme autre chose ignore ce qu'est un révolutionnaire [26]. »

La presse ayant, en dépit de tout, laissé entendre qu'il était en train de s'éloigner de Lénine au moment du déferlement de la grande calomnie, il écrit une lettre ouverte, qui paraît dans *Novaia Jizn*, dans laquelle il souligne qu'il est d'accord sur tous les points avec les militants inculpés et qu'il a joué le même rôle qu'eux en juillet [27] – ce qui lui vaut d'être inculpé, le 23 juillet, et d'être arrêté, par surprise chez son ami Larine, où il loge, après l'avoir indiqué par téléphone au procureur qui lui a fait croire qu'il le cherchait pour la défense du militant bolchevique Raskolnikov [28]. En 1987, « l'historien » V.M. Ivanov prétendra qu'il « s'est présenté aux autorités, préférant être incarcéré [29] »!

Le voici donc pour la deuxième fois enfermé dans la prison des Kresty (Croix) où il a déjà séjourné après son arrestation en 1905. Il refuse de répondre aux interrogatoires dès qu'il s'aperçoit que le magistrat instructeur, qui l'interroge sur... son voyage de retour de Suisse avec Lénine, le prend pour Martov [30]. Il va rester en prison jusqu'au 4 septembre. La première partie de son séjour est placée sous le signe de l'isolement et du secret le plus rigoureux : Natalia Ivanovna ne le rencontre que de l'autre côté d'une grille [31]. Mais quand le général Kornilov tente de marcher sur Petrograd à la tête de ses troupes et que s'organise la résistance ouvrière avec la participation déterminante des bolcheviks, les choses changent. Les portes des cellules s'ouvrent, et ces dernières deviennent, comme écrit Raskolnikov, autant de « clubs des Jacobins [32] ». Trotsky n'abuse pas de cette relative liberté de mouvements : il sort scrupuleusement pour faire la promenade quotidienne, mais s'isole, le reste du temps, dans sa cellule où il travaille pour la presse bolchevique. Le congrès du parti s'est tenu sans lui à partir du 8/21 août. Le rapport qu'il devait y présenter l'a finalement été par Staline. Il a été élu au comité central, ainsi que son ami M.S. Ouritsky, tandis que Joffé est suppléant.

Trotsky ne consacre que quelques lignes de *Ma Vie* à ce nouveau séjour de quarante jours aux Kresty. Nous avons pourtant des informations concrètes par les Mémoires de Raskolnikov, les souvenirs de Natalia Ivanovna, et quelques brèves remarques dans l'*Histoire de la Révolution russe.* Raskolnikov est en cellule dans le même quartier et discute souvent avec lui des problèmes du jour [33]. Quand les détenus débattent d'un projet de grève de la faim, Trotsky refuse de se joindre à un mouvement, jugeant le moyen d'action excessif par rapport à son objectif [34]. Natalia Ivanovna, de son côté, le décrit discutant avec animation dans la cour de la prison avec de jeunes ouvriers, soldats et marins, « tous amers et indignés [35] ». Elle lui rend souvent visite et le trouve toujours de bonne humeur. Les deux garçons vont aussi à la prison, tout seuls, et apportent des colis de vivres [36].

A la nouvelle de la tentative de putsch de Kornilov, Trotsky, tournant en rond dans la cour avec Raskolnikov, parle de la « lâcheté » des ministres qui devraient mettre le rebelle hors la loi, pour que tout soldat ait le droit de l'abattre [37]. Dans l'*Histoire...,* il raconte que des cronstadtiens – de l'équipage de l'*Aurora,* semble-t-il – lui demandèrent à la prison si le moment n'était pas venu d'arrêter les ministres. Il leur répondit non : « Tirez sur Kornilov. On règlera ensuite les comptes avec Kérensky [38]. » Il a le même comportement avec les soldats envoyés pour renforcer la garde de la prison et qui se montrent disposés à libérer les bolcheviks emprisonnés : « Ce geste aurait été le signal d'une insurrection immédiate et l'heure n'en avait pas encore sonné [39]. »

Libéré sous caution le 4/17 septembre, il reprend le cycle des réunions et des meetings, mais l'aventure de Kornilov a changé le cours des choses et considérablement renforcé l'élan révolutionnaire, quelque peu perturbé par la répression de juillet. Le 9/22 septembre, un vote décisif d'orientation a lieu au soviet de Petrograd. Les bolcheviks pensent qu'il leur manque cent voix pour être majoritaires, ce qui dénote d'importants progrès. Trotsky fait préciser aux tenants de la liste adverse, mencheviks et s.r., qu'ils comptent bien sur Kérensky, dans la même liste, avec eux. Les bolcheviks obtiennent 519 voix contre 414 et 67 abstentions [40].

Le 25 septembre/8 octobre, le soviet élit son nouveau présidium, dominé par les bolcheviks. Douze ans après, Trotsky redevient président du soviet de Petrograd. Fidèle à lui-même, toujours soucieux de souligner la continuité du combat et de donner confiance aux siens, il assure dans son discours que ce n'est pas lui qui prend aujourd'hui à Tchkheidzé la présidence du soviet, mais Tchkheidzé qui la lui restitue... Il souligne la différence entre 1905 et 1917 : dans le moment présent, la formation d'un nouveau présidium, la réélection de l'ancien président du temps de la première révolution constituent des étapes dans la montée révolutionnaire qui mène à la victoire. Inspiré par les mêmes conceptions qui l'avaient conduit dans *Bilan et Perspectives* à essayer de décrire la « dictature du prolétariat », il s'écrie :

> « Nous appartenons à des partis différents et nous aurons plus d'une fois à croiser le fer. Mais nous dirigerons le travail du soviet de Petrograd

dans le respect des droits et de la totale indépendance des fractions; jamais le bras du présidium ne servira à opprimer une minorité [41]. »

Certains ironiseront peut-être sur une déclaration d'intentions, qui ne se choquent pas des promesses électorales jamais tenues et des mandats toujours trahis... Il était bon cependant de rappeler ici que les bolcheviks, à cette date, avaient l'ambition de construire une démocratie socialiste pluraliste.

Il faut avouer aussi que le travail du biographe est difficile. Il ne peut être question de retracer ici dans le détail l'histoire de la révolution russe et notamment de la marche à l'insurrection d'Octobre et à l'instauration du pouvoir des soviets. Mais la biographie de Trotsky ne se distingue pas de cette histoire dont nous relaterons les grandes lignes.

***

C'est à la conférence d'État, du 14/27 au 21 septembre/5 octobre 1917, que Trotsky, libéré depuis quelques jours et qui n'a encore que peu participé à l'activité de direction de son nouveau parti, va apparaître pour la première fois comme un de ses porte-parole. Avec cette convocation, les mencheviks ont fait une double tentative pour limiter et contrôler l'activité de Kérensky et surtout pour barrer aux soviets la route du pouvoir. Son mode de désignation la met à l'abri de toute surprise. Sur les 900 délégués, 100 environ sont désignés par l'exécutif des soviets, 300 par la douma et le reste par des organisations dites « apolitiques » aussi inattendues que les coopératives, voire les zemstvos élus... avant la guerre [42].

Trotsky présente le rapport devant la fraction bolchevique. Dans la conférence même, il fait une intervention très remarquée, tournant en ridicule Kerensky qui vient de rétablir la peine de mort... et jure qu'il ne veut pas l'appliquer. Il fait même crouler de rire la salle en comparant la répression contre les bolcheviks au lendemain des journées de Juillet et celle qui a frappé les Cadets après la korniloviade [43]. C'est Kamenev qui a la responsabilité d'exposer, à la conférence, le point de vue des bolcheviks. De toute évidence, il n'exclut pas une rupture de la majorité avec Kérensky et la constitution d'un gouvernement socialiste homogène.

Dans les jours qui suivent, parviennent cependant au comité central les deux premières lettres de Lénine exigeant un tournant vers l'insurrection. La réaction de la majorité du comité central est négative, et les lettres sont tenues sous le boisseau [44]. Mais Trotsky se sent encouragé à défendre une position dure : il déclare qu'il faut exclure l'hypothèse d'un gouvernement patronné par la conférence d'État et propose de mettre en avant le mot d'ordre du pouvoir des soviets. La direction bolchevique se divise, le 4/17 octobre, sur l'attitude à tenir à l'égard de la conférence démocratique – à laquelle les délégués bolcheviques prennent part – et du « préparlement », le « soviet de la République » qu'elle se prépare à désigner en attendant... l'élection de la Constituante.

Kamenev est favorable à la participation : selon lui, on pourra ainsi se lier aux éléments hésitants du bloc mencheviks-s.r. Trostky soutient qu'il faut quitter la conférence démocratique et boycotter le préparlement : c'est à ses yeux une condition préalable de l'engagement vers la lutte révolutionnaire pour le pouvoir des soviets mise à l'ordre du jour par l'ensemble de la situation. Il l'emporte de justesse sur le boycottage du préparlement, mais la marge est si faible que la décision est renvoyée à la réunion commune du C.C. et des délégués à la conférence démocratique [45], dont la prise de position en faveur de la participation – par 77 voix contre 50 – conduit le C.C. à inverser alors la sienne.

Lénine se déchaîne contre ces décisions. Il pense que son parti aurait dû boycotter la conférence démocratique et que c'est une erreur d'y avoir participé. *A fortiori*, il faut absolument boycotter le préparlement qu'elle a désigné, et il accumule les arguments en faveur de l'insurrection pour le pouvoir des soviets avant qu'il ne soit trop tard. Le comité central ne le suit pas. Une fois de plus, les vieux-bolcheviks, en la personne de Zinoviev et Kamenev, opposent à Lénine et à ses positions qu'ils jugent « aventuristes », une résistance acharnée [46]. De son exil de Finlande, Lénine approuve Trotsky pour s'être prononcé en faveur du boycottage [47].

Il existe, en réalité, entre les deux hommes des nuances sur la base d'un accord fondamental sur l'essentiel. Lénine, persuadé que l'exécutif à majorité menchevique issu du premier congrès pan-russe des soviets va s'employer efficacement à repousser la date de la convocation du deuxième congrès pan-russe, ne veut pas lier l'insurrection à ce congrès, même par un calendrier indicatif : il pense que le parti doit déclencher l'insurrection en son nom et sous sa responsabilité propre. Mieux placé pour jauger les capacités des dirigeants mencheviques à résister à la pression de la base qui exige le congrès, Trotsky ne les croit pas capables de retarder indéfiniment sa convocation et préfère donc que l'insurrection, immédiatement endossée par le congrès, apparaisse comme le couronnement, la réalisation pratique du mot d'ordre du parti pour « tout le pouvoir aux soviets ». Cette position implique une articulation entre les dates du congrès et de l'insurrection, ainsi que la nécessité que cette dernière soit formellement organisée au nom d'un organisme soviétique. Lénine va sans doute, jusqu'au bout, redouter qu'elle ne constitue que la façade d'une attitude hésitante et temporisatrice qui lui paraît alors plus dangereuse que celle de Zinoviev et de Kamenev, laquelle a au moins le mérite d'être publiquement exprimée.

Lénine finit par surmonter la résistance du C.C., à cause de son immense autorité, bien sûr, car ses camarades lui ont tenu tête autant qu'ils ont pu. Mais aussi et surtout à cause du mouvement d'opinion qui pousse des millions de Russes vers les bolcheviks depuis la tentative de Kornilov. Soukhanov note que les masses sentent et respirent

« bolchevique ». Le 5 octobre, sous le bombardement des lettres de Lénine, le C.C., renversant une fois de plus sa position, décide de boycotter le préparlement [48]. A l'ouverture de ce dernier, le 7/20 octobre, Trotsky prononce une déclaration de dix minutes expliquant le départ des bolcheviks. Sa péroraison ne laisse aucun doute.

> « Petrograd est en danger! La Révolution est en danger! Le peuple est en danger! Nous nous adressons au peuple. Tout le pouvoir aux soviets [49]! »

Le 10/17 octobre, à la réunion secrète du C.C. – qui se tient dans l'appartement de... Soukhanov en son absence –, Lénine est là. Lénine plaide avec passion : c'est maintenant ou jamais et il ne faut pas laisser passer ce moment favorable à l'insurrection. Il l'emporte, Zinoviev et Kamenev s'obstinant dans leur refus. La résolution adoptée dit que la prise du pouvoir est « à l'ordre du jour [50] ». Tout n'est pas réglé, mais l'orientation générale est désormais très claire.

Président du soviet de Petrograd, Trotsky est appelé à jouer un rôle déterminant dans un schéma où les soviets prennent leur place, comme il l'a proposé : dès le 12/25 octobre, il a obtenu du congrès des soviets de la région Nord la convocation, le 20 octobre/2 novembre, du congrès pan-russe des soviets – entérinée aussitôt par l'exécutif des soviets.

C'est dans les revers militaires et la menace allemande que les bolcheviks vont trouver l'argument essentiel pour les mesures militaires permettant la préparation de l'insurrection. Après la chute de Riga aux mains des Allemands le 3 septembre, le haut-commandement soutient en effet la nécessité – probablement incontestable d'un simple point de vue militaire – de prélever pour le front balte des troupes stationnées à Petrograd. Les bolcheviks utilisent des commentaires maladroits, comme celui de l'ancien ministre Rodzianko : Trotsky affirme que la bourgeoisie, défaitiste, veut livrer la flotte et la capitale à Guillaume II. Et c'est à son instigation que, le 12/25 octobre, le comité exécutif du soviet de Petrograd prend une décision capitale; la formation, sous son autorité, d'un comité militaire révolutionnaire comprenant le présidium du soviet et celui de sa section de soldats, des représentants des marins, des cheminots, des postiers des comités d'usine, syndicats, ainsi que des organisations militaires du parti et des milices [51]. Il s'agit d'établir la liaison avec la flotte et les unités stationnées en Finlande, avec les troupes du front, et de contrôler l'ensemble des mesures de défense de cette région. Le C.M.R. du soviet se réserve le pouvoir d'affecter les unités nécessaires à la défense de la capitale, le recensement personnel des unités, la préparation d'un plan général de défense et « le maintien de la discipline révolutionnaire ».

Le sens de la constitution du comité militaire révolutionnaire est clair : c'est un véritable coup d'État à froid. Émanation du soviet de Petrograd, il se substitue à toutes les autorités émanant du gouvernement provisoire et du haut-commandement et concentre entre ses mains – au nom du soviet – tout le pouvoir militaire dans la capitale et dans sa province. La dualité de pouvoirs entre le gouvernement provisoire et les soviets est en train de se résoudre en faveur du pouvoir soviétique, avec ce transfert de l'autorité sur les forces armées que le gouvernement provisoire et le corps des officiers vont se révéler impuissants à empêcher. Les bolcheviks font face aux accusations. Au menchevik qui l'interroge à la séance du soviet du 16 octobre pour savoir ce qu'est exactement cet « état-major révolutionnaire pour une prise du pouvoir », Trotsky rétorque en demandant s'il pose la question au nom de Kerensky, du contre-espionnage ou de la police secrète [52].

Il reste à gagner la garnison, les soldats, unité par unité. Dans ce travail décisif, qui exige tension et travail des dirigeants, activité et initiatives de milliers de militants, le rôle de Trotsky est particulièrement important, peut-être décisif. Soukhanov, pourtant son adversaire politique, lui rend un hommage admiratif :

> « S'arrachant au travail de l'état-major révolutionnaire, Trotsky en personne se précipitait de l'usine Oboukhovsky à celle de Trubochny, des ateliers de Poutilov à ceux de la Baltique, de l'école de cavalerie aux casernes; il semblait parler dans tous les endroits à la fois. Son influence, tant dans les masses que sur les chefs, était immense. Il était le personnage central de ces journées et le héros principal de cette remarquable page d'histoire [53]... »

Empruntons à Soukhanov la description de l'une de ces réunions de masse, à la Maison du Peuple, le 22 octobre/5 novembre, « journée du soviet » devant quelque 3 000 auditeurs, ouvriers, soldats et gens du peuple. Trotsky commence par créer l'atmosphère nécessaire en invoquant les souffrances indicibles du soldat au front, dans les tranchées. Puis, avec ses souvenirs de la Grande Révolution française, acclamé par la foule, il interpelle le bourgeois :

> « Vous, bourgeois, vous avez deux bonnets de fourrure. Donnez-en un au soldat qui gèle dans sa tranchée. Vous avez de bonnes bottes? Restez chez vous. Le soldat en a besoin [54]. »

Soukhanov commente :

> « Autour de moi régnait presque l'extase. Il semblait que la foule allait d'un moment à l'autre entonner, sans discussion ni signal, un hymne religieux. [...] Trotsky formula je ne sais quelle résolution brève et générale, disant quelque chose comme : " Nous défendrons la cause des ouvriers et des paysans jusqu'à la dernière goutte de notre sang. Qui est pour? " Mille hommes comme un seul levèrent la main. Je voyais les mains levées et les yeux brûlants des hommes, des femmes, des adolescents, des ouvriers, des soldats, des moujiks – et de petits-bourgeois typiques. [...] La foule dense tendait les mains [55]. »

Trotsky fait monter encore la tension en martelant à la tribune de sa puissante voix métallique :

> « Que ce vote soit votre serment – de défendre de toutes vos forces – au prix de n'importe quel sacrifice – le soviet – qui a pris sur lui la grande tâche – de mener la révolution jusqu'à sa victoire – et de donner au peuple la terre – le pain et la paix [56]... »

Et Soukhanov, qui s'est un peu attardé sur « cette scène réellement magnifique », conclut :

> « Dans tout Pétersbourg, la même scène se déroulait plus ou moins.[...] Des milliers et des dizaines de milliers, des centaines de milliers de gens. [...] En fait, c'était déjà une insurrection. Tout avait commencé [57]... »

Il n'y aura malheureusement pas de Soukhanov pour décrire le meeting du lendemain, 23 octobre/6 novembre, à la forteresse Pierre-et-Paul. La question est venue à l'ordre du jour du comité militaire révolutionnaire : ce dernier ne contrôle pas la forteresse. Or elle contient des armes et des munitions, peut servir de refuge au gouvernement dans le cas de combats de rues, de forteresse aux troupes de la contre-révolution et rend très difficile, de par sa position, la prise du Palais d'Hiver. Antonov-Ovseenko propose de la prendre d'assaut, par surprise. Trotsky répond que ce n'est pas nécessaire : il suffira d'un meeting pour convaincre la garnison. Il va se présenter seul à la forteresse, avec Lachévitch, obtient que soit convoqué le meeting, parle et convainc. Les soldats se placent à la disposition du comité militaire révolutionnaire. La forteresse a changé de camp [58].

Il n'y a pas de vie personnelle pour Trotsky dans son emploi du temps de ces quelques mois décisifs de 1917. La famille n'a réussi à se loger, non sans mal, que dans l'appartement de camarades où elle dispose d'une seule pièce. On vit des rations, plutôt chiches, et, comme en témoigne Natalia Ivanovna, de « rares aubaines [59] ». Trotsky ne prend ni distractions ni repos, rencontre rarement ses deux garçons à la maison, entrevoit ses filles, le temps d'un sourire, au Cirque moderne [60]. Il part tôt le matin et travaille dans son bureau de l'Institut Smolny, « une grande pièce carrée, nue, sommairement meublée, visitée chaque jour par des centaines de délégués [61] ». Pas soucieux d'élégance, il s'habille cependant en évitant tout laisser-aller. Il prend ses repas au réfectoire de Smolny : « soupes claires aux choux, au poisson, *kacha* (pâte de gruau), compotes, thé [62] ». Un an auparavant, pendant son séjour espagnol, il fumait. Il ne fume plus du tout et vitupère fermement la tabagie. Il se déplace à pied.

Il a trente-huit ans. Il est « militant » depuis déjà vingt ans. Il a derrière lui plus de trois années de prison, deux de déportation et dix d'exil à l'étranger. Il est encore très juvénile d'allure avec ses cheveux noirs et drus. Ce révolutionnaire professionnel approche d'une grande victoire.

Le rôle de Trotsky grandit dans le parti où il n'est pourtant pas évident que la vieille garde l'ait accueilli avec empressement : les vieux-bolcheviks, même s'ils ne suivent pas Zinoviev et Kamenev jusqu'au bout, n'en font pas moins des réserves sur l'orientation vers l'insurrection. Très rapidement, les choses s'enveniment. Zinoviev et Kamenev ont déjà diffusé dans le parti, le 11/24 octobre, leur lettre « Sur le Moment présent » contre la décision de préparer l'insurrection [63]. Le 18/31, *Novaia Jizn*, l'organe de Maksim Gorky, publie une lettre où Kamenev explique, au nom également de Zinoviev, que le recours à l'insurrection armée serait « une démarche inadmissible, périlleuse pour le prolétariat et la révolution [64] ». Trotsky est ainsi amené à démentir, au soviet, tout préparatif d'insurrection, ajoutant toutefois que les ouvriers et les soldats suivraient comme un seul homme un tel mot d'ordre s'il était lancé par le soviet [65]. Kamenev proclame aussitôt son accord avec cette déclaration : Lénine parle de la « filouterie » commise par ce dernier et demande l'exclusion du parti, comme « briseurs de grève », de Zinoviev et Kamenev [66].

Le gouvernement provisoire n'ignore rien. Pourtant il ne tente rien, sans doute parce qu'il ne peut rien. Ses ordres ne sont pas suivis d'effets, ou, s'ils le sont, ceux-ci sont aussitôt annulés. Le comité militaire révolutionnaire, sous la présidence de Trotsky, se dépense, lui. Le 24 octobre/6 novembre, il désigne des délégués aux Postes, aux Chemins de fer, au Ravitaillement. Trotsky harangue au Cirque moderne et gagne un bataillon de motocyclistes, parle au soviet de Petrograd [67], réunit à Smolny les premiers délégués au congrès panrusse des soviets. Il donne l'ordre de rouvrir les journaux fermés par le gouvernement provisoire, cependant qu'ouvriers et soldats occupent les locaux de la rédaction et les imprimeries de la presse de droite. Ce même jour, en fin d'après-midi, il dément, une fois de plus, devant le soviet de Petrograd, les rumeurs sur la préparation d'une insurrection. Les dirigeants du soviet sont prêts à employer les armes en cas d'attaque gouvernementale : « Menace déclarée », écrira-t-il, qui était « le camouflage politique du coup qui devait être porté dans la nuit ». Rencontrant à Smolny le dirigeant bolchevique des marins de Cronstadt, Flerovsky, il le renvoie dans la garnison où il trouvera l'ordre de marcher sur Petrograd à l'aube du 25 octobre/6 novembre [68].

Les mouvements de troupes précédant les premières opérations commencent ce même jour vers 2 heures du matin. A la séance du comité exécutif qui siège avec les délégués déjà arrivés pour le congrès des soviets, les socialistes conciliateurs attaquent une fois de plus, par la bouche de Dan, qui décrit une situation d'apocalypse dans laquelle la contre-révolution domine : pour lui, l'insurrection serait pure folie et mènerait la révolution à sa perte.

Cette fois, au nom du comité militaire révolutionnaire, du parti bolchevique et des soviets, Trotsky répond ouvertement. Rejetant sa couverture d'arguments défensifs, revendiquant la responsabilité de l'insurrection déjà commencée, il entreprend de galvaniser les délégués :

« Si vous ne tremblez pas, il n'y aura pas de guerre civile, vu que les ennemis capituleront sur-le-champ, et vous occuperez la place qui vous appartient de droit, celle de maîtres de la terre russe. »

Il ne va prendre, cette nuit-là, qu'un tout petit nombre d'heures de sommeil, se couchant à quatre heures, tout habillé, sur un divan. Une cigarette imprudemment allumée provoque son évanouissement : en fait, il n'a pas mangé depuis quarante-huit heures [69].

Les détachements d'insurgés ont progressé pendant la nuit. Au petit matin, ils occupent les ponts, les gares, le bâtiment des postes, la Banque d'État, la plupart des imprimeries de presse. A 10 heures du matin le 25 octobre/6 novembre, Smolny lance un communiqué de victoire : « Le gouvernement provisoire est déposé. Le pouvoir d'État est passé aux mains du comité militaire révolutionnaire [70]. »

En fait, on n'en est pas encore là, il s'en faut, et toutes les autorités sont encore concentrées autour du gouvernement provisoire dans le Palais d'Hiver. Mais il y a très peu de heurts. Marins et soldats, gardes rouges, ont désarmé sans combat plusieurs détachements d'élèves-officiers, une des rares forces sur lesquelles le gouvernement provisoire croyait pouvoir compter. Vers midi, soldats et marins en armes occupent l'entrée du Palais Marie où siège le préparlement, lequel décide aussitôt de suspendre « provisoirement » son activité. A 14 h 35, Trotsky présente au soviet de Petrograd un rapport sur l'insurrection. Il souligne vigoureusement l'absence de victimes et ajoute un peu imprudemment : « Le Palais d'Hiver n'est pas encore pris, mais son sort sera réglé dans quelques instants. »Lénine, présent à cette séance, prend la parole et rappelle aux présents le programme de cette révolution.

Pendant que les ministres du gouvernement provisoire s'agitent en rond et palabrent, pendant que les insurgés, dans un incontestable désordre et avec un retard qui approche les 24 heures sur le plan du comité militaire révolutionnaire, continuent à se concentrer autour du Palais d'Hiver, le deuxième congrès pan-russe des soviets se réunit enfin pour la première fois à Smolny. La séance est ouverte, au nom de l'exécutif ancien par le menchevik Dan, dans son uniforme de médecin militaire. Sur 650 délégués présents – à la fin il y en aura 900 – avec voix délibérative, on en a compté 390 qui se réclament des bolcheviks. Trotsky évalue à environ un quart ce qu'il appelle « l'opposition conciliatrice de toutes nuances ». Le présidium, choisi à la proportionnelle, comporte 14 bolcheviks, une très large majorité face à 11 minoritaires. Sur la liste bolchevique, Lénine figure en tête, suivi par Trotsky. Malgré leur opposition à l'insurrection, Zinoviev et Kamenev arrivent immédiatement après eux. C'est Kamenev qui est porté à la présidence de cette séance historique. Les premiers coups de canon tirés par la forteresse Pierre-et-Paul, vont ponctuer la lecture qu'il fait de l'ordre du jour.

Dans la première partie de la séance, les orateurs mencheviks et s.r. de droite se succèdent à la tribune dans une tension accrue par la canonnade, des tirs à blanc du croiseur *Aurora* sur le Palais d'Hiver. Ces hommes qui ont participé à la conférence d'État de Kerensky, à la conférence démocratique puis au préparlement ne veulent pas cautionner une minute de plus le congrès des soviets. L'orateur du Bund propose aux adversaires de l'insurrection de quitter la salle pour se rendre sans armes, avec la douma municipale, au Palais d'Hiver et périr avec le gouvernement. Cette proposition, accueillie par des bordées d'injures, entraîne vers le Palais d'Hiver 70 délégués environ. Après leur départ, Martov formule une proposition désespérée de « compromis », condamnant l'insurrection bolchevique et décidant l'arrêt des travaux du congrès jusqu'à la conclusion d'un accord général entre tous les partis socialistes. C'est évidemment à Trotsky qu'il appartient de répondre, de la tribune où il est à côté de Martov dans une grappe de délégués :

> « Ce qui est arrivé, c'est une insurrection et non point un complot. Le soulèvement des masses populaires n'a pas besoin de justification. Nous avons donné de la trempe à l'énergie révolutionnaire des ouvriers et des soldats de Petrograd. Nous avons ouvertement forgé la volonté des masses pour l'insurrection et non pour un complot. Notre insurrection a vaincu et maintenant l'on nous fait une proposition : renoncez à votre victoire, concluez un accord. Avec qui? Je le demande; avec qui devons-nous conclure un accord? Avec les misérables petits groupes qui sont sortis d'ici? Mais nous les avons vus tout entiers. Il n'y a plus personne derrière eux en Russie. »

Et de vouer les conciliateurs à la « poubelle de l'Histoire [71] ».

La séance est suspendue à 2 heures du matin pour une demi-heure. A la reprise, Kamenev peut annoncer la chute du Palais d'Hiver, enlevé, non par un assaut mais par une infiltration, qui a provoqué une ruée massive, l'arrestation de tous les ministres à l'exception de Kerensky. Quelques minutes après, on annonce le passage du côté de l'insurrection de la première unité envoyée contre elle par Kerensky.

Les délégués qui restent en séance – l'écrasante majorité – votent alors à la quasi-unanimité l'Appel aux ouvriers, soldats et paysans de la Russie, par lequel le congrès des soviets ratifie l'insurrection et en fixe les objectifs : une paix démocratique, la confiscation des biens des propriétaires fonciers, de l'Église et de la Couronne, la reconnaissance du droit des peuples à disposer d'eux-mêmes, le transfert de tout le pouvoir aux soviets, la défense de la révolution par « l'armée révolutionnaire ». M.F.X. Coquin, qui pense que cet appel, concentré du programme des bolcheviks, « reflétait fidèlement l'idéal démocratique d'une large majorité du pays », ajoute ces remarques capitales :

> « Il dépassait même infiniment les frontières de la nouvelle " république soviétique "; en quelques phrases d'une portée universelle, la révolution russe déclarait achever par une libération économique l'émancipation politique proclamée un siècle plus tôt par la Révolution française [72]... »

Pour Trotsky qui, un peu plus de dix années auparavant, était arrivé, à travers son expérience de la révolution de 1905, à la conclusion qu'une nouvelle révolution éclaterait en Russie et s'engagerait dans cette voie, c'était sans aucun doute une justification formidable. Eut-il alors le temps d'y penser? On peut en douter : il ne s'était même pas aperçu que la révolution s'était produite le jour même de son trente-huitième anniversaire. Natalia Ivanovna décrit le spectacle qu'elle découvrit à Smolny en y revenant au matin du 26 octobre, après ces fantastiques journées de « délire lucide » :

> « Je ne vis que des visages décomposés par la fatigue, salis par les barbes naissantes, des yeux cernés et bouffis. Léon Davidovitch avait les traits tirés, il était blême, épuisé, surexcité. Mais une grande joie austère l'emportait sur tout autre sentiment – et l'on n'avait pas une minute à perdre pour suffire à la tâche [73]... »

En atteignant l'objectif, jugé par beaucoup inaccessible, du pouvoir dans l'ancien empire des tsars, Trotsky et ses camarades n'ont gagné aucun droit à la pause. Bien au contraire, ils ont maintenant devant eux des problèmes qu'ils n'ont jamais considérés que de loin et seulement gagné le droit d'endosser personnellement les responsabilités les plus décisives dans le domaine des revendications des masses, de la Paix, du Pain, de la Terre, mais aussi de la révolution mondiale.

* * *

Pendant plus d'un demi-siècle, en Union soviétique, les dirigeants ont fait avec tous les moyens d'État, tout ce qui était humainement possible pour chasser jusqu'au nom de Trotsky de l'histoire de cette insurrection d'Octobre qu'il a dirigée. Lui-même, dans son *Histoire de la Révolution russe*, minimise son propre rôle pour mieux créditer de la victoire Lénine qui l'a conçue et les masses qui l'ont remportée.

C'est pourquoi il nous semble utile de conclure ce chapitre en donnant la parole à l'un des meilleurs historiens contemporains de la révolution russe, l'Américain Alexander Rabinowitch, assurant, en 1980, au terme d'un rapport sur « Lénine et Trotsky dans la révolution d'Octobre » :

> « Si Trotsky n'avait pas été présent à Petrograd et si, avec d'autres dirigeants locaux fondamentalement proches du point de vue de Lénine, il n'était pas intervenu pour adapter les directives de Lénine aux réalités de la situation politique existante, les bolcheviks auraient très bien pu commettre un suicide politique. [...] Si l'on pense à l'étroite collaboration entre Lénine et Trotsky pendant la Révolution d'Octobre, il est difficile de contester l'exactitude du commentaire souvent cité de Lénine, fait une semaine après la prise du pouvoir, sur la conduite de Trotsky depuis son retour d'émigration : " Depuis ce moment ", Lénine aurait remarqué, " il n'y a pas eu un meilleur bolchevik que lui " [74]. »

CHAPITRE XII

L'assaut du ciel [1]

Les princes qui gouvernaient le monde en 1917 ont sans doute évalué à sa juste valeur le risque créé par la victoire de la révolution d'Octobre. Son souvenir, en tout cas, n'est pas près de s'effacer de la mémoire des hommes – indépendamment du sort que lui a réservé l'avenir. L'une des raisons essentielles est évidemment que personne, dans l'Histoire, n'avait encore pris d'engagements d'une portée analogue à ceux que les bolcheviks avaient pris à la face du monde en faisant adopter par le deuxième congrès pan-russe des soviets les « décrets » visant à satisfaire les trois revendications de la Paix, de la Terre et du Pain.

Les peuples de Russie, à commencer par les soldats, aspiraient à la paix et l'avaient démontré de mille et une manières. Mais ce n'était pas n'importe quelle paix que les bolcheviks avaient revendiquée au nom des soldats et qu'ils promettaient maintenant aux anciens sujets du tsar. C'était une « paix démocratique », une paix « juste », sans annexions ni sanctions, respectant le droit des nations à disposer d'elles-mêmes. Or il était bien évident que, même au pouvoir dans l'ancien empire du tsar, les bolcheviks ne disposaient nullement des moyens de donner à leurs mandants une telle paix.

Pendant toute la guerre, ils n'avaient cessé d'insister dans leur propagande et leur agitation sur le fait qu'une paix de cette nature ne pourrait jamais être arrachée aux puissances impérialistes belligérantes et qu'il fallait d'abord abattre ces régimes sanglants avant de pouvoir avancer vers la réalisation d'un programme par essence international, ce qui impliquait une révolution victorieuse au moins dans plusieurs pays.

En outre, au cours des semaines de préparation politique de l'insurrection, en réponse à une question mille et mille fois posée, Trotsky n'avait cessé de proclamer que la révolution victorieuse aurait à se défendre par les armes contre ses ennemis impérialistes, à préconiser le « défensisme révolutionnaire », à livrer, pour se défendre, une « guerre révolutionnaire ». Mais les dizaines de millions d'hommes – ouvriers, paysans, soldats, jeunes gens – qui avaient suivi ou précédé les bolcheviks pendant les mois décisifs, attendaient d'eux une paix immédiate. Pouvait-on raisonnablement escompter, dans les conditions concrètes de la guerre en cette fin de 1917, une paix démocratique et juste? La volonté de paix des soldats russes protégeait-elle éventuellement avec une suffisante efficacité le pays d'une invasion ou d'une intervention étrangère, ou tout simplement de la poursuite de la guerre jusqu'à une paix séparée dont la révolution russe avait ouvert la perspective pour les puissances centrales? Ces deux contradictions, à elles seules, hypothéquaient déjà, et à très court terme, la réalisation du programme des bolcheviks.

Il en était de même avec la revendication de la Terre. Les paysans russes la voulaient comme leurs frères sous l'uniforme voulaient la paix – et pour des raisons identiques. Ils avaient fait plus d'un pas en ce sens, avaient dans de nombreux cas imposé de force le partage et n'entendaient pas se laisser dépouiller d'une conquête si chère et si âprement disputée. Mieux que les autres, les bolcheviks l'avaient compris, puisqu'ils avaient ratifié, par le décret sur la terre, une politique de partage qui n'était pas la leur. C'était là, bien entendu, une politique à court terme, dont le résultat – ils le savaient – ne pouvait être que la stagnation, voire la régression économique. Aucun dirigeant bolchevique ne doutait alors que la solution socialiste du problème de la terre, conforme au programme des socialistes historiques qu'ils étaient, pût être autre qu'une collectivisation voulue par la majorité des ruraux sur la base de la mécanisation sur une grande échelle de l'agriculture. Mais une telle issue n'était pas moins éloignée dans le temps que ne l'était la « paix juste et démocratique ». Plus grave peut-être : la révolution agraire, conforme à la volonté des classes paysannes de l'ancien empire, ne répondait pas aux besoins économiques du pays et entrait en contradiction avec les objectifs socialistes de la révolution d'Octobre.

Cette nouvelle politique n'assurait pas non plus d'ailleurs le Pain que les bolcheviks promettaient aussi pour l'immédiat. La rentabilité de 25 millions de petites propriétés paysannes travaillant dans des conditions moyenâgeuses ne permettait pas d'espérer raisonnablement l'amélioration d'un ravitaillement des villes dont la guerre puis la révolution avaient déjà détruit le mécanisme et gravement endommagé les canaux de circulation. La reprise de l'activité industrielle était également compromise dès le départ : les mesures en faveur des ouvriers, et tout particulièrement la mise en place du contrôle ouvrier sur les entreprises, étaient considérées par la classe patronale comme une déclaration de guerre à laquelle elle répondait immédiatement sur le terrain économique avec ses armes propres – retrait des capitaux, lock-out – en d'autres termes fermetures massives, marasme et chômage. Ainsi, les bolcheviks, qui souhaitaient commencer prudemment, en ce domaine, par un contrôle, lequel eût constitué pour les travailleurs un véritable apprentissage, se trouvaient-ils au pied du mur de l'improvisation, ne disposant ni de recettes ni d'outils pour simplement remettre en marche la production industrielle désorganisée par la guerre et la tension excessive de la machine.

Enfin, la question posée par le succès de l'insurrection d'Octobre à Petrograd était celle de l'extension de l'autorité du gouvernement bolchevique – du pouvoir des soviets si l'on préfère – de la seule capitale à l'ensemble du pays.

Bien entendu, les bolcheviks n'étaient ni aveugles ni sourds, et les débats qu'ils menaient entre eux tout en se préparant à agir font apparaître que les problèmes soulevés *a posteriori* par nombre d'historiens, et, de façon générale, la précarité de leur situation ne leur échappaient nullement. Déjà, dans leur « Lettre sur le moment présent » destinée à combattre les arguments de Lénine en faveur de l'insurrection, Zinoviev et Kamenev avaient rassemblé les arguments qui pouvaient être opposés à la décision de passer à l'insurrection en soulignant qu'elle risquait de mettre en jeu non seulement le destin du parti lui-même, mais, au-delà, celui de la révolution russe et de la révolution internationale pour toute une période historique.

Zinoviev et Kamenev, partant de l'aspiration généralisée et incontestée de la masse des soldats à la paix, avaient signalé très nettement qu'ils ne croyaient pas à la possibilité d'une « guerre révolutionnaire » : les masses ne suivraient pas les bolcheviks si ces derniers, arrivés seuls au pouvoir, se trouvaient obligés de mener une telle guerre contre les Puissances centrales. Ils contestaient de même l'analyse de Lénine selon laquelle la majorité des paysans étaient en train de se ranger derrière les bolcheviks et les soutiendraient dans la voie de l'insurrection... Ils assuraient, de plus, que l'on devait s'attendre, dans le cas d'élections à la Constituante, à un vote massif des paysans en faveur des s.r. Sur la question du ravitaillement, ils s'étaient contentés d'écrire : « Il y a du pain à Petrograd pour deux ou trois jours. Pouvons-nous donner du pain aux insurgés? » Ainsi ces deux dirigeants bolcheviques avaient-ils exprimé un scepticisme raisonné sur les possibilités d'appliquer le programme de l'insurrection que la majorité du comité central avait décidée, passant outre à leur mise en garde.

Bien entendu, la victoire de l'insurrection avait démenti au moins en partie les prévisions pessimistes de Zinoviev et Kamenev dont la « Lettre sur le moment présent » assurait notamment que la direction de leur parti sous-estimait gravement les forces de la contre-révolution et leur volonté de combattre, et surestimait en revanche le sentiment militant des masses ouvrières de Petrograd. Il n'en restait pas moins que, sur la base d'une analyse différente du rapport des forces et du développement de la révolution, les deux dirigeants opposaient à Lénine une ligne distincte, celle de la « pression », du « revolver sur la tempe de la bourgeoisie », consistant en une combinaison entre Assemblée constituante et soviets qui serait devenue « base politique » d'une victoire réelle du parti bolchevique, obligeant la Constituante à des concessions sous sa pression et celle du bloc qu'il pourrait, dans ces conditions, animer sans s'engager seul au pouvoir.

C'est d'ailleurs cette discussion qui se poursuit au lendemain de l'insurrection à travers une polémique dont nous parlerons plus loin.

Les bolcheviks « conciliateurs », qui préconisent alors un « gouvernement socialiste de coalition » à la place du gouvernement purement bolchevique, remettent en cause les résultats de l'insurrection et par conséquent le bien-fondé même de cette dernière. Le 4 novembre 1917 – une semaine après l'insurrection victorieuse –, le point de vue d'une importante fraction de la direction est exprimé dans une déclaration de Noguine, commissaire du peuple et membre de la direction du parti, qui affirme :

> « Nous considérons qu'un gouvernement purement bolchevique n'a pas d'autre choix que de se maintenir par la terreur politique. C'est dans cette voie que s'est embarqué le conseil des commissaires du peuple. Nous ne pouvons suivre ce cours qui conduira à la séparation entre les organisations des masses prolétariennes et les dirigeants des affaires politiques, à l'établissement d'un gouvernement irresponsable et à l'anéantissement de la révolution et du pays [2]. »

Peut-on penser que cette prévision s'est révélée juste et que l'histoire a justifié un avertissement [3] dont, tout de même, un certain nombre d'éléments de base n'étaient pas à l'époque perceptibles? Il ne nous semble pas que cette prédiction ait eu alors plus de solidité et de fondement que celle de Trotsky, en 1904, dans *Nos Tâches politiques*, sur la genèse de la dictature : le phénomène sociopolitique qu'on appellera le stalinisme repose sur des fondements et connut un développement qui ne peuvent se résumer par de simples analogies structurelles ou formelles.

Il reste que le gouvernement purement bolchevique présidé par Lénine ne pouvait pas ne pas se heurter à des résistances ni renoncer d'avance à l'emploi de la répression contre les menaces de soulèvement et de guerre civile. La « terreur politique » que Noguine redoutait était mise à l'ordre du jour par le cours des événements comme une question concrète incontournable. Et elle était d'abord mise à l'ordre du jour par le rapport de forces dans le pays.

Est-ce vraiment, comme le suggèrent ceux qui fondent leur analyse sur les résultats des élections à l'Assemblée constituante, une minorité de la population, y compris de la population laborieuse, qui a soutenu en octobre et dans les semaines suivantes, la prise du pouvoir par les bolcheviks? Si tel était le cas, les analyses de Noguine constitueraient une prophétie non seulement facile à formuler, mais indiscutable, ce qui poserait cependant la question des raisons pour lesquelles le régime a connu une telle durée dans les conditions les plus difficiles.

Dans son *Histoire de la Révolution russe*, Trotsky évalue à 25 000 ou 30 000 au plus le nombre de soldats, marins et gardes rouges qui ont participé directement en octobre aux opérations militaires qui ont constitué l'insurrection [4]. Ce chiffre est évidemment loin de soutenir la comparaison avec le raz de marée humain coulant en février dans les grèves de masses et les manifestations de rue. Cela signifie-t-il que la base de la révolution s'était rétrécie au fur et à mesure de son approfondissement? Le paradoxe serait difficilement explicable. Trotsky répond par avance aux arguments que des adversaires pourraient tirer de ses propres évaluations : il souligne que l'insurrection d'Octobre à Petrograd a constitué en dernière analyse la phase finale du développement de la révolution, avec la réalisation de tâches bien définies et par là même limitées. Il explique que la bataille a été en réalité gagnée au cours de l'étape précédente, pendant laquelle se sont mobilisés pour une action directe « défensive sur la forme, prenant l'offensive au fond », des centaines de milliers de soldats et d'ouvriers. Il semble approcher de très près la vérité quand il écrit :

> « En réalité, ce fut le plus grand soulèvement de masses de toute l'Histoire. Les ouvriers n'avaient pas besoin de sortir sur la place pour fusionner : ils constituaient sans cela politiquement, moralement, un ensemble. [...] Ces masses invisibles marchaient plus que jamais au pas des événements. [...] C'est seulement avec de grosses réserves derrière eux que les contingents révolutionnaires pouvaient marcher avec tant d'assurance [5]... »

Il semble bien que, sur ce point, l'Histoire lui ait donné raison : dans les jours qui suivent Octobre, en effet, le pays se rallie de façon majoritaire au pouvoir des soviets, c'est-à-dire au nouveau gouvernement bolchevique. Les bolcheviks ont une nette majorité dans les 20 millions d'électeurs du deuxième congrès pan-russe des soviets. Ils vont recueillir plus de 10 millions de voix aux élections à la Constituante un peu plus tard (23,9 %), dans une élection qui reflète sans aucun doute une situation et un rapport des forces déjà remis en cause. On peut évidemment s'attacher à ce dernier point et minimiser leur position en soulignant qu'ils n'ont pas obtenu la majorité, même relative, aux élections au suffrage universel. En fait, comme l'admet Deutscher, ils ont avec eux « la masse de la classe ouvrière urbaine, les éléments prolétarisés de la paysannerie et une très large portion de l'armée, bref les éléments les plus dynamiques de la population : de la continuité de leur soutien dépendait l'avenir de la révolution [6] ». Le nombre de suffrages exprimés une seule fois dans un contexte précis ne peut être plus significatif qu'un tel appui social, surtout renouvelé.

Contre les bolcheviks conciliateurs dans leur propre parti, contre les mencheviks et les s.r., contre les commentaires à venir de nombre de spécialistes, Lénine et Trotsky ont pensé, en octobre 1917, qu'ils disposaient dans le pays d'un véritable crédit, d'une base réelle pour trouver une issue dans l'élan de la révolution. Cette base existait, et la *Pravda* expliquait parfaitement la situation en reparaissant le 26 octobre sous son véritable titre, après des semaines de suspension quand elle écrivait :

> « Ils veulent que nous soyons seuls à relever le gant, pour que nous soyons seuls à régler les terribles difficultés qui sont posées au pays... Eh bien, nous prenons le pouvoir tout seuls, nous appuyant sur les suffrages du pays et comptant sur l'aide amicale du prolétariat européen. »

Et le journal bolchevique d'ajouter pourtant aussitôt :

« Ayant pris le pouvoir, nous appliquerons aux ennemis de la Révolution et à ceux qui la sabotent, le gant de fer. Ils ont rêvé de la dictature de Kornilov... Nous leur donnerons la dictature du prolétariat [7]. »

Curieusement, et en dépit de ce que pourraient suggérer ses réflexions d'autrefois sur le « terrorisme » des Jacobins, c'est Trotsky qui est le premier à brandir contre les adversaires du nouveau régime la menace de la Terreur. Le 1er décembre, à une réunion de l'exécutif des soviets, il menace :

« La Russie est coupée en deux, entre deux camps irréconciliables, celui de la bourgeoisie et celui du prolétariat. [...] Il n'y a rien d'immoral à ce que le prolétariat achève une classe finissante : c'est notre droit. Vous vous indignez de la terreur sans masque que nous appliquons à nos ennemis de classe, mais laissez-moi vous dire que, dans un mois au plus, elle prendra des formes plus effrayantes, copiées sur le modèle de la Grande Révolution française. Ce n'est pas la forteresse, c'est la guillotine qui attend nos ennemis [8]. »

Cette déclaration fait quelque bruit. Elle peut être spectaculairement orchestrée dans une polémique, mais elle n'est qu'une pièce dans un débat plus vaste et plus complexe. L'une des premières décisions des bolcheviks au pouvoir n'a-t-elle pas été, contre l'opinion de Lénine d'ailleurs, l'abolition de la peine de mort? N'est-ce pas Trotsky en personne qui a fait libérer sur parole les élèves-officiers arrêtés à Petrograd en tentant de résister par les armes à l'insurrection, et même le général Krasnov, qui a tenté de conduire ses troupes sur la capitale au lendemain de l'insurrection? Et Trotsky n'oublie jamais de le rappeler à l'occasion : les mêmes mencheviks et s.r. qui ont accepté de siéger jusqu'au bout dans des assemblées factices comme le préparlement, n'ont pas hésité à quitter le congrès des soviets quand celui-ci a décidé de revendiquer le pouvoir pour lui. Le refus de reconnaître le pouvoir des soviets était à terme le signal de la lutte armée contre lui.

Faut-il conclure, comme le font aujourd'hui les plus bienveillants des commentateurs, que Lénine et Trotsky, en lançant l'assaut contre le gouvernement provisoire, seraient en définitive tombés dans un piège qui leur aurait été tendu par les socialistes conciliateurs? Dès 1918, Rosa Luxemburg s'opposait fermement à cette interprétation en écrivant à la fin d'une brochure où elle n'avait pourtant pas manifesté un excès d'indulgence à l'égard des bolcheviks :

« Dans cette dernière période où nous sommes à la veille des batailles décisives dans le monde entier, le problème le plus important du socialisme a été et est encore tout juste la brûlante question du jour : non pas tel ou tel détail de tactique, mais la capacité d'action du prolétariat, la force de l'action des masses, la volonté d'avoir le pouvoir dans le socialisme en général. A cet égard, les Lénine et les Trotsky, avec leurs amis ont été *les premiers* qui aient devancé le prolétariat mondial par leur exemple : ils sont jusqu'ici les *seuls* qui puissent s'écrier [...] : « J'ai osé cela! » [...] Il leur reste le mérite impérissable dans l'Histoire d'avoir pris la tête du prolétariat en conquérant le pouvoir politique et en posant dans la pratique le problème de la réalisation du socialisme [9]. »

Et, de la cellule où elle a été jetée par le gouvernement allemand, dans l'attente de la révolution dont elle ne doute pas qu'elle va lui ouvrir les portes de sa prison, la prisonnière ajoute :

« En Russie, le problème ne pouvait être que posé; il ne pouvait pas être résolu en Russie. Et c'est en ce sens que l'avenir appartient partout au bolchevisme [10]. »

La militante allemande est sans doute la première qui ait fait apparaître avec autant de netteté que le débat autour de l'opportunité de la révolution d'Octobre recèle en réalité un débat plus profond, sous-jacent à tous les développements révolutionnaires, sur le rapport de la révolution dans un seul pays à la révolution mondiale – et, comme nous allons le voir, le rapport des révolutionnaires à la révolution.

Tout au long de l'année 1917, Trotsky le répète à l'adresse des « conciliateurs » pris de panique devant le déferlement du mouvement des masses et qui rêvent d'arrêter la marée montante : la révolution n'est pas un complot dont quelques personnes, « chefs » ou « révolutionnaires », « meneurs » ou « conspirateurs », tireraient les ficelles et qu'on pourrait déclencher en appuyant sur un bouton et arrêter en serrant les freins. La révolution est le mouvement organique même d'une société, la façon dont elle surmonte ses contradictions. Elle implique des milliers et finalement des millions d'individus, indépendamment des intentions, des déclarations ou des actions des révolutionnaires dont l'unique possibilité d'intervenir est d'y exprimer, de leur mieux, consciemment, le processus inconscient qui met les masses en mouvement.

Selon Trotsky, comme selon tous les marxistes de son temps, c'est l'antagonisme fondamental entre les classes qui constitue par conséquent la force motrice de la lutte entre révolution et contre-révolution, chacune recouvrant un camp de classe. La révolution, se concrétisant par la mobilisation, la mise en marche de millions d'hommes et de femmes, se fraie son chemin à travers les obstacles de toute nature, ébranle la société de bas en haut et de haut en bas, démonétise ou détruit les institutions apparemment les plus stables, affaiblit et met en pièces l'État, décompose l'armée, balaie les idées reçues et les préjugés séculaires, fait triompher perspectives et comportements nouveaux, libérant d'immenses réserves d'espoir, d'énergie, de combativité, donnant force matérielle aux aspirations et aux idées, rendant ainsi l'oppression définitivement intolérable. Dans ce cadre, l'insurrection – en l'occurrence celle d'Octobre – est l'opération chirurgicale qui couronne de façon à la fois organisée et consciente le développement organique et inconscient de la révolution : l'insurrection n'a de sens que parce qu'elle est l'aboutissement, le prolongement, la pointe aiguisée de la révolution, parce qu'elle va dans le sens de son triomphe, portée par elle et l'aide à aboutir.

Celui qui veut œuvrer à la victoire de la révolution – et tel est en principe le désir de tout socialiste de cette époque – ne peut que chercher à lui frayer un chemin, à l'aider à surmonter et détruire les obstacles, à la conduire jusqu'à sa victoire à travers l'insurrection qui trace le trait définitif, proclame l'ordre nouveau après la destruction de l'ancien. Que peut faire celui qui est opposé non seulement à l'insurrection, mais à la révolution elle-même, quels que soient les motifs qui l'inspirent? Peut-on arrêter la révolution par des discours et des appels, des arguments de raison et de patience? C'est là, au fond, ce que les partis conciliateurs – mencheviks et s.r. –, pour des raisons qu'ils ne dissimulaient pas, ont tenté de faire depuis la révolution de Février et sans grand succès. La révolution, dont la force physique et matérielle balaie les obstacles sur sa route – l'expérience le démontre – ne peut être arrêtée que par une force matérielle, l'usage des armes et de la violence, la guerre civile, en d'autres termes la contre-révolution armée – sous quelque couverture idéologique que ce soit. Trotsky l'a répété sous toutes ses formes, tout au long des mois précédant l'insurrection, à ses anciens amis « conciliateurs » qu'il ne désespère jamais de convaincre : dans l'opposition entre les classes fondamentales, en période de crise révolutionnaire, il n'y a ni « juste milieu » ni position de neutralité possible. En revanche – et c'est la loi qui régit le sort des modérés et fait dire aux conteurs que « la révolution dévore ses enfants » –, la logique de toute tentative d'arrêter la révolution a conduit tout droit ses défenseurs – quelles que soient la qualité et l'intégrité de tel ou tel – dans les rangs de la contre-révolution, laquelle, en période de guerre civile, ne peut être, au bout du compte, que le bras armé de la soldatesque la plus brutale, de la réaction noire; la guerre civile de Russie en sera une claire illustration.

La question posée dans le débat d'octobre-novembre 1917 entre bolcheviks autour de l'insurrection serait-elle donc en quelque sorte la réfraction d'un autre débat non moins capital : celui sur les chances de la révolution russe de se développer à court terme en révolution européenne? C'est un débat déjà terriblement faussé à partir du moment où il est mené un demi-siècle plus tard et où les intervenants ont sur les acteurs historiques l'énorme avantage apparent de connaître « la suite ». *A fortiori*, lorsqu'il est mené par des historiens dont on connaît la propension à valoriser le fait accompli et à le justifier au lieu de l'expliquer, au détriment des possibles qui ne se sont pas concrétisés.

Il nous faut donc maintenant nous poser la question de savoir quels étaient, en dehors de l'analyse générale de la crise du capitalisme, les éléments qui pouvaient alors conforter Lénine et Trotsky dans une analyse dont la perspective de la révolution européenne était évidemment la poutre maîtresse?

Le premier de ces éléments était évidemment la révolution russe elle-même. Tous deux, en des termes différents, l'avaient, nous l'avons vu, prévue depuis 1905 en tant que « seconde révolution russe ». Trotsky l'avait, depuis, constamment envisagée comme la première étape de la révolution européenne, ce qu'il avait brillamment exposé dans *Bilan et Perspectives.* Ses prévisions s'étaient donc réalisées et particulièrement dans leur partie la plus fragile, leur pronostic le plus aléatoire : en s'emparant du pouvoir à Pétrograd, les bolcheviks, suivant l'expression de Rosa Luxemburg, avaient « pris la tête du prolétariat mondial » et assuré une avance formidable sur la voie qui menait inéluctablement à la révolution européenne.

Peut-on examiner la situation européenne en général et allemande en particulier de façon empirique, en faisant le décompte des éléments et tendances qui pèsent dans la direction de telle ou telle conclusion? Il semble bien que non. Les bolcheviks, par exemple, voient, dans l'organisation, au sein de la marine de guerre allemande, d'un réseau clandestin se fixant des objectifs d'action pour la paix, la preuve de la montée des masses et de la recherche d'organismes autonomes pouvant exprimer les revendications et la poussée que les appareils traditionnels combattent. Nombre d'historiens voient, au contraire, une classe ouvrière allemande d'abord partie prenante dans l'enthousiasme guerrier, puis laminée par la guerre et la répression et surtout prisonnière de la politique de collaboration de classes de ses dirigeants traditionnels, parti et syndicats. Personne ne nie, bien entendu, la possibilité du développement en Allemagne de courants, voire d'organisations conséquentes d'opposition à la guerre. A la fin 1917 pourtant, l'observateur relève que les têtes d'une éventuelle révolution, Karl Liebknecht et Rosa Luxemburg, sont en prison, que les réseaux clandestins ont été décimés après les mouvements de grève d'avril, qu'aucune action de masse ne semble s'annoncer.

L'argument est très faible. Qui, en effet, aurait pu prédire, en novembre 1916, à Lénine au travail dans une bibliothèque de Zürich, ou à Trotsky errant en Espagne, flanqué de ses « mouchards », qu'ils se trouveraient portés au pouvoir une année plus tard par une insurrection victorieuse à Pétrograd? C'était pourtant cet invraisemblable – plus invraisemblable que tout, et notamment qu'une révolution allemande en 1918 – qui s'était réalisé. Dès l'année suivante, Trotsky, devenu chef des armées, allait retrouver dans son bureau, arrêté comme espion, le fonctionnaire Charles Faux-Pas-Bidet, qui avait, deux ans auparavant, « machiné » son expulsion de France [11]...

Mais le principal argument, celui qui pèse le plus lourd, dans l'appréciation que portent Lénine et Trotsky en faveur de la révolution allemande est la tradition de la classe ouvrière. Bien que la révolution ait débuté en Russie et que celle-ci ait été le premier théâtre d'une victoire prolétarienne, ni Lénine ni Trotsky ne remettaient en question l'importance décisive du poids spécifique d'un prolétariat moderne et instruit dans la société allemande, trempé par son passage par la « vieille école » de la formation social-démocrate à travers le parti qui avait été à leurs yeux le modèle pendant des années. Conscients de la dégénérescence du Parti social-démocrate sous le poids de l'opportunisme de ses dirigeants qui l'avaient, au moment décisif, mis à la remorque des classes dirigeantes en en faisant une force auxiliaire de l'Union sacrée, ils n'en étaient pas moins convaincus de la vitalité des traditions de classe, prolétariennes, de la conscience socialiste, plus développées en Allemagne que partout ailleurs. Pour eux, l'explosion au grand jour de la crise de la société allemande, la crise révolutionnaire inévitable en Allemagne allaient en faire des facteurs décisifs pour la victoire. Ni l'un ni l'autre n'ont jamais douté pendant la guerre que le prolétariat allemand trouvait son expression historique dans les figures de Liebknecht et de Luxemburg. La faiblesse des groupes clandestins rassemblés à leur initiative, la sévérité de la répression leur paraissaient des traits communs avec la situation en Russie dans la période précédant la révolution. Il y avait en outre la guerre, le grand accélérateur commun, qui ne pouvait pas ne pas mettre en marche les foules qu'elle frappait si durement, commençant par les pays les plus faibles pour s'étendre finalement aux plus forts.

L'ultime argument des Lénine et des Trotsky qui édifiaient leur politique sur la base de l'inéluctabilité de la révolution allemande et européenne, reposait sur l'exemplarité ou, si l'on préfère, sur la valeur d'entraînement de la révolution russe. On se retrouve ici au cœur du débat.

L'un des arguments les plus forts en faveur de l'insurrection d'Octobre et des perspectives des révolutionnaires résidait précisément dans le fait qu'en dépit des sceptiques et des faibles chances qu'on lui avait généralement attribuées, elle avait finalement rencontré le succès. La révolution d'Octobre attestait qu'au moins pour un temps un « impossible » avait été réalisé : les bolcheviks, en prenant le pouvoir dans un pays arriéré, à majorité rurale écrasante, avec un prolétariat proportionnellement numériquement faible et politiquement jeune, avaient remporté la victoire dans le cas de figure où ce développement paraissait le plus invraisemblable. Les émigrés qui usaient depuis des années leurs redingotes sur les chaises des bibliothèques d'Occident venaient d'être portés au pouvoir par l'élan des masses qui les avaient ignorés pendant des dizaines d'années et n'avaient commencé à connaître leurs noms que quand ils avaient été qualifiés d'espions et d'agents allemands. Comment douter, dans ces conditions, que la tâche des révolutionnaires des pays avancés d'Occident en serait facilitée?

La tentative même et *a fortiori* la victoire d'Octobre, parce qu'elle élargissait de façon presque démesurée le champ du possible, étaient pour les révolutionnaires d'Occident exemple en même temps qu'assurance, encouragement en même temps que directive. C'est ce que Rosa Luxemburg exprimait quand elle mettait à l'actif de la révolution russe la « volonté » de combattre et de s'emparer du pouvoir. L'insurrection d'Octobre était en elle-même mobilisation, appel au combat, première offensive. Elle devait être d'autant plus entendue qu'elle avait abouti.

Nous n'aborderons que dans les chapitres suivants la question de la révolution européenne et de l'isolement final de la révolution dans les limites – par-dessus le marché singulièrement rétrécies – de l'ancien empire du tsar. Mais nous avons dû mentionner ici les problèmes de la révolution internationale, parce que cette dernière constitue, en 1917, l'objectif essentiel de Trotsky comme de Lénine à travers l'insurrection d'Octobre. Or cet élément capital de toute appréciation de la politique des bolcheviks est généralement passé sous silence ou sommairement écarté par la plupart des discussions autour d'Octobre, mentionné dans le meilleur des cas comme une « illusion » qui aurait précisément faussé les calculs et dévoyé les perspectives, transformant l'insurrection d'Octobre en la spectaculaire manifestation d'une sanglante utopie : en s'emparant du pouvoir seuls, dans un pays arriéré et à bien des égards encore en plein Moyen Âge, les bolcheviks se seraient eux-mêmes condamnés à ce qui fut le déroulement des années suivantes dans le pays de la victoire révolutionnaire, et la dictature stalinienne aurait été le fruit monstrueux d'une entreprise contre nature...

Nous ne pouvons suivre ces raisonnements qui relèvent également en dernière analyse de ce que nous avons appelé l'adoration du fait accompli. Les historiens qui écrivent aujourd'hui, dans les années quatre-vingts, savent depuis longtemps – au moins dans les grandes lignes – ce qui s'est passé et ce qui ne s'est pas passé en Europe au début des années vingt. Mais c'est faire vraiment bon marché de la richesse et des contradictions, de l'infini des virtualités de l'histoire humaine, et se comporter plus en idéologue qu'en chercheur que d'étayer un jugement sur la politique de Lénine et de Trotsky en 1917 à partir de l'histoire des années 1918-1923 en Europe. Et ne faudrait-il pas, dans ces conditions, ouvrir de nouveau le dossier des autres révolutions – celles qui se sont vraiment produites, en Europe centrale, par exemple, à cette époque, ou celles du passé, notamment de cette année 1793 où les jacobins introduisirent dans la constitution un suffrage universel qui allait mettre plus d'un siècle à s'inscrire dans la réalité?

Sans vouloir ouvrir ici un procès contre des méthodes de plus en plus répandues dans la démarche de généralisation en histoire, ne peut-on tout de même signaler que cette discrimination n'apparaît guère innocente? Que, selon cette conception, la décision d'insurrection constitue une « erreur » et la croyance en la révolution européenne une « illusion », alors que la victoire de la contre-révolution en Europe est, elle, dotée de toutes les qualités de l'accompli, du réel et du raisonnable? En d'autres termes, cette histoire-là, qui se proclame « objective », est en réalité très partisane, puisqu'elle aboutit inéluctablement à justifier des conceptions conservatrices ou, au mieux, prudemment réformistes, et condamne toujours la révolution comme une « utopie » ou une « aventure ».

Nous ne mentionnerons ici que pour mémoire la question du pouvoir soviétique : pouvoir mis sur pied par les masses qui s'y incarnent,

État sans armée permanente, sans police ni bureaucratie, « État à bon marché », écrit Lénine, à la veille de l'insurrection, dans *L'État et la Révolution,* où il reprend les thèmes, longtemps négligés, de Marx et Engels sur le dépérissement de l'État, le passage du gouvernement des hommes à l'administration des choses. La majorité des commentateurs académiques d'aujourd'hui ne prennent même pas la peine d'examiner sérieusement dans quelle mesure les organes soviétiques peuvent à cette époque – et pendant combien de temps – refléter ces orientations et de quelle manière, bref quelle est alors la réalité de la démocratie soviétique, de la pluralité des partis intervenant à l'intérieur des soviets, de la conviction des partisans du pouvoir soviétique que ce dernier apportait aux masses ouvrières et paysannes de Russie plus de liberté, de droits et de dignité – une conviction qui reposait autant sur la réalité du moment que sur leur démarche théorique.

Nous ne voyons pas non plus l'intérêt de suivre Isaac Deutscher, alors même qu'il se fait l'avocat des inspirateurs et dirigeants d'Octobre, quand il assure qu'initialement « la démocratie plébéienne des soviets ne se pensait pas comme un État monolithique ou totalitaire [12] ». Cette remarque est certainement exacte, mais elle souffre d'un anachronisme évident dans la mesure où, sous la forme de « l'État monolithique ou totalitaire », elle introduit dans le débat de 1917 ce que nous avons appelé « la suite », à savoir le stalinisme.

Nous ne suivrons pas non plus ceux qui assurent que la république soviétique a entamé sa première année d'existence sous le signe du pillage de l'alcool dans les caves et des gigantesques saouleries, « bacchanales démentes », comme écrit Antonov-Ovseenko [13]. L'effet littéraire est sans doute impressionnant, mais ce n'est rien de plus. De telles orgies reflétaient en effet le passé et l'arriération de la société russe, la volonté de provoquer de la part de ses derniers défenseurs, comme la détermination d'une certaine pègre de « brûler la révolution au feu de l'alcool [14] ».

Pourquoi placer le début du régime soviétique sous le signe de cette orgie? Pourquoi ne pas le placer au contraire sous le signe inverse et non moins réel de l'initiative prise par une poignée de militants bolcheviques, autour du marin Markine, de protéger et, en cas d'impossibilité, de détruire les stocks d'alcool? Pourquoi préférer le spectacle hallucinant des beuveries géantes, près des palais, au tableau tracé par Trotsky dans un passage célèbre de *Ma Vie,* le vin et les alcools coulant par les ruisseaux vers la Neva, et Markine, revolver au poing, combattant « pour la lucidité d'Octobre [15] »?

Car cet épisode est déjà en lui-même un moment de la guerre civile, le signe annonciateur de la résistance acharnée du Vieux Monde. Historiquement, l'insurrection d'Octobre constitue en effet une césure : elle tranche, dessinant une ligne de clivage nette entre ses partisans et ses adversaires, une ligne qui sera désormais, qu'on le veuille ou non, celle de la révolution et de la contre-révolution, des rouges et des blancs. Elle est en ce sens le signal d'une guerre civile qui avait déjà traîné depuis plusieurs mois dans le cadre de l'ancien empire, allait traîner encore plusieurs mois dans celui de la nouvelle république des soviets, pour s'embraser finalement, avec l'intervention directe et indirecte des grandes puissances, mêlant ainsi inextricablement guerre impérialiste et guerre civile, et une guerre civile réellement internationale. Certains arguments dans les débats historiographiques contemporains ne sont au fond que l'écho déformé de ceux au moyen desquels les uns et les autres se préparaient alors à la guerre civile en lui fabriquant des justifications. N'est-il pas plus loyal de l'admettre franchement? Pour l'historien qui veut à tout prix se faire « juge » tout en s'affirmant « objectif », ne serait-il pas plus fécond, quand il s'agit de « juger » les acteurs de 1917, de s'en tenir à la situation telle qu'elle apparaissait à cette date et non telle qu'elle peut apparaître, après plus d'un demi-siècle de développements historiques, qui ne peuvent être sérieusement abordés dans le cadre d'une étude sur 1917?

C'est en tout cas l'attitude qui s'impose pour l'historien qui a entrepris d'écrire la biographie de Trotsky. Comment ne pas devenir le conteur d'une histoire de fou dite à des idiots, si l'on trouve absurde que ce dernier, depuis des années, ne concevait la révolution qu'internationale et n'attendait de sa victoire en Russie que le signal de son extension à l'échelle mondiale? Comment ne pas se faire, *a priori*, procureur ou psychiatre si l'on cherche à retracer la vie de cet homme en tournant systématiquement en dérision l'objectif qu'il a poursuivi consciemment tout au long de sa vie et dans ses tournants les plus décisifs?

DEUXIÈME PARTIE

Le pouvoir

CHAPITRE XIII

A la barre [1]

Au soviet de Petrograd, le 12 novembre, « jour d'incertitude », raconte l'irremplaçable chroniqueur de la révolution d'Octobre, l'Américain John Reed :

> « Trotsky faisait le point : " Les Cosaques reculent devant Krasnoie-Selo. (*Acclamations exultantes*). Mais la bataille ne fait que commencer. A Poulkovo, le combat se poursuit avec violence. Tous les renforts disponibles doivent être expédiés là-bas... Les nouvelles de Moscou sont mauvaises... Au front, les décrets sur la paix et sur la terre provoquent un grand enthousiasme. Kerensky inonde les tranchées de racontars sur Petrograd mis à feu et à sang... Les croiseurs *Oleg, Aurora* et *Respublica* ont mouillé l'ancre dans la Néva et braqué leurs canons sur les abords de la capitale...
> – Pourquoi n'êtes-vous pas là où sont les gardes rouges? " lança une voix rude.
> – Justement, j'y vais, répliqua Trotsky ", et il quitta la tribune. Un peu plus pâle que d'habitude, il traversa la salle, entouré d'amis empressés et se hâta vers l'auto qui l'attendait dehors [2]. »

Deux jours auparavant, le 10 novembre, au moment où Kerensky, avec les troupes du général Krasnov, menaçait Petrograd, Trotsky, au nom du soviet, avait appelé à la défense de la capitale d'Octobre. Le même John Reed a décrit la réponse du prolétariat :

> « Les travailleurs déferlaient dans les rues, hommes et femmes, par dizaines de milliers; par dizaines de milliers, les taudis bourdonnants vomissaient leurs légions sombres et misérables. La Cité rouge de Petrograd était en danger! Les Cosaques! Le long des rues sordides, vers le sud et le sud-ouest, dans la direction de la Porte de Moscou, s'écoulait le flot d'hommes, de femmes et d'enfants, chargés de fusils, de pioches, de bêches, de rouleaux de fil de fer, de cartouchières, accrochés par-dessus les vêtements de travail. Un jaillissement immense, spontané, comme la ville n'en avait jamais vu. Ils dévalaient, tel un torrent charriant des compagnies de soldats, des canons, des camions, des voitures, prolétariat

révolutionnaire défendant avec sa poitrine la capitale de la République ouvrière et paysanne [3]! »

Tout le rapport entre le prolétariat de Petrograd et Trotsky, chef de l'insurrection, apparaît dans ces deux textes. Trotsky est bien le chef, mais c'est la volonté des masses qu'il s'efforce de traduire en directives et mesures d'organisation : il obéit à ses hommes! En tant que président du soviet de Petrograd et membre de son comité militaire révolutionnaire, il a convoqué à Smolny une conférence militaire et confié le commandement des unités de marins, de soldats et d'ouvriers à des officiers de carrière, flanqués de militants qui les surveillent. Après la victoire de Poulkovo et la prise de Gatchina, il signe : « Trotsky, commissaire du peuple », un texte où, pour la première fois se combinent l'appel à l'initiative politique et les encouragements du chef de guerre satisfait :

> « La grande idée de la domination de la démocratie ouvrière et paysanne a resserré les rangs de l'armée et a durci sa volonté. [...] La défaite de Kerensky est celle des propriétaires fonciers, de la bourgeoisie et des partisans de Kornilov. La défaite de Kerensky est l'affirmation des droits du peuple à une vie de paix et de liberté, à la terre, au pain et au pouvoir [...]. Il n'est pas de retour au passé. Des combats, des obstacles, des sacrifices nous attendent. Mais la route est ouverte et la victoire assurée [...]. Gloire aux combattants de la Révolution, aux soldats, et officiers fidèles au peuple! Vive la Russie populaire, révolutionnaire, socialiste [4]! »

« Commissaire du peuple », Trotsky l'était depuis la constitution du nouveau gouvernement. Le nouveau vocable avait été adopté dans la réunion d'un C.C. aux rangs éclaircis, dans les heures suivant le succès de l'insurrection. La proposition émanait de lui, et Lénine, qui ne voulait pas du terme de « ministre », l'avait jugée bonne : « Cela sent la révolution [5]. » Il avait en outre proposé, compte tenu du rôle de Trotsky dans l'insurrection, que celui-ci prenne la tête du gouvernement. Trotsky avait refusé l'honneur et la charge. Épuisé, il éprouvait le besoin d'alléger ses responsabilités. Surtout, avec la majorité des autres, il estimait que la fonction revenait de droit à Lénine [6].

Il eut, semble-t-il, un peu plus de peine à décliner la deuxième proposition de Lénine qui voulait lui confier le commissariat du peuple à l'Intérieur : l'argument qu'il invoqua – le fait qu'il était juif et que ce serait exploité par les ennemis – n'était pas de nature à impressionner Lénine. L'appui de Sverdlov permit cependant à Trotsky d'échapper à cette fonction [7]*. En réalité, Trotsky souhaitait une responsabilité qui lui semblait plus conforme tant à ses capacités qu'à ses aspirations personnelles : il était candidat à la direction de la presse du parti, agitation et propagande. Il ne l'obtint pas – on lui préféra

* Adam B. Ulam, qui semble tout savoir et dont la spécialité consiste à lire les pensées des protagonistes de l'Histoire loin dans l'espace et le temps, écrit dans *The Bolsheviks* (p. 457, n. 7) que Trotsky a avancé là un prétexte, selon toute vraisemblance pour refuser un poste qui ne l'intéressait pas.

Boukharine – et se retrouva finalement aux Affaires étrangères, parce que, disait Lénine, on allait « l'opposer à l'Europe [8] ». Il accepta.

Curieusement, et alors même que la revendication centrale de la Paix impliquait une intervention politique active dans les relations internationales en direction des belligérants, Trotsky ne semble pas avoir d'emblée pressenti l'ampleur de la tâche qui l'attendait là. Il évoque, dans *Ma Vie*, le souvenir d'une réflexion que lui-même aurait faite alors à ce sujet à un camarade : « Je vais publier quelques proclamations révolutionnaires et je n'aurai plus qu'à fermer boutique [9]. »

En fait, ses débuts ne sont pas brillants. Les personnels du ministère, à l'initiative des hauts fonctionnaires, étaient en grève pour protester contre l'insurrection d'Octobre. Quand Trotsky s'est présenté, le 9 novembre, il s'est contenté d'un appel au travail et s'est retrouvé devant un mouvement renforcé; tiroirs et placards fermés, ni dossiers, ni clés.

Retournant à Smolny – l'ancien pensionnat de jeunes filles où s'étaient implantées les nouvelles autorités – où l'attendent des tâches plus urgentes, il confie alors le ministère – et d'abord le soin de briser la grève – à Markine, le marin ami de ses enfants, qu'il connaît depuis quelques semaines. Markine fait arrêter et emprisonner deux hauts fonctionnaires – dont le prince Tatichtchev qui avait « informé » Trotsky de la grève – et obtient rapidement leur capitulation, la restitution des clés, l'accès aux documents. En possession des clés de son ministère, il n'a pas pour autant le temps de s'y consacrer.

> « Markine devint alors, provisoirement, le ministre des Affaires étrangères sans en avoir le titre. Il débrouilla tout, à sa manière, dans le mécanisme du commissariat, procéda d'une main ferme à l'épuration, chassant les diplomates de haute lignée, les diplomates fripons, réorganisant la chancellerie. Il confisqua au profit des clochards de tout âge les objets que l'on recevait encore en contrebande par les valises diplomatiques. Il fit une sélection parmi les plus édifiants documents secrets et publia ce qu'il avait choisi, sous sa responsabilité personnelle, avec des notes de lui, en brochure [10]. »

La révocation de trente-trois hauts fonctionnaires et de vingt-huit diplomates, avait, comme le précise Victor Serge, brisé la sujétion des petits fonctionnaires et du même coup, la grève [11].

* * *

Une autre épreuve attendait les bolcheviks. Influencés par les mencheviks, les dirigeants des syndicats de cheminots, le Vikjel, utilisaient cette position stratégique pour prendre à la gorge le nouveau gouvernement. Leur objectif proclamé était la formation d'un gouvernement socialiste de coalition comprenant bolcheviks, mencheviks et s.r. Ils tentèrent de l'arracher aux bolcheviks par la menace de grève dans les chemins de fer. C'était une remise en cause des résultats de l'insurrection : elle trouva de l'écho à la direction du parti bolchevique où il y avait eu, on le sait, une forte opposition à la prise du pouvoir. Zinoviev et Kamenev, avec un soutien élargi, remirent en cause à cette occasion la politique qui avait conduit à l'insurrection.

Dans un premier temps, les représentants du parti bolchevique aux négociations organisées par le Vikjel avec tous les partis socialistes, acceptent en effet de signer avec les autres un appel au cessez-le-feu et de transmettre des propositions des mencheviks et des s.r., précisant qu'ils exigent que Lénine et Trotsky ne soient pas membres du gouvernement de coalition [12]. Cette élimination répondait-elle aux sentiments réels de ces bolcheviks qu'on appelait « conciliateurs »? On peut le penser. Les choses en tout cas vont très vite plus loin, malgré la déroute des troupes qui ont tenté de soutenir Kerensky. L'opposition des bolcheviks « conciliateurs » se cristallise sur la question de la « coalition » qui leur paraît l'unique alternative à l'engrenage de la terreur qu'ouvrirait, selon eux, la permanence du gouvernement bolchevique.

Au comité exécutif central des soviets, les délégués bolcheviques, sous l'influence de Zinoviev et de Kamenev, votent, dans la séance de nuit du 2 15 au 3 16 novembre, une résolution en contradiction avec celle de leur comité central. Le 4/17 novembre, quatre commissaires du peuple membres du parti bolchevique démissionnent de leurs responsabilités [13]. Cinq membres du comité central bolchevique donnent également leur démission : Zinoviev, Kamenev, Rykov, Milioutine et Noguine [14]. Par son éclat, son caractère public, son ampleur, par la division qu'elle introduit au sommet du parti comme au gouvernement, cette crise est sans précédent. Une fois de plus, en tout cas, elle dresse un groupe important de vieux-bolcheviks contre Lénine et Trotsky.

Trotsky est évidemment au premier rang de la lutte contre les conciliateurs. A son retour des premiers combats victorieux, il s'indigne que des bolcheviks aient pu accepter des propositions semblables. Pour lui, les conciliateurs ont capitulé, renié l'insurrection et la politique du parti. Moins tranchant que Lénine, qui propose de rompre immédiatement les négociations pour un gouvernement de coalition, il se déclare disposé à accepter cette solution, à condition toutefois que les bolcheviks détiennent 75 % des postes de commissaires du peuple, qu'aucune exclusive ne soit lancée contre l'un des leurs et que Lénine demeure le chef du gouvernement [15].

Le 4/17 novembre s'engage le débat public sur cette question, à l'exécutif des soviets qui est, au fond, le parlement de la révolution. Le gouvernement bolchevique vient de décider d'interdire les journaux du parti cadet qui préconisent la lutte armée contre lui. Les conciliateurs s'indignent de cette répression qui commence, de l'atteinte aux libertés que constituent ces mesures. Larine présente une résolution annulant le décret sur la presse, précisant :

> « Aucun acte de répression politique ne peut être réalisé en dehors de l'autorisation d'un tribunal spécial, choisi par le comité exécutif central

proportionnellement à la force de chaque fraction. Ce tribunal a le droit d'annuler tout acte répressif déjà accompli [16]. »

Trotsky s'en prend alors à ses camarades qui prêchent la conciliation :

« Réclamer l'abandon de toutes les mesures de répression pendant une guerre civile équivaut à réclamer l'arrêt de la guerre elle-même. Une telle revendication ne peut émaner que des adversaires du prolétariat [17]. »

Répondant aux arguments démocratiques classiques sur la liberté de la presse qu'opposent aux gouvernements les s.r. de gauche – appuyés par les bolcheviks « conciliateurs » et leur mot d'ordre de liberté de la presse et d'abolition de toute censure –, il affirme la nécessité de rompre avec cette conception qui revient à reconnaître le droit à l'existence des seuls journaux appuyés par des banques. Il propose, pour la période de transition, la confiscation des stocks du papier et du matériel d'imprimerie, ainsi que des entreprises et une réglementation donnant au peuple le droit de s'exprimer par voie de presse [18].

L'homme qui vient de refuser d'être commissaire du peuple à l'Intérieur ne se prive pas pour autant d'intervenir dans des questions qui relèvent de la politique générale de ce commissariat. C'est lui qui annonce, le 28 novembre, l'interdiction du parti cadet qu'il accuse – à juste titre d'ailleurs – d'être la tête politique des gardes blancs et le centre de recrutement des généraux Kornilov et Kalédine. Toujours convaincu qu'une politique de terreur n'est pas une nécessité inéluctable, il refuse pourtant de se dessaisir d'une arme qui peut être un recours indispensable. Réaffirmant, dans la même phrase le refus de la politique terroriste, il menace pourtant :

« Nous avons commencé modestement. Nous avons arrêté les dirigeants des Cadets et donné l'ordre de surveiller leurs partisans en province. A l'époque de la Révolution française, les Jacobins ont guillotiné des gens plus honnêtes que ceux-là parce qu'ils faisaient obstacle à la volonté du peuple. Nous n'avons exécuté personne et nous n'avons pas l'intention de le faire, mais il y a des moments où la colère du peuple se déchaîne et les Cadets ont cherché leurs ennuis [19]. »

Lénine n'avait finalement pas dit autre chose quand il s'était vivement opposé, au lendemain de l'insurrection d'Octobre, à l'abolition de la peine de mort souhaitée par la majorité du comité central bolchevique.

*
* *

La question la plus pressante avait finalement été résolue pendant le débat avec les « conciliateurs », et presque sans intervention du pouvoir central : l'autorité du gouvernement bolchevique – finalement renforcée par l'entrée des s.r. de gauche – s'était élargie à l'ensemble du pays, sans conflits armés de grande envergure, à la seule exception des durs combats de Moscou : là, les éléments contre-révolutionnaires, appuyés sur les élèves-officiers et sous le drapeau de la « liberté de la presse » avaient résisté, les armes à la main, pendant six jours, ne cédant qu'après un bombardement du Kremlin par des artilleurs « rouges ». Sur un rythme inégal, généralement plus vite dans les villes industrielles, les soviets à majorité bolchevique avaient assumé le pouvoir, cependant que les bolcheviks prenaient la majorité dans les soviets jusque-là restés aux mains des mencheviks et des s.r.

L'historiographie soviétique n'est pas très riche pour l'histoire de la première période du pouvoir des soviets, et ce n'est certainement pas un hasard, car la réalité historique démentirait de façon trop cinglante le mythe officiel. Dans une optique finalement semblable, les historiens occidentaux, à la suite du travail fort documenté du professeur Anweiler [20], étudient moins la démocratie réellement existante que ce qu'ils appellent les ruses du parti bolchevique et ses efforts pour imposer son hégémonie.

On ne court guère en réalité de risque de lourde erreur en supposant que la situation qui prévalait alors au sommet reflétait assez bien, mais de façon très atténuée, celle du pays tout entier. Dans les premiers mois de ce qu'on appelle déjà alors « la dictature bolchevique », les bolcheviks sont loin de monopoliser l'autorité au sein des soviets : ils sont minoritaires dans nombre d'entre eux, membres de la coalition « socialiste » qui les dirige dans d'autres, prépondérants seulement dans les villes industrielles les plus importantes. Ils ne constituent nullement un « parti soviétique » unique, le parti du pouvoir, même si c'est une perspective que leurs adversaires redoutent et qu'ils ne rejettent pas. Là où ils sont en effet à la barre, comme à l'exécutif central des soviets, il existe une ou plusieurs minorités, un pluralisme politique véritable, des débats authentiques, des votes contestés, des coalitions qui se nouent et se dénouent. Les « commissaires du peuple » ont certes un pouvoir législatif, mais chacun d'entre eux est flanqué d'un collège de cinq membres de l'exécutif, qui le contrôlent et peuvent faire appel de ses décisions. On sait enfin que certains soviets locaux ou régionaux jouissent d'un pouvoir de fait très étendu et constituent, à bien des égards, sans que le pouvoir central s'en émeuve encore, des républiques autonomes.

Victor Serge écrit :

> « En Russie comme à l'étranger, il n'était question que de la " dictature de Lénine et Trotsky ". C'était profondément inexact. Le comité central, les comités soviétiques, les comités locaux délibéraient librement, passionnément, sur toutes les décisions, et les divergences de vues s'affirmaient souvent avec véhémence. Toutes les décisions étaient soumises aux assemblées du parti, des soviets, des congrès, des comités exécutifs. Ainsi fonctionnait – avec trop de délibérations – une démocratie ardente qui, du reste, ne refusait aucune liberté à ses adversaires socia-

listes. Anarchistes, socialistes-révolutionnaires de droite (ceux-ci ouvertement liés à la contre-révolution), socialistes-révolutionnaires de gauche, social-démocrates mencheviks subdivisés en plusieurs nuances, avaient leurs clubs, leur presse, leurs représentations [...]. La " dictature du prolétariat " se voulait réellement " la plus large démocratie des travailleurs ". Toute la politique de ses dirigeants reposait sur l'appel constant aux masses, à leur adhésion, à leur initiative et les résultats en étaient chaque jour saisissants [21]. »

On pourrait faire des remarques analogues à propos du fonctionnement du parti bolchevique, et plus précisément de sa direction. Il n'y a pas, à la direction du parti, plus de monolithisme après Octobre qu'avant. C'est de façon publique que les conciliateurs s'opposent à la direction du parti, votent à l'exécutif contre les décrets gouvernementaux. Dans cette activité de critique et d'opposition, ils bénéficient de l'autorité que leur valent des responsabilités qu'ils doivent au parti : c'est le cas de Kamenev qui négocie avec le Vikjel comme président de l'exécutif, c'est-à-dire, en somme, comme président de la République des soviets. Lénine ne les attaque pas comme « traîtres » ou « déviationnistes » – cette dernière notion n'existe pas –, mais comme des « déserteurs » quand ils abandonnent le poste auquel ils ont été élus, des « jaunes », quand ils refusent la discipline qu'ils doivent respecter après une décision, même s'ils ont été mis en minorité : et c'est, après tout, la règle pour tout parti. On chercherait vainement, dans ces mois, les caractères d'organisation d'un appareil ou les traits psychologiques des cadres et militants qui caractériseront plus tard le stalinisme. Ancien anarchiste, donc sensibilisé à ces questions, Victor Serge témoigne :

« L'autorité personnelle de Lénine et de Trotsky n'avait d'autre fondement que leur prestige. La suprême menace de Lénine, quand il se trouva momentanément en minorité, ce fut de démissionner. Les discussions les plus vives, dans le parti, ne provoquaient que des " démissions " sans effet, car la vieille camaraderie d'hommes qui se connaissaient depuis de longues années aplanissait toujours les désaccords [22]. »

Il devient, dans ces conditions, difficile d'opérer toujours une distinction nette entre la biographie politique de Trotsky et l'histoire du gouvernement soviétique dont il s'est toujours déclaré solidaire, même quand il était absent des délibérations. On peut dire en tout cas que, dans ces journées de crise où se jouait le sort de la république soviétique proclamée à Petrograd, Trotsky ne cesse de grandir en prestige et popularité aux yeux du parti comme du peuple révolutionnaire. Tribun favori des foules ouvrières de la capitale, enfant chéri des marins et des soldats, il a été l'organisateur d'Octobre. L'exclusive jetée contre lui par les socialistes de collaboration n'a fait qu'augmenter une autorité ainsi consacrée par l'acharnement de l'adversaire. Sans doute la demi-acceptation de son élimination par les conciliateurs l'a-t-elle plus fortement et plus profondément intégré au parti, puisque ce néophyte est resté avec Lénine au moment où tant de vieux-bolcheviks fléchissaient. Ses interventions enflammées pour mobiliser les ouvriers contre le coup de Kerensky et la levée en masse qui a suivi, sa venue au front à Poulkovo et sa présence lors de la canonnade qui a repoussé les troupes de Krasnov, son entrée à la tête des gardes rouges dans le palais impérial de Gatchina, le communiqué flamboyant qu'il a rédigé de sa main au petit matin de la victoire, tout cela lui apporte la dimension du combattant les armes à la main et – déjà – du chef de guerre.

Sans doute ses relations avec Lénine n'ont-elles jamais été meilleures qu'à cette époque. Rappelant que Trotsky s'est depuis longtemps prononcé contre toute unification avec les socialistes conciliateurs, Lénine assure devant le comité du parti de Petrograd qu'« il n'y a pas eu depuis de meilleur bolchevik » que lui [23]. Les débats au sein du parti bolchevique depuis juillet donnent en tout cas le sentiment que les deux hommes sont en effet les seuls qui aient réussi en tout temps à maintenir le cap et à demeurer fermes sur la ligne déterminée en commun. Ils en ont tous deux conscience. Lénine s'interroge : que deviendrait la révolution, s'ils venaient tous deux à disparaître? Sverdlov et Boukharine se « débrouilleraient-ils [24] »?

Trotsky n'est probablement pas aussi bien vu des cadres du parti et notamment du comité central. Il y a là des hommes qui ont, pendant des années, suivi avec application les traces de Lénine, fait écho à toutes ses polémiques et inlassablement répété notamment ses invectives contre celui qui a été, en 1903, l'allié des mencheviks et, plus tard, l'inspirateur du bloc d'août. La « réhabilitation » de Trotsky, son intégration dans la direction bolchevique ont été réalisées en quelques semaines, sans explications, et l'on peut supposer qu'elles n'allaient pas sans éveiller réticences et même rancœurs chez des hommes qui le voyaient maintenant occupant auprès de Lénine une place dont ils avaient sans doute rêvé pour eux-mêmes. En outre, la longue solitude politique de Trotsky, son caractère impérieux, voire autoritaire, le ton cassant qui était souvent le sien, son ironie mordante et peut-être, après des mois d'épuisement quotidien, l'immense fatigue nerveuse qu'il éprouvait, ne contribuaient sans doute pas à lui faire des amis dans les cercles dirigeants qu'il fréquentait tous les jours et qui étaient eux aussi marqués par la tension.

On peut sans peine imaginer la difficulté des relations de travail qu'il avait à entretenir, par exemple, avec Zinoviev et Kamenev, longtemps disciples de Lénine ferraillant contre lui, et maintenant cibles de leurs critiques conjuguées, et combien l'amour propre de ces derniers a pu en souffrir.

***

Ce n'est que quelques semaines après l'insurrection et son entrée au commissariat du peuple aux Affaires étrangères que Trotsky prend les premières initiatives pour la réalisation du programme bolchevique sur la Paix – ou, du moins, pour l'arrêt des combats –, qui est d'une telle importance pour l'autorité du gouvernement soviétique. Il s'en explique franchement devant l'exécutif central des soviets le 8 novembre : il n'a pas été possible, du fait des difficultés internes, d'entamer la procédure pour une application du « décret sur la paix », et le moment en est arrivé désormais, avec la stabilisation de l'autorité du gouvernement soviétique, la défaite de Kerensky, l'extension à tout le pays du pouvoir des soviets et la preuve que la révolution russe ne sera défaite « ni en un jour ni en une semaine », qu'elle constitue un facteur avec lequel il faut compter. C'est dans cette perspective, explique-t-il à l'exécutif, qu'il vient de donner au général Doukhonine, chef d'état-major général, des instructions pour ouvrir les négociations avec l'ennemi en vue de la conclusion d'une trêve, cependant qu'il a lui-même pris toutes mesures pour diffuser, notamment en langue allemande, le « décret sur la paix » et rendre publics les documents diplomatiques secrets montrant la soumission des gouvernements russes successifs aux Alliés [25].

En conclusion, Trotsky donne l'explication de sa politique étrangère, tentative pour sortir de la contradiction dans laquelle est enfermée la « lutte pour la paix », quand elle s'adresse à des gouvernements qui veulent poursuivre la guerre et ne redoutent que la révolution. Il assure :

> « Tous les gouvernements subissent la pression de leurs peuples, et notre politique consiste à chercher à accroître cette pression. C'est là l'unique garantie que la paix sera une paix honnête qui conduira non à la ruine de la Russie, mais à la coexistence fraternelle entre elle et ses voisins de l'Ouest [26]. »

Dans la matinée du 9/22 novembre 1917, au cours d'une conversation téléphonique avec Lénine, Staline et Krylenko, le général Doukhonine se déclarait incapable d'exécuter l'ordre qui lui avait été donné d'ouvrir les négociations pour la conclusion d'une trêve, cette tâche étant selon lui du ressort du gouvernement lui-même [27]. Il fut immédiatement révoqué et remplacé par « l'enseigne Krylenko », bolchevik, commissaire du peuple à la Guerre. La situation était de nouveau très sérieuse : le comité pan-armée des soviets de soldats dénonçait l'incapacité du gouvernement « de Lénine et Trotsky » à conclure la paix et appelait au soutien d'un gouvernement présidé par Tchernov [28]. Krylenko, le 11/24, se mit en route pour le quartier général, accompagné de gardes rouges [29].

Entre-temps, le 10/23, la presse russe avait rendu publique la note adressée par Trotsky aux gouvernements des Alliés et des États-Unis, attirant leur attention sur « le texte de l'armistice proposé et de la paix sans annexion ni indemnités sur la base de l'autodétermination nationale adopté par le congrès pan-russe des députés d'ouvriers et de soldats [30] ». Il les priait de le considérer comme « une offre formelle d'armistice sur tous les fronts et d'ouverture immédiate de négociations de paix – offre adressée simultanément à toutes les nations belligérantes et à leurs gouvernements ». Les journaux commençaient la publication des pièces diplomatiques secrètes avec une présentation de la main de Trotsky. Après avoir souligné que « la diplomatie secrète est une arme nécessaire aux mains d'une minorité de possédants obligée de duper la majorité pour qu'elle serve ses intérêts », il rappelait que la condamnation de la diplomatie secrète figurait dans le programme du parti et concluait :

> « Le gouvernement des ouvriers et des paysans a aboli la diplomatie secrète avec ses intrigues, ses chiffres et ses mensonges. Nous n'avons rien à cacher. Notre programme exprime les désirs ardents de millions d'ouvriers, de soldats et de paysans. Nous voulons une paix rapide sur la base de rapports honnêtes et d'une coopération totale de toutes les nations. Nous voulons l'abolition rapide de la suprématie du Capital. En révélant au monde entier la besogne des classes dirigeantes telle qu'elle s'exprime dans les documents secrets de la diplomatie, nous proposons aux travailleurs le mot d'ordre qui sera toujours la base de notre politique étrangère : " Prolétaires de tous les pays, unissez-vous " [31]. »

Les « négociations » de paix commencent donc par une partie de bras de fer, un échange de notes et des polémiques. Les ambassadeurs alliés avaient décidé, à l'unanimité, de ne pas tenir compte de la note et de demander à leurs gouvernements de ne pas y répondre, arguant que ce « prétendu gouvernement » avait été établi « par la force » et « n'était pas reconnu par le peuple russe ». Dans une lettre au général Doukhonine, les chefs des missions militaires alliées, rappelant l'engagement pris par le gouvernement russe de ne pas conclure d'armistice séparé, menaçaient des conséquences les plus graves [32]. Trotsky reprend alors la plume; dans une riposte publiée le 12/25 novembre 1917, il rappelle la révocation de Doukhonine et caractérise la lettre des chefs des missions alliées comme une tentative d'intimidation du peuple russe pour « l'obliger à appliquer les traités conclus par le tsar et acceptés par les gouvernements de Milioukov-Kerensky-Terechtchenko ». Il adjure les travailleurs de ne pas avoir peur de ces menaces :

> « Les nations épuisées d'Europe sont de notre côté. Toutes demandent une paix immédiate, et notre appel à l'armistice est une musique à leurs oreilles. Les peuples d'Europe ne permettront pas à leurs gouvernements impérialistes de nuire au peuple russe qui n'a commis d'autre crime que de vouloir la paix et affirmer la fraternité humaine. Que tous sachent que les soldats, ouvriers et paysans de Russie n'ont pas renversé le gouvernement du tsar et de Kerensky juste pour devenir de la chair à canon pour les alliés impérialistes [33] ! »

A peu près au même moment, le général Doukhonine est déposé par les gardes rouges et les soldats ralliés à Krylenko. Le 13/26 novembre, ce dernier envoie à travers les lignes allemandes les plénipotentiaires chargés de demander l'armistice auxquels les Allemands répondent positivement par la proposition de l'ouverture de pourparlers le 2 décembre. Krylenko donne immédiatement l'ordre de cessez-le-feu et d'organiser la fraternisation avec les troupes allemandes. Trotsky s'adresse aux gouvernements occidentaux, une fois de plus :

> « Nous vous demandons devant vos propres peuples, devant le monde entier : êtes-vous d'accord pour nous rejoindre dans des pourparlers de paix? [...] Nous en appelons aux peuples des pays alliés, et avant tout à leurs masses ouvrières : sont-ils d'accord pour prolonger ce massacre insensé et sans objet et pour courir aveuglément vers l'effondrement de la civilisation européenne? [...] Nous voulons une paix universelle, mais si la bourgeoisie des pays alliés nous oblige à conclure une paix séparée, la responsabilité en incombera totalement à la bourgeoisie. Pour finir, nous appelons les soldats des pays alliés à agir sans perdre une heure : à bas la campagne d'hiver! A bas la guerre [34]! »

Dans le même temps, il renouvelle aux gouvernements de l'Entente la proposition de se joindre aux pourparlers, faisant discrètement pression sur les diplomates et militaires des pays alliés pour les freiner dans la voie d'un engagement aveugle contre le gouvernement soviétique, ramenant pourtant sans faiblesse les militaires de la mission française à une attitude de réserve en expulsant un officier français trop bavard [35]. Toujours ferme, il joue son rôle de chef de la diplomatie soviétique telle qu'il la conçoit, c'est-à-dire en militant révolutionnaire, en agitateur pour le compte de la révolution.

Le 19 novembre/2 décembre 1917, à la première rencontre, à Brest-Litovsk, les négociateurs allemands proposent une trêve d'un mois, tandis que les représentants soviétiques demandent un report de cinq jours pour permettre aux puissances occidentales de se joindre aux négociations. Trotsky s'est aussitôt tourné vers les Alliés, et ces derniers n'ont pas répondu : cela ne l'empêche pas de donner comme instructions aux délégués soviétiques de ne signer pour une trêve qu'à deux conditions : l'engagement des Puissances centrales de ne transférer aucune unité du front russe sur le front de l'ouest, et celui de laisser les Russes mener leur propagande de « fraternisation », c'est-à-dire d'agitation révolutionnaire en direction des soldats allemands et austro-hongrois. On se trouve alors à un moment difficile, proche de la rupture : le général Hoffmann, représentant de l'état-major allemand, commence par refuser. Trotsky confirme ses instructions : aucune concession n'est possible sur ces deux points. Il faut, d'une part, montrer au monde que les Soviétiques veulent un armistice « honnête » et non pas l'écrasement des Alliés à l'ouest; il faut également se donner les moyens de gagner à la paix et à la révolution la masse des soldats des Puissances centrales. Finalement, après une nuit d'attente et d'incertitude, Hoffmann cède partiellement : il n'y aura pas de nouveau transfert de troupes, mais ceux en cours seront menés à bien; par ailleurs la « fraternisation » et l'entrée du matériel de « fraternisation » se feront en un certain nombre de points limités, donc plus contrôlables, où des groupes de 25 hommes pourront se rencontrer et échanger informations, journaux, objets. Cet obstacle majeur levé, l'armistice est finalement signé le 20 novembre/3 décembre : il prend effet le 4 pour une durée de vingt-huit jours.

Trotsky assure l'orchestration de l'événement. Le 6/21 décembre, il fait savoir aux gouvernements alliés qu'ils ont encore la possibilité de se joindre le 9/22 aux pourparlers en vue de la paix. Le 8/21 décembre, au cours d'une réunion commune du comité central du parti, de l'exécutif des soviets, de celui des syndicats, du soviet et de la municipalité de Petrograd, il défend la politique du gouvernement dans un discours inspiré [36] :

> « Il y a maintenant quatre années que l'humanité essaie d'échapper au cercle vicieux du massacre sans fin. La guerre a montré les hauts faits que les hommes peuvent accomplir, les terribles souffrances qu'ils peuvent endurer, mais elle a aussi montré toute la barbarie qui demeure encore dans l'homme d'aujourd'hui. Jamais le progrès technique n'a atteint de tels sommets qu'aujourd'hui : les hommes peuvent conquérir l'espace par le radio-télégraphe, ils peuvent voler dans les cieux avec des avions, sans peur des éléments – cependant qu'à terre, dans la boue jusqu'aux genoux, d'autres hommes regardent dans leurs jumelles sous l'œil vigilant des classes dirigeantes et font leur travail terrible et répugnant. L'homme, le maître de la nature, dans son abattoir, espionne un autre être humain dans ses jumelles et cherche à en faire sa proie. Voilà où l'homme est tombé dans cette guerre, bien bas. On ne peut pas ne pas avoir honte de l'humanité qui a progressé à travers tant d'étapes de développement culturel – christianisme, absolutisme, démocratie parlementaire – et qui a donné naissance à l'idée de socialisme et s'est pourtant laissée réduire en esclavage et s'entretue sauvagement sur ordre. Si cette guerre devait se terminer par la victoire de l'impérialisme, si les hommes retournaient à leurs taudis pour y vivre des miettes tombées des tables des classes possédantes, alors l'humanité ne serait pas digne de tous les efforts intellectuels qu'elle a faits pendant des milliers d'années. Mais ce ne sera pas, cela ne peut pas être.
>
> « A la conférence de Zimmerwald, nous, les internationalistes, n'étions qu'un petit groupe d'une trentaine, impitoyablement traqués par les chauvins de tous pays. Il semblait que nous étions les derniers restes d'un grand chapitre et que tout le mouvement socialiste avait été noyé dans ce bain de sang nationaliste. Mais nous avons reçu une lettre de Karl Liebknecht, que les tyrans allemands avaient enfermé dans une forteresse, qui écrivait qu'il ne fallait pas nous laisser impressionner par le fait que nous fussions si peu nombreux; qu'il était sûr que nous n'avions pas travaillé en vain; que si des individus pouvaient être facilement balayés, la foi du peuple dans le socialisme révolutionnaire ne pouvait pas être détruite. En disant cela, il ne nous abusait pas, car chaque jour qui passe rapproche ce qu'il attendait. Je vous invite à vous joindre à moi en proclamant : " Vive notre ami Karl Liebknecht, courageux combattant du socialisme [37] ! " »

Puis il aborda la question de la paix sous l'angle du rythme de la révolution européenne, commencée avant les autres, dans la Russie « jeune, inculte et arriérée où pesait le plus oppressivement le poids de l'arbitraire tsariste ». Et il poursuivait :

« Les raisons qui ont conduit notre peuple à entrer en lutte existent dans tous les pays, indépendamment du tempérament national, et tôt ou tard, ces causes produiront les mêmes effets. Le fait que, pendant la guerre, nous ayons renversé le tsar et la bourgeoisie, que, dans un pays de 180 millions d'habitants, le pouvoir ait été pris par ceux qu'on méprisait il y a peu encore comme une petite bande – ce fait est d'une signification historique mondiale et les ouvriers de tous les pays s'en souviendront toujours. Le peuple russe, qui s'est rebellé dans le pays qui appartenait autrefois au gendarme de l'Europe (comme on appela ainsi autrefois respectueusement Nicolas), déclare qu'avec ses frères d'armes d'Allemagne, d'Autriche, de Turquie et d'ailleurs, il veut parler non le langage des canons, mais celui de la solidarité internationale des travailleurs. Il a annoncé à voix haute au monde entier qu'il n'a pas besoin de conquêtes, qu'il ne cherche à empiéter sur les possessions de personne, mais qu'il cherche seulement la fraternité des peuples et l'émancipation du travail. On ne peut enlever cela de l'esprit de ceux qui geignent sous le terrible fardeau de la guerre, et, tôt ou tard, ces masses viendront à nous, nous tendront leurs mains secourables. Et supposons même que les ennemis du peuple l'emportent sur nous, que nous périssions, que nous soyons foulés aux pieds et réduits en poussière, le souvenir de notre existence serait cependant conservé de génération en génération et pousserait nos enfants à continuer le combat [38]. »

Il reconnaît bien volontiers qu'il aimerait mieux négocier avec Rosa Luxemburg et Liebknecht qu'avec le général Hoffmann et le comte Czernin, mais la révolution n'est pas encore venue en Allemagne et personne ne peut reprocher aux bolcheviks de négocier avec Guillaume II, leur ennemi : « L'armistice a fait une brèche dans la guerre », mais « tant que la voix de la classe ouvrière allemande ne s'est pas fait entendre, la paix est impossible » :

« Nous sommes de plus en plus convaincus que les pourparlers de paix seront une arme puissante entre les mains des peuples dans leur lutte pour la paix. [...] Si nous nous trompons, si l'Europe continue à être silencieuse comme une tombe, et si ce silence donne à Guillaume la possibilité de nous attaquer et de nous dicter des conditions qui insulteraient la dignité révolutionnaire de notre pays, je ne suis pas certain, étant donné l'état de notre économie et le chaos général qui résulte de la guerre et des conflits internes, que nous pourrions nous battre je pense pourtant que nous le devrions. Pour nos vies, pour notre honneur révolutionnaire, nous nous battrions jusqu'à la dernière goutte de notre sang [39]. »

Tourné vers les puissances étrangères, il leur demande de comprendre que le peuple n'a pas fait la révolution et chassé le tsar et la bourgeoisie pour capituler ensuite devant les militaristes étrangers. Répondant aux accusations lancées en Occident contre le nouveau régime accusé de trahison pour être entré dans des négociations « séparées » :

« Comme on le sait, la délégation russe a beaucoup insisté pour que l'Allemagne ne transfère pas de soldats du front russe au front occidental. Le général Hoffmann a beaucoup protesté et essayé à toute force de rejeter ce point, mais nous sommes restés sur nos positions et à présent on ne transfère pas de troupes. [...] Nous n'avons pas non plus cédé quand les Allemands ont réclamé que nous cessions de faire de la propagande dans leurs troupes. Nous avons répondu que nous étions venus à Brest pour parler aux généraux allemands d'arrêter les opérations militaires, mais pas de la propagande révolutionnaire. Nos vraies négociations, elles se font avec les paysans et ouvriers allemands sous l'uniforme [40]. »

Les négociations de paix de Brest-Litovsk commençaient le lendemain 9/24 décembre. Le compte rendu fait par Trotsky était révélateur à la fois des doutes et hésitations qu'il nourrissait dans l'hypothèse où les Soviétiques se trouveraient confrontés à un « diktat » inacceptable, et de la détermination qui était la sienne de conduire cette bataille diplomatique comme un combat politique dans lequel l'action des masses – qu'il était possible de mobiliser, de pousser, de lancer en avant – allait constituer le facteur décisif.

* * *

Commentant la politique de paix des bolcheviks et la défense et illustration qu'en faisait Trotsky, l'un de ses biographes, Deutscher, écrit qu'il « commettait dans son analyse » une « erreur fondamentale dans sa façon de déchiffrer les perspectives stratégiques ». Selon lui, Trotsky, capable au début de la guerre de prévoir l'enlisement, l'enterrement de la guerre des tranchées, n'avait pas perçu le changement qualitatif introduit par l'entrée en guerre des États-Unis. C'est donc parce qu'il aurait été convaincu de l'impossibilité, pour aucun des deux camps en présence, de l'emporter, qu'il aurait véritablement cru possibles négociation générale et paix universelle [41]. Aucun texte ne vient étayer l'hypothèse ainsi émise. Dans son discours du 14/27 décembre, Trotsky assurait :

« L'impérialisme a fait faillite même au sens purement militaire, car trois ans et demi d'opérations militaires ont montré que la victoire à laquelle les impérialistes aspirent ne viendra pas et ne pourra pas venir. C'est pourquoi la révolution mondiale s'approfondit tous les jours qui passent, et pourquoi elle s'est déjà produite en Russie [42]. »

Le texte est clair : la « victoire impérialiste » qu'il exclut, c'est la victoire du type de celle à laquelle « les impérialistes aspirent », une victoire totale leur laissant les mains libres. On est loin du compte. En revanche, la « perspective stratégique fondamentale » est celle qui a été ouverte par la révolution russe. Dans une situation internationale où coexistent encore différentes variantes possibles – celle d'une paix séparée entre les Alliés et les puissances centrales n'étant nullement exclue –, c'est vers la poursuite en Europe de la révolution commencée en Russie que Trotsky s'est tourné. C'est à la renforcer, c'est à créer les conditions de son développement que le dirigeant révolutionnaire, le politique, l'agitateur, s'attache en ces semaines. C'est évidemment là que se trouve la clé du comportement politique qu'il va appliquer dans les semaines suivantes dans le cours des négociations.

En réalité, la politique extérieure des bolcheviks, telle qu'elle s'exprimait à travers l'action de Trotsky à ce moment-là, revenait en quelque sorte sur les divergences qui s'étaient exprimées dans les débuts de la guerre entre révolutionnaires internationalistes et notamment entre lui-même et Lénine. La thèse de ce dernier – inséparable de la politique d'ensemble des bolcheviks pendant la guerre et notamment de son mot d'ordre du « défaitisme révolutionnaire » – était la nécessité de « la transformation de la guerre impérialiste en guerre civile ». De leur côté, Rosa Luxemburg et Trotsky, séparés par des nuances, préconisaient « la lutte pour la paix ». Fin 1917-début 1918, la politique des bolcheviks n'était évidemment plus celle de Lénine en 1914 – le parti avait pris le pouvoir – et elle ressemblait davantage à celle qu'avait préconisée Trotsky avec, au centre, l'exigence de la paix.

Bien entendu, c'est le fait qu'à travers la révolution russe victorieuse, la guerre impérialiste se soit transformée en guerre civile qui a donné au gouvernement bolchevique la capacité d'être en même temps la pointe avancée de la révolution et celle du combat pour la paix. Mais il faut reconnaître qu'à la fin de 1917, les dirigeants soviétiques combattent plus à court terme pour la paix que pour la révolution. Leur objectif n'est plus tout à fait la paix par la révolution, mais au moins en partie la révolution par la lutte pour la paix.

Le discours de Trotsky est-il parfaitement en accord avec les conditions nouvelles? Déjà, au cours des mois de novembre et décembre, nous avons entendu Trotsky évoquer « la guerre révolutionnaire » qu'il faudrait mener contre l'impérialisme des Centraux si les exigences de ces derniers étaient « contraires à l'honneur révolutionnaire » de la révolution victorieuse. Avec la prise du pouvoir, le « défensisme révolutionnaire », cette idée si vigoureusement condamnée par Lénine après Février, acquiert tout naturellement droit de cité. Et celle de « guerre révolutionnaire » apparaît dans le débat.

Mais apparemment personne, pas même Trotsky, n'en a sérieusement étudié les données et ne s'y est préparé.

CHAPITRE XIV

La paix... à tout prix [1]?

La signature de l'armistice et la fin des combats sur le front russe constituent pour les bolcheviks un succès incontestable, bien que fragile. L'armistice est en effet limité dans le temps et stipule l'ouverture de négociations de paix dans lesquelles les bolcheviks courent le risque d'être engagés seuls, donc vers une paix séparée, qui est loin d'être leur objectif. Pour la première fois, en outre, depuis qu'ils sont devenus des acteurs de premier plan sur la scène mondiale, ces derniers se trouvent confrontés à une équation avec plusieurs inconnues difficiles à évaluer.

Quelle va être l'attitude des puissances de l'Entente vis-à-vis des négociations de paix proposées par les Russes? Il semble que ces derniers aient beaucoup redouté un accord entre l'Entente et les Centraux, une réunification de l'impérialisme se tournant alors contre la révolution incarnée par le gouvernement bolchevique. Cela n'exclura pas, nous le verrons, des efforts de leur part pour entraîner l'Entente à les soutenir face à l'offensive allemande.

Quelle va être l'attitude de l'Allemagne et des alliés de la Quadruple Alliance vis-à-vis des pourparlers de paix? Vont-ils cyniquement dicter une paix de conquêtes contraire au droit des peuples? Ou plutôt, auront-ils la possibilité de s'engager dans cette voie sans se heurter à l'indignation des masses ouvrières allemandes et à leurs aspirations solidaires de la révolution russe?

Last, but not least, les bolcheviks ont-ils réellement le choix? L'armée russe s'étant démobilisée elle-même, ne sont-ils pas plus ou moins contraints d'accepter un *diktat* sous la menace? Les soldats russes aspirent à la paix. Mais la veulent-ils *à tout prix*? Seraient-ils éventuellement prêts à résister? Peuvent-ils, temporairement au moins, donner le change et ne pas avouer qu'ils ne se battront pas?

C'est à l'intérieur de ces variables – on pourrait dire de ces incertitudes – que doit s'insérer la politique soviétique. Les bolcheviks peuvent, en tenant la dragée haute aux Centraux dans les négociations, ouvrir une brèche dans le mur de la calomnie. En Occident, indiscutablement, une large fraction de travailleurs a été abusée par les calomnies faisant de Lénine et de Trotsky des agents allemands : un comportement ferme peut leur démontrer qu'au contraire ce sont d'irréductibles ennemis des Hohenzollern et du militarisme allemand. Par ailleurs, une attitude principielle dans les pourparlers, la dénonciation publique de la violence que l'impérialisme se prépare à imposer aux peuples peuvent leur permettre d'indigner – peut-être de mobiliser – une partie au moins des travailleurs allemands. Une telle attitude pourrait-elle influencer suffisamment les soldats allemands et austro-hongrois pour que leurs chefs hésitent à les lancer de nouveau dans la bataille? Peut-on faire comprendre aux soldats du front que l'orientation vers la paix à tout prix et sa manifestation publique risquent de laisser les dirigeants révolutionnaires russes les mains vides face au chantage allemand à l'offensive dans le cours des pourparlers?

Les négociations de paix commencent le 9/22 décembre, toujours dans le sinistre cadre de la forteresse de la ville de Brest-Litovsk, les plénipotentiaires logeant dans fortins ou baraques et se réunissant dans le mess des officiers. D'entrée, le porte-parole soviétique, A.A. Joffé, propose un nouveau report de dix jours pour laisser le temps aux Alliés de se joindre aux négociations au cas où ils changeraient d'avis. Puis il propose six points qui sont la base sur laquelle les Soviétiques suggèrent de mener les négociations : parmi eux, la renonciation aux annexions et indemnités, le rétablissement de l'indépendance politique des nations qui en ont été privées, y compris dans les colonies, la reconnaissance du droit des nations à disposer d'elles-mêmes, le référendum étant considéré comme le moyen de trancher cette question, des lois protégeant les minorités nationales dans les États belligérants [2].

Les commissions continuent de travailler. Rompus à leur métier, les diplomates des Puissances centrales s'efforcent d'apprivoiser les délégués bolcheviques, de multiplier avec eux les conversations personnelles pour les sonder et s'informer : les repas pris en commun autour d'une même table facilitent cet investissement. Le 12/25 décembre, le comte Czernin donne la réponse aux propositions soviétiques : les Centraux acceptent la formule qui condamne les annexions, donc la paix démocratique, à condition, bien entendu, que l'Entente en fasse autant. Ils acceptent de se situer sur le terrain de l'autodétermination nationale, sauf en ce qui concerne les colonies et les territoires des peuples de minorités nationales qui étaient avant la guerre à l'intérieur de leurs frontières [3]. Leur position, on le verra, n'était pas exempte d'ambiguïté, mais elle constituait sans aucun doute pour les bolcheviks une reconnaissance importante de leurs principes. Commentant l'événement au conseil exécutif central des soviets le 14/27 novembre 1917, Trotsky souligne que le gouvernement allemand, en abandonnant ouvertement et publiquement, sous la pression de la révolution russe, ses visées annexionnistes, est en train d'amorcer une retraite. Il explique, de façon peut-être un peu triomphaliste :

« L'Allemagne ne cède pas seulement à la force de la vérité, mais à la peur de la révolution qui menace l'existence même du régime bourgeois. Depuis que nous avons jeté à la face de nos " alliés " les traités de brigandage qu'ils avaient conclus avec le gouvernement du tsar, nous avons démontré que nous ne connaissions qu'un unique contrat, sacré bien que non écrit, celui de la solidarité internationale du prolétariat. Par cette tactique, nous avons donné à la Révolution russe cette force immense qui hypnotise de plus en plus les masses prolétariennes d'Occident. Là, la bourgeoisie est encore puissante politiquement et surtout psychologiquement du fait des calomnies et des mensonges répandus par la presse qui est tout à fait entre ses mains, mais le peuple sait déjà que la Révolution russe l'a emporté et que l'Allemagne a reconnu sa victoire [4]... »

On comprend à Petrograd que le verbe importe, mais qu'il faut l'accompagner de gestes, même symboliques, et de tout ce qui peut frapper l'imagination des peuples. Le 30 novembre/13 décembre 1917, est promulgué le décret nº 112 destiné à la publication immédiate et dont le sens est très clair :

« Considérant que le pouvoir soviétique se place sur le terrain des principes de la solidarité internationale et de la fraternité des travailleurs de tous les pays, que la lutte contre la guerre et l'impérialisme ne peut être menée à la victoire complète qu'à l'échelle internationale, le conseil des commissaires du peuple estime nécessaire de venir en aide par tous les moyens possibles, y compris financiers, à l'aile gauche internationaliste du mouvement ouvrier dans tous les pays, indépendamment du fait que ces États se trouvent en guerre contre la Russie ou parmi ses alliés ou encore chez les neutres. Pour cela le conseil des commissaires du peuple décide de mettre à la disposition des représentants étrangers du commissariat aux affaires étrangères la somme de 2 millions de roubles pour les besoins du mouvement révolutionnaire international [5]. »

Le décret est signé Lénine et Trotsky. Les autres mesures prises au même moment ne sont pas moins spectaculaires. Le 6/19 décembre, ce sont la décision de commencer la démobilisation sans attendre l'issue des pourparlers, celle de libérer des camps et du travail obligatoire les prisonniers de guerre allemands et austro-hongrois, autorisés à circuler librement et à travailler. Puis c'est l'annulation du traité anglo-perse de 1907, qui prévoyait le partage de la Perse et, le 10/23 décembre, l'ordre d'évacuer les troupes russes qui occupent la partie septentrionale de ce pays. C'est dans la même période que Trotsky donne instruction à Joffé de réclamer le transfert des négociations à Stockholm ou dans une autre ville de pays neutre pour qu'elles puissent se dérouler sous les yeux du monde avec la participation sans entraves de la presse : la ligne est la même, il s'agit de faire de ces négociations non seulement une tribune où l'on expose son point de vue, mais une démonstration.

Cette politique implique que l'on gagne du temps et que les négociations durent le plus longtemps possible pour que propagande et agitation produisent leur effet. Le gouvernement soviétique charge Karl

Radek, citoyen autrichien, exclu du Parti social-démocrate allemand où il a été un des éléments de « la gauche », d'assurer préparation et édition du matériel destiné à l'agitation révolutionnaire dans les rangs des armées allemande et austro-hongroise. L'autre décision est d'envoyer Trotsky à Brest-Litovsk : il n'est possible de gagner du temps, constate Lénine, que si quelqu'un s'en occupe, et Trotsky aura sans doute ce talent.

Il s'agit en fait de gagner du temps pour les derniers moments, ceux qui sont décisifs. C'est encore à Trotsky qu'il revient d'essayer, en une tentative presque désespérée, de convaincre les soldats du front d'épauler le gouvernement en tenant pour la « dernière minute essentielle ». Devant l'exécutif central, il s'adresse aux soldats du front en utilisant tous les arguments possibles :

> « A la veille des journées d'Octobre, nous avons juré que nous arracherions les vêtements des bourgeois, que nous enlèverions le pain de l'arrière et que nous l'enverrions aux hommes dans les tranchées. Le temps est venu de le faire [...]. Nous promettons aux représentants des soldats du front toute l'aide possible. Nous leur disons : dites-leur, dans les tranchées, que les difficultés du moment ne sont que les douleurs de l'enfantement que la patrie doit traverser pour obtenir une nouvelle vie libre et belle.
>
> « Tenez bon pour la dernière minute essentielle. Que le soldat allemand sache que nous avons une armée nouvelle, sans chefs, sans punitions, une armée qu'on ne mène pas au bâton, que, de notre côté du front, chaque soldat est un citoyen pénétré de conscience révolutionnaire et ce qu'une telle armée est capable de réaliser. Elle tient les tranchées avancées du mouvement révolutionnaire mondial. Ses drapeaux sont ceux de la libération mondiale des travailleurs et personne ne nous les arrachera des mains. Vive l'armée révolutionnaire! Vive la marine révolutionnaire [6]! »

Avant de partir pour Brest-Litovsk, Trotsky a un bref entretien avec Lénine, à Smolny :

> « La question de signer ou de ne pas signer fut, pour l'instant, laissée de côté : on ne pouvait savoir quelle serait la marche des conférences, quel effet elles produiraient en Europe, quelle nouvelle situation allait en résulter. Et nous ne renoncions pas, bien entendu, à l'espoir d'un rapide développement révolutionnaire [7]. »

Trotsky emmène avec lui Karl Radek. Sadoul, un diplomate français, l'explique par des confidences qu'il lui aurait faites :

> « Il a confiance dans sa très vive intelligence, dans sa loyauté politique, et il est convaincu que l'intransigeance et la fougue de cet énergique passionné tonifieront les Joffé, Kamenev et autres délégués russes, plus doux et plus mous [8]. »

Le fait que Radek soit citoyen de l'empire austro-hongrois, qu'il ait été exclu du Parti social-démocrate allemand avant la guerre, fait en outre de sa présence dans la délégation soviétique un défi au chauvinisme germano-autrichien, une proclamation d'internationalisme sans phrases. Radek lui-même en rajoute en se mettant, à peine descendu du train, à distribuer des tracts aux militaires autrichiens et allemands. Le voyage est instructif. Trotsky raconte :

> « Quand je passai la ligne des tranchées, pour la première fois, sur le chemin de Brest-Litovsk, nos camarades, malgré tous les avertissements et les exhortations qui leur avaient été adressés, ne réussirent pas à organiser une manifestation plus ou moins significative pour protester contre les exigences excessives de l'Allemagne : les tranchées étaient presque vides, personne n'osa dire un mot, même sous une forme conditionnelle, au sujet d'une prolongation de la guerre. La paix, la paix, coûte que coûte [9]! »

Dès son arrivée à Brest-Litovsk, Trotsky, par son attitude et ses premières décisions, signifie que quelque chose est changé. Il refuse poliment l'invitation du prince Léopold de Bavière et fait connaître que les représentants russes prendront désormais leurs repas entre eux [10]. En quelques heures, il réussit à donner à tous le sentiment que, si l'on négocie, à Brest, c'est entre ennemis.

Dès la première session, le 27 décembre 1917/9 janvier 1918, s'engage un débat aux allures de marathon dans lequel les plénipotentiaires des Centraux découvrent en Trotsky un adversaire redoutable dont ils ne comprennent pas pourtant au premier abord les objectifs et les moyens. D'entrée, le ministre allemand Kühlmann a confirmé que son gouvernement avait accepté une paix sans indemnité ni sanction, mais souligné que cette position n'était valable que dans le cas d'une paix générale. Il rejette catégoriquement la demande des Russes de transférer les négociations dans un pays neutre : les pourparlers doivent se poursuivre sur place. Puis, suivi avec une martiale détermination par le représentant de l'état-major, le général Hoffmann, il s'en prend à la propagande révolutionnaire anti-allemande des Soviétiques [11]. Défi supplémentaire : le lendemain, les représentants de la Rada d'Ukraine – le gouvernement qui vient de traiter au nom de l'Ukraine avec les Allemands et que ces derniers veulent jeter dans les pieds des bolcheviks – sont présents [12].

Trotsky déjoue tous les pièges. Il n'est pas question pour lui de se laisser entraîner à discuter de la représentativité des gens de la Rada dont il escompte que les bolcheviks ukrainiens vont venir à bout très vite. Il n'a, en vertu de ses principes, aucune objection à la présence d'une délégation ukrainienne. Il refuse, bien entendu, avec une fermeté décourageante pour l'adversaire, de présenter des excuses ou d'envisager des mesures restrictives pour la propagande révolutionnaire anti-impérialiste qui déplaît aux autorités allemandes. Son gouvernement l'a envoyé ici pour discuter des conditions de la paix, non de sa politique. D'ailleurs il n'a pour sa part aucune objection à ce que le gouvernement allemand ou ses alliés fassent de la propagande contre-révolutionnaire en direction des troupes russes. Enfin, s'étant prononcé pour la discussion la plus large, il souhaite que rien ne vienne la restreindre.

Sur la question de la paix « démocratique », il se fait ironique et même sarcastique aux dépens du gouvernement allemand, brutalement « converti » après avoir rêvé de conquêtes et d'annexions. Les révolutionnaires, eux, n'ont pas changé de principes en dix jours. Trotsky souligne le lien entre ce reniement des principes, à peine affirmés, que vient de commettre le gouvernement allemand, et la volonté des Centraux d'isoler les négociateurs à Brest, de façon à dissimuler le plus possible au monde le véritable enjeu des négociations et la conduite de chacun. Il tourne en ridicule l'affirmation de Kühlmann selon laquelle la tenue de la conférence à Brest-Litovsk permettrait de mieux assurer la sécurité des délégués soviétiques que dans n'importe quelle ville d'un pays neutre. Il analyse la volonté allemande de dicter ses conditions, visible dans la nouvelle attitude des négociateurs, comme une volonté de profiter de leur supériorité numérique momentanée. Pourtant, il se plaît à souligner combien « force » et « faiblesse » sont relatives : l'importance des stocks et le tracé des lignes militaires sont appelés à se modifier. Il le répète : les délégués soviétiques sont venus à Brest-Litovsk pour tenter de conclure une paix démocratique, pour savoir « si la paix est possible sans violences à l'égard de la Pologne, de la Lituanie, de la Lettonie, de l'Estonie, de l'Arménie et autres pays à qui la révolution russe a promis le droit intégral d'autodétermination [13] ».

Les sessions succèdent les unes aux autres, et les diplomates centraux vont aller de surprise en surprise. Trotsky proteste contre une phrase du projet de traité qui parle de préserver l' « amitié » entre les signataires : il rejette ce qu'il considère comme un style ornemental et conventionnel, déplacé dans un tel document d'affaires. Kühlmann intervient pour assurer que l'Allemagne a, en fait, réglé la question de la Pologne et des États baltes en se conformant à leur droit d'autodétermination : il pense ainsi faire un geste en direction des bolcheviks, en les aidant à sauver la face. Trotsky rétorque qu'il faut appeler les choses par leur nom et que c'est une politique d'annexion! Alors Kühlmann arrête là l'échange. Hoffmann ne trouve non plus rien à dire quand le commissaire du peuple aux Affaires étrangères lui rappelle au passage qu'il est personnellement condamné par contumace aux yeux de la loi allemande pour « injures » à Sa Majesté le Kaiser. Ils n'ont rien non plus à répondre quand il affirme qu'il n'y a pas d'autodétermination possible dans un pays occupé par des forces étrangères : l'évacuation des troupes d'occupation est le préalable incontournable de toute décision d'autodétermination [14]. Au passage, Trotsky démontre toute sa virtuosité manœuvrière, souligne les contradictions, attise les oppositions entre Vienne et Berlin, entre la chancellerie et l'état-major allemand, se gausse cruellement de ses interlocuteurs qui affirment l'indépendance réelle de gouvernements fantoches qui ne sont même pas représentés à une conférence qui va trancher leur sort. Il donne acte au général Hoffmann, qui a prononcé une très violente intervention – dont il est très satisfait – sur le fait que le gouvernement soviétique repose sur la force. Il ajoute :

« Je dois cependant protester fermement contre l'affirmation totalement fausse selon laquelle nous avons mis hors la loi ceux qui ne pensent pas comme nous. Je serais très heureux d'apprendre que la presse social-démocrate en Allemagne jouit de la liberté dont nos adversaires et la presse contre-révolutionnaire jouissent dans notre pays. Ce qui, dans notre conduite, heurte et mécontente les autres gouvernements, est le fait que nous arrêtons non les ouvriers qui se mettent en grève, mais les capitalistes qui décident le lock-out contre eux, que nous ne fusillons pas les paysans qui revendiquent les terres, que nous arrêtons les propriétaires et officiers qui essaient de fusiller les paysans [15]! »

Le plan de Trotsky se réalise ainsi peu à peu : il gagne du temps, ce qui était son premier objectif. Quant aux perspectives dans lesquelles il mène cette bataille de retardement, il les explique, dans *Ma Vie* et dans son *Lénine* :

« Il était clair que, si la bourgeoisie et la social-démocratie de l'Entente réussissaient à jeter dans les masses ouvrières des doutes sur notre compte, cela faciliterait extrêmement dans la suite une intervention militaire de l'Entente contre nous. J'estimais par conséquent qu'avant de signer une paix séparée, si c'était pour nous absolument inévitable, il était indispensable de donner, coûte que coûte, aux ouvriers d'Europe une preuve incontestable de la haine mortelle qui existait entre nous et les gouvernements de l'Allemagne [16]. »

Il poursuit :

« C'est précisément sous l'influence de ces motifs que j'arrivai, à Brest-Litovsk, à l'idée d'une démonstration " instructive " qui se traduisait par la formule : nous terminons la guerre, mais nous ne signons pas la paix [17]. [...] Je raisonnais ainsi : si l'impérialisme allemand est incapable de faire marcher contre nous ses troupes, cela signifiera que nous avons remporté une victoire aux conséquences incalculables. Si au contraire il est encore possible au Hohenzollern de nous porter un coup, nous aurons toujours le temps de capituler assez tôt. Je pris conseil des autres membres de la délégation dont Kamenev, je fus approuvé et j'écrivis à Lénine. Il me répondit : " Quand vous viendrez [...], nous en parlerons [18] ". »

Ils allaient en effet en parler. Le 5/18 janvier, l'homme de l'état-major allemand, le général Hoffmann, coupe court brusquement à tous les débats en déposant sur la table de la conférence une carte sur laquelle est indiquée en bleu la ligne au-delà de laquelle il n'y aurait pas de retrait des troupes allemandes avant l'achèvement de la démobilisation russe*; la ligne n'était pas tracée sur la partie sud

* Isaac Deutscher commet dans sa biographie de Trotsky une erreur de chronologie plutôt grossière. Il situe la scène relatée ci-dessus non pas le 5/18 janvier, où elle s'est réellement produite, provoquant la suspension des pourparlers pour la consultation demandée par Trotsky, mais le 28 janvier/10 février, au retour de Trotsky de Moscou.

de la carte, la décision, selon Hoffmann, étant du ressort des négociations entre les Centraux et la Rada d'Ukraine – laquelle, avec la chute de Kiev, venait pourtant de subir une défaite décisive [19].

Trotsky dénonce immédiatement cet ultimatum et la volonté brutale d'annexion qu'il ne cherche même pas à dissimuler :

> « L'Allemagne et l'Autriche veulent détacher des positions de l'ancien Empire russe un territoire comprenant plus de 150 000 verstes carrées. Ce territoire inclut l'ancien Royaume de Pologne, la Lituanie et des zones importantes habitées par des Ukrainiens et des Biélorussiens. Pire encore, la ligne tracée sur la carte coupe en deux le territoire habité par les Lettons et sépare les Estoniens des îles de ceux du continent. Dans ces régions, l'Allemagne et l'Autriche doivent maintenir un régime d'occupation militaire appelé à se prolonger non seulement jusqu'à la conclusion de la paix avec la Russie, mais aussi après la conclusion d'une paix générale. En même temps, ces Puissances se refusent à toute déclaration portant sur le moment et les conditions de l'évacuation. Ainsi, la vie interne de ces provinces va rester pendant une période de temps indéfinie aux mains des puissances occupantes et le développement politique de ces régions suivra un cours qui leur sera dicté par ces puissantes Puissances. Il est clair que, dans de telles conditions, la libre expression de la volonté des Polonais, des Lituaniens et des Lettons se révélera illusoire, et cela signifie que les gouvernements d'Autriche et d'Allemagne prennent dans leurs propres mains la destinée de ces nations [20]. »

A la fin de la séance, il demande au nom de la délégation soviétique, une suspension des travaux de la commission politique : il veut pouvoir se rendre à Petrograd en consultation. Sa demande est acceptée.

C'est le même jour que se réunit à Petrograd l'Assemblée constituante, élue, après plusieurs reports successifs, le 12/25 novembre, trois semaines après la prise du pouvoir par les bolcheviks au nom des soviets. Le caractère particulier de la consultation apparaît dans le seul fait que les s.r. de gauche, désormais membres du gouvernement avec les bolcheviks, figurent dans cette compétition électorale sur les mêmes listes que les s.r. de droite qui dénoncent l'insurrection d'Octobre comme un coup d'État et nient toute légitimité au pouvoir qui en est issu. Les résultats n'en sont pas moins intéressants. Les social-révolutionnaires en général, le bloc des s.r. et de leurs sympathisants a obtenu 20 690 742 voix, contre 9 844 637 aux bolcheviks, 1 364 826 aux mencheviks, 601 707 aux diverses formations social-démocrates, 1 986 601 aux Cadets, 1 262 418 aux formations conservatrices russes et 2 620 967 aux formations allogènes. Les députés se répartissent ainsi : 299 s.r. de Russie, 81 s.r. d'Ukraine, 39 s.r. de gauche, 168 bolcheviks, 18 mencheviks et 4 social-démocrates « divers », 15 cadets, conservateurs et 77 représentants de formations allogènes. Minoritaires dans l'ensemble du pays avec 23,9 % des voix, les bolcheviks n'en sont pas moins majoritaires dans toutes les régions décisives de l'empire et dominent de façon hégémonique les villes et le centre géographique du pays [21].

On sait que les bolcheviks, décidés à ne pas laisser remettre en cause l'insurrection et les premières « conquêtes » du régime soviétique, se décidèrent finalement à disperser l'Assemblée constituante si celle-ci s'opposait résolument au régime soviétique et à ses mesures essentielles. Dirigée par un matelot anarchiste, la garde de la Constituante se chargea de la dispersion, après le vote de résolutions démontrant que les s.r. et la majorité des Constituants n'avaient rien appris ni rien oublié. Quand Trotsky arriva à Petrograd le 7/20 janvier, l'affaire était encore au centre des préoccupations de tous. Il était évidemment solidaire des décisions du gouvernement et de la dissolution de l'Assemblée constituante, décision à laquelle il n'avait eu nulle part mais qu'il allait défendre sans faiblesse par la suite. Pour le moment en tout cas, elle aggravait sans aucun doute sa position de négociateur : elle fut en effet interprétée par les sphères dirigeantes à l'étranger comme la preuve que les bolcheviks, recourant à la force pour écarter leurs adversaires « défensistes », étaient maintenant résolus à conclure la paix à tout prix. Trotsky écrit sur ce point :

> « La dissolution de l'Assemblée constituante, au début, gâta beaucoup notre situation internationale. Elle montrait aux Allemands que nous étions vraiment disposés à terminer la guerre à quelque prix que ce fût. [...] Quelle impression cette même dissolution pouvait-elle produire sur le prolétariat des Alliés? [...] Voici que les bolcheviks dispersaient l'Assemblée constituante " démocratique ", pour conclure avec le Hohenzollern une paix humiliante, asservissante, alors que la Belgique et le nord de la France étaient occupés par les armées allemandes [22]... »

Son souci de faire une « démonstration » aux yeux du prolétariat européen allait devenir l'un des aspects de la crise profonde ouverte au sein du parti par l'ultimatum du général Hoffmann et son propre retour en consultation...

***

Trotsky a raconté, dans *Lénine* et dans *Ma Vie,* ses discussions en tête-à-tête avec Lénine, au lendemain de son arrivée à Petrograd le 7/20 janvier 1918 :

> « – Tout cela est fort séduisant (disait Lénine), et même on ne pourrait rien souhaiter de mieux si le général Hoffmann était incapable de faire avancer ses troupes contre nous. Mais il y a peu d'espoir qu'il en soit ainsi. Le général trouvera pour son offensive des régiments spécialement composés de paysans riches bavarois, et en faut-il autant que cela pour se battre? Vous dites vous-même que les tranchées sont vides. Et si les Allemands recommencent tout de même la guerre?
> – Alors, nous serons forcés de signer la paix, mais il sera clair pour tout le monde que nous n'avions pas d'autre issue. Cela suffira pour ruiner la légende qui montre une soi-disant liaison en coulisse entre nous et le Hohenzollern.

– Il y a certes là des avantages, mais c'est pourtant trop risqué. Actuellement, il n'y a rien au monde de plus important que notre révolution : il faut coûte que coûte la mettre hors de danger [23]. »

Il apparaît très vite que la situation est sérieusement compliquée par la situation dans le parti où, dès les premières informations concernant les exigences de Hoffmann, s'est développée de façon majoritaire l'idée de rejeter les conditions ainsi dictées et de reprendre les armes, si nécessaire pour une « guerre révolutionnaire », comme l'ont au fond assuré ou laissé entendre les dirigeants du parti au cours des mois précédents. L'unité du parti elle-même est en jeu. Trotsky poursuit son témoignage :

« – Si le comité central décide de souscrire aux conditions allemandes uniquement sous l'influence d'un ultimatum verbal, lui disais-je, nous risquons de provoquer une scission dans le parti. Il est indispensable de dévoiler le véritable état de choses à notre parti autant qu'aux ouvriers d'Europe... Si nous rompons avec ceux de gauche, le parti donnera de la bande sur la droite : car enfin, il est hors de doute que tous les camarades qui avaient pris nettement position contre l'insurrection d'Octobre et se sont prononcés pour le bloc des partis socialistes, se sont trouvés partisans sans réserves de la paix. [...] Il y a parmi les communistes de gauche beaucoup qui ont joué un rôle militant des plus actifs dans la période d'Octobre, etc.
– C'est indiscutable, répondit Vladimir Ilyitch. Mais ce qui se décide en ce moment, c'est le sort de la révolution. Nous rétablirons l'équilibre dans le parti, mais, avant tout, il faut sauver la révolution, et on ne peut la sauver qu'en signant la paix. Mieux vaut une scission que le danger de voir la révolution écrasée par la force militaire. Les lubies de la gauche passeront, et ensuite – même s'ils vont jusqu'à provoquer la scission, ce qui n'est pas absolument inévitable –, ils reviendront au parti. Mais si les Allemands nous écrasent, personne ne nous ramènera... Enfin, mettons que votre plan soit accepté. Nous avons refusé de signer la paix. Et alors, les Allemands prennent l'offensive. Que faites-vous dans ce cas?
– Nous signons la paix sous la contrainte des baïonnettes. Alors le tableau se dessine clairement pour la classe ouvrière du monde entier.
– Et vous ne soutiendrez pas alors le mot d'ordre de la guerre révolutionnaire?
– Jamais.
– Si l'affaire se présente ainsi, l'expérience peut en être beaucoup moins périlleuse déjà. Nous risquons de perdre l'Estonie ou la Lettonie. Des camarades estoniens sont venus me voir, et ils m'ont raconté comment ils avaient assez heureusement entrepris la construction socialiste dans les colonies agricoles. Il sera très regrettable de sacrifier l'Estonie socialiste – ajoutait Lénine d'un ton ironique – mais il le faudra, je pense, pour la bonne cause de la paix, en venir à ce compromis.
– Mais en supposant que la paix soit signée immédiatement, est-ce que cela supprime la possibilité d'une intervention militaire en Estonie ou en Lettonie?
– Admettons, mais c'est une simple possibilité, tandis que, dans l'autre, c'est une presque certitude. Moi, en tout cas, je me prononcerai pour la signature immédiate, c'est plus sûr [24]. »

Dès le 13/21 janvier une première réunion de responsables du parti – membres du comité central et délégués au IIIe congrès des soviets – a étudié la question et émis un vote indicatif, après avoir écouté les options proposées. Lénine demande l'acceptation pure et simple des conditions allemandes, seule position réaliste selon lui, conforme à la volonté des soldats-paysans, et qui ne compromet pas pour autant les chances de la révolution allemande à venir. Boukharine, au nom des opposants qu'on va appeler les « communistes de gauche », dénonce dans la signature d'une paix séparée un coup porté à la révolution européenne et en particulier allemande; il préconise la « guerre révolutionnaire » dont il pense qu'elle est la seule perspective alternative que le parti ait présentée depuis octobre. Trotsky enfin, conformément à ses conclusions de Brest, propose de mettre fin à la guerre sans pour autant signer la paix.

Au vote – indicatif seulement –, Lénine obtient 15 voix, Trotsky 16 et Boukharine 32 [25]. Selon le témoignage de Trotsky, sur plus de deux cents soviets consultés, seuls ceux de Petrograd et de Sébastopol se prononcent pour la paix : la décision de signer, va, en fait, contre toute la propagande et l'agitation menées au cours des semaines écoulées [26]. Va-t-elle aussi contre le sentiment des masses regroupées autour des soviets?

Au comité central du 9/22 janvier 1918, la discussion est particulièrement âpre. Dzerjinski, Boukharine, Ouritsky, attaquent la position de Lénine, l'accusent d'exprimer « un point de vue russe étroit », de sacrifier la révolution allemande. Zinoviev, Staline, Sokolnikov se prononcent pour la paix, les deux premiers assurant qu'il n'existe pas en Occident de montée révolutionnaire qu'il faudrait préserver ou protéger. Lénine exprime des réserves sur les perspectives des mouvements de grève d'Allemagne et d'Autriche – argument favori des amis de Boukharine – et leurs chances de s'élargir en un mouvement révolutionnaire. Mais il prend aussi ses distances à l'égard de Zinoviev et de Staline : s'il est, lui, pour la signature immédiate de la paix, c'est simplement parce que la révolution n'a pas encore atteint le même niveau de développement révolutionnaire. La révolution européenne est encore à l'état embryonnaire, bien qu'elle se développe, alors que la révolution russe, elle, est un enfant déjà né qui se porte bien : c'est de cet enfant vivant qu'il faut se préoccuper d'abord, ce qui permettra de mener l'autre à terme. La question de savoir s'il faut ou non accepter les conditions allemandes n'est pas résolue par le vote. Le comité central repousse d'abord assez largement la motion en faveur d'une guerre révolutionnaire. Puis il approuve, par 12 voix contre une, celle de Zinoviev, et vote une motion de Lénine pour continuer les négociations. Finalement, par 9 voix contre 7, il se rallie à la position de Trotsky d'arrêter la guerre sans signer la paix [27]. A la veille de son départ pour Brest, devant le IIIe congrès des soviets, le 13/26 janvier 1917, celui-ci réaffirme donc une position officielle qui ne répond pas à la situation réelle ni même à son analyse personnelle à ce moment-là :

> « Nous allons lutter avec vous pour une paix démocratique honnête. Nous allons les combattre, et ils ne nous font pas peur avec leur menace

d'une offensive. Ils n'ont aucune certitude que les soldats allemands vont les suivre. Nous allons réaliser notre programme de démobilisation de la vieille armée et de formation d'une Garde rouge. Si les impérialistes allemands essaient de nous écraser avec leur machine de guerre, nous appellerons nos frères de l'Occident : " Entendez-vous " et ils nous répondront : " Nous entendons " [28]. »

Trotsky repart de Petrograd pour Brest-Litovsk le 15/28 janvier 1918. Peut-être espère-t-il que les grèves qui se sont déclenchées à Berlin et où s'exprime la protestation des ouvriers contre la politique du gouvernement impérial peuvent constituer un facteur favorable, mais sans doute voit-il clairement les limites d'une telle orientation... Les négociations reprennent le 18/30 janvier, et, le 26 janvier/8 février, est signé le traité avec la Rada ukrainienne. C'est le 28 janvier/10 février que Trotsky se décide à franchir le pas, devant la commission politique. Il commence, en bon propagandiste, à rappeler la caractérisation de la guerre faite par les bolcheviks et confirmée, selon lui, par les pourparlers de paix :

« Les peuples attendent avec impatience les résultats des pourparlers de paix à Brest-Litovsk. Ils demandent comment va se terminer cette auto-annihilation sans précédent de l'humanité provoquée par l'égoïsme et la soif de pouvoir des classes dirigeantes. Si l'un des deux camps a, un jour, lutté dans cette guerre pour se défendre, il y a bien longtemps que ce n'est plus vrai. Quand la Grande-Bretagne s'empare de colonies africaines, de Bagdad et de Jérusalem, elle ne mène pas une guerre défensive. Quand l'Allemagne occupe la Serbie, la Belgique, la Pologne, la Lituanie et la Roumanie et s'empare des îles Mousson, ce n'est pas non plus une guerre défensive. C'est une lutte pour le partage du monde. C'est maintenant clair, plus clair que jamais [29]. »

Il évoque « le retour du soldat pour cultiver au printemps cette terre que la révolution a prise au seigneur » et qu'elle lui a donnée. Il célèbre « le retour de l'ouvrier » qui va fabriquer « désormais non pas des outils de destruction, mais des outils de construction » et pouvoir ainsi « construire, avec celui qui cultive la terre », une nouvelle économie socialiste. Il lance alors sa fameuse déclaration de retrait de la guerre sans signature de la paix :

« Nous déclarons à tous les peuples et gouvernements que nous sortons de la guerre. Nous publions des ordres pour la démobilisation complète des troupes qui sont aujourd'hui en face des armées de l'Allemagne, de l'Autriche-Hongrie, de la Turquie et de la Bulgarie. Nous attendons, confiants que toutes les nations vont bientôt suivre nos pas.

« Nous annonçons en même temps que les conditions de paix qui nous sont offertes par l'Allemagne et l'Autriche-Hongrie sont fondamentalement opposées aux intérêts de tous les peuples [...]. Les peuples de Pologne, de Lituanie, de Courlande et d'Estonie, considèrent ces conditions comme une violation de leur volonté, tandis qu'elles constituent pour la Russie une menace perpétuelle. Les peuples du monde, guidés par leurs convictions politiques et leurs instincts moraux, condamnent ces conditions et attendent le jour où les classes ouvrières établiront leurs propres formes de coopération pacifique des peuples. Nous refusons de sanctionner ces conditions que l'épée de l'impérialisme allemand et austro-hongrois est prêt à inscrire dans les corps vivants des peuples concernés. Nous ne pouvons engager la signature de la Révolution russe sous des conditions qui apportent oppression, chagrin et souffrance à des millions d'êtres humains [...].

« Au nom du soviet des commissaires du peuple, le gouvernement de la République fédérée russe informe par la présente les gouvernements et peuples en guerre avec lui, ainsi que les Alliés et les neutres, que, tout en refusant de signer la paix d'agression, la Russie déclare en même temps la guerre terminée avec l'Allemagne, l'Autriche-Hongrie, la Bulgarie et la Turquie. Les ordres pour la démobilisation générale ont déjà été donnés [30]. »

La conférence reste sans voix : seul le général Hoffmann explose en lâchant un « *Unerhört* » (inouï) de stupéfaction [31]. Il y a le lendemain beaucoup de flottement à la réunion des Centraux : Hoffmann est le seul à défendre l'idée d'une reprise de la guerre contre la Russie. Kühlmann comme Czernin y sont nettement opposés, car ils redoutent tous deux les réactions, notamment intérieures, à une telle agression. Les délégués bolcheviques partent de Brest persuadés qu'ils ont gagné. Seul Trotsky n'exclut pas la possibilité d'une attaque allemande; il pense seulement que l'action de la délégation l'a rendue très difficile [32]. L'historien britannique E.H. Carr pense que « le geste de Trotsky fut apparemment plus proche du succès qu'on ne le sut à l'époque [33] ». Il souligne que l'optimisme de la majorité des délégués soviétiques ne manquait pas de fondement.

Ce n'est finalement que le 13 février *, à la suite d'une réunion de responsables civils et militaires autour de Guillaume II à Bad Homburg, que fut prise la décision de mener l'offensive préconisée par Hoffmann et l'état-major. Ce même jour, Trotsky rendait compte à l'exécutif central qui adoptait une motion Sverdlov approuvant l'action de la délégation. Il raconte dans *Ma Vie* :

« Lénine était très satisfait du résultat obtenu.
– Mais ne nous tromperont-ils pas ", demanda-t-il.
D'un geste, nous donnions à comprendre que cela ne nous paraissait pas probable.
– Alors ça va, dit Lénine. S'il en est ainsi, tant mieux. Les apparences sont sauvées et nous voilà sortis de la guerre " [34]. »

L'illusion fut de courte durée. Une semaine plus tard, le général Hoffmann, à Brest, fit savoir au général Samoilo qu'il reprendrait les hostilités le lendemain [35]. Immédiatement informé, Lénine assura à Trotsky qu'il ne restait plus qu'à signer aux anciennes conditions, si

* C'est en février 1918 que les Russes alignent leur calendrier sur celui de l'Occident. On ne trouvera plus ensuite de doubles dates.

toutefois les Allemands n'avaient pas décidé de faire payer plus cher. Fidèle à sa recherche d'une « démonstration », Trotsky insista pour laisser se développer l'offensive allemande, « afin que les ouvriers d'Allemagne et ceux des pays de l'Entente pussent constater que cette attaque était un fait et non pas une simple menace ». Il ne convainquit pas Lénine, pour qui « il n'y a pas une heure à perdre [36] ». Pour le moment, Lénine était très isolé; l'historien britannique Wheeler-Bennett note :

> « Rien n'était favorable à son point de vue dans la nouvelle situation, car la réaction à partir de l'optimisme exalté allait plutôt vers une guerre révolutionnaire que vers une paix immédiate. Les quartiers ouvriers de Petrograd et de Moscou étaient soulevés d'indignation par la nouvelle offensive allemande, et leur colère n'était nullement dirigée contre ceux qui leur avait dit qu'une telle offensive était impossible. Au cours des jours et des nuits tragiques qui suivirent le 17 février, les ouvriers étaient prêts à s'engager par dizaines de milliers pour défendre la révolution, mais il n'existait pour un tel mouvement aucune organisation [37]. »

Le comité central du 17 février est dramatique. D'entrée, Lénine propose une résolution pour l'acceptation immédiate des conditions allemandes. Elle est repoussée par 5 voix contre 6 : Trotsky a voté contre et propose à son tour une motion décidant de reporter les négociations jusqu'à ce que l'offensive allemande se soit réellement développée et qu'il soit possible d'apprécier l'effet produit sur les masses, en Russie, dans les pays de l'Entente et chez les Puissances centrales. Comme il est, de fait, l'arbitre de ces votes, sa motion est adoptée par 6 voix contre 5. Lénine interroge alors ses camarades : « Si l'offensive allemande se concrétise et s'il n'y a pas de soulèvement révolutionnaire en Allemagne et en Autriche, allons-nous signer la paix [38]? » Placés ainsi au pied du mur, les partisans de la « guerre révolutionnaire » faiblissent. Comme il a promis à Lénine de le faire si on en arrive là, Trotsky change de camp et vote avec Lénine. Il y a quatre abstentions, dont celle de Boukharine; seul, Joffé vote contre.

Le 18 février n'apporte que de mauvaises nouvelles : l'annonce de la chute de Dvinsk et de Luck, l'avance de l'armée allemande en Ukraine, le calme sur le front des grèves en Europe. Quand le comité central se réunit de nouveau, le rapport de forces n'y a pas changé malgré la participation d'absents de la veille. Trotsky présente un rapport insistant sur la détérioration de la situation militaire. Il propose un télégramme aux Centraux pour leur demander leurs conditions pour l'arrêt de l'offensive [39].

Lénine combat Trotsky avec beaucoup d'énergie. Il ne faut pas, dit-il, plaisanter avec la révolution, affirme qu' « attendre, c'est trahir la révolution [40] ». La tension est extrême. Pourtant, ce sont les informations arrivées pendant la journée qui vont faire la décision. Trotsky, en effet, estime, écrira-t-il, « que la nouvelle de l'offensive allemande serait connue du monde entier » et se rallie à la position de Lénine. Cette fois, Lénine obtient 7 voix (lui-même, Trotsky, Staline,

Sverdlov, Sokolnikov, Zinoviev et Smilga) contre 6 (Boukharine, Joffé, Lomov, Krestinsky, Dzerjinski, Ouritsky) [41]. C'est encore Trotsky qui a fait la décision.

Le radiogramme expédié la nuit même au général Hoffmann, sous la signature de Lénine et de Trotsky, est net :

> « Dans ces circonstances, le conseil des commissaires du peuple se trouve contraint de signer le traité et d'accepter les conditions des quatre puissances à Brest-Litovsk [42]. »

Une période très difficile commence. Les Allemands ne sont nullement pressés de répondre et poursuivent une offensive qui ne rencontre pratiquement pas de résistance et tourne rapidement à la catastrophe pour les bolcheviks : Pétrograd est menacée au bout de quelques jours. Wheeler-Bennett écrit que « tout semblant d'ordre avait déserté la ville [43] » où des voyous sont maîtres des rues la nuit et se permettent même de déshabiller complètement Ouritsky, membre de l'exécutif [44], au sortir du Kremlin. Les bolcheviks commencent sérieusement à s'interroger, se demander si l'offensive allemande n'a pas été préparée avec l'assentiment des Alliés pour une réconciliation à travers l'écrasement du « communisme » comme le suggèrent certaines proclamations [45]. Lénine lui-même semble avoir un moment pensé qu'il n'y avait qu'à se battre et mourir, comme semble l'indiquer l'appel du 21 février dénonçant la complicité des blocs belligérants et appelant à l'organisation d'une Armée rouge [46]. Petrograd est mis en état de siège et la « mobilisation révolutionnaire » y est décrétée [47]. Le comité de défense révolutionnaire de Petrograd, présidé par Trotsky, interdit réunions et assemblées, approuve l'interdiction de plusieurs journaux.

Le comité central du 22 février 1918 discute d'un rapport de Trotsky sur les propositions d'aide militaire formulées, au cours des dernières heures, par les Alliés qui ont répondu favorablement aux avances qu'il leur a faites. Vivement critiqué, dans un premier temps, par la majorité du comité central, Trotsky réagit vivement et menace de démissionner. Lénine soutient énergiquement sa proposition : « Donner pleins pouvoirs au camarade Trotsky pour accepter l'aide des brigands de l'impérialisme français contre les brigands allemands [48]. » Boukharine pleure dans les bras de Trotsky : « Que faisons-nous? Nous transformons le parti en un tas de fumier [49]! »

L'arrivée, le 23 février 1918, de la réponse des Centraux met les dirigeants russes au pied du mur. Ils ont quarante-huit heures pour répondre, trois jours pour négocier, et les conditions sont bien plus dures que celles de Brest : démobilisation complète, cession de la Lettonie et de l'Estonie, évacuation de l'Ukraine et de la Finlande.

Le débat, une fois de plus, reprend au comité central. Boukharine et ses amis les « communistes de gauche », probablement majoritaires dans le parti à ce moment, reprennent leurs arguments en faveur de la « guerre révolutionnaire ». Lénine répond en balayant la « phrase révolutionnaire » et menace de démissionner du gouvernement :

> « Pour faire une guerre révolutionnaire, il faut une armée et nous n'en avons pas. Dans ces circonstances, il n'y a rien d'autre à faire que d'accepter les conditions [50]. »

Trotsky est loin d'être convaincu par ces arguments. En fait, il est sceptique sur les possibilités pour les bolcheviks d'obtenir la paix, même au prix d'une capitulation. Il pense qu'avec un parti unanime on pourrait envisager de se battre, même au prix de l'abandon de Moscou et de Petrograd. Le risque est grand, même si la paix est obtenue, de perdre le soutien de l'avant-garde prolétarienne dans le monde. Mais, de toute façon, il est impossible de faire une « guerre révolutionnaire » avec un parti divisé et particulièrement avec Lénine dans l'opposition. Boukharine, lui, est intraitable. Lénine leur répond :

> « Il s'agit de signer aujourd'hui les conditions allemandes ou bien de signer, trois semaines après, la condamnation à mort du gouvernement soviétique. [...] La révolution allemande n'est pas encore mûre. Elle prendra des mois. Nous devons accepter ces conditions [51]. »

Au vote, sur les quinze membres présents, sept, dont Zinoviev et Staline, votent pour la position de Lénine, quatre votent avec Boukharine, et il y a quatre abstentions dont celle de Trotsky qui, sceptique, accepte de jouer cependant la carte de la paix à tout prix, à partir du moment où elle est définitivement choisie par Lénine : elle consiste à céder de l'espace pour gagner du temps.

La nouvelle délégation soviétique à Brest ne comprend pas Trotsky, qui a démissionné de sa responsabilité de commissaire aux Affaires étrangères. Lénine, peu convaincu au départ, a cédé devant l'argument que cette démission constituerait, pour les Centraux, une preuve du « changement » de politique de la part du gouvernement soviétique. Le traité est signé le 3/16 mars par une délégation qui n'a même pas lu des conditions, terriblement aggravées encore. La Russie soviétique se voit amputée de 44 % de la population et d'un quart de la superficie de l'ancien empire, d'un tiers de ses récoltes et 27 % du revenu de l'État, de 80 % de ses fabriques de sucre, de 73 % de sa production de fer, de 75 % de sa production de charbon, de 9 000 entreprises industrielles sur un total de 16 000 [52]...

Le dernier combat politique autour de la paix et de son prix se livre au VIIe congrès du parti à Petrograd du 6 au 8 mars 1918. Depuis le 5 mars, Boukharine et ses amis publient à Moscou un nouveau journal, *Kommunist*, qui reprend contre Lénine l'ensemble des arguments des « communistes de gauche » partisans de la guerre révolutionnaire. Il n'y a que 46 délégués avec droit de vote, dans une atmosphère à huis clos très tendue, et alors que le gouvernement a pratiquement réalisé son transfert pour Moscou, Petrograd étant désormais trop exposée aux coups de l'armée allemande. Trotsky est, par la force des choses, au centre du débat. Lénine lui reproche d'avoir commis « une grossière erreur ». Radek loue sa politique de Brest, le « réalisme révolutionnaire », mais lui reproche son ralliement final à Lénine [53]. Trotsky s'explique avec, semble-t-il, une totale franchise, mentionne la faiblesse du pays, la passivité de la paysannerie, l'humeur sombre des ouvriers, mais surtout sa crainte de la scission du parti comme autant de facteurs qui l'ont déterminé finalement. Il rend au fond à Lénine un hommage éclatant quand il assure : « Je ne pouvais prendre sur moi la responsabilité de la direction du parti [54]. »

C'est sans doute là que se trouve la clé d'un comportement politique parfois surprenant et qui provoqua bien des prises de position contradictoires dans le parti à l'époque, bien que Trotsky ait été réélu en tête au comité central, avec Lénine.

Quelques mois plus tard, dans le cadre d'une situation internationale nouvelle qui démontrait que la politique de Lénine n'avait pas nui à la montée de la révolution européenne comme on l'en avait accusée, Trotsky démontra de façon éclatante que les préoccupations des intérêts de la révolution et de la vérité pour armer les masses l'emportaient dans son esprit, en déclarant, le 3 octobre 1918 :

> « Je crois de mon devoir de déclarer dans cette assemblée [...] qu'à l'heure où beaucoup d'entre nous – et moi dans ce nombre – étions dans le doute, nous demandant s'il était admissible de signer la paix de Brest-Litovsk, le camarade Lénine a été le seul à affirmer, avec une persévérance et une perspicacité incomparables, contre tant d'autres parmi nous, que nous devions en passer par là pour amener à la révolution le prolétariat mondial. Et maintenant encore, nous devons avouer que ce n'était pas nous qui avions raison [55]. »

L'exemple est suffisamment rare pour qu'on s'y arrête un instant : abnégation intellectuelle, droiture, loyauté et finalement modestie qui permettent semblable déclaration publique, ce ne sont pas des traits des images familières et passe-partout qui circulent de Trotsky.

En pleine guerre civile, les conflits les plus vifs et les désaccords les plus violents se réglaient encore de la même manière à l'intérieur du parti bolchevique. Chacun se battait pour ses idées, jusqu'au bout, et le développement historique départageait les adversaires et rendait sa sentence.

Tout en menant la discussion et faisant face aux critiques, Trotsky avait construit l'Armée rouge et la conduisait au combat.

CHAPITRE XV

Bâtisseur d'armée [1]

Les premières tentatives des généraux tsaristes – qui allaient devenir les « blancs » – au début de 1918, pour engager la lutte armée, les amères leçons apprises au moment de Brest-Litovsk commandaient aux bolcheviks la constitution d'une armée capable de défendre le régime issu de la révolution. Il fallait à sa tête un meneur d'hommes et un organisateur, un orateur capable d'électriser les foules, un chef payant de sa personne et montrant l'exemple, un militant sachant soulever, rassembler, organiser, mener au combat. Démissionnaire des Affaires étrangères, Trotsky était disponible. Comment pouvait-il d'ailleurs ne pas être l'homme de l'Armée rouge? De la présidence du soviet de Petrograd au comité militaire révolutionnaire, à la tête de la délégation à la conférence de Brest, il avait toujours occupé le poste le plus avancé et le plus exposé. C'est donc tout à fait logiquement qu'au lendemain de la paix avec l'Allemagne et, comme il le savait déjà, à l'aube de la guerre civile, il devint commissaire du peuple aux Affaires militaires avec la charge de créer l'armée de la révolution, une armée nouvelle qu'il allait falloir très vite tremper dans le feu des premiers combats.

Était-il techniquement préparé à ce rôle? La question est ouverte. Il n'avait certes aucune expérience militaire personnelle directe, ayant passé en prison ou en exil les années que d'autres avaient passées sous l'uniforme. Mais son travail de correspondant de guerre dans les Balkans puis en France l'avait familiarisé avec les problèmes généraux, les caractères et les conséquences des techniques nouvelles, les problèmes humains, le lien entre guerre et économie. Cela n'en faisait pas pour autant un spécialiste des choses militaires ni *a fortiori* un stratège. Ses connaissances de théorie militaire en général n'étaient toutefois pas négligeables. Il avait lu et étudié avec soin l'*Histoire de la Guerre*, de l'Allemand Schulz et le fameux ouvrage de Clausewitz, *De la Guerre*, qui l'avait, depuis longtemps, convaincu que la guerre n'était que la continuation de la politique par d'autres moyens. Il avait également lu et énormément apprécié, malgré plusieurs points de désaccords, le livre de Jean Jaurès *L'Armée nouvelle*. Nous avons vu enfin que, durant son séjour à Paris pendant la guerre, il avait étudié livres et revues spécialisées pour préparer ses correspondances à la *Kievskaia Mysl* [2].

Sans doute cependant son principal atout se trouvait-il ailleurs. Ce que Trotsky apportait dans ses nouvelles fonctions de commissaire du peuple aux Affaires militaires, président du conseil révolutionnaire de la Guerre, à la tâche herculéenne de construction de l'Armée rouge, c'étaient son potentiel intellectuel hors de pair, sa personnalité de dirigeant politique et de meneur d'hommes. Il allait fonder une armée et conduire, pendant deux années et demie, une impitoyable guerre civile, comme il avait dirigé l'insurrection et mené les pourparlers de paix sans avoir jamais appris ni l'art du soulèvement ni le métier de diplomate, mais en militant politique expérimenté [3].

Sur la question de l'insurrection armée, Trotsky avait eu très tôt des idées précises. A ses yeux, l'armée permanente est l'obstacle le plus sérieux à la révolution. La suprématie sera tranchée entre elles par les soldats et le choix qu'ils opéreront. La question de l'insurrection n'est donc pas purement militaire, car les armes les plus modernes peuvent parfaitement passer aux mains du prolétariat.

Trotsky ne croit pas non plus à la possibilité d'obtenir la victoire par la guérilla ou par l'action combinée de la guérilla avec la grève révolutionnaire. C'est la lutte des masses seule qui peut arracher la victoire, une lutte « dans laquelle une partie des troupes, soutenues par la population, en armes et sans armes, combattra l'autre partie qui sera entourée de la haine universelle [4] ». La bataille de l'insurrection proprement dite n'est donc, à ses yeux, pas tant une lutte contre l'armée qu'une lutte pour l'armée. Et celle-ci devient pour lui le lieu privilégié où s'organise le peuple en armes en même temps que le milieu où endoctriner la masse paysanne [5].

Le nouveau commissaire n'avait à sa disposition qu'un tout petit nombre d'hommes et d'unités. On cite toujours le régiment de chasseurs lettons que dirigeait alors l'ancien officier d'état-major, le colonel Vatsetis, comme l'une des rares unités de l'ancienne armée qui ait traversé et rallié la révolution sans se décomposer. Les quelques milliers de Gardes rouges qui avaient suivi dans le sud Antonov-Ovseenko étaient généralement des hommes dévoués et courageux, mais sans expérience du feu, pratiquement inutilisables dans une guerre moderne. Les premières unités relevant de l'Armée rouge proprement dite, reposant sur un tel socle, étaient donc, malgré l'étiquette nouvelle, tout aussi fragiles, extrêmement fluides en particulier, les volontaires ne faisant souvent qu'y passer, le temps d'être nourris, de recevoir une capote et de toucher une première solde. L'ensemble, comme l'avait démontré l'effondrement total de toute résistance face à l'offensive allemande, ne possédait, comme le reconnaissait Trotsky, qu'une « capacité de résistance infinitésimale [6] ».

Une telle situation ne relevait évidemment pas du hasard. Paradoxalement, la Révolution, qui avait spectaculairement libéré tant d'énergies, d'héroïsme, d'esprit de sacrifice et avait littéralement décomposé l'ancienne armée, était aussi la source de sentiments très forts qui s'opposaient à la création d'une nouvelle armée, même pour sa propre défense. Elle avait été nourrie d'une profonde aspiration générale à la paix qui s'était traduite par des désertions massives, des fronts totalement abandonnés. Elle charriait dans son cours tumultueux non seulement des sentiments pacifistes, mais des sentiments anti-autoritaires, antimilitaristes, profondément individualistes en dernière analyse. Ceux qui, selon les paroles de l'*Internationale*, n'étaient « rien » et devenaient « tout », haïssaient tout ce qui leur rappelait le dressage, la discipline aveugle et brutale, la violence répressive désormais liés pour eux à l'institution de l'armée et à la condition militaire.

Surtout, de façon plus générale encore, des millions d'hommes rejetaient désormais tout ce qui leur rappelait l'autocratie tsariste, le commandement par le haut, l'autorité indiscutée des chefs petits ou grands, la centralisation. Les soldats avaient lutté pendant des mois pour élire et révoquer leurs officiers non pour qu'ils les conduisent au combat, mais pour qu'ils leur assurent la paix. Ceux qui admettaient l'existence d'une armée révolutionnaire pensaient que, balayant la discipline « à la prussienne », elle devait, par principe, élire ses chefs. En outre, la révolution avait été pour beaucoup l'école de l'initiative, et le résultat était un extrême morcellement de l'autorité, les unités existantes se comportant pratiquement en toute indépendance. C'est encore Trotsky qui raconte :

> « Des unités militaires (surtout des régiments) emmenaient avec elles des autos blindées et des avions, alors qu'elles n'avaient pas de baïonnettes pour leurs fusils et manquaient souvent de cartouches [7]. »

Dans ces conditions, la tâche première du commissaire du peuple aux Affaires militaires fut d'expliquer, et la deuxième, de se mettre au travail pour prouver ce qu'il avait avancé. Dans la propagande et l'agitation qu'il mena avec autant de force, pour l'Armée rouge, qu'il en avait déployé pour la prise du pouvoir, il n'omettait jamais de rappeler les objectifs de cette révolution qu'il s'agissait maintenant de défendre. Le 21 avril, dans un discours à Moscou, il résume en proclamant :

> « Oui, nous avançons vers la paix, mais au moyen de la lutte armée des masses ouvrières contre leurs oppresseurs, contre les exploiteurs, contre les impérialistes de tous les pays [8]. »

Le 4 juin 1918, dans une session élargie de l'exécutif central des soviets, au cours d'un débat sur la disette, il répliquait à une interruption ironique venue des rangs des mencheviks, « Vive la guerre civile! » :

> « Notre parti est pour la guerre civile! Il faut faire la guerre civile pour le grain! Nous, les soviets, nous allons à la bataille! Oui, vive la guerre

civile! Guerre civile pour les enfants, les vieux, les ouvriers et l'Armée rouge, au nom de la lutte directe et impitoyable contre la contre-révolution [9]. »

Bien entendu, l'un des arguments qu'il martèle à chaque occasion est celui de la révolution internationale qui vient. Il ne s'agit pas seulement de défendre la révolution russe, tâche en réalité trop étroite, mais de défendre en elle un détachement, pour l'instant isolé, du mouvement révolutionnaire mondial. Il l'affirme le 21 avril dans son style oratoire si personnel :

« Nous ne devons pas oublier que nous sommes maintenant non seulement les maîtres de notre propre destinée, mais que nous avons dans nos mains les rêves de toute l'humanité pour un monde libéré. Il y a contre nous la bourgeoisie de tous les pays, mais il y a avec nous la classe ouvrière de tous les pays et ses espoirs [10]. »

Pour lui, les Russes, « à qui l'Histoire a donné raison plus tôt qu'aux autres » avec la victoire de leur révolution, doivent se préparer à l'inévitable explosion qui va embraser bientôt le reste du monde. Et cela signifie, au premier chef, se donner les moyens d'avoir une force armée qui, « au nom de la fraternité des peuples et du socialisme », se portera au secours des révolutions prochaines.

L'objectif à long terme est considérable. La tâche à court terme ne l'est pas moins. C'est, d'une certaine façon, à contre-courant que Trotsky doit maintenant, après la victoire de la révolution contre le tsarisme, construire l'armée qui doit assurer sa défense et sa victoire, à une échelle renouvelée et agrandie dans un premier temps à l'Europe. Le titre du discours qu'il prononce le 28 mars devant la conférence de Moscou – ville du Parti communiste russe –, est, de ce point de vue, significatif : « Travail, discipline et ordre [11]. »

* * *

Certains y voient un reniement non seulement de la révolution, mais de son idéal révolutionnaire. Trotsky leur répond que l'armée qu'il va construire est une armée de classe, bâtie sur des principes de classe – condition nécessaire pour qu'elle soit réellement un instrument de la révolution mondiale. Il le dit, dans une langue surprenante pour les ignorants qui croient que communisme et « langue de bois » sont inséparables :

« Ce sont des pêcheurs, des bergers, des pauvres, qui ont porté l'idée du christianisme qui l'a emporté sur les idées du monde païen. Nous aussi, c'est avec ces éléments que nous commençons; car ils constituent la base d'une armée qui n'est pas une armée de l'aristocratie ou des privilégiés, mais une armée du prolétariat [12]. »

Le rôle décisif dans la constitution et le fonctionnement de l'Armée rouge doit, pour lui, revenir aux communistes. Ce sont des communistes qui organisent les premières unités et qui, organisés en cellules, portent la responsabilité de l'inspiration politique des soldats, de l'idéal qui doit les animer, des idées dont ils ont à assurer la victoire, les armes à la main. La moitié des membres du parti communiste, quelque 300 000 militants, se trouveront, à la fin de la guerre civile, dans l'Armée rouge. La tâche est nouvelle pour eux, mais Trotsky insiste sur le fait qu'il n'y a pas de contradiction avec celles qui ont frayé la voie à la révolution, pavé le chemin d'Octobre; au contraire, il s'agit en quelque sorte de leur prolongement :

> « Nous [communistes] devons maintenant, à chaque poste que nous occupons, manifester la plus grande conscience, le plus grand sens du service, la plus grande créativité – bref, les qualités qui caractérisent une classe de constructeurs authentiques d'une vie nouvelle. Et nous devons créer dans notre parti une moralité nouvelle ou, pour mieux dire, la moralité qui serait le développement de notre moralité combattante d'hier [13]. »

Les communistes sont ainsi à la fois le ciment et le cœur de l'Armée rouge. Ce sont eux qui développent dans ses rangs ce qu'il n'hésite pas à appeler un « nouveau lien religieux entre les hommes sous la forme de l'esprit de solidarité [14] » et qui l'en imprègnent. En fonction du rôle qui est le leur – Trotsky le souligne plus encore par ses actes que par ses paroles –, les communistes ne jouissent d'aucun privilège et pour ainsi dire d'aucun droit, alors qu'ils ont des devoirs. Il veille jalousement là-dessus, ce qui lui vaut bien des inimitiés et des procès plus ou moins voilés, mais il reste inébranlable. Le communiste, l'ouvrier communiste, constitue l'élément irremplaçable qui sert de fondation à l'Armée rouge. Relevant en juillet 1918 que le soviet de Petrograd, cœur de la révolution, a déjà envoyé à l'Armée rouge le quart de son effectif, il explique :

> « Ce que les anciennes armées avaient obtenu par des mois de formation, de punitions, de dressage, qui formaient mécaniquement une unité, nous avons à le réaliser [...] en faisant entrer dans notre armée les meilleurs éléments de la classe ouvrière [15]. »

La discipline de l'Armée rouge ne repose donc pas, pour lui, sur des ordres d'en haut, à la cravache, comme dans toutes les autres armées du monde : elle est librement consentie, délibérément acceptée, « fraternelle, consciente, révolutionnaire ». Son rôle essentiel est ce que Trotsky appelle l'« éducation sociale » : « Elle consiste à faire que chaque ouvrier, soldat et paysan, comprenne quelle communauté sert ses intérêts et ne sert qu'eux [16]. »

***

La tâche n'était pas facile. Il le reconnaissait sans difficulté, ajoutant toutefois cette remarque capitale à ses yeux : « Notre avantage est que nous n'avons rien à cacher [17]. »

Il s'agissait d'abord de créer une administration centralisée à l'échelle de la République. Des bureaux furent créés à l'échelon des localités, des provinces et des districts. Constitués par les soviets du niveau correspondant avec deux de ses membres et un militaire, ils représentaient dans les huit districts militaires, les organes étatiques du recrutement des volontaires et de leur formation, d'abord, puis de la mobilisation.

La seconde étape, celle du recrutement, était une opération tout entière articulée sur la nécessité d'assurer dans l'Armée rouge l'hégémonie « des classes ouvrières qui combattent pour reconstruire l'ensemble de la vie sociale [18] », selon la formule du décret du 22 avril 1918. Dans un premier temps, on recruta des ouvriers sur la base du volontariat et d'un contrôle politique strict; Il fallait d'abord disposer d'une troupe de choc. Ce résultat acquis, on put passer ensuite à la mobilisation d'ouvriers par classes d'âge, la première étant celle de 20 000 d'entre eux à Moscou à l'été 1918. Tout était possible ensuite, de nouvelles mobilisations par classes d'âge à celles de spécialistes divers, la prépondérance des ouvriers – 15 à 18 % des effectifs à la fin de 1919 [19] – ayant été assurée sur le plan politique et dans l'encadrement.

Parallèlement se déroulait l'opération de l'entraînement militaire des ouvriers et des paysans pauvres sous le contrôle des bureaux de niveaux différents. Cette préparation militaire se faisait dans le cadre du lieu de travail et préfigurait l'organisation en milices. Pour le moment, la perspective, exprimée par Trotsky dès la fin mars 1918, était la constitution de cadres volontaires des premières recrues en un squelette dont il disait qu'on pourrait ainsi, à l'heure du danger, le couvrir « de chair et de sang, c'est-à-dire en réalité des larges masses d'ouvriers et de paysans en armes [20] ». Le droit des femmes à bénéficier, sur leur demande, de la formation militaire leur était reconnu comme celui d'appartenir à une unité combattante. L'objection de conscience pour raisons religieuses était reconnue : les jeunes gens mobilisés qui refusaient de porter et d'utiliser les armes étaient affectés à d'autres tâches [21].

C'est ainsi que l'Armée rouge, dont les effectifs éparpillés ne dépassaient guère au départ quelques dizaines de milliers d'hommes, atteignit plusieurs centaines de milliers à la fin de la même année 1918, dépassant les 5 millions dans l'année 1920. Ce succès dans le recrutement n'avait été possible que par une politique hardie de commandement.

C'est dans ce dernier domaine que Trotsky rencontra le plus de résistances, non seulement dans les rangs mais au sommet même du parti, de l'État et de nombreux secteurs de l'armée elle-même. Convaincu de la technicité ou, si l'on préfère, du caractère scientifique du métier militaire, il avait estimé dès le début qu'il était impossible de construire en quelques mois une armée susceptible de combattre sans avoir à sa disposition un nombre suffisant de militaires professionnels, de ces anciens officiers tsaristes qu'on commençait à appeler alors « spécialistes militaires ».

Le corps des officiers de l'ancienne armée ne semblait guère apte, au premier abord, à fournir, librement ou contre son gré, les spécialistes nécessaires à l'Armée rouge. Il était lui-même politiquement attaché, dans une écrasante majorité, à l'Ancien Régime et surtout hostile à la Révolution. Une minorité d'hommes généreux, idéalistes et ouverts, avait pu ressentir l'attraction de la révolution ou y être gagnés. Ce fut le cas en particulier de jeunes officiers dont Toukhatchevsky fut le symbole. Mais l'écrasante majorité, traditionalistes passifs et prudents, étaient au fond profondément ennemis de sa cause. Il y avait enfin parmi eux des contre-révolutionnaires décidés au sabotage par tous les moyens et que la guerre civile avait surpris en territoire rouge.

Or tous ces hommes, indépendamment de leur position ou qualité personnelle, rencontraient dans le camp révolutionnaire une hostilité généralisée. Pour les millions d'hommes qui avaient porté l'uniforme, les officiers demeuraient le symbole de l'oppression militariste comme des souffrances de la guerre. Pour les communistes, ils incarnaient l'ennemi de classe, indigne de la moindre confiance, toujours à l'affût d'une possibilité de saboter. Or allaient se produire, dans les rangs des officiers initialement ralliés, de retentissantes trahisons qui confirmèrent ou endurcirent les préjugés. Pour l'opinion ouvrière et communiste, l'officier professionnel était un traître en puissance, et son admission dans l'Armée rouge, dans le meilleur des cas, une abominable imprudence.

Trotsky était convaincu, au contraire, que le seul moyen de ne pas partir de rien – c'est-à-dire d'avoir une armée utilisable – était de s'assurer les services d'un nombre important d'anciens officiers. Mais il ne pouvait pas ne pas tenir compte, aussi bien des dangers inhérents à leur emploi que de l'hostilité à laquelle il se heurtait. Inlassablement, tout au long de la guerre civile, il défendit avec énergie ceux qui se montraient « loyaux » et « honnêtes », protesta contre les procès et suspicions permanentes dont ils étaient l'objet, argumentant sans se lasser : en dépit du sabotage des chemins de fer, il était pourtant évident que personne ne demandait la mise à l'écart des ingénieurs, et le sabotage ouvert des mandarins de la médecine n'avait amené personne à se passer des services de cette dernière. Surtout, il fit prévaloir la solution qui consistait à flanquer les « commandants » de « commissaires politiques », une institution qu'il explique en ces termes :

> « Nous sommes obligés de couper en deux l'autorité du chef militaire – assignant la fonction purement militaire, opérationnelle, combattante, à quelqu'un qui l'a étudiée, la connaît mieux et qui, du fait de sa psychologie, de sa conscience et de son origine, est lié à la nouvelle classe qui a pris le pouvoir [22]. »

Le commissaire politique – sans doute au moins en partie inspiré du « représentant en mission » dans les armées de la Révolution française – était donc à l'armée, à côté du commandant militaire, le plus souvent ancien officier, « le représentant direct du pouvoir soviétique », chargé de veiller à ce que l'autorité militaire ne soit pas utilisée contre le pouvoir et la révolution. Le commissaire n'intervenait pas dans les décisions militaires, pour lesquelles il était incompétent, mais sa signature, indispensable sur tout ordre écrit du commandant, garantissait qu'il ne s'agissait pas d'une initiative contre-révolutionnaire. Il incarnait, devait dire Trotsky, « le principe du devoir révolutionnaire et de la discipline indestructible [23] ».

Les inconvénients et les risques d'une telle dualité de commandement étaient évidents. Elle a pourtant fonctionné en définitive avec un plein succès pendant toute la guerre civile et sans doute puissamment contribué à la victoire de l'Armée rouge, sans avoir pu cependant atteindre la phase ultime de cette pratique, à savoir « la fusion des fonctions de commandant et de commissaire politique en une seule personne » qui était l'un de ses objectifs à long terme. Trotsky se plaisait à souligner le succès de sa politique en la matière en écrivant au sujet des militaires professionnels :

> « Notre armée n'a pas seulement versé mécaniquement dans nos rangs des dizaines de milliers d'anciens officiers de métier [...], elle en a organiquement absorbé des milliers, les a psychologiquement assimilés, les reforgeant moralement et les soumettant à l'esprit nouveau qui règne dans notre armée comme conséquence non de la peur, mais de la conscience [24]. »

Quant aux commissaires, dont une très importante fraction finit par occuper des fonctions de commandement militaire, après s'être ainsi formés sur le tas, il assurait à leur propos :

> « Avec nos commissaires, nos combattants communistes dirigeants, nous avons obtenu un nouvel ordre communiste de samouraï qui – sans bénéficier de privilèges de caste – savent mourir et apprendre aux autres à mourir pour la cause de la classe ouvrière [25]. »

Ce recrutement d'officiers déjà formés fut complété par la création d'écoles militaires, commençant par produire quelques centaines avant de former quelques milliers d'officiers par an, à partir de stages relativement brefs, formant théoriquement des combattants expérimentés appelés, dès leur sortie... à commander des sections, voire des compagnies. Un gros effort de recrutement fut également fait en direction des sous-officiers de carrière, traditionnellement hostiles aux « officiers à épaulettes » et dont l'expérience faisait d'emblée des hommes que l'on n'hésitait pas à mettre à la tête de bataillons et même de régiments.

Ainsi fut construite l'Armée rouge, sous le feu, au combat, à travers une série d'improvisations, chaque répit dans les attaques de la contre-révolution étant utilisé pour resserrer, simplifier, perfectionner l'organisation militaire, voire innover comme, à partir de septembre 1919, lors de la création de la cavalerie rouge.

*
* *

L'Armée rouge du temps de la guerre civile est-elle une « armée comme les autres », comme l'assurent ses adversaires d'alors dans le camp soviétique, anarchistes et s.r. de gauche – comme l'assurent aussi ses adversaires d'aujourd'hui?

Elle est une armée en guerre et, qui plus est, en guerre civile, et chacun sait que ni l'une ni l'autre ne se mènent, comme le disait Trotsky, « en gants blancs sur un parquet ciré ». L'observateur simplement attentif notera bien des traits qui relèvent de la guerre contemporaine et par conséquent de la barbarie toute simple, ce que Trotsky n'a jamais contesté, même s'il pensait que l'enjeu était le destin de la civilisation européenne.

Le chef de l'Armée rouge a-t-il utilisé, pour mieux tenir les officiers de carrière, la méthode de la prise d'otages et notamment celle qui consiste à rendre responsable une famille – femmes et enfants compris – de la trahison ou du sabotage du chef de famille? Certains auteurs l'ont écrit et d'autres le laissent entendre, mais nous n'avons pas trouvé de documents permettant de les suivre dans cette affirmation. Les archives de Trotsky comportent une note du 13 octobre 1918 concernant les officiers de carrière détenus par le nouveau régime, des dizaines de milliers contre lesquels il n'y a en général aucune charge précise et qui doivent leur incarcération à leur condition sociale. Bien entendu, Trotsky aimerait pouvoir puiser dans cette réserve de cadres et propose qu'on leur offre la possibilité de rejoindre l'Armée rouge. S'ils acceptent, il faut enquêter alors sur leur situation de famille. Il précise :

> « On doit les prévenir qu'en cas de trahison de leur part ou de désertion vers le camp ennemi, leurs familles seraient arrêtées et il faut obtenir d'eux une signature à ce sujet [26]. »

On admettra, sans forcément approuver le procédé, qu'il ne s'agit pas de l'emploi pur et simple d'une « méthode des otages », qui ne s'embarrasse généralement ni d'options ni de signatures. On relèvera également que Jan M. Meijer, qui a publié ce texte, signale en note que nous n'avons pas connaissance de faits touchant à son application, donc à de vraies prises d'otages [27].

Plus nombreux sont les documents concernant la répression contre les déserteurs, qu'un texte de mai 1919 qualifie de « jaunes militaires » et traite de « larbins et serviteurs » des généraux blancs. Trotsky réclame l'application de la loi, c'est-à-dire la traduction devant un tribunal qui – à la différence de ce qui se passe dans les autres armées– n'est pas composé seulement d'officiers. Nous savons aussi que ces tribunaux ont durement frappé commissaires et officiers [28].

En règle générale cependant, il semble qu'on ait plutôt cherché à rallier les déserteurs et à les ramener au combat qu'à les persécuter.

Trotsky raconte dans *Ma Vie* comment, à Riazan, il eut l'occasion de prendre la parole, juché sur une table devant 15 000 déserteurs environ... qui constituèrent ensuite plusieurs régiments [29]. Le 24 janvier 1919, il disait à ses jeunes commandants :

> « Donnez-moi trois mille déserteurs, appelez ça un régiment, je leur donnerai un chef combatif, un bon commissaire, ce qui convient comme chefs de bataillon, de compagnie et de peloton, et les trois mille déserteurs, en un mois, feront chez nous, en pays révolutionnaire, un excellent régiment [30]. »

La correspondance de Trotsky et ses écrits militaires font apparaître par ailleurs bien des « affaires », brutalités commises sur des soldats de l'Armée rouge, exécutions sommaires, sans jugement, condamnations injustifiées. Relevons simplement qu'on lui adressait des plaintes, qu'il réclamait des enquêtes et s'efforçait de rendre les comptes qu'on lui demandait.

Le « serment » exigé du combattant de l'Armée rouge de « porter avec honneur » le titre de soldat de cette armée ouvrière et paysanne, de respecter « la dignité du citoyen », de diriger ses pensées et ses actes vers le grand objectif de l'émancipation de tout le peuple travailleur, lui fait engager sa vie « pour la cause du socialisme et la fraternité des peuples [31] ». Bien que ce serment ait un caractère de contrainte pour ceux des soldats qui ne sont pas volontaires, il faut admettre que le texte en question et le rite même ne suggèrent pas l'image d'une armée traditionnelle.

Il en est de même pour les uniformes, à commencer par celui du chef de l'Armée rouge. Georges Annenkov se souvient :

> « En pleine guerre civile, Léon Trotsky me dit, mi-plaisantin, mi-sérieux :
> – Du reste, vu mon grade de chef suprême de l'Armée rouge, je devrais peut-être porter une sorte d'uniforme quelconque? Pourriez-vous me crayonner quelque chose de ce genre? "
> C'était l'époque où les épaulettes étaient encore un symbole abhorré et où la seule décoration en honneur était un bout de chiffon rouge fixé à la poitrine ou à la baïonnette. Je crayonnai alors un imperméable foncé avec une grande poche au milieu de la poitrine et une casquette de peau noire, pourvue de lunettes protectrices. Les bottes de moujik, un large ceinturon de cuir et des gants de peau noire aux crispins couvrant la moitié de l'avant-bras, complétaient le costume. C'est dans cette tenue de la Révolution qu'en 1923 Trotsky a posé devant moi pour son portrait monumental *, commandé par le gouvernement soviétique pour le Musée de l'Armée rouge à Moscou [32]. »

Ce n'était pas non plus d'une armée « traditionnelle » que son chef pouvait affirmer publiquement : « Dans l'Armée rouge, le *meilleur*

* On en trouvera une reproduction dans le volume d'Annenkov, *En habillant les vedettes*, Paris, 1951, planche 23.

soldat ne signifie pas du tout *le plus soumis* et celui qui ne se *plaint pas*. Au contraire [33]. »

C'est de Trotsky qu'émane la proposition d'une conférence pour examiner les rapports entre le commandement et la base dans l'armée. C'est lui qui propose d'y étudier entre autres la réduction des privilèges (rations-équipement) au minimum nécessaire, la chasse impitoyable aux privilèges résultant d'abus, les mesures à prendre pour porter attention aux plaintes contre les privilèges et la publicité à donner aux procès contre les abus des chefs.

A première vue, l'un des caractères qui font l'originalité profonde de l'Armée rouge est le formidable appareil de propagande, l' « administration politique de l'Armée rouge », quelque temps confiée à Rakovsky. Cette énorme organisation – 600 personnes travaillent au conseil central, 16 000 au total – contrôle dans l'armée non seulement le travail des 120 000 communistes, mais aussi, dans toute la zone d'action de l'armée, le travail des comités révolutionnaires mis en place dans les régions libérées avant l'élection de soviets. Elle impulse également le travail politique et culturel, la sortie des journaux, des tracts et des affiches, l'activité des théâtres et cinémas, cours et universités de l'Armée rouge, associations théâtrales et musicales, chorales et ballets, écoles rurales, bibliothèques [34]. C'est à cette armée de « travailleurs politiques » que les blancs attribueront le mérite du « fanatisme » qui, selon eux, permettra aux rouges de vaincre.

Ce n'est que d'une armée révolutionnaire, au service d'une idée de transformation sociale de la société, que pouvaient émaner les fréquents appels aux combattants des armées ennemies, blancs ou soldats de l'Entente, les tracts distribués aux soldats de Ioudénitch, voire aux officiers de Wrangel. Plus significatif encore est le souci d'éducation internationaliste de Trotsky qui ne cherche jamais à attiser la haine contre les soldats des rangs adverses, gens du peuple :

> « Seule une petite minorité de l'armée blanche est faite des gens corrompus, ennemis vénaux du peuple travailleur. Leur écrasante majorité est formée d'hommes qui ont été abusés ou incorporés de force [...], même chez les officiers blancs [35]. »

Le 24 octobre 1919, alors que les troupes blanches, équipées et financées par Londres, sont aux portes de Pétrograd, il dénonce ceux qu'il appelle « les vautours de l'impérialisme » britannique et s'adresse aux soldats de l'Armée rouge en leur demandant de ne jamais oublier qu'il existe deux Grande-Bretagne :

> « A côté de la Grande-Bretagne des profits, de la violence, de la corruption, de la soif de sang, il existe celle du travail, du pouvoir spirituel, des idéaux élevés de la solidarité internationale [36]. »

En juin 1920, en pleine guerre contre la Pologne, il suspend un journal de l'armée pour avoir publié un article où est employée l'expression de « jésuitisme inné des Polaks », dont il affirme qu'elle contredit « l'esprit de fraternité qui inspire l'attitude de la classe ouvrière russe à l'égard des masses ouvrières de Pologne [37] »...

***

Jamais peut-être dirigeant bolchevique ne fut attaqué avec plus de violence que Trotsky au lendemain de la paix de Brest-Litovsk et lorsqu'il fut placé à la tête de l'Armée rouge. Les premières attaques vinrent évidemment des mencheviks. A l'exécutif central des soviets, le 22 avril 1918, après qu'il eut exposé son plan pour l'emploi des officiers tsaristes [38], le leader menchevique Dan l'avait interrompu en criant : « C'est ainsi qu'apparaissent les Napoléon [39] », et la prestigieuse dirigeante des s.r. de gauche, Maria Spiridonova, le traita de « Bonaparte [40] ». On peut supposer que ces critiques-là ne l'empêchaient pas vraiment de dormir dans la mesure où elles émanaient d'adversaires déclarés de l'insurrection d'Octobre... Celles venues du camp de la révolution devaient être prises plus au sérieux, même en tenant compte de la fragilité de la coalition révolutionnaire. Dans un second temps, en effet, anarchistes et s.r. de gauche se dressaient avec indignation contre le danger du « militarisme » incarné par la nouvelle armée.

Au Ve congrès des soviets, Trotsky lit un « ordre » qu'il tient pour urgent et qui a trait notamment aux menaces terroristes des partisans de la reprise de la guerre contre l'Allemagne. Il évoque les projets d'attentats – dont un contre Rakovsky – qui ont été déjoués et souligne qu'il parle « en tant que responsable de la direction des unités de l'Armée rouge ». Kamkov l'interrompt en criant : « Kerensky [41] ! », et Spiridonova s'en prend au style « militariste et bonapartiste » de cet ordre. Au premier, il rétorque que « Kerensky obéissait aux classes bourgeoises » tandis qu'il est, lui, responsable devant « les représentants des ouvriers et des paysans russes [42] ». A Spiridonova, il répond avec calme et sans céder à l'effet de provocation de l'interpellation :

> « Je n'ai lu aucune résolution; ce que je vous ai lu est un ordre, dont il est apparu qu'il avait choqué certaines personnes à cause de son style. Je ne suis moi-même, camarades, nullement épris du style militaire en lui-même. J'ai été habitué, dans ma vie et ma façon d'écrire, à employer le style du journaliste, que je préfère à tout autre. Mais tout type d'activités a ses conséquences, y compris dans le style et, en tant que commissaire du peuple aux Affaires militaires, qui doit empêcher des voyous d'abattre nos représentants, je ne suis pas un journaliste et je ne peux pas m'exprimer sur le même ton lyrique que la camarade Spiridonova [43]. »

Ce n'est pourtant que le début d'un long parcours jalonné des injures de ceux qu'il appellera bientôt « les Spiridonova de l'intérieur du parti ». On l'accuse de s'être fait le protecteur des officiers tsaristes, de jouer au militarisme « rouge », de se dessiner un personnage à la Bonaparte. Ces accusations sont très sérieuses, puisqu'elles émanent du Parti bolchevique lui-même et d'une fraction importante de ses cadres. Dans un premier temps, les « communistes de gauche », dirigés par V. M. Smirnov *, Boukharine, Piatakov, Boubnov, dénoncent dans sa politique d'encadrement une compromission avec l'Ancien Régime qui leur semble de mêmes nature et gravité que la « capitulation » devant l'Allemagne à Brest-Litovsk, un reniement en somme.

Leurs arguments sont bientôt repris et orchestrés par une couche de militants et de cadres militaires du parti qui opposent leurs conceptions et leurs expériences aux directives de Trotsky, combattent vivement sa politique de centralisation rigoureuse, laquelle porte atteinte à leurs « positions » et à ce qu'ils tiennent pour leur « indépendance ». Les chefs des guérillas de partisans jouent ici un rôle déterminant. Leurs unités, souples, indépendantes les unes des autres, jouissant d'une large autonomie, capables d'initiatives, ont joué dans la période précédente un rôle important et sans aucun doute positif : la guérilla, estime Trotsky, peut être une arme de la classe qui monte et harcèle une force centralisée en train de s'émietter. Mais, alors qu'il faut une organisation puissante, ces hommes, qui se cramponnent à leur pouvoir dans la zone limitée du théâtre de leurs exploits, jaloux de l'étranger, hostiles à son « ingérence », refusant les empiétements sur leur autorité qu'ils jugent légitime, font appel, dans leur combat décisif, à tous les sentiments hostiles au centralisme et au militarisme décrits et analysés plus haut.

Dès mars 1918, lors d'une réunion des communistes des forces armées, une majorité s'était affirmée contre l'utilisation des officiers de carrière, et seule l'action de Lénine, de la présidence, avait pu empêcher le vote d'une résolution en ce sens. Dans le cours de la préparation du VIIIe congrès du parti, au début de 1919, la discussion sur ce point fut menée avec ardeur dans nombre de conférences de région ou d'armée : il était cependant déjà moins question de l'emploi des anciens officiers, et l'accent était de plus en plus mis sur le sort particulier fait aux communistes de l'armée, contrôlés non par un organisme du parti, mais par l'administration politique de l'armée – ce qui les plaçait dans une sorte de régime d'exception.

Réuni en mars 1919, le congrès dut se résigner à discuter la question militaire en l'absence de Trotsky, reparti au front, et de nombreux délégués d'unités de l'Armée rouge qui avaient suivi son exemple, les délégués de l'opposition ayant obtenu du congrès le droit de rester pour participer à ses travaux. Sokolnikov, le 20 mars, présentait les thèses à la place de Trotsky, et V.M. Smirnov le contre-rapport de l'opposition qu'on appelait « militaire ». 64 délégués demandèrent la parole, et l'on créa alors une commission spéciale sur les questions militaires, à laquelle participèrent 87 personnes, dont

* Il s'agit bien entendu de V. M. Smirnov, l'un des leaders des « communistes de gauche » et plus tard des « décistes » partisans du « centralisme démocratique », et non contrairement à ce qu'écrit Deutscher (*op. cit.* p. 540), d'I.N. Smirnov, qui était non seulement l'ami mais le proche collaborateur de Trotsky à la tête de l'Armée rouge.

57 délégués à voix délibérative, et qui se donna comme président un membre de l'opposition, Iaroslavsky. Énumérant les « trahisons » d'anciens officiers, l'opposition militaire revendiquait la limitation de l'autorité des commandants qu'elle accusait de « bureaucratie » et exigeait l'augmentation des pouvoirs des commissaires politiques. Elle mettait en question le caractère militaire rigoureux de la discipline, s'élevait contre les « insignes » qui distinguaient, selon elle, les officiers des simples soldats. Ses thèses furent votées en commission, le 21 mars, par 37 voix contre 20. En séance plénière, elles furent repoussées cependant par 174 voix contre 95. Une autre commission *ad hoc,* tout en recommandant l'adoption des thèses de Trotsky, élaborait une résolution et des recommandations qui faisaient d'importantes concessions à l'opposition [44].

Trotsky critique très sévèrement cette tendance conciliatrice dans un rapport au comité central sur les propositions en ce sens faites par Zinoviev le 25 mars. Selon lui, le groupe qui anime l'opposition militaire reflète non pas la pression de la classe ouvrière victorieuse, mais une protestation « plébéienne » contre l'emploi de spécialistes jalousés [45]. Il s'indigne des propositions, formulées par Zinoviev, d'un type nouveau de discipline, moins formelle et avec « plus de camaraderie » : la discipline dans l'armée est nécessaire pour vaincre et n'être pas vaincu. Les revendications de l'opposition militaire traduisent la fatigue, l'irritabilité qui en découle, la tension nerveuse de tous les instants, et Zinoviev, avec ses concessions, cède tout simplement à la panique alors que la plus grande fermeté est nécessaire.

Le VIIIe congrès avait vu la première et dernière grande bataille politique sur la question de l'organisation de l'Armée rouge et de ses cadres de commandement. Trotsky avait sans doute raison quand il confiait à des journalistes le 17 mars 1919 :

> « J'ai plus d'une fois dû dire à nos camarades critiques " de la gauche " : " Si vous considérez que notre méthode de formation est mauvaise, créez pour nous une seule division par *vos* méthodes, choisissez *vos* commandants, montrez-nous *votre* façon de faire le travail politique : le département de la Guerre vous aidera [...]. " Je n'ai, hélas, rencontré chez eux aucun désir de relever le défi et la critique s'est déplacée d'une question à l'autre, gardant son ton d'irritation, mais restant en général tout à fait abstraite et informe [46]. »

Mais les attaques contre sa politique militaire ne cessèrent pas pour autant. Elles prirent seulement une tournure plus dangereuse sans doute en nourrissant une lutte de clans à l'intérieur du parti, des luttes d'influence à l'intérieur de l'armée et en les mêlant à des conflits très importants sur des orientations stratégiques et politiques décisives.

Un an après la prise du pouvoir, les conflits les plus vifs et les désaccords les plus violents se réglaient encore de la même manière à l'intérieur du parti bolchevique. Chacun se battait pour ses idées, jusqu'au bout, et le développement historique départageait les adversaires et rendait sa sentence..

Cela n'avait pas empêché Trotsky de mener la bataille et de vaincre, c'est-à-dire de forger l'outil indispensable dans une guerre : une armée capable de vaincre sur le champ de bataille.

CHAPITRE XVI

Chef de guerre [1]

Tout en construisant l'Armée rouge, Trotsky l'a dirigée dans la guerre civile et contre l'intervention étrangère qui ont commandé sa naissance. Il ne l'a pas dirigée, comme les chefs de guerre de son époque, d'une capitale – le gouvernement s'est installé à Moscou, au Kremlin, au moment où il a pris ses fonctions –, ni dans le quartier général fortifié de Serpoukhov. Comme pendant les guerres de la France révolutionnaire, le chef, ici, était au front, et, du fait de l'étendue de la zone d'opérations et du nombre des fronts, sur celui d'entre eux où la situation était la plus difficile et où il estimait donc sa présence nécessaire.

Pendant les deux années et demie que dura la guerre civile, Trotsky vécut, travailla, dirigea l'Armée rouge à partir de son train de commandement, ce « train du président du conseil révolutionnaire de la Guerre » qu'il appelle « le train » dans son autobiographie. On l'avait organisé sur son ordre, à la hâte, à Moscou dans la nuit du 7 au 8 août 1918, et il en était parti au petit matin, restant en circulation ou en stationnement au front jusqu'à la fin de la guerre civile [2]. Alfred Rosmer, qui y vécut quelques semaines, indique, après avoir parlé du wagon de Trotsky :

> « Le wagon suivant était celui des secrétaires, puis venaient successivement l'imprimerie, la bibliothèque, la salle de jeux, le restaurant, un wagon de vivres et de vêtements de réserve, un service d'ambulance, enfin un wagon spécialement aménagé pour les autos [3]. »

Cet « appareil volant de gouvernement [4] », comme écrit Trotsky, comportait en outre, selon lui, une station télégraphique, une station radio que surmontait à l'arrêt une antenne immense, un groupe électrogène, un wagon de bains-douches, un dépôt de matériel, un ou deux wagons de mitrailleuses – les seuls à être blindés, avec les locomotives [5]. Toujours selon Trotsky, le wagon-garage était assez vaste pour contenir, outre une citerne d'essence, plusieurs camionnettes et voitures légères. Le train était très lourd, et il fallait deux locomotives pour le tracter; plus tard, il fut coupé en deux convois. Quand il stationnait, l'une des deux locomotives servait à des liaisons rapides. L'autre, en permanence sous pression, était toujours prête pour un départ d'urgence [6].

Sur le cadre même de la vie et du travail de Trotsky dans le train, Rosmer raconte :

> « Le wagon du commissaire du peuple était celui du ministre tsariste des Chemins de fer. Trotsky l'avait adapté à son usage; le salon avait été transformé en bureau-bibliothèque; l'autre partie comprenait la salle de bains, flanquée de chaque côté d'un étroit cabinet, juste la place d'un divan. [...] La table de travail occupait la quasi-totalité d'un des côtés sur la paroi duquel une grande carte de Russie était accrochée; au long des deux parois faisant angle, des rayons chargés de livres, encyclopédies, ouvrages techniques, d'autres sur les sujets les plus variés attestaient la curiosité universelle du nouvel occupant; il y avait même un coin français où je trouvai la traduction française des études marxistes d'Antonio Labriola; cependant je ne fus pas peu surpris d'y voir le Mallarmé de *Vers et Prose*, à couverture bleue, de la Librairie académique Perrin [7]. »

Les documents qui pourraient servir de base à une histoire du train sont encore aujourd'hui enfouis dans les archives militaires soviétiques. Une note indique qu'il effectua au total pendant la guerre civile trente-six trajets, couvrant 97 629 verstes, soit environ 105 000 kilomètres [8]. Rex Winsbury estime qu'on peut doubler ce chiffre [9]. Son centre de liaison permanent était le quartier général du commissariat et du conseil, à Serpoukhov dans un premier temps, à Moscou ensuite, sous l'autorité du commissaire du peuple-adjoint, le jeune médecin militaire E.M. Skliansky, qui s'était révélé un organisateur de premier ordre et fut le plus précieux et, personnellement le plus proche des collaborateurs de Trotsky, avec le chef de cabinet du conseil de la Guerre, G.V. Boutov. Dans ses déplacements et par conséquent dans le train, Trotsky était entouré d'un groupe de secrétaires de confiance : N.I. Sermouks, qui était également commandant du train, M.S. Glazman, qui lui sauva la vie dans une embuscade des blancs, I.M. Poznansky, qui l'accompagnait depuis 1917 et organisa les premières unités de cavalerie rouge, et le benjamin, N.V. Netchaiev. Les voyages étaient évidemment, en principe, des voyages d'inspection. Mais les conditions concrètes de la guerre civile exigèrent beaucoup plus de la cinquantaine d'hommes qui l'habitaient. Trotsky écrit :

> « Le travail du train se rapportait étroitement à l'organisation de l'armée, à son éducation, à sa direction et à son ravitaillement. Nous reformions l'armée sous le feu. [...] Il en fut ainsi sur tous les fronts. Avec des détachements de partisans, avec des réfugiés qui avaient échappé aux blancs, avec des paysans mobilisés, dans des districts voisins, avec des troupes ouvrières envoyées par les centres industriels, avec des groupes de communistes et de syndiqués, on créa sur place, au front, des

compagnies, des bataillons, des régiments, parfois des divisions entières. Après des défaites et des retraites, une masse friable, prise de panique, était transformée en deux ou trois semaines en troupe combative [10]. »

Le train avait toujours en réserve quelques militants communistes qu'il renouvelait à chaque voyage, un peu de matériel militaire, des vêtements et des bottes, la possibilité de se laver et de manger, des journaux et des brochures de propagande. Quand les réserves s'épuisaient, on appelait Skliansky ou, en cas d'extrême urgence, on organisait une conférence pour trouver sur place ce qui manquait.

A une époque où l'information était difficile et rare, où le matériel radio et téléphonique manquait cruellement, le train était en outre, selon l'expression de Trotsky, « le messager d'autres mondes ». Disposant des moyens radio qui lui permettaient de capter non seulement Moscou, mais une douzaine d'émetteurs européens dont Lyon-La Doua et la Tour Eiffel, il était informé au jour le jour des événements mondiaux : son quotidien, *V Pouti* (En route) reproduisait et commentait les dépêches des quatre parties du monde. On communiquait d'un wagon à l'autre par téléphone ou signaux optiques.

Administration militaire et politique, centre d'animation, le train était aussi un instrument de combat. Son matériel automobile lui permettait d'importantes incursions au-delà de la ligne de chemin de fer proprement dite, puisqu'il pouvait transporter à des kilomètres des détachements armés de fusils et de mitrailleuses. Les éventuels combattants du train variaient de 150 à 200 hommes, tous vêtus de cuir noir avec un bonnet conique et un insigne métallique au bras [11]. Bien groupé autour d'un détachement de choc d'une trentaine d'hommes, le personnel du train était rompu au maniement des armes, et parfaitement entraîné aux opérations de « descente » : l'apparition en un point menacé de cette unité qu'on appelait « la centurie aux vestes de cuir » provoquait généralement sur le moral des troupes un choc bénéfique galvanisant.

En dernière analyse, le train de Trotsky était le symbole de la détermination à se battre jusqu'à la victoire qui se manifestait tous les jours à travers *V Pouti*. Quand il demanda à Trotsky, le 22 août 1918, de se rendre sur le front de Samara où une trahison venait de se produire, Lénine lui assura que « son apparition sur le front » ferait « de l'effet sur les soldats et sur l'armée entière [12] ». Il en fut ainsi bien des fois. L'ancien combattant de l'Armée rouge, devenu diplomate, Alexandre Barmine, se souvient, en Occident, de la campagne contre la Pologne et de l'offensive des troupes polonaises du général Haller :

« Une nouvelle attaque de Haller lui permit de s'emparer de Rechitsa et de traverser le fleuve. Gomel allait tomber au pouvoir de l'ennemi quand arriva Trotsky. Déjà les convois d'évacuation, ces lamentables convois d'attelages trimbalant des coffres, des papiers, des restes de stocks, se traînaient le long des routes de Novozybkov, déjà les présidents de l'exécutif et de la Tchéka filaient en automobile – et il ne restait plus à la gare que le train blindé, ce train des batailles perdues, [...] quand tout changea. [...] Trotsky visita les premières lignes. Il nous harangua. Il fit passer sur nous ce souffle d'énergie qu'il apportait partout dans les moments tragiques. La situation, catastrophique l'avant-veille, était rétablie par miracle. Ce n'était en réalité que le miracle tout à fait naturel de l'organisation et de la volonté [13]. »

***

La première intervention de l'Armée rouge commandée par Trotsky – avant même la formation du train – fut l'opération de police menée à partir du 6 juillet 1918 dans la capitale contre ce qu'il est convenu d'appeler « le soulèvement des s.r. de gauche » *. Adversaires déterminés de la paix de Brest-Litovsk, ces derniers s'étaient fixé pour objectif de provoquer la reprise de la guerre contre l'Allemagne et comptaient sur le terrorisme pour parvenir à leurs fins. Ils utilisèrent dans ce but les positions qu'ils détenaient à l'intérieur de la Tchéka – la Commission spéciale pour la lutte contre la contre-révolution – et particulièrement les moyens en matériel dont disposait l'un d'entre eux, V.A. Aleksandrovitch, qui en était le vice-président.

Le 6 juillet, deux jeunes tchékistes membres du Parti s.r. de gauche et pièces maîtresses de la conspiration, A. Andreiev et Ia. G. Blumkine, se présentaient à l'ambassade d'Allemagne munis de documents officiels attestant de leur qualité et de leur mission. Admis dans le bureau de l'ambassadeur, le comte von Mirbach, ils l'abattirent et prirent la fuite. Dans la foulée, un détachement de tchékistes commandés par un s.r. de gauche, Popov, procéda par surprise à plusieurs arrestations, dont celles des dirigeants de la Tchéka, Dzerjinsky et Latsis, du président du soviet de Moscou, Smidovitch, et du commissaire du peuple aux Postes, Podbielsky. Il s'empara aussi des locaux centraux de la Tchéka et du bâtiment central des Postes [14].

L'organisme spécialement chargé de la répression, dont une partie était au cœur de la conspiration, étant ainsi paralysé, la riposte ne pouvait venir que de l'Armée rouge, ou plus exactement de la seule unité régulière dont elle disposait alors à Moscou, les chasseurs lettons que dirigeait l'ancien colonel Vatsetis, assisté d'un révolutionnaire énergique, le commissaire politique Peterson. Ils agirent de concert avec un détachement de volontaires internationaux recrutés parmi les anciens prisonniers de guerre et dirigés par le Hongrois Béla Kun. Les combats furent brefs. La troupe de Béla Kun reprit le bâtiment des postes, tandis que les chasseurs lettons mettaient en déroute les rebelles qui venaient d'ouvrir le feu sur le Kremlin. Au soir du 7 juillet, le « soulèvement » était écrasé, et les soldats rouges avaient fait

* Rappelons que les s.r. ou socialistes-révolutionnaires étaient le parti né du courant populiste et dont l'appui était la masse paysanne. Les « s.r. de gauche » s'étaient séparés du gros du parti parce qu'ils avaient soutenu l'insurrection d'Octobre, puis participé au gouvernement. Ils étaient hostiles à une paix séparée et partisans d'une « guerre révolutionnaire » et avaient cherché à s'allier aux « communistes de gauche » partisans de Boukharine.

quelques centaines de prisonniers. Les premiers résultats de l'enquête révélèrent la médiocrité de l'entreprise, le manque d'enthousiasme des insurgés et la responsabilité des dirigeants des s.r. dans l'insurrection. Ceux d'entre eux, comme le vice-président de la Tchéka, qui avaient utilisé les fonds et les hommes de cette institution gouvernementale pour assassiner un diplomate allemand et se soulever les armes à la main furent passés par les armes.

L'épisode ne vaudrait pas en lui-même d'être mentionné dans la biographie de Trotsky si ce dernier ne lui avait pas donné, sur un point précis, une suite étonnante, en tout point digne de sa personnalité. Quelques heures ou quelques jours en effet après le soulèvement manqué, il se rendit personnellement à la prison pour interroger les meurtriers de l'ambassadeur. L'interrogatoire du jeune Blumkine – qui n'avait pas dix-neuf ans – tourna à la discussion politique, se prolongea, puis se renouvela. Au bout du compte, Trotsky réussit à convaincre cet adversaire jeune et valeureux que les bolcheviks avaient eu raison de signer la paix de Brest, que la politique des s.r. de gauche était catastrophique pour la révolution [15]. Le jeune détenu, sous l'influence du commissaire du peuple, devint communiste. Il fut condamné à mort et son exécution officiellement annoncée pour satisfaire aux exigences allemandes.

Dans l'intervalle, Trotsky avait obtenu sa grâce. Libéré, il s'engagea dans l'Armée rouge, adhéra au Parti communiste, devint rapidement l'un des meilleurs agents soviétiques de renseignement et un spécialiste apprécié des questions militaires. Il fut le principal collaborateur de Trotsky dans l'édition de *Comment la Révolution fut armée* [16]. Le lien à la fois personnel et politique qu'il avait noué avec Trotsky dans sa prison en 1918 ne devait être détruit que par le peloton d'exécution commandé pour lui par Staline.

*
* *

C'est sur la Volga, à Sviajsk, que le train de Trotsky s'arrêta, quelques jours après la chute de Kazan, de l'autre côté du fleuve, et c'est donc là qu'il fit ses premières armes de chef. Kazan, position clé, était tombée le 6 août 1917 aux mains de l'unité qui constituait alors le fer de lance de la contre-révolution, la Légion tchécoslovaque. Formée par les chefs de l'armée tsariste avec des prisonniers de guerre de l'armée austro-hongroise, armée et conseillée par l'Entente, non désarmée par les bolcheviks, adroitement manipulée par les antibolcheviks, elle s'était soulevée en Sibérie contre le pouvoir des soviets et alliée au nouveau chef militaire des blancs en Sibérie, l'amiral Koltchak.

Son offensive vers l'ouest avait balayé tous les obstacles. Les « Tchèques », comme on disait, avaient pris Kazan le 8 juin, créant une situation exceptionnellement dangereuse, aggravée par la désorganisation des unités rouges, les paniques répétées dans leurs rangs, le soulèvement des s.r. de gauche en juillet 1918. Le gouvernement avait décidé d'envoyer Trotsky sur place dès qu'on avait été informé que la Légion tchécoslovaque menaçait Kazan.

C'étaient des jours de panique : les responsables bolcheviques d'Ekaterinburg, avec l'accord du bureau politique *, mettaient à mort sans jugement le tsar et sa famille pour éviter leur évasion. Trotsky était absent. Nous savons qu'il ne put dissimuler sa surprise devant l'exécution de l'enfant, mais ne s'exprima pas là-dessus. Nous savons aussi qu'il aurait souhaité éviter cette éventualité pour sauvegarder la possibilité d'un grand procès public du tsar, qui eût été celui de l'Ancien Régime et des partisans de la guerre impérialiste, mais ces considérations étaient alors de peu de poids. Le gouvernement soviétique avait proclamé « la patrie en danger ». Alors que le train roulait vers Kazan – c'est dans le train que Trotsky apprit la chute de la ville –, il rédigeait déjà une proclamation menaçante – « pas de quartier pour les ennemis du peuple » –, annonçait l'institution d'un tribunal militaire révolutionnaire et la loi martiale, l'ouverture de camps de concentration pour les suspects, les contre-révolutionnaires, les spéculateurs [17].

Le train s'arrêta à Sviajsk, sur la rive occidentale de la Volga. L'enjeu de la bataille était très clair. Si les Tchécoslovaques, qu'étaient venus renforcer des unités de Russes blancs, franchissaient le fleuve, la route de Nijni-Novgorod et de Moscou leur était ouverte, et rien ni personne ne pourrait alors les arrêter. Il fallait tenir autour de Sviajsk qui était la position la plus avancée des rouges. Mais la tâche était extraordinairement difficile. Il n'y avait pratiquement plus de front, la situation était tragiquement simple à résumer : désertions massives, prostration des chefs, débandades, trahison partout. Il fallait endiguer la ruée des fuyards, les haranguer, les regrouper, les ramener sur la ligne de feu et obtenir qu'ils y restent. La centurie du train, les hommes aux vestes de cuir et la cinquantaine de jeunes communistes venus de Moscou, dans le train, escortaient Trotsky, le protégeaient de leur mieux jusque sous le feu des artilleurs ennemis toujours bien renseignés, parfois au milieu de la foule hostile des fuyards. Il fallut à plusieurs reprises défendre directement le train, contre des attaques aériennes, mais aussi contre un raid de cavalerie des blancs du colonel Kappel, qui avaient coupé toutes les communications et furent tout près de l'enlever par surprise.

La première communication de Trotsky à l'état-major montre les difficultés rencontrées et les solutions envisagées. Il y réclamait l'accélération du rythme de l'envoi de renforts, un bon orchestre, des revolvers – indispensables, insistait-il, pour maintenir la discipline au front – et, encore et encore, des « communistes sachant obéir et prêts à endurer des privations et à donner leur vie ». Le 15 août, il envoya un rapport. L'armée de Sviajsk était ravitaillée et les soldats nourris. On avait organisé – grâce à un ingénieur anarchiste – une escadrille qui avait commencé à bombarder Kazan de... bâtons de dynamite. On

* Dans un texte du 14 novembre 1938 (A.H., T 4469), Trotsky indique qu'il se trouvait sur un point éloigné du front, ne fut pas consulté et n'apprit l'exécution qu'avec plus d'une semaine de retard. Il la justifie. Adam B. Ulam, *The Bolsheviks*, pp. 426-428, conteste l'interprétation de Trotsky sans argument sérieux.

avait mis sur pied un corps d'inspecteurs mobiles du front, des patrouilles montées de dix hommes, capables d'enrayer une débandade et de faire la chasse aux pillards et aux tueurs de l'ombre. Mais il restait un énorme problème : les rumeurs selon lesquelles les communistes échappaient à la règle commune et étaient traités bien moins sévèrement que les autres dans la reprise en main.

Un événement tragique et non souhaité allait couper court aux rumeurs. Au moment du raid des blancs de Kappel contre le train défendu seulement par ses hommes et les officiers d'état-major, le 2e régiment de Pétrograd fut envoyé en renfort. Au cours du transfert, quelques dizaines d'hommes, pris de panique, commandant et commissaire politique en tête, s'emparèrent à la pointe de leurs baïonnettes du vapeur, toujours sous pression à quai pour une évacuation en catastrophe, et obligèrent l'équipage à appareiller. Une canonnière, improvisée sous le commandement de Markine, les obligea à revenir à l'appontement où les passagers déserteurs furent aussitôt désarmés.

Trotsky constitua immédiatement un tribunal militaire sous la présidence de Rosengoltz. Ce dernier condamna à mort vingt-sept accusés, passés par les armes le 29 août. Parmi eux se trouvaient le commandant du régiment, un officier de métier et le commissaire politique, un vieux communiste du nom de Panteleiev [18]. Trotsky n'avait pas fini d'entendre parler de « l'affaire Panteleiev », mais il n'y eut plus désormais de rumeur sur le traitement de faveur des communistes, ni non plus de nouvelles débandades.

La façon dont il prenait des risques en s'exposant personnellement ou au moins en refusant de se protéger réellement, provoquait aussi bien des critiques, très différentes. Il pensait, quant à lui, qu'exigeant tout des hommes sous ses ordres, il ne pouvait faire moins que de courir les mêmes risques qu'eux. Et il fit preuve sur ce plan, de beaucoup de courage et d'obstination. Quand le conseil militaire révolutionnaire de l'armée, se disant gêné par l'insécurité dans laquelle le commissaire du peuple se trouvait, à bord du train en stationnement, décida qu'il travaillerait désormais sur le vapeur sous pression qui stationnait à quai, il fit mine de s'incliner; le soir même pourtant, il s'embarquait, de nuit, sur un torpilleur, commandé par Raskolnikov, qui partait pour un raid surprise contre l'artillerie côtière ennemie sous Kazan. L'opération réussit et son prestige grandit encore [19].

Larissa Reissner, jeune communiste d'une grande beauté et d'un immense talent littéraire, combattante et agent de renseignements, compagne de Raskolnikov, commissaire politique sur la flottille de la Volga, a vécu ce mois de Sviajsk et en a rapporté un reportage d'une exceptionnelle qualité. Elle écrit :

> « Avec Trotsky, c'était la mort au combat après qu'on eut tiré la dernière balle, c'était mourir dans l'enthousiasme, oublieux des blessures. Avec Trotsky, c'était le pathétique sacré de la lutte, mots et gestes rappelant les meilleures pages de la Grande Révolution française [20]. »

Trotsky n'oubliait pas la politique, devant Kazan : journaux, proclamations, tracts lancés par avion, tentaient de convaincre la population ouvrière de la ville, de la protéger des bombardements, d'obtenir son aide directe ou indirecte. Les agitateurs, parcourant les campagnes, haranguaient les paysans, racontaient les atrocités auxquelles se livraient les détachements des blancs. Finalement les conditions furent créées d'une contre-attaque victorieuse. C'est le 10 septembre 1918 que l'Armée rouge entra enfin dans Kazan. Trotsky lança un des ordres du jour dont il avait le secret :

> « Le 10 septembre s'inscrira en lettres rouges dans l'histoire de la révolution socialiste. Kazan a été arrachée aux griffes des gardes blancs et des Tchécoslovaques par des unités de la 5e armée. C'est un tournant [21]. »

Après avoir rappelé les difficultés rencontrées et les heures noires de la panique et des débandades, les peines sévères infligées aux déserteurs, le prix dont il avait fallu payer le rétablissement, il concluait :

> « Je veux le proclamer ici devant le pays et le prolétariat international : toute la 5e armée a fait son devoir avec honneur. Au nom des commissaires du peuple, je vous dis : Merci, camarades [22]! »

Il n'oubliait pas, avant de partir, de tendre la main aux soldats de la Légion tchécoslovaque, promettant la liberté et l'égalité des droits en Union soviétique à tous ceux qui déposeraient les armes [23].

La bataille de Kazan avait été pour Trotsky et le commandement de l'Armée rouge une épreuve décisive. Ils savaient désormais qu'ils pourraient combattre et vaincre et savaient comment combattre et vaincre. La victoire était plus convaincante que tous les arguments, même les mieux fondés. Trotsky aussi en sortit renforcé. Dans l'enfer de Kazan s'étaient noués des liens puissants entre lui et plusieurs de ses collaborateurs : Ivan Nikititch Smirnov, que Larissa Reissner appelle « la conscience communiste de Sviajsk », « incarnation de l'éthique de la révolution », Arkadi Pavlovitch Rosengoltz, organisateur hors de pair et « reine d'abeille dans sa ruche [24] », et le commissaire letton Karl Ivanovitch Grünstein, étaient désormais des siens.

* * *

La chute de Kazan survenait au terme d'une dure période de crise ouverte par l'offensive de la Légion tchécoslovaque et le soulèvement des s.r. de gauche : le passage de ces derniers à l'action terroriste, l'assassinat de deux orateurs populaires – Volodarsky le 20 juin et Ouritsky le 30 août 1918 – l'attentat de F. Kaplan contre Lénine, en avaient marqué les jalons les plus douloureux.

La victoire de Kazan n'en revêtait que plus d'éclat. Le repli des blancs, la reconquête par l'Armée rouge de la région de la Volga, coupaient les s.r. de leur base paysanne, réduisaient ainsi le support populaire du mouvement pour la Constituante. S.r. et mencheviks étaient désormais débordés sur leur droite par les monarchistes et les réactionnaires. L'adversaire du pouvoir soviétique était désormais la contre-révolution ouverte des généraux blancs avec leur programme de réaction pure et simple, leur désir de représailles et la soif de pillage de leurs troupes : Koltchak à l'est, Denikine au sud, incarnent un adversaire sans masque démocratique : la situation se clarifie. Le plus important est surtout que la victoire de Kazan soit la démonstration de la justesse de la politique militaire de Trotsky : elle donne un vigoureux élan à la construction de l'Armée rouge selon ses principes et les méthodes qu'il préconise.

A la fin septembre 1918, revenu à Moscou, il réorganisa le Conseil suprême de la Guerre en Conseil de guerre révolutionnaire de la République, dont il assurait la présidence. Cet organisme, souverain, après le gouvernement et le C.C. pour toutes les questions militaires, était formé d'hommes proches de lui et jouissant de toute sa confiance. E.M. Skliansky continuait à assurer le travail quotidien. Quatre des dirigeants et inspirateurs de l'armée de Kazan y prenaient place : Vatsetis, nommé commandant en chef, I.N. Smirnov et A.P. Rosengoltz ainsi que l'ancien commissaire politique de la flottille de la Volga, F.F. Raskolnikov. N.I. Mouralov, l'un de ses proches collaborateurs à Moscou depuis le mois de mars, K.I. Iouréniev, un ancien de l'Organisation inter-rayons, complétaient ce groupe soudé.

La deuxième grande étape fut celle du front sud, à partir de Kozlov, où le train stationna pendant plusieurs semaines. Ce front était décisif : là se trouvaient les principales forces, les plus directement menaçantes, en tout cas, des blancs, et la centralisation se heurtait à de vives résistances de la part des militants du parti, anciens partisans et « guérilleros », en particulier à la tête de la 10e armée commandée par K.E. Vorochilov. C'est là que se produisit le premier conflit ouvert entre Trotsky et Staline, un conflit qu'il est facile de suivre aujourd'hui à travers les documents d'archives accessibles en Occident.

Staline n'est pas alors connu, ni à l'étranger, ni même du grand public en Russie soviétique. Ce militant d'origine géorgienne a derrière lui un passé qui n'est pas fait pour le rapprocher de Trotsky à qui il n'a sans doute jamais pardonné ses attaques passées contre les *boieviki* « expropriateurs », dont il fut. Il ne parle ni n'écrit correctement le russe, mais c'est un organisateur extrêmement capable, que Lénine a remarqué et qui bénéficie de son soutien. Commissaire du peuple aux Nationalités, il l'est également à l'Inspection ouvrière et paysanne. Non élu au comité central lors de la conférence de Prague en 1912, il y a tout de même été coopté, un peu plus tard, sur proposition de Lénine et a été réélu depuis. C'est lui qui, lors du VIe congrès, au lendemain des journées de juillet, a présenté le rapport prévu pour Trotsky, arrêté depuis sa désignation comme rapporteur. Avec le début de la guerre civile, il se voit confier des missions sur les différents fronts et c'est à l'une de ces occasions que se manifeste son inimitié à l'égard de Trotsky, personnage infiniment plus important que lui à cette époque.

Staline, envoyé en mission sur les problèmes de ravitaillement, était arrivé dans le sud le 22 septembre. Probablement désireux de jouer un rôle dans les affaires militaires, le Géorgien s'était installé à Tsaritsyne auprès de Vorochilov, un vieux bolchevik, ancien cheminot. A peu près au même moment, Trotsky procédait à la réorganisation : le 11 septembre, il constituait officiellement le front sud et, le 17, formait un comité de guerre avec Staline, le commandant en chef désigné, Sytine, et Vorochilov. Le conflit éclata presque immédiatement sur la question du siège du comité que Staline et Vorochilov insistaient pour figer à Tsaritsyne, alors que Sytine, avec le soutien de Trotsky, avait prévu de l'installer à Kozlov. Le 3 octobre, Staline se plaignit à Moscou des méthodes de Trotsky et du traitement qu'il était censé infliger aux vieux-bolcheviks qui dirigeaient la 10e armée. La réplique de Trotsky fut cinglante :

> « J'insiste catégoriquement pour le rappel de Staline : les choses vont mal sur le front de Tsaritsyne, malgré une surabondance de forces militaires. Vorochilov est apte à commander un régiment, mais pas une armée de 50 000 hommes [25]. »

Trotsky exigeait que « les gens de la 10e armée » se subordonnent sans réserve au commandant du front sud et menaçait même de traduire Vorochilov devant un conseil de guerre. Lénine, visiblement ennuyé de ce conflit, ne pouvait, dans l'immédiat, que reconnaître le bien-fondé des arguments de Trotsky. Le 5 octobre, Staline fut rappelé à Moscou. Il fut nommé, peu après, au Conseil de guerre révolutionnaire de la République, peut-être à titre de consolation. Le 8, il était remplacé à Tsaritsyne, dans le comité de guerre, par le vieux-bolchevik A.G. Chliapnikov. Au cours d'un bref séjour à Tsaritsyne, Trotsky avait fait comprendre à Vorochilov qu'il n'accepterait aucune tergiversation, et celui-ci s'était incliné. Une rencontre dans le train avec Staline et une réconciliation de forme avaient apaisé les inquiétudes de Lénine [26].

En réalité, c'était le début d'un conflit désormais cristallisé autour de l'opposition à Trotsky du « groupe de Tsaritsyne » – conflit que ne devait pas apaiser, quelques semaines plus tard, le transfert de Vorochilov et de ses collaborateurs à un important commandement en Ukraine : des désaccords identiques se développèrent aussitôt, Vorochilov ayant la prétention de conserver pour son armée armes, munitions et fournitures prises à l'ennemi. La campagne allait se poursuivre en coulisse, à travers rumeurs et insinuations qui finirent même par voir publiquement le jour dans la *Pravda*. C'est en effet le 25 décembre 1918 qu'un article signé d'un collaborateur de Vorochilov, A.Z. Kamensky, au milieu des critiques traditionnelles sur l'emploi des spécialistes militaires (qu'il appelait « contre-révolutionnaires tsaristes »), lança des attaques particulièrement graves contre Trotsky, mentionnant le cas de deux militants, commissaires et communistes, I.K. Bedaiev et P.A. Zapoutsky, qui avaient, selon lui, échappé de peu à une exécution sommaire et faisant, à ce propos, allusion au sort de Panteleiev [27]. Ce n'était que le début d'une campagne acharnée...

*
* *

L'effondrement des Centraux, à la fin de 1918, apporta évidemment un considérable soulagement aux bolcheviks en desserrant l'étreinte immédiate de leurs armées à l'ouest et dans le sud. Il était clair cependant qu'il ne s'agissait que d'un répit et que le danger se précisait d'une intervention de l'Entente victorieuse sur le territoire même de l'Union soviétique.

L'histoire de ces mois de la fin 1918 et du début de 1919 est celle d'efforts considérables pour exploiter ce répit, à la fois pour poursuivre la construction de l'armée et pour essayer de prendre de vitesse l'intervention alliée, inévitable mais pas immédiate. Or les armées soviétiques étaient clouées sur leur propre sol par les forces de Koltchak et de Denikine et Krasnov. En Ukraine, où Trotsky souhaitait faire porter l'effort principal, il n'y avait pas d'Armée rouge, mais, résultat de l'occupation allemande, des unités de partisans et de Gardes rouges inaptes à la guerre de mouvement. De son côté, Lénine redoutait par-dessus tout une éventuelle jonction sur la Volga des deux principales armées blanches et adjurait Trotsky de ne pas se laisser entraîner à l'est par la conquête de l'Ukraine.

La correspondance entre les deux hommes est chargée de tension. Trotsky, impressionné par l'hostilité des paysans ukrainiens à la réquisition des grains, multiplie les mises en garde contre la brutalité de la politique rurale des bolcheviks. Pour l'instant, la révolution déferle en Ukraine, et les bolcheviks, qui ont repris Kharkov, ne semblent pas loin de s'assurer la maîtrise de l'Ukraine tandis que l'intervention française, déjà prudente et limitée, reflue, arrêtée par les mutineries des marins. Pourtant Denikine se fait menaçant. En janvier 1919, il est question d'aller à une conférence pour la paix en Russie, dans l'île de Prinkipo, que prétend organiser le président des États-Unis, Wilson. Lénine propose à Trotsky de prendre la tête de la délégation soviétique. Ce dernier refuse sans phrases : il ne fera la connaissance de Prinkipo que dix ans plus tard, et dans des conditions tout autres. D'ailleurs la conférence est annulée, car les généraux blancs, forts du soutien français, refusent la médiation de Wilson.

En Ukraine maintenant, le conflit se développe avec l'ancien « groupe de Tsaritsyne », malgré les objurgations de Lénine pour que Trotsky fasse son possible afin de trouver les bases d' « un travail en commun avec Staline ». Le 11 janvier 1919, Trotsky répond sans détour à ses propositions de compromis :

> « Un compromis est naturellement nécessaire, mais pas un compromis pourri. Le nœud de la question, c'est que tous les gens de Tsaritsyne sont maintenant rassemblés à Kharkov. [...] Je considère que le patronage par Staline de la tendance de Tsaritsyne est un ulcère dangereux, pire que

n'importe quelle perfidie ou trahison de spécialistes militaires. [...] Vorochilov + les guérillas ukrainiennes + le bas niveau culturel de la population + la démagogie – nous ne pouvons en aucun cas le tolérer [28]. »

Avec la fin de l'hiver, le centre de gravité des opérations militaires est transféré sur le front de l'est. L'amiral Koltchak lance sa grande offensive le 7 mars. La situation des forces de l'Armée rouge se détériore très rapidement, ce qui explique l'absence au IXe congrès de Trotsky et des délégués des cellules de l'armée qui soutiennent sa politique : ils sont tous au front. C'est la première offensive blanche; il y en aura deux autres, celle de Denikine sur Moscou à l'été et, à l'automne, celle du général Ioudénitch contre Petrograd à partir des Pays baltes.

Trotsky passa les mois de mars et d'avril sur le front de l'est, après la chute d'Oufa le 13 mars et l'avance des troupes de Koltchak vers Simbirsk. Une fois de plus, Moscou était menacée. Il fallut une fois de plus colmater les brèches, renforcer commandement et effectifs, redonner un moral aux combattants, créer de nouveaux régiments. Ce n'étaient plus pourtant les conditions de Kazan : l'Armée rouge qui comptait déjà, à l'entrée de l'automne, un demi-million d'hommes organisés, devait en quelques mois tripler ses effectifs. Elle montrait en outre qu'elle était désormais capable de manœuvrer : le commandant du front est, Sergéi Kamenev, ancien colonel d'état-major du temps du tsar, réussissait, à la fin d'avril, un mouvement tournant pour venir frapper le flanc sud des troupes de Koltchak, imprudemment étirées, qui allaient dès lors reculer en désordre.

Cette importante victoire en rase campagne allait être pourtant le point de départ – peut-être seulement l'occasion – de la plus grave crise politique de l'histoire de l'Armée rouge. Il s'agissait au départ d'un désaccord entre techniciens militaires sur la stratégie immédiate. S.S. Kamenev pensait en effet qu'il était souhaitable d'exploiter immédiatement la victoire sur Koltchak, qu'il fallait, selon lui, détruire et poursuivre; une opération qu'il pensait possible, même si l'on envoyait sur le front sud en péril les renforts nécessaires. Le commandant en chef Vatsetis était opposé à ce plan : il n'excluait pas, en effet, l'hypothèse de l'existence en Sibérie de réserves de Koltchak, donc de possibilité pour les blancs de tendre un piège à leurs poursuivants. Il interdit donc à S.S. Kamenev de poursuivre au-delà de l'Oural l'ennemi en retraite. Trotsky le soutint. Quand S.S. Kamenev fit savoir qu'il allait passer outre, Trotsky le releva de son commandement du front est et, après un congé de quelques semaines, l'envoya commander le front ukrainien [29].

C'est cette mutation qui mit le feu aux poudres. Les commissaires qui collaboraient avec Kamenev, M.M. Lachévitch, S.I. Goussev, K.K. Iouréniev, protestèrent violemment, invoquant les désaccords qui les séparaient de son successeur, le général Samoilo. Smilga, ancien du front de l'est, maintenant à Moscou – où il avait mission de recruter des communistes pour l'armée – les soutint sans réserve, intervint auprès de Lénine, qui reçut personnellement Kamenev et conclut qu'il fallait rapporter la décision, éviter de briser le groupe de commandement de l'est et par conséquent rappeler S.S. Kamenev [30].

Trotsky n'a guère apprécié l'initiative des commissaires politiques en question et déploré ouvertement le jeu de ce qu'il appelait « les liens affectifs du front » [31]. Il a pourtant accepté le retour de Kamenev. Bientôt, ce dernier remporte ses premiers succès, en juillet, contre les koltchakiens. Trotsky, à ce moment, s'est déjà porté sur le front sud pour faire face à l'offensive de Denikine.

Il semble bien qu'on n'ait pas tout de suite compris à Moscou le danger que constituait l'armée Denikine. Déjà Trotsky s'était inquiété à plusieurs reprises, avait réclamé des renforts du fait de l'extrême faiblesse des forces armées rouges en Ukraine et du soulèvement des Cosaques à l'arrière. Il peinait pour modifier le commandement en Ukraine, écarter les Antonov-Ovseenko, Boubnov, Podvoisky, qui, selon lui, capitulaient devant l' « état d'esprit partisan », quand ils ne le nourrissaient pas. Mais les débuts de l'offensive Denikine furent marqués par des succès retentissants : Kharkov tomba le 25 juin, Kiev le 30.

Revenu à Moscou pour une séance du comité central au début de juillet 1919, Trotsky se trouva donc en présence d'une coalition qui le visait probablement à travers la personne de Vatsetis qu'il avait soutenu : il ne douta pas qu'elle ait été inspirée en coulisse par Staline et le groupe de ses amis de Tsaritsyne. La tâche des conspirateurs était facile : ils avaient l'appui de Lénine, convaincu par les victoires remportées sur Koltchak. La décision du comité central fut nette. S.S. Kamenev devint commandant en chef, Vatsetis recevant une nomination qui avait l'aspect d'une retraite honorable [32]. Trotsky avait joué le compromis en acceptant que Vatsetis soit remplacé et en préconisant la nomination du général Bontch-Brouévitch : la décision finale était pour lui une défaite. C'était peut-être une autre défaite, plus grave encore, que la réorganisation du Conseil de guerre révolutionnaire de la République. Il était ramené de quinze à six membres. Les proches de Trotsky – ceux qui l'avaient soutenu dans ce dernier conflit –, I.N. Smirnov, Rosengoltz, Raskolnikov, étaient écartés; en revanche, Smilga, comme Goussev, champions de la lutte contre Vatsetis, y demeuraient.

Ces mesures étaient certainement difficiles à accepter pour Trotsky. Faut-il, pour autant, croire les récits qui nous le présentent quittant le comité central en fureur et claquant la porte à sa sortie? Selon lui, en tout cas, il s'inclina, mais ne put éviter le heurt sur la question du nouveau plan stratégique élaboré par S.S. Kamenev pour le front sud. Partant de considérations purement militaires, le nouveau commandant en chef proposait en effet d'attaquer le long de la vallée du Don, dans le pays des Cosaques, pour aller frapper Denikine au cœur de sa puissance. Trotsky, au contraire, jugeait dangereux ce plan qui risquait de souder les forces contre-révolutionnaires des Cosaques et des blancs et engageait en tout cas les troupes rouges sur un territoire où la population rurale leur était en majorité hostile. Le plan qu'il avait approuvé visait, au contraire, à organiser la contre-offensive sur le bassin industriel du Donetz, cherchant à couper en deux le territoire de Denikine et à s'appuyer sur la population ouvrière de la région en question. Selon son témoignage, Trotsky, isolé au bureau politique sur cette question, remit alors sa démission. Nous ne possédons pas le texte de sa déclaration, seulement celui de la réponse du comité central le 5 juillet 1919 signée de Lénine comme de Staline et qui refusait cette démission, ajoutant cette précision qui dut lui paraître satisfaisante :

> « Le bureau d'organisation et le bureau politique du comité central laissent au camarade Trotsky l'entière possibilité d'obtenir, par tous les moyens, ce qu'il estime être une correction de la ligne générale dans la question militaire et, s'il le désire, s'efforceront de hâter la convocation du congrès du parti [33]. »

Trotsky conclut le récit de cet épisode dans *Staline* : « Je retirai ma démission et partis immédiatement pour le front sud [34]. »

Trois jours plus tard cependant, un télégramme officiel lui annonçait l'arrestation de Vatsetis, impliqué dans un « complot » par les aveux de conspirateurs, des militaires professionnels [35]. L'affaire fit long feu. Libéré après quelques jours, Vatsetis fut affecté à l'Académie militaire. « Accident » ou tentative manquée de l'éliminer par la provocation?

Les mois suivants ont été très difficiles pour Trotsky, sans doute infiniment plus qu'il ne le suggère dans *Ma Vie* et dans *Staline*. Les désaccords qu'il a eus et qu'il garde avec Lénine expliquent une tension qui pèse lourd dans la prise de décisions pourtant nécessaires. Le commandant du front ukrainien s'est prononcé à son tour contre le plan S.S. Kamenev et a été relevé de ses fonctions. Smilga et Lachévitch, les hommes de S.S. Kamenev, ont été envoyés en Ukraine, où Trotsky s'est longuement et vainement battu pour obtenir renforts et matériel. Or, comme il l'a prévu, le plan de S.S. Kamenev se révèle désastreux. Les armées rouges ne progressent pas dans le Don, où la population rurale se bat contre eux avec l'énergie du désespoir. En revanche, les cavaliers blancs de Mamontov ont percé les lignes rouges et commettent à l'arrière de sérieux ravages et de terribles massacres. Denikine progresse dans une région dégarnie par le commandement, s'empare d'Odessa le 23 août, de Kiev le 31, et son offensive se développe victorieusement et dangereusement avec la prise de Koursk, Voronej, Orel, au cours des semaines qui suivent.

***

L'historiographie, plus encore que l'Histoire, exige que soient indiquées ici, au moins sommairement, l'attitude et les relations de Trotsky, chef de guerre, avec les formations armées anarchistes d'Ukraine et notamment les fameux partisans de Makhno. De ce point de vue, les archives apportent un certain nombre d'éléments indiscutables sur l'appréciation portée par Trotsky sur ces formations armées et la politique à suivre à leur égard. Dans un rapport au comité central daté du 1er mai 1919, il aborde pour la première fois cette question en signalant l'importance des effectifs des bandes de l'anarchiste Makhno en même temps que leur inefficacité militaire, la présence aussi, dans leurs rangs, côte à côte, d'« éléments héroïques » et d'authentiques « canailles ». Pour ces troupes qui combattent aux côtés de l'Armée rouge, il préconise « la purge des éléments ouvertement criminels de leurs unités, l'établissement d'une discipline ferme, l'abolition de l'usage de l'élection des commandants, la lutte contre la démagogie de ses chefs [...], insolents avec les autorités supérieures militaires et soviétiques et inefficaces avec leurs subordonnés ». Il est, de toute évidence, en conflit, sur cette politique, avec Antonov-Ovseenko qu'il accuse d'« opportunisme » à l'égard des makhnovistes.

Le conflit est devenu ouvert en mai. Bien que Lénine ait insisté pour l'emploi, avec Makhno, de « méthodes de persuasion », celles-ci n'ont pas porté leurs fruits. Makhno, bien que formellement intégré dans l'Armée rouge, tient les commissaires à l'écart et conserve son état-major. Les bolcheviks lui reprochent de ne pas tenir ses troupes, qui se livrent à des violences contre les Juifs. On lui coupe, en représailles, les envois d'armes et munitions et, du coup, il conserve pour lui les stocks de charbon et de grain saisis chez l'ennemi. Le 31 mai 1919, il convoque un congrès de délégués de sa zone : Trotsky l'interdit. Makhno se démet alors de ses fonctions de commandant de brigade de l'Armée rouge; des détachements, commandés par Vorochilov, marchent sur son quartier général et s'en emparent le 7 juin. Plusieurs de ses collaborateurs, faits prisonniers, sont condamnés à mort et exécutés. Mais Makhno réussit à s'échapper et reprend son activité indépendante.

A la mi-octobre 1920, un nouvel accord est conclu entre l'Armée rouge et Makhno, qui intègre à nouveau ses rangs, contre Wrangel cette fois. Wrangel battu, le conflit renaît. Sous le commandement de Frounzé, l'Armée rouge donne l'assaut aux dernières positions de Makhno à partir de novembre 1920. Il s'échappe et émigre.

Les écrits contemporains de Trotsky permettent de se faire une idée très claire de sa conception du mouvement makhnoviste qu'il semble avoir considéré en premier lieu, par son indiscipline et le caractère criminel de nombre de ses éléments, comme un danger pour la cohésion et l'intégrité de l'Armée rouge elle-même, dans une région où la tradition de guérilla était très vigoureuse. Sans accuser personnellement Makhno d'être antisémite ou criminel, refusant l'argument selon lequel Makhno aurait été un agent des blancs, voire des étrangers, Trotsky reproche essentiellement aux unités makhnovistes d'être « des bandes » autour d'un « chef » et de mélanger, au nom des idées anarchistes, une grande brutalité et une réelle incapacité à s'organiser et à se discipliner.

On comprend, dans ces conditions, que Trotsky même s'il n'a pas éprouvé la « rancœur » et l'« humiliation » que lui attribue généralement Adam B. Ulam [36], ait été loin d'approuver les compromis passés à plusieurs reprises avec Makhno et notamment au lendemain de la visite de Kamenev, en avril 1919.

* * *

Ce n'est, finalement, qu'en octobre 1919, que le plan de S.S. Kamenev pour le front sud fut abandonné et que les solutions, préconisées pendant des mois par Trotsky, de renforcement du front du centre, furent mises en application; on peut imaginer son amertume devant ses avertissements si longtemps inutiles. En septembre 1919 pourtant, la situation avait de nouveau revêtu un tour dramatique : l'armée de Denikine, venue du sud, menaçait Toula, ultime étape avant Moscou et centre unique de l'industrie de guerre, cependant que les forces de Ioudénitch, armées et soutenues par les Britanniques, atteignaient les faubourgs de Petrograd.

Une fois de plus, à l'heure du plus grand danger, Trotsky recouvrait d'un coup sa stature et son génie. Il était au bureau politique à Moscou le 15 octobre quand Lénine proposa d'abandonner Petrograd pour concentrer les forces autour de Moscou menacée, le même jour, par la chute d'Orel : il envisageait même la possibilité de l'abandon de Moscou et d'un repli général dans l'Oural. C'était l'heure de Trotsky. Il protesta vigoureusement : il ne pouvait être question d'abandonner Petrograd dont il proposait de prendre personnellement la défense en main. Lénine ne pouvait que céder. Le 16, dans le train qui l'emmenait à Petrograd, Trotsky rédigea un projet de plan de bataille de rues au cas où les défenses extérieures de Petrograd céderaient à l'assaut des blancs :

> « S'ils entrent dans cette cité géante, les gardes blancs découvriront qu'ils sont tombés dans un labyrinthe de pierre où chaque bâtiment sera pour eux une énigme, une menace ou un danger mortel. D'où attendre le coup de feu? De la fenêtre? De la mansarde? Du rez-de-chaussée? De l'angle? De partout! Nous avons des mitrailleuses, des fusils, des revolvers; des grenades. [...] Nous pouvons couvrir certaines rues d'un enchevêtrement de barrages de barbelés en en laissant d'autres ouvertes et en en faisant des trappes [37]. »

A son arrivée, il se précipita au soviet de la ville et, à travers lui, en appela aux ouvriers de la capitale de la révolution :

> « Dans ces journées sombres et froides, de faim et d'angoisse, ces tristes jours d'automne, Petrograd nous montre encore l'image majestueuse de l'élan, de la confiance, de l'enthousiasme et de l'héroïsme. Cette ville qui a tant souffert, qui a brûlé d'une flamme intérieure si vive et qui a bravé tant de dangers, cette ville qui ne s'est jamais ménagée, qui s'est tellement dépouillée de tout, cette magnifique Petrograd-la-rouge demeure ce qu'elle a été, la torche de la révolution, le roc d'acier sur lequel nous construirons le temple de l'avenir [38]... »

Il décrit, dans *Ma Vie*, Petrograd galvanisée par le danger :

« Dès que la base sentit que Pétrograd ne serait pas livré et qu'au besoin il serait défendu par des combats de rue, l'état d'esprit changea. [...] Des détachements d'hommes et de femmes, munis d'outils de sape, partirent des usines et des fabriques. [...] Toute la partie sud de la ville fut transformée en forteresse. [...] Un nouvel état d'esprit, partant des quartiers ouvriers, gagna les casernes, les milieux de l'arrière et l'armée en campagne [39]. »

Trotsky était au premier rang, prenant, comme à Kazan, d'énormes risques, par exemple, ralliant à cheval un régiment qui s'enfuyait, après s'être jeté dans la foule des fuyards sans garde ni protection, réussissant finalement à le ramener à l'attaque et marchant en tête; Le 23, les troupes blanches du général Ioudénitch furent arrêtées sur la ligne de Poulkovo et commencèrent une retraite précipitée. Au même moment, à l'est, les hommes de Koltchak se rendirent par milliers; leur chef en personne tomba aux mains des soldats rouges. Au sud, le sol se dérobait sous les pieds de l'armée de Denikine, rejetée par la population des régions conquises.

*
* *

La guerre n'est pas terminée pour autant. Dès le 22 janvier 1920, Trotsky donne au bureau politique les informations qu'il vient de recevoir : la Pologne de Pilsudski se prépare à attaquer l'Union soviétique. Dans les mois suivants, il presse en vain le bureau politique de renoncer à la diplomatie secrète et aux concessions, de faire connaître publiquement les enjeux de la négociation avec la Pologne. Il n'est pas écouté. Le 24 avril, les troupes polonaises attaquent, Kiev tombe le 6 mai. Au sud, Wrangel, qui a remplacé Denikine, repart à l'assaut le 6 juin.

La première guerre nationale qu'ait à affronter l'Armée rouge éclipse la guerre civile. Pliant d'abord, elle contre-attaque en juin, reprend Kiev le 12, Minsk le 11, Wilno le 14. Arrêtée le 14 juillet aux portes de Varsovie, repoussée le 17 juillet après les trois jours de la « bataille de la Vistule », elle doit finalement renoncer aux rêves de conquête révolutionnaire qui ont bercé quelques-uns de ses chefs. La paix est signée provisoirement le 12 octobre. Deux mois plus tard, les derniers débris de l'armée Wrangel évacuent la Crimée où elles ont trouvé quelque temps un refuge précaire.

Rien, dans cette année, ni dans l'action politique, ni dans l'action militaire, ne porte la griffe de Trotsky. On peut seulement souligner le soin qu'il apporta à éviter toute manifestation de chauvinisme anti-polonais, voire tout simplement toute tentative de faire prévaloir un état d'esprit d'union nationale face à un ennemi « étranger ». En revanche, sur deux points essentiels, il ne put faire prévaloir son point de vue.

A la mi-juin, il s'était sérieusement opposé à Lénine en se prononçant pour l'acceptation des propositions britanniques de médiation et pour une négociation sur la base des positions occupées alors par l'Armée rouge, qui comprenaient l'ensemble des territoires biélorussiens et ukrainiens. Convaincu qu'un succès militaire était possible face à la Pologne, Lénine préconisait alors l'offensive sur Varsovie, croyant à la possibilité d'un soulèvement ouvrier à l'approche de l'Armée rouge.

Trotsky, s'il demeurait convaincu que la révolution était à l'ordre du jour en Pologne, ne pensait pas cependant qu'elle pût se produire au début de la guerre; il était convaincu, en outre, que l'entrée sur le territoire polonais d'une armée russe, même sous le drapeau rouge, serait ressentie comme une invasion à la façon tsariste et provoquerait un sursaut national en Pologne. Mis en minorité, il s'inclina, attendant sans joie que l'Histoire lui donne raison – ce qu'elle fit très vite. L'homme dont on fait parfois un maniaque de la révolution ne croyait pas aux « missionnaires bottés », ni à l'exportation de la révolution à la pointe des baïonnettes.

Il n'eut pas plus de bonheur avec le déroulement des opérations. Il apparut très rapidement, au cours de l'offensive contre Varsovie, qu'un grand vide se développait entre la 5e armée de Toukhatchevsky, qui avançait sur Varsovie, et la 1re armée d'Egorov – où se trouvait Staline –, qui s'engageait vers le sud-ouest pour s'emparer de Lvov. L'existence de cet intervalle fut selon Trotsky l'une des conditions militaires qui facilitèrent la contre-attaque de l'armée polonaise et lui permirent d'arrêter l'armée de Toukhatchevsky, puis de l'obliger à la retraite. Trotsky – dont la version sur ce point est confirmée par les récits de la période stalinienne justifiant le comportement de la 1re armée – écrit :

> « Quand le danger menaçant l'armée de Toukhatchevsky devint évident et que le commandant en chef ordonna au front du sud-ouest de se déplacer franchement [...] afin de s'attaquer au flanc des troupes polonaises près de Varsovie, le commandant du front sud-ouest, encouragé par Staline, continua à se diriger vers l'ouest : n'était-il pas plus important de s'emparer de Lvov même que d'aider d' " autres " à prendre Varsovie? Pendant trois ou quatre jours, notre état-major général ne put obtenir que son ordre fût exécuté. C'est seulement après des demandes réitérées appuyées de menaces que le commandant du sud-ouest modifia la direction de ses troupes, mais alors le délai de plusieurs jours avait déjà joué son funeste rôle [40]. »

L'affaire rebondit, toujours selon Trotsky, dans les débats secrets sur la guerre de Pologne au Xe congrès, où Staline accusa Smilga d'avoir « trompé le comité central ». Trotsky protesta immédiatement contre ce qu'il appela « une insinuation effrayante ». Il ajouta que Lénine, « bouleversé » par ces conflits, se refusa à « blâmer personnellement quiconque ».

Dans l'intervalle, d'ailleurs, les dissensions s'étaient développées : en octobre, Toukhatchevsky avait pris position pour la reprise de la guerre contre la Pologne, et Lénine avait hésité. Trotsky s'était prononcé pour la paix et, reprenant la position de Lénine à l'époque de Brest-Litovsk, avait déclaré que s'il était battu au comité central, il ferait appel au parti. Sa détermination, la force de ses arguments aussi, avaient convaincu Lénine, qui avait entraîné le reste de la direction. Lénine devait reconnaître ultérieurement qu'il avait commis une erreur énorme au moment de l'offensive contre Varsovie et condamner l'idée, assez répandue à ce moment-là, selon laquelle il était possible d'exporter la révolution à la pointe des baïonnettes.

***

La campagne de Pologne était de fait l'ultime expérience militaire de Trotsky. La liquidation de l'armée du baron Wrangel, inscrite dans les faits après la fin des opérations avec la Pologne, devait être acquise le plus vite possible : il s'agissait de détruire ce qu'il appelait la « place d'armes » de l'impérialisme. Il s'employa donc à convaincre les soldats rouges d'en finir avant le début de l'hiver. Le 27 octobre 1920, à bord du train qui l'emportait vers le front de Crimée, il écrivait : « La famille d'amis de notre train part pour une nouvelle campagne. Qu'elle soit la dernière [41]... » Le 10 novembre 1920, la Crimée tout entière était aux mains de l'Armée rouge.

La guerre civile était finie. Le pire allait commencer.

CHAPITRE XVII

Communisme de guerre et terreur [1]

La politique appelée plus tard « communisme de guerre » et la « terreur rouge », proclamée à l'été 1918, semblait à beaucoup d'observateurs de l'époque l'unique forme de gouvernement des communistes. Même des hommes aussi avertis que Boukharine et Préobrajensky ont cédé à cette tendance dans leur *ABC du Communisme*. Il n'en a pas été de même pour Trotsky qui écrivait à l'automne de 1919 :

> « Le communisme d'aujourd'hui, à la différence du christianisme primitif, ne signifie nullement le nivellement par le bas de la pauvreté. Au contraire, le développement de l'ordre communiste présuppose une croissance importante des forces productives de l'industrie et de l'agriculture, de la technologie et de la science, de l'art sous toutes ses formes. Les rations de famine et les logements glacés ne sont pas le communisme, mais une calamité déchaînée contre nous par les crimes de l'impérialisme mondial. L'ordre soviétique essaie d'assurer abondance, chaleur et confort pour tous. Est-ce réalisable? Oui, bien sûr. Donnez-nous deux ans de travail pacifique, de concentration de tous les pouvoirs, de toute notre énergie, de tout notre enthousiasme, non sur la guerre civile, mais sur le travail de création économique, et nous saurons, de toutes nos forces combinées, non seulement soigner les blessures ouvertes de l'organisme national, mais aussi réaliser une avance importante dans toutes les directions [2]. »

Trotsky savait sans doute mieux que personne que la politique du « communisme de guerre » avait été dictée au gouvernement soviétique par l'ensemble de la situation, et au premier chef par les initiatives de la contre-révolution. Il en était de même pour la terreur. L'une et l'autre étaient le prix dont les révolutionnaires devaient payer leur survie et même, plus prosaïquement, le droit de se défendre. La guerre civile et l'intervention étrangère, enclenchées l'une et l'autre n'étaient que des moyens pour survivre et tenir, servir l'objectif essentiel du moment, le renforcement et le développement de l'instrument du combat pour la vie, l'Armée rouge. Par la force des choses, la Russie soviétique était devenue un camp retranché, et son communisme militaire ne pouvait être que celui du rationnement et de la pénurie. Trotsky le savait, lui qui, le 4 juin 1918, justifiait la réquisition en attaquant avec violence le paysan aisé, le *koulak* :

> « Nous disons : le pays a faim, les villes commencent à souffrir de la faim, l'Armée rouge ne peut résister aux attaquants faute de nourriture, et, dans ces conditions, tous ceux qui ont faim à la campagne doivent comprendre qu'*il y a* du grain, qu'il est aux mains des koulaks, ces bêtes de proie, exploiteurs de la faim et du malheur; que nous leur offrons un prix déterminé par ce que peuvent supporter les finances de l'État et qu'ils ne nous donnent pas de pain à ce prix et que, puisqu'il en est ainsi, nous allons leur prendre le grain de force par les armes. Nous emploierons la force contre le koulak et nous nourrirons les ouvriers, les femmes et les enfants [3]! »

L'une des conséquences de cette politique est évidemment l'importance et la mesure d'indépendance qu'elle donne aux organismes spécialisés dans la répression, diminuant d'autant l'amplitude du « pouvoir des soviets ». La « commission extraordinaire panrusse pour la lutte contre la répression et le sabotage », créée en décembre 1917, a hérité d'une partie des attributions du comité militaire révolutionnaire de Petrograd. Elle est devenue très vite la toute-puissante *Tchéka* – lointain ancêtre du G.P.U., qui chassera et traquera Trotsky sur plusieurs continents.

Pour le moment, elle est pour Trotsky non seulement un outil nécessaire dans la guerre civile, mais un instrument indispensable. Elle doit être, à ses yeux, un corps d'élite se battant sur un front décisif. Trotsky ne se dissimule pas les dangers de corruption et de décomposition morale qu'une activité comme la sienne peut engendrer dans ses propres rangs, et il ne cesse d'insister sur la nécessité pour elle de recruter les meilleurs des communistes, c'est-à-dire les plus dévoués et les plus intègres. Il compte beaucoup d'admirateurs et de dévouements sans réserve parmi les tchékistes.

Les conséquences de la guerre civile et de la militarisation avaient été lourdes aussi dans le domaine du fonctionnement du parti et des soviets. Alors que la révolution avait fait triompher dans le parti le système de l'élection des responsables et prévaloir dans le pays la forme soviétique de la révocabilité et du renouvellement fréquent des élus, la situation militaire, le départ pour le front de dizaines de milliers de responsables et militants, la nécessité de renouveler les responsables rapidement avec l'avance ou la retraite de l'Armée rouge, et les pertes énormes subies sur tous les fronts, firent que la démocratie de 1917 et des débuts de 1918 n'était plus qu'un lointain souvenir. Le Parti communiste, militarisé, dominait en outre des soviets qui n'étaient plus que des coquilles vides et des syndicats réduits à leur plus simple expression, avec des responsables qui n'étaient, eux aussi, élus que pour la forme.

Imposée par la nécessité, à l'heure de la révolution en danger, cette situation avait été, elle aussi, largement théorisée et souvent présentée comme indépendante des tragiques circonstances qui l'avaient vu naître. Pourtant le relâchement du danger, l'approche de la fin de la guerre civile, réveillaient dans les masses ouvrières les aspirations démocratiques dont ils avaient chargé la révolution d'Octobre. Nombreux étaient aussi les militants aux yeux desquels le régime militaire du parti, justifié par la lutte contre la contre-révolution, était appelé à disparaître après la défaite de cette dernière.

Dans sa polémique contre Kautsky – qui avait été un maître à ses yeux, mais n'était plus pour lui qu'un renégat – rappelant que le prolétariat russe, contre toute attente, était arrivé au pouvoir avant celui des pays avancés, Trotsky écrivait :

> « Au lieu d'être le dernier, le prolétariat russe a été le premier. C'est cette circonstance qui a donné, après la première période de confusion un caractère si acharné à la résistance des anciennes classes dominantes de Russie et qui a obligé le prolétariat russe, à l'heure des plus grands dangers, des agressions de l'extérieur, des complots et des révoltes à l'intérieur, de recourir aux cruelles mesures de la terreur gouvernementale [4]. »

Car la terreur est cruelle, comme l'est la guerre, « affreuse école de réalisme social, créatrice d'un type humain nouveau ». Ce n'est pas la révolution, c'est la guerre qui a « développé dans les mœurs la brutalité », qui a « habitué à la violence », qui a « appris à la bourgeoisie à ne s'embarrasser nullement de l'extermination des masses ». Comment renoncer à la terreur quand on est un révolutionnaire, confronté à des cliques de capitalistes « disposant d'une caste d'officiers aguerris et trempés »? Celui qui renoncerait au terrorisme, c'est-à-dire à l'emploi de la répression contre la contre-révolution armée, renoncerait du même coup à la domination politique de la classe ouvrière et au socialisme. Trotsky explique :

> « La révolution n'implique pas " logiquement " le terrorisme de même qu'elle n'implique pas l'insurrection armée. [...] Mais elle exige de la classe révolutionnaire qu'elle mette tous les moyens en œuvre pour atteindre ses fins : par l'insurrection armée, s'il le faut, par le terrorisme, si nécessaire [5]. »

La terreur implique aussi l'intimidation, les menaces, les arrestations préventives. Évoquant les précédents historiques, les révolutions anglaise et française, la guerre de Sécession, la Commune de Paris, il explique que l'« intimidation » est l'un des plus puissants moyens d'action politique, et que la classe ouvrière ne peut s'en passer dans le cadre de sa lutte contre « une classe vouée à périr et qui ne s'y résigne pas ». Aux invocations, par Kautsky, des principes de la démocratie et notamment du respect de la liberté de la presse, il répond sans fard :

> « Nous faisons la guerre. Nous nous battons non à vie, mais à mort. La presse n'est pas l'arme d'une société abstraite, mais de deux camps irréconciliables. [...] Nous supprimons la presse de la contre-révolution

comme nous détruisons ses positions fortifiées, ses dépôts, ses communications, ses services d'espionnage [6]. »

Aux arguments de Kautsky pour que les bolcheviks reconnaissent « les autres tendances du socialisme » et cherchent à assurer avec eux liberté de critique et collaboration, il rétorque que mencheviks et s.r. n'ont jamais dans le passé joué un rôle autonome, que toute leur politique a été axée sur l'alliance avec les Cadets, qu'ils n'ont été que l'appareil de transmission pour gagner les masses à cet instrument de l'impérialisme. Il se refuse à considérer comme « des tendances du socialisme » des forces qui combattent le régime soviétique aux côtés des blancs, les armes ou la plume à la main, ce qui est le cas des s.r. et de la majorité des mencheviks.

Trotsky est ainsi l'un des premiers à justifier que, sous la dictature du prolétariat, on en soit arrivé à la dictature du Parti communiste. Le parti, explique-t-il, ne gouverne pas, mais il tranche sur toutes les questions de principe, toutes les questions en litige au conseil des commissaires du peuple. Ce rôle exceptionnel, après la prise du pouvoir, s'explique par le fait que la dictature de la classe prolétarienne implique son unité :

« La domination révolutionnaire du prolétariat suppose dans le prolétariat même la domination d'un parti pourvu d'un programme d'action bien défini et fort d'une discipline interne indiscutée [7]. »

C'est à partir de cette analyse qu'il condamne toute alliance, tout bloc au pouvoir avec une autre organisation « socialiste » – ne pouvant refléter que les secteurs arriérés et les préjugés petits-bourgeois de la classe –, comme contradictoire avec la dictature du prolétariat : c'est par l'existence d'une telle coalition en Hongrie qu'il explique la défaite de la révolution des conseils hongrois.

Enfin, il assure que « la domination exercée par le Parti communiste dans les soviets, expression politique de la dictature du prolétariat » doit également se retrouver dans son rôle dirigeant à la tête des syndicats.

* * *

Pendant les années 1918 et 1919, Trotsky avait mis sa plume de pamphlétaire au service d'une politique générale qu'il contribuait à élaborer, sans jouer un rôle moteur ailleurs que dans le domaine qui lui avait été assigné : la direction générale des Affaires militaires suffisait à l'accaparer. Mais le répit de la fin de l'année 1919 allait lui donner l'occasion d'une incursion dans le domaine économique, incursion dont les conséquences devaient être pour lui d'une importance énorme.

Elle se fait avec la présentation, dans la *Pravda* du 17 décembre 1919, de thèses destinées au comité central, publiées là de façon inattendue et même surprenante par Boukharine. Elles sont consacrées à « la transition au service du travail pour tous », en liaison avec le système de la milice.

Rappelant que l'économie socialiste présuppose un plan général tenant compte de toutes les ressources, y compris la main-d'œuvre, les thèses en question affirment la nécessité d'assurer ce plan au moyen d'un service du travail pour tous permettant notamment la planification de la répartition de la main-d'œuvre. Jusqu'à l'établissement d'un régime socialiste et son fonctionnement « normal » – que Trotsky n'envisage pas avant une génération –, « la transition doit être assurée par des mesures de caractère coercitif, c'est-à-dire en dernière analyse par la force armée de l'État prolétarien [8] ».

Trotsky explique qu'il faut faire reposer ce service du travail sur des districts territoriaux et de production qui devraient être également la base des commissariats militaires et du système territorial-administratif des soviets : ainsi serait-il possible, avec l'instauration du système de la milice pour les forces armées, de lier les forces humaines d'unités économiques et de circonscriptions militaires. La transition de l'armée à la milice devait se faire graduellement et en tenant compte des exigences de la production : des unités traditionnelles seraient maintenues pour assumer la levée de l'impôt en nature et l'application du service du travail. La main-d'œuvre libérée par la fin des combats, en fonction d'un « petit plan » à court terme, servirait à la reconstruction des secteurs vitaux de l'économie.

Quelques semaines plus tard, après une discussion menée dans ses rangs à l'initiative de ses chefs, la 3e armée du front de l'est devenait la 1re « armée du travail » et commençait une expérience à laquelle Trotsky, de son train installé à Ekaterinburg, devait être étroitement associé. L'ordre-mémorandum lancé par lui de Moscou le 15 janvier partait de la situation militaire et de la permanence des zones d'activité des blancs. Il poursuivait :

> « La 3e armée révolutionnaire restera sous les armes, conservera son organisation, sa cohésion interne, son esprit de combat, au cas où la patrie socialiste l'appellerait à de nouvelles tâches militaires. [...] Cependant [elle] ne veut pas perdre son temps. Pendant les semaines et les mois de ce répit, quelle que soit sa durée, elle utilisera ses forces et ses ressources pour faire revivre l'économie du pays. Tout en conservant sa force militaire [...], elle se transformera en armée révolutionnaire du travail [9]. »

Les objectifs fixés à l'armée du travail sont la collecte de produits alimentaires, la coupe du bois et son transport, la construction de baraquements pour les forestiers, la mise à la disposition des paysans de ses mécaniciens et de ses ateliers. Partant pour Ekaterinburg, Trotsky écrit ainsi dans le journal du train :

> « Notre train se rend dans le nord de l'Oural pour que nous puissions consacrer là toutes nos forces à la tâche d'organisation du travail dans

laquelle se rejoindront les ouvriers de l'Oural, les paysans de l'Oural et les soldats de l'Armée rouge de la 1re armée du travail. Du pain pour les affamés! Du feu pour ceux qui ont froid! Tels sont, cette fois, les mots d'ordre de notre train [10]. »

Quelques heures plus tard, le traîn qui traversait une sévère tempête de neige eut un accident sérieux, l'un de ses wagons déraillant à quelques kilomètres d'une petite gare. Il fallut attendre dix heures l'arrivée de l'équipe d'entretien de la voie, cinq heures supplémentaires pour la venue aux nouvelles des responsables de la gare commençant seulement à s'inquiéter du retard du « train spécial » annoncé. Au total, le train fut immobilisé pendant dix-neuf heures. Trotsky écrivit dans le journal du train qu'il n'était que trop facile d'imaginer comment de tels responsables « traitaient les trains ordinaires, portant du sel aux paysans ou du grain pour les enfants affamés de Moscou [11] ». Expérience cruelle et humiliante autant qu'instructive, révélant dans les campagnes une fantastique passivité.

* * *

C'est en liaison avec ce séjour dans l'Oural qu'il faut aborder un épisode encore très controversé de cette période [12]. Trotsky le résume d'une façon jugée discutable aujourd'hui par nombre d'historiens, en écrivant dans *Ma Vie* :

> « De l'Oural, je revins avec une provision considérable d'observations économiques qui toutes pouvaient se résumer en une seule conclusion générale : il fallait renoncer au communisme de guerre [13]. »

C'est au comité central de février 1920 qu'il présenta une déclaration dans laquelle il condamnait ce qu'il appelait « la politique de réquisition égalisatrice », qu'il proposait de remplacer par un impôt en nature proportionnel à la récolte. Il préconisait également un effort pour mieux approvisionner les paysans en produits industriels et suggérait dans certaines régions la réquisition des moyens agricoles en vue du renforcement des fermes d'État.

Les spécialistes d'histoire soviétique ont discuté pendant des années sur la signification de ces propositions dont on ne s'est aperçu que très récemment qu'elles figuraient en texte intégral dans ses *Œuvres* [14] – et il faut reconnaître que cette discussion revêt parfois un tour byzantin quand les participants se demandent si elles allaient dans le sens de... la Nep. Nous nous contenterons d'indiquer ici qu'il nous semble que ces propositions – « très circonspectes » comme Trotsky le reconnaissait lui-même – exprimaient en tout cas, sinon une orientation vers le rétablissement du marché – ce que fut, dans sa totalité, la Nep –, du moins une tentative de sortir du communisme de guerre sans pourtant capituler, dans les campagnes, devant le paysan aisé, le koulak.

La résolution fut repoussée par 10 voix contre 4. Trotsky, de son propre aveu, se rejeta alors vers le communisme de guerre pour y chercher des solutions à la crise dans le volontarisme et l'appel au combat et au sacrifice. C'est lui qui rédigea l'appel aux travailleurs de l'exécutif central des soviets du 25 février 1920, lequel venait de décider du service du travail et d'approuver la constitution des « armées du travail ». Sa conclusion était digne des grands appels au combat de la guerre civile :

> « Dans la lutte contre la faim, le froid, les épidémies, il faut déployer autant d'énergie que les masses ouvrières en ont déployé dans la guerre civile contre leurs ennemis jurés. Pour sauver le pays de la ruine économique, il nous faut l'esprit de sacrifice, l'héroïsme, la discipline caractéristiques des meilleures unités de notre armée. Le travail est le drapeau de notre époque. [...] Le comité exécutif pan-russe des soviets vous unit en une troupe immense pour une campagne contre le besoin, la désorganisation, l'anarchie, le malaise, le désordre et la ruine qui menace. Vous, tous qui êtes conscients et prêts au sacrifice, vous, les meilleurs – en avant [15]! »

C'est encore lui qui rédige les thèses du comité central pour le IXe congrès. Parties du déclin économique du pays, de l'insuffisance et de la désorganisation des éléments de base de la production, elles affirment que le levier fondamental du relèvement est l'organisation, la répartition et l'utilisation de la main-d'œuvre. C'est ce qui justifie l'institution du service du travail, principe socialiste contraire au principe libéral-capitaliste de « liberté du travail », équivalant à la liberté d'exploiter et d'être exploité. La conclusion est que l'étape de transition qui s'ouvre exige une certaine mesure de militarisation du travail, dont les « armées de travail » sont l'une des formes.

Dans les mois qui suivent, Trotsky, avec le soutien apparemment sans réserves de Lénine, se fait le défenseur de cette méthode de reconstruction de l'économie. La clé de l'économie est la main-d'œuvre qui n'est mobilisable que par la seule obligation du travail. Or, en matière de recensement, de mobilisation, de formation et de déplacement des grandes masses, seul le département de la Guerre bénéficie de quelque expérience.

Soulignant le caractère particulier, original, de la militarisation du travail dans la Russie soviétique, Trotsky rappelle que la seule « liberté du travail » que l'humanité ait jamais connue est celle « de la libre vente de la main-d'œuvre » :

> « Nous opposons à l'esclavage capitaliste le travail social et régulier, fondé sur un plan économique, obligatoire pour tous et par conséquent obligatoire pour tout ouvrier du pays. Sans quoi il est impossible même de songer au passage au socialisme. L'élément de contrainte matérielle, physique, peut être plus ou moins grand [...], mais l'obligation est par conséquent la condition indispensable pour refréner l'anarchie bourgeoise, la condition indispensable de la socialisation des moyens de production et de travail, de la reconstruction du système économique selon un plan unique [16]. »

Conscient de l'écho hostile que soulève le terme de « militarisation », il indique qu'il ne l'emploie que par analogie, parce que la dictature du prolétariat exige, comme l'armée, une soumission complète : il n'y a pas à ses yeux de « militarisation » dans l'absolu, car la nature de cette dernière dépend de celle du pouvoir qui la décrète : « La militarisation du travail par la volonté des travailleurs eux-mêmes est un procédé de dictature socialiste [17]. »

La principale arme morale des communistes, assure-t-il, « c'est l'explication véridique aux masses du véritable état des choses, la diffusion des connaissances naturelles, historiques et techniques, l'initiation au plan général de l'économie [18] »... et les syndicats comme la presse doivent jouer dans son utilisation un rôle déterminant.

Trotsky le souligne fortement : il faut dire franchement aux ouvriers qu'il n'existe aucune solution toute faite, mais que l'on sait seulement qu'il faut maintenant entrer dans la voie du travail réglementé. La tâche que personne n'accomplira pour eux, c'est l'augmentation de la productivité du travail sur les nouvelles bases sociales : « Ne pas résoudre le problème, c'est périr. Le résoudre, c'est faire progresser considérablement l'humanité [19]. »

***

Trotsky se trouve encore dans l'Oural au sein de la 1re « armée du travail » quand Lénine lui télégraphie que le bureau politique lui demande de prendre en charge les transports, ce qu'il accepte à titre provisoire. Il est donc nommé le 23 mars 1920 à un second poste de commissaire du peuple.

Déjà avant qu'il ait pris ses fonctions, un certain nombre de mesures draconiennes avaient été prises, depuis l'augmentation des rations des ouvriers des transports avec diminution concomitante des autres, jusqu'à l'application de la loi martiale dans les zones entourant les voies de chemin de fer, en passant par la mobilisation des cheminots au titre du travail obligatoire et l'octroi à l'administration ferroviaire de larges pouvoirs disciplinaires. C'est que la situation est proprement catastrophique et que les spécialistes ont même précisé la date à laquelle les chemins de fer cesseront tout simplement de fonctionner. C'est l'occasion pour Trotsky de faire la preuve de l'efficacité de ses méthodes dans un secteur clé, autant pour l'économie que pour les affaires militaires. C'est en toute connaissance de cause que la direction lui a confié cette mission de confiance qui implique, de sa part à elle, un soutien sans faille. Il va donc appliquer avec son énergie coutumière la militarisation du travail dans les transports et avant tout dans le secteur en plein effondrement, les chemins de fer.

> « Une énorme quantité de locomotives et de wagons de toute espèce encombraient les voies et les ateliers. La normalisation du transport [...] devint l'objet de grands travaux préparatoires. Les locomotives furent classées par séries, les réparations se firent alors selon un plan plus net, les ateliers reçurent des ordres précis où il était tenu compte de l'outil-

lage. [...] Les mesures prises donnèrent des résultats indiscutables. Au printemps et pendant l'été de 1920, le transport commença à se délivrer de sa paralysie. [...] De tels résultats ont été obtenus par des mesures administratives extrêmes qui s'imposaient forcément par suite de la pénible situation des transports et par suite du système même du communisme de guerre [20]. »

Les « mesures administratives » dont il parle dans *Ma Vie* sont en effet « extrêmes [21] », et leur sévérité, écrit-il, correspond au caractère tragique de la situation. Il propose de traiter les « déserteurs » avec toute la rigueur du Code militaire, d'ouvrir pour eux des camps de concentration et de les incorporer à des bataillons disciplinaires... Début mars, il obtient la création, sur le modèle de l'administration politique de l'armée, d'une administration politique des chemins de fer – le Glavpolitput' – chargée de mobiliser les cheminots et faisant appel à leur conscience politique.

Les chemins de fer, pourtant, ne sont pas une armée, même révolutionnaire, mais une entreprise née bien avant la révolution; ils ont leur histoire et leurs traditions, un milieu spécifique, notamment des organisations syndicales et des cellules du Parti communiste. La création d'une « administration politique » rend inévitable un conflit avec les syndicats et au moins avec une partie des communistes dans les syndicats. Trotsky ne l'ignore pas et s'efforce de désarmer la résistance quand il présente le nouvel organisme au IXe congrès du parti en indiquant que l'une de ses missions sera de « renforcer l'organisation syndicale des chemins de fer, d'y verser les meilleurs travailleurs qu'[il] envoie dans les chemins de fer et d'aider les syndicats eux-mêmes à faire du syndicat des cheminots un instrument irremplaçable pour l'amélioration ultérieure du transport par rail [22] ».

Mais il n'évite pas pour autant le conflit tant avec la base qu'avec l'appareil syndical. La masse ouvrière est lasse, pour ne pas dire excédée, des méthodes de commandement militaire, et les responsables syndicaux qui expriment son mécontentement résistent aussi pour leur propre compte à des pratiques qui, loin de les ménager, les bousculent sans ménagements. La majorité de la direction du syndicat des cheminots – communistes compris – se prononce ouvertement contre les méthodes de la militarisation. Le conseil central des syndicats se divise sur la question : une importante minorité, qu'inspire un membre du C.C. du parti, Tomsky, soutient le syndicat des cheminots.

Fidèle à ses principes, Trotsky tente de surmonter les résistances en disant ouvertement ce qu'il pense être la vérité, sans la farder et même en aiguisant les angles. Quand il va haranguer les cheminots d'un dépôt ou les ouvriers d'un atelier, il leur reproche leur peu d'ardeur au travail; elle a, dit-il, encouragé les Polonais à attaquer la Russie soviétique. Il ne promet que des privations, des sacrifices, il attaque durement l'état d'esprit « trade-unioniste » qui cherche à défendre les intérêts étroits ou les privilèges d'une corporation, alors que l'enjeu de la bataille est la survie de la classe ouvrière tout entière et de ses conquêtes. Décidé à briser la résistance du syndicat des cheminots, il demande et obtient du comité central, le 28 août, la dissolution de ses organismes de direction et la création d'un comité central des Transports (Tsektran) qu'il préside, résultat de la fusion du commissariat et de ses services, de l'organisation syndicale et de l'administration politique. Le nouvel organisme doit fonctionner comme un commandement militaire. Au comité central, Tomsky a été le seul adversaire de cette mesure, mais le remue-ménage autour de la dissolution de la direction syndicale des cheminots commence à mobiliser, un peu partout, responsables de syndicats et militants du parti, seuls ou en liaison avec des groupes d'opposition. Ceux-ci s'organisent contre ce qu'ils qualifient de « méthodes bureaucratiques », contre la substitution de la nomination à l'élection et la pratique que, par opposition au « centralisme démocratique » traditionnel du parti, certains commencent à qualifier de « centralisme bureaucratique ».

En quelques semaines, la crise gagne bientôt le sommet du parti où l'on se préoccupe de rétablir les normes de la « démocratie ouvrière ».

* * *

Au milieu de 1920, le secrétariat du parti avait déjà diffusé une circulaire due à la plume de Préobrajensky, qui se faisait l'écho d'un réel mécontentement à l'intérieur du parti : on y reconnaissait des déformations bureaucratiques et préconisait un certain nombre de réformes [23]. L'une des premières conséquences de ces préoccupations avait été la formation d'une commission chargée d'étudier les questions d'organisation – ou, si l'on veut, du régime du parti –, à laquelle participaient à part entière des représentants des deux oppositions « d'extrême gauche », l'Opposition ouvrière et les « décistes » (centralistes démocratiques), toutes deux critiques à l'égard de la « militarisation » du parti et de son régime.

Comme on pouvait s'y attendre, la 9e conférence du parti, du 22 au 25 septembre, fut l'occasion d'exprimer un grand nombre de critiques contre le fonctionnement et le régime militarisé du parti. Les porte-parole des minorités, Sapronov pour les décistes, Loutovinov pour l'Opposition ouvrière, revendiquaient la liberté totale de discussion, la restauration de la « démocratie » ouvrière, la fin des nominations à des postes électifs. Zinoviev, qui présentait le rapport au nom du comité central, ne semble pas avoir cherché l'affrontement avec ces oppositions, mais au contraire un terrain d'entente pour des aménagements et des corrections. Une des résolutions adoptées exprimait l'exigence d' « une plus grande égalité » dans la société et d'une « plus grande liberté de critique » au sein du parti [24]. Une autre résolution condamnait « toute ingérence mesquine » dans le fonctionnement des syndicats et soulignait que le Tsektran et le Glavpolitput ne constituaient en tout état de cause que des organismes provisoires. Ces deux résolutions indiquaient en réalité une modification du rapport des forces au sein de la direction du parti et la remise en cause du soutien inconditionnel accordé par elle à Trotsky pour le succès de la mission dont elle l'avait chargé.

Il fallait probablement beaucoup plus que les élans oratoires et les rodomontades de Zinoviev, qu'il n'estimait guère, pour ébranler la détermination de Trotsky, mais il paraît évident qu'il ne prit pas conscience du nouveau rapport de forces en train de se dessiner dans le parti à la 9e conférence, avec le rapprochement entre Zinoviev et ses adversaires dans les syndicats. Il semble que les rumeurs sur l'hostilité de Zinoviev au Tsektran l'aient au contraire déterminé à durcir son action.

L'incident qui mit le feu aux poudres se produisit à la veille du congrès des syndicats, le 2 novembre, lors de la réunion de la « fraction » des délégués communistes. Trotsky prit d'emblée la parole pour développer l'idée de la nécessité d'une réorganisation de fond en comble des syndicats en général. Invoquant l'expérience des transports sans le moindre souci de diplomatie, il appelait à la généraliser :

> « Nous avons construit et reconstruit les organismes économiques de l'État soviétique, nous les avons démolis et les avons reconstitués de nouveau en choisissant et en contrôlant soigneusement les divers collaborateurs dans leurs divers postes. Il est tout à fait évident qu'il faut entreprendre maintenant la réorganisation des syndicats, c'est-à-dire, avant tout, choisir le personnel syndical dirigeant [25]. »

C'est la tempête. Tomsky, président du conseil des syndicats et membre du C.C. du parti, proteste avec indignation et saisit immédiatement le comité central. Il est bien décidé à arracher non seulement la condamnation des intentions politiques de Trotsky, mais également à remettre en cause la création du Tsektran contre laquelle il a été, en août, le seul à voter.

Cette fois, Lénine est avec Tomsky. Déjà inquiet du développement des tendances d'extrême gauche, notamment de l'Opposition ouvrière qu'animent nombre de cadres bolcheviques ouvriers, il est alarmé par la révolte des communistes de l'appareil syndical qui peut signifier une scission, en tout cas un dommage irréparable pour les liens entre le parti et les masses ouvrières. Il tient rigueur à Trotsky d'avoir délibérément provoqué cette crise et, dans son intervention du 8 novembre, s'en prend à l'action du Tsektran avec une vivacité et dans des termes qu'il jugera plus tard excessifs [26]. Le C.C. désigne alors une commission de conciliation pour déterminer le plus urgent : l'attitude à observer par les communistes à la conférence des syndicats. La résolution est adoptée par 10 voix contre 4 – dont celle de Trotsky – et une abstention : elle décide que Zinoviev sera l'unique représentant du comité central et son porte-parole à la conférence et qu'il y présentera un rapport « pratique et non polémique », qu'enfin la discussion ne doit pas s'ouvrir dans le parti sur les divergences apparues au comité central.

C'est le lendemain, 9 novembre, que le comité central discute et prend position sur le fond de ce qu'on commence à appeler « la question syndicale ». Il y a 16 présents, presque également partagés, comme au temps de Brest-Litovsk. Le texte de Lénine obtient 8 voix contre 4, celui de Trotsky 7 voix contre 8. Finalement, par 8 voix contre 6, le comité central adopte un projet de résolution destiné aux communistes de la conférence, qui est aussi une prise de position sur le fond destinée de toute évidence à apaiser les communistes des syndicats :

> « Il faut lutter énergiquement et systématiquement pour arrêter la dégénérescence de la centralisation et du travail militarisé en bureaucratie, en morgue, en fonctionnarisme mesquin et en ingérence tracassière dans les syndicats. Les formes saines de la militarisation du parti ne seront couronnées de succès que si le Parti, les soviets et les syndicats parviennent à expliquer à la grande masse des ouvriers la nécessité de ces méthodes pour sauver le pays [27]. »

Le Tsektran demeure en fonction, le comité central l'appelant à « étendre et renforcer les méthodes normales de démocratie prolétarienne dans les syndicats ».

Finalement, le comité central désigne une commission, présidée par Zinoviev, qu'il charge d'examiner au fond la question syndicale. Considérant qu'elle n'est pratiquement composée que d'adversaires de sa politique, Trotsky refuse de siéger, ce dont Lénine lui tiendra rigueur, puisque ce geste équivaut au refus de rechercher un terrain d'entente.

En fait, Trotsky semble décidé à ne pas céder. Il respecte certes les règles du jeu, mais utilise tous les moyens dont il dispose pour contre-attaquer. Le 2 décembre, à la conférence des transports organisée par le Tsektran, il développe sa politique en prenant appui sur le programme du parti, adopté dix-huit mois auparavant, au VIIIe congrès :

> « Les syndicats doivent concentrer entre leurs mains la direction de la vie économique tout entière. Ils ne font pas que collaborer à la production : ils doivent l'organiser et en devenir les dirigeants. La lutte contre l'esprit bureaucratique a pour conditions l'organisation pratique de cette production et l'appel des masses laborieuses à cette œuvre d'organisation [28]. »

Évoquant la situation chez les cheminots et la discussion sur la substitution de la « nomination » aux élections, il assure qu'elle constitue l'unique moyen d'apporter aux transports le sang frais de cadres valables :

> « Repousser le principe de la nomination en tant que procédé pratique pour renforcer l'appareil des transports et le syndicat lui-même, c'est nous vouer au cadre étroit et corporatif du personnel que nous avons hérité du passé [29]. »

Pour lui en effet, l'apport de militants extérieurs, la possibilité de leur confier d'emblée des postes responsables constituent l'un des moyens principaux de renforcer la lutte pour le redressement des transports. S'y opposer par principe, c'est, dit-il, observer à l'égard de l'État ouvrier la même attitude que, dans le passé, les révolutionnaires observaient à l'égard de l'État bourgeois. Il souligne :

> « Les anciens syndicats luttaient pour assurer la participation des ouvriers à la richesse nationale dont ils sont les créateurs. Les syndicats actuels ne peuvent lutter que pour l'augmentation de la productivité du travail, puisque c'est l'unique moyen d'améliorer la situation des masses ouvrières [30]. »

Il en vient ensuite aux attaques contre la bureaucratie, qu'il préférerait appeler « centrocratie » et qu'il qualifie d' « étape transitoire inévitable dans la construction de l'économie socialiste ». Le fait d'incriminer la bureaucratie et de se livrer à « la démagogie contre la bureaucratie » ne peut, souligne-t-il, régler le point capital : le problème crucial qu'est la détresse matérielle. « La bureaucratie, s'écrie-t-il, n'est pas une invention du tsarisme, elle a représenté toute une époque dans le développement de l'humanité [31]. »

Entrant dans le vif du débat, il défend énergiquement l'intervention de l'État ouvrier dans les syndicats, la nomination de nouveaux responsables syndicaux pour se substituer à des anciens même élus : « Nier le principe d'intervention, c'est nier qu'il existe chez nous un État ouvrier [32]. » Tout en admettant que ces nominations peuvent engendrer opposition et amertume, il les justifie par la nécessité et l'urgence. Dans les transports, attendre d'avoir convaincu les responsables élus pour aller de l'avant, aurait signifié prendre le risque de l'arrêt des trains.

Sensible aux aspirations à la « démocratie ouvrière » qui s'expriment à travers le discours de ses adversaires et critiques, il assure :

> « Plus nous avancerons, et moins nous serons obligés d'employer dans notre armée les méthodes de coercition. [...] On peut en dire autant de la militarisation des transports. [...] On nous dit que cette militarisation est contraire aux méthodes de la démocratie ouvrière. Pas le moins du monde. Elle consiste seulement en ce que les masses doivent déterminer elles-mêmes une organisation et une activité productrice telle qu'une pression de l'opinion publique ouvrière s'exerce impérieusement sur tous ceux qui y font obstacle [33]. »

Balayant comme de faux problèmes les arguments opposés à son action, il résume sa position sur les syndicats :

> « Il faut que les syndicats deviennent l'appareil qui appelle les masses à collaborer à la production. Pour cela, il ne faut pas se placer sur le terrain de je ne sais quelle lutte de l'extérieur contre une bureaucratie qui nous serait étrangère, mais lutter à l'intérieur contre les préjugés retardataires et la routine [...]. Le problème nouveau, qu'aucun syndicat n'a jamais résolu et ne pouvait résoudre puisqu'il ne se posait pas, [...] c'est l'organisation des masses dans la production et pour la production [34]. »

Répondant aux accusations contre les organes de l'administration, il explique que l'unique façon pour un syndicat d'œuvrer à la démocratie ouvrière est de fondre en lui-même ces organes :

> « La classe ouvrière doit s'orienter non pas sur le trade-unioniste, mais sur le créateur de richesses, sur celui qui peut, en se mettant à sa tête, assurer aux masses la solution définitive de la crise économique [35]. »

Malgré son éloquence et la cohérence de son raisonnement, Trotsky n'est plus en mesure de convaincre ses critiques et ses adversaires. Cette intervention provoque en effet la sortie de la salle de l'état-major du syndicat des transports fluviaux et de nombre de délégués cheminots militants communistes : un geste sans précédent qui permet de mesurer la profondeur des antagonismes. Le 7 décembre à la réunion du comité central, se produit un nouveau heurt, particulièrement sévère, avec Zinoviev. Une fois de plus cependant, une faible majorité du C.C. – 8 voix contre 7 – choisit une résolution de compromis présentée par le « groupe-tampon » qu'anime Boukharine. Il est décidé d'ouvrir la discussion dans tout le parti sur la « question syndicale » et de la mettre à l'ordre du jour du Xe congrès, prévu pour le printemps de 1921. Le Glavpolitput' va être dissous et ses biens dévolus aux syndicats. Le Tsektran demeure en place jusqu'à l'organisation d'une nouvelle élection au prochain congrès du syndicat des cheminots.

Le débat est désormais public. Les principaux protagonistes se répondent, d'une tribune ou d'un article à l'autre, dans les colonnes des tribunes de discussion, dans les assemblées générales de discussion de membres du parti. Le 12 décembre, paraissent les thèses rédigées par Zinoviev pour le VIIIe congrès des soviets, développant les arguments en faveur de la démocratie ouvrière et contre la militarisation des syndicats. Le 19, Trotsky répond, dans la *Pravda*, par un article intitulé « Nouvelle période, nouveaux problèmes », dans lequel il s'en prend, sans les nommer, à Zinoviev et à ses partisans à qui il reproche comme un emploi impropre et un abus de langage l'utilisation du mot « démocratie » pour désigner « un régime assurant l'action directe des masses laborieuses dans les organes politiques, professionnels et administratifs ».

Mais il ne se dérobe pas. Il est prêt, dit-il, à accepter le terme de « démocratie », dans la mesure où la participation directe des masses a été effectivement réduite au minimum pendant la guerre civile. La fin de celle-ci, l'urgence des tâches de la renaissance et de la reconstruction économique posent une question qu'il accepte d'appeler « démocratie ouvrière ». L'essence en est, écrit-il, « la fréquence plus grande des assemblées générales devant lesquelles soient portées toutes les questions fondamentales, une plus large application du principe électif, plus de critique interne, plus de discussion, un examen plus direct et plus étendu dans la presse ». Mais c'est précisément dans le cadre ainsi défini que le Parti communiste, qui a su former successivement « l'ouvrier-champion de la cause prolétarienne », puis « l'ouvrier commandant, commissaire ou soldat rouge », doit maintenant créer et former « le producteur économique et le constructeur de la Russie communiste ». Le rôle des syndicats demeure important, mais il est tout nouveau :

> « Ce n'est qu'aujourd'hui que les syndicats peuvent réaliser leur véritable vocation dans un État ouvrier, qui est de devenir des organisations groupant les travailleurs [...] pour la production, et y jouant véritablement le rôle dirigeant [36]. »

Zinoviev, pour sa part, ne s'embarrasse pas trop pour répondre aux arguments théoriques de Trotsky concernant la « démocratie productrice », ni pour proposer une autre interprétation de la continuité de l'histoire du Parti communiste. Son intervention au congrès des soviets, qui se tient du 22 au 29 décembre 1920, est un véritable manifeste et ne s'en tient pas aux critiques de la militarisation :

> « Nous établirons des contacts plus intimes avec les masses laborieuses, nous organiserons des meetings dans les casernes, les camps et les usines, et les masses laborieuses pourront alors comprendre que ce n'est pas une plaisanterie quand nous disons que va se lever l'aube d'une ère nouvelle. [...] On nous demande ce que nous entendons par démocratie ouvrière et paysanne, et je réponds : rien de plus et rien de moins que ce que nous entendions par là en 1917. Il faut que nous rétablissions le principe électif dans la démocratie ouvrière et paysanne. Il faut qu'on comprenne que des temps nouveaux appellent des airs nouveaux [37]. »

* * *

La « discussion syndicale » proprement dite commençait. Après une première période de foisonnement des textes et même de confusion, allaient finalement s'affronter, soumis au vote des militants, les textes de Lénine et les « dix » – dont Zinoviev et Staline –, de Trotsky et Boukharine et ceux des oppositions des décistes et de l'Opposition ouvrière.

Les positions respectives des protagonistes s'étaient sensiblement modifiées depuis le début de la crise à propos du Tsektran. Lénine avait pris quelque distance avec les positions traditionnelles du parti et insistait désormais sur le rôle éducatif des syndicats, le lien qu'ils avaient à tisser entre les travailleurs et le parti. Ignorant la perspective d'en faire des organes administratifs, balayant le thème de la « démocratie du producteur », il s'en prenait particulièrement à ce qu'il considérait comme « l'erreur fondamentale » de Trotsky, selon lequel il n'y avait pas lieu pour les ouvriers, dans un État ouvrier, de se défendre contre leur employeur, l'État ouvrier. Le 30 décembre 1920, il soulignait ce qu'il appelait l' « erreur » de Trotsky :

> « Il prétend que, dans un État ouvrier, le rôle des syndicats n'est pas de défendre les intérêts matériels et moraux de la classe ouvrière. C'est une

erreur. Le camarade Trotsky parle d'un " État ouvrier ". Mais c'est une abstraction! Lorsque nous parlions de l'État ouvrier en 1917, c'était normal, mais aujourd'hui, lorsque l'on vient nous dire : " Pourquoi défendre la classe ouvrière et contre qui, puisqu'il n'y a plus de bourgeoisie, puisque l'État est un État ouvrier ", on se trompe manifestement, car cet État n'est pas tout à fait ouvrier, voilà le hic. C'est l'une des principales erreurs du camarade Trotsky. [...] En fait, notre État n'est pas un État ouvrier, mais ouvrier-paysan, c'est une première chose. [...] Et le programme de notre parti [...] montre que notre État est un État ouvrier *présentant une déformation bureaucratique* [38]. »

Interpellé par Boukharine, il revient sur la question le 21 janvier 1921 :

« J'aurais dû dire : Un État ouvrier est une abstraction. En réalité, nous avons un État ouvrier, premièrement avec cette particularité que c'est la population paysanne et non ouvrière qui prédomine dans le pays et, deuxièmement, c'est un État ouvrier avec une déformation bureaucratique [39]. »

Trotsky et ses amis, enfermés dans la logique stricte de l'« État ouvrier », maintenaient leur point de vue d'une nécessaire étatisation des syndicats, de leur « transformation planifiée en appareils de l'État ouvrier », et n'insistaient plus sur la militarisation. Plate-forme de « production », leur texte souffrait de l'association passée avec la mobilisation et la militarisation de la main-d'œuvre, conclusion logique de leur analyse, décidément très impopulaire dans le parti.

Trotsky n'avait pas tort quand il ironisait sur le caractère récent de la conversion de Zinoviev à la « démocratie ouvrière » et quand il dénonçait son double jeu et la façon démagogique dont il résumait le débat en assurant qu'il fallait être « contre le bâton », avec Lénine, ou « pour le bâton », avec Trotsky. Mais ces arguments ne pouvaient guère modifier une situation dans laquelle le parti sentait confusément que Lénine combattait avant tout pour son unité, compromise par les outrances et l'autoritarisme de Trotsky. Rien d'étonnant que le texte des « dix » – Lénine soutenu par Zinoviev et Staline – l'ait emporté sur celui de Trotsky-Boukharine par 336 voix contre 50.

***

Ainsi que nous le verrons dans le prochain chapitre, Trotsky put, en toute certitude, annoncer au Xe congrès que la résolution majoritaire sur les syndicats serait oubliée l'année suivante. Pourtant, si cette résolution n'eut effectivement aucune conséquence pratique, il n'est pas possible d'en dire autant de la discussion qui l'avait précédée.

Trotsky avait raison quand il écrivait en 1930, dans *Ma Vie*, qu'elle permit à Zinoviev et à Staline de transférer sur la scène publique la lutte qu'ils avaient jusque-là menée contre lui en coulisse – et qu'ils surent exploiter à leur avantage son désaccord avec Lénine [40]. Dans ce même ouvrage – et plus tard dans son *Staline* –, il justifie la grosse erreur qu'il commit avec le projet de militarisation des syndicats par le fait que ses propositions de rupture avec le communisme de guerre avaient été rejetées :

> « Dans le système du communisme de guerre, où toutes les ressources, du moins en principe, étaient nationalisées et distribuées d'après les indications de l'État, je n'apercevais pas de place pour un rôle indépendant des syndicats [41]... »

L'explication, logique, se situe dans le cadre même de sa façon de penser. Il nous semble cependant qu'il commit dans cette affaire deux autres erreurs de première grandeur. La première, signalée par Lénine, et de loin la plus grave, était d'analyser l'État soviétique comme un État ouvrier pur et simple, une analyse terriblement schématique bien que généralement répandue. L'autre erreur est plus étonnante de la part de Trotsky, qui avait démontré brillamment, au cours de deux révolutions, son aptitude à saisir les moindres inflexions des sentiments des masses. Reconnaissant que la masse ouvrière, après trois années de guerre civile, était de moins en moins disposée à « subir les méthodes du commandement militaire », il écrit :

> « Lénine sentit l'arrivée d'un moment critique avec son instinct politique qui ne se trompait jamais. Au moment où, partant de considérations purement économiques sur les bases du communisme de guerre, j'essayais d'obtenir des syndicats une tension persévérante des forces, Lénine, guidé par des considérations politiques, allait dans le sens d'un affaiblissement de la pression exercée par notre front militaire [42]. »

Certes, au Xe congrès du parti qui vit la victoire de Lénine sur lui dans la discussion syndicale, les deux hommes se retrouvèrent une fois de plus sur le même terrain avec la même perspective à travers le tournant vers la Nep. Mais la position de Trotsky s'était considérablement détériorée dans le parti, surtout auprès des vieux-bolcheviks qui n'avaient qu'avec réticence accepté l'autorité immédiatement conquise par le nouveau venu, si longtemps considéré comme un adversaire politique. Ces hommes-là s'étaient réjouis du conflit avec Lénine, de la sévérité des critiques de ce dernier, de la défaite politique de Trotsky et de son autorité politique entamée.

En outre, sur une proposition de Lénine que l'organisation de Moscou, aussi bien que Trotsky et Boukharine, avaient vivement critiquée, le comité central avait été composé à la proportionnelle d'après les votes émis par le parti sur les textes en présence. La majorité des nouveaux élus étaient des hommes qui avaient suivi Lénine et Zinoviev – sans oublier Staline, très actif en coulisse : les noms de Molotov, Ordjonikidzé, Vorochilov, Iaroslavsky, faisaient leur apparition. En revanche, des hommes proches de Trotsky, comme Krestinsky, Préobrajensky, Sérébriakov – les trois secrétaires – et I.N. Smirnov, n'étaient plus membres titulaires du comité central où Trotsky apparaissait désormais singulièrement isolé. Il semble même que la défense limitée et raisonnée qu'il avait faite de la « bureaucratie » permettait à des autocrates de le présenter comme le précurseur et le protecteur des méthodes « bureaucratiques » de direction, sinon comme « le patriarche des bureaucrates ».

Tout entier tendu vers les tâches nouvelles dictées par la situation nouvelle, il est probable que Trotsky ne s'en était même pas aperçu. On peut, sous cet angle, penser que la loyauté que Lénine lui reconnaissait en toutes circonstances à l'égard du parti l'empêchait d'y manœuvrer comme il l'aurait fait avec brio sur un champ de bataille ou dans une assemblée parlementaire.

Mais tous les dirigeants du parti n'étaient pas de la même pâte.

CHAPITRE XVIII

La crise de la révolution[1]

La crise du parti bolchevique qui s'exprime à travers la « discussion syndicale » n'est pas tombée du ciel. Elle est au fond la réfraction, dans le parti au pouvoir, de la crise qui, à la fin de la guerre civile, secoue et bouleverse une société écrasée par trois années de guerre, quatre de révolution et de guerre civile, et l'effondrement de l'activité économique : quand les transports sont sur le point de se bloquer, que l'agriculture est épuisée et que la production agricole, réduite aux cultures de subsistance, est au plus bas, les dirigeants se divisent.

L'Histoire est parfois d'une ironie grinçante, et elle l'est particulièrement dans les mois qui suivent la fin de la guerre civile, avec le spectacle qu'offre un pays, dirigé, pour la première fois, par une organisation qui se réclame de la classe ouvrière et du socialisme. Les villes affamées – car les salaires de misère ne permettent nullement de manger – se sont littéralement vidées de leur population : Petrograd n'a plus que le tiers et Moscou la moitié de ses habitants d'avant-guerre. Le premier « État ouvrier » assiste à ce que l'un de ses dirigeants, Boukharine, appelle fort justement « la désintégration du prolétariat ». L'avant-garde ouvrière s'est dispersée sur tous les fronts et dans les postes de commandement. Une bonne moitié des ouvriers a quitté les villes. Ceux qui restent vivotent comme ils le peuvent à partir de la vente des produits et parfois des outils de leur travail. La campagne, ravagée par les opérations militaires, par les déplacements du front, par les représailles et la contre-révolution, est épuisée par une réquisition des récoltes si brutale qu'elle compromet souvent les semailles à venir. La famine – qui touchera en 1921 plus de 30 millions de ruraux – se profile à l'horizon.

On approche du point de rupture au cours de l'année 1920 où l'agression polonaise et les derniers sursauts des armées blanches avec l'offensive du baron Wrangel ont sans doute incité ouvriers et paysans à dépasser les limites de leurs possibilités de résistance tant physique que morale. Mais il devient fou d'espérer un nouveau sursis à partir du moment où la guerre civile se termine. Les souffrances de la guerre civile n'ont en effet pas été endurées par une population laborieuse politiquement neutre. Elles ont été dans l'ensemble acceptées par des millions d'hommes qui leur trouvaient un sens. Pour les travailleurs des villes, le pouvoir soviétique était le leur, la révolution d'Octobre, la prise du pouvoir, leur plus belle conquête. Les paysans pauvres et moyens, après un temps d'hésitation, avaient en général choisi le camp de l'Armée rouge, malgré les réquisitions et la rigueur, parce qu'elle leur promettait ou leur garantissait la terre dont ils savaient par expérience que les blancs la reprendraient. Les contraintes, difficilement supportables quand elles avaient pour cadre la guerre contre les armées blanches, étaient devenues franchement intolérables avec la disparition du danger immédiat de contre-révolution et de remise en question des conquêtes d'Octobre. Physiquement vainqueurs, les bolcheviks s'effondraient dans l'esprit des masses.

On sait que Trotsky assure qu'il avait senti l'état d'esprit nouveau des paysans, à travers l'Armée rouge, pendant l'hiver de 1919-1920 et surtout en février 1920 dans le nord de l'Oural : il n'avait cependant pas été capable de le faire prendre en compte par le bureau politique. Mais, à l'automne, Lénine avait compris le mécontentement des travailleurs des villes, et c'était ce qui l'avait conduit à se prononcer contre Trotsky – qu'il avait non seulement soutenu, mais encouragé jusqu'alors dans sa politique de militarisation.

***

Un rapport de Toukhatchevsky à Lénine, daté du 16 juillet 1921 qui se trouve dans les archives de Trotsky indique que le soulèvement paysan a débuté dans la région de Tambov en septembre 1920 – une époque que « les bandits », comme il dit, appellent, eux, celle de « la révolution ». Les causes en sont, selon lui, « les mêmes dans toute la R.S.F.S.R., c'est-à-dire le mécontentement contre la politique de réquisition et son application aveugle et particulièrement brutale par les organes de réquisitions locaux ». Le cadre de l'organisation de la révolte a été l'Union des paysans travailleurs qui a servi de couverture à l'activité s.r. dans la région. Un rôle important a été joué par un militant s.r., A.S. Antonov, ancien chef régional de la milice, qui a pu constituer des stocks d'armes. Toukhatchevsky évalue à 21 000 le nombre des « bandits » et précise que dans une grande partie de la province, à l'exception des villes, « le régime soviétique n'existe plus [2] ».

Les documents joints apportent des précisions intéressantes. Il s'est produit dans la région de Tambov un processus de nivellement des exploitations paysannes qui, dès 1918, a provoqué la résistance des koulaks et l'action de « bandes vertes ». La proximité du front, la pression permanente des armées blanches du Don, le passage du raid des cavaliers de Mamontov ont en outre maintenu dans la région un sentiment d'instabilité alors que le régime soviétique est apparu de plus en plus comme une occupation militaire accompagnée de réquisitions exorbitantes et de promesses jamais tenues aux paysans :

« De façon générale, le régime soviétique était identifié aux yeux de la majorité des paysans avec la visite éclair de commissaires donnant des ordres [...] et arrêtant les représentants des autorités locales pour n'avoir pas rempli des exigences souvent absurdes [3]. »

Selon ces documents, le soulèvement général aurait été précédé d'un congrès provincial tenu en juin 1920 et préparé par l'activité d'une centaine de partisans armés organisés par Antonov. C'est au cours des mois d'été que les s.r. se seraient emparés, de l'intérieur, des leviers de commande de l'Union des paysans travailleurs. La fin de l'année 1920 a vu l'organisation des révoltés dans les villages sous l'autorité du Comité de l'Union et avec l'appui d'une milice recrutée dans les villages. Les communistes n'ont opposé qu'une résistance très faible. Il a fallu attendre, en tout cas, le mois de février 1921, pour que le gouvernement commence à se préoccuper sérieusement de la situation dans cette province où il sera finalement obligé d'envoyer quelques dizaines de milliers d'hommes de troupe... On peut imaginer que les troubles qui se sont produits au même moment en Sibérie occidentale ont eu les mêmes causes et la même physionomie.

Les premiers troubles sérieux dont on ait connaissance dans les villes sont ceux de Moscou au mois de février 1921. Il semble que l'origine en réside dans les difficultés grandissantes du ravitaillement : des réunions ouvrières spontanées dans les usines revendiquent l'abandon immédiat du « communisme de guerre » et la possibilité pour les travailleurs de se ravitailler directement auprès des paysans. Les orateurs du parti – Lénine en personne, assure le *New York Times* [4] – sont reçus plutôt fraîchement, interrompus, et certains chassés de la tribune avant même d'avoir pu s'expliquer. Très vite, l'agitation dans les usines débouche sur la rue avec des revendications économiques, la liberté de commerce, l'augmentation des rations, l'arrêt de la réquisition des grains. Mais, dans la rue, apparaissent des revendications politiques, celle des droits et libertés publics et même de temps en temps de la Constituante. L'historien Paul Avrich signale des banderoles, peu nombreuses, « contre les communistes et les Juifs [5] ». Il faut l'intervention d'unités de l'Armée rouge et d'élèves-officiers, ferme, sans brutalité, pour ramener l'ordre dans la capitale.

Petrograd prend alors le relais. La situation y est bien pire, infiniment dramatique. La ville n'est plus ravitaillée depuis des semaines. Le combustible manque. On a faim et froid. Comme à Moscou, tout commence par des réunions dans les usines où est posée la question du ravitaillement, des privilèges, de la politique paysanne. Le 23 février, à l'usine métallurgique Troubochny, une assemblée générale revendique l'augmentation des rations et la distribution des stocks de chaussures et de vêtements chauds. Les ouvriers qui n'ont pas réussi à entraîner avec eux les soldats du régiment de Finlande, mais ont gagné des étudiants de l'école des Mines, tentent d'organiser une manifestation de masse, assez vite dispersée pourtant, « sans effusion de sang », souligne P. Avrich sur ordre de Zinoviev, par une compagnie de Cadets. L'agitation gagne d'autres usines [6].

Dès le 24 février les autorités de Petrograd montrent leur détermination d'étouffer dans l'œuf le mouvement en constituant pour la ville et dans chaque district des comités de défense formés de trois personnes détenant les pleins pouvoirs et en proclamant la loi martiale [7]. Les usines rétives sont inondées de tracts, d'appels, de résolutions, serrées de près aussi par des détachements en armes. Les ouvriers de Troubochny sont durement sanctionnés avec le lock-out de leur entreprise. Le 28, l'usine Poutilov – qui ne compte plus guère que 6 000 ouvriers, cinq fois moins qu'au temps de la révolution – se met en mouvement [8]. De nouveau, aux revendications économiques – la liberté des échanges avec les paysans, la suppression des rations de faveur – se mêlent maintenant des revendications politiques qui traduisent vraisemblablement l'influence grandissante des mencheviks : libération des ouvriers et socialistes emprisonnés, liberté d'expression, de réunion, de presse, élections libres dans les syndicats et aux soviets [9].

Zinoviev, menacé dans son fief, dose savamment concessions et répression. Il annonce des achats de charbon, laisse entrevoir la fin des réquisitions de grain dans les campagnes, promet la levée des barrages routiers [10]. En même temps, il fait procéder à des milliers d'arrestations, 5 000 « mencheviks », 500 « meneurs » [11]. L'ordre revient finalement dans la capitale de la révolution.

On peut penser, à ce moment-là que le président du soviet de Petrograd l'a échappé belle : ses discours à propos des « airs nouveaux » exigés par les « temps nouveaux » avaient-ils rencontré plus d'écho et surtout plus d'impatience qu'il ne l'aurait souhaité ? La foudre en tout cas va frapper la porte à côté.

***

A Cronstadt, base navale située à 30 kilomètres de Petrograd et port d'attache de la flotte de la Baltique, Zinoviev, dans les dernières semaines, avait aussi joué avec le feu au temps de la discussion syndicale. Les marins de Cronstadt avaient été le fer de lance et les enfants chéris d'Octobre. Trotsky les avait célébrés et ils l'avaient adulé. Bien entendu, en 1921, ce ne sont plus les mêmes. Ceux de 1917 sont partis par milliers au front et sur les différentes flottilles, à commencer par celle de la Volga. Ils sont devenus commissaires, tchékistes, dirigeants du parti ou des comités dans les régions libérées. Les jeunes recrues, en majorité d'origine rurale, qui ont pris leur place, n'ont ni la même conscience ni le même enthousiasme révolutionnaire que leurs prédécesseurs, même s'ils ont hérité de leur légende.

La campagne de Zinoviev pour la « démocratie ouvrière » a fait beaucoup de remue-ménage, à Cronstadt comme dans la flotte en général, pendant l'hiver où les navires sont bloqués dans les glaces. L'administration politique de la flotte, le Poubalt, émanation de l'administration politique de l'Armée rouge – donc de Trotsky – a été l'objet de toutes sortes d'attaques. Zinoviev et ses hommes ont fait leur possible pour inciter les cellules communistes de la flotte à revendiquer le régime commun du parti, donc à secouer la tutelle du Poubalt [12]. Le conflit a été manifeste et à moitié public dès mars 1920. En novembre, le comité de Petrograd a revendiqué pour lui la direction politique des cellules de la flotte de la Baltique [13]. Le 15 février 1921, Zinoviev a recueilli les fruits de ce long effort : une conférence des organisations communistes de la flotte a dénoncé l'autoritarisme et les insuffisances du Poubalt et demandé le rattachement des cellules de marins au comité de Petrograd [14].

On connaît l'existence d'un rapport au comité central signé de F. F. Raskolnikov, commissaire politique de la flotte et d'E. I. Betis, responsable du Poubalt, qui met en cause Zinoviev, l'accusant d'avoir organisé dans les rangs de la flotte rouge une campagne qui le présente comme un champion de la démocratie et fait de Trotsky l'homme de la coercition et du commandement bureaucratique [15]. Les deux hauts responsables se plaignent de l'atteinte ainsi portée au prestige des commissaires, miné par des critiques continuelles. Il semble bien pourtant que la principale victime soit le parti lui-même, déserté en cette période par des milliers de marins.

Si l'influence des mencheviks est visible à Petrograd, il n'en est pas de même à Cronstadt où s'affirme celle des s.r. et surtout des anarchistes. Ces derniers sont en prise avec l'état d'esprit des marins que l'historien Paul Avrich résume par « le dégoût des privilèges et de l'autorité, la haine de l'embrigadement, le rêve d'autonomie locale et d'autoadministration [16] ». Le même auteur souligne en outre le rôle joué dans l'agitation à Cronstadt par la réapparition des permissions et la découverte que font alors les marins de l'épouvantable détresse dans le pays.

Bien des éléments sont ainsi réunis, en février 1921, pour faire de Cronstadt une poudrière. L'étincelle est fournie par les grèves de Petrograd et les rumeurs les plus insensées en circulation à partir de ce moment concernant la répression, le rôle de la Tchéka, les fusillades, etc. Le 27 février, alarmés par des bruits qui font état d'une répression sanglante dans la rue et d'arrestations massives à Petrograd, les équipages des cuirassés *Sebastopol* et *Petropavlovsk* décidèrent d'envoyer une délégation s'informer sur place de la situation exacte [17]. Selon l'un des délégués, S. M. Pétritchenko, la délégation fut indignée de ce qu'elle vit : usines encerclées par des unités militaires, communistes armés surveillant les ateliers. Le 28 février, ils rendirent compte de leur mission devant une assemblée générale des équipages tenue à bord du *Petropavlovsk.* Il sortit de la réunion une résolution en 15 points qu'il fut décidé de mettre immédiatement en application [18].

En fait, deux seulement étaient propres aux marins : l'abolition des organismes de l'administration politique de la Flotte, l'organisation, avant le 10 mars, d'une conférence des ouvriers, soldats et marins de l'Armée rouge pour Cronstadt, Petrograd et la province. D'autres étaient politiques et générales comme la réélection immédiate des soviets à bulletin secret, la liberté d'expression, de réunion, de presse pour les ouvriers et les paysans, les anarchistes et les « partis socialistes de gauche », la liberté de réunion pour les syndicats et les unions paysannes, la libération des détenus politiques appartenant à « un parti socialiste » et des ouvriers et paysans en raison de leur activité, l'examen du cas de tous les détenus, l'abolition des détachements de combat et des gardes communistes. Les revendications économiques combinaient celles des ouvriers et celles des paysans : suppression des barrages routiers, égalisation des rations alimentaires, droit pour les paysans de cultiver librement (sans employer toutefois de main-d'œuvre salariée), autorisation de la production artisanale individuelle. Paul Avrich porte une appréciation nette sur ce texte dont il dit qu'il était avant tout « une salve dirigée contre la politique du communisme de guerre, dont les justifications, aux yeux des marins comme à ceux de la population dans son ensemble, avaient depuis longtemps disparu [19] ». Il n'était pas « écrit » cependant qu'un tel programme devait devenir celui d'une insurrection armée, ni que celle-ci était vouée à l'écrasement.

A l'assemblée du 1er mars, place de l'Ancre, il y a quelque 15 000 participants; à la tribune deux responsables de haut rang, N. I. Kalinine, N. N. Kouzmine, qui interviennent, bien entendu. Constamment interrompus, injuriés, menacés même, ils ne semblent pas avoir fait montre de beaucoup d'adresse, le dernier s'étant laissé aller à menacer « les contre-révolutionnaires » de « la main de fer du prolétariat ». En définitive, la résolution de la veille est adoptée sans que se soit fait entendre, pour s'y opposer, la voix de communistes de Cronstadt [20].

Les mêmes incidents se renouvellent le lendemain à la conférence qui doit préparer les élections au soviet. Mais ils tournent plus mal. Convaincus que l'insurrection ouvrière vient d'éclater à Petrograd, les délégués votent en effet l'arrestation immédiate de trois commissaires communistes, dont Kouzmine, qui les ont « menacés ». Quelque trois cents communistes seront arrêtés aussitôt après [21]. L'annonce – encore une rumeur – d'un assaut prochain des communistes contre la salle de la conférence est confirmée par les animateurs du mouvement. Les délégués s'engagent alors dans la voie de la révolte ouverte : le présidium de la conférence, avec à sa tête Pétritchenko, devient le Comité révolutionnaire provisoire qui fait aussitôt occuper arsenaux, bureaux de poste, centrales électriques, quartier général de la Tchéka et points stratégiques [22]. Dans la même nuit du 2 au 3 mars, un détachement de deux cents hommes armés venus de Cronstadt tente de débarquer sur la côte à la base aéronavale d'Oranienbaum, où l'escadrille avait annoncé son ralliement à la forteresse soulevée, mais où le commandement a maîtrisé la situation face à une entreprise mal menée et à peine organisée [23].

L'affaire de Cronstadt a été l'objet de nombreuses études, et un sujet de polémiques plus nombreuses encore. Ce n'est que récemment que le travail de Paul Avrich, et notamment son exploration des archives blanches de l'émigration, a permis de régler de façon définitive, semble-t-il, un certain nombre de problèmes.

La première réaction de la presse et de la propagande communistes fut de dénoncer, derrière l'action des marins de Cronstadt, la main de la contre-révolution russe et internationale, le « complot des blancs ». L'un des arguments les plus ressassés fut, sur ce point, la présence dans les rangs des Cronstadtiens de l'ancien général blanc Kozlovsky – niée par certains de leurs sympathisants « de gauche ». Paul Avrich a mis les choses au point. Kozlovsky n'est pas un personnage mythique : cet ancien officier tsariste incorporé dans l'Armée rouge commandait l'artillerie de la base navale. Il ne s'est pas contenté de « suivre » les rebelles, mais a pris la parole le 2 mars contre les commissaires et a ensuite élaboré des plans d'action militaire pour le Comité révolutionnaire [24].

L'existence d'un lien entre les Cronstadtiens et les blancs de l'émigration, affirmée à l'époque par les bolcheviks, a été ensuite niée avec beaucoup de vigueur par les amis de gauche des mutins comme une calomnie. Mais les documents mis au jour par Paul Avrich dans les archives des blancs invitent à plus de prudence, en particulier en ce qui concerne le principal dirigeant et porte-parole de l'insurrection, le marin Pétritchenko. Il avait été membre du Parti bolchevique en 1919, pendant quelques mois, ce qui l'avait empêché ultérieurement d'être accepté par les blancs qu'il aurait voulu rejoindre [25]. Pendant l'insurrection, partisan de refuser *momentanément* les propositions d'aide des émigrés blancs [26], il ne fit, en revanche, en exil, tout de suite après, aucune difficulté pour accepter le contact avec le Centre national, organisation de droite, et même le général Wrangel, à qui il écrivait le 31 mai 1921 pour insister sur l'importance du mot d'ordre : « Tout le pouvoir aux soviets et non aux partis », comme « manœuvre politique commode » jusqu'à la chute du régime communiste [27].

Paul Avrich a également mis en lumière un élément capital en découvrant dans les archives du Centre national, à Columbia, un manuscrit « ultra-secret » intitulé « Mémorandum sur la question de l'organisation d'un soulèvement à Cronstadt », non daté, mais probablement rédigé au début de 1921 [28]. Annonçant un prochain soulèvement de la garnison, prévu pour le printemps – après la fonte des glaces –, ce texte insiste sur la nécessité d'organiser une intervention rapide avec l'envoi de troupes du général Wrangel et un ravitaillement de la forteresse par des bateaux français : selon ce plan, Cronstadt serait la base d'un débarquement sur le continent, qui sonnerait le glas du régime soviétique. C'est là le plan même dont Trotsky jugeait, en mars 1921, qu'il était maladroitement révélé par la presse française de droite, anticipant sur son déroulement dans sa campagne de fausses nouvelles sur Cronstadt [29]. L'auteur du mémorandum indique en outre l'existence d'un contact avec un groupe d'organisateurs du soulèvement en préparation. Paul Avrich n'exclut nullement, au contraire, l'hypothèse selon laquelle ce groupe aurait été celui de Pétritchenko.

Ces découvertes importantes accréditent-elles la version caricaturale de l'insurrection-conspiration, version policière de l'histoire selon laquelle les insurgés n'auraient été en quelque sorte que les instruments de la manipulation effectuée par des « agents »? Une telle interprétation est insoutenable. Les marins de Cronstadt reflétaient indiscutablement, dans leurs revendications et leur programme, la colère populaire, la volonté d'en finir avec l'oppression que signifiait pour elle le communisme de guerre d'une masse paysanne unanime, mais aussi d'une fraction importante de la classe ouvrière. Les dirigeants bolcheviques de l'époque en avaient pleine conscience. Après Lénine, qui parlait à propos de Cronstadt de « l'infection petite-bourgeoise » qui avait gagné la classe ouvrière, Boukharine, dans son style sentimental particulier, aurait assuré :

> « Qui dit que Cronstadt était blanche? Non. Pour nos idées, pour la tâche qui est la nôtre, nous avons été contraints de réprimer la révolte de nos frères égarés. Nous ne pouvons considérer les matelots de Cronstadt comme nos ennemis. Nous les aimons comme des frères véritables, notre chair et notre sang [30]. »

Paul Avrich n'a nullement résolu la question dont la solution se trouve peut-être dans les archives soviétiques. Pourquoi l'insurrection, finalement écrasée le 16 mars – alors qu'elle s'était ouverte le 3 – ne s'est à aucun moment engagée dans la voie, soit de l'offensive, soit de la négociation? D'abord convaincus qu'ils allaient entraîner derrière eux une série d'autres mutineries, sans négliger l'insurrection ouvrière de Petrograd, les mutins ont-ils ainsi laissé passer l'heure de la négociation et se sont-ils plus avancés que ne le leur permettaient raisonnablement leurs propres forces? Est-ce là la raison pour laquelle ils ont, le 6 mars, répondu avec hauteur au soviet de Petrograd qui demandait la réception d'une délégation, qu'ils entendaient en contrôler eux-mêmes la désignation et y limiter le nombre des communistes?

Du côté du gouvernement de Lénine, les choses, malgré la rareté des documents, sont tout de même plus claires. D'abord les communistes avaient bel et bien décidé, avant l'insurrection, de battre en retraite, d'abandonner le communisme de guerre, dont le maintien se révélait dangereux et coûteux. Dès le mois de décembre 1920 – dix mois après les propositions de Trotsky –, Lénine envisageait la possibilité d'adopter les mesures dont il avait été question au VIIIe congrès des soviets : l'abolition des réquisitions et leur remplacement par un impôt en nature. Le 8 février 1921, au bureau politique, il avait brossé les grandes lignes d'un plan économique reposant sur cette base. Le 24 – plusieurs jours avant le début des troubles de Cronstadt –, le comité central avait commencé l'étude du projet en ce sens à soumettre au Xe congrès. Et les autres mesures – la plupart des rendications des Cronstadtiens – ne pouvaient pas ne pas suivre. Un tel développement ne pouvait que couper l'herbe sous les pieds des insurgés.

Pourquoi, dans ces conditions, les bolcheviks n'ont-ils pas insisté pour négocier? Pourquoi ont-ils jugé que leur intérêt était d'en finir le plus vite possible avec Cronstadt? D'abord parce que les dangers étaient de tous côtés et qu'ils les voyaient sans doute plus graves encore qu'ils ne l'étaient réellement : la Pologne, les émigrés, l'Entente étaient à leurs yeux autant de forces susceptibles d'épauler et surtout de relayer Cronstadt et, à partir de cette base, de relancer contre l'Union soviétique une nouvelle intervention qui pouvait constituer le coup de grâce. En outre, l'exemple de Cronstadt pouvait être contagieux. Il pouvait sortir de cet épisode une extension des troubles : le chaos constituerait alors le terrain rêvé pour une contre-offensive décidée de la contre-révolution armée.

Pouvait-on attendre, tout simplement en organisant le blocus de l'île, que la fin des réserves de ravitaillement et de combustible oblige les insurgés à se rendre? Telle fut, semble-t-il, la position de Staline qui ne put convaincre le bureau politique. Pour la majorité de ce dernier, une attente supplémentaire signifiait courir le risque de se retrouver dans une situation radicalement différente après la fonte des glaces dans le golfe de Finlande, qui donnerait d'un seul coup aux mutins la liaison maritime avec l'étranger et la disposition d'une flotte dont les communistes, eux, seraient privés. Encore dans les glaces, la forteresse pouvait être prise d'assaut, bien qu'au prix de pertes considérables, par des fantassins; redevenue une île, elle était, pour eux, inexpugnable. Paul Avrich écrit à ce sujet :

> « Pour empêcher tout cela, il fallait agir vite : les bolcheviks l'avaient compris. Quel gouvernement pourrait se payer le luxe d'une mutinerie prolongée de la marine, dans sa principale base stratégique, convoitée par les ennemis, désireux d'en faire le tremplin d'une nouvelle invasion [31]? »

La polémique se poursuivra sur cette question, n'en doutons pas. Mais, sur le plan historique proprement dit, il semble bien que Paul Avrich, en posant cette question, ait aussi donné la réponse. Décidé à faire d'importantes concessions sur le plan des revendications économiques et de la politique générale, le gouvernement bolchevique ne pouvait s'offrir le luxe de laisser se développer un foyer de lutte armée ouvert sur l'Occident. Il se devait donc de reprendre très rapidement la forteresse.

Ce fut chose faite le 18 mars. L'entreprise n'était pas facile, et plus d'une unité éprouvée aux combats avait fléchi devant la perspective d'un assaut qui allait exposer les hommes sur des kilomètres de glace, aux obus des canons de la forteresse, puis à sa mitraille. Il fallut aux unités d'élite sélectionnées pour l'assaut final parcourir des dizaines de kilomètres sans aucun abri, sauf leur manteau blanc, sous les obus qui, crevant la glace, engloutissaient chaque fois des dizaines de combattants. Sous les ordres de Toukhatchevsky et de S. S. Kamenev, 35 000 hommes avaient tenté un premier assaut infructueux le 8 mars; ils étaient plus de 50 000 le 16, avec des chefs éprouvés, comme l'ancien marin Dybenko, venus en renfort. Paul Avrich considère raisonnable d'évaluer à 10 000 morts les pertes des attaquants, soit un cinquième de l'effectif total [32]... Les pertes des rebelles furent évidemment bien moindres, la plus grande partie des victimes étant des combattants massacrés par les vainqueurs rescapés du sanglant assaut : « Véritable orgie de sang », écrit Avrich, qui avance avec prudence les chiffres de 600 tués, plus de 1 000 blessés et 2 500 prisonniers [33]. Plus de 8 000 Cronstadtiens, dont Kozlovsky et Pétritchenko, et la plupart des dirigeants de l'insurrection, avaient réussi à fuir sur la glace vers la Finlande.

Nous sommes incapables de donner des chiffres précis concernant la répression qui s'abattit ensuite sur Cronstadt aux mains de la Tchéka. Avrich indique que « plusieurs centaines de prisonniers » ont été fusillés sur place et qu'à Petrograd, pendant plusieurs mois, « des centaines de rebelles furent exécutés par petits groupes [34] ». Les survivants furent envoyés dans des prisons très dures, comme celle des îles Solovki, qui était déjà un véritable bagne bien avant la révolution.

***

Il nous a paru nécessaire de faire le point, bien que brièvement, sur l'histoire de l'insurrection de Cronstadt, dans la mesure où il s'agit d'un moment de la vie de Trotsky pour lequel ce dernier se trouve en posture d'accusé. En 1937, en effet, le secteur libertaire allait relancer la campagne contre lui, à ce propos, en pleine campagne de défense des accusés des procès de Moscou.

L'insurrection de Cronstadt, faut-il le souligner, se situe au terme du débat public dans le parti sur la « question syndicale », au cours duquel nous avons vu Trotsky devenir en quelque sorte la cible des attaques de Zinoviev s'efforçant de le lier aux pratiques – désormais unanimement réprouvées – du communisme de guerre et du « commandement ». C'est lui qui est visé à travers la campagne contre le Poubalt où il est présenté comme un « dictateur » et un « défenseur de l'organisme bureaucratique ». Père de l'institution des commissaires, il est accusé d'être le parrain de ce que les mutins appellent la « commissarocratie ». Sa qualité de Juif lui vaut aussi quelques attaques supplémentaires, payantes dans ce milieu arriéré, resté sensible aux thèmes et aux accents de l'antisémitisme.

Trotsky a été et demeurera jusqu'au bout solidaire des décisions de la direction du parti et du gouvernement face à l'insurrection, indépendamment de sa participation à telle ou telle réunion. Mais il a marqué et reconnaît avoir délibérément marqué certaines distances. En fait, dans un premier temps, il a cherché à se tenir démonstrativement à l'écart. Son opinion – exprimée surtout dans des conversations et une correspondance privées – est que la tournure prise par les événements au début de 1921 ne peut s'expliquer si l'on ne prend pas en compte la campagne démagogique menée contre lui par Zinoviev. Qu'il s'agisse des ouvriers de Petrograd ou des marins de Cronstadt, il juge que ce n'est en aucun cas à lui, personnellement, qu'il pourrait revenir de les ramener à la raison, mais seulement à celui qui leur a promis depuis des semaines, la « démocratie ouvrière... comme en 1917 », en les encourageant à se débarrasser des « bureaucrates » et des « commissaires ». Il précise :

« Je considérai, et le bureau politique ne fit pas d'objection, que les négociations avec les marins et, si nécessaire, leur pacification, devaient être menées par les dirigeants qui avaient, la veille encore, toute leur confiance politique. Autrement, les Cronstadtiens auraient pu considérer l'affaire comme si je venais prendre sur eux une revanche [35]. »

Au début des événements, il se trouve en Sibérie occidentale où des troubles ont éclaté parmi les paysans. De retour à Moscou, il participe aux discussions au sommet. A ce sujet, il écrira en 1938 :

« La décision de supprimer la révolte par la force militaire *si la forteresse ne pouvait pas être amenée à se rendre d'abord par des négociations de paix, puis par un ultimatum,* cette décision générale a été adoptée avec ma participation directe [36]. »

Le 2 mars, c'est lui qui rédige un communiqué du gouvernement annonçant les troubles de Cronstadt, l'apparition sur la scène « de l'ancien général Kozlovsky (commandant l'artillerie) » et l'arrestation des commissaires. Il précise que le conseil du Travail et de la Défense a mis hors la loi Kozlovsky « et ses complices », décrété l'état de siège dans la province et la ville de Petrograd, transféré tous les pouvoirs, dans l'enceinte de l'ancienne capitale, au comité de défense [37].

Le 5 mars 1921, à 14 heures, il signe, à Petrograd même, le dernier avertissement « à la garnison et aux habitants de Cronstadt et des forts mutinés ». Il est là dans son rôle de commissaire du peuple aux Affaires militaires, faisant connaître « l'ultimatum » du gouvernement ouvrier et paysan pour la reddition immédiate des mutins, la libération de leurs prisonniers et la remise de leurs armes, promettant le pardon à ceux qui se rendent sans conditions. L'ultimatum est aussi sec que l'on peut s'y attendre s'agissant d'un texte dont l'objectif est d'amener des révoltés à se rendre :

« En même temps, je donne des ordres pour que tout soit prêt pour écraser par la force des armes la mutinerie et les mutins. Les responsabilités pour les souffrances que pourrait endurer la population pacifique retomberont totalement sur la tête des mutins contre-révolutionnaires. C'est le dernier avertissement [38]. »

Le même jour, le comité de défense de Petrograd lançait par avion sur la ville un tract appelé à plus de célébrité que l'ultimatum de Trotsky :

« Derrière les socialistes révolutionnaires et les mencheviks, les officiers blancs montrent leurs crocs. [...] Vous êtes cernés de toutes parts, votre situation est désespérée. [...] N'avez-vous pas entendu parler des hommes de Wrangel qui meurent comme des mouches, de faim et de maladie? Le même sort vous attend, à moins que vous ne vous rendiez dans les 24 heures. Si vous le faites, vous serez pardonnés, mais si vous résistez, on vous tirera comme des perdreaux [39]. »

C'était le point de départ d'une légende tenace qui attribua à Trotsky non seulement l'ultimatum gouvernemental, mais l'odieuse formule sur les « perdreaux » et l'arrestation comme otages, à Petrograd, des familles des insurgés – une décision du comité de défense : la *Pravda de Cronstadt* plaçait Trotsky au premier rang des « vils calomniateurs et des tyrans corrompus ».

Le rôle de Trotsky à Cronstadt s'arrêta là. Se tenant « complètement et ostensiblement à l'écart de cette affaire », il avait regagné Moscou le même 5 mars; le 8, la *Pravda de Cronstadt* imputait « le bain de sang » au « maréchal » Trotsky – chef des « communistes fanatiques, ivres de pouvoir », le « gendarme », « l'assassin Trotsky », le « buveur de sang » – et la propagande de la droite se chargea de compléter par ces qualificatifs son acte d'accusation permanent contre « le Juif Trotsky ».

Nous ne connaissons pas le texte du rapport général sur la situation, présenté par Trotsky à huis clos au Xe Congrès : c'est aussitôt après que 300 délégués – le quart environ – se portèrent volontaires pour participer à l'assaut : parmi eux, les délégués des deux oppositions, décistes et Opposition ouvrière. Le 16 mars, la *Pravda* publie des déclarations de lui à la presse étrangère dans lesquelles il dénonce les efforts de l'impérialisme mondial pour remettre en selle la contre-révolution russe à travers Cronstadt [40]. Le 23, toujours dans la *Pravda,* il commente avec ironie les réactions favorables de la Bourse de Bruxelles à la perspective de « la restauration en Russie de nombreuses entreprises industrielles appartenant à des Belges [41] ».

Le 3 avril enfin, au cours d'une prise d'armes en l'honneur des soldats de l'Armée rouge tombés devant Cronstadt, il prononce un bref discours dans lequel, après avoir évoqué la mutinerie, les réactions des Bourses occidentales et celle de Milioukov, il formule ce qui pourrait bien exprimer alors le fond de sa pensée et qu'il eût encore signé en 1938 :

> « Nous avons attendu autant que nous avons pu que nos camarades marins abusés voient de leurs yeux où les entraînait la mutinerie. Mais nous nous sommes trouvés confrontés au danger de la fonte des glaces, et avons été obligés de frapper juste, d'un coup sec.
>
> « Avec un héroïsme sans précédent, dans un fait d'armes inouï dans l'histoire de cette guerre, nos cadets [élèves-officiers] et nos unités de l'Armée rouge ont pris d'assaut une forteresse navale de premier ordre.
>
> « Sans tirer un seul coup de feu, ils ont progressé sur la glace, ils ont péri. Ils ont vaincu, ces enfants de la Russie ouvrière et paysanne qui étaient loyaux à la révolution. Le peuple travailleur de Russie et du monde ne les oubliera pas [42]... »

Commentant l'ultimatum lancé par Trotsky aux mutins, Isaac Deutscher écrit :

> « Qu'il revînt à Trotsky de s'adresser en ces termes aux marins, c'était une autre ironie de l'histoire. Car ç'avait été " son " Cronstadt, le Crons-

tadt qu'il avait appelé " l'honneur et la gloire de la Révolution ". Combien de fois n'avait-il pas pris la parole à la base navale, pendant les journées fiévreuses de 1917! Combien de fois les marins ne l'avaient-ils pas hissé sur leurs épaules pour l'acclamer follement comme leur ami et leur chef! Avec quel dévouement ils l'avaient suivi, au Palais de Tauride, dans sa cellule de la prison de Kresty, jusqu'aux murs de Kazan, sur la Volga, toujours lui demandant conseil, presque toujours suivant aveuglément ses ordres. Que d'inquiétudes ils avaient partagées, combien de dangers avaient-ils bravé ensemble [43]! »

C'est incontestablement là un beau morceau de rhétorique, mais pas vraiment une analyse historique, puisque son auteur ajoute aussitôt que peu d'anciens avaient survécu et que « moins encore se trouvaient alors à Cronstadt ».

Ce que Deutscher appelle ici « ironie de l'histoire », c'était en réalité tout simplement le retournement d'une situation, après des années de guerre civile et de souffrances. Alors qu'en 1917 les marins étaient devenus le fer de lance de la révolution – une révolution dans laquelle les ouvriers entraînaient derrière eux toutes les autres couches sociales opprimées – ils reflétaient tragiquement, parmi les premiers, la lassitude profonde du peuple russe et son désir d'en finir avec le détresse matérielle et la sujétion, c'est-à-dire d'une certaine façon, sa profonde déception devant ce qui était, en définitive, le fruit de cette révolution qui avait tant donné à rêver. Mais on n'imagine pas Trotsky rêvant mélancoliquement devant ce retournement. On peut, en revanche, penser que ce n'est pas de gaieté de cœur qu'il participa aux décisions qui allaient déchaîner la répression contre des marins « abusés » et coûter la vie à tant de mutins, mais aussi à tant de ses soldats d'élite rescapés de la guerre civile. Pour lui, l'important était de sauver la révolution. Il pensait qu'il le faisait, en la circonstance, et pensa jusqu'à sa mort qu'il avait fait son devoir.

***

Les dramatiques événements de Petrograd et de Cronstadt avaient masqué – et continuent d'une certaine façon de masquer – un autre événement capital, indice sérieux lui aussi de la crise de la révolution : l'invasion de la Géorgie par l'Armée rouge.

Les faits bruts sont connus : la Géorgie avait un gouvernement menchevique, soutenu, dans un premier temps, par l'Allemagne, dans un second par l'Entente. L'Union soviétique l'avait reconnu, ainsi que l'indépendance de la Géorgie, mais les relations demeuraient tendues entre les deux républiques. Le gouvernement géorgien traitait assez durement les communistes géorgiens, qui avaient subi une sévère répression. Le 11 février 1921, éclata à Borchalla une insurrection ouvrière, partie des rangs du prolétariat russe et vraisemblablement encouragée par de hauts responsables soviétiques. Et le 16, la 11e armée du général Guekker entra en Géorgie, balaya toute résistance et pénétra dans Tiflis. La Géorgie devenait une République soviétique.

Or toute une série de documents, et notamment ceux des archives Trotsky, indiquent que l'initiative de faire entrer la 11e armée en Géorgie a été prise en dehors de la direction du parti et de l'État et, pour ainsi dire, dans son dos. Tout indique que l'homme clé, dans cette opération, fut le vieux bolchevik géorgien Ordjonikidzé, lié à Staline, qui se trouvait alors dans le Caucase. Le 12 février 1921, une communication de Lénine à Skliansky dénonçait des faits « inouïs et incroyables », notamment l'impossibilité dans laquelle Staline et lui-même se trouvaient d'entrer en communication avec Ordjonikidzé [44]. Le 14, une autre communication faite dans les mêmes conditions, mais aussi en principe envoyée par Staline à Ordjonikidzé, indiquait que le comité central était enclin à « permettre » à la 11e armée de soutenir le soulèvement et de marcher sur Tiflis. Son accord définitif restait cependant subordonné à l'envoi de télégrammes indiquant l'accord des principaux responsables et leur opinion quant aux chances de succès d'une telle opération [45].

En fait, l'initiative échappait à Moscou, ou du moins aux organismes dirigeants, puisque l'offensive allait être déclenchée sans leur aval. Le 17 février 1921, en effet, le commandant en chef de l'Armée rouge, S.S. Kamenev, informa Skliansky que l'attaque de la 11e armée avait placé les dirigeants « devant le fait accompli » de l'invasion de la Géorgie [46]. Le 21 février d'ailleurs, Trotsky lui-même s'adressait à Skliansky pour lui demander une note « sur les opérations militaires en Géorgie, quand elles ont commencé, sur l'ordre de qui, etc. [47] ».

Des années plus tard, Trotsky émettra une hypothèse qu'il est évidemment impossible, pour le moment, de vérifier. Selon lui, l'opération qui avait mis fin à l'indépendance de la Géorgie et avait constitué la première intervention militaire de la Russie soviétique au-delà de ses frontières reconnues avait été préparée et menée à bien à l'insu du bureau politique et du comité central, par Staline et Ordjonikidzé [48]. On relèvera seulement que les conditions pour le moins suspectes, les aspects incroyables de l'opération et de ses antécédents ne furent nullement connus à l'époque. Lénine, réticent, et Trotsky, hostile, s'inclinèrent en silence devant le fait accompli... Trotsky allait même, un peu plus tard, polémiquer publiquement pour défendre cette intervention et l'invasion de la Géorgie. Solidaire de son parti, y compris dans l'erreur, il acceptait ainsi d'en porter la responsabilité devant le mouvement ouvrier mondial [49].

En moins de quatre ans, de 1914 à 1917, le révolutionnaire en exil, porté à la tête de la première révolution victorieuse de l'Histoire, avait pu penser à escalader le ciel. Moins de quatre ans après Octobre, la répression contre Cronstadt et l'invasion de la Géorgie ne pouvaient pas ne pas avoir pour lui un goût d'amertume.

Mais Trotsky ne rechignait pas devant les lourds fardeaux. Pour lui, le combat continuait, de nouveau au côté de Lénine, ce qui devait tout de même alléger sa charge.

CHAPITRE XIX

La retraite [1]

Le Xe congrès du P.C.R. (b) en mars 1921, au cours duquel se déroula l'assaut final contre Cronstadt fut aussi celui de l'abandon du communisme de guerre au profit d'une nouvelle politique économique, qu'on appela, peu après, la « Nep ». L'insurrection et le tournant étaient l'une et l'autre la conséquence de la crise. Leur simultanéité n'indique pas, comme on l'a souvent dit, une causalité. Elle souligne seulement que les dirigeants soviétiques n'ont pris leur tournant qu'avec retard, en pleine crise politique et au moment du début d'une guerre civile...

Le point de départ de la nouvelle politique coïncide en partie, nous le savons, avec l'une des propositions de Trotsky refusées par le bureau politique une année auparavant, le 7 février 1920 : la suppression des réquisitions et leur remplacement par un impôt en nature progressif [2]. Il s'agissait de créer les conditions du rétablissement de la liberté du commerce en vue de la reconstitution d'un marché, en d'autres termes, de ranimer l'économie à partir de l'agriculture et du profit pour les paysans aisés. Ces derniers deviendraient alors demandeurs et consommateurs de produits industriels. Partant de l'impôt en nature, on espérait donc créer la condition de la renaissance d'entreprises privées, moyennes et petites. On envisageait également d'attirer les capitaux étrangers et de tirer profit des ressources naturelles du pays en accordant des « concessions » négociées et soigneusement contrôlées.

C'était là, à bien des égards, un renversement complet. Le communisme de guerre, partant de la nécessité de nourrir et d'équiper en priorité l'armée et, si possible, les villes ensuite, aboutissait à dépouiller de force les paysans de leurs récoltes. Avec la Nep, il s'agissait en priorité de redonner au paysan un intérêt matériel à cultiver et à produire à travers la commercialisation de sa production; commerce et industrie renaîtraient à partir de la renaissance de l'agriculture. C'était aussi l'abandon de ce que Boukharine appelait « les illusions de la période de l'enfance », et pour Lénine de l'appui direct sur l'enthousiasme, au profit d'une politique plus patiente prenant appui sur l'intérêt personnel de la masse rurale. Mais le fond de la question était que la Nep constituait une retraite, un véritable recul face à la crise.

Lénine exprima et justifia ce recul devant le Xᵉ congrès par le retard de la révolution en Europe et la nécessité, dans un tel contexte, de ressouder l'alliance avec la paysannerie :

> « Dans ce pays, la révolution socialiste ne peut vaincre définitivement qu'à deux conditions. Premièrement, si elle est soutenue en temps utile par une révolution socialiste dans un ou plusieurs pays avancés. [...] L'autre condition, c'est l'entente entre le prolétariat exerçant sa dictature ou détenant le pouvoir d'État et la majorité de la population paysanne. [...] Nous savons que seule l'entente avec la paysannerie est capable de sauver la révolution socialiste en Russie tant que la révolution n'a pas éclaté dans les autres pays [3]. »

Ainsi considérée, la Nep n'était pas une rupture, mais effectivement un repli sur la voie de la révolution européenne. Trotsky la définissait d'ailleurs presque dans les mêmes termes comme « le passage à un système de mesures qui permettraient l'expansion graduelle des forces productives du pays, même sans la collaboration de l'Europe socialiste ». L'accord était donc total sur ce point entre les deux hommes, comme il l'était sur l'appréciation réaliste de l'opinion paysanne et la nécessité de lui faire les concessions qu'elle exigeait. Trotsky expliquait ce qui était, à ses yeux, la continuité de la politique bolchevique :

> « Faute de marché libre, le paysan serait incapable de trouver sa place dans la vie économique, perdant l'incitation de l'amélioration et de l'extension de ses cultures. C'est seulement un développement puissant de l'industrie d'État la rendant capable de fournir à l'agriculture et au paysan tout ce dont ils ont besoin qui préparera le terrain pour intégrer le paysan dans le système général de l'économie socialiste. Techniquement, cette tâche sera résolue grâce à l'électrification qui portera un coup mortel à l'arriération de la vie rurale, au barbare isolement du moujik et à la stupidité de la vie au village. Mais la route qui y conduit passe par l'amélioration de la vie économique de notre paysan-propriétaire tel qu'il est aujourd'hui. L'État ouvrier ne peut le réaliser que par l'intermédiaire du marché qui stimule les intérêts personnels et égoïstes du petit propriétaire [4]. »

Il mettait par ailleurs l'accent sur le fait que la Nep constituait, selon lui, « une étape nécessaire dans le développement de l'industrie d'État » :

> « Entre le capitalisme, sous lequel les moyens de production appartiennent à des individus privés et où tous les rapports économiques sont réglés par le marché – entre le capitalisme, dis-je, et le socialisme achevé, avec son économie socialement planifiée, il y a nombre d'étapes transitoires : la Nep est dans son essence une de ces étapes [5]. »

Les conséquences en étaient très importantes pour le développement industriel :

> « Au cours de cette période de transition, chaque entreprise et chaque groupe d'entreprises, doit plus ou moins indépendamment s'orienter dans le marché et s'y soumettre à l'épreuve. C'est justement là le nœud de la Nep : tandis qu'elle signifiait politiquement de spectaculaires concessions à la paysannerie, elle n'est pas d'une moindre importance en tant qu'étape inévitable dans le développement de l'industrie d'État pendant la transition de l'économie capitaliste à l'économie socialiste [6]. »

La Nep signifiait donc aussi le recours aux méthodes du marché pour la régulation de l'industrie. Dans la mesure où l'industrie légère, consolidée sur le marché, donnerait à l'État des profits qu'il serait possible d'investir dans l'industrie lourde. Ceux-ci viendraient s'ajouter à l'argent des impôts et taxes sur l'activité économique privée.

Mais, bien entendu, la Nep signifiait aussi sur le moment et pour la durée de son application, la renaissance et le développement du capital privé dans le domaine commercial et industriel, la réapparition, comme il l'écrit, « de MM. les Exploiteurs – spéculateurs, marchands, concessionnaires [7] – » et le contrôle par eux d'un important secteur de l'économie.

Face à ce danger de restauration capitaliste, Trotsky soulignait que les partisans du socialisme étaient loin d'être désarmés. Ils détenaient l'arme essentielle, le pouvoir d'État, les forces productives décisives – chemins de fer, mines, entreprises industrielles de base –, la terre et les ressources de l'impôt sur les ruraux, le contrôle des frontières avec le monopole du commerce extérieur. Il abordait donc la question de la bataille économique avec l'optimisme du révolutionnaire qui sait qu'il détient les armes essentielles et qu'il doit vaincre.

***

Il n'y eut pas de divergences entre Lénine et Trotsky dans la période d'élaboration et de mise en place de la Nep. Trotsky l'avait d'ailleurs dit nettement, à la fin janvier, à la réunion de la fraction communiste du congrès des mineurs : tout au plus se permit-il de rappeler un certain nombre de fois qu'il avait été le premier à formuler les linéaments de cette politique, sans être jamais démenti d'ailleurs. Mais il allait être le premier à formuler des critiques sur son application dans les organismes dirigeants.

D'abord sur la planification. Bien entendu, il ne proposait pas de s'orienter vers une planification « socialiste » de l'économie, mais de planifier le développement de l'industrie d'État et de l'orienter par une politique de répartition des crédits. Or il existait, depuis le 22 février 1921, une Commission du Plan – le Gosplan – qui n'était pas utilisée en ce sens et dont le rôle était singulièrement réduit. Après avoir lu la brochure de l'ingénieur Chatounovsky, qui posait brutalement le problème de l'avenir de Petrograd – « fermeture des usines ou électrification » –, Trotsky commentait :

> « Malheureusement, jusqu'à maintenant, notre travail est fait sans aucun plan et sans la compréhension qu'on a besoin d'un plan – et la Commission du Plan est plus ou moins une négation planifiée du besoin d'un plan économique pratique à court terme [8]. »

Dans un mémorandum au comité central, le 7 août 1921 [9], il critiquait vertement la passivité des dirigeants de l'économie, la confusion, la lenteur de l'application de la Nep, insistant sur « le manque d'un centre économique véritable pour surveiller l'activité économique, faire des expériences en ce domaine, rassembler et diffuser les résultats, coordonner dans la pratique tous les aspects de l'activité économique et travailler ainsi véritablement à un plan économique coordonné [10] ». Il soulignait que la tâche essentielle du moment, « la reconstruction et la consolidation de la grande industrie », était irréalisable si aucun appareil économique central n'assurait une régulation constante de la vie économique. Il concluait :

> « De façon générale, c'est la Commission du Plan qui doit élaborer et assurer le plan économique dans le cours de son travail quotidien sous l'angle de la grosse industrie nationalisée comme facteur économique prépondérant [11]. »

Le 19 avril 1922, il revenait sur la question, parlant du travail « académique » de la commission de planification :

> « Il devrait exister une institution avec un calendrier économique pour un an accroché au mur; une institution qui anticipe et qui, au vu de ces prévisions, coordonne. La Commission de Planification devrait être le travail de l'un des vice-présidents [12]. »

Il revint de nouveau sur la planification dans une note du 23 août 1922, dans laquelle, de façon provocatrice, il évaluait à un an et demi-deux ans le retard pris pour adopter les mesures économiques les plus vitales et les plus urgentes. Il y soulignait l'importance du rôle des fonds d'État, « levier du plan économique » et le fait que la commission était tenue tout à fait à l'écart de la répartition des crédits. Il s'indignait :

> « Comment assurer même une stabilité minimale d'opération sans au moins un plan sommaire et approximatif, même à court terme? Comment établir un plan sommaire à court terme, sans un organe planificateur qui n'ait pas la tête dans les nuages académiques, mais soit directement engagé dans le contrôle, l'articulation, la régulation et la direction de notre industrie [13]? »

Mais aucune de ces propositions ne trouva d'écho favorable. Lénine lui-même commenta sèchement :

> « Loin d'être entachée d'académisme, la commission de planification est surchargée de broutilles par trop menues et quotidiennes [14]. »

Le second point de conflit – sur lequel Trotsky resta minoritaire – porta sur l'appréciation du travail de l'Inspection ouvrière et paysanne, le *Rabkrin*, dont Staline fut le commissaire du peuple de 1920 à sa promotion comme secrétaire général en 1922, mais dont il continua à inspirer l'activité. Il s'agit d'une institution conçue par Lénine comme une sorte d'inspection générale dotée de pouvoirs étendus et chargée de contrôler, avec des pouvoirs illimités, le travail de tous les autres commissariats. Trotsky s'en prit à la fois à sa conception et à son fonctionnement.

Dès 1920, il avait critiqué l'idée même que l'on puisse créer « un département spécial doué de toute la sagesse du gouvernement et capable de contrôler tous les autres ». Ce n'était, pour lui, qu'un « puissant facteur de confusion et d'anarchie », refuge d' « hommes coupés de toute activité réelle, créatrice, constructive [15] ».

Il repartit à l'attaque en février 1922, demandant quelle pouvait bien être la raison d'être d'un tel organisme dans une économie de marché où l'unique « inspection » des ouvriers et des paysans était le marché lui-même. Dans une note d'avril, il revint sur la question du recrutement des personnels de l'Inspection parmi des gens qui avaient eu des difficultés dans leur activité professionnelle antérieure. Il indiquait « le développement des intrigues dans les organes de l'Inspection ouvrière, qui est depuis longtemps proverbial dans le pays [16] ». Il s'élevait contre toute idée de « revitaliser » ou de « renforcer » cet appareil et soulignait que, dans l'état de choses présent, tout fonctionnaire capable était affecté à un poste et non à des fonctions d'inspection. Il suggérait enfin une utilisation de l'Inspection dans le contrôle de la seule comptabilité de tous les commissariats.

Sur ce point non plus, Trotsky ne réussit pas à convaincre Lénine, qui écrivit qu'il avait « radicalement tort » : il n'était selon lui, pas possible de se passer de l'Inspection ouvrière et paysanne car il n'existait « aucun autre moyen pratique de vérifier, de perfectionner, d'apprendre à travailler » [17]...

L'attitude prise par Lénine sur ces questions s'explique-t-elle par le fait qu'il ne voyait dans l'acharnement de Trotsky contre l'Inspection ouvrière et paysanne que sa vendetta personnelle à l'égard de son commissaire du peuple, Staline? On peut en douter et supposer tout simplement que Lénine restait attaché à une conception traditionnelle de la planification qui était incompatible avec une économie de marché, à une institution d'inspection qu'il avait voulue et conçue, et qu'il s'inspirait là d'un principe de travail du parti.

Il est en tout cas un domaine, au moins, où Trotsky fit prévaloir ses vues : le sien, celui des Affaires militaires et navales. Au lendemain de l'insurrection de Cronstadt, il réussit à convaincre Lénine de renoncer à son projet de supprimer la flotte de la Baltique. Surtout, il parvint à faire prévaloir son point de vue dans la discussion menée au sein des cadres de l'Armée rouge sur la « doctrine militaire unique » exposée par Frounzé avec le soutien de Goussev et Vorochilov et l'appui partiel de Toukhatchevsky.

La doctrine en question, rebaptisée à la fin de la discussion « optique militaire mondiale », était en réalité une tentative de dégager une « conception marxiste » de la conduite de la guerre et de ce que ses défenseurs appelaient la « science » ou la « doctrine militaire ». Partis de l'analyse selon laquelle l'Armée rouge, armée « prolétarienne », devait marquer son caractère de classe dans sa « doctrine », ils affirmaient la nécessité, dans ce but, d'assimiler l'expérience historique de la guerre civile. La guerre à venir devait être, selon eux, une guerre de mouvement – caractéristique de la guerre civile russe après des années de guerre de positions. Elle ne pouvait être qu' « offensive » et internationale. En vertu de ces prémisses, Toukhatchevsky préconisait la formation d'un état-major militaire international, et Frounzé condamnait comme « défensif » et inadapté le système des milices.

Contre eux, dans une polémique acerbe parfois, mais toujours brillante, Trotsky remit les choses au point. Il déniait à l'art militaire le qualificatif de « science », ironisait sur le « doctrinarisme » de ses critiques, expliquait patiemment qu'il ne pouvait exister de « doctrine marxiste » de la guerre, mais seulement des analyses marxistes des différents besoins politico-militaires. Aux rêves éveillés de ceux qui parlaient de guerre révolutionnaire de conquête, il répondait par une analyse mesurée :

> « L'intervention armée peut hâter le dénouement et faciliter la victoire. Mais il faut pour cela que la révolution soit mûre et pas seulement du point de vue des rapports sociaux mais aussi de celui de la conscience politique. L'intervention armée est, comme le forceps de l'accoucheur : employée au bon moment, elle peut atténuer les douleurs de l'enfantement, mise en jeu prématurément, elle ne peut provoquer qu'une fausse couche [18]. »

Quant aux revendications « techniques » des opposants, Trotsky ne pouvait évidemment pas leur opposer les négociations secrètes qu'il entamait avec l'Allemagne pour développer des armes aussi techniques que l'aviation. Il pouvait simplement leur répondre que les progrès techniques de l'armement étaient, en dernière analyse, conditionnés par le succès de la reprise économique et le développement industriel.

Aux tenants de l' « offensive », il renvoyait aux théories de l'offensive de Souvorov et de Foch [19] et aux retentissants échecs qu'une théorie semblable avait engendrés dans l'Internationale, notamment en mars 1921.

La discussion en tant que telle se termina, en avril 1922, à la réunion, dans le cours du XIe congrès, des délégués militaires devant lesquels rapport et contre-rapport furent présentés par Trotsky et Frounzé. Tout indique que Lénine n'avait cessé de défendre le point de vue de Trotsky. Contrairement à ce que pense l'historien britannique John Erickson, il est peu probable que ce conflit ait nui au prestige de Trotsky « en l'identifiant avec un conservatisme et une façon de penser totalement inacceptables dans ce climat d'opinion [20] ». Il est vrai, en revanche, que l'on commence à percevoir, à travers les différents conflits, l'antagonisme grandissant entre Trotsky, qui attaque ouvertement, et Staline, qui le fait plutôt par personne interposée.

***

Il n'y a pas de raison de douter du témoignage de Trotsky, selon lequel Lénine, dès cette époque, en 1922 en tout cas, se méfiait de Staline, « ce cuisinier » qui, disait-il, allait préparer « des plats épicés [21] ». Mais il est indéniable qu'au cours des premières années du régime soviétique, Lénine ne cessa d'accorder à Staline sa protection et de déplorer en même temps l'agressivité de Trotsky à son égard.

Au cours du XIe congrès, Préobrajensky, que l'on sait proche de Trotsky, intervint dans la discussion pour souligner la concentration du pouvoir entre les mains de Staline, membre du bureau politique et du bureau d'organisation, commissaire aux Nationalités et patron de l'Inspection ouvrière et paysanne [22]. Lénine lui répondit vertement, l'accusant de parler « à la légère » et lui opposant non seulement l'existence d'autres cumuls de fonction, mais aussi le fait que Staline serait, selon lui, irremplaçable [23].

En réalité, celui-ci, inconnu à l'étranger, à peine connu dans le grand public, ne pouvait être comparé à Trotsky du point de vue de la popularité, mais était, dans le système parti-État, un personnage de tout premier plan. Lénine, au moins, le savait parfaitement.

Serait-ce, comme le suggère Isaac Deutscher, par un désir de maintenir une sorte d'équilibre entre Staline et Trotsky, que, désireux de garder les deux hommes ensemble aux affaires, il aurait voulu faire de Trotsky son adjoint à la tête du gouvernement [24]? Cet auteur relate un incident qui, d'après lui, « fit beaucoup pour assombrir les relations entre Trotsky et Lénine ». Selon lui, le 11 avril 1922, Lénine aurait proposé la nomination de Trotsky au poste de vice-président du conseil des commissaires du peuple. Il précise même : « Catégoriquement et non sans quelque hauteur, Trotsky refusa le poste. Le refus et le ton [...] ennuyèrent Lénine [25]. »

Récit et affirmations soulèvent quelques problèmes. Ils sont d'abord en contradiction avec le témoignage de Trotsky, généralement fiable sur un tel sujet. Rappelant, dans *Ma Vie,* la nomination aux postes de vice-présidents de Rykov et Tsiouroupa à l'été 1921, il écrit qu'il fut « reconnaissant à Lénine » de ce qu'il ne l'avait pas « proposé [26] ». Ils sont ensuite en contradiction avec le document des archives Trotsky sur lequel Deutscher dit fonder son récit [27]. Le seul document concernant le bureau politique du 11 avril est en effet un texte de Lénine concernant notamment le partage des responsabilités entre les deux vice-présidents, Rykov et Tsiouroupa [28]. En outre, Jan M. Meijer, qui a publié ce document avec l'ensemble des papiers Trotsky 1918-1922, indique en note que la proposition de nommer Trotsky vice-président fut faite par téléphone, par Lénine, à Staline, pour le bureau politique du... 11 septembre de la même année 1922 [29]. Il nous semble, dans ces conditions, difficile de retenir la version de

Deutscher sur l'épisode du 11 avril, la « hauteur » du ton de Trotsky, et l'assombrissement consécutif de ses relations avec Lénine.

L'affaire du 11 septembre est un peu plus claire, car nous possédons dans les archives Trotsky le témoignage de ce dernier [30]. Selon lui, la proposition de Lénine lui fut transmise au téléphone par Staline [31], ce dernier précisant que la question avait un caractère urgent du fait du départ en congé de Rykov [32]. Trotsky déclina la proposition ainsi présentée, car il venait de se voir attribuer un congé de quatre semaines pour préparer le IVe congrès de l'I.C. [33], et ne pouvait donc assurer de façon « urgente » le remplacement de Rykov. Dans une note au comité central en janvier 1923, Trotsky avouait avoir été surpris à son retour à la lecture d'une note de Staline expliquant aux membres du C.C. que, à la suite de consultations téléphoniques, apparemment, Rykov et lui-même s'étaient prononcés pour la proposition de Lénine, Kalinine n'y avait vu « aucune objection », cependant que Kamenev et Tomsky s'abstenaient [34]. La note précisait ensuite que le bureau politique du 14 septembre avait « noté avec regret le refus catégorique de Trotsky » – ce qui n'est pas tout à fait l' « abandon de poste » dont Deutscher assure qu'il aurait été accusé par Staline [35]. La note de Trotsky assurait en tout cas :

> « J'affirme, une fois de plus, que la question n'a pas une seule fois été soumise au bureau politique, ni même discutée. Et je pense que ma présence n'aurait pas été superflue [36]. »

Rejetant le reste de la version d'Isaac Deutscher sur les offres maintes fois réitérées, selon lui, par Lénine, on retiendra plutôt que Trotsky, en 1923, se gardait bien d'écrire qu'il avait refusé catégoriquement cette proposition, tout simplement parce que les choses ne s'étaient pas passées ainsi.

***

Les premières conséquences du tournant de mars 1921 ont été d'ordre politique. Et elles ont d'abord mis en cause l'existence des autres partis socialistes.

Au cours de la guerre civile, la répression, en effet, n'avait pas fait disparaître complètement l'activité et l'expression de ces partis. Pendant toute l'année 1920, les mencheviks avaient conservé à Moscou un local et un club. Ils avaient tenu en février une session de leur comité central à laquelle avaient participé des délégués fraternels du Labour Party. Le syndicat des imprimeurs avait, à ce moment-là, organisé pour eux un meeting public auquel Tchernov avait pris la parole, au nom des s.r. [37]. En août, il y avait eu une conférence menchevique pour le pays. Des délégués mencheviques et s.r. avaient été enfin officiellement invités en décembre au VIIIe congrès pan-russe des soviets où ils avaient pu prendre la parole et développer leurs critiques de la politique bolchevique.

Pendant la guerre civile, les bolcheviks avaient considéré comme une victoire tout ralliement d'opposants socialistes au pouvoir des soviets. Trotsky, au VIIe congrès pan-russe, en décembre 1919, avait exprimé « sa joie, sans arrière-pensée ni ironie » du fait que Martov avait employé le « nous » et parlé de « notre » armée à propos de l'Armée rouge [38]. Mais la nouvelle situation impliquait un tournant radical. Les bolcheviks ne pouvaient plus, même sur le papier, se déclarer pour la libre compétition des idées entre partisans et adversaires du pouvoir des soviets. Ils étaient désormais convaincus que la grande majorité de la population leur était hostile et que toute consultation libre les ferait apparaître avec une audience minime : ils ne voulaient pas prendre le moindre risque sur ce plan. L'expérience de Cronstadt leur apparaissait en outre, de ce point de vue, très instructive, puisque mencheviks et s.r. avaient servi, selon leur interprétation, de marchepied à la réaction blanche. Lénine devait l'exprimer sans ambages aux délégués à la Xe conférence du P.C.R. (b), indiquant qu'il était, comme Milioukov, convaincu qu'il n'y avait place en Russie que pour un seul parti socialiste, le sien. Mencheviks et s.r. n'étaient plus désormais, à ses yeux, que « le petit palier » nécessaire pour « rétrograder au capitalisme [39] ».

Ainsi, aucune des promesses de légalisation entrevues pendant la guerre civile ne se concrétisait. Les organisations concurrentes du parti étaient interdites de fait, balayées par les arrestations massives et partiellement par les autorisations d'émigrer. On peut estimer, avec Paul Avrich, que l'opposition politique en U.R.S.S. avait été réduite au silence à la fin de 1921 ou contrainte à la clandestinité [40].

Devenu parti unique, le parti bolchevique était-il condamné, en tant que tel, à devenir le champ clos obligatoire de l'affrontement entre les forces sociales du pays au moment où la Nep allait faire revivre des couches bourgeoises et petites-bourgeoises? Il semble que Lénine ait cru pouvoir l'éviter en consolidant son unité.

Aussi le Xe congrès fut-il non seulement celui de l'adoption de la Nep, mais une date d'importance pour l'histoire du parti bolchevique, en particulier à travers deux résolutions, tenues à l'époque comme complémentaires, mais que l'histoire allait révéler comme contradictoires.

Boukharine présenta la résolution sur la démocratie ouvrière. Après avoir rappelé la nécessité, qui s'était imposée pendant la guerre civile, d'une « militarisation » et d'une « centralisation extrême », elle se prononçait pour le retour à la démocratie ouvrière définie comme « une forme d'organisation qui assure à tous les membres du parti une participation active à la vie du parti, aux discussions », elle excluait le système des nominations et caractérisait le régime par l'éligibilité de tous les organes, leur responsabilité et le contrôle de la base auquel ils devaient être soumis, ainsi que par la liberté de critique. Elle prévoyait un stage d'une année pour les recrues du parti avant la jouissance des droits de militants et aussi le retour régulier des permanents du parti et de l'État à la production [41].

Simultanément, le congrès fixait à cette démocratie qu'il se proposait de restaurer des limites très strictes. Lénine, dès l'ouverture, s'était dit « mortellement las » des discussions oiseuses menées à l'heure du danger. Il présenta donc une résolution interdisant dorénavant l'existence de « fractions », autrement dit « de groupes avec leur programme propre... et une discipline ». Il ne dissimula pas qu'il visait l'Opposition ouvrière, et que l'expérience récente lui faisait penser que fractions et débuts de fractions constituaient un danger réel pour l'unité du parti, ouvrant concrètement la possibilité d'une scission. Il insista également pour l'adoption d'un paragraphe, resté secret, qui donnait, pour la première fois, au comité central le pouvoir d'exclure un de ses membres, pourvu que ce soit par une majorité des deux tiers.

Répondant à Riazanov, qui avait proposé d'interdire également à l'avenir le vote sur des textes opposés et les élections conformément à ce vote, Lénine précisait pourtant qu'il était impossible de priver le parti de ce droit [42]. La résolution qu'il présentait contre les fractions – groupements stables dans le parti ayant leur propre discipline et leur propre élaboration – allait pourtant servir de prétexte à la destruction de toute opposition ou velléité d'opposition sous l'accusation de « fractionnisme ». Il n'y eut que vingt-cinq abstentions au congrès dans le vote sur cette résolution, mais il est très probable qu'un nombre infiniment plus élevé des délégués qui la votèrent en furent plus tard indirectement les victimes au temps de la grande répression stalinienne.

Le fait est que, de ce point de vue, la nouvelle composition du comité central changeait les données des rapports politiques au sommet. Les hommes qui s'en allaient parce qu'ils avaient été avec Trotsky dans la discussion syndicale avaient souvent été accusés d'être trop indulgents avec les oppositions et faibles à l'égard des critiques. En revanche, les hommes nouveaux élus sur ce qu'on appelait la « liste des dix »*, étaient généralement connus pour leur poigne et aussi pour leur hostilité et leurs conflits avec Trotsky. Vorochilov, Ordjonikidzé, Frounzé, entraient au comité central comme titulaires, Zinoviev prenait au bureau politique la place de Boukharine, cependant que Molotov, lié à Staline depuis l'immédiat avant-guerre, devenait « secrétaire responsable du parti ». Ces hommes n'étaient pas du tout disposés à appliquer la résolution sur la démocratie ouvrière, malgré le vote du congrès : liés à Staline, mis en avant par lui et d'une certaine façon ses « clients », ils partageaient la même conception administrative du parti, exprimaient la même mentalité bureaucratique.

Les nouveaux venus à la direction sont en général de vieux militants de la période clandestine. Peu d'entre eux ont un passé de militants de masse. Tous se caractérisent par une faible formation théorique et un

* La nouvelle position de Lénine, qu'il avait opposée à celle de Trotsky dans la préparation du Xe congrès, avait été exprimée dans une « plate-forme », datée du 14 janvier 1921, signée par Lénine, Zinoviev, Kamenev, Staline, Tomsky, Kalinine, Roudzoutak, Lozovsky, Petrovsky et Artem-Sergeiev, les « dix ».

autoritarisme brutal. Ils incarnent l'apparition d'une couche sociale nouvelle, les hommes d'appareil, les *apparatchiki*, responsables permanents installés désormais aux leviers de commande et contrôlés de près par la hiérarchie administrative dont les fils aboutissent au secrétariat.

Ce dernier était une instance relativement récente. De 1917 à 1919, les fonctions qui correspondaient à celle de secrétaire du parti avaient été assurées sans appareil et sans moyens matériels par Ia.M. Sverdlov, qui cumula même ces fonctions, après la crise de novembre 1917, dans le parti avec la présidence de l'exécutif des soviets. Le secrétariat ne fut formellement constitué qu'après la mort de cet homme précieux, et son organisation matérielle fut développée sous l'autorité de la troïka Préobrajensky, Krestinsky, Sérébriakov. Son développement fut très rapide dans la mesure où il s'agissait de contrôler les organisations du parti qui s'étendaient maintenant à tout le territoire, un parti de centaines de milliers d'adhérents. De 80 personnes employées au centre au départ, on était passé à 150 en mars 1920, à 600 en mars 1921 [43]. Dès août 1922, alors que le fichier général était achevé, on dénombrait plus de 15 000 permanents – fonctionnaires rétribués – du parti pour l'ensemble de la République, dont l'autorité s'étendait largement au-delà des organismes du parti proprement dit, aux soviets et à tous les organes administratifs [44].

La fin de la guerre civile contribuait à son gonflement. Il fallait intégrer à la vie civile des centaines de milliers de communistes – qui avaient à certains moments constitué la moitié de l'effectif du parti –, des hommes qui, en outre, n'avaient guère appris d'autre pratique que celle de l'obéissance et du commandement. Ces hommes, commissaires ou commandants démobilisés, ayant peu de chances d'être élus, parce que mal connus, devaient être affectés par le centre.

C'est sans doute ce qui explique qu'on n'en revint pas à la pratique des élections de responsables pourtant préconisée par le Xe congrès. Le Bureau des affectations (Ukhraspred) avait été créé pendant la guerre civile pour permettre de renforcer ou d'encadrer des secteurs névralgiques ou délaissés. Il continua son activité en la modifiant : c'est ainsi qu'en 1922-1923, il procéda à environ un millier de nominations, parmi lesquelles celles de quarante-deux responsables de comités provinciaux... Cet organisme du secrétariat avait donc la haute main sur les nominations du personnel supérieur du parti et en même temps le contrôle et la possibilité de recommandations pour les postes les moins importants [45].

De son côté, la « Section d'organisation et instruction » (Orgotdel) du secrétariat se développait avec la création en mai 1921 du corps des « instructeurs responsables » du comité central et plus tard les plénipotentiaires du C. C., inspecteurs itinérants de la direction, pouvant confisquer l'autorité des rares responsables élus, assurant recommandation, sélection et promotion des cadres et pouvant toujours, au nom du comité central, annuler toute décision d'un organisme régulier [46].

Les commissions de contrôle, revendiquées par les oppositions pour garantir les droits des militants foulés aux pieds par les exécutifs, étaient apparues comme une conquête de la démocratie lors de leur création. Dépendant en fait étroitement du secrétariat pour leur information et leurs enquêtes, elles lui sont dans la pratique étroitement subordonnées. L'épuration du parti, décidée par le Xe congrès pour chasser les éléments corrompus, élimine de ses rangs 136 000 membres parmi lesquels, sans aucun doute, des brebis galeuses, mais aussi, selon des affirmations d'opposants qu'on ne peut mettre en doute, bien des partisans de l'Opposition ouvrière accusés de « fractionnisme » [47].

Les pouvoirs étendus de l'Inspection ouvrière et paysanne – sur laquelle Lénine, semble-t-il, avait compté et comptait encore pour corriger les abus – étaient dans les faits employés par Staline pour renforcer l'autorité et les moyens d'action de la nouvelle couche que le langage officiel baptisait « travailleurs responsables du parti ». Ainsi se constituait une pyramide de secrétaires et de comités qui se substituaient à tous les échelons aux assemblées et conférences, décidant en leurs lieu et place. Les fonctionnaires du parti ne sont plus en fait responsables devant la base qui ne les a pas élus, mais devant le responsable à l'échelon supérieur qui les a recommandés ou désignés. Intérêts matériels communs, et désir de stabilité forgent pour ces hommes esprit de corps et mentalité commune.

Le vieux-bolchevik L.S. Sosnovsky, dont les billets dans la *Pravda* ont sans doute contribué à la prise de conscience de l'existence de ce phénomène capital dans l'histoire sociale de la révolution, dépeint en 1922 les hommes de cette nouvelle couche, ces gens de l'appareil :

> « Ils ne sont ni chauds ni froids. Ils prennent conscience des circulaires [...], font leurs calculs pour l'action prescrite, contraignent toute l'activité du parti à entrer dans le cadre de leurs rapports. [...] Ils sont satisfaits quand le calme règne dans leur organisation, quand il n'y a pas d'“ intrigues ”, quand personne ne les combat [48]. »

C'est parmi ces hommes qu'on trouve, en 1921-1922, les noms de tous les futurs dirigeants de la Russie stalinienne. Vieux-bolcheviks à la carrière étrangement semblable, connaissant mal le monde et n'ayant que peu vécu en émigration, passés d'une fonction responsable pendant la guerre civile – en général commissaires – à une haute responsabilité dans l'appareil du parti, généralement un secrétariat régional : ainsi Iaroslavsky en Sibérie, Kaganovitch au Turkestan, Kirov en Azerbaïdjan, Mikoyan dans le Caucase. Ils forment des groupes d'affinité : s'étant connus à un moment déterminé dans le passé, ils s'appuient les uns les autres, se « recommandent », s'informent réciproquement et s'épaulent dans les moments difficiles. Ordjonikidzé et Staline ont milité ensemble dans la clandestinité sous le tsarisme; Staline a été avec Vorochilov et Kouibychev dans le fameux « groupe de Tsaritsyne »; Molotov a connu Staline à la *Pravda* de Moscou avant la guerre; Mikoyan et Molotov ont travaillé ensemble à Nijni-Novgorod et y ont intronisé le jeune A.A. Jdanov. Ce sont des hommes habiles, parfois discrets, souvent brutaux, travailleurs, patients et autoritaires.

Ils sont au fond, depuis des années, « la fraction de Staline » – Staline qui a patiemment tissé dans le parti une toile qui maintenant s'identifie avec les sommets de l'appareil.

Le 4 avril 1922, un entrefilet de la *Pravda* annonça la nomination de Staline au poste de secrétaire général. Lénine, avait-il, comme l'assure Trotsky, beaucoup hésité devant cette candidature mise en avant par Zinoviev? Est-il exact qu'Ivan Nikititch Smirnov, qui faisait l'unanimité, n'avait pas été choisi parce que les Sibériens tenaient absolument à le garder? Ce sont là des aspects pour le moment invérifiables.

Il reste que Lénine – et les autres dirigeants bolcheviques avec lui – accordaient bel et bien à Staline des pouvoirs qui allaient bientôt se révéler « illimités ».

* * *

Trotsky a sans aucun doute gardé un œil attentif et inquiet sur ces développements. *Ma Vie* nous permet de savoir qu'il s'en entretenait avec ses proches, Rakovsky, I.N. Smirnov, Préobrajensky entre autres. Il restait un partisan convaincu de la répression, comme de l'interdiction, des autres partis. Commentant le succès des manifestations ouvrières du 1er mai 1922, il écrit dans la *Pravda* :

> « Il n'y a pas aujourd'hui de front ni d'opérations militaires, mais nous demeurons encore une forteresse assiégée. [...] Légitimement fiers de notre force, nous ne relâcherons pas d'un iota notre vigilance, même à l'avenir [49]. »

Toujours épris de généralisations, il trouve une justification supplémentaire : selon lui, la répression de l'État soviétique atteint son but, alors que celle de l'État tsariste ne faisait que tremper le mouvement révolutionnaire :

> « Les mesures de répression n'atteignent pas leur but quand elles sont appliquées par un pouvoir d'État anachronique à des forces historiques nouvelles et progressistes. Aux mains d'un pouvoir historiquement progressiste, elles peuvent se révéler extrêmement efficaces et accélérer le nettoyage de l'arène historique de forces périmées [50]. »

Toujours conséquent, il est l'un des plus combatifs dans la campagne orchestrée contre les s.r. à l'occasion du procès de leurs dirigeants et terroristes en juin-juillet 1922. Une fraction importante des accusés – de façon générale, des exécutants – se sont faits témoins à charge et accablent la direction de leur parti qui les a, affirment-ils, plusieurs fois désavoués – comme dans le cas du meurtre du bolchevik Volodarsky. Ces mêmes accusés témoins à charge donnent des détails sur les projets dont ils assurent avoir eu connaissance d'attentats contre d'autres dirigeants bolcheviques, Zinoviev ou encore Trotsky – particulièrement difficile à atteindre en 1920, disent-ils, à cause des incessants déplacements du train. Les dirigeants s.r. sont, au début, défendus par des avocats socialistes occidentaux, Vandervelde, Theodor Liebknecht : ils quitteront le procès qu'ils dénoncent comme une parodie de justice. La presse occidentale socialiste se déchaîne notamment contre les accusés qui parlent et qu'elle traite de « renégats ». Trotsky entreprend de les défendre. Rappelant le passé, le « rôle révolutionnaire » du parti dont on juge les dirigeants, il montre les contradictions qui l'ont conduit, dit-il, à dégénérer :

> « Le passé héroïque du parti, ses sacrifices, les exécutions, les travaux forcés, l'exil, continuaient de retenir sous son drapeau d'excellents éléments subjectivement révolutionnaires, alors que les âmes dépouillées de leurs chefs désorientés mûrissaient pour le service de l'impérialisme et de la contre-révolution [51]. »

Il interpelle, avec sa fougue de polémiste, le chœur de la presse mondiale au premier rang de laquelle, celle des dirigeants socialistes, « cette aile gauche du front bourgeois » :

> « A qui, à quelle cause appartiennent tous les socialistes révolutionnaires tombés dans les actions terroristes, les batailles de rue, sur les barricades, aux travaux forcés ou en exil? A la cause que servent maintenant les Tchernov, avec les Poincaré ou les Lloyd George ou à la cause de la Russie ouvrière et paysanne [52]? »

Loin d'admettre le qualificatif de « renégats » pour les terroristes qui accablent leurs dirigeants, il dit que, dans leur révolte « contre une coterie de dirigeants dépravés », ils sont les « véritables représentants de ce qu'il y a de meilleur et d'héroïque » dans le passé des luttes clandestines du parti s.r.

A la veille de la sentence, il a, selon le récit qu'il donne dans *Ma Vie,* un entretien avec Lénine sur la question du verdict. La condamnation à mort des dirigeants lui paraît une absolue nécessité : ces hommes ont ordonné des assassinats, et toute faiblesse à leur égard encouragerait le terrorisme. Mais il estime également qu'une condamnation à mort suivie d'exécution est impensable du fait de l'exploitation qui en serait faite à l'étranger, notamment dans le mouvement ouvrier. Il propose donc à Lénine que les sentences de mort soient suspendues et éventuellement exécutées seulement dans le cas d'une reprise des attentats et actes terroristes : les dirigeants s.r. deviennent en quelque sorte des otages. Ce fut la solution qui prévalut, Lénine ayant de son côté pensé à cette solution [53].

Trotsky, en revanche, au moins en public, garde le silence sur les questions du parti, l'application des résolutions du Xe congrès, le développement de l'appareil et la croissance de la bureaucratie que nombre de ses proches critiquent ouvertement dans les assemblées du parti.

Malgré la semi-défense qu'il en a présentée pendant la discussion sur les syndicats, Trotsky a depuis longtemps une idée assez précise de la bureaucratie non pas en général, mais telle qu'elle est née et se développe dans l'État soviétique sous l'égide du Parti communiste. Déjà, le 31 décembre 1918, il avait mentionné dans un article ce qu'il appelait « le " communisme" soviéto-bureaucratique » dont il assurait qu'il était déjà un mal assez répandu [54]. Le 10 janvier 1919, dans une « Lettre à un ami », publiée dans un des principaux journaux de l'Armée rouge, il avait même affirmé qu'on assistait à une tendance à « se cristalliser en bureaucratie soviétique » de la part des « pires éléments du nouveau régime [55] ».

Il avait alors défini les bureaucrates, agents de la cristallisation de cette couche nouvelle de dirigeants, par des traits de psychologie sociale : contents d'eux-mêmes, omniscients, marqués, même quand ils étaient d'origine ouvrière, de l'empreinte de la petite-bourgeoisie, suffisants et autoritaires :

> « Notre propre bureaucrate est un véritable fardeau historique – déjà conservateur, fainéant, complaisant, refusant d'apprendre et manifestant même son hostilité à quiconque lui rappelle qu'il faut apprendre [56]. »

Il dénonçait avec violence ce qu'il appelait « le foutu bureaucrate soviétique, jaloux de son nouveau poste, attaché à lui à cause des privilèges qu'il confère ». Son expérience dans l'Armée rouge l'amenait à écrire avec une totale netteté :

> « C'est là la vraie menace pour la cause de la révolution communiste. Ce sont eux les véritables complices de la contre-révolution, même s'ils ne sont coupables d'aucune conspiration. Nos usines ne travaillent pas mieux que celles qui appartiennent à la bourgeoisie, mais plus mal [57]. »

Tout indique qu'il n'avait pas changé d'opinion. La seule intervention de lui dont nous ayons connaissance sur les problèmes du parti et de son rôle dans la direction du pays est une note du 10 mars 1919 dans laquelle il soulignait la nécessité de délimiter de façon plus rigoureuse le fonctionnement du parti et des soviets, en d'autres termes de défendre les seconds contre l'ingérence du premier, et nous savons seulement qu'elle rencontra l'assentiment total de Lénine.

Sans doute jugeait-il préférable de se contenter, pour le moment, de surveiller Staline et ses hommes et, à l'occasion, de sonder la résistance de Lénine à ses sollicitations ou remarques critiques. C'était peut-être là la leçon qu'il avait tirée de son amère expérience de la « discussion syndicale » : il ne voulait plus se lancer seul à l'aveuglette et surtout risquer de se couper de Lénine et de son autorité sur le parti.

***

Les premiers résultats de la Nep furent dans l'ensemble encourageants. Bien entendu, elle était intervenue trop tard pour empêcher la famine qui allait frapper si durement, dans l'hiver 1921-1922, des dizaines de millions de paysans. Mais les récoltes de 1922 atteignaient déjà les trois quarts de celles d'avant-guerre, et le koulak, même frappé par l'impôt en nature, disposait d'abondants surplus pour le marché : le commerce se ranimait donc, et le pays voyait surgir un peu partout de nouveaux bourgeois, souvent très petits encore, les « nepmen » qui tiraient parti des possibilités nouvelles de vivre et même de s'enrichir. L'industrie reprit plus lentement; la production industrielle de 1922 n'était encore que le quart de celle de l'avant-guerre avec alors plus de 500 000 chômeurs.

La bataille de la reconstruction économique était engagée sur le terrain. Paradoxalement pourtant, elle n'était en fait que secondaire par rapport à celle que Lénine, malade, allait engager à son tour, cette fois allié à Trotsky, et qui fut son « dernier combat ».

CHAPITRE XX

Le « bloc » avec Lénine [1]

Frappé d'une première attaque le 26 mai 1922, paralysé du côté gauche, Lénine eut à lutter longuement avant de pouvoir reprendre une certaine activité à partir du mois de juillet et se replonger dans le travail en octobre. Il n'avait alors devant lui – et sans doute le pressentait-il – que quelques mois pour une tâche dont il découvrit brutalement l'importance en reprenant le collier après quelques mois d'interruption.

Bien des indices – réflexions au passage dans des interventions ou des lettres – montrent qu'à la veille de cette attaque, il était toujours préoccupé du risque de scission dans le parti qui pouvait naître du moindre désaccord au sein du cercle dirigeant. C'est ainsi qu'il écrivait le 23 mars 1922 à Molotov, alors « secrétaire responsable du comité central » :

> « Actuellement, la politique prolétarienne du Parti est déterminée non pas par ses effectifs, mais par l'autorité immense et sans partage de cette couche très mince que l'on peut appeler la Vieille Garde du parti. Il suffit d'une faible lutte intestine au sein de cette couche pour que son autorité soit, sinon ruinée, du moins affaiblie au point que la décision ne dépendra plus d'elle [2]. »

En même temps, cependant, il se posait le problème du gouvernement et de la direction en termes tout à fait nouveaux. Déjà, en octobre 1921, il avait expliqué que les trois obstacles principaux étaient « la suffisance communiste », l'analphabétisme et la pratique des pots de vin [3]. Au XIe congrès du P.C.R. (b), il aborda, pour la première fois, semble-t-il, la question du pouvoir en termes de culture, avec des développements sur la nécessité d'apprendre, qui rappelaient les réflexions de Trotsky sur ce point. Il expliquait notamment :

> « La force économique dont dispose l'État prolétarien de Russie est tout à fait suffisante pour assurer le passage au communisme. Qu'est-ce

donc qui nous manque? C'est clair, ce qui manque, c'est la culture chez les dirigeants communistes [4]. »

Pour lui, les communistes étaient devenus les prisonniers de ce qu'il appelait « la machine bureaucratique » :

> « De fait, si nous considérons Moscou – 4 700 communistes responsables – et si nous considérons la machine bureaucratique, cette masse énorme, qui donc mène et qui est mené? Je doute fort qu'on puisse dire que les communistes mènent. A vrai dire, ce ne sont pas eux qui mènent. Ce sont eux qui sont menés [5]. »

Rappelant le phénomène, souvent constaté dans l'Histoire, de peuples conquis imposant leur culture à leur vainqueur, il établit une analogie avec les communistes vainqueurs en train de se soumettre en Russie, selon lui, à la culture « misérable, insignifiante » des vaincus :

> « Les communistes responsables [...] sauront-ils comprendre qu'ils ne savent pas diriger? Qu'ils s'imaginent mener les autres alors qu'en réalité c'est eux qu'on mène? S'ils arrivent à le comprendre, ils apprendront certainement à diriger, car c'est possible. Mais, pour cela, il faut étudier, or, chez nous, on n'étudie pas [6]. »

C'est sur la base de cette réflexion qu'après une remise au courant, à partir de juillet, il se lança de nouveau dans la bataille à l'automne.

L'histoire qui commença alors n'a pendant longtemps été connue que par le témoignage du seul Trotsky, les extraits de documents publiés dans *La Révolution défigurée*, son récit dans *Ma Vie* – une version rejetée avec indignation à Moscou et qualifiée de « faux calomnieux » par ceux qu'il appelait avec mépris « les épigones ». Or cette version a été de fait confirmée avec éclat, à partir de 1956, non seulement par le « discours secret » de Khrouchtchev, mais par la publication ultérieure de documents dont l'existence même avait été si longtemps niée. Peu après, sur la base de cette abondante documentation, Moshé Lewin publiait son ouvrage sur *Le Dernier Combat de Lénine*. Nous essaierons ici d'utiliser, sous une forme évidemment plus ramassée, l'ensemble de ces documents concernant quelques mois décisifs pour l'histoire soviétique.

* * *

Le récit donné par Trotsky dans *Ma Vie* porte d'abord sur une entrevue avec Lénine, qu'il ne date pas avec précision, mais situe « quelques semaines avant la deuxième crise » – laquelle eut lieu le 16 décembre 1922. L'entretien a été provoqué par une proposition du syndicat des travailleurs de l'enseignement de confier temporairement à Trotsky le commissariat à l'Éducation. Lénine n'était pas enthousiaste. Trotsky raconte :

> « Avec chaleur, avec insistance, visiblement ému, Lénine exposait son plan.

– [...] Il est indispensable que vous deveniez mon adjoint. La situation est telle que nous avons besoin d'un regroupement radical du personnel. "

« J'alléguai de nouveau que l' " appareil " me gênait de plus en plus dans mon travail, même au commissariat de la Guerre.

– Eh bien, vous pourrez secouer l'appareil ", reprit vivement Lénine, faisant allusion à une expression que j'avais naguère employée.

« Je répondis que j'avais en vue non seulement le bureaucratisme de l'État, mais celui du parti; que le fond de toutes les difficultés était dans la complicité des deux appareils et dans la complicité mutuelle des groupes influents qui se formaient autour d'une hiérarchie de secrétaires du parti [7]. »

Dans sa déposition de 1927 devant la commission centrale de contrôle du parti, Trotsky témoigne en ces termes :

« Lénine m'appela auprès de lui au Kremlin, me parla de l'effroyable développement du bureaucratisme dans notre appareil soviétique et de la nécessité de trouver un levier pour aborder sérieusement cette question. [...] Je lui répondis : "Vladimir Ilyitch, ma conviction est qu'il ne faut pas oublier qu'actuellement, dans la lutte contre le bureaucratisme de l'appareil soviétique, en province comme au centre, une sélection de fonctionnaires et de spécialistes, membres du parti, sans parti et à moitié membres du parti, se crée autour de certains groupes et personnalités dirigeantes du parti, dans la province, dans le district, dans la région, au centre, c'est-à-dire au comité central, etc. En faisant pression sur le fonctionnaire, on se heurtera au dirigeant du parti [...], et, dans la situation actuelle, je ne voudrais pas me charger de cette tâche [8]. »

Tout cela est en conformité avec une lettre du 25 janvier 1923 contenue dans les archives de Trotsky : il y déclarait au comité central avoir mis en question devant Lénine « la politique du secrétariat du comité central, du bureau d'organisation et du bureau politique dans les questions soviétiques [9] », et les nombreuses interventions de ces organismes, y compris dans le dos des responsables en titre. Il poursuit le récit, dans *Ma Vie* :

« Après un instant de réflexion, Lénine posa la question nettement :

– Ainsi vous proposez d'ouvrir la lutte non seulement contre le bureaucratisme de l'État, mais contre le bureau d'organisation du comité central? "

« Je me mis à rire, tellement c'était inattendu. Le bureau d'organisation du comité central était le centre même de l'appareil de Staline.

– Mettons qu'il en soit ainsi.

– Eh bien, continua Lénine, visiblement satisfait de ce que nous avions donné à la question sa vraie formule, je vous propose de faire bloc avec vous, contre le bureaucratisme en général, contre le bureau d'organisation en particulier.

– Il est flatteur, répondis-je, de faire un bloc honnête avec un honnête homme " [10]. »

La déposition de 1927 est citée ici presque mot à mot. Les deux hommes convinrent de se revoir. Lénine proposait de créer auprès du comité central une « commission pour la lutte contre le bureaucratisme » à laquelle il souhaitait la participation de Trotsky, selon la version de *Ma Vie,* « une commission sur la question d'une sélection, d'une formation et d'un pronostic plus juste des fonctionnaires et de rapports internationaux plus corrects [11] », selon la note du 25 janvier. Le récit est complété dans *Ma Vie* par un commentaire qui n'est évidemment pas dans les documents de 1923 et 1927 :

> « Dans le fond, cette commission devait servir de levier pour la destruction de la fraction stalinienne, épine dorsale de la bureaucratie, et pour la création dans le parti de conditions qui m'auraient donné la possibilité de devenir le remplaçant de Lénine, dans sa pensée, d'être son successeur au poste de président du conseil des commissaires du peuple [12]. »

Cet accord, demeuré secret, sous-tend toute l'histoire de cette période et notamment des batailles menées à l'initiative de Lénine au cours desquelles se renforce et finalement se scelle le « bloc » entre les deux hommes.

***

La première bataille s'est déroulée sur la question du monopole du Commerce extérieur. Elle a été brutalement engagée par une promesse faite au cours des conversations de Riga par le commissaire du peuple au Commerce extérieur Milioutine d'y renoncer prochainement [13].

Il semble bien que la majorité des dirigeants, et parmi eux Staline, étaient alors partisans, sinon de son abolition, du moins de son assouplissement : tous considéraient qu'une reprise et un développement rapide des échanges internationaux étaient nécessaires au succès de la Nep. Trotsky, lui, était fermement opposé à une mesure qui désarmait, selon lui, l'État ouvrier face à ses ennemis de classe. Lénine était également hostile à l'abolition et l'avait nettement exprimé en mars 1922. Mais il découvrit avec stupeur en mai que Staline considérait un affaiblissement du monopole comme inévitable.

Or, le 6 octobre suivant, au comité central, en l'absence de Lénine, le commissaire du peuple aux Finances, Sokolnikov, faisait adopter le principe d'importantes dérogations au monopole. Lénine réagit vivement à cette décision et la considéra, selon l'expression de M. Lewin, comme « un véritable coup qu'on lui aurait porté [14] ». Il commença donc à faire campagne parmi les autres dirigeants, invitant Trotsky à discuter avec lui cette question le 11 octobre 1922 [15]. Probablement conforté par cet entretien, il s'adressa le surlendemain à Staline pour protester contre « ce coup porté au monopole du Commerce extérieur [16] », et, par-dessus le marché, sans discussion véritable. Il demandait avec insistance l'ajournement de la solution du problème à travers son renvoi à la session prochaine du comité central [17].

Mais la résistance se révéla plus sérieuse que Lénine ne l'avait supposée. Dans une note écrite de sa main sur la lettre même de Lénine, Staline remarquait :

« La lettre du camarade Lénine ne m'a pas fait changer d'avis quant à la justesse de la décision du plénum du comité central du 6 octobre concernant le commerce extérieur [18]. »

Après quelques considérations superficielles sur la question, il ajoutait :

« Néanmoins, vu le caractère insistant de la proposition du camarade Lénine d'ajourner la mise à exécution du plénum du comité central, je vote pour, afin que cette question soit discutée par le prochain plénum avec la participation de Lénine [19]. »

La majorité du comité central le suivit. Le 12 décembre 1922, informé par une lettre de Lénine qu'il allait « guerroyer en faveur du monopole du commerce extérieur [20] », Trotsky lui répondit qu'il était convaincu de l'absolue nécessité non seulement de maintenir, mais encore de renforcer le monopole du commerce extérieur. Il attirait en outre son attention sur le danger qu'il y avait à saper le monopole sous le prétexte de réaliser des réformes générales également bien nécessaires. Fidèle à son analyse, il ajoutait d'ailleurs en conclusion que la question centrale demeurait « la régulation du commerce d'exportation en relation avec les opérations économiques d'ensemble » :

« Quelqu'un doit savoir et décider ce qui peut ou non être importé et ce qui doit être exporté. [...] Ce devrait, de toute évidence, être le travail de la Commission du Plan d'État [21]. »

La réponse de Lénine allait considérablement resserrer les liens entre les deux hommes. Il l'assurait de son accord, puis, sa maladie l'empêchant de participer au comité central, le priait d'y défendre leur position commune « sur la nécessité de maintenir et renforcer le monopole du commerce extérieur [22] ». Après plusieurs échanges, il concluait, dans une lettre du 15 décembre :

« Je considère que nous sommes arrivés à un accord total. Annoncez, s'il vous plaît, notre solidarité au plénum. J'espère que notre résolution passera, car plusieurs de ceux qui ont voté contre en octobre passent en partie ou totalement de notre côté.

« Si, contrairement à notre attente, notre résolution ne passait pas, faisons appel à la fraction du congrès des soviets et annonçons que nous porterons la question devant le congrès du parti [23]. »

Finalement, dans une lettre à destination des membres du C.C. adressée à Staline, Lénine annonçait de façon très provocante ses intentions :

« J'ai maintenant terminé la liquidation de mes affaires et je peux partir tranquille. J'ai achevé également de me mettre d'accord avec Trotsky pour la défense de mon point de vue sur le monopole du commerce extérieur. [...] Je suis convaincu que Trotsky défendra mon point de vue aussi bien que moi-même [24]. »

Le 18 décembre 1922, le comité central annulait ses décisions d'octobre et donnait satisfaction à Lénine. Ce dernier, le 21, dictait un petit mot pour Trotsky à Kroupskaia, tout à la joie de sa victoire :

« A ce qu'il semble, nous avons réussi à enlever la position sans coup férir, par une simple manœuvre. Je propose de ne pas s'arrêter là et de continuer l'offensive [25]. »

Ainsi le bloc Lénine-Trotsky avait-il remporté sa première bataille avant même que son existence soit connue. Certains commençaient à pressentir son existence et leur sommeil en était probablement troublé. Sa naissance n'a-t-elle pas déterminé, ou tout au moins conforté la troïka Zinoviev-Kamenev-Staline?

Quelques jours plus tard, Lénine rejoignait enfin, avec quelques réserves, le point de vue de Trotsky sur le Gosplan, écrivant dans une note dictée le 17 décembre 1922 :

« Cette idée a été lancée depuis longtemps je crois par le camarade Trotsky. Je m'étais prononcé contre, parce que j'estimais qu'il se produirait alors une discordance fondamentale dans le système de nos institutions législatives. Mais, après un examen attentif, je constate que, dans le fond, il y a là une idée juste, à savoir : la Commission du Plan d'État se situe un peu à l'écart de nos institutions législatives, bien que, formant un ensemble de gens compétents de la science et de la technique, elle dispose en fait du maximum d'éléments pour bien juger les choses. [...] On doit, je pense, accéder au désir du camarade Trotsky, sans confier pour autant la présidence de la Commission du Plan d'État à une personne choisie parmi nos chefs politiques [26]. »

***

Le deuxième conflit entre Lénine et Staline allait être nettement plus grave. L'affaire géorgienne ne mettait plus seulement en cause personnellement Staline – ici en tant que commissaire du peuple aux Nationalités – mais son système de gouvernement à travers l'activité de ses hommes liges et, au premier chef, Ordjonikidzé.

Nous avons vu comment, en 1921, la politique du fait accompli de Staline-Ordjonikidzé avait abouti, dans un premier temps, à l'occupation de la Géorgie par l'Armée rouge et, plus tard, à sa transformation sur un rythme accéléré en République soviétique. Lénine ne s'y était pas formellement opposé, mais les notes qu'il avait rédigées à ce propos, pressant, par exemple, Ordjonikidzé de trouver un accord de gouvernement avec les mencheviks, trahissaient sa profonde inquiétude.

Or les choses se développèrent, en 1922 et notamment pendant sa période de congé, selon une ligne peu conforme à ses souhaits. Très vite en effet le comportement de satrape d'Ordjonikidzé, sûr de l'appui de Staline et garanti contre toute surprise de Moscou, souleva le mécontentement, puis l'indignation et la fureur des communistes géorgiens, légitimement sensibles aux sentiments nationaux de la population. Le projet de Fédération caucasienne regroupant Géorgie, Arménie et Azerbaïdjan, inspiré par Lénine, fut rejeté presque à l'unanimité par les communistes géorgiens, et le congrès des soviets géorgiens adopta des résolutions hostiles à la Fédération – dont même les partisans d'ailleurs se dressèrent contre les pratiques autocratiques d'Ordjonikidzé.

Le 10 août 1922, alors que Lénine était encore tenu très à l'écart des affaires en raison de son état de santé, le bureau politique décidait la constitution d'une commission chargée de déposer un projet réglant les relations entre la République russe (la R.S.F.S.R.) et les autres républiques indépendantes, parmi lesquelles la Géorgie. La commission, dont Staline assurait la présidence, élabora rapidement un projet revenant purement et simplement à l'intégration des républiques « indépendantes », devenues « autonomes », dans la Fédération russe. Les communistes géorgiens manifestèrent aussitôt une ferme opposition, revendiquant le remaniement du projet de façon à leur garantir « tous les attributs de l'indépendance [27] ».

L'épreuve de force était désormais engagée entre le P.C. géorgien, toutes tendances réunies, et le bureau caucasien du P.C.R. (b) dirigé par Ordjonikidzé, lequel sommait sans détour ses adversaires de se taire et de se soumettre. Staline précipitait les choses en août en faisant savoir aux Géorgiens que les décisions de la R.S.F.S.R. s'appliquaient, d'ores et déjà et en tout état de cause, à leur république [28]. A la réunion de la commission des 24 et 25 septembre, les Ukrainiens semblaient près de s'aligner sur les Géorgiens.

Lénine était préoccupé depuis toujours par la question nationale et se souvenait de la levée de boucliers qu'avait provoquée dans les rangs du parti sa prise de position en faveur de l'autodétermination. Il n'y a donc rien d'extraordinaire à ce qu'il ait demandé qu'on lui fasse parvenir le dossier complet de l'activité de la commission, de ses propositions et de l'accueil qu'elles avaient reçu. Il l'eut en main le 25 septembre. Moshé Lewin relève très justement qu'il est tout à fait clair qu'à cette époque, bien que parfois réservé à l'égard du comportement de Staline, il lui gardait toute sa confiance personnelle et ne mettait pas un instant en doute la véracité de ses affirmations [29]. Mais il formula des réserves à propos du projet, qu'il trouvait un peu « précipité », et se prononça à la fois contre la formule des républiques « autonomes » au sein de la Fédération russe, et pour leur intégration à toutes, R.S.F.S.R. comprise, au sein d'une Union des républiques socialistes soviétiques [30].

Sûr de lui, fort du pouvoir acquis pendant les mois de la maladie de Lénine, il semble que Staline s'impatienta. Il n'appréciait pas les remarques du « Vieux » – qu'il jugeait en dehors du coup – et souhaitait lui opposer une attitude de fermeté. Communiquant au bureau politique la lettre de Lénine proposant modifications et amendements au projet de la commission, il la commentait en accusant Lénine à la fois de « libéralisme national » et de « centralisme hâtif », une attitude seulement susceptible, d'après lui, d'encourager en Géorgie les résistances « nationalistes » et « séparatistes » des communistes géorgiens [31]. Fidèle cependant à la tactique qui était la sienne depuis des années, il n'affronta pas Lénine devant le comité central, céda sans combat et laissa l'assemblée réaménager le projet conformément aux vœux de Lénine. Il est très probable que ce dernier s'était contenté, jusque-là, de penser, comme il l'avait suggéré à Kamenev le 26 septembre, qu'en cette affaire Staline avait seulement « quelque peu tendance à brusquer les choses ». Les remarques de Staline sur son projet, sa dérobade devant la discussion, alertèrent Lénine. Le jour même du débat au comité central, il écrivait au bureau politique une note lourde de signification :

> « Je déclare une guerre à mort au chauvinisme grand-russe. Aussitôt que je serai délivré de ma maudite dent, je le dévorerai avec toutes mes dents saines.
>
> « Il faut *absolument* insister pour que le comité exécutif central fédéral (des soviets) soit *présidé* à tour de rôle par
> un Russe
> un Ukrainien
> un Géorgien, etc.
> «*Absolument* [32]. »

Mais l'accord intervenu au comité central – auquel avait participé Mdivani, porte-parole des communistes géorgiens opposants – n'était qu'un accord de façade. Pour les Géorgiens, la République indépendante de Géorgie devait être appelée, ainsi que les autres républiques géorgiennes, à entrer, sur pied d'égalité avec la R.S.F.S.R., dans l'Union des républiques. Staline et Ordjonikidzé, refusant de perdre la face, continuaient à exiger l'entrée de la Géorgie dans la Fédération transcaucasienne et l'admission dans l'U.R.S.S. de la seule fédération.

L'épreuve de force commençait. Fort de l'appui inconditionnel du secrétariat, Ordjonikidzé l'utilisait pour démanteler, par mutations et nominations, les positions de ses adversaires. Ces derniers cherchaient désespérément à Moscou d'éventuels appuis, obtenaient finalement de Boukharine qu'il remette à Lénine une plainte énumérant leurs griefs. Toujours convaincu que Staline, même s'il avait tort sur le fond, ne manipulait pas l'information qu'il lui procurait, Lénine répondit vertement aux Géorgiens, leur reprochant le « ton indécent » de leur lettre :

> « J'étais persuadé que tous les désaccords avaient été tranchés par les résolutions adoptées par la réunion plénière du comité central avec ma participation indirecte et la participation directe de Mdivani. C'est pourquoi je condamne catégoriquement les injures à l'adresse d'Ordjonikidzé et j'insiste pour que votre conflit soit porté sur un ton convenable et loyal devant le secrétariat du comité central du P.C.R. qui tranchera [33]. »

Désespérés d'être ainsi renvoyés à Staline pour se plaindre de lui et de ses hommes, les opposants géorgiens décidèrent un geste spectaculaire : une démission en masse du comité central du P.C. de Géorgie, le 22 octobre [34]. Sans perdre de temps, Ordjonikidzé faisait immédiatement désigner un nouveau C.C. par le bureau caucasien. Les incidents se multipliaient, et Ordjonikidzé se laissa aller, au cours d'une empoignade, à frapper Kibanidzé, un partisan de Mdivani [35]. Lettres, résolutions, plaintes – émanant même de partisans de la fédération comme Makharadzé – s'accumulaient à Moscou, dénonçant les méthodes du secrétariat et de son proconsul en Géorgie. Il semble que c'est seulement alors que Lénine commença à éprouver des doutes. S'abstenant lors du vote au bureau politique pour l'envoi en Géorgie d'une commission d'enquête dirigée par Dzerjinski, chef de la Tchéka, il chargea Rykov, qui partait pour la Géorgie, d'une mission d'information [36].

Le retour, à trois jours d'intervalle, de Rykov et de la commission Dzerjinski, lui enleva toute illusion s'il en conservait encore. Il apprit en effet que cette commission avait approuvé la décision du secrétariat de rappeler à Moscou tous les adversaires d'Ordjonikidzé, les éloignant ainsi de la Géorgie. Il apprit aussi de la bouche de Dzerjinski l'acte de brutalité d'Ordjonikidzé contre Kibanidzé que Rykov avait tenté de lui dissimuler. Il n'est pas douteux que Lénine fut absolument bouleversé par ces découvertes. Selon Moshé Lewin, son entretien avec Dzerjinski eut « une influence néfaste sur la progression de la maladie de Lénine et hâta sans doute la crise » qui allait le frapper quelques jours plus tard, le 13 décembre au matin [37].

Le 30 décembre, malgré les terribles difficultés qu'il éprouvait désormais, il dicte l'essentiel de ses notes sur la question des nationalités [38] commençant par la célèbre phrase : « Je suis, je crois, grandement coupable devant les ouvriers de Russie [39]. [...] Nous avons, écrit-il plus loin, glissé dans un bourbier » :

> « Nous appelons nôtre un appareil qui, de fait, nous est foncièrement étranger et représente un salmigondis de survivances bourgeoises et tsaristes [40]. »

Ce qu'il a découvert dans l'affaire géorgienne, sous ce qu'il appelle « une formule bureaucratique », c'est « l'invasion du Russe authentique, du Grand-Russe, du chauvin, de ce gredin et de cet oppresseur qu'est au fond le bureaucrate russe typique [41] ». Et pour bien situer les responsabilités, il précise :

> « Je pense qu'un rôle fatal a été joué ici par la hâte de Staline et son goût pour l'administration, ainsi que par son irritation contre le fameux social-nationalisme [42]. »

Il condamne également ce qu'il appelle « l'état d'esprit 100 % russe » de Dzerjinski et la « faute irréparable » qu'il a commise en prenant à la légère les brutalités d'Ordjonikidzé [43]. Son verdict est féroce contre Staline :

« Le Géorgien qui considère avec dédain ce côté de l'affaire, qui lance dédaigneusement des accusations de " social-nationalisme " (alors qu'il est lui-même non seulement un vrai, un authentique " social-national ", mais encore un brutal argousin grand-russe), ce Géorgien-là porte en réalité atteinte à la solidarité prolétarienne de classe [44]. »

En janvier et février 1923, en dépit de toutes les restrictions apportées à son activité par le bureau politique sous prétexte de ménager sa santé – et qui le révoltent –, Lénine travaille dur sur la question géorgienne et réussit à apprendre ce qu'on lui cache, à savoir l'approbation par le bureau politique des conclusions de la commission Dzerjinski pour le déplacement des camarades de Mdivani, et un quitus moral à Staline et Ordjonikidzé. Il charge alors un petit groupe de ses proches collaborateurs de mener pour lui l'enquête : c'est sa « commission clandestine » qui lui apprend, par exemple, que le texte de la plainte de Kibanidzé contre Ordjonikidzé a « disparu » du dossier. Elle lui remet, le 3 mars, un rapport détaillé dont le texte est resté secret, même à l'époque de la déstalinisation.

Lénine n'a maintenant plus de doutes et sa position, complètement inversée par rapport à celle de l'été de 1922, est désormais très ferme. Il écrit à Trotsky le 5 mars :

« Je vous prie avec insistance de vous charger de la défense de l'affaire géorgienne au comité central du parti. Cette affaire se trouve actuellement sous la " persécution " de Staline et de Dzerjinski, et je ne peux pas me fier à leur impartialité! C'est le contraire qui est vrai. Si vous consentez à entreprendre la défense, je pourrais alors être rassuré; si vous ne consentiez pas, pour une raison quelconque, rendez-moi alors le dossier, j'y verrai le signe de votre désaccord.

« Avec mon meilleur salut de camarade. [45] »

Dans le récit qu'il donne dans *Ma Vie*, Trotsky assure qu'il décida d'assumer cette défense. L'Institut du Marxisme-Léninisme de Moscou prétend qu'il refusa pour raison de santé, mais n'apporte, à l'appui de cette allégation, aucun élément de preuve. Adam B. Ulam assure aussi qu'il refusa – car il renvoya le dossier sans oublier d'en prendre une copie – et qu'il s'efforça ensuite de le dissimuler. Mais ses arguments sont faibles et son développement allusif et confus [46]. Dans les annexes du « Journal des secrétaires de Lénine », Moshé Lewin cite une lettre de L.A. Fotieva qui constitue la preuve de l'acceptation de Trotsky [47]. Lewin précise en outre :

« Grâce au *Journal* et aux autres sources auxquelles nous nous référons ici on peut constater que Trotsky est une source sûre. A les confronter avec les révélations de l'I.M.L., on voit que ses renseignements sont fournis avec la plus grande honnêteté et la plus grande exactitude. Dans tout ce qu'il raconte des événements dont il est ici question, il ne se trompe au plus – et rarement – que d'une journée dans sa chronologie [48]. »

Placées dans des enveloppes dont les secrétaires de Lénine ont précisé, à sa demande, qu'elles ne pourraient être ouvertes que par Kroupskaia, les réflexions de Lénine sur les dirigeants du parti et sur la question nationale devaient demeurer ignorées des citoyens soviétiques et même des cadres du parti. Deux articles cependant, publiés dans la *Pravda* à plusieurs semaines d'intervalle, indiquèrent au lecteur attentif la distance qui s'était creusée au cours des derniers mois entre Lénine et Staline.

Il s'agit de deux articles consacrés à l'Inspection ouvrière et paysanne, commissariat du peuple dont Staline n'était plus titulaire depuis une année, mais où il continuait, à travers les hommes qu'il y avait placés, à exercer une influence prépondérante. Parfaitement conscient du sens de l'attaque portée par Lénine, le bureau politique songea pendant un moment à ne pas publier ces deux textes, les tout derniers dictés par Lénine.

Le premier article porte sur la nécessaire « réorganisation de l'Inspection ouvrière et paysanne [49] ». La critique est dévastatrice. Nous nous contenterons de relever que, tout en proposant une réduction massive des effectifs de l'Inspection à 300 ou 400 employés, il affirme la nécessité – sans doute par opposition à la réalité du moment – que tous les collaborateurs de l'Inspection soient « particulièrement vérifiés eu égard à leur bonne foi et à leur connaissance de l'appareil d'État [50] ».

Avec « Mieux vaut moins, mais mieux », publié dans la *Pravda* du 4 mars 1923 [51], Lénine franchit un pas supplémentaire dans le tir nourri qu'il dirige ouvertement désormais contre Staline. Reprenant ses réflexions antérieures sur les problèmes de culture en relation avec l'appareil d'État, il nota d'abord, ce qui était une attaque très directe :

> « Il nous suffirait pour commencer d'avoir une véritable culture bourgeoise : il nous suffirait, pour commencer, de nous passer des types particulièrement invétérés des cultures prébourgeoises, c'est-à-dire bureaucratique ou féodale [52]. »

Passant, une fois de plus, à la question de l'appareil d'État, il relevait que les choses y allaient « mal », y étaient même « détestables ». Il n'y avait pas, selon lui, d'éléments « pour édifier un appareil vraiment neuf, et qui mérite totalement le nom d'appareil socialiste, soviétique, etc. [53] ». C'était précisément ce qui, à ses yeux, impliquait d'abord une transformation de l'Inspection ouvrière et paysanne en un nouveau « Commissariat du peuple ». Il donnait une définition très importante de ce qu'il appelait « le meilleur » du régime social soviétique :

> « Les ouvriers avancés d'abord et, en second lieu, les éléments vraiment instruits pour lesquels on peut se porter garant qu'ils ne croiront

rien sur parole et qu'ils ne diront pas un mot qui soit contraire à leur conscience, ne craignent pas de prendre conscience des difficultés, quelles qu'elles soient, et ne reculent devant aucune lutte pour atteindre le but qu'ils se seront sérieusement assigné [54]. »

Après avoir ainsi défini négativement les éléments de l'Inspection ouvrière et paysanne, il mettait enfin les points sur les i, portant un rude coup au prestige de Staline :

« Parlons net. Le commissariat du peuple à l'Inspection ouvrière et paysanne ne jouit pas à l'heure actuelle d'une ombre de prestige. Tout le monde sait qu'il n'est point d'institutions plus mal organisées que celles qui relèvent de notre Inspection ouvrière et paysanne, et que, dans les conditions actuelles, on ne peut rien exiger de ce commissariat. [...] Je demande à n'importe quel dirigeant actuel de l'Inspection ouvrière et paysanne ou aux personnes qui ont des rapports avec elle, de me dire en toute conscience quel besoin il y a pratiquement d'un commissariat comme l'Inspection ouvrière et paysanne [55]. »

* * *

La « déstalinisation » sous l'égide de Khrouchtchev – on l'a déjà souligné – n'a finalement « révélé » que ce qui était déjà connu. En tout cas, elle a constitué, sans, bien sûr, l'avoir voulu, une confirmation de la véracité des documents et textes cités ou évoqués par Trotsky. Écrivant en 1967, Moshé Lewin pouvait assurer sans crainte que les publications de Moscou des dernières années avaient permis de constater l'exactitude du témoignage de Trotsky.

Au premier rang de ces documents figure évidemment la lettre de Lénine au comité central qu'on appelle, de façon quelque peu impropre, son « testament » : des notes dictées les 23 et 24 décembre 1922 et complétées le 4 janvier 1923.

Lénine revient, dans ce texte célèbre, sur le problème qui était depuis l'hiver 1920-1921 au centre de ses préoccupations, à savoir le risque de scission du parti et, dans l'immédiat, le problème de la cohésion du comité central. Il écrit :

« J'estime que sous ce rapport, le point essentiel dans le problème de la cohésion, c'est l'existence de membres du comité central comme Staline et Trotsky. Les rapports entre eux constituent à mon sens le principal du danger de cette scission qui pourrait être évitée [56]. »

Il passe ensuite à une brève caractérisation des deux hommes :

« Le camarade Staline, devenu secrétaire général, a concentré entre ses mains un pouvoir illimité et je ne suis pas sûr qu'il puisse toujours s'en servir avec assez de circonspection. D'autre part, le camarade Trotsky, comme l'a déjà montré sa lutte contre le comité central dans la question du Commissariat du Peuple aux voies de communication, ne se fait pas seulement remarquer par des capacités éminentes. Il est peut-être l'homme le plus capable de l'actuel Comité central. Mais il pèche par excès d'assurance et par un engouement exagéré pour le côté purement administratif [57]. »

Quelques lignes plus loin, évoquant « l'épisode d'Octobre de Zinoviev et Kamenev », qu'il ne juge pas « accidentel », il assure qu'on ne peut pas plus le leur reprocher que « le non-bolchevisme de Trotsky ». Quelques phrases sur Boukharine et Piatakov terminent cette brève présentation [58].

Ce texte – dont l'existence même a été si longtemps contestée et avec autant de violence – mérite un examen attentif, qui ne lui a été que rarement accordé, peut-être parce que toute l'attention était consacrée au problème de son existence.

La première remarque qui s'impose est que Lénine considère Staline et Trotsky comme les deux dirigeants éminents – une affirmation qui, selon Moshé Lewin, « avait de quoi, par la place accordée à Staline, étonner le pays, blesser Trotsky et surprendre désagréablement Zinoviev et Kamenev [59] ». Correspondait-elle, comme le suggère le même auteur, à la découverte par Lénine de l'étendue des pouvoirs détenus par Staline, devenu secrétaire général? C'est possible, pas avéré.

Moshé Lewin souligne par ailleurs le soin avec lequel Lénine trace le portrait des deux hommes de façon à ne laisser transparaître aucune préférence. Les qualités individuelles supérieures – les dons et le talent – qu'il reconnaît à Trotsky sont compensées par le rappel de son comportement pendant la discussion syndicale et celui de son passé de conciliateur antibolchevique. En ce qui concerne Staline, l'accent est mis non sur l'homme et sur ses qualités, mais sur l'étendue de son pouvoir et le risque – le risque seulement – qu'il ne l'utilise imprudemment. L'historien a raison quand il écrit :

> « Supposons la rédaction des notes arrêtée ici et qu'elles fussent lues ensuite à la tribune d'un congrès du parti, elles sembleraient dominées par un souci d'équilibre, par la volonté de maintenir le *statu quo* pour éviter la scission [60]. »

Ce dernier message de Lénine à son parti aurait donc été, à la date du 25 décembre 1922, un appel à la prudence, une invitation à préserver un équilibre, une mise en garde contre ce qui, chez l'un et l'autre des deux « dirigeants éminents », pouvait nuire à la cohésion de la direction.

Pourtant, le 4 janvier 1923, il dicte à Fotieva un complément qui change tout et détruit en particulier l'équilibre sur lequel il avait jusqu'alors jalousement veillé :

> « Staline est trop brutal, et ce défaut, parfaitement tolérable dans notre milieu et dans les relations entre nous, communistes, ne l'est plus

dans les fonctions de secrétaire général. Je propose donc aux camarades d'étudier un moyen pour démettre Staline de ce poste et pour nommer à sa place une autre personne qui n'aurait en toutes choses sur le camarade Staline qu'un seul avantage, celui d'être plus tolérant, plus loyal, plus poli et plus attentif envers les camarades, d'humeur moins capricieuse, etc. Ces traits peuvent sembler n'être qu'un infime détail. Mais, à mon sens, pour nous préserver de la scission et en tenant compte de ce que j'ai écrit plus haut sur les rapports de Staline et de Trotsky, ce n'est pas un détail, ou bien c'en est un qui peut prendre une importance décisive [61]. »

Que s'est-il passé entre le 24 décembre 1922 et le 4 janvier 1923? La tentation – à laquelle certains historiens n'ont pas résisté – consiste à chercher quel a été l'incident personnel, la goutte d'eau qui a fait déborder le vase des divergences. Or Staline accepte difficilement l'accumulation de remarques critiques venant de la chambre d'un malade dont il espère avoir secoué la tutelle. La correspondance entre Lénine et Trotsky, leurs rencontres, la lettre du premier au second du 18 décembre, célébrant leur victoire dans la bataille du monopole du commerce extérieur lui apparaissent comme autant de menaces intolérables, l'enragent et lui ont sans doute fait perdre son sang-froid. Le 21 décembre, en effet, apprenant que la lettre a été dictée à Kroupskaia, il appelle cette dernière au téléphone, l'injurie et la menace pour avoir contrevenu, ce faisant, aux prescriptions médicales, bien qu'elle ait eu l'accord des médecins pour prendre en note un texte que Lénine voulait dicter.

La compagne de Lénine proteste le même jour dans une lettre à Kamenev, vice-président du gouvernement, et demande à « être protégée d'une ingérence grossière [...], d'injures indignes et de menaces [62] ». Kroupskaia, qui n'a pas informé tout de suite Lénine de l'incident, pour lui éviter une émotion, lui en a-t-elle parlé entre le 25 décembre 1922 et le 4 janvier 1923? On tiendrait là une explication événementielle de ce complément qui change totalement la tournure primitive du « testament ».

Jusqu'à la production d'éléments supplémentaires probants, notamment sur la chronologie, nous souscrivons entièrement, pour notre part, à l'explication proposée sur ce point par Moshé Lewin :

> « Nous en savons assez sur Lénine pour trouver aux déclarations d'Ilyitch contre Staline une explication qui sied mieux à son caractère, à sa conscience de chef responsable, pour qui la politique primait toute autre considération [63]. »

L'historien du *Dernier Combat de Lénine* estime impossible que l'incident entre Staline et Kroupskaia ait pu pousser Lénine à « un acte politique de nature à bouleverser les rapports de force dans le comité central ».

> « Il avait pour le faire des raisons autrement sérieuses. Pour s'en convaincre, il suffit d'étudier les notes sur la question nationale [...] dictées les 30 et 31 décembre [64]. »

C'est seulement le 5 mars 1923 qu'évoquant « la grossièreté » et les « injures téléphoniques » de Staline à Kroupskaia, Lénine écrit à Staline que ce qui est dirigé contre sa femme l'est aussi contre lui. Il lui donne le choix entre des excuses et une rupture de leurs relations personnelles. Le même jour, il écrit à Mdivani la lettre que nous connaissons et charge Fotieva d'informer Kamenev de son alliance avec Trotsky dans l'affaire géorgienne [65]. Sa secrétaire, Gliasser, annonce à Trotsky : « Vladimir Ilyitch prépare une bombe contre Staline [66]. »

Le 7 mars, c'est la seconde attaque, infiniment plus sévère que la première. Lénine n'a, disent les communiqués officiels, plus l'usage de la parole. Il va survivre plus de dix mois, probablement conscient de sa déchéance et condamné au supplice de l'impuissance totale.

***

Tout indique finalement que Lénine, au début de 1923, avait bel et bien décidé de s'engager dans le combat contre Staline et la bureaucratie, à commencer par l'appareil du parti et que c'est dans ce but qu'il avait conclu avec Trotsky une alliance qui a connu un début d'application. Trotsky est parfaitement convaincant, de ce point de vue, quand il écrit dans *Ma Vie* :

> « [Après le 4 janvier], Lénine ne préparait plus seulement l'élimination de Staline du poste de secrétaire général; il voulait le disqualifier devant le parti. Sur la question du monopole du commerce extérieur, sur la question du régime intérieur du parti, de l'Inspection ouvrière et paysanne et sur la commission de contrôle, Lénine, systématiquement et avec persévérance, vise à porter au XIIe congrès, à travers la personne de Staline, le coup le plus terrible au bureaucratisme, à la solidarité de complices des fonctionnaires, aux abus de pouvoir, à l'arbitraire et à la brutalité [67]. »

Il pose alors la question :

> « Lénine aurait-il pu réussir le regroupement qu'il méditait dans la direction du parti [68]? »

Et il répond nettement :

> « A ce moment-là, sans aucun doute. [...] Notre action commune, si elle avait eu lieu au début de 1923, nous aurait certainement assuré la victoire. [...] Dans quelle mesure cette victoire aurait été durable, c'est une autre question. [...] En 1922-1923, il était encore tout à fait possible de s'emparer de la principale position stratégique en menant une offensive ouverte contre la fraction qui se formait rapidement des fonctionnaires nationalo-socialistes, des usurpateurs de l'appareil, des captateurs de l'héritage d'Octobre, des épigones du bolchevisme [69]. »

S'efforçant de répondre à la même question, Moshé Lewin, de son côté, relève que Lénine, au début de 1923, après son complément du

4 janvier, ne semble plus se soucier du danger de fractionnisme qui avait semblé dominer ses préoccupations depuis 1921. Il pense aussi que Lénine n'a pressenti qu'une partie seulement de la réalité, « l'ampleur du danger représenté par l'abus du pouvoir » que pouvait commettre le sommet de la hiérarchie, et « sa dégénérescence en une dictature personnelle irresponsable ». Il poursuit :

> « Pour ne pas être battu, Lénine aurait dû accomplir des prodiges d'habileté, il aurait dû se montrer audacieux, adroit manœuvrier, innovateur politique. [...] Il aurait dû, selon ses propres termes, " faire preuve d'une obstination prodigieuse ". On peut penser qu'il en était capable. Il est légitime de penser que Lénine, agissant de concert avec Trotsky et d'autres encore, aurait pu faire passer la Russie soviétique par un chemin moins tragique, plus rationnel, et qui aurait moins compromis l'idée du socialisme. [...] A eux deux, ils symbolisaient l'appel mobilisateur de la révolution d'Octobre [70]. »

Dressant le bilan de l'affaire géorgienne, il écrit qu'il est parfaitement légitime de supposer que la structure ultérieure de l'Union soviétique aurait été finalement passablement différente de celle qu'elle allait devenir [71]...

***

L'absence de Lénine, les réserves de Trotsky ont eu des conséquences limitées, sur le coup, au bureau politique du P.C.U.S., mais qui n'ont pu que contribuer de façon importante à l'accroissement des tensions et à l'aggravation des antagonismes.

Le premier conflit au sommet éclate à propos de l'article de Lénine sur la réorganisation de l'Inspection ouvrière et paysanne que Boukharine ne publia pas dans la *Pravda* du 23 janvier 1923 comme l'avait demandé Lénine en l'adressant à la rédaction de l'organe central du parti. Kroupskaia téléphona alors à Trotsky pour lui demander son intervention, insistant sur l'impatience de Lénine quant à la publication de son plan. C'est Trotsky qui obtint la convocation immédiate du bureau politique sur cette question.

Tous les présents au début de la réunion, Staline, Molotov, Kouibychev, Rykov, Kalinine et Boukharine – à l'exception du seul Trotsky –, se prononcent contre le plan de Lénine et la publication de l'article que repoussent avec une vigueur particulière les membres du secrétariat. Pour répondre à Trotsky qui souligne l'impatience de Lénine d'avoir en main le journal avec l'article imprimé, Kouibychev propose même de tirer un numéro unique de la *Pravda* contenant l'article et destiné au seul Lénine. Kamenev, arrivé avec une heure de retard, soutient Trotsky : pour eux, il est impossible de cacher au parti l'article de Lénine – ce dont finalement les adversaires de la publication se laissent convaincre non sans arrière-pensées. L'article de Lénine est donc finalement publié dans la *Pravda* du 25 janvier.

Un second débat, très vif, commence alors autour de projets de réorganisation du comité central, dont l'un est déposé par Lénine, l'autre par le secrétariat général. Trotsky combat résolument aussi une proposition de Lénine d'augmenter le nombre des membres du comité central, dont il juge qu'il sera ainsi plus manipulable. Une campagne en forme d'insinuations va lui reprocher de combattre en sous-main les idées de Lénine. Informé, il proteste, dans une lettre au comité central du 23 février, et menace de porter le débat devant l'ensemble du parti, afin de mettre fin aux rumeurs et de placer chacun devant ses responsabilités. Les griefs se multiplient et les rancœurs s'accroissent.

L'incertitude continue pourtant à planer sur la santé de Lénine : « le Vieux » va-t-il se rétablir suffisamment pour reprendre une certaine activité, et dans combien de temps? Cette situation va se prolonger pendant des mois : tant que la guérison de Lénine et son retour aux affaires demeureront une éventualité plausible, le bloc Lénine-Trotsky demeurera une possibilité, une menace que leur cible ne sous-estime pas. La lutte politique au sommet du premier « État ouvrier » dépend, dans ces conditions, des médecins et de la lutte contre l'artériosclérose d'un homme encore jeune à la constitution jugée alors, peut-être à tort, exceptionnellement robuste.

Trotsky en a plus que quiconque conscience. Les responsabilités qui pèsent sur ses épaules, à partir de la rechute de Lénine, deviennent écrasantes à la veille du XIIe congrès. Peut-on se comporter dans le parti comme si Lénine était mort? Doit-on renvoyer à une date ultérieure toute décision capitale concernant l'avenir du parti et n'engager le combat que s'il meurt ou s'il guérit?

C'était là certainement le type de problème auquel Trotsky était le plus mal préparé.

CHAPITRE XXI

Le parti mondial de la Révolution [1]

De 1918 à 1920, Trotsky fait la guerre et parcourt les fronts. Entre la bataille de Sviajsk et celle de Petrograd cependant, il participe au premier congrès de l'Internationale communiste et rédige son *Manifeste*. Convaincu, depuis l'aube de sa vie de militant, que la révolution russe doit être et sera le début de la révolution mondiale, il consacre des forces et du temps, en pleine guerre civile, à la construction et à la préparation de l'outil historique, du parti mondial de la révolution prolétarienne, l'Internationale communiste. On peut dire que son regard ne s'est jamais éloigné de l'Allemagne, porte ouverte sur cette perspective. Le 3 octobre 1918, il écrit :

> « Nous pouvons dire avec confiance que le prolétariat allemand, armé de toute sa technique, d'un côté, et notre Russie, désorganisée mais très riche, de l'autre, formeront un bloc puissant contre lequel se briseront en vain les vagues de l'impérialisme [2]. »

Immédiatement après la révolution du 9 novembre et l'abdication de l'empereur Guillaume II, il salue avec enthousiasme le drapeau rouge des conseils d'ouvriers et de soldats qui flotte sur Berlin : la révolution des prolétaires allemands vient enfin de saisir la main tendue depuis octobre 1917. Tempérant l'ardeur de ceux pour qui l'isolement de la Russie révolutionnaire est définitivement terminé, il met en garde contre les illusions que pourraient alimenter la rapidité et l'apparente facilité des premières victoires. Du train qui roule vers une nouvelle bataille, il explique à ses camarades la différence entre les deux révolutions, la russe et l'allemande :

> « Au moment où la classe ouvrière russe s'est dressée sur ses pieds, elle n'avait pas à partir de rien. Elle avait à sa tête un parti centralisé, uni par les liens les plus étroits de la doctrine historique et de la solidarité révolutionnaire interne – qui marchait avec elle à travers les obstacles et qui est maintenant au pouvoir –, notre parti communiste.
>
> « Il n'y a pas encore en Allemagne semblable parti. [...] La classe ouvrière allemande doit faire face à une double tâche : elle doit faire sa

révolution et, dans le cours de cette révolution, bâtir l'instrument de la révolution; c'est-à-dire bâtir un authentique parti révolutionnaire [3]. »

Le 15 janvier 1919, au terme de violentes manifestations ouvrières à Berlin, les corps francs au service du ministre social-démocrate Noske assassinent à Berlin Karl Liebknecht et Rosa Luxemburg, fondateurs et porte-drapeau du jeune parti communiste allemand, créé deux semaines auparavant. Trotsky est choisi par le soviet de Petrograd pour venir parler de ces deux révolutionnaires, qui ont été ses proches camarades, au meeting de masse organisé pour honorer leur mémoire.

Après avoir brossé un portrait des deux militants allemands assassinés, il souligne combien ce coup a été savamment calculé et le mal que fait à la révolution allemande le double meurtre commis sous l'égide d'un gouvernement social-démocrate de contre-révolution. Il s'élève pourtant contre l'idée selon laquelle cette dernière aurait triomphé. Pour lui, le prolétariat allemand n'est pas vaincu, car il ne s'est pas encore soulevé pour prendre le pouvoir. Les journées de janvier à Berlin ont été, comme les journées de juillet à Petrograd, une « reconnaissance en profondeur » et non un assaut. Le plus grave, c'est la mort de deux commandants importants de cette armée : « C'est une perte cruelle, mais ce n'est pas une défaite. Le combat est encore à venir [4]. »

C'est probablement dans les mêmes journées que Trotsky a été appelé à rédiger la lettre d'invitation à ce qui n'est encore, selon une formule ouverte, qu'un « congrès international des partis prolétariens révolutionnaires ». Pour lui comme pour Lénine, comme pour leur parti tout entier, la IIe Internationale a fait faillite en 1914, et c'est sous leur influence que le congrès international se transformera en congrès de formation de l'Internationale communiste [5].

Les fondements proposés pour le congrès sont les programmes du parti russe et de la Ligue spartakiste allemande. L'objectif est de préparer la prise du pouvoir par le prolétariat et la destruction de l'ancien appareil d'État. La dictature du prolétariat est définie comme « la démocratie prolétarienne », « l'auto-administration », « le pouvoir des conseils ouvriers ou des organisations ouvrières ». Elle sera le levier de « l'abolition de la propriété privée des moyens de production et de sa transformation en propriété sociale [6] ».

Analysant la division de la Ie Internationale en trois tendances fondamentales, la droite des « social-patriotes », le « centre » et la gauche, foyer des révolutionnaires, la lettre d'invitation trace les tâches de la gauche. Il s'agit de combattre implacablement les social-patriotes, passés du côté de la contre-révolution armée. Elle s'efforcera en revanche de détacher des directions « centristes » par une critique impitoyable, les éléments révolutionnaires dans les cadres et à la base. Et Trotsky, qui n'a pas oublié ses années parisiennes et le groupe des amis de *La Vie ouvrière* de Monatte et Rosmer, souligne également la nécessité de convaincre et de gagner les éléments extérieurs aux partis socialistes qui « se placent sur le terrain de la dictature du prolétariat », « en premier lieu les éléments syndicalistes du mouvement ouvrier [7] ». Pour le P.C.R. (b), la lettre d'invitation est signée de Lénine et de Trotsky.

Celui-ci est présent à la conférence qui se tient finalement à Moscou à partir du 4 mars 1919, plusieurs mois après la lettre d'invitation, sans avoir pourtant réussi à obtenir la venue de délégués vraiment représentatifs de véritables organisations. Il y présente un rapport sur l'Armée rouge [8]. Comme tous les délégués de son parti, il manifeste initialement la plus grande prudence à l'égard de la proposition de fonder l'Internationale, du fait de l'hostilité des communistes allemands exprimée dans le débat. Il hésite, comme les autres, jusqu'au dernier moment : peut-on vraiment passer outre, pour le moment, à l'opposition de Rosa Luxemburg? Ou, plus exactement, le moment de passer outre est-il déjà venu? Les informations d'Europe centrale, la description apocalyptique qu'en fait un délégué autrichien, emportent finalement la décision et c'est une résolution présentée par son ami Rakovsky qui déclare créée la IIIe Internationale qu'on appellera aussi Internationale communiste.

Il va lui revenir la tâche, essentielle, de rédiger de sa meilleure plume le *Manifeste de l'Internationale communiste aux prolétaires du monde entier* [9] que Zinoviev devait bientôt qualifier de « second Manifeste du parti communiste » et dont il explique que les communistes sont « les héritiers et exécuteurs de l'œuvre [10] ». L'accent est mis d'abord sur la guerre mondiale et ses conséquences. Avec les souffrances inhumaines qu'elle a infligées, elle a définitivement tranché, selon lui, « la vieille querelle académique des socialistes sur la paupérisation et le passage progressif du capitalisme au socialisme » :

> « Aujourd'hui, ce n'est pas seulement la paupérisation sociale, mais aussi la paupérisation physiologique, biologique, dans toute sa réalité hideuse, qui se présente à nous [11]. »

Il rappelle en quelques phrases la destruction, pendant la guerre, dans tous les pays, de « toutes les conquêtes de la lutte syndicale et parlementaire », la disparition de la libre concurrence au profit du système des trusts et des monopoles, la militarisation, non seulement de l'État, mais du capital financier. Ainsi, poursuit-il, ont été créées les conditions d'une guerre civile internationale imposée au prolétariat par ses ennemis mortels, dont les partis communistes doivent réduire la durée, dans la mesure de leurs forces, en œuvrant de toute leur énergie et leur volonté de combat pour assurer sa victoire.

Après un bref rappel historique sur l'organisation internationale du prolétariat et particulièrement les deux premières Internationales, il conclut :

> « Nous nous considérons, nous les communistes, rassemblés dans la IIIe Internationale, comme les continuateurs directs des efforts

héroïques et du martyre de toute une longue série de générations révolutionnaires, de Babeuf jusqu'à Karl Liebknecht et Rosa Luxemburg. Si la Ire Internationale a prévu le développement de l'histoire et préparé ses voies, si la IIe a rassemblé et organisé des millions de prolétaires, la IIIe Internationale, elle, est l'Internationale de l'action de masse ouverte, de la réalisation révolutionnaire, l'Internationale de l'action [12]. »

Avant de se séparer, le « premier congrès de l'Internationale communiste » – tel est le nom sous lequel il passera dans l'histoire – ébauche une première organisation. Un comité exécutif est constitué, avec un représentant de chaque parti adhérent. Ce comité exécutif désigne lui-même un bureau dont font partie, avec Lénine et Trotsky, Zinoviev, Rakovsky et Platten. C'est Zinoviev que le parti russe désigne pour être candidat à la présidence de l'Internationale. L'homme n'a certes pas les éminentes qualités par lesquelles se signale Trotsky et qui auraient fait de lui un flamboyant président de la nouvelle Internationale. Mais c'est un très grand orateur, il parle parfaitement l'allemand et surtout n'occupe pas dans le parti ou le gouvernement soviétique des tâches qui l'accaparent et où il soit irremplaçable. Le maintien de Trotsky au sein du bureau de cinq membres indique seulement à quel point l'Internationale naissante a besoin de son prestige.

***

Dans la période qui suit la naissance de l'Internationale, Trotsky reprend sa vie errante avec le train, se portant d'un front à l'autre pour colmater les brèches, réorganiser, galvaniser le moral. Véritable « spécialiste » du mouvement ouvrier français – qu'il connaît mieux que personne en Russie –, il s'efforce de suivre dans les dépêches de presse et surtout à la radio les développements en France. Il utilise, dans la mesure du possible, les documents et informations – plutôt rares et épisodiques – qui lui parviennent de France, jusqu'à l'arrivée, en juin 1920, de son ami Rosmer, à qui il reproche gentiment de s'être bien fait attendre. Dans l'intervalle, sur la base d'une collection de trois mois de *La Vie ouvrière*, il a réussi à écrire un article sur « Le socialisme français à la veille de la révolution [13] », et à rédiger un article sur « Jean Longuet [14] », à partir d'une brochure de ce dernier. Il aborde également les problèmes de la révolution européenne dans le cours de deux articles généraux publiés, le premier, dans la *Pravda* du 23 avril, le second dans les *Izvestia* du 29 avril et du 1er mai 1919.

Le premier de ces articles, intitulé « Une révolution rampante », est consacré à la révolution allemande et à son cours après l'écrasement des « journées de janvier » à Berlin, les explosions qui se succèdent et la tournée des corps francs de Noske, réprimant dans le sang un foyer révolutionnaire après l'autre. Fidèle à sa méthode, il refuse de se contenter de l'analogie, utilisée jusque-là par les communistes russes, entre la révolution russe et la révolution allemande, pour présenter les « journées de janvier » à Berlin comme des « journées de juillet » qui auraient mal tourné. Reprenant les éléments de son analyse de novembre 1918, il se concentre en effet sur la question du parti. Au moment décisif, en Allemagne, l'organisation ouvrière officielle, fruit des efforts historiques des travailleurs allemands, s'est comportée en simple auxiliaire de l'État bourgeois. Renouant avec des réflexions pour la première fois exprimées dans les années qui avaient suivi la révolution de 1905, il écrit :

> « C'est précisément parce que la classe ouvrière allemande avait dépensé la plus grande partie de son énergie [...] à l'édification d'une organisation se suffisant à elle-même [...], c'est précisément pour cela qu'à l'ouverture d'une nouvelle période, au moment de son passage à la lutte ouverte pour le pouvoir, la classe ouvrière allemande s'est trouvée absolument sans défense sur le plan de l'organisation [15]. »

Il n'y a donc pas lieu, selon lui, de rechercher d'éventuelles erreurs tactiques de la part des communistes allemands. Le déroulement concret de la révolution allemande s'explique seulement par « l'absence d'un parti centralisé, avec une direction de combat [...] accepté par les masses ouvrières » :

> « Ces grèves qui explosent, ces insurrections et ces combats de rue constituent à l'heure actuelle l'unique forme de mobilisation ouverte possible des forces du prolétariat allemand libéré du joug du vieux parti, et, en même temps, dans les conditions données, l'unique moyen d'éduquer de nouveaux dirigeants et de construire un nouveau parti [16]. »

Les éléments de ce nouveau parti, il les voit dans « les dizaines de milliers de cadres ouvriers » qui apparaissent, et dans « les meilleurs éléments de la gauche du parti indépendant » qui se rallieront – il en est sûr – au mouvement communiste.

L'article des *Izvestia*, lui, est consacré à des réflexions sur la marche en avant de la révolution prolétarienne. Trotsky part de la constatation que « la lumière vient de l'est » et que, contrairement aux pronostics et aux préjugés pseudo-marxistes, la révolution, partie de Russie, progresse à l'ouest à travers les républiques des conseils ouvriers de Hongrie et de Bavière. Partie d'un pays arriéré, elle vient de prendre pied dans deux secteurs arriérés des anciens Empires centraux plus développés. Elle se rapproche donc des pays avancés et il s'agit d'expliquer l'incongruité de ce développement, en sens inverse de celui qui était attendu.

L'explication s'en trouve, selon Trotsky, dans le caractère dialectique du développement de chaque pays. Du fait de son caractère précoce, la bourgeoisie britannique a eu les moyens de gagner une couche prolétarienne qu'elle a corrompue et privilégiée, et de l'influencer ainsi dans un sens conservateur. La Révolution française a créé des souvenirs et traditions communs à un large secteur de la classe ouvrière française et à la « démocratie » bourgeoise de gauche. L'essor tardif, mais exceptionnellement rapide, de l'industrie allemande, enfin, a créé de puissants syndicats et en même temps les conditions de la dégénérescence de la social-démocratie. En Russie, au contraire, dans le cadre d'une extrême arriération, le caractère « catastrophique » du développement capitaliste a déterminé celui du prolétariat. Il a ainsi fait de lui « bien sûr, seulement pour un segment d'une certaine période historique, le porteur le plus irréconciliable et le plus prêt au sacrifice de l'idée de la révolution sociale en Europe et dans le monde ». Et d'assurer qu'il n'y a pas le moindre « messianisme » dans son analyse. La primauté du prolétariat russe n'est que temporaire :

> « Le rôle révolutionnaire dirigeant passera à la classe ouvrière avec une puissance économique et organisationnelle supérieure. Si aujourd'hui le centre de la IIIe Internationale se trouve à Moscou, demain il passera à l'Ouest, à Berlin, à Paris, à Londres [17]. »

Le 5 août 1919, après la défaite de la révolution en Hongrie et en Bavière, la chute des deux républiques des conseils, le reflux de la vague révolutionnaire en Europe, il s'interroge sur « la durée de la période préparatoire d'incubation de la révolution en Occident », qui pourrait se révéler plus longue qu'escompté. Pourrait-il s'agir de plusieurs années d'attente? Dans une note secrète au conseil des commissaires du peuple, il souligne que l'Armée rouge est sans doute une force plus redoutable « sur le terrain asiatique de la politique mondiale que sur celui de l'Europe » :

> « La route de l'Inde pourrait se révéler plus praticable et plus courte que celle de la Hongrie soviétique. [...] La situation internationale se développe de telle façon que la route vers Paris et Londres passe par les villes de l'Afghanistan, du Pendjab et du Bengale [18]. »

En fait, sans lui faire désormais perdre de vue l'Asie, les combats ouvriers renouvelés en Allemagne à partir du début de 1920, et notamment la riposte ouvrière au putsch de Kapp et von Lüttwitz, ramènent son attention sur la vieille Europe.

* * *

Le IIe congrès de l'Internationale communiste, qui se tient à Moscou en juillet-août 1920, coïncide avec les opérations militaires en Pologne et la marche de la 5e armée de Toukhatchevsky sur la capitale polonaise. Trotsky, en désaccord avec Lénine sur les perspectives ouvertes par cette contre-offensive [19], se tient un peu à l'écart : le débat sur la possibilité d'exporter la révolution à la pointe des baïonnettes, qui divisait à l'époque les sommets du parti russe, ne se traduira pas dans l'ordre du jour du congrès.

Déjà, dans un article de présentation du congrès, Trotsky avait, sans entrer dans le détail, apporté son total soutien à la formation de

« 21 conditions d'admission » dans l'Internationale communiste qu'il juge une mesure de protection nécessaire de ce qu'il appelle « notre parti international ». Il s'attache cependant, à ce propos, à souligner la différence, vis-à-vis de ces conditions, entre l'U.S.P.D. allemand, le parti « indépendant » né de la scission du Parti social-démocrate en 1917 et le Parti socialiste français qui se présente en bloc – social-chauvins compris – pour être admis dans les rangs de l'Internationale, bien que sa politique pratique tourne le dos à la révolution. Il se prononce à cette occasion pour la création d'un Parti communiste français qui pourrait réunir l' « aile révolutionnaire du Parti socialiste et le détachement révolutionnaire du syndicalisme français [20] ».

Dans le cours du congrès lui-même, il intervient sur le rapport présenté par Zinoviev sur le rôle du parti. En fait, il polémique contre Paul Levi. Ce jeune dirigeant du K.P.D. (s) avait jugé peu utile le débat sur une question, selon lui, depuis longtemps réglée dans le mouvement. Évoquant, contre la position tout à fait « allemande » de Levi, sa propre expérience en France dans le cours des premières années de guerre, Trotsky met en avant le groupe internationaliste de la *Vie ouvrière*. Il affirme s'être toujours senti « un camarade » avec Rosmer et Monatte, malgré leur hostilité de principe « au parti », alors qu'il se sentait tout à fait étranger avec des « messieurs » comme les dirigeants socialistes Renaudel ou Albert Thomas [21]. Il faut, selon lui, proposer aux syndicalistes français et espagnols, les représentants de la C.N.T., comme Pestaña, qui refuse d'employer le mot même de « parti », « un parti communiste international, c'est-à-dire l'unification des éléments avancés de la classe ouvrière, qui se réuniraient avec leur expérience, la partageraient avec les autres, se critiqueraient réciproquement, prendraient les décisions, etc. [22] ».

C'est Trotsky qui prononce le discours-manifeste du congrès au cours d'une séance publique tenue au Grand-Théâtre de Moscou le 7 août [23]. Il parle une heure durant, sans notes. Alfred Rosmer, témoin admiratif, écrira :

> « C'était merveille de voir comment l'orateur organisait ce vaste sujet, l'animait par la clarté et la puissance de sa pensée, et d'observer sur les visages l'attention passionnée avec laquelle on suivait sa parole [24]. »

Dans la première partie du manifeste, il analyse les relations internationales, décrit l' « asile d'aliénés » qu'est devenue « l'Europe bourgeoise officielle, gouvernementale nationale et civilisée », et rappelle l'avertissement du maréchal Foch selon lequel, reprenant au point où s'était terminée la Première, la Deuxième Guerre mondiale allait commencer avec tanks et avions, mitrailleuses et armes automatiques.

Il donne ensuite une description de l'état économique de l'Europe et du monde : c'est la paupérisation qui triomphe désormais, et l'intervention de l'État ne fait qu'accroître le chaos et la décadence : après la ruine de l'Europe, il faut « détruire l'impérialisme pour permettre à l'humanité de vivre ».

Menacé dans son existence même, au cours de la guerre et à partir de la révolution russe, le régime bourgeois a partout renoncé à un régime véritablement parlementaire et apparaît désormais, sauf sous la plume des social-démocrates, pour ce qu'il est réellement, une ploutocratie appuyée sur des détachements d'hommes armés.

Après quelques paragraphes sur la Russie soviétique, « premier État prolétarien », « pierre de touche pour toutes les organisations ouvrières », Trotsky en vient à sa dernière partie, cœur de son sujet, « la révolution prolétarienne et l'Internationale communiste [25] ».

Il estime que la guerre a éveillé à l'action politique les couches les plus retardataires. De nouveaux millions d'êtres humains se jettent dans la lutte, en pleine confusion, avec des illusions et des préjugés, mais leur conjonction est un torrent irrésistible. Tous les travailleurs – y compris les ouvriers agricoles – se sont lancés dans des mouvements de grève. Les travailleurs, les paysans des pays coloniaux et semi-coloniaux sont à leur tour en train de s'éveiller et de se lancer dans le combat.

> « Les parias se lèvent. Leurs esprits éveillés se tournent vers la Russie soviétique, vers les combats sur les barricades des villes allemandes, les luttes grévistes grandissantes en Grande-Bretagne, vers l'Internationale communiste [26]. »

Sa conclusion est un appel passionné :

> « L'Internationale communiste est le parti mondial du soulèvement prolétarien et de la dictature du prolétariat. Elle n'a pas d'objectifs ou de tâches distincts de ceux de la classe ouvrière elle-même. [...] Dans toute son activité, comme dirigeant d'une grève révolutionnaire, comme dirigeant de groupes clandestins, comme secrétaire d'un syndicat, comme agitateur dans un meeting de masse, que ce soit comme député, ouvrier d'une coopérative ou combattant sur les barricades, le communiste reste toujours fidèle à lui-même, membre discipliné de son parti communiste, combattant dévoué, ennemi mortel de la société capitaliste, de ses fondements économiques, de son État, de ses mensonges démocratiques, de sa religion et de sa morale. C'est un soldat dévoué de la révolution prolétarienne et un infatigable héraut de la société nouvelle.
>
> « Travailleurs et travailleuses! Il n'y a sur cette terre qu'un seul drapeau qui soit digne qu'on combatte et qu'on meure pour lui. C'est le drapeau de l'Internationale communiste [27]! »

***

Nous n'avons connaissance que de peu de textes de Trotsky concernant l'Internationale – à l'exception de lettres à des militants français – pour la période qui suit le IIe congrès mondial. Sa seule intervention notable en 1920, après le congrès, est la réponse qu'il fait à Gorter le 24 novembre dans le cours d'une réunion du comité exécutif de l'Internationale. C'est l'époque où s'amorce la grande tension avec

Lénine, la campagne de Zinoviev à propos de la « question syndicale » et de la « démocratie ouvrière ». Gorter, militant néerlandais, inspirateur et porte-parole des gauchistes allemands du K.A.P.D., qui ont fait scission au printemps, a répondu au fameux pamphlet de Lénine sur *Le Gauchisme, maladie infantile du communisme*: Trotsky répond à Gorter sans mentionner une seule fois Lénine [28].

Gorter, devant l'exécutif, a défendu l'idée d'un caractère spécifique du mouvement ouvrier occidental, très différent de l' « oriental », et abordé, selon lui, par les dirigeants de l'I.C. en termes trop exclusivement « russes ». Il a ironisé sur la « chasse aux masses » à laquelle se livre l'Internationale communiste. Pour lui, isolé et sans alliés au sein de la société, le prolétariat occidental s'est largement embourgeoisé, c'est-à-dire qu'il s'est, peu à peu, imprégné des conceptions bourgeoises réformistes et parlementaires.

Rejetant la division artificielle selon des critères géographiques, acceptant volontiers cependant l'idée que chacun aborde les questions théoriques à la lumière de ses propres expérience et formation, Trotsky n'a aucune peine à justifier son appel à l'expérience et au caractère international de la lutte révolutionnaire. Il montre la contradiction de Gorter, conduit à la fois à dénoncer les « illusions » des ouvriers et à refuser de les combattre à la tribune du parlement, voire au sein des syndicats de masse, et n'a pas de mal à le caractériser comme purement « propagandiste » dans ses conceptions.

Il faut attendre la préparation du IIIe congrès, dans le cours de la première moitié de 1921, pour voir Trotsky revenir au premier plan dans l'Internationale. D'abord parce qu'il est, comme tout le monde et probablement un peu plus, absorbé dans le débat sur la « question syndicale » qui le situe en marge de la direction et l'oppose sérieusement à Lénine; ensuite parce que les développements qui se produisent en Allemagne, en mars, suscitent une divergence au sommet du parti russe et de l'Internationale, laquelle va bientôt se transformer en un conflit sérieux.

L' « action de mars » a été déclenchée par le parti allemand : elle fut à moitié une insurrection et à moitié une grève générale dirigée par le seul Parti communiste, ce dernier ayant tenté de « révolutionnariser » les masses et de les « électrifier » par la provocation, allant jusqu'à mener des actions contre lui-même, enlevant ses propres militants, posant des bombes dans ses propres locaux! Cette aventure a abouti, bien entendu, à l'écrasement du mouvement et surtout à une sérieuse crise du parti allemand, abandonné par des dizaines de milliers de militants qui n'ont accepté ni l'usage de la provocation ni l'affrontement physique au moment de la grève, où des détachements armés de chômeurs ont attaqué les ouvriers non grévistes jusque dans les usines [29]. Il est de notoriété publique que cette entreprise a été inspirée par une mission de l'exécutif de l'I.C. dirigée par le Hongrois Béla Kun. Des rumeurs insistantes en attribuent l'origine à Zinoviev en personne, désireux de faire faire à la Russie soviétique l'économie de la Nep et qui aurait ainsi pris le risque de « forcer » la révolution en Allemagne [30].

Le plus grave est sans doute que la défaite de l'insurrection de mars et la terrible crise qui a secoué le parti n'ont pas découragé la direction du parti allemand, désormais adepte de la « théorie de l'offensive révolutionnaire », développée depuis quelques mois par Boukharine et qui a manifestement quelques points communs avec celle de la « doctrine militaire » des adversaires de Trotsky dans l'Armée rouge. A Paul Lévi et Clara Zetkin, qui lui écrivent leur intention de dénoncer publiquement cette action aventuriste et de démissionner de la direction, Lénine répond qu'il n'est pas informé, mais qu'il est prêt à croire « qu'un représentant de l'exécutif de l'Internationale ait proposé une tactique imbécile, gauchiste, d'action immédiate, " pour aider les Russes " [31] ». Mais il essaie vainement de les dissuader de donner suite à leurs projets. Paul Lévi publie sa brochure, et le parti l'exclut.

Nous n'avons pas de documents officiels sur ce qui concerne les délibérations ultérieures à la direction du P.C. russe, à l'exception d'extraits d'un sténogramme, daté du 18 mars 1926, du bureau politique, dans lequel Trotsky donne sa version des événements – une version qu'il n'y a pas lieu de mettre en doute en l'absence de tout démenti ou d'autres documents [32]. Trotsky raconte qu'il était pour sa part rapidement arrivé à la conclusion que l'état d'esprit animant les tenants de l'action de mars et de la théorie de l'offensive était d'autant plus dangereux pour l'Internationale que, bien orchestré par l'exécutif, il avait toutes chances d'être majoritaire au IIIe congrès. Lénine en est informé par Radek, que Trotsky a tenté de convaincre, et les deux hommes, dès lors, se mettent d'accord pour engager ensemble ce combat. L'entrée de Kamenev au bureau politique permet à Lénine de s'assurer la majorité. Ainsi se trouvent constituées deux nouvelles « fractions » – le mot est de Lénine – représentées, au sommet, l'une par Zinoviev et Boukharine – dont Radek était ainsi un dirigeant – et l'autre par Lénine, Trotsky et Kamenev. Sur le sérieux de cette bataille, la gravité de son enjeu, Trotsky est catégorique :

> « La lutte fut vive dans tous les partis de l'Internationale communiste. Vladimir Ilyitch se concertait avec moi sur ce qu'il y aurait lieu de faire au cas où le congrès se prononcerait contre nous : nous inclinerions-nous devant le congrès dont les décisions pourraient être désastreuses, ou résisterions-nous [33] ? »

Il semble que Lénine et Trotsky ne se heurtent pas à de gros obstacles, à la Xe conférence du parti russe, pour la conclusion d'un accord de compromis sur l'Allemagne et la question de mars. Les négociations sont menées entre Trotsky et Radek – à qui Zinoviev semble avoir fait le reproche de l'avoir « trahi » par des concessions excessives –, et elles aboutissent à la position suivante : on ne condamnera pas l'action de mars comme un « putsch », mais, en revanche, on liquidera impitoyablement la « théorie de l'offensive » pour se garantir à coup sûr contre toute rechute.

Les choses se présentent moins bien au IIIe congrès de l'Internationale. D'abord les Allemands arrivent en masse – plusieurs dizaines de délégués – avec des thèses qui n'admettent qu'une seule erreur, celle... d'avoir trop attendu pour agir, et proclament que le parti, pour remplir sa mission historique, doit rester fidèle à la théorie de l'offensive révolutionnaire, qui était, assurent-elles, à la base de l'action de mars. Les délégués français, de leur côté, désireux d'affaiblir un exécutif qui les presse d'un peu trop près pour leur opportunisme, exigent non seulement la condamnation de l'action de mars, mais de connaître la vérité tout entière, particulièrement sur l'intervention des représentants de l'Internationale et leur rôle dans son déclenchement.

Les séances préliminaires du congrès, où Lénine et Trotsky – dont plus tard on « oubliera » la présence comme Clara Zetkin le fait dans son livre *Conversations avec Lénine* –, tentent de convaincre les uns et les autres de faire des concessions, sont longues et dures. Lénine brocarde furieusement Béla Kun, formant même un vocable spécial, seulement traduisible en français par « bélakunerie », tourne en ridicule les formules de Koenen. Allemands et Français s'injurient. Nombre de délégués s'indignent de l'orientation « droitière » défendue, disent-ils, par Lénine et Trotsky [34].

Ces derniers doivent donc se battre dans le cours même du congrès pour renverser la tendance et obliger à la retraite les partisans de l'offensive qui y détiennent une large majorité. Trotsky a préparé, avec l'économiste hongrois Varga, des thèses sur la situation internationale qui sont l'expression de l'analyse de la situation par les dirigeants russes. Elles reconnaissent l'échec de la vague révolutionnaire d'après-guerre, le fait que le prolétariat vient de subir plusieurs défaites. Elles enregistrent enfin un certain « fléchissement » de la lutte du prolétariat pour le pouvoir.

Trotsky présente le rapport sur « la situation économique mondiale et les nouvelles tâches de l'Internationale communiste ». Enfonçant le clou d'un « tournant de la situation », il souligne qu'il ne se produit plus en Europe de grèves à caractère insurrectionnel, voire simplement politiques, mais seulement des luttes économiques de caractère défensif. Il souligne qu'un délai probablement assez long sépare encore des combats décisifs et insiste sur la nécessité pour les communistes de se lancer à la conquête de la majorité de la classe ouvrière afin d'occuper cette position avant le début des événements décisifs. Dans sa réponse, il affirme de nouveau le caractère inéluctable de la révolution, dont il indique qu'elle coule désormais dans trois canaux : l'Europe, l'Amérique et les colonies. Il précise :

> « Le premier grand canal du développement révolutionnaire est l'Europe agonisante. [...] Mais [...] la prépondérance de l'Europe appartient au passé, comme celle de la bourgeoisie et aussi celle du prolétariat européen [35]. »

En réalité, son discours a provoqué bien des mécontentements. Les délégués allemands, sur un ton très vif, parlent de la situation intenable à laquelle ils vont être acculés, de retour dans leur pays. Tentant une manœuvre sans doute désespérée, Béla Kun clame qu'il est d'accord avec Lénine mais pas avec Trotsky [36]. Comme Trotsky l'écrit à Lénine le lendemain, Zinoviev et Radek estiment, pour leur part, que l'intervention de Trotsky n'a pas respecté l'accord conclu entre eux. Ils le lui écrivent, déclinant toute responsabilité [37]. Trotsky se défend évidemment comme un beau diable, fait valoir qu'il a constamment ménagé Zinoviev et demande à Lénine de lire son rapport et de donner son opinion.

En fait le congrès est le théâtre d'une série de manœuvres tendant à séparer Lénine et Trotsky, dont personne n'ignore évidemment le conflit récent. Les Allemands rédigent des amendements aux thèses, dont ils espèrent qu'ils pourraient leur sauver la face chez eux, et Béla Kun s'active pour faire de Trotsky la pointe avancée de « la droite [38] ». Trotsky note même, dans sa lettre à Lénine, une attaque voilée de Radek, dans son intervention de clôture, quand il souligne que les thèses sont non seulement un compromis avec la gauche, mais aussi avec « la droite » – sous-entendant que c'est bien entendu Trotsky qui incarne cette dernière [39]. Mais Zinoviev, discipliné, et peut-être pas très sûr de la tournure que prendrait un conflit ouvert intervenant sur les débris du compromis, joue l'apaisement. Il est, selon Trotsky, intervenu dans le débat de façon tout à fait loyale et il s'arrange maintenant pour écourter la discussion : Béla Kun et ses partisans ne pourront intervenir contre Trotsky et les dégâts sont ainsi limités [40].

Trotsky n'a pas marchandé ses efforts dans le cours de ce congrès et il est à plusieurs reprises descendu dans l'arène, rendre coup pour coup à des critiques qui ne le ménagent pas. Il s'en prend aux délégués italiens qui ne voient pas la nécessité d'appliquer les 21 conditions à leur parti et se prononce avec beaucoup d'énergie pour que la porte de l'Internationale soit fermée à Turati qui n'en a jamais été solidaire [41]. C'est là le point névralgique au sujet duquel se produira bientôt la crise entre le parti italien et l'Internationale communiste. Il proteste vigoureusement aussi contre l'opinion exprimée par un réformiste italien selon laquelle l'action de mars aurait été une opération télécommandée par les dirigeants soviétiques, une aventure destinée à redorer leur blason révolutionnaire terni dans leur pays.

Il a également une vive passe d'armes avec le délégué allemand Thälmann, l'homme qui craint de perdre la face si les thèses sont votées sans les amendements allemands, à cause des positions prises dans le passé récent par son parti. Trotsky est d'une fermeté totale vis-à-vis de ces militants qui souhaitent seulement une position qui leur permettrait de ménager leur amour-propre froissé; il leur rappelle et l'existence d'intérêts supérieurs et sa propre biographie :

> « Je sais par expérience personnelle combien il est désagréable de n'être pas reconnu par un congrès du parti ou de l'Internationale. Mais je pense, camarades, que, pour votre situation en Allemagne, il est mieux d'introduire la clarté dans cette question. [...] Le congrès doit dire aux ouvriers allemands qu'une faute a été commise et que la tentative du

parti d'assumer un rôle dirigeant dans un grand mouvement de masse n'a pas été très heureuse. Ce n'est pas assez. Il nous faut dire que cette tentative a échoué complètement en ce sens que, si on la répétait, cela pourrait véritablement causer la ruine de ce parti splendide. [...] C'est notre devoir de dire clairement et nettement que nous considérons la philosophie de l'offensive comme le pire des dangers. Et dans son application pratique comme le pire des crimes politiques [42]. »

Élevant encore le débat, toujours passionnément désireux de convaincre et d'entraîner, il s'adresse, pour finir, à ses critiques de gauche, essayant de briser l'univers mental sectaire dans lequel ils se sont enfermés eux-mêmes :

« Vous avez rompu avec les opportunistes et vous êtes en train d'avancer, mais regardez donc autour de vous! Il existe dans ce monde non seulement des opportunistes, mais aussi des classes. Il y a la société capitaliste, la police, l'armée, des conditions économiques précises. [...] C'est un monde complexe, où il est très difficile de s'orienter correctement. [...] Pour résoudre cette tâche [...], on doit savoir combiner le langage glacé des statistiques avec la volonté passionnée de violence révolutionnaire [43]. »

Dressant devant le congrès des Jeunesses communistes quelques semaines plus tard, le bilan du IIIe congrès, il s'efforce de leur montrer l'ampleur des conquêtes de ce congrès dans le domaine de la réflexion théorique. Le congrès a certes démontré que les communistes ont toujours la conviction de pouvoir « non seulement sauver la civilisation, le produit séculaire de centaines de générations, mais encore l'élever à des niveaux de développement bien supérieurs [44] ». Mais il a permis aussi de comprendre que rien n'était automatique et que la bourgeoisie, saignant la civilisation, peut très bien plonger également l'humanité dans le déclin et la décadence.

C'est pourtant sur la nécessaire conquête des masses, de la majorité des travailleurs, qu'il insiste quand il parle des enseignements du congrès. L'époque de l'espoir de victoires foudroyantes et de succès faciles est révolue. Les communistes doivent redoubler de patience et savoir que la conquête des masses passe aussi par le militantisme obscur, la conquête lente des travailleurs au sein des organisations syndicales, défendues avec acharnement par une bureaucratie qui en tire pouvoir et privilèges.

Dans un remarquable discours prononcé à Moscou devant l'assemblée locale des militants en juillet 1921, Trotsky, se proposant de traiter du IIIe congrès comme « école de la stratégie révolutionnaire », revient sur la grande perspective historique qu'il avait évoquée devant les Jeunesses communistes. S'élevant contre les conceptions mécanistes du marxisme, présentes également dans les rangs des communistes, il conteste les vues sur l'automatisme du développement social et de la marche de la société humaine vers le communisme. Il rappelle que, souvent dans l'Histoire, une société, un peuple, une nation, une tribu ont vainement tenté de se soulever contre un système économique dans l'impasse, et qu'ils ont échoué et se sont finalement désintégrés, faute de l'ascension d'une classe nouvelle. Il faut corriger cette perspective infantile : le sort de l'humanité n'est pas écrit d'avance :

> « L'humanité ne s'est pas toujours élevée selon une courbe ascendante ferme. Non, il a existé des périodes prolongées de stagnation et il y a eu des rechutes dans la barbarie. Des sociétés s'élevaient, atteignaient un certain niveau et ne pouvaient s'y maintenir. L'humanité ne peut faire du sur place [...], son équilibre est instable; une société qui n'est pas capable d'avancer recule et, s'il n'y a pas de classe pour l'emmener plus haut, elle finit par s'effondrer ouvrant ainsi la route à la barbarie [45]. »

La lutte du prolétariat est loin d'être linéaire et facile. Il ne suffit pas de constater que la classe bourgeoise est historiquement condamnée : pour que le prolétariat l'emporte, il faut que cette bourgeoisie soit véritablement battue et renversée. Telle est la principale leçon, selon Trotsky, de « stratégie révolutionnaire » donnée par le IIIe congrès.

Venant au lendemain d'un débat syndical éprouvant et après un douloureux conflit avec Lénine, ce congrès revêt pour Trotsky une importance considérable. Son bloc avec Lénine contre les gauchistes de l'Internationale a été, d'une certaine façon, une revanche des coups que Zinoviev lui avait portés dans les mois précédents. Et Lénine a démontré, en défendant Trotsky, le prix qu'il accordait à leur « bloc ».

*
* *

Revenu au premier rang de l'Internationale communiste à travers son congrès de 1921, Trotsky continue d'y jouer un rôle essentiel dans le reste de l'année 1921 et en 1922. C'est l'exécutif de l'Internationale qui, à partir de décembre 1921, engage la bataille pour la politique de front unique ouvrier à laquelle il est pleinement associé.

Mentor du parti français, il se lance dans la bataille contre sa direction qui regimbe. Mais ses succès sont rapides et probants. L.-O. Frossard s'en va, avec plusieurs journalistes et les francs-maçons. En revanche, Barbusse, l'écrivain des tranchées, Pierre Monatte, le symbole de l'internationalisme ouvrier et André Marty, le héros de la mutinerie des « marins de la Mer noire », rejoignent le P.C. Pour lui, c'est véritablement un « nouveau départ » que prennent les communistes français.

La politique du front unique ouvrier apporte également des succès probants au Parti communiste allemand et met en relief ses possibilités considérables : en Allemagne, et pour la première fois, un parti communiste de masse existe en dehors de l'Union soviétique : la perspective même de la prise du pouvoir se concrétise à travers des mots d'ordre de transition élaborés sur la base de l'expérience, comme celui de « gouvernement ouvrier » considéré comme le couronnement du front unique ouvrier.

Le 20 octobre 1922, toujours devant les militants de Moscou, Trotsky – qui vient de passer quatre semaines à préparer les documents et l'axe de l'intervention du P.C.R. (b) dans le prochain IVe congrès – trace ses grandes lignes qu'il résume :

> « Vous, communistes européens, devez aller aux masses avant d'être confrontés directement à la question de la conquête du pouvoir; vous devez apprendre à corriger vos erreurs; vous devez apprendre à conquérir les masses [46]. »

Le IVe congrès mondial de l'Internationale se tient du 5 novembre au 5 décembre 1922, dans la dernière période de demi-activité intellectuelle de Lénine, alors plongé dans sa lutte pour connaître la vérité sur l'affaire géorgienne et sur la voie d'un nouveau bloc avec Trotsky. Lénine a demandé à Trotsky de se charger de la préparation d'une importante partie de ce congrès et il a obtenu, en vue de ce travail, quatre semaines de congé à partir du début de septembre.

C'est par un effet de la confiance renouvelée de Lénine que Trotsky est chargé de présenter au IVe congrès de l'I.C. un rapport sur la Nep, et des thèses dont Lénine lui fera d'ailleurs compliment, à la grande inquiétude de plusieurs. Il présente également des résolutions sur les questions de son ressort et notamment plusieurs sur la « question française ». Il laisse à Zinoviev et à Radek le soin de ferrailler sur les questions stratégiques qui concernent en réalité plus directement l'Allemagne, la défense de la ligne du front unique ouvrier, le mot d'ordre de « gouvernement ouvrier ».

C'est dans sa présentation du bilan du congrès qu'apparaissent ses vues, la conception qu'il a de ce moment et de ce congrès. Les perspectives révolutionnaires demeurent, quand bien même il a fallu revoir sérieusement les attentes anciennes concernant les fameux « rythmes ». L'avantage décisif, qui demeure cependant un des acquis les plus importants de la période, c'est l'existence de la Russie soviétique et celle de l'Internationale communiste, avec les énormes progrès que constituent dans ce domaine l'élaboration d'un programme international et l'élection d'un organisme central par le congrès lui-même.

Ce dernier a, selon Trotsky, discerné deux tâches essentielles : la première est la lutte contre les tendances centristes au sein même de l'Internationale – c'est le cas du parti français – et la seconde, la lutte, déjà soulignée par le congrès précédent comme une urgence, pour « influencer l'écrasante majorité de la classe ouvrière ». Et c'est un aspect tout à fait concret de la lutte pour cette influence dont il montre l'importance, en racontant comment le congrès – en fait sa « commission allemande » – a répondu aux sollicitations des social-démocrates allemands pour un gouvernement de coalition socialiste-communiste dans le land de Saxe :

> « Voici ce que nous avons répondu : si vous, nos camarades communistes allemands, vous pensez qu'une révolution est possible en Alle-

magne, dans les prochains mois, alors nous vous conseillerions de prendre part à un gouvernement de coalition en Saxe et d'y utiliser vos postes ministériels pour faire avancer vos tâches politiques et d'organisation et transformer d'une certaine façon la Saxe en terrain d'entraînement, de façon à posséder un bastion révolutionnaire déjà renforcé dans une période de préparation pour l'explosion proche de la révolution. [...] Mais aujourd'hui vous joueriez en Saxe le rôle d'une annexe impuissante, car le gouvernement saxon est lui-même impuissant devant Berlin, et Berlin est un gouvernement bourgeois. Le K.P.D. a été d'accord avec ces décisions et les négociations ont été interrompues [47]. »

Trotsky explique aux militants russes les perspectives qui sont, cinq ans après l'Octobre russe, celles de la révolution européenne :

> « L'heure de la révolution européenne ne sonnera peut-être pas demain. Des mois et des semaines passeront, plusieurs années peut-être où nous resterons encore l'unique État " ouvrier-paysan " dans le monde. En Italie, Mussolini l'a emporté. Sommes-nous garantis contre la victoire de Mussolini allemands en Allemagne? Pas du tout. Il est bien possible qu'un ministère bien plus réactionnaire que Poincaré vienne au pouvoir en France. [...] Avant de [...] pousser en avant ses Kérensky, la bourgeoisie est encore capable d'avancer ses Stolypine. [...] Ce sera le prologue de la révolution européenne, pourvu que nous soyons capables de nous maintenir, pourvu que l'État soviétique demeure debout et par conséquent pourvu surtout que notre parti puisse se maintenir jusqu'au bout [48]. »

***

Ainsi, curieusement, dans une période où la position de Trotsky s'est considérablement affaiblie dans le Parti communiste russe, son prestige apparaît plus grand qu'il n'a jamais été dans le domaine de l'Internationale.

Connu – autant sinon plus que Lénine – avant la guerre dans le mouvement socialiste international, ayant – avec Lénine – incarné aux yeux du monde l'insurrection d'Octobre et le régime soviétique, orateur ailé et plume d'or des congrès de l'Internationale, il éclipse probablement, dans l'esprit de la plupart des militants, jusqu'à Zinoviev, pourtant président en titre de l'Internationale communiste.

Surtout, sur le terrain de cette dernière, il n'a subi aucun revers, ni aucun démenti cruel de la réalité. Il est demeuré l'un de ses maîtres et éducateurs avec une autorité et une franchise qui en imposent à tous.

CHAPITRE XXII

Occasions perdues [1]

C'est le 6 mars 1923 que Trotsky reçut copie de la lettre adressée par Lénine à Mdivani et à ses camarades géorgiens. Il apprit en même temps que Lénine, inquiet de son propre état de santé, était revenu sur sa première décision de ne pas informer Kamenev, alors sur le point de se rendre à Tiflis pour y prendre part à la conférence du parti géorgien. Il appela aussitôt Kamenev pour lui communiquer le dossier que Lénine lui avait fait parvenir. Kamenev, de son côté, venait d'apprendre par Kroupskaia l'envoi par Lénine d'une lettre à Staline le menaçant de rompre leurs relations personnelles. Nous avons de cette rencontre un assez long récit de Trotsky, dans *Ma Vie* :

> « Kamenev avait assez d'expérience comme homme politique pour comprendre immédiatement qu'aux yeux de Lénine il s'agissait non seulement de la Géorgie, mais de tout le rôle joué par Staline dans le parti [2]. »

Kamenev, ajoute-t-il, était « fort ému et blême », parce qu'il « sentait le sol se dérober sous lui et ne savait sur quel pied danser [3] ». Pratiquement engagé à la remorque de Zinoviev, comme toujours, dans une alliance contre Trotsky avec Staline, il découvrait brutalement une situation périlleuse qu'il n'avait pas prévue, avec la prise de position de Lénine. Trotsky le rassura et le pria de rassurer ses partenaires, dans ces termes :

> « Dites-vous bien, dites aux autres que je n'ai pas la moindre intention d'engager au congrès la lutte pour arriver à des modifications d'organisation. Je suis d'avis de maintenir le *statu quo*. Si Lénine, avant le congrès, peut se relever, ce qui n'est malheureusement pas probable, nous procéderons ensemble à un nouvel examen de cette question. Je ne suis pas d'avis d'en finir avec Staline, ni d'exclure Ordjonikidzé, ni d'écarter Dzerjinski. [...] Mais je suis d'accord avec Lénine sur le fond. Je veux que la politique nationale soit rapidement modifiée, que la répression exercée en Géorgie contre les adversaires de Staline cesse immédiatement, que l'on en finisse avec la pression administrative du parti, que l'on

s'oriente plus fermement vers l'industrialisation et qu'il y ait une collaboration honnête dans les sphères dirigeantes. La résolution de Staline sur la question nationale ne vaut absolument rien. [...] J'ai donné à ma résolution la forme d'amendements à celle de Staline pour lui faciliter le changement de direction. Mais il faut que ce changement soit immédiat et net [4]. »

En position de force avec le soutien de Lénine, Trotsky pouvait à la fois être magnanime et exigeant. Il réclamait de Staline l'envoi d'une lettre d'excuses à Kroupskaia et un changement d'attitude à son égard. Il demandait à Kamenev d'œuvrer pour un renversement, à la conférence de Tiflis, de la politique de soutien aux amis géorgiens de Staline. Celui-ci ne s'entêta pas et envoya la lettre; Kamenev – contrairement à ce que Trotsky a écrit dans *Ma Vie* – incapable de retourner la situation à Tiflis, y traita tout de même correctement les adversaires de Staline [5].

Mais ce n'étaient là au fond que broutilles. L'important était que Trotsky renonçait à la demande de sanctions exigées par Lénine et proposait de s'en tenir au *statu quo*, ne remettant pas en cause la position de Staline comme secrétaire général et la composition des organismes dirigeants qui avait permis à la troïka d'imposer sa ligne malgré Lénine.

En fait, il est parfaitement clair que Trotsky avait décidé – le 5 ou le 6 mars, c'est de peu d'importance – de ne pas commencer seul le combat qu'il était prêt à engager en alliance avec Lénine. Les nouvelles de la santé de ce dernier n'étaient pas bonnes : c'est le lendemain qu'il fut frappé par une deuxième attaque. Il semble bien que, par cette décision, il renonçait à une victoire encore à sa portée. Il le reconnaîtra plus tard dans *Ma Vie* :

« Si j'avais agi à la veille du XIIe congrès dans l'esprit du " bloc " Lénine-Trotsky contre le bureaucratisme stalinien, je ne doute pas que j'aurais remporté la victoire, même sans l'assistance directe de Lénine dans la lutte [6]. »

L'explication de ce refus – d'une certaine manière plutôt une longue hésitation – d'engager le combat sans Lénine, après qu'il avait été décidé avec lui, se trouve sans doute dans la peur qu'il éprouvait d'éventuelles interprétations de ses initiatives :

« L'idée du " bloc Lénine et Trotsky " contre les gens de l'appareil et les bureaucrates n'était à ce moment-là entièrement connue que de Lénine et de moi, les autres membres du bureau politique la devinaient vaguement. Les lettres de Lénine sur la question nationale, de même que son " testament ", n'étaient connues de personne. Mon action pouvait être comprise, ou, plus exactement, représentée, comme une lutte personnelle pour prendre la place de Lénine dans le Parti et même dans l'Etat. Je ne pouvais songer à cela sans frémir. J'estime que cela pouvait causer dans nos rangs une démoralisation qu'il aurait fallu ensuite payer très cher, même en cas de victoire [7]. »

L'attitude de Trotsky facilita à Staline la sortie de la mauvaise posture où il se trouvait. Elle lui permit même de contre-attaquer très vite. Malgré la bonne volonté de Kamenev, la conférence de Tiflis avait consacré la défaite au vote de la tendance Mdivani-Makharadzé, battue par 124 voix contre 20.

Est-ce pour compenser cette défaillance que Trotsky publie le 20 mars dans la *Pravda* un article sur la question nationale? Il y met en garde contre l'illusion répandue dans le parti selon laquelle la prise du pouvoir l'aurait automatiquement réglée. Relevant l'apparition, dans ses rangs, de tendances nationales chez les non-Russes, il assure qu'elles sont la rançon de « la mentalité de grande puissance dans l'appareil du gouvernement en général et même de certains coins du parti dirigeant [8] ». Cette version édulcorée des notes de Lénine sur la question nationale n'est ouvertement dirigée contre personne, mais elle inquiète suffisamment ceux qu'elle vise sans les nommer. Au comité central précédant le XIIe congrès, Trotsky intervient vainement en faveur de mesures minimales dans l'affaire géorgienne. Il réclame le rappel d'Ordjonikidzé – dont Lénine demandait l'exclusion pour deux ans –, remet en cause la fédération caucasienne – qu'il qualifie d'institution centraliste sous un habit fédéraliste –, défend les « minoritaires » géorgiens, victimes, assure-t-il, d'une ligne fausse et n'obtient rien [9].

A la veille même du congrès, un incident éclate qui permet de mesurer l'inconfort de la situation dans laquelle il s'est lui-même placé depuis ses propositions magnanimes à Kamenev. Le 16 avril en effet, la secrétaire de Lénine, Fotieva, de retour d'un congé de maladie, lui écrit ainsi qu'à Kamenev pour leur rappeler l'importance de la lettre de Lénine – dont Trotsky a une copie [10] – sur la question des nationalités. Elle rappelle qu'il avait adressé cette lettre à Trotsky dans le dossier pour qu'il défende leur position commune, indique qu'elle n'a pas d'autres instructions de Lénine quant à ce document très important et demande que faire.

La question posée par Fotieva est double : pourquoi Trotsky n'a-t-il communiqué cette lettre qu'au seul Kamenev? Doit-on maintenant la rendre publique? Kamenev informe le bureau politique et se prononce pour la publication. La situation de Trotsky devient difficile. Adam B. Ulam la résume ainsi :

> « D'abord, il avait caché au bureau politique le fait qu'il avait reçu une communication de Lénine. Deuxièmement, il avait laissé tomber Lénine; il n'avait pas livré le combat que Lénine l'avait prié de livrer [11]. »

En fait, ses adversaires au bureau politique peuvent l'accuser : ou bien il a trahi la confiance de Lénine en gardant le secret sur l'existence de cette lettre qui exprimait sa position sur une question fondamentale, ou bien il en a conservé une copie afin de l'utiliser, le moment venu, dans la lutte fractionnelle. Sa première réponse trahit un certain embarras : il assure qu'il ignorait les intentions précises de

Lénine à ce sujet, sauf qu'il tenait à l'informer lui; il ajoute qu'il faut maintenant en informer le comité central et le dégager ainsi personnellement de cette responsabilité, même s'il était décidé de garder le secret [12].

Staline saisit la balle au bond : dans une déclaration au comité central, il exprime sa « surprise » que Trotsky ait dissimulé à la direction un texte d'une telle importance. Il se dit partisan en principe de la publication, mais reconnaît qu'elle est rendue impossible par le fait que Lénine n'a pas revu ces notes. Il laisse également entendre que rumeurs et racontars circulent déjà à ce sujet parmi les délégués dont certains connaîtraient le texte [13].

Trotsky réagit vivement, menace d'en appeler à la commission de contrôle [14]. Staline promet une « rectification » qu'il semble avoir oublié de faire. Finalement, les notes de Lénine sur la question nationale sont communiquées aux membres du C.C. et à un petit nombre de délégués sélectionnés. Trotsky, sur qui pèse le soupçon d'avoir cherché à « conserver secret » le document, se trouve, en outre, privé de la possibilité de le citer et par conséquent de l'utiliser dans le combat politique : il ne sera rendu public... qu'en 1959.

Le XIIe congrès du parti s'ouvre le 17 avril 1923 dans un climat de crise et de rumeurs. Il y a eu bien des manœuvres et des contre-manœuvres pour la désignation des rapporteurs. Trotsky a expliqué qu'en l'absence de Lénine, le rapport politique devait être présenté par le secrétaire général du parti, Staline. Celui-ci a soutenu qu'il devait l'être par le dirigeant le plus populaire, Trotsky – le sens caché de ces politesses ne nous apparaît pas. C'est finalement Zinoviev, choisi par le comité central, qui rapporte sur la situation, Staline étant chargé de la question nationale et Trotsky des problèmes de l'économie.

L'historien américain R.V. Daniels relève que ce congrès, long d'une semaine, a été non seulement le premier tenu en l'absence totale de Lénine, mais aussi le dernier où les délégués ont pu dire à la tribune ce qu'ils pensaient et non lire un texte préparé [15]. Il s'agit en fait d'un congrès très soigneusement organisé par la fraction stalinienne de l'appareil, qui a mis toute son autorité dans la sélection de délégués appartenant à ses rangs : la nette préférence de la salle, dans les applaudissements, pour Staline, au détriment non seulement de Trotsky, mais aussi de Zinoviev, est significative du poids du secrétariat dans le travail de préparation et de l'origine de la majorité des délégués. Quelques voix cependant s'élèvent pour critiquer le régime, et le métallo V.V. Kossior, ancien « déciste », assure que, dans l'état actuel du parti, la critique devient de plus en plus difficile sur le terrain de l'organisation [16].

Staline doit évidemment parler de la question géorgienne dans son rapport sur la question nationale. Il le fait avec la plus extrême prudence. Sur le terrain des principes, il reprend tous les thèmes développés par Lénine et dénonce particulièrement ce qu'il appelle lui aussi « le chauvinisme de grande puissance », les vues « antiprolétariennes et réactionnaires » de ceux pour qui la formation de l'U.R.S.S. est un pas vers la liquidation des « républiques nationales » dont il affirme qu'il faut au contraire assurer le « libre développement ». Mais il s'efforce de présenter les faits et les hommes à son avantage. Il proclame au congrès que ce sont les « nationalistes » qui ont déclenché les hostilités. Surtout, il s'appuie sur la décision de la conférence de Tiflis dont les votes ont massivement approuvé une politique qui est, dit-il, conforme aux principes qu'il énonce [17]. Mdivani et Makharadzé ont beau protester contre la « désinformation », assurer qu'ils ont eu le soutien de Lénine pour leurs positions, ils ne trouvent pas l'oreille du congrès qui voit dans l'affaire une querelle locale subalterne, puisque tout le monde est d'accord sur le fond [18].

Deux interventions pourtant vont poser nettement la question nationale. Rakovsky, chef du gouvernement ukrainien, fait gronder le congrès à plusieurs reprises en dénonçant « l'existence d'un sentiment de chauvinisme de grande nation qui rampe à travers le peuple russe, lequel n'a jamais connu l'oppression nationale [19] ». Critiquant concrètement les nouvelles propositions de Staline pour l'U.R.S.S., il assure aux congressistes que les républiques non russes doivent livrer bataille quotidiennement pour survivre face à l'administration centrale. Boukharine attaque avec plus de force encore, s'en prenant nommément à Staline et à Zinoviev, soulignant que les mises en garde de Lénine ne s'adressaient pas à ceux qu'il traite de « déviationnistes » mais aux « chauvins russes » auxquels, si Lénine était présent, il donnerait une leçon dont ils se souviendraient encore dix ans après [20].

Trotsky, lui, se tait. Mieux, il s'absente pendant la discussion sur la question nationale en invoquant la nécessité de préparer son propre rapport. Quelques jours après la fin du congrès – le 1er mai – il va publier dans la *Pravda* un article en forme de dialogue commentant la résolution du congrès, dans lequel il insiste sur le lien entre la question nationale et la question paysanne. Mais, au congrès, il est muet. Sans doute a-t-il, dans la logique de son compromis du 6 mars avec Kamenev, décidé de retarder l'ouverture du conflit jusqu'à ce qu'il ait une certitude concernant la santé de Lénine. Mais il n'est pas discutable que, ce faisant, il a rompu l'engagement qu'il a pris auprès de ce dernier de défendre au XIIe congrès leur point de vue commun sur la question géorgienne.

Les raisons de cette attitude sont loin d'être claires. On peut cependant supposer qu'en dehors des problèmes que ne pouvaient manquer de lui poser la question géorgienne et une abstention – qui ne portera pas atteinte à ses liens avec les dirigeants communistes géorgiens –, Trotsky a pu penser que la bataille essentielle devait être livrée sur ce terrain économique où le compromis lui permettait de présenter, au nom de la direction du parti, un rapport dans lequel il faisait triompher ses idées sur l'application pratique de la Nep [21].

Il commence par rappeler que la Nep est une arène. L'enjeu du combat qui s'y livre est résumé par la formule : vers le capitalisme ou vers le socialisme? Concrètement aujourd'hui, il est résumé par la question : qui a bénéficié de la croissance des forces productives, l'Etat ouvrier ou le capital privé? Au moment du bilan dans ce congrès, Trotsky salue dans la Nep deux conquêtes capitales : la reprise économique d'abord, l'augmentation des salaires, « condition première du renforcement du prolétariat », ensuite.

Les tâches de la période qui s'ouvre tournent selon lui autour de la nécessité de poursuivre la réanimation économique. Le moyen d'atteindre cet objectif est le maintien et le renforcement de la ville et de la campagne – en termes économiques concrets, la bonne articulation entre l'industrie nationalisée et le marché rural de Russie. Concrètement, cela signifie : les produits de l'industrie nationalisée sont-ils accessibles aux paysans? Autrement dit, quel est l'écart entre les prix industriels et les prix agricoles, quel est leur mouvement par rapport à l'autre? Montrant au congrès un diagramme indiquant la chute des prix agricoles et l'ascension des prix industriels – les deux courbes se recoupant en forme de ciseaux, un mot qui va faire fortune –, Trotsky indique que le paysan se trouve maintenant dans une situation dans laquelle il paie les produits industriels presque trois fois plus cher qu'en 1913 : cette dérision d'alliance est pour lui le problème fondamental de la vie économique. Il en conclut l'absolue nécessité de mettre fin à cette situation et de commencer à refermer les ciseaux.

Comment y remédier? Il le dit brutalement – et la forme de ses affirmations va indigner plus d'un administrateur :

> « Nous devons liquider cette magie noire des calculs qui est telle que le vol, le pillage, la dilapidation des fonds publics s'effectuent grâce à des fonds publics, grâce à des calculs arbitraires et faux, beaucoup plus facilement qu'en l'absence de toute comptabilité. [...] Nous avons connu l'époque de la réquisition [...], puis celle de la spéculation. Je crains maintenant que nous ne soyons arrivés à celle du calcul [22]. »

L'objectif est donc de « créer un système comptable qui ne soit pas la couverture du pillage qui permettrait une politique de prix de revient afin d'intervenir effectivement sur le marché ».

Fidèle à la position qu'il soutient depuis l'adoption de la Nep, Trotsky défend l'idée de l'organisation du commerce extérieur en fonction des intérêts et des prévisions de l'industrie d'Etat et qui exige évidemment le maintien du monopole. Estimant que le communisme de guerre a été capable de satisfaire les besoins élémentaires de l'armée et des travailleurs, mais non de remplir les tâches d'organisation de l'économie, il ajoute:

> « Nous avons clairement reconnu qu'il était impossible de construire l'économie par le seul contrôle planifié centralement, compte tenu du faible niveau économique de notre pays... Nous avons donc fait appel au démon du marché [23]. »

Le fait majeur ici, à ses yeux, est que certains administrateurs ont placé des espoirs excessifs dans le marché. Ce dernier pourrait incontestablement permettre une reconstruction de l'industrie lourde dans un délai de dix ou vingt ans. Mais il s'agirait alors d'une industrie capitaliste privée, ce qui impliquerait qu'on aille au-delà de la Nep qui limitait le nombre des salariés des entreprises privées. Aux yeux de Trotsky, la crise de 1921 a été avant tout non une crise de type capitaliste, mais une crise spécifique du système soviétique, née d'une erreur de prévision sur la question des combustibles. La crise de 1922, crise commerciale, a manifesté non seulement le manque de débouchés pour la production industrielle, mais l'absence d'appareil commercial. Ce n'est pas seulement le « libre jeu de ce qu'on appelle les lois d'airain du marché », mais aussi « notre impuissance organisationnelle face à ces mêmes lois » : les crises découlent plus désormais des méthodes de planification, de l'inadaptation du marché en tant que tel. Il appartient donc au parti de prendre cette question en main et de mener cette bataille :

> « La question de la planification pose dans son essence la question de la direction. [...] Et la direction de l'économie, c'est avant tout la planification, c'est-à-dire la prévision et la coordination [24]. »

Et de revenir sur ce qu'il a déjà, des années durant, expliqué concernant le caractère de la planification qu'il propose : il ne s'agit pas du tout de rigidité administrative comme pendant le communisme de guerre, mais de coordination et de prévision des conditions du marché et d'autre part, du travail de l'État. Le plan le plus significatif pour les perspectives à long terme est celui de l'électrification, qui porte sur dix ans : « En attendant, la planification consiste à coordonner les différentes composantes de l'économie [25]. »

C'est en fonction de ces besoins qu'apparaît la nécessité d'un organisme spécial de planification, « un état-major central de l'économie [...], un organe hautement qualifié qui étudierait sans cesse et à fond tous les éléments du plan dans toutes leurs conséquences pratiques, et soumettrait le matériel traité à l'état-major économique »; la Commission du Plan d'État (Gosplan) est de ce point de vue une pièce essentielle. Selon ces principes, le Conseil du Travail et de la Défense dirige seul l'économie. Sous son autorité, la Commission du Plan d'État vérifie, coordonne, prévoit et oriente [26]. Trotsky poursuit en traçant sa perspective de la Nep et de sa négation finale :

> « Nous avons rétabli le marché, la libre concurrence, tout en conservant le pouvoir d'Etat, les moyens de production nationalisés et le monopole du commerce extérieur. Nous savions qu'il nous faudrait nous mesurer durement aux rapports marchands au sein desquels et contre lesquels nous introduirions habilement toujours plus de matière planificatrice. Le succès du socialisme pourra se mesurer à l'élargissement de la planification économique sur la base d'un développement croissant des forces productives. [...] Nous avons adopté cette " nouvelle " politique pour la vaincre sur son propre terrain. [...] Nous étendrons le plan à tout le marché après l'avoir supplanté et anéanti. En d'autres termes, nos succès sur

le terrain même de la Nep rapprochent sa liquidation et sa transformation en une politique encore plus “ nouvelle ”, c’est-à-dire la politique socialiste [27]. »

Il manque pour cela un investissement significatif de forces du parti dans les organes économiques et même tout simplement une tentative de sa part pour redistribuer ses forces conformément aux besoins :

> « Dans la prochaine période, c’est le parti qui, en liaison avec les organes économiques, choisira les dirigeants, les contrôlera et décidera de leur avancement. C’est là l’élément central de notre thèse en matière économique [28]. »

La tâche de l’heure est donc à l’offensive, à la concentration des efforts du parti sur l’économie :

> « Je ne sais comment sera la moisson. [...] Mais une bonne récolte signifiera, si nous perdons du terrain, un renforcement de notre adversaire. Car une bonne récolte impliquera un élargissement de la capacité du marché non seulement au profit de l’industrie nationalisée, mais aussi du capital privé. Notre ennemi relèvera la tête, réalisera des bénéfices si nous travaillons à perte. [...] Ce sera la guerre du développement du capitalisme. [...] Nous communistes, nous nous battons pour chaque mètre carré du territoire socialiste, chaque parcelle du capital nationalisé par la planification, la prévision et l’habileté [29]. »

Reprenant l’expression bien connue de Marx sur « l’accumulation capitaliste primitive », le pillage par quoi a commencé le développement capitaliste, Trotsky annonce le début de ce qu’il appelle « accumulation socialiste primitive [...], un mot d’ordre que nous lancerons à tout le pays et à tout le parti afin d’assurer le salut économique et le renouveau culturel », et de sortir le pays de la misère et du sous-développement.

* * *

Le rapport de Trotsky ne fait pas l’unanimité au congrès. Bien que, fruit du compromis du 6 mars, il soit présenté comme émanant de la direction tout entière, il soulève la réprobation – muette – de Staline, de Zinoviev et de leurs alliés. Au congrès, le seul incident est provoqué par une intervention de L.B.Krassine qui demande à Trotsky s’il est disposé à pousser jusqu’au bout l’analogie avec l’accumulation capitaliste primitive en justifiant le « pillage » du capitalisme en ses débuts. Trotsky proteste vivement au moment où Krassine cite la fameuse formule de Lord Bentinck sur « les os des tisserands qui blanchissent les plaines des Indes [30] »...

En fait, pour lui, le bilan du XIIe congrès, qui aurait pu signifier bataille et peut-être victoire décisive, est plutôt celui d’une série de revers. Avec le rapport sur l'économie, il a inquiété tous les éléments conservateurs et s'est aliéné les administrateurs rouges. Il a par ailleurs déçu, par son silence, tous ceux qui étaient venus avec l'espoir de le voir lever le drapeau de la démocratie ouvrière et lancer la bataille contre l'appareil et le traitement inique infligé aux communistes géorgiens.

A-t-il pour autant rassuré ses adversaires? On peut en douter. La peur qu'il leur inspire est de celles que n'apaisent ni les promesses ni même un silence d'une semaine. La comité central nouvellement élu – une quarantaine de membres – compte nombre d'apparatchiki de la clientèle de Staline et seulement trois amis politiques de Trotsky : Rakovsky, Radek et Piatakov. Ceux que l'on commence à appeler la *troïka,* les « trois » – Zinoviev, Kamenev et Staline –, dominent le bureau politique, où Boukharine va commencer à se rapprocher d'eux. La commission de contrôle, élargie conformément au vœu de Lénine, est, elle aussi, contrôlée par des fidèles du secrétariat, à commencer par son vice-président Kouibychev, un ancien de Tsaritsyne.

Trotsky a voté pour toutes les résolutions du XIIe congrès et ainsi cautionné la direction élargie qui en sort. Son abstention dans la bataille sur la Géorgie l'a fait prisonnier de ceux qui ont agi alors qu'il attendait les bras croisés. Il n'a finalement jamais donné d'explication vraiment convaincante de cette attitude suicidaire dans un moment aussi décisif. Mais au même moment, en Allemagne, se développe une situation telle qu'elle va, pendant quelque temps, reléguer à l'arrière-plan toutes les manœuvres d'appareil et les opérations de congrès et ouvrir à la révolution russe des perspectives pratiquement fermées depuis le début des années vingt. La révolution allemande – le parti russe tout entier en est convaincu – se lève de nouveau à l'horizon.

***

Ce n'est qu'à la mi-août, alors qu'une grève de trois jours lancée par un comité d'action des conseils d'usine en principe dirigé par des communistes, échappe à ses organisateurs et provoque la chute du gouvernement Cuno, que les dirigeants de l'Internationale communiste ont commencé à s'intéresser de près à l'Allemagne où se développait, depuis le début de l'année, une situation exceptionnelle à tous égards.

L'occupation de la Ruhr par les troupes franco-belges à partir du 11 janvier 1923 a déclenché une crise sévère dont le trait le plus spectaculaire est sans doute une inflation galopante qui a pris, dès les premiers mois de l'occupation, un rythme et des proportions de catastrophe : à l'été 1923, le mark est tombé si bas qu'il n'a pratiquement d'usage que pour le paiement des salaires – à cours forcé – et que toutes les transactions commerciales se font en or ou en devises.

Les fortunes se font et se défont du jour au lendemain. La petite bourgeoisie est dans l'ensemble complètement dépouillée. Les salaires ouvriers, plus fréquemment réajustés, sont tout de même nivelés très bas, au quart de ceux d'avant la guerre. S'y ajoutent le chômage et la disette dans les villes. La classe ouvrière, les travailleurs au sens le plus large du terme sont ainsi en quelque sorte réunifiés au plus bas niveau de ressources, l'aristocratie ouvrière étant purement et simplement gommée par la double chute du mark et des salaires qui ne leur donne qu'un avantage infinitésimal.

Les organisations traditionnelles – syndicats et S.P.D. – s'effondrent : leurs immenses ressources fondées sur les millions de marks des cotisations des syndiqués, ne valent plus guère que leur poids de papier. L'armée et la police, frappées par la paupérisation, sont en pleine décomposition. Les communistes recrutent à tour de bras, progressent dans les organisations syndicales, notamment dans les corporations décisives comme les métallurgistes. Ils occupent également d'importantes positions dans des organisations de type nouveau, comités d'usine, comités de contrôle, organisent la lutte contre les hausses, le trafic et la disette, créent des centuries prolétariennes enfin, véritables milices ouvrières – déjà plus de 25 000 hommes en Prusse quand le gouvernement social-démocrate les interdit en mai et les refoule dans la clandestinité [31].

Les communistes allemands ont, avec beaucoup de discipline, appliqué les mots d'ordre de l'Internationale en vue de la conquête des masses. Leurs dirigeants considèrent, en cette première moitié de 1923, qu'ils ne sont pas éloignés d'avoir rallié la majorité de la classe ouvrière : ils se disposent maintenant à disputer aux nationalistes et à l'extrême droite la petite bourgeoisie enragée par sa paupérisation et « l'humiliation nationale » de Versailles et de la Ruhr. Dans les rangs du K.P.D., une gauche, qui est au fond l'héritière des gauchistes de 1921 et de la théorie de l'offensive, proclame depuis, à chaque instant, que le moment est venu de la prise du pouvoir. Face à ses porte-parole, Ruth Fischer et Maslow, la droite, derrière le président du parti, le maçon Heinrich Brandler, se contente d'avancer à petits pas sur la route tracée par le IVe congrès. Pour la direction allemande comme pour le président de l'Internationale, l'Allemagne est bien à la veille de la révolution, mais celle-ci peut se faire attendre une année et plus encore.

Quand les dirigeants du P.C., devant l'interdiction en Prusse de leur manifestation « antifasciste » prévue pour le 29 juillet, demandent l'opinion de l'Internationale pour savoir s'ils doivent s'incliner ou passer outre, les Russes se divisent. Radek, qui assure la permanence à Moscou, pense qu'il ne faut pas « forcer la lutte », mais consulte les autres qui se trouvent en vacances. Zinoviev et Boukharine disent qu'il faut maintenir la manifestation, Staline qu'il faut « retenir les Allemands » et Trotsky, faute d'éléments suffisants d'informations, répond qu'il n'a pas d'opinion. Le K.P.D. organise finalement une série de meetings [32].

La grève d'août, qui se répand comme une traînée de poudre et fait tomber le gouvernement, révèle brutalement aux dirigeants russes le caractère nouveau de la situation [33]. Zinoviev, en vacances dans le

Caucase, écrit le 15 août que la crise révolutionnaire approche et avec elle le moment où « il faudra de l'audace, toujours de l'audace, encore de l'audace ». Boukharine est convaincu, et Radek se laisse convaincre. Trotsky a obtenu des informations directes de deux dirigeants communistes allemands, Walcher et Enderle, et se prononce pour la préparation de l'insurrection [34].

Le bureau politique du P.C.R., élargi à quelques experts dont Piatakov et à des représentants de l'Internationale – Radek, Kuusinen – et du parti allemand – Hoernle et Walcher –, se réunit le 23 août. Radek, qui rapporte, conclut que la révolution allemande vient d'entrer dans une phase supérieure. Trotsky surenchérit : il faut passer immédiatement à la préparation de l'insurrection. Zinoviev est peut-être un peu moins catégorique sur les rythmes, mais il le suit, de même que Boukharine, enthousiaste comme toujours. Staline, lui, est sceptique, émet des réserves, parle plutôt du printemps 1924, mais n'insiste pas devant l'accord des autres. La décision est prise. Le bureau politique est convaincu que le moment décisif approche [35]. Il nomme une commission de quatre membres, la « commission allemande », pour superviser le travail et, sur ses instructions, l'exécutif de l'I.C. convoque à Moscou une conférence secrète chargée de préparer l'Octobre allemand. La conviction des Russes a gagné tout le monde à l'I.C. [36].

Trotsky est au centre des préparatifs, car il est de toute évidence le spécialiste de l'insurrection. En quelques jours l'atmosphère de la direction du parti, et au moins des grandes villes du pays, se transforme, électrisée par la perspective d'une victoire dont on attend qu'elle brise définitivement l'isolement des communistes russes et constitue « le bloc de 200 millions d'hommes » qui va permettre de « conquérir le monde ». La jeunesse – et au premier rang les jeunes ouvriers entrés dans les *Rabfaki*, facultés ouvrières à l'Université – se mobilise, retrouve l'enthousiasme de ses aînés de 1917, l'ambiance fiévreuse des meetings de masse, dans la collecte du trésor de guerre en or et la constitution de la « réserve allemande » en grains [37].

Plusieurs discussions se croisent dans les conférences préparatoires. Zinoviev, par exemple, souhaite l'élection de conseils ouvriers, sur le modèle des soviets, avant la prise du pouvoir. Trotsky ne le suit pas : il pense que les comités d'usine peuvent parfaitement jouer dans les semaines à venir le rôle des soviets en Russie et qu'on pourra élire des conseils plus tard. C'est son point de vue, partagé aussi par le dirigeant allemand Brandler, qui l'emporte [38].

La discussion est également très vive sur la question de la fixation d'une date pour l'insurrection. Radek et Brandler sont opposés à la fixation d'une date à l'avance [39]. Trotsky propose le 7 novembre et reproduit ses arguments dans la *Pravda* :

> « La révolution possède une immense puissance d'improvisation mais elle n'improvise jamais rien de bon pour les fatalistes, les amateurs et les imbéciles. La victoire provient d'une analyse politique correcte, d'une organisation correcte et d'une volonté de frapper le coup décisif [40]. »

Le conflit le plus sérieux porte sur une question de personnes. Brandler, qui a en Trotsky une immense confiance, demande que l'organisateur de l'Octobre 1917 soit envoyé sur place en Allemagne pour diriger sur le terrain cette insurrection dont il a élaboré grandes lignes et détails. Zinoviev fait opposition à ce projet qui eût, en cas de succès, assuré définitivement l'autorité de Trotsky dans le parti de l'Internationale : arguant que pareille responsabilité ne peut être confiée qu'au président de l'Internationale, il pose sa candidature. Manque de confiance en lui? Crainte qu'un échec ne les compromette? En tout cas, ses alliés de la troïka se rabattent sur un compromis : c'est la « commission allemande » elle-même, formée de Radek, Piatakov, Ounschlicht et Schmidt, qui se rendra en Allemagne à la veille de l'insurrection et exercera sur place la responsabilité des décisions suprêmes [41].

Le travail de préparation de l'insurrection est probablement, dans le soin apporté à chaque détail et à chaque question, un chef-d'œuvre de minutie dans son genre : construction d'un appareil militaire *(M-Apparat)*, division du pays en commandements militaro-politiques, envoi d'instructeurs, développement et encadrement des centuries prolétariennes, achat d'armes. De son côté, le parti allemand organise la mobilisation de ses militants, le passage des cadres dans la clandestinité, leur affectation à un poste de combat [42].

Ruth Fischer, convoquée à Moscou pour représenter la gauche du parti allemand dans les travaux préparatoires, nous a laissé un tableau très vivant du départ de Brandler de Moscou pour l'Allemagne, le 9 ou le 10 octobre :

> « En quittant le Kremlin, je vis Trotsky disant au revoir à Brandler, qu'il avait accompagné de sa résidence à l'intérieur du Kremlin à la porte Troitzky – un geste inhabituel d'extrême politesse. Ils étaient debout, là, dans la vive lumière d'un après-midi d'automne, l'épais Brandler, dans son costume civil froissé, et l'élégant Trotsky dans son uniforme bien coupé de l'Armée rouge. Après les dernières paroles, Trotsky embrassa tendrement Brandler sur les deux joues, à la manière russe. Connaissant bien les deux hommes, je pus voir que Trotsky était vraiment ému; il sentait qu'il souhaitait bonne chance au chef de la révolution allemande, à la veille d'événements grandioses [43]. »

Le plan d'action avait été déterminé dans les derniers jours de septembre : les communistes entraient dans les gouvernements de Saxe et de Thuringe dirigés par les social-démocrates de gauche, lesquels devenaient ainsi les « gouvernements ouvriers » du programme de l'Internationale. C'est ainsi que Brandler entra en Saxe dans le gouvernement dirigé par le social-démocrate de gauche, le docteur Zeigner. Les ministres communistes allaient utiliser leurs positions pour armer le prolétariat, constituer sur place des bastions, et mobiliser toute la classe ouvrière pour leur défense. L'insurrection devait être déclenchée dans le pays tout entier à travers la grève générale de défense des « gouvernements ouvriers ».

***

Les premières étapes se déroulent sans accroc. Le 19 octobre, le gouvernement du Reich a ordonné au général Müller de rétablir l'ordre en Saxe – une mesure qui vise évidemment les ministres communistes. On annonce pour le 21 octobre, à Chemnitz, la tenue d'une conférence des comités d'usine de Saxe : pour les communistes, c'est elle qui, en lançant l'appel à la grève générale dans tout le pays pour la défense de la Saxe ouvrière, donnera le signal de l'insurrection allemande.

Le même 19 octobre, Trotsky prend la parole devant le congrès provincial des ouvriers de la métallurgie à Moscou :

> « Nous traversons des mois et des semaines tels qu'il s'en produit rarement en mille ans et qui sont peut-être sans précédent dans l'Histoire. Avant la révolution d'Octobre, nous considérions comme l'événement le plus important et le plus proche de nous la Grande Révolution française et les événements qui l'ont suivie, y compris les guerres napoléoniennes. Mais ces événements étaient profondément insignifiants à côté de ceux qui approchent maintenant en Europe centrale. La révolution prolétarienne a mûri en Allemagne [44]. »

Pour lui, toutes les conditions sont réunies pour la victoire de cette révolution. L'Allemagne est un pays développé, à l'industrie fortement concentrée, où l'organisation de l'économie sera plus facile qu'en Russie. Il y avait en Russie 3 millions d'ouvriers sur 150 millions d'habitants; il y a en Allemagne 15 millions d'ouvriers d'industrie et 3 millions d'ouvriers agricoles pour 60 millions d'Allemands. La social-démocratie allemande, devenue une agence de la bourgeoisie, a fait obstacle à la marche du prolétariat au pouvoir après la guerre. Mais elle est maintenant affaiblie, et il existe un véritable parti communiste, trempé et aguerri.

Sur le plan militaire, la bourgeoisie allemande dispose d'une armée de 100 000 hommes, dispersés dans tout le pays, d'une police de 135 000 membres peu disposés à mourir pour le règne du capitalisme. Les fascistes, enfin, disposent de 200 000 à 300 000 volontaires encadrés par des officiers, mais Trotsky est certain que les forces des centuries prolétariennes ne peuvent leur être inférieures.

L'entrée des communistes dans le gouvernement de Saxe est, selon lui, une décision révolutionnaire. Pris entre la classe ouvrière et le Parti communiste qui la représente, d'une part, et la menace de la Reichswehr du général Müller de l'autre, les dirigeants social-démocrates du gouvernement saxon ont appelé le prolétariat allemand à défendre la Saxe : la guerre civile est sur le point d'éclater.

La question est pourtant de savoir si les ouvriers allemands pourront conserver le pouvoir conquis, dans la situation internationale du moment. Les perspectives sont favorables, pour Trotsky. Bien qu'on ne puisse avoir aucune certitude, on peut penser que la Grande-

Bretagne n'interviendra pas sur le continent, qu'une « intervention française dans l'Allemagne révolutionnaire n'est pas seulement impraticable mais [qu']elle serait pure folie ». Trotsky ne croit pas à une intervention polonaise, mais, si elle se produit, même sous la forme d'un blocus de l'Allemagne ouvrière, la Russie soviétique doit être prête à se battre :

> « Nous sommes prêts à payer cher la paix, mais nous ne permettrons pas que notre pays meure économiquement et que le prolétariat allemand meure de faim. [...] La guerre n'est pas souhaitable, elle n'est pas inévitable, mais elle est probable. Si elle venait, ce serait une guerre qui nous aurait été imposée [45]. »

Le 20 octobre, devant le congrès du syndicat des ouvriers du transport, le 21, à la conférence des travailleurs politiques de l'Armée et de la Flotte rouges, Trotsky revient sur la situation allemande, explique, argumente mieux ou plus longuement. Devant les travailleurs du transport, il s'interroge :

> « Que va-t-il arriver au moment décisif? Le Parti communiste allemand, ayant gagné la confiance de la majorité de la classe ouvrière, se révélera-t-il capable, trouvera-t-il en lui-même assez de trempe, de volonté, de résolution, pour réaliser un soulèvement armé et s'emparer au combat du pouvoir d'État [46]? »

Il explique que les éléments avancés du parti et l'Internationale ont bien compris qu'il ne fallait pas « attendre » la révolution comme un phénomène objectif qui doit « arriver » :

> « Cette révolution est déjà arrivée, elle est déjà autour de nous, mais, pour qu'elle ne nous passe pas à côté ou par-dessus, en tant que parti, nous devons nous fixer la tâche d'écraser l'ennemi dans une bataille révolutionnaire ouverte. [...] Il nous faut passer du niveau de l'agitation, de la propagande et de la prévision des événements, à celui des affrontements militaires-révolutionnaires, du soulèvement armé et de la prise du pouvoir [47]. »

Évoquant les difficultés du Parti bolchevique à la veille de l'insurrection, les désaccords publics au sommet, il assure :

> « Il est à craindre qu'en Allemagne, les vacillations internes du parti communiste soient plus substantielles, plus importantes et par conséquent plus dangereuses qu'elles ne l'ont été pour nous à la veille du 25 octobre 1917 [48]. »

Il défend également longuement l'entrée des communistes dans le gouvernement saxon, jugée « opportuniste » par plusieurs délégués, en expliquant qu'il s'agit en réalité d'un coup porté au parti social-démocrate. Il développe :

« Vous connaissez tous le profond attachement qu'un ouvrier ressent pour l'organisation qui, la première, l'a éveillé, élevé, organisé, faisant de lui un être conscient. C'est ce sentiment d'un lien intime que les ouvriers allemands éprouvent avec le Parti social-démocrate. Ce parti les a certainement trahis, mais, tout de même, autrefois, sous Hohenzollern, il les a éveillés et, pendant des décennies, les a éduqués et il est dur pour les ouvriers, même ceux qui ont compris qu'il est sur une mauvaise pente, de rompre avec lui. [...] C'est un pas très douloureux à franchir, pour un ouvrier, quand il a été lié pendant de longues années avec une organisation et qu'il lui faut maintenant faire brutalement ce pas [49]. »

Or il pense que le spectacle d'un gouvernement social-démocrate-communiste et d'un combat commun en Saxe et en Thuringe va contribuer à la démolition du mur que les social-démocrates ont tenté de dresser entre la classe ouvrière allemande et le parti communiste.

Devant la conférence des travailleurs politiques de l'armée, le 21 octobre 1923, il revient encore sur la question du gouvernement ouvrier de Saxe, expliquant qu'il n'est pas une coalition sur la base de la démocratie parlementaire, mais comme « une manœuvre militaire-révolutionnaire visant à occuper une position solide, à détenir des armements sur une fraction du territoire, avant l'heure des actions décisives [50] ».

Il ajoute aussi une remarque de stratégie militaire : il ne faut pas oublier qu'il se déroule en Allemagne une lutte de classes réduite à une « formule très simple – la lutte des masses prolétariennes contre les détachements de combat des fascistes [51] ». Ces derniers – au nombre desquels figure, comme on sait, le parti nazi d'Adolf Hitler - ont déjà leur place d'armes, la Bavière. Saxe et Thuringe, où s'organisent les centuries prolétariennes, sont à leur tour devenues des places d'armes, celles du prolétariat.

*
* *

Au moment pourtant où Trotsky prononce ce dernier discours, le plan tout entier de l'insurrection est en train de s'enrayer.

La conférence de Chemnitz, le 21 octobre, se sépare en effet sans avoir lancé l'appel attendu à la grève générale. Les social-démocrates de gauche du docteur Zeigner ont reculé au dernier moment, et les dirigeants communistes – Brandler en tête – sont restés interdits et comme passifs devant cette retraite inattendue. Le soir même la centrale allemande, le lendemain la « commission », décident la suspension des préparatifs d'insurrection : celle-ci n'éclatera que dans la ville de Hambourg, par suite d'une erreur de transmission. Dès lors, tout s'effondre très vite. Le 27, le gouvernement du Reich somme Zeigner de démissionner; le 29, il nomme à sa place un commissaire du Reich, et la Reichswehr expulse les « ministres ouvriers » de leurs bureaux. Le 30, Zeigner démissionne pour laisser la place à un gouvernement social-démocrate sans communistes. Il n'y a eu finalement que quelques échauffourées, ici ou là, plusieurs dizaines de morts ouvriers. Il y a surtout une immense désillusion dans les rangs des communistes [52].

Nous ne diposons d'aucun document ou témoignage qui nous permette d'apprécier ce que fut la réaction de Trotsky devant le recul, qu'il allait être le premier à oser qualifier de « défaite », de la révolution allemande. Le coup était dur, et pas seulement comme l'ont souligné de nombreux auteurs, parce qu'il s'agissait de son plan et que les dirigeants qui donnaient l'ordre de reculer, Piatakov et Radek, ainsi que Brandler, étaient ses proches ou passaient pour tels.

Le « fiasco » d'octobre 1923 consacrait en effet de nouveau l'isolement de la révolution russe, le report à des années d'une perspective, un instant entrevue dans le proche horizon, celle de la révolution allemande salvatrice. Il renversait le rapport des forces, contre Trotsky, en faveur du repli frileux et prudent préconisé depuis des années par les hommes de l'appareil, sceptiques et mal à l'aise devant la révolution. Les développements de l'Histoire jouaient décidément désormais contre l'homme qui s'était identifié à la révolution européenne.

Mais l'échec allemand avait une autre conséquence, ignorée de nombre de commentateurs : il rendait inévitable le conflit, à la tête du Parti bolchevique, remis jusque-là par Trotsky dans l'attente de la guérison de Lénine. Les quelques mois d'exaltation révolutionnaire dans la préparation de l'Octobre allemand avaient éveillé en Russie une jeune génération qui, piaffant d'ardeur au combat, était maintenant prête à affronter cette bureaucratie qui incarnait la défaite.

Trotsky ne pouvait plus ni reculer ni attendre.

CHAPITRE XXIII

Débat sans Lénine [1]

Les difficultés au sommet du P.C. russe, à la veille du XIIe congrès, avaient fait passer au second plan le début des événements d'Allemagne. Le déclenchement d'une crise révolutionnaire dans ce pays, à partir de la mi-août, rejeta à l'arrière-plan, à leur tour, toutes les questions du parti russe. Finalement, la défaite allemande fit exploser le tout, sans que personne puisse, cette fois, songer à attendre la guérison ou au moins une certitude à court terme quant à l'issue de la maladie de Lénine.

Dans le conflit qui se noue au sommet, deux éléments nouveaux sont apparus au grand jour.

Le mot de « léninisme » a d'abord surgi dans la presse, la première fois sans doute, sous la plume de Kamenev dans une polémique contre Ossinsky [2]. Destiné à désigner la pensée de Lénine sous une forme vulgarisée, un peu à la façon d'un catéchisme, le terme était impensable lorsqu'il était en pleine possession de ses moyens. On s'apercevra bientôt que dans la bouche des dirigeants le terme n'a de sens que par opposition à la notion de « trotskysme » en tant que corps étranger dans le Parti bolchevique. Trotsky ne bronche pas. Mieux, il va lui-même reprendre le terme et l'utiliser comme un synonyme de « bolchevisme » dans le cours des discussions.

Ensuite, un élément nouveau apparaît dans ces lendemains du XIIe congrès qui a vu la victoire de Staline et de Zinoviev sur un Trotsky silencieux, mais aussi l'ascension du premier au détriment du second. Il s'agit d'une affaire significative du point de vue des relations entre le Parti et l'État et, plus concrètement, entre le secrétariat général et le pouvoir, à propos d'une affaire sensible, la question nationale.

Dans les derniers jours d'avril, en effet, le communiste tatar Sultan-Galiev, ancien collaborateur de Staline au commissariat du peuple aux Nationalités, a été arrêté, à l'initiative du secrétaire général. L'homme semble avoir été très sensibilisé à la situation faite aux aspirations nationales des minorités de l'U.R.S.S. depuis 1921 au moins. Il semble que la police politique, le G.P.U., ait intercepté, en mars 1923, une lettre qu'il aurait adressée à des camarades d'Oufa, dans laquelle il qualifiait la politique soviétique officielle de « chauvinisme grand-russe », et qu'il se proposait de prendre l'initiative d'un regroupement des délégués des P.C. des différentes minorités nationales au congrès où il était délégué à titre consultatif [3].

Sultan-Galiev a été arrêté, sur ordre personnel de Staline, quelques jours après le XIIe congrès, et accusé d'avoir créé une « organisation criminelle, contre-révolutionnaire et ennemie du prolétariat russe ». Zinoviev et Kamenev ont donné selon le témoignage de Kamenev, leur accord à cette première arrestation, pour raisons politiques, d'un membre éminent du parti, ordonnée par Staline [4]...

Mais l'été de 1923 est alarmant à bien d'autres égards. La crise des ciseaux s'aggrave brusquement à partir de juillet où les prix industriels atteignent 190 % de leur niveau d'avant-guerre tandis que les prix agricoles continuent de stagner aux environs de 50 %. L'augmentation de la productivité qui a été décidée pour faire baisser les prix industriels passe par une concentration des entreprises qui augmente le nombre des chômeurs, passé de 500 000 officiellement enregistrés à l'automne 1922, et monté maintenant à 1 250 000. La différenciation des salaires, plus marquée dans l'industrie des biens de consommation que dans l'industrie lourde, et dans l'industrie privée que dans l'industrie d'État, provoque aussi un très vif mécontentement.

Ce sont ces questions qui sont à l'ordre du jour au comité central de septembre. La majorité maintient la ligne – report du développement de l'industrie lourde, décision administrative de baisse des prix industriels, efforts pour l'ouverture des marchés étrangers et exonérations fiscales pour les paysans – on renvoie aux « industriels rouges » le soin de prendre les mesures d'urgence nécessaires pour abaisser le coût de fonctionnement et l'élévation de la productivité.

Dans le même temps, alors que l'appareil, conduit par le secrétariat, perfectionne presque quotidiennement son contrôle sur le parti, la base de ce dernier donne des signes qui indiquent un indiscutable passage de la lassitude à la colère. Des grèves éclatent ici ou là, débouchant parfois sur des manifestations. De petits groupes – le Groupe ouvrier de Miasnikov et Kouznetzov, le groupe de la *Vérité ouvrière* – s'agitent, prennent contact avec les anciens opposants ou les organisateurs du mouvement. On parle à mots couverts d'un projet de manifestation ouvrière de masse pour les revendications, sur le modèle de celle de janvier 1905. En septembre, il y a une vingtaine d'arrestations, dont celle de Kouznetzov. Les rapports du G.P.U. soulignent que non seulement il y a des membres du parti impliqués, mais ils se plaignent aussi du silence complice d'autres membres du parti qui protègent en fait ces « conspirateurs ». Au comité central, le trouble est si grand que Dzerjinski lui-même, le chef du G.P.U. assure :

> « Le dépérissement du parti, le déclin de sa vie intérieure, la prédominance de la nomination sur l'élection, peuvent devenir un danger poli-

tique et paralyser notre parti dans sa direction politique de la classe ouvrière [5]. »

Il est chargé de la direction d'une sous-commission *ad hoc* sur cette question.

Un sérieux accrochage se produit aussi sur les questions militaires. Trotsky s'oppose avec violence à la proposition d'introduire dans le conseil militaire révolutionnaire plusieurs membres du comité central, dont Staline. Finalement les auteurs de la proposition se contentent de prévoir l'entrée dans cet organisme de Lachévitch, un collaborateur de Zinoviev et de Vorochilov. Kouibychev, un homme de Staline, donne avec beaucoup de franchise à Trotsky la clé de l'opération :

> « Nous estimons nécessaire de commencer le combat contre vous, mais nous ne pouvons pas déclarer que vous êtes notre ennemi : c'est pourquoi nous recourons à ces méthodes [6]. »

Tout ne va pourtant pas pour le mieux dans la coalition au pouvoir. Zinoviev voudrait la rééquilibrer après le XIIe congrès. Pendant les vacances qu'il passe à Kislovodsk, dans le Caucase, il en parle avec Boukharine, Lachévitch, Evdokimov et Vorochilov : il sort de cette rencontre un projet de « politisation » du bureau d'organisation en coiffant le secrétariat d'un organisme responsable comprenant Staline, Trotsky et un troisième, Zinoviev, Kamenev et Boukharine. Informé, Staline vient lui-même parler du projet avec Zinoviev et Boukharine et fait accepter une contre-proposition, l'entrée au bureau d'organisation de tous les autres membres du bureau politique [7].

L'élection de Zinoviev et de Trotsky comme titulaires, de Boukharine comme suppléant du bureau politique ne porte pourtant pas atteinte à l'autorité de Staline : Trotsky ne viendra jamais au bureau d'organisation. L'historien américain Robert V. Daniels, parfois plus heureux dans ses jugements, écrit que « la victoire était destinée à l'homme qui ne jugeait pas au-dessous de lui le travail terre à terre d'organisation [8] » : c'est méconnaître le véritable enjeu. Le contrôle du bureau d'organisation pouvait en effet constituer l'enjeu d'un conflit entre Staline et un autre apparatchik. Mais la question de l'autorité de Trotsky ne pouvait se régler que dans les rues des villes allemandes ou les assemblées générales des militants du parti russe.

***

C'est le rapport de Dzerjinski au comité central d'octobre qui met le feu aux poudres. L'étude à laquelle s'est livrée la sous-commission qu'il a dirigée le conduit en effet à spécifier qu'il faut imposer aux membres du parti, lesquels connaissent l'existence de groupements au sein du parti, de les dénoncer au G.P.U., au comité central ou à la commission centrale de contrôle.

Trotsky proteste par écrit. La nécessité même d'une telle résolution lui paraît un symptôme significatif de la dégradation de la situation du parti. Dans sa lettre du 8 octobre [9], il constate que la proposition Dzerjinski révèle l'existence dans le parti à la fois de « groupements illégaux d'opposition », éventuellement dangereux, et d'un état d'esprit pouvant autoriser des militants à garder pour eux des informations là-dessus. La cause d'une telle situation n'est pas à chercher en dehors du régime du parti. Il assure :

« Aux moments les plus héroïques du communisme de guerre, le système des nominations à l'intérieur du parti n'avait pas le dixième de l'étendue qu'il a maintenant. La nomination par en haut des secrétaires de comités provinciaux est désormais la règle. Cela donne au secrétaire une position d'indépendance par rapport à l'organisation locale [10]. »

Il situe la période cruciale au lendemain du XIIe congrès, écrivant :

« Le XIIe congrès du parti s'est déroulé sous le signe de la démocratie. A cette époque, bien des discours pour la défense de la démocratie ouvrière m'ont paru exagérés et dans une certaine mesure démagogiques, étant donné l'incompatibilité foncière d'un régime de dictature avec une démocratie ouvrière *absolue.* Mais il était cependant bien évident que la période du communisme de guerre devait faire place à une responsabilité du parti plus large et plus active. Toutefois, le régime actuel, qui a commencé à se former avant le XIIe congrès et qui a été codifié et renforcé ensuite, est beaucoup plus éloigné de la démocratie ouvrière que le régime en vigueur aux moments les plus critiques du communisme de guerre [11]. »

La protestation devient réquisitoire :

« La bureaucratisation du parti s'est développée dans des proportions inouïes par la méthode de la sélection des secrétariats. [...] On a créé de larges couches de militants entrés dans l'appareil de gouvernement qui renoncent complètement à leurs opinions propres sur le parti (ou tout au moins à l'exprimer ouvertement), comme si la hiérarchie bureaucratique était l'appareil qui crée l'opinion et les décisions du parti. Au-dessous de ces couches, s'abstenant d'avoir une opinion à elles, se trouvent les larges masses du parti pour qui toute décision a la forme d'un ordre ou d'une sommation. Il se manifeste dans ces masses, qui sont les fondements mêmes du parti, un mécontentement tout à fait inusuel. Ce mécontentement ne s'efface ni par l'échange public d'idées dans les assemblées du parti, ni par l'influence de la masse sur l'organisation du parti [...] : il s'accumule en secret et nous conduit ainsi à des déchirements internes [12]. »

Trotsky assure être plus intéressé par le souci de rétablir une pratique correcte que d'attaquer la direction en place. Rappelant tous les compromis auxquels il a été partie prenante, il souligne :

« Il n'est pas un membre du comité central ni de la commission centrale de contrôle, qui ne sache que, tout en combattant sans restrictions, à l'intérieur du comité central, la politique erronée qu'on y pratique, je me suis refusé à soumettre la lutte qui s'y poursuit au jugement du plus petit cercle de camarades, fût-ce même de ceux qui seraient qualifiés pour occuper des postes importants dans le parti, si le cours de ce dernier était ce qu'il doit être [13]. »

Considérant cette étape comme révolue à la lumière de l'expérience, il avertit qu'il n'en sera plus ainsi désormais :

> « Étant donné la situation [...], je considère qu'il est non seulement de mon droit mais de mon devoir de faire connaître le véritable état de choses à tout membre du parti que je considère comme suffisamment préparé, expérimenté, maître de soi et capable, par conséquent, d'aider le parti à sortir de cette impasse sans convulsions fractionnelles [14]. »

La réponse du bureau politique à la lettre de Trotsky n'est, comme le souligne Max Eastman, « rien de plus qu'une grossière attaque personnelle [15] ». Trotsky est accusé d'avoir, « depuis déjà plusieurs années », attaqué le comité central pour des raisons d'ambition personnelle, et d'avoir refusé le poste de vice-président du conseil des Commissaires du peuple, offert par Lénine [16]. « Pour lui, dit le bureau politique, il n'est qu'une formule : " Tout ou rien " [17]. » Trotsky se contentera, le 23 octobre, d'énumérer la liste des questions sur lesquelles il a été du côté de Lénine contre la majorité du bureau politique.

A cette date, un autre événement s'est produit, auquel il n'est pas possible d'imaginer que Trotsky ait pu être étranger : la naissance de ce qu'il appellera plus tard « l'Opposition de 1923 » et qu'il faut sans doute considérer comme une initiative des premiers de ceux à qui il fait connaître « le véritable état de choses ». C'est en effet le 15 octobre que quarante-six vieux-bolcheviks ont remis au bureau politique une déclaration commune qui critique sévèrement la politique économique et plus encore le régime du parti [18]. Signée de deux anciens secrétaires du parti – Préobrajensky et Sérébriakov –, de vieux camarades d'idées de Trotsky comme eux – I.N. Smirnov, Mouralov, Piatakov – et d'anciens décistes – Sapronov, V.M. Smirnov, V.V. Kossior –, elle met en garde contre ce qu'elle appelle l'absence de direction économique et le risque d'une sérieuse crise économique. Par ailleurs, ces hommes – il manque les signatures des diplomates Krestinsky et Rakovsky – affirment nettement :

> « Le parti a cessé dans une mesure considérable d'être une collectivité indépendante vivante. [...] On observe une division croissante entre une hiérarchie de secrétaires [...], les fonctionnaires du parti recrutés par en haut, et la masse du parti qui ne participe pas à sa vie commune [19]. »

Les membres du parti ont maintenant peur d'exprimer critiques ou désaccords. Il n'y a plus de discussion véritable, et c'est la hiérarchie des secrétaires qui désigne les délégués pour les congrès et conférences, devenus « des assemblées exécutives de cette hiérarchie » : pour les « quarante-six », le régime est devenu intolérable depuis que l'on a « remplacé le parti par un appareil bureaucratique », en résultat de la « dictature d'une fraction » instaurée au lendemain de la discussion de 1921. Ils affirment :

> « Il faut abolir le régime fractionnel et ce doit être fait d'abord par ceux qui l'ont créé; il faut le remplacer par un régime d'unité entre camarades et de démocratie interne du parti [20]. »

Selon Max Eastman, Radek avait envoyé, de son côté, une lettre analogue à la déclaration des quarante-six [21].

A la session commune du comité central et de la commission centrale de contrôle qui doit répondre aux quarante-six et à Trotsky, celui-ci, alité avec un refroidissement et une forte fièvre, est absent. C'est Préobrajensky qui représente l'opposition. Fidèles à la tactique qu'ils ont employée lors de l'affaire géorgienne, les dirigeants proclament à leur tour la nécessité de lutter contre la « bureaucratie » et de « réformer » le parti en améliorant son fonctionnement. Mais ils répondent en même temps « discipline et fractionnisme » à ceux qui sont venus leur parler de démocratie. Trotsky est accusé d'avoir commis une erreur politique grave en lançant « à un moment crucial de l'expérience du parti et de la révolution », une attaque qui a « revêtu objectivement le caractère d'une initiative fractionnelle ». Les quarante-six, quant à eux, sont accusés d'avoir, au signal de Trotsky, pris l'initiative d'une politique fractionnelle et scissionniste et d'avoir ainsi « affaibli » le parti à un moment tout à fait crucial pour la révolution internationale [22]. Conséquence des deux aspects de la stratégie des dirigeants : la discussion s'ouvre dans le parti, mais la publication du texte des quarante-six est interdite.

Deux discussions se déroulent donc parallèlement à partir de la fin d'octobre. Une à huis clos, au bureau politique, sur la définition de la nouvelle politique, du « cours nouveau », et une seconde, ouverte dans la presse et les assemblées générales de discussion. Les dirigeants affichent des intentions très pures, et Zinoviev ouvre le débat dans la *Pravda* du 8 novembre en affirmant qu'il est pour que la démocratie « prenne chair et sang » dans le parti. Les choses se gâtent tout de même un peu avec une intervention de Préobrajensky le 29 novembre. Le désaccord monte d'un cran, et Zinoviev assure que, le bien de la révolution étant la loi suprême, il est, pour sa part, prêt à envoyer au diable les principes « sacrés » de la démocratie « pure », tandis que Staline se préoccupe de « limiter » la discussion pour empêcher que le parti ne dégénère en club de discussion.

Pendant ce temps, après le refus par Trotsky d'un projet de résolution, une sous-commission du bureau politique travaille d'arrache-pied : formée de Staline, Kamenev et Trotsky, elle finit par aboutir. Le 5 décembre, le bureau politique adopte un texte qui est sans doute pour l'essentiel de la plume de Trotsky : il y est annoncé ce qu'on appellera un « cours nouveau », et sa publication provoque un intense soulagement dans tout le parti. La crise semble résolue puisque ce texte a été voté à l'unanimité.

Dans une première partie, la résolution énumère ce qu'elle appelle « les contradictions objectives de l'étape donnée de la période de transition », puis cite les « tendances négatives » apparues dans la vie du parti :

> « Différences importantes dans la situation matérielle des membres du parti en rapport avec les différences de fonction et ce qu'on appelle " les excès "; développement des liens avec les éléments bourgeois et influences idéologiques de ces derniers [...]; danger de perdre de vue la perspective socialiste dans son ensemble et la révolution mondiale [...]; bureaucratisation des appareils du parti et développement partout d'un risque de divorce entre le parti et les masses [23]. »

Le remède proposé par le bureau politique est évidemment la démocratie ouvrière, définie par son contenu : « La liberté de discussion de toutes les questions importantes [...], la liberté de controverse, l'élection des responsables par la base [24]. » La résolution met aussi en garde au sujet du « danger des groupes fractionnels » dont le contenu idéologique est dirigé contre le parti. Cette partie a été rédigée par Staline et longuement discutée. Il a renoncé à inclure la condamnation des groupes au même titre que les fractions, mais a obtenu de Trotsky une référence à la résolution du Xe congrès qui condamne les groupes comme les fractions. De toute façon, l'intention est claire. L'auteur de ce passage vient de démontrer, avec les quarante-six et la qualification de leur initiative, ce qu'il a l'intention d'entendre par « groupement fractionnel ».

La question posée à ce propos par historiens et commentateurs est de savoir pourquoi Trotsky a choisi de voter cette résolution dont certains passages étaient effectivement susceptibles de permettre à l'appareil de remettre en question les principes qu'elle proclamait. En fait, la question ne peut être posée que par ceux qui oublient qu'il s'agissait de son parti et qu'il y avait pour lui un énorme intérêt à ce que l'unanimité se soit faite sur des principes et pour une orientation qu'il estimait sains. Il nous semble par ailleurs impossible de poser cette question sans y joindre comme un élément d'explication le fait que, dès le 8, il met à l'épreuve la réalité du compromis en le commentant publiquement, dans une lettre au rayon de Krasnaia Pressnia, et en donnant son interprétation à lui. Sa « lettre ouverte » fait rebondir très haut le débat et éclater les ambiguïtés du compromis.

*
* *

Toujours alité, il prie ses camarades du rayon de bien vouloir l'excuser pour l'impossibilité dans laquelle il est de se rendre à leur assemblée. Plus tard, à ce propos, il s'excusera encore de façon plutôt spirituelle : « On peut prévoir une révolution, une guerre, mais il est impossible de prévoir les conséquences d'une chasse au canard en automne [25]. » Il commence par donner son opinion sur la résolution du bureau politique sur le cours nouveau :

> « La résolution du bureau politique sur l'organisation du parti a une signification exceptionnelle. Elle indique que le parti est arrivé à un tournant important de sa voie historique. [...] Jusqu'à présent, le centre de gravité avait été par erreur reporté sur l'appareil; la résolution du C.C. proclame qu'il doit désormais résider dans l'activité, l'initiative, l'esprit critique de tous les membres du parti, avant-garde organisée du prolétariat. [...] *Le parti doit se subordonner son propre appareil* sans cesser pour autant d'être une organisation centralisée [26]. »

Rappelant ensuite que « démocratie et centralisme sont deux faces de l'organisation du parti qu'il faut combiner différemment » suivant la situation, il indique qu'à son avis l'équilibre avait été rompu au cours de la période précédente au bénéfice de l'appareil dont l'excessive centralisation avait provoqué un malaise général et le sentiment que « le bureaucratisme menaçait d'engager le parti dans l'impasse [27] ».

Répondant aux nombreux intervenants dans la discussion qui ont souligné la nécessité d'élever « le niveau idéologique » des membres du parti avant d'y instaurer la démocratie, il attire l'attention sur le caractère fallacieux de l'argument, qu'il appelle « pédagogique ». Le niveau idéologique du parti est en effet entravé par le bureaucratisme qui tue l'initiative et exclut de fait des responsabilités les jeunes générations communistes. Il indique que c'est « la jeunesse, baromètre sûr du parti, qui réagit le plus vigoureusement contre le bureaucratisme [28] ». La vieille génération, remarque-t-il, « incarne l'expérience politique et les traditions révolutionnaires du parti ». Mais c'est sur elle que pèse lourdement l'influence de la pratique bureaucratique :

> « Ce n'est que par une collaboration active, constante avec la nouvelle génération dans le cadre de la démocratie que la Vieille Garde conservera son caractère de facteur révolutionnaire. Sinon, elle peut se figer et devenir insensiblement l'expression la plus achevée du bureaucratisme [29]. »

Évoquant la dégénérescence des chefs des partis de la IIe Internationale, leur passage à l'opportunisme, il souligne qu'à la veille de la guerre « le formidable appareil de la social-démocratie, couvert de l'autorité de l'ancienne génération, était devenu le frein le plus puissant à la progression révolutionnaire », il lance cet avertissement :

> « Nous, les " vieux ", nous devons bien nous dire que notre génération, qui joue naturellement le rôle dirigeant dans le parti, ne serait nullement prémunie contre l'affaiblissement de l'esprit révolutionnaire et prolétarien dans son sein, si le parti tolérait le développement des méthodes bureaucratiques qui transforment les jeunesses en objet d'éducation et

détachent inévitablement l'appareil de la masse, les anciens des jeunes [30]. »

Se refusant à donner des recettes de démocratie, il insiste sur la nécessité de modifier l'esprit qui règne dans le parti :

> « Il faut que le parti revienne à l'initiative collective, au droit de critique libre et fraternelle, qu'il ait la faculté de s'organiser lui-même. Il est nécessaire de régénérer et de renouveler l'appareil du parti et de lui faire sentir qu'il n'est que l'exécuteur de la volonté de la collectivité [31]. »

L'expérience montre que les tentatives n'ont pas manqué de « terroriser » les opposants en brandissant contre eux les menaces de sanctions pour « déviationnisme », indiscipline, « fractionnisme » ou esprit scissionniste. C'est pour lui une certitude : « Maintenant, les bureaucrates sont prêts formellement à " prendre acte " du " cours nouveau ", c'est-à-dire *pratiquement à l'enterrer* [32]. » Et c'est pourquoi il propose tout de suite d'écarter des postes responsables tous les dirigeants qui ont utilisé, ainsi, tous les moyens pour « terroriser le parti ».

L'appel qu'il lance ensuite à la jeunesse, à la jeune génération communiste, est aussi un rappel passionné de ce qu'était le parti bolchevique au temps de la révolution de 1917, tel qu'il y a adhéré, tel qu'il l'a vécu quand il était transporté par des millions de femmes et d'hommes :

> « Notre jeunesse ne doit pas se borner à répéter nos formules. Elle doit les conquérir, se les assimiler, se former son opinion, sa physionomie à elle et être capable de lutter pour ses vues avec le courage que donnent une conviction profonde et une entière indépendance de caractère. Hors du parti, l'obéissance passive qui fait emboîter mécaniquement le pas après les chefs; hors du parti l'impersonnalité, la servilité, le carriérisme! Le bolchevik n'est pas seulement un homme discipliné, c'est un homme qui, dans chaque cas et sur chaque question, se forge une opinion ferme et la défend courageusement non seulement contre ses ennemis, mais au sein de son propre parti [33]. »

Il poursuit, donnant sans aucun doute la clef de certains de ses comportements :

> « Peut-être sera-t-il [le bolchevik] aujourd'hui en minorité dans son organisation. Il se soumettra parce que c'est son parti. Mais cela ne signifie pas toujours qu'il soit dans l'erreur. Peut-être a-t-il vu ou compris avant les autres la nouvelle tâche ou la nécessité d'un tournant. Il soulèvera avec persistance la question une deuxième, une troisième, une dixième fois, s'il le faut. Par là il rendra service à son parti, en le familiarisant avec la nouvelle tâche ou en l'aidant à accomplir le tournant nécessaire sans bouleversements organiques, sans convulsions internes [34]. »

Et il conclut en rappelant que le « fractionnisme », qu'il considère comme une caricature de démocratie et un énorme danger politique, est essentiellement la conséquence du « bureaucratisme de l'appareil ».

Trotsky a maintenant donné son interprétation de la résolution votée à l'unanimité par le bureau politique et c'est aussi celle de l'opposition. Il ne peut plus y avoir d'ambiguïté dans l'unanimité. Ou bien la troïka s'incline réellement, dans les faits, devant les principes qu'elle a accepté de reconnaître sur le papier, ou bien elle jette le masque en attaquant Trotsky et en menant contre l'opposition des opérations de diversion.

Or c'est précisément ce que font Staline et Zinoviev, après vingt-quatre heures d'hésitation. Staline rappelle le passé menchevique de Trotsky, assure qu'il ne s'est pas « débarrassé de ses habitudes opportunistes », le taxe de « duplicité » et de « basse démagogie [35] ». Zinoviev l'accuse d'agresser le parti en voulant changer de chevaux au milieu du gué et dénonce l'action néfaste du « trotskysme », dont il affirme qu'il est un courant bien défini du mouvement ouvrier [36].

C'est à peu près à cette époque que les médecins de Trotsky lui prescrivent le repos à la campagne, pour une « cure climatique d'au moins deux mois ». Il quitte Moscou le 21 décembre pour Arkhangelskoie, à une quarantaine de kilomètres. Le communiqué des médecins, publié dans la *Pravda*, parle d'« influenza, catarrhe dans les voies respiratoires supérieures, dilatation des bronches, fièvre persistante, perte de poids et capacité de travail réduite ». En fait, personne ne semble fixé à ce sujet. Au point de départ, Trotsky a pris froid en octobre dans les marais, à la chasse au canard. La fièvre a persisté. S'agit-il d'une forme de paludisme comme le suppose son médecin, le docteur Getié? Sedova témoigne que ce type de fièvre revient régulièrement chez Trotsky aux moments d'hypertension intellectuelle. Elle raconte par exemple son état, d'octobre à décembre, quand se menait le débat autour du cours nouveau :

> « A cause de son état de santé, les séances [du bureau politique] avaient lieu dans notre logement, je me tenais à côté, dans la chambre à coucher et j'entendais tout ce qu'il disait. Il parlait de toute son âme; il semblait qu'à chaque discours il perdît une partie de ses forces, tant il y mettait de " son sang ". [...] Après chacune de ces séances, L.D. [Trotsky] faisait de la température, il sortait de son cabinet trempé jusqu'aux os, se déshabillait et se couchait. Il fallait faire sécher son linge et ses vêtements comme s'il avait été pris sous une averse [37]. »

Quand il se décide à partir, il abandonne du même coup la discussion. Sa contribution dernière sera l'article sur « le cours nouveau » publié dans la *Pravda* des 28 et 29 décembre, puis la brochure portant le même titre, légèrement augmentée, qui ne paraîtra que le 16 janvier. Mais lui-même n'apparaît dans aucune assemblée, ne prend nulle part la parole : un manque à gagner considérable, pour l'opposition, ainsi littéralement décapitée au moment décisif.

***

Trotsky attaque son *Cours nouveau* par la question des générations dans le parti, au sujet de laquelle il vient d'essuyer un feu nourri de critiques et d'agressions. En réalité il présente la crise qui vient de s'ouvrir comme une crise de croissance du parti, préparée par de longs développements qui ont donné une grande impulsion à la pensée critique, la crise économique et la révolution allemande :

> « La révision critique du régime intérieur du parti a été ajournée par l'attente anxieuse du dénouement qui semblait proche, des événements d'Allemagne. Lorsqu'il s'avéra que ce dénouement était retardé par la force des choses, le parti mit à l'ordre du jour la question du " cours nouveau " [38]. »

Il souligne la crispation de l'appareil au cours des dernières semaines écoulées, la manifestation de ses traits les plus négatifs et les plus intolérables, son refus initial d'admettre la discussion, ses accusations lancées pour éviter les questions. Balayant les arguments selon lesquels le bureaucratisme serait une survivance du communisme de guerre, par conséquent vouée à disparaître naturellement dans un délai proche, il insiste fortement sur le fait que la résolution du bureau politique a parlé d'un cours *nouveau* : cela signifie pour lui la nécessité de rompre avec l'état de choses dans lequel « l'ancienne génération s'est habituée et s'habitue à penser et à décider pour le parti » et fait vivre ce dernier à « deux étages distincts [39] ».

Le danger de l' « ancien cours » consistait en un double risque de dégénérescence : groupements et fractions à la base, bureaucratisation au sommet. Rappelant qu'une telle analyse ne peut être tenue ni pour un « outrage » ni pour un « attentat », il affirme qu'il s'agit tout simplement de transférer vers la base le centre de gravité du parti – une opération dans laquelle le rôle de l'ancienne génération sera décisif :

> « Il faut qu'elle considère le " cours nouveau " non pas comme une manœuvre, un procédé diplomatique ou une concession temporaire, mais comme une étape nouvelle dans le développement politique du parti [40]. »

Il en vient ensuite à la question de la composition sociale du parti et à « l'accroissement excessif dans le parti du nombre des fonctionnaires, qu'ils soient ou non d'origine prolétarienne [41] » qui est en soi l'une des sources du bureaucratisme. A ses yeux, il ne fait aucun doute que « les présidents de comités régionaux et les commissaires de division, quelle que soit leur origine, représentent un type social déterminé [42] ». Or le rôle de la couche sociale à laquelle ils appartiennent est devenu déterminant dans le parti.

Tout en admettant que la question sera résolue, en dernière analyse, par la marche de la révolution mondiale et le rythme du développement économique – ces deux leviers auxquels il s'est rivé pendant les mois précédents –, il affirme que le combat pour réaliser la démocratie constitue l'unique moyen de triompher « du corporatisme, de l'esprit de classe du corporatisme ». Encore faut-il comprendre que le bureaucratisme du parti n'est pas une survivance, mais un phénomène nouveau :

> « Le prolétariat réalise sa dictature par l'État soviétique. Le parti communiste est le parti dirigeant du prolétariat et, par conséquent, de son État. Toute la question est de réaliser ce pouvoir dans l'action sans se fondre dans l'appareil bureaucratique de l'État, afin de ne pas s'exposer à une dégénérescence bureaucratique [43]. »

Or c'est précisément, selon lui, le phénomène inverse qui s'est jusqu'à présent produit, le bureaucratisme ayant « non seulement détruit la cohésion interne du parti, mais affaibli l'action nécessaire de ce dernier sur l'appareil étatique [44] ».

Enfin il aborde la question qui a été l'essence de la manœuvre de Staline contre lui dans la résolution du 5 décembre, celle des « groupes et formations fractionnels ». Il faut, pour l'évoquer, souligne-t-il, ne pas perdre de vue le fait que le Parti communiste est maintenant dans la position d'un parti unique, jouissant du monopole de la direction de la vie politique :

> « Les nuances d'opinion, les divergences de vue épisodiques peuvent exprimer la pression lointaine d'intérêts sociaux déterminés et, dans certaines circonstances, se transformer en groupements stables; ceux-ci peuvent à leur tour, tôt ou tard, prendre la forme de fractions organisées qui, s'opposant comme telles au reste du parti, subissent davantage les pressions extérieures [45]. »

Il en résulte évidemment, par une implacable logique formelle, que, si l'on ne veut pas de fractions, on doit empêcher nuances d'opinion et divergences épisodiques, ce qui est évidemment impossible avec un parti d'un demi-million de membres. La solution consiste donc en une ligne intermédiaire entre l'unanimité et l'émiettement fractionnel. Encore faut-il pour cela que la direction du parti ne fasse pas de toute critique un acte fractionnel. Et de souligner que la résolution du bureau politique dit nettement que le régime bureaucratique constitue l'une des sources des fractions, ce à quoi s'opposent les partisans de l'ancien cours ou du moins leur aile la plus combative.

Trotsky rappelle les conditions dans lesquelles fractions et groupements du passé ont disparu avec le règlement des problèmes, voire de la situation qui les avait fait naître. Il approuve la résolution du Xe congrès contre les fractions, mais insiste sur son caractère relatif : pour pouvoir interdire réellement les fractions, il faut un régime qui ne les suscite ni ne les nourrisse.

Relevant que, contrairement à des affirmations répandues dans le parti, il n'y a pas forcément de bases de classe dans toute divergence, il assure que cette base de classe existe bel et bien dans le cas du bureaucratisme, « déviation malsaine » contre laquelle le parti doit lutter pour conserver son caractère prolétarien. L'un des dangers du moment est désigné, souligne-t-il, par la résolution sur le « cours nouveau », c'est « la fraction bureaucratique », celle-là même dont, depuis le début de décembre, les porte-parole s'acharnent à évoquer le passé et les scissions d'autrefois pour préparer les esprits aux scissions qu'ils complotent, prétendant par exemple que Trotsky veut « briser » l'appareil du parti, alors que c'est de le renouveler et de le soumettre au parti qu'il s'agit. Perspective alternative, donc, pour l'avenir :

> « Ou bien le regroupement idéologique organique qui se produit maintenant dans le parti sur la ligne des résolutions du comité central sera [...] le début d'un nouveau chapitre, ou bien, passant à la contre-offensive, l'appareil tombera plus ou moins sous la coupe de ses éléments les plus conservateurs et, sous prétexte de combattre les fractions, rejettera le parti en arrière et rétablira le " calme " [46]. »

Dans la brochure, Trotsky ajoute quelques textes qui constituent le plus souvent le développement d'arguments apparus au cours de la discussion.

« La bureaucratie et la révolution », plan d'un exposé qui n'a pas été prononcé, situe la crise dans le contexte plus large des contradictions sociales de la Russie sous la Nep. Trotsky manifeste son optimisme dans une des comparaisons dont il a le secret entre les jacobins et les communistes. Un examen des variantes possibles le conduit à souligner la nécessité de préserver le parti du bureaucratisme, essentiellement parce qu'il est le principal outil pour le combattre...

« Tradition et politique révolutionnaire » aborde pour la première fois au fond, dans un texte public, la responsabilité du parti allemand et de la direction de l'I.C. dans la défaite d'octobre 1923 :

> « Le parti allemand était entré dans la nouvelle phase de cette crise, peut-être sans précédent dans l'histoire mondiale, armé seulement des procédés utilisés au cours des deux années précédentes pour l'établissement de son influence sur les masses. Il lui fallait à présent une nouvelle orientation, un nouveau ton, une nouvelle façon d'aborder les masses, une nouvelle interprétation et une nouvelle application du front unique, de nouvelles méthodes d'organisation et de préparation technique, en un mot un brusque revirement tactique. Le prolétariat devait voir à l'œuvre un parti révolutionnaire marchant directement à la prise du pouvoir. »

Au lieu de cela la routine a prévalu :

> « Le parti allemand a continué en somme sa politique de propagande, bien que sur une échelle plus vaste. Ce n'est qu'en octobre qu'il prit une nouvelle orientation. Mais il lui restait alors trop peu de temps pour développer son élan. Il donna à sa préparation une allure fiévreuse, la masse ne put le suivre, le manque d'assurance du parti se communiqua au prolétariat, et, au moment décisif, le parti refusa le combat [47]. »

La définition de ce qu'est « la tradition révolutionnaire » lui permet ensuite de démontrer ce qu'est, à ses yeux, la force du « léninisme », « le traditionalisme, la routine [...] réduits au minimum par une initiative tactique clairvoyante, profondément révolutionnaire, à la fois hardie et réaliste [48] ». Suit une brillante démonstration de ce qu'est le léninisme, « système d'action révolutionnaire » sous-tendu par un « sens révolutionnaire », réalisme, indépendance « à l'égard des préjugés, du doctrinarisme moralisateur, de toutes les formes du conservatisme spirituel », « honnêteté révolutionnaire suprême [49] », combativité : « Le léninisme est orthodoxe, obstiné, irréductible, mais il n'implique ni formalisme, ni dogme, ni bureaucratisme [50]. »

Il conclut ce développement dont feraient bien de tenir compte ceux qui prétendent écrire sur Lénine et le « léninisme » :

> « Nous chérissons autant que quiconque les traditions du bolchevisme. Mais que l'on n'assimile pas le bureaucratisme au bolchevisme, ni la tradition à la routine officielle [51]. »

Deux articles supplémentaires, « La sous-estimation de la paysannerie » et « Le plan de l'économie », réponses aux arguments lancés contre lui pendant la discussion, complètent une brochure écrite sur un ton tout à fait mesuré, sans une seule attaque personnelle, où la porte reste toujours ouverte à l'adversaire d'idées – le camarade de parti – que l'on s'efforce tout au long de convaincre.

***

Trotsky et ses camarades de l'Opposition étaient pourtant bien les seuls dans l'affaire à considérer ce débat comme une discussion politique où il s'agissait de convaincre et de surmonter.

La publication de *Cours nouveau* avait en fait tranché la période de ruse des triumvirs, qui se permettent désormais tous les coups, dans une lutte enragée où il semble bien qu'ils aient eu réellement peur devant l'élan de confiance enthousiaste qu'avaient suscité, chez les anciens souvent, et toujours chez les jeunes, les idées du « cours nouveau ».

La confusion créée cependant par l'accord sur le fond proclamé par les deux fractions semait, comme dans le débat sur la Géorgie, une confusion favorable aux gens de l'appareil. La maîtrise des organes de presse, le contrôle de la présidence des assemblées de discussion, le libre choix des « tribunes », leur permettaient non seulement de réduire les possibilités d'expression de l'Opposition, mais aussi d'organiser le pilonnage d'accusations et de calomnies qu'ils utilisaient le plus souvent en guise d'arguments.

A l'assemblée du 11 décembre, des militants de Moscou où les décistes Stoukov, Sapronov et V.M. Smirnov et surtout Préobrajensky, Andreitchine, I.N. Smirnov et Radek ont parlé pour l'Opposition, cette dernière a semblé avoir le vent en poupe [52]. Les conservateurs s'effraient, paniqués qu'ils sont par les rumeurs qui courent sur leurs propres divisions. Ils recourent aux méthodes d'appareil. La première « normalisation » est faite dans la *Pravda*, où la pression de Zinoviev d'abord, la décision de la commission de contrôle ensuite surmontent la résistance du jeune responsable de la tribune de discussion « La Vie du Parti » : pour avoir fait la part trop belle aux contributions de l'Opposition, ce dernier, Konstantinov, un militant de vingt-trois ans, adhérent de 1917, et son adjoint N. Vigiliansky, sont écartés [53].

Après Rakovsky, d'autres opposants se voient affectés dans la diplomatie. Les oppositionnels sont systématiquement déplacés, nommés dans des régions où ils sont inconnus, donc sans influence personnelle. Le cas le plus spectaculaire est celui de la direction des Jeunesses communistes : quinze membres de son comité central sont relevés de leur fonction et affectés loin de Moscou, ce qui permet aux adversaires de Trotsky de retrouver la majorité [54]. Antonov-Ovseenko, chef de l'administration politique de l'Armée rouge, est révoqué – et copieusement insulté – pour avoir, de sa propre autorité, envoyé une circulaire sur la résolution du 5 décembre [55]. Des étudiants membres de l'Opposition sont exclus de l'université [56].

Les choses s'aggravent encore avec le vote et la désignation des délégués pour la XIIIe conférence appelée à clore cette discussion : les informations dont nous disposons laissent imaginer la marge de manipulation dont disposait l'appareil, organisé en fractions, face à une opposition qui devait à tout prix éviter de donner prise, par un semblant d'organisation, à toute accusation de « fractionnisme ». Dans les élections à plusieurs degrés, les manipulations d'appareil permettent de se débarrasser des oppositionnels, dont le nombre se réduit, parmi les délégués, au fur et à mesure qu'on s'éloigne de la base et qu'on se rapproche du niveau national.

A Moscou, la résolution de l'Opposition a obtenu la majorité dans la plus grande partie des cellules. Mais aux conférences de district, elle n'a plus que 36 % des voix et à la conférence provinciale 18 % [57]. L'Opposition a eu la majorité dans un tiers des cellules de l'Armée rouge, dans la grande majorité des cellules étudiantes – surtout les facultés ouvrières – dans un cinquième des cellules ouvrières de Moscou [58]. Mais elle n'a finalement en tout et pour tout que trois délégués à la conférence nationale. La fraction secrète de l'appareil a réussi à gommer ses adversaires à travers les degrés des élections : après les grandes phrases sur le cours nouveau, c'est une réalité bien amère et une grimaçante dérision.

Quand la XIIIe conférence s'ouvre à Moscou le 16 janvier 1924, les jeux sont faits depuis longtemps, et le libre débat initial dans la presse s'est transformé depuis des semaines en monologue fastidieux de dénonciation des « déviationnistes », « petits-bourgeois », « antiléninistes », « mencheviks », « anarcho-mencheviks », etc. qui se « dissimulent » sous le drapeau du « trotskysme »...

Trotsky est alors dans le train, parti le même jour, après bien des hésitations, pour suivre les prescriptions des médecins [59] et faire une cure à Soukhoum, en Géorgie. Staline, assuré de sa victoire, sûr d'une salle qu'il tient parfaitement, peut s'en donner à cœur joie. Il ironise sur les efforts de Trotsky dans la sous-commission pour préserver les « groupes » tout en condamnant les fractions, assure que la victoire des amis de Trotsky aurait signifié la ruine du parti [60]. Il reconnaît bien entendu l'existence d'un certain bureaucratisme et accuse Trotsky d'avoir voulu s'en servir pour briser à son profit l'unité du parti. Il se moque de l'Opposition qui a proclamé, par la voix de Préobrajensky, son désir de revenir à ce qu'était la vie du parti en 1917, ce « parti divisé dit-il sans rire, dont les difficultés allaient jusqu'à provoquer des crises graves [61] ». Sûr de son fait, il s'offre même le luxe de faire rire la conférence à propos de « ce Trotsky, patriarche des bureaucrates, qui ne peut pas vivre sans la démocratie [62] »...

La résolution finale enregistre qu'un assaut a été lancé contre le parti par des antiléninistes de toujours cimentés par « le fractionnisme de Trotsky ». L'Opposition est condamnée pour avoir « lancé le mot d'ordre de destruction de l'appareil du parti » et parce que, « reflétant objectivement la pression de la petite bourgeoisie », elle a « abandonné le léninisme ». Elle est caractérisée comme « une déviation petite-bourgeoise clairement exprimée », dont l'objectif réel était d'« affaiblir la dictature du prolétariat et d'étendre les droits politiques à la nouvelle bourgeoisie [63] ».

On peut légitimement se demander, après l'adoption d'une telle résolution, ce qui reste du parti qui avait été celui de Lénine... Lénine qui meurt le 21 janvier 1924, trois jours après la clôture de la conférence du parti.

En tout cas, il reste quelques milliers de vieux et sans doute plusieurs dizaines de milliers de jeunes communistes qui se sont engagés, sans encore le savoir, dans un combat effroyable et obscur – et qu'il faudra environ quinze ans pour massacrer jusqu'au dernier.

CHAPITRE XXIV

Dans un seul pays [1] ?

Le mort de Lénine et la défaite simultanée de Trotsky, en janvier 1924, un peu plus de six ans après la révolution victorieuse qui les a portés ensemble au pouvoir et qu'ils ont incarné tous deux aux yeux du monde : il y a là réellement de quoi passionner les amateurs de littérature, les amoureux des contrastes et, pour ne pas oublier la proximité de la Roche Tarpéienne et du Capitole, ceux que l'on peut appeler sans méchanceté les philosophes de la banalité et du lieu commun.

La mort de Lénine relevant du contingent et la défaite de Trotsky de la lutte politique, il n'est pas étonnant que l'historiographie et le souvenir du second soient encore encombrés aujourd'hui de propos sentencieux de conseilleurs et de juges-arbitres. Des historiens consciencieux et honnêtes, mais qui démontrent à quel point ils sont restés extérieurs au sujet qu'ils ont eu la légitime ambition de traiter, rivalisent de sévérité quant aux « faiblesses », aux « incompréhensions », aux « sous-estimations », aux « maladresses » qu'ils attribuent à Trotsky et qui seraient autant d'explications de sa défaite.

D'autres, poussant cette démarche un peu plus loin, se risquent même, quoique avec prudence, à rejouer pour leur propre compte cette passionnante partie jouée autrefois par leur principal personnage, en indiquant avec plus ou moins de discrétion ce qu'il ne fallait pas faire et, éventuellement, ce qu'il fallait faire pour vaincre. La démarche n'est pas antipathique. En elle-même d'ailleurs, dans la mesure où elle traduit un sincère hommage à Trotsky en même temps qu'un étonnement immense – et compréhensible – devant la défaite d'un personnage d'une telle envergure, elle constitue un témoignage involontaire sur sa grandeur. Nous permettra-t-on cependant une remarque un peu malveillante? Il nous a semblé, parfois, entrevoir derrière le sérieux de leurs discours et la sévérité de leur verdict, un reflet de la vanité qui leur a permis de se croire un instant plus intelligents que leur personnage.

Max Eastman est le premier de ces auteurs par ordre chronologique. Brillant intellectuel attiré par le socialisme, séduit par la révolution russe, ami de John Reed, il n'a jamais rejoint aucune formation communiste, mais en a été un attachant compagnon de route. Fasciné par Trotsky, il a entretenu avec lui des contacts personnels et lui a rendu des services. Et il lui a consacré deux livres. Pour lui, Trotsky n'est pas « psychologue », et, « bien qu'étant un grand homme », il n'est pas « un grand politicien ». Il ne perçoit pas les idées ni les projets des autres, est trop plein des siens et agit souvent « avec la précipitation ingénue d'un enfant ». Pour ne prendre qu'un exemple, Eastman considère comme une « vraie bévue [2] » et le résultat d'une décision inconsidérée, la lettre de Trotsky du 8 décembre 1923, parce qu'elle a, selon lui, provoqué la rupture définitive avec Staline et ses alliés.

Isaac Deutscher, lui, est un écrivain, un grand journaliste venu à l'histoire par la biographie – et à la biographie par celle de Staline. Du parti communiste polonais, il est passé dans l'opposition des années trente à Varsovie et a rejoint avec elle l'Opposition de gauche internationale. Militant « entriste » dans le Bund en 1938, il a été en Pologne le porte-parole intellectuel du groupe trotskyste. En 1938, il a inspiré l'opposition de la section polonaise à la fondation de la IVe Internationale, objectif principal de Trotsky. Doté d'une plume étincelante, épris d'effets littéraires, parfois léger dans l'établissement de faits qu'il prend pour des détails, il semble souvent en rivalité, à travers le temps, avec son personnage.

Pour lui, le compromis du 6 mars avec Kamenev s'explique par « l'humeur magnanime » de Trotsky [3] qu'il qualifie aussi de « miséricordieux [4] ». Sa conduite au cours des mois suivants, notamment au XIIe congrès, lui semble « incroyablement folle [5] »; il écrit même qu'elle fut « aussi maladroite et aussi absurde que celle d'un personnage tragique qui se trouverait subitement dans une farce de bas étage [6] ». Il dresse le bilan du rapport de Trotsky au XIIe congrès en assurant qu'« après avoir dit tout ce qu'il fallait pour s'aliéner les ouvriers et semer dans le parti la peur d'un conflit avec la paysannerie », il « s'attira ensuite l'hostilité des directeurs d'usine et des administrateurs [7] ». Quant à l'attaque contre la Vieille Garde dans le *Cours nouveau*, elle était, selon lui, écrite « en termes si généraux et si allusifs que très peu en saisirent la signification [8] ».

Sur le fond, pour cette période, il énumère ce qu'il appelle « les faiblesses » de Trotsky. La première est de n'avoir pas, au moment du débat de 1923, mis en question le système du parti unique. La seconde est d'avoir préconisé l'élargissement d'une base prolétarienne qui ne pouvait que lui être hostile. La troisième est qu'il existait, selon lui, une contradiction et une incompatibilité totales entre les deux parties de son programme qui revendiquaient, l'une, la démocratie ouvrière, l'autre l'accumulation socialiste primitive, l'exploitation à outrance du travail des ouvriers et des paysans [9].

Robert V. Daniels, enfin, est simplement un très sérieux professeur d'université américain, parfaitement honnête dans sa recherche, mais plus intéressé par la psychologie que par la politique. Il assure par exemple qu'avant 1923 les conflits entre Trotsky et Staline n'ont eu guère d'importance réelle et qu'il faut chercher dans « le caractère » de Trotsky, son arrogance, sa confiance, son brillant, sa brusquerie, la haine que lui ont portée la plupart des cadres du parti, bien que ses ambitions aient été « freinées » tant que Lénine a vécu [10]. Le silence de Trotsky au XIIe congrès est, pour lui, totalement incompréhensible, et il suggère, pour l'expliquer, ce qu'il appelle « une défaillance de la volonté[11] ». Nous l'avons vu ironiser sur le mépris de Trotsky pour le travail terre à terre du bureau d'organisation. Il assure que Trotsky s'est « retiré du combat » en décembre 1923 en invoquant la maladie – ce qui est une façon de signifier qu'il n'y croit pas [12] – et parle à plusieurs reprises de son « inconséquence ».

Le trait commun de ces explications, au premier abord très diverses, est qu'elles sont en apparence d'ordre psychologique. Rien ne permet de s'y opposer par principe. Pourquoi Trotsky ne se serait-il pas trompé en indisposant ses adversaires au mauvais moment et ses éventuels partisans en toutes circonstances? Pourquoi n'aurait-il pas choisi un mauvais terrain pour se battre, mis en avant des revendications peu cohérentes? A regarder cependant les choses de plus près, il apparaît que la psychologie n'est ici qu'un paravent, derrière lequel se profilent en réalité des critiques autrement plus importantes, et surtout d'une autre nature : les auteurs dont nous parlons sont – et c'est leur droit –, en désaccord avec la politique et même avec la conception du monde de Trotsky et ne le disent pas, alors que c'est cette divergence qui détermine leur jugement. Présentée sous un autre angle, la critique des « erreurs » de Trotsky révèle, chez eux, un point de vue radicalement différent du sien, quand bien même il s'exprime, dans certains cas, après des décennies.

De toute évidence, Max Eastman, dont le plaidoyer sincère atteint parfois le pathétique, quand il défend, dans *Depuis la mort de Lénine*, le naïf Trotsky contre les méchants triumvirs, croyait encore, quand il rédigeait son livre, à la possibilité d'un compromis entre eux. Ce sentiment s'explique, chez un jeune intellectuel sympathisant du communisme à ses débuts, mais il révèle incontestablement une certaine incompréhension du problème posé.

Les choses en vont un peu autrement avec Isaac Deutscher. A plusieurs reprises, sans aucun doute possible, il conteste au fond le sérieux de Trotsky en tant qu'homme politique et peut-être même ses capacités – ce qui est son droit le plus absolu. Mais il le fait en termes tels qu'il exprime, ce faisant et sans le dire, son désaccord total avec sa politique. Trotsky savait parfaitement, en 1923, pour quelles raisons il ne pouvait pas, pour le moment, appeler à la fin du monopole du parti et avait parfaitement conscience des forces que risquait alors de déchaîner un tel appel – ceux précisément qu'il considérait comme les pires de ses ennemis. Quant à ce que Deutscher appelle la « contradiction et l'incompatibilité entre la démocratie et l'accumulation primitive » ou, plus grave encore, son affirmation selon laquelle « le destin particulier de Trotsky » l'aurait amené à essayer de faire prendre conscience à la bureaucratie de sa « mission historique », cela ne relève pas de l'interprétation historique [13]. Il s'agit tout simplement de l'affirmation qu'aucune autre politique n'était possible que celle de Staline, qui allait réaliser l'industrialisation sous le knout et sur la peau des ouvriers, une explication déjà développée par Deutscher dans sa biographie de Staline.

Robert V. Daniels, particulièrement sensible aux différences de personnalités, de comportement, de culture, de « civilisation » même, entre Staline et Trotsky, les situe sur la même base politique de ce qu'il appelle « le communisme », sans comprendre la base sociale, l'ampleur du gouffre qui sépare en 1923 leurs « idées » : comment s'étonner, dans ces conditions, que l'historien américain, constatant que Staline a vaincu par les méthodes d'appareil – et sur son terrain –, reproche à Trotsky de s'en être tenu à l'écart et de n'avoir pas employé les mêmes méthodes? Moins impliqué personnellement que Deutscher dans ses divergences politiques avec Trotsky, Daniels n'en est pas moins plus éloigné encore de son système et de son mode de pensée, ce qui explique le caractère de sa critique, une critique « étrangère », faite de « l'extérieur », et finalement dans une autre langue, impuissante à expliquer les événements.

J'ai déjà écrit plus haut que je ne pouvais concevoir l'histoire comme une justification du fait accompli. Il est pourtant – et je le reconnais volontiers – très difficile de renverser totalement l'angle de prise de vue et de ne l'aborder que sous l'angle des virtualités perdues. Je pense, pour ma part – et je l'ai écrit – que Trotsky affaiblit beaucoup sa cause, et les conditions mêmes de la bataille qu'il allait engager finalement en octobre 1923 en ne tenant pas, au XIIe congrès, la promesse faite par lui à Lénine de prendre en main à ce moment le dossier géorgien. Il ne s'agit pas ici d'une quelconque nécessité morale de tenir coûte que coûte un engagement : Trotsky a pu considérer que la maladie de Lénine modifiait les données générales. Son erreur était plutôt d'escompter finalement, comme condition de l'engagement du combat, une guérison médicale de Lénine qui n'était pas plus assurée que ne l'était au mois d'octobre suivant le refroidissement contracté à la chasse au canard dans les marais de Zabolotié. Il reste que le silence de Trotsky lors du débat sur la question géorgienne au XIIe congrès fut incompris et surprenant pour ses partisans.

On peut cependant comprendre sa réticence à l'égard d'une entreprise dans laquelle il se serait engagé, Lénine vivant, pour prendre sa place à la tête du parti. La plupart des auteurs précités – et bien d'autres – invoquent ici le fait, probable à leurs yeux, que Trotsky aurait éprouvé de ce point de vue quelque gêne par rapport à son propre passé de différences avec le bolchevisme et de polémiques contre Lénine. Il est difficile de retenir cet argument pour expliquer ce que la vulgarisation appellerait ici un « complexe d'infériorité ». Trotsky était en effet suffisamment sûr de lui – comme le notent d'ailleurs les mêmes auteurs – pour penser vraiment ce qu'il écrivait en 1923, à savoir que la voie par laquelle il était venu à Lénine n'était pas moins honorable que celle des autres. Il semble que l'on puisse, au contraire, supposer qu'il a craint que ce reproche, injuste et absurde, contre son itinéraire et son passé antibolchevique, soit exploité contre la cause qui était la sienne. Mais, dans ce cas, il faut lui reconnaître un souci de l'opinion, une préoccupation de la possibilité de manœuvre de ses adversaires que lui dénient souvent même ceux qui tirent leur autorité et leur prestige du fait qu'ils ont écrit sur lui.

Peut-on, pour relativiser cette concession aux chercheurs d'erreurs, à propos du XIIe congrès et de ses lendemains, rappeler que les principaux intéressés, les communistes géorgiens du groupe Mdivani, ne semblent jamais avoir tenu rigueur à Trotsky pour son attitude pendant cette période? On peut aussi rappeler à ce propos que c'est précisément dans la foulée du XIIe congrès que se sont produits ces événements d'Allemagne, c'est-à-dire la poussée révolutionnaire dont Trotsky considérait qu'un succès permettrait, aussi sûrement qu'une renaissance économique, d'enrayer la dégénérescence du parti et la toute-puissance de son appareil? Et que personne n'a tenté d'empêcher son intervention dans les préparatifs de l'Octobre allemand, démontrant par là que ses « chances », même après l'abstention géorgienne, étaient restées intactes?

Il nous semble aussi que, curieusement, les auteurs critiques cités plus haut traitent cette période en évitant soigneusement de mettre en cause les responsabilités personnelles de Lénine, notamment dans ses rapports avec Staline. Cela s'explique-t-il, en dernière analyse, par le brutal revirement de Lénine à la fin de sa vie et le caractère tragique du « dernier combat » qu'il tenta de livrer contre la dégénérescence de la révolution, contre l'appareil en train d'étrangler le parti vivant qu'il avait su forger et mener à la victoire? On comprend le souci de Trotsky, parlant de la discussion syndicale, de reconnaître ses erreurs, et que Lénine avait eu raison contre lui. Toute autre attitude serait mesquinerie incompatible avec sa personnalité. Bien entendu, Lénine est dans le rôle du maître d'école, au meilleur sens du mot, quand il explique que sa vraie divergence avec Trotsky réside dans « la façon de gagner les masses, de les aborder, d'organiser la liaison avec elles [14] », quand il lui reproche de n'avoir pas tiré le meilleur parti de l'expérience militaire, quand il reconnaît – le seul et pour longtemps – qu'il faut en Russie soviétique des syndicats pour défendre les ouvriers contre leur État.

Mais comment ne pas constater que les partisans de Lénine – Zinoviev en particulier – maniaient avec démagogie l'idée de « démocratie ouvrière » et qu'ils n'avaient rien à apprendre de personne pour l'emploi des méthodes militaires, et des pires? Comment s'expliquer la promotion, au Xe congrès, de tant d'apparatchiki au moment où l'on éloignait des postes de commande des militants de la valeur morale d'un Préobrajensky ou d'un I.N. Smirnov? Comment s'expliquer – surtout si, comme l'assure Trotsky, Lénine redoutait déjà alors « les plats épicés » que pouvait préparer le « cuisinier » Staline – qu'il l'ait laissé accéder au poste de secrétaire général? Ou qu'il n'ait pas prévu la puissance illimitée qu'un tel poste, dans la situation donnée pouvait conférer à un tel homme? A ceux qui célèbrent à juste titre chez Lénine, le « sens révolutionnaire » des hommes et des circonstances, il faut pourtant rappeler que Staline, jusqu'en 1923 au moins, continua à jouir de sa confiance et que celui-ci ne remit jamais en question la véracité de ses rapports jusqu'au jour où, finalement, le voile se déchira. Mais à cette date, il y avait longtemps que Trotsky, lui, avait percé à jour les Staline et les Molotov, les Ordjonikidzé et les Vorochilov.

Nous ne soulignons ici le long aveuglement de Lénine, la protection qu'il accorda longtemps au « merveilleux Géorgien » et à ceux qu'il ne put finalement écraser politiquement dans son dernier combat, que parce que cette attitude, entre novembre 1920 et octobre 1922, a sans doute pesé lourd dans ce qu'ont été les hésitations et les erreurs de Trotsky. Rappelons simplement que, pour connaître l'opinion de Lénine sur l'action de mars 1921, Trotsky, pourtant dépourvu de timidité, utilisa l'artifice d'envoyer ses thèses à Radek, dans l'espoir qu'il les ferait connaître à Lénine!

Nous croyons cependant, pour notre part, que ce n'est pas dans les « erreurs » qu'il faut chercher l'explication globale du mouvement général dont nous avons découvert ici le développement dans ses contradictions et virtualités contradictoires. Nous avons rappelé, à la fin de la première partie, que Lénine et Trotsky, venus à cette conception par des voies différentes, avaient en commun l'idée que la révolution n'avait fait que commencer en Russie et qu'elle était appelée à s'étendre rapidement à toute l'Europe, en particulier grâce à la révolution allemande. *A fortiori* n'avaient-ils pas celle de la construction de quelque sorte de « socialisme » que ce soit dans la seule Russie soviétique. Le « communisme de guerre » n'était pour eux que le régime exceptionnel d'un camp retranché quand la Russie soviétique luttait contre l'intervention des forces étrangères alliées contre elle aux troupes blanches, et la Nep une retraite rendue nécessaire par le retard de la révolution européenne.

Pour eux, les mêmes raisons qui expliquaient la relative facilité du succès de la révolution en Russie expliquaient la difficulté de cette dernière d'y préserver longtemps un bastion qui, année après année, demeurait tragiquement isolé.

De même que la « terreur rouge » n'est pas issue, comme on le croit et comme on l'écrit aujourd'hui dans certains milieux académiques, du « terrorisme » dans la « pensée totalitaire » de Marx ou de Lénine, mais des conditions de la guerre civile dans un pays arriéré, de la nécessité concrète de riposter à un autre terrorisme et à l'intervention des puissances étrangères, de même la bureaucratie n'est pas une sorte de peste déchaînée sur des peuples pécheurs, leur punition pour s'être laissés prendre au miroir aux alouettes d'une révolution socialiste. C'est une formation parasitaire qui s'identifie au pouvoir et se cramponne aux privilèges qui en découlent, dans l'inévitable reflux qui suit toute victoire révolutionnaire et des durs combats qu'il faut livrer pour l'imposer.

On peut, de façon générale, énoncer, à son propos, quelques lois. La bureaucratie est d'autant plus susceptible de se développer, et d'autant plus dangereuse qu'elle est née dans un cadre économique et social arriéré, sur un bas niveau culturel, comme dans l'ancienne Russie des tsars et ses dépendances. A l'époque de la révolution, qui est aussi celle de l'initiative des masses, de la création et de l'enthousiasme, elle se manifeste, mais demeure un phénomène secondaire, balayé dès que renaissant. Elle se consolide si la révolution est suivie d'une guerre ou d'une guerre civile, lesquelles restreignent forcément la démocratie. Avec la consolidation de la victoire révolutionnaire – victoire militaire par exemple –, l'inévitable déception devant des résultats bien inférieurs aux espoirs nourris, la lassitude, après bien des souffrances, l'aspiration, souvent brutale, au mieux-vivre, les tendances individualistes resurgissent et se renforcent, les initiatives collectives s'éteignent, les masses se dispersent à nouveau en individus repliés sur une vie personnelle ou familiale, laissant un vaste champ libre à ceux dont le pouvoir est devenu le métier et le moyen de vivre.

L'état d'esprit bureaucratique, le « bureaucratisme » aussi, ont existé dès les premières heures du régime soviétique, mais ce n'est qu'au lendemain de la guerre civile qu'on a véritablement assisté à la cristallisation d'une bureaucratie d'État, une bureaucratie soviétique dont l'expression et la direction politique se sont concentrées dans l'appareil du parti et dans ce que les Quarante-six ont appelé « la hiérarchie des secrétaires » : c'est seulement en novembre 1922 que Lénine et Trotsky se mettent d'accord pour un bloc commun contre cette double bureaucratie qui est en fait une seule et même couche sociale.

Dans les conditions de la société soviétique, cette cristallisation est évidemment consolidée par les premiers résultats de la Nep et l'apparition d'une « nouvelle bourgeoisie », l'intérêt porté aux spécialistes, aux anciens administrateurs, aux représentants des anciennes couches instruites et privilégiées : des liens se nouent entre apparatchiki proprement dits et forces sociales néo-bourgeoises, à travers la collaboration quotidienne au travail, la vie sociale, des mariages. C'est dans la Nep, dans son appel à la recherche du profit, aux bonnes affaires, au calme, que la bureaucratie pousse les racines qui font d'elle une couche sociale politiquement conservatrice et hostile à toute aventure, c'est-à-dire à tout mouvement révolutionnaire dans lequel l'État soviétique pourrait être compromis.

La lutte politique qui se déroule au sein du parti communiste à partir du mois d'octobre 1923, après avoir couvé des mois durant, est donc bel et bien une lutte de classes – forces sociales antagonistes – entre une bureaucratie qui cherche désormais consciemment à maintenir un *statu quo,* intérieur et extérieur, et s'adosse aux forces bourgeoises de l'U.R.S.S. et du reste du monde qui lui permettent de se consolider, et la tendance Lénine-Trotsky, suspendue à la maladie de Lénine, toujours attachée à la perspective de la révolution mondiale et convaincue de la nécessité de renforcer dans le parti le poids spécifique des ouvriers d'usine. Cette tendance, c'est celle de Trotsky et des Quarante-six, « l'Opposition de 1923 ».

Dans le cas de la Russie de 1923, la véritable explication du rapport de forces qui, mieux que les « erreurs » de Trotsky, de Lénine ou du parti, rend compte de tous les détails, nous paraît avoir été formulée par l'historien britannique E.H. Carr :

> « La petite fraction, vigoureuse et à la conscience de classe hautement développée, du prolétariat, qui avait été le fer de lance de la révolution à Petrograd et à Moscou, avait, à l'heure de l'enthousiasme, porté sur ses épaules la masse des paysans à demi illettrés et à demi prolétarisés qui constituaient encore la majorité des ouvriers d'usine. Dans les lendemains de désillusion, de faim et de désorganisation, le prolétariat lui-même avait commencé à se désintégrer. La fuite des usines et des villes et la stagnation de l'industrie apportaient plus qu'un désastre économique : elles altéraient l'équilibre des forces sociales et politiques qui avaient fait la révolution. La venue de la Nep avait arrêté et renversé le procès du déclin économique. L'échec de l'opposition à se baser sur le prolétariat était un symptôme de la faiblesse, non seulement de l'opposition, mais du prolétariat lui-même [15]. »

Telle est la conception de Trotsky comme de Lénine. Bien entendu, chacun – qu'il s'appelle Eastman, Deutscher, Daniels ou autrement – a le droit de la soumettre à sa critique à condition toutefois de la montrer telle qu'elle est et de ne pas la passer sous silence. Il nous semble en outre peu conforme à l'honnêteté intellectuelle d'adresser à qui que ce soit, dans un travail historique, et sans le dire, des critiques ponctuelles fondées sur une conception globale différente de la sienne.

Si l'on veut bien admettre donc, sans forcément la partager, que telle était bien la conception de la révolution, comme de la situation concrète, professée par Trotsky en 1923, il faut incontestablement envisager son attitude politique sous un angle différent de celui des « erreurs » et de leur dénonciation.

Placé devant la menace de dégénérescence du parti – il l'a clairement exprimé dans le débat sur le « cours nouveau » – Trotsky est convaincu qu'elle ne peut être interrompue que par un développement économique positif, incluant le développement industriel et la reconstitution d'une classe ouvrière, ou par une avancée décisive de la révolution européenne. Dans sa négociation avec la *troïka*, il choisit de faire, avec son appui, le rapport économique qui constitue, selon son jugement, l'une des deux chances de mener victorieusement la bataille sur ce terrain. Il joue sans réticences sa seconde carte, à l'été, à travers la préparation de l'insurrection allemande dans laquelle il s'engage sans réserve. Ce n'est pas de son fait si la partie est perdue. Voudra-t-on cependant admettre que cette façon de voir qui est la sienne relativise ses prétendues « erreurs »?

On s'étonnera moins, si l'on convient du caractère instrumental de cette analyse, du retrait à l'arrière-plan, pendant toute la période du bouillonnement en Allemagne, de Staline, incarnation de l'appareil conservateur, mais qui n'a pas encore la possibilité d'imposer, même à ses alliés, ses propres vues et son scepticisme quant à la révolution dans d'autres pays. On s'étonnera moins aussi du rôle joué dans les préparatifs de l'Octobre allemand par des hommes considérés comme proches de Trotsky, Piatakov et Radek : de ce côté, on ne s'est pas tenu sur la réserve.

On comprendra mieux aussi la modification qualitative produite dans les rangs du parti russe par les semaines de préparation et de mobilisation en vue de l'Octobre allemand. La perspective de la jonction de la Russie avec l'un des pays les plus développés de l'Europe, aux traditions ouvrières prestigieuses, aux bases matérielles considérables, est à elle seule un facteur de mobilisation, d'initiative, de rassemblement pour l'action. L'activité déployée dans la perspective de l'Octobre allemand a façonné dans la jeunesse – surtout les étudiants-ouvriers des *Rabfaki* – une nouvelle avant-garde, une génération internationaliste qui comprend parfaitement le langage tenu par Trotsky et ne le trouve nullement « général » ni « allusif ». A la lumière de cette expérience et de son espérance née de la révolution allemande, le Parti communiste s'est remis en mouvement en octobre 1923 à la suite de sa jeunesse et c'est une menace pour les conservateurs.

C'est parce qu'avec son « sens révolutionnaire » il a perçu cette mobilisation de la jeunesse, les leçons qu'elle ne pouvait manquer d'en tirer à propos d'un régime reposant sur sa subordination et sa mise à l'écart que Trotsky, cette fois, a déclenché la bataille sur une question de « méthodes » – c'est-à-dire la façon de diriger le parti –, des « méthodes » qui sont en réalité un problème politique capital. Après avoir, par conséquent, correctement joué la chance d'une possibilité de redressement du régime du parti à travers la résolution du 5 décembre, Trotsky n'a pas commis, avec sa lettre du 8, la bévue que lui attribue naïvement Eastman : il a tout simplement répondu à l'appel qui montait de cette jeune avant-garde en train de se reconstituer.

Comme au lendemain de chaque défaite de la révolution européenne et de chaque aggravation de l'isolement de la révolution russe, les porte-parole de la bureaucratie, de l'appareil en l'occurrence, ont, bien entendu, recouvré une assurance accrue et pu ainsi manifester, à l'occasion de la XIIIe conférence, une arrogance jusque-là plus affichée à la base, dans les rapports avec les militants, qu'au niveau de la direction et des congrès ou conférences.

La montée de la révolution allemande avait en effet nourri le développement de cette « Opposition de 1923 » qui réunissait alors deux générations de communistes. Sa défaite sans combat, l'effondrement – et pour longtemps – des espérances des communistes dans ce pays, nourrit en Union soviétique, par contrecoup, une nouvelle montée de l'appareil, une recrudescence de son activité, de sa confiance en soi, de son agressivité.

Un élément nouveau apparaît toutefois en 1923. Alors que, jusqu'à présent, tendances et fractions n'ont pas poursuivi leur existence après les débats qui les ont suscitées, un courant apparaît qui n'est pas appelé à disparaître, précisément parce que le programme qui rassemble ses partisans conserve toute sa nécessité. C'est exactement le courant à l'intérieur du Parti communiste qu'on appelle « l'Opposition de 1923 », du combat de Trotsky et des Quarante-six : pas véritablement une fraction, sauf peut-être à son sommet, il est plutôt une tendance à proprement parler. Sa force est qu'il repose sur toutes les générations communistes. On trouve dans ses rangs une pléiade de vieux-bolcheviks, formés dans les prisons et les bagnes du tsar, comme Trotsky, mais aussi ceux qu'on appelle « la génération de 1917 », le gros des cadres communistes de la guerre civile. Il s'y ajoute maintenant ceux qu'on commence à appeler « la génération de 1923 », jeunes femmes et jeunes hommes nés à la vie politique dans l'espérance de la victoire allemande et le premier combat politique contre la bureaucratie et les patrons de l'appareil en train d'étouffer leur parti.

Pour Trotsky, c'est le gage, sinon de la victoire, du moins que le combat sera mené contre la dégénérescence et pour sauver le parti. C'est ce combat qu'il va mener pendant dix ans – à commencer par cinq années en Union soviétique même.

C'est le même combat qu'il mène depuis sa jeunesse mais c'est en même temps un combat différent. En face de lui, les bureaucrates privilégiés – ces hommes qu'il désignait déjà en 1918 comme le pire ennemi du nouveau régime. Ce sont les potentats du parti et des soviets, qui usent et abusent de la propriété sociale, ressuscitent les mœurs et les droits des anciens barines (seigneurs), exploitent les travailleurs, abusent des travailleuses, se « récompensent » tous les jours de leur passé militant en s'adjugeant la part du lion du revenu national. Ce sont les hommes que l'on trouve, au cœur des scandales, dévoilés comme celui de Smolensk ou d'Artemovsk, comme dissimulés dans tout l'appareil d'État et du parti, les bureaucrates cupides, brutaux, grossiers, traquant férocement toute critique, toute tentative de mettre au jour leur usurpation, bref toute opposition. Dans ce que Lénine appelait la « com-suffisance », le « com-autoritarisme », la « com-ignorance », transparaissent évidemment les traits des vieilles classes dirigeantes, et le bureaucrate soviétique est, quelle que soit son origine sociale ou politique, un reflet du bourgeois accumulant de la façon la plus primitive, du seigneur qui traite les hommes comme il ne traite pas ses bêtes, du bureaucrate et du policier de l'empire du tsar de toutes les Russies...

Ces hommes ont d'ailleurs à l'égard de Trotsky la même attitude que les policiers prussiens, les hauts fonctionnaires français de la préfecture ou les vieux militaires coloniaux de l'Empire britannique sauf que ce sont des parvenus. Ils le haïssent parce qu'ils le craignent. Ils le craignent parce qu'il menace leurs privilèges, leur pouvoir, leur impunité, parce qu'il fait appel aux idées et aux aspirations qui les ont portés au pouvoir et qu'ils entendent bien refouler et faire disparaître. Ils le haïssent aussi parce qu'il les montre du doigt, les décrit tels qu'ils sont et déchire l'image protectrice qu'ils s'efforcent vainement de tisser d'eux-mêmes.

C'est le même combat, parce qu'il a, à ses côtés, en grande partie, les mêmes hommes que pendant la période de clandestinité et d'exil : militants généreux, désintéressés, transportés par le besoin de comprendre et d'agir. Ils ne veulent plus conquérir la révolution, mais la défendre, sauver ses acquis, préserver ses conquêtes, l'étendre. Vieux militants comme Kh.G. Rakovsky, jeunes gens nés politiquement en 1917 comme V.B. Eltsine ou E.B. Solntsev, ils sont dans la continuité du bolchevisme, du courant révolutionnaire du XXe siècle : révoqués, déplacés, écartés en 1924, beaucoup demeurent fermes et le demeureront dans les années qui suivent, même quand la répression laissera loin derrière elle les pires souvenirs des prisons du tsar – dans les mêmes locaux...

Mais ce n'est plus le même combat. Trotsky ne peut plus s'adresser aux masses, comme il avait commencé, avant le début du siècle, à Nikolaiev, par le tract ou la prise de parole. Dans le cadre de son parti, il ne s'agit plus non plus d'une lutte d'idées, d'affrontement d'arguments, de joutes oratoires, même s'il peut encore, pendant quelque temps et dans certaines limites, user de la parole et de la plume. Ce n'est plus un combat d'idées sur la meilleure façon de combattre un ennemi commun. C'est un combat contre un adversaire qui n'est pas ce qu'il prétend être, qui ruse, qui trompe, qui falsifie et qui dissimule jusqu'à sa propre existence en tant que couche sociale et fraction dans le parti. Trotsky va devoir se battre pour la démocratie du parti contre des gens qui votent des résolutions à la gloire de la démocratie qu'ils étranglent tous les jours; il affronte une direction qui s'empare de ses propositions, les caricature et clame à tout vent qu'elle les a en fait appliquées. Il doit, pour se battre, constituer avec ses camarades une organisation, tout en essayant de ne pas tomber sous le coup de l'accusation de « fractionnisme », en étant à tout instant désorganisé par des mutations arbitraires, des sanctions de tout ordre, des interdits, une persécution constante. Persuadé qu'il continue la lutte pour la pensée révolutionnaire de Lénine, il se voit à chaque instant opposer un prétendu « léninisme », catéchisme caricatural, changeant avec les besoins du moment et l'orientation des prêtres.

C'est un travail militant auquel il n'a sans doute pas été préparé. Il n'a pas été, en dépit de son attachement et de son esprit de discipline, un homme de parti après 1917, alors qu'il ne l'avait pas été du tout avant cette date. Surtout, il n'est pas un homme d'appareil, et ses fonctions de tribun, de meneur d'hommes, de chef de guerre ne lui ont pas donné le temps de se familiariser avec ces luttes fractionnelles en coulisse. Il va devoir apprendre. Il va surtout devoir attendre, patienter, s'adapter à des conditions contre lesquelles se révoltent spontanément sa personnalité même, les formes de son intelligence, sa culture et sa vision du monde, des conditions qui sont productrices de valeurs en contradiction absolue avec tout ce qu'il a appris, son « monde » en un mot.

Faut-il donc aller très loin pour expliquer la mystérieuse maladie, vraisemblablement psychosomatique qui le frappe dans les moments les plus aigus du conflit politique, à l'intérieur du parti qu'il tient toujours pour son parti? La clarté des idées n'empêche pas que pèse sur les épaules le poids des défaites, des reculs, et, pourquoi ne pas le dire, des déceptions.

TROISIÈME PARTIE

Dans l'opposition en U.R.S.S.

CHAPITRE XXV

Le Parti sans Lénine [1]

La mort de Lénine, le 21 janvier 1924, est un événement capital dans l'histoire du mouvement communiste international et de l'U.R.S.S. Elle ne fut pas moins déterminante pour la destinée personnelle de Trotsky. Au terme de son ouvrage *Le Dernier Combat de Lénine,* Moshé Lewin assure que, celui-ci « disparu, Staline était sûr de vaincre [2] » – un jugement peut-être exagérément catégorique, mais qui a le mérite de souligner la détérioration profonde de la position de Trotsky dans le parti avec la mort de Lénine.

Trotsky s'en était allé, sans attendre la fin de la XIIIe conférence, pour la cure de repos prescrite, dans le Caucase. D'abondantes chutes de neige avaient prolongé ce voyage. C'est à la gare de Tiflis, le 22 janvier 1924, que son secrétaire, Sermouks, blême, pénétra dans son wagon-bureau, avec, à la main, le télégramme chiffré qui apportait la fatale nouvelle [3]. La première réaction de Trotsky fut de rebrousser chemin pour assister à la cérémonie funèbre. Mais il ne le fit pas, à la grande surprise des siens et de nombreux observateurs : des millions de Soviétiques découvrirent cette absence inexpliquée et inexplicable, et ses adversaires surent en tirer le parti que l'on devine.

Il a donné de son absence une explication identique dans *Ma Vie* en 1930 et dans un article de 1939, reproduit ensuite dans son *Staline.* Apprenant la nouvelle de la mort de Lénine, il avait immédiatement télégraphié à Moscou annonçant son intention de revenir et demandant la date des funérailles. La réponse, qui lui parvint une heure plus tard, était signée de Staline, de toute évidence au nom du bureau politique :

> « Les funérailles auront lieu samedi, vous ne pourriez revenir à temps. Le bureau politique estime qu'à cause de votre état de santé vous devez poursuivre votre voyage à Soukhoum [4]. »

Il crut sur parole ce message qui tenait compte de toute évidence, pour lui, de la neige tombée dans la partie nord du pays. De toute façon, il n'avait pas à discuter une décision du bureau politique concernant sa cure, analogue à celles que cet organisme avait prises concernant le repos et les soins pour Lénine pendant la maladie de ce dernier. C'est pour toutes ces raisons qu'il continua son voyage en direction de Soukhoum. Il devait, peu après son arrivée, s'apercevoir qu'il avait été trompé par le télégramme de Staline, puisque, sans qu'aucune nouvelle information lui soit parvenue, les funérailles se déroulèrent, en réalité, non le dimanche 26 mais le lundi 27 janvier [5], ce qui lui aurait, incontestablement et dans tous les cas d'enneigement, permis d'y assister, s'il l'avait su à Tiflis.

Dans une polémique indirecte contre le journaliste américain Walter Duranty en octobre et novembre 1939, dans des lettres adressées à son traducteur Charles Malamuth, il devait nuancer ces affirmations : la machination de Staline était en réalité plus complexe qu'il ne l'avait cru tout d'abord, et ne pouvait se réduire à un simple mensonge sur la date réelle de la cérémonie. Staline, en effet, donna bel et bien initialement des instructions, notamment à l'Armée rouge, pour la journée du 26, mais de toute évidence n'eut jamais l'intention de célébrer la cérémonie ce jour-là [6]. Trotsky se souvenait alors qu'un de ses amis – I.N. Smirnov ou N.I. Mouralov – lui avait assuré que le télégramme de Staline était la pièce maîtresse d'une manœuvre destinée à le tenir à l'écart du dernier hommage à Lénine [7].

Deux faits émergent clairement de cet épisode. D'abord, c'est pendant sa cure de l'après-midi, emmitouflé sous des couvertures, au soleil sur le balcon de sa chambre que Trotsky, alerté par les salves tirées par les canons de la garnison, apprit, le 27, que la cérémonie se déroulait et qu'il aurait pu y être présent sans le télégramme de Staline [8]. L'autre est que Trotsky fit sur ce point à Staline une confiance aveugle [9], ne vérifia auprès de personne la date qu'il lui donnait dans son second télégramme – une éventualité peut-être prévue d'avance si l'on se souvient que les chefs militaires aussi avaient été avisés pour le 26.

Pour les Mouralov et les I.N. Smirnov, comme pour le jeune Ljova Sedov [10], les amis et partisans de Trotsky qui se trouvèrent alors à Moscou, le drame n'était peut-être pas tant son absence que le fait que Staline ait pu le rouler aussi facilement : Trotsky avait fait confiance, dans une question capitale, à un homme qu'il connaissait comme un fourbe et un ennemi juré. Il en fut, pourtant, semble-t-il, peu question à son retour à Moscou, au printemps [11], car beaucoup d'eau avait coulé sous les ponts, et de nouveaux problèmes se posaient.

L'absence de Trotsky des funérailles de Lénine ne put être comprise des millions de gens qui en prirent conscience et en furent informés, et *a fortiori* de ses proches. Natalia Ivanovna a noté :

> « Les amis attendaient L.D. à Moscou, pensant qu'il reviendrait sur ses pas. Il ne vint à l'idée de personne que Staline, par son télégramme, lui avait coupé le chemin du retour. Je me souviens d'une lettre de mon fils [...], il avait attendu, attendu sans fin, dans l'impatience de nous voir arriver. On sentait dans sa lettre de l'étonnement, de l'amertume et un certain ton de reproche [12]. »

A Tiflis même, sur les instances des autorités locales, Trotsky avait écrit un texte bref, très émotionnel – « Lénine est mort, Lénine n'est plus » – sur cette mort, « caprice invraisemblable, impossible, monstrueux, de la nature [13] ».

Dans *Ma Vie,* il avoue qu'il fut incapable, après la nouvelle, d'écrire à Kroupskaia le mot affectueux qui s'imposait, tant toute parole lui paraissait dérisoire [14]. C'est avec d'autant plus de gratitude qu'il accueillit, quelques jours plus tard, une lettre de la veuve de Lénine : elle lui racontait comment il s'était fait lire et relire un passage d'un travail dans lequel Trotsky le comparait à Marx. Elle ajoute ces lignes précieuses pour l'homme qui se reposait à Soukhoum :

> « Les sentiments que Vladimir Ilyitch a conçus pour vous lorsque vous êtes venu chez nous, arrivant de Sibérie, n'ont pas changé jusqu'à sa mort [17]. »

En 1939, écrivant pour la revue américaine *Life,* Trotsky, après avoir reconsidéré les circonstances de la mort de Frounzé, son successeur à la Guerre, mort d'une opération qu'il ne voulait pas et dans des circonstances qui alimentèrent des rumeurs sur son assassinat, allait revenir sur la mort de Lénine. Staline n'était-il pas capable d'avoir hâté sa mort, comme Lénine lui-même l'avait demandé à plusieurs reprises [18]? L'hypothèse n'a rien d'invraisemblable, mais elle demeure gratuite – et nous ne la commenterons pas. Il a souligné également la façon dont Staline traita Lénine malade – un fait confirmé avec éclat, à l'époque de la déstalinisation, par le *Journal* des secrétaires de Lénine [19].

L'oraison funèbre en forme de litanie sur les enseignements de Lénine prononcée par Staline devant le cadavre embaumé [20] était, bien sûr, d'une certaine façon, l'héritage des années d'enseignement religieux qu'il avait suivi dans sa jeunesse au séminaire de Tiflis. Mais ce prêche de pope prononcé au nom du « léninisme » signalait surtout l'apparition d'un phénomène nouveau, inconcevable du vivant de Lénine, le culte véritablement religieux de ce dernier et la transformation de sa pensée vivante et combien contradictoire en un dogme baptisé « léninisme ». Le congrès des soviets, réuni immédiatement après sa mort, adopte toute une série de mesures allant dans le même sens : le 21 janvier devient jour anniversaire de deuil, l'ancien Petersbourg, devenu Petrograd, est rebaptisé Leningrad, le cadavre de Lénine est embaumé et va être placé dans un mausolée sous les murs du Kremlin et devenir l'objet de pieuses visites et de pèlerinages.

Trotsky s'indigne dans *Ma Vie,* parle de « mausolée indigne de la conscience révolutionnaire et offensant pour elle » :

> « On cessa de considérer Lénine comme un dirigeant révolutionnaire pour ne plus voir en lui que le chef d'une hiérarchie ecclésiastique [21]. »

A-t-il protesté comme il l'assure? Valentinov le confirme sur la base du témoignage de Boukharine donné en confidence. Dans les derniers jours d'octobre, au cours d'une réunion à laquelle assistaient six membres du bureau politique, Staline a proposé d' « enterrer Lénine à la russe », en d'autres termes de l'embaumer pour en faire une relique. Trotsky, Boukharine, Kamenev protestent tous avec indignation, ce dernier parlant de « cléricalisme [22] ». Mais Staline tient bon, soutenu par Kalinine et... Rykov. C'est la position de ce dernier groupe qui prévaut et qui est annoncée par la *Pravda* du 26 janvier, sous prétexte d' « accéder au désir et aux nombreux appels » reçus.

L'unique protestation publique – un cri dans le désert – fut celle de Kroupskaia. Écrivant dans la *Pravda,* elle s'opposa à « toutes les formes de révérence externe » – cérémonies, baptêmes de villes et monuments –, affirmant que la seule façon d'honorer sa mémoire était de construire « des crèches, des jardins d'enfants, des maisons, des écoles, des bibliothèques, des centres médicaux, des hôpitaux, des hospices » et de mettre ses principes en pratique [23].

Ce n'est pas la voie dans laquelle s'engage le comité central. Dans le sillage de Zinoviev pour qui, Lénine mort, le « léninisme » vit, il crée une revue théorique, *Bolchevik,* et décide de recruter, sous le nom de « promotion Lénine », plus de 200 000 nouveaux membres : ces nouveaux, en majorité des ouvriers restés à l'écart pendant la révolution, souvent illettrés, inexpérimentés, manipulables, sont dispensés de tout stage préalable, admissibles à toutes les fonctions, électeurs et éligibles, même au congrès [24]. Dans le même temps, une épuration sévère frappe les oppositionnels : de vieux militants exclus se suicident. Les étudiants membres de l'Opposition sont exclus en masse.

Trotsky ne peut pas ne pas avoir compris la signification de la « promotion Lénine » qui, en apparence, fait la concession à l'Opposition de renforcer la base ouvrière du parti, mais seulement pour mieux l'étouffer. Mais il ne le reconnaîtra que beaucoup plus tard, dans *La Révolution trahie* [25]. Maria Joffé, elle, a entendu à Vorkouta le trotskyste Andréi Konstantinov – sans doute l'ancien journaliste de la *Pravda* révoqué en 1923 – expliquer à ses camarades que le parti a été tué par « “ la promotion Lénine ”, destinée à étouffer ses rangs révolutionnaires sous le poids de ce matériau humain brut, ni trempé dans la bataille, ni expérimenté, ni indépendant d'esprit, mais possédant certainement cette ancienne habitude russe, bien cultivée maintenant, de craindre les autorités et de leur obéir aveuglément [26] ». Le 11 avril 1924, Trotsky avait assuré que « l'entrée d'ouvriers d'usine dans le parti constituait un facteur politique de grande importance, la façon dont la classe ouvrière exprimait sa confiance, un signe véridique et infaillable [27] »...

Trotsky ne réagit pas non plus aux changements de personnel qui ont pour objectif de consolider la position des « trois » et de renforcer leur contrôle sur le parti, donc sur l'État. Vice-président du conseil des commissaires du peuple, Rykov a normalement remplacé Lénine à la présidence. Dzerjinski le remplace à la tête du conseil supérieur de l'Économie nationale. Mais le commissariat du peuple à la Guerre n'est pas une chasse gardée. E.M. Skliansky, vice-commissaire depuis le début de la guerre civile, jouit, sur tous les plans, de la confiance totale de Trotsky. Il est muté dans l'appareil économique et remplacé par M.V. Frounzé, qui est un homme de Zinoviev. Le bureau politique met les formes et envoie à Soukhoum une délégation pour obtenir l'assentiment de Trotsky. Celui-ci ne bronche pas. Il écrira plus tard : « Le renouvellement du personnel de la Guerre s'était fait depuis longtemps, à toute vapeur, derrière moi [28]. »

Bien que nous n'ayons de son état d'esprit de l'époque aucune trace écrite, il semble bien que son analyse de la situation en Union soviétique, ne le conduise pas à faire preuve d'optimisme. Ce n'est pas en un mois, ni en une ou plusieurs années, qu'il va gagner la bataille qu'il n'a pas livrée avec Lénine et qu'il a perdue sans lui. Il faudra du temps et beaucoup d'efforts pour redresser le parti, et ce ne sera possible qu'avec l'appui d'une jeune génération qu'il faut informer, former et tremper. Refusant d'engager le combat pour la direction du parti, il se refuse en même temps à toute concession de principe, à tout recul sur les idées qu'il a défendues avec l'Opposition et qui, selon lui, constituent une partie indissociable du tout qu'est le bolchevisme.

On va le voir très clairement lors de son retour de Soukhoum au printemps, sa santé rétablie, à temps pour qu'il puisse participer à une importante réunion du comité central, le 22 mai, puis, à partir du 23, au XIIIe congrès du parti russe, auquel Préobrajensky et lui-même participent sans avoir le droit de voter.

Il ne manquerait pas d'armes s'il voulait vraiment engager le combat – et notamment contre Staline. Kroupskaia avait tenu secrète en 1923 l'existence de la « Lettre au congrès », connue sous le nom de « Testament de Lénine ». Lénine vivait encore, et les instructions qu'il lui avait données n'étaient valables qu'après sa mort. A l'approche du XIIIe congrès, elle révèle à Kamenev l'existence de cette lettre et demande que, conformément à la volonté de Lénine, elle soit communniquée au parti en son congrès [29].

La situation est difficile pour les « trois », puisque Lénine recommande dans ce texte l'élimination de Staline du poste de secrétaire général. Les « trois » ne se résolvent pas à faire connaître la lettre au parti, mais il leur est difficile de s'y opposer de front et tout seuls. Selon un historien contemporain, le Dr Iou. Borissov,

> « la décision de ne pas tenir compte de la volonté de Lénine fut prise par les membres de l'époque du Politburo et de la commission du C.C. pour adoption des documents de Lénine : Kamenev, Zinoviev et Staline lui-même [30] ».

Il fallait une décision formelle d'un organisme plus large. On réunit donc pour la circonstance un comité central élargi aux responsables des délégations au congrès. Selon un récit déjà ancien, fait par un ancien collaborateur de Staline, le texte du « testament » y est lu par Kamenev, personne n'étant autorisé à prendre des notes, et aucun exemplaire n'étant distribué [31]. Iou. Borissov a récemment confirmé cette version. L'impression est énorme : dans l'atmosphère de dévotion religieuse créée autour de la personnalité de Lénine, est-il concevable de désobéir à sa dernière volonté [32]?

C'est Zinoviev qui sauve Staline. Après avoir rappelé que les volontés de Lénine sont, pour tous, la « loi suprême », il suggère que, sur un point au moins, les « craintes du chef » ont été « vaines » et qu'en ce qui concerne Staline, on peut décider de ne pas tenir compte d'un texte écrit, après tout, dans des circonstances bien différentes :

> « Je veux parler de celui de notre secrétaire général. Vous avez tous été témoins de notre travail en commun de ces dernières années et, comme moi, vous avez été heureux de confirmer que les craintes d'Ilyitch ne s'étaient pas réalisées [33]. »

Kamenev soutient Zinoviev. Trotsky, pour qui la publication du testament pourrait être un atout formidable, se tait. Staline offre de démissionner et demande un vote sur cette question. Zinoviev propose alors un vote à main levée sur l'éventualité de faire connaître le testament, délégation par délégation, aux délégués du congrès, et ne pas le rendre public [34]. Il l'emporte largement : les « trois » sont suivis par leurs fidèles : Ordjonikidzé, Molotov, Kirov, Frounzé, Rykov, Boukharine, Dzerjinski, Kalinine... Pendant la lecture du texte, Radek, qui en découvrait le contenu, s'est tourné vers Trotsky pour lui dire qu'à son avis, désormais, « ils » n'oseront rien faire contre lui. Trotsky réplique : « Au contraire, ils devront aller jusqu'au bout et même le plus vite possible [35]. »

Cet épisode est resté dissimulé aux yeux du public soviétique pendant plus de soixante ans. L'historien Iou. Borissov le résume en 1987 en disant qu'il s'agit d'une décision « autoritairement imposée aux délégués », « lue séparément sans concertation ». Il écrit :

> « Par ses résultats, ce fut un crime qui surpassa " l'épisode d'Octobre " de Zinoviev et de Kamenev (c'est-à-dire leur opposition à l'insurrection armée du 25 octobre/7 novembre) 1917, que Lénine évoque aussi dans son testament [36]. »

Dans « Le Jugement de l'Histoire n'épargne personne », commentaire de la pièce de Mikhail Chatrov, *Plus loin, encore plus loin*, Dmitri Kazoutine écrit, en 1988 : « Sur le plan moral, c'est une apostasie [37]. »

Reste à expliquer l'attitude de Trotsky, son silence obstiné pendant la discussion de la question du « testament » dont, en toute logique – ne fût-ce que par respect pour la mémoire de Lénine – il eût dû revendiquer la publication immédiate. Il n'y a pas d'explication d'un comportement que l'on peut estimer suicidaire sur le plan politique, l'abandon d'un de ses principaux atouts dans la lutte au sein du parti. A la différence de ce qui s'était passé lors du XIIe congrès, il n'a en effet rien à attendre d'un avenir proche et de développements qui, avec l'étouffement du « testament », ne peuvent être positifs pour lui et pour sa cause, cette « démocratie du parti » qu'il a défendue dans le *Cours nouveau*. Ayant jeté ses armes, il ne sera pourtant pas dispensé de se battre, mais les mains nues.

Le déroulement du XIIIe congrès, à la fin de mai 1924, qui se présente comme une répétition aggravée de la XIIIe conférence, confirme en tout cas l'appréciation pessimiste qu'il porte sur le rapport des forces et qui explique probablement son refus de s'engager pour une relance du débat sur le « cours nouveau ». Le rapport politique du comité central est présenté par Zinoviev. Il consiste en une charge à fond contre l'Opposition, une dénonciation de ses « attentats » contre le parti, sur la question des groupements et des fractions, la question des générations, celle de la déclaration de guerre à l'appareil qu'elle a appelée « lutte pour la démocratie ». Zinoviev évoque en termes dramatiques la discussion de la fin de 1923, le parti ébranlé, selon lui, jusque dans ses fondations, les discussions de nuits entières, les militants désorientés, bref, « le parti en danger ». C'est, assure-t-il, le devoir de chacun de tout faire pour apaiser sa fièvre et le guérir. Tourné vers Trotsky et Préobrajensky, il leur dit :

> « Le plus sage et le plus digne d'un bolchevik que l'Opposition pourrait faire serait de faire ce qu'un bolchevik doit faire quand il a commis une erreur, venir à la tribune du congrès du parti, se tourner vers lui et lui dire : « Je me suis trompé. C'est le parti qui avait raison " [38]. »

Une telle invite est sans précédent dans le parti, où personne n'a jusqu'à présent osé demander – voire seulement songé à demander – à quiconque de condamner ses propres convictions et renoncer publiquement et par discipline à ses propres idées. Jamais encore ne s'était produite, consciemment ou non, semblable confusion, même involontaire, entre soumission à la discipline et capitulation pure et simple, « discipline de pensée ». Il n'est pas étonnant que la protestation la plus vive ait été émise à la tribune par Kroupskaia : la veuve de Lénine estime qu'une telle exigence est « psychologiquement inacceptable [39] ».

Dans ses Mémoires, *Love and Revolution* (Amour et Révolution), l'écrivain américain Max Eastman – qui assista à ce congrès et y apprit dans un couloir, de la bouche de Trotsky, l'existence du « testament » et les grandes lignes de son contenu – raconte qu'il donné à Trotsky « le petit conseil 100 % américain » de « tomber la veste et retrousser les manches » et d'attaquer les conspirateurs en lisant à la tribune le texte du testament [40]... On se doute aussi que Trotsky ne répondit à cette invite que par une ironie aimable...

Le visage crispé, marqué, écrit Eastman, « de signes de souffrance jamais vus [41] », il intervient sur un ton calme et mesuré, écouté par une salle tendue, mais attentive et applaudi à plusieurs reprises. Dès sa première phrase, il explique qu'il désire « laisser de côté tout ce qui pourrait envenimer la question, lui donner une empreinte personnelle, rendre plus difficile encore la liquidation des difficultés » du parti. Il ne traitera donc pas de certains « sujets épineux », s'engageant cependant à répondre à toute question qui leur serait posée à ce sujet [42].

Il traite ensuite, l'un après l'autre, les points soulevés par Zinoviev et lui répond qu'il n'a fait que poser les problèmes évoqués dans les termes mêmes où ils ont été posés par la résolution du bureau politique du 5 décembre. Méthodiquement, il réfute les accusations une à une. Il salue au passage le succès de la « promotion Lénine » comme un vote de confiance en faveur du parti, puis en arrive à la « reconnaissance de ses erreurs » qui lui a été demandée par Zinoviev :

> « Il n'y a rien de plus simple, de plus facile, moralement et politiquement, que de venir dire à son parti qu'on s'est trompé sur telle ou telle question [43]. »

Mais ce n'est pas cela qui lui est demandé par Zinoviev; c'est en réalité de renier l'esprit même de la résolution du 5 décembre – et cela, il n'est pas disposé à le faire :

> « Aucun de nous, camarades, ne peut ni ne veut avoir raison contre son parti. En dernière analyse, c'est toujours le parti qui a raison, parce qu'il est l'unique instrument historique dont la classe ouvrière dispose pour régler ses problèmes fondamentaux. J'ai déjà dit qu'il n'est rien de plus facile que de venir dire au parti que toutes ces critiques, toutes ces déclarations, ces avertissements, ces protestations, constituaient une seule et même erreur. Mais, camarades, je ne peux pas le dire, parce que je ne le pense pas. Je sais qu'on ne peut pas avoir raison contre son parti. On ne peut avoir raison qu'avec son parti et à travers son parti, parce que l'Histoire n'a pas encore construit d'autre route pour vérifier qu'on a eu raison. Il existe chez les Anglais une formule historique : " Qu'il ait tort ou raison, c'est mon pays " *(Right or wrong, my country)*.
>
> « C'est avec une bien plus grande justification historique que nous disons : de la même façon, même s'il se trompe sur telle ou telle question pratique, à un moment ou à un autre, c'est mon parti [...]. Je crois pour ma part que j'ai rempli mon devoir de membre du parti qui doit prévenir son parti de ce qu'il considère comme un danger [44]. »

Peut-être hésite-t-il un instant avant d'exprimer, sous une forme un peu rhétorique, sa détermination de demeurer jusqu'au bout dans le parti :

> « Il est ridicule et peut-être un peu déplacé de faire ici des déclarations personnelles, mais j'espère que, s'il le fallait, je ne serais par le dernier soldat sur la dernière barricade bolchevique [45]! »

Ayant reconnu qu'il n'est pas possible d'opérer une distinction entre « fractions » et « groupements » – la seule concession qu'il ait consenti à faire –, il termine cette intervention par une affirmation trop souvent négligée par les historiens :

« Il n'y a pas que des membres individuels du parti qui commettent des erreurs. Le parti aussi peut en commettre. C'est le cas par exemple de certaines résolutions de la [XIIIe] conférence dont je considère que d'importants passages sont aussi faux qu'injustes [...]. Mais, si le parti adopte une résolution que l'un d'entre nous tient pour injuste, il dit : " Qu'elle soit juste ou injuste, c'est de mon parti qu'il s'agit et j'endosse jusqu'au bout les conséquences de sa résolution " [46]. »

Préobrajensky, sur la même ligne, est plus précis et plus polémique. Saluant, lui aussi, comme une manifestation de la confiance ouvrière le succès du recrutement dans la promotion Lénine, il assure cependant :

« Ce serait d'un optimisme tout à fait excessif que de prétendre qu'en entrant dans le parti, les ouvriers confirment et approuvent tout ce que nous avons fait en matière de politique interne au parti, y compris les perversions bureaucratiques [47]. »

Il s'élève contre la façon dont la purge a été menée sans que le parti ait été à même de la contrôler et contre le fait que nombre d'erreurs aient été commises. Il demande enfin au congrès de reconsidérer la résolution de la XIIIe conférence qui qualifie l'Opposition de « déviation petite-bourgeoise ».

Mais le XIIIe congrès n'a été que la manifestation de la puissance de l'appareil, la négation des idées et des débats d'idées. Aucun délégué ne pose à Trotsky de question sur les « sujets épineux », mais valets et béni-oui-oui se succèdent à la tribune pour parler de son intervention « incompréhensible », « diplomatique ». Staline et Zinoviev font semblant d'avoir compris qu'il défend l'idée d'une infaillibilité du parti du type de celle du pape. Staline s'indigne lourdement :

« Trotsky dit que le parti ne peut pas faire d'erreurs. C'est faux. Le parti en commet souvent. [...] C'est une flatterie et [...] une tentative pour nous ridiculiser [48]. »

Ouglanov ironise pesamment : Trotsky rêve d'être un soldat alors qu'on attend de lui qu'il soit un « commandant » discipliné. Zinoviev en rajoute sur ses « flatteries aigres-douces » à l'égard du parti [49].

Les résolutions finales du XIIIe congrès approuvent les résolutions de la XIIIe conférence, renouvellent la condamnation de l'Opposition dans les mêmes termes. Quelques jours plus tard, le *Bolchevik* du 5 juin 1924 la qualifie de « demi-menchevisme intérieur, quart de menchevisme, mille fois plus dangereux que le menchevisme cent pour cent... ».

***

L'une des conséquences de plus longue portée du XIIIe congrès du parti russe se trouve dans la profonde transformation de l'Internationale et de ses partis, connue sous le nom de « bolchevisation ». Trotsky, pour les communistes étrangers, est un dirigeant prestigieux, beaucoup plus que Zinoviev, pourtant président de l'Internationale – pour ne pas parler de Staline, pratiquement inconnu dans tous les partis communistes de l'époque.

Il semble que l'éventualité d'une « mutinerie », voire d'une simple fronde de la part de partis étrangers, prenant parti pour Trotsky contre les autres dirigeants russes, ait à l'époque terrorisé Zinoviev et ses alliés. Leur charge se déchaîne aussitôt contre tout dirigeant d'une section de l'I.C. soupçonné de sympathie, même platonique, pour Trotsky et l'Opposition.

Au cours de l'assemblée générale des militants de Moscou du 11 décembre 1923, Karl Radek mentionne au passage le fait que les directions des partis français, allemand et polonais ont manifesté de la sympathie pour Trotsky et les Quarante-six [50].

Dans un premier temps, la direction zinoviéviste de l'Internationale se déchaîne contre Brandler, qu'elle associe à Radek pour en faire le bouc émissaire du fiasco allemand d'octobre 1923. Au présidium de l'I.C., le 12 janvier 1924, Zinoviev prononce un véritable réquisitoire contre Brandler et Radek, qu'il répète à la XIIIe conférence du parti russe [51]. Les deux hommes sont, selon lui, coupables d' « opportunisme de droite » et ont tenté d'introduire dans l'Internationale les luttes fractionnelles, défigurant et dénaturant dans son application la politique révolutionnaire décidée par l'Internationale. Effrayés, Brandler et son conseiller Thalheimer se démarquent publiquement de Trotsky, clament leur accord avec Zinoviev : il n'y aura pratiquement pas un seul partisan de l'Opposition de 1923 dans le K.P.D...

La direction du parti polonais est d'une autre trempe. Au début de décembre 1923, son comité central vote un texte qui déclare notamment :

> « Le point central dans la crise actuelle à l'intérieur du parti communiste russe consiste dans les divergences d'opinion entre sa majorité et le camarade Trotsky. Nous savons que ces divergences sont liées à des problèmes complexes de la construction du socialisme, et nous ne sommes pas en mesure de juger de ce qui concerne la politique économique. Une seule chose est claire pour nous : le nom du camarade Trotsky est pour notre parti, pour toute l'Internationale, pour l'ensemble du prolétariat révolutionnaire mondial, indissolublement lié à la révolution d'Octobre victorieuse, l'Armée rouge, le communisme et la révolution mondiale.
>
> « Nous ne pouvons admettre la possibilité que le camarade Trotsky puisse se trouver hors des rangs de la direction du parti communiste russe et de l'Internationale. Nous sommes cependant inquiets à l'idée que les discussions puissent dépasser le cadre des problèmes concrets en discussion et quelques déclarations publiques de dirigeants responsables du parti justifient les pires inquiétudes [52]. »

Au présidium de l'I.C., en janvier, le représentant du Parti communiste polonais, Edward Prochniak regrette le mutisme de l'exécutif dans la question de ses propres responsabilités dans la défaite allemande. Il lance un avertissement :

« Depuis que Lénine, le dirigeant le plus important du prolétariat révolutionnaire mondial ne prend plus part à la direction de l'Internationale, et depuis que l'autorité de Trotsky, dirigeant reconnu du prolétariat révolutionnaire mondial, a été mise en question par le parti communiste russe, il existe le danger que l'autorité de la direction de l'Internationale communiste soit ébranlée [...]. Nous considérons que l'accusation d'opportunisme portée contre Radek, un des dirigeants les plus éminents, est non seulement injuste, mais au plus haut degré dommageable pour l'autorité des dirigeants de l'Internationale [...]. Les divergences entre les dirigeants les plus connus de l'Internationale communiste dans l'appréciation de la question allemande sont du type de celles qui sont inévitables dans un parti révolutionnaire vivant [53]. »

Au Ve congrès de l'Internationale communiste, les dirigeants du parti communiste russe, Staline en tête, débarquent dans la « commission polonaise » et y imposent la décision de révocation de l'ancienne direction, formée de Warski, Walecki et Wera Kostrzewa à qui Zinoviev s'est juré de « casser les reins ». Wera Kostrzewa, qui s'incline, comme les autres, parce qu'elle sait que les ouvriers polonais choisiraient l'Internationale contre leurs propres dirigeants, lance, elle aussi, un avertissement qui lui coûtera la vie :

« Nous sommes contre la création à l'intérieur du parti d'une atmosphère de lutte permanente, de tension, d'acharnement les uns contre les autres [...]. Je suis persuadée qu'avec votre système, vous allez discréditer tous les dirigeants du parti, les uns après les autres, et j'ai peur qu'au moment décisif, le prolétariat n'ait plus à sa tête d'hommes éprouvés. La direction de la révolution pourrait tomber entre les mains de carriéristes, de " chefs saisonniers " et d'aventuriers [54]. »

Alfred Rosmer décrit l'activité déployée par Zinoviev et son appareil sous le couvert de la « bolchevisation » décidée par le Ve congrès :

« Au moyen d'émissaires qu'il dépêchait dans toutes les sections, il supprimait dès avant le congrès toute opposition. Partout où des résistances se manifestaient, les moyens les plus variés étaient employés pour les réduire : c'était une guerre d'usure où les ouvriers étaient battus d'avance par les fonctionnaires qui, ayant tout loisir, imposaient d'interminables débats : de guerre lasse, tous ceux qui s'étaient permis une critique et qu'on accablait du poids de l'Internationale cédaient provisoirement ou s'en allaient [55]. »

Boris Souvarine, l'ancien représentant à Moscou du P.C.F., a publié en France une traduction du *Cours nouveau* et a défendu Trotsky et l'opposition au XIIIe congrès du parti russe : il est exclu. Après lui, Pierre Monatte et Alfred Rosmer, les deux anciens du noyau de la *Vie ouvrière* pendant la guerre sont exclus pour avoir protesté contre les conséquences de la politique de « bolchevisation » dans leur parti...

L'un des résultats de la prétendue « bolchevisation » est qu'il n'y eut aucune discussion sur le « fiasco » d'octobre 1923 en Allemagne dont il faut pourtant bien admettre qu'il posait à l'Internationale communiste les questions les plus fondamentales. L'Allemagne avait-elle connu une situation révolutionnaire à partir d'août 1923? Le bureau politique du parti russe et l'exécutif de l'Internationale avaient-ils eu raison de prévoir et de préparer l'insurrection en octobre? La décision de battre en retraite après la conférence de Chemnitz était-elle fondée?

La réponse, du fait de l'imbrication avec les luttes de tendance, ne pouvait guère émaner d'un tribunal objectif. Radek et Piatakov, partisans de Trotsky et des Quarante-six en Russie, avaient d'abord été sceptiques sur les chances de la révolution allemande, bien qu'ils n'aient pas été « au moins aussi sceptiques que Staline », comme l'assure Deutscher [56]... Mais ils avaient préparé l'insurrection et aussi lancé le mot d'ordre de la retraite. Zinoviev, d'abord hésitant, avait approuvé le plan de marche élaboré par Trotsky mais aussi l'ordre de battre en retraite lancé par Brandler et Radek. Trotsky pensait au fond que les deux derniers n'avaient fait que boire le vin tiré par Staline et Zinoviev. Ces deux derniers, faisant de Radek et de Brandler des « trotskystes », firent d'une pierre deux coups en attribuant, en dernière analyse, à Trotsky l'échec d'une avancée révolutionnaire dont il avait été l'inspirateur et dont ils l'avaient empêché d'être l'exécutant. La « révolution allemande » de 1923 – dont l'idée même a été tournée en dérision par nombre d'historiens – est ainsi devenue un non-événement...

***

Les débats que nous venons de décrire avaient un goût de cendre pour les militants communistes – et il n'en manquait pas alors – aux yeux de qui la révolution allemande était un enjeu pour l'humanité entière, plus que pour les objectifs de boutique de l'appareil du P.C. russe. Pour Trotsky, ils avaient déjà un goût de mort.

Il était de nouveau à Soukhoum depuis quelques jours quand il reçut le 3 septembre 1924, par télégramme, l'annonce du suicide de son collaborateur Mikhail Salomonovitch Glazman, qui s'était tiré un coup de revolver en apprenant son exclusion du parti [57]. Glazman était entré au Parti bolchevique en 1918. Secrétaire-sténographe de profession, il avait été l'un des hommes du train, des combattants au blouson de cuir. Militant révolutionnaire, travailleur infatigable, il avait pratiquement vécu trois ans auprès de Trotsky, n'abandonnant la plume du sténographe que pour empoigner le fusil. Il avait été également secrétaire du conseil militaire révolutionnaire.

Que lui reprochait-on qui ait pu expliquer une telle mesure? Son travail auprès de Trotsky, la collaboration qu'il venait de lui donner pour l'édition de ses œuvres sur 1917, expliquaient qu'il fût persécuté, mais ne pouvaient à cette date constituer un motif avouable d'exclusion. Il est probable que la clé de cette énigme se trouve dans les archives du G.P.U. Des années plus tard, Trotsky évoque, à propos de

Glazman, les jeunes révolutionnaires qui avaient eu une défaillance devant la police tsariste et que Staline et les siens, alors qu'ils avaient été blanchis, faisaient chanter : Glazman se serait donc suicidé pour échapper à un chantage qui exigeait de lui des accusations contre Trotsky [58]. Nous ne savons rien de plus précis. Informé de son exclusion le 1er septembre 1924 en tout cas, Glazman se suicida le 2 septembre. Quand Trotsky signa sa nécrologie, le 6 septembre, le mort avait déjà été réintégré, et l'organisme qui avait prononcé l'exclusion avait reçu un blâme de la commission centrale de contrôle...

Glazman n'était que la première victime. A cet égard, l'abstention de Trotsky et des siens dans la bataille autour du « testament » a pesé très lourd, et c'est probablement au moment de la discussion de cette question au sommet, en mai, que s'est joué son destin personnel. Trotsky en a conscience puisqu'il écrit, dans un hommage au jeune mort que la *Pravda* va refuser de publier, l'expression pudique de ce qui est probablement pour lui un regret poignant : « Pardonnez-moi, mon jeune ami, de ne vous avoir pas protégé ni sauvé [59]. »

CHAPITRE XXVI

Trotsky et les siens [1]

Petrograd fit les heures de gloire de Trotsky. Mais il y vécut en définitive très peu. Et les années décisives de son destin politique s'écoulèrent pour lui à Moscou entre 1918 et 1927 : un séjour de dix ans, tel qu'il n'en connut pas dans sa vie d'adulte, dans aucun pays.

Il ne connaissait de Moscou que la prison Boutyrki où il était passé après sa période de militantisme de Nikolaiev et où il s'était marié avant de partir en déportation. C'est sans superstition que le gouvernement soviétique décida de retenir la solution la plus simple : le logement au Kremlin, l'ancienne résidence des tsars, des dirigeants du parti et de l'État. Les Trotsky furent logés dans l'aile Cavalier. Natalia Ivanovna raconte :

> « Nous eûmes au Kremlin l'appartement d'un haut fonctionnaire, plusieurs pièces en enfilade. Le cabinet de travail de Lev Davidovitch était tout en bois de Carélie, luisant et presque doré. [...] Lev Davidovitch me reçut, quand j'arrivai avec les enfants, très amusé par cette installation. " Enfin, disait-il avec humour, un bel appartement! " [2]. »

L'appartement de l'aile Cavalier communiquait directement avec la salle à manger des commissaires du peuple où se tenaient parfois les réunions du bureau politique. Lénine, d'abord proche voisin, s'éloigna dans un autre bâtiment. Staline habitait initialement dans le même bâtiment, l'appartement d'en face. Les dirigeants de l'exécutif des soviets, Enoukidzé et Kalinine, logeaient dans le même couloir. Il y eut des conflits avec Staline qui ne respectait pas le règlement interdisant les voitures dans ce secteur après dix heures du soir [3], puis quand il réclama comme appartement des pièces réservées au musée [4].

En été, la famille quitta les quatre grandes pièces du Kremlin pour aller à la campagne – l'été seulement – à Arkhangelskoié dans une demeure qui avait appartenu à un Moscovite fortuné. Les immenses salons du rez-de-chaussée étaient consacrés à un musée public. Proche des bois, la maison ne comportait que deux pièces habitables, au premier étage, auquel on n'accédait que par une sorte d'échelle, et la tuyauterie, abîmée par le gel, n'avait pas été réparée, mais Trotsky expliqua en riant à Rosmer que c'était bien suffisant pour les nouveaux maîtres soviétiques [5]!

Dans ce cadre, à partir de la fin de la guerre civile, Trotsky menait une vie beaucoup plus réglée, tout à fait réglée même, étant donné ses goûts et ses besoins. Natalia Ivanovna l'évoque :

> « Lev Davidovitch est extrêmement méthodique dans son travail; il entend fournir un effort maximum sans s'épuiser. Ses habitudes, fixées depuis la jeunesse, sont de ponctualité, d'attention, d'horaires bien observés, et il les impose autour de lui. Il n'admet pas de retard pour les séances et les rendez-vous. Il a horreur du bavardage, du laisser-aller, du travail négligé, et il réussit sans peine à s'entourer de collaborateurs sérieux, de sorte qu'à une époque de désordre, le commissariat à la Guerre, le conseil supérieur de la Guerre, les autres bureaux qu'il dirige et son secrétariat personnel donnent un exemple de bon fonctionnement que l'on commente à Moscou tantôt avec éloge, tantôt avec hostilité [6]. »

Trotsky se lève vers sept heures trente et se rend à son bureau pour y être présent à neuf heures exactement. La plupart du temps, il revient déjeuner au Kremlin vers une heure trente et s'accorde un repos allongé de trois quarts d'heure au plus au milieu des siens avec lesquels il se détend. C'est l'heure à laquelle ses filles viennent le voir – pendant qu'elles habitent à Moscou –, et elles protestent vivement contre le refus du père d'aborder à ce moment et dans ce cadre les questions politiques. Selon le témoignage de Natalia Ivanovna, il n'eut réellement jamais le temps de raconter ses voyages et ce qu'il avait vu. Mais il aimait parler des hommes, de leurs caractéristiques, de leurs qualités plus que de leurs défauts.

Trotsky ne fume pas – sans doute depuis la révolution, puisqu'il fumait encore dans son exil espagnol. Il proteste contre les fumeurs – son ami Rakovsky en est un, invétéré – et ce qu'il appelle leur « saleté », les cendres sur leurs vêtements, les mégots qu'ils écrasent ou non, n'importe où, sans se préoccuper des traces qu'ils laissent. Il ne boit d'alcool que dans des circonstances exceptionnelles et pour honorer un hôte. Réunions ou travail, sa journée se termine entre minuit et deux heures du matin. Avec ses camarades de la direction, il a des rapports cordiaux de bonne camaraderie, mais pas de relations mondaines, visites ou réceptions. En 1938 encore, il parle avec indignation d'une réception chez Kamenev, en 1920, dans le « corridor blanc », à l'occasion d'un Noël ou d'un Nouvel An, qui lui parut le comble du conformisme néo-bourgeois et qu'il quitta en claquant la porte [7]. Il a le sens de l'humour, mais abhorre la vulgarité – les anecdotes, souvent graveleuses, de Radek, par exemple – et se montre plutôt pudibond dans son langage et son comportement. Il est très sensible à la personnalité comme à la beauté féminines, ainsi que le montrent les qualificatifs qu'il utilise pour célébrer la magnifique Larissa Reissner : « Pallas de la Révolution », « belle jeune femme qui avait ébloui bien des hommes », « brûlant météore », « déesse olympienne » [8]. Sur cette question, Max Eastman écrit en 1925 :

> « J'imagine qu'il y a eu suffisamment d'idylles dans la vie de Trotsky pour occuper un biographe réellement consciencieux pendant plusieurs années. Il semble qu'il ait peu à peu perdu cette méfiance cachée sous une certaine rudesse qui caractérisait ses rapports de garçon avec les filles – ou qu'il en ait gardé juste assez pour rendre son charme tout à fait fatal. Si l'on en juge par la réputation qu'il conserve dans l'esprit de ceux qui l'ont connu dans sa jeunesse, il appartenait à l'école d'Engels, pas à celle de Marx dans cet important domaine. Natalia Ivanovna est la meilleure et la plus chère amie de Trotsky, sa compagne de tous les jours. elle est la mère de ses fils... Et, pour résumer nombre de choses qui ne sont pas l'affaire du biographe contemporain, Aleksandra Lvovna est aussi son amie [9]. »

J'avoue n'avoir pas creusé cet aspect de la vie de Trotsky, une fois établie son attitude générale. D'accord avec Van pour relever l'élément de flirt dans ses relations avec Clare Sheridan, perceptible dans les souvenirs de l'artiste britannique [10], j'aimerais seulement signaler une remarque de Silone :

> « Il connaissait peu l'Italie où il n'avait fait que passer, mais il l'évoquait avec plaisir, car elle lui rappelait, comme il me le dit, " une belle amitié ", les quelques mots d'italien qu'il connaissait étaient en effet gracieux et trahissaient une origine féminine [11]. »

Avec la fin de la guerre civile, Trotsky découvre la pêche et la chasse qui vont être, pendant le reste de sa vie, ses seules distractions réelles, son unique moyen de se détendre et de se reposer. C'est Mouralov qui l'a entraîné à la chasse, mais son vrai maître est un technicien auquel il a rendu hommage, Ivan Vassiliévitch Zaitsev, du village de Kolotchino, au bord de la Doubna et de marécages riches en gibier à plume [12]. Il passe aussi des heures à la pêche. Natalia Ivanovna raconte :

> « Se trouver sur l'eau pâle, entre les roseaux à l'aube, en compagnie d'un vieux chasseur et guetter le canard sauvage ou tendre les filets; gravir les pentes d'un bois glacé, grandiose, semé de moraines, pour finir par abattre un ours brun, c'était du vrai délassement et un contact revigorant avec la terre, l'eau, la neige, le vent... C'était aussi une sorte de combat et un temps de méditation [13]. »

On sait que c'est à la chasse dans les marais de Zabolotié qu'il contracta sa fameuse fièvre de 1923-1924. Sur ce point, qui constitue, aujourd'hui encore, le plus grand mystère de sa vie physique, Natalia Ivanovna donne un témoignage, qui est un constat d'ignorance :

> « La capacité de travail de Lev Davidovitch fut toujours très grande, on pourrait même dire exceptionnelle. Il vivait littéralement sous pres-

sion, suivant à la fois vingt affaires, se documentant, étudiant, traitant de littérature, d'économie, de politique intérieure et internationale. Sa santé cependant commence à fléchir bizarrement; il souffre de fièvres malignes qui l'affaiblissent, l'obligent assez souvent à garder le lit ou à se réfugier dans les maisons de repos du Caucase. Les médecins et notamment notre ami Gétié diagnostiquaient une variété de paludisme, mais ne dissimulaient pas la difficulté de formuler un diagnostic plus complet. Il semble bien que le tempérament nerveux, la sensibilité très vive, de Lev Davidovitch se manifestaient – contre sa forte volonté – par ces malaises pendant les périodes d'hypertension intellectuelle. Il avait auparavant souffert de troubles gastriques souvent à la veille d'intervenir dans des assemblées. Il ne devait jamais guérir des fièvres qui l'abattaient au cours des luttes [...]. Alité, il continuait à travailler, lisant, annotant et dictant [14]. »

Clare Sheridan a sculpté, en octobre 1920, le buste de Trotsky. Elle ne l'a pas connu avant la révolution, mais se hasarde pourtant à suggérer une transformation et esquisse un portrait psychologique intéressant :

« Maintenant, il est devenu lui-même et a inconsciemment développé une nouvelle individualité. Il a les manières et l'aisance d'un homme né pour une grande position. Il est devenu un homme d'État, un gouvernant, un dirigeant. Même si Trotsky n'était pas Trotsky et si le monde n'avait jamais entendu parler de lui, on apprécierait encore son esprit très brillant. La raison pour laquelle j'ai trouvé son portrait beaucoup plus difficile à sculpter que je ne l'escomptais, tient à sa triple personnalité. C'est un homme très instruit, très cultivé : c'est un homme politique ardent, déchaîné; et il peut être un écolier rieur, espiègle, avec une fossette dans la joue. Ces trois êtres, je les ai vus successivement et j'ai eu à les faire converger dans mon interprétation en argile [15]. »

***

Natalia Ivanovna, elle aussi, travaille : elle assure au commissariat du peuple à l'Instruction publique la direction des musées et monuments historiques – domaine où elle est très compétente.

Les filles du premier mariage sont devenues des femmes, de jeunes mères de famille. Au début des années vingt, Zinaida (Zina, Zinouchka), qui dirigeait à seize ans le journal des Jeunesses communistes de Petrograd, est enseignante à Moscou. D'un premier mariage avec Zakharov, elle a une petite fille. Divorcée, remariée avec un autre enseignant, P.I. Volkov, elle a un petit garçon, Vsiévolod, né en 1926. Le couple part enseigner en Crimée. Nina, elle, s'est également mariée très jeune et son aîné, Lev, est né en 1920 alors qu'elle n'avait que dix-huit ans. Son mari, Man Nevelson, est à peine plus âgé. Mais ses connaissances et son caractère lui promettent un bel avenir. Il était lycéen quand il a rejoint le parti en 1917. Engagé en 1918 dans l'Armée rouge, il a gravi rapidement les échelons de la hiérarchie des commissaires : au milieu de 1920, lors de l'offensive contre la Pologne, il était chef du département politique de la 5e armée. Démobilisé à la fin de l'année, il a repris ses études, est devenu économiste. Ils ont eu un deuxième enfant. Nous ignorons à quelle date les deux jeunes femmes ont été frappées du mal terrible qui enleva prématurément tant de femmes et d'hommes de leur génération : toutes les deux sont tuberculeuses.

Trotsky est donc grand-père avant que son dernier fils ait atteint l'âge adulte... De son mariage avec Natalia Ivanovna, il a eu deux garçons qui portent le nom de famille de leur mère. L'aîné est appelé Lev (Léon), comme son père, mais est pour tous Ljova. Le cadet, Sergéi, est pour tous Sérioja. La famille est unie, et les deux garçons y tiennent une grande place, mais les longues absences du père, les obligations professionnelles de la mère, n'en ont pas fait des enfants « couvés » et leur ont laissé une grande liberté et beaucoup d'initiative.

Ljova s'est vieilli d'une année pour pouvoir adhérer avant l'âge requis aux Jeunesses communistes, où il commence à militer avec les ouvriers boulangers. Il obtient plusieurs fois, alors qu'il n'a pas quatorze ans, l'autorisation d'accompagner son père au front, et il est à ses côtés sur le front polonais, en veste de cuir, lui aussi [16]. Il n'a pas seize ans qu'il refuse de monter dans l'auto de fonction de son père, pour manifester son refus personnel d'un privilège. Il quitte l'appartement du Kremlin pour aller vivre dans le foyer des étudiants prolétariens, puis dans une « commune » au goût des jeunes communistes de l'époque. Après ses études secondaires, étudiant à l'Institut technique supérieur de Moscou, fasciné autant par les mathématiques pures que par le métier d'ingénieur, il participe à tous les travaux volontaires : « Samedis communistes », liquidation de l'analphabétisme, répétitions pour ses camarades sortis de la Rabfak. Il a la passion de la politique, s'est jeté en 1923 dans les activités de l'Opposition; il est, avec sa camarade Nina Vorovskaia, fille d'un vieux-bolchevik assassiné par un blanc, l'un de ses organisateurs dans les J.C. Il s'est marié très jeune avec Anna, jeune et belle ouvrière moscovite et ils ont un fils, né en 1926, appelé Lev comme son père, son grand-père et son cousin.

Sérioja est doué, lui aussi, d'une grande intelligence et d'une force de caractère peu commune. Porté vers la musique et la littérature dés l'enfance, il se tourne à l'adolescence vers les mathématiques et la technique. Il reste féru de sport et, quittant, lui aussi, la famille, va vivre et travailler dans un cirque, avant d'entreprendre des études supérieures. Il n'a jamais voulu adhérer aux Jeunesses et *a fortiori* au parti, ne parle jamais de problèmes politiques. Résolument apolitique, il est pourtant profondément solidaire de son père, mais au plan personnel seulement.

Trotsky n'a plus ses parents. On se souvient de la mort de sa mère au temps de l'exil à Vienne. Il a revu son père au début de la guerre civile. Natalia Ivanovna raconte :

> « C'est au début de notre séjour au Kremlin que le père de Trotsky arriva à Moscou. Le vieil homme, soudain ruiné par la révolution,

soixante-dix ans, avait quitté son village de Yanovka, franchi à pied quelque deux cents kilomètres entre Kherson et Odessa, à travers un pays dangereux. Plusieurs fois interrogé sur les routes par des groupes de partisans, il avait failli se faire écharper. Pour les rouges, qui ne connaissaient que le nom de Trotsky, le vieillard était un bourgeois-paysan, un koulak. Les blancs reconnaissaient en lui le père de l'exécrable Juif Bronstein-Trotsky. Père et fils se revirent avec affection. Il nous conta qu'on lui avait tout pris et que, du reste, il avait tout abandonné de bon gré à la révolution : terres, constructions, chevaux, bétail. Son sens de l'équité le rendait favorable à la cause populaire. Le rôle que jouait son fils l'enorgueillissait peut-être, mais il n'en laissa rien paraître. Il dit avec un petit éclair de malice dans les yeux quelque chose comme ceci : "Les pères travaillent, travaillent, pour acquérir quelque aisance pour leurs vieux jours; et puis les fils font la révolution... " Il reçut du travail dans une exploitation agricole nationalisée. Il s'y montra capable. Il y mourut à la tâche, vers 1922, pas loin de ses soixante-quinze ans [17]*. »

Il faut ajouter au cercle familial celle que Victor Serge appelle la « *babouchka* » (la grand-mère) Aleksandra Lvovna Sokolovskaja, la première femme de Trotsky, mère de Zinaida et de Nina, grand-mère de quatre de ses petits-enfants, aimant tendrement d'amour maternel les deux garçons de Natalia Ivanovna. Elle réside normalement à Léningrad mais demeure toujours très proche : ne garde-t-elle pas souvent les petits-enfants? Il ne semble pas que d'autres membres de la famille aient compté : Olga, la sœur de Trotsky, de quatre ans plus jeune que lui, mariée à L.B. Kamenev, n'est pas particulièrement proche; frères ou sœurs, cousins, ne sont pas mentionnés dans les travaux consacrés à Trotsky, à l'exception du cousin Spenzer auquel il a envoyé Eastman à la recherche de documentation sur sa jeunesse.

***

Évoquant l'entourage de la deuxième partie des années vingt à Moscou, Natalia Ivanovna écrit :

> « On reprochait couramment à Lev Davidovitch un certain manque de sociabilité. Le fait est qu'il ne tutoyait personne, que nous ne faisions ni ne recevions de visites – faute de temps, tout d'abord –, qu'il n'allait que rarement au théâtre, bref que le cercle de nos relations personnelles était étroit et conditionné par le travail ou la lutte politique [18]. »

De fait, le nouveau rythme de la vie politique, la force même du combat font que, pour la première fois, Trotsky n'apparaît plus comme un homme seul. Il n'existe certes pas de « trotskystes » comme

* Dans son article « On refait un visage au petit Judas », *Sovietskaia Rossia*, 27 septembre 1987, le docteur en sciences historiques V.M. Ivanov écrit : « En 1917, la fortune du père de Trotsky s'élève à près d'un million [de roubles]. Quand la révolution éclate, le fils aide le père à " faire son beurre " dans la capitale en proie à la famine. » Mais Angelica Balabanova raconte que Trotsky n'avait même pas pu procurer à son père une paire de souliers.

s'acharnent à le répéter les apparatchiki, mais il y a incontestablement des fidèles de Trotsky, des amis, des camarades, vieux et jeunes.

Le plus ancien de tous est sans doute celui qui est alors le plus éloigné géographiquement. Kristian Georgévitch Rakovsky [19], qui le connaît depuis 1903, est son ami depuis l'immédiat avant-guerre et le séjour de Trotsky en Roumanie au temps de la seconde guerre balkanique. C'est un personnage extraordinaire que ce fils de riches propriétaires, devenu révolutionnaire dans l'enfance, et qui a milité au premier rang dans plusieurs partis socialistes – sans oublier le parti français – avant la guerre. Après avoir joué pendant la Première Guerre mondiale un rôle déterminant dans l'organisation de la conférence de Zimmerwald, il a collaboré à *Naché Slovo* et l'a probablement financé. Jeté en prison par la réaction roumaine, libéré par la révolution russe, il a guerroyé, dirigé l'administration politique de l'Armée rouge, présidé le conseil des commissaires du peuple d'Ukraine. Il s'est dressé, parmi les premiers, contre la politique de russification des minorités menée par Staline. En 1923, il a été envoyé comme ambassadeur à Londres, un véritable exil, par lequel on cherchait à le couper de l'Opposition et de l'énorme influence dont il dispose en Ukraine.

En 1925, il est affecté à Paris où le cercle de ses amis personnels est celui même des Trotsky, Alfred et Marguerite Rosmer en tête. Trotsky l'a-t-il souvent rencontré en cette période? On peut le supposer. En avance sur son temps et, comme tous les bolcheviks, passionné de techniques avancées, Rakovsky n'hésite pas à utiliser l'avion pour de brefs voyages à Moscou où il est impensable qu'il ne rencontre pas son ami. Ce dernier mentionne, presque par hasard, un voyage aérien de Rakovsky et I.N. Smirnov, venus le visiter au printemps 1924 à Soukhoum – un geste du secrétaire de l'exécutif des soviets, Enoukidzé, qui rendit ce voyage possible [20]. Nous savons aussi qu'en 1927, Natalia Ivanovna séjourna à Paris, de mars à octobre dans l'appartement des Rakovsky, voyagea en France avec eux et fit une cure à La Bourboule [21].

Rakovsky est un ami à la dimension de Trotsky. Il continue à se distinguer par son immense culture, son charme irrésistible, sa compétence universelle, sa bienveillance et sa serviabilité, sa constante bonne humeur, son sang-froid et son courage à toute épreuve. Il est alors, sans aucune discussion possible, le plus éminent des diplomates soviétiques, et ce n'est pas sans raison que tous les anticommunistes de France lui vouent une haine irréconciliable et réussissent même en 1927 à le faire déclarer *persona non grata*.

Il est resté un pur et, dans le voyage de retour qu'ils font dans le même wagon, le fils de paysans Panait Istrati découvre avec stupeur que l'ambassadeur porte sous son frac des chemises élimées ou rapiécées [22]. « Rako » est, pour Trotsky, l'Ami dans toute l'acception du terme.

Nikolai Ivanovitch Mouralov [23] est un tout autre type d'homme. Cet agronome de stature impressionnante et à la grosse moustache, fils de paysans, est entré au parti au début de 1903, s'est distingué par son courage en 1905 en se frayant, les armes à la main, un chemin dans la foule surexcitée des pogromistes Cent-Noirs, a fait de la prison, animé une auberge populaire – centre d'éducation. Dirigeant de la section des soldats du soviet de Moscou, il y est membre du comité militaire révolutionnaire. Il a été nommé ensuite commandant de la région militaire de Moscou, poste auquel il est revenu en 1921, après des commandements à l'est et dans la 12e armée, il devient également inspecteur général de l'Armée rouge. Il est lié à Trotsky depuis 1918 et a été, en 1923, l'un des signataires de la déclaration des Quarante-six. Il est très différent de Trotsky, sait rire bruyamment, jurer à l'occasion, tranche, par sa jovialité, sur la raideur de son ami qu'il a entraîné, pour son plus grand bien, dans les parties de chasse et de pêche.

Ivan Nikititch Smirnov [24] est de la même génération que Mouralov. Ce fils de paysan a été cheminot, puis ouvrier d'usine, mécanicien de précision. Il a derrière lui des années de prison et d'exil. Il est surtout connu pour le rôle qu'il a joué dans la soviétisation de l'Extrême-Orient soviétique, à partir de 1920, qui lui a valu d'être surnommé « le Lénine de la Sibérie ». Mais c'est à Sviajsk, devant Kazan, que Trotsky et lui se sont connus. Là, dans les épouvantables conditions que l'on sait, son courage tranquille, ses exigences sans limites à l'égard de lui-même, sa sérénité et sa lucidité lui ont valu d'être surnommé « la conscience du parti ». De lui, Larissa Reissner, qui n'était pas facilement impressionnable écrit que l'on sentait qu' « au pire moment, il serait le plus fort et le plus dénué de peur » et qu'il avait été devant Kazan « le critère moral suprême et la conscience communiste [25] ». Victor Serge résumera plus tard sa personnalité en écrivant qu'il « incarnait, sans gestes ni phrases, l'idéalisme du parti [26] ». Il est devenu commissaire aux P.T.T. en 1923 et le restera jusqu'en 1927. Natalia Ivanovna se souvient de lui, « grand, mince, avec un visage aux traits fins, des lunettes, blond, bienveillant et travailleur [27] ». Il était avec Rakovsky, en 1924, dans la petite escapade aérienne à Soukhoum.

A.A. Joffé [28], « grand malade d'aspect imposant, au visage assyrien, esprit indépendant et incorruptible [29] », écrit Natalia Ivanovna, est, comme Rakovsky, un ami de l'avant-guerre. Ils se sont connus à Vienne, où il était l'ami et le mécène, l'homme de la liaison de la *Pravda* avec la Russie. C'est lui qui a ouvert à Trotsky l'univers viennois de la psychanalyse, la maison d'Alfred et Raïssa Adler. Il a été l'un des grands diplomates de la Russie révolutionnaire, ambassadeur en Allemagne, en Chine, en Autriche. Pendant toutes ces années, il est rarement à Moscou, mais lorsqu'il y est, avec sa toute jeune femme, Maria Mikhailovna, il rencontre longuement Trotsky qui aime à l'interroger, à l'écouter, apprendre de lui. A partir de 1925, les deux hommes sont de nouveau très proches dans le travail, puisqu'il est devenu l'adjoint de Trotsky à la commission des concessions.

C'est là le cercle étroit des amis intimes, ceux de l'exil, puis de la guerre civile. Mais, au-delà, il y a un cercle plus large, d'autres qui, pour n'être pas des amis au sens le plus étroit du terme, n'en sont pas moins des camarades très chers et qui entretiennent avec Trotsky ou Natalia Ivanovna des relations affectueuses.

E.A. Préobrajensky [30] a trente et un ans en 1917 et pourtant c'est un vieux-bolchevik, entré au parti en 1905, qui a participé à l'insurrection de Moscou. Il a derrière lui des années de prison et d'exil en Sibérie, a milité en 1917 dans l'Oural avant de venir à Moscou travailler à la *Pravda*. Communiste de gauche en 1918, secrétaire du parti en 1920-1921, porte-parole de l'opposition des Quarante-six en 1923 et à la XIIIe conférence, il s'est ensuite quelque peu spécialisé dans les questions économiques. C'est aussi un chasseur passionné qui a souvent partagé avec Trotsky ses instants de détente dans la chasse aux canards sauvages. Il a écrit des études savantes comme des ouvrages de vulgarisation. Sa compagne, Paulina S. Vinogradskaia, sociologue et spécialiste de la question « féminine », est, elle aussi, proche des Trotsky.

L.S. Sosnovsky [31] a vingt-sept ans en 1917. Il a commencé à distribuer l'*Iskra* à treize ans. Il a émigré après la révolution de 1905, assisté à Amiens au congrès de la C.G.T. qui a adopté la fameuse Charte. Il est allé plusieurs fois en prison, mais, dans l'intervalle, s'est affirmé comme l'un des meilleurs journalistes du Parti bolchevique. Il est à la *Pravda*, considéré comme le meilleur journaliste soviétique de son époque et respecté comme tel. Sa plume acérée le fait, dans les débuts du régime, redouter des puissants. Ses billets dans l'organe central du parti savent trouver le trait qui dénonce et disqualifie le bureaucrate. Pendant plusieurs années, il a été rédacteur en chef du journal paysan *Bednota* et ne ménage pas les koulaks. Natalia Ivanovna parle de son intrépidité.

Dans le cercle des proches, il y a aussi les anciens de l'Armée rouge, ceux des heures les plus difficiles de la guerre civile. Le Letton Karl Ivanovitch Grünstein est un ancien bagnard et un ancien de Sviajsk. Ce bolchevik de 1904 a été commissaire politique, notamment de la 5e armée, puis a commandé une division. Pendant des années, il commande l'École de l'Air, qui forme les cadres de l'aviation rouge; il préside en même temps aux destinées de la Société des anciens forçats prisonniers politiques, dont il est le secrétaire actif. Sa femme, Revecca Ashkenazi, militante aussi, est également liée aux Trotsky.

V.D. Kasparova, née Djvadovka, communiste d'origine tatar, est entrée dans le parti à dix-neuf ans, en 1904. D'abord commissaire politique dans l'Armée rouge pendant la guerre civile, elle est devenue secrétaire du bureau pan-russe de leur organisation et, à ce titre, une proche collaboratrice du commissaire du peuple à la Guerre. Après la guerre civile, elle est passée à l'Internationale communiste et a dirigé la section « Orient » de son secrétariat féminin, y devenant spécialiste de la « question féminine » en Orient.

Parmi les relations cordiales, Natalia Ivanovna mentionne également L.P. Sérébriakov, un ancien ouvrier qui a été secrétaire du parti, homme de masse à l'esprit conciliateur [32]; N.V. Krestinsky [33], dont on a fait un ambassadeur à Berlin pour l'éloigner, lui aussi ancien secrétaire du parti; sa femme, une vieille militante; V.A. Antonov-Ovseenko [34], révoqué en 1923 de son poste à la tête de l'administration politique de l'Armée rouge, affecté ensuite dans la diplomatie, ancien de *Naché Slovo*, hostile en 1926 à l'alliance avec Zinoviev; l'écrivain et critique littéraire A.K. Voronsky, le directeur de la revue *Krasnaia Nov'*.

Il faut faire une place à part à Radek [35] dont l'esprit, souvent étincelant et parfois douteux, ne plaisait pas toujours à Trotsky, qui appréciait pourtant ses capacités intellectuelles, son art de saisir le concret, de trouver la bonne formule, son talent de journaliste et de vulgarisateur. A partir de 1925, il est doyen de l'Université Sun Yatsen à Moscou, vit avec Larissa Reissner, qui a été commissaire politique de la flottille de la Volga. On raconte qu'il réussit à la troubler en lui assurant que Trotsky souhaitait lui faire un enfant, car elle était la plus belle et lui le plus intelligent...

L.G. « Iouri », Piatakov [36], plus jeune de presque une génération – onze ans de moins – est considéré comme l'un des hommes les plus intelligents du parti; mais c'est aussi un dirigeant, l'un des six mentionnés dans le « Testament », qui a été un combattant d'un tranquille courage, héros de la guerre civile en Ukraine. Économiste et administrateur, il est parti en 1923, sous le pseudonyme d'Arvid, dans la « commission allemande » en Allemagne, avec Radek. On dit qu'au cours de la discussion sur le « cours nouveau » en 1923, il a obtenu la majorité dans toutes les cellules où il a représenté l'Opposition. On sait qu'il a longtemps pressé Trotsky de « modifier » son caractère, de se montrer « plus sociable » afin de n'être pas accusé d'être hautain et dédaigneux [37]. Mais Trotsky ne savait pas comment faire ce qu'il lui demandait et n'en comprenait sans doute pas la nécessité. Avec les années, il devient toujours plus pessimiste et ne reste dans l'Opposition que par fidélité personnelle.

L'ancien ouvrier A.G. Beloborodov, l'homme qui a appliqué en 1918 la décision d'exécuter le tsar et sa famille, est ministre de l'intérieur de la R.S.F.S.R., et Trotsky l'apprécie beaucoup. Sa femme, Faina Viktorovna Iablonskaia, professeur d'histoire de la Russie à l'Institut du journalisme, est une vieille amie personnelle de Natalia Ivanovna [38]. Tous deux accueilleront en 1927 le couple, lors de son départ précipité du Kremlin. On peut mentionner aussi S.V. Mratchkovsky, né en prison de père et mère prisonniers politiques, bolchevik en 1903, chef de partisans contre Koltchak, commandant militaire dans l'Oural après la guerre civile, secrétaire de l'Opposition en 1927, et sa compagne, l'ancienne tchékiste Nadejda Ostrovskaia. Il y a aussi B.M. Eltsine, vieux militant de l'Oural, auteur d'un remarquable *Dictionnaire politique,* et dont le fils, Viktor Borissovitch, est l'un des secrétaires de Trotsky.

Ces gens sont des personnages connus du Gotha bolchevique. Mais, dans l'univers affectif de la famille, il en est d'autres, moins connus, plus proches dans la vie quotidienne, un peu plus distants du fait de la différence d'âge. Ce sont les collaborateurs de Trotsky depuis 1917 et 1918, auxquels il est profondément attaché. On sent dans *Ma Vie* l'affection et l'estime exceptionnelles qu'il éprouva pour E.M. Skliansky, jeune médecin militaire, devenu, à moins de trente ans, son adjoint à la Guerre et qu'il appela « le Carnot soviétique ». Écarté en 1924, nommé à la tête de l'industrie textile, il rencontra Trotsky pour la dernière fois en 1925, à la veille d'un voyage aux États-Unis au cours duquel il allait se noyer, peut-être accidentellement, dans un lac au cours d'une sortie* [39]. Le secrétariat du parti refuse d'accueillir dans le mur du Kremlin l'urne contenant ses cendres et l'envoie dans un cimetière de banlieue [40]. Trotsky se souviendra de ces représailles qui lui rappellent le refus de la *Pravda* de publier la nécrologie de Glazman [41].

Ia. G. Blumkine, l'ancien s.r. assassin de l'ambassadeur allemand en 1918, converti au bolchevisme en prison par Trotsky, a travaillé dans son secrétariat avant de devenir l'un des meilleurs spécialistes soviétiques du renseignement. Rosmer l'a rencontré loin de chez Trotsky, auquel il demeure totalement dévoué, bien que leurs rencontres soient rares [42]. Les camarades de la guerre civile, les « hommes du train », G.V. Boutov, N.M. Sermouks, I.M. Poznansky et N.V. Netchaiev, sont toujours là. Sermouks accompagne même Trotsky en Allemagne en 1926 avec un mandat du G.P.U., pour veiller à sa sécurité pendant ce séjour hospitalier.

Des nouveaux apparaissent. Viktor Borissovitch Eltsine était lycéen quand il est entré au parti en 1917; il a été commissaire politique dans l'Armée rouge, au niveau d'une division. Diplômé de l'Institut des professeurs rouges, il a travaillé à l'édition des *Œuvres*, après la défection de Lentsner. Trotsky a trouvé d'autres jeunes collaborateurs, vieux révolutionnaires et jeunes « professeurs rouges ». Ce sont E.B. Solntsev, historien et économiste, très tôt exilé dans les missions commerciales – car l'appareil le redoute comme adversaire –, Grigori Stopalov, ancien militant clandestin, à vingt ans, contre Denikine, devenu professeur rouge et collaborateur des *Œuvres*.

Nous possédons de ces hommes des photographies préservées dans les papiers de Harvard ou Hoover, et de brefs portraits tracés par Natalia Ivanovna ou d'autres : Sermouks était un homme aux cheveux blond roux et au visage fin, Poznansky « un beau brun, bien bâti, passionné de musique et de jeu d'échecs ». Boutov était « petit et pâle », avait « les yeux gris ». Nous savons que Trotsky ne les rencontrait jamais qu'à la tâche, qu'ils lui étaient attachés jusqu'à la mort, qu'il les estimait et les aimait.

Ces hommes constituaient-ils, comme Staline et les siens les en ont accusés à tous les vents, une « fraction », c'est-à-dire un groupement illégal à l'intérieur du parti, ayant sa discipline propre? La question est aussi absurde que la plupart des questions de type policier. Les hommes que nous venons d'énumérer ici étaient pour la plupart de

* Bajanov assure que l'accident qui coûta la vie à Skliansky fut préparé et exécuté par les services et, plus précisément, Iagoda.

vieux-bolcheviks liés à Trotsky à un moment ou un autre de leur vie militante. Tous s'étaient retrouvés d'accord avec lui, sinon dans la « question syndicale », du moins dans la discussion sur le « cours nouveau » et avaient constitué en quelque sorte l'encadrement des Quarante-six. Parmi eux, Préobrajensky, Piatakov et, dans une certaine mesure, Radek, avaient été, en l'absence de Trotsky, les porte-parole de l'Opposition de 1923 dans le débat précédant la XIIIe conférence. Sur le problème de la démocratie de parti, de l'omnipotence de l'appareil, sur la politique économique, sur la tactique de l'Internationale communiste, ces hommes, avec des nuances, bien sûr, étaient avec Trotsky, épousaient ses analyses, suivaient l'actualité de son point de vue. Seul le malaise dans un parti dominé par la hiérarchie de ses secrétaires pouvait qualifier de « fraction », voire de « groupement », la constellation et le réseau – dont elle était le centre – d'amis et de partisans des analyses de Trotsky, car l'un et l'autre étaient l'expression d'un problème politique que la discussion de 1923 n'avait pas réglé et qui n'allait cesser de se poser en termes sans cesse aggravés.

Mais il n'est pas possible non plus de dénier toute existence politique aux amis de Trotsky dont les hommes mentionnés plus haut amis et proches camarades, étaient en fait les dirigeants. Vieux-bolcheviks de l'Armée rouge, hauts fonctionnaires ou administrateurs, jeunes professeurs rouges et ouvriers d'usine, ces hommes n'avaient pas en commun des intérêts personnels et ne constituaient pas par conséquent une clique. Ils avaient en commun une analyse politique et constituaient donc un courant politique, une tendance à l'intérieur du parti. Le régime interne imposé à ce dernier faisait de la moindre rencontre entre eux, de la moindre réunion hors du cadre du parti dans laquelle ils se retrouvaient à plusieurs une initiative « fractionnelle » passible de sévères sanctions disciplinaires [43]. On peut en conclure, non sans raison, que la condamnation des fractions sous le prétexte de la chasse à l'ennemi intérieur conduisait inéluctablement à la constitution des courants en tendances et des tendances en fractions et que la fameuse « scission » si redoutée avec l'éventuelle naissance d'un « deuxième parti » était en réalité le résultat direct de la répression imposée au parti par ses nouveaux maîtres de l'appareil.

L'historien se doit cependant de souligner les caractères originaux des hommes ainsi réunis derrière Trotsky. Vieux militants – car ils comptent dans leurs rangs pas mal d'anciens qui ne sont pas au sens strict de « vieux-bolcheviks », tout en étant, comme Trotsky et Rakovsky, de vieux révolutionnaires –, ce sont généralement des hommes aux qualités intellectuelles et morales éminentes. Ce ne sont pas des hommes d'appareil, mais des militants de masse. Ils ont connu la clandestinité et la prison, mais aussi l'émigration et les vastes horizons du mouvement international. Moins fonctionnaires que meneurs d'hommes, plus tribuns ou agitateurs qu'administrateurs, plus écrivains que rédacteurs de circulaires. Ils sont au pouvoir et mesurent les dangers de corruption qui les guettent. Ils croient encore à la révolution mondiale, à l'avenir socialiste de l'humanité tout entière. Ils croient dans la force des idées, dans la fécondité de leurs confrontations, dans la conviction qui naît de ce combat. Ils ont confiance dans leur parti, qu'ils veulent reprendre à son appareil, pour lui rendre sa pureté des années de son combat révolutionnaire.

Les hommes comme Manouilsky qui, au même moment, présentent comme un modèle du bolchevisme le militant qui se comporte en « soldat discipliné, les mains sur la couture du pantalon, appliquent toutes les décisions [44] », qualifient de « trotskysme » cette conception du bolchevisme... Ceux qui s'intitulent fièrement eux-mêmes « bolcheviks » et « léninistes » et nient l'existence du « trotskysme », sont pourtant traités de « trotskystes » et persécutés en tant que tels.

CHAPITRE XXVII

De nouveau, la plume [1]

Trotsky n'a jamais cessé d'écrire. De 1917 à 1922, totalement absorbé par ses responsabilités politiques et ses tâches administratives, il a écrit essentiellement des rapports, des proclamations et ordres du jour, des manifestes et toujours quelques articles. A l'été 1922 cependant, il revient à la plume qui lui fait, au temps de sa jeunesse, sa première notoriété en s'attaquant à un bilan de la littérature russe depuis la révolution, *Littérature et Révolution,* qui sera terminé en 1923 et publié en 1924*.

En 1923, il publie dans la *Pravda* une série d'articles consacrés aux problèmes de la culture et de la vie quotidienne. En 1924, il préface ses propres écrits sur les cinq premières années de l'Internationale communiste, y abordant les problèmes de la révolution allemande, et rassemble dans *Zapad i Vostok* (Ouest et Est) plusieurs articles et conférences sur des thèmes politiques [2]. Il continue à écrire sur les questions de la culture et de la science et donne à la *Pravda* plusieurs contributions sur Lénine.

Ainsi, « vingt ans après », mais dans des conditions évidemment très différentes, il reprend la plume sur les sujets qui ont passionné les lecteurs d'Antide Oto. Ce n'est plus le jeune homme qui apprend à écrire et aime cet exercice. Ce n'est plus non plus un militant révolutionnaire qui joue avec la censure et ne manque pas une occasion de développer ses idées politiques à travers la critique littéraire. Ce n'est plus le jeune essayiste qui démontre, à travers la vision du monde des artistes, la nécessité de le transformer. Le dirigeant de la révolution, au lendemain de sa première victoire, s'interroge sur les moyens de changer la vie, les habitudes, les mentalités et sur la façon d'aider au développement d'une culture supérieure.

* Deutscher écrit à tort, *op. cit.*, II, pp. 227-228, que Trotsky partit en congé à l'été 1922 après avoir refusé le poste de vice-président et profita de ce congé pour achever *Littérature et Révolution.* Les documents des archives montrent qu'en réalité le congé lui avait été donné en septembre 1922 pour préparer les documents du IVe congrès de l'I.C. et qu'il le fit.

Le nombre d'articles consacrés aux questions de la culture et de la vie quotidienne ne doit pas nous abuser. Il n'y a là aucun recul, aucun éloignement de la politique proprement dite. Ce travail est à la fois rendu possible et imposé par la situation politique. L'essentiel, à ses yeux, est que le moment est venu de préparer la passation du flambeau. La jeunesse soviétique, qui a été éveillée aux idées révolutionnaires par la révolution d'Octobre, doit achever la tâche commencée par ses aînés. Il faut maintenant lui donner les éléments dont elle a besoin pour la réalisation de cette tâche historique. Trotsky écrit :

> « On pense d'abord à la jeunesse qui est également l'avenir. La génération qui dirige le parti maintenant incarne en elle l'expérience inappréciable des vingt-cinq dernières années, mais notre jeunesse révolutionnaire est le produit volcanique de l'éruption d'Octobre. Ni la révolution européenne, ni encore moins la révolution mondiale [...] ne se sont achevées sous les yeux de la vieille génération. D'autant plus sérieuse et profonde est la question de former la couche qui se dispose à mener à bien ce travail [3]. »

Cette formation est une absolue nécessité pour éviter – nous savons comment Trotsky a posé le problème en termes politiques par rapport au parti – un conflit de générations dont la situation donne tous les éléments. La jeune génération soviétique grandit en effet dans des conditions exceptionnelles, dans le cadre d'une révolution victorieuse. Pour un jeune Soviétique, la révolution n'est déjà plus un objectif, mais une façon de vivre. Elle vit la révolution, non comme un grand dessein et dans l'enthousiasme du dévouement aux grandes causes, mais à travers des tâches éclatées, ce que Trotsky appelle les « petits travaux ». Il s'interroge :

> « N'existe-t-il pas un réel danger que nos jeunes, sans même s'en rendre compte, puissent être pris dans cette atmosphère, sans optique révolutionnaire, sans large horizon historique – et qu'un malheureux jour, il puisse arriver qu'eux et nous ne parlions plus la même langue [4]? »

Il est en particulier capital à ses yeux de pouvoir expliquer à la jeune génération soviétique un monde extérieur qu'elle ne peut comprendre. Il faut pour cela l'éduquer dans la compréhension du caractère international de ses tâches, ce qui est particulièrement difficile dans le contexte donné.

Analysant les conditions de la constitution du prolétariat en général en classe consciente d'elle-même, Trotsky écrit que le prolétariat, comme l'a démontré la révolution russe, réalise son unité dans les périodes de combats révolutionnaires pour des objectifs communs à la classe tout entière. Mais il existe en son sein, par ailleurs, bien des nuances et des différences, du point de vue national, mais aussi du point de vue du niveau de la culture et des habitudes de vie :

> « Chaque couche, chaque corporation, chaque groupement se compose après tout d'êtres vivants, d'âge et de tempéraments différents, ayant

chacun un passé différent. Si cette diversité n'existait pas, le travail du parti communiste quant à l'unification et à l'éducation du prolétariat serait des plus simples. [...] On peut dire que plus l'histoire d'un pays et par suite l'histoire de sa classe ouvrière est riche, plus elle a acquis d'éducation, de tradition, de capacités, plus elle contient de groupements anciens, et plus il est difficile de la constituer en unité révolutionnaire [5]. »

Ce sont ces conditions qui rendent très difficile la préparation de la révolution en Occident à travers la constitution d'un parti communiste. En Russie, il en va différemment :

« Notre prolétariat est très pauvre en histoire et en traditions de classe. C'est ce qui a sans aucun doute facilité sa préparation révolutionnaire au bouleversement d'Octobre. C'est aussi ce qui a rendu plus difficile son travail d'édification après Octobre [6]. »

De ce point de vue, la comparaison est intéressante entre l'ouvrier d'Occident et l'ouvrier russe en général. Le premier a acquis les habitudes les plus élémentaires de la culture, le soin dans la tenue, l'instruction, la ponctualité, à travers un processus long et lent sous un régime bourgeois auquel l'attachent ses propres conquêtes, la « démocratie », la liberté de la presse, etc. Il ne s'est passé rien de tel en Russie où le régime bourgeois n'a pas eu le temps d'apporter quoi que ce soit de bon à l'ouvrier :

« Le prolétariat russe a rompu d'autant plus aisément avec le régime bourgeois et l'a renversé sans regret. C'est aussi pour la même raison que la majorité de notre prolétariat commence seulement aujourd'hui à acquérir et accumuler, sur la base déjà d'un État ouvrier socialiste, les habitudes culturelles élémentaires.

« L'histoire ne donne rien gratuitement : le rabais qu'elle accorde d'un côté – en politique –, elle le fait payer de l'autre – dans le domaine de la culture. Plus le bouleversement révolutionnaire a été facile – relativement, bien sûr – pour le prolétariat, plus est aujourd'hui difficile son travail d'édification socialiste [7]. »

C'est une absolue nécessité pour le régime que de mieux attacher à la cause de la révolution et du socialisme les vieux ouvriers restés en dehors du Parti communiste qui ont appuyé la révolution. Mais il est plus nécessaire encore de gagner, dans cette perspective, la jeune génération ouvrière, d'obtenir que les jeunes deviennent de bons ouvriers, « hautement qualifiés » ayant « grandi avec la ferme conviction que leur travail productif est en même temps un travail pour le socialisme ».

***

Faisant en quelque sorte le point des positions conquises par le prolétariat russe à travers la révolution, Trotsky en relève quatre qui sont

« le cadre d'airain de notre travail ». Ce sont le pouvoir politique – la dictature du prolétariat –, la nationalisation des principaux moyens de production, le monopole du commerce extérieur, l'Armée rouge [8]. L'objectif suivant est d'ordre culturel :

> « Il nous faut apprendre à travailler correctement, de manière exacte, soigneuse, économique. Nous avons besoin de culture dans le travail, de culture dans la vie, de culture dans la vie quotidienne. La domination des exploiteurs, nous l'avons renversée – après une longue préparation – par l'insurrection armée. Il n'existe aucun outil permettant d'élever d'emblée le niveau culturel. Cela nécessite un long procès d'auto-éducation de la classe ouvrière, accompagnée et suivie de la paysannerie [9]. »

La série d'articles qu'il donne à la *Pravda* à l'été de 1923 sur les thèmes culturels et la vie quotidienne résulte de sa conviction que, contrairement à ce que tant de communistes répètent à l'époque, particulièrement dans les milieux de l'intelligentsia, il ne s'agit nullement, après la victoire de la révolution prolétarienne, d'élaborer et de diffuser ce qu'ils appellent une « culture prolétarienne ». Il s'en explique très clairement dans un chapitre capital de *Littérature et Révolution.*

Les partisans de la théorie de la « culture prolétarienne » partent de la constatation générale selon laquelle, dans l'Histoire, chaque classe dominante a engendré sa propre culture. Mais cette simple constatation lui semble très insuffisante pour fonder l'hypothèse de la nécessité et même de la possibilité d'une « culture prolétarienne ». L'Histoire a en effet également démontré, selon lui, qu'il fallait beaucoup de temps pour l'apparition d'une culture nouvelle et que, la plupart du temps, celle-ci n'avait atteint sa pleine maturité qu'au moment précisément où commençait le déclin politique de la classe qui l'avait portée.

Trotsky ne croit pas qu'un développement semblable puisse se renouveler après la révolution prolétarienne, dans la mesure où la dictature du prolétariat n'est et ne peut être selon lui qu'une brève période de transition au cours de laquelle précisément le prolétariat se dissoudra en tant que classe pour se fondre dans une communauté plus large :

> « Pendant la période de dictature, il ne peut être question de la création d'une culture nouvelle, c'est-à-dire de l'édification historique la plus large; en revanche, l'édification culturelle sera sans précédent dans l'histoire quand la poigne de fer de la dictature ne sera plus nécessaire, n'aura plus un caractère de classe. D'où il faut conclure généralement que, non seulement il n'y a pas de culture prolétarienne, mais qu'il n'y en aura pas, et, à vrai dire, il n'y a pas lieu de le regretter; le prolétariat a pris le pouvoir précisément pour en finir à jamais avec la culture de classe et pour ouvrir la voie à une culture humaine [10]. »

Les adeptes de la culture prolétarienne raisonnent, de fait, par analogie entre la destinée historique de la bourgeoisie et celle du prolétariat. Trotsky leur rappelle que le développement culturel de la bourgeoisie, comme le démontre de façon particulièrement nette l'histoire de l'architecture, avait commencé des siècles avant les premières révolutions bourgeoises. Il explique :

> « Le processus fondamental d'accumulation des éléments de la culture bourgeoise et de leur cristallisation en un style spécifique a été déterminé par les caractéristiques sociales de la bourgeoisie en tant que classe *possédante, exploiteuse;* non seulement elle s'est développée matériellement au sein de la société féodale en se liant à celle-ci de mille manières et en attirant à elle les richesses, mais elle a aussi mis de son côté l'intelligentsia en se créant des points d'appui culturels (écoles, universités, académies, journaux, revues) longtemps avant de prendre possession de l'État ouvertement, à la tête du Tiers [11]. »

Il refuse l'argument selon lequel de nouvelles bases techniques pourraient permettre un développement plus rapide :

> « Il est certain qu'il arrivera dans le développement de la nouvelle société, un moment où l'économie, l'édification culturelle, l'art, seront dotés de la plus grande liberté de mouvement, pour avancer. Quant au rythme de ce mouvement, nous ne pouvons actuellement qu'y rêver. Dans une société qui aura rejeté l'âpre, l'abrutissante préoccupation du pain quotidien, où les restaurants communautaires prépareront au choix de chacun une nourriture bonne, saine et appétissante, où les blanchisseries communales laveront proprement du bon linge pour tous, où les enfants, tous les enfants, seront bien nourris, forts et gais, et absorberont les éléments fondamentaux de la science et de l'art comme ils absorbent l'albumine, l'air et la chaleur du soleil, où l'électricité et la radio ne seront plus les procédés primitifs qu'ils sont aujourd'hui, mais des sources inépuisables d'énergie concentrée répondant à la pression d'un bouton, où il n'y aura pas de " bouches inutiles ", où l'égoïsme libéré de l'homme – une force immense! – sera totalement dirigé vers la connaissance, la transformation et l'amélioration de l'univers, dans une telle société, la dynamique du développement culturel sera sans aucune comparaison avec ce qu'on a connu dans le passé. Mais tout cela ne viendra qu'après une longue et difficile période de transition qui est encore presque tout entière devant nous [12]. »

On n'en est pour le moment qu'à la première étape de la révolution mondiale :

> « Les jours que nous vivons ne sont pas encore l'époque d'une culture nouvelle, tout au plus le seuil de cette époque. [...] Nous devons en premier lieu prendre officiellement possession des éléments les plus importants de la vieille culture, de façon à pouvoir au moins ouvrir la voie à une culture nouvelle [13]. »

La différence est finalement profonde entre la portée culturelle de la révolution bourgeoise et de la révolution prolétarienne :

> « La bourgeoisie arriva au pouvoir complètement armée de la culture de son temps. Le prolétariat, lui, ne vient au pouvoir que complètement armé d'un besoin aigu de conquérir la culture [14]. »

Or, en Russie, la question est encore compliquée par l'arriération du pays, la pauvreté de sa tradition culturelle, ainsi que par les ravages de la révolution et de la guerre civile :

> « Après la conquête du pouvoir et presque six années de lutte pour sa conservation et son renforcement, notre prolétariat est contraint

d'employer toutes ses forces à créer les conditions matérielles d'existence les plus élémentaires et à s'initier lui-même littéralement à l'ABC de la culture. [...] Le seul fait que, pour la première fois, des dizaines de millions d'hommes sachent lire et écrire et connaissent les quatre opérations, constituera un événement culturel, et de la plus haute importance. La nouvelle culture, par essence, ne sera pas aristocratique, ne sera pas réservée à une minorité privilégiée, mais sera une culture de masse, universelle et populaire [15]. »

Or les succès, le développement de cette culture, feront précisément disparaître, en même temps que le prolétariat en tant que classe, le terrain même d'une éventuelle culture prolétarienne.

La dictature du prolétariat est donc une période que Trotsky appelle d'« édification culturelle ». Dans le cours de l'histoire, chaque génération s'est approprié la culture existante et l'a transformée. Or le prolétariat en général et le prolétariat russe en particulier a été « forcé de prendre le pouvoir avant de s'être approprié les éléments fondamentaux de la culture bourgeoise : il a été forcé de renverser la société bourgeoise par la violence révolutionnaire, précisément parce que cette société lui barrait l'accès à la culture [16] ».

Trotsky rejette catégoriquement toutes les explications, des plus élémentaires aux plus sophistiquées, qui cherchent, en Russie soviétique, à justifier sinon l'existence, du moins la lutte pour la naissance d'une « culture prolétarienne » :

« Il serait extrêmement léger de donner le nom de culture prolétarienne aux réalisations, même les plus valables, de représentants de la classe ouvrière. La notion de culture ne doit pas être changée en monnaie d'usage individuel, et on ne peut pas définir les progrès de la culture d'une classe d'après les passeports prolétariens de tels ou tels inventeurs ou poètes. La culture est la somme organique de connaissances et de savoir-faire qui caractérise toute la société ou tout au moins sa classe dirigeante. Elle embrasse et pénètre tous les domaines de la création humaine et les unifie en un système [17]. »

La riche moisson qu'il faut attendre, dans le domaine culturel, des décennies à venir, sera à coup sûr « socialiste », mais elle ne sera pas « prolétarienne ».

***

C'est de cette analyse que découle la conception de Trotsky de la politique du parti dans le domaine artistique. Sur ce terrain également, il s'oppose vigoureusement aux tenants des méthodes sommaires – « méthodes de pogrom », écrit-il – de certains écrivains marxistes à l'égard des écrivains non communistes ralliés à la révolution d'Octobre, qu'il a baptisés « compagnons de route » – dont il sera d'ailleurs le meilleur présentateur et critique. Le parti ne peut avoir dans les questions artistiques un rôle dirigeant comme en politique : tout au plus peut-on lui demander de suivre le développement des différentes disciplines artistiques, de veiller à leurs possibilités d'expression, d'encourager par sa critique les courants qui lui paraissent « progressistes » : « L'art doit se frayer par lui-même sa propre route. Ses méthodes ne sont pas celles du marxisme [18]. »

Il développe donc et précise ce qu'il considère comme l'attitude correcte – souple – du parti. Ce dernier doit, selon lui, suivre et encourager, tout au plus orienter avec prudence, « protéger, stimuler », diriger, mais de façon indirecte. Le parti doit apprécier la place qu'occupent les différents groupes et écoles, être capable « d'attendre, avec patience et attention ». En fait, le « front de l'art » ne peut pas et ne doit pas être aussi protégé que celui de la politique, mais largement ouvert, comme celui de la science :

> « Que pensent de la théorie de la relativité les tenants d'une science purement prolétarienne? Cette théorie est-elle ou non compatible avec le matérialisme? La question a-t-elle été tranchée? Où? Quand? Par qui? Il est clair, même pour tous, que l'œuvre de Pavlov se situe sur le terrain du matérialisme. Que dire de la théorie psychanalytique de Freud? Est-elle compatible avec le matérialisme, comme le pense le camarade Radek, comme je le pense moi-même, ou lui est-elle hostile? On peut poser la même question à propos des nouvelles théories de la structure atomique, etc. Il serait merveilleux qu'il se trouve un savant capable d'embrasser méthodologiquement toutes ces nouvelles généralisations, d'en établir les connexions avec la conception du monde du matérialisme dialectique. [...] Je crains que ce travail [...] ne voie le jour ni aujourd'hui ni demain [19]. »

Cette « politique large et souple, étrangère à toutes les querelles des cercles », cette prudence, sont dictées par les conditions mêmes de l'acquisition de la culture par le plus grand nombre :

> « De même que l'individu, à partir de l'embryon, refait l'histoire de l'espèce et, dans une certaine mesure, de tout le monde animal, la nouvelle classe, dont l'immense majorité émerge d'une existence quasi préhistorique, doit refaire pour elle-même toute l'histoire de la culture artistique. Elle ne peut pas commencer à édifier une nouvelle culture avant d'avoir absorbé et assimilé les éléments des anciennes cultures [20]. »

Cela n'implique nullement pour le parti une attitude abstentionniste. Dans sa série d'articles sur la vie quotidienne, écrits après des entrevues de travail avec les propagandistes du comité de Moscou, Trotsky s'efforce de déterminer, au moins sous forme indicative, les interventions nécessaires en ce domaine du parti au pouvoir :

> « Dans l'immédiat, le parti doit conserver intégralement ses caractéristiques fondamentales : cohésion d'orientation, centralisation, discipline, et par conséquent capacité de se battre. Dans les conditions nouvelles, ces vertus communistes inappréciables ne peuvent précisément se maintenir et se déployer qu'à condition que les besoins et nécessités économiques et culturels soient satisfaits de manière parfaite, habile, exacte et

minutieuse. C'est justement en considération de ces tâches, auxquelles il faut accorder la primauté dans notre politique actuelle, que le parti s'emploie à répartir et à grouper ses forces et à éduquer la jeune génération [21]. »

***

Rien d'étonnant à ce que Trotsky, qui s'est toujours avant tout, considéré comme un « publiciste », insiste beaucoup, dans sa série, sur l'importance nouvelle de la presse, devenue le monopole du parti communiste, un état de fait qu'il ne conteste pas, mais qui n'est peut-être pas toujours favorable, à ses yeux, à son développement positif. Rien d'étonnant non plus à ce qu'il commence sur cette question par une critique sévère de la médiocrité de l'impression : l'achat d'un journal est une loterie où l'on peut ne gagner que de l'indéchiffrable! Dans le même ordre d'idées, faute de correcteurs d'une formation et d'une culture suffisantes, la correction des épreuves est proche de la nullité, et les journaux bourrés d'erreurs grossières.

La première exigence pour un journal est l'information, qui doit être « fraîche, importante, intéressante [22] ». Le premier obstacle sur cette voie est le manque de soin avec lequel sont reproduites et illustrées les dépêches d'agences de presse. Dans un journal ouvrier, le travail sur les dépêches est capital : il s'agit de les rendre compréhensibles au moins instruit des lecteurs. Cela implique un travail suivi, l'établissement de liens entre les dépêches d'un jour à l'autre, un titre correct qui ne déforme pas l'article mais ne le répète pas non plus, un effort pour permettre au lecteur de saisir les enchaînements. Les « revues » hebdomadaires des événements devraient servir d'exercice de formation pour les rédacteurs, en même temps qu'elles donneraient au lecteur de quoi meubler de façon instructive une partie de son dimanche.

Trotsky est particulièrement frappé de la médiocrité de l'information internationale. Il souligne combien celle-ci exige un cadre géographique de connaissances minimal, qu'il faut mettre à la disposition du lecteur sous la forme de cartes ou de croquis. Pourquoi ne pas utiliser à l'impression de cartes géographiques les crédits jusqu'à présent investis dans l'achat de drapeaux? Il insiste aussi sur la nécessité de lutter contre l'abus de l'emploi des initiales, lesquelles rendent hermétiques tellement d'informations – et qui ne sont jamais explicitées. Il faut chercher systématiquement la qualité de l'information, ce qui implique des exigences en matière de travail de rédaction. Le journaliste doit rompre avec la pratique de faire allusion à ce qui est connu de lui, mais non de son lecteur. Il doit proscrire l'association d'idées, qui lui permettra de ne pas faire un commentaire sérieux de ce qu'il a annoncé. Il s'astreindra à répondre aux trois questions : « Où? Quoi? Comment? » En définitive, il cessera d'imposer au lecteur sa personne, ses idées, ses phrases, surtout, et se concentrera sur la nécessité de lui donner les éléments qui lui permettront de conclure lui-même.

En ce qui concerne les thèmes à traiter dans la presse, en dehors de la politique proprement dite, Trotsky explique :

> « Un journal n'a pas le droit de ne pas être intéressé par ce qui intéresse le peuple, les gens de la rue. Bien entendu, notre journal peut et doit éclairer ces faits, puisqu'il doit éduquer, élever, développer. Mais il n'atteindra son but que s'il part des faits, des idées, des sentiments qui touchent réellement le lecteur de la masse [23]. »

Il reproche donc à la presse soviétique son manque d'intérêt pour les faits divers – qui sont pourtant « les morceaux brillants de la vie véritable » – et de laisser le lecteur, sur ces sujets, se contenter d'une information et d'explications médiocres. Il faut absolument, selon lui, les aborder de façon large, au triple point de vue psychologique, domestique, social :

> « La presse bourgeoise [...] fait des meurtres et des empoisonnements un objet de sensation qui rapporte, jouant sur la curiosité malsaine et, de façon générale, sur les instincts humains les plus bas. Mais il ne s'ensuit pas que nous devions, nous, tourner le dos à la curiosité et aux instincts humains en général. Ce serait pure hypocrisie et bigoterie. Nous sommes le parti des masses. Nous sommes un État révolutionnaire, pas un ordre saint ni un monastère. Nos journaux doivent satisfaire non seulement le désir de connaissances les plus élevées, mais aussi la curiosité naturelle; ce qu'il faut, c'est qu'ils élèvent et ennoblissent, par un choix approprié du matériel et l'éclairage de la question [24]. »

Le journaliste doit désormais se tourner vers le lecteur, orienter son propre travail en fonction des besoins de ce dernier et se mettre à son écoute :

> « On ne peut parler aux jeunes avec des formules, des phrases et des expressions toutes faites et des mots qui veulent dire quelque chose pour nous, les vieux, parce qu'ils découlent de notre expérience, mais qui, pour eux, demeurent des sons creux. Il nous faut apprendre à parler dans leur langue, c'est-à-dire dans la langue de leur expérience [25]. »

S'adressant au congrès des bibliothécaires, il explique – après avoir souligné que c'est dans les bibliothèques que l'on peut construire, autour d'un journal, tout un système d'information et d'éducation collective – que dans une situation où, du fait de son niveau culturel, le lecteur ne peut trouver seul le livre qu'il a envie ou besoin de lire, c'est le travail du bibliothécaire que de faire en sorte que le livre trouve son lecteur. Le bibliothécaire n'est pas seulement un travailleur responsable de rayons chargés de livres, mais un organe de transmission des besoins et désirs de la base, de la nécessaire pression des lecteurs sur les auteurs et maisons d'édition. Parlant de la lutte, d'une importance cruciale, contre l'analphabétisme chez les femmes, il s'écrie :

> « La tyrannie existe-t-elle dans ce pays? Oui, dans une large mesure. Quelle est sa source? Pas une situation de suprématie de classe, mais le

bas niveau culturel, l'analphabétisme, un sentiment d'être sans défense, dont les racines se trouvent dans l'incapacité à examiner les choses, lire beaucoup, consulter les bonnes sources. Une des tâches fondamentales [...] est de mener contre ce sentiment une lutte sans merci. On peut et on doit se plaindre à un bibliothécaire [26]. »

***

L'un des résultats les plus importants de la révolution est, selon lui, l'introduction de la journée de travail de huit heures, signifiant que le travailleur dispose désormais de huit heures de repos et de huit heures de loisir, d'une importance énorme, la plage horaire des conquêtes culturelles [27]. Saluant Charles Fourier, avec sa théorie des passions-moteurs, comme un précurseur de génie, Trotsky met en relief l'importance, y compris pour l'adulte, du jeu, de l'amusement, du rire, comme aspirations légitimes de la nature humaine, dont il préconise qu'on en fasse des armes de « l'éducation collective, libérée de la garde montée par le pédagogue et de la lassante habitude de moraliser [28] ».

Sous cet angle, il apprécie tout particulièrement, en tant qu'arme éducative, le cinéma, « source inépuisable d'impressions et d'émotions [29] ». Déplorant le retard qu'il a accumulé en Russie soviétique, Trotsky voit en lui le meilleur des outils d'éducation, le concurrent direct de la vodka et de l'église. Il écrit :

> « Le cinéma amuse, éduque, frappe l'imagination par des images et il libère du besoin de franchir la porte de l'église. Le cinéma est le grand concurrent de la taverne, mais aussi de l'église. C'est un outil que nous devons à tout prix nous procurer [30]. »

D'autres techniques, d'ailleurs, retiennent son attention, et il ne cache pas son admiration et son enthousiasme. Il appartient à la génération qui a vu apparaître l'auto et le phonographe, l'avion et la radio (« la T.S.F. »), la théorie de la radioactivité, qui ouvre, « la possibilité de remplacer le charbon et le pétrole par l'énergie atomique qui deviendra ainsi la force motrice de base [31] ».

Les immenses possibilités de la technique demeurent conditionnées par la classe dirigeante de la société dans laquelle elle se développe : c'est ainsi, souligne-t-il, que la radio américaine, en diffusant les sermons religieux, est un moyen de diffuser les préjugés et la superstition :

> « En système socialiste, l'ensemble de la technique et de la science sera indubitablement dirigé contre les préjugés superstitieux, contre la superstition qui traduit la faiblesse de l'homme en face de l'homme et de la nature [32]. »

Conscient que tout progrès dans la façon de vivre est avant tout conditionné par ceux de l'économie et du contrôle sur les conditions sociales, Trotsky n'en assure pas moins qu'il serait possible d' « introduire beaucoup plus de critique, d'initiative et de raison dans notre morale que nous ne faisons en réalité ». Il s'agit, tout en transformant les conditions économiques, de lutter pour détruire les formes traditionnelles, conservatrices, de la vie.

L'un des aspects les plus spectaculaires à cet égard, du début des années vingt, est ce qu'on appelle alors la « crise de la famille » – l'augmentation spectaculaire des divorces, du nombre d'enfants abandonnés, des mères célibataires –, qui n'épargne pas la famille ouvrière. Trotsky y voit une des manifestations de la « période inévitable de désintégration de l'ancien état de choses, des traditions héritées du passé, qui n'étaient pas passées sous le contrôle de la pensée [33] ». Les formes mêmes de cette crise sont à certains égards inquiétantes. Les victimes de l'explosion des anciens liens familiaux sont, dans tous les cas, les femmes et les enfants. Et tout n'est pas faux non plus, dans les lamentations des anciens sur l'effondrement de la moralité dans la jeunesse soviétique. Mais en dernière analyse, il n'est pas surprenant que l'action combinée de la catastrophe économique et de la pensée critique révèle des formes anarchiques, voire « dissolues ».

Il existe cependant des éléments d'un type nouveau de famille. La condition de leur renforcement demeure une élévation du niveau de vie individuel de la travailleuse et du travailleur, elle-même en partie conditionnée par l'amélioration des conditions matérielles, la prise en charge des enfants par l'éducation publique, la libération de la femme du fardeau de la cuisine et de la lessive. Ce n'est qu'alors que le couple sera libéré de tout élément externe et accidentel : sur la base d'une égalité véritable entre les deux partenaires, s'établira un lien dont la base sera réellement l'attachement mutuel. Le progrès sera lent. Des expériences sont possibles, comme l'équipement de nouveaux logements avec cuisines et laveries collectives. Elles pourront servir de base à la famille nouvelle si longue à surgir... Mais il ne faut pas s'impatienter, car tout n'avance et n'avancera pas du même pas :

> « Nous savons très bien que beaucoup de femmes ont refusé de confier leurs enfants aux crèches. Et elles ne le feront pas, fermées qu'elles sont, par inertie et préjugés, à toute innovation. Beaucoup de maisons, qui ont été attribuées à des familles vivant en commun, sont devenues des taudis inhabitables. Les gens qui y vivent ne considèrent pas le logement en communauté comme le commencement de conditions nouvelles – ils le considèrent comme des casernes fournies par l'État [34]. »

Là aussi, il ne faut pas introduire dans les questions un point de vue d'en haut, mais se mettre à l'écoute des besoins des êtres humains : « Pour changer les conditions de vie, il nous faut apprendre à les voir par les yeux des femmes [35]. »

Dans un article consacré aux rites et aux cérémonies de la vie familiale, Trotsky constate la permanence simultanée des anciennes cérémonies et le début, timide encore, de l'apparition de cérémonies nouvelles. Il relève que, dans les familles ouvrières, on commémore désormais plus l'anniversaire de la naissance que le jour de la fête du saint patron. De nouveaux prénoms sont apparus : Octobrina, Soviétina, Lénine. Les syndicats organisent une cérémonie d'inscription des nouveau-nés sur les listes des citoyens, patronnent celle de l'entrée d'un jeune en apprentissage. Le mariage religieux a reculé, mais il est loin d'avoir disparu : on ne s'habitue pas au mariage civil ou de fait, par simple inscription, et bien des communistes ont été exclus de leur parti pour s'être mariés à l'église...

L'enterrement est sans doute le problème le plus difficile à régler. Le besoin d'une manifestation d'émotion éclatante est très fort et parfaitement légitime. Il est nécessaire de lutter pied à pied sur ce terrain, où c'est par son « théâtre » que l'Église a réussi à s'enraciner profondément. Trotsky insiste sur la crémation, « arme puissante dans la propagande anti-église et antireligieuse ». Mais elle ne dispense pas d'autres aspects de cérémonie, et il écrit :

> « Nous devons nous allier à l'orchestre dans la lutte contre le rituel d'Église, basé sur la croyance servile en un autre monde où l'on sera payé au centuple pour les misères et les maux de celui-ci [36]. »

Les formes nouvelles des nécessaires cérémonies rituelles nouvelles naîtront de la créativité des masses elles-mêmes, aidées, écrit Trotsky, par « l'imagination créatrice et l'initiative artistique ». Le travail des dirigeants – aidés par la Jeunesse communiste – est de les épauler de leur mieux, sans le moindre autoritarisme et sans imposer quoi que ce soit : « La vie nouvelle adoptera les formes en conformité avec son cœur. La vie en sera plus riche, plus large, plus colorée, plus harmonieuse [37]. »

*
* *

Les articles sur la vie quotidienne touchent, on le voit, au cœur des problèmes politiques de la Russie soviétique. Celui de la *Pravda* du 4 avril 1923 sur « la civilité et la politesse dans les relations quotidiennes » porte sur l'épineux problème de la brutalité de la bureaucratie soviétique à l'égard de l'ouvrier et du paysan. Cette brutalité, écrit Trotsky, est un héritage du passé, mais un héritage composite socialement. Elle résulte de la brutalité du paysan, certes désagréable, mais pas dégradante non plus, même si elle n'est qu'une survivance, à long terme, du servage. Il y a aussi la brutalité du révolutionnaire, expression de son impatience, de son désir d'aboutir, de sa tension nerveuse... Elle n'est pas non plus attrayante, mais elle a néanmoins la même « source morale révolutionnaire qui a permis de déplacer des montagnes ». Il y a enfin la brutalité de la vieille aristocratie avec une touche de comportement féodal. Cette dernière est difficile à extirper; elle n'a pas toujours la forme du hurlement ou des menaces de coups, mais le plus souvent celle des interminables formalités paperassières :

« Le mépris officiel de l'être humain vivant et de ses affaires, le nihilisme vraiment corrupteur dissimulant une mortelle indifférence à tout ce qui est sur terre [...] un sabotage conscient ou une haine instinctive d'une aristocratie déposée à l'égard de la classe qui l'a déposée [38]. »

L'éducation de milliers de nouveaux fonctionnaires « dans un esprit de service, de simplicité et d'humanité » sera rendue possible au fur et à mesure que grandira une « éducation toujours améliorée » de la jeunesse soviétique. Une information réelle, dans la presse, sur ce genre d'abus, la mise au pilori dans les journaux, voire devant les tribunaux, d'une centaine de fonctionnaires abusant ainsi de leur autorité, permettraient certainement une légère amélioration, en attendant.

C'est sur la même ligne, et à la suite de l'assemblée générale des ouvriers de l'usine *Commune rouge,* que Trotsky s'en prend à la grossièreté du langage et aux jurons [39], qui constituent, selon lui, la marque et la manifestation d'un profond mépris à l'égard des femmes et d'une totale absence de considération pour les enfants :

« Une révolution ne mérite pas ce nom si, de toute sa force et de tous ses moyens, elle n'aide pas la femme – deux ou trois fois plus asservie dans le passé – à avancer sur la voie du progrès individuel et social. Une révolution ne mérite pas son nom si elle ne prend pas le plus grand soin possible des enfants – la race future pour le bénéfice de laquelle elle a été faite [40]. »

C'est le même combat qu'il appelle à mener pour l'emploi d'une langue correcte grammaticalement, contre l'introduction de vocables imprécis ou semant la confusion :

« Le langage est l'instrument de la pensée. Précision et justesse de la parole sont les conditions indispensables d'une pensée correcte et précise. [...] La lutte pour l'éducation et la culture fourniront aux éléments avancés de la classe ouvrière, avec toutes les ressources de la langue russe, dans son extrême richesse, sa subtilité et son raffinement. La parole aussi a besoin d'hygiène. Et la classe ouvrière n'a pas besoin moins, mais plus que les autres, d'une langue saine. [...] Pour penser, elle a besoin de l'instrument qu'est un langage clair et incisif [41] ! »

Tout au long de ses articles, Trotsky insiste sur l'initiative, la « pression », la revendication, l'aspiration d'en bas, du lecteur, de l'usager, de la femme en son foyer, de l'homme de la rue. Ce n'est pas pur hasard ou simple question de forme. Le 6 août 1923, dans la *Pravda*, il polémique gentiment mais fermement contre Paulina Vinogradskaia, jeune sociologue spécialiste de la condition féminine et compagne de Préobrajensky. Il lui reproche de remettre, au fond, la correction des insuffisances à une bureaucratie qui serait « éclairée ». Pour lui, il est vain et finalement nuisible d'invoquer l'inertie de la bureaucratie au lieu d'en appeler à l'initiative des intéressés, ces millions d'individus isolés qui, ensemble, forment les masses.

***

Pour les commodités de l'exposé, nous avons regroupé dans un chapitre unique ces interventions de Trotsky à l'extérieur du domaine strictement politique. Mais ce serait une erreur de les séparer de ce dernier. Retrouvant la plume de sa jeunesse, Trotsky, à partir de 1922, a pressenti les changements moléculaires en cours dans la société russe, la poussée souterraine de la révolution et la résistance des traditions et formes de pensée conservatrices. Il en a fait un exposé pour la jeunesse et une passionnante chronique pour la société soviétique au lendemain de la révolution d'Octobre. Il ne s'agit nullement d'une digression, bien au contraire, c'est un retour au sujet, un rappel des sources et des objectifs du communisme. En s'élevant audessus des perspectives politiciennes et politiques, en étendant son examen aux transformations de longue durée de la société et des mentalités, Trotsky a cherché à concentrer, à partir de la première expérience de révolution prolétarienne victorieuse, tout l'enseignement des écrivains marxistes, communistes, sur le socialisme et la société qu'il prétend édifier. Rien d'étonnant si se trouvent sous sa plume des motivations qui peuvent être celles du travailleur ou de l'intellectuel révolutionnaire en Occident capitaliste, du travailleur ou de l'étudiant oppositionnel en Union soviétique, du combattant pour l'émancipation nationale dans un pays colonial ou semi-colonial. C'est en effet le même objectif final qu'offre à tous la perspective qu'il trace alors pour l'humanité et son avenir socialiste :

> « Les rêves actuels de quelques enthousiastes visant à communiquer une qualité dramatique et une harmonie rythmique à l'existence humaine s'accordent bien avec [...] cette perspective. Maître de son économie, l'homme bouleversera la stagnante vie quotidienne. La besogne fastidieuse de nourrir et d'élever les enfants sera ôtée à la famille par l'initiative sociale. La femme émergera enfin de son semi-esclavage. A côté de la technique, la pédagogie formera psychologiquement de nouvelles générations et régira l'opinion publique. Des expériences d'éducation sociale, dans une émulation de méthodes, se développeront dans un élan aujourd'hui inconcevable. Le mode de vie communiste ne croîtra pas aveuglément, à la façon des récifs de corail dans la mer. Il sera édifié consciemment. Il sera contrôlé par la pensée critique. Il sera dirigé et rectifié. L'homme, qui saura déplacer les rivières et les montagnes, qui apprendra à construire des palais du peuple sur les hauteurs du Mont-Blanc ou au fond de l'Atlantique, donnera à son existence la richesse, la couleur, la tension dramatique, le dynamisme le plus élevé. A peine une croûte commencera-t-elle à se former à la surface de l'existence humaine, qu'elle éclatera sous la pression de nouvelles inventions et réalisations. Non, la vie de l'avenir ne sera pas monotone.
>
> « Enfin, l'homme commencera sérieusement à harmoniser son propre être. Il visera à obtenir une précision, un discernement, une économie plus grands et, par suite, de la beauté dans les mouvements de son propre corps, au travail, en marche, dans le jeu. Il voudra maîtriser les processus semi-conscients et inconscients de son propre organisme : la respiration,

la circulation du sang, la digestion, la reproduction. Et, dans les limites inévitables, il cherchera à les subordonner au contrôle de la raison et de la volonté. L'*homo sapiens*, maintenant figé, se traitera lui-même comme objet des méthodes les plus complexes de la sélection artificielle et des exercices psycho-physiques.

« Ces perspectives découlent de toute l'évolution de l'homme. Il a commencé par chasser les ténèbres de la production et de l'idéologie, par briser, au moyen de la technologie, la routine barbare de son travail, et par triompher de la religion au moyen de la science. Il a expulsé l'inconscient de la politique en renversant les monarchies auxquelles il a substitué les démocraties et les parlementarismes rationalistes, puis la dictature sans ambiguïté des soviets. Au moyen de l'organisation socialiste, il élimine la spontanéité aveugle, élémentaire des rapports économiques. Ce qui permet de reconstruire sur dc tout autres bases la traditionnelle vie de famille. Finalement, si la nature de l'homme se trouve tapie dans les recoins les plus obscurs de l'inconscient, ne va-t-il pas de soi que, dans ce sens, doivent se diriger les plus grands efforts de la pensée qui cherche et qui crée? Le genre humain, qui a cessé de ramper devant Dieu, le Tsar et le Capital, devrait-il capituler devant les lois obscures de l'hérédité et de la sélection sexuelle aveugle? L'homme devenu libre cherchera à atteindre un meilleur équilibre dans le fonctionnement de ses organes et un développement plus harmonieux de ses tissus; il tiendra ainsi la peur de la mort dans les limites d'une réaction rationnelle de l'organisme devant le danger. Il n'y a pas de doute en effet que le manque d'harmonie anatomique et physiologique, l'extrême disproportion dans le développement de ses organes ou l'utilisation de ses tissus donnent à son instinct de vie cette crainte morbide, hystérique de la mort, laquelle nourrit à son tour les humiliantes et stupides fantaisies sur l'au-delà. L'homme s'efforcera de commander à ses propres sentiments d'élever ses instincts à la hauteur du conscient et de les rendre transparents, de diriger sa volonté dans les ténèbres de l'inconscient. Par là, il se haussera à un niveau plus élevé et créera un type biologique et social supérieur, un surhomme, si l'on veut.

« Il est tout aussi difficile de prédire quelles seront les limites de la maîtrise de soi susceptible d'être atteinte que de prévoir jusqu'où pourra se développer la maîtrise technique de l'homme sur la nature. L'esprit de construction sociale et l'auto-éducation psycho-physique deviendront les aspects jumeaux d'un même processus. Tous les arts – la littérature, le théâtre, la peinture, la sculpture, la musique et l'architecture – donneront à ce processus une forme sublime. Plus exactement, la forme que revêtira le processus d'édification culturelle et d'auto-éducation de l'homme communiste développera au plus haut point les éléments vivants de l'art contemporain. L'homme deviendra incomparablement plus fort, plus sage et plus subtil. Son corps deviendra plus harmonieux, ses mouvements mieux rythmés; sa voix plus mélodieuse. Les formes de son existence acquerront une qualité puissamment dramatique. L'homme moyen atteindra la taille d'un Aristote, d'un Goethe, d'un Marx. Et, au-dessus de ces hauteurs, s'élèveront de nouveaux sommets [42]. »

***

Ainsi, qu'il parle de ce que sera le communisme, de l'éducation ou de la jeunesse, du rôle des femmes dans la révolution culturelle, du rôle du parti dans l'insurrection, Trotsky continue à s'exprimer sur les questions essentielles de l'heure et de l'avenir et à être le meilleur propagandiste et le plus grand théoricien vivant du communisme, un homme à qui rien de ce qui est humain n'est étranger.

Peut-on se permettre de dire ici que l'intelligentsia occidentale, qui a légitimement découvert, reconnu et célébré ensuite l'apport culturel d'Antonio Gramsci au patrimoine culturel de l'humanité, ne s'est jamais aperçue, ou du moins n'a jamais reconnu, ce que ce même patrimoine en général et la pensée de Gramsci en particulier devaient à Trotsky? Se prendre aussi à regretter que Trotsky, sous les coups, la nécessité de se défendre et de survivre, ne soit jamais revenu sur ces thèmes? Rêver un instant à l'immense acquis dont la jalouse garde des bureaucrates a privé l'humanité en persécutant celui qui était sans doute le seul, dans sa génération, à dominer le monde d'une telle hauteur et à l'éclairer jusque dans les recoins de son avenir?

Il n'y a sur ce point aucun doute. La direction incertaine, tâtonnante et empirique des successeurs de Lénine ne pouvait supporter le vol de cette pensée, menace évidente pour son autorité. C'est pourquoi, à la première occasion, elle a engagé de toutes ces forces contre lui la bataille destinée à le faire taire, le bâillonner et, si possible, le discréditer.

CHAPITRE XXVIII

Naissance du « trotskysme [1] »

C'est avec le souci clairement exprimé d'instruire et de former la jeune génération soviétique qui avait inspiré ses articles de la *Pravda* sur la vie quotidienne à l'été 1923 que Trotsky, nous l'avons vu, a continué son activité de publiciste en 1924, avec ses articles dans *Zapad i Vostok,* sa préface aux *Cinq Premières années de l'Internationale communiste,* une nouvelle série d'articles et d'études consacrés à Lénine et surtout, avec la préface – achevée à Kislovodsk le 15 septembre 1924 – du troisième tome de ses *Œuvres,* intitulé « Les Leçons d'Octobre ».

Arrivé en avril 1924 à Moscou, Boris Souvarine écrit à la fin de juin que l'on assiste en Russie soviétique à un conflit « entre l'esprit révolutionnaire vivant, critique, constamment en processus de renouvellement et d'enrichissement », avec Trotsky et ses amis, et, de l'autre côté, « l'esprit pseudo-révolutionnaire conservateur ». La situation lui paraît éminemment contradictoire, car il croit encore que « le pire » est possible et écrit :

> « La formidable majorité de la classe ouvrière est trostkyste, comme en témoignent les grandioses manifestations qui se produisent quand Trotsky apparaît quelque part. Mais tout cela se traduit au congrès par la fameuse majorité de 100 % pour le comité central [2]. »

Le 24 novembre, cet excellent observateur qui a passé dans l'intervalle deux mois en Crimée, mais beaucoup observé à Moscou, résume la situation telle qu'il l'a vue :

> « Après le congrès, la popularité de Trotsky allait croissant; ses grands discours devant diverses assemblées faisaient le régal de tous; on disait de lui couramment que lui seul avait des idées nouvelles ou renouvelées, que de lui seul on apprenait quelque chose, et cet accueil contrastait d'une manière frappante avec l'indifférence, pour ne pas dire le mépris, manifestés envers les interminables délayages de banalités et de platitudes dont la *Pravda* nous gratifie généreusement; les discours sur la

situation internationale et le rôle prépondérant des États-Unis, l'analyse de la situation en Angleterre et des événements d'Octobre 23 en Allemagne, avaient particulièrement frappé les lecteurs consciencieux dans les " cercles " de discussion du Parti; on n'avait que cet aliment et l'on s'en nourrissait [3]. »

Les attaques contre Trotsky vont se succéder. De Leningrad, c'est d'abord *Histoire d'une déviation,* de S.V. Kanatchikov, un homme de Zinoviev, puis *Qu'est-ce que la déviation petite-bourgeoise de l'Opposition,* de P.A. Zaloutsky. Le 5 septembre, Ilya Vardine, encore un homme de Zinoviev, rend compte dans *Bolchevik* du recueil de Trotsky sur Lénine dans un article fielleux dont le thème est que son auteur n'écrit pas seulement « en tant que biographe ». Il poursuit :

> « Il y a peu de temps, dans son ouvrage intitulé *Cours nouveau,* le camarade Trotsky déclarait qu'il était allé au léninisme " avec bien des combats ". On sait maintenant que, pendant plusieurs années, il allait mener ces " combats " surtout contre Lénine. Pourquoi Trotsky, " en tant que biographe ", n'a-t-il pas écrit une seule ligne de ces combats [4]? »

Les dirigeants ne s'abstiennent pas. Zinoviev, dès juin 1924, s'indigne que Trotsky ait mis sur le même plan sa propre erreur à Brest-Litovsk et celle de Lénine à propos de l'offensive sur Varsovie. Staline, dans l'article « Sur la situation internationale » en septembre [5], puis Kamenev, Zinoviev, Kalinine, critiquent les thèses de leur adversaire sur l'hégémonie américaine. Cette crispation semble s'expliquer par le fait que celui-ci, dans son recueil sur Lénine, le traite certes en disciple déférent et respectueux, mais aussi sur un certain pied d'égalité, mettant leurs erreurs sur le même plan et soulignant le caractère privilégié de leurs rapports, leurs conversations, voire leurs confidences.

Or la bataille qui commençait autour du recueil sur Lénine rebondit bien haut avec la publication des « Leçons d'Octobre [6] », la préface, du recueil *De Février à Octobre 1917,* troisième volume des *Œuvres,* dont la parution était depuis longtemps prévue pour cette date. Trotsky rédigea une introduction d'une soixantaine de pages, qui rassemblait les idées exprimées dans ses récents articles et discours et les compléta sur certains points.

On imagine mal qu'au lendemain de la bataille dans le parti sur le *Cours nouveau* et la mort de Lénine, une année après le fiasco de l'Octobre allemand, Trotsky ne s'attache pas, dans une telle préface, à faire un travail d'historien, domaine où il pouvait s'exprimer sans être soumis à aucune discipline et où il ressentait l'impérieux devoir de dire ce qu'il tenait pour la vérité.

Les « Leçons d'Octobre » ne sont pas un plaidoyer *pro domo.* Les documents – écrits et discours d'octobre 1917 – plaident tout seuls. Tout au plus Trotsky saisit-il l'occasion de faire de brèves mises au point : sur les raisons pour lesquelles il n'a pas rejoint le parti dès son arrivée en 1917, sur une prétendue divergence avec Lénine, lors du premier congrès des soviets et enfin sur son souci de placer la révolution d'Octobre sous la protection de la « légalité soviétique » qui fit pendant quelque temps, à tort, figure de divergence entre eux.

Bien entendu, traitant des « Leçons d'Octobre », il ne peut pas ne pas aborder les divergences qui se sont exprimées en 1917 dans le parti et notamment l'opposition « de droite » contre Lénine et contre l'insurrection. Cette mise en cause est inévitable. Il s'efforce sur ce terrain de calquer son attitude sur celle de Lénine. Tout en admettant que les anciennes divergences, exprimées en 1917, étaient « loin d'être fortuites », il assure qu'il serait mesquin d'essayer d'en faire une arme dans la « lutte contre ceux qui, alors, se sont trompés [7] ». Il ne mentionne pas Staline – bien que celui-ci ait eu quelques responsabilités dans certaines positions de la *Pravda* qu'il évoque. Il mentionne rarement Kamenev et Zinoviev, sans commentaires, citant ce qu'ils ont écrit ou ce que Lénine a écrit d'eux. Il prend soin d'ailleurs de les distinguer de leurs partisans « ultras », des hommes comme Noguine ou Lozovsky. Mais il estime impossible de faire le silence sur cette période, ces problèmes, ces divergences.

Il relève en effet la pauvreté de la littérature historique portant sur la révolution d'octobre 1917, sur laquelle même les documents et matériaux essentiels n'ont pas encore été publiés, alors qu'ils l'ont été pour les années qui précèdent et celles qui suivent. Rappelant les révolutions manquées en Bulgarie et en Allemagne en 1923, il souligne l'absolue nécessité de poser au grand jour le problème des leçons d'Octobre :

> « Il serait [...] inadmissible, pour des considérations d'ordre personnel, de taire des problèmes capitaux de la révolution d'Octobre, qui sont d'une importance internationale [...]. Nous sommes une partie de l'Internationale; or le prolétariat des autres pays a encore à résoudre son problème d'Octobre. Et, au cours de cette dernière année, nous avons eu des preuves assez convaincantes que les partis communistes les plus avancés d'Occident non seulement n'ont pas assimilé notre expérience, mais ne la connaissent même pas du simple point de vue des faits [8]. »

En Allemagne, l'histoire a de nouveau posé de façon pressante le problème de la révolution prolétarienne et de la prise du pouvoir :

> « La leçon allemande de l'année dernière est non seulement un sérieux appel, mais aussi un avertissement menaçant [...]. Il faut mettre à l'ordre du jour dans le parti comme dans toute l'Internationale l'étude de la révolution d'Octobre. Il faut que tout notre parti, et particulièrement les Jeunesses, étudient minutieusement l'expérience d'Octobre qui nous a fourni une vérification incontestable de notre passé et nous a ouvert une porte sur l'avenir [9]. »

Sous l'angle des leçons, la plus importante est sans aucun doute le caractère primordial du parti. Après une comparaison à grands traits entre la révolution prolétarienne et les révolutions bourgeoises qui l'ont précédée, il poursuit :

« Seul le parti du prolétariat peut, dans la révolution prolétarienne, jouer le rôle que jouaient, dans la révolution bourgeoise, la puissance de la bourgeoisie, son instruction, ses municipalités et universités [10]. »

Trotsky brosse à grands traits l'histoire des luttes internes du Parti bolchevique à partir de février 1917, la position conciliatrice et presque « défensive » de la *Pravda* avant l'arrivée de Lénine, le combat des vieux-bolcheviks contre les « thèses d'avril » de Lénine, les critiques de l'opposition bolchevique « de droite » lors des journées de juillet, la « Lettre sur le moment présent » et la prise de position publique de Zinoviev et de Kamenev contre l'insurrection, le combat mené ensuite par les mêmes et leurs alliés contre Lénine et Trotsky pour la formation d'un gouvernement socialiste de coalition avec les s.r. et les mencheviks, remettant en cause l'insurrection. Or le Parti bolchevique se trouvait être un parti d'une « trempe exceptionnelle, une clairvoyance supérieure, une envergure révolutionnaire sans exemple ». Il s'y est pourtant constitué, au moment décisif, un groupe de vieux-bolcheviks expérimentés qui a combattu l'insurrection avec acharnement, défendu pendant les mois décisifs une politique de conciliation. Ces dirigeants, prenant appui sur la formule de Lénine de « dictature démocratique du prolétariat et de la paysannerie », dans laquelle ils opposaient le terme « démocratique » au terme de « socialiste », ont mené pour la consolidation et le développement de la révolution « démocratique » un combat qui détournait le parti de sa tâche de préparation de la révolution prolétarienne. Trotsky écrit :

« [Ces dirigeants bolcheviques] se distinguaient des mencheviks et des s.r. en ce qu'ils s'efforçaient de pousser le plus possible à gauche la révolution démocratique. Mais, au fond, leur méthode était la même : elle consistait à exercer sur la bourgeoisie une pression qui ne sortît pas du cadre du régime démocratique. Si cette politique avait triomphé, le développement de la révolution se serait effectué en dehors de notre parti, et nous aurions en fin de compte eu une insurrection des masses ouvrières et paysannes non dirigée par le parti, en d'autres termes, des journées de Juillet sur une vaste échelle, c'est-à-dire une catastrophe [11]. »

Des divergences de cette ampleur ne relèvent pas, selon Trotsky, du hasard. En elles-mêmes d'ailleurs, elles sont les manifestations les plus spectaculaires de crises internes du parti dont l'histoire démontre qu'elles y surgissent à chaque tournant qui impose une rupture avec des habitudes et des méthodes ancrées. En particulier, une crise est inévitable lorsque se produit le tournant le plus brusque, celui qui voit le passage de la préparation révolutionnaire à la lutte directe pour le pouvoir en général. Il le formule ainsi :

« Tout ce qu'il y a dans le parti d'irrésolu, de sceptique, de conciliateur, de capitulard, s'élève contre l'insurrection, cherche pour son opposition des formules théoriques et les trouve toutes prêtes chez ses adversaires d'hier, les opportunistes [12]. »

Cette loi générale du développement d'un parti révolutionnaire, très clairement illustrée par les exemples russe – où le courant conciliateur a été surmonté –, et allemand – où la fraction irrésolue a fait vaciller le parti tout entier – doit être analysée de très près selon lui dans la mesure où la victoire de la révolution en Occident se heurtera sans aucun doute à « une résistance beaucoup plus sérieuse, beaucoup plus acharnée et réfléchie des classes dominantes ». Trotsky met le doigt sur le principal obstacle interne :

> « Tout parti, même le plus révolutionnaire, élabore inévitablement son conservatisme d'organisation : sinon, il manquerait de la stabilité nécessaire. Mais, en l'occurrence, tout est affaire de degré. Dans un parti révolutionnairc, la dose nécessaire de conservatisme doit se combiner avec l'entier affranchissement de la routine, la souplesse d'orientation, l'audace agissante. C'est aux tournants historiques que ces qualités se vérifient le mieux. Lénine [...] disait que souvent les partis, même les plus révolutionnaires, lorsqu'il survenait un changement brusque de situation et, partant, des tâches, continuaient à suivre leur ligne antérieure et devenaient par là même ou menaçaient de devenir un frein au développement révolutionnaire. Le conservatisme du parti comme son initiative révolutionnaire trouvent leur expression la plus concentrée dans les organes de la direction. Or les partis communistes européens ont encore à effectuer leur tournant le plus brusque : celui où ils passeront du travail préparatoire à la prise du pouvoir. Ce tournant est celui qui exige le plus de qualités, impose le plus de responsabilités et est le plus dangereux. En laisser passer le moment est le plus grand désastre qui puisse frapper le parti [13]. »

Après avoir esquissé à grands traits les deux types de dirigeants enclins à tirer le parti en arrière, le « révolutionnaire mesquin », qui ne voit que les difficultés, et « l'agitateur superficiel », qui les découvre au dernier moment, il commente les décisions du Ve congrès de l'Internationale :

> « Ces derniers temps, on a fréquemment parlé et écrit sur la nécessité de la bolchevisation de l'Internationale communiste. C'est là une tâche urgente, indispensable, dont la nécessité se fait sentir encore plus impérieusement encore, après les terribles leçons qui nous ont été données l'année dernière en Bulgarie et en Allemagne. Le bolchevisme n'est pas une doctrine (c'est-à-dire pas seulement une doctrine), mais un système d'éducation révolutionnaire pour l'accomplissement de la révolution prolétarienne. Qu'est-ce que bolcheviser les partis communistes? C'est les éduquer, c'est sélectionner en leur sein un personnel dirigeant de façon qu'ils ne flanchent pas au moment de leur révolution d'Octobre [14]. »

C'est presque en passant, après avoir rappelé le rôle essentiel de Lénine dans la décision du parti de passer à l'insurrection d'Octobre, qu'il mentionne les désaccords apparus dans le cours de cette préparation entre Lénine et lui. Il résume la position de Lénine :

> « En présence des hésitations qui se manifestaient dans les sommets du parti, l'agitation reliant formellement l'insurrection à la convocation du

IIe congrès des soviets lui paraissait un retard inadmissible, une concession à l'irrésolution et aux irrésolus, une perte de temps, un véritable crime [15]. »

Il rappelle également sa propre position : « la préparation de l'insurrection sous le couvert et la préparation du IIe congrès des soviets et le mot d'ordre de défense de ce congrès » qui « conféraient des avantages inestimables ». On sait que c'est ce qui se réalisa. Il se contente d'indiquer que Lénine, dans sa position d'éloignement de Petrograd, n'avait pas compris la situation de la capitale, où les forces armées n'obéissaient plus qu'au soviet, après le « soulèvement pacifique » du milieu d'octobre : c'est aussi ce qui explique qu'il ait, à un moment, proposé de commencer l'insurrection à Moscou – une variante qui eût pu compromettre le succès. Il explique :

> « Certes, même avec le plan de Lénine, la victoire n'était pas impossible, mais la voie que suivirent les événements se trouva beaucoup plus économique, beaucoup plus avantageuse et donna une victoire plus complète [16]. »

Il ne se doutait apparemment pas de la tempête qu'allaient déclencher ces considérations mesurées sur les rapports entre Octobre et la « légalité soviétique ».

*
* *

Quelle était la signification des « Leçons »? Quelle fut leur portée? Quelques mentions de Kamenev et de Rykov, deux de Noguine, mort depuis, une citation, sans nom d'auteur, de Rykov, tels sont les maigres arguments de ceux qui y voient un « défi direct [17] » contre deux des triumvirs. Pour Deutscher, Trotsky « ne pouvait se faire à l'idée d'être traité comme un semi-menchevik coupable de « déviationnisme petit-bourgeois », et demandait « à l'Histoire de le venger [18] ». Selon lui, dans la préface, il s'est laissé aller à un plaidoyer *pro domo*. E.H. Carr voit dans la publication des « Leçons d'Octobre » la preuve que Trotsky n'avait pas *compris* qu'il s'agissait d'autre chose que d'une lutte d'idées [19]... R.V. Daniels, lui, parle d'« erreur stratégique [20] ». Ces interprétations reposent peu ou prou sur une explication psychologique : Trotsky, amoureux de sa propre image, poursuivant des objectifs personnels comme la « vengeance », avec des armes aussi puériles que « le défi » : me permettra-t-on de dire qu'elles ne sont guère soutenables?

Il est vrai que Trotsky, après avoir refusé de se battre alors qu'il avait en main l'arme du Testament et du droit du parti à savoir la vérité, choisit de lancer maintenant une offensive sans la moindre couverture, pratiquement à découvert. Mais à cette date, ce qui était fait était fait et l'erreur commise. Lié par les décisions des congrès, contraint de se taire sur les questions, tranchées par le parti, de la vie économique et de la démocratie interne, il décida de ne pas baisser les bras. Avec les « Leçons d'Octobre », préface à une édition longtemps prévue, effectivement reprise d'idées déjà exprimées dans les discours et des articles récents, il a simplement écrit ce qu'il pensait devoir et pouvoir encore écrire, avec le sentiment qu'il ne jouirait plus longtemps de cette liberté d'écrire, même sur des questions d'histoire. Ne pas le faire eût été capituler...

A l'été 1924, il ne s'agissait pas pour lui de lutter pour la conquête du pouvoir dans le parti russe, exclue pour l'instant, mais de former et de tremper les partis communistes dans la perspective de la révolution mondiale, et d'éduquer la jeunesse. Les « Leçons d'Octobre » ne méritent ni l'excès d'honneur ni l'indignité dont on a accablé ses prétendues maladresses. Trotsky a voulu donner à ses écrits sur 1917, déjà significatifs en eux-mêmes, des accents et un éclairage d'actualité. Son unique « erreur » est, de toute évidence, et comme le démontre le texte inédit de réponse à ses critiques, d'avoir profondément sous-estimé la violence des réactions, donc, une fois encore, la force et la détermination de ses adversaires, ce qui n'a rien à voir avec les critiques citées plus haut.

Curieusement d'ailleurs, aucun des auteurs mentionnés n'a pris la peine de discuter une opinion qu'il a exprimée à plusieurs reprises. Par exemple, évoquant en novembre 1927 des discussions avec des camarades qui avaient estimé en 1924 que cette publication était « une erreur tactique » ayant donné à la majorité du bureau politique un prétexte pour déclencher une « discussion littéraire », Trotsky écrivait : « Pour ma part j'ai maintenu que la " discussion littéraire " aurait été déclenchée dans tous les cas, sous un prétexte ou un autre [...]. Cette discussion littéraire n'a d'ailleurs nullement porté sur " Les Leçons d'Octobre ". N'importe lequel de mes livres ou discours aurait pu servir de prétexte à enterrer le parti sous une avalanche – une campagne contre le " trotskysme [21] ". » Dans une lettre du 2 janvier 1928, le jeune Viktor Borissovitch Eltsine évoque un entretien de 1926 entre Zinoviev et Trotsky :

> « A une question posée par Lev Davidovitch de savoir si la discussion contre le " trotskysme " aurait eu lieu même si les " Leçons d'Octobre " n'avaient pas paru, Zinoviev répondit : " Certainement, elle aurait eu lieu, car le plan de commencer cette discussion avait déjà été adopté auparavant, et ils n'attendaient plus qu'un prétexte [22] ". »

En fait, « Les Leçons d'Octobre » ouvraient ce qu'on a appelé sans ironie la « discussion littéraire » : une campagne unilatérale qui n'avait rien d'une discussion, une campagne sur l'histoire qui n'avait rien de « littéraire ». C'est l'expression qui fut retenue pour désigner une campagne qui n'était pas ouverte dans le cadre du parti – aucune « discussion » n'y fut retenue – et dans laquelle les dirigeants du parti n'intervenaient pas, au moins théoriquement, en tant que tels.

Dans sa lettre à Rosmer du 24 novembre, déjà citée, Boris Souvarine, après avoir rappelé que Trotsky n'a fait que répéter, systématiser et étayer ses arguments dans ce texte, ajoute :

« Les choses qui avaient passé précédemment par petits paquets ont alarmé les dirigeants, une fois méthodiquement groupées et si terriblement étayées de preuves. L' " introduction " a été considérée comme une nouvelle ouverture d'hostilités de l'Opposition alors qu'elle n'était que l'écho attardé de la précédente discussion... La trinité, furieuse, a décidé d'en finir avec ce gaillard qui ne demande pas pardon, et qui a l'audace de se rappeler, non seulement ses propres fautes, mais aussi les erreurs d'autrui. Et les grandes orgues ont donné [23]. »

Le 12 et le 14 octobre 1924, la *Pravda* passe des placards publicitaires pour annoncer la parution du volume des *Œuvres* de Trotsky sur 1917, avec sa préface... La première réaction officielle semble avoir été celle de Kamenev. Le 29, devant le comité du parti de Moscou, il révèle qu'il est de ceux qui n'ont pas voulu saisir le plénum du comité central – du 25 au 28 octobre – de ce qu'il appelle « la sortie » de Trotsky. Il assure qu'on répondra sur le plan littéraire à cette « falsification » de l'histoire du parti en Octobre, mais qu'on ne lui permettra pas de fomenter, à partir de là, une nouvelle discussion dans le parti.

Le livre est-il déjà publié? Officiellement, il l'a été, le 6 novembre, à 5 000 exemplaires, et le tirage a été rapidement épuisé. Souvarine écrit qu'on ne pourra trouver à l'acheter avant... le 22 novembre. Le 2 novembre, la *Pravda* donne un compte rendu de ce qu'elle appelle « l'ouvrage à la mode », dans un article non signé, dû vraisemblablement à la plume de Boukharine, titré « Comment il ne faut pas écrire l'histoire d'Octobre ». Trotsky est accusé d'avoir cherché à provoquer une nouvelle discussion : la *Pravda* assure que son introduction constitue une attaque en règle contre la ligne du parti et de l'Internationale, un programme politique qu'il veut opposer aux motions de congrès, tout en s'efforçant de saper le prestige et l'autorité des dirigeants :

« Si, comme le prétend à tort le camarade Trotsky, rien de sensé n'a jamais été fait que contre le comité central, pareille situation ne peut-elle se présenter à nouveau aujourd'hui? Où trouver la garantie que la direction choisie sera la bonne? Est-elle juste à l'heure actuelle? La seule vérification possible n'est-elle pas Octobre 1917? Peut-on faire confiance à ceux que cette vérification a dénoncés? N'est-ce pas à cause de ces gens-là que l'Internationale communiste a subi des échecs?

« Voilà les problèmes auxquels, petit à petit, le camarade Trotsky conduit son lecteur, après l'échec de son attaque frontale de l'année dernière [24]. »

Sur le fond, l'article reproche à Trotsky de ne pas mentionner les divergences d'avant 1917 – c'est-à-dire ses propres divergences avec Lénine –, d'avoir déformé la position de Lénine en 1917, à la fois en exagérant son entente avec lui et les divergences qu'il eut avec les autres. Il l'accuse aussi d'avoir fait une histoire qui n'est qu'une « caricature du marxisme » :

« Seul Trotsky se présente nettement. Lénine est visible dans le fond, et on discerne un comité central anonyme et obtus. L'organisation [du parti] de Petrograd, le véritable organisateur collectif de l'insurrection ouvrière, est totalement absente [25]. »

Sa conclusion, classique, est cependant menaçante :

« Le parti saura juger vite et bien cette opération de sape. Le parti demande du travail, pas des discussions nouvelles. Le parti veut une véritable unité bolchevique [26]. »

Le texte de la *Pravda* n'est cependant qu'un avant-goût. La ligne générale de la riposte des dirigeants du parti va être donnée par L.B. Kamenev dans le discours déjà cité, prononcé pour la première fois devant le comité de Moscou du parti, et répété les 19 et 25 devant des auditoires choisis, publié enfin le 26 dans la *Pravda* sous le titre « Léninisme ou trotskysme ». Bien entendu, la ligne n'en est pas personnelle; on peut supposer pourtant qu'il a été choisi pour apporter cette première réponse du fait de sa qualité d'éditeur des *Œuvres* de Lénine, qui lui confère, au sujet de ce dernier, une autorité intellectuelle particulière.

Le porte-parole des « trois » explique d'abord la nécessité d'une mise en garde publique très large contre « Les Leçons d'Octobre » :

« Cet article est publié sous l'égide du parti par un membre de son bureau politique; il est évident qu'il peut être compris comme un livre d'études destiné à notre jeunesse et à l'Internationale. [...] Nous ne pouvons plus éviter [la question] depuis que Trotsky lui-même a touché à notre idéologie et au rôle de Lénine dans la révolution d'Octobre [27]. »

Il passe ensuite à l'histoire du parti avant 1917 afin de démontrer sa thèse :

« Pendant toute la longue période au cours de laquelle notre parti s'est préparé à la décisive bataille de classe, forgeant le léninisme, doctrine de révolution prolétarienne et le parti dirigeant de cette révolution, le trotskysme ne fut qu'un aspect, un camouflage du menchevisme. A partir de 1903, c'est-à-dire à partir de la naissance du menchevisme et jusqu'à sa débâcle définitive en 1917, Trotsky joua le rôle d'un agent du menchevisme dans la classe ouvrière [28]. »

Kamenev passe ensuite en revue chacun des épisodes importants de l'histoire depuis 1903 en citant chaque fois les appréciations et jugements portés par Lénine sur Trotsky, ne mentionnant au passage la théorie de la révolution permanente que comme une « phrase révolutionnaire [...] détachée de la véritable lutte de classes ». Il conclut, sur ce point :

« Aucun léniniste digne de ce nom n'admettra que cette lutte systématique contre Trotsky pendant des années, ait pu avoir des motifs individuels. C'est la tendance du trotskysme hostile au bolchevisme et servant en fait le menchevisme que Lénine combattait [29]. »

En ce qui concerne l'adhésion de Trotsky au parti bolchevique, Kamenev écrit :

> « J'affirme que Trotsky pense encore avoir eu raison contre Lénine. Il a adhéré au parti avec la conviction qu'il devait, non se mettre à l'école du bolchevisme, mais enseigner en fait au parti le trotskysme [30]. »

Soulignant l'insistance de Trotsky sur l'importance du « réarmement » du Parti bolchevique au printemps 1917, il assure que Trotsky demeure convaincu que c'est Lénine qui est venu à lui – et c'est le sens de sa reconnaissance d'erreurs dans les seules questions d'organisation. Il l'accuse en particulier d'avoir dissimulé « sa sous-estimation du rôle des paysans » dans la théorie de la révolution permanente :

> « Trotsky a voulu prendre une revanche pour douze années pendant lesquelles Lénine dénonça l'indigence de sa politique et empoisonner ainsi les esprits de nos jeunes. Nous ne pouvons le permettre [31]. »

Sur Lénine en 1917, tout en reconnaissant, sans l'expliquer réellement, ce qu'il appelle sa « faute » à lui, il assure que les attaques de Trotsky contre Zinoviev et lui visent en réalité Lénine.

Dans le dernier chapitre, « Trotsky dans le parti », Kamenev indique ce qu'il appelle « les deux courants dans l'activité » de ce dernier :

> « Lorsque nous le voyons se conformer rigoureusement aux directives du parti, bénéficiant de toute l'expérience collective du parti, avec l'appui de son organisation de masses, il accomplit de grandes choses. Mais, entré dans le parti en individualiste convaincu d'avoir raison contre le parti, il suit aussi un autre courant et démontre qu'il n'est pas un bolchevik [32]. »

Et d'énumérer les « quatre tentatives de Trotsky de corriger le parti ». A Brest-Litovsk, son attitude était commandée par « la sous-estimation du rôle de la paysannerie, voilée par la phrase révolutionnaire ». Dans le débat sur les syndicats, il a voulu « serrer la vis du communisme de guerre », manifestant une fois de plus sa sous-estimation du rôle de la paysannerie et l'attrait qu'ont pour lui « les méthodes de tension et de pression ». Avec la question du plan, il a montré son penchant excessif pour l'administration et le règlement autoritaire des questions économiques. Le dernier débat l'a vu enfin ajouter à ses « fautes » anciennes le désir de « saper », d'affaiblir le noyau de la dictature, le parti, de « discréditer les cadres »...

Après une brève polémique contre les arguments opposés par Trotsky à Lénine en faveur de la « légalité soviétique »* au

* Rappelons que Trotsky souhaitait que le pouvoir soit pris au nom des soviets et à leur initiative, et que Lénine soupçonna pendant un temps cette position de dissimuler une hostilité réelle à l'insurrection. L'histoire lui donna tort et l'insurrection se déroula sous le drapeau des soviets.

cours de la préparation de l'insurrection d'Octobre, Kamenev apporte une note d'humour :

> « Ainsi, *Les Leçons d'Octobre* nous enseignent qu'au printemps 1917, Lénine dut opérer un redressement et prendre des armes dans l'arsenal de Trotsky et qu'en octobre, il s'efforça sans succès de diriger une insurrection à laquelle Trotsky devait donner la victoire [33]. »

Tout au long de sa conférence, Kamenev s'est efforcé de tenir compte du prestige, encore immense, de Trotsky dans le parti et le pays. Il écrit qu'après son entrée dans le parti, il a « subi son épreuve de façon brillante » et qu'il l'a « servi de toute sa force et de toute sa conscience, ajoutant ainsi des pages glorieuses à sa biographie et à l'histoire du parti ». Il dément également les rumeurs en circulation à Moscou sur l'interdiction des « Leçons d'Octobre », voire sur l'exclusion de Trotsky.

Pourtant, rappelant que le parti a le monopole de l'organisation politique dans le pays et que les milieux intellectuels petits-bourgeois vont chercher à s'y exprimer, il écrit ces phrases qui ne peuvent qu'annoncer à terme la répression – contre Trotsky et contre bien d'autres –, qu'il en ait ou non conscience :

> « Je le dis avec une amertume que tout le parti partagera, mais il faut le dire : Trotsky est devenu l'élément conducteur de la petite-bourgeoisie dans notre parti. Tout son passé, toutes ses manifestations récentes, le prouvent. Il est devenu le symbole de tout ce qui, dans le pays, est opposé au parti. Qu'il le veuille ou non – et sans aucun doute, il ne le veut pas –, il est l'espoir de tous ceux qui veulent s'émanciper de la “ férule ” du Parti communiste. C'est la conclusion, triste mais inévitable, qui s'impose à quiconque examine les faits du point de vue des classes [34]. »

Le *la* est donné... Le 21 novembre, une motion du comité de Moscou adoptée sur rapport du même Kamenev, sert de modèle à des centaines d'autres, qui vont être répercutées et orchestrées dans la presse. Le texte de Trotsky y est dénoncé comme « une grossière déformation de l'histoire du bolchevisme et de la révolution d'Octobre ». Continuation de la discussion de l'hiver 1923-1924, il constitue « une tentative de substitution du trotskysme au léninisme », alors que le « trotskysme n'a été qu'un aspect du menchevisme ». Le comité de Moscou voit dans sa publication « la violation par le camarade Trotsky des engagements pris au XIIIe congrès et un travail de sape » contre l'unité du parti « ouvrant de nouveau “ le danger d'une discussion ” ».

L'intervention de Kamenev est doublée et durcie par celle de Staline devant la fraction communiste du conseil central des syndicats, et elles seront toutes deux publiées dans le même numéro de la *Pravda* [35].

Marquant nettement qu'il ne s'agit pas seulement des « Leçons d'Octobre », mais des « derniers ouvrages littéraires » de Trotsky, le secrétaire général du parti s'attache à détruire, comme il le dit, « plusieurs légendes ». Son intervention, portant sur l'histoire de l'insurrection d'Octobre, constitue une importante escalade dans la voie de la falsification historique :

> » Il ne me vient pas à l'esprit de contester l'importance du rôle joué par le camarade Trotsky dans l'insurrection, mais je dois dire qu'il n'y avait joué et ne pouvait y jouer de rôle spécial; en sa qualité de président du soviet de Petrograd, il ne faisait qu'exécuter la volonté des instances compétentes du parti qui le dirigeaient à chaque pas [36]. »

S'appuyant sur les documents encore inédits du comité central, il cite notamment un procès-verbal de sa réunion du 20 octobre 1917 et la décision de créer « un organe central chargé de l'organisation pratique du mouvement », formé de Sverdlov, Staline, Dzerjinski, Boubnov et Ouritsky. Il souligne que cet organe dirigeant de l'insurrection – dont personne n'avait jamais entendu parler, qui ne s'est jamais réuni, mais qui avait probablement pour mission d'assurer la liaison entre le C.C. et le comité militaire révolutionnaire du soviet de Petrograd – avait été constitué sans Trotsky...

Il lui reproche en outre d'avoir « manqué de fermeté et de courage », et « déraillé » dans la période de Brest-Litovsk, ce qui le prive, estime-t-il, du droit d'adresser des reproches à Zinoviev et Kamenev sur leur attitude à la veille d'Octobre. Tout en se défendant de « douter du rôle important joué par lui dans la guerre civile », il n'en souligne pas moins que les victoires de l'Armée rouge sur Koltchak et Denikine n'ont été obtenues, selon lui, qu'en « exécutant des plans différents et opposés de ceux de Trotsky [37] ».

Finalement, Staline donne son propre résumé de ce qu'est « le trotskysme » ancien : c'est d'abord la théorie de la « révolution permanente », c'est-à-dire « la révolution sans tenir compte des petits cultivateurs comme force révolutionnaire ». Il rappelle la phrase de Trotsky dans *1905* sur « les traits antirévolutionnaires du léninisme », et cite un passage d'une lettre de celui-ci au menchevik Tchkheidzé en février 1913 :

> « Tout l'édifice du léninisme est actuellement bâti sur le mensonge et sur le faux, et porte en lui les germes vénéneux de la décomposition [38]. »

Le second trait du « vieux trotskysme », selon Staline, est sa méfiance à l'égard du Parti bolchevique, la volonté de le détruire au bénéfice de la coexistence, en son sein, des révolutionnaires et des opportunistes.

Le troisième trait est sa volonté de discréditer les dirigeants bolcheviques, à commencer par Lénine, que Trotsky qualifia autrefois d' « exploiteur professionnel de tout ce qu'il y a d'arriéré dans le mouvement ouvrier russe ».

Selon Staline, le « nouveau trotskysme » est plus prudent. Sans défendre ouvertement la révolution permanente, il assure en fait que le bolchevisme s'y est rallié en 1917, derrière Lénine. Il oppose le parti d'avant 1917 – la « préhistoire » – à celui d'après 1917 – le « parti historique ». Il oppose les vieux cadres bolcheviques à la jeune génération du parti. Enfin, il s'efforce de minimiser le rôle de Lénine, à propos du débat sur la « légalité soviétique », en le présentant comme « un nain blanquiste » qui conseillait, en Octobre, au parti de « s'emparer du pouvoir par ses propres forces, indépendamment du soviet et à son insu ». La conclusion est martiale :

> « On entend parler de représailles contre l'Opposition et du danger d'une scission. Ce sont des niaiseries, camarades. Notre parti est fort et vigoureux. Il n'admettra aucune scission. Quant aux représailles, j'en suis l'adversaire déclaré. Ce n'est pas de représailles que nous avons besoin maintenant, mais d'une action idéologique générale contre le trotskysme.
>
> « Nous n'avons pas voulu cette discussion littéraire. C'est le trotskysme qui nous l'impose par sa poussée antiléniniste. Eh bien, camarades, nous sommes prêts [39]! »

Ce n'est que le 30 novembre que Zinoviev, sous le titre « Bolchevisme ou Trotskysme », se joint au chœur. Il est plus occupé d'ailleurs à se défendre lui-même, tout en reconnaissant sa « faute » et à nier qu'il ait pu incarner une « aile droite » du parti. Il accuse au contraire Trotsky d'incarner sur le moment « une déviation de droite », et insiste pour « des garanties contre la répétition de tels assauts », et pour des décisions qui lient Trotsky [40].

Les partisans de la direction continuent leur pilonnage sous la forme d'articles et de pamphlets. G.I. Safarov, de Leningrad, écrit « Trotskysme ou Léninisme », dans *Leningradskaia Pravda*. Kviring, secrétaire du P.C. ukrainien, écrit « Le Parti ne veut pas de discussions », dans *Kommunist* de Kharkov. Molotov, dans « Des Leçons du trotskysme », s'en prend aux travaux de Trotsky sur Lénine. Kroupskaia, dans « Sur la question des " Leçons d'Octobre " », tout en plaidant l'indulgence à son égard, lui reproche aussi de sous-estimer la paysannerie. L'un des rares anciens de Kazan qui soit devenu très tôt un adversaire déterminé, S.I. Goussev, sous le titre, copié de Trotsky, « Comment la révolution s'est armée », reprend dans la *Pravda* toutes les attaques lancées contre lui pendant la guerre civile, y compris ce qui concerne l'affaire Panteleiev. Tous ces articles et discours sont réunis en un volume intitulé *Za leninizm (Pour le léninisme)*, qui paraît en janvier 1925 avec une préface du président du Conseil des commissaires du peuple, A.I. Rykov.

L'Internationale n'est pas en reste. Le 30 novembre, le Finlandais O.W. Kuusinen attaque aussi, sous le titre « Un Exposé fallacieux de l'Octobre allemand ». Il attire l'attention sur le fait que les thèses de Radek et Brandler à l'exécutif de janvier de l'Internationale, justifiant la retraite d'Octobre, portent la signature de Trotsky*.

* Dans une lettre à Albert Treint, le 13 septembre 1931, Trotsky expliquera qu'il fut sollicité par téléphone de signer les thèses une demi-heure avant la réunion : Radek n'avait pas le temps de les lui lire mais l'assura que leur contenu était conforme à ses idées sur la question.

Kolarov s'en prend à ses jugements sur la Bulgarie. Béla Kun, sous le titre « Le Trotskysme et le Marxisme révolutionnaire », parle, à propos de la révolution russe, « des marottes d'un cerveau éclectique »... Brandler et Thalheimer condamnent sans vergogne tout ce que Trotsky a écrit sur l'Allemagne.

Le coup le plus dur de toute cette campagne semble pourtant avoir été porté par la double publication, dans la *Pravda* du 9 décembre 1924, de la lettre de Trotsky à Tchkheidzé de février 1913 et de celle à Olminsky, à ce sujet, du 6 décembre 1921. La première, écrite au moment où les bolcheviks venaient sans scrupules de s'emparer à Petersbourg du titre de la *Pravda*, publiée à Vienne par Trotsky, inspirée par une profonde indignation, criblait Lénine d'épithètes communes dans les querelles d'émigration. La seconde, adressée au directeur de l'Institut d'histoire du parti, était une réponse dans laquelle Trotsky disait qu'il ne tenait pas à la publication de cette lettre, dans un contexte où elle ne pouvait être comprise... Les hommes qui publiaient ces documents savaient ce qu'ils faisaient. Commentant la publication de sa lettre à Tchkheidzé, Trotsky écrira plus tard :

> « N'ayant aucune notion du passé du parti, les masses lurent les déclarations hostiles de Trotsky à l'égard de Lénine. Elles en furent abasourdies [41]. »

Kamenev, présentant ces documents, écrivait pour sa part :

> « Que ceux qui doutent et hésitent lisent encore la lettre du camarade Trotsky ! Nous sommes convaincus que cela lèvera finalement leurs hésitations et leurs doutes [42]. »

La violence de la campagne suscite bien des rumeurs, et Souvarine s'en fait l'écho dans sa lettre à Rosmer. Le raisonnement est que la campagne ne peut viser qu'à l'exclusion de Trotsky du parti, du fait du danger que présentent « sa popularité et son rayonnement ». Selon le communiste français, Zinoviev a parlé ouvertement d'exclure Trotsky au comité de Leningrad qui a préféré que les choses viennent « d'en-bas ». A une réunion commune du bureau politique et du présidium de la commission centrale de contrôle, la question a été posée, mais Boukharine a parlé contre et Kroupskaia menacé de quitter le parti si Trotsky était exclu. Cela n'empêche pas la répression de tomber : le directeur du Gosizdat, qui a édité les deux volumes d'*Octobre*, est remplacé. Voronsky est sommé de démissionner de la direction de *Krasnaia Nov'*; Souvarine écrit : « Hécatombe de trotskystes ou supposés tels un peu partout [43]. »

Le 8 décembre 1924, Boris Souvarine reprend la plume de Moscou, pour décrire la situation avec la campagne pour discréditer et déshonorer Trotsky, laquelle atteint, selon lui, « un degré de frénésie, d'impudence, de haine inimaginables » :

« Le pays est inondé littéralement de " littérature " *(sic)* antitrotskyste. Les mêmes textes sont imprimés et réimprimés dans toutes sortes de journaux [...] etc. Toutes les firmes d'édition rivalisent de servilité. On sort une série de volumes et d'opuscules spécialement consacrés à l'antitrotskysme : une dizaine sont déjà en cours d'impression. Et c'est une émulation générale chez tous les " flagorneurs " et les " arrivistes "; chaque jour c'est une nouvelle ignominie [44]. »

Il décrit un parti où personne n'ose voter contre la direction, par peur de l'exclusion, d'une mutation vers la Sibérie ou le Turkestan. Il parle de « débandade » de l'Opposition, mentionne des déclarations de « reprentir » comme celle de N.I. Lentzner, un jeune « professeur rouge » qui a précisément préparé l'édition du troisième volume des *Œuvres.* Pour lui, le silence de Trotsky et de l'Opposition fait que la sympathie pour Trotsky se dilue dans l'ignorance et la peur, mais personne, assure-t-il, ne comprend l'enjeu de la campagne.

*
* *

Trotsky en effet n'avait pas répondu à ce flot de critiques et d'attaques, de citations sorties de leur contexte et d'interprétations calomnieuses.

Fin novembre 1924 pourtant, il rédigea une réponse à Kamenev, intitulée « L'Objectif de cette explication : nos divergences », dont un exemplaire se trouve dans ses papiers à Harvard. Il s'agit d'un mémorendum de 41 pages qui est resté inédit en Russie et n'est connu en Occident que depuis peu [45]. Le texte, daté du 30 novembre, est de toute évidence primitivement destiné à publication. Mais il avertit dès le début :

« Si je pensais que mes explications pourraient verser de l'huile sur le feu de la discussion ou si les camarades de qui dépend l'impression de cet essai devaient me le dire franchement et directement, je ne le publierais pas, aussi accablant qu'il puisse être pour moi d'être accusé de liquider le léninisme [46]. »

C'est une réponse complète, portant non seulement sur ce qu'il a voulu exprimer dans « Les Leçons d'Octobre », mais sur ce qui, dit-il, en a été compris. Il passe au crible les accusations sur son passé conciliateur qu'il admet, soulignant pourtant que c'est en bolchevik, totalement convaincu que Lénine avait eu raison contre lui, qu'il est venu au Parti bolchevique. Il défend ce qu'il tient pour « l'idée centrale du léninisme », à savoir « le caractère, la nature et la signification du Parti communiste », assure qu'il n'a critiqué ni Lénine ni la formule de la « dictature démocratique du prolétariat et de la paysannerie », mais seulement la façon non léniniste dont elle a été comprise par certains, se défend d'avoir lancé contre Lénine l'accusation de « blanquisme », réaffirme le caractère inévitable des crises de la direction révolutionnaire à la veille de la prise du pouvoir et rappelle, pour finir, sa conception du développement industriel, de la nécessaire accélération de son rythme, tout en niant toute « sous-estimation de la paysannerie » de sa part.

Ce texte, modéré de ton, parfaitement honnête, exprimant parfois un douloureux étonnement au sujet des interprétations données à son travail, n'a pas été publié. Tout laisse à penser qu'il a lui-même renoncé à cette publication.

Une fois de plus, la tension personnelle sous les coups politiques prenait la forme de la maladie. Et la même fièvre mystérieuse resurgissait chez lui, fin novembre. Cette fois, il ne se pressa pas de quitter Moscou et attendit la fin de la réunion du comité central, au cas où ce dernier aurait eu des questions à lui poser. C'est en prévision de cette réunion qu'il adressa le 15 janvier, au comité central, une lettre parfois appelée sa « lettre de démission », son bilan du débat sur les « Leçons d'Octobre ». Il y explique d'abord le silence qu'il a observé depuis le début de la campagne contre lui :

> « J'ai estimé et j'estime encore qu'il me serait possible d'apporter dans la discussion des objections de principe assez sérieuses contre l'accusation de poursuivre " la révision du léninisme " et " la minimisation du rôle de Lénine ". Je me suis refusé à m'expliquer sur ce terrain, non seulement pour des raisons de santé, mais aussi parce que, dans les conditions actuelles de la discussion, toute intervention de ma part, indépendamment de son contenu, de son caractère et de son ton, n'aurait servi qu'à exacerber la polémique, à la transformer en un combat, à lui donner un caractère plus âpre.
>
> « A l'heure actuelle, examinant le développement de la discussion, et bien que beaucoup d'accusations fausses et même des énormités aient été lancées contre moi, j'estime que j'ai bien fait de me taire dans l'intérêt général du parti [47]. »

Il énumère ensuite et réfute brièvement les accusations qu'il ne saurait admettre. Il a précisé, dans « Les Leçons d'Octobre », que le bolchevisme s'était formé entre autres dans une lutte contre les conciliateurs, dont il était :

> « Durant les huit dernières années, il ne m'est jamais venu à l'idée de considérer une question sous l'angle du " trotskysme ", que je considère comme politiquement liquidé [...]. C'est d'une façon tout à fait inattendue pour moi que ce mot a surgi au cours de la discussion sur mon livre *1917* [48]. »

Il nie catégoriquement que « la théorie de la révolution permanente, qui appartient tout entière au passé », l'ait « déterminé à négliger aussi peu que ce soit les paysans dans les conditions de la révolution soviétique ». Il repousse également l'accusation de « pessimisme » au sujet de l'édification socialiste devant « le ralentissement de la révolution en Occident ». Il souligne qu'il n'a remis en question aucune décision du XIIe congrès, et que ce n'est pas lui qui est revenu, au cours de la dernière période, sur les questions tranchées par le XIIIe congrès.

Il rappelle ainsi que « Les Leçons d'Octobre » reprennent des idées qu'il a exposées à travers de nombreux articles – notamment dans la *Pravda* – et discours, auxquels il n'a jamais été présenté d'objections. Il estime également nécessaire de constater qu'aucun de ses ouvrages antérieurs n'a été auparavant interprété, ni par le bureau politique, ni par le comité central, comme une attaque contre le léninisme :

> « Je pense particulièrement à mon livre *1905*, publié en plusieurs éditions du vivant de Lénine, qui a été chaudement recommandé par la presse communiste et traduit en plusieurs langues dans l'Internationale communiste. Cet ouvrage est maintenant la principale pièce à conviction pour justifier l'accusation d'attaque contre le léninisme [49]. »

La lettre se conclut par une nouvelle – et très sèche – déclaration de soumission à la discipline :

> « En ce qui concerne le reproche qui m'a été adressé à plusieurs reprises au cours de la discussion, de vouloir occuper " une position particulière " dans le parti, de ne pas me soumettre à la discipline, de refuser d'accomplir les tâches que me conférerait le C.C., etc., je déclare catégoriquement que [...] je suis prêt à accomplir n'importe quel travail que le comité central me confierait, à n'importe quel poste, et même sans occuper aucun poste, et, ce qui va de soi, sous n'importe quel contrôle du parti.
>
> « Il est inutile de démontrer qu'après la dernière discussion, les intérêts de notre cause exigent que je sois le plus rapidement possible libéré de mes fonctions de président du conseil révolutionnaire de l'armée [50]. »

Le comité central, après avoir écouté un rapport sur les prises de position des comités et organisations, repousse la proposition de Kamenev et Zinoviev d'exclure Trotsky du bureau politique et adopte une motion Staline acceptant sa démission du commissariat à la Guerre avec une résolution-bilan très dure, contre laquelle votent K.G. Rakovsky et L.G. Piatakov.

La résolution sur « l'action de Trotsky » présente cette dernière comme consistant en « interventions incessantes contre le bolchevisme », appréciées par l'impérialisme comme un signe de décomposition du régime et, dans le pays, comme le centre de ralliement de toutes les forces qui lui sont hostiles :

> « Le trotskysme actuel n'est qu'une falsification du communisme à l'instar des modèles " européens " du pseudo-marxisme, c'est-à-dire en fin de compte dans l'esprit de la social-démocratie " européenne" [51]. »

Elle rappelle les quatre discussions que le parti a eu à soutenir contre Trotsky sur Brest-Litovsk, sur les syndicats, sur l'appareil et le Plan, enfin sur les principes du bolchevisme.

Ainsi la direction du parti rassemble-t-elle maintenant toutes ses accusations contre Trotsky et sa prétendue « déformation » de l'histoire en une intention qu'elle lui attribue de présenter la plate-forme politique d'une « droite » antiléniniste. La résolution poursuit en effet :

> « Après avoir pris connaissance de la lettre de Trotsky adressée au comité central en date du 15 janvier 1925, le plénum du comité central et de la commission centrale de contrôle prend acte que Trotsky se déclare prêt à remplir, sous le contrôle du parti, toute mission qui lui sera confiée, mais constate que, dans cette déclaration, Trotsky ne reconnaît nullement ses fautes et qu'en fait il persiste à défendre sa plate-forme antibolchevique et se contente d'une déclaration formelle de " loyauté " [52]. »

Le plénum donne donc à Trotsky « un avertissement catégorique, lui rappelant que l'adhésion au Parti bolchevique requiert une soumission effective et non verbale à la discipline du parti et la renonciation complète à toute lutte contre le léninisme ». Il accepte sa démission du commissariat à la Guerre, renvoie au congrès la décision sur ses responsabilités nouvelles, menace de l'exclure du comité central « en cas de nouvelles infractions ». La discussion « littéraire » est officiellement close. Mais on va continuer, dans le parti et à l'extérieur, à faire connaître la nature antibolchevique du trotskysme, depuis 1903 jusqu'aux « Leçons d'Octobre ».

Ainsi était né, au terme de la « discussion littéraire » le « trotskysme », inventé pour les besoins de leur cause par Kamenev, Staline et Zinoviev et qu'ils opposaient au « léninisme » comme les prêtres opposent le Mal au Bien.

Aucun d'entre eux – et sans doute pas plus Staline que ses alliés ou compères – ne savait que le moment allait venir dans ce pays où des millions d'hommes et de femmes paieraient de leur vie la lutte contre le « trotskysme » et son inévitable conséquence, la perspective de la « construction du socialisme dans un seul pays », les épouvantables souffrances de la collectivisation forcée et de l'industrialisation à outrance.

Car même les hommes qui font à certains moments l'Histoire ne savent pas toujours l'histoire qu'ils font.

CHAPITRE XXIX

Lutte de clans, lutte de classes? [1]

L'élimination de Trotsky du commissariat du peuple à la Guerre et la condamnation du « trotskysme » marquaient une étape, la fin de la période révolutionnaire. Les plus antisoviétiques des organes de la presse mondiale ne s'y trompèrent pas. Le 20 janvier 1925, le *Morning Post* écrivait :

> « Dans l'intérêt le meilleur de la civilisation européenne, c'est sans doute une satisfaction d'apprendre que le triumvirat l'emporte. »

Le *Daily Mail* exultait avec plus de cynisme :

> « L'élimination de Trotsky du commissariat à la Guerre montre bien que, si les loups ne se dévorent pas entre eux, le bolchevik dévore le bolchevik [2]. »

Les déchirements pourtant continuent, et une nouvelle opposition surgit : l'unité entre les « trois », vainqueurs de Trotsky, ne survit pas à leur victoire.

L'Union soviétique a certes fini par émerger de la crise aiguë qu'elle traverse dans le domaine économique depuis 1923. Les ciseaux refermés, de nouvelles menaces se profilent à l'horizon.

Bénéficiaire de l'instauration de la Nep, puis de la famine de 1921-1922 qui l'a élevé au-dessus de la masse rurale, le koulak, paysan aisé, est le gagnant à travers les succès de la Nep et la renaissance du marché. Les paysans aisés, 3 % à 4 % seulement des exploitants, détiennent la moitié des terres cultivées, 60 % des machines et bénéficient d'un quasi-monopole de la vente des grains sur le marché. Ils sont en train de devenir les véritables maîtres du village : ils emploient les quelque 5 millions de travailleurs agricoles – dont 1 500 000 journaliers, payés presque moitié moins qu'avant la révolution. La masse des paysans petits et moyens propriétaires est en outre lourdement endettée auprès d'eux.

Or il apparaît, à partir de 1925, que les koulaks disposent d'un moyen de pression sur le gouvernement en suspendant ou en ralentissant leurs livraisons. Cette année-là, ce stockage provoque une vraie crise de subsistances, et le gouvernement se voit obligé de supprimer les exportations de grains. Du coup, les achats de machines et de matières premières qu'elles devaient financer sont impossibles. Cet élément nouveau force à un réexamen de la politique économique.

Doit-on soumettre les intérêts particuliers du koulak au rythme de l'industrialisation, ou doit-on céder à sa pression, le libérer des contraintes qui lui pèsent, « élargir la Nep » et faire au koulak de nouvelles concessions, pour pouvoir poursuivre l'industrialisation? Concrètement, cela signifie un choix entre deux attitudes : une politique de pression et de répression forçant le koulak, d'une façon ou d'une autre, à écouler ses récoltes, ou bien l'extension de ses « droits » à la propriété, à l'exploitation et à l'emploi de main-d'œuvre qu'il revendique évidemment, ce qu'on appelle « néo-Nep ». La question est posée dans un débat économique qui a commencé comme une simple discussion académique avec une communication d'E.A. Préobrajensky à l'Académie communiste sur « La Loi fondamentale de l'accumulation socialiste [3] ». Partant d'une comparaison avec la période de l'« accumulation capitaliste primitive » signalée par Marx à l'aube du développement capitaliste, l'ancien porte-parole de l'opposition des Quarante-six formule ce qu'il appelle la « loi fondamentale de l'accumulation socialiste primitive », selon laquelle un État arriéré qui s'engage vers le socialisme doit exploiter – au sens économique du terme – la paysannerie et les artisans au bénéfice de l'industrialisation, et diriger l'économie du point de vue, non du consommateur, mais du producteur.

La qualité d'oppositionnel de Préobrajensky est évidemment pain bénit pour les ennemis de Trotsky dont on le sait proche personnellement. C'est Boukharine qui lance la première attaque non dans un bulletin scientifique, mais dans la *Pravda*, sous le titre « Une découverte nouvelle dans l'économie soviétique, ou Comment ruiner le bloc ouvrier paysan ». Il y attaque la communication de Préobrajensky, qu'il présente comme « les bases économiques du trotskysme » et « l'aspect économique du point de vue antiléniniste ». Il orchestre sur tous les tons « la sous-estimation de la paysannerie » et « l'idéologie de l'atelier » qui « revendique une plus grande pression sur la paysannerie pour la plus grande gloire du prolétariat [4] ». Son second article, « Critique de la plate-forme économique de l'Opposition. Leçons d'Octobre 1923 », s'efforce de démontrer que les positions de Trotsky et de Préobrajensky sont identiques derrière des formulations légèrement différentes. Boukharine assure que c'est bien la formule de Trotsky sur « la dictature de l'industrie » qu'il faut entendre quand Préobrajensky assure qu'on ne saurait échapper à « une croissance forcée de l'accumulation industrielle [5] ». Le débat théorique indispensable se perd dans la polémique politicienne. Incontestablement affaibli par l'exploitation faite contre lui des formules de Préobrajensky, Trotsky se tait.

On devine cependant, derrière la polémique, une certaine hésitation parmi les dirigeants... En 1924, on sent dans le parti un courant peu disposé à faire des concessions aux koulaks. Il est nourri notamment par les nombreux incidents provoqués dans les villages par leurs entreprises, rapportés dans la presse par les *selkors* – ces correspondants paysans qui sont presque toujours des ouvriers communistes. A la suite de sa révélation dans la *Pravda*, par L.S. Sosnovsky, proche de Trotsky [6], la presse orchestre l'affaire de Dymovka, ce village ukrainien où un selkor a été assassiné pour avoir divulgué les agissements des koulaks locaux.

En 1925 pourtant, c'est la tendance pro-koulak qui commence à l'emporter sous la double influence des troubles ruraux en Géorgie en automne 1924 et de la crise de subsistances de 1925. Kamenev se prononce publiquement, au début d'avril, pour une accumulation paysanne réglementée et pour l'abolition des restrictions à l'utilisation de la terre, la location et l'emploi de la main-d'œuvre qui, dit-il, freinent le développement des forces productives [7]. Il est probable que la direction s'est mise d'accord sur un tel programme quand, le 17 avril 1925, dans un meeting au théâtre Bolchoi, Boukharine fait une déclaration sous une forme fracassante qu'il devra désavouer sans que cela change rien au fond :

> « La couche aisée de la paysannerie – le koulak et partiellement le paysan moyen – a maintenant peur d'accumuler. [...] Notre politique à l'égard de la campagne devrait aller dans le sens d'une révision, d'une abolition partielle de bien des restrictions qui freinent la croissance de la ferme aisée du koulak. Aux paysans, à tous les paysans, nous devons dire : Enrichissez-vous, développez vos fermes et n'ayez pas peur d'une contrainte sur vous [8]! »

En fait, c'est le début de la politique du « pari » sur le koulak, marquée par l'engagement dans la voie des concessions à ses revendications, cet élargissement de la Nep que le public attribue à l'influence du Boukharine, sur laquelle Zinoviev et Kamenev émettent des réserves et que Staline, prudemment, soutient de loin. Cette position a évidemment des conséquences sur la politique internationale : Rykov, l'un de ses principaux protagonistes, aime à répéter en privé qu'il n'y aura plus désormais de « feu d'artifice en Europe [9] ».

A ce moment pourtant, il y avait déjà plusieurs mois que Staline, jusque-là plus réservé, avait adopté une théorie nouvelle en se prononçant, dans la *Pravda* du 24 décembre 1924, pour la perspective de la « construction du socialisme dans un seul pays », dont Rykov parle depuis le mois d'octobre. En avril 1924 encore, le secrétaire général se contentait de la formule passe-partout selon laquelle, « pour le triomphe définitif du socialisme, l'organisation de la production socialiste, il ne suffit pas des efforts d'un seul pays, particulièrement d'un pays rural par excellence comme la Russie [10] ». En décembre 1924, il assure que l'un des acquis essentiels d'Octobre est que la dictature du prolétariat résulte en Russie « de la victoire du socialisme dans un pays à capitalisme peu développé ». Il appuie cette affirmation par deux citations, coupées de leur contexte, dans lesquelles Lénine parle de « créer la nouvelle société socialiste » et d'« instaurer et d'asseoir solidement le socialisme ».

Il n'a guère de peine ensuite à affirmer que « la théorie de Trotsky [...] s'oppose absolument à la théorie léniniste et à la victoire du socialisme dans un seul pays [...], à l'enseignement de Lénine sur la victoire possible du socialisme dans un seul pays capitaliste ». A la sous-estimation de la paysannerie, il ajoute une accusation supplémentaire :

> « Le manque de foi en la force et la vitalité de notre révolution, le manque de foi en la force et la puissance créatrice du prolétariat russe, c'est la base même de la théorie de la révolution permanente. [...] La " révolution permanente " du camarade Trotsky est une espèce de théorie menchevique [11]. »

Il ne semble pas que Staline ait eu à ce moment conscience d'avoir réellement innové sur le plan théorique. Il s'agissait encore, dans son esprit, d'embarrasser Trotsky et de le mettre en difficulté par des arguments polémiques :

> « Trotsky nous dit [...] que la révolution ne saurait trouver les forces nécessaires [à la victoire du socialisme] que " sur l'arène de la révolution prolétarienne mondiale ". Mais qu'adviendra-t-il si la révolution internationale est retardée dans sa marche? A cette éventualité, Trotsky ne voit pas de solution, car les antagonismes qui caractérisent la position du gouvernement ouvrier ne disparaîtront que sur l'arène de la révolution prolétarienne mondiale. Il ne s'ouvrirait donc devant notre révolution qu'une seule perspective : dépérir lentement, rongée par ses antagonismes intérieurs, en attendant le jour de la révolution mondiale [12]. »

Il semble bien qu'au bureau politique précédant la réunion de la conférence du parti, en avril, il y ait eu quelques échanges sans gravité sur cette question et sur la question, « plus complexe qu'il ne semblait au premier abord », que Boukharine posa nettement au même moment : « Pouvons-nous construire le socialisme dans un seul pays tant qu'il n'y a pas eu de victoire du prolétariat d'Europe occidentale [13]? »

***

L'année 1925 est aussi et surtout celle de l'éclatement du triumvirat, de la rupture entre Staline, soutenu par Boukharine et par la majorité du bureau politique, d'un côté, et Zinoviev et Kamenev de l'autre, considérablement affaiblis par le ralliement à Staline du nouveau secrétaire du parti à Moscou, N.A. Ouglanov [14]. Cette rupture fut précédée par sept mois de conflits dans les coulisses de l'appareil, dont la plupart n'ont été révélés finalement que lors des rapports et débats du XIVe congrès, en décembre.

Dans sa réponse lors de ce dernier, Staline cite sept de ces conflits : la proposition d'exclusion de Trotsky du parti, faite par le comité provincial du parti de Leningrad; la violente attaque de Sarkis, un homme de Zinoviev, contre Boukharine lui reprochant d'avoir organisé correspondants ouvriers et paysans (rabkri et selkori) autour des journaux intéressés et non dans les organisations territoriales du parti; le projet de publication à Leningrad d'une revue théorique également appelée *Bolchevik*; les velléités d'indépendance des Jeunesses communistes de Leningrad et la révocation de trois de leurs dirigeants par le bureau politique du parti; la publication par Zinoviev de l'article « La Philosophie d'une époque »; enfin la dénonciation par Leonov des propos hostiles à la direction tenus par P.A. Zaloutsky, secrétaire du comité provincial de Leningrad [15].

Zinoviev et Kamenev, dans le cours du même XIVe congrès, assurent que, de leur côté, ils ont émis des réserves sur la possibilité de la « victoire du socialisme dans un seul pays » en avril et imposent à ce sujet une formule de compromis en vue de la conférence du parti. Ils assurent également avoir critiqué la formule « Enrichissez-vous! » de Boukharine, finalement condamnée par le bureau politique sur l'insistance de Kroupskaia [16], et s'être inscrits en faux contre les affirmations de son disciple Bogouchevsky sur le caractère « obsolète » et « fantomatique » du danger koulak [17].

En septembre 1925, ces critiques s'expriment de façon voilée en public au milieu de déclarations conformes à la politique officielle. Dans un discours du 4 septembre prononcé à Moscou, Kamenev relève par exemple la question du « contenu social » de la moisson, entièrement contrôlée par les koulaks dont il estime nécessaire de limiter la croissance en aidant les paysans petits et moyens [18]. L'Institut Lénine, placé sous son autorité, publie au même moment un article, jusque-là inédit, de Lénine, écrit en août 1918 et intitulé « Camarades ouvriers! Marchons au combat décisif! », qui constituait un appel « à la répression impitoyable des koulaks, ces buveurs de sang, ces vampires, ces pilleurs du peuple, ces spéculateurs qui s'enrichissent de la famine [19] ».

De son côté, Zinoviev saisit le prétexte de la publication, à Kharbine, d'un livre de l'émigré N.V. Oustrialov, l'animateur de la revue *Smena Vekh*, qui prévoit, pour la Russie, à travers la Nep, un retour pacifique et graduel vers le capitalisme et salue la montée, derrière le nepman, du « gros paysan [...] en train de devenir le seul maître de la terre soviétique [20] », après avoir applaudi avec enthousiasme la formule de Boukharine sur l'enrichissement. Sous le titre « La Philosophie d'une époque », Zinoviev assure que le développement de la Nep, combiné au retard de la révolution mondiale, crée un danger de dégénérescence et rappelle que la révolution d'Octobre s'est faite « au nom de l'égalité ». Cet article, tel qu'il est finalement publié les 19 et 20 septembre dans la *Pravda*, est amendé : il a été notamment expurgé, à l'initiative de Molotov et de Staline [21], de ses attaques contre Boukharine.

La deuxième manifestation publique des velléités critiques de Zinoviev est son livre *Le Léninisme*, publié en octobre avec une préface datée du 17 septembre 1925. Il commence par une série de chapitres, dix au total, tout entiers consacrés, sur le ton habituel de cette polémique, aux attaques contre Trotsky et animés du désir de faire apparaître leur auteur comme l'interprète orthodoxe du léninisme face au « trotskysme ». Puis, à la fin du chapitre X sur « Lénine et la dictature du prolétariat », Zinoviev revient à Oustrialov dont il cite, sans nommer Boukharine, un article où il écrit qu'« Enrichissez-vous! » est un « mot d'ordre de vie, mot d'ordre d'assainissement, cri intérieur génial [22] ». Il explique que le danger existe réellement – comme Lénine l'a indiqué – d'un « ébranlement de la dictature du prolétariat par les influences petites-bourgeoises et antiprolétariennes qui s'exercent sur l'appareil d'État, sur l'économie et sur le parti [23] ».

A l'aide de force citations de Lénine, il définit la Nep comme la création d'un capitalisme d'État à travers une retraite qui n'implique nullement la fin de la lutte des classes; elle implique, au contraire, assure-t-il, la lutte la plus acharnée contre les koulaks avec lesquels « il ne peut y avoir ni de paix [...] ni de milieu » et qui sont « les ennemis implacables du régime soviétique [24] ».

Il aborde ensuite la question de la possibilité de la « victoire du socialisme dans un seul pays », soulevée en décembre 1924 par Staline – qu'il ne nomme pas. Considérant que la « victoire définitive du socialisme » ne saurait être que « l'abolition des classes [25] », il présente une nouvelle accumulation de citations et de textes de Lénine pour affirmer que « la révolution prolétarienne ne peut vaincre *définitivement* dans un seul pays [26] ». Dans le même temps, son souci de poursuivre la polémique contre le « trotskysme » et de démontrer une fois de plus le caractère « antiléniniste » de la « révolution permanente », le conduit à écrire :

> « Il ne faut pas se représenter les choses d'une façon trop simpliste. Si l'on nous demande si nous pouvons et devons établir le socialisme dans un seul pays, nous répondons que nous le *pouvons* et le *devons*. [...] Dès maintenant et sans attendre, nous travaillons à édifier le socialisme en U.R.S.S. Il est certain que nous pourrions maintenir notre révolution et lui conserver " un certain degré ", et même un fort degré de socialisme. Nous devons faire chez nous le maximum pour la révolution mondiale tout en édifiant le socialisme dans un seul pays [27]. »

Les thèmes développés dans les dernières pages sur la nécessaire revitalisation des soviets, la réduction de l'interventionnisme du parti, la nécessité absolue de la démocratie prolétarienne en son sein n'ont évidemment pas de signification en eux-mêmes. Le 4 septembre Zinoviev et Kamenev signent, avec Kroupskaia et Sokolnikov, une « Plateforme des quatre » qui veut faire le parti juge de ses divergences, et qui n'a jamais été publiée.

En revanche, l'affaire Zaloutsky est indicative de l'humeur belliqueuse parmi les apparatchiki de Leningrad et en même temps de la détermination de Staline et de son appareil de ne pas perdre le contrôle de la situation. Secrétaire du comité provincial de Leningrad, ancien ouvrier d'usine, puis cheminot, P.A. Zaloutsky est un homme clé, le bras de Zinoviev dans l'organisation du parti à Leningrad. C'est lui qui, au début de l'année, a été le principal défenseur de la proposition leningradienne d'exclure Trotsky du parti – proposition qu'il a peut-être défendue aussi dans une brochure publique. L'affaire Zaloutsky n'est pas née d'un discours prononcé en public, comme l'a affirmé Isaac Deutscher [28] – imprudemment suivi sur ce point par d'autres –, mais d'une lettre dénonçant ses propos tenus en privé. Elle a été reconstituée par E.H. Carr à partir des allusions et mentions qui en ont été faites au XIVe congrès et dans la presse de l'époque [29].

C'est un nommé Leonov – dont nous ignorons s'il était un militant ordinaire ou un agent provocateur – qui s'est en effet adressé à la direction du parti pour dénoncer les propos que Zaloutsky lui aurait tenus au cours d'une conversation privée en réponse à des questions. Zaloutsky aurait assuré notamment que le parti était en train de « créer un État bourgeois » que les dirigeants du comité central appelaient « construction du socialisme », qu'ils traitaient Leningrad « comme une province ». Il aurait prononcé à leur sujet les mots de « dégénérescence » et de « Thermidor », comparant la position de Staline à celle de Bebel, tentant de maintenir la balance égale entre révolutionnaires orthodoxes et « opportunistes » [30]. Selon le rapport de la commission centrale de contrôle, Zaloutsky aurait reconnu l'ensemble des propos qui lui étaient reprochés, sauf les phrases sur « la dégénérescence » et sur « Thermidor », se contentant de dire qu'il ne visait pas tout le comité central, mais particulièrement Boukharine, Molotov et Boubnov [31].

La commission centrale de contrôle, au terme d'une enquête rondement menée, demande au comité provincial de Leningrad la révocation de Zaloutsky, et l'obtient, après un vote disputé : 19 voix contre 16. Aucune explication politique n'est donnée de son déplacement.

Quelle fut la portée publique de ces conflits d'appareil? Il n'est pas facile de répondre à cette question. Certains auteurs se laissent emporter par leur imagination ou un désir de démonstration. C'est ainsi qu'Isaac Deutscher narre ses développements sur le ton de l'épopée :

> « Leningrad répondit (à la politique du pari sur le koulak) par une explosion d'indignation. [...] La controverse dépassa alors le cadre de la politique courante et embrassa les problèmes les plus généraux auxquels elle renvoyait. Avons-nous, oui ou non, demandèrent les militants de Leningrad, fait une révolution prolétarienne? [...] Ce ne fut pas Zinoviev ou Trotsky, ou quelque autre illustre intellectuel, mais Pierre Zaloutsky, un ouvrier autodidacte, secrétaire de l'organisation du parti à Leningrad qui, le premier, dans un discours public, fit une comparaison significative entre l'état actuel du bolchevisme et le jacobinisme sur son déclin. Ce fut Pierre Zaloutsky qui, le premier, signala le danger " thermidorien " qui menaçait la révolution russe. [...] C'est un cri pour la restauration de

l'idéal révolutionnaire qui partit de Leningrad. Que nos dirigeants restent fidèles à la classe ouvrière et à l'idéal socialiste [32]! »

Cette description quelque peu apocalyptique de la situation dans la ville d'Octobre est sans doute destinée à souligner ce que l'auteur considère comme la passivité incompréhensible de Trotsky devant « l'explosion d'indignation de Leningrad ». De nombreux indices attestent, bien entendu, des réserves des dirigeants de Leningrad à l'égard de la politique de Boukharine, soutenue jusqu'alors par Staline. Incontestablement, les ouvriers – et pas seulement à Leningrad – se demandaient, de préférence à voix basse, pourquoi ils avaient fait la révolution et manquaient de pain. Il n'est pas non plus douteux que Zinoviev, une fois décidé à la bataille au congrès, ait cherché à s'appuyer sur l'état d'esprit de sa « base » en reprenant et en développant ses revendications et aspirations, et qu'il ait même cherché à la mobiliser sans en perdre pour autant le contrôle. Mais rien, pour le moment, et surtout pas les déclarations de Zinoviev sur la nécessité de la démocratie ouvrière, ne venait modifier la poigne de fer et la façon parfaitement bureaucratique et même autocratique dont était mené le parti à Leningrad.

Le caractère romancé de l'interprétation de Deutscher apparaît en particulier dans la présentation qu'il fait de l'affaire Zaloutsky. Une conversation privée est présentée comme « un discours public », et un apparatchik endurci comme « un ouvrier autodidacte ». Nous reviendrons ci-dessous sur la question de savoir s'il est possible que Trotsky ait été informé de l'affaire Zaloutsky. Rappelons simplement ici que cet homme, au mois de janvier encore, avait exigé l'exclusion de Trotsky du parti et qu'il ne se souciait pas, apparemment, dans le réquisitoire qu'il dressait contre ses dirigeants, de rendre justice à ceux qui l'avaient précédé dans cette voie.

Il faut également mentionner ici l'interprétation qui a été exposée par le menchevik Valentinov selon laquelle Trotsky aurait été en fait « allié » à Staline depuis son retour du Caucase et à la suite d'une entrevue « secrète » au cours de laquelle il aurait payé sa contribution en acceptant le changement de nom de Tsaritsyne en Stalingrad *... Mais il n'y a pas l'ombre d'un indice à l'appui.

* * *

La session du comité central d'octobre à laquelle les « quatre » sont censés avoir soumis la « plate-forme » dont le texte ne nous est toujours pas connu, n'est pourtant pas celle d'une rupture : ni l'un ni l'autre des deux camps en présence ne brûlent ses vaisseaux. Après

* La controverse s'est déroulée en 1959 dans les colonnes du *Sotsialistitcheskii Vestnik* : l'article de Valentinov a paru dans le nº 2/3 de février-mars, une réponse de N.I. Sedova dans les numéros 8/9 d'août-septembre, une lettre au sujet de Bajanov dans le numéro 12, le tout étant conclu par une mise au point de Souvarine dans le numéro 4 d'avril 1960.

trois jours de débat, ce sont des résolutions unanimes qui sont finalement adoptées. L'historien britannique E. H. Carr écrit :

> « L'accord [...] n'était pas un traité de paix entre les deux fractions. C'était une trêve temporaire [...], mais les deux camps voulaient indubitablement que la trêve se poursuive assez pour couvrir le déroulement du proche XIVe congrès. Mais aucune trêve ne peut obliger les partis à rester inactifs et à s'abstenir d'essayer d'améliorer leurs positions respectives [33]. »

Nous ignorons si la version donnée au XIVe congrès du déroulement du meeting du 7 novembre à Leningrad – véritable défi, diront les partisans de Staline, à l'autorité du comité central [34] – est exacte. Mais nous savons que, le 12 novembre, une dure session de neuf heures du comité de Leningrad se termina par une résolution qui s'engageait à soutenir le comité central [35].

Dans les semaines précédant le XIVe congrès, la polémique fait rage entre la *Pravda* de Moscou et celle de Leningrad, parfois avec les épithètes et les expressions les plus violentes. Le reste du parti vote comme un seul homme pour la majorité du comité central. Bien des observateurs compétents pensent d'ailleurs que la crise épargnera le XIVe congrès et que la direction s'y présentera unie. E. H. Carr écrit :

> « Il est significatif que les dirigeants, même s'ils ne peuvent être tenus pour quittes d'une certaine complicité avec les hommes de main des deux côtés, n'aient pas participé à la campagne : on dit que Zinoviev " versa de l'eau chaude " sur les " gauchistes " qui brûlaient d'en découdre, dans les rangs de ses partisans. On préserva l'apparence d'unité au sommet du parti et il semblait possible que le compromis bricolé à la session d'octobre du comité central puisse tenir bon aussi pour le congrès de décembre [36]. »

L'explosion se produit pourtant à la veille de ce congrès, dans le cours, ou plutôt à l'intersection des conférences régionales de Moscou et de Leningrad. A Leningrad, indiscutablement, Zinoviev a tenté de calmer le jeu, lançant un vibrant appel, selon la formule consacrée, à l'organisation pour qu'elle se dresse « comme un seul homme, pour le comité central, pour une seule ligne léniniste, pour le léninisme [37] ». En dépit des violentes attaques contre la direction d'hommes comme Safarov et Sarkis, Zinoviev parvient même, le 3 décembre, à faire adopter une résolution appuyant la ligne du comité central dans un esprit d' « unité léniniste [38]. »

La conférence de Moscou provoque le tournant décisif. Boukharine s'y livre à une attaque virulente et très provocatrice contre « les jeunes dames hystériques du parti [39] » – une attaque *ad hominem* contre Zinoviev dont la voix tourne au fausset dans les moments d'indignation. Molotov, avec des formes, introduit une comparaison entre l'opposition de Leningrad et celle de 1923. La résolution finale, votée avec la voix de Kamenev lui-même, constitue pourtant une attaque en règle contre Leningrad [40], où son arrivée provoque l'indignation des délégués à la conférence. Zinoviev assure :

> « J'affirme qu'il y a là un clair verdict politique, porté pas seulement sur mes propres erreurs, réelles ou imaginaires : ce sont des paroles qui font référence à l'organisation de Leningrad, aux ouvriers de Leningrad. [...] Toute cette affaire est menée sous le mot d'ordre : " Cognez sur les Leningradiens " [41]. »

Dès lors, les incidents de séance se multiplient, notamment entre la majorité des délégués et l'envoyé de Moscou, Iaroslavsky. La résolution finale, adoptée à l'unanimité moins trois voix, réfute les accusations de Moscou [42]. A Moscou, Kouibychev insiste sur la gravité de la déviation qui exprime, dit-il, la « peur panique du koulak [43] ». La réponse de la conférence de Moscou à Leningrad ne craint plus de prononcer des noms :

> « Nous croyons que le point de vue des camarades Zinoviev et Kamenev exprime un manque de foi dans la force interne de notre classe ouvrière et des masses paysannes qui les suivent. Nous croyons que c'est là un abandon de la position léniniste [44]. »

Les jeux sont-ils fait ? Le 15 octobre, à l'ouverture du comité central, la majorité fait aux « quatre » des propositions écrites pour une trêve. Elle propose l'adoption sous une forme atténuée de la résolution de la conférence de Moscou; la non-publication de l'échange entre les deux conférences; l'engagement de s'abstenir au congrès de toute polémique entre membres du bureau politique; le désaveu des articles polémiques de Safarov et de Sarkis; la réintégration des dirigeants récemment écartés à Leningrad; l'entrée d'un représentant de Leningrad au secrétariat et dans le comité de rédaction de la *Pravda*, la nomination, avec l'accord du C.C., d'un nouveau rédacteur en chef de la *Leningradskaia Pravda* [45]. Zinoviev ne voit dans ces propositions qu' « une exigence de capitulation sans aucune garantie pour l'avenir [46] ». Il ne reste plus qu'à demander, quarante signatures de délégués à l'appui, un co-rapport sur le travail du C.C. pour Zinoviev, qui parlera donc après Staline.

Le congrès est apparu, à bien des égards, comme un combat obscur. Le rapport de Staline est général et plat. Le co-rapport de Zinoviev [47], très mesuré, nomme Boukharine dans la critique, désormais rituelle, de son « Enrichissez-vous ». Il se plaint plus qu'il ne défie, relève justement E. H. Carr, qui n'a pas vu dans son discours « l'appel à l'action d'un dirigeant potentiel [48] ».

Trotsky, présent au congrès, garde le silence. Mais le souvenir des polémiques contre lui plane sur le congrès [49]. Boukharine souligne que personne n'a demandé à Zinoviev de confesser publiquement son erreur de 1917 [50]. Kroupskaia rappelle que le congrès n'est pas tout-puissant et qu'il se doit de chercher la vérité [51]. Lachévitch se plaint qu'on veuille « couper » du parti Zinoviev et Kamenev, et se fait interrompre au cri de « liberté des groupements [52] ». Quelqu'un interrompt Kroupskaia pour crier : « Lev Davidovitch, voilà des alliés ! » Kamenev va plus loin, dans sa dernière intervention [53]. Il désigne Staline comme le protecteur de la ligne Boukharine sur le koulak, s'en prend à la « théorie d'un chef », la « fabrication d'un chef », du secrétariat qui « combine organisation et politique et se place au-dessus de l'organe politique » et va jusqu'au bout de sa pensée en proclamant :

> « Je l'ai dit au camarade Staline, je l'ai répété maintes fois aux camarades du groupe des vieux-bolcheviks et je le redis au congrès : je suis arrivé à la conclusion que le camarade Staline ne peut remplir le rôle d'unificateur du parti [54]. »

C'est un autre congrès qui commence alors. Quand Zinoviev monte à la tribune pour évoquer la persécution et le demi-état de siège auxquels est soumise l'organisation de Leningrad [55], il est interrompu de cris ironiques : « Et Trotsky ? » Il fait sensation quand il déclare, puis répète dans un silence impressionnant :

> « Sans permettre les fractions et tout en maintenant notre position sur les fractions, nous devrions en même temps donner au comité central la directive de replacer dans le travail du parti tous les anciens groupes du parti et leur offrir la possibilité de travailler sous la direction du comité central [56]. »

C'est un signe de la crise que Staline, dans sa réponse, se tienne sur le terrain des sentiments et accuse Zinoviev et les siens de « vouloir le sang de Boukharine » [57]. Il menace pourtant : le parti veut l'unité, « avec les camarades Zinoviev et Kamenev s'ils le désirent, *sans eux* s'ils ne veulent pas ». La résolution finale est votée par 559 voix contre 65 – le plein des voix de l'Opposition...

* * *

L'éclatement du triumvirat et la position abstentionniste adoptée par Trotsky devant cette bataille d'appareil constituent pour Isaac Deutscher l'occasion de dresser un vigoureux réquisitoire – le plus sévère sans doute de tous ceux qui émaillent sa biographie de grand révolutionnaire. Après avoir souligné que Trotsky, qui « tenait là le réalignement politique qu'il avait attendu et l'occasion d'agir », s'est tenu « à l'écart [58] », il juge inexplicable qu'un « observateur aussi bien placé, aussi intéressé et pénétrant que Trotsky ait pu rester ignorant de l'évolution politique et aveugle aux multiples signes qui la révélaient » pourtant [59]. Il devient véhément :

> « C'est alors qu'arrivèrent les jours les plus étranges de la vie politique de Trotsky [...]. Du début jusqu'à la fin, ce congrès ne fut qu'une tempête politique, une tempête telle que le parti n'en avait jamais connue au cours de sa longue et tempétueuse histoire. C'était le sort du parti et de

la révolution qui était en jeu. [...] Chaque camp avait les yeux fixés sur Trotsky, se demandant de quel côté il allait se ranger et attendant, le souffle coupé, qu'il prît position. Mais tout au long des semaines que dura le congrès, Trotsky resta muet. Il n'eut rien à dire lorsque Zinoviev [...] rappela le Testament de Lénine [...] ou [...] lorsque la majorité [...], écumant de rage et injuriant Kamenev, acclama pour la première fois Staline comme le chef " autour duquel était uni le comité central ".

« Trotsky ne se leva pas davantage pour affirmer sa solidarité avec Kroupskaia. [...] Trotsky écouta, comme s'il n'était pas concerné, la controverse sur le socialisme dans un seul pays. [...] Jusqu'à la fin, pas un mot ne sortit de la bouche de Trotsky [60]. »

Ici aussi, le polémiste l'emporte sur l'historien sous la plume du biographe : Isaac Deutscher force le tableau pour se donner des arguments.

Après sa rechute et la longue cure qu'il avait effectuée à Soukhoum une seconde fois, Trotsky était revenu à Moscou, à la fin d'avril, sans ignorer les efforts de Zinoviev et de ses proches pour obtenir son exclusion. Au mois de mai, il avait été affecté à la présidence du comité des concessions, de l'administration de l'industrie électrique et du conseil scientifique-technique, chargé de l'application à l'industrie de la recherche scientifique. Il se plonge aussitôt dans le travail scientifique, entreprenant de véritables études supérieures scientifiques pour remplir ses fonctions administratives. En son nom, son jeune secrétaire, V. B. Eltsine, transmet ses directives à Victor Serge pour les oppositionnels de Leningrad : « En ce moment, ne rien faire, ne point nous manifester, maintenir nos liaisons, garder nos cadres de 1923, laisser Zinoviev s'user [61]. »

Or une première difficulté l'attendait à Moscou, vraisemblablement machinée par Zinoviev, grâce à l'appareil de l'Internationale. On lui demande de Londres une prise de position sur le livre récemment publié en anglais par Max Eastman, *Since Lenin died* (Depuis la mort de Lénine). Eastman, lié à lui depuis sa première visite en Union soviétique sur les talons de John Reed, tenait de lui certaines informations qu'il avait publiées dans son livre sur le « testament », sur les tentatives de ne pas publier son dernier article, sur le conflit avec « les trois », sur la lettre adressée à Trotsky par Kroupskaia au lendemain de la mort de Lénine.

Il n'a sans doute pas de peine à formuler au travail d'Eastman le reproche d'utiliser un critère psychologique et non politique et de prononcer des jugements arbitraires et subjectifs, manquant du nécessaire sens des proportions. Mais, sous le chantage du comité central, coincé dans une commission face à Staline, Zinoviev, Kamenev, Boukharine et Tomsky, il est obligé de résoudre une fois de plus, comme l'écrit E. H. Carr, le dilemme de devoir « livrer bataille sur une question secondaire et sur un terrain défavorable ou de se soumettre et de désavouer ses partisans [62] ». Boris Souvarine a rapporté à l'époque, dans une conversation avec Eastman, un témoignage selon lequel Trotsky s'était « battu pied à pied, jusqu'au bout [63] ».

Le résultat est là. Le communiqué de Trotsky parle de diffamation, d'affirmations « mensongères et fallacieuses », de « bavardage », « malveillance », « prétendue amitié » avec Eastman [64]. Ce dernier ne se remettra jamais de la blessure ainsi infligée. Si on l'en croit, ce désaveu de Trotsky lui a fait perdre plus d'un ami et il cite à ce propos le témoignage du correspondant anglais Reswick et d'Enoukidzé qui pense que l' « idole » a eu tort de « descendre de son piédestal ». En 1928, d'Alma-Ata, Trotsky écrira à Mouralov qu'Eastman avait commencé cette affaire de sa propre initiative – il ignorait alors que Rakovsky avait approuvé l'initiative d'Eastman – et à ses propres risques, à un moment où les dirigeants de l'Opposition étaient opposés à l'idée d'engager une lutte politique ouverte :

> « C'est pourquoi, *sur décision du groupe dirigeant de l'Opposition*, j'ai signé la déclaration sur Max Eastman, *qui m'a été imposée par la majorité du bureau politique* avec l'ultimatum de signer telle quelle la déclaration ou de commencer la lutte ouverte là-dessus [65]. »

Tenu à l'écart des véritables décisions et d'une grande partie de l'information par le doublage des réunions du bureau politique par les réunions « fractionnelles » de la « bande des sept » – les six autres membres du bureau politique plus Kouibychev –, il ne semble pas avoir été surpris, contrairement à ce qu'assure Deutscher, par l'existence d'un conflit au sein du triumvirat [66], mais seulement que ce conflit ait éclaté au grand jour dès le XIVe congrès, en décembre 1925.

Nous possédons des notes prises par lui au cours de la discussion avec ses amis proches. Le 9 décembre 1925, il relève que le conflit a comme racines sociales l'antagonisme entre classe ouvrière et paysannerie, mais que les formes qu'il revêt sont conditionnées exclusivement par le régime du parti, ironise amèrement sur le caractère unanime des résolutions adoptées de part et d'autre, parle d'un conflit confiné aux sommets et de son caractère « schématique, doctrinaire, scolastique même [67] ».

Le 14 décembre, il se livre à une analyse des mots d'ordre et des divergences exprimées par les deux camps en présence et développe à nouveau ses positions sur le rôle du Gosplan et la nouvelle politique agraire [68].

Les notes prises par Trotsky au cours du congrès – datées du 22 décembre – semblent répondre d'avance aux critiques que formulera plus tard Deutscher. Tout en reconnaissant qu'il y a un élément de vérité dans les allégations officielles selon lesquelles l'opposition de Leningrad s'engage à la suite de celle de 1923, il manifeste clairement que le déroulement du congrès ne l'a pas convaincu de la possibilité d'une alliance à court terme avec ses dirigeants . Évoquant le rôle passé des dirigeants de Leningrad dans la lutte contre le « trotskysme », le régime abominable qu'ils ont fait régner dans le parti à Leningrad depuis des années, il assure même que « le remplacement des dirigeants et l'adoption à Leningrad d'un ton moins arrogant à l'égard du parti dans son ensemble sont incontestablement des facteurs positifs ».

Reconnaissant que les dirigeants de Leningrad ont dû s'adapter finalement à « la sensibilité de classe du prolétariat de Leningrad », il assure, renvoyant dos à dos Moscou et Leningrad :

> « La démocratisation de la vie intérieure de ces organisations est une condition indispensable de leur résistance active et couronnée de succès aux déviations paysannes [69]. »

Mais Boris Souvarine cite une lettre non datée d'Antonov-Ovseenko à Trotsky, dans laquelle il lui reproche de n'avoir pas fait au congrès l'intervention *décidée* contre Zinoviev et Kamenev et d'avoir « cédé, non sans résistance, à l'impatience et à la pression des amis de la fraction [70] » : les choses ne sont pas aussi simples que Deutscher le croit.

Dans une lettre du 9 janvier 1926, en réponse à un message de Boukharine envoyé au lendemain d'une réunion du comité central, Trotsky donne sa propre interprétation de la situation à Leningrad – profondément différente de celle que Deutscher lui reproche de ne pas avoir adoptée :

> « L'état réel des affaires n'est pas du tout comme vous le voyez. Il est en réalité que le caractère inadmissible du régime de Petrograd n'a été révélé que parce qu'il a éclaté un conflit entre lui et les grands chefs de Moscou, et pas du tout parce que la base à Leningrad aurait protesté ou exprimé son mécontentement. [...] On ne trouve à Leningrad qu'une expression accentuée et plus déformée des caractères négatifs qui sont typiques du parti dans son ensemble. [...] Vous vous rappelez peut-être qu'il y a deux ans, dans une réunion du bureau politique, j'ai dit que les rangs du parti à Leningrad étaient muselés plus que partout ailleurs [71]. »

Le régime de Leningrad, est certes, il le reconnaît, un régime de « super-appareil », mais il ne pense pas que la ville puisse être séparée de Moscou par une frontière :

> « Considérez un instant ce fait : Moscou et Leningrad, les deux principaux centres prolétariens adoptent simultanément et en outre *à l'unanimité* (pensez-y, *à l'unanimité* !), à leurs conférences de parti, deux résolutions se visant l'un l'autre. Et considérez aussi que l'opinion officielle du parti, représentée par la presse, ne s'arrêtera pas sur ce fait vraiment choquant.
>
> « Comment cela est-il arrivé ? Quels sont les courants sociaux qui se dissimulent au-dessous [...] ? Quelle est donc l'explication? Simplement ce que chacun dit en silence : *l'antagonisme à 100 % entre Leningrad et Moscou est l'œuvre de l'appareil* [72]. »

Treize ans plus tard, l'oppositionnel de Moscou Andréi Konstantinov, dit Kostia, rappelle à ses camarades déportés, dans la forêt près de Vorkouta :

> « Un exemple frappant de ce qu'était devenu le parti était donné par les réunions de militants du parti quand l'Opposition de Zinoviev entra

dans la bagarre. Tous les militants de Leningrad acceptaient *unanimement* la résolution anti-Staline. *En même temps,* les militants de Moscou et de son district réunis se déclaraient contre l'Opposition.

« Personne n'avait plus d'opinion à soi – et comme on disait justement, la paroisse est comme le pope. Pour la majorité, ces " paroissiens " étaient des novices, les prêtres soigneusement " filtrés " et corrompus et l'habitude de la docilité était entretenue et renforcée par en haut, par tous les moyens, et toujours plus fermement implantée [73]. »

Telle est donc bien l'opinion de Trotsky – et celle de ses camarades – sur l'« Opposition de Leningrad », compte tenu des éléments et interventions au congrès que Deutscher lui reproche de n'avoir pas immédiatement et chaleureusement approuvés. Cela signifie tout simplement que Trotsky n'a pas partagé l'interprétation des faits que Deutscher lui oppose et au nom de laquelle il juge son attitude inexplicable.

Le 9 janvier 1926, la question de la « démocratie du parti » est encore et toujours pour Trotsky la pierre de touche de la nature sociale des fractions en présence dans le parti.

CHAPITRE XXX

Réalignements [1]

Déjà, le 28 décembre 1925, au comité central, Trotsky et ses deux camarades de l'Opposition de 1923, Rakovsky et Piatakov, ont voté contre le changement de direction de la *Leningradskaia Pravda* qui leur paraît un abus de pouvoir [2]. Le 5 janvier 1926, il vote au comité central contre les propositions de Staline qui ne sont ni plus ni moins que des représailles contre l'opposition de Leningrad. Comme Kamenev s'étonne de voir Boukharine, hostile dans le passé aux représailles contre les « trotskystes », réclamer contre la nouvelle opposition l'usage du fouet, Trotsky s'écrie, sarcastique : « C'est qu'il y a pris goût [3]! »

Les représailles vont vite. Molotov est sur place à Leningrad dès le 5 janvier, avec une équipe qui comprend notamment Kirov, Andreiev, Vorochilov et Kalinine, autrefois ouvriers aux usines Poutilov. La délégation de Leningrad au XIVe congrès est mise en accusation pour avoir violé la résolution de la conférence régionale pour « l'unité du parti » et pour n'avoir pas tenu compte du vote « pour Moscou » du rayon ouvrier de Vyborg. En fait, il ne faudra pas quinze jours au groupe Molotov, appuyé sur des « groupes d'initiative » locaux, pour s'emparer de positions que Zinoviev estimait « imprenables [4] ».

Multipliant les réunions à tous les échelons, faisant le siège des responsables, faisant alterner promesses et menaces, les hommes de l'appareil central avancent au pas de charge. L'écrivain de langue française Victor Serge, partisan de Trotsky, qui a assisté à l'opération, écrit :

> « Il se trouva auprès de chaque comité local des malins qui comprirent que se prononcer pour le C.C., c'était commencer une nouvelle carrière; d'autre part, le respect, il faudrait dire le fétichisme du C.C., désarmait les meilleurs. [...] Pas une parole n'emportait l'adhésion, mais les vaincus s'étaient mis dans un mauvais cas. Le niveau de l'éducation, très bas, d'une partie de l'auditoire et la dépendance matérielle de chacun à l'égard des comités du parti assuraient le succès de l'opération [5]. »

Le retournement de l'organisation du parti de l'usine *Poutilov rouge* – que Zinoviev tenait pour son bastion –, le 21 janvier, marque la défaite de l'appareil leningradien. Un communiqué de victoire de Molotov dans la *Pravda* du 30 janvier indique que sur 72 907 membres du parti consultés à cette date – 85 % du total –, 70 389 – soit 96,3 % – se sont prononcés contre l'opposition qui n'a pour sa part recueilli que 2 244 voix, soit 3,2 % [6]. Zinoviev perd jusqu'à son siège de président du soviet de Leningrad. S.M. Kirov, un apparatchik venu d'Azerbaïdjan, prend en main l'appareil de la « Commune du Nord ». Cet effondrement du « super-appareil » zinoviéviste de Leningrad va évidemment bouleverser les données de la lutte à l'intérieur du parti et poser en termes nouveaux la question des alliances.

Nous avons déjà relevé que Trotsky avait observé durant le XIVe congrès une neutralité absolue : les déclarations, à certains égards positives à ses yeux, des dirigeants de la nouvelle opposition ne pouvaient nullement annuler, selon son jugement, leur crime majeur : avoir littéralement muselé le parti dans le principal centre prolétarien du pays. Les quelques dizaines de membres et sympathisants de l'Opposition de 1923 assistent, muets – et, comme beaucoup d'ouvriers, avec peut-être un sentiment au moins fugitif de « juste retour » – au règlement de comptes du début de janvier : Victor Serge indique que les oppositionnels se présentaient aux réunions de leurs organisations de parti, écoutaient les différentes interventions et partaient avant le vote [7]. Un auteur soviétique contemporain assure que Trotsky envisagea un instant d'intervenir dans la bataille contre Leningrad [8]. T.N. Nisonger, auteur d'une thèse sur l'opposition de Leningrad, mentionne l'appui donné au « groupe d'initiative de *Poutilov rouge* », fondé par la majorité, par le journaliste Vassili Tchadaev [9], présenté par Victor Serge comme l'un des organisateurs du centre local de l'Opposition de gauche [10].

En fait, des deux côtés, on s'intéressait depuis des mois à s'assurer l'alliance de Trotsky et des siens. On en a de multiples exemples dans les débats du congrès et ses lendemains. Tomsky, tout en défendant Staline contre Kamenev, rappelle aux délégués que Zinoviev et Kamenev avaient été partisans non seulement de frapper Trotsky, mais encore de l'achever par une exclusion, ce qu'il ne jugeait pas correct. Il souligne au passage le mérite de Trotsky qui a toujours fait des propositions concrètes [11]. Le même Tomsky, à *Poutilov rouge,* rappelle « tout ce que Trotsky a enduré [12] ». Il est à cet égard difficile d'apprécier dans quelle mesure les avances faites à Trotsky en provenance de la majorité du comité central émanaient de l'ensemble ou du seul groupe des proches de Boukharine.

La lettre de Trotsky à Boukharine du 9 janvier [13] répond à une lettre de ce dernier qui semble avoir été un réquisitoire contre l'appareil de Leningrad et une justification de l'offensive du comité central menée selon la formule : « Gagner les gens *à la base* tout en écrasant la résistance au sommet. » Il reproche à Trotsky de ne pas voir la réalité, du fait de ses « considérations formelles sur la démocratie ». Ce n'est pas là pure manœuvre. En fait, il semble avoir essayé de profiter du procès fait à Zinoviev pour tenter de réviser publiquement le verdict contre Trotsky. C'est ainsi qu'il assure en janvier 1926, à Leningrad :

> « Dans les discussions avec Trotsky, j'ai toujours été opposé à ce que la question soit posée en disant que Trotsky était un menchevik. Bien entendu, Trotsky n'est pas un menchevik. Il s'est battu pour la révolution d'Octobre et a réalisé beaucoup de choses pour lesquelles le parti lui doit beaucoup [14]. »

Staline n'est pas prêt à tenir, semble-t-il, le même langage. Zinoviev abattu, il ne se soucie guère de l'alliance de Trotsky. On peut en voir un indice dans la politique du patron de l'appareil de Moscou, N.I. Ouglanov, sous l'égide duquel se dessine très vite une nouvelle campagne de rumeurs et de calomnies contre Trotsky. Ce dernier n'est pas autorisé à prendre la parole devant des auditoires d'ouvriers, mais on fait courir le bruit qu'il donne des conférences payantes et empoche les droits d'entrée. Pis encore, cette campagne commence à revêtir des accents antisémites. Le 4 mars, Trotsky écrit à Boukharine pour lui proposer une vérification en commun des exemples concrets d'antisémitisme qu'il lui narre [15]. Nous ne savons plus rien de ces contacts, la correspondance déposée dans les archives à Harvard s'arrêtant sur un mot de Trotsky à Boukharine en date du 19 mars. L'accord n'était pas possible. L'idée, qui était probablement celle de Boukharine, de permettre à la base de s'exprimer et de critiquer, tout en écrasant toute velléité d'opposition au sommet, n'est, pour Trotsky, qu'un moyen d'élargir la base du régime d'appareil.

D'un autre côté, les avances de l'opposition de Leningrad, si longtemps arrogante dans son antitrotskysme venimeux, se sont exprimées aussi dans le cours du congrès, essentiellement dans la proposition de Zinoviev de réintégrer les « anciens groupes » dans la vie du parti, les interventions de Kamenev quant au fond, de Kroupskaia, et de Lachévitch qui, exaspéré par les cris de « trotskyste » lancés par la salle finit par répondre que Trotsky disait des choses très justes. Il faut bien admettre l'existence du grain de vérité que Trotsky trouvait à cette continuité entre l'opposition de 1923 et celle de Leningrad dans ses notes de décembre 1925 : la réalité sociale de l'Union soviétique pesait effectivement sur les regroupements politiques et leurs programmes.

Il faut cependant relever aussi qu'indépendamment de l'idée personnelle que pouvait avoir là-dessus Trotsky à partir du XIVe congrès, il ne lui aurait sans doute pas été facile de la faire admettre à bref délai et sans discussion à ses camarades de l'Opposition de 1923. Selon les éléments d'information dont nous disposons, les oppositionnels se sont en effet divisés profondément sur les conclusions à tirer de l'explosion du triumvirat. Karl Radek et Antonov-Ovseenko ont été d'actifs partisans de l'alliance avec la majorité du comité central, tandis que Sérébriakov œuvrait pour l'alliance avec les Leningradiens, redevenus des militants ordinaires du parti après l'effondrement de leur édifice bureaucratique [16]. S.V. Mratchkovsky, quant à lui, s'opposait à tout bloc, avec une formule lapidaire : « Staline nous trahira, et Zinoviev nous lâchera [17]. » La prédiction était exacte et Mratchkovsky devait en mourir...

Nous ne savons pas comment se déroulèrent les discussions au sein du noyau dirigeant de l'opposition de gauche. Victor Serge relate la surprise des oppositionnels de Leningrad apprenant que l'accord avait été réalisé entre les deux oppositions [18]. Le rapprochement semble s'être, dans une certaine mesure, fait de lui-même. Au comité central d'avril, dans un premier temps, Trotsky soutient un amendement de Kamenev à la résolution Rykov sur les problèmes économiques [19]. La publication, en février, des *Questions du léninisme,* où Staline polémiquait lourdement contre Zinoviev sur la question de la politique vis-à-vis du koulak, et, surtout, reprenait les thèmes sur la possibilité de la victoire du socialisme dans un seul pays, contribua peut-être au rapprochement entre les deux oppositions. Le premier contact est évidemment personnel, entre Trotsky et Kamenev. Trotsky ne s'en souvient que pour mentionner ce qu'il appelle « l'optimisme bureaucratique » de son interlocuteur qui lui déclare :

> « Il suffit que vous vous montriez avec Zinoviev sur une même tribune : le parti trouvera aussitôt son nouveau comité central [20]. »

D'autres entrevues suivent, avec cette fois Zinoviev et Kamenev, des réunions dont Trotsky indique qu'elles étaient présidées par Sapronov [21]. Trotsky les interrompt en partant, fin avril, pour Berlin où il va tenter de se faire soigner pour sa toujours mystérieuse maladie pendant un long mois [22]. Il raconte dans *Ma Vie* :

> « Zinoviev et Kamenev me firent des adieux presque touchants : ils n'avaient pas du tout envie de rester en tête à tête avec Staline [23]. »

Les négociations, de toute façon, sont allées très vite. Dans *Ma Vie,* Trotsky est discret à ce sujet :

> « La protestation de classe des ouvriers coïncida avec la fronde déclarée du haut dignitaire Zinoviev. [...] Au grand étonnement de tous et avant tout d'eux-mêmes, Zinoviev et Kamenev se trouvèrent forcés de reprendre, l'un après l'autre, les arguments des critiques de l'Opposition et furent bientôt relégués dans le camp des " trotskystes ". Il n'est pas étonnant que, dans notre milieu, le rapprochement fait avec Zinoviev et Kamenev ait semblé pour le moins paradoxal. [...] En fin de compte, les questions de cet ordre sont résolues par des appréciations politiques et non psychologiques. Zinoviev et Kamenev reconnurent ouvertement que les " trotskystes " avaient eu raison dans la lutte menée contre eux depuis 1923. Ils adoptèrent les bases de notre plate-forme. Dans de telles conditions, il était impossible de ne pas faire bloc avec eux [24]. »

Les seuls éléments d'information dont nous disposions sur l'état d'esprit de Zinoviev nous viennent de Ruth Fischer, qui se trouvait à cette époque en Allemagne et jouissait de sa confiance. Il lui a dit, au lendemain du XIVe congrès, son sentiment sur Staline, fourrier de Thermidor, son espoir de réveiller les cadres du parti en les regroupant. Ruth Fischer raconte :

> « Quand nous parlions d'une alliance avec Trotsky, Zinoviev me répéta souvent qu'il regrettait sincèrement d'avoir combattu Trotsky en 1923 : c'était cette sérieuse erreur qui avait permis à Staline de gagner la première manche. Mais il ne gomma jamais les divergences politiques qui continuaient entre lui et Trotsky. Zinoviev était en train de réviser sa croyance dans l'unanimité " d'airain bolchevique ". [...] " Il nous faut trouver un type d'organisation où toutes les tendances du socialisme révolutionnaire puissent trouver assez d'air pour exister ". [...] Zinoviev discutait aussi quel type de démocratie soviétique devait être légalisé.[...] Il était entendu qu'une fois le groupe Staline dépouillé du monopole du pouvoir, le nouveau régime dans le parti ne pourrait se maintenir qu'en faisant appel aux éléments qui voulaient une large extension de la démocratie soviétique [25]. »

Nous n'avons malheureusement aucune indication documentaire – seulement ce témoignage – sur cette conversion de Zinoviev à la démocratie du parti et des soviets, facteur évidemment décisif pour un rapprochement avec Trotsky. Ruth Fischer raconte également comment, presque timidement, Zinoviev aborda avec elle, quelques jours après le congrès, la question de l'alliance avec Trotsky :

> « " C'était, disait-il, une lutte pour le pouvoir d'État. Nous avons besoin de Trotsky non seulement parce que, sans son cerveau brillant et sa large audience, nous ne prendrons pas le pouvoir d'État, mais parce qu'après la victoire, nous aurons besoin d'une bonne poigne pour ramener la Russie et l'Internationale sur la voie socialiste. En outre, personne d'autre ne peut organiser une armée. Staline ne nous a pas opposé des manifestes, mais le pouvoir et on ne peut l'affronter qu'avec un pouvoir supérieur, non des manifestes. Lachévitch est avec nous, et si Trotsky et nous, nous nous allions, nous gagnerons. Ce que nous voulons, continuait-il, ce n'est pas un coup d'État, mais l'éveil de la base du parti et, à travers elle, de la classe ouvrière russe et européenne au danger de l'heure. C'est la classe ouvrière russe qui serait la victime de la contre-révolution. " [...] Il fallait gagner la majorité dans le parti, mais il fallait être sûr qu'on pourrait faire face à une tentative de l'empêcher de prendre le pouvoir, par la force, et en venir à bout par la violence. Seule une alliance de tous les oppositionnels pouvait mettre sur pied un tel programme [26]. »

Quand les trois hommes se retrouvent, Zinoviev et Kamenev sont prêts à reconnaître leurs erreurs passées, les méthodes d'appareil qu'ils ont accepté d'employer dans la lutte contre l'opposition de 1923 : ils disent à Trotsky ce qu'ils vont répéter dans le parti, sur la façon dont, avec Staline, ils ont « inventé » le trotskysme, faussé le jeu normal de la démocratie, supprimé la représentation légitime de l'Opposition à la XIIIe conférence. Ces « aveux » sont, pour Trotsky, d'une importance capitale, donnant une base de principes à son alliance avec eux.

Pour sa part, il s'efforce de ménager l'amour-propre de ses nouveaux alliés. Ensemble, ils vont chercher une formule qui permette d'atténuer l'impact des « Leçons d'Octobre » et à Zinoviev et Kamenev de ne pas perdre la face dans cette alliance, après leur virulente dénonciation de la « révolution permanente », à laquelle les textes de la nouvelle opposition ne devront pas faire allusion.

Le résultat de ces négociations préliminaires est particulièrement spectaculaire, tel qu'il se manifeste dans la déclaration de Zinoviev devant le comité central de juillet 1926 :

> « J'ai commis bien des erreurs. Je pense que les plus importantes sont au nombre de deux. Ma première erreur, celle de 1917, est connue de tous. [...] Je considère ma seconde erreur comme *plus dangereuse* que celle de 1917, commise en présence de Lénine, corrigée par Lénine et par nous aussi, avec l'aide de Lénine, en quelques jours. [...] Nous disons que maintenant il ne peut y avoir aucun doute que le noyau fondamental de l'opposition de 1923, comme l'a démontré l'évolution de la fraction dominante, a correctement mis en garde contre les déviations de la ligne prolétarienne et la croissance menaçante du régime d'appareil. [...] Oui, sur la question de l'oppression bureaucratique de l'appareil, Trotsky avait raison contre nous [27]. »

De son côté, celui-ci déclare dans les mêmes circonstances et de façon, si l'on peut dire, symétrique :

> « Il est incontestable que j'ai lié, dans mes " Leçons d'Octobre ", les déviations opportunistes du parti aux noms de Zinoviev et Kamenev. Comme l'a démontré l'expérience de la lutte idéologique menée au sein du comité central, c'était là une erreur grossière. Cette erreur s'explique par le fait que je n'avais pas la possibilité de suivre la lutte idéologique à l'intérieur du " groupe des sept " et de me rendre compte à temps que les déviations opportunistes avaient été provoquées par le groupe dirigé par le camarade Staline contre les camarades Zinoviev et Kamenev [28]. »

Il n'y a plus désormais d'obstacle au travail en commun entre les deux groupes d'oppositionnels. Natalia Ivanovna raconte :

> « D'incessantes conférences se tenaient au Kremlin, tantôt chez nous, tantôt dans les appartements de Kamenev ou de Zinoviev ou de Karl Radek. La sincérité de Kamenev et de Zinoviev était évidente, comme leur joie expansive de pouvoir enfin parler à cœur ouvert, discuter tous les problèmes sans arrière-pensée. [...] La collaboration avec Staline, dont il fallait toujours se défier et qui, de par sa formation générale, comprenait mal le langage des idées, leur avait pesé. Kamenev prenait de petites revanches en racontant des anecdotes, en singeant la gaucherie, l'accent, le parler primaire de Staline. Lev Davidovitch s'efforçait alors

de détourner la conversation vers d'autres sujets. Il lui déplaisait qu'on rabaissât le débat sur les travers d'une personnalité. " Et puis, commentait-il ensuite, l'homme est déjà assez désagréable à rencontrer. S'il faut encore le singer quand il n'est pas là, c'est trop! " [29]. »

Pourtant, en 1936, après la mort de ses deux camarades, Trotsky évoquait leurs conversations d'alors sur Staline :

« Vous pensez, disait Kamenev, que Staline réfléchit maintenant à la façon de répondre à vos critiques? Vous vous trompez. Il se demande comment vous détruire [...] d'abord moralement, ensuite physiquement, si c'est possible. Vous calomnier, monter une provocation, fabriquer un complot militaire, organiser un attentat. Croyez-moi, ce n'est pas une hypothèse : il nous arriva au triumvirat de parler en toute franchise, bien que les relations personnelles fussent quelquefois tendues à se rompre. Staline combat sur un tout autre terrain que nous. [...] Rappelez-vous l'arrestation de Sultan-Galiev. [...] Staline en prit l'initiative. Par malheur, nous y avons consenti, Zinoviev et moi. Staline parut dès lors avoir senti le goût du sang... Sitôt que nous eûmes rompu avec lui, nous rédigeâmes une sorte de testament contenant cet " avertissement" : en cas de mort " accidentelle ", considérez Staline comme le responsable. Ce document est déposé en lieu sûr. Je vous conseille d'en faire autant [30]. »

De son côté, Zinoviev mettait Trotsky en garde :

« Vous croyez que Staline n'a pas réfléchi à votre suppression physique? Il y a pensé maintes fois. Il n'a été arrêté que par cette considération que les jeunes eussent rendu le triumvirat responsable, l'eussent peut-être accusé lui-même, eussent pu recourir aux attentats. Il tenait pour nécessaire de détruire d'abord les cadres de la jeunesse d'opposition. On verrait ensuite. La haine qu'il nous porte, surtout à Kamenev, s'explique du fait que nous savons trop de choses sur lui [31]. »

Presque dès la reprise des relations, ces dernières sont, sur le plan personnel, « extrêmement cordiales et affectueuses », écrit Victor Serge [32], sur le témoignage de Natalia Ivanovna.

L'amitié n'a pas totalement disparu entre Trotsky et son beau-frère, L.B. Kamenev, mari de sa jeune sœur Olga. Ce dernier a quarante-trois ans, mais s'est épaissi, et son collier de barbe blanchissante le vieillit. Fils d'un mécanicien des chemins de fer, il a fait des études de droit et connu ses premières prisons à dix-neuf ans, en 1902. Il a vécu en émigration, revenant à Pétersbourg en 1914 pour prendre la direction de la *Pravda.* Arrêté, il s'est dissocié du « défaitisme révolutionnaire » préconisé à l'époque par Lénine. Exilé en Sibérie, il en est revenu en avril 1917 et, à la conférence du même mois, s'est, comme on sait, opposé à Lénine, puis à nouveau dans le débat sur l'insurrection. Il est, depuis longtemps, remarquable chez les bolcheviks par la civilité de ses manières, son refus des positions excessives et des excès verbaux. Il a joui de la confiance de Lénine qui, en 1923, l'a chargé d'une mission de confiance en Géorgie. Cet érudit, directeur de l'Institut Lénine, chargé de l'édition de ses *Œuvres,* est sans doute un tantinet sceptique, en tout cas pas du tout agressif. Il a eu le rôle décisif dans le rapprochement entre les deux oppositions.

G.E. Zinoviev a le même âge que celui qui est depuis 1917 son véritable coéquipier politique; il n'a pas fréquenté l'école, a été instruit chez son père, petit fermier faisant de l'élevage laitier. Enseignant, puis employé, militant au début du siècle, il a connu Lénine en 1903, milité en Russie à partir de 1905. Arrêté, il a été libéré en raison de sa maladie de cœur. En 1908, il est devenu le proche collaborateur – ses ennemis disent « l'âme damnée » – de Lénine en exil.

Il a sans doute réellement cru qu'il était arrivé à s'imposer comme le successeur de Lénine – ce qui lui paraissait normal – et, dans son désir d'éliminer définitivement l'opposition de Trotsky, n'a probablement pas compris la portée de son exigence de reniement. C'est un homme plus instruit et cultivé qu'on ne le croit généralement, bon vulgarisateur et grand tribun. Il ne manque pas de courage physique, mais perd la tête, panique dans les circonstances difficiles. Il dit à Trotsky qu'il est, comme lui, convaincu que la lutte qui les attend sera longue et dure, mais il croit en réalité à une victoire, sinon facile, du moins proche.

On aurait tort, compte tenu de leur effondrement final, de considérer ces deux hommes comme des personnalités de second ordre. Le 3 janvier 1928, après l'éclatement de l'Opposition unifiée, alors qu'ils sont redevenus ses adversaires politiques, Trotsky les qualifie de « personnalités considérables ». Et ils le sont.

Une partie de leurs collaborateurs sont des hommes simples, vieux-bolcheviks, G.E. Evdokimov, ancien marin puis ouvrier, malheureusement trop porté sur la boisson, I.P. Bakaiev, un combattant, tchékiste de la première cuvée, à la physionomie très jeune, rieur, M.M. Lachévitch, sous-officier devenu chef d'armée, petit et rond, lui aussi buvant trop, jovial autant qu'intrépide, qui interpelle ses amis : « Mais enfin, c'est nous qui l'avons inventé, le trotskysme [33]! »

Autour de ce groupe étroitement soudé – sauf Lachévitch, mort prématurément, ils iront à la mort ensemble – sont venues s'agglomérer des personnalités éminentes. Kroupskaia, la veuve de Lénine, son ombre dévouée une vie durant, s'est engagée avec ceux qui lui semblaient les plus proches du disparu. Sokolnikov, intellectuel très occidentalisé, considéré par tous comme un ultra-modéré, ne semble pas à sa place, et Trotsky dit que sa présence est le résultat d'une erreur [34]. Ivar Tenissovitch Smilga a été le benjamin du comité central de 1917, le président du conseil de la Baltique – Centrobalt – le complice de Lénine dans la lutte pour imposer au comité central la décision d'insurrection. Économiste et chef d'armée, il a eu pendant la guerre bien des conflits avec Trotsky. Puis il est devenu l'un des dirigeants de l'économie. Victor Serge l'a vu, assis sur un tabouret dans un logement ouvrier, « intellectuel blond, d'une quarantaine d'années, à lunettes et barbiche, au front dégarni, d'aspect ordinaire, très homme de cabinet [35] ».

Nous ne savons rien des pourparlers qui ont été menés, semble-t-il, par Kamenev, pour rallier autour du noyau de ces deux oppositions les groupes divers qui ont été ou sont d'accord avec leurs critiques ou propositions essentielles : les partisans du centralisme démocratique, les « décistes » de V.M. Smirnov et T.V. Sapronov, ce dernier particulièrement actif, les anciens de l'Opposition ouvrière, avec A.G. Chliapnikov – en exil « diplomatique » à Paris – et S.P. Medvedev – dont on va beaucoup parler. Il faut aussi mentionner les oppositions nationales comme celle des communistes géorgiens groupés autour des dirigeants qui ont tenu tête à Staline à partir de 1922 : Boudou Mdivani, lui aussi en exil à Paris, S.I. Kavtaradzé, l'ancien clandestin et tchékiste, Koté M. Tsintsadzé, Lado Doumbadzé, les frères Okoudjava et bien d'autres. Tous ces groupes rallient le front commun qu'on appelle généralement « Opposition unifiée », mais que ses adversaires désignent plutôt comme « le bloc de l'opposition ».

Ce regroupement ne s'est pas fait sans mal. Il existe, entre les groupes ainsi appelés à se réunir, un lourd contentieux, et l'appareil l'utilise évidemment. Ainsi publie-t-il une brochure dans laquelle on a abondamment reproduit ce que chacun de ces groupes a dit des autres à tel ou tel moment dans le passé. En certains endroits, la difficulté est énorme : c'est le cas, évidemment, à Leningrad où l'appareil zinoviéviste a été d'une particulière brutalité avec les « trotskystes » au cours des années précédentes. Victor Serge raconte combien les oppositionnels de Leningrad furent surpris d'apprendre la conclusion de l'accord :

> « Comment nous asseoir à la même table que les bureaucrates qui nous avaient traqués et calomniés? Qui avaient tué la probité et la pensée du parti [36]? »

Les oppositionnels fidèles à Trotsky n'ont pas oublié les 99,95 % de voix qui ont condamné à Leningrad en 1924, les « Leçons d'Octobre ». Mais Serge est frappé du changement d'attitude des autres : ne sont-ils pas soulagés d'avoir changé de camp? Les difficultés recommencent quand il faut passer aux dispositions pratiques de fusion. Côté opposition de 1923, on hésite à dévoiler l'identité de tous les dirigeants à ceux qui, la veille encore, ne cherchaient qu'à les écraser [37].

Le Centre de Leningrad délègue Victor Serge à Moscou pour exprimer ses réserves à Trotsky. Ce dernier justifie la fusion par la nécessité d'unir les forces oppositionnelles dans les deux grands centres prolétariens du pays, assure à l'émissaire de Leningrad que la bataille sera difficile mais que les chances de vaincre et donc de sauver la révolution sont grandes. L'unification se réalise finalement avec la venue de deux représentants de Moscou appartenant aux deux « noyaux » : Préobrajensky et Smilga. Au moment où la fusion se fait, l'opposition unifiée compte sur 600 militants et le noyau des partisans de Trotsky – une vingtaine au départ – a réussi à en recruter 400 [38].

C'est dans ces conditions que l'Opposition élabore son premier texte commun, véritable « déclaration de tendance » adressée au parti pour être présentée au comité central de juillet. Il est signé de treize responsables, cinq membres du comité central (Evdokimov, Kamenev, Piatakov, Trotsky, Zinoviev) et deux suppléants, (A.D. Avdeiev et Lachévitch) et six membres de la commission centrale de contrôle (Bakaiev, Kroupskaia, G.A. Lizdine, N.I. Mouralov, A.A. Peterson et K.S. Soloviev) [39]. Ce texte, qui peut être considéré comme l'acte de naissance de l'Opposition, ne fait aucune allusion aux problèmes théoriques qui séparent les membres de l'Opposition. C'est un texte politique d'actualité.

Il part de l'affirmation selon laquelle la cause des crises qui secouent le parti et du fractionnisme se trouve dans le bureaucratisme qui ferme la bouche des militants et les conduit à se taire par peur de sanctions. La cause du développement du bureaucratisme se trouve dans l'impossibilité d'appliquer d'une autre façon une politique qui vise à réduire dans la société le poids spécifique du prolétariat.

Les exemples les plus clairs de cette politique, poursuit la déclaration, sont fournis par l'attitude du comité central et sa politique de baisse des salaires de fait, de freinage de l'industrialisation et de concessions aux couches les plus aisées du village.

Suivent une analyse des « déformations bureaucratiques dans l'État ouvrier » et le rappel de l'avertissement de Lénine sur la nécessité de la défense des travailleurs contre l'État, tâche des syndicats. Le texte montre parallèlement les déformations bureaucratiques de l'appareil du parti et décrit ses conséquences dans la vie quotidienne des ouvriers et des paysans comme de la jeunesse.

Passant au plan international, la déclaration met en garde contre le choix d'alliés opportunistes sur le plan international dans la lutte contre l'impérialisme et l'intervention militaire, et souligne la nécessité d'un redressement de la ligne politique de l'Internationale communiste – indissolublement liée au régime interne qui lui est imposé.

Prenant résolument l'offensive, la déclaration des treize, dans un paragraphe consacré au « fractionnisme », dénonce l'activité de la fraction au pouvoir qui a, de fait, confisqué au parti tous ses droits :

> « Il n'est désormais plus douteux que le noyau de base de l'Opposition de 1923 avait à juste titre mis en garde contre les dangers de l'abandon de la ligne prolétarienne et la menace grandissante du régime d'appareil [40]. »

Elle souligne l'émotion provoquée dans le parti par les exclusions – des centaines – d'ouvriers communistes de Leningrad et affirme que, face à la politique de la direction, laquelle pave le chemin pour le regain des influences mencheviques et s.r., il faut de toute urgence rétablir l'unité des rangs du parti sur la base d'un régime sain et démocratique.

Un épisode rapporté par Boris Souvarine permet de comprendre ce que l'Opposition unifiée entend par là : elle ne se présente nullement en direction alternative, mais seulement en agent du retour à l'unité. Préobrajensky confie en effet à Souvarine, au mois de juillet, que l'Opposition, soucieuse de trouver un successeur de Staline acceptable pour tous, a porté son choix sur Dzerjinski, droitier en matière économique et fondateur de la Tchéka. Aux objections de son interlocuteur, il oppose la nécessité de « choisir un homme loyal, reconnu comme tel par toutes les tendances et qui cumulât les qualités d'énergie aux capacités, de travail ». C'est un vieil ennemi de l'Opposition, reconnaît-il, « mais il est honnête [41] ».

En fait, l'Opposition, au moins sur le papier, pourrait parfaitement aspirer à briguer la place du groupe dirigeant Staline-Boukharine. La moitié exactement des membres survivants du comité central en 1918, 1919, 1920, est dans ses rangs, ainsi que la majorité du bureau politique de 1919 et 1920. Les hommes qui la composent sont des révolutionnaires prestigieux par leur passé de clandestins, leur rôle dans la révolution, la part qu'ils ont prise dans la guerre civile. Les politiques qui la dirigent ont avec eux des hommes dont l'autorité est immense dans leur milieu et leur prestige grand, bien au-delà du parti : Mouralov, inspecteur général de l'Armée rouge, le critique littéraire A.K. Voronsky, le journaliste L.S. Sosnovsky, l'économiste E.A. Préobrajensky, les diplomates Krestinsky, Joffé, Rakovsky. Smilga est vice-président du Gosplan, directeur de l'Institut Plekhanov de l'économie nationale. Certains ont encore des fonctions gouvernementales; par exemple, I.N. Smirnov est commissaire du peuple aux P.T.T., A.G. Beloborodov commissaire du peuple à l'Intérieur de la R.S.F.S.R., Lachévitch vice-commissaire du peuple à la Guerre. Et, après tout, Zinoviev est encore le président de l'Internationale communiste.

Ces vieux révolutionnaires n'ont pas oublié les leçons d'illégalité et de travail clandestin que leur ont données leurs années d'expérience de la lutte sous le régime tsariste. Ils en appliquent les règles immédiatement dans leurs communications, leurs contacts, les voyages, la distribution du matériel qui se font, semble-t-il, initialement, sous le couvert de l'appareil de l'Internationale et avec des précautions « conspiratives ». Les réunions, évidemment proscrites dans les locaux du parti, se font dans les logements ouvriers, les assemblées plus larges, comme au temps du tsarisme, en forêt, sous le couvert de promenades.

C'est ce dernier aspect qui intéresse l'appareil. Aux critiques politiques, il ne veut répondre que par l'accusation d'indiscipline et de fractionnisme, les méthodes policières, les sanctions et le chantage. C'est contre Zinoviev qu'il porte les coups dans un premier temps, dans la mesure où la position de ce dernier lui permet de fournir la couverture d'un travail clandestin des oppositionnels. Un « mouchardage », œuvre d'un dirigeant communiste français, Jacques Doriot, permet d'impliquer dans des tentatives de travail fractionnel à l'étranger deux militants de l'appareil international proches de Zinoviev, A. Gouralski et le Yougoslave Voja Vujović. Un autre collaborateur de l'exécutif de l'I.C., G.Ia. Belenky, est accusé d'avoir organisé la diffusion de la déclaration des Treize et autres documents émanant de l'Opposition, d'avoir pris également des contacts personnels dans le parti dans d'autres villes, notamment à l'occasion d'un voyage à Odessa. C'est sans doute la filature de Belenky qui conduit indicateurs ou policiers à la suite des participants à une assemblée clandestine tenue dans une forêt près de Moscou le 6 juin 1926. La prise est bonne, puisque l'un des orateurs figure parmi les dirigeants de l'Opposition que Staline souhaite frapper dans les premiers : M.M. Lachévitch, suppléant du C.C., vice-commissaire à la Guerre surtout [42].

Dans le même temps, avec l'objectif de discréditer politiquement l'Opposition unifiée et de tenter de dissocier ses composantes, l'appareil publie et orchestre bruyamment des extraits d'une lettre de 1924 envoyée par l'ancien dirigeant de l'Opposition ouvrière S.P. Medvedev, au groupe d'opposition de Bakou [43]. L'auteur, selon la *Pravda*, préconisait alors, pour sortir de la situation économique, l'octroi d'importantes concessions aux capitalistes étrangers, qualifiait les dirigeants des P.C. étrangers de « petits-bourgeois à la mentalité de larbins », corrompus par l'or de Moscou. Il condamnait, à propos de l'Internationale syndicale rouge « toutes les tentatives de créer ou de maintenir des organisations distinctes " des masses ouvrières " qui sont dans les syndicats, les coopératives et les partis socialistes [44] ». Des extraits choisis de la lettre de S.P. Medvedev sont utilisés comme un brûlot, non seulement contre l'ancien dirigeant de l'Opposition ouvrière, A.G. Chliapnikov, mais, à travers lui, sur l'ensemble de l'Opposition unifiée, identifiée par la propagande de l'appareil à des positions qui ne sont évidemment pas les siennes.

L'opposition unifiée n'a que le temps, avant le comité central de juillet, d'ajouter à sa déclaration des Treize une « déclaration supplémentaire » portant sur l' « affaire Lachévitch », en train d'être transformée, par la volonté de la direction, en une « affaire Zinoviev » par la commission centrale de contrôle à ses ordres [45]. Elle dénonce toute l'affaire comme une partie du plan du groupe Staline pour réorganiser le bureau politique et dont l'ouverture avait été la campagne menée contre Trotsky à Moscou et Kharkov. La proposition du bureau politique, formulée au dernier moment, résulte, selon la « déclaration supplémentaire », de la volonté du groupe Staline de franchir un pas important sur la voie du remplacement de l'ancienne direction léniniste par une nouvelle direction – que le texte, pour la première fois, qualifie de « stalinienne ».

En centrant ainsi ses critiques sur Staline et le groupe dont il est le centre au bureau politique, la « déclaration » donne le sentiment d'avoir été l'expression d'une tentative de division de la majorité. C'est la même interprétation que suggère la déclaration envoyée par Trotsky au bureau politique, en date du 6 juin, à propos de la définition de la démocratie de parti donnée par Ouglanov en contradiction avec les formules de la fameuse résolution du 5 décembre 1923 [46]. La bureaucratisation résulte, comme Trotsky l'explique une fois de plus, des rapports de classe et exprime les besoins d'une politique qui pèse contre le prolétariat. Il y aura donc, dans le parti et au sommet de son appareil, crise après crise, dans le processus qui mène de la dictature du parti ouvrier à la dictature de l'appareil bureaucratique sur la classe ouvrière et à l'inévitable dictature d'un seul.

C'est encore Trotsky, au retour de Berlin dans les premiers jours de juin, qui donne le ton des attaques de l'opposition, sur le terrain international auquel il est fait allusion dans la déclaration des Treize. C'est en effet pendant son séjour à l'étranger que se sont produits « deux grands événements européens » : la grève générale britannique et le coup d'État militaire de Pilsudski en Pologne – dont il écrira dans *Ma Vie* qu'ils aggravèrent beaucoup ses dissensions avec la direction stalinienne et donnèrent à la lutte un caractère plus violent encore.

Il s'indigne que les dirigeants des syndicats britanniques, après avoir brisé la grève générale de soutien des mineurs, entamée le 1er mai, continuent de bénéficier du prestige et de l'autorité des syndicats soviétiques à travers l'existence du « comité syndical anglo-russe ». En Pologne, le Parti communiste, sous la direction de Warski, a soutenu de fait le coup d'État militaire du maréchal Pilsudski qui va instaurer pour des années dans ce pays un régime fascisant.

Isaac Deutscher, sans donner aucune référence, assure à ce propos que Zinoviev et Kamenev « furent déconcertés par la brutalité avec laquelle Trotsky attaqua le conseil anglo-soviétique » et qu'ils « ne purent être d'accord avec Trotsky » lorsque celui-ci expliqua que les communistes polonais avaient soutenu Pilsudski parce qu'ils entrevoyaient derrière le coup d'État la possibilité de la fameuse " dictature démocratique des ouvriers et des paysans [47] ». Il ajoute que Trotsky « promit à Zinoviev et à Kamenev de respecter le tabou de la « dictature démocratique des ouvriers et des paysans " et de ne plus parler de la dissolution du conseil anglo-soviétique [48] ».

Deux documents au moins viennent contredire cette interprétation. Dans *Ma Vie*, Trotsky écrit que, dès son retour à Moscou, il réclama immédiatement la rupture avec le conseil général des syndicats britanniques et la condamnation du parti polonais – qui ne tarda d'ailleurs pas [49]. Sur la question britannique, il précise : « Zinoviev, après les tergiversations inévitables, se joignit à moi. Radek fut d'un avis contraire [50]. » Par ailleurs, lors du comité central de juillet, un texte sur la grève générale britannique a été présenté, signé non seulement de Trotsky et de Piatakov, mais de Zinoviev, Kamenev et Kroupskaia. Il dénonce « la trahison » de la grève générale par les dirigeants syndicaux et réclame la rupture immédiate avec les syndicats anglais, le départ des syndicats russes du comité syndical anglo-russe. Tout en admettant – et c'est peut-être là une concession, la seule, à Zinoviev, qui avait parrainé en 1925 la naissance de ce comité – que sa constitution a été une décision politique juste, la résolution affirme que son maintien constitue une faute énorme [51].

En tout cas, le déroulement du plénum du comité central de juillet – du 14 au 23 – démontre la volonté de la direction de ne pas céder d'un pouce et de passer à l'offensive, au besoin par la provocation. Toutes les résolutions présentées par la minorité sont repoussées. L'atmosphère, tendue, devient parfois violente. C'est ainsi que Dzerjinski, président du conseil de l'Économie, meurt d'une crise cardiaque après une réponse, presque hystérique, aux arguments en faveur de l'industrialisation rapide, de la part de son collaborateur, l'oppositionnel Piatakov. Et c'était l'homme – le seul « honnête homme » dans la majorité, avait dit Préobrajensky – que l'Opposition aurait voulu voir succéder à Staline.

La direction maintenant sa politique, les sanctions pleuvent : Lachévitch est révoqué de ses fonctions de suppléant du C.C. et de commissaire du peuple-adjoint à la Guerre, et Zinoviev est exclu du bureau politique. La direction distribue en outre aux membres de l'assemblée un dossier aux fins d'exclusion contre un obscur économiste, sans doute un zinoviéviste de base, Ia.A. Ossovsky, à qui il est reproché d'avoir écrit pour la *Pravda* un article intitulé « Le Parti et le XIVe congrès », dans lequel il préconise la suppression du monopole politique du Parti communiste. Ayant accusé Lachévitch de « conspiration illégale », le comité central peut voter majoritairement une résolution qui accuse l'opposition d'avoir « décidé de passer de la défense légale de son point de vue à la création d'une vaste organisation illégale dans tout le pays, se dressant contre le parti et préparant ainsi la scission [52] ».

Cette fois, en tout cas, l'orientation de l'opposition est claire : elle décide d'aller de l'avant sur le plan de l'Internationale et du parti, sans se laisser impressionner par les hurlements et les accusations de fractionnisme qui n'ont pour objectif que de l'effrayer et de l'empêcher de s'adresser aux militants de base. Sur la question d'Ossovsky, refusant le piège, elle déclare, par la bouche de Trotsky, qu'elle n'est pas d'accord avec lui, mais qu'il est intolérable de sanctionner des militants pour des responsabilités qui appartiennent en réalité aux dirigeants et à leur politique fractionnelle; elle combattra l'exclusion proposée.

L'opposition est décidée à se battre au grand jour, et c'est probablement dès le lendemain de la session du comité central de juillet qu'elle décide de passer à l'offensive en prévision de la XVe conférence dès la fin de septembre en allant dans les cellules défendre son point de vue à travers les dirigeants, comme les statuts du parti lui en donnent le droit.

***

C'est au début de juin 1926 que Ruth Fischer, dirigeante du parti allemand qui jouit de la confiance personnelle de Zinoviev et se trouve pratiquement retenue à Moscou depuis dix mois, réussit, à l'aide d'une petite comédie, organisée par Zinoviev avec la complicité de

Boukharine, à quitter Moscou et revenir en Allemagne [53], où, depuis son départ, les hommes de Staline ont obtenu de beaux succès dans la prise en main de l'appareil du K.P.D. Bien informée, Ruth Fischer, avec Maslow, libéré peu après son arrivée, rejoint leur ami Hugo Urbahns qui a rallié les oppositionnels de gauche, et ils tentent ensemble de constituer l'Opposition unifiée.

L'opposition russe ne manque pas d'appuis à l'étranger où Staline a envoyé dans des missions diplomatiques ou commerciales bien des militants qu'il a ainsi éloignés du champ de bataille. De ces exilés, Ruth Fischer écrit qu'ils « formaient un excellent réseau d'informations du bloc sur les développements dans les autres pays [53] ». Mais il n'y a pas eu de réel effort à cette date pour créer une véritable organisation d'opposition. D'abord parce qu'après sa défaite en janvier 1924 les amis de Trotsky, dont le mot d'ordre en U.R.S.S. était de « ne rien faire », n'allaient pas tenter de s'organiser à l'étranger. Ensuite, parce que les groupes de militants, voire les courants temporaires constitués à l'époque autour d'hommes comme Boris Souvarine, Pierre Monatte ou Alfred Rosmer, voire Maurice Paz dans le parti français, sympathisaient effectivement avec, mais demeuraient sur un plan général et, au fond, personnel et sentimental.

La présence à Paris de Rakovsky à l'ambassade soviétique, d'Aussem au consulat, les séjours de Piatakov, Préobrajensky, Chliapnikov, Mdivani, auraient pu faciliter la création d'une organisation oppositionnelle si les rangs de ces derniers, en France, n'avaient été ravagés par les divisions remontant aux années de persécution des oppositions du P.C.F. par le zinoviéviste Albert Treint.

La situation était, en revanche, plus facile en Allemagne du fait de la quasi-inexistence d'un courant lié à l'opposition de 1923 et de l'importance de la « gauche », courant historique du K.P.D., liée à Zinoviev par une solidarité politique déjà ancienne [54]. On peut même imaginer qu'il était presque aussi difficile aux zinoviévistes allemands d'entrer dans une alliance formelle avec Trotsky qu'il l'avait été pour leurs amis et mentors d'Union soviétique. C'est démontré à l'évidence par la façon dont les oppositionnels allemands de la gauche ont présenté les développements au sein du parti russe : à l'été 1926, ils sont sans doute les seuls à ne pas parler de l'unification de l'opposition, continuent à mentionner à longueur de pages « l'opposition de Leningrad » et se contentent, au détour d'une phrase, de « signaler » que Trotsky s'est « rallié » à cette opposition en dépit des attaques lancées contre lui par ses dirigeants...

En tout cas, les premiers contacts sont à peine pris avec les représentants des différentes oppositions que l'on va chercher, comme à Moscou, à unifier, que la répression de l'appareil frappe. Un bulletin du groupe d'extrême gauche de Karl Korsch – qui dénie à l'État soviétique tout caractère prolétarien et a été exclu un an auparavant – révèle sottement les contacts pris. Ainsi informés, les dirigeants ripostent avec détermination : Ruth Fischer et Maslow sont exclus pour « indiscipline » et « scissionnisme [55] ».

Les opposants commencent alors une campagne de défense de la démocratie interne en liaison avec la solidarité avec l'Opposition unifiée. Un texte mis au point entre les dirigeants de la gauche, de l'opposition dite de Wedding* et du groupe Korsch, affirmant cette solidarité, se prononce nettement contre la théorie du « socialisme dans un seul pays » et la politique qualifiée d'« opportuniste » de l'Internationale qui en découle. Il revendique une information complète, la publication des documents de l'opposition, l'abandon des pratiques bureaucratiques qui créent « un danger de scission », à commencer par les sanctions qui frappent Zinoviev. Une campagne de signatures significatives de militants et responsables du parti est organisée et menée à bien de main de maître par Werner Scholem. Ce « Manifeste des 700 » est rendu public le 11 septembre 1926, et l'on relève, parmi les signataires, des membres du comité central des députés au Reichstag et à différents Landtag et nombre de responsables importants [56].

L'appareil riposte avec violence; quotidiennement *Die rote Fahne* met en accusation les renégats, les scissionnistes « disciples de Dan et de Kautsky »... La presse russe fait écho. Il faut intimider les opposants, mais aussi s'efforcer de les compromettre les uns par les autres. En réalité, la direction du K.P.D. crie d'autant plus fort qu'elle a peur : l'opposition manifeste, un peu partout dans les assemblées générales, une force réelle que certains évaluent alors à 30 % des militants. Va-t-on assister au développement de l'opposition en Allemagne à partir de celui de l'opposition russe, et l'opposition unifiée va-t-elle ainsi recevoir un renfort bien utile? Certains commencent à l'envisager.

La constitution d'une force d'opposition réelle dans la classe ouvrière allemande, sur les positions de l'Opposition unifiée russe, pouvait-elle être de nature à changer les rapports de force dans l'Internationale?

Le déroulement du combat de l'Opposition en U.R.S.S. en décida autrement.

* Wedding est le nom d'un quartier ouvrier de Berlin où le K.P.D. était aux mains d'une opposition de gauche qui avait un contact ténu avec les oppositionnels russes.

CHAPITRE XXXI

En un combat obscur [1]

Combien sont-ils ceux qui, à l'été 1926, dans les principaux centres, se préparent à la percée en direction de la base ouvrière du parti afin de lui faire connaître les critiques et propositions de l'Opposition? De 4 000, selon les partisans de la direction, à 8 000 selon ceux de l'Opposition. Staline dira, un peu plus tard [2], que 100 000 membres du parti se sont prononcés pour l'Opposition lors du XVe congrès de 1927 – un moment où bien des défections s'étaient déjà produites – et émet l'hypothèse qu'un nombre au moins égal de membres du parti d'accord avec les thèses de l'Opposition n'a pas pris part au vote pour éviter l'exclusion. Le nombre total de ces dernières, des arrestations, décisions d'exil et d'emprisonnement, à partir de 1928, vient plutôt à l'appui du chiffre le plus élevé : nous retiendrons donc l'hypothèse d'un effectif de 8 000 oppositionnels, en gros pour moitié d'origine « trotskyste » et pour moitié d'origine « zinoviéviste », avec un léger avantage pour les premiers.

Infime minorité par rapport aux 750 000 membres du parti? Ce n'est pas douteux. Mais la majorité de ces derniers constituent une masse passive, et Isaac Deutscher n'est pas éloigné de la vérité quand il parle d'« environ 20 000 personnes [...] directement et activement engagés dans le débat [3] ». Faut-il ajouter qu'en fonction des risques encourus les oppositionnels sont tous des militants de la meilleure trempe, des hommes de courage et de foi, et que des détachements formés de gens comme eux peuvent soulever des montagnes?

Nous n'avons que très peu d'informations sur le mode de fonctionnement de la fraction, de sa naissance au mois de septembre 1926. Un seul élément, à la fois sérieux et discutable en fait, nous paraît digne d'être retenu, celui d'un ancien oppositionnel repenti d'Ukraine qui écrit en 1927, évoquant l'orientation tactique de l'Opposition en 1926 :

> « En 1926, lorsque j'adhérai à l'Opposition la position était la suivante :
> 1° Ne pas intervenir ouvertement.

2° Créer une fraction organisationnellement formée et centralisée.
3° Créer des cercles comme cercles de propagande, composés exclusivement de membres éprouvés du parti.
4°Au cas où le C.C. refuserait d'organiser une discussion, la créer purement et simplement dans les faits.
5° Dans les cellules où nous aurions la majorité, en tirer aussitôt les conséquences du point de vue de l'organisation (réélection des bureaux, etc.) [4]. »

Il ajoute à ce résumé des indications complémentaires. Il était, selon lui, recommandé de ne pas intervenir ouvertement dans le parti et de s'abstenir systématiquement de tout vote contre le C.C., la possibilité étant retenue, dans des cas extrêmes, de voter contre l'Opposition.

Il signale l'existence d'un centre ukrainien de sept personnes avec, au-dessous, des comités de trois, et, encore au-dessous, de cinq membres, au-dessus des groupes de base. Les « cercles » étaient construits sur le principe de la branche d'industrie [5].

Cette description est vraisemblable, corroborée notamment par les considérants attachés à quelques cas d'exclusion publiés dans la presse. Tout va très vite changer cependant.

A partir de septembre 1926, les militants de l'Opposition reçoivent des directives nouvelles. Ils doivent, en vue de la XVe conférence du parti, qui va avoir lieu bientôt, faire connaître systématiquement leur position dans le parti, diffuser les textes de l'Opposition, exposer sa politique, dans les cellules. La première « sortie » a lieu à l'Académie communiste, où Solntsev, Smilga et Radek, le 26 septembre, au cours d'un débat sur les chiffres de contrôle, prennent la parole pour critiquer la théorie de la « construction du socialisme dans un seul pays [6] ». Il a été en outre décidé que les dirigeants de l'Opposition allaient se rendre dans un certain nombre de cellules ouvrières pour y défendre leurs positions. La première incursion de ce genre est un succès : un groupe d'oppositionnels, comprenant notamment Trotsky, Smilga, Sapronov, se rend le 30 septembre à une réunion de la cellule du chemin de fer Riazan-Ouralsk, dont le secrétaire, Tkatchev, est membre ou, au moins, sympathisant de l'Opposition. Ils prennent la parole, comme les statuts en donnent le droit à un membre du comité central, et la cellule vote une résolution largement inspirée de leur point de vue [7]. Ainsi, la première « sortie » apparaît-elle comme une victoire, et les chefs de l'Opposition exultent.

Mais il n'y aura plus d'autre victoire. Le lendemain, 1er octobre, la même opération est tentée dans la cellule de l'usine d'aviation *Aviopribor*, dans le district Krassnaia Pressnia, qui s'était rangée du côté de l'Opposition en 1923 et compte un noyau de militants oppositionnels autour de Kouzenko et F.F. Petoukhov. Radek, Sapronov, Zinoviev, Trotsky enfin se présentent et prennent la parole sans difficulté jusqu'au moment où surgissent dans la salle le patron de l'appareil de Moscou, Ouglanov, et son second M.N. Rioutine, à la tête d'un groupe de « gros bras » bien décidés à empêcher à tout prix, cette fois, un vote favorable à l'Opposition. Hurlements, huées, sifflets, bousculades, tentatives d'intimidation physique. La motion d'Ouglanov – qui se termine par « A bas la discussion imposée! Pour l'unité léniniste du parti! Vive le comité central léniniste! » – l'emporte sur celle de l'Opposition par 78 voix contre 27 [8]. C'est, dans les conditions données, un résultat plus qu'honorable. Boris Souvarine le commente :

> « A la cellule d'Aviopribor, Trotsky fut longuement acclamé par l'auditoire ouvrier, debout. On ne le dirait pas, à ne connaître que le vote... Mais il ne faut pas oublier comment on " vote " là-bas. Boukharine a décrit la chose dans un exposé fameux : le président annonce une résolution officielle et demande : " Qui est contre? ". " Naturellement, personne n'est contre... " En effet, il faut de l'héroïsme pour lever la main quand on sait risquer le renvoi, le chômage, la perte de son pain, du pain de sa femme et de ses pauvres gosses et *quelquefois pire*. Personne n'est dupe des " chiffres " que la clique dirigeante a le front de présenter comme le résultat d'une controverse où des auto-camions chargés de saboteurs ont joué le rôle essentiel [9]. »

D'ailleurs, au cours des jours qui suivent, l'appareil réussit à empêcher pratiquement les oppositionnels – les « discussionnaires » – de parler. Filés, épiés, les dirigeants de l'Opposition ne peuvent apparaître dans une assemblée du parti sans être suivis des cogneurs de Rioutine et des chahuteurs qui crient sans vergogne : « A bas les gueulards! » Trotsky raconte :

> « A la lutte d'idées se substituait le mécanisme administratif : appels au téléphone, de la bureaucratie du parti, dans les réunions des cellules ouvrières, furieux encombrements d'automobiles, grondements des klaxons, coups de sifflet bien organisés, hurlements au moment où les oppositionnels montaient à la tribune. La fraction dirigeante l'emportait par la concentration mécanique de ses forces, par les menaces, par la répression [10]. »

De son côté, Boris Souvarine, après avoir rappelé la campagne de presse, d'une exceptionnelle violence contre les « scissionnistes », écrit :

> « L'atmosphère de pogrom créée par la presse des staliniens ne suffit pas à mater l'Opposition, pourtant désarmée, privée de tribune, mécaniquement réduite à l'impuissance. Il fallait recourir aux grands moyens pour la bâillonner et la ligoter, ne lui laissant que deux doigts pour signer n'importe quoi. *Ces moyens, on les imita du fascisme italien* : des équipes volantes de brutes excitées furent dépêchées en auto-camions aux réunions où des opposants étaient signalés, avec ordre de couvrir toute voix discordante de sifflets et de hurlements, puis de *frapper* les tenants de l'Opposition et de les jeter hors de la salle si le tapage et les menaces s'avéraient inefficaces [11]. »

Dans de telles conditions, les militants ouvriers qui auraient pu, dans le calme, débattre et choisir librement, ne se risquaient plus désormais à s'exprimer et assistaient, muets et passifs, à des règlements de comptes dont ils ne comprenaient sans doute même pas l'enjeu. Avant même d'avoir pu écouter et entendre, comprendre, interroger, parler, la base du parti prenait peur et se taisait, une abstention qui donnait toute sa force à la violence des apparatchiki.

Les décisions pleuvent : Kamenev envoyé au Japon – il refuse – l'ajournement de la XVe conférence au 25 octobre, des exclusions en grand nombre quotidiennement annoncées – dont celles de V.M. Smirnov, de Tkatchev et P.I. Gaievsky – convocation de la commission centrale de contrôle pour le 11 octobre. Les cheminots de la cellule Riazan-Ouralsk sont de nouveau réunis et se renient purement et simplement, en votant le texte que leur proposent les dirigeants [12]. Du haut en bas du parti se multiplient les résolutions du même type : contre la présence de représentants de l'Opposition dans les réunions, pour « empêcher de troubler le parti dans son travail » par une discussion dont il ne veut pas, contre « la violation inouïe de la discipline du parti [...] de membres du comité central dont le devoir le plus élémentaire est la défense de ses décisions », contre leur activité « scissionniste » et « désagrégatrice » : de toute évidence les membres du comité central oppositionnels sont particulièrement visés [13].

L'échec de la percée et la menace de la répression provoquent une crise sérieuse dans les rangs de l'Opposition. Tout le monde était jusqu'à présent d'accord pour mener la bataille de redressement du parti, jouer le jeu, s'adresser à la base, tenter de la convaincre et au moins d'exiger une discussion véritable. Or l'expérience démontre que ce n'est pas possible.

Un certain nombre de militants, notamment les décistes, y voient la confirmation de ce qu'ils envisageaient déjà avant cette cruelle expérience : le Parti bolchevique, devenu le parti de la bureaucratie, n'est pas redressable, et il faut par conséquent s'engager dans la voie de l'organisation indépendante d'un « nouveau parti ». Ce point de vue est généralement partagé par les militants venus des petites oppositions, mais il semble qu'un homme comme Karl Radek en soit proche...

Zinoviev et Kamenev, de leur côté, ne semblent pas près de se rallier à une telle solution. La constitution d'un « nouveau parti » serait, à leurs yeux, la pire faute pour des oppositionnels. Ils pensent qu'une exclusion du parti est une catastrophe dans la mesure où elle prive un militant de toute possibilité d'agir.

Trotsky s'efforce de sauver les meubles en organisant une retraite qui permette d'éviter l'exclusion, inévitable si l'Opposition continuait sur la lancée de la « percée ». Il espère ainsi préserver l'unité de ses rangs et gagner un temps qu'il estime nécessaire pour pouvoir atteindre le noyau ouvrier du parti et mener à bien victorieusement la politique de redressement.

C'est dans cette perspective que, le 4 octobre 1926, les six oppositionnels membres du comité central : Trotsky, Kamenev, Zinoviev, Sokolnikov, Piatakov et Evdokimov, s'adressent à la direction pour assurer qu'ils veulent liquider les conflits et jeter les bases d'un travail commun. Ils continuent l'offensive en direction des usines de Leningrad où la direction se défend avec le même acharnement. A Tréougolnik, l'orateur de l'Opposition n'a pas pu parler, mais celui de la direction non plus, car les travailleurs ainsi réunis voulaient rentrer chez eux. La *Pravda* raconte que Zinoviev s'est présenté le 6 octobre à l'usine *Poutilov rouge* pour une réunion des membres du parti dans ce haut-lieu du bolchevisme. Elle précise que deux autres orateurs ont demandé la parole pour l'Opposition, Zorine et Evdokimov, qui se sont vu refuser la parole. Zinoviev a demandé une heure, et on lui a généreusement donné un quart d'heure. Il n'a finalement eu que 25 voix contre 1 375. Pierre Pascal note qu'en réalité les présents étaient bien loin d'être aussi nombreux et qu'il y a eu des centaines d'abstentions que la *Pravda* n'a pas mentionnées [14]. Il ajoute que Zinoviev s'est fait prolonger trois fois son temps de parole, que les partisans de la direction avaient été libérés des ateliers, groupés et conduits à la réunion, que milice et G.P.U. montaient ostensiblement la garde à la porte [15].

Ces violences rendent finalement illusoire toute négociation véritable. Rosmer, dont on sait les liens qu'il entretenait à l'époque avec Rakovsky, commente de Paris en soulignant que les négociations furent d'abord sérieuses, marquant la recherche d'un vrai compromis [16]. Mais avec le début des violences, il n'était plus possible de contenir l'appareil déchaîné : aucune concession n'était plus possible en direction de l'Opposition, et il fallait donc exiger sa soumission.

Ce nouvel échec, venant après les ouvertures de l'Opposition en vue d'une trêve, renforce encore les positions de l'appareil. Ce dernier a dressé un bilan, qui paraîtra le 14 octobre dans la *Pravda*. Il fait apparaître qu'il s'est tenu à Leningrad 159 réunions de cellules auxquelles ont pris part 34 180 membres du parti, dont 1 580 ont pris la parole. 153 orateurs ont défendu le point de vue de l'Opposition, laquelle n'a obtenu au total que 325 voix, 0,9 % des votants. A Moscou, sur 52 950 membres du parti ainsi consultés, 75 seulement auraient voté en faveur de l'Opposition, soit 0,3 % [17]. Toutes les résolutions qui affluent vers le comité central et la commission centrale de contrôle condamnent « la discussion imposée » et « l'activité fractionnelle » de l'Opposition. Nombre d'entre elles exigent l'exclusion des dirigeants.

Le 11 octobre, les dirigeants de l'Opposition rencontrent leurs adversaires devant la commission de contrôle. Ces derniers exploitent à fond la situation, s'évertuant à contraindre, sous la menace, l'Opposition à un désaveu. Les conditions posées pour une « trêve » sont draconiennes. Une note de la *Pravda* du 17 indique les conditions qui ont été posées à l'Opposition unifiée par le comité central ce jour-là : « déclaration de soumission sans conditions à toutes les décisions » des organismes; « reconnaissance du caractère inadmissible de l'activité fractionnelle menée depuis le XIVe congrès »; reconnaissance que l'Opposition a violé à Moscou et Leningrad les décisions sur l'inadmissibilité d'une discussion; la fin de toutes les activités fractionnelles, comme l'envoi de militants, de documents, la dissolution de toutes les organisations fractionnelles de l'Opposition unifiée; des déclarations se désolidarisant d'Ossovsky, de Chliapnikov et Medvedev, mais aussi de la « campagne entreprise contre l'Union soviétique et le P.C.U.S., et l'Internationale communiste par Korsch, Maslow, Ruth Fischer, Urbahns et Weber, publiquement solidaires de Zinoviev, Kamenev et Trotsky »; l'arrêt de toute comparaison avec le congrès de Stockholm où bolcheviks et mencheviks s'étaient réunifiés; la condamnation de tout appui aux « groupes fractionnels » comme ceux de Souvarine en France, Urbahns en Allemagne, Bordiga en Italie.

L'Opposition, le dos au mur, la mort dans l'âme, se décide finalement, sans renier ni ses analyses ni ses propositions politiques, à reconnaître ses « fautes » sur le terrain de l'organisation et de la discipline et, qui plus est, à le faire sans avoir obtenu en échange de garanties que ses adversaires ne seraient prêts à lui donner que si elle renonçait à tout. La « déclaration de paix » signée par les six membres oppositionnels du comité central assure donc que l'Opposition maintient intégralement ses idées. Mais elle reconnaît en même temps de caractère « inadmissible » de ses activités fractionnelles, de ses infractions à la discipline du parti, de ses tentatives pour forcer le parti à la discussion. Pis encore, elle désavoue et condamne formellement ses partisans à l'étranger et particulièrement ce qu'elle appelle « le groupe Maslow-Ruth Fischer-Urbahns-Weber », c'est-à-dire l'Opposition unifiée allemande en voie de constitution [18].

Elle condamne également les conceptions défendues par Ossovsky dans son article pour *Bolchevik*. Le fameux texte de Chliapnikov-Medvedev tel que l'a cité la *Pravda*, reprend à son compte la condamnation par Lénine de Chliapnikov et Medvedev. Renouvelant son engagement de soumission aux décisions du congrès et des organes qui le représentent, elle invite ses partisans à faire de même et s'achève sur les affirmations suivantes :

> « Chacun de nous s'engage à défendre ses conceptions uniquement dans les formes fixées par les statuts et les décisions du congrès et du comité central de notre parti, car nous sommes convaincus que tout ce qui est juste dans ces conceptions sera adopté par le parti au cours de son travail ultérieur. Au cours des derniers mois, une série de camarades ont été exclus du parti pour telle ou telle infraction à la discipline du parti, pour l'emploi de méthodes fractionnelles dans la défense des points de vue de l'Opposition. Ce qui précède montre la responsabilité politique qui incombe aux signataires pour ces actes. Nous exprimons notre ferme espoir que la cessation véritable de la lutte fractionnelle de la part de l'Opposition permettra aux camarades exclus qui ont reconnu les erreurs commises en ce qui concerne les infractions à la discipline du parti et les intérêts de l'unité du parti, de revenir dans les rangs du parti. Et nous nous engageons à apporter notre aide pour la liquidation de la lutte fractionnelle et la lutte contre toute nouvelle infraction à la discipline du parti [19]. »

Cette déclaration est pour beaucoup une énorme surprise, surtout hors d'U.R.S.S. A. Rosmer écrit que l'Opposition a commis une erreur, qu'elle est « atteinte » : « On ne comprend pas son attitude et c'est ce qui la condamne. On cherche les raisons importantes qui ont motivé cette reculade [20]. » Il s'interroge : l'Opposition n'a-t-elle pas arrêté la lutte par crainte d'une rupture définitive, de provoquer, non le renforcement mais la dislocation du parti? Ou a-t-elle cherché avant tout à éviter l'exclusion qui constitue « la mort politique »?

Nombre d'autres militants prononcent le mot de capitulation. C'est évidemment ce que Staline assure, même si son acharnement à détruire ces hommes, qui sont censés avoir capitulé, semble démentir cette affirmation. C'est aussi ce que pensent douloureusement des militants comme le Norvégien Arvid Hansen, courrier de l'Opposition, comme Max Eastman, bien entendu, comme sans doute des milliers d'oppositionnels en U.R.S.S. et dans le monde.

L'histoire ultérieure du parti interdit pourtant de qualifier la déclaration du 16 octobre de capitulation. Elle montre en effet que la capitulation, dans le combat au sein de ce parti, consiste en la condamnation de ses propres idées, ce reniement que Zinoviev exigeait de Trotsky en 1924 et que Staline exigera de lui en 1927. Si c'est une capitulation de reconnaître des erreurs sur le plan de l'activité, mais tout en maintenant intégralement ses idées, qu'est-ce alors que le reniement de ces mêmes idées?

Des années plus tard, l'ancienne dirigeante du K.P.D. Ruth Fischer, bien éloignée pourtant, à l'époque, du communisme, devait mettre en garde contre l'utilisation des concepts du libéralisme pour une évaluation des conditions de la lutte à l'intérieur du Parti bolchevique : « Il fallait, quand on était pressé trop durement, battre en retraite pour se regrouper et puis attaquer de nouveau [21]. »

Indépendamment des questions de vocabulaire cependant, il faut bien admettre que la « déclaration de paix » du 16 octobre apparaît à bien des militants, dans le meilleur des cas, comme un recul injustifié. Elle est particulièrement ressentie en Allemagne. Elle y porte en effet un coup sévère au regroupement en cours autour du Manifeste des 700 : la condamnation de ses animateurs prive l'Opposition allemande de la solidarité avec l'Opposition russe dont elle a fait l'axe de son agitation dans le parti.

Et puis les tournants brusques ont parfois des conséquences catastrophiques, lorsqu'ils ne peuvent être pris simultanément sur l'ensemble du front. Selon le témoignage de Max Eastman, les dirigeants de l'Opposition unifiée avaient décidé de combiner leur tentative de sortie dans les cellules du parti avec une spectaculaire opération de publication à l'étranger du testament de Lénine. Une nouvelle copie de l'original, conservée par Kroupskaia, avait été faite et envoyée à Boris Souvarine à Paris par Marcel Body. Eastman avait été choisi pour la première présentation du texte intégral, ce qui était à la fois un hommage et quelque chose comme une excuse pour le cruel démenti qu'il avait essuyé pour son livre en 1925 [22].

Or c'est le 18 octobre que le *New York Times* publie le texte du testament et l'article de présentation rédigé par Eastman avec la collaboration de Souvarine. L'occasion est magnifique pour Staline de démontrer le « double jeu » et la duplicité de l'Opposition. Revenant sur l'accord intervenu avec elle, il se fait confier par le bureau politique la présentation à la XVe conférence d'un rapport spécial sur l'Opposition. C'est à cette occasion que se produisit sans discussion possible un incident qui a parfois été situé à une autre date par certains auteurs et dont Natalia Ivanovna s'est faite l'écho :

> « Mouralov, Ivan Nikitich Smirnov et les autres étaient réunis un après-midi chez nous, au Kremlin, attendant que Lev Davidovitch rentre d'une réunion du bureau politique. Piatakov revint le premier, très pâle, bouleversé. Il se versa un verre d'eau, but avidement et dit : " J'ai vu le feu, vous savez, mais ça! C'était pire que tout! Et pourquoi, pourquoi Lev Davidovitch a-t-il dit ça? Staline ne le pardonnera pas à ses arrière-neveux! " Piatakov, accablé, ne put même pas nous expliquer clairement ce qui s'était passé. Quand Lev Davidovitch entra enfin dans la salle à manger, Piatakov se précipita vers lui : " Mais pourquoi, pourquoi avez-vous dit ça? " Lev Davidovitch écarta de la main les questions. Il était épuisé et calme. Il avait crié à Staline : " Fossoyeur de la révolution! " Et le secrétaire général s'était levé et, se dominant à peine, s'était jeté hors de la salle en faisant claquer la porte. Nous comprîmes tous que la rupture était irréparable [23]. »

Les « thèses » présentées par Staline au bureau politique réitéraient la qualification de l'Opposition comme une « déviation social-démocrate » et reprenaient l'ensemble des accusations lancées contre ses dirigeants depuis la discussion de 1923. Deux des points formulés en conclusion étaient particulièrement menaçants : tout en appelant à « défendre par tous les moyens l'unité du parti et combattre toute tentative de recommencer l'activité fractionnelle et de violer la discipline du parti », les thèses indiquaient la tâche de « faire en sorte que le bloc d'opposition reconnaisse le caractère erroné de ses conceptions ». Staline n'était pas satisfait de la « déclaration de paix ». Il exigeait une capitulation [24].

Le comité central du 23 octobre adopte les thèses de Staline [25] et blâme, pour « violation de la discipline », six de ses membres – Trotsky, Zinoviev, Kamenev, Piatakov, Evdokimov, Sokolnikov et Smilga – et la suppléante Klavdia Ivanovna Nikolaieva. Il retire Zinoviev du travail dans l'Internationale communiste, ce qui revient à le révoquer de la présidence. Il sanctionne Trotsky et Kamenev pour leur « activité fractionnelle » en les excluant du bureau politique où ils étaient encore respectivement titulaire et suppléant.

***

Les décisions de la XVe conférence sont donc pratiquement connues d'avance. Ce sera pourtant l'unique circonstance dans laquelle l'Opposition unifiée pourra, bien que brièvement, défendre son point de vue devant le congrès par la bouche de ses trois principaux dirigeants, présents en leur qualité de membres du comité central, Kamenev, Zinoviev et Trotsky. Il semble qu'il y ait eu des divergences entre eux, et que Zinoviev et Kamenev auraient souhaité se taire pour n'être pas accusés de violer la déclaration du 16 octobre. Mais c'est finalement la proposition de Trotsky qui est retenue. Les chefs de l'Opposition s'abstiennent de toute attaque pendant les six premiers jours de débat, du 26 au 31 octobre. Ils interviennent cependant le septième jour, pour se défendre contre les attaques lancées contre eux par Staline dans le cours d'un rapport de six heures [26].

Le secrétaire général a commencé par établir très clairement le cadre dans lequel il entend situer le problème. Il regrette, asure-t-il, que l'Opposition ait cherché, dans sa déclaration, à apparaître comme maintenant intégralement ses positions. Non seulement parce que, prétend-il, en condamnant Ossovsky et Chliapnikov-Medvedev, elle a condamné certaines de ses positions mais parce que, « en maintenant ses conceptions erronées, l'Opposition ne pouvait que se nuire à elle-même ». Salué par des rires satisfaits, il exprime ses intentions dans son style personnel :

> « L'Opposition a repoussé notre proposition et formulé sa déclaration de telle façon qu'elle a maintenu ses anciennes positions. Qu'elle avale donc la soupe qu'elle a elle-même fait cuire! »

Il explique aux délégués que la déclaration pacifique n'est pour l'Opposition que le moyen d'attendre des temps meilleurs pour engager de nouveau le combat. Au terme d'un lourd exposé bardé de citations, il montre son objectif qui est d'obtenir la capitulation :

> « En battant le bloc d'opposition et en le forçant à renoncer à ses menées fractionnelles, le parti a obtenu le minimum nécessaire au maintien de l'unité du parti. Ce n'est pas peu, certes, mais c'est encore insuffisant. Pour réaliser l'unité la plus complète, il faut obtenir que le bloc de l'Opposition renonce à ses erreurs fondamentales [27]. »

Kamenev, modéré, digne et ferme, s'explique sur la déclaration pacifique inspirée par l'état du parti dans le moment. Il réfute point par point les accusations de Staline, malgré de nombreuses interruptions, et conclut en disant que son rapport ne servira pas à faciliter le travail en commun souhaité.

Trotsky, très écouté, obtenant à plusieurs reprises la prolongation de son temps de parole, doit d'abord longuement réfuter les accusations de tout type lancées contre lui. Il est à la fois clair et étincelant. Il prend la responsabilité d'avoir affirmé qu'un « véritable essor de l'économie socialiste » ne sera possible en Russie qu'après la victoire du prolétariat dans les pays les plus importants d'Europe. Il balaie l'argument de Rykov sur le fait qu'en matière industrielle, le pays se rapproche du niveau de 1913 :

> « Qu'est-ce que le niveau de 1913? C'est le niveau de la misère, de l'état arriéré, de la barbarie. Lorsque nous parlons d'une économie socia-

liste et d'un véritable essor de l'économie socialiste, cela veut dire qu'il n'y aura plus d'opposition entre la ville et la campagne, qu'il y aura bien-être et contentement général, culture générale. Voilà ce que nous entendons par essor véritable de l'économie socialiste. Nous sommes encore effroyablement loin de cela. Nous avons des enfants vagabonds, nous avons des chômeurs, le village déverse annuellement trois millions de bras superflus, dont un demi-million s'en va dans les villes alors que l'industrie ne peut en accueillir que 100 000 par an. Nous pouvons être fiers des résultats atteints, mais nous n'avons pas le droit de fausser la perspective historique. Ce n'est pas encore un essor véritable de la véritable société socialiste, ce ne sont que les premiers pas sérieux sur ce pont immense qui va du capitalisme au socialisme [28]... »

Il tourne en ridicule un texte de Boukharine qui a posé, dans *Bolchevik*, la question de savoir s'il est possible d'édifier le socialisme « en faisant abstraction des questions internationales ». Polémiquant en même temps contre Staline, il affirme :

« Je prétends qu'il n'y a pas de raison théorique ou politique de croire que nous réaliserons le socialisme plus facilement avec la paysannerie que le prolétariat européen ne conquerra le pouvoir. [...] Je crois encore aujourd'hui que la victoire du socialisme dans notre pays n'est possible qu'en même temps que la révolution victorieuse du prolétariat européen. Cela ne veut pas dire que notre édification n'est pas socialiste et que nous ne pouvons pas, et que nous ne devons pas accélérer cette édification de toute notre énergie. De même que l'ouvrier allemand se prépare à la conquête du pouvoir, nous préparons les éléments socialistes futurs et chaque succès que nous remportons sur cette route facilite la lutte du prolétariat allemand pour le pouvoir, de même que sa lutte facilite le succès socialiste [29]. »

Sa conclusion est à la fois une remarquable synthèse des perspectives politiques de l'Opposition et le point de la situation après la déclaration pacifique :

« Si nous ne croyions pas que notre État est un État prolétarien, avec des déformations bureaucratiques, il est vrai, c'est-à-dire un État qu'il faut rapprocher encore de la classe ouvrière, malgré certaines opinions bureaucratiques fausses; si nous ne croyions pas qu'il y a, dans notre pays, assez de ressources pour développer l'économie socialiste; si nous n'étions pas convaincus de notre victoire complète et définitive, il est évident que notre place ne serait plus dans les rangs d'un parti communiste.

« On peut et il faut juger l'Opposition d'après ces deux critères. [...] Celui qui croit que notre État n'est pas un État prolétarien, que notre édification n'est pas une édification socialiste, celui-là doit mener la lutte du prolétariat contre cet État, doit fonder un autre parti. Mais celui qui croit que notre État est un État prolétarien, avec des déformations bureaucratiques venant de la pression de l'élément petit-bourgeois et de l'encerclement capitaliste; si l'on croit que notre édification est une édification socialiste, mais que notre politique n'assure pas suffisamment la nouvelle répartition des ressources nationales nécessaires, celui-là doit lutter, avec les moyens du parti et sur sa voie, contre ce qu'il considère comme faux, contre ce qu'il regarde comme dangereux, mais en prenant la pleine responsabilité de toute la politique du parti et de l'État ouvrier. [...]

« Ce qui a caractérisé la lutte de la dernière période à l'intérieur du parti, ce sont ses formes extrêmement aiguës, c'est sa direction fractionnelle. Il est incontestable que cette acuité fractionnelle de la lutte, de la part de l'Opposition – quelles que soient les conditions préalables qui l'aient provoquée – a pu être interprétée par nombre de membres – et cela a été le cas – comme si les divergences d'opinion étaient allées jusqu'à rendre impossible un travail en commun, c'est-à-dire jusqu'à pouvoir conduire à une scission. [...] C'est pourquoi nous avons considéré le moyen – la lutte fractionnelle – comme faux [...] en raison de toute la situation à l'intérieur du parti. Le but et le sens de la déclaration du 16 octobre ont été d'intégrer la défense des opinions que nous soutenons dans le cadre du travail commun et de la responsabilité solidaire de la politique commune du parti [30]. »

Ses derniers mots sont consacrés à la résolution présentée par Staline à la fin de son rapport :

« Quel est le danger objectif de [cette] résolution? [...] Qu'on nous attribue des opinions d'où sortiraient nécessairement non seulement une politique fractionnelle, mais aussi une politique de deux partis. Cette résolution a objectivement tendance à transformer en chiffons de papier tant la déclaration du 16 octobre, que la déclaration du C.C. sur [...] sa satisfaction. [...] Pourtant, dans la mesure où je peux juger de l'état d'esprit des camarades de ce qu'on appelle l'Opposition, et avant tout des camarades dirigeants, l'adoption de cette déclaration ne nous détournera pas de la ligne du 16 octobre. Nous n'acceptons pas les opinions qui nous étaient imposées, nous n'avons pas l'intention de grossir artificiellement ou d'aggraver les divergences pour préparer ainsi une rechute dans la lutte fractionnelle. Au contraire, chacun de nous, sans minimiser les divergences, emploiera toutes ses forces à les intégrer dans le cadre de travail et de responsabilité commune de la politique du parti [31]. »

La réponse de Staline est menaçante : « Le petit-bourgeois philistin » Trotsky est tout proche d'Otto Bauer. « Le Parti ne peut pas supporter et ne supportera pas » l'indiscipline, la démagogie, le défaitisme...

* * *

Au lendemain de cette sévère bataille, cuisant échec pour l'Opposition, un Octobre noir – selon l'expression de Souvarine [32] –, Trotsky jette sur le papier des notes en forme de thèses et réfléchit sur les raisons profondes du cours pris en Russie par l'histoire de la révolution [33].

Il part de ce qu'il tient pour les lois générales de la révolution. Elle est toujours suivie, note-t-il, d'une contre-révolution qui ne rejette jamais la société en arrière, au-delà du point de départ de la révolution. Cette dernière n'est possible que par l'intervention des masses à grande échelle, mais c'est aussi pour cette raison que les espoirs mis par les masses en elle sont toujours excessifs : c'est aussi une loi de l'histoire que la désillusion des masses, suivie de leur rechute dans l'indifférence, pendant la période post-révolutionnaire, au cours de laquelle le « nouveau parti de l'ordre » est renforcé par l'appoint des couches qui ont bénéficié directement de la révolution et montent la garde sur leurs acquis.

Parallèlement, les classes dirigeantes, démoralisées par leur défaite, perdant leur confiance en elles-mêmes, ont laissé la révolution occuper des positions avancées qu'elle n'a pas toujours la force de conserver. Et la conséquence de ce développement contradictoire est que la désillusion des masses devant les résultats immédiats de la révolution et la baisse de l'activité politique de la classe révolutionnaire rendent courage aux classes contre-révolutionnaires.

Après ces considérations sans aucun doute inspirées par l'histoire de la Révolution française, Trotsky en vient à examiner la révolution russe proprement dite. En Russie, les effets combinés de la guerre impérialiste, de la révolution agraire petite-bourgeoise et de la prise du pouvoir par la classe ouvrière ont donné à la révolution une ampleur et une profondeur sans précédent – sur la défaite irrémédiable des formations sociales capitalistes comme précapitalistes.

La force du prolétariat dans le cours de la révolution a reposé essentiellement sur son alliance avec la paysannerie. La classe ouvrière n'a pu prendre et garder les usines et les entreprises que parce que les paysans disputaient les terres des grands domaines à leurs ennemis communs. C'est ce qui fait l'importance de la question paysanne. Le danger d'une restauration capitaliste naît d'une éventuelle séparation de la paysannerie et du prolétariat. Car la paysannerie, sous sa forme de classe précapitaliste, a été ressuscitée par la Nep; le capital commercial auquel elle a donné naissance crée un danger politique qui s'exprime par les stockages et le refus des livraisons.

Trotsky pense qu'il faudra encore des années pour que les processus économiques trouvent leur expression politique. Pourtant, face à ce danger, il faut de solides positions prolétariennes. Le danger principal que crée le régime du parti, c'est que non seulement il ignore les dangers de classe inhérents à la situation, mais qu'il les tourne en dérision, attaque ceux qui les soulignent, endort la vigilance, abaisse la combativité.

Tirant le bilan de l'échec de la sortie tentée en direction des couches ouvrières du parti, il écrit :

> « Il serait faux d'ignorer le fait que le prolétariat aujourd'hui est infiniment moins réceptif aux perspectives révolutionnaires et aux vastes généralisations qu'il ne l'était pendant la révolution d'Octobre et les années qui l'ont immédiatement suivie. Le parti révolutionnaire ne peut s'adapter passivement à tout changement dans l'état d'esprit des masses. Mais il ne doit pas non plus ignorer les altérations provoquées par de profondes causes historiques [34]. »

Il distingue dans la classe ouvrière russe deux générations à bien des égards différentes. Les ouvriers les plus âgés, ceux qui étaient adultes en 1917, sont « plus sceptiques, moins directement sensibles aux mots d'ordre révolutionnaires, moins enclins à faire confiance aux généralisations révolutionnaires ». C'est sur ces sentiments que la bureaucratie s'est appuyée dans sa conquête du pouvoir. C'est contre eux que l'Opposition s'est brisée. Les hommes de cette génération ne sont pas des « carriéristes », ce sont des hommes nerveusement fatigués, épuisés par des années de révolution, de guerre et de guerre civile, qui ont une famille, une relative sécurité et ne redoutent rien tant que de nouveaux bouleversements. On a fait pour ces hommes un épouvantail de la théorie de la « révolution permanente » :

> « Cette version de la théorie ainsi utilisée dans ce but n'est en rien reliée aux vieilles discussions, depuis longtemps reléguées dans les archives, mais se contente de brandir le fantôme de nouveaux soulèvements, d'invasions “ héroïques ”, de perturbation de “ la loi et de l'ordre ”, une menace contre les acquis de la période de la reconstruction, une nouvelle période de grands efforts et de sacrifices [35]. »

Il en est de même avec l'analyse de la « stabilisation » du monde capitaliste, présentée par les adversaires de l'Opposition comme un argument en faveur de l'ordre et du *statu quo*.

La nouvelle génération, elle, manque d'expérience. Ses aspirations révolutionnaires sont naturellement canalisées vers les institutions importantes dans lesquelles s'incarnent la révolution, le parti, l'État soviétique, la tradition, l'autorité, la discipline et il lui est très difficile de jouer un rôle indépendant sans point d'appui dans la génération précédente ou une institution.

Trotsky relève le rôle particulier joué dans l'ensemble de ce processus d'orientation conservatrice, par la catégorie particulière de bolcheviks, militants clandestins avant la révolution de 1905, plongés dans la vie sociale et la réussite au cours de la période de réaction, ralliés au parti après sa victoire et dont l'influence conservatrice est incontestable. Il résume :

> « C'est un semblable concours de circonstances qui, dans la dernière période du développement du parti, a déterminé la réaction du parti et le glissement à droite de sa politique [36]. »

De la même façon :

> « L'adoption officielle de la théorie du “ socialisme dans un seul pays ” signifie la sanction théorique de ces glissements qui se sont déjà produits et la première rupture ouverte avec le marxisme [37]. »

Les éléments d'une restauration bourgeoise résident pour le moment dans la paysannerie qui n'éprouve pas d'intérêts matériels pour le socialisme, les sentiments d'une large fraction de la classe ouvrière, la baisse de l'énergie révolutionnaire, la fatigue de l'ancienne génération et l'accroissement du poids spécifique des éléments conservateurs. Les éléments qui s'y opposent sont la peur que le moujik éprouve d'un retour du propriétaire, le fait que le pouvoir et les moyens de production soient entre les mains de l'État ouvrier bien qu'extrêmement déformé, le fait enfin que la direction de l'État demeure aux mains du Parti communiste, bien que celui-ci « reflète en lui les glissements moléculaires des forces de classe et les changements des sentiments politiques ».

La conclusion de Trotsky est que Thermidor – l'équivalent de la dernière phase de la Révolution française – n'est pas encore un fait accompli. Il y a eu quelques répétitions ici ou là et on en a posé certaines fondations théoriques, mais « l'appareil matériel du pouvoir n'a pas été remis à une autre classe ». La politique du « redressement » demeure donc entièrement valable.

***

Pierre Pascal raconte :

> « Un camarade qui a assisté au discours de Trotsky dit qu'il a si bien maîtrisé son auditoire qu'on lui a prolongé deux fois son temps de parole : Rykov et une partie du bureau ne voulaient pas, la majorité des assistants l'exigea. Après, quand Rykov décrocha le microphone, le temps une fois écoulé, la salle réclama. Le voisin de ce camarade (un militaire) lui disait : " Les mains me démangent." Lui-même était entièrement d'accord. Mais personne n'applaudit. Et le témoin en question a recommandé : " Si vous racontez cela, ne dites pas de qui vous le tenez [38]. " »

L'Opposition est défaite, mais elle n'est pas muselée. Quelques semaines plus tard, Trotsky, Zinoviev et Kamenev prennent tous les trois longuement la parole dans les débats du VIIe exécutif élargi de l'Internationale communiste. Dans son intervention d'une heure, le 9 décembre 1926, Trotsky s'exprime avec une grande aisance, beaucoup d'ironie et un esprit de repartie très vif dont quelques interrupteurs imprudents font les frais. Dans un exposé d'une parfaite clarté, il se prononce nettement sur ses anciennes divergences avec Lénine. Mentionnant les divergences sur les rapports de classe dans la société russe, les perspectives de la révolution, le menchevisme, les méthodes de construction du parti, il est incontestable, il l'a dit et répété, que c'était Lénine qui avait raison. Il ajoute :

> « La théorie artificiellement introduite contre l'intérêt même de cette discussion – celle de la révolution permanente –, je ne la concevais pas, alors même que je n'en voyais pas tous les défauts, comme une théorie universelle, valable pour toutes les autres révolutions, comme une théorie " supra-historique ", pour utiliser une expression de Marx dans sa corres-

pondance. J'appliquais le concept de révolution permanente à une étape précise du développement de l'évolution historique de la Russie [39]. »

Il polémique ensuite fermement contre l'emploi contre lui de ce qu'il appelle « la méthode biographique », qu'il juge inapte à résoudre les questions de principe. Il souligne l'erreur de Staline, après la révolution de Février et sa prise de position dans la *Pravda* en faveur du soutien conditionnel du gouvernement provisoire. Il rappelle ce qu'il appelle l'erreur de Staline sur la question nationale, sur celle du monopole du commerce extérieur, mais il assure que la plus grave est certainement celle du « socialisme dans un seul pays ». A cette dernière il oppose, sans y voir un argument décisif, le fait qu'il faut bien reconnaître que la tradition du marxisme et du léninisme lui est entièrement contraire. C'est précisément la loi du développement inégal de l'impérialisme, que Staline invoque contre lui, qui explique la fausseté de toute tentative de considérer isolément le sort d'un pays indépendamment de l'économie mondiale. Or, après la période de reconstruction, c'est maintenant l'industrialisation qui est à l'ordre du jour. L'industrie lourde, la construction des machines sont la condition préalable de l'édification socialiste. Or précisément, l'industrialisation implique une liaison accrue, non une indépendance, mais « une dépendance croissante à l'égard du marché mondial, du capitalisme, de sa technique, de son économie ».

Ainsi explique-t-il que l'enjeu de la lutte n'est pas, comme Staline l'a affirmé, circonscrit entre le prolétariat et la bourgeoisie de l'Union soviétique. L'édification du socialisme présuppose la suppression des classes, qui n'est concevable qu'à la condition que les forces productives « socialistes » dépassent celles du capitalisme : il n'est pas possible de concevoir une construction du socialisme qui soit indépendante de la révolution mondiale. Pierre Pascal raconte :

> « Ce sont les grandes journées du plénum; il était mort jusque-là, il s'anime aujourd'hui. Hier soir, Trotsky, dit-on, s'est surpassé. Accueilli par de chaleureux applaudissements des invités et de quelques rares délégués, il a parlé d'abord un quart d'heure puis il a demandé de combien de temps il pouvait encore disposer : « Un quart d'heure. » Alors le voilà qui prend ses papiers et descend de la tribune. Le bureau est d'accord pour une demi-heure. [...] L'orateur obtient satisfaction. Il a mis en pièces Remmele, Pepper, surtout, aussi Manouilsky, Smeral enfin. Il a excité le rire irrépressible des délégués à leur adresse, car on peut s'empêcher d'applaudir, mais de rire [40]... »

Quelques jours auparavant, l'observateur français notait dans son Journal :

> « Il paraît qu'on regrette fort d'avoir laissé Trotsky parler à la conférence du parti russe, car il a fait une grosse impression et maintenant qu'on rend compte de la conférence dans les cellules, les ouvriers posent des questions embarrassantes : l'Opposition renaît cette fois d'en bas et spontanément [41]. »

C'est peut-être ce phénomène, joint au fait qu'il n'y ait pas d'enjeu immédiat dans le débat à l'exécutif de l'Internationale qui donne son caractère détendu à l'intervention de Trotsky.

Il est en tout cas évident qu'il ne nourrit plus alors aucune illusion sur la possibilité d'un renversement de politique, d'un « redressement » du parti à brève échéance. Il conclut à la nécessité d'une explication patiente, d'un éclairage systématique, de modèles d'explication pour la jeune génération au moment où elle en aura besoin. Il faut former des cadres et attendre. Il le dit à Kamenev :

> « Je ne me sens nullement " fatigué ", mais je suis d'avis que nous devons nous armer de patience pour un temps assez long, pour toute une période historique. Il n'est pas question aujourd'hui de lutter pour le pouvoir, mais de préparer les instruments idéologiques et l'organisation de la lutte pour le pouvoir en vue d'un nouvel essor de la révolution. Quand cet essor surviendra, je n'en sais rien [42]. »

Zinoviev et Kamenev sont étreints du même sentiment proche de l'impuissance, mais n'en tirent pas les mêmes conclusions. L'hiver 1926-1927 se présente avec une mise en sommeil de l'Opposition unifiée.

Elle va pourtant resurgir de ses cendres quand retentissent les trois coups qui annoncent une fois de plus une révolution, en Chine cette fois.

CHAPITRE XXXII

Dix ans après [1]

L'activité de l'Opposition unifiée a connu une véritable éclipse pendant l'hiver 1926-1927. D'abord parce qu'ayant renoncé officiellement à ses activités fractionnelles, elle devait se contenter impérativement de ce qui pouvait apparaître, même aux yeux d'« observateurs » attentifs, comme des contacts purement personnels. Ensuite, parce que, assommée par les développements fulgurants qui avaient suivi la déclaration du 16 octobre, elle n'émergea qu'à peine d'un état de stupeur qui, pour certains, confinait à la démoralisation.

Nous n'avons, sur cette période, pratiquement aucun témoignage direct de membre de l'Opposition. Nous en avons, en revanche, de renégats, publiés ou cités dans la presse, et, pour cette simple raison, sujets à caution, puisque ce sont en fait des dénonciations. On peut cependant, par eux, reconstituer certains éléments de l'histoire de l'Opposition dans ces mois de repli.

L'ancien oppositionnel Kritchevsky indique par exemple – et il n'y a *sur ce point* aucune raison de ne pas le croire – qu'après une discussion à Kharkov sur la question de la déclaration du 16 octobre, contre laquelle se manifesta la majorité de l'organisation, « on reçut comme directives de Moscou de dissoudre la fraction, de suspendre le travail fractionnel et de ne conserver que des liaisons individuelles ». Il ajoute que « ces directives furent discutées et exécutées dans les rayons [2] ».

Telle a été généralement l'attitude initiale de l'Opposition après le 16 octobre : elle a renoncé notamment à la publication, même clandestine et limitée, de ses documents propres, textes circulaires, voire notes de discussion interne. A travers les liaisons personnelles, la charpente de l'organisation de la fraction subsiste cependant, ou plus exactement, celle des deux volets de la fraction, celui de Trotsky et celui de Zinoviev et de Kamenev, ce dernier étant moins important dans le pays et beaucoup plus à Leningrad.

Avec la reconstitution de la fraction – vraisemblablement au cours des premiers mois de 1926 –, on a probablement changé les hommes clés de son appareil, depuis longtemps repérés par le G.P.U. Kritchevsky signale que les fonctions d'organisateur, remplies en 1926 par I.N. Smirnov, le sont, à partir d'avril 1927, par S.V. Mratchkovsky [3]. Un autre « renégat », Kouzovnikov, de Sverdlovsk, confirme le rôle joué par ce dernier [4]. Les dirigeants sont accessibles, par une série d'intermédiaires et Kritchevsky indique que, pour rencontrer Trotsky, il a dû passer, après le remplacement de Mratchkovsky par Alsky, successivement par Linovsky, Alsky et Poznansky [5]. Il indique aussi que Trotsky a, pendant la même période, reçu deux autres dirigeants de Kharkov [6]. Lev Kopelev, plusieurs dizaines d'années plus tard, se souvient seulement que l'agent de liaison avec le « centre » dans l'organisation ukrainienne où il se trouvait, était, sous le pseudonyme clandestin de Volodia, le futur grand écrivain Kazakiévitch [7], deux fois couronné plus tard comme « prix Staline » pour ses romans.

Le même Kritchevsky signale que plusieurs des dirigeants de l'Opposition à Kharkov – il cite Loguine et Iakov Livshitz * – se sont opposés à la reconstitution de la fraction et prononcés pour la défense « légale » des idées de l'Opposition qu'ils ont ainsi quittée [8].

L'opposition a poursuivi ses débats politiques internes sur les perspectives, sans parvenir à surmonter totalement les désaccords, qui ne manquent pas. La rupture des décistes, sur la gauche, est acquise depuis la déclaration du 16 octobre, qu'ils tiennent pour une capitulation reposant sur une analyse erronée. V.M. Smirnov, Sapronov et leurs camarades de l'ancienne fraction du centralisme démocratique se sont attelés à la rédaction d'une plate-forme politique dont le C.C. connaît rapidement les premières esquisses. Cette rupture, succédant à celle des animateurs de l'ancienne Opposition ouvrière – Aleksandra Kollontai, en exil diplomatique, emboîte bientôt le pas à Chliapnikov –, laisse en présence les deux formations essentielles, de l'Opposition de 1923, les « trotskystes », et de celle de Leningrad, les « zinoviévistes », sans oublier l'Opposition communiste de Géorgie.

Elles ont chacune leurs problèmes. Chez les trotskystes, il y a de grosses divergences au sujet de la Chine, de la participation du Parti communiste chinois au Guomindang, de la validité de la « révolution permanente », et Radek s'oppose sur ces points à Trotsky. Natalia Ivanovna parle du découragement de Piatakov :

> « Piatakov était pessimiste. Il considérait qu'une longue période de réaction s'ouvrait en Russie et dans le monde, que la classe ouvrière était à bout de forces et le parti étranglé, que la bataille de l'Opposition était perdue. Il n'y persévérait que par principe et par solidarité [9]. »

La tension est réelle, par exemple, quand Radek et Piatakov, précisément, s'allient aux zinoviévistes dans le « centre » de la fraction pour interdire à Trotsky de réclamer la sortie du Guomindang et de mettre en avant, pour la Chine, une perspective fondée sur la théorie de la « révolution permanente [10] ».

* Ia.A. Livshitz sera l'un des condamnés à mort au deuxième procès de Moscou, où il « avouera » sa participation active en tant que « trotskyste » à des crimes et actes de sabotage.

Les zinoviévistes ne sont pas moins divisés. Tout un courant, chez eux, penche pour la liquidation de l'Opposition, le silence et le ralliement en pratique à la majorité. Il semble qu'Evdokimov, l'un des plus prestigieux d'entre eux, ait été tout près de ce point de vue [11]. Ses amis finissent pourtant par le retenir. Pour le comité central de février 1927, Staline rappelle encore une fois le retrait de Kroupskaia, à qui il semble n'avoir arraché que la promesse d'une déclaration. Les autres capitulards sont des personnalités qui sont loin d'être de second ordre : P.A. Zaloutsky, l'homme qui mis le feu aux poudres en 1925 [12], le vieux-bolchevik A.S. Badaiev, ancien responsable de la fraction bolchevique à la quatrième Douma, la suppléante du comité central Klavdia Ivanovna Nikolaieva [13], gagnée en route et reperdue.

A l'inverse, des responsables zinoviévistes à l'étranger, particulièrement G.I. Safarov, avec, semble-t-il, le soutien de Kamenev, ambassadeur à Rome, poussent les « communistes de gauche » d'Allemagne à affronter le K.P.D. aux élections partielles, ce qui risque évidemment de les entraîner sur la voie de l'organisation d'un deuxième parti communiste [14].

A la même session de février du comité central, les oppositionnels votent pour une résolution de la direction qui décide de la baisse des prix du commerce de gros, à laquelle ils avaient manifesté précédemment leur hostilité. Est-ce un indice de difficultés internes? La direction l'assure en tout cas, mettant l'accent sur le fait que c'est Zinoviev qui a pris la parole pour annoncer leur vote favorable, et que Trotsky et Smilga se sont contentés de le suivre sans prendre la parole : les décistes dénoncent ce geste comme « opportuniste ».

Bientôt pourtant, les événements de Chine vont précipiter la reconstitution et surtout la réactivation de l'Opposition unifiée. Victor Serge écrit : « La révolution chinoise nous électrisait tous... [...] Une véritable vague d'enthousiasme soulevait le monde soviétique – du moins les éléments pensants de ce monde [15]. » La révolution chinoise s'accélère – et ce sont bientôt les menaces concrètes de la contre-révolution qui vont mobiliser de nouveau les oppositionnels en U.R.S.S. Alors que les ouvriers et paysans chinois passent à l'action avec leurs propres objectifs de classe, les problèmes politiques se cristallisent autour de la question de l'indépendance du Parti communiste. Celui-ci a fait en effet adhérer ses membres en 1922 au parti nationaliste au pouvoir dans le Sud, le Guomindang, et se trouve de fait soumis politiquement au gouvernement et au chef de son armée, le général Tchiang Kai-chek, par ailleurs membre d'honneur du présidium de l'Internationale communiste, dont le comportement révèle, depuis le printemps 1926, qu'il est décidé à écraser le mouvement ouvrier et paysan dans le sang et n'attend que l'occasion.

C'est à l'initiative de l'I.C. que le minuscule parti chinois, dirigé par le prestigieux intellectuel Chen Duxiu, a décidé l'entrée des communistes dans le Guomindang : ils y ont largement recruté et y ont gagné chair et sang. Mais quand ont commencé les grèves ouvrières et les soulèvements paysans, c'est en vain que Chen Duxiu a revendiqué l'indépendance de son parti. Alors que l'armée dirigée par Tchiang Kai-chek se lance dans l'« expédition du Nord » pour abattre les gouvernements des « seigneurs de la guerre », les paysans se soulèvent pour opérer leur jonction avec elle et découvrent que les officiers de cette armée sont très souvent, eux aussi, des propriétaires terriens...

Appliquant à la Chine la vieille formule algébrique de la « dictature démocratique des ouvriers et des paysans » et, apparemment sans en prendre conscience, la théorie menchevique de la « révolution par étapes », Staline et Boukharine – dont l'homme de plume à l'Internationale est précisément l'ancien menchevik Martynov – assurent que le Guomindang est un « parti ouvrier et paysan » qu'ils vont présenter comme « le bloc des quatre classes », dont cette « bourgeoisie nationale » que représente Tchiang Kai-chek. Ils sont fermement opposés à la rupture avec le Guomindang et balaient les inquiétudes des dirigeants du P.C. chinois.

Tchiang Kai-chek, lui, sait que l'alliance ne sera pas éternelle et qu'elle n'aura constitué qu'une étape vers le pouvoir et une réconciliation qu'il espère monnayer avec l'impérialisme. La campagne du Nord est prétexte à « serrer les rangs » et à subordonner les organisations ouvrières et paysannes au gouvernement et à l'armée. Tchiang laisse le seigneur de la guerre de Shanghaï noyer dans le sang une insurrection ouvrière qui lui tendait les bras. Entré finalement en « vainqueur » dans le grand port, il organise minutieusement son coup de force avec l'aide des banquiers étrangers et de la pègre : le 12 avril, c'est le début de la Saint-Barthélemy des communistes chinois [16]. La direction de l'Internationale communiste qui a refusé d'entendre les avertissements de Trotsky, poursuit la même politique en changeant les personnes : Staline et Boukharine appuient l'entrée de ministres communistes dans le gouvernement Guomindang de Wang Jingwei à Wuhan : leur mission est de faire respecter l'ordre par les ouvriers et les paysans. Mission remplie, ils sont congédiés, et Wang se réconcilie avec Tchiang Kai-chek dans le sang de nouveaux massacres...

Trotsky s'est prononcé dès l'origine contre l'entrée des communistes dans le Guomindang et a posé, dès 1926, le problème de leur sortie [17]. Mais il est en minorité là-dessus dans l'Opposition, et nous avons vu que Radek et Piatakov ont voté avec les zinoviévistes contre lui sur ce point. Ce sont ce désaccord capital et cette situation difficile – et non une absence d'intérêt – qui expliquent le silence de Trotsky sur la question chinoise entre avril 1926 et la fin de mars 1927. Il ne se décide en fait à attaquer sur ce point qu'après avoir obtenu là-dessus l'accord de ses camarades et au premier chef de Karl Radek. Ce dernier, qui est recteur de l'Université Sun Yat-sen à Moscou et spécialiste des questions chinoises, lui écrit en effet le 5 mars pour lui faire part de ses graves inquiétudes sur la situation en Chine et sur les risques d'un coup d'État militaire du général Tchiang Kai-chek.

Les choses vont dès lors très vite. Le 18 mars, à l'Académie communiste, Radek met en question la politique chinoise de Staline-

Boukharine. Il prédit qu'à très brève échéance Tchiang Kai-chek va se retourner contre les communistes et trahir la révolution [18]. Trotsky demande à ses camarades du centre de l'Opposition l'autorisation d'intervenir au bureau politique : « Pouvons-nous garder le silence quand c'est la tête du prolétariat chinois qui est en jeu [19]? » Il obtient là-dessus un feu vert, mais avec de très sérieuses limitations : il ne doit pas poser la question des relations P.C.-Guomindang et bien préciser qu'il s'agit en Chine d'une « révolution nationale-démocratique [20] ». Au bureau politique, le 31 mars, il pose le problème de la création de soviets et de ce qu'il appelle la « totale liberté de lutte de classes pour le prolétariat [21] ».

Le 6 avril, dans un discours prononcé devant les communistes de Moscou, Staline répond à Radek en se moquant de ses mots d'ordre « rrrévolutionnaires » :

> « Tchiang Kai-chek n'a peut-être aucune sympathie pour la révolution, mais il commande l'armée et ne peut faire autrement que de la mener contre les impérialistes. [...] Il faut utiliser [ces gens] jusqu'au bout, les presser comme un citron et les balancer [22]. »

Le 11 avril, Radek est révoqué de son poste de recteur de l'Université Sun Yat-sen. Le 12, après une soigneuse préparation, Tchiang Kai-chek, on l'a vu, fait un coup d'État, donne l'assaut aux locaux et journaux ouvriers, massacre des milliers de communistes et militants des syndicats. La seconde révolution chinoise ne se remettra pas de cette défaite-là [23].

Évidemment, la justesse des prévisions de l'Opposition frappe ceux qui en ont été informés : ils sont peu nombreux, et il faudra d'ailleurs plus d'une semaine avant que soit annoncée à Moscou la nouvelle du coup de Shanghaï dans lequel Staline assure d'ailleurs qu'il voit « une confirmation de la ligne de l'I.C. [24] ». Le désastre de Shanghaï mobilise les militants, les motive pour une reprise du travail oppositionnel pour la lutte contre une politique dont les résultats sont à ce point catastrophiques. En un sens, l'Opposition renaît en Union soviétique des cendres de la révolution chinoise. Trotsky confirmera un peu plus tard que Zinoviev, découragé, tenté par la capitulation, fut réveillé par cette défaite et y puisa un nouveau courage [25].

Pourtant de grandes illusions renaissent aussi avec la volonté de se battre. L'Opposition n'a-t-elle pas eu raison contre Staline, et cela n'est-il pas démontré par les textes? L'erreur de Staline n'est-elle pas évidente à la seule lecture de quelques numéros de la *Pravda*? Trotsky raconte :

> « Un bon nombre de jeunes camarades croyaient qu'une faillite si évidente de la politique de Staline devait rapprocher la victoire de l'Opposition. Dans les premières journées qui suivirent le coup d'État de Tchiang Kai-chek, je versai plus d'un seau d'eau froide sur les têtes de mes jeunes amis, et pas seulement sur ces jeunes têtes. Je démontrais que l'Opposition ne pouvait nullement remonter la pente grâce à la *défaite* de la révolution chinoise. »

Il l'explique, dans le cadre de l'analyse qui est la sienne des bases de la puissance de Staline :

> « Que nos prévisions se soient justifiées, cela nous attirera un millier, cinq ou dix milliers de nouveaux adhérents. Pour des millions d'hommes, ce qui a une signification décisive, c'est le fait même de l'écrasement du prolétariat révolutionnaire. Après l'écrasement de la révolution allemande en 1923, après l'échec de la grève générale anglaise en 1925, la nouvelle défaite ne peut que renforcer le découragement des masses à l'égard de la révolution internationale. Or c'est ce découragement même qui est la source psychologique essentielle de la politique de Staline, faite d'un nationalo-réformisme [26]. »

La « discussion chinoise », un des enjeux du conflit, se poursuit, tout au long de l'année, au comité central, à l'exécutif de l'Internationale. Après le coup d'État de Tchiang Kai-chek, la direction Staline-Boukharine reporte ses espoirs sur le « Guomindang de gauche » du gouvernement Wang Jingwei en conflit avec le chef de l'armée, et salue en lui « le gouvernement révolutionnaire au sens bourgeois-démocratique du terme ». Mais la bourgeoisie chinoise se soucie peu de ces conseils : effrayée par la montée des revendications ouvrières et paysannes, elle préfère se rapprocher des propriétaires et des grandes puissances. La réconciliation de Wang Jingwei, de Tchiang Kai-chek et du seigneur de la guerre Feng Yuxiang est aussi la réconciliation avec la Grande-Bretagne. Il ne reste plus à Staline, à partir du mois de juin 1927, que la politique de la censure pour dissimuler ses traces et la préparation cynique, pour la fin de l'année, d'une insurrection-suicide à Canton qui devrait lui servir d'alibi face aux accusations de l'Opposition.

***

Mais la politique de la censure, c'est-à-dire de la violence, ne se confine pas à la question chinoise, et il est significatif qu'elle inscrive aussi son empreinte dans les questions de la culture, de l'art et de la littérature. Un rapide examen de la chronologie permet d'éclairer cet aspect de la crise du parti.

C'est en effet au début de 1927 que, sous couleur d'appliquer la résolution de 1925 – la résolution du comité central de juin 1925 sur la politique du parti dans le domaine de la littérature –, l'appareil du parti déclenche l'offensive contre l'une des plus importantes personnalités du monde littéraire, le critique A.K. Voronsky, directeur de *Krasnaia Nov'*, vieux-bolchevik et membre de l'Opposition de gauche [27].

La *Pravda* du 23 février a rendu compte de la soirée organisée à la maison Herzen, à Moscou pour le cinquième anniversaire de la revue [28]. Elle indique qu'y sont lus des messages de Trotsky et de Gorky, mentionne les interventions de Radek, qui parle de « fête de la culture », de Iaroslavsky en personne, de K.G. Rakovsky. Le 3 avril, elle publie une recension élogieuse des Mémoires de Voronsky [29] – dont le moins qu'on puisse dire est qu'ils ne donnent pas du bolchevisme une image conventionnelle puisqu'il parle de la « chère bande unie et hardie » qu'ont constituée les bolcheviks d'autrefois.

L'attaque est déclenchée le 30 avril par un article de Goussev, responsable de la presse et de l'édition auprès du comité central [30]. Accusé, en condamnant « les méthodes de commandement » et les manœuvres, d'avoir émis de « funestes croassements », Voronsky se voit reprocher pêle-mêle d'avoir assuré que la révolution devait être le « merveilleux auxiliaire » des écrivains, d'avoir opposé dans la société russe les « nouveaux rustres » aux « constructeurs du socialisme ». Voronsky, coupable d'utiliser « la terminologie trotskyste à la mode », manifeste ainsi, selon Goussev, son « pessimisme, son défaitisme, son manque de confiance en l'édification du socialisme ». La campagne entamée dans la foulée avec les « Notes sur la littérature » de Fritché vise à engager la littérature au service de la lutte... contre l'Opposition de gauche. Tout se met en place, à travers la prétendue « critique ouvrière » pour l'avènement du « réalisme socialiste » et l'octroi de privilèges aux « ingénieurs des âmes » à la plume servile.

Le combat oppositionnel reprend donc sur toute la ligne à partir du mois de mars. Trotsky est évidemment son principal porte-parole, et il faudrait plusieurs volumes pour retracer l'ensemble de ses interventions – celles du moins qui nous sont parvenues.

La discussion de la « question chinoise » est évidemment le thème principal du débat international. L'opposition estime que la direction stalinienne fait preuve d'un opportunisme systématique qui affaiblit la position internationale de l'U.R.S.S. autant que l'Internationale et ses partis.

Mais le débat porte aussi sur le « comité syndical anglo-russe », alliance nouée en 1923 entre syndicats soviétiques et syndicats britanniques, dans lequel les dirigeants de l'U.R.S.S. voient un véritable rempart pour la défense de leur pays. Le comportement du conseil général des syndicats pendant la grève générale britannique de 1926, puis la longue et épuisante grève des mineurs anglais isolés, sont, aux yeux de Trotsky, une véritable « trahison » : l'alliance avec ses représentants au sein du comité anglo-russe lui donne une caution des révolutionnaires russes qu'il propose de refuser en quittant spectaculairement le comité et en dénonçant les partenaires britanniques. Staline – Boukharine refusent d'abandonner ce qu'ils considèrent comme un atout diplomatique : ce sont finalement les syndicalistes britanniques, soucieux de demeurer en ligne avec la politique antisoviétique du gouvernement conservateur, qui quittent le comité.

L'Opposition pense que la situation en U.R.S.S. est dominée par le développement des forces sociales qui aspirent à la restauration du capitalisme et par conséquent par un affaiblissement de la position de la classe ouvrière et des paysans pauvres. En d'autres termes, c'est ce qu'elle appelle la montée du koulak, du nepman et du bureaucrate qui explique l'affaiblissement de la position internationale de l'Union soviétique. C'est elle aussi qui commande la politique intérieure de la direction, soucieuse de ménager les forces montantes, et qui préfère faire « feu à gauche » et saper l'influence de ce que l'Opposition appelle le noyau prolétarien et vieux-bolchevik du parti.

Il faut opposer à cette capitulation permanente devant les forces sociales hostiles une « politique prolétarienne ». Celle-ci exige d'abord l'amélioration des conditions de vie matérielles, politiques et culturelles de la classe ouvrière, dont l'Opposition estime que la précarité est encore accrue par le fait qu'une importante fraction de la plus-value produite par la classe ouvrière se voit dévorée tant par l'appareil bureaucratique parasitaire que par la bourgeoisie qui naît du capital commercial ressuscité par la Nep.

L'opposition défend la nécessité d'une politique nouvelle à la campagne. Il faut défendre contre le koulak le paysan pauvre et la grande majorité des paysans moyens, notamment les délivrer de l'étreinte de son usure. Il faut également accélérer le développement des fermes collectives dans la mesure de l'équipement en machines agricoles et au moyen d'une fiscalité nouvelle et d'une politique de crédit.

Fidèle à ce qui est l'un des traits distinctifs des origines de toutes ses composantes, l'Opposition insiste également sur la nécessité d'accélérer le rythme de l'industrialisation, maintenu très bas par le projet de plan quinquennal de la direction. Gardant l'arme précieuse du monopole du commerce extérieur, l'économie soviétique doit progresser en utilisant systématiquement les réalisations les plus modernes de la technologie capitaliste : elle doit pour cela rejeter consciemment et catégoriquement l'objectif fallacieux d'une économie socialiste isolée. Une industrialisation de cette importance exige évidemment une redistribution du revenu national qui passe par l'augmentation du budget de l'État, une fiscalité plus rigoureuse pour le koulak et la nouvelle bourgeoisie, une baisse autoritaire des prix, l'abolition du monopole d'État sur la vodka, etc.

L'un des aspects essentiels de la politique « prolétarienne » préconisée par l'Opposition est la revitalisation des soviets à laquelle elle appelle à entraîner la population laborieuse sous le mot d'ordre de la lutte pour une plus grande égalité. L'une des conditions de cette revitalisation est évidemment le respect du principe électif et la fin de la pratique de désignation des responsables des soviets par des organismes du parti.

La lutte contre la bureaucratie, au premier plan dans le domaine des soviets, apparaît comme une nécessité plus pressante encore dans la question nationale, où la dénonciation du « nationalisme » sert l'arbitraire du bureaucrate. L'opposition souligne qu'un traitement correct de la question nationale implique une révision du plan avec l'objectif de gommer les disparités et, de toute façon, une plus grande attention pour les nationalités non russes dans tous les domaines.

La bataille essentielle demeure celle du parti. L'Opposition a conscience d'une détérioration rapide de sa situation au cours des dernières années et la caractérise par ce qu'elle appelle la « déprolétarisation » des cadres et par l'afflux parmi eux d'anciens mencheviks et s.r. aboutissant à une conception nouvelle, bureaucratique, qui a détruit toute démocratie interne. La politique imposée par la direction, censure des critiques, calomnies, falsifications, conduit inévitablement aux exclusions en masse et à la scission. Tout au long de la période et en chaque circonstance importante, l'Opposition formule la revendication de la convocation d'un congrès et de sa préparation en conformité avec les pratiques en vigueur au temps de Lénine. Son objectif est d'ailleurs de ramener le parti au mode de fonctionnement interne qui était le sien « au temps de Lénine ».

On peut relever d'ailleurs que, dans l'ensemble, au cours de tous les combats de l'année 1927, elle se fait de plus en plus le champion du « léninisme » et brandit son drapeau. Dans ses dernières pages, sa plate-forme, rédigée à l'été, assure :

> « Le groupe de Staline et Boukharine, tout en s'éloignant de plus en plus des principes de Lénine, essaie de tromper le parti en lui faisant croire qu'il s'agit d'une lutte entre le léninisme et le trotskysme. En réalité, la lutte se déroule entre le léninisme et l'opportunisme stalinien. C'est exactement de la même façon que les révisionnistes, sous le prétexte d'une lutte contre le " blanquisme ", ont mené leur bataille contre le marxisme [31]. »

Les dirigeants de l'Opposition pensaient-ils que cette lutte pouvait aboutir à la victoire et qu'ils allaient donc revenir à la tête du parti ? Nous avons vu que Zinoviev et Kamenev avaient nourri cette illusion en 1926 et l'avaient perdue au mois d'octobre. On peut douter qu'ils y soient ultérieurement revenus. Pour ce qui concerne, en tout cas, Trotsky et ses proches camarades d'idées, la réponse est incontestablement négative. Trotsky écrira, moins de trois ans plus tard :

> « Le groupe principal de l'Opposition marchait vers le dénouement les yeux ouverts. Nous comprenions trop clairement que, si nous voulions faire de nos idées celles de la nouvelle génération ouvrière, ce n'était pas par de la diplomatie et des arguties, mais seulement par une lutte ouverte, sans nous arrêter devant aucune conséquence pratique. [...] Nous allions au-delà d'une défaite immédiate, préparant avec assurance notre victoire idéologique dans un avenir plus lointain. [...] Il est impossible de couper une fois pour toutes la route aux idées progressistes. Voilà pourquoi, quand il s'agit de la lutte de grands principes, le révolutionnaire ne peut avoir qu'une règle : " Fais ce que dois, advienne que pourra "[32]. »

***

Quand l'Opposition unifiée reprend son activité, elle est déjà sous le feu des critiques des décistes : la « plate-forme » qu'on appellera « des Quinze » est déjà en circulation [33]. Le texte, élaboré par T.V. Sapronov et V.M. Smirnov, est une charge contre la tactique de l'Opposition, notamment contre son silence dans le débat sur les « Leçons d'Octobre » – dont elle tient d'ailleurs la publication pour une erreur –, l'interprétation de l'attitude des ouvriers au moment de la tentative de percée – où les Quinze voient un alignement sur la direction –, enfin sur la politique de baisse des prix qui a été approuvée au comité central par Zinoviev et Trotsky. La divergence essentielle apparaît quand ils écrivent : « Le C.C. a déjà dépassé, dans sa politique qui consiste à bâillonner le parti, la limite où commence sa liquidation [34]. » Et Iaroslavsky de triompher : « Si le C.C. liquide le parti, il faut que les Sapronov en construisent un nouveau [35]. » Les positions des « Quinze » sont désormais utilisées par l'appareil afin de démontrer « où va l'Opposition »...

Cette dernière, tout en se réorganisant, cherche à mieux se définir et à organiser la base qu'elle estime avoir dans la parti. La « déclaration des 83 », rédigée à la mi-avril, part de la révolution chinoise et du comité anglo-russe, analyse la politique économique qu'elle qualifie de « droitière » et la dégradation de la situation ouvrière qu'elle juge étroitement liée au régime imposé au parti. Face au danger de guerre, elle propose un front uni du parti sur une ligne prolétarienne révolutionnaire. Les incessantes attaques dont elle est l'objet n'ont pas, dit-elle, d'autre signification que « de discréditer et de détruire l'aile gauche prolétarienne, léniniste, du parti ». Elle propose une série de mesures, conformes à la pratique du temps de Lénine, pour la préparation du XVe congrès.

Remise au comité central de mai avec 83, puis 84 signatures de membres du parti – les moins anciens y ont adhéré en 1917 –, elle est destinée à en recueillir finalement 300. L'initiative a été critiquée dans les rangs de l'Opposition, comme le reconnaît, au mois d'août, Trotsky, dans une lettre à N.V. Krestinsky [36], mais il indique qu'elle a finalement été décidée pour atténuer, par la publicité, le coup que Staline était en train de préparer et qu'il ne pouvait pas ne pas porter à l'Opposition après le coup de Shanghai.

L'appareil va trouver différents prétextes pour lancer contre l'Opposition une nouvelle offensive. Le 9 mai, lors d'une réunion, partiellement radiodiffusée, de commémoration du 15e anniversaire de la *Pravda,* Zinoviev a pris la parole, se livrant, selon Pierre Pascal, à une « critique très violente de la *Pravda* actuelle : elle n'a plus rien de bolchevik, elle est unilatérale, entre les mains d'une coterie, etc. [37] ». Il évoque le passé « cadet » de Slepkov, « s.r. » d'Astrov. La retransmission est interrompue au moment où les deux camps commencent à s'affronter dans la salle. Toujours selon P. Pascal, « les gens de son bord » disent qu'il « s'est laissé emporter », « a été trop violent, mais excellent, très en forme [38] ». Le même raconte qu'Ouglanov a interrompu Zinoviev : « Vous savez devant qui vous parlez? Devant des sans-parti. » Il a répondu : « Je sais, mais, dans les réunions du parti, on me fermera la bouche. Il s'agit de sauver la révolution [39]. » La presse commence à donner de la voix. Le bureau politique lui interdit de participer à la réunion de l'exécutif de l'I.C. dont il est pourtant membre élu.

Une première épreuve de force se déroule à l'occasion de cette session de l'exécutif. A deux reprises, les 17 et 18 mai, Zinoviev se voit interdire l'entrée de la salle des réunions par les militaires qui montent la garde devant la porte [40]. Trotsky proteste vainement. Ignazio Silone a raconté comment Staline et ses créatures – Kuusinen, Manouilsky, l'Allemand Thälmann – essaient, avant la session officielle, de convaincre les délégués étrangers qu'il faudra voter pour une résolution qui qualifie de « contre-révolutionnaire » un texte de Trotsky qu'ils n'ont pas lu et que la direction du parti russe a décidé de ne pas traduire et de ne pas distribuer [41]. La résolution n'est finalement pas présentée, car les délégués italiens, Silone et Togliatti, le délégué français Treint et le Suisse Humbert-Droz refusent de voter sur ce texte qu'ils ne connaissent pas et parce que Staline ne veut contre Trotsky que des résolutions unanimes. Mais la tentative même en dit long sur le cynisme des apparatchiki de l'Internationale qui ne se soucient nullement de ce qu'a écrit Trotsky, mais souhaitent seulement être du côté du pouvoir et voter en conséquence. Finalement, et bien qu'il n'y ait pas eu de vote, Zinoviev se trouve exclu de l'exécutif de l'I.C. La campagne commence pour l'exclure aussi du comité central du parti, avant le congrès, et bien qu'il ait été élu par le congrès précédent.

C'est l'occasion pour Trotsky de se manifester une dernière fois en direction de Kroupskaia, qui a rompu avec l'Opposition sans pourtant la dénoncer. Prenant prétexte d'une lettre personnelle dans laquelle elle reproche à Zinoviev de « chicaner » à propos de la Chine, il écrit :

> « Nous sommes menacés d'autant plus cruellement que nos prévisions se trouvent confirmées dans les faits. [...] C'est tout à fait logique et inévitable pour l'aile authentiquement marxiste en période de reflux, temporaire mais profond, de la vague révolutionnaire, mais nous sommes les seuls à conserver la filiation des idées du bolchevisme révolutionnaire, les seuls à enseigner, sans Lénine, la méthode léniniste d'analyse de ce qui se déroule et de prévision de " ce qui se prépare" [42]. »

L'Opposition comprend qu'elle joue sa tête et elle est décidée à aller jusqu'au bout. P. Pascal, dans son Journal, le 26 mai 1927, relève qu'elle vient de tenir « un congrès pan-russe illégal [43] » – ce qui n'est tout de même pas un mince exploit. Il lui a en tout cas donné assez de cohésion pour engager la bataille. La clé de cette attitude est donnée par les avertissements de Trotsky à Kroupskaia :

> « Aujourd'hui, Staline a décidé de substituer à la " lutte jusqu'à épuisement " de l'Opposition menée au cours des six derniers mois une lutte " jusqu'à son extermination ". Pourquoi? Parce que Staline est affaibli : sa faillite sur les problèmes chinois et anglo-russe est évidente, comme sont terribles les conséquences de cette faillite sur la situation internationale. [...] Ce ne sont pas ni des détails, ni de petites corrections, qui sont en jeu, mais la ligne fondamentale du bolchevisme sur les questions

majeures. Parler de " chicane ", c'est nous proposer de nager dans le sens du courant quand celui-ci va contre le bolchevisme [44]. »

La répression frappe sous la forme de « déplacements » et d' « affectations nouvelles » de militants de l'Opposition, systématiquement appliqués pour « les besoins du service »! Le bilan est déjà lourd en ce mois de mai 1927 : Piatakov, Préobrajensky, V.V. Kossior, Antonov-Ovseenko, Kamenev, Safarov, les Ukrainiens V.K. Aussen, Kotzioubinsky, N.I. Oufimtsev, Aleksandra Simachko, et bien des vieux-bolcheviks, les jeunes Solntsev, Kaplinsky, Issaiev, Kharine, Pereverzev ont été envoyés en missions diplomatiques ou commerciales à des milliers de kilomètres du champ de bataille.

Or I.T. Smilga, vice-président du Gosplan, vieux-bolchevik dirigeant de l'Opposition, est nommé président de la Banque d'Extrême-Orient à Khabarovsk. Cet exil déguisé est la goutte d'eau qui fait déborder le vase. L'Opposition lance de bouche à oreille le mot d'ordre de l'accompagner le 9 juin, jour de son départ, à la gare de Iaroslavl à Moscou. Le succès dépassa largement ses espérances. Il y a à la gare, ce jour-là de mille à deux mille personnes venues manifester leur sympathie à l'exilé. Les voyageurs s'informent, s'intéressent à cette agitation. Il y a finalement des discours de Zinoviev et de Trotsky, qui demeure très prudent, met l'accent sur la situation internationale, le besoin d'unité, le dévouement au parti. Il semble que les deux dirigeants de l'Opposition aient hissé Smilga sur leurs épaules pour le porter jusqu'à son wagon.

Immédiatement, ils sont accusés d'avoir porté en public un désaccord interne et d'avoir organisé une manifestation de rue contre le comité central. L'exclusion de Trotsky du comité central est demandée, et nombre d'oppositionnels présents à la gare sont exclus du parti sans autre forme de procès. Quatre officiers de l'Armée rouge – dont Ia.O. Okhotnikov, héros de la guerre civile – sont exclus de l'Académie militaire, dont il allaient sortir [45]. On parle de la révocation de N.I. Mouralov, inspecteur général de l'Armée rouge [46]. Deutscher et Erickson, sans citer de sources, mentionnent un texte favorable à l'Opposition signé à son initiative par de grands chefs militaires, dont Iakir et Poutna [47].

Quand Zinoviev et Trotsky comparaissent devant la commission centrale de contrôle pour cette affaire, Trotsky apparaît comme indomptable. Soulignant les contradictions dans lesquelles la direction s'empêtre dans l'affaire Smilga, il accuse :

> « Nous déclarons que nous continuerons à critiquer le régime stalinien tant que vous ne nous aurez pas bâillonnés par des moyens physiques. [...] Nous critiquerons ce régime qui porte en lui la ruine de toutes les conquêtes d'Octobre. [...] Nous critiquerons le régime stalinien comme un régime d'incapacité, de glissement, de faiblesse idéologique, de courtes vues et de manque de perspicacité [48]. »

Saisissant au vol une comparaison faite dans une conversation de couloir par le président de la commission, A.A. Soltz, il la développe, évoque la courbe descendante de la Révolution française dans la deuxième partie de son histoire, les calomnies qui ont présenté Robespierre et ses amis comme des « contre-révolutionnaires » et met ses adversaires en garde : ne craignent-ils pas d'être en train de préparer en Russie le « deuxième chapitre » de la Révolution, celui de Thermidor [49]?

Le 27 juin 1927, il écrit aux membres du comité central que le parti est en train de vivre « sa crise la plus grave depuis la révolution [50] » : il dénonce les menaces de licenciement, voire la répression étatique qui s'abat sur les oppositionnels dans tout le pays. Il réitère une fois encore la revendication de l'Opposition que ses documents politiques soient publiés et diffusés dans le parti, discutés en vue du XVe congrès, si longtemps reporté et prévu maintenant pour novembre.

Le 11 juillet, dans une lettre à Ordjonikidzé, dont nous ne connaissons qu'un extrait, il proteste contre les accusations de « défaitisme » qui ont été lancées contre lui à la session du 27 juin [51]. Il donne, pour illustrer sa ligne politique, l'exemple de Clemenceau, qui critiqua furieusement les dirigeants de la bourgeoisie française en pleine guerre et put ainsi être finalement l'agent de sa victoire.

Au plénum du C.C. et de la commission centrale de contrôle au début d'août, il obtient quarante-cinq minutes pour intervenir sur la question du danger de guerre. Sa conclusion – c'est de plus en plus souvent le cas – est en forme de réquisitoire :

> « L'Opposition pense que la direction de Staline rend la victoire plus difficile. [...] Le parti? Vous l'avez étranglé. [...] Chaque oppositionnel réel [...] occupera en cas de guerre, au front et à l'arrière, le poste que le parti lui confiera et remplira son devoir jusqu'au bout. Mais pas un seul oppositionnel ne renoncera à son droit et à son devoir, à la veille de la guerre ou pendant la guerre, de lutter pour le redressement de l'orientation du parti [...], car c'est en cela que consiste la condition la plus importante du succès. Je me résume : Pour la patrie socialiste? Oui! Pour l'orientation stalinienne? Non [52]. »

Le 4 août, c'est lui qui rédige la réponse écrite des treize [53] aux allégations menaçantes lancées par Molotov qui accuse l'Opposition de préparer « l'insurrection contre le parti et le pouvoir soviétique ». Il dénonce là une tentative pour habituer le parti à l'idée de la répression, et avertit : « L'Opposition ne va pas se laisser intimider par les calomnies ou les menaces d'extermination physique [54]. »

Le 6 août, il reprend la parole [55] pour réfuter la vieille attaque, qui vient d'être reprise par Vorochilov au sujet des exécutions sommaires de communistes qui lui ont été reprochées pendant la guerre civile. Il n'a guère de mal à réfuter l'épisode qui concerne Zaloutsky et Bakaiev, tous deux bien vivants et qui ont été à l'époque défendus par Lachévitch et... Smilga. Mais il lui faut aussi revenir sur le jugement et l'exécution de Panteleiev devant Kazan [56]!

Finalement, peut-être en partie sous les coups de boutoir lancés par l'Opposition dans les débats, la commission centrale de contrôle chargée d'instruire la proposition d'exclusion du comité central de Zinoviev et de Trotsky décide de leur laisser une porte de sortie en leur imposant de s'exprimer par écrit sur trois exigences : le désaveu de la « thèse semi-défaitiste Clemenceau », ainsi que la condamnation de l'accusation sur Thermidor, la fin de la politique de scission et la condamnation de toute scission dans l'I.C. et enfin le renoncement à toute pratique fractionnelle [57].

La réponse de l'Opposition, connue sous le nom de « déclaration des Treize » et parfois « déclaration pacifique [58] » a été de toute évidence rédigée par Trotsky, ou au moins avec sa participation active. Elle est d'une remarquable fermeté. Elle réaffirme qu'elle est « absolument et sans réserve pour la défense de la patrie socialiste contre l'impérialisme », mais qualifie d'« erronée » l'interprétation donnée à la « déclaration Clemenceau » : Trotsky y a seulement dit qu'on ne peut pas, même en temps de guerre, renoncer au droit de critique. Sur la question de Thermidor, elle explique qu'elle pense que les éléments thermidoriens grandissent et ont une base sociale. Mais personne n'a dit dans ses rangs que le parti ou sa direction étaient « des thermidoriens » : l'Opposition a seulement demandé que le danger thermidorien soit combattu.

Sur le deuxième point, réaffirmant son hostilité à la scission du parti allemand et à la création d'une organisation de « communistes de gauche », l'Opposition demande la réintégration de tous les exclus qui accepteraient la discipline, « avec la garantie de la possibilité pour eux de défendre leurs vues dans la presse du parti et dans ses rangs et ceux de l'I.C. ». Sur la dernière « exigence fondamentale », elle répond très simplement :

> « Nous combattrons de toutes nos forces et par tous les moyens toute tendance à créer un second parti. Nous condamnons tout aussi énergiquement et de façon tout aussi catégorique la politique de scission. Nous exécuterons toutes les décisions du parti communiste et de son comité central. Nous sommes prêts à tout faire pour détruire tous les éléments de fraction qui se sont formés du fait que nous avons été obligés, étant donné le régime intérieur du parti, de faire connaître au parti notre pensée véritable, qui était dénaturée dans la presse que lit tout le pays [59]. »

Au terme de leur réponse, les treize réclamaient enfin comme une contrepartie normale la condamnation de plusieurs écrits publics calomnieux dirigés contre l'Opposition, l'arrêt des exclusions, la réintégration des exclus et l'application de ses revendications de démocratie pour la préparation du XVe congrès : ce dernier point est censuré lors de la publication du texte!

Point n'est besoin d'une analyse serrée des textes pour comprendre que la réponse de l'Opposition, reposant sur la réalité de ses opinions et expressions, ne constituait même pas un recul. La résolution sur le rapport d'Ordjonikidzé, au nom de la commission centrale de contrôle, adoptée le 9 août, souligne ce qu'elle appelle le caractère évasif et finalement peu satisfaisant des réponses de l'Opposition [60] –

en clair, reconnaît sa résistance. Mais, à la surprise générale, elle conclut au retrait de l'ordre du jour de l'exclusion de Trotsky et de Zinoviev, se contentant de proposer contre eux un blâme sévère.

Que s'est-il passé? Incontestablement il y a eu, pour la répression, de grosses difficultés. Pascal raconte ce qu'il tient d'un informateur très au courant :

> « Trotsky disait que l'armée est entre les mains de chefs bourgeois et le prouvait par une correspondance tombée entre ses mains. A ce moment-là, deux soldats, baïonnette au canon, suivis d'Ounschlicht en personne, s'avancent vers la tribune pour lui arracher le papier. " Halte-là! Croyez-vous m'intimider? Je livrerai au parti ce que je crois devoir livrer et je garderai ce que je voudrai. Renvoyez ces deux pauvres garçons " [61]... »

Immédiatement à la suite, Zinoviev et Trotsky sont exclus, mais Ordjonikidzé, absent lors de cette séance, s'indigna à son retour :

> « " Comment, Zinoviev et Trotsky ne sont pas ici? Leur place est ici, qu'on aille les chercher! " On alla les quérir en auto; ils étaient comme par hasard ensemble et l'accord fut conclu. Staline, Molotov et Boukharine étaient pour l'exclusion, mais Ordjonikidzé, Rykov, Kalinine, Tomsky étaient contre. Il y a division chez les Géorgiens. Il paraît d'ailleurs que la déclaration n'a pas été publiée intégralement [62]. »

Une « lettre de Moscou », dans le *Bulletin communiste* de Souvarine, souligne la modération d'Ordjonikidzé, sa résistance devant les exigences de Staline, le soutien dont il bénéficie, dans son refus d'exclure Trotsky et Zinoviev, de la part des provinciaux de l'appareil qui disent que « le parti ne comprendra pas ». La même lettre assure que l'exclusion de Trotsky et Zinoviev fut votée en l'absence d'Ordjonikidzé, malade, mais que celui-ci, revenu, réussit à renverser la décision. Elle indique :

> « L'Opposition finit par déposer une déclaration où elle ne rétracte rien, la direction finit par s'en contenter en déclarant n'avoir pas confiance et personne ne fut exclu! De sorte que la conclusion seule de la résolution sur le rapport de la C.C.C. ayant été modifiée, on se trouve en présence d'un document entièrement rédigé dans le sens de l'exclusion, de la condamnation à mort politique et se terminant par un rappel à l'ordre! Mais ce n'est pas tout. Pour porter à son comble l'indescriptible chaos, la *Pravda* publiant seulement une *partie* de la déclaration de l'Opposition (tout le passage concernant la répression a été censuré) *s'est trompée de texte,* a imprimé le premier au lieu du second, rendant le tout complètement inintelligible [63]. »

Le déroulement du plénum est d'une grande violence. Staline assure qu'il faudra une guerre civile pour écarter « les cadres ». Trotsky se fait procureur, brandit le document que Lénine, pour lui marquer sa confiance, lui a remis en main propre, signé en blanc. Il souligne la différenciation politique et sociale entre l'appareil des privilégiés et les travailleurs ordinaires se reflétant dans les deux étages du parti qu'il accuse Staline d' « étrangler », souligne qu'il faut tenir jusqu'à la révolution mondiale, argumente sur la nécessité de préserver le droit de lutter pour le redressement du parti sans tenir compte de la nécessaire « discipline » qui n'est ici qu'un moyen supplémentaire d'enchaîner parti et prolétariat.

De tous les points de vue, le plénum est un échec pour Staline, suffisamment ressenti ainsi pour que l'affaire soit présentée dans les semaines suivantes comme une mesure de temporisation imposée par lui. Plusieurs de ses partisans, à la commission de contrôle, ont fait obstacle à sa volonté de réprimer. Solz a évoqué la tristesse de Robespierre envoyant Danton à la guillotine. Ordjonikidzé a coupé la parole à Iaroslavsky qui tentait de remettre sur le tapis les exécutions de communistes pendant la guerre civile.

Ces hésitations ne tombent pas du ciel. Incontestablement, le frémissement qui s'était traduit par l'afflux de sympathisants à la gare pour le départ de Smilga, se confirme. On commence à s'émouvoir, même dans l'appareil, de méthodes expéditives qui provoquent réprobation et même indignation. Devant une résistance faite surtout d'inertie, les hommes de l'appareil en charge de la répression, freinent. L'historien Michal Reiman a vu les dossiers mentionnant des réunions ouvrières en faveur de l'Opposition à Ivanovo-Voznessensk, Leningrad, Moscou. Le mécontentement ouvrier monte et semble rejoindre l'Opposition [64]. La situation extérieure est tendue avec la rupture des relations avec la Grande-Bretagne. Staline, pourtant talonné par l'échéance du congrès et la nécessité pressante de bâillonner ses accusateurs, doit finalement se résigner à reculer, même si c'est pour mieux sauter.

L'Opposition, elle, connaît un débat passionné. Zinoviev rédige des thèses [65] et, avec ses amis, lance à ses alliés, le 15 août, un véritable ultimatum sur la question du « deuxième parti ». Radek lui oppose ses propres thèses, que Trotsky juge « superbes », ce qui ne l'empêche pas de donner consigne de voter pour celles de Zinoviev, afin, dit-il, de mettre ce dernier dans la situation de « rompre sur des questions de programme et de tactique [...] et non sur les deux dadas qu'il soulevait artificiellement – les " deux partis " et le trotskysme » [66].

Dans ses thèses, Zinoviev souligne que la lutte pour les idées de Lénine implique le risque d'être exclu du parti. Il souligne que le devoir d'un exclu est « de continuer son travail », « non de s'orienter vers la formation d'un deuxième parti, mais de continuer à s'orienter vers le redressement du parti, la correction de sa ligne politique [67] ».

La discussion terminée et l'unité avec Zinoviev préservée au prix de l'acceptation de ses thèses, l'Opposition s'attelle à son travail fondamental, l'élaboration d'une plate-forme politique alternative pour le parti. Ce sera l'objet de son document préparé en vue du XVe congrès et intitulé *Plate-forme de l'Opposition. La Crise du parti et les moyens de la surmonter.* Ce long texte – une centaine de pages – a été rédigé collectivement avec la volonté affirmée d'en revenir ainsi aux traditions du mouvement ouvrier antérieures à la révolution. Trotsky a écrit le chapitre sur l'industrialisation. Zinoviev et Kamenev ont écrit ensemble les deux chapitres sur l'Internationale et la politique dans les campagnes. Smilga et Piatakov ont eu également des chapitres à rédiger. Chacun, aussitôt achevée une première rédaction, a été mis en circulation, lu et amendé dans des réunions d'oppositionnels : Trotsky estime à environ deux cents le nombre des membres du parti, vieux ou jeunes, qui ont apporté leur contribution à ce travail [68].

Aussitôt terminée et adoptée par le « centre », la *Plate-forme* est remise au bureau politique le 3 septembre. Elle ne porte encore à cette date que les treize signatures des membres oppositionnels de la commission centrale de contrôle et du comité central. Le 6 septembre, l'Opposition demande qu'elle soit diffusée comme matériel de congrès.

Dans l'intervalle, une manœuvre de l'Opposition a fait long feu. Elle a repris une initiative de Novgorodtseva, la veuve de Sverdlov, et adressé une lettre adjurant les deux fractions de trouver un compromis. Mise en circulation comme document de ce qu'on appelle « le groupe-tampon », baptisée « lettre de la veuve » par Iaroslavsky, parvenue à la discussion le 24 juillet, cette lettre devient le programme d'une « troisième voie ». Partant de l'extinction de la vie politique dans le parti, des violations nombreuses de la discipline, qu'elle déplore, elle propose un « pardon mutuel » et le rétablissement d'une discipline fondée sur la conviction [69]. Autour de Novgorodtseva, une quarantaine de signataires, des proches de Trotsky, comme V.D. Kasparova, ou de Zinoviev, comme G.L. Chklovsky, Ovsiannikov : on parle du ralliement de Smilga, Rakovsky, Ossinsky, à ce « groupe-tampon » [70]. L'opération vise les hésitants, ceux qui ont peur de Staline, mais il lui manque le temps. Staline d'ailleurs n'est pas dupe et agit en conséquence : les gens du « groupe-tampon » refluent, la majorité ralliant l'Opposition.

Mais avec la plate-forme, qui est un défi à l'autorité de Staline et un danger, car elle va renforcer l'Opposition, Staline décide de recourir à des méthodes plus radicales. C'est sans doute en ce mois d'août qu'il prend la décision de recourir cette fois directement aux services du G.P.U. non seulement pour trancher dans le parti la question du pouvoir, mais d'abord pour forcer la main à ses propres alliés. Pour ce qui est des « discussions », reprenant les méthodes déjà éprouvées en octobre 1926, il organise de nouveau des « détachements de gros bras » qui se déplacent en camions, sillonnant les quartiers ouvriers pour surveiller les réunions où pourraient se produire des descentes d'oppositionnels. La réponse de la fraction Staline – bureau politique et présidium de la commission centrale de contrôle – est donnée le 8 septembre. Le congrès est repoussé d'un mois. La *Plate-forme* ne sera pas publiée dans le parti. Staline justifie cette interdiction en expliquant qu'il s'agit d'un document fractionnel, que les fractions sont interdites, et qu'il ne saurait être question de « légaliser une fraction [71] » en publiant un document qui émane d'elle... Pourtant Ordjonikidzé aurait dit que les membres du parti ont toujours le droit d'écrire au comité central individuellement ou collectivement [72]...

Pour l'Opposition, il est clair que « le comité central craint comme le feu une discussion et qu'il n'a nullement l'intention de défendre sa ligne politique dans une discussion régulière honnête à l'intérieur du parti ». Trotsky et Zinoviev ajoutent :

> « Le groupe de Staline a décidé de ne permettre aucune discussion et de composer seulement de secrétaires le XVe congrès [73]. »

Mais sur ce point l'Opposition est elle aussi irréductible. Ses représentants informent le bureau politique qu'elle va elle-même procéder à la reproduction et au tirage de la *Plate-forme* interdite. Entreprise difficile, hasardeuse même, aucun moyen d'impression, même simple machine hectographique, n'étant en vente... Sous la direction de S.V. Mratchkovsky, c'est un noyau de militants sûrs, d'anciens tchékistes – Kh.M. Pevzner – et de chefs militaires – Grünstein, Okhotnikov – qui met en route ce que l'appareil appellera avec beaucoup d'exagération « l'imprimerie clandestine » : quelques machines et un duplicateur installés dans une chambre dont les sources indiquent comme le locataire tantôt le communiste de l'Armée rouge Z.M. Gerdovsky, et tantôt un étudiant sans-parti du nom de Chtcherbakov. L'« imprimeur », l'homme qui manie le duplicateur, semble être Okhotnikov, qui vient, comme on le sait, d'être exclu de l'Académie militaire [74].

Dans la nuit du 12 au 13 septembre 1927, un groupe d'agents du G.P.U perquisitionne dans le local et opère un certain nombre d'arrestations, Okhotnikov réussissant à leur faire passer sous le nez le gros des exemplaires terminés. Un rapport du G.P.U du 13 explique qu'il a été mis sur la piste par le fait qu'un sans-parti du nom de Chtcherbakov avait demandé à « un officier de Wrangel » de lui procurer un duplicateur. Il explique en outre que Chtcherbakov était en contact avec un dénommé Tverskoy, lui-même engagé dans la préparation d'un coup d'État militaire et qui en avait informé le même ancien officier de Wrangel... La presse aux ordres orchestre immédiatement et triomphe : l'Opposition assure-t-elle est alliée aux pires ennemis de droite de la révolution, les officiers blancs, les wrangéliens...

Il s'agit, on le découvrira très vite, d'une double opération, amalgame policier doublé d'une provocation. Le G.P.U. mentionne en effet le fait que plusieurs militants de l'Opposition – il cite Grünstein, Gerdovsky, Mratchkovsky, Okhotnikov – sont impliqués dans ce qu'il appelle déjà « l'Opposition illégale Chtcherbakov-Tverskoy » : ainsi lie-t-on l'Opposition au coup d'État militaire.

Très vite, les protestations indignées des dirigeants de l'Opposition, leur exigence de la publication du nom de l'officier de Wrangel, amènent le chef du G.P.U. Menjinsky à reconnaître par écrit que ledit « ancien officier » est en réalité un agent de toute confiance du

G.P.U., dont un communiqué célèbre les services rendus contre les organisations terroristes, dont celle de Savinkov. Par lui et le prétendu Tverskoy, c'est donc le G.P.U. qui se trouve aux deux bouts à l'origine de l'amalgame et de la provocation policière. Qui étaient en réalité les provocateurs? Le S.R. polonais va soutenir avec quelque vraisemblance que l'« ancien officier de Wrangel », pour lequel on donne, à l'époque, l'alias de Stroilov, était le fameux agent provocateur Oupeninch; les éléments donnés sur « Tverskoy » par Victor Serge [75] conduisent à penser qu'il s'agissait d'un spécialiste des opérations contre l'Opposition de gauche qui reparut plus tard, vraisemblablement, sous le nom d'Akhmatov [76].

Il faut pourtant souligner que seuls les mensonges passèrent dans la presse et que les révélations sur le fait que le G.P.U. avait monté une provocation contre l'Opposition de gauche n'allèrent pas au-delà d'un cercle de militants et de responsables bien informés, la calomnie, elle, matraquant tout un chacun.

La répression continue de frapper. L.P. Sérébriakov et E.A. Préobrajensky, tous deux anciens secrétaires du parti qui – avec le zinoviéviste I.V. Charov – prennent la responsabilité de l'« imprimerie illégale », sont exclus du parti, après Mratchkovsky et ses camarades. Quelques jours après, le vieux militant M.S. Fichelev, directeur de l'imprimerie d'État du Gosizdat, est arrêté à son tour pour avoir fait imprimer secrètement quelques milliers d'exemplaires de la *Plate-forme* [77].

Le 27 septembre, Trotsky prend part à l'exécutif de l'I.C. qui a mis à son ordre du jour une demande d'exclusion contre lui, Rakovsky et le jeune Yougoslave Voya Vujović. Une fois de plus, c'est lui qui accuse :

> « La plate-forme de l'Opposition donne une estimation réfléchie de cette politique. C'est pour cette raison précisément qu'elle est déclarée un document illégal. Les membres du parti sont soumis à des perquisitions, des exclusions et toutes sortes de mesures de répression physique pour avoir mis en circulation une plate-forme qui critique le comité central deux mois avant le congrès.
>
> « Le report arbitraire du congrès pendant une année, l'interdiction de la discussion, l'utilisation par l'État de mesures administratives pour faire pression sur les membres du parti, privant les léninistes de leur pain quotidien parce qu'ils ne veulent pas devenir staliniens – rien de tout cela ne constitue une violation de la discipline; tout est le cours normal des événements. Mais protester contre cela, lutter contre ces infamies, c'est violer la discipline et persévérer dans l'activité fractionnelle [78]! »

Il interpelle les hommes qu'il tient pour des larbins :

> « Staline vous glisse à l'oreille une solution : exclure du comité exécutif de l'I.C. Trotsky et Voya Vujović. Je pense que vous allez suivre cette suggestion. Qu'est-ce que cela va changer? Rien ou presque rien. [...] Vous m'accusez d'avoir enfreint la discipline. Mais même votre verdict est déjà prêt : j'en suis certain [79]. »

Pour ne pas tomber dans le piège des réunions du parti et éviter le renouvellement des échecs d'octobre de l'année précédente, les oppositionnels multiplient les réunions avec les travailleurs en dehors du cadre des cellules) qu'ils appellent *smytchki* (liaisons), dans de petits logements ouvriers, des chambres d'étudiants, des salles occupées par surprise dans un établissement universitaire. Malgré la surveillance policière, le mouchardage, ils connaissent quelque succès. Non seulement des dizaines de personnes s'entassent tous les jours dans des dizaines de réunions de ce type, mais quelques rassemblements sont réussis, par exemple à Kharkov où Rakovsky est un train de galvaniser la résistance ouvrière grâce au prestige acquis lors de la guerre civile.

A Moscou, le 4 novembre, l'Opposition occupe par surprise un amphi de l'École supérieure technique, dans le quartier Bauman, et 2 000 personnes s'y entassent, un nombre égal stationnant à l'entrée faute de place. Les autorités font couper l'électricité, pour empêcher la réunion de se tenir; on parle donc à la lumière des bougies; Ouglanov est chassé par les assistants [80]; Trotsky prend la parole, puis s'éclipse : des gens suspects semblent le chercher pour un mauvais coup. Après lui, Kamenev parle « avec intelligence, avec fougue », écrit Victor Serge [81]. On vote une résolution à l'unanimité, une unanimité qui n'est pas celle des réunions officielles, et ceux qui l'ont obtenue sont très fiers.

On tente la même opération sur la grande salle du Palais du Travail de Leningrad, mais Zinoviev recule au dernier moment. Radek refuse d'assumer seul la responsabilité de l'occupation de la salle et prend finalement la tête d'une centaine de manifestants qui vont s'exprimer au théâtre Marie, au congrès des métallos [82]. A Moscou, l'Opposition réussit à tenir deux meetings véritables dans des usines du quartier ouvrier de Krasnaia Presnia, son bastion de toujours : Trotsky y prend la parole avec beaucoup de succès. A Kharkov, Rakovsky prend la parole dans une session officielle du soviet de la République et met la direction du parti en accusation.

Un autre signe encourageant s'est manifesté : le 15 octobre, Zinoviev et Trotsky se rendent à Leningrad pour une session formelle de l'exécutif des soviets – auquel ils appartiennent toujours – qui doit adopter la journée de sept heures, ultime moyen démagogique de contrer l'Opposition. Pierre Pascal raconte le début de cet incident qui devait avoir une portée non négligeable :

> « Trotsky et Zinoviev n'ont pas logé comme les autres membres du C.C.E. à l'hôtel. Ils sont allés chez un vieil ouvrier bolchevique de l'usine Poutilov. Et aussitôt une queue s'établit devant la maison [...] pour les voir [83]. »

Sur ce qui s'est passé au cours de la manifestation officielle, dans la rue, Victor Serge, témoin oculaire, donne un récit intéressant :

> « La foule ne voyait qu'eux. [...] Le cortège arrivait à la hauteur des hommes légendaires qui n'étaient plus rien dans l'État. A cet endroit, les

gens piétinaient sur place en silence et des mains se tendaient par milliers, agitant des mouchoirs ou des casquettes. C'était une acclamation muette, vaincue, bouleversante. Zinoviev et Trotsky l'acceptaient avec une joie résolue, croyant y discerner un témoignage de force. " Les masses sont avec nous! " disaient-ils le soir [84]. »

Trotsky raconte de son côté :

« Dès que les masses surent que nous nous trouvions sur la tribune de l'extrémité, la manifestation changea brusquement d'aspect. [...] Les masses se hâtaient vers nous. Bientôt, autour de notre camion, une digue humaine de milliers d'hommes fut formée. Les ouvriers et les soldats de l'Armée rouge s'arrêtaient, poussaient des cris de bon accueil et n'avançaient que sous la poussée impatiente de la multitude qui était derrière eux. Un détachement de la milice, envoyé vers notre camion pour rétablir l'ordre, fut lui-même saisi par l'ambiance. [...] Des centaines des agents les plus fidèles de l'appareil furent lancés dans la foule. Ils essayèrent de siffler, mais les coups de sifflets se perdaient forcément dans les acclamations des sympathisants [85]. »

Selon ce récit, Zinoviev et lui divergent sur l'interprétation de l'événement :

« Zinoviev, immédiatement, se trouva tout plein d'optimisme et espéra de la manifestation les plus grandes conséquences. Je ne me rattachais pas à son appréciation impulsive. La masse ouvrière de Petrograd montrait qu'elle était mécontente sous la forme de sympathies platoniques à l'adresse des leaders de l'Opposition, mais elle n'était pas encore capable d'empêcher l'appareil de nous régler notre compte. A cet égard, je ne me faisais aucune illusion. D'autre part, la manifestation devait suggérer à la fraction dirigeante d'en finir le plus vite possible avec l'Opposition pour mettre la masse devant le fait accompli [86]. »

Staline relance l'offensive à la séance plénière du C.C. et de la C.C.C. du 23 octobre, déterminé à obtenir cette fois l'exclusion de Zinoviev et de Trotsky du comité central, étape préalable indispensable à la destruction de l'Opposition elle-même qu'il veut réaliser avant le XVe congrès. La séance est d'une violence qui frôle la sauvagerie. Trotsky fait hurler ses adversaires de rage. Il les défie :

« Le prolétariat pense lentement mais sûrement. Notre plate-forme accélérera le processus. En dernière analyse, c'est la ligne politique qui décide, non la main de fer bureaucratique. L'opposition est invincible. Excluez-nous aujourd'hui comme vous avez exclu hier Sérébriakov et Préobrajensky, comme vous en avez arrêté tant d'autres. Notre plateforme se fraiera la voie [87]. »

De son côté, Staline évoque le testament de Lénine pour se targuer de sa « brutalité » à l'égard de ceux qui, assure-t-il, « ruinent le parti [88] »... Comme prévu, le comité central exclut de ses rangs Zinoviev et Trotsky et confirme toutes les décisions du bureau politique sur la date du congrès, la réduction de la durée de la discussion, le refus de publier la *Plate-forme.*

La bataille est épuisante. Chez les Trotsky, Ljova y est engagé autant que son père, dans les Jeunesses à Moscou d'abord, autour de la *Plate-forme* ensuite, dans l'Oural où il accompagne Mratchkovsky enfin. Natalia Ivanovna raconte :

> « Lev Davidovitch, surmené, et hypertendu, souffrait de malaises physiques, de faiblesses, de température, d'insomnies. " J'ai la tête vidée ", lui arrivait-il de dire. Les somnifères mêmes ne lui procuraient pas toujours le sommeil. Avec lui, nos fils et moi souffrions d'insomnies. Le matin, au moment du déjeuner, nous voyions Lev Davidovitch ouvrir les journaux... Il y jetait un coup d'œil, les éparpillait sur la table avec un geste écœuré. Ce n'étaient que mensonges stupides, distorsion des moindres faits, des propos les plus simples, menaces haineuses, télégrammes de tous les pays du monde répétant à l'envi, avec une servilité sans bornes, les mêmes infamies. Qu'avait-on fait de la révolution, du parti, du marxisme, de l'Internationale? Impossible de rien répondre [89]. »

Les journées et les nuits qui suivent le plénum d'octobre sont pourtant pour Trotsky et ses proches un retour aux sources. Ils vont d'un quartier ouvrier, d'un logement à un autre, visiter des camarades, parler, expliquer inlassablement devant des auditoires passionnés et silencieux, hommes et femmes assis sur le plancher. Victor Serge l'a vu, « nettement vieillissant, presque blanc, cambré, les traits fortement découpés, trouvant toujours la réponse intelligente [90] ». De son côté, Pierre Pascal raconte et dessine ce croquis :

> « Ces jours-ci, chez un ouvrier, deux chambres contiguës, communiquant par une porte ouverte : 150 personnes. De cette porte, Trotsky parle. Arrive un membre de la commission de contrôle : il se fait connaître et demande à parler : on lui refuse. " Chez vous, vous avez le loisir de bourrer le crâne; ici nous sommes chez nous. Vous pouvez écouter, mais ne nous gênez pas. " Ainsi fut fait. Trotsky parla, puis s'éclipsa pour aller à une autre réunion [91]. »

On fait connaître la *Plate-forme*, on la lit, on la commente, on la fait signer par les membres du parti pour manifester l'audience qu'elle remporte malgré interdits et menaces. On dit que Zinoviev escomptait 30 000 signatures; on n'aura le temps que d'en recueillir environ 6 000 et, de toute façon, à ce moment-là, il n'est pas question de livrer les noms des signataires au comité central qui ferait de ces signatures un passeport pour la prison ou l'exil.

La surveillance policière se resserre en effet. Les militants connus sont épiés, filés, leurs domiciles surveillés. Radek rosse à coups de canne le policier qui l'a pris en filature. Cette violence lui vaut d'être exclu du parti par une cellule zélée. Mais c'est trop et elle devra le réintégrer [92].

Le 26 octobre 1927 au soir, se tiennent à Moscou et à Leningrad les assemblées générales de compte rendu du plénum. I.N. Smirnov, toujours commissaire du peuple aux P.T.T., parvient à prendre la parole et se faire écouter, mais Kamenev et Rakovsky – chassé de France comme *persona non grata* après une féroce campagne antisoviétique de la droite – ne parviennent même pas à se faire entendre et doivent quitter la tribune. A Leningrad, Bakaiev et Evdokimov connaissent le même sort.

C'est sur la base des résultats officiels préparés dans l'appareil que Staline annonce triomphalement les succès remportés par « le parti » sur l'Opposition : elle n'a eu que 29 voix sur 1 718 à *Poutilov rouge,* 39 à Tréougolnik sur 2 122 [93]. Il plastronne :

> « Il est tout à fait possible que l'Opposition, au Ve congrès du P.C., n'ait pas un seul représentant, pas un seul délégué [94]. »

Les dirigeants de l'Opposition savent qu'ils n'ont rien à attendre maintenant des votes préfabriqués, alors qu'ils sentent un vrai soutien populaire dans leurs réunions. C'est cela, et la manifestation de sympathie du 15 octobre à Leningrad, qui décident ses dirigeants à jouer leur va-tout en sortant dans la rue. La décision en est prise à la réunion du « centre » tenue chez Smilga, le 4 novembre, sous la présidence de Kamenev avec notamment la participation d'I.N. Smirnov, Rafail, Moussia Magid [95]. Il est décidé de participer à la manifestation officielle. Les oppositionnels arboreront dans le défilé leurs propres pancartes et banderoles avec quelques mots d'ordre : « A bas l'opportunisme », « Appliquez le testament de Lénine », « Contre la scission », « Pour l'unité bolchevique », « A bas le koulak, le nepman et le bureaucrate ».

L'opération est bien préparée du côté de l'Opposition, qui a fixé toute une série de lieux de rassemblement et préparé pancartes et banderoles. Mais elle ne l'est pas moins du côté des forces de l'ordre qui se sont efforcées d'infiltrer des agents afin de connaître le détail des préparatifs. La police va agir préventivement avec beaucoup de brutalité. Des détachements commandés par des hommes de l'appareil, après repérage des groupes de manifestants éventuels, les encerclent, confisquent pancartes et banderoles, et, suivant le nombre des manifestants, les cognent, les pourchassent, les dispersent en évitant les incidents trop voyants.

Une lettre de Pierre Pascal à Boris Souvarine, datée de Moscou du 18 novembre, présente l'affaire de la façon suivante :

> « L'opposition a saisi l'occasion des fêtes de novembre pour accomplir une sorte de geste symbolique et manifester en groupes distincts, avec ses propres mots d'ordre. Naturellement elle a été noyée dans la masse et harcelée par des hommes de main spécialement constitués en équipes à cet effet. L'opinion ne comprend rien [...], mais, en général, on sympathise avec l'Opposition parce qu'elle a le courage d'attaquer les puissants du jour, parce qu'elle proclame des vérités sévères contre l'optimisme de

commande, parce qu'elle a une vie, une pensée, une activité critique, parce qu'elle parle de démocratie [...], parce qu'elle s'identifie dans une certaine mesure à l'avant-garde ouvrière, parce qu'elle a un homme prestigieux à sa tête [96]. »

Pascal poursuit :

« A Leningrad comme à Moscou, on a échangé des horions et des injures, mais à Leningrad, la manifestation a été plus importante et la répression plus violente : plusieurs camarades ont été assommés et c'est tout juste si l'on a évité l'effusion de sang [97]. »

A Leningrad, les oppositionnels, dirigés par Zinoviev et Radek, ont prévu de se rassembler en nombre avant de rejoindre le gros de la manifestation officielle. En prévision de leur intervention, les hommes de la police verrouillent la place des palais, habituellement noire de monde. Une opération éclair permet d'encercler les manifestants de l'Opposition avant leur jonction avec le cortège : ils sont refoulés sans ménagements, contraints de se réfugier dans l'immeuble de l'état-major, aussitôt bouclé [98]. Quand ils réussissent à en sortir, en direction de l'Ermitage, ils ont à subir les charges de la police montée, « comme les charges de police en Occident », note l'impitoyable Pascal [99]. Victor Serge a vu Bakaiev et Lachévitch, uniforme déchiré, se battre contre les policiers [100].

A Moscou, forces de police et gros bras dirigés par des apparatchiki ont attaqué, à la Maison des soviets, l'appartement de Smilga, déchiré les portraits suspendus au balcon, que Kasparova a protégés un temps à coups de balai. Smilga est passé à tabac, Natalia Ivanovna frappée, un portrait de Lénine détruit. Quelques minutes plus tard, le même assaut est dirigé contre la chambre de Préobrajensky à l'hôtel du Grand-Paris [101]. Trotsky a d'abord été gardé à vue chez lui, puis, quand il a réussi à sortir, se déplaçant en auto avec Kamenev aux côtés de Mouralov, dont on connaît l'importance dans l'Armée rouge, il essuie plusieurs coups de feu, et l'une des vitres de sa voiture est cassée par un forcené monté sur le marchepied. Les cent quarante manifestants étudiants partis de l'Université ont réussi à se joindre au cortège. Ils y sont repérés, habilement coupés des autres, isolés par la police qui les retient sous la menace, à l'écart, pendant quatre heures, avant de les lâcher sur la place vide où était la tribune [102]. Deux groupes seulement atteignent la tribune officielle et, devant les dirigeants staliniens, parviennent à déployer leurs banderoles et scander leurs mots d'ordre : ce sont les étudiants chinois de Moscou et les ouvriers du Club allemand qui s'en prennent à Staline. Il y a des prises de parole et des bagarres en plusieurs endroits, rue Mokhovaia, place Strastnaia, devant la gare Alexandre. Les dirigeants sont inquiets. Un rapport secret de Menjinsky les a affolés : il assure que l'affaire est grave et que la garnison de Leningrad n'est pas sûre.

Le soir du 7 novembre, les dirigeants de l'Opposition – une cinquantaine – se réunissent dans l'appartement ravagé de Smilga, sous la présidence de Kamenev. Trotsky présente le rapport : pour lui, il est tout à fait clair que les masses n'ont pas bougé et que les oppositionnels sont isolés. Il faut pourtant continuer le combat et répondre par la fermeté [103]. Une motion d'I.N. Smirnov dans ce sens est adoptée et les zinoviévistes acquiescent. Un message arrive de Leningrad; Zinoviev est optimiste :

> « Toutes les informations suggèrent que toutes ces choses regrettables profiteront beaucoup à notre cause. Nous sommes inquiets de ce qui vous est arrivé. Les *smytchki* se passent bien ici. Le retournement en notre faveur est important. Nous n'avons pas l'intention de partir d'ici maintenant [104].»

Pourtant son arrivée, le lendemain, sème la panique. Il est clair que lui-même et ses partisans regrettent d'être allés trop loin et ne feront pas un pas de plus. Est-ce à ce moment que Trotsky et lui échangent de célèbres petits papiers? « Lev Davidovitch, écrit-il, l'heure est venue d'avoir le courage de capituler. » Et Trotsky de rétorquer, féroce : « S'il avait suffi de ce courage, la révolution serait faite depuis longtemps dans le monde entier [105]. »

Le chef du G.P.U., Menjinsky, dans deux rapports du 10 novembre 1927, présentés par Staline au C.C., assure que l'Opposition avait préparé un coup d'État pour s'emparer du pouvoir et que le plan a été déjoué par les mesures défensives et parce que Trotsky a appelé à retarder cette initiative. Il décrit le plan de l'Opposition, les positions dont ses « groupes de combat » devaient s'emparer, la décomposition du moral de l'Armée rouge [106]. Les hésitants ou les résistants épisodiques – ceux qui pensaient maintenant remplacer Staline par Tomsky – cèdent devant cette pression conjuguée de Staline et du G.P.U., le chantage à la sécurité et à la complicité.

Le 14 novembre, la réunion commune du comité central et de la commission centrale de contrôle prononce l'exclusion de Zinoviev et de Trotsky du parti bolchevique, pour avoir « organisé des manifestations contre-révolutionnaires ». Le pas décisif est franchi.

Dix ans après la révolution d'Octobre.

CHAPITRE XXXIII

Le retour du pendule [1]

Natalia Ivanovna raconte :

> « Le soir même de ce 7 novembre 1927, Lev Davidovitch décida que nous devions quitter sur l'heure le Kremlin, sans attendre d'être expulsés; on s'y trouvait encore comme dans une souricière, l'exclusion du parti n'était plus qu'une question de jours, et la prison était à prévoir ensuite. Nous allâmes demander asile à Beloborodov, qui habitait une Maison des soviets à proximité du Kremlin. [...] Zinoviev, Kamenev, Radek, recevaient des avis d'expulsion du Kremlin [2]. »

Le déménagement de Trotsky chez son ami Beloborodov, alors encore commissaire du peuple à l'Intérieur de la R.S.F.S.R., se fit si vite et si discrètement que, pendant vingt-quatre heures, le G.P.U. constata sa disparition sans parvenir à le localiser dans l'immeuble du Granovski péréoulok, où il avait, avec Natalia, une chambre donnant sur une petite cour emplie de fleurs [3].

Les zinoviévistes sont en train de lâcher pied. Trotsky le sait, mais ne renonce pas à la nécessaire fermeté. Le 9 novembre, il a encore la force de conviction nécessaire pour les entraîner à signer avec lui une lettre au bureau politique et au présidium de la commission centrale de contrôle, dans laquelle ils élèvent une protestation contre les irrégularités, brutalités et actions pogromistes commises pendant la manifestation d'anniversaire du 7 novembre 1927. Il raconte les dégâts commis dans l'appartement de Smilga, les portes enfoncées, les meubles brisés. Il dénonce le chef du commando chez Smilga, le commandant de l'école militaire de l'exécutif central, Lajouk. Il dénonce l'organisateur de l'attaque contre l'appartement du balcon de Préobrajenski, Boris Voline, sans doute un agent du G.P.U. nommé Fradkine, l'arrestation illégale des occupants, les coups portés à Natalia Ivanovna. Il dénonce l'activité, tout au long de la journée, de ceux qu'il appelle, en souvenir de l'époque tsariste, les « Cent-Noirs [4] ».

Le 16 novembre, vieux militant et oppositionnel, son ami A.A. Joffé, se tire une balle dans la tête. Le comité central vient de lui refuser l'autorisation de se rendre à Vienne où il a suivi un traitement – une cure au bromure – qui demande des examens et des soins ultérieurs impossibles à donner à Moscou. Incapable de prendre à la bataille dans le parti la part qu'il souhaiterait, placé dans l'impossibilité de se soigner sérieusement, ce grand malade a choisi de donner le sens d'une protestation politique à sa mort volontaire. Il a laissé à Trotsky une lettre que le G.P.U. a immédiatement emportée, mais dont une copie – peut-être incomplète – lui sera remise sur sa protestation indignée. Il y écrit notamment :

> « S'il m'est permis de comparer une grande chose avec une petite, je dirai que l'événement historique de la plus haute importance que constituent votre exclusion et celle de Zinoviev, une exclusion qui doit inévitablement ouvrir une période thermidorienne dans notre révolution, et le fait qu'après vingt-sept ans d'activité dans des postes responsables, il ne me reste plus rien d'autre à faire que me tirer une balle dans la tête, ces deux faits illustrent une seule et même chose : le régime actuel de notre parti. Et ces deux faits, le petit et le grand, contribuent tous les deux à pousser le parti sur le chemin de Thermidor. »

Il ajoute – remarques capitales :

> « Vous avez toujours eu raison en politique depuis 1905 et Lénine aussi l'a reconnu. Je vous ai souvent raconté ce que je lui ai entendu dire moi-même : en 1905, c'était vous, pas lui, qui aviez raison. A l'heure de la mort, on ne ment pas, et je vous le répète encore aujourd'hui.
>
> « Mais vous vous êtes souvent départi de la position juste en faveur d'une unification, d'un compromis dont vous surestimez la valeur. C'était une erreur. Je le répète : en politique, vous avez toujours eu raison, et maintenant vous avez plus que jamais raison. Un jour le parti le comprendra, et l'histoire sera forcée de le reconnaître.
>
> « Ne vous inquiétez donc pas si certains vous abandonnent et surtout si la majorité ne vient pas à vous aussi vite que nous le souhaitons. Vous êtes dans le vrai, mais la certitude de la victime ne peut résider que dans une intransigeance résolue, dans le refus de tout compromis, comme ce fut le secret des victoires de Vladimir Ilyitch.
>
> « J'ai souvent voulu vous dire ce qui précède, mais je ne m'y suis décidé que dans le moment où je vous dis adieu. Je vous souhaite force et courage comme vous en avez toujours montré et une prompte victoire [5]. »

Peut-être l'ami de toujours, à l'instant de vérité, a-t-il mis ainsi le doigt sur les deux fêlures dans la splendide armure de Trotsky : la surestimation du compromis, la difficulté à communiquer même avec les amis les plus chers.

L'enterrement de Joffé, le 19 novembre 1927, se transforma en une imposante manifestation dont un auteur *samizdat*, Natalia Ivanovna, Victor Serge et Pierre Naville ont rendu compte. Victor Serge raconte :

> « Le C.C. avait fixé à 2 heures le départ du cortège qui devait conduire la dépouille mortelle du commissariat des affaires étrangères au cime-

tière de Novo-Diévitchii : si tôt, les gens du travail ne pourraient pas venir. Les camarades retardèrent tant qu'ils purent la levée du corps. Vers 4 heures, une foule lente, foulant la neige en chantant, avec peu de drapeaux rouges, descendit vers le Grand Théâtre. Elle comptait déjà plusieurs milliers de personnes. [...] Grand, le profil aigu, en casquette, le collet du mince pardessus relevé, Trotsky marchait avec Ivan Nikititch Smirnov, maigre et blond, encore commissaire du peuple aux P.T.T., et Khristian Rakovsky. Des militants géorgiens qui avaient, sous leur manteau bleu serré à la taille, belle allure militaire, escotaient ce groupe. Cortège gris et pauvre, sans apparat, mais dont l'âme était tendue et dont les chants avaient une résonance de défi. En approchant du cimetière, les incidents commencèrent. Sapronov, la crinière blanche, hérissée autour d'un visage émacié, passa dans les rangs : " Du calme, camarades, ne nous laissons pas provoquer... On enfoncera le barrage. " L'un des organisateurs de l'insurrection de Moscou en 1917 organisait maintenant ce triste combat à la porte d'un cimetière. Nous piétinâmes un moment devant le haut portail crénelé; le C.C. avait donné l'ordre de ne laisser entrer qu'une vingtaine de personnes. " Alors, répondirent Trotsky et Sapronov, le cercueil n'entrera pas non plus et les discours seront prononcés sur la chaussée. " Il sembla un moment que les barrages allaient éclater. Les délégués du C.C. intervinrent, nous entrâmes. Le cercueil flotta un dernier moment au-dessus des têtes dans le silence et le froid, puis on le descendit dans la fosse. Je ne sais plus quel fonctionnaire apporta les condoléances officielles du C.C. Les murmures montèrent : " Assez! Qu'il s'en aille! " Ce fut pesant. Rakovsky dominait la foule, glabre et corpulent, la parole claquante, portant loin : " Ce drapeau – nous le suivrons – comme toi – jusqu'au bout – nous en faisons – sur ta tombe – le serment [6]! " »

L'auteur du récit *samizdat*, membre de l'Opposition de gauche russe, est un tout petit peu plus précis : Tchitchérine représente le gouvernement, et c'est l'intervention de M.N. Rioutine qui provoque la colère des assistants. Il raconte la réaction de Trotsky aux cris de protestation :

« Comme s'il sortait d'un rêve, il demanda à Sapronov qui se trouvait à ses côtés : " Pourquoi crient-ils contre lui? » Je n'entendis pas la réponse de Sapronov, mais, à regarder Trotsky, il était facile de remarquer qu'il n'écoutait pas les orateurs. Plongé dans ses réflexions, il regardait fixement la tombe béante : sa joue gauche était secouée de tremblements nerveux. Quand Tchitchérine annonça que Lev Davidovitch Trotsky avait la parole, le silence se fit tout autour; même les soldats sur les murailles se figèrent dans l'attente [7]. »

Trotsky est le dernier orateur. Naville se souvient que « le mot *biourocrat* sonnait entre ses mâchoires comme celui de l'adversaire désigné depuis longtemps » [8]. Le témoin russe se souvient :

« Son discours coulait comme une mélodie triste et vous pénétrait jusqu'au cœur. [...] Jamais il n'en avait prononcé un pareil. [...] Peu à peu la triste mélodie céda la place à un appel à la vie, à la lutte [9]. »

Trotsky appelle ses auditeurs à suivre l'exemple de la vie de Joffé et non de sa mort :

« Il a occupé des postes responsables, mais ce n'était pas un bureaucrate. Le bureaucratisme lui était étranger. [...] Il abordait tous les problèmes du point de vue de la classe ouvrière [...] du prolétariat et de la révolution internationale. [...] Il s'en est allé au moment où, selon ce qu'il pensait, il ne lui restait rien à donner à la révolution que sa mort. Alors, avec fermeté et courage, comme il avait vécu sa vie, il l'a quittée. Quittons-le dans l'esprit où il a vécu et combattu [...] sous le drapeau de Marx et de Lénine sous lequel il est mort. Nous vous le jurons, Adolf Abramovitch Joffé, nous porterons votre drapeau jusqu'au bout [10]. »

L'auteur du récit *samizdat* raconte que la foule qui se pressait vers Trotsky, après son discours, faillit l'écraser contre un mur et que Lachévitch prit l'initiative de former un cordon de camarades qui réussirent à le dégager. Monté sur des épaules fraternelles, il lança un appel à ne pas manifester et à rentrer chez soi.

C'était la dernière fois qu'il prenait la parole en public sur la terre soviétique....

* * *

Les discussions continuent avec les zinoviévistes. Le 20 novembre, Trotsky rédige une note dans laquelle il tente de faire le bilan des *smytchki*, ces réunions privées que l'appareil traque maintenant, après les manifestations, et que l'Opposition, depuis qu'on a tiré des coups de feu sur l'une d'elles à Kharkov, décide de ne plus organiser. Il affirme pourtant, se plaçant dans la perspective de l'exclusion :

> « Quelles que soient les décisions du congrès, l'Opposition se considérera comme une partie du Parti communiste de l'Union soviétique et agira en conséquence. [...] Derrière l'Opposition, il y a déjà une demi-opposition et, derrière elle [...] des sympathisants. L'exclusion du parti de centaines et de milliers d'oppositionnels ne brisera pas les liens qui sont les leurs avec le parti [11]. »

C'est cela même que Zinoviev écrivait dans un texte à usage interne de l'Opposition, au lendemain du plénum de juillet, mais c'est déjà un passé lointain. Le 27 novembre, Trotsky écrit à un certain nombre des militants proches de lui pour leur demander leur témoignage sur ce qu'ils ont entendu concernant l'invention du « trotskysme », de la part de Zinoviev et de Kamenev qui recommencent à utiliser le mot....

C'est probablement Trotsky qui inspire l'ultime tentative, désespérée, de présenter un front uni face à la direction. A son initiative, 121 militants de l'Opposition unifiée – dont la totalité des dirigeants connus – s'adressent au bureau politique, dans un geste qui est une concession à Zinoviev, paniqué par son exclusion et les menaces qui pèsent sur ses camarades :

> « Nous ne pouvons pas renoncer aux idées que nous croyons justes et que nous avons soumises au parti dans notre *Plate-forme* et dans nos thèses; mais, pour sauver l'unité du parti [...], nous déclarons au congrès que nous arrêterons tout travail fractionnel, dissoudrons toutes nos orga-

nisations fractionnelles, et appellerons à faire de même ceux qui pensent comme nous dans le parti et l'Internationale communiste [12]. »

Bien des militants, du côté « trotskyste », sont mécontents d'une concession qu'ils estiment inutile, à des hommes qui ne sont sans doute pas loin d'être brisés. Mais pour ces derniers, le XVe congrès en effet ne se dessine plus à l'horizon que comme une exécution capitale. Staline, avec toute la force de celui qui triomphe, reprend l'exigence d'abjuration que le malheureux Zinoviev avait pour la première fois présentée à Trotsky en 1924 :

« L'Opposition doit capituler complètement et sans condition, tant sur le plan politique que sur celui de l'organisation. [...] Ils doivent renoncer à leurs points de vue antibolcheviques. [...] Ils doivent dénoncer les fautes qu'ils ont commises et qui sont devenues des fautes devant le parti. Il faut qu'elle nous livre ses cellules, afin que le parti ait la possibilité de les dissoudre intégralement. C'est ainsi, ou bien ils s'éloigneront du parti. S'ils ne s'en vont pas, c'est nous qui les mettrons sur le chemin [13]. »

Dans le cours du congrès, Rakovsky, porte-parole des irréductibles qui refusent toute capitulation, tente d'expliquer pourquoi des militants ne peuvent accepter aucun chantage en forme d'autocritique : il est chassé de la tribune sans avoir pu se faire entendre.

Mais Staline a décidé qu'on laisserait parler Kamenev. Ses camarades et lui ne veulent à aucun prix en effet de ce « deuxième parti » qui serait à leurs yeux la conclusion inévitable de l'exclusion d'une opposition qui conserverait son point de vue. Ils savent désormais qu'il ne leur reste plus qu'à capituler, c'est-à-dire à accepter le reniement exigé par Staline. Kamenev – à la tribune, il a l'air d'un vieil homme – supplie littéralement les 1 679 délégués – parmi lesquels il n'y a pas un seul oppositionnel – de ne pas leur demander plus que de s'incliner en hommes disciplinés. On ne peut, dit-il, exiger d'hommes, de bolcheviks, qu'ils renoncent à leurs opinions personnelles [14]. Mais la commission spéciale du congrès reste d'une totale intransigeance.

Le 17 décembre, au dernier moment, Kamenev et les siens se décident enfin : ils écrivent qu'ils condamnent les idées de l'Opposition – les leurs – comme « erronées et antiléninistes [15] ». Quelques heures plus tard, dans une déclaration écrite, Rakovsky, Smilga, Radek et Mouralov affirment à leur tour :

« Exclus du parti, nous ferons tout pour y rentrer. On nous exclut pour nos idées. Nous les considérons comme bolcheviques et léninistes. Nous ne pouvons y renoncer [16]. »

Les deux groupes qui se séparent ainsi, dans un déchirement tragique, commencent en ce jour, au même moment, deux longs et pénibles voyages, par des itinéraires différents qui vont les conduire pourtant à se retrouver au jour de leur mort, ensemble, face aux mêmes bourreaux.

*
* *

Victor Serge a rendu visite à Trotsky dans sa petite chambre sur cour sur Granovski Peréoulok. Il raconte :

« Des camarades veillaient nuit et jour dans la rue et dans l'immeuble, surveillés eux-mêmes par des agents du G.P.U. Des motocyclistes observaient les allées et venues des autos. Je montai par un escalier de service; à l'étage, une porte gardée : " C'est ici. " Dans la cuisine, Iakovine, mon camarade, dirigeait le service de défense tout en rédigeant un document. Le Vieux me reçut dans une petite chambre donnant sur cour où il n'y avait qu'un lit anglais et une table chargée de cartes de tous les pays du monde. Vêtu d'une veste d'intérieur usagée, alerte et grand, la haute chevelure presque blanche, le teint maladif, il déployait en cage une énergie acharnée. Dans la pièce voisine, on recopiait des messages qu'il venait de dicter; dans la salle à manger, on recevait les camarades qui arrivaient de tous les coins du pays et avec lesquels il s'entretenait à la hâte entre deux coups de téléphone. L'arrestation de tous était possible d'un moment à l'autre. Après l'arrestation, quoi? On ne savait pas, mais on se dépêchait de tirer parti des dernières heures, car c'étaient sûrement les dernières heures. Ma conversation avec Trotsky roula principalement sur l'Opposition internationale dont il fallait à tout prix étendre et systématiser l'action [17]. »

D'autres récits ou descriptions de la vie au temps du séjour chez les Beloborodov font apparaître silhouettes et scènes. Il y a là Maria Mikhailovna Joffé qui poursuit sans transition le combat de son mari, Faina Iablonskaia, maîtresse de maison et « secrétaire générale » de l'Opposition, jeunes et vieux militaires, comme l'élève-officier Arkadi Heller qui est venu monter la garde et qu'on va accuser de tentative d'assassinat sur la personne d'un poète officiel. La maison bruisse de toutes sortes de rumeurs, favorables ou non. Citons le récit de la rencontre devant le Kremlin entre Staline et le « trotskyste » Dimitri Schmidt, ouvrier ajusteur devenu commandant de division, à vingt-huit ans, ancien chef des partisans pendant la guerre civile, un des chefs de l'Armée rouge. C'est Victor Serge qui l'a racontée à Barmine :

« A la veille du congrès du parti de 1927 [...], Schmidt, venu à Moscou, toujours sous l'uniforme de sa division – la grande cape noire, la ceinture aux pendeloques d'argent ciselé, le sabre courbe et le bonnet de fourrure sur l'oreille –, sortant du Kremlin avec Karl Radek, rencontra Staline qui y rentrait. [...] Il l'aborda et, d'un ton mi-railleur, mi-sérieux, l'engueula comme seuls les anciens partisans savent engueuler quelqu'un, je veux dire en termes d'une saveur indescriptible. Pour conclure, il fit semblant de dégainer sa lame courbe en assurant au secrétaire général du comité central qu'il lui couperait un jour les oreilles. »

Et Barmine de commenter « Staline, qui encaissait, gardant son sang-froid, mais pâle et les lèvres pincées, traité de salaud, s'est, à n'en pas douter, souvenu dix ans plus tard de cette menace " terroriste "[18]. » Accusé de « complot militaire », Schmidt disparaîtra en 1936...

C'est dans l'appartement des Beloborodov que Trotsky réussit à dicter le premier texte d'orientation de ce qui s'appellera désormais l'Opposition de gauche, car le qualificatif d' « unifiée » n'a plus sa raison d'être avec la défection de Zinoviev, Kamenev et leurs partisans. Il est intitulé *Nouvelle Étape* et fait le point de cette « crise du parti » qui reflète en définitive – c'est par là qu'il commence – la crise de la révolution, elle-même provoquée par la modification des rapports de classe.

Le fait majeur, dans l'Union soviétique, est le danger de Thermidor – terme auquel Trotsky donne de toute évidence dans ce texte le sens de « restauration capitaliste ». Il ajoute que Thermidor n'a pas encore eu lieu :

> « Ce qui est en train de se passer, c'est la concentration du pouvoir entre les mains de ces organes bureaucratiques qui reposent sur la classe ouvrière, mais qui tendent toujours plus vers les couches supérieures de la petite bourgeoisie des villes et des campagnes et se mélangent partiellement avec elle [19]. »

La lutte contre le danger de Thermidor est donc pour lui une lutte de classes, mais une lutte réformiste, de redressement de la ligne du parti.

La *Plate-forme* de l'Opposition avait distingué dans le parti, outre la gauche, un groupe de droite – Boukharine, Rykov, Tomsky – exprimant les intérêts des paysans aisés, de l'aristocratie ouvrière et des employés d'État – et un groupe « centriste », celui des Staline, Molotov, Ouglanov, représentant le caste bureaucratique qui essaie de se substituer au parti. C'est évidemment dans le premier que se trouvent, pour l'Opposition, les forces agissant dans le sens de Thermidor, mais le second exprime très concrètement le reflux de la révolution : au cours des dernières années, la partie ouvrière de l'appareil d'État s'est rapprochée, dans sa façon de vivre, de la petite bourgeoisie et a subi la pression de l'ennemi de classe, cependant que le prolétariat lui-même manifestait une passivité politique grandissante. Les forces bourgeoises ont accru leur pression sans se heurter à une résistance prolétarienne active. Le moment viendra, bien sûr, où le prolétariat prendra conscience du danger et réagira :

> « La gravité de la situation consiste en ce que le régime du parti freine et paralyse l'activité du prolétariat en même temps que la théorie officielle du parti le tranquillise et l'endort. C'est pour cette raison et dans de telles conditions que l'Opposition porte une grande responsabilité [20]. »

Polémiquant contre quelques-uns de ses proches camarades qui pensent que l'exclusion des oppositionnels du comité central signifierait le début officiel de Thermidor, Trotsky assure qu'il s'agit seulement de sa préparation dans le cadre du parti :

> « La fraction stalinienne, en abattant la barrière prolétarienne de gauche, est en train, contre son propre gré, de paver la voie à la marche au pouvoir de la bourgeoisie. Mais ce phénomène n'est encore accompli, ni en politique, ni dans l'économie, ni dans la culture, ni dans la vie quotidienne [21]. »

Il demeure convaincu que la poussée ultérieure à droite va mobiliser le prolétariat et amener à l'Opposition des forces nouvelles, comme le ferait toute accélération positive du mouvement révolutionnaire en Occident. La stabilité de l'impérialisme qui condamnerait à l'isolement la révolution russe ne lui paraît guère probable, et c'est pourquoi il pense qu'il faut assurer « la défense et la pratique du bolchevisme véritable, fût-ce, pour un temps, à titre de petite minorité ». Même dans la pire hypothèse, d'ailleurs, le « deuxième parti » serait formé par l'union des éléments bureaucratiques et propriétaires tandis que l'Opposition serait « le prolongement historique du parti bolchevique ».

Pour les mois qui viennent, il faut s'attendre à une offensive accrue des éléments de droite soit à travers le groupe Rykov, soit parce que Staline enfourcherait le cheval de droite et liquiderait Rykov. La pression des nouveaux possédants et des bureaucrates qui leur sont liés sera plus puissante que la pression du groupe Rykov lui-même :

> « Il faut, ou bien s'appuyer sur ces nouveaux possédants contre les ouvriers, ou bien s'appuyer sur les ouvriers contre leurs prétentions [22]. »

Dans cette lutte, l'activité de l'Opposition, « la continuité du parti bolchevique authentique », est particulièrement nécessaire.

Les perspectives de l'Internationale sont identiques. Les conditions existent d'une radicalisation de la classe ouvrière mais l'un des principaux obstacles à la croissance et au renforcement des partis communistes est l'orientation de l'Internationale, ainsi que son régime. L'activité de l'Opposition n'en a que plus d'importance.

En réponse à la campagne officielle contre l'Opposition, Trotsky rétorque qu'en réalité le mot d'ordre de Staline contre « un deuxième parti » dissimule l'apparition dans le pays d'une véritable « dualité de pouvoirs » et la naissance d'un parti bourgeois à la droite du parti russe et sous son couvert. L'opposition ne peut mener à bien son travail si elle se laisse intimider par l'épouvantail du « deuxième parti ».

De ce point de vue, la capitulation de Zinoviev et Kamenev a porté à l'Opposition, donc à la cause de la révolution, un coup très rude qui non seulement ne contribue pas à préserver l'unité du parti, mais le démoralise :

> « Refuser de défendre ses positions revient en particulier à justifier le comportement de cette large couche de membres du parti corrompus et

bornés qui pensent comme l'Opposition mais votent comme la majorité [23]. »

La tentative de Zinoviev et de Kamenev de constituer finalement un « centrisme de gauche » face au « centrisme de droite » de Staline est vouée à l'échec : leur groupe ne pourra plus jouer aucun rôle indépendant, comme le démontre la rechute qui les conduit de nouveau à parler de « trotskysme ».

Trotsky répond également à ceux qui estiment que la trahison de Zinoviev et de Kamenev démontre le caractère erroné du bloc conclu avec eux en 1926. Pour lui, il s'est agi du bloc entre les deux centres prolétariens les plus importants et cette politique aboutit, en U.R.S.S. comme dans l'Internationale, à l'unification des meilleurs éléments de l'Opposition de 1923 et de celle de 1925-1926.

Analysant l'histoire de l'Opposition depuis 1926, il y distingue quatre périodes déterminées par la constitution du bloc et le XVe congrès, avec les dates intermédiaires du 16 octobre 1926 et du 8 août 1927, chacune étant marquée dit-il, par « une montée de l'activité oppositionnelle » puis, à un certain niveau, « un ralentissement accompagné de déclaration de refus de l'activité fractionnelle. » Il explique ce caractère cyclique par les conditions générales du pays et du parti, le fait que l'appareil soit « armé de toutes les méthodes et de tous les moyens de la dictature », l'Opposition ne disposant que de la propagande :

> « L'appareil tente de transformer ces armes de propagande en formes embryonnaires de fraction d'abord, de parti et de guerre civile ensuite. L'opposition refuse de s'engager sur cette voie. Elle atteint chaque fois la limite où l'appareil la place devant la nécessité de renoncer aux méthodes et procédés de propagande qu'elle utilisait [24]. »

Il poursuit, contre des critiques qui sont pour nous sans visage :

> « Ceux qui critiquent la tactique suivie par l'Opposition, son caractère de " marche en zigzag " raisonnent comme si elle déterminait librement sa tactique, et font abstraction de la pression frénétique d'une masse d'ennemis, de l'omnipotence de l'appareil du glissement politique de la direction, de la passivité relative des masses ouvrières, etc. Il n'est possible de comprendre la tactique de l'Opposition, avec ses inéluctables contradictions internes que si l'on n'oublie pas qu'elle nage contre le courant, luttant contre des difficultés et des obstacles jusque-là inconnus dans l'histoire [25]. »

Ce texte, remarquablement calme et mesuré au lendemain d'une bataille aussi tendue et passionnée, se termine par des formules qui sont à la fois des appels à la réflexion et de simples conseils :

> « Aucun manuel n'enseigne les moyens de redresser une dictature prolétarienne placée sous le coup de Thermidor. Il faut chercher la méthode

en partant de la situation réelle. Ces moyens seront trouvés si l'orientation fondamentale est juste [26]. »

Les conseils, eux, sont simples : les oppositionnels doivent se donner une formation solide, militer avec sérieux et conscience dans le parti et, exclus, dans les organisations prolétariennes et soviétiques en général, en appeler à l'Internationale.

Trotsky écrit aussi, sur la même ligne, une lettre au représentant de l'Opposition en Allemagne, N.N. Pereverzev. Saisie par le G.P.U. avant son départ, elle est publiée, avec un autre texte sous le titre de « Lettres à Pierre », dans la *Pravda* du 15 janvier 1928 et présentée comme la preuve irréfutable de la poursuite d'activités fractionnelles sur le plan national et international [27].

* * *

Tout ce travail s'effectue dans la hâte et la précipitation. On attend les mesures de répression qui ne peuvent manquer de s'abattre sur les oppositionnels exclus et qui, en effet, ne tardent pas. Dans un premier temps, l'appareil préfère ne pas afficher ouvertement son intention d'éloigner de force les opposants de Moscou : puisqu'ils se déclarent malgré tout fidèles et disciplinés, on leur propose des postes qui équivalent à un véritable exil, en Bachkirie, au Kazakhstan, en Extrême-Orient, dans la région arctique. On propose à Trotsky de partir de son plein gré vers Astrakhan et à ses camarades des postes mineurs dans toute l'étendue de l'U.R.S.S., à des milliers de kilomètres du centre politique du pays. Pendant quelques jours, au début de janvier, Rakovsky et Radek négocient avec Ordjonikidzé, essaient d'éviter le départ pour Astrakhan de Trotsky dont la santé ne supporterait pas le climat. Mais celui-ci est ferme : les oppositionnels n'accepteront leur nouvelle affectation que si les autorités font la démonstration qu'il ne s'agit pas d'une déportation déguisée. Le 3 janvier, convoqué par le G.P.U, il refuse de déférer. Quelques jours plus tard, le 12, jetant le masque, le G.P.U. l'informe qu'en vertu de l'article 58 du Code pénal – qui prévoit la répression des activités contre-révolutionnaires –, il va être déporté à Alma-Ata, la date de son départ étant fixée au 16 janvier 1928. Il demande l'autorisation de pouvoir emmener avec lui ses collaborateurs Sermouks et Poznansky, ce qui lui est refusé. En revanche, Lev Sedov est autorisé à accompagner son père.

Le 15 janvier, veille du départ, il est interrogé par un journaliste amené par Radek, Paul Scheffer, du *Berliner Tageblatt*. Le journaliste ne note aucun indice de surveillance policière, mais une grande agitation, interroge Trotsky qui se dérobe à toute question concernant la politique intérieure de l'U.R.S.S., poussant le souci du détail jusqu'à parler du « départ en voyage » d'un camarade qui vient annoncer sa déportation. Il se contente d'inviter Scheffer à lui rendre visite à Alma-Ata [28].

Natalia Ivanovna a raconté la folle journée et surtout la folle soirée du 16 janvier, les bagages, « le chaos des choses et des effets [...], un enchevêtrement de meubles, de caisses, de linge, de livres et la foule interminable des visiteurs, des amis qui sont venus faire leurs adieux [29] ». Des hommes, des femmes passent, des inconnus, qu'on embrasse, avec qui on échange des souhaits, qui apportent des fleurs, des sucreries, des vêtements chauds, des livres. Finalement les bagages sont enlevés. Les amis s'en vont, aussi, attendre à la gare, où le départ du train est prévu pour dix heures. La famille, réunie dans la salle à manger des Beloborodov, attend l'arrivée des gens du G.P.U. A leur place, un coup de téléphone du G.P.U., sans explication : le départ est retardé de quarante-huit heures. Que se passe-t-il? L'explication arrive une demi-heure plus tard, avec des jeunes d'abord, Rakovsky et d'autres ensuite. Natalia Ivanovna résume leurs récits :

> « Il y avait à la gare une manifestation formidable. Les gens attendaient. On criait : " Vive Trotsky! " Mais on ne voyait pas Trotsky. Où était-il? Devant le wagon qui lui était destiné, une foule tumultueuse. De jeunes amis avaient fixé sur le toit du wagon un grand portrait de L.D. Ce fut accueilli par des " hourras " d'enthousiasme. Le train s'ébranla. Une secousse. Une autre. Le convoi était avancé [...] et s'arrêta subitement. Des manifestants étaient allés en courant au-devant de la locomotive, d'autres s'étaient accrochés aux wagons et avaient arrêté le train, réclamant Trotsky. Le bruit courut dans la foule que les agents du G.P.U. auraient introduit subrepticement Trotsky dans un wagon et l'empêcheraient de se montrer à ceux qui lui faisaient cette conduite. L'émotion dans la gare était indescriptible. Il y eut des bagarres avec la milice et les agents du G.P.U., il y eut des victimes de l'un et de l'autre côté; des arrestations furent faites. Le train eut une heure et demie de retard [30]. »

L'auteur des *Mémoires d'un bolchevik-léniniste*, publiés en *samizdat*, fait, dans les années soixante-dix, un récit en tous points comparable : convocation, transmise par Iablonskaia, pour les adieux à Trotsky, gare de Kazan, à dix-neuf heures, 10 000 personnes qui y répondent, le désordre dans la gare, les bagages de Trotsky entassés, sa chienne enchaînée, le wagon aux rideaux blancs rattaché au train et l'inquiétude, les meetings improvisés, la course avec le train quand il démarre, les efforts des provocateurs pour « emmener » une manifestation au Kremlin.

Dans la soirée, plus tard, les bagages revenaient de la gare, d'autres amis arrivaient à la maison de Beloborodov et Iablonskaia. La vérité se faisait jour : le nombre de manifestants avait décidé Staline à reporter le départ, et celui-ci allait avoir lieu par surprise, dans la plus grande discrétion [31]...

C'est en effet au début de l'après-midi du 17 que les agents du G.P.U. reviennent en force – sept voitures selon l'auteur du texte *samizdat* –, sous le commandement de l'officier Kichkine, au moment où ne se trouvent plus, avec Trotsky et Natalia Ivanovna, que leurs deux fils, Lev et Sergéi, Maria Mikhailovna Joffé et Faina Viktorovna Iablonskaia, leur hôtesse, et pas de garde, puisque tout le monde croit le départ remis à une date bien ultérieure. Les gens du G.P.U apportent avec eux un mandat d'arrêt et de départ immédiat, sous escorte, en direction d'Alma-Ata. Les hommes du G.P.U. empêchent les Trotsky d'appeler et de répondre au téléphone, n'ont aucune explication du changement de date. Ce n'est que de justesse et par hasard que les hôtes de la maison parviennent à informer Beloborodov de ce qui est en train de se passer chez lui. Finalement, pour bien montrer que la déportation n'est pas une mesure consentie par ceux qui en sont victimes, Trotsky décide d'obliger les policiers à employer ouvertement la violence. La famille et les deux femmes s'enferment en clé dans une chambre. Natalia Ivanovna raconte :

> « Les pourparlers avec les agents du G.P.U. eurent lieu à travers une porte fermée à clé. Les agents ne savaient que faire, hésitaient, consultèrent leurs chefs par téléphone, reçurent enfin des instructions et déclarèrent qu'ils allaient faire sauter la porte, étant donné qu'ils devaient exécuter les ordres reçus. L.D. pendant ce temps, dictait une instruction sur la conduite que devait suivre dans la suite l'Opposition. Nous n'ouvrions pas. On entendit un coup de marteau. La vitre de la porte se brisa en éclats, un bras s'allongea qui portait les galons d'un uniforme.
>
> – Tirez sur moi, camarade Trotsky, tirez! répéta d'une voix émue et pressante Kichkine, ancien officier qui avait plus d'une fois accompagné L.D. dans ses tournées sur le front.
>
> – Ne dites pas de bêtises, Kichkine, répondit tranquillement L.D.; personne n'a l'intention de tirer sur vous; faites ce que vous avez à faire [32]. »

Entrés dans la pièce, les agents se heurtent à la résistance passive de Trotsky, le chaussent, lui enfilent sa pelisse, le coiffent de son bonnet, l'emportent dans leurs bras dans l'escalier. Ljova, qui doit être déporté avec son père, sonne à toutes les portes, criant qu'on « emporte le camarade Trotsky ». Une auto du G.P.U. emporte la famille Trotsky et son hôtesse F.V. Iablonskaia non pas vers la gare de Kazan d'où doit partir le train, mais vers la petite station de Faustovo, près de Iaroslavl, déserte : elle est entourée de forces de police; seuls quelques cheminots sont au travail, à qui Ljova crie de constater comment « on emporte le camarade Trotsky ». Sérioja calotte un agent du G.P.U. qui l'a pris au collet pour l'empêcher de suivre ses parents. Les hommes du G.P.U. portent Trotsky dans leurs bras jusqu'à un wagon stationné sur une voie de garage et dont tous les compartiments, sauf un, sont occupés par les gens du G.P.U. Les voyageurs forcés n'ont même pas leur bagage personnel. Le wagon, seul derrière une locomotive, part vers 2 heures de l'après-midi.

Par le chemin de fer de ceinture, le petit convoi rejoint alors, dans une petite gare à une cinquantaine de kilomètres de Moscou, le train postal Moscou-Tachkent parti normalement de la gare de Kazan. A 5 heures, Sérioja, qui veut poursuivre ses études et a choisi de ne pas partager l'exil de ses parents, les quitte, avec Iablonskaia, qui rejoint son mari. Le long voyage commence dans l'express, qui a été retardé d'une heure et demie pour attendre ces voyageurs imprévus. Natalia Ivanovna raconte :

« Nous continuâmes le voyage. J'avais de la fièvre. L.D. avait de l'entrain, il était presque gai. La situation était devenue nette. L'ambiance générale devint calme. L'escorte était prévenante et polie. On nous fit savoir que nos bagages partaient avec le train suivant et qu'à Frounzé – terminus de notre trajet en chemin de fer – ils nous rattraperaient; cela voulait dire au neuvième jour de notre voyage. Nous n'avions avec nous ni linge ni livres. Avec quel soin affectueux pourtant, Sermouks et Poznansky n'avaient-ils pas empaqueté les livres, les choisissant minutieusement, les uns pour la route, les autres pour les travaux des premiers temps! Avec quelle sollicitude Sermouks avait emballé les accessoires de bureau, connaissant ses goûts et ses habitudes à la perfection! Que de voyages n'avait-il pas faits, pendant les années de la révolution, avec L.D., en qualité de sténographe et de secrétaire! [...] Cette fois, nous étions partis pour un très long voyage sans un seul livre, sans un crayon, sans une feuille de papier. [...] Nous étions en wagon sans aucun bagage, comme si nous nous rendions simplement d'un quartier de la ville dans un autre. Vers le soir, nous nous allongeâmes sur les banquettes, posant la tête sur les accoudoirs. A la porte entrouverte du compartiment se tenaient les sentinelles. [33] »

Dans les jours qui suivent, il apparaît que le chef de l'escorte, l'officier Barytchkine, est bien connu de Trotsky, qu'il l'a plusieurs fois accompagné à la chasse. Ljova, qui n'est pas déporté et jouit de sa liberté de mouvements, descend aux arrêts, fait de menues emplettes dans les gares. Mais c'est l'escorte qui, à Samara, achète pour ses illustres prisonniers du linge de rechange, des serviettes de toilette, des brosses à dent et du dentifrice. Les dîners sont commandés d'avance dans les restaurants des gares.

A Arys, les voyageurs ont une bonne surprise : Ljova, qui circule dans le train, découvre, au buffet, installés devant une partie d'échecs, Sermouks et Poznansky qui ont pris le train de la veille, assisté sans se montrer à la manifestation et finalement sont descendus pour rejoindre le bon train du lendemain. Ljova, sans leur avoir parlé, se précipite dans le compartiment de ses parents. Il raconte :

« Joie générale. L.D. lui-même a de la peine à se fâcher de ce qu'ils ont fait : ils ont contrevenu à ses instructions et, au lieu de pousser plus loin leur voyage, ils ont attendu à la vue de tous, courant un risque inutile. Après m'être entendu avec L.D., je rédige pour eux un billet que j'espère pouvoir leur remettre quand il fera sombre. L'instruction comporte ceci : Poznansky se séparera de son compagnon, partira pour Tachkent immédiatement et attendra un signal. Sermouks poursuivra jusqu'à Alma-Ata sans entrer en communication avec nous. Passant sans m'arrêter devant Sermouks, je réussis à lui donner rendez-vous derrière la gare dans un lieu discret qui n'était pas éclairé. Poznansky y vient [34]... »

Le voyage a été très long à cause de la neige. C'est le dixième jour, au terme du voyage en train, à Pichpek (rebaptisée Frounzé), que les bagages les rejoignent et qu'ils peuvent enfin lire le livre que Sérioja leur a recommandé sur le Turkestan. Il reste encore plus de 250 kilomètres à parcourir pour atteindre Alma-Ata. Le petit groupe part en autobus, prend la route enneigée, passe la première nuit dans une isba glaciale, après n'avoir parcouru qu'une trentaine de kilomètres. Le lendemain, le franchissement de la passe du Kurdai est sans doute le moment le plus pénible du voyage à cause du froid terrible qui y règne. Un peu plus loin, on abandonne le camion pour une voiture venue d'Alma-Ata avec un chauffeur et un représentant des autorités locales. Finalement, au terme d'une équipée qui les a menés en une semaine de Pichpek à Alma-Ata, les Trotsky arrivent vers 3 heures du matin et sont logés dans deux chambres à l'hôtel Djetys, rue Gogol, « un garni, écrit Natalia Ivanovna, qui datait évidemment du temps de Gogol [35] ». On a perdu en route deux valises contenant notamment les livres sur l'Inde et sur la Chine.

Quatre jours après leur arrivée, nouvelle joie :

> « Un beau matin, nous entendîmes dans le corridor la voix bien connue [de Sermouks]. Comme elle nous était chère! Nous écoutions à travers la porte les paroles de Sermouks, son ton, ses pas. Cela nous ouvrait de grandes perspectives. On lui donna une chambre dont la porte était juste en face de la nôtre. Je sortis dans le corridor, il me salua de loin... Nous n'osions pas encore entrer en conversation, mais nous nous réjouissions en silence de ce voisinage. Le lendemain, en catimini, nous le fîmes entrer dans notre chambre, nous lui apprîmes en toute hâte ce qui s'était passé et nous convînmes de ce qu'il y aurait à faire pour notre avenir commun. Mais cet avenir ne devait pas être de longue durée. Le même jour, à dix heures du soir, arriva le dénouement. Tout était calme dans l'hôtel. L.D. et moi étions assis dans notre chambre, la porte était entrouverte sur le corridor glacé, car le poêle de fonte nous chauffait intolérablement. Ljova était dans sa chambre. Nous entendîmes les pas légers, circonspects, les pas d'hommes qui marchent en bottes de feutre, dans le couloir. Aussitôt nous nous mîmes à l'écoute tous les trois. “ Ils sont venus ”, pensai-je très rapidement. Nous entendîmes qu'on entrait sans frapper dans la chambre de Sermouks, qu'on lui disait : “ Dépêchez-vous ”, que Sermouks répondait : “ Je peux au moins mettre les *valenki*? ” Il était en pantoufles. Ce furent encore des pas légers, à peine perceptibles et le silence se rétablit [36]. »

N.I. Sermouks venait de disparaître de leur vie, sans qu'ils sachent jamais comment il était mort. De son côté, I.M. Poznansky était au même moment arrêté à Tachkent : cheminant de prison en camp, il allait être, lui aussi, fusillé, sans que Trotsky le sache, au printemps de 1938, dans une clairière près de Vorkouta. G.V. Boutov, qui avait également tenté de rejoindre Trotsky, avait été arrêté à Tachkent : ramené à la prison Bourtyka, de Moscou, il allait être l'une des premières victimes de cette nouvelle vague.

Arrivé une première fois à Moscou, menottes aux mains, sous escorte policière, à l'hiver 1899, Trotsky en est donc reparti pour n'y plus jamais revenir en ce mois de janvier 1928, sans menottes, mais sous une escorte policière plus importante sans doute pour l'ancien dirigeant de l'insurrection d'Octobre et chef de l'Armée rouge, qu'elle ne l'avait été pour encadrer l'étudiant révolutionnaire inconnu, animateur des cercles ouvriers de Nikolaiev. C'est là sans doute un signe banal de la destinée d'un homme qui a choisi de combattre pour la révolution. Mais l'élément de tragédie est donné par le fait que ce sont les siens, ses anciens compagnons d'armes, qui l'envoient maintenant en exil.

Trotsky a emmené avec lui Natalia Ivanovna et Ljova, venu de son plein gré, avec le consentement du G.P.U. Il est désormais éloigné de tous les autres qui ont été et sont encore les siens. Sa fille aînée, Zinaida, est en Crimée, avec une fillette et un petit garçon de dix-huit mois. La cadette, Nina, est à Moscou avec ses deux enfants : son mari, Man Nevelson, attend sa déportation au même moment. Leur mère, Aleksandra Lvovna, est à Leningrad où elle enseigne aux enfants des éléments de sociologie. Les amis, les camarades, les frères de combat, sont dispersés aux quatre coins de l'Orient et de l'Extrême-Orient soviétiques, loin des chemins de fer et près des aurores boréales et du pôle du froid. Ses collaborateurs, les « perles » de son secrétariat, ont été mis hors d'état de nuire. G.V. Boutov, emprisonné, doit faire face à une monstrueuse accusation, dont il tentera de se dégager par une grève de la faim. Après Poznansky et Sermouks, V.B. Eltsine prend le chemin de la déportation. Des proches, il ne reste plus en liberté que « les veuves », comme écrit Iablonskaia [37], le vieil Eltsine, Boris Mikhailovitch, père de Viktor, et le jeune G.Ia. Iakovine qui, abandonnant son domicile et son travail à Leningrad, a plongé dans la clandestinité à Moscou. Il reste aussi beaucoup d'inconnus, dont le G.P.U. n'a pas encore eu le temps, malgré ses moyens, de déceler la qualité et le dévouement.

Pendant que Trotsky voyageait interminablement, l'un des soucis de Staline a été de compléter la capitulation de Zinoviev et de Kamenev en faisant pression sur eux pour une condamnation plus nette encore du « fractionnisme » de Trotsky, à l'occasion de la publication de ses lettres à Pereverzev. C'est deux jours après l'arrivée de Trotsky à Alma-Ata – mais il ne le saura que beaucoup plus tard – que la *Pravda* a publié la longue lettre qui a été extorquée aux deux anciens dirigeants de l'Opposition unifiée.

Ceux que Trotsky va désormais appeler, pendant des mois, « les mousquetaires », l'attaquent et voient dans les documents la preuve que la fraction trotskyste continue sa lutte, ce qui équivaut politiquement à la voie du « deuxième parti » à laquelle ils opposent la leur, qu'ils appellent « capitulation devant le parti ». L'attitude de Trotsky et de l'Opposition signifie, selon eux, qu'ils pensent que Thermidor a été accompli. Ils ajoutent :

> « L'essentiel réside dans le fait que le groupement politique qui est arrivé à de telles conclusions doit nécessairement, dans la situation concrète donnée, devenir une arme des forces de la petite bourgeoisie contre l'U.R.S.S. [38]. »

Ils s'adressent aux oppositionnels restés auprès de Trotsky :

> « Le courage politique, la conséquence politique ne consistent pas à suivre avec entêtement un chemin qui s'éloigne de plus en plus du P.C. et

de l'I.C. Il faut se décider à arrêter. Il faut se décider à faire demi-tour. [...] Le parti, à l'instar de Lénine, acceptera des opinions de la minorité tout ce qui est confirmé par la vie et tout ce qui se révèle juste au point de vue de la révolution prolétarienne. »

Ils adjurent, pour conclure, tous les anciens oppositionnels de se soumettre pour arriver à « un rassemblement absolument complet du parti [39] ».

Sans doute Staline et les siens escomptent-ils que la distance – l'espace russe que l'on imagine difficilement en Europe occidentale – et l'isolement dans lequel ils espèrent le maintenir, va permettre, sinon de briser, du moins de neutraliser celui que ses jeunes camarades commencent à appeler « le Vieux » – et de démoraliser ses partisans pour les engager sur la voie de Zinoviev.

Ils commettent à cette occasion deux erreurs graves. La première – qu'il leur faudra des années pour corriger, et ils auront à payer cher cette correction –, est d'avoir autorisé la présence auprès de Trotsky de son fils aîné. Ljova a, sans hésiter, quitté sa compagne et son petit garçon quand il a compris que la seule possibilité d'aider, de protéger ses parents exilés était de les accompagner. Et c'est sur ses épaules que va reposer tout l'aspect matériel du combat politique mené pendant une année à Alma-Ata. La seconde erreur est d'avoir sous-estimé la fermeté de Trotsky et les conséquences qu'elle allait avoir, dans le contexte soviétique d'alors, pour ses positions politiques.

« Cette fermeté, écrit Victor Serge, faisait de Trotsky, à une époque d'usure morale, un homme exemplaire dont la seule existence, fût-il bâillonné, rendait confiance en l'homme. Le dénigrement n'avait plus de prise sur son nom, la calomnie et l'injure prodiguées à flots, finissaient par se retourner contre elles-mêmes, impuissantes, en lui faisant une étrange auréole nouvelle; et lui qui n'avait jamais su former un parti – ses capacités d'idéologue et d'organisateur étant d'un ordre tout à fait différent de celles des secrétaires d'organisation – acquérait, par la vertu de sa force morale et de sa pensée, quelques milliers de dévouements indéfectibles [40]. »

CHAPITRE XXXIV

Alma-Ata [1]

C'est donc après un voyage mouvementé que Trotsky, sa compagne et son fils aîné arrivent au nouveau lieu de résidence qui leur est assignée, Alma-Ata, à 4 000 kilomètres de Moscou, capitale de la République du Turkestan depuis peu. « Ville orientale, écrit Isaac Deutscher, connue pour ses jardins et ses vergers, c'était surtout une sordide bourgade kirghize, endormie loin de la civilisation, exposée aux tremblements de terre, aux inondations, aux vents glacés comme aux vagues de chaleur torride. Ces vagues de chaleur s'accompagnaient d'épais nuages de poussière qui apportaient la malaria et toutes sortes de vermine [2]. »

A son arrivée, Natalia Ivanovna a été frappée par la neige, « belle, blanche, pure, sèche », qui garde « sa fraîcheur » tout l'hiver [3], car la circulation est très réduite. Au printemps, elle va être remplacée par d'immenses tapis de coquelicots, sur la steppe, d'un rouge vif sur des dizaines de kilomètres. En été, ce seront les pommes rouges, la grande spécialité du pays, mais aussi les poires. Natalia Ivanovna décrit un verger sur les collines, les tapis bariolés de fruits, encore sur les arbres, alignés sur la paille et, partout, l'odeur de la pomme et de la poire mûres.

Le spectacle est agréable à l'œil, mais la situation sanitaire est loin d'être brillante. Alma-Ata n'a ni service des eaux ni électricité dans la presque totalité des logements et dans les rues, et pas de chaussée. La malaria sévit, et Trotsky, après Natalia, est officiellement inscrit, au mois de mars, sur la liste officielle des « malariens », ayant droit à la quinine. Mais il y a aussi des cas de peste, d'autres de lèpre et, en été, de vraies meutes de chiens enragés. Natalia Ivanovna a observé :

> « Au centre, au marché; dans la boue, sur les marches des boutiques, les Kirghizes se chauffaient au soleil, cherchant sur eux certains insectes (les poux) [4]. »

En mai, Trotsky écrit qu'il faut sérieusement réviser l'idée qu'on se fait d'Alma-Ata en tant que ville méridionale. Le printemps y est tardif, et une chute de neige à la fin du mois d'avril a endommagé les cerisiers. Ville qui s'étage en terrasses superposées, d'autant plus malsaines que l'on descend, Alma-Ata est surtout, comme toute la région d'ailleurs, le domaine « d'une poussière horrifiante [5] ».

Trois semaines après leur arrivée, à la suite de maintes protestations et de télégrammes provocants envoyés aux autorités de Moscou, les exilés se voient enfin attribuer un logement au centre de la ville, 75, rue Krassine. D'abord la moitié d'une maison, puis la maison tout entière, quatre pièces au total. Elle a l'électricité, ce qui est exceptionnel; cela signifie seulement que, dans la tranche horaire où celle-ci est en principe distribuée – entre 7 heures du matin et minuit – il n'est pas certain qu'il faudra, aux heures d'obscurité, vivre à la lueur des chandelles ou de la lampe à kérosène.

Il a fallu, avant d'emménager, restaurer un peu le bâtiment et en particulier une cheminée démolie qui a été longue à reconstruire. Bientôt la maison ressemble à toutes les autres où Trotsky a jusqu'à présent vécu : un entassement de cartons, de livres, de textes, de dossiers, de coupures de presse et l'inévitable machine à écrire qui crépite la majeure partie de la journée et souvent de la nuit.

La vie est difficile à Alma-Ata. Le pain y manque en permanence, malgré les promesses réitérées des autorités. Les autres denrées alimentaires et les produits industriels font aussi défaut. On fait la queue partout et toujours, souvent en vain. Les prix sont très élevés, sujets à des hausses brutales. Au marché libre le poud de farine, qui a tourné pendant des mois autour de 10 roubles, a brusquement flambé et dépassé 25 roubles. Les autorités s'ingénient cependant à ce que les Trotsky ne manquent de rien, et les amis envoient des vivres : Natalia Ivanovna, comme L.D., évoquent l'envoi de farine blanche de P.S. Vinogradskaia. A la librairie, Trotsky n'a rien trouvé qui puisse lui servir dans son travail. Les livres de la bibliothèque, eux, empilés à même le sol, attendent qu'on veuille bien les classer. Le courrier est d'une extraordinaire lenteur, du fait des trajets par route depuis Pichpek, des tempêtes de neige fréquentes en hiver, et des séjours prolongés des lettres dans le « cabinet noir » du G.P.U. Trotsky demande à ses amis qu'on lui envoie des journaux étrangers et même de Moscou, au besoin d'Astrakhan, car on ne les trouve pas à Alma-Ata. Une lettre met au minimum un peu plus d'un mois pour venir de Moscou, parfois, nous le verrons, beaucoup plus [6].

Au printemps, les exilés ont appris que, dans la zone des collines à l'abri de la malaria qui dominent la ville, et qu'on appelle « Les orchidées », il est possible de louer pour l'été des datchas, ou en réalité des baraques de bois ou de lattes entrelacées, « vanneries ». Ils en ont loué une pour l'été, dans un verger ouvert sur les montagnes enneigées du Tian Chan. Le toit de chaume laisse passer les pluies d'orage. La salle de travail de Trotsky est une baraque de bois où les plantes s'insinuent à travers les planches des parois. Natalia Ivanovna raconte à propos de ce refuge d'été :

> « Un invalide nous apportait de la ville, à cheval, la correspondance. Vers le soir, fréquemment, L.D. partait avec son fusil et son chien,

gagnait les montagnes et accompagné, tantôt par moi, tantôt par Ljova. On rentrait rapportant des cailles, des rosiers, des bartavelles ou des faisans. Tout allait bien jusqu'à l'accès habituel de malaria [7]. »

Il est au moins un domaine où Trotsky est enchanté des possibilités offertes par sa nouvelle région d'accueil : la chasse et la pêche. Il a avec lui sa chienne Maya, mais s'avoue assez vite déçu, car, assure-t-il, le gibier a été, au cours des dernières années, « impitoyablement massacré ». On chasse les oiseaux sauvages, le canard surtout, mais également le faisan, l'oie et le cygne. Pas très loin, près du lac Balkhach, se trouvent des léopards des neiges et même des tigres. Malgré une déclaration initiale d' « intentions pacifiques et de non-agression » à leur égard, il envisagera une expédition contre ces derniers.

Il est allé à la chasse une première fois avec Ljova, à la mi-mars, pendant deux jours, au bord de l'Ili, à une quarantaine de kilomètres d'Alma-Ata. Il a tué quatorze canards, mais enduré des piqûres d'insectes variés, dormi dans d'épouvantables huttes kirghizes, sans aucune aération, un véritable cauchemar. Il repart au début d'avril, passant cette fois une semaine sous la tente par des températures de l'ordre de – 10°. Les deux chasseurs ramènent deux oies et une quarantaine de canards.

Pour Trotsky, c'est une véritable détente. Après cette semaine-là, il écrit à I.N. Smirnov, avec qui il avait souvent guetté le vol des canards dans les marais proches de Moscou :

> « Ce voyage m'a donné un extrême plaisir tout entier concentré dans un retour à la barbarie : dormir en plein air, manger à ciel ouvert du mouton préparé dans un seau, ne pas se laver, ne pas se déshabiller et par conséquent ne pas s'habiller, tomber de cheval dans une rivière [...], passer presque les vingt-quatre heures de la journée sur un petit pilotis au milieu des eaux et des roseaux – tout cela ne peut être vécu que rarement. [8] »

Très vite cependant, il doit reprendre le rythme hallucinant de son travail habituel. Il écrit le 24 mai à Préobrajensky :

> « Depuis mon retour de la chasse, c'est-à-dire depuis les derniers jours de mars, je reste à la maison sans bouger, devant un livre ou la plume à la main, à peu près de 7 ou 8 heures du matin jusqu'à 10 heures du soir [9]. »

Les autorités de Moscou, qui ont accepté de déporter sa chienne Maya avec lui, autorisent aussi l'envoi de la totalité de sa bibliothèque, et surtout de ses archives dont personne n'ignore l'importance historique, mais surtout politique, notamment à cause de son abondante correspondance avec Lénine pendant la guerre civile.

Aidé de Ljova et d'une jeune femme autorisée à lui donner quelques heures de travail à la machine à écrire, il accomplit, en quelques mois, un travail énorme. C'est à Alma-Ata qu'il rédige les textes capitaux qui prendront place dans le volume *L'Internationale communiste après Lénine*, sa lettre au VIe congrès, sa « Critique du projet de programme de l'Internationale communiste ». D'Alma-Ata, les deux hommes envoient, entre les mois d'avril et d'octobre 1928, environ 800 lettres politiques – pour 1 000 reçues – et 550 télégrammes, le plus souvent en réponse à des groupes que l'on appelle « colonies » de déportés.

Le G.P.U. n'empêche pas les communications entre les déportés – il lit toutefois lettres et télégrammes au jour le jour, mais il les freine, parfois énormément. Trotsky entretient une correspondance suivie avec I.N. Smirnov et Rakovsky, bien entendu, mais aussi avec Beloborodov, Sosnovsky, Mouralov, Préobrajensky, Karl et Revecca Grünstein, V.D. Kasparova, Mratchkovsky, Ichtchenko, Radek évidemment et des militants moins connus : P.S. Vinogradskaia, Valentinov, R. Ioudine, Rafail (Farbman), les Géorgiens M.N. Okoudjava et Koté Tsintsadzé... Nous reviendrons sur cette correspondance, personnelle, mais de plus en plus politique.

Et puis, c'est le drame. Le 9 juin 1928, Nina – Ninoutchka –, sa fille cadette, meurt à Moscou de ce qu'on appelait alors « la phtisie galopante », tuberculose à l'évolution extrêmement rapide. Obligée de s'aliter et d'abandonner le travail de l'opposition, elle a parlé de ses ennuis de santé dans une première lettre que son père a reçue au début d'avril, puis, comprenant qu'elle est condamnée, a écrit le 20 mars une lettre qui ne parvient à destination que le 1er juin... après soixante-treize jours : le cabinet noir du G.P.U. était-il embouteillé ou avait-il voulu s'éviter les tracas que n'aurait pas manqué de lui valoir une démarche de Trotsky pour revoir une fois encore sa fille mourante? Il apprend finalement la nouvelle par un télégramme de Rakovsky, en date du 15 juin, lui-même informé par... la presse :

> « Reçu hier ta lettre sur grave maladie de Nina. Télégraphié à Aleksandra Georgievna à Moscou. Aujourd'hui ai appris par les journaux que Nina a terminé le court trajet de sa vie révolutionnaire. Tout avec toi, cher ami, beaucoup de peine, mais espace infranchissable nous sépare. T'embrasse bien des fois fortement. Khristian [10]. »

Le 24 juin, dans une lettre-circulaire, il écrit « aux camarades » :

> « La nouvelle de la mort de ma fille m'a surpris pendant que je travaillais au projet de programme, et sa mémoire coïncidera toujours pour moi avec les problèmes de la révolution internationale. J'ai dédié ce travail, consacré à la base du programme du Parti communiste, à la mémoire de ma fille qui était une jeune membre du parti, très ferme et loyale, notre solide et sûre camarade d'idées. Nous avons reçu et nous recevons des télégrammes de sympathie de nombreux amis. Merci beaucoup [11]. »

Il faut attendre le 14 juillet pour trouver sur la mort de Ninotchka dans une lettre à Khristian Rakovsky, une note personnelle :

> « Cher Khristian Georgévitch, je ne t'ai pas écrit depuis une éternité. [...] Après mon retour de l'Ili où j'ai eu la première nouvelle de la gravité

de l'état de Nina, nous sommes allés immédiatement nous installer dans une datcha. C'est là que, quelques jours après, nous avons reçu la nouvelle de la mort de Nina. Tu comprends ce que cela signifiait pour nous. Mais il fallait sans perdre de temps préparer nos documents pour le VIe congrès de l'I.C. C'était difficile. Mais d'autre part, la nécessité de faire ce travail coûte que coûte [...] nous a aidés à dominer notre accablement [12]. »

Cette même lettre donne les premières informations sur ce qui va être la deuxième tragédie familiale de Trotsky; Zina, « Zinouchka », sa fille aînée, a soigné Nina pendant les trois mois de son agonie, et le docteur Getié exige son départ immédiat pour un sanatorium. Les enfants de Nina s'en vont chez Aleksandra Lvovna. Une protestation de Trotsky au G.P.U., quelques mois plus tard, nous apprend qu'il a reçu de Zina une lettre qui a mis quarante-trois jours, qu'elle est non seulement malade, mais exclue du parti et sans travail.

Quelques mois après la mort de Nina, Trotsky est de nouveau frappé par la mort tragique d'un de ses proches collaborateurs, Georgi Vassiliévitch Boutov. Ingénieur de formation, Boutov, que Natalia a décrit « pâle et petit » et aussi « excellent organisateur », a été l'un des hommes du train, le chef de cabinet du conseil supérieur de la Guerre. Il est resté proche de Trotsky pendant la période de lutte de l'opposition et a tenté de le rejoindre à Alma-Ata. Arrêté à Tachkent et déporté, il a été ensuite de nouveau arrêté en déportation et ramené à Moscou, emprisonné à Boutyrki.

On ne sait pas de quoi il est alors accusé exactement par le G.P.U. : probablement d'espionnage dans le cadre d'une entreprise du type de celle de « l'officier de Wrangel », ce que Staline fera plus tard à grande échelle dans les « procès de Moscou ». Il avait riposté par le seul moyen à sa disposition dans cette prison : une grève de la faim pour réclamer le respect de ses droits de citoyen soviétique, protestation morale contre l'arbitraire policier. Mais il n'était pas d'une santé très robuste. Transporté à l'infirmerie de la prison, il y était mort, cinquante jours après le début de sa grève de la faim [13].

Dans une lettre au G.P.U., Trotsky parle de ce « camarade droit, modeste, irréprochable et héroïque ». Il ne peut pas ne pas se souvenir, à ce moment-là, de M.S. Glazman, lui aussi placé devant de terribles accusations, qui s'était évadé par la mort, en 1924, des griffes du G.P.U., dans des conditions analogues. Il ne peut pas ne pas penser non plus à la prédiction de Piatakov : Staline élimine l'un après l'autre tous ses proches, qu'ils soient siens par le sang ou par les idées.

Après les fatigues et les fièvres du voyage, Trotsky s'est retrouvé solide au printemps et à l'été, avec de bonnes doses de quinine. A l'automne, tout se gâte. L'affaire s'ébruite, et Ouglanov, à Moscou, se permet d'ironiser sur « le malade imaginaire ». Un long télégramme de Natalia Ivanovna, le 20 septembre, met les choses au point. Trotsky, dès avant sa déportation, souffrait d'une colite et de la goutte dont on ne peut espérer qu'il guérisse à Alma-Ata. Est venue s'y ajouter la malaria qui lui donne, de temps à autre, de grosses migraines :

> « Il y a des semaines et des mois pendant lesquels son état s'améliore. Viennent ensuite des semaines et des mois d'indispositions graves. Tel est le véritable état de choses [14]. »

Pour en terminer avec les aspects personnels du séjour à Alma-Ata, il est évident que Trotsky y retrouve des projets littéraires. Il pense d'abord à une histoire depuis l'Octobre russe, de l'Orient, mais les ouvrages de base dont il a besoin ont été perdus. Il commence alors à réunir des documents pour son autobiographie, comme nous l'apprend une lettre qu'il adresse en mai à Aleksandra Lvovna pour lui demander son aide : il en est déjà à l'époque d'après Nikolaiev, la prison, la condamnation.

Il cherche aussi des travaux « alimentaires » et en trouve. Grâce notamment à Riazanov, l'homme de l'Institut Marx-Engels, qui a été tour à tour son allié et son adversaire et qui reste lié à lui par une grande estime réciproque. C'est pour lui que Trotsky entreprend la traduction du pamphlet de Karl Marx, *Herr Vogt*, qui le laisse rêveur : Marx a consacré 200 pages à une misérable calomnie; ne va-t-il pas, lui, être obligé de consacrer à Staline une encyclopédie de nombreux volumes? Il traduit aussi de l'anglais une brochure d'Hodgskin, revoit les traductions en russe de Marx et Engels pour leurs *Œuvres* en préparation par l'Institut. Le travail de traducteur ne lui convient pas vraiment, et il peine, mais les honoraires ainsi assurés permettent de financer les échanges postaux, donc l'activité politique. Et celle-ci est considérable.

***

La principale découverte d'Alma-Ata a sans doute été, pour Trotsky, son fils Lev, Ljova. Le jeune homme – bien que père de famille, il a vingt-deux ans à peine – a été jusqu'à présent associé de près à la vie publique d'un père qu'il admire et aime passionnément. Il a exercé des responsabilités au sein de l'opposition – et pas seulement dans le secteur spécifique des Jeunesses. Mais il révèle l'ampleur de ses capacités sous la pression de la nécessité dans cet exil où, sans lui, Trotsky eût sans doute été condamné à l'impuissance politique. Sa mère raconte :

> « Notre fils fut chargé surtout d'établir nos relations avec le monde extérieur. Il avait la direction de notre correspondance. L.D. le dénommait tantôt ministre des Affaires étrangères, tantôt ministre des Postes et des Télégraphes. Notre correspondance prit bientôt un développement formidable, et le poids en retombait surtout sur Ljova. Il était également garde du corps. C'était lui aussi qui rassemblait les documents dont L.D. avait besoin pour ses travaux : il fouillait les réserves de la bibliothèque, se procurait les vieux journaux, recopiait des textes. Il menait tous les pourparlers avec les chefs de l'endroit, s'occupait d'organiser des chasses, veillait sur le chien et sur l'état des armes. Il étudiait avec assiduité la géographie économique. [...] Plus tard, [il] trouva aussi une dactylo [15]. »

En fait, outre qu'il était à Alma-Ata l'homme à tout faire, particulièrement les tâches pratiques, Lev Sedov fut pour l'opposition un véritable secrétaire à l'organisation. Les longues listes de déportés, rangés colonie par colonie, avec indication des dates de la correspondance reçue, les adresses où écrire, les modifications par transfert, que l'on trouve à Harvard et Stanford, sont son œuvre. Il entretient, à son compte d'ailleurs, toute une correspondance avec des déportés qui n'écrivent pas directement à son père. Il est sans doute le seul à savoir qui est qui, qui a fait quoi, ce que chacun pense et où en est chacun.

C'est en vieux routier de la clandestinité qu'il a réussi, en liaison avec le « centre » de Moscou, que dirige B.M. Eltsine, à organiser les liaisons clandestines. A huit reprises, un courrier apportera de Moscou des documents, des lettres, des informations confidentielles et rapportera commentaires, conseils ou directives. Un voyageur parti de Moscou fait le trajet jusqu'à Pichpek par train. Il rencontre là un ouvrier de Moscou, Mikhail Bodrov, venu s'installer comme charretier, méconnaissable derrière une grande barbe de moujik, qui fait alors le voyage, avec son attelage, jusqu'à Alma-Ata. Là, il rencontre au marché un fonctionnaire de la ville, proche de l'opposition et que Sedov a déniché au bout de quelques semaines : nous ne le connaissons que par l'initiale D. Ce dernier et Sedov se rencontrent dehors par les nuits pluvieuses ou dans l'établissement de bains, des rencontres réduites le plus souvent à un changement de mains des paquets. Les relations ordinaires entre Sedov et D. se font par un code, en relation avec la place des pots de fleurs sur les fenêtres de la rue, se réduisant à la fixation du lieu et du moment du rendez-vous attendu [16].

C'est en définitive par Sedov et grâce à lui qu'existe à Alma-Ata un état-major politique de l'opposition de gauche, que Trotsky est informé, qu'il peut s'exprimer, bref qu'il peut poursuivre le combat.

***

Pour se battre, Trotsky a besoin d'informations et de sa plume. La situation est changeante dans cette année d'exil à Alma-Ata que Moshé Lewin appelle, d'une excellente formule, « l'année sans boussole [7] ». La défaite puis l'exclusion de l'opposition de gauche ont laissé en tête à tête dans le parti ceux que Trotsky appelle les « droitiers » et les « centristes ». En outre, les thermidoriens et les « oustrialovistes », comme il dit, voient dans son élimination un encouragement pour eux et un appel à l'initiative.

Dès la fin de l'année, à peine éteints les derniers lampions du XVe congrès, la crise du ravitaillement resurgit : alors que 1927 voit l'une des meilleures récoltes de la décennie, les livraisons de blé n'atteignent pas la moitié de celles de 1926. Les paysans qui disposent de surplus – le « koulak », paysan aisé, mais aussi nombre de paysans moyens [18] – recommencent la « grève des livraisons », préférant ne pas vendre que vendre à un prix dérisoire. La famine menace à nouveau les villes, d'autant plus que la doctrine officielle sur l'alliance entre les ouvriers et les paysans empêche toute initiative des fonctionnaires pour contraindre, tout recours aux méthodes de coercition, réputées « trotskystes » et nuisibles à « l'alliance »...

Trotsky n'a pas encore été emmené de force que le bureau politique, dans une séance tenue le 6 janvier 1928, décide d'adopter des « mesures d'urgence » communiquées au parti, mais non rendues publiques. Il est décidé, entre autres, d'appliquer au paysan qui stocke sa récolte l'article 107 du Code criminel qui permet la confiscation des stocks des spéculateurs et la distribution du quart aux paysans pauvres du village, pour encourager la dénonciation.

Mais les livraisons ne s'améliorent pas, et les dirigeants doivent se résoudre à révéler la crise. Avec un rapport de Staline, la *Pravda* du 15 février titre : « Le Koulak relève la tête. » L'article dénonce l'existence, dans le parti et dans l'appareil d'État, des éléments « qui ne voient pas les classes au village, qui ne comprennent pas la base de notre politique de classe, qui cherchent à faire du travail sans offenser personne au village, qui veulent vivre en paix avec le koulak et, de façon générale, rester populaires dans toutes les couches du village [19] ».

C'est donc le signal de la reconnaissance de l'existence des éléments « droitiers », « à l'idéologie koulak », dont l'opposition avait montré les progrès et la pression grandissante. On rend publique la décision d'appliquer l'article 107 et d'autres mesures rigoureuses : emprunts forcés baptisés « lois d'auto-imposition », renforcement de la surveillance du prix du pain, interdiction de l'achat et de la vente directs au village. Dix mille travailleurs sont mobilisés pour aller dans les campagnes combattre « la campagne du stockage ». La résistance paysanne se durcit : il y a de véritables insurrections, notamment au Nord-Caucase [20], mais finalement, les mesures d'urgence portent leurs fruits : le blé est récupéré, les villes sont nourries.

Avec le plénum d'avril, on semble revenir en arrière. Le comité central condamne « déformations et excès » dans l'application des « mesures d'urgence », autorise de nouveau vente et achat directs au village, supprime les patrouilles, assouplit les règles pour les emprunts forcés, interdit toute confiscation autre qu'en vertu de l'article 107. Tout en reconnaissant la pression que les producteurs exercent sur le marché, les dirigeants du parti se défendent d'avoir fait en janvier un pas vers un retour au « communisme de guerre ». Staline lui-même assure que la Nep demeure la base de la politique économique « pour une longue période historique ». Pourtant, la montée en épingle de l'affaire de Chakhty – où des techniciens sont accusés d'avoir saboté la construction industrielle au Donetz – suggère une orientation différente, et surtout une volonté de s'en prendre aux positions de Rykov. A la fin mai, devant les académiciens et autres universitaires, Staline parle de la transition nécessaire dans les campagnes vers les fermes collectives et aussi de la nécessité de ne pas retarder le développement de l'industrie lourde – ce qui est en contradiction absolue avec l'état d'esprit de « néo-Nep » opposé au cours des discussions de 1927 aux arguments de l'opposition de gauche.

Ouvert au sommet, le conflit devient public, et les échos sont très vite entendus à Alma-Ata, d'où Trotsky les diffuse parmi ses amis. Ouglanov critique Staline et assure qu'il n'a pas utilisé les bonnes statistiques [21]. Boukharine parle – visant Staline – d'un nouveau « danger trotskyste [22] », cependant que Slepkov, à Leningrad, travaille les cadres contre Kirov [23]. Staline s'empare d'une lettre du commissaire aux Finances, M.I. Froumkine, qui a protesté contre les méthodes trop pressantes de collecte du blé, pour faire du malheureux l'incarnation, pour le moment unique, du « danger de droite » dans le parti, dont il fait répéter la condamnation à l'infini suivant la pratique désormais rituelle [24].

En juillet, le comité central manifeste la réalité et en même temps l'âpreté du conflit entre « les centristes » et « les droitiers ». Trotsky en a reçu – par son camarade B. Volotnikov – le compte rendu sténographique [25]. Il y a eu une vive discussion entre Rykov et Kaganovitch [26], une charge de Staline contre Sokolnikov et Ossinsky, l'extrême droite [27]. Le 10 juillet, Boukharine fait une intervention dramatique dans laquelle il proclame son inquiétude devant la possibilité de mobilisation des koulaks et de leurs alliés contre le régime. Il veut bien lutter contre le koulak, mais seulement par une fiscalité mieux ajustée, et se prononce contre toute politique « trotskyste » de coercition qui constituerait une menace pour la fameuse « alliance » ouvriers-paysans [28]. La résolution finale est un texte bien balancé qui condamne à la fois les excès dans les mesures d'urgence et la « déviation droitière », la « sous-estimation » du koulak et son utilisation comme un épouvantail [29]. Qui l'a emporté, réellement? Les comptes rendus de la presse, un discours de Rykov le 13 juillet [30], donnent à beaucoup, notamment à Trotsky et à la plupart de ses camarades, le sentiment que le pendule est maintenant revenu vers la droite et que celle-ci est plus forte que jamais.

Dès le lendemain du plénum, le 11 juillet 1928, Sokolnikov organise une rencontre entre Kamenev et Boukharine – dont Trotsky est très vite informé [31]. Paniqué, voire terrorisé, Boukharine se confie à Kamenev et le met en garde contre une sous-estimation de Staline qu'il présente comme un maniaque meurtrier, un Gengis Khan. A travers Kamenev, on sent qu'il tend aussi la main à Trotsky.

C'est dans ces conditions que se réunit, du 17 juillet au 1er septembre, le VIe congrès de l'Internationale communiste. Boukharine, qui conserve en principe la direction, y admet l'existence d'un « danger de droite », mais exprime en privé ses inquiétudes, sinon ses terreurs. En fait, l'appareil de l'I.C. lui échappe totalement, dirige le congrès dans son dos et fait admettre l'idée qu'il existe une nouvelle déviation, intermédiaire en quelque sorte : « l'opportunisme de droite » caractérisé par la sous-estimation de la « déviation de droite »!

En septembre le conflit est devenu public avec un discours d'Ouglanov devant le comité de Moscou [32], qui met le feu aux poudres. La

Pravda sonne la charge contre lui [33]. Plusieurs de ses collaborateurs sont déplacés. Sévèrement censuré en octobre pour ses « erreurs » par le comité de Moscou, où Staline vient parler, le 19, de la « déviation de droite [34] », Ouglanov est limogé en novembre [35]. La seule organisation locale importante qui était aux mains des droitiers leur échappe; Slepkov, le jeune collaborateur de Boukharine, est expédié en Yakoutie [36].

A la fin de décembre, au congrès des syndicats, c'est Tomsky pour qui sonne le glas : le vote d'une résolution qui désavoue sa politique et l'élection à la direction de cinq dirigeants du parti, dont Kaganovitch [37].

On peut suivre dans la correspondance de Trotsky, à travers ses commentaires, les appréciations qu'il porte sur les développements politiques, le rapport de force entre les deux groupes en présence. Au début de mai, il pose la question de savoir s'il faut soutenir un « tournant à gauche »; il s'agit de toute évidence des « mesures d'urgence » dont tout un chacun peut constater l'application. A la fin du même mois, dans une lettre à Beloborodov, il ouvre la discussion sur la politique du parti, « tournant à gauche » ou « manœuvre bureaucratique [38] » : il dispose de toute évidence d'informations précises sur le plénum d'avril. Le 22 juillet, il écrit en postface à sa lettre au VIe congrès de l'Internationale communiste une note sur « le plénum de juillet et le danger de droite [39] » : il estime que Rykov vient de déployer le drapeau de la « droite » et qu'il ouvre la voie aux forces de classe ennemies, la nouvelle bourgeoisie des « nepmen » et des « koulaks ».

Le 12 septembre, dans une lettre adressée à l'un de ses anciens collaborateurs, le « droitier » Iakov Chatounovsky, un ancien du train [40], il répond de fait aux propositions d'alliance, collaboration, voire bloc, qui émanent de Boukharine en vue d'un rassemblement contre Staline : il faut rendre ses droits au parti, réduire son budget de 5 %, réintégrer groupes et fractions exclus et leur donner la parole, introduire le vote secret. Sa réponse est nette :

> « Sur la base de ces propositions, nous sommes prêts à négocier avec la droite, parce que la réalisation de ces pré-conditions élémentaires de principe du parti donnerait au noyau prolétarien la possibilité de demander des comptes non seulement aux droitiers, mais aussi aux centristes, à savoir les principaux soutien et protection de l'opportunisme dans le parti [41]. »

Le 21 octobre 1928, dans une lettre-circulaire, il informe ses camarades des entretiens qui se sont déroulés entre Boukharine et Kamenev le 11 juillet précédent puis retransmet l'information donnée par « Anton » sur la rencontre d'oppositionnels de Moscou avec Kamenev [42]. Saluant les positions positives de ce dernier, il en tire la conclusion qu'il faut cogner sur lui d'autant plus fort.

Les archives de Harvard permettent de mesurer l'étendue de sa documentation et la précision de ses informations, mais pas toujours de connaître sa réaction. Très bien informé sur le déroulement du congrès et la vie dans les couloirs du VIe congrès de l'Internationale communiste, il a par exemple reçu de Moscou un rapport détaillé sur les réactions de l'Italien Palmiro Togliatti et du Français Maurice Thorez à la lecture de sa « Critique du Projet de Programme » qui suscite en eux des réactions plutôt favorables [43]. Il remarque aussi l'intervention du délégué du P.C. indonésien, sous le nom d'Alfonso, et son contenu oppositionnel [44].

***

Nous étudierons dans un chapitre ultérieur les analyses de Trotsky sur la situation en U.R.S.S., ses discussions avec les autres déportés et le fonctionnement, par lettres se déplaçant à toute petite vitesse, de cette opposition qui s'intitule maintenant avec fierté « fraction bolchevik-léniniste ».

Mais, dans les premiers mois d'Alma-Ata, il a consacré beaucoup de temps et de soin, proportionnellement beaucoup plus, au texte intitulé « Critique du Projet de Programme de l'Internationale communiste », un texte capital et qui, par-dessus le marché, a été diffusé de façon discrète et limitée, mais réelle, aux délégués étrangers de ce congrès.

La « Critique du Projet de Programme », rédigée, indique Trotsky, en deux semaines, porte la date du 28 juin. Elle est dédiée à la mémoire de Nina, « morte à son poste à vingt-six ans ». Il commence par rappeler que le programme de l'Internationale doit être un programme de révolution internationale, partant de l'analyse des conditions et tendances de l'économie et de l'état politique du monde. C'est, rappelle-t-il, l'existence d'une économie mondiale qui fonde l'idée même de ce parti communiste mondial qu'est l'Internationale communiste.

Il considère à cet égard comme significatif le fait que le projet de programme n'ait pas suffisamment pris en compte le fait majeur de la conquête de l'hégémonie mondiale par les États-Unis, devenus ainsi à la fois le fer de lance de la contre-révolution et le gardien de l'ordre mondial, et un facteur important d'explosion :

> « Une grande crise aux États-Unis sonnerait à nouveau le tocsin des guerres et des révolutions. [...] Les situations révolutionnaires ne manqueront pas. Leur issue dépend du parti international du prolétariat [45]. »

C'est de même au souci de justifier la théorie stalinienne du « socialisme dans un seul pays » qu'il attribue l'absence, dans le projet de programme, de toute référence au mot d'ordre des « États-Unis soviétiques d'Europe ». Citant abondamment des textes de Lénine – qu'il remet dans leur contexte – ainsi que de Staline et Boukharine avant 1924, il montre qu'ils s'inscrivent alors dans un programme et une tradition théorique réellement internationalistes, ceux du bolchevisme.

Depuis la découverte, par les deux derniers, en 1924, du « socialisme dans un seul pays », c'est un tournant méthodologique radical qu'ont opéré les dirigeants de l'I.C. : partant désormais du cadre national de la seule Union soviétique, ils opèrent d'une façon qui constitue un vrai retour en arrière, ce qu'il qualifie, non sans ironie, de « déviation social-démocrate ».

Soulignant l'étroite dépendance de l'U.R.S.S. à l'égard du marché mondial, Trotsky rappelle aussi que le caractère essentiel de l'impérialisme est la contradiction entre les forces productives et les frontières nationales. C'est cette réalité qui, selon lui, donne l'aspect à la fois utopique et réactionnaire du « socialisme dans un seul pays », lequel engendre d'ores et déjà ce qu'il appelle « des errements social-patriotiques ».

Dans la deuxième partie de son travail, il traite de « la stratégie et la tactique à l'époque impérialiste ». Il constate l'absolue insuffisance du projet de programme sur une question stratégique, celle de l'insurrection pour laquelle il ne propose que des lieux communs :

> « Le caractère révolutionnaire de l'époque ne consiste pas en ce qu'elle permet de faire la révolution – c'est-à-dire de s'emparer du pouvoir – à chaque instant. Il est constitué par des oscillations brusques et amples [...], d'une situation directement révolutionnaire [...] à la victoire d'une contre-révolution fasciste ou semi-fasciste, de cette dernière à un régime provisoire du juste milieu [46]. »

L'une des conséquences de cet état de fait est que « toute variation brusque de la situation politique vers la gauche remet la décision entre les mains du Parti communiste » :

> « S'il laisse échapper le moment critique où la situation change, elle se transforme en son contraire. Dans de telles conditions, le rôle de la direction prend une exceptionnelle importance [47]. »

Aussi Trotsky pense-t-il qu'en réalité la cause fondamentale de ce qu'on appelle « la stabilisation » est politique : il s'agit de la contradiction entre l'ébranlement du monde capitaliste et « la faiblesse, l'impréparation, l'irrésolution des partis communistes [48] », ainsi que les erreurs de leurs directions. On peut prévoir de nouvelles situations révolutionnaires dont le développement dépend totalement des P.C. Montrant le rôle de la personnalité de Lénine en 1917, il conclut qu'en Hongrie, en Italie, en Allemagne comme en Autriche et en Chine, c'est le facteur subjectif, « un parti révolutionnaire de masse », qui a manqué, « ou bien que ce parti n'a pas de direction perspicace et courageuse [49] ».

Il entreprend alors un bilan de ce qu'il appelle le processus révolutionnaire depuis 1917. Il écrit qu'au cours de la première période, de 1917 à 1921, le mouvement révolutionnaire des masses était suffisant pour renverser la bourgeoisie. Mais la social-démocratie a volé au secours de cette dernière et les partis communistes n'ont pas réussi à grandir suffisamment avant le reflux de la vague révolutionnaire.

Le tournant est constitué par l'action de mars 1921 où le K.P.D. tente de lancer l'offensive alors que les masses sont en plein recul. Le IIIe congrès de l'Internationale communiste, constatant l'insuffisance des P.C., lance le mot d'ordre de la conquête des masses, préalable à la lutte pour le pouvoir. Trotsky souligne la différence entre cette conception – qui était celle de Lénine – et celle de Boukharine, cette « théorie de l'offensive » qu'il appelle « théorie de la révolution en permanence », sans retraites ni compromis. Il rappelle aussi qu'à l'époque de son conflit avec Boukharine sur cette question, en 1921, Lénine n'avait pas hésité à constituer une fraction qu'il appelait « la droite ».

Ce sont les événements d'Allemagne en 1923 qui ouvrent la troisième période. La direction communiste n'a pas perçu à temps le changement de situation provoqué par l'occupation de la Ruhr et ne s'est pas adaptée à ce « tournant brusque ». Pour Trotsky, l'échec de la révolution allemande en 1923 est « un exemple classique de situation révolutionnaire manquée » : les masses, du fait du retard des communistes à tourner et de leur manque de conviction, ne sont pas allées au combat. Ainsi se sont manifestés avec éclat les deux dangers qui guettent, selon lui, un parti communiste devant la « prise du pouvoir » : en 1921, le parti allemand a en quelque sorte « devancé » le développement de la révolution et, en 1923, il a retardé sur lui. Mais un autre phénomène s'est manifesté en 1923, une sorte de loi générale, comme semble l'exprimer sa récurrence : la direction révolutionnaire a connu une crise grave à la veille du passage à l'insurrection.

La quatrième période commence à la fin de 1923. La direction de l'I.C. sous-estime l'importance de la défaite de 1923, qui est pour elle un « épisode ». Elle nie également toute « stabilisation » et même l'existence de « l'été de la Saint-Martin [50] » que connaît la social-démocratie. Le projet de programme ne comporte aucune appréciation ni des événements de 1923 ni du Ve congrès de l'I.C. Il ne souffle mot sur l'erreur qui a consisté à annoncer l'arrivée d'une « ère démocratico-pacifique [51] », puis, inversement, à identifier social-démocratie et fascisme. Au passage, il a rappelé la politique de l'Internationale paysanne, l'alliance avec des politiciens comme Radić et LaFollette, le mot d'ordre de « partis ouvriers et paysans », la trop longue survie du « comité syndical anglo-russe ».

Bien qu'au cours des années précédentes la direction de l'Internationale ait souvent élevé la manœuvre à la hauteur d'un principe comme le démontre sa politique d'alliance avec le Guomindang, le projet de programme reste muet sur ce point [52]; il n'aborde pas non plus les problèmes de la guerre civile, de l'armement, et ne parvient jamais, sur bien des questions vitales, à dépasser les considérations abstraites.

On sait que, pour Trotsky, c'est seulement le fait que le régime du parti ne soit pas démocratique qui peut expliquer une ligne aussi fausse, résultat, en dernière analyse, de la pression des forces ennemies. Or, sur ce point, il relève l'apparition dans le projet d'une idée nouvelle. Jusqu'à présent, en effet, le centralisme démocratique donnait la règle, la façon dont on devait, dans le parti, discuter, critiquer, élire, destituer, diriger. Or il est désormais justifié, comme s'il était un régime en soi, par ce que le projet de programme appelle « l'ordre révolutionnaire le plus strict [53] ». Traitant des « fractions et groupements », Trotsky assure : « La vie des idées dans le parti ne saurait se concevoir sans groupements provisoires sur le terrain idéologique [54]. »

Tout en justifiant par les circonstances de l'époque la décision du Xe congrès, en mars 1921, d'interdire fractions et groupements, il s'élève contre son interprétation et son application en tant que principe absolu :

> « La tâche n'est pas d'interdire les fractions mais bien de faire en sorte qu'elles n'existent plus. Pourtant, l'esprit de fraction n'a jamais encore autant ravagé le parti, autant morcelé son unité, que depuis que Lénine a quitté la barre [55]. »

Après avoir rappelé que le Parti bolchevique a vécu et grandi, pendant deux décennies, sous un régime où les fractions étaient autorisées et existaient, y compris à l'époque d'Octobre, il voit dans l'existence d'une fraction dirigeante, celle de l'appareil, le caractère essentiel du parti depuis la mort de Lénine :

> « Ordre fermé sur lui-même et incontrôlable, disposant des ressources exceptionnelles de l'appareil, non seulement du parti, mais aussi de l'État, transformant un parti de masse en instrument de camouflage et faisant de celui-ci un outil subalterne, utilisé dans des manœuvres d'intrigants. [...] C'est ainsi que se développe *l'usurpation* du pouvoir vers l'appareil, laquelle constitue le plus terrible des dangers aussi bien pour le parti que pour la dictature du prolétariat [56]. »

Le résultat est le foisonnement des fractions et l'émiettement de la fraction dominante. Cet état de choses n'est pas limité à l'U.R.S.S. et a été étendu à toutes les sections de l'I.C. à travers ce qu'on a appelé la « bolchevisation ». La sélection des dirigeants des P.C. s'effectue désormais en fonction de leur servilité à l'égard des dirigeants de la fraction au pouvoir en U.R.S.S. Trotsky conclut sur ce point capital :

> « Il faut chasser impitoyablement du programme l'idée même que les partis vivants et actifs puissent être subordonnés au contrôle de " l'ordre révolutionnaire " d'une bureaucratie inamovible du parti et de l'État. Il faut rendre ses droits au parti lui-même. Il faut que le parti redevienne un parti [57]. »

La dernière partie de la « Critique du Projet de Programme » est consacrée aux enseignements de la révolution chinoise, une mise au point dont Trotsky éprouve d'autant plus la nécessité que la pression des amis de Zinoviev l'avait empêché, en 1927, de s'exprimer totalement à ce sujet.

Il explique qu'au moment où la lutte de millions d'opprimés chinois mettait à l'ordre du jour la lutte pour la dictature du prolétariat, la direction de l'Internationale lui a oppose le mot d'ordre de « dictature démocratique des ouvriers et des paysans ». Or l'histoire récente vient de montrer qu'en Chine il n'y a pas d'autre « dictature démocratique » possible que celle qu'exerce... le Guomindang. Trotsky voit une condamnation de cette ligne dans le développement concret de l'insurrection de Canton en décembre 1927. Déclenchée de façon bureaucratique, aventuriste dans ses perspectives, elle a pourtant ouvert une perspective révolutionnaire dans la mesure où elle cherchait à mobiliser : et elle a précisément réalisé la mise hors-la-loi du Guomindang, entamé la lutte contre la bourgeoisie et le koulak chinois :

> « La troisième révolution chinoise, malgré le grand retard de la Chine ou plutôt à cause de ce retard par rapport à la Russie, ne verra pas de période " démocratique " [...] et sera forcée dès le début d'opérer le grand bouleversement et la suppression de la propriété privée dans les villes et dans les campagnes [58]. »

Ainsi, sans toutefois prononcer le mot lui-même, Trotsky s'est-il décidé à appliquer à la révolution chinoise la théorie de la révolution permanente.

***

En dernière analyse, Trotsky était arrivé, avec l'aide de Lev Sedov, à secouer les chaînes dont Staline croyait l'avoir chargé. L'impact dont bénéficia la « Critique du Projet de Programme » permet de mieux en rendre compte, et notamment les réactions à sa lecture de l'Américain Cannon et du Canadien Spector, délégués au VIe congrès de l'Internationale communiste.

Les deux hommes appartiennent au noyau communiste des « Workers Parties » qui sont officiellement les sections de l'I.C. au Canada et aux États-Unis. Spector est un des pionniers du mouvement communiste au Canada, et ce jeune homme est alors destiné à l'exécutif de l'I.C. [59]. James P. Cannon, vétéran socialiste, ancien des I.W.W., est, avec William Z. Foster, l'un des dirigeants d'une des fractions du parti américain, responsable de son organisation de défense, l'International Labor Defense. Les deux hommes sont liés, et ils ont lu ensemble la « Critique ». Les idées développées par Trotsky dans ce texte constituent la réponse à leurs doutes, leurs interrogations, leur réflexion. Ils décident donc de le sortir d'Union soviétique pour le ramener aux États-Unis. Tous les exemplaires sont numérotés et doivent être restitués. Qu'à cela ne tienne, ils enivrent le délégué australien et lui dérobent son exemplaire : c'est celui qu'ils emporteront dans leurs bagages après avoir rendu le leur aux organisateurs du congrès [60].

Le 18 novembre 1928, Cannon et les communistes américains gagnés par Spector et lui, dans l'intervalle, publient le premier numéro de l'organe de l'Opposition de gauche en Amérique du Nord, *The Militant.* C'est le point de départ de l'Opposition de gauche aux États-Unis et dans bien d'autres pays.

La voix d'Alma-Ata a réussi à se faire entendre à l'autre bout du monde : Trotsky n'est décidément pas bâillonné.

CHAPITRE XXXV

La fraction des bolcheviks-léninistes [1]

Au lendemain de leur exclusion du parti, les partisans de Trotsky dans l'Opposition unifiée qui vient d'éclater, ne cachent pas que, quoi qu'il leur arrive, ils se considèrent toujours comme membres du parti et qu'ils se sont organisés clandestinement, par la force des choses, en fraction des bolcheviks-léninistes.

Dans leurs rangs, on peut distinguer trois secteurs, bien que communiquant, à sens unique et à leur corps défendant, il est vrai. Il y a d'abord ceux que L.S. Sosnovsky a baptisés « les nouveaux colons de la troisième génération » : ce sont les exilés, ou encore déportés, qu'on trouve dans une centaine de « colonies » dispersées à travers la Sibérie et l'Asie centrale, centres urbains, voire villages, où ils sont tenus à résidence. Et il y a ceux de « l'autre côté », ou encore « de l'extérieur »,comme disent les exilés, ceux qui sont restés, hommes et femmes pas encore arrêtés, « libres », militant désormais dans la clandestinité. Enfin il y a ceux qu'on a envoyés en prison, soit après condamnation, soit pour instruction de leur procès, les bolcheviks-léninistes de ces prisons qu'on appelle « isolateurs » et qui recrutent en permanence dans les deux premières catégories.

Nous savons peu de choses sur les prisons en 1928, sur le sort qu'y connaissent les oppositionnels arrêtés. Tout un groupe de militants, dont S.V. Mratchkovsky [2], Ia A. Kievlenko [3] et d'autres, ont été accusés de « complot militaire » et emprisonnés pendant presque deux mois; ils se plaignent surtout du surpeuplement des cellules. Ils ont été relâchés faute d'aveux, de témoins à charge, de preuves. Ils sont immédiatement déportés. Plusieurs militaires ont également été arrêtés, accusés d'avoir médité un attentat contre le poète officiel Demian Bedny. Ce sont Arkadi Heller, Boulatov, Lado Enoukidzé – neveu d'Avelii, secrétaire de l'exécutif des soviets [4]. Ils sont finalement relâchés et déportés comme les autres. Ceux qui sont en prison sont concentrés dans les isolateurs*, à Verkhné-Ouralsk, Tchéliabinsk, Tobolsk, y sont mêlés aux prisonniers de droit commun, soumis à de dures conditions.

Nous connaissons bien mieux l'organisation clandestine, celle des gens « de l'extérieur » comme disent les déportés. Les rapports fournis à Trotsky, les bulletins clandestins conservés dans ses archives, les informations données par les autorités après certains coups de filet [5], nous permettent d'en de reconstituer de grandes lignes.

Il y a d'abord Moscou, où se trouve le « centre », apparemment très actif, qui publie plusieurs numéros d'un bulletin substantiel, des tracts, des déclarations et des proclamations. C'est lui qui réussit à maintenir, pendant la plus grande partie de l'année 1928, le contact avec Trotsky et avec Alma-Ata. Son responsable signe ses rapports « Otets » (le papa) ou encore « Staritchok » (Le petit Vieux) : c'est le vieux-bolchevik Boris Mikhailovitch Eltsine, père de Victor Borissovitch, un homme usé par la vie, probablement atteint de tuberculose osseuse, ce qui lui a valu d'être initialement épargné par les arrestations.

Parmi ses collaborateurs, nous avons quelques noms, parfois la silhouette d'hommes peu ou pas connus : M.S. Blumenfeld, un ancien membre de la direction des Jeunesses communistes, Sokrat Gevorkian, jeune chargé de cours d'économie à l'Université de Moscou, sont des hommes de la génération de 1917. Un peu plus âgés, Khanaan Markovitch Pevzner, un ancien tchékiste, grand mutilé de la guerre civile, qui a reçu la responsabilité de la direction des publications, Grigori Iakovlévitch Iakovine, historien de l'Allemagne, militant de Leningrad. Ce dernier nous est connu par deux témoignages, celui de Victor Serge [6] et celui de Rosa Léviné-Meyer [7]. D'autres ne sont que des noms qu'on rencontre dans les papiers d'archives, souvent des militants dont le rôle est important, comme V. Ianoutchevsky ou B. Volotnikov; dont nous ne savons rien de plus.

Il existe d'autres « centres », dans d'autres villes, ainsi qu'on peut s'en rendre compte par les arrestations annoncées ou la provenance des informations en circulation. C'est le cas à Moscou, Leningrad, Kiev et Kharkov, Bakou et Tiflis, à Odessa, Dniepropetrovsk, Nikolaiev, Saratov, Ivanovo-Voznessensk, Krasnoiarsk, Ekaterinoslav, Krementchug, Rostov, Toula, Kostroma, Briansk, Nijni-Novgorod, Tver, Zaporoje, etc.

Ainsi disposons-nous d'informations relativement abondantes sur l'activité de l'opposition de gauche. Ses militants ont animé des actions et en ont rendu compte : leur trace a été conservée dans les archives de Harvard et Hoover.

Il y a mobilisation ouvrière, par exemple, en juin 1928, à Krementchug, dans les ateliers de construction de wagons, contre une réforme

* L' « isolateur » est une prison formée de cellules d'isolement où le détenu est en principe seul. Mais le grand nombre de détenus rendait l'isolement impossible et les détenus étaient à plusieurs dans les cellules surpeuplées de ces prisons qui n'étaient « isolateurs » que de nom.

du sytème des salaires. Les travailleurs des ateliers de réparation des tramways de Dniepropetrovsk menacent de se mettre en grève à la suite de la décision de supprimer pour eux une gratuité des transports acquise depuis... 1905.

Beaucoup de ces éléments concernent des votes ou des prises de position hostiles à la direction du parti dans des organismes ouvriers : à l'usine Vek, de Kharkov, à Spartak, de Kazan, dans une usine de Kiev [8], des ouvriers réunis en assemblée générale qualifient d'« opportunistes » les décisions du plénum de juillet. Nombre de discussions se déroulent aussi autour de la campagne sur « l'autocritique », où l'on évoque parfois ceux qui ont formulé des critiques et ont été déportés et où l'on prévoit le sort des nouveaux critiques [9]. Dans le cours d'une assemblée des ouvrières du textile d'Ivanovo-Voznessensk, une ouvrière cite l'exemple de sa propre fille, licenciée pour avoir formulé des critiques. Début septembre, il y a une grève à l'usine Kolomensky, puis à l'usine textile Khalturinskaia, de 5 000 ouvriers [10]. On revendique ici ou là de véritables élections, une hausse des salaires.

A partir de juillet 1928, les oppositionnels commencent à s'exprimer librement dans des assemblées ouvertes. Ils demandent la fin de la répression, obtenant parfois un nombre de voix significatif : à la fin de juillet, à l'usine Ilyitch du quartier de Zamoskroretchie, à Moscou, 19 voix pour la réintégration des exclus contre 270 [11]. A la fabrique Krasnaia Oborona, l'oppositionnel Nefel obtient 72 voix – sur 256 votants – pour une résolution qualifiant d'« anti-ouvrière » la politique du soviet de Moscou [12]. A la suite de leurs interventions, des oppositionnels sont élus dans des commissions, des postes syndicaux, au comité d'usine, à Pervy Mai, fabrique de thé, à Tilmensi, à la tannerie de Bogorodsk [13].

L'Opposition rédige aussi des bulletins d'information de plusieurs pages – on en trouve trois à Harvard – ainsi que des tracts, diffusés pendant une coupure du courant, ou affichés, parfois diffusés par les soins de sympathisants. Certains tracts répondent ponctuellement à des mesures de répression : le 20 octobre à Kiev, pour protester contre des arrestations, à la même époque, à l'usine de Moscou Aviakhim, pour protester contre le licenciement de Gr.M. Novikov, oppositionnel connu, ancien organisateur des partisans contre Koltchak [14]. A l'occasion du onzième anniversaire de la révolution d'Octobre, c'est un tract de 10 000 exemplaires que sort l'Opposition de gauche à Moscou [15].

Pour l'année, nous avons l'exemple d'au moins deux actions organisées contre la répression. A Tiflis, le 3 mai, lors de l'arrestation des dirigeants oppositionnels en Géorgie et de leur envoi en déportation [16], à Kiev le 27 octobre après l'arrestation de plusieurs oppositionnels connus dans leurs usines [17].

Les rapports adressés à Trotsky et Sedov donnent le sentiment que l'Opposition de gauche progresse dans le pays, notamment parmi les ouvriers : en outre, on trouve de plus en plus de mentions, dans la correspondance, de militants qui ont pris leurs distances en 1927 et qui redeviennent actifs. Des éléments nouveaux rejoignent aussi l'Opposition.

Dans ces conditions, la répression frappe dur et à coups répétés. Les Géorgiens ont été arrêtés plus tard que leurs camarades de Russie ou d'Ukraine. Quelques jours après, une lettre d'un des plus brillants produits de la jeune génération des « professeurs rouges », B.S. Lifshitz, relate le déroulement de ce qu'il appelle non sans volonté d'humour, « la Saint-Barthélemy » : 150 arrestations rien qu'à Moscou [18]. Un bulletin de Moscou portant la date du 22 novembre 1928 donne un bilan d'arrestations récentes. Il y aurait eu, entre fin octobre et début novembre, plus de 300 arrestations connues : 80 oppositionnels ont été arrêtés à Leningrad, 51 à Kharkov, 47 à Kiev parmi lesquels plusieurs vieux-bolcheviks et un vrai leader ouvrier, Korfman, 28 à Odessa, 16 à Tiflis, 15 à Saratov [19]. Parmi les 150 arrestations opérées à Moscou, on relève des noms familiers au lecteur des archives Trotsky : B. Volotnikov, G.Ia. Iakovine, et un « Eltsine » qui pourrait être le vieux Boris Mikhailovitch [20]. La relève est assurée puisque le « centre » continue, comme l'atteste la publication de ce bulletin, précisément.

Combien d'oppositionnels arrêtés, déportés ou incarcérés? Trotsky et les siens, en recoupant chiffres officiels et informations privées, arrivent à un total de 8 000 pour la seule année 1928 : il semble que le secteur clandestin de l'Opposition n'ait cessé de grossir par afflux de nouvelles recrues, mais qu'il ait tout de même perdu éléments anciens et nouveaux sous les coups de la répression. Le rapport entre oppositionnels déportés et arrêtés s'est révélé également instable, nombre de déportés ayant été arrêtés.

Ce sont les cadres de l'Opposition, entre 1 000 et 2 000 militants considérés comme « irréductibles » qui, au lendemain de la capitulation de Zinoviev et Kamenev, ont été déportés, c'est-à-dire assignés à résidence dans une localité éloignée, à partir de janvier 1928. Ils ne sont pas tous là cependant. Comme les zinoviévistes, quelques-uns ont échappé à la déportation par une capitulation précipitée, généralement prévisible, mais qui produit de l'effet lorsqu'il s'agit de personnalités connues. C'est le cas de Piatakov, que l'on savait depuis longtemps démoralisé, mais dont les aveux frappent; c'est aussi le cas d'Antonov-Ovseenko et de N.V. Krestinsky [21]. Un groupe assez important d'anciens zinoviévistes, originaires des Jeunesses, qui n'ont pas suivi leurs dirigeants en décembre 1927, est compris dans la première vague d'arrestations et de déportations : on les appelle les « sans-chefs ». Leurs chefs de file sont pourtant G.I. Safarov et le Yougoslave Voya Vuyović – ancien militant actif des J.C. en France. Le groupe fait une déclaration publique en avril 1928 [22], ce qui assure, non sans mal d'ailleurs, le retour d'exil de ses membres.

Tous les autres militants tant soit peu connus de l'Opposition font partie des exclus déportés au début de 1928, avec seulement quelques exceptions : Victor Serge, Andrés Nin, Aleksandra Lvovna Sokolovskaia, B.M. Eltsine. Khristian Rakovsky est à Astrakhan, où les lettres de Moscou parviennent en six jours et les journaux en trois. Sérébriakov est à Semipalatinsk, Smilga à Kolpatchevo, Préobrajensky à

Ouralsk, Radek à Tobolsk, Mouralov à Tara, Sosnovsky à Barnaoul, I.N. Smirnov à Novo-Bajazet, Beloborodov à Oust-Koulom, Mratchkovsky à Voronej. Rares sont ceux qui sont à proximité d'une ligne de chemin de fer. On a choisi de les mettre à l'écart. Les petites villes et les villages où les oppositionnels sont autoritairement installés ne leur laissent pas souvent la possibilité de bénéficier d'un confort élémentaire ou des bienfaits de la culture. Pour les autres, les obscurs et les sans-grade ou du moins les sous-officiers, on dénombre une centaine de lieux de résidence. Au total, on dénombre, d'après les papiers de Harvard, selon le décompte d'I. Longuet, 108 « colonies », c'est-à-dire 108 groupes locaux de déportés se réclamant de l'Opposition. Les jeunes collaborateurs de Trotsky ont droit eux aussi à la déportation : Sermouks et V.B. Eltsine sont à Oust-Vym, Poznansky à Kotlas, N.V. Netchaiev à Kolpatchevo.

Dans un premier temps, on voit s'établir une sorte de correspondance politico-personnelle en direction et en provenance d'Alma-Ata. Trotsky signale le 28 février 1928 que, de tous les déportés qu'il a joints par télégramme, seul Sérébriakov ne lui a pas encore répondu : en fait, il s'est contenté d'écrire [23], et ne va pas tarder à capituler. Dans un second temps, l'organisation s'est nettement perfectionnée. Les colonies de Russie d'Europe sont organisées autour de Rakovsky, celles du Nord autour de Mratchkovsky; celles de Sibérie et d'Asie soviétique autour de Sosnovsky. Les « centres » intermédiaires redistribuent les documents qui leur parviennent d'Alma-Ata en distribuant eux-mêmes ceux qui leur paraissent intéressants.

Le matériel politique qui circule ainsi comprend naturellement les « lettres aux amis », véritables lettres-circulaires de Trotsky ou de responsables comme Rakovsky, Sosnovsky ou autres, et une foule de documents émanant d'individualités ou de groupes d'oppositionnels. Il semble que le même système ait été appliqué dans le domaine des informations, opération capitale, dans laquelle nous découvrons des hommes nouveaux, amis de Sedov, comme Ia. A. Kievlenko à Kainsk, Boris N. Viaznikovtsev à Tiumen, Vsévolod Patriarkha, à Iénisséisk, F.S. Radzévitch, déporté à Termez, ou encore le jeune Bulgare Vassil Sidorov, fils d'un vétéran social-démocrate « tesnjak », qui anima la colonie de Roubtsovsk.

Les déportés sont autorisés à travailler s'ils en trouvent la possibilité. La majorité n'y parvient pas. C'est le cas seulement de quelques privilégiés, servis par leurs talents propres, leur nom ou la chance. Le métallo leningradien Chtykhgold construit des maisons en briques. L'élève-ingénieur Viaznikovtsev enseigne les mathématiques. Son camarade d'études Kantorovitch est dans l'administration des kolkhozes. Rakovsky, comme Trotsky, a des contrats avec le Gosizdat. Enfin les plus connus, Rakovsky, Préobrajensky, I.N. Smirnov, Mouralov, sont employés par les organismes du Plan. Ceux-là sont dans une situation matérielle correcte. La majorité vit très difficilement, l'allocation de 30 roubles par mois, que leur verse le G.P.U., suffisant à peine.

L'activité « littéraire » comme disent les Russes, est importante. Nombre de déportés écrivent non pas pour passer le temps, mais parce qu'ils ont enfin la possibilité de le faire. Il y a par exemple en circulation une « Critique du projet de programme de l'I.C. », très appréciée de Trotsky, rédigée par Dmitri Lapine, dont nous ne savons rien. Nous savons que Sosnovsky a écrit une *Politique agraire du centrisme*, Smilga un livre sur *Les Conquêtes du prolétariat en l'an XI de la Révolution*, Préobrajensky une *Sociologie du monde capitaliste*. Nous sommes informés de nombreux travaux et projets : Dingelstedt, qui a fait une thèse sur la question agraire aux Indes, travaille maintenant sur les structures sociales de ce pays; Radek s'est lancé dans une grande biographie de Lénine; Smilga travaille sur les théories de Boukharine et de son « école »; Préobrajensky fait des recherches sur l'économie médiévale, V.B. Eltsine sur la Révolution française; Vilensky-Sibiriakov revient à la Chine et Boris S. Livshitz étudie les cycles de l'économie capitaliste.

Il semble que Rakovsky ait été l'un de ceux qui aient le plus travaillé dans les débuts de son exil. Khristian Georgévitch a été embauché à Astrakhan par l'administration du Plan à la commission régionale, comme « spécialiste-économiste » à 180 roubles. Son écrit le plus célèbre de cette période est sa lettre à Valentinov du début d'août 1928, que Trotsky fit diffuser à toutes les « colonies » et qui sera plus tard connue sous le titre *Les Dangers professionnels du pouvoir*. Il y montre la corruption de la fraction de la classe ouvrière qui a donné naissance à la bureaucratie et à l'appareil du parti, la formation d'une couche privilégiée appuyée sur la détention du pouvoir qu'elle a usurpé en profitant de la passivité et d'une certaine indifférence des masses. Il souligne au passage le rôle décisif du « régime du parti », l'un des principaux enjeux dans la lutte contre la dégénérescence.

Mais, de façon générale, Rakovsky travaille beaucoup à Astrakhan, où il contracte aussi la malaria. Il y mène de front la rédaction d'une biographie de Saint-Simon, un examen des origines du socialisme utopique, une *Histoire de la guerre civile en Ukraine*, des travaux commandés pour des éditions soviétiques, et des mémoires qui, selon ce qu'il écrit à Trotsky, comportent des souvenirs sur les principales personnalités et les congrès de la IIe Internationale. Ces travaux ont été menés à bien, saisis par le G.P.U., et aucune information les concernant n'a été donnée en février 1988 quant à leur existence au moment où était officiellement annoncée la réhabilitation de Rakovsky.

Ce tableau trop rapide ne laisse pas d'être impressionnant. Ces hommes de générations diverses n'ont pas souvent, au cours de leur vie, trouvé assez de temps pour jeter quelques idées sur le papier. Certains d'entre eux, au contraire, ont vécu de leur plume. Mais ni les uns ni les autres n'ont cessé d'être mus par des idées et c'est sans doute ce qui leur inspire confiance dans leurs propres forces.

Maria Mikhailovna Joffé a peut-être raison quand elle écrit de Moscou à Alma-Ata : « Qui ne fait pas carrière boit de la vodka. [...] Seuls les oppositionnels continuent à penser vraiment [24]. » En déportation, en tout cas, ils pensent et ils écrivent et cette discussion se déroule sous nos yeux à travers les documents le plus souvent manuscrits qu'ils échangent.

C'est une lettre de Nadejda Ostrovskaia, partie de Voronej qui, la première, annonce à Alma-Ata la nouvelle que Préobrajensky considère que la direction du parti vient d'opérer « un tournant à gauche [25] ». C'est la première information sur la naissance de la tendance de ceux qu'on appellera dans un premier temps les « conciliateurs », Préobrajensky et Ichtchenko, renforcés au bout de quelque temps par Radek.

Son premier texte, en mars, est, à vrai dire, assez prudent. Les « mesures d'urgence » sont la réplique à l'offensive des paysans riches et la traduction en Russie de l'aggravation de la lutte des classes en Europe. Le « cours gauche » peut avorter rapidement, ce qui est peu vraisemblable, car il faudrait alors aller bien plus à droite que ce dont rêvent des droitiers partisans d'une néo-Nep. Le plus vraisemblable est donc, selon lui, le « retour à une politique agraire léniniste » qui prendrait appui sur « une montée des paysans pauvres et moyens contre les éléments capitalistes ».

Dans cette deuxième éventualité, il faudrait, selon lui, que « l'Opposition de gauche, collectivement, aille au-devant de la majorité du parti, indépendamment des stupidités et des bassesses qu'elle endure ». Il propose la rédaction d'un texte dans lequel l'Opposition de gauche, enregistrant les aspects positifs de la nouvelle politique, proposerait à la direction son soutien pour la mener à bien sans demander « la réintégration des bolcheviks-léninistes ni mentionner la répression ». Pour la mise au point de cette déclaration, l'Opposition de gauche devrait demander à la direction l'autorisation de tenir une conférence lui permettant de se concerter. Préobrajensky suggère que Trotsky et Rakovsky se chargent de cette demande. Préobrajensky insiste sur la nature de la politique dans laquelle Staline s'est engagé : le « tournant à gauche », assure-t-il, reflète comme un « miroir déformant » les positions défendues par l'Opposition de gauche [26].

Même son de cloche chez Ichtchenko, qui assure que « la lutte à la campagne » a commencé avec « l'apparition d'un tournant à gauche ». L'issue de la bataille sera décidée pour lui par la place occupée par l'Opposition au moment décisif. Il assure :

> « Une telle situation nous offre la possibilité de prendre un cours plus concret pour réintégrer le parti et ne pas reporter cette réintégration dans un délai indéfini. Un maintien prolongé de l'Opposition hors du parti serait très dangereux pour la dictature du prolétariat [27]. »

La discussion est ainsi immédiatement ouverte. Certaines répliques sont très vives. F.N. Dingelstedt écrit :

> « Les mesures sont provoquées par la menace de famine et de crise économique. [...] La montée du chômage, le ralentissement de l'industrialisation continuent : où est-il, ce nouveau cours [28]? »

Smilga, dès le 4 avril, est presque aussi cinglant :

> « Le zigzag actuel ne peut être considéré comme un cours gauche conséquent. La terreur que la direction fait peser sur l'Opposition de

> gauche ne peut apporter de résultat sérieux pour le redressement de la ligne du parti [29]. »

Sosnovsky est sur la même ligne dure, rejetant catégoriquement l'idée même d'un tournant.

Mais une tendance nouvelle se dégage, intermédiaire entre les deux premières. Rakovsky, par exemple, accepte parfaitement l'analyse faite par Préobrajensky des deux variantes possibles. Elle signifie pour lui que l'Opposition doit « s'appuyer sur le zigzag à gauche et sur l'activité des travailleurs pour transformer ce zigzag en véritable politique à gauche ». Mais on ne saurait y parvenir par une alliance avec la direction, mais seulement « par un travail avec la base ». Critiquant les propositions pratiques de Préobrajensky, Khristian Georgévitch rétorque qu'une « réintégration aujourd'hui ne peut se produire qu'au prix d'une capitulation » : la nécessaire déclaration doit être adressée aux travailleurs et non aux dirigeants [30].

C'est une position un peu analogue que défend Valentinov. Pour lui, on prépare à Moscou « le dernier acte de Thermidor », et les propositions pratiques de Préobrajensky conduisent à la capitulation : pourtant l'Opposition de gauche pourrait « soutenir les auteurs des mesures d'urgence s'ils se tournaient vers les masses et coupaient ouvertement avec la droite du parti [31] ».

Le 30 avril cependant, V.D. Kasparova se fait la porte-parole de ceux des déportés, encore passablement nombreux, semble-t-il, qui « ont de la peine à analyser la situation » et ne savent pas très bien où ils en sont [32].

C'est après avoir laissé se développer une discussion dont les témoignages et comptes rendus, notamment par Valentinov et Sosnovsky, donnent le même tableau pour différentes régions, que Trotsky se décide à formuler une position qui, tout en s'opposant aux démarches préconisées par Préobrajensky et Ichtchenko, ne coupe pas les ponts. Sa lettre du 9 mai donne le cap.

Pour lui, les mesures contre les koulaks constituent un pas, « inconséquent, contradictoire, mais tout de même incontestable » dans la direction de la politique de l'Opposition, donc la bonne voie. Il affirme :

> « Il faut le dire clairement et nettement. Mais, en premier lieu, ne pas exagérer la portée de ce pas – à l'expérience, il faut être plus prudent sur les tournants –, sans avances superflues, expliquer succinctement les raisons, la mécanique et l'idéologie du tournant [33]. »

A la question de l'origine du « tournant » – il accepte le terme –, il y a une nécessité objective. Qui l'a créée? Il répond :

> « Il va de soi que c'est nous, en tant qu'unique expression consciente d'un processus inconscient. S'il n'y avait pas eu notre présence, les difficultés économiques actuelles auraient conduit à un gigantesque succès des partisans d'Oustrialov [34]. »

D'accord avec l'analyse de classe, l'appréciation théorique donnée par Préobrajensky de la nouvelle politique, il met en garde toutefois contre la tendance à penser que la question du koulak pourrait se régler sur le seul terrain de la campagne alors qu'elle le sera sur celui de l'industrialisation, de la direction correcte de l'Internationale, de la formation des cadres. Quant à l'attitude pratique, il dit nettement d'abord :

> « Sommes-nous prêts à soutenir le mouvement actuel? Absolument. De toutes nos forces et par tous les moyens. Considérons-nous que ce mouvement augmente les chances d'assainissement du parti, sans heurts trop grands? Oui, nous le pensons. Sommes-nous prêts à coopérer précisément dans cette voie? Entièrement et sans réserve [35]. »

C'est aussi ce qu'il propose de dire, sur un ton très calme, dans la déclaration qu'il faut envoyer au congrès de l'Internationale communiste et où l'Opposition doit, selon lui, exiger une réintégration dont toute la situation confirme qu'elle est plus que légitime [36]. Trotsky a-t-il convaincu? On peut en douter. A la fin de mai, Préobrajensky écrit :

> « Nous avons basé notre tactique en 1927 sur la pire variante, nous avons misé sur le pessimisme. Nous devons maintenant en avoir une autre, nous devons nous risquer du côté de l'optimisme. Si Thermidor ne s'est pas réalisé, il faut s'en réjouir et aller vers un rapprochement avec le parti. Sinon nous nous transformerons en petite secte de " léninistes véritables " [37]... »

Quelques jours plus tard, il précise qu'il est totalement erroné d'affirmer, comme l'a fait Trotsky, que c'est l'action de l'Opposition qui a provoqué le tournant, alors que, de toute évidence, il est le résultat, l'initiative des « koulaks ». Il dévoile le fond de son orientation en affirmant :

> « La capacité de la majorité de la direction à chercher une issue pour un retour à une politique léniniste a été démontrée dans les faits par sa lutte contre les koulaks [38]. »

V.B. Eltsine, à l'opposé, dresse contre Préobrajensky et les conciliateurs un réquisitoire qui montre qu'il ne partage pas les soucis diplomatiques ou pédagogiques de Trotsky à l'égard de ce dernier et de ceux qui pensent comme lui. Déjà, le 16 mai, il écrivait à Trotsky que « le centrisme est deux fois plus dangereux quand il joue à une politique de gauche [39] ». Quelques jours après, dans une lettre circulaire, il s'en prend à ce qu'il considère de toute évidence comme les racines de la position de Préobrajensky.

Pour lui, il ne s'agit pas d'un conflit d'idées dans l'appareil et ses coulisses, mais de la lutte de classes. Les causes de la dégénérescence de l'appareil du Parti et de l'État, qui ont mené à la politique et à l'idéologie koulak, sont évidemment des causes sociales. Le glissement à droite n'a pas été le résultat d'une évolution dans les idées, mais d'un déplacement de la direction du parti prolétarien au pouvoir vers la petite bourgeoisie rurale et urbaine, de la pression du capitalisme international. Parlant des années 1926 et 1927, il écrit :

> « Notre lutte était une tentative de la part de l'avant-garde du prolétariat de nous opposer à ce processus; et, dans cette lutte, nous nous sommes heurtés à l'inertie et à la passivité des masses ouvrières, lesquelles, à leur tour, étaient le résultat de facteurs d'ordre intérieur et international [40]. »

La plus lourde des erreurs serait de croire que le parti puisse être sauvé en dehors de l'initiative et du mouvement de la classe ouvrière elle-même. C'est pourquoi il faut s'opposer à tout ce qui – de toute évidence il vise la « conférence autorisée » préconisée par Préobrajensky – relève de la conciliation avec l'appareil, donc les forces de classe adverses et des combinaisons au sommet. Il faut soutenir les mesures de lutte contre les koulaks et en même temps critiquer sans ménagements et dénoncer la politique générale de ceux qui les prennent :

> « Seule une montée puissante du mouvement ouvrier international et l'accroissement de l'activité et de la capacité de défense des ouvriers russes insufflera un vent nouveau dans la vie politique du prolétariat et du parti russe [41]. »

La définition par V.B. Eltsine de ce qu'il considère comme une politique juste à l'égard des « centristes » apparaît comme un peu plus « à gauche » que celle que donne Trotsky :

> « Notre tâche est de combattre le danger de droite et de démasquer *aujourd'hui* le centrisme pour avoir *demain* derrière nous les masses ouvrières réveillées [42]. »

Les divergences paraissent se creuser sur un autre point, celui de la politique allemande. En mars, le congrès de fondation de l'organisation des « communistes de gauche » – les gens de l'Opposition unifiée en Allemagne – le Leninbund, ont décidé d'aller aux élections en présentant leurs propres candidats contre ceux du K.P.D. Un fort courant se dessinait dans leurs rangs, dès l'automne de 1927, pour cette tactique que Trotsky a critiquée dans une lettre adressée sans doute en janvier, à ce qu'on appelle « le groupe Fischer-Maslow ». Devant cette initiative, que Trotsky considère comme un pas vers un « deuxième parti », Radek propose d'envoyer à *Die rote Fahne* un télégramme se désolidarisant de cette candidature et propose à Trotsky de le cosigner, ce qu'il refuse [43]. Radek envoie alors seul son télégramme.

Son initiative est très mal reçue dans les rangs des oppositionnels en exil. Les déportés de Kainsk lui écrivent une lettre très sèche, lui rappelant qu'il s'agit, entre militants, de « prévenir les erreurs avant », alors que lui se contente de les « juger après coup ». Ils reprochent à sa prise de position de reposer sur une information insuffisante : tout en étant pour leur part hostiles à la lutte pour un « deuxième parti » et une « IVe Internationale », ils ne pensent pas que la candidature du Leninbund ait forcément ce sens. Ils demandent brutalement à Radek ce qu'il dirait si des oppositionnels allemands s'adressaient directement à Staline pour le désavouer lui. Ils soutiennent que son télégramme n'a fait que « démoraliser » les rangs de l'Opposition et, l'interrogeant sur la rumeur qui veut qu'il ait écrit à Zinoviev et Kamenev, lui assurent que ce serait là « une trahison [44] ».

Le camp des « conciliateurs » compte donc une recrue de plus, et, cette fois, ils vont s'opposer à Trotsky dans la question de la déclaration de l'Opposition au VIe congrès de l'Internationale communiste. Après sa lettre-circulaire du 9 mai qui en pose les principes, c'est une nouvelle discussion qui commence entre les « colons ».

Préobrajensky, dans une lettre à Trotsky du 2 juin, insiste pour que soit opérée une distinction nette entre la situation générale mondiale du mouvement ouvrier et les résultats négatifs dus directement aux erreurs de l'I.C. : « Il vaut mieux critiquer moins mais mieux », écrit-il, paraphrasant Lénine. Il faut nommer le « tournant gauche » pour ce qu'il est, un pas en avant positif, mais constater en même temps que la direction a maintenu sa position sur la question de la démocratie interne et qu'elle est exactement sur les mêmes positions que lors de l'offensive koulak. Il ne veut toujours parler ni de « réintégration » ni de « démocratie » et propose de terminer ainsi la déclaration » :

> « Nous voulons faire la paix avec la majorité du parti sur la base du nouveau cours. Nous demandons au congrès de nous réintégrer dans le parti pour que nous y menions nos tâches loyalement, sans activité fractionnelle [45]. »

La réponse de Trotsky est une vigoureuse contre-attaque. Dans sa « lettre aux amis » du 24 juin, il s'en prend à l'idée de la conférence, lancée par Préobrajensky, qu'il juge ridicule. Il cite Sosnovsky et Rakovsky qui opposent tous les deux à Préobrajensky leur méthode, aborder les questions politiques du point de vue du régime du parti :

> « C'est précisément maintenant l'unique critère juste et valable. Non parce que le régime du parti est la source indépendante de tous les autres phénomènes et processus [...]. Mais, dans la mesure où le parti est l'unique instrument au moyen duquel nous puissions agir sur les processus sociaux, pour nous, le critère du sérieux et de la profondeur du mouvement, c'est avant tout la réfraction de ce tournant dans le parti [46]. »

C'est à ce moment-là que Radek intervient pour la deuxième fois, de façon tout à fait indépendante, puisque, sous le prétexte que le temps manque, il envoie un projet à huit oppositionnels annonçant que, s'il ne peut y avoir discussion, il l'enverra sous son seul nom au congrès. C'est un geste de défiance qui va lui valoir beaucoup d'animosité dans les colonies [47].

Concernant la situation en U.R.S.S., le projet de déclaration de Radek semble moins diplomatique que celui de Préobrajensky. Il faut souligner, assure-t-il, que la crise de la collecte des grains a révélé le caractère de la politique officielle. Cependant le C.C. a, selon lui, « reconnu la réalité du danger koulak » et « appelé à le combattre », ce qui est important. Il propose d'organiser le prolétariat agraire, d'épurer le parti et l'appareil soviétique des éléments pro-koulaks, d'en changer la composition sociale, d'approfondir l'autocritique, de réintégrer l'Opposition. Sur le plan international, il souhaite une révision des positions anciennement défendues en Chine. Pour lui, les thèses passées de l'Opposition méconnaissent le rôle de la paysannerie dans les pays à « capitalisme naissant » comme l'Inde et la Chine. Le projet Radek assure – mais finalement ce passage ne sera pas retenu :

> « Si l'Histoire nous démontre que certains dirigeants du parti avec lesquels, hier encore, nous croisions le fer, valent mieux que les idées qu'ils défendaient, personne n'en sera plus heureux que nous [48]. »

Au moment où il a connaissance de ce projet de Radek, Trotsky vient de terminer sa propre « déclaration » au VIe congrès et sa « lettre » qui se conclut par une phrase d'une inspiration très différente de celle du texte de Radek :

> « Des fonctionnaires bien intentionnés voient la solution de la plus grande des tâches historiques dans la formule : " Nous devons changer de façon décisive. " Le parti doit répondre : " Ce n'est pas vous qui devez réaliser le changement,c'est *vous* qu'il faut radicalement changer et, dans la plupart des cas, relever de vos fonctions et remplacer " [49]. »

La différence est notable. Une consultation improvisée dans les colonies fait apparaître une centaine de voix pour le projet de Trotsky contre trois à celui de Radek. Bombardé de télégrammes et de lettres de reproches des colonies, Radek explique qu'il n'a envoyé son texte que parce que le courrier ne lui avait pas apporté le projet de Trotsky. Il retire son propre texte et signe celui de Trotsky.

Ainsi se ressoude temporairement le front de l'Opposition. Le déroulement du plénum de juillet a facilité considérablement la chose. Pour tous les observateurs et en particulier la presque totalité des protagonistes de la discussion, ce plénum constitue une victoire pour la droite et l'enterrement du « cours à gauche »; Seul Ichtchenko continue d'œuvrer pour un rapprochement qui, dans le nouveau contexte, apparaît dès lors comme un pur et simple ralliement de sa part à la direction. Les éléments qui ont combattu les conciliateurs triomphent. Dingelstedt écrit :

« L'Opposition doit rejeter toute illusion d'une régénération de l'appareil du parti par un compromis avec la direction actuelle [50]. »

Une lettre de Viktor Borissovitch Eltsine montre qu'il reste des traces de cette rude bataille :

« La série des lettres, projets de déclaration, thèses et nouvelles thèses, de E[vgenii] A[leksandrovitch] [Préobrajensky] K[arl] B[ernhardovitch] [Radek] et I[var] T[enissovitch] [Smilga], etc. commence à dépasser les bornes. Notre patience a des limites historiques étroites. Nous avons " supporté " les premières thèses d'E.A., puis la lettre de K.B. (qu'il ne m'a pas envoyée), enfin nous avons supporté trop longtemps les thèses d'E.A., profondément opportunistes, qui n'ont rien à voir avec une politique marxiste [51]. »

C'est à peu près à la même époque que Radek rédige son travail intitulé « Développement et signification du mot d'ordre de la dictature du prolétariat [52] », dans lequel il s'efforce de démontrer que Trotsky interprète faussement comme un ralliement à sa théorie de la « révolution permanente » le passage de Lénine en 1917 du mot d'ordre de « dictature démocratique des ouvriers et des paysans » à celui de « dictature du prolétariat » [53]. C'est à ce long traité que Trotsky va commencer à répondre dans le texte finalement publié sous le titre *La Révolution permanente*. Mais, pour l'instant, il est avant tout préoccupé de renforcer l'unité de l'Opposition, sérieusement secouée par ces bourrasques.

Trotsky est très désireux en effet d'apaiser le conflit, d'autant qu'il a la certitude que le plénum de juillet, zigzag à droite, sera suivi de toute une série d'autres zigzags et accès de fièvre. Il est convaincu de la nécessité de conserver dans les rangs de l'Opposition Préobrajensky et, peut-être plus encore, Radek. Il ne désespère même pas de regagner Ichtchenko, même quand celui-ci se rend à Moscou, de toute évidence dans l'espoir d'un marché avec Iaroslavsky. Dans une lettre adressée à Smilga, Trotsky parle des « malentendus » qui les ont séparés et de la responsabilité de la poste dans la multiplicité des « déclarations » au VIe congrès [54].

Dans une lettre à V.D.Kasparova, il avoue avoir essuyé de vifs reproches de la part des jeunes, pour son attitude trop conciliante à l'égard de Préobrajensky, et confesse complaisamment avoir peut-être fait preuve d'un excès de diplomatie. Il reconnaît aussi que Radek, finalement, a bien mérité les volées de bois vert qu'il a reçues des mêmes jeunes, assure cependant qu'il fait tout ce qu'il peut pour verser sur les vagues l'huile qui les aplanira [55].

La discussion a été pour lui très enrichissante; elle lui a personnellement appris énormément, et elle a contribué de façon déterminante à la formation de la jeune génération oppositionnelle. Il en voit une preuve concluante dans les progrès numériques de l'Opposition au sein de la classe ouvrière et de la jeunesse, et aussi dans le ralliement à la déclaration de l'Opposition au congrès de l'I.C. d'éléments ouvriers jusque-là décistes. Sa correspondance avec S.A. Ashkenazi [56] et surtout l'Ukrainien Rafail (R.B. Farbman) [57], montre le prix qu'il attache à la conquête de cadres ouvriers.

En réalité, sa façon d'envisager les choses du point de vue de la perspective historique lui vaut une évidente supériorité sur ses interlocuteurs : il a les yeux fixés sur un horizon mondial et des décennies. Comment pourrait-il en outre se laisser impressionner par des hommes qui, dans le meilleur des cas, ne pourront que suivre les traces de Zinoviev et Kamenev, qui leur sont bien supérieurs. Les problèmes sont ailleurs : c'est, de toute évidence, son appui que Boukharine a sollicité en juillet 1928 dans ses confidences d'homme paniqué, dans l'appartement de Kamenev.

C'est le 11 juillet 1928 qu'a eu lieu cette rencontre, organisée par Sokolnikov, qui cherche à empêcher Kamenev et Zinoviev de soutenir Staline et cherche à les amener à un « bloc » avec Boukharine. Boukharine apparaît très troublé, agité, tourmenté : les choses sont allées très loin, et il pense qu'avant deux mois, l'un ou l'autre des groupes Staline et Boukharine recherchera l'alliance des zinoviévistes et des trotskystes. Il parle des émeutes paysannes, des membres du comité central qui soutiennent la droite – dont Iagoda –, de ceux qui l'ont trahie – comme Vorochilov et Kalinine. Ses réflexions sur la personnalité de Staline sont celles d'un homme aux abois : c'est un « Gengis Khan » qui va leur « couper la gorge », qui n'est intéressé que par le pouvoir et qui est bien plus éloigné des autres fractions qu'elles ne le sont les unes des autres. Il apparaît clairement, à travers le compte rendu de cet entretien, que Boukharine cherche aussi l'alliance de Trotsky contre Staline. Trotsky va répondre de façon indirecte [58].

Il saisit en effet l'occasion de la lettre d'un « droitier » du parti, son ancien collaborateur Ia.M. Chatounovsky, pour aborder le problème de l'éventualité d'une alliance avec les droitiers. Au terme de ce long texte, il énumère les conditions d'organisation d'un véritable congrès du parti, jusques et y compris le vote secret pour la désignation des délégués, ce qui le conduit à rappeler, comme nous l'avons indiqué plus haut que « les centristes » sont « les principaux soutien et protection de l'opportunisme dans le parti [59] ».

Il revient avec autant de netteté que de fermeté sur la question, après la levée de boucliers provoquée par sa proposition, inattendue pour beaucoup. Presque en même temps se manifeste un nouveau signe de l'aggravation de la crise dans le parti. Le 22 septembre, à la suite d'une rencontre fortuite place du Théâtre à Moscou, Kamenev invite chez lui deux dirigeants trotskystes de la capitale. Un compte rendu parvient quelques semaines plus tard à Alma-Ata. Le correspondant, qui signe ce message « Anton », rend compte de ce qu'a dit Kamenev :

> « Tout va être revu au plénum d'octobre. Il en résultera soit un pas en avant vers Thermidor, sans détour, soit un pas en avant masqué aux yeux des masses. Il estime que l'analyse par L.D. du plénum de juillet est tout à fait juste. [...] Il dit que L.D. devrait rédiger un document où il dirait :

" Appelez-nous! Nous travaillerons ensemble! " Mais il ne le fera pas et restera à Alma-Ata tant qu'on ne viendra pas le chercher en train express. Mais quand ils enverront le train, la situation dans le pays sera telle que Kerensky pourra se mettre sur le perron [60]. »

Dans une lettre du 21 octobre consacrée à des problèmes généraux, Trotsky se contente d'enregistrer ces avances avec une ironie mordante et conclut :

> « Qu'il chante, sans peur de Iaroslavsky, atteste que l'emprise de l'appareil s'affaiblit et que les chances de l'Opposition grandissent. Nous le portons à son crédit. Mais on ne peut conclure que ceci : il nous faut cogner deux, trois, dix fois plus fort sur les capitulards [61]. »

La veille, il a envoyé à Radek une lettre très sèche, celui-ci ne lui ayant apparemment pas envoyé le texte sur la dictature qu'il a mis en circulation.

***

Les derniers mois de 1928 ne sont plus ceux d'une intense discussion, mais des mois d'élaboration et de réflexion après la tempête. Trotsky, déjà très isolé par le « blocus », revient sur la nécessité, révélée par les discussions, d'approfondir l'analyse, non seulement de la situation dans le parti et l'appareil, mais des perspectives mêmes de la « marche à Thermidor » que l'Opposition entend combattre. Sur les conséquences du plénum de juillet, après l'élimination d'Ouglanov de la direction à Moscou, il écrit :

> « Après avoir cédé politiquement et s'être assuré une majorité, Staline attaque sur le terrain de l'organisation [62]. »

Pour lui le sort de la bataille entre centristes et droitiers est réglé : les chefs de ces derniers reculeront devant l'affrontement. Mais la question demeure de savoir comment peut concrètement se réaliser dans le pays le « danger de droite ». Trotsky suggère une variante qu'il appelle celle du « bonapartisme » – une concentration supérieure du pouvoir s'élevant au-dessus des masses. Pour la première fois, il entrevoit comme alternative à la victoire de la droite – Thermidor pur et simple – une victoire temporaire des centristes, laquelle résulterait de « la conjonction de l'appareil centriste avec les appareils gouvernementaux de répression ». Il en vient à la conclusion que « le centrisme ne représente après tout qu'une variété de la tendance conciliatrice [...] avec la société bourgeoise qui s'efforce de renaître [63] ».

Dans la lutte au sommet qui s'annonce, il dénonce l'illusion de l'aile conciliatrice de l'Opposition : les centristes s'appuieront sans doute sur des transfuges de l'Opposition, en aucun cas sur l'Opposition ellemême. Cette dernière doit aller hardiment au-devant des masses et avant tout les aider partout à abattre les défenses mises en place contre leur intervention par les bureaucrates :

> « L'axe de notre politique intérieure consiste à maintenir réellement le pouvoir entre les mains du prolétariat ou, plus exactement, à lui restituer ce pouvoir usurpé par l'appareil et à affermir ultérieurement la dictature du prolétariat sur la base d'une amélioration systématique des conditions d'existence de la classe ouvrière [64]. »

Faisant un pas de plus vers l'abandon, pas encore définitif, de la notion de Thermidor utilisée jusqu'à présent, il se penche sur la question de la nature de ce qu'il appelle toujours « le centrisme ». Il en désigne la base sociale dans le développement de la bureaucratie soviétique qui devient toujours plus indépendante de la classe ouvrière et dépendante de la bourgeoisie. Il réaffirme la ligne de la nécessaire indépendance de l'Opposition :

> « Les bolcheviks-léninistes n'ont qu'une voie à suivre, mobiliser les éléments vivants et capables de vivre pour leur parti, souder le noyau prolétarien du parti, mobiliser la classe ouvrière tout entière. [...] La campagne centriste actuelle contre la droite doit montrer à tous les révolutionnaires prolétariens la nécessité et le devoir de décupler leurs efforts pour suivre une ligne indépendante, forgée par toute l'histoire du bolchevisme, et qui s'est avérée juste à travers toutes les colossales épreuves des événements de ces dernières années [65]. »

***

L'opération Alma-Ata apparaît donc en définitive comme un cuisant échec pour Staline. Trotsky n'a pas été ni isolé ni muselé. Non seulement il a réussi à préserver, malgré les distances, l'unité de l'Opposition, mais il se montre capable de mener l'offensive politique, de galvaniser les adversaires de Staline, et apparaît de plus en plus comme le recours. L'une des preuves de l'échec de l'entreprise stalinienne est sans aucun doute l'instauration de ce que les déportés vont appeler le « blocus postal » : la correspondance ne leur est même plus transmise – sauf les rares lettres de capitulards. « Les neiges se figèrent sur notre isolement », écrit Natalia Ivanovna.

Le 16 décembre, un fondé de pouvoir spécial du G.P.U., Volynsky, se présente à la maison d'Alma-Ata. C'est l'homme qui a réussi à repérer D., à le faire arrêter, à interrompre la communication entre les Trotsky et le « centre de Moscou ». Il apporte un message qui constitue un véritable ultimatum, cité de mémoire par Trotsky :

> « Le travail de vos partisans dans le pays a pris ces derniers temps un caractère nettement contre-révolutionnaire : les conditions dans lesquelles vous êtes placé à Alma-Ata vous donnent l'entière possibilité de diriger ce travail; en conséquence le collège du G.P.U. a décidé d'exiger

de vous l'engagement catégorique d'arrêter votre activité; autrement le collège sera obligé de modifier vos conditions d'existence, en ce sens qu'elle vous isolera complètement de la vie politique et que, par conséquent, sera posée la question du transfert de votre résidence en un autre endroit [66]. »

Convaincu que l'ultimatum du G.P.U. annonce son arrestation et un emprisonnement dont durée et issue sont imprévisibles, Trotsky refuse de donner une réponse écrite. Mais il adresse, le 16 décembre 1928, au comité central du parti et à l'exécutif de l'Internationale une lettre destinée en réalité au monde et à la postérité :

« On me demande de renoncer à toute activité politique : cela veut dire que l'on me demande de renoncer à la lutte pour les intérêts du prolétariat international, lutte que je mène sans arrêt depuis trente-deux ans, c'est-à-dire depuis que je suis arrivé à la vie consciente. La tentative faite pour représenter cette activité comme " contre-révolutionnaire " vient de ceux que j'accuse devant le prolétariat international d'avoir foulé aux pieds les choses mêmes de l'enseignement de Marx et de Lénine, d'avoir violé les intérêts historiques de la révolution mondiale, d'avoir brisé avec les traditions et les testaments d'Octobre, dans une préparation inconsciente, mais d'autant plus périlleuse, de Thermidor [67]. »

Il affirme qu'il ne renoncera pas « à la lutte contre le régime étouffant du parti », « l'aveuglement de la direction », « la politique économique de l'opportunisme ». Évoquant la répression qui s'est abattue sur l'Opposition depuis 1923, il écrit :

« Depuis six ans, en U.R.S.S., nous vivons dans les conditions d'une réaction croissante contre Octobre, et par conséquent d'une préparation des voies pour Thermidor. L'expression la plus achevée et la plus évidente de cette réaction à l'intérieur du parti, c'est la sauvage persécution qui est exercée contre l'aile gauche et l'écrasement de son organisation [68]. »

Il oppose à « l'incurable faiblesse de la réaction de l'appareil », qui « ne sait pas ce qu'il fait », puisqu'il se conforme « aux commandes » des classes hostiles, la « force historique de l'Opposition » qui « voit nettement la dynamique des forces de classes, prévoit le lendemain et le prépare consciemment [69] ».

A la phrase sur les conditions de son existence et la menace de l'isolement de la vie politique, il rappelle qu'il est exilé à quatre mille kilomètres de Moscou, deux cent cinquante de la première voie ferrée, dans une localité de malaria, de peste et de lèpre, où les journaux arrivent en dix jours au plus tôt et où le trajet des lettres se compte en mois. Il rappelle l'arrestation de Sermouks et de Poznansky, coupables d'avoir voulu partager son exil, le retard des lettres lui apportant des nouvelles de la maladie de ses filles. Rappelant le jugement de Lénine sur la brutalité et la déloyauté de Staline, il montre le durcissement des méthodes employées contre l'Opposition, la fatale grève de la faim de Boutov, « la violence, les sévices, les tortures physiques et morales appliquées aux meilleurs militants bolcheviques pour leur fidélité aux traditions d'Octobre ».

Rappelant les efforts incessants, depuis 1923, pour le réduire au silence, d'une façon ou d'une autre, il rappelle sa déclaration au VIe congrès de l'Internationale communiste : l'exigence de renoncer à l'activité politique ne peut venir que « d'une bureaucratie définitivement dévoyée ». Sa conclusion est nette :

> « A chacun sa destinée. Vous voulez continuer à mettre en œuvre ce qui vous est inspiré par les forces de classes hostiles au prolétariat. Nous connaissons notre devoir. Nous l'accomplirons jusqu'au bout [70]. »

Un mois s'écoule ensuite dans l'isolement le plus total et le blocus postal intégral. Les journaux que reçoivent les exilés font la plus large place à la polémique contre « la droite ». Boukharine s'exprime encore de temps en temps. Ses « Notes d'un économiste », publiées dans la *Pravda* du 30 septembre, constituaient une attaque évidente contre Staline. Dans un discours du 28 novembre, il a porté une attaque, dans des termes qui rappellent ceux de Trotsky, contre « les fonctionnaires du parti qui se transforment en bureaucrates », contre les chefs provinciaux devenus « des idoles bureaucratiques », n'ayant que mépris pour ceux dont ils ont la charge.

La décision d'exiler Trotsky est finalement prise au bureau politique à la mi-janvier. Boukharine l'a combattue. Selon un procès-verbal d'un bureau politique ultérieur, Staline aurait argumenté de la façon suivante :

> « Trotsky doit être exilé à l'étranger 1) parce que, tant qu'il reste dans le pays, il est capable de diriger idéologiquement l'Opposition et sa force numérique ne cesse d'augmenter; 2) afin qu'il puisse être discrédité aux yeux des masses comme complice de la bourgeoisie dès son arrivée dans un pays bourgeois; 3) afin de le discréditer aux yeux du prolétariat mondial : la social-démocratie, sans aucun doute, utilisera contre l'U.R.S.S. son exil et volera au secours de Trotsky, "victime de la terreur bolchevique"; 4) si Trotsky attaque la direction en faisant des révélations, nous pourrons le présenter comme un traître. Tout cela parle en faveur de la nécessité de l'exiler [71]. »

Volynsky est resté sur place à Alma-Ata en attendant les instructions, après sa visite du 16 décembre. Le 20 janvier, il se présente de nouveau au domicile des exilés, porteur d'un extrait de procès-verbal du collège du G.P.U. accusant Trotsky « d'activité contre-révolutionnaire s'étant manifestée dans l'organisation d'un parti antisoviétique illégal dont l'activité, ces derniers temps, vise à provoquer des manifestations antisoviétiques et à préparer une lutte armée contre le pouvoir soviétique », et décidant en conséquence son expulsion d'Union soviétique. La journée du 21 est consacrée à la préparation des bagages : Trotsky et Ljova n'iront pas, comme ils l'ont envisagé, chasser les tigres prédateurs qui, venus du Balkhach, remontent l'Ili et se rapprochent d'Alma-Ata. Le 22, au petit matin, commence l'interminable voyage [72].

Il va durer vingt-deux jours. Un autobus emporte d'Alma-Ata les voyageurs, leur escorte et les bagages. Mais le tracteur envoyé à leur rencontre ne peut lui faire franchir la passe du Kourdai. Il faut continuer en traîneaux légers jusqu'à Pichpek où l'on prend le train. C'est dans les parages d'Aktioubinsk que Trotsky apprend, d'un des hauts fonctionnaires du G.P.U. qui l'accompagnent, qu'il va être expulsé en Turquie – ce à quoi il oppose un nouveau refus. A Riajsk, Serioja et la femme de Ljova, Ana, montent dans le train pour la fin du voyage. Mais celui-ci est interrompu : pendant onze jours et onze nuits, le train s'arrête, probablement dans la région de Koursk, par un froid terrible, dans l'attente d'instructions probablement. Trotsky a-t-il lu l'article de Boukharine paru dans la *Pravda* du 24 janvier 1928 sur le « testament politique » de Lénine, un testament politique que Boukharine, sans le dire, n'oppose pas aux idées de Trotsky? Il ne le commentera pas. En revanche, il note que c'est pendant cette période qu'il a appris l'arrestation de nombreux oppositionnels présentés comme « le centre », les Géorgiens Kavtaradzé et Boudou Mdivani, le critique littéraire A.K. Voronsky, l'ancien marin de Cronstadt V.S. Pankratov, les militaires Dreitser, Gaievsky, Enoukidzé, au total 350 arrestations dans la région de Moscou, 350 pour plusieurs grandes villes, Leningrad, Kharkov, Odessa, Dniepropetrovsk, sans compter les arrestations de déportés [73]. C'est maintenant en prison qu'on trouve le plus grand nombre de « bolcheviks-léninistes » et nous disposons d'une description des conditions sordides dans lesquelles une centaine d'entre eux sont incarcérés à Tobolsk, tandis que Verkhné-Ouralsk, Souzdal, Tchéliabinsk commencent à se remplir.

Trotsky n'a sans doute pas su non plus à l'époque que, le 30 janvier, les bolcheviks-léninistes de Moscou ont publié le compte rendu des conversations de juillet de l'année précédente entre Boukharine et Kamenev qui vont permettre à Staline une nouvelle et furieuse attaque contre Boukharine [74], une publication qui est peut-être une provocation.

Le train arrive à Odessa le 10 février 1929, et Trotsky ne peut regarder que de loin cette ville où il a fait ses études secondaires, ses premières armes de militant à son adolescence et pas mal de mois de prison. Après de nouvelles tergiversations dues au fait que le port est bloqué par les glaces, Trotsky, Natalia Ivanovna et Ljova sont finalement embarqués sur le vapeur *Ilych* qui va les débarquer à Constantinople le 12 février. A son arrivée, Trotsky remet aux autorités turques une déclaration écrite expliquant qu'il entre dans leur pays contre son gré.

Il ne reviendra jamais en U.R.S.S.

CHAPITRE XXXVI

Critique des vaincus [1]

Nombre d'auteurs contemporains – particulièrement des journalistes – ne semblent pas concevoir l'histoire événementielle en dehors de sa personnification systématique et transforment tout développement en conflit de personnalités. Pour eux, de façon générale, l'expulsion de Trotsky du territoire d'Union soviétique est l'expression significative de sa défaite personnelle face à Staline. Et ils ne comprennent pas, parce que leurs critères d'appréciation ne leur permettent pas de comprendre.

Aucun d'eux, bien entendu, n'est prêt à croire que, comme le disait Trotsky à Skliansky, Staline était « la plus éminente médiocrité du parti [2] » : pour eux, une médiocrité ne parvient pas au pouvoir et ne le garde pas. Certains aussi apprécient en Staline la poigne policière, la ruse, la brutalité, la détermination sans scrupules, le goût de la vengeance, mais ne comprennent pas non plus.

C'est que la personnalité exceptionnelle de Trotsky, ses capacités d'écrivain, de tribun, d'entraîneur d'hommes, de stratège et de chef politique, la stature qu'il a acquise pendant la révolution et la guerre civile, l'immense popularité dont il jouit, à peine inférieure à celle de Lénine, bref, tout cela rend incompréhensible sa défaite aux yeux de ceux qui croient que la victoire récompense toujours les « plus forts ».

C'est ainsi que bien des tenants, conscients ou non, de la philosophie napoléonienne des « gros bataillons » s'interrogent sur le fait que Trotsky, pendant les années de lutte de l'Opposition, jusqu'en 1925, ne chercha jamais à utiliser sa position de commissaire du peuple aux Affaires militaires et de chef de l'Armée rouge.

Ainsi posent-ils la question soulevée par tous les observateurs et historiens, à toutes les étapes de sa lutte. Cherchait-il réellement à remporter la victoire? La croyait-il possible en dehors d'un soulèvement des masses et d'une révolution européenne qui, n'ayant pas eu lieu, devrait être considérée comme une utopie? N'a-t-il pas délibérément négligé d'employer certaines armes, d'abattre des atouts, de négocier à temps des alliances?

Nous examinerons d'abord la question – que Trotsky jugeait « très naïve » – de savoir pourquoi, avant janvier 1925, date à laquelle il a été délibérément mis à l'écart, Trotsky n'a pas tenté d'utiliser son autorité sur l'armée pour freiner le processus de « dégénérescence » du parti et de l'État. Il n'a jamais répondu qu'en passant; sa réponse la plus détaillée est contenue dans une lettre [3] à un jeune socialiste français, Fred Zeller, qui lui avait posé précisément cette question parmi d'autres.

Après avoir rappelé son analyse générale, la montée de la dictature de la bureaucratie soviétique à travers l'appareil du parti et de l'État, il souligne que l'appareil militaire n'est après tout qu'une « fraction de l'appareil bureaucratique » dont en général il ne diffère guère [4]. Bien entendu, officiers et cadres de l'Armée rouge ont travaillé, pendant les années de guerre civile, sous la pression de l'avant-garde ouvrière. Il ajoute aussitôt :

> « Mais c'est précisément après la victoire et le retour à une situation de paix que l'appareil militaire tenta de devenir la fraction la plus influente et la plus privilégiée de tout l'appareil bureaucratique. Un homme qui se serait appuyé sur les officiers pour prendre le pouvoir n'aurait pu être qu'un homme prêt à aller au-devant de leurs convoitises de caste, c'est-à-dire à leur assurer une position privilégiée, leur donner grades et décorations. »

La réponse est donc parfaitement nette :

> « Il n'est pas douteux qu'il aurait été possible d'opérer un coup d'État militaire contre la fraction Zinoviev-Kamenev-Staline, etc. sans aucune difficulté et sans verser même une goutte de sang, mais le résultat d'un tel coup d'État aurait été d'accélérer le rythme même de cette bureaucratisation et du bonapartisme contre lesquels l'Opposition de gauche avait engagé le combat [5]. »

L'explication ne laisse guère place à une quelconque discussion. A moins de reprocher à Trotsky d'avoir eu des idées et des principes et de ne pas avoir été intéressé par le pouvoir en lui-même et pour les avantages matériels qu'il procure, indépendamment de son contenu politique, il faut lui en donner acte. Commentant, en 1930 déjà, sa mise à l'écart de la direction de l'armée, dans *Ma Vie*, sans crainte de provoquer l'indignation des adorateurs du sabre pour trancher les nœuds gordiens de la politique, il écrivait :

> « Je cédai mon poste militaire sans combattre et même avec un sentiment de soulagement, songeant à enlever à mes adversaires le moyen d'insinuer que je formais le plan d'utiliser l'armée à mes fins. Pour justi-

> fier leurs actes, les épigones m'avaient d'abord attribué des desseins fantastiques de cette sorte et, ensuite, finirent par y croire à moitié. [...] La guerre était finie [...]. Les questions d'économie [...] absorbaient mon temps et mon attention beaucoup plus que les problèmes militaires [6].»

***

Nous avons déjà fait à plusieurs reprises des allusions aux critiques d'Isaac Deutscher à l'égard de celui dont il écrivit la biographie à l'époque de la « déstalinisation ». Nous laisserons de côté les questions purement tactiques, déjà amplement examinées, comme celle de l'opportunité de la publication de la lettre de décembre 1923 sur le « cours nouveau » ou des rappels de l'attitude de Zinoviev et Kamenev au moment de l'insurrection dans les « Leçons d'Octobre ».

Il nous semble utile, en revanche, de revenir sur les critiques formulées par le même auteur sur la politique de Trotsky en direction de Zinoviev et de Kamenev, avant le XIVe congrès, avec Boukharine, quand celui-ci commença à affirmer son hostilité à Staline et, du même coup, à l'égard de Staline qui, au cours de cette période, fit à l'Opposition des avances aussi discrètes qu'incontestables.

Pour ce qui est de la situation en 1925, dans les mois qui précèdent le XIVe congrès, nous avons déjà mentionné l'indignation de Deutscher face à la reconnaissance par Trotsky, devant la commission Dewey, de la surprise que provoqua en lui l'explosion de la crise, son déroulement et son incertitude devant cette évolution, et nous en avons précisé conditions et limites. Deutscher juge pour sa part que Trotsky, dans ces circonstances, se montra « ignorant de l'évolution politique et aveugle aux multiples signes qui la révélaient » et que son attitude résulta alors de ce qu'il appelle vertement « un défaut d'observation, d'intuition et d'analyse [7] ».

Il nous présente donc le tableau d'un Trotsky se bouchant les yeux et les oreilles, rêvant dans un autre monde, « certain de sa supériorité » et « plein de mépris pour ses adversaires », « oubliant à moitié que ces mêmes hommes étaient aussi des dirigeants d'un grand pays et d'un grand parti et que ce qu'ils disaient et faisaient avait une immense portée historique [8] ». Et de conclure en affirmant : « Si Trotsky devait s'allier avec Zinoviev et Kamenev, c'était le moment ou jamais [9]. »

Il nous semble que les arguments avancés par lui à l'appui de cette affirmation situent très clairement à la fois ses divergences de fond, principielles, fondamentales, avec Trotsky et le choix délibéré qu'il fait, en tant qu'historien et biographe, de ne pas informer son lecteur des arguments et raisons de l'homme dont il a choisi d'écrire la biographie. Il énumère en effet ce qu'il considère comme les atouts de Zinoviev, « l'appareil administratif de Leningrad et de sa province », « un groupe considérable de partisans ardents », le contrôle de « journaux influents », des moyens matériels, bref « une puissante forteresse [10] ». Il se prend à rêver : « Une alliance entre Trotsky et Zinoviev, si elle s'était produite avant la défaite de Zinoviev, aurait eu une puissance formidable [11]. »

Mais ce n'est ni par sottise, ni par aveuglement, ni moins encore par distraction, que Trotsky n'a ni pu ni voulu contracter cette alliance à ce moment. La « forteresse » de Leningrad était alors – et Deutscher ne l'ignorait pas – une partie de l'appareil bureaucratique monstrueux que l'Opposition combattait, et elle était aussi absolue, aussi arbitraire et pour tout dire au moins aussi répugnante que l'appareil de Moscou et du reste de l'U.R.S.S. On ne peut pas non plus ne pas ajouter qu'elle était la partie de l'appareil qui avait porté contre l'Opposition de 1923 et jusqu'à une date très récente les coups les plus durs, les attaques les plus basses, les accusations les plus cyniques, et littéralement hurlé à la mort contre elle, tout en l'écrasant dans son propre fief.

Non seulement Trotsky ne pouvait, sans se déshonorer comme dirigeant aux yeux de ses propres partisans, renier son combat en s'alliant à une fraction de l'appareil, renier ses camarades en s'alliant à leurs pires persécuteurs, passer l'éponge sur un passé sale et récent, au nom d'une alliance hypothétique. Mais personne ne le lui a proposé et c'est plus tard que se révéla le fond de la querelle.

En revanche, nous l'avons vu, il s'est engagé sans hésiter dans une alliance avec Zinoviev et Kamenev, dès qu'elle est devenue politiquement et moralement possible. C'est-à-dire après que Zinoviev, dépouillé de sa fausse puissance d'apparatchik en quelques jours, eut publiquement rompu avec la direction et sa politique, dévoilé devant les militants la nature des moyens employés pour venir à bout de l'Opposition en 1923 et reconnu la déloyauté et la brutalité de la persécution lancée avec sa participation contre ses militants et partisans.

En ce qui concerne la grande bataille de 1926-1927 contre l'Opposition unifiée et la direction Staline-Boukharine, Isaac Deutscher va plus loin encore en attribuant à Trotsky la responsabilité de la « mesure tactique » qu'il qualifie d'« acte de folie suicidaire [12] » et qu'il définit, sans l'ombre d'une citation ou d'une référence de texte à l'appui, par la phrase suivante :

> « Toute l'attitude de l'Opposition fut commandée par le principe suivant : " Avec Staline contre Boukharine? Oui. Avec Boukharine contre Staline? Jamais " [13]. »

Ne rechignant ni devant les mots ni devant les épithètes, Isaac Deutscher parle, à propos de Trotsky, de son « imagination saturée par ses connaissances historiques », de sa « sous-estimation manifeste du pouvoir de Staline » et finalement d'« un prodige d'aveuglement de la part d'un homme qui se distingua si souvent par sa clairvoyance prophétique (*sic*) », tout en s'excusant de porter de tels jugements sur la base des développements ultérieurs, alors ignorés de Trotsky.

De la même façon, abordant les questions des rapports entre l'Opposition, d'une part, « centuristes » et « droitiers » de l'autre en

1928, le biographe écrit à propos des lendemains du plénum de juillet :

> « Rykov avait dit devant le comité central que, pour les trotskystes, la tâche la plus urgente était d'empêcher une victoire de la droite. Et Trotsky répondait que c'était bien là en effet le premier devoir de l'Opposition [14]. »

La vérité est pourtant que Trotsky ne disait nullement, dans ce texte, qu'il était prêt à s'allier avec Staline contre la droite. Sa réponse était exactement celle-ci :

> « Notre tâche principale, maintenant, est d'empêcher la victoire de la droite. Pour y arriver, il ne faut pas endormir le parti comme le font les Zinoviev, Piatakov et autres, mais sonner l'alarme dix fois plus fort [15].»

Traduire par « soutien à Staline » la politique de Trotsky devant les zigzags à gauche est évidemment un peu plus qu'une simplification abusive. La démarche fait précisément bon marché de la lutte menée, à ce moment précis, contre les conciliateurs, désireux eux, effectivement, de « soutenir Staline » à partir du début de 1928. Elle se heurte aussi à la réponse, faite dans la lettre à Chatounovsky, aux avances de Boukharine, par l'affirmation de la priorité de la lutte pour un régime correct du parti. La vérité est que Trotsky fut de tout temps prêt à soutenir toute mesure qu'il jugeait positive, d'où qu'elle vînt – mais en aucun cas à « soutenir » Boukharine ou Staline, la droite ou le centre, et de conclure quelque « bloc » que ce fût qui aurait fait de lui et de l'Opposition la caution de l'étranglement de la démocratie et par conséquent du parti lui-même – et qu'il n'oublia pas la critique de Joffé.

Nous pensons, pour notre part, que Deutscher obscurcit la question qu'il prétend régler, quand il écrit que les trotskystes étaient en 1928 divisés entre « ceux qui jugeaient de leur plus grand devoir de soutenir l'orientation de gauche de Staline, *devoir que Trotsky ne cessait de leur répéter* » et ceux qui avaient surtout « tendance à combattre Staline, *comme Trotsky leur demandait* également de le faire [16] ». Ces deux « exigences » étaient en réalité moins schématiquement contradictoires qu'il n'est suggéré. La vérité de la divergence, si l'on préfère, la contradiction réelle, se trouvait ailleurs. D'un côté, Radek et Préobrajensky, attentifs aux rapports de forces au sommet de l'appareil, considéraient comme essentiel le règlement des questions de politique économique et croyaient toujours possible une réforme par le haut. De l'autre, Sosnovsky, Rakovsky lui-même, considéraient le régime bureaucratique du parti, résultat de la pression des classes ennemies, comme la pierre de touche non seulement du développement à venir de son noyau prolétarien, mais, de façon générale, la clé de la possibilité ou de l'impossibilité d'une politique prolétarienne.

On peut évidemment penser que les uns ou les autres se trompaient. Il paraît pourtant difficile de nier, à la lecture de la correspondance d'Alma-Ata adressée à Trotsky, que c'est bien ainsi que les oppositionnels voyaient et vivaient leurs divergences.

*
* *

Soyons juste cependant. La confusion introduite dans cette question par Isaac Deutscher dans la biographie de Trotsky ne relève pas exclusivement de sa seule responsabilité. Elle trouve son origine dans sa difficulté à comprendre l'analyse des fractions dans le parti, telle qu'elle a été faite par Trotsky, ainsi que du contenu, quelque peu incertain d'ailleurs, donné à cette époque, par les protagonistes à la notion même de Thermidor.

La division du parti en une droite, une gauche et un centre appliquée au Parti bolchevique par Trotsky n'est pas une innovation. C'est généralement la grille d'analyse qui a été appliquée aux partis par les marxistes du XXe siècle, particulièrement au parti ouvrier « modèle », le Parti social-démocrate allemand d'avant 1914. L'analyse marxiste traditionnelle de ce dernier parti faisait apparaître la droite « révisionniste », les gauches, révolutionnaires, et le centre, incarnés chacun à sa façon par Kautsky, Bebel et Friedrich Ebert.

C'est – malgré ses évidentes insuffisances – ce mode d'analyse que Trotsky projette sur le Parti bolchevique parvenu au pouvoir. Les déplacements des hommes ont rendu difficile l'enrichissement du schéma : Boukharine passait de la position de « communiste de gauche » à l'extrême droite, Zinoviev et Kamenev, étiquetés « de droite » en 1917 et encore en 1923, se retrouvaient « à gauche » en 1926. Pourtant on peut dire que les choses se stabilisent à partir de 1926. A droite, il y a le « franc-tireur » qui la symbolise, Boukharine, et les bureaucraties distinctes de l'État derrière Rykov, des syndicats derrière Tomsky et les défenseurs officieux porte-parole du koulak, moins éminents. Trotsky et ses amis de 1923 puis, avec eux, Zinoviev, Kamenev et les leurs forment le noyau principal d'une gauche représentée aussi par de petits groupes « ultras ». Depuis 1923, Staline, comme Ebert, araignée au centre de sa toile bureaucratique, incarne le « centre ». Ce n'est cependant que petit à petit que ce dernier, se dégageant de ce qu'on appelait le bloc Staline-Boukharine, apparaît comme une force qui non seulement mène sa politique propre, mais commence à l'affirmer.

L'analyse marxiste ne se borne cependant pas à la description des groupes et tendances ainsi caractérisés sommairement : elle s'efforce de dégager, pour mieux les appréhender, leurs bases sociales, les forces sur lesquelles elles s'appuient dans la société, le terreau où elles plongent leurs racines. Et Trotsky poursuit ici le parallèle.

Dans la social-démocratie allemande, la droite s'appuie directement sur la bourgeoisie et la petite bourgeoisie, avec laquelle elle collabore et rêve dans les institutions parlementaires; reflet de leur pression, elle exprime aussi les intérêts de l'aristocratie ouvrière, la couche privilégiée de travailleurs qualifiés qui rêvent plus d'ascension sociale que d'égalité. La gauche – de Rosa Luxemburg à Ledebour et Liebknecht – veut maintenir la tradition révolutionnaire et internationaliste et représenter la classe ouvrière profonde, et particulièrement ses couches les plus pauvres, exploitées. Le centre enfin, autour du secrétariat du parti, exprime intérêts, aspirations, idéologie de la couche nouvelle de la « bureaucratie ouvrière », docile aux directives, championne de l'« unité », dévouée à la « paix » et hostile aux « discussions et aux divisions » : c'est ainsi que le centre devient peu à peu l'expression politique d'une bureaucratie qui s'est élevée au-dessus du parti, a confisqué ses droits, s'est érigé en arbitre avant de devenir un souverain incontrôlé.

L'analogie entre le Parti social-démocrate allemand avant 1914 et le Parti bolchevique après 1917 a pourtant ses limites propres, y compris dans l'application de cette grille. La différence principale est sans doute que le Parti bolchevique n'est pas, comme le S.P.D., un parti ouvrier dans une société bourgeoise, mais un parti unique, situé en aval d'une révolution qui a abattu les classes dirigeantes, détruit les fondements de la puissance de la bourgeoisie, mais se trouve être en même temps l'unique espace politique dans lequel puissent s'exprimer et s'expriment – même de façon très déformée – les forces sociales dans toute leur diversité.

En ce sens, centre et gauche tiennent sur le terrain des généralités, des principes, des langages plus proches les uns des autres que dans le Parti social-démocrate allemand à la veille de la guerre. En revanche, la droite, à la différence de la droite social-démocrate, n'est qu'indirectement en liaison avec sa propre base sociale. L'influence que subissent, la pression que ressentent, les Rykov, Boukharine, Tomsky et autres n'est pas directement celle des nouveaux propriétaires et nouveaux bourgeois, koulaks ou nepmen, mais celles des fonctionnaires placés en dessous d'eux qui ont à régler les problèmes que soulèvent leurs revendications. Le symbole de la volonté de restauration capitaliste, l'émigré Oustrialov, champion de la voie graduelle et pacifique de la dissolution du socialisme dans la Nep, n'est évidemment pas membre du parti.

Il apparaît très vite à l'observateur d'aujourd'hui, chercheur ou historien, que la droite, par certaines prises de position spectaculaires – le célèbre « Enrichissez-vous ! » de Boukharine ou quelques audaces intellectuelles de certains de ses disciples, comme Slepkov –, monopolise l'attention de la gauche vigilante, alors que la réalité du pouvoir, donc celle des concessions, au koulak par exemple, se trouve incontestablement à la tête de l'appareil bureaucratique qui structure et soutient le centre. Peut-on dire sans choquer les amoureux d'unanimité que les lamentations sur l'aveuglement de Trotsky font sourire, quand on songe à l'imprenable « forteresse » de Leningrad, tombant après quelques jours d'une bataille purement verbale, comme un vulgaire château de sable, en janvier 1926 ? Il ne semble pas douteux également que les bases bureaucratiques de la droite – l'appareil syndical ou soviétique – se révèlent aussi totalement impuissantes face au patron de l'appareil que l'organisation de Moscou, quand son secrétaire Ouglanov est balayé en 1928.

Jacques Caillosse, auteur d'un remarquable travail universitaire sur la question du Thermidor soviétique [17], a fort bien résumé la façon dont Trotsky s'est laissé, à un moment donné, dépasser par la réalité soviétique :

> « La correspondance intime que Trotsky perçoit entre les forces les plus réactionnaires de la société, porteuses de Thermidor, et la droite boukharienne lui masque l'émergence, à partir de l'appareil du parti lui-même, d'une couche sociale conservatrice : la bureaucratisation du parti et de l'État – dont il dénonça pourtant très tôt les dangers – s'effectue au-dessus du jeu des contradictions politiques entre la droite et la gauche, qui est essentiellement pris en considération par le trotskysme de cette période [18]. »

Jacques Caillosse souligne qu'au cours des années de la collectivisation et de l'industrialisation forcées, Trotsky continua d'interpréter la politique stalinienne en fonction du schéma dont il était prisonnier et qui considérait que le principal antagonisme opposait la gauche et la droite, et à donner du centre stalinien « une interprétation trop exclusivement politique », alors qu'il « existait déjà comme expression d'une réalité sociale précise : la bureaucratisation du parti et de l'État [19] ». Encore Trotsky échappait-il dans une large mesure à la pression que subissaient ses camarades privilégiant, les uns l'aspect négatif (la critique) et les autres l'aspect positif (le soutien du gouvernement) sans voir le lien dialectique de cette contradiction [20].

Ainsi s'expliquent pourtant en grande partie les ravages causés dans les rangs de l'Opposition par les capitulations de 1929 et l'obstination des irréductibles eux-mêmes à voir en Boukharine un adversaire plus dangereux que Staline?

*
* *

Il existe, nous l'avons indiqué, un autre point sur lequel il est possible de trouver, sinon une explication, du moins une excuse, à la confusion qui prévaut chez les commentateurs. Comme Trotsky l'a reconnu lui-même en 1935, l'emploi du mot de « Thermidor » – une formule algébrique pas toujours comprise de façon identique – et l'analogie avec la Révolution française – pas toujours bien connue – ont introduit pas mal de confusion au cœur de la discussion et peut-être singulièrement obscurci, au moins *a posteriori*, enjeux et perspectives.

C'est devant la commission centrale de contrôle, le 24 juin 1926, que Trotsky a introduit le terme et la comparaison. Bien entendu, il a été aussitôt repris au vol, rejeté par le groupe au pouvoir comme une calomnie et une injure. Il est devenu finalement, dans l'échange des arguments ou des invectives, l'un des mots clés du débat, un enjeu de la lutte quotidienne, une image abhorrée ou tournée en ridicule de l'avenir, servant à bien des sauces.

Trotsky ne semble pas avoir donné, tout au long de cette période, exactement la même signification au mot de Thermidor. Dans le mémorandum du 26 novembre 1926 à destination de ses alliés zinoviévistes, il assure que « Thermidor n'est pas un fait accompli » dans la mesure où « l'appareil matériel du pouvoir n'est pas, écrit-il, passé aux mains d'une *autre* classe » (souligné par moi. P.B.) [21]. Attaqué en juillet dans la *Pravda* par Maretsky dans une série intitulée « Le prétendu Thermidor et le danger de dégénérescence », il rédige, en réponse, une note qui commence par l'affirmation qu'il faut savoir si « un retour thermidorien » à un régime bourgeois est du domaine des possibilités [22].

Pourtant, la définition plus poussée qu'il donne de Thermidor fait apparaître qu'il n'identifie pas totalement « avènement de Thermidor » et « restauration du capitalisme ». Dans le même texte, en effet, il écrit :

> « Qu'est-ce que Thermidor? Une descente d'un degré sur l'échelle de la Révolution – un léger glissement à droite du pouvoir –, résultat d'un changement crucial ou d'une rupture dans la psychologie de la révolution [23]. »

Poursuivant l'analogie historique, il montre également que les thermidoriens règlent leurs comptes avec Robespierre, dans des changements qui ont lieu à l'intérieur du même parti dirigeant, les Jacobins, cependant que, « bien en dessous, se développent de profonds réaménagements des forces de classe [24] ».

Thermidor ainsi présenté est-il par lui-même le point de rupture, l'avènement de la contre-révolution? Pas exactement, répond Trotsky, qui y voit « une forme particulière de la contre-révolution réalisée par étapes avec utilisation, dans une première étape, d'éléments du même parti dirigeant ». Plus loin, il précise que Thermidor est « un glissement de classe au siège du pouvoir, marqué non par le remplacement d'un parti par un autre, mais par le réalignement à l'intérieur d'un seul et même parti [25] ».

Notons qu'il ne parle plus de passage du pouvoir à une autre classe, passage qui ne s'est d'ailleurs pas réalisé en 1794, puisque la bourgeoisie est restée au pouvoir à travers tout le Thermidor français, comme dans la période précédente. La présentation de « Thermidor » ne varie désormais plus guère : il existe un « danger thermidorien », une menace de Thermidor dont les éléments s'accumulent dans la société et dont la base sociale ne cesse de s'agrandir. Ces éléments exercent une forte pression sur le parti qui la subit sans pour autant qu'on puisse le qualifier de « thermidorien ». La *Plate-forme* indique que « la tâche objective d'un régime thermidorien serait de mettre les postes clés entre les mains de la gauche des nouvelles classes possédantes ». Celles-ci cependant continueraient, en cas de victoire de Thermidor, à se dissimuler, le rôle du régime thermidorien étant précisément de « couvrir la prise du pouvoir par la bourgeoisie d'un écran de formes soviétiques auxquelles les masses sont habituées. »

La déclaration envoyée par Trotsky au VIe congrès de l'Internationale communiste apporte une définition plus affinée du « danger de droite » :

> « Il s'agit moins du danger d'une contre-révolution bourgeoise achevée et agissant ouvertement que de celui d'un Thermidor, c'est-à-dire d'un coup d'État ou d'une poussée contre-révolutionnaire partielle qui, précisément parce qu'elle est inachevée, peut encore se dissimuler assez longtemps sous des formes révolutionnaires, tout en revêtant, quant au fond, un caractère nettement bourgeois. [...] Dans ce cas, le retour de Thermidor à la dictature du prolétariat ne pourrait s'effectuer qu'à travers une nouvelle révolution [26]. »

Polémiquant par lettre contre Radek, le 17 juillet 1928, il donne une définition nouvelle, par la forme, non par le fond, quand il fait de Thermidor « un exemple d'une contre-révolution partielle, coup d'État mené à bien entièrement sous le drapeau révolutionnaire, mais ayant en réalité un caractère nettement contre-révolutionnaire [27] ».

L'année 1928 est une année d'échanges écrits entre les déportés qui permet de suivre ce que les discussions privées ne montrent pas, les échanges, les influences qui expliquent parfois infléchissements et évolutions. La lettre de Rakovsky à Valentinov est de ce point de vue un jalon dans la réflexion de Trotsky [28]. Son ami Khristian Georgévitch ne renie pas l'analogie avec la Révolution française qu'il connaît bien, mais l'approfondit au contraire à partir d'observations sur la passivité de la classe ouvrière soviétique et son indifférence politique. Il pose à partir de là les problèmes de la différenciation interne d'une classe arrivée au pouvoir à la suite d'une révolution, car il pense que c'est là que se trouve la clé des obstacles que rencontre aujourd'hui la révolution russe, sa crise. Dans le cas de la révolution soviétique, le reflux inhérent à tout lendemain de révolution, la fatigue et l'usure, l'insuffisance du niveau culturel font que c'est seulement une partie de la classe ouvrière qui est devenue l'agent du pouvoir. Une différenciation d'abord seulement fonctionnelle, devenue ensuite une différenciation sociale, dont il évoque certains aspects.

La comparaison avec la Révolution française apporte bien des éléments de compréhension. Rakovsky montre que la réaction politique y a commencé, bien avant Thermidor, par le transfert du pouvoir entre les mains d'un groupe toujours plus restreint de citoyens. Le processus qu'il appelle « la désagrégation jacobine » s'explique par « l'ivresse du pouvoir », la tendance à s'enrichir, le contact avec les éléments des classes privilégiées de l'Ancien Régime, bien sûr, mais aussi la liquidation par Robespierre et ses amis du principe électif, la généralisation du système des nominations qui ont creusé un gouffre entre les dirigeants et des masses qui ne se sentent plus concernées.

Ce sont des phénomènes analogues qui se sont produits en Russie dans les lendemains de la révolution et de la guerre civile. La classe ouvrière proprement dite a profondément changé, perdu une partie des éléments de son avant-garde. La bureaucratie est devenue « une catégorie sociale nouvelle [29] », pas encore étudiée bien que, Rakovsky insiste, cela constitue « un phénomène sociologique [30] » de la plus haute importance. Aucune analyse de la situation n'est possible, aucune perspective ne peut être tracée sans tenir compte de son existence en tant que force disposant d'une large autonomie et contrôlant souverainement l'appareil du parti et de l'État, l'ensemble donc des organisations soviétiques.

C'est à la fois sous l'influence de ce riche débat, dont la lettre de Rakovsky n'est sans doute que l'élément le plus novateur, et de la discussion plus détendue ouverte après le plénum de juillet sur les rapports entre la droite et le centre, que Trotsky arrive à formuler une analyse plus affinée. Dans sa lettre circulaire du 21 octobre 1928 [31], il montre que les événements depuis le début de l'année ont finalement donné la mesure de la faiblesse de la « droite du parti », de toute évidence incapable de se jeter « dans l'eau froide », d'appeler au combat uni les nouveaux propriétaires et de jouer le rôle de vrais thermidoriens. Il pense que Thermidor est, au fond, au bout de la politique de la droite et du centre : la « voie thermidorienne » peut être directe avec Rykov ou zigzagante avec Staline, c'est bien à Thermidor qu'elle mène. Bien qu'en bon combattant – et non pas en incorrigible optimiste –, il ne fasse pas de pronostic qui laisse de côté les éventuels résultats du travail de sa propre fraction – il n'est pas loin d'écrire que la victoire de Thermidor – voire d'un coup « thermidorien-bonapartiste » – passera selon toute vraisemblance, par l'appareil des « centristes » et une dictature, qui peut être ou non militaire, et s'appuiera dans le pays sur le koulak, tout en s'élevant au-dessus des classes et en développant l'autonomie des organismes de répression. Dans un article qui sera publié en France, « La Crise du bloc centre-droite [32] », il trace une perspective à long terme :

> « Le film de la révolution se déroule à l'envers et le rôle de Staline s'y termine là où commença celui de Kerensky. Le kerenskysme résume la transition du capitalisme au bolchevisme, le stalinisme victorieux ne pourrait marquer que le retour au capitalisme [33]. »

Quelques semaines plus tard, dans une lettre au déciste Borodai, il évoque la façon schématique et même scolastique dont Boukharine a cru pouvoir accabler l'Opposition sur la question de Thermidor :

> « Ou bien il y a Thermidor et vous, l'Opposition, vous devez être défaitistes, ou bien vous êtes vraiment défensistes, alors reconnaissez que tous les discours sur Thermidor ne sont que bavardage [34]. »

L'analyse ne se fraie que lentement sa voie dans une réalité nouvelle et à bien des égards surprenante. Après avoir assuré que la victoire du stalinisme ne pourrait mener qu'à la restauration du capitalisme, il décrit la situation en U.R.S.S. comme contradictoire et marquée par un processus de « double pouvoir » : le pouvoir échappe au prolétariat, mais il n'est pas pour autant passé dans les mains de la bourgeoisie et c'est cette contradiction qui explique « la monstrueuse prédominance de l'appareil bureaucratique oscillant entre les classes [35] ».

A court terme, il tire de cette analyse une double conclusion : d'une part, la bourgeoisie ne pourrait s'emparer du pouvoir que par un coup d'État contre-révolutionnaire, d'autre part l'appareil d'État s'appuie toujours sur le parti et par conséquent sur son « noyau prolétarien », ce qui maintient la voie de la réforme ouverte au prolétariat.

L'analyse n'est pas bonne et Trotsky devra corriger une formule imprécise qui le conduit à des erreurs graves de perspective. Six ans plus tard, le 1er février 1935, dans un article intitulé « État ouvrier, Thermidor et bonapartisme [36] », il revient sur la notion de Thermidor et l'usage qu'en a fait l'Opposition en 1926-1928. En réalité, le Thermidor de 1794 n'était pas une contre-révolution et n'a jamais envisagé de restaurer la propriété seigneuriale. Les changements nombreux et importants qui ont marqué la période thermidorienne en France de Robespierre à Bonaparte, se sont effectués sur la base de la nouvelle société et du nouvel État.

En utilisant « Thermidor » comme synonyme de première étape de la contre-révolution dirigée contre les bases économiques et sociales de l'État ouvrier soviétique, l'Opposition de gauche a décollé de la réalité et a mis en garde contre un Thermidor qui s'était en réalité déjà produit. Il écrit :

> « L'écrasement de l'Opposition de gauche signifie, dans le sens le plus direct et le plus immédiat, le passage du pouvoir, des mains de l'avant-garde révolutionnaire aux mains des éléments les plus conservateurs de la bureaucratie et des sommets de la classe ouvrière. 1924, voilà l'année du commencement du Thermidor soviétique [37]. »

***

Il reste que l'emploi du mot dans une acception erronée a faussé la discussion et obscurci la position de l'Opposition de gauche. Ne s'en étonneront que ceux qui ne cherchent ici qu'à relever *post facto* des erreurs de jugement et des fautes tactiques.

En réalité, il faut bien admettre que les problèmes politiques qui se posaient en U.R.S.S. à partir de 1923 étaient entièrement nouveaux et n'avaient jamais été abordés auparavant, ni par la vie, ni par les livres historiques ou théoriques. La révolution d'Octobre, première révolution victorieuse sous la direction d'un parti ouvrier, n'avait pas d'antécédent, ni sur le plan de son contenu ni sur celui de sa dégénérescence. Et peut-être était-il plus difficile encore de l'analyser, de la comprendre, de saisir les perspectives ouvertes sur l'avenir par sa crise, quand on était, comme Trotsky, sujet et objet de cette histoire.

A qui Rakovsky adresse-t-il une discrète critique dans sa lettre à Valentinov, sous couleur de s'en prendre à Zinoviev et Kamenev?

« Je dois faire un aveu : je ne me suis jamais laissé emporter par l'espoir qu'il suffirait aux chefs d'apparaître dans les assemblées du parti et les réunions ouvrières pour entraîner avec eux la masse du côté de l'Opposition. J'ai toujours considéré de telles espérances, qui venaient du côté des chefs de Leningrad, comme une survivance de l'époque où ils prenaient les ovations et les applaudissements officiels pour l'expression du sentiment véritable des masses en les attribuant à leur popularité imaginaire.

[...] Il aurait fallu pourtant prendre comme point de départ, comme prémice, que l'œuvre d'éducation du parti et de la classe ouvrière est une œuvre difficile et de longue haleine, d'autant plus que les cerveaux doivent être encore nettoyés de toutes les impuretés qu'y ont introduit notre pratique des soviets et du parti et la bureaucratie de ces mêmes institutions [38]. »

Ajoutons que la question de l'appréciation des rythmes – et par conséquent des formes de la lutte contre la bureaucratie stalinienne – ne contribue pas à éclairer ce débat capital dans lequel s'exprime aussi la quintesence de la position de chacun. Lorsque Rakovsky, dans sa lettre à Valentinov, affirme l'impossibilité d'une réforme du régime interne du parti par la bureaucratie et qu'il ne s'attend pas personnellement à une renaissance du mouvement des masses avant de nombreuses années, Deutscher n'en conclut-il pas que, « bien que Rakovsky ne le dise pas », « la bureaucratie [...] resterait pendant plusieurs dizaines d'années peut-être la seule force susceptible de décider et d'entreprendre une réforme de la société soviétique [39]? ». Or c'est là l'opinion de Deutscher en 1954, du temps de Khrouchtchev, non celle de Rakovsky, en 1928, dont le biographe reproche à Trotsky de n'avoir pas saisi « les implications assez pessimistes [40] »...

Il reste que, indépendamment des jugements portés sur eux, Trotsky comme Rakovsky savaient que leur travail militant ne pouvait servir qu'à la préparation d'un avenir dont ils n'avaient pas les clés en mains. Révolutionnaires professionnels, ils savaient que personne ne « fait » la révolution, qu'on peut seulement la servir ou la combattre.

Ce n'est pas en tout cas un hasard ordinaire qui fait qu'au moment où Trotsky prenait conscience que l'avenir du prolétariat soviétique passait par celui de la révolution mondiale, Staline l'expulsait dans le monde capitaliste.

QUATRIÈME PARTIE

Dans l'opposition en exil

CHAPITRE XXXVII

L'asile en Turquie [1]

Débarquant contre son gré à Constantinople, Trotsky, nous l'avons dit, remet aux policiers turcs montés à bord pour contrôler les passagers une lettre adressée au président de la République turque, Kemal Pacha – avec qui il a autrefois entretenu des rapports officiels :

> « Monsieur, aux portes de Constantinople, j'ai l'honneur de vous faire connaître que je suis arrivé contre ma volonté à la frontière turque et que je ne la franchis qu'à la suite d'un acte de violence [2]. »

Il y a là, bien entendu, plus qu'une protestation de principe. Trotsky pense en effet que le choix de la Turquie pour son expulsion fait partie des plans de Staline pour l'isoler et le réduire à l'impuissance. Il est convaincu que les diplomates soviétiques ont négocié son admission, et que Kemal Pacha s'est prêté à cette manœuvre. Son consentement affaiblit la position de l'exilé et réduit ses possibilités d'obtenir un visa dans un pays qui lui offrirait de meilleures conditions de travail et de vie.

C'est que la Turquie est un pays pauvre et arriéré. Le mouvement ouvrier est encore embryonnaire et durement traité. La vie politique et littéraire n'offre pratiquement aucune ressource à Trotsky. Pardessus le marché, il ne connaît personne dans ce pays et, bien entendu, ne parle ni ne comprend la langue. Cela constituerait déjà un motif suffisant pour expliquer sa protestation.

Il y a plus. Trosky et ses amis – d'U.R.S.S. comme d'ailleurs – nourrissent des craintes pour les conditions de sa sécurité à Constantinople où se trouvent des milliers de Russes blancs réfugiés, débris des armées de la guerre civile. Ces hommes appartiennent souvent et en tout cas sont influencés par des organisations contre-révolutionnaires qui ne cachent pas leur haine des bolcheviks : pour eux, l'arrivée de Trotsky, qu'ils haïssent sans doute plus que tout autre dirigeant soviétique vivant – car il a été leur ennemi et leur vainqueur dans la guerre civile – constitue une véritable aubaine. Plus grave peut-être, le milieu est propice au recrutement d'agents provocateurs et d'assassins à gages par les services secrets de Staline, lesquels pourraient ainsi frapper en toute impunité, sous la couverture de terroristes « blancs ».

Il est, bien entendu, très rare que des terroristes fassent de la publicité à leurs entreprises, spécialement quand elles ont échoué. Nous avons suffisamment d'éléments d'information cependant pour pouvoir affirmer que de telles opérations ont été en projet contre Trotsky, même si nous ignorons dans quelles conditions elles n'ont finalement pas été menées à bien.

Celle qui fit le plus de bruit avait pour instigateur officiel le chef d'une organisation terroriste blanche, le générale Anton Turkul, dont l'organe du K.P.D., *Die rote Fahne* dénonça les projets meurtriers contre Trotsky et... Litvinov [3]. Devinant déjà parfaitement le jeu de Staline, Trotsky vit dans cet « avertissement » la préparation d'un alibi, soupçonna Staline d'être derrière l'entreprise de Turkul et le fit savoir dans une campagne à la mesure de ses moyens, notamment dans les milieux des partis communistes mondiaux. Il ne devait jamais savoir qu'il avait eu raison et que Turkul était bel et bien, depuis des années, manipulé par l'agent du G.P.U. Katznelson, comme devait le révéler Aleksandr Orlov [4]...

Nous avons encore moins d'éléments sur ce qui semble avoir été un deuxième complot de blancs contre lui. A l'occasion du procès de la Plévitskaia, justement soupçonnée d'avoir été, en tant qu'agent du G.P.U., mêlée à l'enlèvement du général Miller, un rapport des services secrets français et un rapport de synthèse du commissaire Roches, l'as de la police française à l'époque, mentionnent un second projet qu'ils datent, semble-t-il, de façon erronée. Le tueur V.A. Larionov, l'un des plus connus des terroristes blancs, aurait été, au dernier moment, retiré de l'affaire par ses responsables, ce qui aurait tout fait échouer. Derrière l'une et l'autre affaire, on relèvera cependant que se profile la silhouette du général Skobline, ancien collaborateur de Wrangel, agent de Staline lié à la bande de ses hommes de main et tueurs de Paris [5].

Cela précisé, il faut aussi reconnaître que ces projets – ou d'autres dont nous ignorons l'existence – ne se sont pas matérialisés, même sous la forme d'une tentative d'agression ou d'un attentat manqué. C'était là une bonne fortune. Ia. G. Blumkine, orfèvre en la matière, évaluait en 1929 à une vingtaine de gardes armés et entraînés le nombre d'hommes nécessaires pour assurer efficacement la sécurité des exilés [6] : or il n'y en eut jamais plus que quatre ou cinq, et souvent beaucoup moins, dans les différents domiciles de Trotsky en Turquie.

Le gouvernement turc manifesta d'ailleurs un réel intérêt pour son hôte en contribuant lui-même, quoique de façon modeste, à sa sécurité, par la présence d'un certain nombre de policiers, allant jusqu'à choisir, pour commander ce petit détachement, un sous-officier connaissant quelques mots de russe et de français.

Selon Jean van Heijenoort, qui fut pendant sept ans un proche collaborateur de Trotsky, Kemal Pacha aurait gardé à l'ancien chef de l'Armée rouge une vive reconnaissance pour l'envoi d'armes et de matériel au temps de la guerre contre la Grèce. Selon un témoignage, qu'il rapporte, de Gérard Rosenthal, autre proche de Trotsky, Kemal Pacha, au début de 1930, envoya son aide de camp chez Trotsky et chercha à le rencontrer [7].

Très vite, d'ailleurs, le gouvernement turc avait fait savoir à Trotsky qu'il avait accordé ce visa parce que le gouvernement soviétique l'avait sollicité pour lui pour des raisons de santé, et que cet octroi n'avait fait l'objet d'aucune négociation. Il l'assura aussi de ses bonnes dispositions et de sa détermination d'assurer les meilleures conditions pour un séjour qu'il ne désirait pas limiter. Il le manifesta d'ailleurs en 1932 en délivrant sans difficultés à Trotsky, Natalia Ivanovna et leurs compagnons, les papiers nécessaires non seulement au départ, mais au retour, à l'occasion d'un voyage à Copenhague.

Trotsky pourtant, au cours des quatre années et demie de son séjour en Turquie, ne s'y résigna jamais. Était-il vraiment, comme l'écrit Deutscher, « convaincu que Kemal était de mèche avec Staline [8] »? Rien dans les documents que nous connaissons ne permet de l'assurer, mais l'on peut admettre que rien ne permettait non plus de présumer que Kemal risquerait pour un exilé une brouille avec le gouvernement de l'U.R.S.S. [9]. Et puis les conditions de travail étaient vraiment trop précaires en Turquie : c'est pour cela qu'il se battit avec patience pour obtenir un visa d'admission dans un pays où il pourrait être moins isolé, moins exilé, moins impuissant en définitive...

***

Avant même sa sortie de Russie, il avait caressé l'espoir d'obtenir l'asile en Allemagne – où il avait été autorisé auparavant à se rendre, en 1926 – et ses interlocuteurs du G.P.U. lui avaient assuré que le chancelier social-démocrate Hermann Müller avait répondu négativement aux sollicitations en ce sens du gouvernement soviétique – ce qu'il ne crut pas*. Il crut avoir sa chance en apprenant, au lendemain de son arrivée, que, quelques jours auparavant, le président social-démocrate du Reichstag, Paul Löbe, au cours d'une séance solennelle – pour le dixième anniversaire de la réunion de l'Assemblée nationale – avait déclaré, le 6 février, que l'Allemagne en arriverait peut-être à lui accorder « un asile libéral ».

Les démarches entreprises alors pour lui par l'avocat Kurt Rosenfeld, ancien dirigeant du parti « indépendant », social-démocrate de gauche, qui se mit spontanément à son service, firent bientôt apparaître les résistances réelles au niveau de l'appareil gouvernemental. Les informations envoyées par Rosenfeld permettent en effet de découvrir que Trotsky, s'il voulait pouvoir espérer l'octroi d'un visa

* Dans une note de *Die Geburt des Stalinismus*, p. 168, Michal Reiman indique, malheureusement sans références, que le gouvernement soviétique avait effectivement sondé, sur cette question, le gouvernement allemand par l'intermédiaire de l'ambassadeur von Dirksen, qui avait discuté la question avec Litvinov. L'ambassadeur s'était montré favorable, mais le gouvernement allemand refusa.

allemand, devait envisager d'accepter une sérieuse limitation de sa liberté d'action et de mouvement, puisque l'on souhaitait que sa demande soit subordonnée à la possibilité de recevoir des soins médicaux et que le visa fût donc limité dans le temps [10].

Trotsky a supporté les sarcasmes de la presse occidentale quand il a demandé le droit d'asile dans l'Allemagne démocratique. Mais il lui semble maintenant que cette ironie se retourne contre ceux qui en ont fait usage. Le 31 mars, à la suite de nouvelles questions des autorités, transmises par Rosenfeld et touchant à la gravité de son état de santé, il télégraphie à l'avocat pour lui demander si la proposition de Löbe portait sur « le droit d'asile ou le droit de cimetière [11] ». C'est finalement le 12 avril qu'il reçoit la réponse, négative. Il télégraphie alors au président du Reichstag qu'il « regrette » qu'il ne lui ait pas été possible de s'instruire de façon pratique « sur les avantages du droit d'asile démocratique [12] ». Il résume toute l'affaire dans un article intitulé « Une leçon de démocratie que je n'ai pas reçue [13] ».

En réalité, il est convaincu que Staline a exigé et obtenu du gouvernement allemand ce refus, inspiré également par la démarche plus discrète du ministre britannique Sir Austen Chamberlain, qui a parlé plusieurs fois de le « coller au mur ». Il ironise sur l'accord ainsi réalisé entre le « socialiste » H. Müller et le « communiste » Staline :

> « Nous avons enfin [...] une première application fructueuse de la politique du front unique sur une vaste arène internationale [14]. »

La suite des événements allait montrer qu'il n'exagérait nullement et qu'il était peut-être même en dessous de la vérité quand il évoquait, à propos de cette alliance entre les gouvernements d'Europe occidentale et Staline, les premières lignes du *Manifeste du Parti communiste* de Marx et Engels sur la Sainte-Alliance conclue contre le spectre du communisme qui hantait l'Europe au milieu du XIXe siècle.

Dans cette alliance, on peut d'ores et déjà souligner le rôle considérable de la presse dite d'information. La presse allemande est très claire au sujet de sa demande d'asile. Le journal du monde des affaires, *Berliner Börsenzeitung*, déclare « superflu d'accorder l'hospitalité à ce propagandiste des plus puissants du bolchevisme », le *Hamburgen Nachrichten* parle de la gaffe commise par Staline « en n'expédiant pas Trotsky et toute sa clique dans l'au-delà », et l'hitlérien *Völkischer Beobachter* ne dépare pas la collection dans ses déclamations et menaces contre « ce bourreau soviétique et juif », « ce malfaiteur, cet assassin [15] ».

Le second épisode de sa bataille pour un « droit d'asile démocratique » se déroule en Grande-Bretagne. Dès février 1929, le gouvernement conservateur britannique, férocement anticommuniste, a fait connaître qu'il ne pense pas lui accorder un visa – ce que lui-même d'ailleurs n'a jamais envisagé. Mais, quelques mois plus tard, les travaillistes gagnent les élections. Au nombre des ministres du gouvernement de Ramsay MacDonald figure Sydney Webb, qui a visité Trotsky en février 1929 et qui lui a parlé de la question du visa et de la probabilité d'une opposition à son octroi de la part des libéraux, alliés des travaillistes au sein de la nouvelle majorité.

Trotsky entreprend alors une nouvelle campagne : lettres à Beatrice Webb invoquant de semi-engagements personnels pris durant la rencontre en Turquie [16]. Télégrammes. A Philip Snowden, chancelier de l'Échiquier, à qui il rappelle qu'il fut autorisé à visiter la Russie soviétique au temps où lui-même était au pouvoir [17]. A George Lansbury, ministre des Travaux publics, à qui il rappelle la visite qu'il lui fit à Kislovodsk [18]. Une invitation à donner des conférences à l'école d'été de l'I.L.P. – le parti travailliste indépendant – lui donne également l'occasion d'entrer en contact avec ce parti par son secrétaire John Paton [19], ce qui alimentera la petite campagne qu'il voudrait susciter en Grande-Bretagne en sa faveur. Dans une interview au *Daily Express*, il s'efforce de poser le problème politique en termes mesurés :

> « Le parti qui assume le pouvoir pour la seconde fois en Grande-Bretagne croit que l'on peut surmonter les difficultés créées par la propriété privée par le moyen de la démocratie. Je veux voir comment ce sera fait. Je ne pense pas que la démocratie [...] puisse commencer par le refus du droit d'asile à un adversaire qui n'a pas l'intention de s'ingérer ou d'intervenir dans les affaires britanniques, mais qui désire seulement observer et apprendre [20]. »

C'est pour mener l'affaire au plus vite et au plus juste que Magdeleine Marx, compagne de Maurice Paz, se rend à Londres. L'historien Colin Holmes a trouvé et publié la lettre adressée par elle à MacDonald le 25 juin 1929. Elle assure que Trotsky est prêt à prendre l'engagement de ne pas intervenir dans la vie politique britannique, de n'assister ou ne paraître à aucune réunion publique, d'accepter de résider *incognito* là où le gouvernement le décidera, sous surveillance policière, pourvu que ce soit à portée de médecins [21]. Magdeleine Marx a-t-elle rencontré Webb? La lettre de ce dernier à J.R. Clynes, secrétaire d'État au Home Office, ne reflète pas beaucoup d'ardeur pour la cause de Trotsky [22].

Dans les semaines qui suivent, celui-ci écrit à la presse, notamment au *Daily Herald* travailliste, pour dénoncer ce qu'il considère comme un travail d'intoxication de l'opinion effectué par le *Times*, à l'instigation, assure-t-il, de l'Intelligence Service, tendant à le présenter comme un agent de la subversion et du gouvernement soviétique avec lequel il serait resté en contacts secrets [23].

Finalement le gouvernement MacDonald refusa le visa. La question fut abordée deux fois aux Communes, sur questions et interpellations des travaillistes Wedgwood et Ellen Wilkinson, des libéraux Percy Harris et Hore-Belisha, du député travailliste indépendant A. Fenner Brockway. La réponse à ce dernier du secrétaire d'État J.R. Clynes laisse clairement supposer qu'il existait un rapport entre ce refus et les négociations en cours pour la reprise des relations diplomatiques avec l'U.R.S.S.

Isaac Deutscher mentionne à ce propos, sans donner de nom, « le correspondant anglais qui le tenait au courant de la marche des événements [24] ». Il s'agit, comme l'avait supposé Colin Holmes [25], d'un jeune cinéaste de grande famille, plus tard l'un des plus connus des compagnons de route britanniques du stalinisme, Ivor Montagu. Celui-ci, qui n'a pris contact avec Trotsky qu'après le refus du visa, l'informe sur les conditions de ce rejet, qu'il n'aborde qu'à partir du 26 juillet [26], après la décision effective. En 1930, il écrit à Trotsky qu'il œuvre pour une réouverture, peu vraisemblable, du dossier.

Là aussi, la presse dite d'information n'a pas ménagé son venin. Le *Times* a dénoncé en Trotsky l'organisateur des incidents qui ont opposé le 1er mai les manifestants communistes aux forces de police de Berlin. Le *Morning Post* relate dans le détail les négociations « secrètes » entre Staline et Trotsky. Le *Daily Express* le traite de « corbeau », « le genre d'oiseau » que les Britanniques ne peuvent espérer domestiquer. Les propos tenus par Winston Churchill, qui ne pardonne pas à Trostky la révolution d'Octobre, sont dignes de figurer dans une anthologie à côté des déclamations hitlériennes [27].

Dans les mois et les années suivantes, les autres portes restèrent également fermées. Pays-Bas et Autriche, Norvège, sous le prétexte du coût de la sécurité – surveillance policière permanente surtout – Luxembourg même, refusèrent sous des formes diverses. Trotsky eut à un moment un grand espoir d'obtenir un « visa de cure » en Tchécoslovaquie : son vieux camarade de l'Internationale et du P.C. tchécoslovaque, Alois Neurath, avait entrepris des démarches en ce sens, et le ministre de l'Intérieur, le docteur Ludvik Czech [28] correspondit à ce sujet avec l'exilé qui étudia sérieusement et longuement les modalités du voyage, envisageant même l'avion. Mais ce fut aussi un échec. La France se retranchait derrière l'arrêté d'expulsion de 1916. L'Espagne ne répondit pas. L'Italie n'était même pas envisageable du fait de son régime fasciste.

Contrairement à ce qu'assure Isaac Deutscher [29] sur la base d'une phrase ambiguë de *Ma Vie*, Trotsky demanda même un visa aux États-Unis – le 26 juin 1929 – dont nous n'avons guère de mal à imaginer le sort.

Dans les dernières pages de *Ma Vie*, tirant les leçons de ces échecs, Trotsky écrira, lançant une formule célèbre : « *L'Europe et l'Amérique sans visa*. Mais ces deux continents sont les maîtres des trois autres. Il en résulte donc que c'est *la planète sans visa* [30]. »

Sur le moment, en homme qui ne se résignait pas, il fit étudier par ses camarades ce qu'on appela du nom de code de « projet Marguerite », une évasion maritime qui aurait abouti en France ou Belgique, plaçant le gouvernement de ce pays devant le fait accompli de l'arrivée du proscrit. L'affaire traîna du point de vue technique et fut finalement abandonnée, devant le sérieux des obstacles de tout ordre. Il ne devait, comme on sait, sortir définitivement de son asile turc qu'avec l'octroi du visa français consécutif, à terme, à la victoire de la coalition de « gauche » en 1932.

Le séjour turc avait commencé par une période où Trotsky se considérait placé dans une détention qui ne disait pas son nom : il habitait en effet au consulat soviétique, où, malgré la correction du personnel, gens du G.P.U. compris, il craignait pour les documents qu'il avait emportés avec lui et supportait mal la constante surveillance dont il était l'objet. Le 5 mars, il quitta avec son entourage le consulat pour aller s'installer dans un hôtel sur une grande rue de Péra, l'hôtel Tokatliyan, puis, après quelques jours, dans un meublé du quartier Chichli, au 29 de la rue Izzet Pacha... A la fin d'avril, les exilés allèrent s'installer à Prinkipo (l'île des Princes) dans la villa Izzet Pacha, sur la côte nord de l'île, où ils vécurent jusqu'à l'incendie, probablement accidentel, qui l'endommagea gravement dans la nuit du 28 février au 1er mars 1931. Réfugiés quelques jours à l'hôtel Savoy, ils s'installèrent à la fin mars dans une villa sur la côte asiatique, à Moda, quartier de la petite ville de Kadiköy, au 22 de la rue Chifa. En janvier 1932, ils revenaient à Prinkipo, dite aussi « la grande île », (en turc « Büyük Ada ») où ils s'installaient dans une villa de la côte nord, à un quart d'heure du débarcadère; ils allaient y vivre jusqu'à la fin de leur séjour, avec l'accès par l'impasse appelée Hamladji Sokagi et un débarcadère privé [31].

Le séjour à Prinkipo fut un séjour de travail. Rédaction d'ouvrages importants, histoire ou théorie politique, de brochures sur l'actualité, d'articles d'ampleur diverse, abondante correspondance. Contrairement à une version assez répandue, Trotsky n'écrit pas en plusieurs langues, sauf, exceptionnellement, des lettres en allemand, en français et très rarement en anglais. C'est en russe qu'il rédige tous ses travaux, livres, brochures, articles, qu'il faut donc ensuite traduire, une opération à laquelle il accorde beaucoup d'attention. Nous possédons plusieurs témoignages de ses collaborateurs sur son travail, ou plus exactement sur les conditions matérielles de son travail avec eux. Sara Weber, sa secrétaire russe, raconte :

> « Il y avait une petite salle de travail à côté du bureau de L.D. C'est là que nous avons commencé un jour après mon arrivée; en dictant, L.D. ne s'asseyait jamais, il dictait *en allant et revenant*, me tournant presque le dos parfois. Nous avons commencé... Un mot, puis un autre m'ont échappé et j'ai demandé à L.D. de répéter, rompant le fil de sa pensée; à ma troisième demande, visiblement choqué, il sortit très vite de la pièce. Pas un mot n'a été prononcé : je suis restée assise devant ma machine, ne comprenant pas très bien ce qui arrivait. Notre première séance n'était visiblement pas un succès... Quelques instants après, L.D. est revenu : il m'a demandé de ne pas le faire répéter, seulement de sauter les mots que je ne pouvais pas saisir. Après cela, il n'y a pas eu de difficultés [32]. »

Ce n'est que plus tard que la jeune femme se rendit compte de la façon « combien unique et réellement remarquable », écrit-elle, dont Trotsky dictait, sans à-coups, les phrases s'enchaînant régulièrement et sans le secours d'aucune note, avec la capacité cependant, après une interruption, pour un repas, par exemple, de repartir de l'endroit exact où il s'était arrêté. Elle note encore :

« En l'observant attentivement tandis qu'il dictait, j'éprouvais un sentiment presque physique de ses processus de pensée; sa pensée était si intense qu'il me semblait que je pouvais la sentir. Ses pensées se transformaient en mots, en phrases, en paragraphes, comme s'il lisait sur quelque enregistrement intérieur [33]. »

Sara Weber relève en outre la façon tout à fait originale dont Trotsky traitait ensuite le matériel dactylographié sous sa dictée – la clé de l'étonnement des chercheurs qui découvrent dans les matériaux non définitivement rédigés des archives, de très longs rouleaux de papier dactylographiés. Elle écrit :

« L.D. recevait le matériel dactylographié et, peu après, collait les pages ensembles en une longue bande unique qu'il lisait, crayons bleu et rouge à la main. Chose étonnante, il faisait peu de corrections, une phrase ou un mot ici ou là. Il y avait, en revanche, des changements importants dans l'ordre des paragraphes. L.D. coupait des passages entiers et les collait ailleurs. Avec la longue bande déroulée devant lui, parfois sur le bureau et la chaise à côté, il coupait et collait – et cela lui procurait quelque satisfaction particulière [34]. »

Le témoignage de Jean van Heijenoort – Van pour Trotsky et les amis – apporte quelques éléments différents : Trotsky ne maniait pas les langues étrangères avec toute la maîtrise dont il faisait preuve pour le russe. Il dictait ses lettres en allemand ou en français, plus tard en anglais, assis à son bureau. Son allemand était meilleur que son français où il avait quelques difficultés de syntaxe. Il utilisait mal le subjonctif et surtout les conjonctions, qu'il confondait souvent. Son accent n'était pas mauvais, mais avec une tendance très russe à prononcer les « u » comme des « i » : ainsi Gérard Rosenthal se souvient-il des amicales menaces de le « fissiller [35] »...

Le travail commençait aux environs de 8 heures le matin, se terminait à 13 heures pour le déjeuner, qui ne durait pas plus d'une demi-heure. Trotsky faisait alors sa sieste, ce qui signifiait qu'il lisait des livres non politiques, romans russes ou français, somnolait une vingtaine de minutes : la consigne était de ne pas le réveiller, même pour un télégramme. La sieste se terminait à 16 heures, et la vie reprenait dans la maison, autour du thé. Trotsky regagnait alors son bureau jusqu'aux environs de 19 heures et, après le repas – toujours bref – retournait dans son bureau jusqu'à 21 heures-21 h 30, se retirait dans sa chambre et cherchait le sommeil, qu'il ne trouvait pas facilement.

Les repas n'ont rien de remarquable et sont toujours rapidement expédiés. Au petit déjeuner, on mange du fromage de chèvre et on boit du thé : quand il est trop chaud, Trotsky le verse dans la soucoupe et l'aspire, ce qui semble avoir beaucoup choqué Van, la première fois. Sara Weber a immédiatement remarqué qu'il beurrait rapidement les tartines de Natalia Ivanovna, assise à son côté, et restait « calmement attentif à elle », révélant ainsi « la tendresse et la douceur de leurs rapports [36] ».

Au déjeuner, on boit de l'eau, et Van ne se souvient, dans les années de Prinkipo, que d'une bouteille de vin des Dardanelles, pour le double anniversaire du maître de maison et de la révolution d'Octobre [37]. On mange évidemment beaucoup de poisson – que l'on pêche, nous le verrons. On consomme la viande sous forme de boulettes, tomates et poivrons farcis – pas de viande de boucherie. Van ne se souvient pas, pendant les trois années où il partagea tous ses repas avec Trotsky, de l'avoir jamais entendu commenter un mets, en bien ou en mal. Il n'était ni gros mangeur ni gourmet et ne faisait guère attention à ce qu'il mangeait. En fait, il souffrait, depuis la prison, mais peut-être du fait de la vie trépidante qui n'avait cessé d'être la sienne, de maux d'estomac, et il lui fallait toujours une cuisine spéciale [38].

A la veille de son départ, Trotsky rédigea pour son *Journal* quelques pages qui nous permettent de concevoir ce que fut pour lui ce séjour :

> « Prinkipo est un îlot de paix et d'oubli. Il faut longtemps pour que la vie du monde y parvienne, assourdie. [...] Prinkipo est un endroit où il fait bon écrire, surtout en automne et en hiver, quand l'île se vide et que les bécasses font leur apparition dans le parc. Non seulement il n'y a pas de théâtres, mais pas de cinémas non plus. Les autos y sont interdites. [...] Nous n'avons pas le téléphone à la maison. Le hi-han de l'âne apaise les nerfs. Il n'est pas possible d'oublier, fût-ce une minute, que Prinkipo est une île : la mer est sous les fenêtres, et il est impossible de ne pas la voir, où que l'on soit dans l'île. A dix mètres de la murette, nous pêchons des poissons, à quinze mètres, des homards. La mer peut, pendant des semaines, rester aussi calme qu'un lac [39]. »

On ne s'étonnera pas cependant de le voir indiquer que le contact continue avec le monde extérieur, par le courrier, dont il assure que « c'est le grand moment de la journée ». Van témoigne de son abondance. Il y a les journaux d'Europe occidentale, avec trois ou quatre jours de décalage, journaux français et allemands. Trotsky les annote au crayon bleu ou rouge, encercle les articles à découper pour prendre place dans les dossiers de coupures de presse. Il y a aussi beaucoup de lettres, lettres d'amis et de camarades, mais aussi d'inconnus, lettres politiques ou lettres farfelues, nombre de gens se souciant apparemment beaucoup du salut de l'âme de Trotsky. Il y a beaucoup de paquets contenant, le plus souvent, des journaux, des brochures, des livres. Les secrétaires les défont entièrement par souci de sécurité et pour éviter un attentat au colis piégé. Les lettres, en revanche, lui sont remises cachetées. Elles aussi, il les lit crayons de couleur à la main, souligne, ponctue, commente parfois en marge.

Sara Weber souligne que Trotsky ne sortait jamais et restait confiné dans la maison pendant des journées entières. En fait, une simple promenade était hors de question dans l'île, pour des raisons évidentes de sécurité. On baissait les volets de fer quand il descendait pour manger dans la grande salle vitrée où l'on pouvait le voir et l'atteindre de loin.

Les seules heures de détente sont, comme ces dernières années en Russie, celles qu'il consacre à la chasse et à la pêche. La chasse tient une place bien moindre qu'en Russie, car le gibier est rare dans cette région sèche : presque exclusivement des cailles et, de temps en temps, un lapin. Trotsky et ceux qui l'accompagnent traversent le détroit, débarquent sur la côte asiatique et parcourent avec le chien « des terrains incultes, couverts d'arbustes, une sorte de brousse » écrit Van [40]. En fait, c'est moins une partie de chasse qu'une promenade et une occasion de raconter des histoires de chasse; comment il faut poignarder l'ours quand il se dresse pour attaquer, comment les paysans chassent les loups en Sibérie, les farces que Lénine faisait, à la chasse, à Zinoviev qui avait horreur de ce passe-temps.

Mais à Prinkipo, l'activité physique reine, la grande détente, c'est la pêche. Au petit débarcadère de la maison se trouvent deux bateaux, dont l'un à moteur. L'homme qui a initié Trotsky à la pêche est un pêcheur de l'île, descendant de pêcheurs, du nom de Kharalambos, « un analphabète, mais qui lit en artiste le merveilleux livre de la mer de Marmara ». C'est à la pêche au filet, du rouget et des « palamouts », sorte de « bonite » écrit Van, que Kharalambos a initié Trotsky :

> « Pêcher au filet, c'est du grand art. Il faut connaître le moment et l'endroit pour chaque espèce de poisson. Il faut savoir déployer le filet en demi-cercle, parfois en cercle, ou même en spirale, selon la configuration du fond ou une douzaine d'autres conditions. Il faut faire descendre le filet dans l'eau sans bruit en le déroulant vivement depuis le bateau en marche. Finalement, et c'est la dernière chose à faire, il faut attirer le poisson dans le filet. Cela se pratique aujourd'hui tout comme il y a deux mille ans et plus, au moyen de pierres jetées du bateau. Avec ce barrage, les poissons sont tout d'abord rabattus dans le cercle, puis dans le filet lui-même. Il faut pour cela une quantité de pierres variable selon la période de l'année et l'état de la mer. De temps en temps, il faut reconstituer le stock de pierres sur le rivage. Mais, dans le bateau, il y a toujours deux pierres au bout de longues ficelles. Il faut savoir les lancer avec force et les retirer aussitôt de l'eau [41]. »

En fait, on peut pratiquer, autour de la résidence et de l'île, toutes sortes de pêches, à la ligne ou à la nasse, et c'est parfois par dizaines qu'on rapporte des homards. Van évoque aussi, dans ses souvenirs, les requins attirés par le gibier et pris la nuit dans les lignes, qu'on abattait à coups de revolver. On ne va pas à la pêche tous les jours, mais on y va souvent, car l'exercice qu'elle procure est le dérivatif indispensable à la tension intellectuelle et morale à laquelle Trotsky est condamné en cet exil laborieux. Quand on va à la pêche, ceux qui participent à l'expédition se lèvent très tôt, vers 3 ou 4 heures du matin; elle se termine à 8 heures, autour du petit déjeuner.

Chacun des témoins de cette époque se souvient d'une scène qui l'a particulièrement frappé. Sara Weber, par exemple, raconte comment, au cours d'un orage, la mer déchaînée a failli emporter le bateau qui sert à la pêche. Comprenant soudain le danger, Trotsky est parti en courant vers l'embarcadère. Elle raconte :

> « Les éclairs sillonnaient le ciel. La pluie et le vent cinglaient furieusement, faisant tourbillonner les eaux écumantes autour du bateau. Jetant ses chaussures, les jambes dans le ressac, L.D. s'efforçait de retenir le bateau, essayant d'atteindre un arbre contre lequel le fixer. Les arbres, secoués par le vent, se pliaient et se balançaient. L.D., trempé par la pluie violente et l'écume des hautes vagues, continuait à lutter... et le bateau fut tiré toujours plus haut hors du ressac et, avec l'aide des jeunes camarades, finalement attaché. Il y avait quelque chose de magnifique dans le combat de L.D. contre les éléments déchaînés [42]. »

Van, lui, se souvient de la colère de Trotsky parce qu'il faisait trop de bruit en vidangeant le moteur, ainsi que d'une tempête où ils faillirent périr tous les deux et ne durent leur salut qu'à l'habileté et l'expérience de Kharalambos.

Proche de Trotsky pendant toutes ces années, il fait aussi, à propos du séjour de Prinkipo, de pertinentes réflexions sur ce qu'il appelle ses rapports avec les objets :

> « Trotsky avait avec les objets des rapports limités et précis. Il y avait en général – comment dire? – une certaine rigidité, un certain manque de naturel et d'improvisation dans la manière dont il maniait les objets. Il y avait autour de lui un certain nombre d'objets avec lesquels il était familier : le stylo, le moteur hors-bord, les instruments de pêche, le fusil de chasse. Il fallait traiter ces objets selon certaines règles, difficilement changeables. L'adaptation à un objet nouveau était toujours une opération relativement compliquée [43]. »

***

Les visiteurs ne manquent pas à Trotsky dans son asile turc, venus de toutes les parties du monde. L'éditeur allemand Harry Schumann, pour la maison Reissner de Dresde, vient chercher un contrat qui ouvrira une affaire politique et un procès interminable. L'Américain Boni apporte plus d'espoir que de droits d'auteur. Viennent aussi des écrivains ou personnalités du monde littéraire et politique : Georges Simenon et Emil Ludwig, Sydney et Beatrice Webb, Marjorie Wells, Cynthia Mosley, travailliste « de gauche », fille de Lord Curzon et épouse du futur leader fasciste Sir Oswald. Max Eastman, journaliste et traducteur, est reçu comme un vieil ami et met son nez dans les affaires d'édition où il estime que Trotsky est mal défendu. Il envoie aussi, pour un film sur Trotsky, le photographe surréaliste Man Ray. Herbert Solow, jeune journaliste, vient discuter politique, amorçant une évolution qui le rapproche des trotskystes américains. Il a amené avec lui l'ingénieur John Becker, qui travaille en U.R.S.S. Alexander Kaun, professeur d'histoire à Berkeley, a voyagé avec sa femme pour venir interroger Trotsky sur l'histoire de la révolution russe, et les deux hommes sympathisent.

On peut se prendre à regretter des rencontres qui n'ont pas eu lieu. Ainsi Trotsky, en juillet 1929, refuse-t-il de recevoir Paul Levi, l'ami de Rosa Luxemburg, ex-dirigeant du K.P.D. – le parti allemand –, exclu au lendemain de « l'action de mars », qu'il a publiquement qualifiée de « putsch » en 1921 [44]. Paul Levi est en effet membre du parti social-démocrate, et c'est un préfet de police du même parti qui vient de faire tirer à Berlin, le 1er mai, sur les ouvriers communistes qui manifestaient malgré son interdiction, faisant de nombreuses victimes. Trotsky pense que sa rencontre avec Levi serait exploitée de façon hystérique par les dirigeants du K.P.D. et de l'I.C., et qu'il n'a aucun intérêt, pour le moment, à déclencher ce type de réactions. Lui-même d'ailleurs exprimera plus tard ses regrets à ce sujet dans une lettre à L. Sedov, son fils et confident politique.

Il faudrait une étude spécialement consacrée à la correspondance de Trotsky avec un certain nombre d'intellectuels, auteurs, universitaires, qui lui demandent son opinion sur leurs travaux ou sur telle ou telle question. Pour nous en tenir à la seule Allemagne, et au titre de la correspondance non directement politique, nous trouvons plusieurs cas intéressants. Le grand historien Gustav Mayer, connu pour ses travaux sur le mouvement ouvrier allemand, ses biographies de Schweitzer, Engels et Lassalle, prend contact avec lui pour des jugements sur Engels. L'historienne de l'art Luise Märten lui adresse en 1930 son très savant ouvrage sur les formes artistiques. Le journaliste communiste Fritz Gross lui demande de porter une appréciation sur son livre consacré aux dernières heures de la vie, aux légendes de la mort. Parallèlement, un militant communiste – non membre de l'opposition de gauche – qui travaille dans un bureau d'enregistrement des chômeurs, lui écrit pour l'informer de l'évolution du chômage et de l'état d'esprit des chômeurs tel qu'il se manifeste à lui dans cette institution [45].

Le chercheur qui s'absorbe aujourd'hui dans la correspondance de Harvard est parfois ébloui de la variété et de la qualité intellectuelle des lettres adressées par des inconnus à l'exilé de Turquie, d'autant qu'il n'a pas toujours les moyens de comprendre la façon dont il a exercé sur eux sa séduction et son attrait. Il y a là, en tout cas, matière à un intéressant chapitre de l'histoire intellectuelle de l'Europe.

Sur place, les contacts de la maison sont réduits au maximum avec le monde extérieur. L'après-midi, on va au débarcadère acheter un journal en français et un en allemand, d'Istanbul, qui donnent des dépêches d'agence. Au début, lors de la première installation à Prinkipo, et pour des raisons de sécurité évidemment, on a voulu tenter de se passer de domestiques. L'expérience s'est révélé catastrophique. Il faut employer une cuisinière grecque, qui est logée dans la maison, une femme de ménage, grecque également, qui vient le matin. La secrétaire russe, de 1929 à 1933, Maria Ilinichna Pevzner, est une salariée, recrutée sur place et dont le dévouement la fera considérer comme une véritable amie. C'est tout. Van écrit :

« Nous n'avions, dans le monde turc, ni amis ni connaissances. Nos seuls contacts, à Stamboul, étaient avec le propriétaire de la maison, un Arménien à qui nous allions tous les mois payer le loyer, et avec quelques commerçants attitrés, pour la papeterie et les instruments de pêche. Pendant mon séjour en Turquie, Trotsky alla une ou deux fois à Stamboul, chez le dentiste. Nous louions une grande barque à moteur qui venait nous prendre au débarcadère même de la maison et nous emmenait directement à Stamboul [46]. »

Un témoin au moins de la vie de Trotsky en U.R.S.S. dans la période précédente, a visité Prinkipo : Max Eastman, avec sa compagne Eliena Krylenko, est arrivé à Istanbul le 6 juillet 1932 avec l'objectif de rencontrer Trotsky qui l'accueillit comme un vieil ami. Ils resteront quinze jours dans l'île en habitant dans une maison proche, prenant les repas ou le thé avec les Trotsky. Bien entendu, dans ces circonstances et avec des visiteurs, la table n'est pas ce qu'elle est d'habitude, les repas un peu sinistres décrits par Van :

« Dans l'isolement de Prinkipo, avec ce groupe de personnes qui ne variait pas pendant des mois, il ne se mettait pas toujours en frais de conversation. Je me souviens de repas, dans des périodes difficiles, où il ne prononça pas un mot. En général, c'étaient des remarques sur le travail, une nouvelle reçue dans une lettre ou lue dans le journal, des observations politiques que nous retrouvions, quelques jours plus tard, dans un article et qu'il avait essayées sur nous. Des souvenirs, il y en avait parfois. [...] De chaque époque de sa vie sauf une, la guerre civile [47]. »

Pour Max Eastman, il se met en frais. On discute de la dialectique, on parle de la guerre de Sécession et on envisage d'écrire ensemble une pièce dramatique sur ce thème, on parle des fouilles entreprises dans les ruines de Sidon. Mais le voyageur américain est désespérément critique. Il écrit ces remarques, où se dessine une déception évidente :

« Il ne vit pas dans le luxe; il n'y a pratiquement pas de meubles dans sa maison; c'est une caserne, et la nourriture est simple à l'extrême. Il ne fait que conserver les habitudes d'un ministre de la Guerre après qu'il était devenu le leader d'un parti prolétarien. Son secrétaire [...] m'a confié avec une anxiété proche du désespoir que Trotsky, vivant encore comme un commissaire, ignorait totalement le problème du financement de son nouveau parti et de ses propres travaux gigantesques. Ce n'était pas chez lui un trait nouveau. Même dans ses jours de misère, à Paris ou au Bronx, il était incapable de conserver ce qu'il gagnait. Même la plus petite monnaie dans sa poche pouvait disparaître [...] dans le cours d'une brève promenade dans la rue. Dans sa situation du moment pourtant, c'était une calamité. [...] Bien entendu, l'argent est au-dessous du mépris d'un révolutionnaire idéaliste – l'or, selon Lénine, devait être utilisé pour construire des urinoirs dans la société socialiste –, mais tant qu'on est sur la route qui y mène, il mérite un peu d'attention [48]. »

L'écrivain américain adressait également aux Trotsky et au style de leur vie, un reproche, sans doute infiniment plus grave à ses yeux, en écrivant les lignes suivantes, une condamnation probablement sans appel :

> « L'absence de confort et de beauté dans la maison de Trotsky, l'absence même de toute tentative de cultiver l'art de vivre sous un aspect perceptible, me paraît tristement regrettable. Un homme et une femme doivent être esthétiquement morts pour vivre dans cette caserne nue que quelques dollars seulement auraient pu transformer en une maison charmante. [...] Le jardin qui entoure la villa est abandonné aux mauvaises herbes. [...] Pour épargner de l'argent, explique Natalia Ivanovna. Par pure indifférence à la beauté, dirais-je. Trotsky parle beaucoup de l'art dans ses livres et revendique un goût cultivé, mais il n'a pas plus d'intérêt pour l'art que pour ce jardin [49]. »

Nous nous contenterons d'opposer à ce jugement très sévère l'explication donnée par Isaac Deutscher :

> « L'endroit n'avait rien du confort de la maison bourgeoise américaine; même dans des circonstances normales, il ne serait pas venu à l'idée de Trotsky et de Natalia de constituer " une résidence charmante " avec des gravures ne coûtant que " quelques dollars ", et leurs conditions de vie à Prinkipo ne furent jamais normales. Ils restèrent là, tout le temps, comme dans une salle d'attente sur une jetée, regardant le bateau qui les emmènerait loin de cet endroit. [...] L'effort et l'argent devaient être économisés pour une lutte désespérée dont la maison de Büyük-Ada ne fut que le quartier général temporaire. Son austérité propre et dénudée était en accord avec ce dessein [50]. »

L'humanité, la sensibilité, la trop humaine appréhension devant l'inconnu ne sont pourtant pas étrangères aux grands desseins – et elles transparaissent dans les dernières lignes du Journal consacrées à Prinkipo et écrites le jour du départ :

> « Ce matin, la pêche a été médiocre. La saison est terminée, le poisson a gagné les profondeurs. Il reviendra vers la fin août, mais alors Kharalambos pêchera sans moi. En ce moment, il cloue des caisses de livres au rez-de-chaussée, sans être entièrement convaincu de leur utilité. Par la fenêtre ouverte, on peut voir le petit vapeur qui amène les fonctionnaires d'Istanbul à leurs résidences d'été. Les rayonnages vides bâillent dans la bibliothèque. Ce n'est que dans le coin en haut, au-dessus de l'arche de la fenêtre, que l'ancienne vie continue normalement : les hirondelles y ont construit leur nid et, juste au-dessus des " livres bleus " britanniques, a éclos une couvée qui ne s'intéresse pas du tout aux visas français.
>
> « Pour le meilleur ou pour le pire prend fin le chapitre " Prinkipo " [51]. »

L'Histoire devait montrer que c'était pour le pire.

CHAPITRE XXXVIII

Amis et camarades, anciens et nouveaux [1]

Apprenant son expulsion d'U.R.S.S., Trotsky avait immédiatement revendiqué l'autorisation, pour N.I. Sermouks et I.M. Poznansky, à l'époque déportés, de l'accompagner dans son exil. Après quelques tergiversations, les responsables du G.P.U. qui l'escortaient lui avaient finalement laissé entendre que cette autorisation leur serait accordée [2]. On comprend mieux la vivacité de sa protestation, lors de son entrée en Turquie, sans eux et sans avoir reçu de leurs nouvelles. A Constantinople, il renouvelle ses protestations, et on lui fait les mêmes promesses auxquelles il ne croit plus.

Il n'entendra plus jamais parler de l'un ni de l'autre. Nous ignorons encore dans quelles conditions est mort, en prison ou en camp, N.I. Sermouks, qui n'est plus mentionné dans la correspondance des années trente. Quant à I.M. Poznansky, après avoir été l'un des organisateurs de la grève de la faim des détenus bolcheviks-léninistes de Vorkouta en 1936-1937, il a été l'un des premiers fusillés, en avril 1938, près de ce camp [3].

Trotsky doit donc se tourner désormais vers ses amis et camarades de l'étranger, anciens et nouveaux, Russes ou occidentaux, pour une aide qui lui est tout à fait indispensable dans les conditions où Natalia, Ljova, et lui se trouvent placés après leur expulsion.

***

Sur ce plan-là, il faut enregistrer d'emblée un coup dur, qui fut sans doute un coup de tête. E.B. Solntsev, l'un des jeunes gens les plus doués et les plus prometteurs parmi tous les jeunes talents de l'opposition de gauche, exilé en Allemagne, Autriche, puis aux États-Unis où il travaillait à l'Amtorg – société commerciale soviétique –, avait fait au cours des années précédentes un travail considérable en direction des partis communistes, à commencer par le parti allemand et en finissant par le parti américain. Son action publique, les portes qu'il s'était ouvertes dans la presse [4] faisaient que sa personnalité et son rôle étaient connus des dirigeants soviétiques. On s'explique mal qu'il ait, dans ces conditions, et sans tenir compte des objurgations préventives de Trotsky, dont il fut coupé au moment décisif, décidé d'obtempérer à l'ordre de rappel en U.R.S.S., dont il ne pouvait douter qu'il signifiait pour lui beaucoup plus que la déportation, la prison rigoureuse et plusieurs années d'isolateur. Peu enclin aux lamentations, Trotsky revient, à plusieurs reprises, sur cet incompréhensible coup de tête qui le prive de la possibilité de poursuivre en exil le travail préparatoire de son jeune camarade.

Quand les exilés arrivent à Prinkipo, le gros des oppositionnels qui ont, au cours des semaines et des mois précédents, sillonné l'Europe et organisé les premiers cadres d'une opposition internationale, ont été rappelés et, comme Solntsev, sont revenus en U.R.S.S. Quelques-uns restent cependant à l'extérieur, sans doute parce qu'ils n'ont pas été encore repérés ou pour des raisons particulières. La délégation commerciale de Londres, par exemple, abrite plusieurs partisans de Trotsky, dont l'un, qui signe Tenzov, – son nom réel nous est inconnu – demeurera jusqu'en 1932 un correspondant très utile; un autre est le fils du vieux-bolchevik Tsiouroupa [5]. A Paris, un fonctionnaire de la délégation commerciale, du nom de Kharine, est membre de l'Opposition de gauche et, en quelque sorte, son représentant officiel à l'étranger. C'est « le camarade Joseph » avec lequel Trotsky est en contact dès son arrivée en Turquie [6]. A Berlin, il y a plusieurs sympathisants à la délégation commerciale où Pierre Naville se souvient d'avoir rencontré notamment Bessonov, mais il y a surtout Nina Vorovskaia, militante des Jeunesses et de l'opposition russe, fille du vieux-bolchevik V.V. Vorovsky, assassiné par les blancs à Lausanne, amie de L. Sedov, qui a été autorisée à venir y soigner sa tuberculose.

Sur ce plan-là, les contacts seront très brefs. Dès le mois d'août, Kharine capitule, et Nina est rappelée en U.R.S.S. après une dangereuse opération : elle mourra après une lente agonie [7]. Il est probable qu'il reste à l'étranger des militants, dans les délégations commerciales ou les services diplomatiques, qui sympathisent avec l'opposition. Mais ils ne peuvent plus servir de point d'appui.

***

C'est tout naturellement que Trotsky se tourne d'abord vers ses vieux amis personnels de l'avant-guerre. Ils sont peu nombreux, mais fidèles. Il y a les Rosmer à Paris, Raïssa Adler à Vienne, Anna Konstantinovna Kliatchko et sa famille de Vienne et de Paris, les Pfemfert à Berlin.

Anna Konstantinovna est sans doute l'une des plus proches, sentimentalement, des Trotsky. Elle est aussi la moins impliquée dans l'activité politique. C'est pour la rencontrer chez son frère, le docteur Salomon Lvoff*, à La Varenne-Saint-Hilaire, que Natalia laisse Trotsky pendant quelques jours en 1933. D'elle ils attendent la

* Son fils André Lvoff devait obtenir en 1965 le prix Nobel de physiologie et de médecine.

chaleur et l'amitié, le réconfort de la confiance et l'ambiance familiale et ils trouveront en elle un appui moral réel.

Il en va autrement avec le couple Rosmer. Ils vivent aux Lilas, dans la banlieue parisienne. L'expulsion de Trotsky de France, en 1916, les a séparés. Mais Rosmer est venu en 1920 en U.R.S.S., a été membre de l'exécutif et du petit bureau de l'I.C. Il a voyagé avec Trotsky dans le train et l'a retrouvé ensuite à l'occasion de réunions de l'exécutif ou d'autres congrès mondiaux. L'exclusion de Rosmer du P.C., en 1924, les a de nouveau séparés pour des années. Trotsky a dû publiquement désavouer Rosmer quand, avec Monatte, il a fondé la revue « syndicaliste communiste » *La Révolution prolétarienne.* Rosmer ne lui en a pas tenu rigueur. Dès qu'il le pourra, il ira à Prinkipo discuter avec Trotsky de la situation dans l'Internationale et ses sections, des perspectives d'organisation de l'opposition. De santé fragile, contraint à de fréquentes périodes de repos, c'est par ailleurs un militant d'une rigueur et d'une stature morales qui inspirent à tous le respect. Sa compagne, Marguerite Thévenet, son inséparable « moitié », est une femme active, capable de tout organiser à partir de rien : « les Rosmer », c'est un militant à deux têtes, dont Trotsky veut faire son homme de confiance à la tête de l'opposition de gauche internationale [8]. Venus pour la première fois à Prinkipo en mai 1930, les Rosmer reviendront.

Nous ignorons quand et comment a commencé l'amitié avec un autre couple, germano-russe celui-là, celui des Pfemfert. Elle est incontestablement ancienne – l'avant-guerre – et solide. Elle a résisté notamment à la rupture avec l'Internationale communiste de Lénine et Trotsky des « gauchistes » du K.A.P.D., dont Franz Pfemfert, écrivain expressionniste, directeur de *DieAktion,* était l'une des figures de proue. Ce dernier va prendre le risque de se brouiller avec ses propres amis politiques pour publier dans sa revue les textes de l'exilé dont, par-dessus le marché, Aleksandra Ramm, d'origine russe, devient la traductrice attitrée en langue allemande. Peu de correspondances sont aussi denses que les leurs, fourmillant d'informations, de suggestions, de questions en provenance de la maison Pfemfert à Berlin, et ce lien-là ne s'affaiblira, au moins matériellement, que dans la tourmente qui va chasser les uns et les autres d'un pays à l'autre, ne les réunissant au Mexique que dans la mort.

En dehors d'Anna Konstantinovna, il y a une autre amie à Vienne, Raïssa Epstein, l'épouse du psychanalyste Alfred Adler, l'une des proches amies du couple dans leur séjour viennois d'avant-guerre. Enthousiaste de la révolution russe, elle a rejoint le Parti communiste autrichien, dont elle va d'ailleurs être exclue en 1929. Elle aussi traduit des documents en provenance de Turquie, renseigne, informe, recrute pour Trotsky de jeunes collaborateurs.

Car ces hommes et ces femmes, amis au sens le plus précis du terme, personnellement dévoués à Trotsky et Natalia, sont aussi des camarades, au sens le plus large du mot, et vont forcément être les intermédiaires entre les exilés et de jeunes camarades, nouveaux, plus jeunes, plus mobiles, plus entreprenants qui vont d'ailleurs très rapidement prendre leur place.

Parmi ces hommes nouveaux, plus d'un rejoint les Trotsky à Prinkipo, pour les aider ou pour discuter avec « le Vieux ».

***

Le tout premier militant étranger à rejoindre volontairement L.D. en exil pour se mettre à son service, fut sans doute le jeune Tchèque Wolfgang V. Salus, qui fut ainsi à l'origine d'une chaîne de dévouements à partir de Prague et du pays sudète. Fils d'un médecin qui était aussi l'un des plus grands poètes du pays, Hugo Salus, le jeune Wolfgang, d'abord élève d'une école militaire – Trotsky le baptisa « Krieger » (le guerrier) – avait rompu très jeune avec sa famille. Il avait quatorze ans quand il rejoignit en 1924 les Jeunesses communistes et dix-huit quand il fut délégué à Moscou à une conférence internationale d'organisation des Jeunesses communistes.

C'est, semble-t-il, à cette occasion qu'il eut son premier contact avec l'Opposition de gauche russe et rencontra Trotsky pour la première fois – nous ne possédons toutefois aucun élément certain là-dessus. Il se trouvait à Vienne au moment de l'expulsion d'U.R.S.S. de Trotsky et fut vraisemblablement informé des détails de la situation par Raïssa Adler. Il décida alors de partir se mettre à la disposition des exilés. Seul le fait que les deux hommes se seraient antérieurement rencontrés expliquerait que le jeune Tchèque ait été accueilli sans problème et sans lettre d'introduction.

Son voyage et son séjour amorçaient d'ailleurs un courant qui dirigea vers la Turquie de jeunes militants communistes. Salus était encore là à l'été lorsque trois de ses camarades, le métallo Ferdinand Jerábek, l'ouvrier du livre František Kohout et le jeune intellectuel Jiří Kopp vinrent à leur tour rendre visite à l'exilé auprès de qui le dernier nommé demeura un peu plus longtemps, collaborant, lui aussi, au travail de secrétariat [9].

En mai 1930 arriva à Prinkipo, avec la recommandation chaleureuse de Raïssa Adler, qui le tenait pour un ami, un homme jeune qui avait le mérite de pouvoir servir comme secrétaire en russe et en allemand. Jakob Frank, Juif lituanien, avait travaillé à Vienne jusqu'en 1927 à la délégation commerciale soviétique et était personnellement très lié avec les deux jeunes oppositionnels. N.I. Oufimtsev et Aleksandra Simachko, déportés depuis. Il était membre du P.C. autrichien, mais ne semble pas y avoir eu une activité véritable. Il allait demeurer six mois à Prinkipo, avant de retourner... au stalinisme.

C'est à peu près au même moment que vint celui qui fut, en ce début des années trente, le principal collaborateur et homme de confiance de Trotsky en Turquie, le Tchécoslovaque Jan Frankel. Né en 1906, il appartenait à une famille juive d'Autriche, peu fortunée mais distinguée, puisque son grand-père avait été grand rabbin de Vienne. Il était particulièrement doué pour les langues. Tuberculeux dans sa prime adolescence, il avait séjourné en 1923 au sanatorium italien de Merano et, avec son jeune camarade Jiří Kopp, qui était asthmatique, avait été gagné au communisme par un militant brûlant de passion révolutionnaire et de fièvre, le fondateur du P.C. slovaque Hyňek Lenorovič, très gravement atteint de tuberculose; tous trois avaient assidûment fréquenté Franz Kafka dans de longues soirées de veille [10].

Venu à Paris pour représenter l'opposition tchécoslovaque en avril 1930, il en était reparti, à la fin des débats, directement pour Prinkipo, avec la recommandation et sans doute à l'instigation de Marguerite Rosmer, qui avait compris combien il pouvait être utile au travail. Devenu un élément essentiel de l'organisation internationale de l'Opposition aux côtés de Trotsky, Jan Frankel devait demeurer à ce poste jusqu'au début de janvier 1933, et, bien plus tard, y revenir pour servir Trotsky comme secrétaire, en Norvège d'abord, au Mexique ensuite.

Marguerite avait également envoyé à Trotsky, pour peu de temps chaque fois, des militants français pour son secrétariat et sa garde. Le premier fut Lucien Marzet, secrétaire du syndicat des chapeliers exclu de la C.G.T.U.; c'était un communiste d'opposition, syndicaliste proche de Monatte et Rosmer, membre du noyau de *La Révolution prolétarienne.* Resté à Prinkipo de mars à octobre 1929, il y fut remplacé par un autre militant qui resta, lui jusqu'en décembre, le correcteur d'imprimerie Robert Ranc. Tous deux allaient d'ailleurs, dès leur retour, s'éloigner du communisme pour rejoindre de nouveau le syndicalisme révolutionnaire, choisir Monatte contre Rosmer. C'est au même courant qu'appartient Louis Bercher, médecin sur un bateau des Messageries maritimes, un pionnier du P.C. en Algérie, qui signe J. Péra dans la *R.P.* et fait plusieurs visites à l'exilé. Entre-temps, Trotsky a rencontré à Prinkipo d'autres militants venus de France s'entretenir avec lui et l'aider.

Le premier, le 12 mars 1929, fut l'avocat Maurice Paz, leader de l'opposition de 1923 dans le P.C.F. et animateur depuis deux ans du périodique *Contre le Courant* qui avait, pendant presque deux ans, servi de boîte à lettres à l'opposition russe. Le séjour de Paz ne dura que quatre jours, et les relations se détériorèrent entre les deux hommes. Trotsky voyait en Paz ce qu'il appelait un « philistin », pour qui la politique passait après sa clientèle d'avocat et qui se refusait à l'unification nécessaire avec les autres groupes oppositionnels pour demeurer le petit chef de son petit groupe.

Tout de suite après Paz, arrivent à Stamboul quatre militants nettement plus jeunes, les deux frères Raymond et Henri Molinier, la femme de Raymond, Jeanne Martin des Pallières, et un militant d'origine russe, David Barozine, connu sous le pseudonyme de Pierre Gourget, voyageant avec le passeport d'un camarade.

Raymond Molinier entrait ainsi dans la vie de Trotsky à la fin du mois de mars 1929 : avec lui apparaît l'un des personnages de premier plan du troisième exil. Exclu pour trois ans du P.C.F. en 1924, oppositionnel depuis 1926, il avait été condamné pour banqueroute en 1927. Il avait fait le voyage à ses frais et de sa propre initiative, malgré les réserves de Marguerite Rosmer. Il venait mettre au service de Trotsky ses talents d'organisateur et d'homme d'affaires. Il n'est pas douteux que Trotsky fut très vite séduit par ce jeune militant – vingt-cinq ans à l'époque – dont il allait écrire à Paz qu'il était « l'un des hommes les plus serviables, pratiques et énergiques qu'on puisse imaginer [11] ». Sans connaître un mot de turc, Molinier lui avait déniché la villa d'Izzet Pacha, débattu avec le propriétaire la question du loyer, organisé l'emménagement, préparé des plans pour financer, de Paris, la présence à Prinkipo de plusieurs collaborateurs, décidé de laisser temporairement sa femme pour servir de secrétaire française et aider Natalia aux travaux ménagers. Après le retour de Molinier à Paris, en mai 1929, Trotsky allait, selon Van, dire de lui qu'il était « la préfiguration du révolutionnaire communiste futur [12] ». Il estimait aussi énormément son frère aîné, Henri, un ingénieur expert dans les questions financières.

Quelques mois après, en août, abordèrent à Prinkipo un groupe de trois militants français, de la même génération, mais personnellement fort différents, Pierre Naville et sa compagne Denise, et Gérard Rosenthal. Naville et Rosenthal étaient de jeunes et brillants intellectuels appartenant à des milieux de bourgeoisie aisée, dont le rôle n'avait pas été négligeable dans le mouvement surréaliste. Ils étaient venus au P.C. déjà d'esprit oppositionnel. En visite en U.R.S.S. au moment du dixième anniversaire de la révolution d'Octobre, ils avaient rencontré les principaux dirigeants de l'opposition de gauche russe à la veille de leur exil et notamment Trotsky. Ils avaient assisté à l'enterrement de Joffé. Gérard Rosenthal était avocat et brillant orateur [13].

Trotsky allait très vite se rendre compte qu'il lui serait très difficile de faire travailler ensemble les différents groupes de ses partisans français. La rupture avec Paz consommée, il ne réussit pas vraiment, comme il le souhaitait, à unir autour de Rosmer les autres composantes. L'obstacle – considérable – était la méfiance à l'égard de Raymond Molinier, nourrie par Rosmer et le groupe Naville. A Prinkipo, Ljova et Frankel s'étaient ouvertement rangés du côté de Molinier et s'efforçaient de compromettre Naville aux yeux de Trotsky, en faisant lire à ce dernier les textes de l'époque surréaliste de celui-ci. Pendant les années de Prinkipo, cependant et même après le retrait des Rosmer à la fin de 1930, Raymond et Henri Molinier, Pierre Naville et Gérard Rosenthal restèrent des visiteurs assidus, participant aux tâches comme aux parties de pêche et aux interminables négociations entre fractions. Jeanne, elle, demeurera en gros jusqu'au début de 1931.

Magdeleine Marx, la femme de Paz, journaliste, traductrice et écrivain de talent, avait, la première, pris en main les « affaires » littéraires de Trotsky : cession de droits, contrats, recherche d'éditeurs. La tâche fut assurée ensuite par Marguerite Rosmer à Paris et, après 1930, par Raymond Molinier.

Le personnel militant fut partiellement renouvelé en 1932 avec l'arrivée et l'installation à Prinkipo de trois nouveaux secrétaires dont deux allaient avoir une durée et un rôle comparables à celui de Jan Frankel.

Le Français Pierre Frank était un ingénieur-chimiste qui s'était très tôt entièrement consacré à la politique dans le sillage de Raymond Molinier. Venu en visiteur, pour se former et s'informer, puisqu'il était membre de la direction française et internationale de l'opposition, il était resté finalement presque une année, parce qu'il était utile à la fois comme secrétaire français et comme garde. Ce petit homme gauche, timide et renfrogné, n'avait pas, aux yeux de Trotsky, les mérites et le prestige de son camarade et chef de file Raymond Molinier. Il allait pourtant jouer un rôle important dans la section française et les luttes qui marquèrent la création de la IVe Internationale.

Otto Schüssler devait, en revanche, aller jusqu'au bout avec Trotsky. Il était âgé de vingt-sept ans à son arrivée. Jusque-là, il travaillait comme emballeur de livres d'art dans une librairie-imprimerie spécialisée de Leipzig. Ancien membre du K.A.P.D. « gauchiste », il était venu à l'opposition de gauche allemande par l'intermédiaire du groupe saxon de l' « Unité bolchevique » qui avait quelque temps rassemblé les oppositions à Leipzig. Cet autodidacte, plutôt renfermé, s'était rapidement révélé un secrétaire de grande classe, et Trotsky s'était mis assez vite à lui confier des tâches politiques et rédactionnelles de confiance. Il avait fait la joie de ses hôtes, avec son accent saxon, dans les débuts de son séjour.

Jean van Heijenoort était sans doute la personnalité la plus originale parmi tous ces militants. Ce grand garçon de vingt ans, blond et bâti en athlète, étudiant en mathématiques supérieures au lycée Saint-Louis, avait appris le russe tout seul, parce qu'il pensait que ce serait peut-être utile un jour. Il avait milité à Paris avec les jeunes de l'opposition de gauche. C'était Raymond Molinier qui avait eu l'idée de l'envoyer auprès de Trotsky et lui en avait fait la proposition. Arrivé à la fin d'octobre 1932, presque aussitôt consacré comme un traducteur du russe en français dont on ne vérifiait pas le travail, il devint très rapidement non seulement un collaborateur politique de confiance, mais un homme irremplaçable sur tous les plans et dans tous les domaines, l'égal de Frankel : il allait le rester sept ans au cours desquels il passa le plus clair de son temps auprès de Trotsky.

Deux nouveaux secrétaires arrivent en 1933. Sara Jacobs, dite Sara Weber, fille d'émigrés, née en Pologne, venue aux États-Unis à vingt ans, militait dans l'opposition américaine et parlait couramment le russe : elle proposa ses services en 1933 et fut agréée. Elle était employée au pair, ce qui permettait de se passer de M.I. Pevzner qu'il fallait rémunérer normalement. Elle ne travailla que quelques semaines à Prinkipo d'où elle repartit avec les Trotsky peu après son arrivée, mais ce séjour fut le point de départ d'une longue cohabitation presque familiale.

Rudolf Klement vint également à Prinkipo au mois de mai 1933, envoyé par Lev Sedov, sur proposition du responsable hambourgeois

Georg Jungclas. Cet étudiant en philosophie, qui parlait et écrivait déjà cinq langues, s'était mis au russe pour servir à Trotsky de traducteur en allemand. Ce grand garçon frêle, effacé, timide, homosexuel selon certains, se révéla très vite un traducteur efficace des écrits essentiels de Trotsky en cette période de création et repartit en juillet 1933 avec le gros de la troupe.

***

L'ami des États-Unis en 1917, Ludwig Lore, ne joua pas pour Trotsky le même rôle qu'un Rosmer, un Pfemfert, une Raïssa Adler. C'est pour une raison circonstancielle. E.B. Solntsev l'avait contacté en 1928 et avait pu, grâce à lui exprimer l'opinion de l'opposition dans le *New Yorker Volkszeitung*, qu'il dirigeait. Il avait collaboré avec Solntsev et Eastman pour la publication aux États-Unis en anglais de la *Plate-forme* de l'opposition russe sous le titre *The Real Situation in Russia.*

Mais, quand Trotsky s'installe en Turquie et commence à scruter la carte du monde, la situation a changé aux États-Unis où le groupe d'oppositionnels de gauche dirigé par J.P. Cannon après le VIe congrès de l'Internationale communiste, se constitue en Communist League of America (C.L.A.). Lore n'en fait pas partie : il a été longtemps adversaire de Cannon au P.C. Du fait qu'il est, lui, désormais lié au groupe de Cannon, Trotsky ne sollicite pas son ami de 1917.

Pourtant, les visiteurs américains ne vont pas manquer à Prinkipo. Le premier, en mars 1930, est Max Shachtman. Cet homme jeune – il a alors vingt-sept ans –, né à Varsovie et venu aux États-Unis avant son premier anniversaire, s'est engagé à dix-sept ans dans les rangs communistes, a été l'un des dirigeants, puis, à vingt ans, le secrétaire national des Jeunesses communistes, responsable du travail antimilitariste du parti. Passé au parti en 1927, affecté à l'International Labor Defence, il s'y est lié à Cannon et l'a donc suivi à la fin de 1928 dans l'Opposition, puis en 1929 dans la Communist League of America. Journaliste de très grand talent, actif, plein d'anecdotes et d'idées, conteur éblouissant, amateur de calembours, il irrite un peu Trotsky qui a cependant pour lui une grande estime. Lui aussi visitera Prinkipo une seconde fois, en 1933.

Le second visiteur américain important est un des dirigeants des Jeunesses communistes de Chicago rallié, lui aussi, à l'opposition de gauche en 1928, Albert Glotzer. Il passe cinq semaines à Kadiköy à la fin de 1931 et inaugure ainsi des relations qui se poursuivront jusqu'au séjour mexicain.

En 1932, arrivent des États-Unis deux jeunes visiteurs l'économiste Max Gould – trente-deux ans –, dit B.J. Field, et sa femme Esther. Trotsky est passionné par l'information et la compétence de B.J., l'associe à ses travaux, projette un travail en commun, lui demande des articles pour la presse des sections de l'Opposition. Il y aura pourtant des difficultés, car B.J. Field a été exclu de la C.L.A., dont les dirigeants n'apprécient guère la protection et la caution que Trotsky semble ainsi lui donner.

C'est le 22 février 1933, au lendemain de la victoire de Hitler en Allemagne qu'arrive le dernier visiteur américain, inconnu jusque-là, Arne Swabeck. Ce peintre en bâtiment de quarante-trois ans, qui a travaillé et milité au Danemark, en Allemagne et en Roumanie avant d'émigrer, s'est installé aux États-Unis en 1916, a milité dans les rangs de l'organisation syndicaliste I.W.W. (Industrial Workers of the World) et du Parti socialiste, a dirigé le journal de la Fédération social-démocrate scandinave avant de devenir communiste en 1920. Il a été non seulement un dirigeant du P.C. mais de l'A.F.L. à Chicago dans les années vingt, et du Labor Party d'Illinois. Il dirige la section américaine, la C.L.A., pendant une période d'éclipse volontaire de Cannon. Il a tenté de faire entrer légalement en Turquie un poste récepteur de radio qui aurait aidé les exilés à briser leur isolement, mais la police locale des frontières n'a rien voulu savoir!

***

Le compte des visiteurs de Prinkipo n'est pas facile à établir. Pour nombre d'entre eux, toutes les précautions ont été prises pour effacer les traces d'un contact, et elles ont été efficaces.

Trotsky a reconnu publiquement, à la fin de 1929, avoir reçu la visite de Ia.G. Blumkine, toujours agent des services de renseignements de l'Armée rouge. Selon lui, Sedov l'aurait rencontré dans la rue à Istanbul, venant d'Extrême-Orient et rentrant en Union soviétique. Il l'aurait alors convaincu de venir avec lui, « à la maison » pour rencontrer « le Vieux ». En réalité, un document rédigé par Blumkine, authentifié par Lev Sedov, daté du 3 avril 1929, et découvert par nous à Stanford dans les papiers Lev Sedov, fait apparaître que les contacts de Trotsky avec Blumkine n'ont pas relevé d'une rencontre forfuite mais d'une liaison organisée avec l'U.R.S.S., dans laquelle l'agent secret était évidemment une pièce maîtresse. C'est ce lien qui devait décider Staline à faire fusiller Blumkine – une affaire que nous traiterons dans un chapitre prochain.

Le second visiteur soviétique connu est un Ukrainien dont Isaac Deutscher, de façon pour le moins surprenante, a fait un « Américain [14] »! Il s'agit de Pavel Okun, dit Mill ou encore Jack Obin : l'homme, venu d'Ukraine en Palestine, y a milité quelque temps, avant de revenir en Europe, Belgique, puis France, où il a été à Paris l'un des animateurs du « groupe juif ». Allié de Raymond Molinier, il a été appelé au secrétariat administratif de l'opposition de gauche internationale, parce qu'il sait le russe et peut donc être l'intermédiaire avec Trotsky, indépendamment de la situation de ce dernier et de son secrétariat. C'est un homme plutôt inconsistant, qui semble se perdre parfois dans ses propres intrigues et que Trotsky n'a jamais estimé.

Un autre citoyen soviétique au moins, venant, lui d'Union soviétique, est venu à Prinkipo rencontrer Trotsky en grand secret : un homme que Raymond Molinier a convoyé et dont il se souvenait en 1985 qu'il répondait au pseudonyme de Vetter et parlait parfaitement le français. Des recoupements avec les documents du Hoover Institute, où figure un dossier à ce nom, et avec la correspondance de Victor Serge, suggèrent qu'il s'agissait de Jakov Kotcherets, dit Vetter ou « le Français », correspondant clandestin principal de Sedov, qui, selon Serge, aurait traduit en russe Louis Aragon sous le pseudonyme de Jean Renaud.

Nous ajouterons à ces visites de militants celle d'un homme qui fut aussi pendant quelques mois en correspondance suivie avec Trotsky, un ancien militant du parti bolchevique exclu du temps de Lénine – lequel lui adressa à cette occasion une lettre personnelle – pour avoir revendiqué en U.R.S.S. la liberté de tous les partis. G.I. Miasnikov, évadé d'U.R.S.S. vers la Perse, passé en Turquie, avait appelé Trotsky au secours et bien fait. Gérard Rosenthal se souvient de lui avoir ouvert la porte – le 13 juin 1929 – et de s'être trouvé en face d' « un homme maigre, au visage charbonneux, vêtu de hardes et dans un état misérable [15] ». Trotsky aida matériellement Miasnikov à sortir de Turquie pour gagner l'Europe occidentale et fit de son mieux pour l'empêcher, mais en vain, de se laisser guider en politique seulement par des sentiments et ressentiments.

Nous n'avons dans les archives aucune indication sur la visite à Prinkipo du Chinois Liu Renjing dont l'arrivée est seulement annoncée dans la correspondance sous son pseudonyme de « Charles ». Liu Renjing avait été l'un des huit délégués du congrès de fondation du P.C. chinois dont il avait été le représentant aux IIIe et IVe congrès de l'Internationale communiste. Il avait résidé plusieurs années à Moscou et y avait adhéré à l'opposition de gauche – sous le nom de « Lensky » –, de même que plusieurs dizaines d'étudiants chinois en stage ou en cours d'études à Moscou à cette époque. Reparti via Paris en 1929, il avait eu un bref contact avec Rosmer et ses amis et avait pris la direction de Prinkipo avant de regagner son pays où il allait jouer un rôle essentiel dans le développement de la crise de l'opposition de gauche sous le pseudonyme que lui avait attribué Trotsky de Nel Sih [16].

L'examen de la liste des visiteurs fait apparaître un faible nombre d'Allemands, compte tenu notamment du nombre élevé de correspondants de ce pays. La première raison en est que, dans les premiers mois de son séjour en Turquie, Trotsky entretenait une relation privilégiée avec ce qu'il considérait pratiquement comme l'unique force oppositionnelle organisée hors d'Union soviétique, le Leninbund de Hugo Urbahns. Mais c'est en vain, non sans amertume, au contraire avec une certaine rancœur, qu'il attendit d'Allemagne visiteurs, informateurs, et collaborateurs. Dans les derniers mois de son séjour, c'est lui qui insista pour que des militants allemands renoncent à faire le voyage pour le rencontrer. Il insista particulièrement auprès de Lev

Sedov pour que l'ancien dirigeant du P.C. et de la gauche allemande, Werner Scholem, ne courre pas le risque politique de se trouver en Turquie au moment où pourrait se jouer dans la rue le sort du prolétariat et du communisme en Allemagne. Pour des raisons apparemment semblables, ni Boris Goldenberg ni Fritz Sternberg, deux dirigeants du S.A.P. liés à Lev Sedov, ne donnèrent suite avant 1933 à leur projet de rencontre avec l'illustre exilé.

Trotsky reçut, en revanche, pendant quelques jours, en avril 1931, un jeune étudiant en histoire qui préparait une thèse sur la révolution de 1923 en Allemagne, Heinz Schürer. Trotsky l'estima intellectuellement intéressant et pensa que son travail pouvait être utile. Il le défendit donc quand l'exclusion de ce voyageur, accusé d'individualisme, fut à l'ordre du jour de la section allemande, en assurant que les dirigeants se devaient de veiller à ce que les militants fassent ce qui les intéressait.

Une autre visite de militants liés à la section allemande, bien plus importante que celle de Schürer, eut lieu à l'été 1931 : il s'agit de celle des frères Sobolevicius, deux Lituaniens domiciliés l'un en Allemagne et l'autre en France.

Ruvin Sobolevicius, le plus âgé des deux, qui avait alors trente-deux ans, avait quitté Kovno où leur père était industriel en cuirs et peaux, pour se fixer à Leipzig où ce dernier possédait une usine que dirigeait son fils aîné, Beras. Il y avait fait des études d'agronomie, était parti faire un séjour prolongé en U.R.S.S. A son retour, il avait adhéré en même temps au K.P.D. et au groupe l'« Unité bolchevique » dont il était rapidement devenu le dirigeant. Depuis, sous les noms de Schmidt, de Sobolev et finalement de Roman Well, il était devenu le principal dirigeant de l'Opposition d'abord en Saxe, puis, en 1931, en Allemagne : il s'était alors établi à Berlin où il avait commencé des études de médecine. Il avait longuement et fréquemment correspondu avec Trotsky avant cette visite.

Son frère plus jeune, Abraham Sobolevicius, étudiant en Allemagne, avait séjourné en même temps que lui en U.R.S.S. puis, à la suite, disait-il, d'une brouille avec lui, était allé habiter Paris où il militait au « groupe juif » du Parti communiste, lequel devait en majorité se rallier à l'Opposition de gauche peu après la naissance de *La Vérité*.

Les deux hommes étaient à cette époque au centre de difficultés renouvelées sous les pas de l'Opposition allemande et internationale. Malgré une correspondance suivie, un échange à leur sujet avec L. Sedov et d'autres camarades allemands, Trotsky souhaitait vivement connaître personnellement les deux hommes. Le résultat important de ce séjour fut de familiariser Trotsky avec la situation allemande, caractérisée par la montée du nazisme et la politique de division du mouvement ouvrier du K.P.D. face à ce danger mortel.

Un autre séjour mérite d'être signalé pour son intérêt particulier, celui de l'ancien dirigeant du Parti communiste français Albert Treint. « Le capitaine », comme on disait à l'époque, avait été l'un des animateurs de la gauche socialiste du comité de la IIIe Internationale, puis l'homme fort de la tendance de l'Internationale dans le P.C. Homme de Zinoviev, il avait appliqué dans le Parti communiste la prétendue « bolchevisation » avec une extrême brutalité, excluant par fournées entières les militants proches de Rosmer, de Monatte ou de Souvarine, voire ceux qui, simplement, doutaient.

En septembre 1931, Treint vient à Prinkipo et Trotsky organise avec lui méthodiquement la discussion, sur le passé, le contentieux, la situation présente, les perspectives, faisant alterner les discussions orales et l'échange de textes écrits sur lesquels la discussion se poursuit. Les choses ne vont pas vite, mais finalement, Treint se rend et décide, avec son petit groupe, de rejoindre en France les rangs des amis de Trotsky, pour peu de temps, il est vrai.

* * *

Au terme de cette rapide revue, une question se pose : tous les hommes que nous venons de voir avaient-ils fait le voyage de Turquie sans arrière-pensée et seulement pour aider l'exilé et contribuer à son combat politique? N'était-il pas tentant pour Staline d'utiliser ces allées et venues pour introduire dans l'entourage de Trostky comme espion et éventuellement tueur ou complice de tueur, l'un de ses agents? Ses amis avaient une conscience aiguë de ce danger et de leur propre responsabilité dans le choix de ses collaborateurs. C'est ainsi qu'en 1930 Franz Pfemfert insista pour faire écarter la candidature à Prinkipo, comme secrétaire, du fils d'un émigré russe, Valentin Pavlovitch Olberg, qu'il jugeait médiocre, dont il n'appréciait pas l'insistance et, pour tout dire, considérait comme tout à fait capable d'être un agent stalinien.

La question mérite d'être examinée avec attention. Cinq des hommes que nous avons mentionnés ci-dessus, à savoir Kharine, Jakob Frank, P. Okun, les frères Sobolevicius, ont en effet été expressément soupçonnés, voire accusés d'avoir appartenu aux services secrets soviétiques et d'avoir été infiltrés au sein de l'opposition pour y accomplir un travail de désorganisation et de destruction.

S'il fallait admettre que tous avaient été introduits en tant qu'agents déjà formés, il faudrait en conclure que, comme se complaisait à le dire Victor Serge, Trotsky avait tenté de construire l'opposition de gauche en prenant appui sur les agents spéciaux du G.P.U. chargés de sa destruction.

Une réponse ferme n'est possible que dans un petit nombre de cas. Les frères Sobolevicius, dits Roman Well et Adolf Sénine, étaient bien des agents de Staline. Déjà, en 1936, sur la base des éléments accumulés contre eux depuis 1929, Trotsky était arrivé sur ce point à une sorte de certitude morale concernant leur appartenance aux services et le rôle provocateur qu'ils avaient délibérément joué. Au lendemain de la guerre, le démantèlement aux États-Unis des réseaux d'espionnage au service de l'Union soviétique devait faire apparaître au grand jour, sous les projecteurs de l'actualité, les deux hommes devenus respectivement, Roman Well, le docteur Robert Soblen, un psychiatre distingué, et Sénine, Jack Soble.

Comme les loups ne se mangent pas entre eux, et que les « agents » sont discrets sur les « agents » il est particulièrement difficile à l'historien d'obtenir des documents établissant l'ancienneté de l'activité de ces hommes en tant qu'agents et la justice américaine ne semble par avoir manifesté un intérêt particulier pour connaître la vérité sur leur activité au service de Staline dans l'entourage de Trotsky. Il paraît cependant vraisemblable que c'est en Union soviétique que les deux frères avaient été recrutés et formés, avant 1927. L'histoire de leur brouille fraternelle, à leur retour, avait seulement servi à expliquer leur séparation, rendue nécessaire par leur intervention dans deux pays différents. Attentifs à aggraver les conflits, à envenimer les relations personnelles, poussant à la scission, calomniant volontiers leurs adversaires du moment, les deux hommes ont fini en 1933 par tenter d'imposer une auto-dissolution de l'opposition allemande et sa capitulation devant le K.P.D. au moment même où ce dernier s'inclinait sans combat devant la victoire des nazis.

D'autres éléments venaient s'ajouter à un dossier déjà lourd, après 1936 : les propositions faites pour entraîner en Espagne le docteur Ackerknecht, ami de Sedov, la participation de Roman Well en 1937 à la surveillance de Sedov, la tentative de Sénine de prendre contact avec Jan Frankel, sur le bateau qui amenait ce dernier au Mexique, les informations ramenées d'Union soviétique par Victor Serge sur les rumeurs circulant parmi les déportés sur le rôle de dénonciateur de Sénine, sont les principaux.

En août 1936, s'attendant à trouver ces hommes sur les bancs des accusés, en « moutons » du G.P.U., lors du premier procès de Moscou, Trotsky évoquait alors « ces éléments qui, à l'étranger, se sont frottés à l'opposition de gauche ou ont essayé de le faire ». Il écrit que « ces gens étaient soit déjà alors des agents directs du G.P.U., soit de jeunes arrivistes qui espéraient faire carrière dans l'opposition de gauche et qui ensuite se sont servis de leur trahison envers cette opposition de gauche pour faire carrière [17] ». Les mêmes noms reviennent alors sous sa plume, ceux des frères Well et ceux de Mill et Gräf (Frank). En 1929 dans le document confié à Blumkine pour ses amis d'U.R.S.S., il qualifiait Kharine d'« agent provocateur [18] ».

On ne s'est guère, depuis, approché de la vérité. J'ai moi-même consacré un article à Salomon Kharine – le « camarade Joseph », de la délégation commerciale à Paris –, sur la base d'une étude attentive des pièces disponibles après l'ouverture des archives de Harvard et conclu qu'en définitive, malgré la vieille méfiance de Boris Souvarine à son égard – « ce bloc enkhariné ne me disait rien qui vaille [19] » –, il ne s'agissait pas d'un agent infiltré dans l'opposition, mais tout simplement d'un militant qui avait choisi de devenir, après Radek, un « capitulard », et que la pression de l'appareil du G.P.U. à Paris transforma en dénonciateur, malgré plusieurs velléités de résistance [20].

Le cas de Mill n'a pas été définitivement éclairé. L'homme avait incontestablement le goût de l'intrigue et les manœuvres un peu désordonnées auxquelles il se livrait entre les différents groupes et fractions, peuvent évidemment suggérer *a posteriori* l'action d'un provocateur cherchant à semer la confusion et envenimer les conflits. Il est incontestable également qu'à la mi-1932, pratiquement mis à l'écart, il négocia avec l'ambassade soviétique son retour en U.R.S.S. et une sorte d'« amnistie » pour son passé d'oppositionnel en échange d'un certain nombre d'archives de Trotsky et du secrétariat qui se trouvaient en sa possession.

Mais cela ne fait que prouver qu'au terme de plusieurs années dans le cercle dirigeant de l'opposition de gauche internationale, et de son échec pour y conquérir une place importante, il avait décidé de passer de l'autre côté, et rien ne vient démontrer qu'il était entré dans l'opposition comme agent infiltré. Au terme de ses réflexions sur le cas de Mill, Jean van Heijenoort conclut par une interrogation : « Que fut-il? Capitulard ou agent [21]? »

Il reste Jakob Frank, sur lequel Hans Schafranek, auteur d'une thèse récente [22], a fait une superbe mise au point sans parvenir à une conclusion nette. Bien entendu, en faveur de la thèse d'« agent infiltré », il y a ses relations avec Well, les recommandations mutuelles qui avaient pour objectif de les pousser plus avant dans l'organisation et son retour au Parti communiste autrichien en 1931. Hans Schafranek n'apporte finalement pas d'élément nouveau. Même après l'ouverture des archives de Harvard, on ne peut conclure que comme le faisait Jean van Heijenoort en 1978 :

> « Fut-il un de ces capitulards qui ne manquaient pas à l'époque? C'est possible. Du moins c'est ainsi que Trotsky le jugea. Mais il est possible aussi qu'il ait été dès le début un agent formé et manié par le G.P.U. [23]. »

On peut, bien entendu, dramatiser à l'extrême et relever qu'à certaines occasions, réunions fractionnelles ou même sessions de l'organisme international suprême de l'opposition, les agents du G.P.U. et ceux qui allaient à brève échéance s'y rallier, détenaient la majorité. Mais ce serait commettre un véritable anachronisme. Les jeunes gens qui s'engageaient au début des années trente dans le travail militant de l'Opposition appartenaient à l'univers du Parti communiste, où la frontière avec les services était très floue et où, en tout cas, ces derniers n'avaient pas derrière eux le redoutable palmarès de traques et de meurtres qu'ils allaient se constituer pendant les années trente.

***

Les voyageurs de Prinkipo étaient à l'image de l'univers communiste dans lequel ils s'inséraient, même exclus, et dans lequel ils entendaient mener le combat pour « redresser » les partis et l'Internationale. Pionniers et jeunes gens, théoriciens ou activistes, ils reflétaient toutes les contradictions de ce combat et de celles qu'avait révélées la lutte pour construire dans les sociétés capitalistes occidentales des partis communistes de masse.

Ils voyaient en Trotsky non seulement le vainqueur d'Octobre, le fondateur de l'Armée rouge et de l'Internationale d'hier, mais le chef révolutionnaire mondial de demain, celui qui dirigerait l'Internationale régénérée dans la dernière bataille pour le sort de l'humanité. Lui, voyait en eux les premiers soldats de sa future grande armée et l'embryon de son état-major. Il allait s'efforcer de leur passer le flambeau, c'est-à-dire de leur communiquer son expérience, celle de l'opposition russe dont il se sentait le porte-parole : il fallait, comme à Zimmerwald, renouer le fil de la continuité, et c'est à quoi il s'employait.

Avec d'autant plus de passion et d'acharnement qu'au même moment, en Union soviétique, l'Opposition de gauche essuyait des coups terribles.

CHAPITRE XXXIX

La crise de l'opposition russe [1]

L'année 1929 est celle de la grande crise de l'opposition de gauche russe : en fait, un véritable éclatement qui l'a privée en quelques mois d'une partie de ses forces vives, l'écrasante majorité de ses « vieux-bolcheviks » et une bonne partie aussi de la jeune génération.

Il s'agit, bien entendu, en partie d'une conséquence retardée de l'expulsion de Trotsky dont l'autorité immense a été, l'année précédente, le principal facteur du maintien de l'unité au cours du débat des six premiers mois de 1928. Trotsky ne peut plus intervenir directement ni à temps. Malgré les prodiges d'organisation de la fraction clandestine, ses grands textes politiques ne sont que des bouteilles à la mer. Et il apparaît désormais si éloigné...

Personne, en U.R.S.S. même, n'a une autorité comparable à la sienne. Il n'est pas vrai, comme on l'a dit parfois, que Rakovsky ait pu réellement le remplacer. Effectivement accepté comme porte-parole dans les moments où l'opposition est unanime, il n'a de fait aucune délégation d'autorité morale pour les périodes de crise, et on n'hésite pas à le critiquer vivement, comme on ne critique pas Trotsky, de droite comme de gauche. Et puis la répression sélective veille à neutraliser ceux qu'elle considère comme susceptibles de conforter la résistance des irréductibles. Plus d'un, à l'instar d'un Sosnovsky, commence une longue période de vie dans les prisons pour politiques, qu'on appelle les « isolateurs », mais dont les cellules commencent à être surpeuplées.

Il est clair par ailleurs que le sursis dont a bénéficié l'opposition de gauche dans la crise qui l'a secouée à la suite du plénum de juillet 1928 prend fin en 1929 avec l'offensive de Staline contre la « droite » – Boukharine-Rykov-Tomsky dans le parti – et contre les koulaks dans le pays. Tous les désaccords exprimés avant juillet 1928 resurgissent avec plus d'acuité encore que dans le débat de l'année précédente.

Sans doute faut-il ajouter à ces facteurs fondamentaux la durée de la punition, qui paraît excessive à beaucoup de ceux qui la subissent. Ces hommes actifs, réduits à l'impuissance, à une vie précaire, souvent oisive, toujours misérable, coupés de leur activité professionnelle, de leur famille, de leurs projets, se trouvent désormais placés dans des circonstances où ils ont le sentiment qu'une bataille importante se livre en leur absence, et qu'ils sont vraiment rejetés, pour de longues années, d'une Histoire qui, désormais, se déroule sans eux. Dans un tel contexte, profondément convaincus que l'attitude « irréductible » les a condamnés et les condamne en fait à l'impuissance, une importante fraction des déportés se laisse aller à de véritables paniques, soigneusement entretenues par des rumeurs bien calculées, dès que les premières têtes connues de l'opposition entrent dans la voie, non immédiatement de la capitulation, mais de la simple négociation.

***

En décembre 1928 encore, Staline pouvait minimiser en public l'activité et l'influence de la droite dans le parti, nier qu'elle existât en tant que fraction et assurer qu'elle exécutait loyalement les décisions du comité central.

La bataille fait rage à partir de février 1929, quand Boukharine s'est opposé à l'expulsion de Trotsky. Le conflit ne sera rendu public qu'en mai. Il y a d'abord la publication en tract, par les bolcheviks-léninistes de Moscou, du procès-verbal de l'entretien entre Boukharine et Kamenev en janvier précédent [2]. Les deux hommes reconnaissent devant la commission de contrôle son authenticité et celle des propos qui leur sont attribués. Mais Boukharine contre-attaque vigoureusement : niant toute activité fractionnelle, il dénonce le viol permanent de la démocratie par la direction du parti, décrit la politique économique récemment adoptée comme « une exploitation militaro-féodale de la paysannerie » et l'impôt sur les koulaks comme un « tribut » prélevé sur la paysannerie. Il tient bon dans la commission *ad hoc* constituée pour élaborer un bilan de ses « erreurs » [3].

Le 9 février 1929, Boukharine, Rykov et Tomsky présentent au bureau politique un programme de « libéralisation » de la Nep, de réduction du rythme de l'industrialisation et de sauvegarde du marché libre. Ils menacent de démissionner [4]. La *Pravda* continue de tonner contre une « déviation droitière » toujours anonyme.

En avril, les masques sont jetés. Au comité central, Staline attaque directement Boukharine, l'accuse de faire preuve « d'aveuglement théorique » face au danger koulak, de préconiser une politique « bourgeoise-libérale » de fractionnisme et de saboter la « direction collective [5] ». Quelques jours plus tard, la XVIe conférence du parti révise les objectifs du Plan quinquennal en hausse et accélère très sérieusement le rythme prévu d'industrialisation. Des thèses présentées par Kalinine montrent maintenant une orientation nouvelle vers la collectivisation rurale, avec l'accélération considérable de la création de sovkhozes – fermes d'État – et de kolkhozes – coopératives. L'épuration du Parti commence aussitôt à Moscou, et les attaques se multiplient contre les « droitiers [6] ».

Ce n'est finalement que dans la *Pravda* du 21 août 1929 que Boukharine est publiquement et nommément désigné comme une incarnation et un inspirateur de la « déviation de droite », par la publication de la résolution de l'exécutif de l'Internationale communiste du 3 juillet 1929, le relevant de ses fonctions de président. Après plusieurs mois de pilonnage et de dénonciation par voie de presse sans possibilité de réfuter les accusations, les trois dirigeants de la droite acceptent finalement de faire une autocritique publique et capitulent en rase campagne par une déclaration parue dans la *Pravda* du 26 novembre.

Dans l'intervalle, depuis le mois d'avril, la politique stalinienne s'est considérablement infléchie, et l'offensive du pouvoir a commencé sur le double terrain de la lutte contre les koulaks et de l'industrialisation à marche forcée dont le célèbre article de Staline, le 27 décembre, dans la *Pravda* intitulé « Au diable la Nep! », est, comme on le sait, plus une consécration qu'un signal.

Ce n'est pas dans le monde abstrait des idées générales et des thèses politiques que s'est opéré en U.R.S.S. le tournant, ainsi entamé, que Deutscher a appelé « la troisième révolution » et Stephen Cohen, le biographe de Boukharine, « la révolution par en haut ». Sur ce point, tous les protagonistes de la crise de l'opposition font une analyse identique : l'Union soviétique est au bord de l'éclatement de la guerre civile, la révolution est en danger.

Rakovsky caractérise la situation en 1929 par « l'offensive ouverte menée par une fraction de la bourgeoisie contre le pouvoir prolétarien », « la menace de famine qui pèse sur la classe ouvrière », « la décomposition très avancée de l'appareil de l'État, des syndicats et du parti », « le renforcement de l'antisémitisme, de la propagande religieuse et, en général, de l'influence idéologique de la bourgeoisie [7] ». Préobrajensky, pour sa part, compare la situation de l'U.R.S.S. en 1929 à celle que le pays a connue pendant l'hiver 1920-1921, qui a culminé spectaculairement avec la rébellion de Cronstadt. Karl Radek, quant à lui, fait à des camarades de l'opposition un tableau réellement apocalyptique de la situation telle qu'il la voit :

> « Le pays traverse un nouveau 1917. [...] Le pain manque à Moscou. Le mécontentement des masses grandit et peut dégénérer en soulèvement contre le pouvoir soviétique. Nous sommes à la veille d'insurrections paysannes [8]. »

Assimilant la révolte paysanne à une « offensive réactionnaire », il compare le Comité central à la Convention à la veille du 9 Thermidor :

> « Droitiers et centristes se préparent à s'arrêter les uns les autres, le bloc centre-droite a éclaté et il y a une lutte acharnée contre les droitiers : leurs seize voix peuvent doubler, tripler [9]... »

C'est sur le caractère incontestablement dramatique de la situation de la « dictature du prolétariat » qu'ils décrivent assiégée dans le pays et même le parti, que vont argumenter à l'intérieur de l'Opposition les anciens « conciliateurs » qui déterrent de nouveau la hache de guerre.

Ichtchenko est le premier. Il est depuis longtemps convaincu de la nécessité de capituler et adresse, en avril 1929, à la XVIe conférence du parti une « déclaration des 38 », soumission à un parti « léniniste », déclarant infirmés les pronostics de l'Opposition de gauche [10]. En même temps, il s'efforce d'aggraver les désaccords au sein de celle-ci, qu'il décrit comme dirigée par un groupe d'intransigeants parmi lesquels il cite Netchaiev, Gevorkian, Viaznikovtsev.

Radek, à son tour, entre en lice et, avec lui l'affaire est plus sérieuse. Dans les thèses d'Omsk, qu'il signe avec Smilga et Beleborodov, jusque-là intransigeants, il s'en prend vivement à « la collaboration de Trotsky à la presse bourgeoise ». La gravité de la situation exige, selon lui, le retour au parti de l'Opposition et son soutien aux centristes contre la droite.

L'offensive la plus sérieuse est celle de Préobrajensky. Au mois d'avril, il se décide à envoyer sa lettre-circulaire « à tous les camarades de l'opposition », qui vient unifier les efforts un peu dispersés jusque-là des partisans de la « liquidation » de l'Opposition. Ce texte est d'une importance très grande. Pour la dernière fois sans doute, un vieux-bolchevik, dont l'indépendance de pensée n'a jamais été discutée, s'exprime avec une totale franchise, sans ruses ni détours et, au fond, s'interroge devant tous ses camarades, plume en main, pour déterminer quelle ligne l'Opposition doit adopter à ce moment qu'il estime décisif.

Après avoir rappelé les deux variantes autrefois envisagées pour l'évolution du régime, et qu'en 1927 l'Opposition avait parié sur la pire, il assure, plus catégoriquement encore qu'en 1928, que la direction – qu'il ne qualifie pas de « centriste » – s'est engagée dans une voie politiquc qu'il faut considérer en gros comme positive. Il en énumère les différents aspects : La direction a, selon lui, réellement engagé contre le koulak une lutte effective. Elle a renforcé le rythme de l'industrialisation, reconnu officiellement l'existence, au sein du Parti bolchevique, d'une véritable « droite » et commencé à la combattre concrètement. Il ajoute même que, dans une certaine mesure – comme le montre, selon lui, le discours de Staline au plénum de novembre 1928 –, elle a, « bien que, sans le dire et de façon cachée », retiré la théorie du socialisme dans un seul pays...

Préobrajensky ne dissimule pas que la ligne de la direction n'est pas exempte d'erreurs : dans toute cette période, elle s'est obstinément refusée à mobiliser la classe ouvrière en tant que telle et à organiser les paysans pauvres. Elle a également continuellement sous-estimé le danger représenté par la droite et surtout lui a fait des concessions qui rendent plus difficile le combat contre elle.

Dans l'ensemble, bien entendu, il trouve que les aspects positifs l'emportent. La vérité, à ses yeux, c'est que la direction est en train de mettre en pratique la partie économique de la plate-forme de l'Opposition, et ce n'est pas à ses yeux une mince victoire.

Or cette dernière s'est elle-même placée dans une impasse, en niant la réalité du « tournant à gauche », c'est-à-dire la réalisation de la variante positive, et en faisant comme si c'étaient ses propres prophéties concernant l'élargissement de la Nep qui s'étaient trouvées réalisées. Il ne conteste pas que les méthodes de Staline ne sont pas du tout celles qu'a préconisées et que préconise l'Opposition, ni que la transformation par le haut et la coercition bureaucratique sont à l'opposé des légitimes revendications de démocratie prolétarienne : ce n'est pas pour lui une raison suffisante pour ne pas se ranger du bon côté au moment où commence la bataille décisive.

Persuadé que la justesse de la nouvelle politique économique – la politique de l'accumulation socialiste et la lutte contre le capitalisme agraire – prime toutes les autres considérations, il présume en même temps qu'elle ne pourra, à terme, que commander le redressement politique qui s'imposera de lui-même par une sorte de développement naturel.

Tourné vers ses camarades qu'il croit crispés dans leur ressentiment, il les assure que leur lutte passée a été amplement justifiée, mais qu'ils doivent maintenant comprendre que « le devoir actuel de l'Opposition est de se rapprocher du parti, puis d'y rentrer ».

Renvoyant en quelque sorte dos à dos Staline – pour avoir exilé Trotsky avec l'aide de l'ennemi de classe – et Trotsky – pour avoir attaqué Staline dans la presse de l'ennemi de classe –, il conclut, en demi-teinte douce-amère, sur une perspective qui montre à la fois qu'il ne nourrit guère d'illusions et que celles-ci sont pourtant sérieuses :

> « Ceux d'entre nous qui ont combattu dans les rangs du parti depuis dix ans, vingt ans ou plus, y reviendront avec des sentiments bien différents de ceux qui étaient les leurs lors de leur première adhésion. Ils y reviendront sans leur enthousiasme d'autrefois, comme des hommes au cœur brisé. Ils n'ont même pas l'assurance que le comité central sera d'accord pour les réintégrer, indépendamment des termes qu'ils vont proposer. [...] Même si nous sommes réintégrés, il nous faudra porter la responsabilité de choses contre lesquelles nous avons mis en garde et nous soumettre à des méthodes que nous ne saurions approuver. [...] Si on nous réintègre, tous autant que nous sommes, il nous faudra recevoir la carte du parti comme on accepte une lourde croix [11]. »

Ce que cherche Préobrajensky, c'est la négociation de conditions dont il rêve sans doute qu'elles pourraient lui permettre de réintégrer le parti, sinon la tête haute, du moins sans un intolérable déshonneur. Il a dû y croire initialement. Autorisé à revenir à Moscou dès la fin d'avril, il entame immédiatement avec Iaroslavsky et Ordjonikidzé des discussions apparemment suivies de près par Staline. Aucun document ne nous permet de les suivre dans le détail; ainsi que les étapes qui jalonnèrent sans aucun doute les reculs successifs de Préobrajensky. Nous supposons seulement qu'un point important avait été atteint lorsque, au mois de juillet, Karl Radek et Smilga obtinrent, à leur tour, le droit de se rendre à Moscou et d'y prendre part aux discussions.

C'est au cours de ce long voyage, lors de leur arrêt à la gare d'Ichim, que Radek a tenu aux déportés du lieu, venus l'interroger, les propos rapportés plus haut sur la situation dans le pays. Mais l'infléchissement de ses positions par rapport à ses propres thèses du mois de mars, dites d'« Omsk », et aux positions initiales de Préobrajensky, est net. Il correspond sans doute aux exigences de Staline, par exemple quand il répond à ses « camarades » :

> « La situation nous oblige à revenir à tout prix dans le parti! Notre décision découlera d'une appréciation de la situation générale du parti et de la scission de l'Opposition, avec l'objectif d'être réadmis dans le parti [12]. »

Interrogé sur sa position à l'égard de Trotsky, il répond qu'il a rompu toute relation avec lui, le considère comme un « ennemi politique » et assure même – allusion à la publication d'articles de Trotsky dans certains journaux britanniques – qu'il « n'a rien de commun avec le collaborateur de Rothermere ». Il ne demande plus l'abrogation de l'article 58, en vertu duquel il a été déporté, et assure : « Nous nous sommes envoyés nous-mêmes en prison et en exil [13]. » Il attaque violemment l'Opposition, qu'il définit, comme elle s'est proclamée elle-même, « Ligue des bolcheviks-léninistes » et dans laquelle il voit « un second parti – le parti de la contre-révolution » :

> « La jeunesse qui a rejoint maintenant l'Opposition n'a rien de commun avec le parti et le bolchevisme. Ce n'est qu'une jeunesse antisoviétique. Il faut combattre ces gens-là par tous les moyens. Le tiers des membres de l'Opposition viendra avec nous et ceux qui resteront n'ont rien de commun avec le bolchevisme [14]. »

Il balaie d'une phrase les objections de ceux qui s'étonnent qu'il puisse envisager de renier la *Plate-forme* de 1927 :

> « Notre plate-forme a magnifiquement supporté l'épreuve et, de document de combat, elle est devenue la plate-forme du parti. Que trouvez-vous à redire aux thèses de Kalinine? Au Plan quinquennal [15]? »

Dès le mois de mai, Trotsky ne se fait plus d'illusions. Il parle déjà dans sa correspondance des « capitulards et collaborateurs de la troisième vague » qu'on traitera à Moscou comme des moins que rien, au moment où Préobrajensky vient d'y arriver. Évoquant la longue histoire du bolchevisme sous l'angle de ce qu'il appelle son « autoépuration », il plastronne quelque peu :

> « Nous ne sommes pas le moins du monde effrayés par le retrait des camarades, même de ceux qui portent les noms les plus respectés. C'est

par l'exemple de leurs hésitations que nous enseignerons la fermeté à la jeunesse [16]. »

Le 26 mai, il consacre un article à l'historique des rapports passés entre Radek et l'Opposition. Il rappelle « le quart de siècle de travail marxiste révolutionnaire » qu'il a derrière lui, qu'il est « l'un des meilleurs journalistes marxistes au monde [...] par la précision et la force de son style [...] par sa capacité à réagir avec une rapidité stupéfiante aux phénomènes et tendances nouveaux ». Sur le fond, il lui fait encore dans une large mesure confiance :

> « Non seulement il est incapable de soutenir les social-démocrates, mais il est douteux qu'il soit capable de rejoindre les staliniens. En tout cas, il sera incapable de vivre avec eux. Il est trop marxiste pour cela et surtout trop internationaliste [47]. »

Le 14 juin, pressentant ce qu'il appelle déjà « la capitulation des anciens », il interpelle :

> « Radek et quelques autres avec lui pensent que le moment est arrivé maintenant, le plus favorable, pour capituler. Pourquoi? Parce que, voyez-vous, Staline s'est occupé de Rykov, Tomsky et Boukharine. Mais notre tâche est-elle réellement de faire qu'une partie du groupe dominant règle les comptes de l'autre? La position de principe sur les questions politiques a-t-elle réellement changé? Le régime du parti a-t-il changé [18]? »

***

C'est le 13 juillet 1929 que paraît finalement, dans la *Pravda*, la déclaration, signée le 10, de Préobrajensky, Radek et Smilga, qui vont rassembler dessus, très vite, plus de quatre cents signatures.

Nous ignorons, faute de témoignages, comment Trotsky réagit en la découvrant. Il s'attendait à la défection de ses vieux compagnons d'armes et savait qu'il ne serait pas possible de les retenir sur la pente où ils s'étaient engagés. Il avait, dans sa vie politique, connu d'autres séparations et d'autres ruptures et, depuis longtemps, ne confondait pas politique et sentiments.

Mais le texte des trois n'était pas une simple rupture avec lui d'hommes dont les chemins se séparaient désormais. Vis-à-vis de Staline, c'était la capitulation totale, humiliante, obséquieuse même. Vis-à-vis de Trotsky, c'était la calomnie, la trahison, et même le vulgaire mouchardage. Vis-à-vis d'eux-mêmes, c'était le reniement, le suicide moral d'hommes qui foulent aux pieds leur propre passé de militants honorables.

Se déclarant d'accord avec la ligne générale du parti, les trois énumèrent ce qu'ils considèrent comme ses traits essentiels : la politique d'industrialisation, la lutte contre les koulaks, la politique d'édification des sovkhozes et kolkhozes, les « pas dans la voie de l'organisation indépendante des paysans pauvres », « la lutte contre le bureaucratisme dans les appareils de l'Etat et du parti » *(sic)*, la lutte contre la droite, éléments capitalistes et petit-bourgeois dans le pays, social-démocratie à l'échelle mondiale.

Quelques lignes rappellent ce qui avait sans doute été les têtes de chapitre des revendications primitives des trois au début des négociations : il reste des souhaits, celui d'une mobilisation des masses ouvrières et de l'amélioration de leur situation matérielle.

Les trois anciens dirigeants de l'opposition clament, très haut et dès leur première phrase, leur rupture avec l'opposition qu'ils définissent d'ailleurs avec une volonté de perfidie qui ne peut être que délibérée comme « le courant qui, sur la base de la ligne politique de L.D. Trotsky, s'est regroupé autour d'un prétendu " Centre des bolcheviks-léninistes de l'Union soviétique " » Ils condamnent ce qu'ils appellent les positions politiques fondamentales de Trotsky, à commencer par la « révolution permanente », en passant par le scrutin secret, assurent que celui-ci et ses amis se sont « éloignés du parti », et que c'est ce qui explique « l'apparition de Trotsky dans la presse bourgeoise » ainsi que le création du centre des bolcheviks-léninistes de l'Union soviétique, « un pas vers la fondation d'un nouveau parti ».

Concernant la politique passée de l'Opposition de gauche, les trois écrivent :

> « La conclusion la plus importante que nous tirions de la politique du C.C. était qu'elle tendait inévitablement, à un certain stade, à faire passer de la dictature du prolétariat et de la voie léniniste à la dégénérescence thermidorienne du pouvoir et de sa politique, et à l'abandon sans combat des conquêtes de la révolution d'Octobre. L'accusation la plus importante que nous formulions contre la direction du parti était que, même si c'était contre sa volonté, elle contribuait à cette tendance qu'elle ne combattait pas les éléments de dégénérescence dans le parti ni les éléments de droite, et qu'au moment le plus grave de la crise économique, elle chercherait une issue par une politique droitière, par des concessions aux koulaks, le refus du monopole du commerce extérieur, la capitulation devant le capitalisme mondial.
>
> « Cette position [...] était erronée, de même que l'était la création d'une organisation fractionnelle et son activité d'une violence inouïe dans l'histoire du parti (imprimeries clandestines, manifestation du 7 novembre, etc.).
>
> « La logique de la lutte fractionnelle nous a conduits, en exagérant ces divergences apparues lors du passage de la période de restauration à celle de réorganisation, dans la question du rythme de l'industrialisation, de la lutte contre les koulaks, à négliger, comme l'expérience l'a prouvé, le fait que la politique du C.C. était léniniste et qu'elle reste léniniste. C'est pourquoi le XVe congrès a vu juste lorsqu'il a condamné notre plateforme.
>
> « Partant des considérations exposées ci-dessus, nous retirons nos signatures des documents fractionnels, nous nous déclarons parfaitement solidaires de la ligne générale du parti et nous demandons notre réadmission dans ses rangs [19]. »

Ainsi ces victimes de la violence policière se dénonçaient-ils eux-mêmes comme des fauteurs de violence. Ces hommes qui avaient jusqu'au dernier moment assuré à leurs camarades que la *Plate-forme de l'Opposition* avait été magnifiquement confirmée, tiraient maintenant de sa confirmation la décision de retirer leur signature... Ils sont suivis par 344 déportés pour le seul mois de juillet, 609 au total jusqu'en novembre.

La réaction de Trotsky – l'article « Un document misérable », daté du 27 juillet 1929 – est une réfutation, point par point, des attaques d'un texte dans lequel il voit « un document unique de dégénérescence politique et morale ». De cette réfutation, dirigée de toute évidence vers les communistes en dehors de l'U.R.S.S., nous retiendrons seulement les précisions qu'il donne à propos du « centre des bolcheviks-léninistes » qui existe, écrit-il, depuis longtemps, et dont les trois ont été membres; ce qui est nouveau, ce n'est pas son existence, mais sa proclamation publique jugée aujourd'hui nécessaire.

Trotsky ne sous-estime-t-il pas l'impact que la déclaration risque de produire dans les colonies de déportés? On peut le supposer quand on lit sous sa plume :

> « En ce qui concerne l'opposition, chacun de ses membres savait et sait que Préobrajensky, Radek et Smilga avaient depuis longtemps démontré qu'ils n'étaient plus que des âmes mortes. Déjà avant le VIe congrès de l'Internationale communiste, les trois avaient engagé une activité importante à l'intérieur de l'Opposition, contribuant ainsi à sa purification interne, c'est-à-dire au départ de ses militants de hasard et faibles [20]. »

Or il n'y a rien, dans cette appréciation, qui ressemble, même de loin, à ce qui est la situation réelle en U.R.S.S. Un seul témoignage sur les bolcheviks-léninistes de l'extérieur, celui de Lev Kopelev, membre de l'organisation bolchevique-léniniste de Kharkov. « Le camarade Aleksandr, de Moscou », présente dans une assemblée générale tenue dans un bois un rapport sur « les tâches de l'opposition léniniste » qui est une simple transposition du texte des trois, centrée autour de la double affirmation que le comité central a adopté la politique d'industrialisation préconisée par l'opposition, et qu'il faut revenir au parti et travailler avec lui [21]. Ici au moins, les capitulards ont fait directement office de liquidateurs, mais nous ne pouvons ni généraliser le remarque ni en faire une exception.

Dans les colonies, le processus fut apparemment plus complexe. Les exilés, mal informés, sont en outre intoxiqués par des rumeurs délibérément fabriquées et adroitement orientées. Le sentiment que le pays est à la veille de la guerre civile, que la révolution est en danger, se traduit par une aspiration généralisée à l'union sacrée. Pour pouvoir « servir », bien des militants, vieux ou jeunes, sont disposés à faire des concessions verbales, formelles, qu'ils tiennent pour mineures. Habilement, Staline a accrédité vis-à-vis des déportés la version des négociations : les déportés parlent couramment de « la commission des trois » dont ils pensent qu'elle négocie en leur nom. L'espoir renaît d'un retour; on se reprend à penser qu'une vie comme autrefois, avec famille, métier, action militante, redeviendrait possible après ce qui ne serait plus qu'un cauchemar.

Nous possédons sur cet état d'esprit un témoignage involontaire – peut-être falsifié et en tout cas incomplet – dans une lettre de Solntsev à Rakovsky interceptée par le G.P.U. et partiellement publiée. Il y parle de « catastrophe », de « panique et de confusion », de « méfiance généralisée », de tentatives individuelles de se sauver. Il écrit ensuite :

> « Il ne s'agit pas de ceux qui sont partis. Il s'agit au contraire de ceux qui sont restés. Si Ivan Nikolaiévitch [Smirnov] ou quelque autre rédigeait une déclaration plus convenable que celle des trois, il aurait derrière lui les trois quarts de l'Opposition. Il ne saurait y avoir presque aucun doute qu'Ivan Nikolaiévitch rédigera une déclaration dont le point central sera l'abandon de tout travail fractionnel [22]. »

Il suggère donc de prendre l'initiative d'une « retraite » – une renonciation au travail fractionnel qui permettrait de retenir quelque temps les oppositionnels paniqués, « une maœuvre » dans le genre de celle qui a été entreprise le 16 octobre 1926. Soulignant que Trotsky,« manifestement, n'est que très insuffisamment renseigné sur la situation », il adjure Rakovsky de prendre cette initiative [23].

Qu'il ait ou non reçu la lettre de Solntsev, c'est ce que fait Rakovsky. Dans des thèses datées du 3 août, il explique l'intérêt du texte qu'il propose d'adopter comme déclaration. Il faut selon lui montrer que l'exclusion des oppositionnels est un coup porté au prolétariat et que les événements ont confirmé les critiques de la direction et la justesse de la plate-forme de l'opposition. Il faut démontrer que le retour de l'Opposition au parti est indispensable et en montrer les conditions dont la première est l'arrêt de la persécution des oppositionnels. Ils assure :

> « Nous devons déclarer que, si nous réintégrons le parti, nous sommes prêts à renoncer aux méthodes fractionnelles de lutte, mais également à utiliser les droits que les statuts du parti prévoient pour chaque membre [24]. »

C'est finalement le 22 août qu'est livrée au public - autorités et déportés – la déclaration au comité central et à la commission centrale de contrôle, signée de Rakovsky, V.V. Kossior et du Géorgien M.N. Okoudjava [25]...

Elle fait le point sur la situation depuis le XVe congrès marquée par l'offensive d'une fraction de la paysannerie, la constitution du courant de droite dans le parti et les décisions de la XVIe conférence. Elle souligne ainsi les difficultés intérieures et l'existence d'une situation internationale toujours plus défavorable et qu'une phase de « cruelles luttes de classes » attend le parti du prolétariat.

Solidaire de la lutte pour la réalisation du Plan quinquennal et contre le danger de droite, la déclaration souligne la nécessité d'entraîner dans la lutte pour ces objectifs les masses les plus larges : il faut pour cela améliorer constamment leurs conditions matérielles et renoncer aux procédés bureaucratiques de rationalisation de la production qui éloignent du parti la classe ouvrière. La lutte contre les koulaks, précise-t-elle, ne peut être menée qu'avec l'appui d'unions locales de paysans pauvres qu'il faut créer et encourager.

Le texte de l'Opposition souligne très vigoureusement le danger de la bureaucratie, le besoin d'un « appareil reposant sur la confiance des masses [...], basé sur l'éligibilité, sur l'amovibilité et le respect de la légalité révolutionnaire », la nécessité de placer les dirigeants sous « le contrôle strict et la libre critique de tout le parti ». Il rappelle enfin – c'est la seule allusion, discrète, au socialisme dans un seul pays – que le fondement de la solidarité prolétarienne internationale se trouve dans le fait qu'une « organisation achevée de la production socialiste n'est possible qu'à l'échelle internationale ».

Dans la dernière partie, la déclaration admet que l'aggravation de la lutte des classes et la formation de la droite ont partiellement abattu les barrières entre « le parti » et l'Opposition – obstacles dont le moindre n'est pas l'expulsion de Trotsky, « la plus grande erreur politique de la direction du parti », et que les désaccords qui subsistent ne justifient pas que les oppositionnels soient en dehors du parti, jugeant nocive l'existence de fractions, la déclaration conclut :

> « Nous déclarons que nous sommes entièrement disposés à renoncer aux méthodes fractionnelles de lutte et à nous soumettre entièrement aux statuts et à la discipline du parti qui garantissent à chacun de ses membres le droit de défendre ses opinions communistes [26]. »

En quelques semaines, le texte recueille cinq cents signatures, Mouralov et Sosnovsky et les vieux-bolcheviks géorgiens Mdivani et Kavtaradzé en tête – tous quatre au nom des prisonniers de l'isolateur de Tchéliabinsk, les vétérans Kasparova et Grünstein, Rafail, Paulina Vinogradskaia, la femme de Préobrajensky, M. M. Joffé – et aussi des hommes de la jeune génération, E. B. Solntsev, B. S. Livshitz, N. V. Netchaiev, Palatnikov, Pereverzev, Mekler, Rosengaus...

Quarante-huit heures après, et sans évidemment avoir connaissance du texte de la déclaration de son ami Rakovsky, Trotsky écrit à un correspondant en U.R.S.S. et lui parle d'I.N. Smirnov qui n'a évidemment pas signé la déclaration du 22 août :

> « Vous mentionnez les oscillations d'I.N., vous m'écrivez qu'il diffuse son projet d'appel au comité central qui comporte toute une série de vœux hautement souhaitables et d'espoirs que – comme vous dites – " ils vont bientôt lui faire payer ". Nous connaissons très bien I.N., ses côtés magnifiques comme ses points faibles. Nous avons plus d'une fois manqué de le perdre en route dans des tournants, autrefois. Mais tout s'est bien terminé. Allons-nous le perdre cette fois? Je n'en sais rien; mais, même si nous le perdons, tôt ou tard, nous le regagnerons. Et nous en regagnerons bien d'autres. Bien entendu, à condition de ne pas épouser leurs oscillations [27]. »

C'est finalement le 22 septembre que Trotsky reçoit à Istanbul le texte de la déclaration du 22 août. Il répond le 25 par une lettre ouverte aux bolcheviks-léninistes signataires. Sans « porter aucune responsabilité pour toutes ses formulations », il déclare qu'il la signe. Il rappelle que l'Opposition a toujours « cherché à donner à la masse des membres du parti la possibilité de vérifier et de surmonter les profondes divergences », il évoque les déclarations « pacifiques » du passé, celle du 16 octobre 1926, celle de juillet 1927, celle des quatre-vingt-trois au moment du XVe congrès, et finalement celle qui fut adressée au VIe congrès de l'I.C. Pour lui, « le fait du tournant à gauche de la direction officielle est patent ». Il assure :

> « Un marxiste ne devrait refuser de signer votre déclaration que s'il en était arrivé à la conclusion que Thermidor est un fait accompli, le parti un cadavre, et que la route vers la dictature du prolétariat passe par une nouvelle révolution. »

Il souligne cependant que la direction, même après qu'elle eut « absorbé un bon nombre de nos déductions *tactiques,* maintient les principes *stratégiques* d'où a émergé hier la tactique droite-centre ». Il souligne également combien la ligne de l'Internationale communiste – à peine abordée par la déclaration – demeure « éloignée de la ligne léniniste ». Il conclut :

> « Dans votre déclaration, vous dites seulement que les intérêts de la révolution exigent que l'opposition ait la possibilité de faire son devoir par des méthodes normales dans les rangs du parti. Je m'associe entièrement à cet objectif [28]. »

Dans la lettre qu'il joint au texte de déclaration en l'envoyant aux différents groupes oppositionnels, il souligne qu'on peut faire bien des critiques à ce texte et qu'il en a formulé un certain nombre, sous forme constructive et positive, dans sa lettre ouverte. L'idée essentielle est, selon lui, que « l'opposition réclame sa place dans le parti, afin de pouvoir défendre la cause de la révolution internationale de façon qui concorde avec ses propres vues ». L'objectif de la déclaration est de « gagner la sympathie et le soutien de l'écrasante majorité des rangs du parti et de la classe ouvrière [29] ». Il faut l'y aider.

A peu près au même moment, il revient sur la capitulation des trois pour corriger son premier réflexe et faire passer l'analyse au premier plan. C'est, écrit-il, « un fait politique majeur » qui démontre « combien s'est totalement consumée une grande et héroïque génération de révolutionnaires » :

> « En dépit de la forme grotesque de la capitulation, il y a sans doute des éléments de tragédie en elle : trois vieux révolutionnaires valeureux ont rayé leur nom de la liste des vivants [30]. »

Cette tragédie, pour le moment, porte le nom d'I.N. Smirnov. Parti dans des négociations avec l'espoir de mentionner des réserves sur le

« socialisme dans un seul pays » et d'arriver à une déclaration plus « convenable » que celle des trois, il est, peu à peu, à travers cinq remaniements successifs et un début de rupture au dernier, amené à ce qui est aussi un véritable reniement, condamnant la lutte fractionnelle de l'opposition dans le passé et retirant les signatures au bas de la *Plate-forme.* Il entraîne avec lui des hommes qui ont été aussi des dirigeants de l'Opposition de gauche, son successeur au secrétariat de l'opposition, S.V. Mratchkovsky, mais aussi A.G. Beloborodov et F. Iablonskaia, V.A. Ter-Vaganian, L.S. Bogouslavsky, N.I. Oufimtsev et plusieurs centaines d'autres – 400 au total – dans les semaines qui suivent [31]. En l'apprenant, Trotsky commente avec tristesse, mais sans rancœur :

> « L'époque des guerres et des révolutions est une dure époque. Elle épuise impitoyablement les hommes – certains physiquement, d'autres moralement. I.N. Smirnov est de ceux-là. Personne ne l'a jamais considéré comme un théoricien. Il n'a jamais été un politique indépendant. Mais c'est un révolutionnaire sérieux, d'une trempe morale élevée. Néanmoins il s'est rendu [...] Smirnov est pourtant un homme d'honneur. Mais hélas, il est tombé dans une position déshonorante [32]. »

***

Le bilan est en vérité catastrophique. Des vieux-bolcheviks fondateurs de l'opposition de gauche, il ne reste plus que quelques prisonniers : le vieil Eltsine, Sosnovsky, Mouralov. Rakovsky a été brutalement transféré de Saratov et exilé à Barnaoul dans des conditions abominables. La presque totalité des jeunes militants dont les noms nous sont parvenus, de Dingelstedt à V.B. Eltsine, de Poznansky, à Solntsev, de Sermouks à Iakovine, se retrouvent aussi dans des isolateurs. L'unique aspect positif est que la réponse donnée par Staline à l'opposition est d'une telle férocité qu'elle discrédite ceux qui lui ont tendu le rameau d'olivier et ramènera vers elle plus d'un militant dont les yeux ont été ainsi dessillés.

Ce n'est que peu à peu, en raison du tarissement du courant d'informations et d'une répression qui se fait très lourde, du fait qu'ont été bâillonnés les principaux porte-parole de l'opposition, que Trotsky prend conscience de l'étendue des ravages de cette crise qui fut sans doute à deux doigts d'être mortelle.

Lui au moins, cependant, n'a jamais douté de la volonté et de la capacité de répression de Staline et de ses hommes de main. Les pelotons d'exécution entrent en action. La première victime en est Blumkine, trahi par Radek [33], selon Trotsky, par une femme nommée Liza Zaroubina, du G.P.U., selon Orlov [34], jugé et condamné à mort, passé par les armes après un sursis de quinze jours pour lui permettre d'écrire ses mémoires [35].

M.S. Blumenfeld, un ancien dirigeant des Jeunesses communistes, puis du « centre » de Moscou, et A.S. Iossélévitch, ancien tchékiste important, sont à peine condamnés à de lourdes peines [36] qu'un officier du G.P.U., Rabinovitch, et un journaliste sans parti, du nom de Chilov, coupables d'avoir donné des informations sur l'affaire Blumkine, sont à leur tour fusillés. Ainsi Staline semble-t-il avoir réussi à décapiter, dans le G.P.U., le petit noyau des fidèles de Trotsky, après avoir, en prison, réussi à briser l'ancien chef de la Tchéka de Moscou, K.I. Dukis, membre secret de l'opposition, dont il fait ensuite... un cadre du Goulag [37].

***

En tant que courant d'idées, la fraction bolchevique-léniniste est incontestablement vivace, et elle démontrera, au cours des années suivantes, qu'en exil, en déportation ou en prison, ses membres peuvent encore penser ensemble et marcher du même pas. Mais en tant qu'organisation, elle est virtuellement détruite, au moins réduite à un fonctionnement toujours plus précaire. Ainsi l'expulsion de Trotsky de l'U.R.S.S. et les développements politiques qui la suivent dans le pays le contraignent-ils de plus en plus à déplacer l'axe de son travail.

Ce n'est plus désormais l'Union soviétique qui est au centre de ses préoccupations : le domaine des relations avec « le pays » va être de la compétence presque exclusive de Sedov. Trotsky, lui, se consacre à la construction de l'opposition de gauche internationale en dehors de l'U.R.S.S.

Il doit une fois de plus, selon son expression, « renouer le fil de la continuité ».

CHAPITRE XL

Les débuts de l'opposition internationale [1]

Bien entendu, Trotsky et ses camarades de fraction n'ont pas attendu la crise de 1929 de l'Opposition de gauche russe pour s'occuper de la constitution de l'Opposition à l'échelle internationale. Des efforts avaient d'ailleurs été déployés bien avant son expulsion d'U.R.S.S. pour la réaliser à travers une conférence internationale.

La première tentative en ce sens avait eu lieu à Berlin, en décembre 1927, sous la présidence du zinoviéviste Safarov, alors en poste à Ankara, et avait réuni des délégués de la gauche allemande, des oppositions de divers pays européens et une vingtaine de Soviétiques en « exil diplomatique » à l'étranger. La capitulation des zinoviévistes à Moscou avait interrompu cette première entreprise de constitution d'une organisation internationale de l'opposition [2].

La seconde, malgré les réserves formulées auprès d'Urbahns par Solntsev, s'était tenue le 17 février 1929 à Aachen (Aix-la-Chapelle), à l'initiative des gauches allemandes organisées dans le Leninbund (Ligue Lénine), avec la présence de délégués français, belges et néerlandais. Elle avait abouti seulement à la décision de créer un « Secours Trotsky » destiné à venir en aide aux victimes de la répression stalinienne en U.R.S.S. [3].

C'étaient là des tentatives encore très limitées. Dans son dernier rapport à Trotsky, daté du 8 novembre 1928, E.B. Solntsev, tout en affirmant qu'on assistait au « début de la formation d'une aile gauche », relevait que le processus allait en être « long, difficile et même douloureux » et qu'il fallait commencer par une délimitation et le tracé de frontières d'organisation très strictes [4].

***

Au moment où Trotsky quitte l'Union soviétique, les forces oppositionnelles dans le monde présentent des types très divers d'organisations.

La plus importante est incontestablement alors celle des « communistes de gauche » d'Allemagne, le Leninbund, fondé en avril 1928 comme une fraction publique du parti allemand, le K.P.D. Même après le départ de Ruth Fischer, Maslow et autres, elle demeure une organisation marquée par son passé « zinoviéviste » en même temps que par une tendance nette, caractéristique aussi, à certains moments, de ce même courant vers la formation, sinon d'un « deuxième Parti communiste », du moins d'une organisation rivale du K.P.D. auquel le Leninbund a d'ailleurs opposé des candidats aux élections de mai 1928 [5]. Les rares éléments allemands qui peuvent être considérés comme proches du noyau de l'opposition russe de 1923 sont les militants qui animent, dans le Palatinat et le quartier berlinois de Wedding, une opposition à forte composante ouvrière [6]; l'un d'entre eux, Sacha Müller, fils d'une mère russe, a traduit la « Critique du projet de programme » et ils ont rencontré, non seulement Solntsev, mais Rakovsky, à son passage en Allemagne [7].

La situation est infiniment plus compliquée en France où les oppositions de gauche sont plus nombreuses alors qu'aucune n'est près d'être hégémonique. Pierre Monatte et Alfred Rosmer, exclus, à l'automne de 1924, au temps de la bolchevisation, ont regroupé autour de *La Révolution prolétarienne* – successeur éloigné de *La Vie ouvrière* – une pléiade de militants ouvriers de valeur qui réagiront d'ailleurs diversement à l'appel de Trotsky. Après la capitulation devant le P.C.F. de l'opposition zinoviéviste de *L'Unité léniniste,* avec Suzanne Girault, la minorité dirigée par Albert Treint et Henri Barré, avec *Redressement communiste,* revendique pour elle seule la légitimité par sa filiation passée avec l'Opposition unifiée russe et ses contacts avec Pereverzev. Le groupe animé par Maurice Paz, qui publie la revue *Contre le courant,* revendique pour sa part une opposition plus ancienne et conteste au « bolchevisateur » Treint la qualité même d'oppositionnel. Le Cercle Marx et Lénine, animé par Boris Souvarine, exclu, lui, au printemps de 1924, a combattu l'unification de l'opposition avec Zinoviev et se tient à l'écart des autres groupes français comme du représentant de l'Opposition russe, Kharine. A tous ces groupes il convient enfin d'ajouter les jeunes intellectuels qui publient *La Lutte des classes* (ex-*Clarté*) et ont réussi à rencontrer Trotsky à Moscou en 1927 [8].

L'opposition belge – le fait est digne d'être relevé – est la seule qui ait détenu, au moment de sa naissance, la majorité à la direction d'un parti communiste, tout petit il est vrai avec ses mille membres. Lors de la scission, elle a emmené avec elle le tiers des militants, la moitié du comité central, derrière le fondateur du parti, War van Overstraeten [9]. Le Parti socialiste révolutionnaire hollandais, animé par Sneevliet – que Trotsky n'identifie pas tout de suite parce qu'il l'a connu sous le nom de Maring dans l'Internationale – ne se considère pas comme une opposition, mais comme le noyau d'un nouveau parti [10]. L'ancien secrétaire du P.C. du Luxembourg, Edy Reiland, a gagné à la cause les groupes de langue espagnole des P.C. de Belgique et du Luxembourg, animés par un ouvrier de Bilbao qui a vécu plusieurs années à Moscou, Francisco García Lavid, dit Henri Lacroix, qui se flatte d'avoir milité dans les rangs de l'Opposition russe [11], à Moscou.

L'opposition autrichienne est la plus ancienne. Elle est née en 1927 en tant que fraction publique du parti et publie *Arbeiterstimme* : son dirigeant est l'un des pionniers du mouvement communiste et de la révolution des conseils de soldats, Josef Frey [12]. Comme le parti dont elle est issue, elle est ravagée par la maladie du fractionnisme et, au moment où Trotsky est banni d'U.R.S.S., par la querelle avec un groupe d'exclus, animés par Kurt Landau, qui publient *Der Neue Mahnruf* [13].

La situation en Tchécoslovaquie est un peu à l'opposé de la situation française. Là, des militants communistes d'origine diverse cohabitent dans une opposition large où se retrouvent même des éléments droitiers, autour du journal *Rudy Prapor.* Deux personnalités dominent le mouvement, le Slovaque Hyňek Lenorovič, un orateur de masse, et l'ancien membre du secrétariat de l'I.C., l'Allemand des Sudètes Alois Neurath, ancien zinoviéviste qui se dirige vers Brandler [14].

Il faut ajouter à ce tableau les groupes en émigration de la fraction de gauche du P.C. d'Italie fidèles à Amadeo Bordiga, emprisonné par Mussolini, majoritaires en France en 1927 dans les groupes de langue italienne du P.C. [15].

Les étudiants chinois qui ont pu échapper à la répression en U.R.S.S. en 1927 et regagner la Chine, les amis bulgares des militants réfugiés en U.R.S.S., passés à l'opposition et emprisonnés, sont autant de points possibles de cristallisation d'une opposition internationale [16].

On peut ajouter les groupes, d'origines historiques diverses, qui apparaissent ici ou là – Grèce, Hongrie, Espagne – et se réclament, de façon générale, de l'Opposition de gauche.

De ce point de vue, la situation aux États-Unis est particulièrement originale. Là, un premier noyau, regroupé par Solntsev, a réussi, avec l'aide de Max Eastman, à publier la Plate-forme de l'opposition [17], puis s'est intégré à l'action du second noyau, regroupé après le VIe congrès par Cannon et Spector, élargi à Max Shachtman et Martin Abern : ils ont ensemble mordu sur le cœur ouvrier du C.P.A. et gagné quelques dizaines de militants qui appartiennent à la légende du communisme américain. Le 18 novembre a commencé la publication de leur journal *The Militant* [18].

* * *

Trotsky ne se fait vraisemblablement aucune illusion sur la qualité d'un mouvement qui a le mérite d'exister et d'être militant, mais qui est en même temps très composite, attirant bien des communistes de hasard, aventuriers ou confusionnistes, à se réclamer de l'opposition. C'est la raison pour laquelle, comme l'avait souhaité Solntsev, il s'engage dans la voie de la « délimitation principielle ». Il s'agit d'abord de déterminer les critères qui permettront de caractériser et d'éprouver groupes et tendances.

Trotsky, pour des raisons circonstancielles, écarte des critères le régime du parti, dont il considère qu'il n'a aucune valeur en soi, et propose de retenir les positions de chacun sur le comité syndical anglo-russe, la politique de l'Internationale communiste en Chine et la politique économique de l'U.R.S.S. en liaison avec la théorie stalinienne du socialisme dans un seul pays [19].

Il s'agira ensuite d'engager les groupes oppositionnels dans toutes les batailles du prolétariat, sur une plate-forme internationale qui doit constituer un pont vers le programme à venir de l'Internationale communiste redressée. L'outil en sera un organe de presse international qui permettra en particulier « le contrôle international des divergences entre les différents groupes nationaux », tout en permettant aux cadres révolutionnaires de chaque pays de se regrouper sur la base de leur expérience propre et d'apprendre à se tenir tout seuls sur leurs jambes.

L'expérience ainsi engagée se révèle à la fois instructive et décevante. La majorité des groupes ne se montrent guère disposés à une vraie discussion politique et préfèrent lancer des polémiques sur le passé ou des exclusives dans le présent. Trotsky comprend donc qu'il doit trancher dans le vif, prendre l'initiative et provoquer un nouveau regroupement : sans doute découvre-t-il à ce moment que, sauf aux États-Unis, rien de durable ne peut être bâti sur la base des groupements existants.

Le 10 juin 1929, profitant de la présence simultanée à Prinkipo de Rosmer, Salus, Jakob Frank et Liu Renjing, il fait annoncer coup sur coup la création d'un fonds international du groupe « Opposition », puis la création d'un comité international provisoire de l'Opposition de gauche, laquelle veut rassembler les communistes oppositionnels sur la base du programme préparé par l'opposition de gauche russe, reprend à son compte méthodes et conceptions des quatre premiers congrès de l'Internationale communiste et se propose d'éditer une revue internationale en plusieurs langues [20]. Il transmet aussitôt ces propositions au Leninbund ct à l'opposition autrichienne [21].

C'est alors qu'éclate l'affaire du chemin de fer de l'Est chinois qui va constituer, sans que personne l'ait prévu, le principal facteur de la « différenciation ». En juillet, le gouvernement de Tchiang Kai-chek s'empare par la force du chemin de fer de l'Est chinois que l'État soviétique a hérité du tsarisme et qui traverse le territoire chinois, et fait arrêter 174 ressortissants soviétiques. Sans hésiter, Trotsky, qui ne croit pas à la guerre, assure qu'au cas où elle se produirait, l'opposition défendrait la révolution d'Octobre [22].

Il semble que Trotsky ait vraiment cru que cette position allait rencontrer sans difficulté l'assentiment de la majorité des organisations oppositionnelles. Or il n'a le soutien que de Landau, du groupe qui prépare *La Vérité*, avec Rosmer, Molinier, des Américains et de la « fédération de Charleroi » de l'Opposition belge. *Die Fahne des Kommunismus* publie, sans indiquer la position de l'organisation, un article favorable aux droits de la Chine [23]. *Contre le courant* parle de « guerre semi-coloniale » de la bureaucratie stalinienne [24], l'opposition belge de « social-impérialisme » [25], Robert Louzon se prononçant également, dans *La Révolution prolétarienne,* en faveur des revendications du gouvernement chinois sur le chemin de fer [26].

Le problème ainsi brutalement posé est non seulement celui de la nature sociale de l'Union soviétique, du destin des conquêtes de la révolution d'Octobre, mais aussi de la validité, pour les luttes ouvrières, des instruments qu'ont été les partis communistes et l'Internationale. A ceux qui assurent que l'U.R.S.S., « État ouvrier », n'a pas le droit de conserver les conquêtes de l'impérialisme ou à ceux qui assurent qu'elle est devenue elle-même un « nouvel impérialisme », Trotsky répond que l'État ouvrier doit se déterminer en fonction de la révolution mondiale.

Comme les Russes avant eux, les communistes étrangers doivent maintenant répondre à la question : faut-il continuer la lutte pour le « redressement » ou faut-il construire un nouveau parti? Pour l'opposition de gauche, tout est clair : seuls ceux pour qui, selon le langage de l'époque, « Thermidor n'est pas encore accompli », peuvent rester aux côtés de Trotsky et les autres doivent trouver leur voie.

Rosmer, lors de son retour de Prinkipo, après de brefs séjours à Vienne, puis Berlin, fait apparaître les énormes difficultés de l'unification. Frey est très capable, mais c'est un homme usé, aigri, dévoré de susceptibilités. Urbahns ne s'intéresse réellement qu'au Leninbund et à la situation en Allemagne : le « national-oppositionnisme » ronge l'opposition en Europe centrale [27]. Rosmer ne voit personne à qui confier la publication de l'édition allemande de la revue *Opposition* [28]. Trotsky, de son côté, demande à Landau, dont il a apprécié les articles, de se fixer à Berlin pour clarifier la situation allemande et y construire la force d'intervention nécessaire [29].

En quelques semaines, selon l'expression de Damien Durand, on est passé « de la clarification à la différenciation [30] ». Avec la direction du Leninbund, la cassure semble irrémédiable, puisqu'elle juge impossible le redressement du K.P.D. et de l'I.C. C'est par correspondance que Trotsky pousse plusieurs militants de la direction du Leninbund, le militant ouvrier de la gauche berlinoise Anton Grylewicz, les intellectuels Joko et Richard Neumann, un Autrichien, à se constituer en une « minorité du Leninbund », qui revendique le retour aux méthodes démocratiques et à la discussion politique, seuls moyens désormais d'éviter la scission [31].

En France, la différenciation s'est également déroulée très vite. Souvarine s'est tenu à l'écart et a conseillé à Trotsky d'en faire autant [32]. Ni lui ni Treint ne veulent entendre parler l'un de l'autre, pas plus qu'ils n'envisagent la moindre collaboration avec Kharine, qui capitule en juillet à la suite de Radek, en emportant, comme cadeau de bienvenue aux gens du G.P.U. de l'ambassade, les manuscrits du premier numéro du *Biulleten Oppositsii,* l'organe de presse de l'opposition destiné à être diffusé en U.R.S.S. Paz n'admet pas que *Contre le courant* et lui, du même coup, ne soient pas l' « axe » du regroupement auquel Trotsky appelle [33].

Le choix de Trotsky est fait... Il va s'appuyer sur Rosmer – dont la rupture politique avec Monatte est un fait acquis – et sur le dynamique Raymond Molinier, oppositionnel encore au P.C., ainsi que les militants que les combats passés ont regroupés autour d'eux. Il faut lancer un nouvel hebdomadaire et y rallier les autres, les éléments sains de tous les groupes, en prouvant le mouvement par la marche. Ce sera *La Vérité,* dont le numéro de lancement sort le 11 août et l'authentique numéro 1 le 13 septembre 1929. Dans l'intervalle, au cours de conversations à Prinkipo avec Pierre et Denise Naville ainsi qu'avec Gérard Rosenthal, il a réussi à convaincre les animateurs de la revue de *La Lutte des classes* de se joindre à l'entreprise de Rosmer, tout en conservant leur propre revue comme organe théorique [34].

Ce sont ces trois groupes, très différents par leur origine, leur passé et les hommes qui les constituent – celui de Rosmer, celui de Molinier, celui de Naville, schématiquement parlant – qui vont servir de base – pas encore unifiée, il s'en faut de beaucoup – sur laquelle se construira la section française et se développera son hebdomadaire. Ainsi la voie sera-t-elle balisée pour les autres pays. Passant les autres groupes au compte des pertes momentanées, Trotsky insiste cependant, malgré les réserves de tous ses camarades français, pour que la porte reste grande ouverte pour Treint, lequel remâche ce qu'il a ressenti comme une mise à l'écart et un crédit injustement accordé à Rosmer – que Trotsky lui refusait à lui...

Dans le même temps, la discussion avec le Belges, menée avec mesure et après un voyage particulier de Rosmer, permet de réduire les divergences avec leur majorité à des proportions qui rendent possible une cohabitation : van Overstraeten prend ses distances vis-à-vis des positions d'Urbahns et de Louzon.

Les premiers résultats, quelque sept mois après l'arrivée en exil, ne sont finalement pas négligeables. Il n'y a certes pas eu fusion de l'ensemble des groupes qui se réclamaient de l'Opposition de gauche, mais Trotsky n'en est pas surpris et s'attendait sans doute à plus de faux frais encore. La revue *Opposition* n'a certes pas été publiée, mais le rôle de *La Vérité,* sous la direction de Rosmer, est indiscutablement celui d'un organe international pour la clarification et le regroupement des communistes d'opposition de gauche.

***

C'est au VIe congrès de l'I.C., à l'été 1928, tenu encore officiellement sous l'autorité présidentielle de Boukharine – mais en réalité, dans les couloirs, sous la direction de Molotov et des hommes de Staline – qu'est lancée l'expression de « troisième période », caractérisée par les dirigeants comme celle de la « conquête de la rue » et de la « lutte directe pour le pouvoir ». Elle apparaît seulement au mois d'août sous la plume de Trotsky, dans sa correspondance. C'est dans les derniers mois de 1929 qu'il écrit une brochure, *La « troisième période » d'erreurs de l'Internationale communiste*, nourrie, faute, semble-t-il, de la collaboration de ses correspondants allemands, d'informations et de statistiques sur le mouvement social en France.

Après une sévère critique du schématisme et des raisonnements mécaniques des dirigeants de l'I.C. et de ce qu'il appelle la destruction systématique de la tradition théorique par un appareil bureaucratique et borné, Trotsky montre comment les dirigeants de l'I.C. établissent mécaniquement le parallélisme entre l'exploitation et la radicalisation et en viennent à considérer comme une sorte de « contre-révolution » toute période d'essor économique. Dans le contexte des bruyantes clameurs officielles sur la « radicalisation des masses », il met en relief ce qu'il appelle « la phénoménale disproportion entre les cris de victoire de la direction et l'écho réel des masses », ainsi que la décadence des Jeunesses communistes, normalement baromètre fidèle de la radicalisation. L'analyse de la politique du P.C.F. et de la C.G.T.U. le conduit à énoncer le diagnostic d' « aventurisme », et c'est dans les écrits des dirigeants de l'Internationale qu'il trouve les formules les plus dangereuses, comme celle de la « fascisation de la social-démocratie » qui devient celle du « social-fascisme ». Il souligne également que le tournant ultra-gauchiste qui a inauguré la « troisième période » ne peut pas ne pas être suivi d'un nouveau tournant, opportuniste cette fois.

Sa conclusion, au terme d'une brochure tout entière tendue vers cet objectif, est un effort d'éducation des cadres de l'Opposition qu'il cherche à convaincre de la nécessité de donner un caractère international au combat entamé en U.R.S.S. pour conserver à l'I.C. son caractère communiste et révolutionnaire.

La rapide dégradation des relations avec le Leninbund justifie pleinement cette préoccupation. A partir du mois d'octobre, la direction du Leninbund commence à publier, dans *Die Fahne des Kommunismus*, des textes divers émanant des « capitulards » russes et en particulier de Radek, Smilga, Préobrajensky. A partir du mois d'octobre, Urbahns concentre en outre son feu contre la déclaration de Rakovsky qu'il présente comme une capitulation dans la mesure où elle revendique... la réintégration des oppositionnels dans le parti.

La minorité du Leninbund se manifeste pour la première fois sur cette question. Dans *Die Fahne des Kommunismus*, Grylewicz et Joko signalent l'existence d'une importante faute de traduction faussant le sens de la déclaration de Rakovsky. Ils protestent également contre l'assimilation faite dans les commentaires d'Urbahns entre la déclaration de l'Opposition unifiée du 18 octobre 1926 et celle de l'Opposition de gauche du 22 août 1929 [35].

La réponse d'Urbahns consiste à publier dans *Die Fahne des Kommunismus* une lettre en provenance d'U.R.S.S. qui émet quelques critiques contre la Déclaration, après l'avoir soigneusement découpée, en dissimulant qu'il tenait du *Biulleten Oppositsii* le texte intégral qu'il n'a pas voulu donner à lire à ses lecteurs [36]. C'est là un premier pas vers la scission. Fin octobre, allant jusqu'au bout d'un combat qu'il mène par tous les moyens, Urbahns propose et obtient l'exclusion de la direction du Leninbund de Joko et de Grylewicz, et laisse entendre qu'il prépare un rapprochement avec les décistes d'U.R.S.S. sur la ligne du « deuxième parti [37] ».

L'Opposition de gauche internationale subit donc l'épreuve du feu, dans un premier temps à travers l'Opposition russe et la déclaration d'août de Rakovsky. La seconde épreuve pouvait être celle de la bataille pour la vérité sur le meurtre de Blumkine dont Trotsky avait voulu faire « l'affaire Sacco-Vanzetti de l'Opposition de gauche ». Elle est menée de façon opiniâtre et suivie aux États-Unis, plus inconstante en France et Belgique, très superficiellement en Allemagne où la direction du Leninbund ne se décide qu'à la fin janvier et où la campagne est réduite à quelques articles de *Die Fahne des Kommunismus* et la diffusion de 5 000 tracts.

Trotsky tente personnellement un dernier effort en adressant, à la veille de la conférence nationale du Leninbund, une lettre ouverte à ses membres, dans laquelle il s'efforce de les convaincre de mettre fin à l'état d'isolement de leur organisation, né de la combinaison entre des préoccupations exclusivement « nationales » et une politique internationale d'alliance avec n'importe quelle formation gauchiste. Il pose nettement l'alternative :

> « Nous représentons une tendance d'idées définie et nous nous construisons sur la base de principes clairs et de traditions. Si, dans ces conditions, les membres de l'Opposition internationale ne peuvent pas trouver de place dans le Leninbund, alors le Leninbund déclare par là même qu'il ne désire pas prendre place dans les rangs de l'Opposition internationale [38]. »

Mais Trotsky ne parvient pas à conquérir les responsables que les progrès de la minorité effraient sans doute. Le 23 février 1930 en tout cas, la conférence nationale du Leninbund exclut la minorité. Le dirigeant de Leipzig de cette dernière, l'agent Roman Well, ne manque pas d'arguments pour affirmer qu' « il n'y a qu'une seule chose que le groupe Urbahns n'a pas eu grand peine à apprendre, c'est l'application des méthodes de Zinoviev ». Il va même jusqu'à dire : « A ce point de vue, les élèves semblent même avoir dépassé leur maître. »

***

Au cours de l'année 1929 et des premiers mois de 1930, l'Opposition de gauche internationale ne cesse de grandir et d'élargir ses points d'appui et ses contacts.

En France, les militants du groupe de *La Vérité* gagnent le « groupe juif » du P.C. qui leur apporte le renfort de quelques militants ouvriers expérimentés, Walfis, Rosijansky, Pikas, mais aussi Mill et Sénine dont le premier peut-être et le second certainement ont des liens avec le G.P.U.

Le noyau de la fédération de langue hongroise des États-Unis, venu vers Trotsky de son propre mouvement, rejoint l'opposition américaine par l'intermédiaire de Solntsev; le groupe hongrois de Paris, dirigé par Szilvassý, rejoint *La Vérité*. L'activité du groupe Lenorovič à Bratislava permet la naissance d'une organisation hongroise qui prend bientôt contact avec un groupe d'opposition d'une centaine de jeunes ouvriers à Budapest.

Parmi les militants d'un P.C. espagnol en train de s'émietter, l'ancien secrétaire général des Jeunesses, Luis García Palacios, influencé par Nin, a eu le courage d'applaudir – seul de la salle – l'intervention de Trotsky au plénum de l'Internationale, qui l'a exclu de ses rangs. Il a pris contact en U.R.S.S. avec García Lavid (Lacroix). Ensemble, après leur retour au pays, ils commencent à travailler au corps, par lettre, deux des pionniers du parti espagnol mis à l'écart par l'appareil, Esteban Bilbao et Juan Andrade. En décembre 1929, c'est Julián Gorkin, permanent du parti à l'I.C., qui prend contact à Paris avec *La Vérité*. Au début de 1930, le retour en Espagne de Lacroix marque la naissance de l'opposition de gauche en Espagne.

Du côté de l'Italie, les affaires n'avancent guère avec la Fraction de gauche, dont les dirigeants semblent surtout soucieux de ne prendre aucun engagement politique, tant que Bordiga n'a pas quitté sa prison et retrouvé sa liberté d'expression. Mais une crise sérieuse secoue le parti. Au comité central de mars 1930, des sanctions frappent durement ceux qu'on appelle « les trois » : Pietro Tresso (Blasco), ancien dirigeant du parti clandestin au pays, Alfonso Leonetti (Feroci), compagnon de Gramsci à l'*Ordine nuovo*, et le dirigeant syndical Paolo Ravazzoli (Santini), qui se sont dressés contre les conséquences catastrophiques de la politique de la « troisième période ». Fait significatif, quelques jours plus tard, les trois dirigeants italiens prennent contact avec Rosmer et commencent une collaboration anonyme à *La Vérité* et une correspondance politique avec Trotsky [39].

A la fin de décembre 1929, à Paris, un groupe de dirigeants du parti nationaliste vietnamien P.A.I., animé par les étudiants Ta Thu Thau et Huynk Van Phuong – qui inspire l'action de l'association générale des étudiants indochinois de Paris – prennent contact avec *La Vérité* et commencent à y collaborer [40].

En Grande-Bretagne, un minuscule groupe, au contact à la fois de *La Vérité* et de *The Militant*, recrute des militants, des étudiants originaires de Ceylan, dont le rôle sera important, des années plus tard; Leslie S.S. Simon Goonewardene et Colvin R. de Silva [41].

L'Opposition des États-Unis, constituée à partir de mai 1929 sous la dénomination de Communist League of America a réussi, dès décembre 1929, à faire de *The Militant* un hebdomadaire dont Trotsky salue avec joie l'apparition. L'opposition semble s'étendre d'ailleurs sur le continent américain comme une tache d'huile [42]. A Cuba, à travers les contacts de Nin à Moscou avec le syndicaliste noir Sandalio Junco. Au Brésil, où se crée, au début de 1930, à l'initiative de Mário Pedrosa, le Groupe communiste Lénine. Au Mexique, où un militant américain, Russell Blackwell (Rosalio Negrete) a gagné un militant ukrainien, permanent de l'Internationale de la jeunesse, Abraham Golod qui, sous le nom d'Alberto González, va, pendant des années, veiller au développement de l'Opposition en Amérique latine, et où le communiste cubain Julio Antonio Mella a fait ses premières armes comme oppositionnel. En Argentine enfin, où ce sont des militants russes et ukrainiens d'origine, Guinney et Manulis, qui fondent en 1929 un premier « comité communiste d'opposition [43] ».

La grande majorité de ces contacts n'ont fait qu'effleurer Trotsky, le temps de faire suivre une lettre après avoir accusé réception. Mais il continue à intervenir comme conseiller, auprès d'un certain nombre de ses correspondants. Lors de l'éclatement du groupe tchécoslovaque de *Rudy Prapos* il est derrière Salus, fondateur de *Jískra*, organe d'opposition de gauche, qui cherche à devenir l'organe des groupes oppositionnels de Brno, Plzen, Bratislava [44].

La correspondance personnelle avec Sneevliet ne débouche pas sur un rapprochement entre les deux organisations, pas davantage sur le contact que Trotsky souhaite trouver avec le groupe de l'oppositionnel indonésien Alfonso qui avait pris la parole au VIe congrès [45].

Il entretient, personnellement, en revanche, le contact pris en Bulgarie avec les vieux compagnons de Rakovsky, Manov et Todorov : il ignore encore qu'en prison, l'intrépide Dimitar Gatchev vient de fonder un groupe d'opposition de gauche qui doit se défendre tous les jours contre les attentats et les violences des détenus staliniens [46].

Nous avons laissé pour la fin, parce qu'il convenait de lui réserver une place particulière, l'Opposition de gauche de Chine. C'est au cours de l'année 1929 que les étudiants de ce pays, revenus de Moscou par dizaines, ont commencé à y implanter des groupes oppositionnels rivaux, *Notre Parole*, *Octobre*, de Liu Renjing, et *Militant*. Ces groupes s'affrontent pendant toute cette période dans d'incessantes polémiques, tout en faisant front contre une quatrième organisation, *Prolétariat*, de Chen Duxiu et Peng Shuzhi, l'ancien secrétaire général et l'ancien secrétaire à l'organisation du P.C. chinois pendant les années de la révolution [47].

L'adhésion formelle de ces derniers et, avec eux, de plusieurs dizaines de cadres éprouvés du Parti communiste chinois exclus sur l'injonction de la direction stalinienne ne se produira qu'au cours de l'année 1930. Mais c'est en 1929 que la lecture de la « Critique du projet de programme » et de « La Chine après le VIe congrès » a convaincu Chen et Peng de la justesse des positions défendues par Trotsky. C'est le 10 décembre 1929 que Chen a signé sa « Lettre ouverte aux membres du P.C. chinois » à partir de laquelle Trotsky prendra acte de leur accord fondamental [48].

Les conditions de clandestinité, la féroce répression du gouvernement de Tchiang Kai-chek aussi, placent évidemment des obstacles importants sur la voie du développement de l'opposition chinoise. Mais la conquête de Chen Duxiu est un événement considérable que Trotsky est parfaitement à même d'évaluer. Intellectuel « classique » de premier plan devenu militant, nationaliste, puis marxiste, Chen Duxiu est à la fois le père de la langue chinoise moderne, l'homme qui a le plus contribué à l'éveil de la conscience nationale à travers la revue *La Nouvelle Jeunesse* et le mouvement du 4 mai 1919, le fondateur enfin d'un Parti communiste très vite privé de son indépendance par les oukazes de l'Internationale communiste. Seule une monstrueuse falsification de l'histoire chinoise – semblable à celle de l'histoire russe et également en cours de démolition – explique qu'au moment où ce livre est rédigé, il ne soit pas encore mondialement reconnu pour ce qu'il fut : l'un des hommes qui dominèrent le début de ce siècle par leur distinction intellectuelle et la profondeur de leurs horizons. Son adhésion est une très grande victoire [49].

* * *

Il apparaît très vite que Trotsky voit juste en pressant ses camarades d'accélérer la formation – quelles qu'en soient les limites – de l'opposition internationale sous forme organisée : sa mise sur pied commence en effet à porter ses fruits.

C'est de toute évidence le cas en Allemagne, où l'exclusion de la minorité a mis à l'ordre du jour l'unification au sein d'une seule organisation des oppositionnels de gauche, regroupés tant dans cette minorité que dans l'Opposition de Wedding, lequel a, dans l'intervalle, recruté Kurt Landau devenu son vrai dirigeant et inspirateur. Damien Durand a décrit dans le détail les interminables pourparlers d'unification, les compromis suivis de ruptures, les croc-en-jambe, les incidents, contestations, agressions verbales et même provocations qui les émaillent tout au long [50].

Or le rôle décisif pour le succès de l'entreprise est joué par l'un des dirigeants de l'opposition américaine, Max Shachtman, arrivé en Europe depuis quelques semaines et qui vient de séjourner à Prinkipo où il a été partie prenante dans la formation d'un « secrétariat international » de l'opposition de gauche annoncée par un communiqué signé de lui-même, de Rosmer et de L. Sedov, sous le pseudonyme de Markine. Trotsky a convaincu Shachtman de la nécessité de réaliser cette unification allemande, comme prélude à la naissance formelle de l'organisation de l'opposition internationale dans la conférence qui suivra à Paris en avril [51].

De Prinkipo déjà, dans une longue lettre aux Allemands, Shachtman s'est efforcé de les convaincre en jetant dans la balance tout le poids de la section américaine et de sa « vieille garde » et en exerçant une forte pression au nom des retombées de l'unification allemande sur les questions internationales [52]. Shachtman et Pierre Naville, qui vient de Paris, arrivent ensemble à Berlin et conjuguent leurs efforts pour surmonter les résistances, voire le sabotage de certains [53].

Leur succès, encore bien fragile, n'en est pas moins significatif. La nouvelle « Opposition de gauche unifiée » (V.L.O.) allemande est certes moins nombreuse, mais plus prometteuse que le Leninbund. Elle compte un peu plus de deux cents militants dont beaucoup d'ouvriers et de cadres, bien implantés dans les centres prolétariens, mais relativement coupés du K.P.D. Le premier numéro de son organe, *Der Kommunist*, paraît à la mi-avril 1930. Quelques jours auparavant, une polémique dans les colonnes de *Volkswille*, entre Urbahns et Sedov, a révélé que le Leninbund a dépensé pour son activité à lui l'ensemble des sommes collectées pour les victimes de la répression à travers le Secours Trotsky [54].

Le 6 avril, à la conférence internationale, ouverte par Rosmer, toutes les organisations ne sont pas représentées. Sous la présidence de Rosmer et Naville, avec Gérard Rosenthal et J. Tchernobelsky – venu du groupe de Treint – comme secrétaires, on relève la présence des Belges – Hennaut pour la majorité, Léon Lesoil pour Charleroi, – de l'Allemand Seipold, député au Landtag de Prusse, de l'Espagnol Gorkin, du Hongrois Szilvassý, du Tchécoslovaque Frankel, d'Okun et de Pikas, représentant le « groupe juif », auxquels il faut ajouter deux observateurs « bordiguistes » [55].

Plusieurs groupes n'ont pu être prévenus à temps. D'autres se sont excusés, tout en se déclarant d'accord avec l'objectif : ce sont les divers groupes autrichiens, un second groupe tchécoslovaque, et une véritable organisation grecque, celle des « Archives du marxisme » [56].

Damien Durand a fort bien souligné dans sa thèse l'ambiguïté qui pèse sur cette réunion, « conférence, pré-conférence ou réunion internationale [57] » et le net retrait des positions de Rosmer par rapport aux objectifs fixés par Trotsky. Les débats font apparaître le désir des Italiens et du Belge Hennaut de remettre en question les résultats de la différenciation, de renouer avec le groupe Paz et le Leninbund [58].

En fait, il apparaît très vite que l'Opposition de gauche internationale repose sur deux groupes nationaux seulement, les Français et les Américains, et qu'il n'est pas possible d'intégrer les seconds à une direction internationale. Les Belges, pourtant admirablement placés, comme le souligne Rosmer, se dérobent avec des arguments qui rappellent ceux d'Urbahns. Finalement on forme un secrétariat international de trois membres : Rosmer, Sedov et Landau [59].

Tirant le bilan de la conférence d'avril, Trotsky se montre optimiste en public, dans le *Biulleten Oppositsii*, et parle d'un « pas en avant », concluant positivement ce qu'il considère comme « un important travail de préparation [60] ».

Il est en réalité très mécontent du déroulement de la conférence qu'il appellera, avec son ironie mordante, la « conférence muette ». Dans une lettre adressée à Shachtman le 16 avril, il souligne le fait, ahurissant à ses yeux, que la conférence n'a été capable d'adopter aucun manifeste, même pas une déclaration de principes qu'il jugeait indispensables pour le développement ultérieur du travail [61]. On comprend sa réaction. Les explications avancées par Rosmer et Shachtman ne font que révéler une bonne mesure d'incompréhension de son point de vue à lui et d'impréparation à ce qu'il attend d'eux.

On peut cependant penser, avec Damien Durand, que la tenue même de la conférence internationale, sa décision de se doter d'un *Bulletin international* et d'un secrétariat constituaient un pas important vers la création d'une direction internationale se substituant à Trotsky et qui ne soit pas centrée autour de sa personne. D. Durand écrit :

« La conférence d'avril n'était pas encore l'aboutissement de ce processus, mais en constituait l'amorce. Elle semblait annoncer une direction indépendante de l'Opposition de Gauche permettant à Trotsky de se consacrer davantage à un travail littéraire et à une élaboration politique auxquels il accordait une énorme importance [62]. »

***

Le même auteur, le seul à avoir, au cours des dernières années, apporté des éléments de réflexion sur ce problème, pense que, dès son arrivée en Turquie, Trotsky avait opéré un choix très clair et préconisé une méthode :

« Trotsky veut se consacrer à son travail littéraire, à la réflexion sur le cours des événements en Union soviétique [...] et aider en cela le mouvement d'Opposition de gauche dont il souhaite être indépendant et n'avoir en son sein aucune responsabilité [63]. »

Et il souligne la « monstrueuse contradiction » à laquelle se heurte Trotsky : des oppositionnels unanimes sur les « critères » qu'il leur a proposés, mais muets sur ses propositions concrètes de travail international.

Durand a certainement raison de penser que l'on touche ici à la question posée alors à Trotsky : l'Opposition russe, après avoir bravement tenu le flambeau, doit passer le relais à une opposition internationale qui n'a pas d'existence propre, pas de cadres et un contenu encore flou; est-ce possible? Comme il l'a fait au cours de la délimitation, puis de la différenciation, Trotsky doit-il continuer à mener personnellement et seul la bataille des idées? Il ne le croit pas.

Pourtant la réponse à cette question n'est pas simple. D'abord, l'Opposition de gauche russe n'est pas morte. Six jours après la conférence de Paris, elle s'est exprimée de nouveau, à la veille du XVe congrès du P.C.U.S., à travers une déclaration rédigée par Rakovsky et signée par V.V. Kossior, N.I. Mouralov, V.D. Kasparova, puis O.K. Aussem et K.I. Grünstein [64]. Elle ne manque pas de combativité, se réfère à sa condamnation du « socialisme dans un seul pays », de « la rapacité, l'irresponsabilité », le despotisme de l'appareil, prend acte du « lamentable et retentissant écroulement » de la politique de collectivisation rurale intégrale. Elle poursuit, avec des accents à la fois anciens et très nouveaux :

« Quand, dans un pays où il s'est produit une révolution gigantesque, les paysans moyens et pauvres disent : " Le Pouvoir le veut ainsi ", " on ne peut aller contre le Pouvoir " (*Pravda*), cela montre un état d'esprit des masses infiniment plus dangereux encore que le vol et la violence des fonctionnaires. Les Thermidor et les Brumaire font irruption par les portes de l'indifférence politique des masses. Nous avons toujours misé sur l'initiative révolutionnaire des masses et non sur l'appareil. Aussi ne croyons-nous pas plus à la prétendue bureaucratie éclairée que nos prédécesseurs révolutionnaires bourgeois de la fin du XVIIIe qui ont cru au prétendu " despotisme éclairé " [65]. »

Abordant la question de la nature sociale du pouvoir en U.R.S.S. qui divisera si profondément le mouvement au cours des années suivantes et tentant d'échapper à la problématique du « Thermidor », le texte de Rakovsky poursuit :

> « Le secrétaire, le président du soviet local, le collecteur de blé, le coopérateur, les membres des sovkhozes, les chefs d'entreprise, du parti et sans-parti, les spécialistes, les contremaîtres qui, en avançant sur une ligne de moindre résistance à l'usine, établissent dans notre industrie un système de pressuration et de despotisme à l'usine – voilà le pouvoir réel dans la période de la dictature prolétarienne que nous vivons! Cette étape peut être caractérisée comme la domination et la lutte des intérêts corporatifs des différentes catégories de la bureaucratie.
>
> « D'un *État prolétarien à déformations bureaucratiques* – comme Lénine définissait la forme politique de notre État –, nous sommes en train de passer à un *État bureaucratique à survivances prolétariennes communistes.*
>
> « Sous nos yeux s'est formée et continue à se former une grande classe de gouvernants, avec ses propres divisions internes, qui s'accroît par la cooptation prudente, directe ou indirecte. [...] Ce qui unit cette classe originale est une forme, originale elle aussi, de propriété privée, à savoir la possession du pouvoir d'État [66]. »

Ce texte d'une qualité exceptionnelle se termine par un manifeste-programme dans lequel, de façon significative, ne figure nulle allusion au programme et à l'action de l'Internationale communiste. Y a-t-il déjà division du travail entre les deux fractions historiques de l'opposition que relie la seule personnalité de Trotsky? Il est trop tôt pour se prononcer sur ce point.

Pour le moment, en tout cas, les combattants, dans un monde comme dans l'autre, n'ont pas le sentiment d'une coupure. Dans une lettre adressée le 11 juin 1930 en français à Lev Sedov, l'un des hommes les plus représentatifs de la jeune génération des bolcheviks-léninistes, V.B. Eltsine, accusant réception de la carte postale qui lui a annoncé la tenue de la conférence du 6 avril, écrit :

> « Quoique nous sommes (*sic*) séparés du monde extérieur et avons seulement la presse officielle. Tout de même, grâce au bruit qui s'éleva dans la presse et dans les derniers journaux (*Bolchevik* d'avril), nous devinâmes que quelques grands événements avaient eu lieu à l'étranger, des événements qui mirent en fureur Staline et ses apparatchiki. Ta carte nous montra la vraie cause de leur inquiétude. Le succès que vous avez obtenu dans l'Union de la gauche internationale – c'est une grande fête pour nous. Cette information nous donne force et assurance [67]. »

On comprend la confiance que Trotsky, pourtant pleinement conscient de l'ampleur de la tâche, tirait d'un tel témoignage.

Une année auparavant, dans une longue lettre de cinquante pages [68], Boris Souvarine avait développé les raisons qui l'incitaient à ne pas suivre Trotsky sur la ligne de la construction de l'Opposition internationale. Après une sévère critique – à bien des égards pénétrante – de ce qu'il appelle le « schéma » de Trotsky sur la « gauche » et la « droite » et ses incertitudes sur le « centre », et la notion même de « centrisme »[69], il s'en prenait aux critères de différenciation mis en avant par Trotsky : en fait, sur l'U.R.S.S. comme dans la politique de l'Internationale communiste, il était d'accord avec la critique faite par ceux que Trotsky appelait « la droite ». Persuadé de l'épuisement, pour longtemps, des chances de la révolution en Occident après son échec initial et la saignée de la Grande Guerre, il concluait que « les rares marxistes révolutionnaires non découragés et mûris par l'épreuve » ne pouvaient « aspirer qu'à un rôle de transmetteurs », assurant :

> « Ce serait déjà beaucoup d'assurer la continuité de notre pensée, de nos traditions, de notre culture et de passer aux jeunes le flambeau transmis par nos aînés[70]. »

Il en venait à écrire à Trotsky :

> « Savoir attendre est aussi nécessaire que pouvoir combattre et il est même possible de se taire sans perdre la faculté d'agir, comme on peut se donner l'illusion de l'action en s'épuisant en paroles[71]. »

Il s'agissait donc, pour le moment, selon lui, de reconnaître qu'il n'y avait rien de plus important, « pour l'ensemble du mouvement international, que les succès économiques de l'État soviétique ». L'opposition devait travailler au service de ce capitalisme d'État et ne pas subordonner « les nécessités tangibles de l'État soviétique » à ce qu'il appelait les « besoins douteux de quelque épisode d'aspect révolutionnaire ailleurs[72] ».

Qu'on approuve ou non la forme de sa réponse – « on enregistre un homme à la mer et on passe à l'ordre du jour » –, on peut comprendre que ces considérations ne pouvaient avoir aucune prise sur Trotsky et qu'il ne pouvait pas ne pas les considérer comme une abstention, c'est-à-dire une désertion.

Pour lui, le combat continuait, et l'interrompre c'était capituler. Boris Souvarine, qui comparait l'Opposition de gauche internationale à « une armée d'ânes dirigée par un lion » et eût préféré « une armée de lions dirigée par des ânes[73] », n'avait évidemment aucune chance de le convaincre, malgré la solidité de certaines de ces critiques, puisqu'elles concouraient toutes à la nécessité de suspendre l'action, attendre et, au besoin, se taire.

CHAPITRE XLI

Le travail littéraire [1]

Lors de son arrivée à Constantinople, les autorités consulaires soviétiques avaient versé à Trotsky, au titre de « droits d'auteur », 1 500 dollars, ce qui constituait une somme plutôt dérisoire.

Nous savons que Trotsky avait déjà réussi à vivre en exil pendant de nombreuses années et à y gagner sa vie de façon régulière et honorable comme journaliste. Ce n'était plus possible au lendemain de cette tranche d'histoire. L'ancien dirigeant de la révolution russe, l'ancien commandant en chef de l'Armée rouge, dirigeant d'un mouvement politique mondial, ne pouvait redevenir chroniqueur ni reporter. Pourtant les conditions de son exil et de son accueil en Turquie le condamnaient à ne pouvoir gagner sa vie que par un travail à domicile.

L'unique possibilité était d'exercer la profession dont il avait au fond toujours pensé qu'elle était la sienne quand il n'était pas révolutionnaire professionnel, celle d' « écrivain », qui allait désormais figurer sur ses papiers officiels. Les éditeurs, américains et allemands surtout, sentaient la bonne affaire et s'empressaient de venir lui proposer des contrats : l'Allemand Schumann, venu à Constantinople dès le mois de mars, ne le visita pas moins de huit fois. Très vite, il découvrit qu'il avait la possibilité de gagner vraiment sa vie par sa plume, percevant d'importants émoluments pour ses articles, dans la grande presse, des avances sur droits d'auteur pour des livres, de la part d'éditeurs qui n'en avaient pas encore reçu la première page. Edmund Wilson relève à ce propos qu'il est avant tout un « maître des mots [2] », non un homme politique. Et son dernier exil – tout au moins sa première partie – va être pour lui une splendide occasion de maîtriser les mots.

Il avait déjà derrière lui son ouvrage *1905,* une histoire écrite sur le vif dans le cadre d'une étincelante analyse de l'inégalité du développement :

> « Sur ces immenses espaces, tous les stades de la civilisation : depuis la sauvagerie primitive des forêts septentrionales où l'on se nourrit de poisson cru et où l'on fait sa prière devant un morceau de bois, jusqu'aux

conditions nouvelles sociales de la vie capitaliste, où l'ouvrier se considère comme participant actif de la politique mondiale et suit attentivement les événements des Balkans ou bien les débats du Reichstag. L'industrie la plus concentrée de l'Europe sur la base de l'agriculture la plus primitive. La machine gouvernementale la plus puissante du monde qui utilise toutes les conquêtes du progrès technique pour entraver le progrès technique dans le pays [3]... »

En même temps, cependant, il rejette la méthode – qualifiée par lui de « géométrie pseudo-matérialiste » – qui est celle de Plekhanov et commence à se mettre en quête d'une démarche originale tenant compte des caractères spécifiques de chaque situation.

En Turquie c'est la presse qui le poussa la première à écrire. L'agence Wabirdaw – de William Bird – lui avait acheté, par l'intermédiaire de ses amis de Paris, ses premiers articles concernant son expulsion d'U.R.S.S., et elle lui proposait des articles autobiographiques. Les négociations, directes ou indirectes, menées, du côté de Trotsky, avec des gens expérimentés, n'étaient certes pas conduites avec un grand sens des affaires, et il semble qu'il aurait pu demander plus que ce qu'on lui offrait, et qu'il accepta, au moins les premières fois, avec un étonnement ravi des sommes relativement faibles.

Son premier ouvrage d'exil est *Ma Vie*; il n'emploie jamais ce titre qu'il n'aime pas et parle toujours à son propos de son « autobiographie ». L'idée n'était pas nouvelle. Déjà au temps d'Alma-Ata, Rakovsky – qui, de son côté, avait fait ce travail – et Préobrajensky, l'avaient poussé à rédiger des souvenirs personnels dont l'intérêt politique et historique était évident. Nous l'avons aperçu au passage, écrivant à Aleksandra Lvovna pour lui demander de l'aide en ce qui concernait certains détails de leur vie à partir de Nikolaiev [4]. Et les premières séries autobiographiques pour la presse achevèrent de le convaincre que ce travail était possible, intéressant et rentable. Le lecteur attentif des notes du présent ouvrage aura déjà relevé que Trotsky a intégré dans *Ma Vie* – avec, parfois, pas ou peu de modifications – articles et commentaires dans la presse de la période de la guerre notamment, ainsi que la présentation de *Guerre et Révolution* écrite en 1922 et d'importants passages de son ouvrage *Lénine,* de la même année.

Le genre autobiographique est réputé mineur en histoire. L'autobiographie de Trotsky est l'une des meilleures réalisations du genre. Nous nous sommes très largement appuyé jusqu'à présent dans notre travail sur les faits qu'il y a établis et relatés avec, nous a-t-il paru, conscience et honnêteté.

L'avant-propos de *Ma Vie* situe cet ouvrage dans la littérature militante :

> « Dans ces pages, je poursuis la lutte à laquelle toute ma vie est consacrée. Tout en exposant, je caractérise et j'apprécie; en racontant, je me défends et plus souvent encore, j'attaque. Et je pense que c'est là le seul

moyen de rendre une biographie objective dans un certain sens le plus élevé, c'est-à-dire d'en faire l'expression la plus adéquate de la personnalité, des conditions et de l'époque [5]. »

Il s'en prend dans le même texte à la prétendue « objectivité » dont se paraient alors et se parent encore tant d'historiens, académiques ou non, et qu'il qualifie sans ménagements de « rouerie mondaine ». Obligé de parler de lui-même, puisque tel est le sujet, il trouverait stupide autant que ridicule de dissimuler ses sympathies ou antipathies, ses affections ou ses haines. Ce livre, écrit-il « est un livre de polémique. Il reflète la dynamique d'une vie sociale qui est tout établie sur des contradictions ». Et d'énumérer les diverses formes de ce qu'il appelle la « polémique sociale », depuis « la plus coutumière, quotidienne, normale, presque imperceptible malgré son intensité, jusqu'à la polémique extraordinaire, explosive, volcanique, des guerres et des révolutions » :

« Telle est notre époque. Nous avons grandi avec elle. Nous en respirons, nous en vivons. Comment pourrions-nous nous dispenser de polémique si nous voulons être fidèles à " notre patrie dans le temps [6] "? »

Repoussant fermement cette « objectivité »-là, il accorde en même temps beaucoup d'importance à ce qu'il appelle « la simple bonne foi dans l'exposition des faits », au respect des proportions, dans l'ensemble et le détail aussi.

S'agissant d'une histoire dont il est l'un des acteurs principaux, il signale qu'il fait généralement confiance à sa mémoire, celle-ci étant très faible en matière topographique et musicale, pas extraordinaire en matière visuelle et très au-dessus de la moyenne en matière d'idées. Curieusement d'ailleurs, il omet d'indiquer la faiblesse de sa mémoire en matière de dates – attestée par le fourmillement des erreurs chronologiques dans ses travaux; en a-t-il eu conscience? Ajoutons que le lecteur a de la chance. En pleine rédaction de *Ma Vie,* Trotsky écrivait à sa vieille amie Anna Konstantinovna, le 1er juin 1929 :

« Je me suis toujours plongé dans cette autobiographie, et je ne sais pas comment m'en sortir. Au fond, j'aurais pu en terminer depuis longtemps, mais j'en ai été empêché par mon maudit pédantisme : je continue à rassembler des informations, je vérifie les dates, je biffe ici, là je fais un ajout. Plus d'une fois, j'ai été tenté de jeter tout cela au feu et de passer à des travaux plus sérieux. Mais, comme par un fait exprès, c'est l'été et il n'y a pas de feu dans les cheminées. D'ailleurs, ici, il n'y a pas de cheminée [7]. »

On peut donc se réjouir de ce que Trotsky appelait son « maudit pédantisme », cette conscience professionnelle qui nous a valu, avec *Ma Vie,* « un chef-d'œuvre de l'autobiographie [8] ». L'universitaire israélien Knei-Paz, peu suspect de tendresse pour Trotsky, n'est pas loin de cette opinion. Il écrit notamment que quelques-uns des meilleurs chapitres de ce livre sont ceux qui traitent de la façon dont leur auteur s'est engagé dans l'Histoire, puis ceux au cours desquels la courbe du mouvement révolutionnaire se mêle et se combine avec celle de sa vie personnelle. La vie des déportés de Sibérie au début du siècle, l'évasion dans un traîneau tiré par des rennes, le monde des émigrés en Occident, la scission historique entre bolcheviks et mencheviks vue de l'intérieur et dans les deux univers ennemis, ce sont là des pages inoubliables et surtout irremplaçables pour qui veut comprendre l'époque et l'événement.

Quelques croquis d'Octobre, le récit de ses discours et la description de l'ambiance du Cirque moderne sont des pages d'une possible anthologie de la révolution. Le chapitre sur Sviajsk, dans une brume de poudre et de mort, éclairé par la beauté de Larissa Reissner, est un formidable poème épique.

Le grand écrivain français François Mauriac a découvert cet ouvrage avec admiration :

> « Il y a dans Trotsky une évidente séduction. Et d'abord, le lecteur bourgeois s'étonne toujours qu'un révolutionnaire garde quelque ressemblance avec le commun des mortels. J'ai été pris, dès les premières pages, comme Tolstoï et Gorky m'avaient pris. Si Trotsky n'avait pas été militant de la révolution marxiste, il eût trouvé sa place auprès de ces maîtres [9]. »

Et l'on peut dire que Mauriac a saisi Trotsky à travers *Ma Vie*, à travers quelques pages remarquables sur ce héros qui ne perd jamais le sentiment de l'homme qu'il est.

L « autobiographie », comme Trotsky écrira toujours en parlant de ce livre, avait été l'œuvre de l'année 1929. *L'Histoire de la Révolution russe* a été celle des années 1930 à 1933 et des longs mois consacrés aux traductions. De ce maître ouvrage, Edmund Wilson a écrit :

> « Jamais plus, après avoir lu l'histoire de Trotsky, le langage, les conventions, les combinaisons, les prétentions de la politique parlementaire, si nous avions sur elles quelque illusion, ne nous sembleront les mêmes de nouveau. Elles perdront leur consistance et leurs couleurs, s'évaporeront devant nous. Le vieux jeu de la concurrence pour les places, le vieux jeu du débat parlementaire, semblent futiles, dépassés; ce qui est réel, c'est une science nouvelle du réajustement et de l'organisation sociale approchant d'un degré d'exactitude que nos programmes politiques à l'ancienne mode n'ont jamais rêvé et capables de devenir partie intégrante de l'équipement culturel du peuple, de façon totalement différente de ce qu'on a jamais connu, même chez les nations les mieux éduquées politiquement sous nos institutions " démocratiques " [10]. »

L'ouvrage est solidement documenté, s'appuyant sur les ouvrages, revues, travaux apportés d'U.R.S.S. ou envoyés en 1931 par Sérioja, mais surtout du fait de la navette de livres et de documents organisée à partir de Berlin, avec l'aide d'hommes comme Thomas ou Nikolaievsky, par Lev Sedov, dès son installation dans la capitale allemande.

L'*Histoire de la Révolution russe* est un ouvrage unique en son genre. Non seulement parce qu'elle est une histoire d'une révolution rédigée par l'un de ses principaux acteurs, mais, par son ampleur, la largeur de son horizon dans le temps et dans l'espace, la puissance de ses analyses et la couleur de ses descriptions. L'auteur y exprime, en même temps que sa conception du monde, sa conception de ce qu'est une révolution. Et l'on chercherait en vain un terme de comparaison.

La préface s'étend sur l'objectif et les méthodes de travail. Véritable manifeste de l'histoire militante, elle rappelle que l'historien se doit de relater ce qui s'est passé et d'indiquer comment cela s'est passé, et que, du coup, il a pour mission de découvrir cette « loi intime » qui relie l'enchaînement des événements à ce qu'il appelle « leur propre loi rationnelle ».

Ce qui distingue avant tout une révolution, c'est qu'elle constitue, écrit-il, « l'intervention directe des masses dans les événements historiques ». Dans les périodes dites ordinaires, c'est l'État qui domine la nation, et la politique est le fait des politiciens professionnels :

> « L'histoire de la révolution est pour nous, avant tout, le récit d'une irruption violente des masses dans le domaine où se règlent leurs propres destinées [11]. »

L'étude de la révolution, son histoire, ne peut donc se borner à celle des transformations des bases économiques et du substrat social. Trotsky écrit ces lignes qui caractérisent sa méthode :

> « La dynamique des événements révolutionnaires est *directement* déterminée par de rapides, intensives et passionnées conversions psychologiques des classes constituées avant la révolution. [...] Le processus politique essentiel d'une révolution est précisément en ceci que la classe prend conscience des problèmes posés par la crise sociale, et que les masses s'orientent activement d'après la méthode des approximations successives. Les diverses étapes du processus révolutionnaire, consolidées par la substitution à tels partis d'autres, toujours plus extrémistes, traduisent la poussée constamment renforcée des masses vers la gauche, aussi longtemps que cet élan ne se brise par contre des obstacles objectifs. Alors commence la réaction : désenchantement dans certains milieux de la classe révolutionnaire, multiplication des indifférents et, par suite, consolidation des forces contre-révolutionnaires [12]. »

Au premier rang du travail historique sur une révolution se trouve donc la nécessité de ce qu'il appelle « l'étude des processus politiques dans les masses » qui seule permet de comprendre le rôle des partis et des dirigeants. Les difficultés pour cette étude sont immenses : les classes opprimées font l'histoire en période de révolution, mais elles ne prennent pas de notes et n'écrivent pas souvent leurs mémoires. Il reste pour l'historien à pratiquer l'évaluation rétrospective sur laquelle un parti révolutionnaire fonde sa tactique pendant le développement révolutionnaire, là aussi sur la base d'une mise en évidence soigneuse des conditions générales qui ont déterminé ce développement de la conscience.

L'« impartialité » de l'historien est-elle nécessaire pour la reconstitution de ces processus ? Il est de bon ton de l'assurer. Trotsky ne le croit pas. Il déclare écrire pour un lecteur « sérieux et doué de sens critique », qui n'a pas besoin « de l'impartialité fallacieuse qui lui tendrait la coupe de l'esprit conciliateur, saturée d'une bonne dose de poison, d'un dépôt de haine réactionnaire ». En revanche, « il lui faut la bonne foi scientifique qui, pour exprimer ses sympathies, ses antipathies, franches et non masquées, cherche à s'appuyer sur une honnête étude des faits, sur la démonstration des rapports réels entre les faits, sur la manifestation de ce qu'il y a de rationnel dans le déroulement des faits ». Il ajoute :

> « Là seulement est possible l'objectivité historique, et elle est alors tout à fait suffisante, car elle est vérifiée et certifiée autrement que par les bonnes intentions de l'historien – dont celui-ci donne d'ailleurs la garantie –, mais par la révélation de la loi intime du processus historique [13]. »

Il s'en prend avec humour à l'historien français de la Révolution et de l'Empire, Louis Madelin, qu'il définit comme « un des historiens réactionnaires et, par conséquent, bien cotés, de la France contemporaine ». Ce dernier assure en effet que l'historien doit monter sur les remparts d'une ville assiégée et considérer d'un œil juste, égal et impartial, assiégeants et assiégés. Pour Trotsky cependant, les travaux de Madelin prouvent simplement qu'il ne monte sur le rempart séparant les deux camps qu'en « éclaireur de la réaction [14] »...

Nous n'ajouterons à ce point qu'une remarque : on peut aujourd'hui regretter une lacune dans le travail de Trotsky dont l'absout pourtant un critique aussi exigeant que le professeur israélien Knei-Paz. Il est dommage en effet que, pour, écrit-il, ne pas gêner le lecteur, Trotsky ait choisi de s'abstenir totalement non seulement de donner des références précises, mais de citer et localiser les périodiques, journaux et revues, les Mémoires, les procès-verbaux, les documents d'archives – et parmi eux, assure-t-il, nombre de manuscrits – dont il se contente d'indiquer de façon plutôt vague que « la plupart d'entre eux proviennent de l'Institut d'histoire de la Révolution, à Moscou et à Leningrad » : son refus, ici, de ce qu'il appelait à tort le « pédantisme » a certainement privé, après lui, les chercheurs et étudiants de la révolution russe de pistes que les nouveaux maîtres de l'U.R.S.S. avaient dans l'intervalle soigneusement brouillées et couvertes.

M. Baruch Knei-Paz, qui semble beaucoup apprécier, au moins comme grand ouvrage de « littérature historique », l'*Histoire de la Révolution russe*, adresse à Trotsky le reproche classique et usé de manquer d'objectivité, mais sous un angle nouveau. Pour lui, Trotsky ne manque nullement d'objectivité dans le travail d'établissement des faits, mais dans ce qu'il appelle ses « préconceptions » marxistes, dont il assure que Trotsky les traite comme des postulats :

> « La difficulté avec l'histoire de Trotsky est qu'il ne cherche pas à établir la validité des “ lois ”, axiomes et concepts, mais admet simplement – d'avance et tout au long – leur validité [15]. »

Poussant la critique jusqu'au niveau de la polémique, le politologue israélien va même jusqu'à écrire : « En un certain sens, l'*Histoire* est une étude en téléologie [16]. »

L'accusation nous paraît bien injuste. A la même page et à quelques lignes de distance, M. Knei-Paz cite en effet une phrase de l'introduction des derniers volumes de l'*Histoire* qui apporte un démenti éclatant à cette dernière affirmation. Trotsky y parle en effet simultanément du caractère *inévitable* de la révolution d'Octobre et des *causes* de sa victoire, ce qui dément toute interprétation téléologique : la révolution était certes inévitable, mais sa victoire n'était pas inscrite dans on ne sait quel livre du destin. Faut-il vraiment le rappeler, à propos d'un historien qui était aussi et avant tout un révolutionnaire et, à ce titre, avant tout intéressé non à prophétiser la révolution, mais à assurer sa victoire le jour, inévitable, où elle se produirait ?

Il est vrai que Trotsky fait, dans l'*Histoire*, de nombreuses allusions à ce qu'il appelle les « lois de l'Histoire », qu'il qualifie tantôt de « naturelles », tantôt de « rationnelles », et qui, pour lui, régissent le processus historique ou, si l'on préfère, conformément auxquelles le processus historique se déroule de façon générale. C'est en examinant la façon dont Trotsky les énonce dans son *Histoire* qu'il est possible de saisir s'il s'agit de postulats, comme l'écrit M. Knei-Paz, ou de conclusions qu'il n'oublie jamais d'étayer, comme nous le pensons pour notre part.

Prenons l'exemple de la « loi du développement inégal et combiné » dont le fonctionnement sous-tend largement l'analyse de Trotsky sur les particularités de la révolution russe et dont, au même moment, son jeune ami E. B. Solntsev faisait en déportation une étude exhaustive dans un manuscrit, disparu dans les archives du G.P.U. depuis. Trotsky écrit à son sujet :

> « Les lois de l'histoire n'ont rien de commun avec des schémas pédants. L'*inégalité de rythme*, qui est la loi la plus générale du processus historique, se manifeste avec le plus de vigueur et de complexité dans les destinées des pays arriérés. Sous le fouet des nécessités extérieures, la vie retardataire est contrainte d'avancer par bonds. De cette loi universelle d'inégalité des rythmes découle une autre loi que, faute d'une appellation plus appropriée, l'on peut dénommer *loi du développement combiné*, dans le sens du rapprochement de diverses étapes, de la combinaison des phases distinctes, de l'amalgame des formes archaïques avec les plus modernes. A défaut de cette loi, prise, bien entendu, dans tout son contenu matériel, il est impossible de comprendre l'histoire de la Russie,

comme, en général, de tous les pays appelés à la civilisation en deuxième, troisième ou dixième ligne [17]. »

A moins de demander à l'auteur de faire précéder son travail d'un véritable manuel méthodologique, il paraît difficile d'affirmer devant ce texte, étayé ensuite, dans de nombreuses pages, d'exemples empruntés à l'histoire russe, qu'il s'agit de l'affirmation d'un postulat. M. Knei-Paz peut n'être pas convaincu par la démonstration; il n'en est pas moins vrai qu'il y en a une, qu'il semble ne pas avoir saisie, peut-être parce qu'elle est formulée ici de façon générale.

Quelques dizaines de pages plus loin, d'ailleurs, Trotsky va revenir indirectement sur cette question en essayant d'expliquer à son lecteur comment, pour la première fois dans l'histoire universelle, la paysannerie s'était rangée derrière le prolétariat dans le cours d'une révolution – ce qui constitue, selon lui, le trait distinctif, l'originalité de la révolution russe par rapport à celles qui l'ont précédée. Il s'agit d'une illustration de la loi du développement inégal et combiné, opérée cette fois à l'aide de comparaisons dans le temps et l'espace.

Se tournant vers les grandes révolutions du passé, Trotsky écrit :

« En Angleterre, le servage a disparu effectivement vers la fin du XIVe siècle, c'est-à-dire deux siècles avant qu'il ne fût institué en Russie, 450 ans avant son abolition dans ce dernier pays. L'expropriation des biens-fonds de la classe paysanne anglaise se prolonge, à travers la Réforme et deux révolutions, jusqu'au XIXe siècle. Le développement du capitalisme, que ne hâtait aucune contrainte de l'extérieur, eut ainsi tout le temps nécessaire pour mettre fin à l'autonomie des ruraux, longtemps avant que ne s'éveillât à la vie politique le prolétariat [18].

« En France, la lutte contre la monarchie absolue, l'aristocratie et les princes de l'Église, força la bourgeoisie de différents niveaux à accomplir, par étapes, vers la fin du XVIIIe siècle, une révolution agraire radicale. Après cela, les ruraux de France, devenus indépendants, se révélèrent pour longtemps le sûr appui de l'ordre bourgeois et, en 1871, aidèrent la bourgeoisie à mater la Commune de Paris.

« En Allemagne, la bourgeoisie se montra incapable de donner une solution révolutionnaire à la question agraire et, en 1848, livra les paysans aux hobereaux, de même que Luther, plus de trois siècles auparavant, avait abandonné aux princes d'Empire les gueux soulevés. D'autre part, le prolétariat allemand, au milieu du XIXe siècle, était encore trop faible pour prendre la direction de la classe paysanne. Par suite, le développement du capitalisme, en Allemagne, obtint aussi un délai suffisant, quoique moins étendu qu'en Angleterre, pour se subordonner l'économie agricole telle qu'elle était sortie d'une révolution bourgeoise inachevée [19]. »

Trotsky montre ensuite comment la réforme de la paysannerie en Russie en 1861 fut réalisée par la monarchie et menée par des nobles et des fonctionnaires, sous la pression de la société bourgeoise où la bourgeoisie était cependant impuissante. Il ajoute :

« Le caractère de l'émancipation des paysans était tel que la transformation accélérée du pays dans le sens du capitalisme faisait inévitablement du problème agraire un problème de révolution. Les bourgeois russes rêvaient de [...] tout ce qu'on voudrait, sauf d'une évolution russe. Les intellectuels démocrates [...] se rangèrent, à l'heure décisive, du côté de la bourgeoisie libérale et des propriétaires nobles, non du côté des campagnes révolutionnaires [20]. »

Il conclut cette introduction sur la loi du développement inégal et combiné par son application, en vue d'explication, à la Russie et à sa révolution de 1917 :

« La loi d'un développement combiné des pays arriérés – dans le sens d'une combinaison originale des éléments retardataires avec des facteurs des plus modernes – se formule ici pour nous dans les termes les plus parfaits et donne en même temps la clef de l'énigme de la révolution russe. Si la question agraire, héritage de la barbarie, de l'histoire ancienne de la Russie, avait reçu sa solution de la bourgeoisie, si elle avait pu en recevoir une solution, le prolétariat russe ne serait jamais parvenu à prendre le pouvoir en 1917. Pour que se fondât un État soviétique, il a fallu le rapprochement et la pénétration mutuelle de deux facteurs de nature historique tout à fait différente : une guerre de paysans, c'est-à-dire un mouvement qui caractérise l'aube du développement bourgeois, et une insurrection prolétarienne, c'est-à-dire un mouvement qui signale le déclin de la société bourgeoise. Toute l'année 1917 se dessine là [21]. »

Nous examinerons les arguments de M. Knei-Paz à la lumière d'un second exemple de « loi » énoncée par Trotsky, celle de l'apparition, dans chaque révolution, d'une « dualité de pouvoirs ».

Dans le chapitre consacré dans le premier volume à la « Dualité de pouvoirs », Trotsky commence effectivement par un exposé et une définition générale, montrant que la dualité de pouvoirs ne surgit qu'à une époque révolutionnaire et en constitue un élément essentiel. Il développe :

« Le mécanisme politique de la révolution consiste dans le passage du pouvoir d'une classe à une autre. [...] La préparation historique d'une insurrection conduit, en période révolutionnaire, à ce que la classe destinée à réaliser le nouveau système social sans être encore devenue maîtresse du pays, concentre effectivement dans ses mains une partie importante du pouvoir de l'État, tandis que l'appareil officiel reste encore dans les mains des anciens possesseurs [22]. »

L'existence de deux pouvoirs rivaux ne correspond à aucun équilibre durable : à chaque étape, la victoire de la révolution ou celle de la contre-révolution sont à l'ordre du jour : « Le morcellement du pouvoir n'annonce pas autre chose que la guerre civile » qui va donner à la dualité de pouvoir son expression la plus manifeste, la division du territoire [23].

Trotsky illustre ce qu'il vient d'énoncer comme une loi générale par l'histoire des révolutions antérieures qui ont précisément permis de dégager ce qu'il appelle cette loi.

La révolution anglaise du XVIIe a commencé par opposer – à travers une dualité de pouvoirs puis une guerre civile ouverte – le pouvoir royal, appuyé sur les classes privilégiées ou du moins leurs sommets, et celui du Parlement presbytérien, appuyé par la bourgeoisie et les petits gentilshommes proches d'elle. Après la défaite et la capture du roi, c'est l'armée du Parlement qui devient une force politique nouvelle, opposée à la bourgeoisie riche, et s'exprime à travers un nouvel organe qui s'adjuge des pouvoirs d'État, celui du conseil des « agitateurs », délégués de l'armée : « Nouvelle période de double pouvoir [...] le parlement presbytérien (et) l'armée " indépendante ". » Le conflit est de nouveau tranché par les armes, avec l'épuration du Parlement par Cromwell : la tentative des « Niveleurs » de dresser contre le général un nouveau pouvoir, basé sur les couches sociales urbaines les plus pauvres, ne parvient pas à se développer [24].

Trotsky retrouve un développement analogue dans le cours de la Révolution française. La première période de dualité de pouvoirs est celle qui oppose l'Assemblée constituante et le roi, et se termine avec la fuite de ce dernier. Une nouvelle dualité apparaît avec la Commune de Paris, appuyée sur les « sections » et dressée ensuite contre la Législative, puis la Convention :

> « Par les degrés d'un double pouvoir, la Révolution française, durant quatre années, s'élève à son point culminant. A partir du 9 Thermidor, de nouveau par les degrés d'un double pouvoir, elle commence à descendre. Et encore une fois, la guerre civile précède chaque retombée, de même qu'elle avait accompagné chaque montée [25]. »

Incontestablement, à travers l'énoncé de ces « lois », l'écrivain se conforme à l'idée qu'il se fait de l'Histoire comme un conflit entre les classes et du devoir de l'historien de les mettre au jour. Il débusque les « faits » à travers les exemples et énonce les « lois » qu'il en déduit. Avant de conclure qu'il s'agit là de postulats, il faut démontrer la fausseté de ses arguments sur le terrain où il les a développés, et, par exemple, contester le passage où il montre à propos des « journées de Juillet » comment les intérêts divergents de classe peuvent se dissimuler derrière les mêmes mots, venus du passé avec l'héritage culturel :

> « Si la lutte avait eu lieu vers la fin du Moyen Age, les deux parties, en se massacrant mutuellement, auraient cité les mêmes proverbes bibliques. Les historiens formalistes en seraient ensuite venus à conclure que la lutte avait eu lieu pour des questions d'exégèse : les artisans et les paysans illettrés du Moyen Age mettaient, comme on sait, une étrange passion à se faire tuer pour des subtilités philologiques dans les révélations de Jean l'Évangéliste, de même que les dissidents de l'Église russe se faisaient exterminer à propos de savoir si l'on devait faire le signe de la croix avec deux ou trois doigts. En réalité, au Moyen Age, non moins qu'à présent, sous les formules symboliques se dissimulait une lutte d'intérêts vitaux qu'il convient de discerner. Un seul et même verset de

l'Évangile signifiait pour les uns le servage et pour les autres la liberté [26]. »

***

M. Baruch Knei-Paz, qui ne semble malheureusement pas s'être penché sur ses propres « préconceptions », dans l'intéressant travail qu'il a consacré à la pensée politique et sociale de Trotsky, se décide cependant à l'absoudre :

« Malgré toutes ses préconceptions théoriques, Trotsky porte légèrement son marxisme. Ce dernier imprègne le livre, ne l'inonde pas; il gouverne l'interprétation des événements mais ne déforme pas les événements eux-mêmes. Il ne prêche pas ni ne moralise, et ce n'est que rarement qu'il prend le temps d'une pause pour instruire le lecteur des subtilités de la dialectique [27]. »

L'auteur de ce jugement, sans s'en rendre compte, pénètre en réalité ici dans une querelle entre « marxistes » derrière laquelle le chercheur doit retrouver les forces sociales qui les conduisent à s'opposer, et ce qui est en jeu dans leur débat. Dans la préface de la deuxième partie de l'*Histoire*, consacrée à la révolution d'Octobre, Trotsky répond à l'historien soviétique M.N. Pokrovsky, le plus sérieux sans doute de tous ceux qui ont essayé de démontrer, au contraire de l'opinion de M. Knei-Paz, que la conception de Trotsky de l'histoire et du mouvement historique relevait de l'idéalisme philosophique.

« Le professeur Pokrovsky insistait [...] sur ce point que nous aurions sous-estimé les facteurs objectifs de la Révolution : " Entre février et octobre, s'est produite une formidable désorganisation économique "; " pendant ce temps, la paysannerie [...] s'est soulevée contre le Gouvernement provisoire "; c'est précisément dans ces " déplacements objectifs " et non pas dans les processus psychiques variables qu'il conviendrait de voir la force motrice de la révolution. Grâce à une louable netteté dans sa manière de poser les questions, Pokrovsky dévoile au mieux l'inconsistance d'une explication vulgairement économique de l'histoire que l'on fait assez fréquemment passer pour du marxisme [28]. »

Trotsky rétorque à Pokrovsky que « les changements radicaux qui se produisent dans le cours d'une révolution » sont provoqués moins par « les ébranlements épisodiques de l'économie » qui se traduisent au même moment que par « les modifications capitales [...] accumulées dans les bases mêmes de la société au cours de l'époque précédente ». Il écrit :

« En réalité, les privations ne suffisent pas à expliquer une insurrection – autrement les masses seraient en soulèvement perpétuel : il faut que l'incapacité définitivement manifeste du régime social ait rendu ces privations intolérables et que de nouvelles conditions et de nouvelles idées aient ouvert la perspective d'une issue révolutionnaire. Ayant pris conscience d'un grand dessein, les masses se trouvent ensuite capables de supporter des privations doubles ou triples [29]. »

En ce qui concerne le « facteur objectif » du « soulèvement paysan », il répond sur ce point à Pokrovsky :

« Pour le prolétariat, la guerre paysanne était, on le comprend, une circonstance objective, [...] mais la cause immédiate de l'insurrection paysanne même fut en des modifications dans l'état d'esprit de la campagne. [...] N'oublions pas que les révolutions sont accomplies par des hommes, fût-ce par des anonymes. Le matérialisme n'ignore pas l'homme sentant, pensant et agissant, mais l'explique. En quoi d'autre peut être la tâche de l'historien? »

*
* *

Il reste à essayer de répondre ici à la question de savoir si Trotsky a finalement réussi à éclairer, ainsi qu'il le désirait, l'histoire de la révolution russe.

Il est indiscutable qu'il a réussi à dépeindre, mieux que quiconque avant lui, la foule révolutionnaire. Deutscher, dans son chapitre « Le Révolutionnaire historien », a donné libre cours à son talent de critique et d'essayiste et à ses qualités littéraires :

« La façon dont Trotsky dépeint la masse en action a beaucoup de points communs avec la méthode d'Eisenstein dans le classique *Cuirassé Potemkine*. Il choisit dans une foule quelques individus et éclaire leurs moments d'exaltation ou d'abattement, puis les laisse exprimer leur humeur par une phrase ou un geste; et alors il nous montre à nouveau la foule, une foule dense et échauffée, emportée par la houle de l'émotion et passant à l'action, et nous reconnaissons immédiatement que c'est là l'émotion ou l'action que la phrase ou le geste annonçait. Il a le don particulier de surprendre les paroles des multitudes lorsqu'elles pensent tout haut. Par la conception et l'image, il mène constamment du général au particulier et *vice versa*, et le passage de l'un à l'autre est toujours naturel, jamais forcé [31]. »

C'est d'un pinceau de maître qu'il nous dépeint les dirigeants de Vyborg, « faméliques, fourbus, grelottants », ployant « sous le fardeau d'une énorme responsabilité historique », pour conclure que « plus on se rapproche des usines, plus on découvre de résolution ». La façon dont il analyse les changements d'état d'esprit des masses tient à la fois de la fresque et de la miniature. Ainsi, du fameux face à face de février entre la troupe et les manifestants dans les rues de la capitale :

« L'ouvrier dévisageait le soldat bien en face, avidement et impérieusement, et celui-ci, inquiet, décontenancé, détournait son regard; ce qui marquait que le soldat n'était déjà plus bien sûr de lui. L'ouvrier s'avançait plus hardiment vers le soldat. Le troupier, morose, mais non point hostile, plutôt repentant, se défendait par le silence et parfois, de plus en plus souvent, répliquait d'un ton de sévérité affectée pour dissimuler l'angoisse dont battait son cœur. C'est ainsi que s'accomplissait la brisure [32]. »

Ces masses, cette foule, Deutscher les compare aux foules de Carlyle, l'historien britannique de la Révolution française, pour conclure que les foules de Trotsky « possèdent le caractère des éléments » et que, pourtant, elles sont humaines. Il poursuit :

> « Trotsky brosse ses scènes de masses avec un élan non moins imaginatif, mais aussi avec une clarté cristalline et il nous fait sentir que, dans le moment même, les hommes font leur propre Histoire, qu'ils le font en accord avec les lois de l'Histoire, mais également par des actes de leur conscience et de leur volonté. Il est fier de tels hommes, même s'il arrive qu'ils soient illettrés et grossiers et il veut que nous soyons fiers d'eux. La révolution est, pour lui, ce moment bref, mais chargé de sens où les humbles et les opprimés ont enfin leur mot à dire et, à ses yeux, ce moment rachète des siècles d'oppression. Et il y revient avec une nostalgie qui prête à sa reconstitution un relief intense et éclatant [33]. »

Bien entendu, Trotsky ne néglige rien de ce qui concerne les partis, notamment le parti bolchevique et ses militants qui furent, tout au long de la révolution, capables de nourrir les aspirations des masses et d'orienter leur activité. Il ne dissimule rien des désaccords, hésitations, oscillations à l'intérieur de son parti, sans jamais noircir le trait. Il analyse minutieusement les relations entre les autres partis et les masses et, sur la question générale des relations classes-partis, fait des remarques qui semblent définitives.

Après bien des détours et des circonlocutions, le professeur Baruch Knei-Paz, finit tout de même par reconnaître que l'*Histoire de la Révolution russe* n'est pas une histoire marxiste, mais... une œuvre importante d'art dramatique [34].

Il loue donc les qualités de la langue de Trotsky, l'élégance de son style, l'enchaînement souple de ses récits, l'abondance des images, des métaphores, des formules saisissantes, des comparaisons, des descriptions. Il relève le rapport entre l'Histoire et la façon de Trotsky de la conter, la correspondance établie ainsi entre l'époque et l'homme. Nous sommes enfin d'accord : c'est d'un très grand écrivain que nous traitons tous deux!

* * *

Auteur d'une étude sur « Trotsky historien [35] », M. Peter Beilharz reconnaît ses mérites littéraires. Rappelant la formule de Lounatcharsky sur Trotsky, « littéraire dans son art oratoire et orateur en littérature », il analyse l'*Histoire de la Révolution russe* comme « de l'histoire en tant que théâtre et du théâtre en tant qu'histoire [36] ». Reconnaissant le caractère prenant du récit, l'excellence de la description, la fascination qu'ils exercent sur le lecteur, il fait une critique qui a le mérite de ne pas dissimuler ses fondements idéologiques.

> « Une lecture plus approfondie révèle la même métaphore génératrice en action, construisant d'avance une structure textuelle qui fait que le lecteur ne peut qu'être d'accord avec l'auteur. Le terrain de la métaphore choisie est avant tout celui, organique, de l'évolution, si fondamental dans la pensée de la IIe Internationale. [...] Les “ métaphores usées ” envahissent l'*Histoire de la Révolution russe.* Le contexte de leur utilisation est une métaphysique appelée “ dialectique ” qui confond la vie sociale et la science naturelle, de sorte que l'une et l'autre soient soumises au règne des lois et donc vulnérables à la préductabilité. Trotsky établit ainsi une téléologie préétablie qui assure à la fois la défaite des divers ennemis et l'inévitabilité de la victoire bolchevique par le moyen de la métaphore [37]. »

Et après avoir ironisé sur les « difficultés ultérieures » de Trotsky à expliquer la victoire de Staline, M. Peter Beilharz de conclure, non sans une joie maligne, mais peut-être un peu prématurément :

> « Les bourreaux de l'histoire mondiale sont exécutés par des moyens littéraires, réalisant une justice poétique pour le Trotsky qui ne pouvait tirer d'autre vengeance de Staline ou de l'Histoire. Fidèle à son premier pseudonyme, la “ Plume ” n'a jamais pleinement compris les limites de son pouvoir contre l'épée [38]. »

Là ne s'arrête pas la leçon qu'il prétend donner, puisqu'il qualifie, en toute modestie, ce qu'il appelle la téléologie de Trotsky comme « une foi creuse dans un avenir socialiste exprimée à travers le mythe et la métaphore et combinée avec une défense réticente du stalinisme » *(sic)* et accuse Trotsky de la substituer « à une compréhension marxiste de l'histoire, elle-même nécessaire à une discussion adéquate des problèmes de transition [39] ».

Il n'y a pas lieu de contester ce genre de verdict, qui obéit à la poursuite d'objectifs particuliers. On se contentera de relever que M. Beilharz, parlant de l'*Histoire de la Révolution russe* le qualifie de « texte *(sic)* d'une influence et d'une valeur extraordinaires [40] ».

Il est vrai que la qualité de la forme de l'*Histoire de la Révolution russe* en fait, même en traduction, un très grand livre. Le parallèle entre Louis XVI et Marie-Antoinette d'un côté, le couple impérial russe de l'autre, est une page d'anthologie. Les portraits des acteurs, hommes politiques éminents ou militants obscurs, sont marqués du coup de patte d'un portraitiste au talent immense, avec de l'ironie pour les premiers, de la tendresse pour les seconds. Il faut un énorme talent littéraire – et l'homme qu'on appela « la plume » le possédait – pour dépeindre en quelques scènes les « moments » de la révolution, le face à face entre les troupes aux armes chargées et la foule exaspérée en février, l'interpellation brutale du s.r. Tchernov par un ouvrier qui lui montre le poing tout en lui criant au visage : « On te le donne, le pouvoir [41]. »

*
* *

L'activité littéraire de Trotsky lui a valu incontestablement une certaine réputation et, du coup, des revenus qui lui ont permis non seulement de vivre avec la maisonnée de Turquie, collaborateurs compris, mais aussi de financer les premières activités en direction de l'U.R.S.S., avec la publication du *Biulleten Oppositsii,* puis sur le plan international, avec l'aide accordée à bien des activités, nationales ou internationales, de ses partisans. Elle lui a valu également bien des déboires et deux procès retentissants dont l'un fut gagné et l'autre perdu.

L'éditeur allemand Harry Schumann, directeur de la maison Reissner de Dresde, fut l'un des premiers visiteurs, anxieux de signer un contrat avec Trotsky et en obtint la signature. Quelques semaines plus tard, l'ami de Trotsky à Berlin, Franz Pfemfert, découvre que le même éditeur a publié les Mémoires de Kerensky dans lesquelles celui-ci attaque violemment Trotsky et surtout Lénine, les traitant d' « agents des Hohenzollern allemands », reprenant les calomnies répandues dans les mois qui ont précédé la révolution d'Octobre [42]. Bien entendu, Trotsky ignore l'existence de cet ouvrage dans les publications de la maison Reissner et ne le découvre qu'en recevant un exemplaire que lui envoie Franz Pfemfert.

Sa réaction, dans une lettre à Schumann, est immédiate : le 8 mai 1929, il lui demande comment il est possible à un éditeur d'envisager la publication des livres de Trotsky et d'un auteur qui reprend les plus vieilles calomnies contre Lénine et lui [43]. La question est d'importance : les staliniens, à Moscou et ailleurs, peuvent exploiter contre lui une telle éventualité et le lier, dans l'esprit des lecteurs, aux initiateurs de la grande calomnie contre les bolcheviks.

Schumann s'affole devant la perspective de perdre un auteur qui lui promet de bonnes rentrées d'argent [44]. Les promesses ne coûtent rien, et il assure d'abord que les Mémoires de Kerensky vont être retirés de la circulation. La réponse de Trotsky, le 5 juin 1929, ne lui laisse aucune échappatoire : il préfère n'être pas publié du tout que de l'être dans une maison qui a édité les calomnies de Kerensky contre Lénine, ce qui est le cas de Reissner [45].

La réponse de Schumann ne laisse à Trotsky aucune illusion : il va devoir plaider. C'est un dialogue de sourds qui s'est engagé, Schumann étant prêt à reconnaître que Kerensky calomnie Lénine, à la condition que Trotsky lui remettre son premier manuscrit. Celui-ci, toujours sur les conseils de Pfemfert, engage pour le procès l'avocat berlinois Gerhardt Frankfurter.

Mais l'astuce du marchand de livres va faire de la question du contrat une affaire politique. Dans sa déposition devant le juge, Schumann assure que Trotsky annule le contrat sur ultimatum de Moscou, qui menace de ne plus lui payer les droits du Gosizdat et cite comme témoin... un fonctionnaire de l'ambassade soviétique de Berlin. Le 1er février, on apprend que Schumann a conclu un important accord d'édition avec le gouvernement soviétique. Trotsky est dès lors absolument convaincu – et non sans arguments de poids – d'une alliance entre Schumann et le gouvernement de Staline sur la question de l'édition.

La victoire au procès, en première instance, permettra à Trotsky d'être publié en Allemagne par Fischer Verlag, bien que Schumann ait fait traîner l'affaire dans des procès successifs, qui amenèrent même une cour d'appel à enquêter... sur la véracité des accusations lancées au sujet des liens entre Lénine et le gouvernement des Hohenzollern pendant la guerre!

Le deuxième procès pour lequel Trotsky prit feu et flamme concernait la traduction française de *Ma Vie* et était loin de présenter le même caractère de gravité. Trotsky était d'abord extrêmement mécontent de la décision des éditions Rieder de publier l'ouvrage en trois tomes, ce qu'il qualifiait de « démembrement ». Il découvrait, presque au même moment, que le traducteur, Maurice Donzel, dit Parijanine, capable dans sa profession et personnellement sympathique et désintéressé, s'était arrogé le droit de rédiger, sans le consulter, des notes explicatives longues, inutiles et qui, parfois, contredisaient sottement l'auteur qu'elles étaient censées éclairer. Il s'indignait en outre que l'éditeur français ait pu organiser sa publicité autour d'une phrase de l'avant-propos isolée de son contexte : « Je ne puis nier que ma vie n'a pas été des plus ordinaires ».

Débouté en première instance alors qu'il demandait la saisie des volumes, Trotsky fit appel. L'affaire fut plaidée pour lui par son camarade Gérard Rosenthal qui trouva pour la circonstance l'aide éclairée du grand avocat Maurice Garçon. Mais, dans l'intervalle, il avait fini par obtenir des éditions Rieder la suppression des notes dans le deuxième et le troisième volume, ainsi que dans les éditions à venir. Il ne restait plus en appel qu'une demande en dommages et intérêts qu'il destinait à ses camarades français, et il fut débouté. La « défaite », comme il disait dans une lettre à Gérard Rosenthal, n'était cependant pas tragique, puisqu'elle entérinait une satisfaction, au moins partielle, dans une affaire qui n'avait pas la gravité du conflit avec Schumann [46].

***

Les autres travaux historiques originaux de Trotsky pour la période de Prinkipo sont restés à l'état de manuscrit inachevé, comme cet ouvrage sur les diplomates soviétiques où le brouillon donne déjà des esquisses brillantes pour Tchitchérine, Joffé, Krestinsky, Krassine et surtout un très émouvant témoignage sur Khristian Rakovski [47].

Ce sont donc exclusivement *Ma Vie* et l'*Histoire de la Révolution russe* qui lui ont permis de vivre et de faire vivre les siens, y compris

Ljova à Berlin, et les proches collaborateurs qui ont vécu chez lui pendant ces années. Selon les calculs effectués par Isaac Deutscher, ses dépenses annuelles se sont élevées jusqu'à environ l'équivalent de 12 000 à 15 000 dollars par an. La première somme reçue par Trotsky pour ses articles était de 10 000 dollars, sur lesquels il préleva 6 000 pour les besoins de la presse internationale de l'opposition. La même année il recevait plusieurs avances, dont 7 000 dollars pour l'édition américaine de *Ma Vie*, et Deutscher mentionne un versement de 45 000 dollars du *Saturday Evening Post* pour la publication en séries de l'*Histoire* [48]. Le revers de la médaille était, bien entendu, l'accusation de collaboration avec « la presse bourgeoise » et « les éditeurs bourgeois ». Il n'y avait pas d'autres choix et, de toute façon, à moins de se taire totalement – ce qui était l'objectif de ses ennemis –, Trotsky ne pouvait songer à modérer ses adversaires en s'auto-limitant! Et il n'était pas question de faire « des concessions » pour élargir l'audience.

Il reste la question de savoir dans quelle mesure ses ouvrages historiques ont rencontré les lecteurs qu'il souhaitait et de mesurer l'influence qu'ils ont pu exercer. Les traductions – anglaise par Max Eastman, française par Parijanine, allemande par Alexandra Ramm – étaient de bonne facture, et il n'y eut pas à leur sujet de conspiration du silence. Peut-être cependant l'emprise stalinienne sur les militants communistes était-elle déjà suffisamment grande pour écarter de l'achat et de la lecture de ces deux ouvrages l'écrasante majorité d'entre eux. Mais Trotsky fut lu en Allemagne avant 1933 et en France plus longtemps. Il devait en tout cas être lu très longtemps et connut, même après la Seconde Guerre mondiale, au moins en ce qui concerne l'*Histoire*, un réel succès.

Faut-il, pour conclure, ajouter quelques déceptions au titre du travail littéraire? Trotsky parla longuement, dans sa correspondance avec les éditeurs, d'un *Lénine et les épigones* dont, finalement, les éléments épars prirent place ici ou là sous d'autres titres. Il réunit sous le titre *La Révolution défigurée* en français, quelques éléments importants de la bataille de 1926-1927, sa lettre à l'Institut d'histoire du parti (Istpart), les procès-verbaux de certaines de ses comparutions devant la comission de contrôle et le comité central, des lettres choisies. L'équivalent américain porte le titre *The Stalin School of Falsification* (L'École stalinienne de la falsification), composé de façon légèrement différente.

Au mois de mars 1929, il écrit une lettre entière sur les publications qu'il envisage alors : celle des procès-verbaux de la conférence de mars 1919 du parti bolchevique, celui du 1er novembre 1917 du comité de ce parti à Petrograd, celui de la conférence des délégués militaires au VIIIe congrès du P.C. en 1919, des lettres de Lénine sur les questions du monopole du commerce extérieur, du Gosplan, des nationalités, des discours et fragments d'intervention au XVe congrès, des articles et discours de Staline entre 1917 et 1923, tous censurés par la direction stalinienne [49]. Quelques-uns de ces textes ont finalement trouvé place, isolément dans des recueils ou sous la forme d'abondantes citations. En revanche, ses archives de 1918-1920, et notamment sa précieuse correspondance avec Lénine durant la guerre civile, qu'il n'avait pu faire publier de son vivant, l'ont été bien après sa mort par les soins de l'Institut international d'histoire sociale d'Amsterdam.

Le lecteur me permettra d'exprimer en conclusion de ce chapitre une idée qui n'a été qu'indirectement introduite et étayée par les développements de ce chapitre. Jusqu'à la réhabilitation de Trotsky, qui ne saurait être que la publication en U.R.S.S. de ses écrits, et notamment de ses œuvres historiques, il ne peut être considéré comme clos.

CHAPITRE XLII

Un certain poison [1]

La première année de développement de l'opposition de gauche internationale apparaît rétrospectivement comme celle de tous les espoirs et des plus grandes possibilités : l'expérience et la rigueur de Rosmer se combinant avec la fougue et les mille et une idées de Molinier, c'était – et Trotsky l'avait bien compris – un explosif comme seuls les révolutionnaires savent en préparer.

Son ambition n'était certes pas de faire renaître l'Internationale communiste des années vingt et de regagner, en gros ou en détail, les pionniers communistes exclus les uns après les autres par Staline et les siens. Il n'avait d'ailleurs probablement aucune illusion sur une génération qui avait déjà beaucoup donné dans des circonstances particulièrement difficiles. Mais il voulait redresser, reconstruire une Internationale en train d'être détruite et savait que cette tâche ne pourrait être accomplie par les jeunes générations que si celles-ci disposaient de l'aide de la meilleure partie – ces piliers qui permettraient d'assurer la continuité, militants dont la parole et l'exemple transmettraient l'héritage. De ce point de vue, les résultats des seize premiers mois du séjour en Turquie étaient assez extraordinaires.

Sans égaler l'Opposition russe qui avait ses grands et prestigieux personnages historiques, Rakovsky, le révolutionnaire européen et les intrépides vieux-bolcheviks qu'étaient L.S. Sosnovsky, N.I. Mouralov, V.D. Kasparova et K.I. Grünstein, elle avait aussi nombre de figures imposantes et de combattants de la première heure.

Chen Duxiu, en Chine, était plus encore. Peng Shuzhi avait été l'organisateur du parti et Zheng Chaolin l'un de ses principaux journalistes. Leonetti avait été un proche collaborateur de Gramsci, et Tresso le disciple de son rival Bordiga. A l'exception de Joaquím Maurín – qui avait, lui aussi, rompu avec le stalinisme –, tous les anciens dirigeants du P.C. espagnol d'une certaine stature politique et morale, d'Andrés Nin et Juan Andrade à García Palacios et Esteban Bilbao, venaient à l'Opposition de gauche. Vétéran du mouvement ouvrier en Europe, Arne Swabeck avait été le porte-drapeau du communisme et du syndicalisme de combat à Chicago. L'ancien vétéran « wobbly » – des fameux partisans des I.W.W., ces syndicalistes révolutionnaires à l'américaine – Cannon avait été l'un des authentiques Américains qui avaient commencé la construction du parti aux États-Unis. Maurice Spector, à vingt ans, avait présidé le parti canadien qu'il représentait à Moscou à vingt-quatre...

Nombre de ces militants avaient inscrit leur nom, tout jeunes, dans les légendaires combats de la révolution et des batailles ouvrières. Ainsi les frères Dunne aux États-Unis, ainsi le Belge Léon Lesoil, devenu communiste sous l'uniforme, à Vladivostok, en pleine intervention. Ainsi Anton Grylewicz, organisateur des grèves de 1917 dans les usines d'armement de Berlin, adjoint du préfet de police de la révolution en 1918, un des responsables de l'organisation, à Moscou, de l'insurrection allemande d'octobre 1923.

De plus, de même que l'Opposition de gauche russe avait subi un échec quand elle n'avait pas réussi, en 1928, à entraîner avec elle une fraction significative de « zinoviévistes » dans le parti russe, de même l'Opposition de gauche internationale avait échoué en ne réussissant pas à conserver dans ses rangs le Leninbund, qui avait été en quelque sorte le refuge de la gauche allemande. Pourtant on peut dire que Trotsky ne négligea, pendant les années de son dernier exil, aucun des anciens zinoviévistes qui n'avaient pas capitulé à l'instar de leurs chefs de file en U.R.S.S. Gardant pendant des années le contact avec des hommes comme Alois Neurath, Michalec et même Treint, il ne perdit non plus jamais de vue Ruth Fischer, ni Maslow – qu'il devait lui-même gagner finalement à Paris en 1934 – et confia à Sedov la mission de conquérir Werner Scholem [2].

C'est qu'il espérait construire avec l'aide de ces hommes et de ces femmes, le pont qui permettrait d'armer la jeune génération communiste de l'expérience révolutionnaire de ses anciens de 1917 et des révolutions d'après-guerre.

Il devait cependant apparaître très vite que le bilan de l'Opposition de gauche en dehors de l'U.R.S.S. n'était pas de la même valeur que celui de l'Opposition russe. En Union soviétique, la jeune génération, celle de 1917, avait suscité en son sein une pléiade de militants et de combattants, théoriciens et soldats, révolutionnaires de la tête aux pieds, comme il se plaisait à le dire. Les Iakovine, V.B. Eltsine, Poznansky, Solntsev, étaient incontestablement en tous points dignes de leurs aînés. Il n'en était pas de même en Occident, où les partis communistes n'avaient jamais, même de loin, été des organisations comparables au Parti bolchevique et étaient passés presque directement, de partis socialistes ou socialistes de gauche qu'ils étaient primitivement, à l'état de partis bureaucratisés par la « bolchevisation » à l'époque de Zinoviev. Dès les premiers mois de 1930, à propos de la section allemande, Max Shachtman parlait à Trotsky de l'état d'esprit zinoviéviste « de basse politique, de démagogie et d'intrigue », et, sans généraliser abusivement, il faut admettre que la formule était bien, en effet, susceptible de s'appliquer à nombre d'éléments en rupture à cette époque, à l'intérieur des P.C. du monde, avec leurs directions staliniennes.

***

Les premières manifestations de cet état de choses apparaissent, à la stupéfaction initiale de Trotsky, dans les rangs de l'opposition allemande, avant même l'exclusion du Leninbund de sa minorité : c'est ainsi que conflits personnels et luttes fractionnelles empêchent, à l'automne 1929, la sortie de l'hebdomadaire oppositionnel en langue allemande qui eût pu changer complètement, au cours des semaines et mois suivants, le rapport de forces dans cette organisation [3].

Damien Durand a scrupuleusement analysé cette explosion de fièvre fractionnelle dont le départ lointain a été la demande de Trotsky à Landau de se rendre à Berlin à l'été de 1929. A cette époque, Trotsky n'a aucune liaison solide en Allemagne, aucun contact autre que sa direction avec le Leninbund, et il a été, en revanche, frappé de la qualité des contributions de Landau à la discussion internationale. Le départ de Vienne de Landau et son installation à Berlin règlent plusieurs problèmes d'un seul coup. Trotsky va disposer en Allemagne d'un informateur et d'une possibilité d'intervention, et il peut espérer que les luttes fractionnelles entre Landau et Frey s'éteindront à Vienne avec le départ d'un des deux protagonistes.

L'imbroglio commence quand, à la fin de septembre 1929, il se trouve lui-même en contact, non plus seulement avec Landau, mais avec des hommes du Leninbund qui se sont découverts dans l'intervalle : Anton Grylewicz, Josef Cohn, dit Joko et l'Autrichien Richard Neumann; entre ces hommes, les antagonismes personnels l'emportent rapidement sur les problèmes politiques, et Trotsky se voit adresser des reproches qui sont pour lui inimaginables [4].

Neumann écrit que le comportement de Landau relève du psychiatre [5], Joko évoque la formation qu'il a reçue « dans les funestes combats de cliques des fractions autrichiennes » et parle de son influence « maléfique [6] ». En octobre, soulignant que Landau accumule « les catastrophes », il précise à l'adresse de Trotsky : « C'est grâce à l'autorité que vous lui avez conférée [7]. »

Or c'est bien au nom de Trotsky que Jakob Frank a suggéré à Landau de s'installer à Berlin [8], et c'est bien sur les fonds des droits d'auteur de Trotsky détenus par Mme Pfemfert que Landau est rétribué. D. Durand souligne cependant que le mandat de Landau n'était qu'un mandat d'information et de contact [9]. Or ses adversaires disent qu'il s'est présenté en mandataire, fondé de pouvoir de l'Opposition russe.

Une intervention énergique de Trotsky calme les choses pour un temps. Mais tout s'embrase à nouveau avec le séjour à Berlin, à cheval sur la fin de l'année 1929 et le début de 1930, de Jakob Frank, qui fait adopter par la minorité du Leninbund une demande à Trotsky de « rappeler » Landau et l'obliger à abandonner tout travail en Allemagne [10]. Landau qui, dans l'intervalle, s'est lié à Berlin avec l'opposition de Wedding, annonce son retrait du travail de la minorité du

Leninbund [11]. Roman Well, dans une des premières manifestations des gens de Leipzig, distribue bons et mauvais points, réclame l'introduction à la direction de « sang frais » de nouveaux militants, qu'il est de toute évidence prêt à patronner [12]. Une fois de plus, Trotsky limite les dégâts en « acceptant » le retrait de Landau et en se refusant à tout « rappel ». Apparemment personne ne songe à examiner de plus près le rôle de J. Frank et de Well...

Dans ces conditions, la minorité du Leninbund, absorbée dans le conflit, affaiblie par ces querelles aussi violentes qu'obscures, laisse finalement le champ libre à Urbahns, qui se prépare à l'exclure.

Damien Durand a étudié dans le détail les pourparlers d'unification entre minorité du Leninbund et opposition de Wedding [13]. Comme Trotsky l'a décelé presque tout de suite, Roman Well combat en fait l'unification et couvre les traces de cette politique par toutes sortes d'accusations contre Landau et les gens de Wedding. Les deux groupes s'accusent mutuellement de désinformation et de déloyauté, voire de provocation, d'employer émissaires et correspondances secrètes : on est au bord de la rupture quand les minoritaires du Leninbund annoncent qu'ils veulent publier, avant la fusion, leur propre organe public.

Shachtman et Naville, venus pour la conférence d'unification, trouvent une situation dramatique : à leur arrivée, on en est à la rupture car les gens de Wedding souhaitent que Schwalbach rapporte en leur nom à la place de Landau, et Grylewicz considère cette proposition comme une provocation [14].

La conférence se déroule dans une atmosphère de discussions oiseuses et d'accusations mutuelles parfois sibyllines [15]. Joko taxe Landau de malhonnêteté et clame qu'il existe « d'autres choses déshonorantes » que de « voler des petites cuillères en argent [16] ». Sacha Müller et Weber sont accusés d'avoir détourné de l'argent des publications de Trotsky en Allemagne. Shachtman, écrit à Trotsky qu'il a vu dans la conférence « un terrible tumulte, proche du scandale, des accusations, des contre-attaques, des insultes, des calomnies [17] ». Naville et lui doivent menacer de partir « si les querelles de personnes et les mesquineries de groupes ne cessent pas immédiatement [18] ». Indifférents au choix de leur délégué pour la conférence internationale, les dirigeants de la nouvelle opposition allemande se chamaillent à propos de son nom.

Stoïque, sans écrire un mot plus haut que l'autre, sans jamais lancer d'accusation personnelle et en s'en tenant toujours aux principes et à la volonté de construire une organisation, Trotsky a réussi à tenir dans cette mauvaise tempête et à obliger les Allemands à s'unir. Mais il n'est pas, dans ce domaine, au bout de ses peines.

***

Impliqué personnellement dans la crise allemande par les accusations lancées contre son prétendu « représentant », il a réussi, sans peine, à se dégager. Mais il ne va pas en être de même avec la seconde crise, infiniment plus grave que la crise allemande, qui frappe en 1930 le cœur de l'opposition internationale, l'opposition française, le groupe même de *La Vérité*, et aboutit au départ de Rosmer, à son retrait de toutes les activités de cette opposition dont il a été le porte-drapeau dans ses deux premières années [19].

La mémoire collective des partisans de Trotsky a mis à l'origine de cette crise-là la personnalité de Raymond Molinier et l'a appelée « l'affaire Molinier », ce qui ne nous semble pas historiquement tout à fait exact.

Au point de départ se trouve en effet une tension entre Trotsky et Rosmer qui ne cesse de s'accroître, à partir d'octobre 1929, sur la question de la convocation de la conférence internationale. Ainsi que l'a pertinemment relevé Gérard Roche, c'est le 13 octobre 1929 que Trotsky a envoyé à Rosmer un projet d'appel en ce sens, lequel n'a été finalement publié dans *La Vérité* que le 21 février 1930. Dans l'intervalle, Trotsky, qui a souligné l'urgence de cette publication, est revenu à la charge plusieurs fois, rongeant son frein comme le prouve une lettre où il parle de « retard inadmissible », qu'il n'a finalement pas expédiée [20].

C'est en réalité cette divergence entre Trotsky et Rosmer sur l'importance de la conférence et de la discussion internationale qui s'est manifestée dans le déroulement de la conférence elle-même. L'ordre du jour proposé par Rosmer ne prévoit nulle place pour une discussion de la situation mondiale ni, par conséquent, sur les perspectives de l'Opposition de gauche internationale. Et, alors que Shachtman a apporté de Prinkipo un projet de résolution générale rédigé par Trotsky, pour le soumettre à la conférence, Rosmer, Naville et lui ont finalement décidé de ne pas le proposer [21].

Trotsky, déçu du résultat de la conférence, l'est aussi par la ligne de Rosmer dont il imagine qu'il agit sous une certaine influence de Naville. C'est ici qu'intervient la personnalité de Raymond Molinier.

Ce dernier était resté par la force des choses à l'écart du lancement et des premiers numéros de *La Vérité*. Arrêté pour insoumission, il a fait de la prison militaire et ne s'est tiré de ce mauvais pas qu'en se faisant réformer pour maladie mentale – un épisode que Trotsky n'apprécie pas, bien qu'il ne s'exprime pas en public à ce sujet.

Gérard Roche a relevé les phrases de la correspondance de Rosmer, qui, après le retour de Molinier au travail militant commencent à suggérer à Trotsky l'existence de difficultés internes résultant de tensions entre les groupes de Raymond Molinier et Pierre Naville :

> « En septembre 1929, Rosmer signale : “ Entre Naville-Gérard et le groupe Molinier, ça ne va pas et on se regarde d'un mauvais œil ”. Ses préférences sont claires : “ Côté Naville-Gérard, on est très bien, très actif, très dévoué, on accepte toutes les besognes ”, mais du côté Molinier “ on est très gentil, mais on n'est pas très capable politiquement ” [22]. »

Or Trotsky n'est pas non plus d'accord avec cette double appréciation. Il juge Naville trop intellectuel, comprend mal son passé surréaliste, le juge éloigné de la mentalité ouvrière, lui reproche une attitude hautaine avec d'autres militants, ses conceptions d'organisation qui le rapprochent, dit-il, même du « souvarinisme [23] » et forge pour toutes ces faiblesses le néologisme de « navillisme ». Ljova et Frankel, qui sont tous deux hostiles à Naville et en liaison avec Molinier, l'encourageant avec prudence dans cette attitude [24].

Malgré les critiques et les reproches qu'il lui adresse ponctuellement, Trotsky continue en revanche d'apprécier Raymond Molinier et son efficacité pratique. Il balaie toutes les rumeurs à son sujet, dont Rosmer lui a dit au printemps qu'elles émanaient des staliniens.

En réalité, comme le montre clairement sa correspondance de Harvard avec Ljova et Frankel, Molinier s'est bel et bien fixé comme objectif d'écarter Rosmer. Curieusement, c'est pourtant ce dernier qui ouvre les hostilités lors de la constitution de l'Opposition française en Ligue communiste et de l'élection d'une commission exécutive dans laquelle ne figure pas Raymond Molinier. Trotsky est d'autant plus mécontent que Gérard Rosenthal, proche de Naville, entre, lui, dans la direction et la discussion se mène, sur un ton tout à fait calme et naturel, dans la correspondance personnelle entre Trotsky et Rosmer [25].

L'affaire explose dans l'organisation avec la catastrophe qui s'abat sur le groupe indochinois de Paris et l'expulsion de France de dix-neuf militants dont Ta Thu Thau. C'est le résultat de manifestations contre la répression en Indochine dont l'une a été menée par surprise devant l'Élysée : toute l'action des militants indochinois a été menée en dehors du contrôle de la direction [26].

Tout semble se dérouler désormais sur le modèle allemand. Ce sont les partisans de Molinier, Pierre Frank, membre du C.E. en tête qui portent la question devant une assemblée générale de la région parisienne, et Rosmer riposte en privant Molinier de sa responsabilité de secrétaire régional : ce dernier résiste et refuse de se soumettre [27]. Rosmer se retourne alors vers Trotsky en lui écrivant que Molinier utilise son nom dans son combat de clique :

> « R.M. a pris cette attitude parce qu'il prétend avoir votre appui. [...] Il a pu finalement mobiliser d'excellents camarades qui sont, comme nous, fixés sur ses capacités politiques, mais qui le considèrent comme votre homme de confiance [28]. »

Il précise ses accusations contre un homme qui, effectivement, finance en partie le mouvement de l'opposition à partir de l'activité, souvent contestable, d'un « Institut de recouvrement » :

> « La place d'hommes d'affaires dans un groupement communiste n'est possible que s'ils comprennent exactement ce qu'ils y peuvent faire; s'ils prétendent jouer un rôle politique de premier plan – surtout quand ils sont illettrés – ça ne peut plus marcher [29]. »

Sans doute Rosmer espère-t-il, à ce moment-là, un mot de Trotsky disant que Molinier n'est pas son homme de confiance, ce qui, pour lui, le réduirait à ses seules forces. Mais Trotsky s'y refuse énergiquement. Il répond à Rosmer que Molinier, bien sûr, n'est pas son « homme de confiance », mais que c'est une erreur de l'évincer et une, plus grave encore, que de protéger et renforcer Naville. Il ajoute :

> « Il s'agit du régime de la Ligue et de sa politique. Il s'agit des divergences sérieuses qui avaient commencé bien avant " la question de R.M. " et sans rapport avec celle-ci. [...] Je ne peux accepter l'écrasement de M[olinier] sans abdiquer les idées que je défendais et défends contre N[aville], sous une certaine " neutralité " de votre part [30]. »

C'est donc au tour de la section française de l'opposition, après l'allemande, d'être le théâtre d'une lutte qui « n'est pas politique », mais n'en est pas moins acharnée. Marguerite Rosmer écrit à Trotsky qu'il prend Molinier pour un révolutionnaire alors qu'il n'est qu' « un agité »; elle parle « des déformations et mensonges de son cerveau de demi-fou », de « sottises et de bluff ». Elle l'accuse même de « racoler des camarades », d' « acheter les uns et les autres [...] pour s'assurer une majorité [31] ». Rosmer ajoute que c'est un « illettré » et, comme « gagneur d'argent », « d'un genre inavouable [32] ». Naville et lui assurent à Trotsky qu'il a été mal informé, intoxiqué par son entourage, une « information déloyale et malhonnête [33] » transmise par Frankel et Sedov [34]...

Rosmer, effondré nerveusement et physiquement, doit finalement prendre un congé de deux mois. Trotsky, par lettre, l'adjure affectueusement de calquer son attitude sur la sienne, de ne pas prendre l'affaire au tragique, mais de passer à l'ordre du jour; au cours de l'été, il reçoit Naville, Molinier et l'Ukrainien Mill et leur fait conclure « la paix de Prinkipo » rapidement dépassée [35]. En septembre, Marguerite revient à la charge contre celui qu'elle qualifie de « menteur, bluffeur, avec une mentalité d'homme d'affaires sans scrupule [36] ». Rosmer a baissé les bras. L'assemblée de la région parisienne de la Ligue l'a désavoué et a exigé que Molinier reprenne son poste. Ulcéré de n'avoir pas eu le soutien de Trotsky, il s'en va; pendant quelques mois il collabore un peu à la Gauche communiste, une scission qui se réclame de lui. Entre Trotsky et lui, le silence s'installe pour des années.

Indépendamment de la façon, sans doute très déroutante pour lui, dont Rosmer ne s'était finalement pas battu, on peut penser que sa rupture constituait pour Trotsky un coup sérieux, peut-être plus sur le plan personnel que sur le plan politique. Rosmer était son ami. Il l'avait choisi pour un travail d'une importance historique et ne comprenait pas pourquoi il l'abandonnait après avoir engagé et perdu seul une bataille obscure.

On peut cependant douter qu'il aurait pu employer, à propos de cette affaire, le ton serein des dernières lettres qu'il lui a consacrées, s'il avait connu la correspondance de Molinier que nous connaissons aujourd'hui : lettre à Sedov du 9 janvier 1930 [37] où il parle de son projet de « débarquer Naville », réunion fractionnelle en juin avec Pierre

Frank, Sénine – un agent suspect à cet égard – et Mill, demande à Sénine de raconter par lettre à Trotsky une conversation avec Naville sans avoir l'air de « moucharder [38] », remise à Trotsky – par l'intermédiaire de Jeanne – d'un document émanant du syndicaliste Dommanget, comme s'il émanait de l'oppositionnel Gourget [39]. On ajoutera seulement que rien, dans cette correspondance, n'indique un quelconque intérêt pour les questions internationales que Trotsky reprochait à Rosmer de sous-estimer.

La première séquelle de cette crise est ce que l'on a appelé « l'affaire Mill ». C'est en effet Raymond Molinier qui a amené dans son sillage l'Ukrainien Okun, qui porte ce pseudonyme. Membre du groupe juif, revenu de Prinkipo à l'été de 1930 comme secrétaire administratif de l'Opposition internationale, ce brouillon médiocre qui semble avoir aspiré à jouer un rôle important, finit par se prendre les pieds dans ses propres manœuvres et palinodies et par livrer au G.P.U. une partie des archives du secrétariat en échange d'une autorisation de retour et d'une amnistie. Il avait alors rompu depuis longtemps avec Molinier et tenté de soutenir Rosmer. Trotsky le dénonça dans un texte public [40].

***

Organisation internationale, l'Opposition de gauche ne peut plus connaître de crise vraiment nationale. Dès 1931, une nouvelle crise secoue l'Opposition allemande : elle est – au moins dans l'esprit de Trotsky et partiellement dans les intentions d'une partie de ses protagonistes – étroitement liée à celle de la section française avec la perspective, redoutée par Trotsky, d'un bloc entre la fraction allemande de Landau et celle qu'il attribue à Naville et Rosmer.

Au point de départ, des querelles fractionnelles des deux groupes autrichiens auxquels est venu s'ajouter un troisième, le « groupe intérieur » animé par Jakob Frank – dont on connaît le rôle ambigu. Ce dernier, qui a longtemps tenté de profiter du prestige d'ancien collaborateur de Trotsky, revient, lui aussi, au Parti communiste en dénonçant dans l'organe viennois du P.C., en juin, ce qu'il appelle « la banqueroute du trotskysme [41] ». Dans l'intervalle, le passage d'un militant de *Mahnruf* au groupe Frey, accusé par ceux qu'il quitte d'avoir agi en tant que « policier infiltré » a donné le signal de la mêlée générale [42].

Deux fractions s'affrontent désormais ouvertement au sein de l'opposition allemande, celle de Landau, qui recherche l'alliance avec Rosmer ou Naville, celle de Well, que soutient le groupe Molinier, baptisé par Trotsky « aile marxiste » dans le cours de la discussion syndicale en France.

Trotsky assure ne trouver entre les deux fractions qui s'affrontent en Allemagne aucune divergence principielle. Ce qui oppose les deux moitiés presque égales de l'opposition allemande, c'est, selon lui, une « dispute formelle de caractère presque terminologique ». Maurice

Stobnicer, historien de l'opposition de gauche allemande, se demande si on ne peut résumer cette bataille par sa formule d'un « conflit sans divergences entre un militant ouvrier quelque peu mégalomane et un provocateur stalinien [43] ».

Le débat, en tout cas, ne mérite pas ce nom. C'est un affrontement verbal d'une violence extrême, une dénonciation mutuelle permanente. Le dialogue de chacune des deux parties avec Trotsky ne donne guère de résultats. Well bat en retraite dès qu'il sent qu'il est allé trop loin et risque de se découvrir en tant qu'agent aux yeux de Trotsky; Landau et lui, finalement, se dérobent à une véritable confrontation.

C'est Trotsky, comme on sait, qui a fait Landau, et l'a mis dans le bain de l'opposition allemande. Il compte encore sur lui à la conférence d'unification et même dans les mois qui suivent, car l'homme a d'indéniables qualités de dirigeant politique. Mais il commence à s'alarmer. Il en vient à penser que Landau est au fond un élément d'un contexte très négatif pour le développement de l'opposition. Cet homme appartient à une génération qui n'a d'expérience de lutte prolongée ni au sein du parti ni dans la classe ouvrière; il est venu en outre à l'opposition dans une période de recul ouvrier qui alimente, dit-il, sectarisme et sentiments de cercles.

Pour lui, le défaut majeur de Landau est son mépris pour ce qu'il appelle « les questions de principe ». Molinier et Mill, pour avoir condamné en 1930 les calomnies lancées par *Mahnruf* contre le militant passé à Frey, deviennent ses bêtes noires. En outre, Landau tente tout pour se rapprocher de ceux qui, en France, le combattent. Trotsky l'avertit publiquement :

> « Le camarade Landau a besoin d'une nouvelle orientation. Il lui faut se réorienter, sinon les qualités qui sont les siennes se révéleront plus néfastes que positives pour le mouvement révolutionnaire [44]. »

L'adversaire de Landau, c'est désormais Roman Well, le dirigeant du groupe le plus solide de l'opposition allemande, celui de Leipzig, qui s'est peu à peu imposé au détriment des anciens de la minorité du Leninbund de Berlin. L'homme – nous le savons maintenant – est au service de Staline et chargé d'une mission d'information et de sabotage. Une analyse de détail de son comportement politique fait apparaître son objectif, qui est d'empêcher le développement de l'opposition et d'y provoquer ou plutôt d'y envenimer les crises, sans pour autant attirer l'attention de Trotsky sur ces pratiques et en essayant de jouir de sa confiance.

De ce point de vue, l'homme du G.P.U. dans l'opposition allemande commet, au début de 1931, une incontestable erreur en écrivant qu'il est nécessaire de combattre pour l'exclusion de ses rangs de Kurt Landau [45]. Trotsky réagit immédiatement, écrit à l'ensemble des sections qu'il n'accepte ni le ton, politiquement injustifiable, de la lettre de Well, ni l'objectif qu'il fixe. Well recule aussitôt : Landau, d'ailleurs, va faire le travail scissionniste pour deux. La position de Trotsky est celle de la conciliation :

> « Je suis pour ma part convaincu qu'il faut tout faire – en dehors des concessions de principe – pour conserver la possibilité d'un travail en commun. [...] Du fond du cœur, voici ce que je conseille : tout en restant fermes sur la ligne politique, agir avec la plus grande douceur, la tolérance et le maximum de tact dans tous les conflits et malentendus [46]. »

Le recul de Well, après l'échec de son initiative, laisse pratiquement Trotsky seul face à Landau. Il ne personnalise pas le débat pour autant. Dans une lettre à toutes les sections en février 1931, il commence par évoquer l'histoire et le caractère malsain de l'atmosphère du parti allemand, sa décomposition interne, qui ne peuvent que se refléter dans l'opposition. Il donne là-dessus son témoignage :

> « J'ai observé au cours des dernières années, non seulement dans le Leninbund, mais aussi dans l'organisation des bolcheviks-léninistes, des méthodes qui n'ont rien de commun avec le régime d'une organisation prolétarienne révolutionnaire. Plus d'une fois je me suis interrogé dans mon étonnement : pensent-ils que ces méthodes sont des méthodes d'éducation bolchevique? Comment des ouvriers allemands intelligents peuvent-ils tolérer déloyauté et absolutisme dans leur organisation? J'ai tenté d'exprimer mes objections dans des lettres à quelques camarades, mais j'ai été convaincu que les éléments fondamentaux qui m'apparaissent à moi élémentaires pour un révolutionnaire prolétarien ne trouvaient aucun écho chez certains des dirigeants de l'opposition qui ont développé une psychologie nettement conservatrice [...], sensibilité extrême, souvent maladive pour tout ce qui concerne leur propre cercle et la plus totale indifférence à tout le reste du monde [47]. »

Or c'est, aux yeux de Trotsky, Kurt Landau qui incarne le mieux ce type de responsables. Et Trotsky de retourner maintenant contre lui l'accusation qu'il a auparavant lancée contre Well. Car c'est Landau qui prépare désormais ouvertement l'exclusion de Well, dont il a déjà exclu des partisans à Hambourg, à travers une « épuration » nécessaire de la section allemande.

Trotsky défend Well et « l'organisation de Leipzig » contre Landau, affirme le droit de cette organisation de se former elle-même son opinion, que Landau appelle « fédéralisme », son droit à critiquer la formule de Trotsky sur les « éléments de double pouvoir » en U.R.S.S., critique que Landau juge « centriste [48] ». Il pense que Landau est beaucoup plus préoccupé du développement de sa fraction internationale que de son organisation. Trotsky ne prend pas pour autant la responsabilité de la politique de Well, dont il rappelle qu'il l'a stigmatisée quand elle aboutissait à la revendication d'exclure Landau, c'est-à-dire d'organiser délibérément la scission. Il appelle donc à la fin de toutes représailles, révocations et exclusions, la révision des sentences prises, la préparation démocratique d'une conférence nationale, tout cela avec la collaboration du secrétariat international.

Les jeux, pourtant, sont faits. Landau comprend qu'il n'a pas d'appui international et ne peut renverser sur ce terrain le rapport des forces. Il exclut purement et simplement ses adversaires. Un faux témoignage de Sénine et d'un de ses complices, le Soviétique Lepoladsky, de la délégation commerciale de Berlin, connu dans l'opposition sous le nom de Melev, va servir à une tentative d'entraîner Trotsky plus loin contre Landau. Les deux compères rapportent de prétendues menaces de ce dernier contre l'exilé de Prinkipo sur la base de documents qu'il détient [49]. Trotsky, qui s'émeut de l'interruption presque totale de l'arrivée de correspondances d'U.R.S.S., accepte pendant un temps la version fabriquée à Berlin ou Moscou selon laquelle le courrier est détenu et littéralement volé par Landau et ses amis. Pierre Frank répercute la calomnie et c'est seulement une enquête de Sedov qui permet de dégager la responsabilité de Landau de ce qui est en réalité un vol organisé par Staline [50].

La scission de Landau, qui s'en va en mai 1931 avec *Der Kommunist* et une bonne moitié de l'opposition allemande, laisse à l'ordre du jour la question Well. Ce dernier vient à Prinkipo avec Sénine, à l'été 1931, et les relations semblent s'améliorer. Pourtant, il tend de plus en plus vers les positions staliniennes et la conciliation à leur égard. On lui reproche ses longues absences inexpliquées. Sedov, et Trotsky avec lui, s'interrogent, conscients qu'il existe un problème, mais ne sachant pas vraiment à qui ils ont à faire. Sedov fait venir de Berlin, pour l'épauler face à Well, un jeune médecin de Leipzig, le docteur Erwin H. Ackerknecht, dit Bauer [51]. Le transfert à Berlin du secrétariat international a pour résultat que ce dernier compte désormais dans ses rangs deux agents du G.P.U., Well et Sénine, qui font à eux deux presque toutes les décisions. Une longue discussion à Copenhague avec Sénine induit Trotsky à penser que l'homme est un militant de bonne foi influencé par le stalinisme.

Mais cette illusion est vite dissipée. Well jette le masque à la fin de 1932. Dans la feuille d'information de la direction, il déclare « radicalement faux » un article de Trotsky sur l'U.R.S.S. [52]. Puis, au secrétariat international, il accuse Sedov et Bauer de mal informer Trotsky, plaide pour un rapprochement avec la direction stalinienne, dont il assure qu'elle est en train de redresser sa ligne, alors que l'opposition russe, selon lui, n'existe plus [53]. Trotsky réagit aussitôt :

> « Si Well maintient les positions qu'il a exprimées le 15 décembre, il ne doit pas rester vingt-quatre heures de plus dans nos rangs [54]. »

Quand ce message arrive à Berlin, les deux agents ont déjà jeté le masque en publiant un faux numéro de *Die permanente Revolution* qui annonce la dissolution de l'organisation de l'opposition allemande et son ralliement à la ligne du K.P.D. :

> « La majorité de l'opposition de gauche [...] déclare qu'elle rompt définitivement, sur les plans politique et d'organisation, avec le mouvement

> trotskyste. [...] Les perspectives de Trotsky concernant l'Union soviétique et l'Allemagne ont fait faillite. L'opposition trotskyste en Allemagne est morte. Au nom de la majorité de l'organisation, nous proclamons ici sa liquidation. Fidèles soldats de l'armée mondiale de la révolution prolétarienne, nous revenons à la seule organisation du prolétariat, le K.P.D., le parti de Lénine, Liebknecht et Luxemburg. [...] L'histoire de toutes les luttes fractionnelles à l'intérieur et à l'extérieur de l'Internationale communiste a donné raison à l'Internationale. Il n'y a pas de place, en dehors d'elle pour un groupe prétendant lutter sur le terrain de la lutte des classes révolutionnaire. Chaque oppositionnel doit avoir le courage de le reconnaître et d'en tirer les conclusions qui s'imposent [55]. »

L'échec ponctuel de cette provocation à grand spectacle – la majorité des prétendus « signataires » ne sont même pas informés – ne doit pas dissimuler l'état d'épuisement et de démoralisation dans lequel cette succession de crises a jeté les militants oppositionnels allemands au moment pourtant où la classe tout entière est confrontée au danger mortel de l'arrivée au pouvoir des bandes hitlériennes.

***

En réalité, les échecs se sont accumulés depuis 1930 sur le plan de la construction de l'organisation internationale de l'opposition de gauche. L'Allemagne, centre stratégique de la lutte de classes en Europe, n'a pas été le seul pays où l'opposition n'a pas été capable de tenir les promesses qu'avaient légitimement laissé entrevoir ses débuts.

Le drame est que ce genre de crises explose généralement au moment où l'opposition, pour devenir un facteur agissant dans le sens d'un règlement positif de la crise à l'intérieur du mouvement ouvrier, devrait garder sa confiance en elle et son homogénéité. Or c'est le contraire qui se produit.

Ainsi, Trotsky considère que l'Espagne est entrée en avril 1931, avec la chute de la monarchie et l'abdication d'Alphonse XIII, dans une période authentiquement pré-révolutionnaire, et il ne parle plus que de « révolution espagnole ». Il a nourri de grands espoirs quand son vieux camarade et ami Andrés Nin, ancien secrétaire de l'Internationale syndicale rouge, a été expulsé d'Union soviétique en 1930 et est revenu en Espagne ou, plus précisément, en Catalogne. Mais il apparaît alors que Nin a beaucoup de réticences à l'égard de la ligne d'« opposition » et de « redressement » d'un parti communiste « officiel » tout à fait fantomatique. Il a commencé par un bout de chemin avec son vieux camarade Joaquín Maurín, pionnier du P.C.E. comme lui, exclu à la tête de la fédération catalano-baléare du parti, et qui s'est engagé, lui, sur ce qu'on peut appeler la voie du « deuxième parti ».

Quand il s'est attelé à la construction de l'opposition, il a eu un vif incident avec Molinier, qui n'a pas tenu des engagements d'aide financière. Les échanges ont été très vifs avec Trotsky. La publication par les Espagnols d'articles de Landau après sa rupture, le soutien qu'ils ont apporté à Mill dont ils ont même fait leur candidat pour le secrétariat international ont gravement détérioré les relations personnelles entre Trotsky et Nin et créé les conditions de l'explosion d'une crise sévère [56]. En 1932, Lacroix fonde une opposition qui tourne rapidement aux pires excès fractionnels. Le malheureux va finir par offrir, moyennant finances, ses services au P.C.E. – qui refuse [57]. Il rejoint finalement le P.S.O.E. en dénonçant... le trotskysme.

En Belgique, van Overstraeten a quitté l'activité militante en 1930 pour se consacrer à la peinture, et ses camarades de l'ancienne majorité, avec Hennaut, ont fait scission en 1931 pour se rapprocher de l'ultra-gauche. Les bordiguistes, ulcérés de l'accueil fait au groupe des « trois » – leurs vieux adversaires –, se tiennent à l'écart. Autrichiens et Tchécoslovaques se livrent à d'obscures batailles fractionnelles et à des attaques personnelles furieuses, finissant par lasser même la patience à laquelle Trotsky s'oblige. Les liens avec la Hongrie semblent rompus.

Pourtant, si les groupes entrés dans l'organisation internationale s'y épuisent vite, le courant qui porte vers elle des oppositions nées dans les P.C. n'est pas tari. C'est ainsi que le groupe polonais d'opposition, né chez les ouvriers juifs de Varsovie, contacté par Ehrlich-Stein, d'origine polonaise, adhère en 1932. En Grèce, l'organisation archiomarxiste – séparée du P.C. grec depuis 1921 – rejoint l'Opposition internationale de 1932 et délègue à Berlin son principal dirigeant, Mitsos Yotopoulos, qui entre dans le secrétariat international, au lendemain d'un séjour à Prinkipo, sous le nom de Vitte.

En Chine, l'année 1931 a été celle d'une grande occasion manquée et d'un premier succès. L'occasion manquée, c'est l'exécution, en février, d'un groupe de dirigeants exclus du P.C., groupés autour du responsable du Jiangsu, He Mengxiong. Des rumeurs persistantes attribuent à Wang Ming, homme de Staline, la responsabilité d'avoir dénoncé au Guomindang la tenue de la réunion clandestine à la suite de laquelle ils ont été arrêtés [58]. Le premier succès, c'est, au début mai, l'unification de l'opposition chinoise [59].

Mais ici, c'est la répression qui porte les coups les plus durs. Trois semaines plus tard, un coup de filet policier décapite l'organisation en arrêtant six des dirigeants sur huit. Chen Duxiu réussit à tenir dans la clandestinité la plus rigoureuse, mais il est finalement arrêté à son tour, le 15 octobre 1932, en même temps que Peng Shuzhi [60]. L'opposition chinoise est détruite pour des années et ne renaîtra jamais que sous la forme de petits groupes actifs pendant de brèves périodes.

***

Dans ce tableau plutôt sombre, une lueur pour Trotsky. Il a été invité en novembre 1932, pour le quinzième anniversaire de la révolution russe à se rendre à Copenhague pour en parler devant un auditoire réuni par les Étudiants socialistes danois. Parti de Prinkipo le

14 novembre, il traverse la France dans la journée du 21, en train, arrive à Copenhague le 23, prononce sa conférence au Stadium de la ville le 27.

Devant son auditoire, il s'efforce de répondre aux trois questions [61] que, selon lui, se posent les hommes qui pensent, à propos de la révolution d'Octobre :

> « 1. Pourquoi et comment cette révolution a-t-elle abouti? Plus concrètement, pourquoi la révolution prolétarienne a-t-elle triomphé dans un des pays les plus arriérés d'Europe?
> 2. Qu'a apporté la révolution d'Octobre?
> 3. A-t-elle fait ses preuves [62]? »

Il interpelle ceux qui parlent de désillusion et de déception. Oui, la révolution d'Octobre a installé « un Etat de transition, chargé du lourd héritage du passé, en outre sous la pression des Etats capitalistes [63] ». Mais la première lampe fabriquée par Edison était-elle bonne?

A ceux qui demandent si les résultats de la révolution justifient le nombre des victimes, il répond que la question est « stérile et profondément rhétorique » :

> « On aurait autant de raisons, face aux difficultés et aux peines de l'existence humaine, de demander si cela vaut la peine d'être sur terre. Lénine écrivit à ce propos : " Et le sot attend une réponse "... Les méditations mélancoliques n'ont pas empêché l'homme d'engendrer et de naître. Même en ces jours de crise mondiale sans précédent, les suicides ne constituent heureusement qu'un faible pourcentage. Et les peuples n'ont pas l'habitude de chercher refuge dans le suicide : ils cherchent dans la révolution l'issue aux insupportables fardeaux [64]. »

Il situe la révolution d'Octobre dans l'histoire mondiale :

> « La technique a libéré l'homme de la tyrannie des anciens éléments : la terre, l'eau, le feu, et l'air, pour le soumettre aussitôt à sa propre tyrannie. L'homme cesse d'être l'esclave de la nature pour devenir celui de la machine et, pis encore, de la loi de l'offre et de la demande. La crise mondiale actuelle témoigne d'une manière particulièrement tragique combien ce dominateur fier et audacieux de la nature demeure l'esclave des puissances aveugles de sa propre économie. La tâche historique de notre époque consiste à remplacer le jeu déchaîné du marché par un plan raisonnable, à discipliner les forces productives, à les contraindre à agir harmonieusement, en servant docilement les besoins de l'homme [65]... »

Il conclut :

> « L'anthropologie, la biologie, la physiologie, la psychologie ont rassemblé des montagnes de matériaux pour ériger devant l'homme dans toute leur ampleur les tâches de son propre perfectionnement corporel et spirituel et de son développement ultérieur. Par la main géniale de Sigmund Freud, la psychanalyse a soulevé le couvercle du puits poétique-

ment appelé “ l’âme ” de l’homme. Et qu’est-il apparu? Notre pensée consciente ne constitue qu’une petite partie dans le travail des obscures forces psychiques. De savants plongeurs descendent au fond de l’océan et y photographient de mystérieux poissons. Pour que la pensée humaine descende au fond de son propre puits psychique, on doit éclairer les forces motrices mystérieuses de l’âme et les soumettre à la raison et à la volonté.

« Quand il en aura fini avec les forces anarchiques de sa propre société, l’homme s’intégrera dans les mortiers, les cornues du chimiste. Pour la première fois, l’humanité se considèrera elle-même comme une matière première et, dans le meilleur des cas, comme une semi-fabrication physique et psychique. Le socialisme signifiera un saut du règne de la nécessité dans celui de la liberté, également en ce sens que l’homme d’aujourd’hui, plein de contradictions et dysharmonieux, fraiera la voie à une nouvelle race plus heureuse [66]. »

Pendant ces quelques jours s’est tenue avec sa participation une conférence des principaux militants européens de l’opposition de gauche à laquelle ont pris part nombre d’Allemands et des militants déjà connus de lui, P. Frank, Frankel, Raymond Molinier, les Naville, Rosenthal. Il a fait la connaissance des Italiens Blasco (Tresso) et Leonetti, du Belge Léon Lesoil, de l’Anglais Harry Wicks...

Reparti le 2 décembre au matin, il traverse la France avec Lev Sedov qui l’accompagne jusqu’à Marseille : là, ont lieu de vifs incidents avec la police française qui veut l’embarquer de force sur un vieux rafiot, le *Campidoglio.* Il fait scandale et finalement s’en sort parce qu’on lui octroie un visa italien de transit. Aux journalistes fascistes qui l’assiègent pour lui arracher une déclaration lors de son arrêt à Milan, il réplique en saluant le peuple italien pour la grandeur de son passé et de son avenir [67].

Il arrive chez lui le 12 décembre au matin. L’expédition a coûté très cher. Mais il en a rapporté des éléments pris sur le vif pour ses compagnons de combat et beaucoup de rancœur à l’égard des Espagnols qui ne se sont pas dérangés.

Mais les lendemains de Copenhague sont des jours sombres de tragédie personnelle et politique, peut-être les plus sombres de la vie de l’exilé.

CHAPITRE XLIII

Drame et tragédie familiale [1]

Nous avons jusqu'à présent à peine touché les problèmes de la vie personnelle de Trotsky, rendus évidemment plus sensibles par l'exil et ses conditions. L'expulsion d'Union soviétique a été d'abord un déchirement du tissu familial. Nina morte et son mari déporté peu après, leurs deux enfants ont été recueillis par la *babouchka*, Aleksandra Lvovna, à Leningrad. Après plusieurs hospitalisations, l'aînée des filles, Zinaida, dont le mari, Platon Volkov, est, lui aussi déporté, vit à Moscou avec ses deux enfants, une petite fille née d'une première union et le petit Vsiévolod Platonovitch qu'on appelle Sieva. La femme de Ljova, la belle Ana, vit à Moscou avec leur petit garçon, Ljulik, né en 1926, comme Sieva. Sérioja travaille à Moscou, avec les siens. Les liaisons épistolaires ne sont pas interrompues.

Le premier drame est celui du couple de Ljova. Ana n'a pas voulu quitter son pays : cette jeune ouvrière, peu instruite, ne s'intéresse pas beaucoup aux grands problèmes qui passionnent sa famille d'adoption. Mais elle aime son mari et souffre d'une séparation qu'elle ressent comme un abandon. Dans une première période, elle fait face, écrit beaucoup, envoie des photos du petit et d'elle-même. Puis elle tombe dans la dépression, parle de se suicider. Finalement elle se décide à divorcer; en 1932, elle est remariée et, bien que le petit Ljulik rencontre son oncle Sérioja, elle espace les relations. Ljova renonce apparemment en 1932 à l'espoir, qu'il a longtemps caressé, d'une visite en Europe de son petit garçon. Toutes ses allusions à cette situation, dans ses lettres à sa mère particulièrement, ont un accent de désespoir.

Directement ou indirectement, la situation du jeune couple Sedov a dû jouer un rôle dans une crise très aiguë entre les membres de la famille exilés en Turquie, dont nous ne connaissons ni les raisons occasionnelles ni même les étapes, à l'exclusion d'une seule dont on peut tout de même reconstituer les grandes lignes.

Il est d'abord indiscutable que les relations personnelles avec Trotsky n'étaient pas et ne pouvaient pas être faciles : il est clair qu'il n'était pas commode d'être son fils ou sa fille, comme de tout homme à forte personnalité – et celle-là n'était pas mineure. Les deux fils avaient réglé leur problème de façon diamétralement opposée, Sérioja en affirmant son indépendance, Ljova en s'identifiant au père et en s'effaçant totalement devant ses besoins, subordonnant tout à son service.

C'est probablement ce sacrifice – la double décision prise à Moscou en 1928, à Alma-Ata en 1929, de suivre son père en abandonnant les siens, ses études, toute aspiration personnelle – qui joue le rôle principal entre les deux hommes. De façon au moins confuse – il ne se livre guère à l'introspection –, Trotsky se sent responsable de la souffrance que son enfant s'est imposée pour le suivre, l'accompagner et l'aider, en renonçant pratiquement à sa vie personnelle, donc à lui-même. Toute allusion, même dépourvue d'arrière-pensée, du jeune père au petit garçon dont il est désormais séparé, apparaît à son père à lui comme un reproche, et, par-dessus le marché, un reproche justifié : les relations entre les deux hommes atteignent un grand degré de tension avec les premières semaines de l'exil.

Trotsky semble avoir parfaitement compris ce que la position de son fils aîné, auprès de lui, quelle qu'ait été son immense utilité, avait de profondément négatif. La situation du jeune homme, privé de sa vie personnelle, était exceptionnellement frustrante. Ljova s'était mis au service de son père, et n'était plus au fond que « le fiston » comme disaient entre eux les gens du G.P.U. Tout à fait conscient de ce sacrifice presque inhumain, Trotsky ne cesse pourtant de manifester le besoin qu'il a de lui, comme collaborateur, comme ami, comme fils : leur correspondance, après le départ de Ljova pour Berlin, devient un véritable Journal à deux voix.

Les tensions sont grandes pourtant entre les deux hommes. Un désaccord avec Ljova est bienvenu pour Trotsky qui ne veut pas d'un fils béni-oui-oui et souhaite une discussion entre égaux, mais l'expression d'une divergence lui fait redouter une brouille. De son côté, Ljova a l'amour-propre chatouilleux, s'indigne qu'une phrase de son père le traitant de « jeune homme » diminue singulièrement son rôle et sa personnalité, s'irrite des reproches qui lui sont adressés et qui lui semblent injustes.

Il faut tenir compte en effet, pour la reconstitution des rapports entre un père et un fils, d'un trait de caractère signalé par Jean van Heijenoort et qui prend un grand relief dans les conditions évidemment très particulières de leur vie. Aimable et charmeur avec les visiteurs et les nouveaux venus, Trotsky, comme s'il relâchait tension et contrôle de soi dès qu'il se trouvait en contexte familier, cessait d'être attentif avec ceux qui étaient les plus proches, et se révélait d'autant plus exigeant, voire brusque, qu'il les connaissait bien et depuis longtemps.

Il faut ajouter que les rapports à l'intérieur du couple n'étaient sans doute pas toujours idylliques. Bien que Trotsky ait réellement aimé Natacha jusqu'à sa dernière heure, il est évident que les conflits et les crises n'ont pas manqué. Une lettre presque menaçante de Ljova à son père en 1932 le somme de « ne pas toucher » à « sa maman », et évoque une détermination et une décision apparemment ancienne, prise avec Sérioja et dirigée contre le père.

Ce sont tous ces éléments qui expliquent que se soit produite, au cours des premiers mois de l'exil en Turquie, une crise sérieuse, proche de l'explosion, dressant contre Trotsky le bloc solidaire de sa femme et de son fils aîné, comme l'atteste la correspondance de ce dernier. Jean van Heijenoort écrivait dans ses Mémoires en 1978 qu'il n'avait pu vérifier une allusion faite par Ljova en 1937 dans une lettre à sa mère à une demande de retour en U.R.S.S. qu'il aurait faite en 1929 [2]. En 1984, cependant, van Heijenoort et moi avons trouvé ensemble, dans les papiers de Sedov aux archives de la fondation Hoover, le double de la demande, présentée le 13 juillet 1929 au consulat soviétique d'Istanbul pour être autorisé à revenir en Union soviétique.

Nous ignorons totalement le déroulement de la crise personnelle qui a pu le conduire à prendre une telle décision et si Natalia Ivanovna fut informée de ce développement. Nous ne savons rigoureusement rien non plus des motifs occasionnels de cette crise qui aurait pu être lourde de conséquences. Ce sont finalement les autorités soviétiques qui ont empêché toute évolution en refusant l'autorisation sollicitée. On peut dire cependant que les questions personnelles avaient failli, pour Trotsky, déboucher sur un problème politique majeur.

Bientôt, surgit une nouvelle tension entre père et fils. Jeanne Martin des Pallières, épouse de Raymond Molinier, était restée après le départ de son mari et, bien entendu, en accord avec lui, afin de servir à Trotsky de secrétaire pour tout ce qui était en langue française et aider aux travaux ménagers. La jeune femme était très séduisante et Ljova inflammable. Ils devinrent amants. Van raconte :

> « Jeanne ne considérait cela que comme une aventure d'un soir et comptait aller retrouver Raymond à Paris. Ljova prit l'affaire bien plus au sérieux et parla même de se suicider si Jeanne ne vivait pas avec lui. Ils restèrent ensemble [3]. »

Van indique également que Trotsky fut « très irrité contre son fils à cause de sa liaison avec Jeanne [4] ». Peut-on supposer qu'il trouvait désagréable qu'un de ses jeunes camarades, pour lequel il éprouvait en outre une sincère estime, qui avait consenti à se séparer temporairement de sa femme pour l'aider lui dans son travail, se voit abandonné parce qu'elle lui préférait le fils de son hôte? Ce n'est pas évident. Les préoccupations de Trotsky étaient plus proches de la politique que des problèmes de couple. Sans doute pressentait-il déjà les propos venimeux qui ne manquèrent pas, et l'interprétation selon laquelle Molinier avait tout simplement envoyé sa femme dans le lit de Sedov pour mieux manipuler le « Vieux » par leur intermédiaire. En outre, il ne recevrait pas sans gêne désormais Raymond Molinier, dont il espérait les visites, dans une maison où sa femme, à laquelle il restait très attaché, vivait désormais avec un autre.

C'est probablement l'affaire entre Jeanne et Ljova jointe au désir de celui-ci de reprendre ses études, qui fut à l'origine du départ du jeune homme en février 1931. La décision remontait à huit mois, pendant lesquels il avait fallu durement peiner pour obtenir un visa. La France avait refusé de le laisser entrer pour soigner son strabisme. L'Allemagne avait finalement accepté de le recevoir comme étudiant de la Technische Hochschule. Trotsky ne pouvait pas ne pas se réjouir de voir son fils voler de ses propres ailes, et la décision de ce départ soulagea probablement beaucoup la tension dans la vie familiale. Enfin la présence de Sedov, en tant que représentant de l'Opposition de gauche, auprès des dirigeants de l'Opposition internationale, était une garantie sérieuse que le travail se ferait du mieux possible et qu'il en serait régulièrement informé.

Les lettres de Sedov – en particulier celles qu'il adressa à sa mère – montrent combien la séparation lui fut cruelle et qu'il envisagea plus d'une fois, dans les premiers temps de son séjour, le retour auprès de ses parents.

***

Quelques semaines avant le départ de Ljova pour Berlin arrivaient en effet de Moscou, via Odessa le 8 janvier 1931, Zinaida et son petit garçon. Il y avait des mois que ce voyage avait été envisagé et que le visa de sortie n'était pas accordé : personne n'y croyait plus quand arriva la nouvelle. Zinaida, gravement atteinte de tuberculose, hospitalisée pendant de longs mois après avoir soigné sa sœur dans sa longue agonie, était autorisée à venir se soigner à l'étranger. Par mesure de précaution, les autorités soviétiques ne l'avaient autorisée à emmener avec elle qu'un seul de ses enfants, sa petite fille, gardée ainsi d'une certaine façon en otage, ayant été confiée à la garde d'Aleksandra Lvovna. Avec Zinaida, la tragédie entrait dans la maison, celle de la maladie mentale et de l'incompréhension totale.

Deutscher écrit de Zinaida Lvovna Volkova qu'elle était, de tous les enfants de Trotsky, « celle qui lui ressemblait le plus; elle avait les mêmes traits aigus et sombres, les mêmes yeux brûlants, le même sourire, la même ironie sardonique, la même intensité émotionnelle profonde et aussi quelque chose de son esprit indomptable et de son éloquence [5] ». Militante des Jeunesses communistes à Petrograd dès leur constitution en 1917, rédactrice en chef de leur journal local à seize ans, elle avait milité dans les rangs du Parti communiste, enseigné dans une de ses écoles. Elle avait été arrêtée à deux reprises pour son activité oppositionnelle.

La présence de Zina causa une grande joie. L'affirmation de Deutscher selon laquelle « elle arriva dans un état d'effondrement nerveux total, bien que ceci n'apparût point d'abord dans l'ivresse des retrouvailles [6] » n'est pas étayée par un document. La jeune femme était heureuse de pouvoir enfin vivre auprès d'un père de légende qu'elle admirait et aimait d'autant plus qu'elle en avait été cruellement privée depuis sa prime enfance. Elle souhaitait ardemment l'aider, partager ses combats. Elle eut de longues discussions avec lui, lut articles et ouvrages qu'elle ne connaissait pas et en particulier les manuscrits de l'*Histoire de la Révolution russe.* Selon ce qu'elle écrivit à sa mère, son père était attentif et tendre.

Pourtant, tout allait basculer en quelques semaines. Dans la nuit du 28 février au 1er mars 1931, un incendie éclata pendant la nuit, à deux heures du matin, qui allait ravager le grenier et le premier étage et ne semble avoir détruit que des imprimés*. Van, qui discuta de la question avec ses hôtes une année plus tard, assure que l'incendie résulta d'un chauffe-bain installé au grenier et laissé allumé par erreur pendant la nuit [7]...

Ce fut un choc pour la famille, l'interruption brutale d'une période de retrouvailles chaleureuses, le plongeon dans une atmosphère de peur, le désordre, la tristesse de la destruction des livres et vêtements, la nécessité de trouver un autre asile. Tandis que le gros de la famille s'installait à Kadiköy, on saisit l'occasion pour commencer à s'occuper de la santé de Zinaida, qui fut hospitalisée. Les médecins avaient préconisé un pneumothorax, et l'on devait découvrir plus tard, en Allemagne, que les chirurgiens s'étaient trompés de poumon [8]. Zinaida souffrit du séjour hospitalier et de l'opération.

Quand elle sort, elle semble être devenue « une autre femme », dira son père. Elle commence à donner des signes évidents de déséquilibre mental, est sujette à de véritables crises de violence et d'agressivité suivies de périodes d'accablement marquées par le remords, le repentir, la honte, l'humiliation [9]. Tous les chocs émotionnels subis depuis son enfance font surface : le sentiment d'avoir été une enfant non désirée, d'avoir été abandonnée par son père dans sa petite enfance. Elle exprime une jalousie féroce à l'égard de Natalia Ivanovna qu'elle semble à d'autres moments aimer tendrement, mais à qui elle reproche d'avoir pris son père et de le garder. Le père, lui, ne comprend pas, se referme de plus en plus sur lui-même et sur son travail, la tient à l'écart des questions politiques. Elle ressent comme un affront et une preuve de méfiance son refus de lui laisser accès aux codes et aux rapports d'Union soviétique qui étaient jusqu'alors du domaine de Ljova. Cette différence de traitement la convainc que son père la méprise et ne la croit « bonne à rien »; elle nourrit une autre hostilité jalouse contre Ljova, qui, lui, a la confiance de L.D.

La réaction du père est très loin de ce qu'elle devrait être pour servir à la guérison. Il ressent la maladie mentale de sa fille comme une agression, traite la maladie en termes moraux. Comme il ne comprend pas, il s'indigne, s'irrite, fait la leçon, exige plus de politesse, se laisse entraîner dans des querelles, et, que ce soit par son silence ou par ses cris, aggrave involontairement, par tout son comportement, les dou-

* Deutscher, confondant avec un incident au cours duquel le petit Sieva fut surpris, plus tard, « jouant à l'incendie », assure que le sinistre fut provoqué par Sieva, jouant avec des allumettes, une activité à vrai dire peu vraisemblable à trois heures du matin de la part d'un enfant de cinq ans (Deutscher, *op. cit.*, III, p. 209).

loureux problèmes de la jeune femme. La condition pulmonaire de la malade – elle crache le sang – ne s'améliorant pas, Trotsky insiste pour qu'elle quitte Prinkipo et aille se faire soigner à Berlin où la médecine est autrement plus avancée. L'argument est évidemment rationnel et convaincant. Mais, pour la jeune femme, c'est une exclusion, et elle la ressent comme telle, de façon dramatique : le père retrouvé l'a repoussée et la chasse... Elle s'incline cependant et arrive à Berlin pour se soigner, ayant laissé Sieva à la garde de Trotsky et Natalia Ivanovna.

Trotsky écrit à son fils pour le mettre au courant de l'état de santé de sa sœur et de ses besoins : la correspondance entre les deux hommes est un document précieux sur la façon dont Trotsky a ressenti la maladie mentale de sa fille. Il écrit qu'elle leur a fait « beaucoup de mal » et qu'ils sont très inquiets à son sujet. Il rapporte qu'elle a successivement agressé Jan Frankel, puis Natalia Ivanovna [10], et raconte avec une sorte de candeur tragique :

> « Pendant longtemps, nous n'en avons cru ni nos yeux ni nos oreilles. Maman, bien sûr, la défendait de toutes ses forces. Et il est bien évident qu'on ne peut pas ne pas tenir compte de sa maladie. Cependant, nous avions déjà eu aussi l'impression qu'elle était une autre personne que celle que nous avions connue (ou cru connaître). Ses poumons vont très bien, toute l'affaire, c'est son *hystérie* [11]. »

Suivent les conseils. Elle ne doit avoir à Berlin aucune relation politique. Il faut d'abord et avant tout soigner ses poumons, la guérir de sa tuberculose. Quand elle retournera en U.R.S.S., elle retrouvera son équilibre mental dans son milieu habituel. Il ne faut en aucun cas lui laisser l'illusion qu'elle pourrait vivre hors d'Union soviétique, à la charge matérielle et morale d'exilés qui ne savent pas ce que sera pour eux le lendemain. Il explique :

> « Il y a quelques semaines, Zina a eu une conversation avec Ma[man], disant qu'elle voulait de toute façon rester à l'étranger et vivre avec nous. Il ne peut le moins du monde en être question, pas seulement du fait de son caractère, mais pour des considérations politiques : où serons-nous dans six mois, maman et moi [12]? »

Il insiste sur le fait qu'il a lui-même écrit aux autorités soviétiques pour demander un séjour limité aux soins médicaux nécessaires, qu'elle s'est moralement engagée et lui avec, et qu'un refus de rentrer compromettrait à l'avenir tout va-et-vient entre la famille d'U.R.S.S. et celle de l'exil, des voyages de Sérioja ou du petit Ljulik – montrant à quel point il sous-estime la cruauté de Staline. Il pense qu'il peut être utile de consulter un neuropathologiste mais, pour lui, le problème est aux neuf dixièmes un problème d'environnement, et c'est seulement en U.R.S.S. qu'elle guérira. Il explique qu'il faut « détruire » ses utopies et ses fantaisies, ses projets de vie et de travail à l'étranger, lui montrer, en termes politiques, que ses plans sont des plans de « désertion ». Il ajoute :

> « Traite-la avec le maximum d'attention et de compassion. Mais la première fois qu'elle essaie d'augmenter ses exigences, réagis avec une calme, mais ferme résistance. Si elle essaie de se " plaindre " de maman, tu résisteras, bien sûr, plus fermement encore [13]. »

Quelques jours après, Ljova réagit à la lettre et donne les premières nouvelles. Les médecins allemands ont découvert l'erreur commise à Constantinople avec le pneumothorax et vont tout remettre dans l'ordre. Par une amie psychanalyste, Dina Männhof, on va chercher un médecin pour ses troubles mentaux.

Il avoue son chagrin devant ce que lui a appris la lettre du père et s'interroge : « improbable, impossible, tragique malentendu ». Il a vu Zina à son arrivée – « Zinouchka », écrit-il tendrement –, pleine d'espoir sur sa vie à Berlin près de lui, mais nerveuse, instable. Elle s'est tout de suite plainte que son père l'ait mise totalement à l'écart, ne lui adressant même pas la parole pendant trois semaines entières. Elle a essayé de persuader Ljova que la crise entre son père et elle était du même type que celle qui s'était produite en 1929 entre Ljova et sa mère d'un côté, L.D. de l'autre [14]. Le jeune homme est, de toute évidence, écrasé par la responsabilité qui lui échoit et l'angoisse d'avoir à payer des frais médicaux élevés pour l'hospitalisation prochaine en vue d'une période d'observation de trois semaines.

Une nouvelle fois, le 21 novembre, Trotsky revient à son réquisitoire, évoque la période, « avant l'incendie et sa première hospitalisation » où elle est apparue comme une femme normale et très attachante. Mais, depuis, elle s'est « déchaînée », elle a eu à l'égard de Natalia Ivanovna une attitude qu'il qualifie de « monstrueuse ». Or, de Berlin où elle ne fait qu'arriver, elle récidive, aux yeux de son père. Elle vient en effet de retourner à Natalia Ivanovna une lettre que cette dernière lui avait adressée, et exprime par un court billet sa décision de rompre avec elle toute relation personnelle, suggérant à sa belle-mère de faire passer par Ljova les nouvelles sur la santé et la vie de Sieva. De toute évidence, Trotsky est soulevé d'indignation par ce qu'il appelle et ressent sans doute comme une « injustice » dans l'attitude de sa fille aînée. Il explique à Ljova que Natalia Ivanovna consacre le plus clair de son temps à s'occuper de l'enfant Sieva, sans pouvoir se reposer et que, de ce fait, elle ne peut aller à Vienne, faire la cure projetée, et souligne que Zina considère que Natalia ne fait ainsi que son devoir, tandis qu'elle a, elle, le droit de lui écrire des lettres agressives et brutales...

Balayant avec des phrases catégoriques la solution, suggérée par Ljova, d'une cure psychanalytique, il lance accusation sur accusation contre Zina, sans apparemment comprendre qu'il parle d'une maladie mentale et en la jugeant selon des critères moraux. Il l'accuse par exemple d' « aveuglement moral », de « brutalité », de « manque de respect pour elle-même », d' « égocentrisme » et de « caprice hystérique ». Il l'accuse de sombres manœuvres de division de la famille, d'essayer d'opposer Natalia et lui, tous les deux à Sedov. Une fois de plus, il lance le cri que la malade ne peut ressentir que comme une excommunication majeure : « Qu'elle guérisse ses poumons et retourne à Moscou [15] ! »

Cette lettre, terrible d'inconscience, en croise une autre, affreusement angoissée, de Sedov qui sait maintenant que sa sœur est très gravement malade, « non des poumons, écrit-il, mais des nerfs ». Il énumère les signes quotidiens révélateurs du mal : elle oublie tout, constamment; elle dit que son père doit être mort et qu'il faut télégraphier. Elle dit qu'il faut télégraphier à Platon pour lui dire que les journaux mentent à son sujet à elle, qu'elle va bien et qu'elle est heureuse. Elle veut télégraphier à Prinkipo pour qu'on lui envoie immédiatement Sieva qui est, assure-t-elle, « malheureux ». Elle a parlé pendant des heures à Dina Männhof et Aleksandra Ramm. Deux thèmes seulement dans cet interminable monologue : ses souvenirs depuis son enfance et son père [16].

Celui-ci est-il touché? On peut le croire un instant. Il avoue son désarroi, consulte même Ljova : que faire? Ne pas lui écrire, écrire une lettre tendre? Il s'obstine pourtant à formuler lui-même son diagnostic :

> « La psychose est née de la concentration de sa pensée sur ses poumons, ses crachements de sang, la mort. Ce n'est pas difficile à comprendre [17]. »

Pour les soins, il insiste : psychanalyse, non, psychopathologie, oui. Mais le docteur Arthur Kronfeld, qui apparaît début décembre 1931 dans la correspondance [18], ne croit pas que la maladie mentale grave dont elle souffre – infiniment plus grave que l'hystérie – pourra être guérie grâce à un succès dans le traitement de la tuberculose, suivi d'un retour en U.R.S.S.

Zina écrit à Trotsky. Celui-ci en tire aussitôt des conclusions cliniques. Il ne s'agit que « d'une psychose et non de quelque chose de plus grave ». Bien sûr, il n'exclut ni une période de rémission ni une simulation hystérique, mais il est optimiste. Il revient avec acharnement sur la nécessité de regagner Moscou, suggère même les arguments que les médecins doivent employer pour la convaincre : il faut qu'elle sorte de sa maladie, qu'elle cesse d'avoir peur d'aller mieux.

Zina, maintenant, la crise de violence passée, s'accuse, se sent « basse et vile », assure qu'elle a écrit à son père des lettres qui sont « l'horreur », pense qu'elle ne pourra jamais se faire pardonner. Trotsky continue à diagnostiquer :

> « Ce qui lui pèse, ce n'est pas du tout la question des relations personnelles avec moi, maman, toi, mais celle de son retour en U.R.S.S., la nécessité de n'être plus malade, de perdre le droit d'exiger des gens une attention *spéciale* [19]. »

Quand il est question de reporter le retour à quelques mois pour faire en Allemagne une nouvelle cure, il assure que Zina a réussi à

« mettre ses médecins dans sa poche » et commente avec scepticisme une tentative de suicide dont Ljova lui a parlé.

Ljova, lui, défend vaillamment sa grande sœur contre le sévère verdict de ses parents et écrit à sa mère :

> « Elle est en train d'expérimenter une condition dans laquelle elle a conscience d'une catastrophe intérieure complète : elle ne survit qu'à moitié et après tout, il ne faut pas oublier que Zina a eu une grave maladie mentale. Je ne veux pas blesser papa, peut-être ce serait mieux que tu lui dises, mais il est difficile d'approuver une " cure " au fer rouge, et on peut encore *sauver* Zina [20]. »

Les choses s'apaisent petit à petit dans les premiers mois de 1932. Un élément nouveau – qui sera souvent invoqué pour expliquer la fin tragique de Zina – est intervenu et a contribué peut-être à diminuer la tension. Le 20 février 1932, un décret du gouvernement soviétique a déchu de la nationalité soviétique Trotsky et tous les membres de sa famille se trouvant à l'étranger. On assure de divers côtés que Zina en fut particulièrement affectée, ainsi coupée de son mari et de sa fillette.

Il semble bien que ce soit là une interprétation contestable. Les lettres de Ljova de l'époque et le témoignage de Jeanne, des années plus tard, témoignent de ce que Zinaida ne voulait à aucun prix retourner en U.R.S.S. et que son attachement pour son mari appartenait au passé. Le seul problème était en effet celui de sa petite fille, posé, de toute façon, dans les mêmes termes par son refus de revenir en U.R.S.S.

En tout cas, Zina est capable de reprendre la correspondance avec son père : elle y revient sans cesse sur leurs rapports, l'attitude distante qu'il a eu à son égard lors de son départ, son incompréhension, sa sévérité. Elle se plaint de Ljova dont elle est férocement jalouse, puisqu'il jouit, lui, de la confiance du père qui lui est refusée. Parlant de son traitement avec le docteur Kronfeld, elle écrit qu'elle se sent « engluée dans la cochonnerie psychanalytique ». Le 14 décembre, elle lui assure qu'elle ne lui demande « ne fût-ce que quelques lignes »...

De nouveaux échanges douloureux commencent quand Ljova, inquiet de l'intérêt de la police prussienne et des développements favorables aux nazis, suggère, appuyé par L.D. [21], le départ de la jeune femme pour Vienne. Elle refuse catégoriquement, arguant de son attachement pour Berlin, de l'intérêt qu'elle porte aux combats politiques, à la révolution qu'elle y voit mûrir. Les difficultés s'accumulent. Sieva n'a pas les papiers nécessaires pour rejoindre sa mère. En U.R.S.S., Aleksandra Lvovna a perdu son travail.

Ljova décrit Zina « seule, en dehors de tout, coupée de toute activité [22] ». En fait, ils se voient très peu, et Zina ne voit pas non plus Jeanne. Elle sort parfois avec le Grec Yotopoulos, un grand malade, tuberculeux lui aussi. C'est peut-être à ce moment-là qu'elle devient la maîtresse de son médecin. Ljova fait le bilan des aspects nouveaux de son comportement pathologique, la multiplication de petits emprunts financiers auprès de ses proches, ses propos haineux contre Jeanne. Il pense que l'isolement risque d'amener « des rechutes [23] ». Nouvelle tentative de suicide en novembre : pour les médecins, il ne s'agit pas d'un « geste » pour faire pression, mais d'une vraie tentative : elle s'est coupée très imparfaitement une veine qu'elle voulait sectionner : le suicide est manqué, mais c'était un suicide [24].

Quand Sieva arrive finalement de Vienne, ville où il est venu chez Anna Konstantinovna en passant par Paris où Van l'a conduite, elle est certainement heureuse, mais il semble qu'elle se soit reposée sur Jeanne du soin de s'occuper de lui. Quand son père est à Copenhague, il n'est pas question d'aller le voir, mais elle lui écrit une longue lettre, défense passionnée de ce qu'elle appelle « l'instinct », pour elle, « la mémoire des générations ». Elle lui reproche son impatience, son impétuosité. Elle est profondément atteinte dans sa dignité par le fait qu'il ait cru pouvoir disposer de leurs relations intimes et confier à son psychiatre les lettres qu'elle lui a adressées et qui n'appartiennent qu'à eux deux [25]...

Son expulsion d'Allemagne par décision du gouvernement von Schleicher tombe sur elle comme un couperet [26]. Le monde est en train de se recroqueviller sous ses pieds. Qu'irait-elle faire à Vienne? Elle est enceinte, et ce n'est probablement pas là un élément mineur de la tragédie en train de se nouer et de se résoudre dans la mort.

En fait, au cœur de ce que Trotsky appellera la « tragédie du prolétariat allemand », la victoire sans combat des bandes hitlériennes, se prépare peu à peu une autre tragédie, qui est à la fois celle d'une jeune femme nommée Zinaida Lvovna Bronstein, de son père, d'une famille, et finalement de milliers et de milliers de « trotskystes » ou prétendus tels.

Au matin du 5 janvier 1933, Zinaida s'occupe du départ à l'école de son petit Sieva. Puis elle termine les lettres qu'elle a adressées aux siens, calfeutre les issues et ouvre le gaz. Le même jour, Ljova télégraphie à sa mère, dans un télégramme strictement personnel, pour qu'elle trouve les mots pour informer L.D. de son malheur :

« ZINA S'EST SUICIDÉE ALEKSANDRA LVOVNA PLATON DOIVENT ÊTRE INFORMÉS JE NE LEUR DIS RIEN STOP SIEVA NE SAIT PAS MORT DE ZINA IL EST AVEC NOUS [27]. »

Le lendemain, par lettre, il donne les détails : c'est la propriétaire qui a découvert le corps de Zina; elle s'est asphyxiée au gaz pendant que le petit était au jardin d'enfants. Il a récupéré ses dernières lettres – qui seront plus tard saisies et « égarées » par la police française. Jean van Heijenoort écrit :

> « Le 5 janvier, Zina se suicida au gaz, à Berlin. Elle fut trouvée morte à deux heures de l'après-midi. Ljova envoya à Natalia un télégramme qui arriva le 6, alors que nous sortions de table après le déjeuner. C'était, si je me souviens bien, Pierre Frank qui était de garde et qui remit le télégramme à Natalia alors qu'elle regagnait le premier étage. Trotsky et Natalia s'enfermèrent immédiatement dans leur chambre, sans rien nous dire. Nous sentions qu'il s'était passé quelque chose de grave, nous ne

savions pas quoi. Nous apprîmes la nouvelle par les journaux de l'après-midi. Dans les jours qui suivirent, Trotsky entrouvrit de temps en temps la porte de la chambre pour demander du thé. Lorsque, quelques jours plus tard, il sortit pour se remettre au travail, il avait les traits ravagés. Deux rides profondes s'étaient creusées de chaque côté du nez et venaient encadrer la bouche [28]. »

Son premier travail fut de rédiger une lettre ouverte dans laquelle il imputait la responsabilité de sa mort au gouvernement de Staline qui l'avait privée de sa nationalité, et à celui de von Schleicher qui l'expulsait. Il écrivit ensuite à son fils aîné :

« Je ne t'écris pas ce que maman et moi avons vécu ces derniers jours. Maman est très faible. Je suis bien plus fort [29]. »

Après cela, le père abattu reprend des forces sur le terrain politique :

« J'ai un peu l'impression que tu caches qu'elle s'est suicidée. Ce serait une grosse erreur. [...] Zina est tombée victime de Staline-Schleicher... [30]. »

La publicité pour la « lettre ouverte » est, dit-il, la meilleure façon de protéger contre Staline, « Sérioja, Lela, Ana et les autres, et en général nos camarades en U.R.S.S. [31] »...

***

Il restait à Trotsky, pour le moment, un dernier coup à recevoir en ces journées dramatiques, une lettre d'une des personnes qu'il respectait sans doute le plus au monde : Aleksandra Lvovna, mère de Zinaida, qui exigeait la vérité et lui disait ce qu'il est convenu d'appeler les siennes. Elle avait déjà perdu Nina en 1928 et venait de perdre la fille qui lui restait. Elle écrivait : « Je peux tout comprendre, tout expliquer, mais je veux savoir [32]. » Elle lui donnait les éléments d'information dont elle disposait à travers les lettres de Zina. Celle-ci lui avait écrit très récemment une sorte de diagnostic :

« Je suis triste de ne plus pouvoir me rendre auprès de papa : tu sais combien je le " vénère " depuis ma naissance. Et maintenant, nos rapports se sont dégradés. C'est à partir de là que je suis tombée malade [33]. »

Aleksandra Lvovna évoque son impuissance à aider sa fille, en dépit de ses efforts :

« Je lui écrivais [...] que cela s'expliquait par ton caractère et ta difficulté à concevoir des explications d'ordre personnel bien que tu sois persuadé qu'il faut le faire [34]. »

Au père de la morte, elle reprocha de n'avoir pas compris leur fille :

« Pendant toute sa dernière année, notre malheureuse fille a été accablée par un conflit avec toi. [...] C'était une personne adulte avec laquelle

> il fallait avoir des relations intellectuelles. [...] Zina était jusqu'au plus profond de son âme un être social. [...] La communication avec toi aurait beaucoup compensé, mais elle ne s'est pas faite [35]. »

Elle exige la vérité sur le conflit entre eux, déplore le recours à la psychanalyse et que la jeune femme – renfermée, comme ses parents, rappelle-t-elle – ait été en quelque sorte contrainte, dans sa cure, de « dire ce dont elle ne voulait pas parler ».

La vieille dame – elle a alors soixante et un ans et une vie militante active derrière elle – avoue, très simplement, dans les premières lignes, qu'elle tremble en regardant ses petits-enfants :

> « Je ne crois plus en la vie. Je ne crois plus qu'ils grandiront. Je suis toujours dans l'attente d'une nouvelle catastrophe... »

A l'homme qu'elle aima, elle dit, pour conclure :

> « Il m'est difficile d'écrire cette lettre et difficile de l'envoyer. Pardonne-moi cette cruauté à ton égard. Mais tu es certainement au courant de tout sur notre fille [36]. »

La *babouchka* – grand-mère, comme l'appelaient depuis longtemps affectueusement ses amis – voyait juste. Sur elle, sur ses petits-enfants, la vengeance de Staline, sa vindicte contre Trotsky, allaient continuer à s'abattre : enfants, petits-enfants, arrière-petits-enfants, « vos arrière-neveux », avait dit Piatakov...

CHAPITRE XLIV

Regroupements contre Staline en U.R.S.S. [1]

Paradoxalement, le piétinement et même les phénomènes de décomposition qui atteignent l'Opposition internationale, n'ont pas leur équivalent en U.R.S.S. pendant les premières années trente. Après un effondrement qui correspond à l'aggravation de la répression et au filtrage féroce de la correspondance, la courbe d'activité, à partir de 1931 est celle d'une renaissance sinon de l'organisation elle-même, du moins des courants du parti qui reprennent tout ou partie de son programme et recherchent même l'alliance, sinon avec l'Opposition russe, du moins avec Trotsky.

La période qui s'ouvre après la grande crise de l'Opposition est celle de l'industrialisation à outrance et de la collectivisation forcée, avec leurs cortèges de souffrances pour les masses laborieuses que certains, par un véritable abus de langage, ont appelées « révolution » parce qu'elles ont complètement détruit la société de la Nep et de la lente reprise économique des années vingt.

C'est après deux années d'hésitations que Staline s'est finalement lancé dans cette entreprise, véritable fuite en avant, puisque cette politique n'a été ni vraiment voulue ni par conséquent tant soit peu préparée. Il a fallu improviser, c'est-à-dire souvent donner simplement l'ordre d'atteindre des objectifs. L'ensemble a finalement coûté très cher en matériel, en bétail, en produits, et surtout en souffrances et vies humaines. On rappelle souvent que 60 % du cheptel périt dans cette folle entreprise. Mais, étiquetés « koulaks » – lesquels n'étaient pas plus de 2 millions –, 7 millions de paysans moyens ou pauvres ont été les victimes : plus de morts qu'une guerre. Dans le même temps, l'industrialisation à outrance relève de la même fuite en avant, financée par l'inflation accélérée et menée, elle aussi, en dépit du bon sens et à coups de knout. L'un des résultats les plus spectaculaires est ce qu'on peut sans ironie appeler une « paupérisation absolue » des travailleurs, ruraux privés de tout, ouvriers enrégimentés et sous-payés que ne console pas, au contraire, la naissance de l'aristocratie ouvrière des travailleurs de choc.

Personne – sauf peut-être Boukharine – n'avait prévu les formes dans lesquelles se réaliseraient l'industrialisation et la collectivisation préconisées, des années durant, par l'Opposition de gauche. Même sans documents, il ne nous est guère difficile d'imaginer la réaction de l'ancien oppositionnel. Il avait capitulé en 1929 en croyant que « Staline était en train de réaliser le programme de l'Opposition » et découvrait le cauchemar vécu par les foules paysannes déportées à moitié nues et des ouvriers en guenilles fabriquant des produits inutilisables ou se croisant les bras faute d'énergie ou de matières premières.

Fasciné par l'alternative de la solution « thermidorienne » – retour vers le capitalisme ou la solution prolétarienne d'industrialisation et collectivisation menées à travers la mobilisation des masses –, Trotsky lui-même n'avait pas vraiment prévu cette variante de la « politique centriste ». Il ne vit que tard, sous l'influence des lettres d'U.R.S.S., la collectivisation rurale et l'industrialisation à marches forcées réalisées par la violence et sous la terreur, et aboutissant d'abord au renforcement de la toute-puissante bureaucratie, cette couche sociale parasitaire qui, suivant l'expression de Karl Marx, dans un tout autre contexte, traitait l'État comme sa propriété privée.

Plus proche – et pour cause – de la réalité soviétique, Kh. G. Rakovsky est sans doute, après le début de cette campagne, le seul à avoir très vite saisi son orientation incontrôlable et ses premiers résultats inavouables. Dans une étude parvenue beaucoup plus tard en Occident, mais sans doute rédigée au mois de juin 1930, il dresse un bilan de la situation économique catastrophique créée par cette volonté despotique sans précédent de changer du tout au tout la vie de dizaines de millions d'hommes sans leur consentement [2]... Il démontre, chiffres à l'appui, les inévitables conséquences d'une telle entreprise, l'effondrement de la qualité des produits industriels, par exemple la production régulière de biens défectueux et inutilisables, l'épuisement des récoltes, la disparition des activités d'élevage. Il décrit, sans polémique et avec une infinie tristesse, la désorganisation sous le couvert de la planification, l'oisiveté, faute de matières premières, de nombre d'industries modernes et l'inactivité de régions entières plongées dans l'obscurité avec un plan qui leur garantit l'électricité.

Alors que l'Occident capitaliste, ravagé par la crise mondiale annoncée par le krach de Wall Street en 1929, donne l'exemple d'une destruction sans précédent des forces productives, le spectacle offert par l'Union soviétique n'est guère de nature à encourager et nourrir la croyance en la supériorité du système socialiste.

Trotsky en est parfaitement bien informé. Les lettres qui parviennent au *Biulleten Oppositsii*, dont une partie seulement y est publiée faute de place, décrivent avec beaucoup de précision la condition prolétarienne, la baisse des salaires consécutive aux mesures destinées à accroître la productivité, la flambée des prix, la disette de produits agricoles. Nombre d'entre elles décrivent les conflits dans les entreprises, la lutte contre les « petits chefs » qui est en réalité le combat contre la paupérisation. D'autres décrivent la collectivisation « jusqu'au dernier poussin » et, comme dit un correspondant qui signe « G.N. », la « dékoulakisation jusqu'aux bottes de feutre qu'on arrache aux pieds des enfants [3] ». Un autre écrit qu'il est dans un secteur de « collectivisation complète », et que cela signifie que « les paysans égorgent le bétail et vendent leurs biens ». Un autre résume la situation :

> « Disette dans les villes. Faim dans les provinces. Famine dans bien des campagnes. Dans les capitales, queue pour tous les produits. Tous les vivres manquent... Chômage [4]. »

Une lettre de 1932 décrit la situation pendant l'hiver 1931-1932 dans les chemins de fer : « Le typhus. Des malades couchés dans les gares, couverts de poux [5]... »

Un autre décrit la situation du ravitaillement à Moscou où les queues pour le pain commencent vers une ou deux heures du matin, tandis que les ouvriers d'une usine de tracteurs de Stalingrad n'ont pour se nourrir que de l'eau et du pain. Un autre encore explique que le kolkhoze vend très peu, que seuls les kolkhoziens « font » le marché : « Le kolkhoze, écrit-il, est la somme de leurs économies individuelles... »

Certains correspondants notent la crainte de la bureaucratie qui perce dans les relations sociales, mais aussi la peur, chez les ouvriers, que les coups portés au système bureaucratique ne deviennent des coups contre l'industrie et le système soviétique... D'autres parlent de foules de paysans dans les gares, qui fuient les kolkhozes, de bandes d'enfants abandonnés, errant comme au lendemain de la guerre civile.

Un aspect de cette crise est clair : l'inquiétude de l'appareil où beaucoup d'individus, isolément ou non, se prennent à comparer la politique du moment à celle que préconisait l'opposition, cherchent une issue qui coïncide avec ses perspectives.

Isolés ou parqués dans les prisons, les oppositionnels n'ont pas de peine à préconiser des solutions qui s'imposent aux yeux de tous. Il faut desserrer l'étreinte de la collectivisation forcée qui s'est abattue sur l'ensemble de la paysannerie, autoriser le départ des kolkhozes, rassurer la masse apeurée. Il faut diminuer les objectifs de l'industrialisation, associer les travailleurs au Plan et réviser les objectifs en fonction de leur opinion, bref rétablir cette démocratie ouvrière que la collectivisation forcée et l'industrialisation à outrance ont foulé au pied un peu plus encore...

Nous n'avons que peu d'informations sur l'activité des trotskystes après la déclaration d'avril 1930, à l'exception des documents provenant des prisons et des lieux d'exil. De ce point de vue, l'année 1930 a apporté un lot de documents importants, souvent parvenus en Occident après un long cheminement : une lettre de Koté Tsintsadzé, une étude de Rakovsky, et un texte collectif rédigé en prison par Solntsev, Iakovine et Stopalov, intitulé « La Crise de la Révolution [6] », résultat des discussions qui se sont déroulées à l'isolateur de Verkhnéouralsk. Plusieurs témoignages, celui d'Ante Ciliga [7], celui d'Ardachelia et Iakovine, qui se trouve dans les archives Trotsky [8] à Harvard, ainsi qu'un témoignage d'un survivant réfugié en Israël après la guerre [9], nous permettent de reconstituer l'intensité de la vie intellectuelle et politique dans les prisons transformées en universités – à Tchéliabinsk comme à Verkhnéouralsk – ainsi que la richesse du débat politique entre « bolcheviks-léninistes », parmi lesquels nous retrouvons, outre les trois cités plus haut, les noms familiers de Poznansky, Dingelstedt, Man Nevelson et de bien d'autres militants de la jeune génération.

Nous savons, en revanche, très peu de choses sur l'activité de ceux « de l'extérieur [10] ». Les arrestations ont continué pendant ces années, comme l'indique le nombre total des déportés, passé de 700 « irréductibles » à l'époque de la déclaration d'août 1929 à environ 7 000 en novembre 1930. Un correspondant de Trotsky – probablement N.N. Pereverzev – écrit sur ces derniers que « les nouveaux, mille, deux mille ou plus » sont en majorité des ouvriers qui n'ont pas connu l'Opposition de gauche auparavant et y sont venus de leur propre mouvement et de leur propre expérience. Il parle de l'apparition, dans les usines, de « trotskystes et semi-trotskystes » à chaque secousse de l'appareil [11].

Le « centre » de Moscou s'est à coup sûr maintenu, ou, plus exactement, Sedov a toujours eu un relais à Moscou, même après la chute de B.M. Eltsine et de Iakovine. Nous connaissons des noms : V. Ianoutchevsky, qui semble avoir été un ami de Sosnovsky, Mikhail Andréiévitch Polevoi, ami de Nin, arrêté en mai 1931, Mikhail Aleksandrovitch Chabion [12], professeur d'histoire et, sur la fin de cette période, Iakov Kotcherets [13] et Andréi Konstantinov, dit Kostia, immortalisé par les souvenirs de déportation de Maria Joffé, sans doute le journaliste écarté de la *Pravda* en 1923.

Il semble bien que, de temps en temps, leurs rangs aient été renforcés par des « capitulations tactiques », c'est-à-dire de fausses capitulations décidées par l'opposition elle-même : dans ces années-là, il semble qu'on puisse ranger dans cette catégorie celles de Rafail-Farbman et d'Ilya Rosengaus.

De 1930 à 1932 en tout cas, Lev Sedov, en partie grâce à la publication du *Biulleten Oppositsii*, mais surtout grâce à son énorme travail, arrive à maintenir des contacts, à obtenir informations et correspondance en utilisant voyageurs ou employés des organisations internationales comme le trust Münzenberg, cette gigantesque entreprise de presse et d'affaires diverses dont les salariés voyagent entre l'Allemagne et l'U.R.S.S.

Mais le résultat, demeuré méconnu jusqu'à ces dernières années, est que le petit noyau oppositionnel maintenu est rejoint, à partir de 1931, par d'autres courants issus du Parti communiste.

***

La première de ces dernières oppositions est née au sein même de la fraction Staline. Elle s'incarne en deux hommes qui ont tous les deux été, à des moments différents, liés personnellement à Staline : les deux anciens dirigeants des Jeunesses communistes Jan Sten et V.V. Lominadzé.

Le premier est un philosophe marxiste, spécialiste reconnu de Hegel. Jan Sten a été le théoricien des Jeunesses communistes, inspirateur de réactions gauchistes. C'est un intellectuel si brillant et si réputé que Staline lui a demandé de lui donner des « leçons particulières de dialectique » (*sic*). L'expérience l'a marqué : dès 1928, dans un cercle d'amis, il se laissait aller à dire que Koba (Staline) ferait des choses qui laisseraient loin derrière les procès Dreyfus et Beilis... le fameux procès antisémite du début du siècle [14]...

V.V. Lominadzé (Besso) est un personnage hors du commun. Cet homme d'une taille et d'une force peu communes, aux cheveux de jais, est intelligent, cultivé, énergique. Cet amateur de chansons, grand conteur d'anecdotes, est aussi noceur et buveur autant que gros travailleur. Il poursuit des études d'ingénieur tout en travaillant à plein temps pour le parti. On sait qu'un soir d'ivresse, il n'a pas hésité, à la suite d'un pari, à briser la glace de la Moskva pour s'y baigner, et il a laissé un rein dans l'aventure [15]. Il a fait une carrière foudroyante d'*apparatchik* : secrétaire du parti de Tiflis à vingt ans, il a été l'un des principaux dirigeants des Jeunesses communistes avant de passer dans l'appareil du parti. Margarete Buber raconte qu'il a été décoré du Drapeau rouge pour son comportement dans l'assaut contre Cronstadt pour lequel il s'était porté volontaire, mais qu'il se refuse à porter la décoration.Il a été un adversaire acharné de l'opposition de 1923, de la Nouvelle Opposition, de l'Opposition unifiée enfin.

Dès la fin de 1927, il est apparu que ces hommes d'appareils manifestaient une certaine indépendance de pensée : pour eux, la défaite de l'Opposition de gauche était loin de régler tous les problèmes. Rappelés à l'ordre dès cette époque pour avoir trop vigoureusement souligné l'existence d'un « danger de droite », ils se sont manifestés encore en 1929 par une série d'articles critiques de la direction stalinienne dans *Komsomolskaia Pravda.*

C'est apparemment à ce moment qu'a commencé la lutte systématique du groupe au sein de l'appareil [16]. Lominadzé a été affecté comme secrétaire du parti, d'abord à Nijni-Novgorod, où il s'est lié personnellement à Ter-Vaganian, puis, en avril 1930, comme premier secrétaire, en Transcaucasie. Appuyé sur un réseau pan-soviétique qui comprend la plupart des anciens dirigeants des Jeunesses communistes – Chatskine, Tchapline, notamment –, Lominadzé élabore une résolution qui mêle approbation enthousiaste de la ligne stalinienne et critiques sévères du comportement de l'appareil, du « dépérissement de la démocratie ouvrière », de la collectivisation forcée et même de certaines déclarations de Staline concernant la marche en avant vers le socialisme [17].

Il semble que l'entreprise de Lominadzé ait été compromise par les initiatives imprudentes d'un de ses alliés ou partisans les plus importants, le président du conseil des commissaires du peuple de la R.S.F.S.R., S.I. Syrtsov. Ce vieux-bolchevik a en effet prononcé, le 30 août 1930, devant les commissaires du peuple et les membres du conseil économique de la R.S.F.S.R., un discours de deux heures dans lequel il a souligné la détérioration de la condition ouvrière, les progrès de la bureaucratie, et préconisé un « resserrement du front de la construction [18] », en d'autres termes au minimum un ralentissement de la collectivisation et du rythme de l'industrialisation. L'enquête du G.P.U. après cet éclat public révèle l'existence d'un « groupe fractionnel » et permet d'arracher des « aveux » à quelques-uns de ses membres. Syrtsov, d'abord accusateur, finit par s'effondrer devant la commission de contrôle [19].

Les hommes de la fraction secrète Sten-Lominadzé ont décidé de ne pas se battre ouvertement. Ils font alors leur autocritique, reconnaissent leurs « erreurs » et sont généralement mutés. Ceux que la presse stalinienne appelle désormais « les hommes à double visage » ou encore « la fraction gauche-droite », cherchent dès lors les contacts qui leur permettraient d'élargir le front de la résistance à la politique de Staline [20].

Dans cette voie, ils rencontrent d'autres courants et groupes, et d'abord les zinoviévistes qui ont pris en 1927 le parti de payer le prix de leur maintien dans les rangs du parti en faisant toutes les déclarations exigées d'eux, mais qui n'ont renoncé ni à leurs propres opinions ni à une certaine mesure d'activité fractionnelle, puisque, au sommet au moins, ils n'ont pas cessé de maintenir entre eux, depuis 1928, un contact suivi.

Les amis de Zinoviev ont au fond partagé en 1928 et 1929 les illusions des « capitulards » qui ont suivi Préobrajensky, Radek et Smilga. De toute évidence, après la rencontre avec Boukharine en juillet 1928, ils ont continué à miser sur Staline et sur un « cours à gauche » et escompté des réintégrations à des fonctions responsables que Staline leur faisait de temps en temps miroiter. La correspondance reçue par Sedov révèle cependant la déception de Zinoviev et de Kamenev, les tendances qu'ils manifestent à « jouer à l'opposition », dès 1930. On sait également que, par la suite, Zinoviev s'est exprimé en termes très critiques sur la politique allemande de l'Internationale communiste. Il en vient même, en 1932, à confier à des représentants de l'Opposition de gauche venus s'entretenir avec lui que sa plus grosse faute politique – plus grave même que son opposition à Lénine en 1917 – a été sa rupture en 1927 avec Trotsky et l'Opposition de gauche [21].

Il est probablement en cela d'accord avec le groupe qui l'a abandonné au moment de cette rupture et qu'on appelle le groupe « sans chefs », animé en fait par Safarov et Tarkhanov, réintégrés dans le parti, non sans mal, en 1928, après avoir crié sur les toits leur intention de jouer double jeu.

Le rôle décisif, dans les regroupements qui s'amorcent, est joué par le groupe d'Ivan Nikititch Smirnov, ce vieux-bolchevik, « la conscience du parti » devant Sviajsk, dont on se souvient qu'il s'était efforcé en 1929 de rédiger une déclaration de capitulation plus honorable que celle de Radek, Smilga et Préobrajensky, et n'avait pas eu grand succès. Moins déshonorante cependant, sa déclaration, les contacts qu'il garde, les propos qu'il tient, l'attitude qu'il maintient, lui valent une certaine réputation. Expulsé d'U.R.S.S. en 1930, Andrés Nin cite précisément Smirnov comme représentatif d'« une sorte de capitulards qui n'ont pas renoncé à leurs idées et pour qui la capitulation n'étyait qu'une manœuvre tactique [22] ».

Nous ignorons évidemment tout de l'activité du groupe Smirnov jusqu'en 1931 et de la façon subtile dont il semble avoir essayé de combiner l'attitude oppositionnelle clandestine et les protestations à double sens de fidélité à la ligne. Le tournant décisif se produit pour lui en mai 1931 quand il rencontre à Berlin Lev Sedov. La rencontre entre les deux hommes a, de toute évidence, été plus qu'une conversation générale de hasard, comme Sedov a légitimement tenté de le faire croire au moment des procès de Moscou. Nous devons pourtant admettre que nous n'avons pas le moyen de savoir si cette rencontre fut le fruit d'un pur hasard, comme Sedov l'affirme, ou si elle fut, au contraire, préparée. Nous nous contenterons de mentionner ici l'invraisemblance du récit de Sedov, fait après le premier procès de Moscou, sur un point de détail : il serait tombé dans les bras de Smirnov en le reconnaissant dans la rue. Peut-on croire à un tel comportement avec un « capitulard » vigoureusement dénoncé par Trotsky?

Les informations parvenues à Sedov à travers I.N. Smirnov puis, après leur rencontre, par d'autres émissaires et à travers des communications font apparaître l'existence d'un « centre » du groupe Smirnov, composé de quelques-uns de ses amis signataires de sa déclaration de 1929, S.V. Mratchkovsky, Ter-Vaganian, N.I. Oufimtsev et L.G. Ginzburg, mais aussi d'E.A. Préobrajensky, rédacteur de la capitulation « honteuse » de juillet 1929 : de toute évidence, il regroupe les anciens oppositionnels qui ont compris l'impasse de la capitulation [23].

C'est en septembre ou octobre 1932 qu'arrive à Berlin un haut fonctionnaire de l'appareil économique, E.S. Holzman, lié à Smirnov et qui, à l'occasion d'une mission à Berlin, a accepté d'être l'intermédiaire de Smirnov auprès de Sedov. Il apporte des nouvelles que son interlocuteur considère comme tout à fait capitales. Elles démontrent en effet l'activité et l'importance du groupe que Sedov appelle, dans sa correspondance avec Trotsky, celui des « trotskystes ex-capitulards », dont il écrit par ailleurs sans ambages à ses camarades du secrétariat international : « I.N. Smirnov et d'autres, qui nous ont quittés dans le temps, sont revenus [24]. »

Sans aller aussi loin, Trotsky, parlant de toute évidence de ce groupe, assure qu'on peut, à son propos, « tirer le bilan de l'expérience de la capitulation honnête, sincère et pas carriériste [25]. »

*
* *

Au moment même où ces groupes « de gauche », d'anciens staliniens ou d'anciens « capitulards » se rapprochaient ainsi de la critique et des perspectives de Trotsky qu'ils avaient combattues avec acharnement, des phénomènes analogues se déroulaient dans l'appareil et jusqu'au cœur de ce que l'on appelait, depuis des années, « la droite ».

Au moment précis en effet où l'Opposition de gauche et les groupes qui l'avaient abandonnée se retrouvaient en effet pour demander la retraite sur le front économique, une sorte de retour à la Nep et un ralentissement de l'industrialisation, un courant issu du cœur de l'ancienne droite s'orientait, lui, vers le ralliement aux vieilles revendications de démocratie du parti de l'ancienne Opposition de gauche.

C'est probablement la capitulation sans combat, en novembre 1929, de Boukharine, Rykov et Tomsky qui marque le point de départ de la cristallisation à l'intérieur de la « droite » d'un noyau d'hommes décidés à continuer le combat contre la politique stalinienne. Ils en viennent rapidement à l'idée qu'il leur faut élargir l'ancienne plateforme économique de la droite en l'élargissant à des éléments empruntés au programme de la gauche, en particulier à ses mots d'ordre de démocratie ouvrière, et tenter d'associer à leur combat des personnalités représentatives des anciennes oppositions de gauche, trotskyste ou zinoviéviste. Ce groupe, que Sedov appelle un peu schématiquement « les droitiers » dans sa correspondance, et que les historiens appellent en général « groupe Rioutine », nous paraît désigné plus clairement par l'étiquette de « groupe Rioutine-Slepkov ».

Créé à l'écart des anciens dirigeants de la droite historique et, en quelque sorte, en réaction à leur comportement politique qui les a conduits à la capitulation, ce groupe a été animé par deux hommes qui ont été, au temps de la grandeur de la droite – mais à des titres divers – les plus éminents des personnalités de second plan de ce groupe.

A.N. Slepkov, né avec le siècle, était encore un tout jeune homme, l'ancien disciple favori de Boukharine et chef de file de ce qu'on avait appelé son « école » de « professeurs rouges ». D'une brillante intelligence, journaliste de talent, polémiste redoutable qui s'était fait les dents contre l'Opposition de gauche, il avait aussi démontré son courage et sa combativité en 1929, où il avait été l'un des rares à essayer d'organiser une résistance dans le sein de l'appareil, au cœur même du fief de Kirov, à Leningrad, ce qui lui avait valu l'exil en Asie centrale. Il semble qu'il ait, dès cette époque, manifesté le regret d'avoir pris part, comme il l'avait fait, à la lutte contre l'Opposition de gauche.

M.N. Rioutine était un homme plus âgé et infiniment moins séduisant. Ancien menchevik d'Extrême-Orient, il avait rallié les bolcheviks en sortant d'une lutte clandestine courageuse contre Koltchak, et s'était fait connaître dans l'appareil comme un homme à poigne. C'est lui qui avait organisé, au temps de la lutte contre l'Opposition, les détachements de gros bras qui avaient permis de briser, au début d'octobre 1926, la tentative de sortie de ses militants dans les cellules d'usine. Théorisant cyniquement la manière forte et manifestant ouvertement son mépris pour la démocratie, l'homme était pourtant un battant. L'un des premiers frappés par Staline lors de l'offensive de ce dernier contre les « droitiers », il avait été contraint à l'autocritique, puis écarté du C.C. au XVIe congrès. Il était journaliste quand il s'engagea, en 1931 probablement, dans l'organisation du groupe auquel l'histoire a donné son nom.

Le groupe lui-même semble avoir compris d'autres anciens « droitiers », les professeurs rouges D.G. Maretsky et P.G. Petrovsky, notamment, mais aussi quelques vétérans ouvriers de l'opposition zinoviéviste, dont V.N. Kaiourov et deux anciens militants, très peu connus, de l'Opposition de gauche dont Trotsky démentit avec énergie la représentativité dans l'affaire.

On sait que la principale réalisation du groupe de Rioutine et Slepkov fut la rédaction, probablement par les soins du second, d'une plate-forme appelée généralement « de Rioutine », qui présente la caractéristique d'être à la fois célèbre et inconnue, son texte ne nous étant toujours pas parvenu mais son existence étant confirmée par toutes les sources, officielles ou oppositionnelles.

Selon les quelques auteurs qui la mentionnent, peut-être en s'inspirant les uns des autres – Ciliga, Victor Serge, Boris Nikolaievsky –, comme selon les informations reçues par Sedov ou le *Sotsialistitcheski Vestnik,* qui l'appelle « la lettre des dix-huit bolcheviks [26] », la plate-forme se présentait comme une tentative de souder contre Staline les anciennes oppositions de droite et de gauche et, en attendant, de les associer dans un programme commun. Partant de la nécessité d'une retraite économique, elle se prononçait ensuite pour la restauration de la démocratie dans le parti, précédée de la réintégration de tous les exclus, dont Trotsky. Elle analysait également le rôle de Staline, dans un réquisitoire serré qui le présentait comme « le mauvais génie de la révolution [...] mû par sa soif de vengeance et son appétit de pouvoir ». Elle allait jusqu'à le comparer au fameux provocateur Azev, se demandant si sa politique n'était pas le fruit de ce qu'elle appelait « une immense provocation consciente [27] ».

C'est la circulation de ce document, largement connu à l'été de 1932 dans les hautes sphères du parti, qui amena une enquête de la commission centrale de contrôle. Le 9 octobre, le plénum du comité central décida de sanctionner sévèrement, en les excluant du parti, ceux de ses militants qui avaient eu connaissance de cette plate-forme et ne l'avaient pas dénoncée au parti : parmi eux, de façon significative, figuraient Jan Sten, Zinoviev et Kamenev, ainsi qu'Ouglanov [28]...

En fait, l'apparition de la « droite rénovée » de Rioutine et de Slepkov avait une double signification. Du fait qu'elle reprenait à son compte la revendication de la démocratie ouvrière dans le parti, elle était la reconnaissance que Trotsky avait eu raison en ce qui concernait le régime du parti. La façon ensuite dont elle avait été reçue favorablement dans les couches moyennes et inférieures de la bureaucratie aux prises avec d'énormes difficultés montrait que cette dernière était sensible à des revendications qui pouvaient lui apporter une certaine détente. Hostile à toute alliance avec les « droitiers », Trotsky ne semble pas, en tout cas, avoir douté des chances qu'ils avaient, dans un avenir assez proche, de s'imposer au détriment de Staline et de tenir le haut du pavé pendant assez longtemps pour que l'Opposition de gauche ne soit pas obligée de faire un bon bout de chemin avec eux.

***

Il est difficile de ne pas imaginer que Sedov et I.N. Smirnov se sont notamment entretenus à Berlin en 1931 d'une éventuelle alliance – un « bloc », comme disent les Russes – entre les diverses oppositions à Staline. Le fait est que le retour d'I.N. Smirnov a correspondu à l'apparition en U.R.S.S. de l'idée d'un « bloc des oppositions » et qu'il a été suivi des premières démarches en vue de sa réalisation. Mais peut-être, pour tous ces groupes, l'essentiel était-il cette liaison, désormais établie avec Trotsky, ce qui donnait consistance à leur entreprise. On peut en tout cas mesurer à l'angoisse de Trotsky, voyant son fils s'engager dans ces contacts, qu'il ne prenait ni la rencontre ni les projets débattus pour des plaisanteries et un entretien de hasard.

Je ne m'attarderai pas ici sur les découvertes et les méthodes d'investigation que j'ai utilisées pour reconstituer l'histoire des contacts entre ces différents groupes et courants telle qu'elle apparaît à travers les dépositions des accusés du premier procès de Moscou une fois qu'on les débarrasse de leur garniture « terroriste » et de tous les détails imposés par les policiers pour les aveux des malheureux [29].

Avec la rencontre entre Sedov et Smirnov, le fait capital est que ce dernier détient désormais le moyen de contacter directement, voire de consulter Trotsky. Un « bloc des oppositions » est-il possible sans lui? Zinoviev a vu affluer les visites, de celle de Safarov – qui a rompu avec lui en décembre 1927 – jusqu'à celles de Sten et Lominadzé, qui ont été avec Staline contre lui et qu'il appelle les « gauchistes », ainsi que les gens de l'opposition ouvrière du début des années vingt, Chliapnikov et Medvedev [30]. De son côté, I.N. Smirnov a prévenu les autres figures de la nébuleuse oppositionnelle, à commencer par Zinoviev [31]. Il avait évidemment mis au courant ses proches, en commençant par Ter-Vaganian et Mratchkovsky. C'est le premier qui a mis au courant Lominadzé.

Les négociations ont sans doute commencé en juin 1932, et tout est allé très vite, après les rencontres préliminaires. Ter-Vaganian a été l'intermédiaire pour plusieurs prises de contact. Les zinoviévistes ont envoyé Evdokimov prendre contact avec le groupe Smirnov, dans le wagon de Mratchkovsky. Les zinoviévistes se décident au cours d'une réunion « amicale » tenue à Illinskoe dans la datcha de Zinoviev, avec Kamenev, Bakaiev, Karev, Koukline et Evdokimov – qui rapporte [32].

C'est en septembre que Holzman se rend à Berlin, où I.N. Smirnov et Mratchkovsky le chargent de rencontrer Sedov et de l'informer sur ce qui se passe en U.R.S.S., afin d'obtenir l'opinion de Trotsky. C'est après avoir rencontré Holzman, qui lui apporte une lettre de Smirnov et des documents, dont plusieurs ont été publiés presque immédiatement dans le *Biulleten Oppositsii,* que Sedov informe Trotsky de la constitution en U.R.S.S. d'un « bloc » avec les autres oppositions, à savoir les « zinoviévistes », le groupe Smirnov des « trotskystes anciens capitulards » et le groupe Sten-Lominadzé. Le groupe Safarov-Tarkhanov qui a, dit-il, une position « trop extrême » n'a pas encore rejoint le bloc [33].

Quelques semaines plus tard, Iouri Gaven, haut fonctionnaire du Gosplan, venu soigner sa tuberculose en Allemagne et qui est membre du « groupe O » (vraisemblablement Osinsky), confirme de façon indépendante les informations apportées à Sedov par Holzman [34].

D'après ce que nous pouvons savoir de la réponse de Trotsky, ce dernier se réjouit de l'existence de ce bloc, réduit pour le moment à un échange d'informations [35]. Il souligne vigoureusement qu'il s'agit bien d'un simple bloc, non d'une fusion et qu'il entend conserver pour ses camarades et lui-même un droit entier de critique réciproque. Une divergence apparaît nettement entre lui et ses nouveaux alliés. Il est clair que ces derniers envisagent la possibilité d'élargir le bloc aux « droitiers », c'est-à-dire au groupe Rioutine-Slepkov, et qu'il y est nettement opposé, sans nier pour autant la nécessité d'une période inévitable de collaboration avec eux. Sa première critique directe aux nouveaux alliés est le reproche qu'il leur adresse de mener une politique « attentiste » qui les subordonne aux initiatives des « droitiers [36] ».

La situation qui lui a été décrite lui paraît en tout cas si favorable au développement de l'opposition qu'il considère comme proche la possibilité d'une déclaration politique commune, dont la portée serait considérable et qui serait nommément signée des personnalités les plus connues du bloc, lequel en assumerait ainsi publiquement la responsabilité.

Une autre polémique se dessine, qu'il mène pour le moment contre le seul Sedov [37]. Il s'agit de la formule qui est au centre de l'agitation du groupe Rioutine-Slepkov, celle de « Chassez Staline! ». Trotsky juge dangereux ce mot d'ordre qui peut, selon lui, ouvrir la porte à la réaction capitaliste et risque surtout de permettre aux dirigeants d'exploiter la peur que lui-même inspire. Il insiste énormément sur la nécessité de ne donner aucune prise à la peur de représailles que les staliniens essaient de lier à l'éventualité d'un « retour de Trotsky », comme le lui a signalé un de ses correspondants, vraisemblablement I.N. Smirnov [38].

Ce bloc des oppositions n'est pourtant qu'un cadre qui restera vide. Il disparaît de fait quelques semaines après sa naissance, à la suite d'événements qui ne touchent pas à sa propre activité et ne semblent pas avoir conduit le G.P.U. à apprendre son existence.

Le premier est la découverte par le G.P.U. de la mise en circulation de la plate-forme du groupe Slepkov-Rioutine, un fait que n'ont pas dénoncé plusieurs de ses éminents lecteurs. Staline – dont on dit qu'il n'a pu obtenir du bureau politique la peine de mort que le G.P.U. revendiquait contre Rioutine – frappe en même temps les gens du groupe et leurs « complices » : Zinoviev et Kamenev sont exclus du parti, le premier exilé à Minoussinsk, le second à Koustanai. Sten, lui, est exilé à Akmolinsk [39].

Peu de temps après, le groupe zinoviéviste décide de suspendre toute activité jusqu'à la réintégration dans le parti de ses deux dirigeants. Une rumeur circule à Moscou, qui fait état d'une autocritique de Zinoviev, chef-d'œuvre du double langage, dont on n'aurait qu'au dernier moment découvert qu'il était en réalité une critique de Staline [40].

Trotsky, lui, critique la légèreté des deux dirigeants, qui sont maintenant frappés pour avoir eu connaissance d'une plate-forme qui n'était pas la leur – alors qu'ils n'ont finalement pas défendu leurs propres idées [41]...

En septembre 1932, une première arrestation d'un membre du groupe d'I.N. Smirnov a mis le G.P.U. sur la trace de ce dernier. Alerté à temps, Smirnov a eu le temps de détruire tous les documents compromettants et de prévenir Trotsky [42]. Mais Holzman s'est fait prendre à la frontière avec, dans le double fond de sa valise, la « lettre ouverte » de Trotsky aux dirigeants de l'U.R.S.S., écrite après sa déchéance de la nationalité soviétique.

Arrêté à son tour le 1er janvier 1933 – en même temps que Préobrajensky, Oufimtsev et une centaine d'autres [43] –, I.N. Smirnov est jugé à huis clos, pour « contacts avec l'étranger ». Il est condamné à dix ans de prison, sans que le bloc ait été découvert, sans même que tous les gens de son groupe aient été identifiés. I.T. Smilga, qui en était proche, a été prié de déménager et de quitter Moscou [44]. Au cours des mois suivants, Mratchkovsky, qui n'a pas été arrêté, met en circulation, avec P. Pereverzev, une plate-forme politique que Lev Sedov a communiquée à Trotsky, mais dont nous n'avons pas retrouvé le texte dans ses archives [45].

Pendant son voyage à Copenhague, Trotsky est toujours dans l'état d'esprit où il était quand Sedov l'a informé de la constitution du « bloc des oppositions ». Il vient de se consacrer à un travail qu'il destine à une publication clandestine sous forme de brochure en U.R.S.S. [46]. Deux parties sont publiées séparément sous forme d'articles : « L'économie soviétique au seuil du deuxième plan quinquennal », daté du 22 octobre, et « Les staliniens prennent des mesures », à propos de la nouvelle exclusion de Zinoviev et de Kamenev, qui est daté du 19. La nouvelle de la mort de Zinoviev ayant circulé dans la presse, il improvise une oraison funèbre qui impressionne tous les assistants par sa chaleur et parce qu'il y présente Zinoviev plus en ami qu'en renégat [47].

Ce n'est que peu à peu que la vérité s'impose à lui et à Sedov. L'exil de Zinoviev et de Kamenev, la condamnation d'I.N. Smirnov, qui purge sa peine à Souzdal, ont sonné le glas du bloc des oppositions.

Les gens du groupe Slepkov-Rioutine ne quitteront plus la prison, pas plus d'ailleurs qu'I.N. Smirnov et sans doute Jan Sten. Zinoviev et Lominadzé viendront s'humilier au congrès de 1934, dit « des vainqueurs », où Préobrajensky prononce une autocritique de plus, après Zinoviev et Kamenev [48]. Safarov, définitivement brisé en prison et clairement devenu informateur, sera le premier, en tant que témoin à charge au procès de Zinoviev et Kamenev en janvier 1935, à parler publiquement de la naissance et de la décomposition du bloc [49].

La fraction trotskyste a sans doute connu en 1932 une précieuse revanche quand Zinoviev a confié à ses représentants que sa rupture avait été sa « plus grande erreur ». Mais ce sont vraiment ses dernières heures en tant que force organisée. Chabion et Konstantinov sont arrêtés en décembre 1932, sans rapport avec leur activité : on retrouvera le premier, mourant d'un cancer, en déportation à Orenbourg et le second, à Vorkouta, avec Maria Joffé.

En 1933 tombent à leur tour les militants qui ont sans doute été, jusque-là, les hommes clés du réseau de Sedov : N.N. Pereverzev (Pierre), puis Kotcherets (Vetter).

Trotsky n'ignore pas que les dernières chances d'un renversement de la situation en U.R.S.S. avant la guerre, donc de son éventuel retour, viennent de disparaître avec la nouvelle défaite due à la politique de Staline : la victoire de Hitler en Allemagne a refermé la trappe sur les derniers des bolcheviks-léninistes emmurés vivants dans les prisons staliniennes. Sur eux, Sedov, qui connaît bien leur situation, écrit en avril 1934 au secrétariat international :

> « Il faut s'étonner que les bolcheviks russes tiennent encore, car " tenir en U.R.S.S. " maintenant signifie non lutter, non vivre avec une perspective révolutionnaire, mais se sacrifier passivement au nom de l'avenir, au nom de la continuité historique de l'internationalisme révolutionnaire [50]. »

Détruit avec le milieu nourricier des organisations de masse allemandes qui lui ont permis de vivre, le réseau de Sedov ne sera jamais reconstitué. Plus que jamais surtout, après l'embellie de 1932 et l'extinction brutale des derniers espoirs, les restes isolés de la révolution dépérissent en Union soviétique sous la chappe bureaucratique.

Et Sedov de répéter à son tour que c'est du prolétariat occidental que dépend maintenant le sort non seulement de la révolution russe, mais des révolutionnaires en train d'agoniser dans les prisons et les camps staliniens.

CHAPITRE XLV

Cassandre devant Hitler [1]

Les dernières années du séjour de Trotsky à Prinkipo sont dominées par la bataille engagée par l'exilé pour provoquer un redressement de la politique du Parti communiste allemand et de l'Internationale communiste devant la mortelle menace, toujours plus précise, du nazisme et la marche de Hitler au pouvoir.

Pour la deuxième fois dans le siècle commence une bataille qui constitue pour les révolutionnaires l'épreuve de vérité. L'Allemagne est alors toujours le pays capitaliste le plus développé d'Europe. Elle a déjà été ravagée une première fois en 1923 par une terrible inflation qui a bouleversé la société, opposant la masse uniformément paupérisée des travailleurs de toutes catégories à une poignée de magnats. La crise économique et sociale déclenchée en 1929 a déchaîné sur le pays une vague de chômage sans précédent à l'époque : plus de 5 millions de sans-emploi complets officiels en 1932, autant de chômeurs partiels, 2 millions de chômeurs non inscrits. La totalité des jeunes, indépendamment de leur origine sociale, sont sans travail, sans perspective d'emploi avant de longues années. La petite et la moyenne bourgeoisie ne sont pas moins frappées et s'exaspèrent de leur paupérisation, de leur « prolétarisation », et de ce qu'elles considèrent comme « l'humiliation nationale » consécutive à la défaite et à la paix de Versailles.

Trotsky analyse :

> « Dans le langage de la psychologie sociale, cette tendance politique peut être décrite comme une hystérie épidémique de désespoir parmi les classes moyennes : les petits commerçants ruinés, les artisans et les paysans; en partie aussi, les prolétaires en chômage; les employés et les anciens officiers de la Grande Guerre, qui portent encore leurs décorations, mais sans toucher de solde; les employés des bureaux fermés, les comptables des banques en faillite, l'ingénieur sans emploi, le journaliste sans salaire, le médecin dont les clients sont encore malades, mais ne savent comment le payer [2]. »

Apparu pour la première fois au premier plan de l'actualité en Bavière lors de la crise de 1923, le Parti national-socialiste surgit de nouveau avec la crise et progresse de façon foudroyante : de 809 000 voix et 13 députés en 1928, il passe à 6 401 000 voix et 105 députés en 1930, 13 417 000 voix aux élections présidentielles d'avril 1932, 12 732 000 et 280 députés en juillet suivant. Contre Versailles, il fait appel aux sentiments chauvins et revanchards. Disposant de moyens financiers et matériels considérables, d'un noyau d'anciens militaires formés dans la violence guerrière et la brutalité, bénéficiant d'appuis importants dans l'appareil d'État – l'armée qui entrepose ses armes, la police qui laisse filer ses hommes de main –, il exploite le désespoir des classes moyennes, la frustration de la jeunesse, joue adroitement de l'anticapitalisme, alimente l'antisémitisme pour se poser finalement à la fois en apôtre du « socialisme allemand » et en parti de l'ordre face au communisme.

En dehors des déclamations chauvines et démagogiques, la solution préconisée par le national-socialisme – on dit nazisme et aussi, souvent, fascisme par analogie avec l'Italie – est de sortir de la crise d'abord en remettant en cause toutes les conquêtes et institutions ouvrières, ensuite en relançant l'économie par une politique d'armement au terme desquelles se trouvent la guerre et la conquête de nouveaux marchés. Dans l'immédiat, la politique des nazis passe par la destruction du régime parlementaire, incapable d'imposer les mesures radicales qu'elle préconise, et par l'anéantissement du mouvement ouvrier organisé, partis et syndicats, qu'ils soient « révolutionnaires » ou « réformistes ».

La guerre civile des nazis est donc une guerre de classe qu'ils mènent dans le mouvement même de leur lutte pour la conquête du pouvoir, à travers harcèlement et agressions quotidiennes contre les locaux, les permanences, les vendeurs de journaux ouvriers, les assauts et la dispersion violente des réunions publiques, les attaques contre les responsables. Dans cette campagne, tout leur est bon, y compris les rancunes de certains secteurs ouvriers contre les bureaucraties syndicales – les « bonzes », comme disent les ouvriers et les communistes – et les rancœurs soulevées ici ou là par les méthodes des dirigeants communistes.

Social-démocrates et communistes sont menacés au même titre par cette entreprise. Ils ont également en commun de la minimiser. Les social-démocrates, dénonçant, sur le même pied, le danger nazi et de ceux qu'ils appellent par analogie les « kozis » – communistes –, se font les champions de l'État démocratique en pleine décomposition et lui confient la mission d'interdire, voire de réprimer les activités antidémocratiques des « extrémistes », de droite et de gauche.

Les communistes, de leur côté, se sont lancés, depuis le VIe congrès et surtout à partir du Xe plénum de l'exécutif de l'I.C. en juillet 1929, dans l'absurde théorie dite du « social-fascisme ». C'est devant cette dernière instance que Manouilsky, l'homme de Staline dans l'I.C., a assuré que la social-démocratie allait prendre de plus en plus l'initiative de la répression contre la classe ouvrière et « se fascisera ». Il parle même de la « transformation de la social-démocratie en social-fascisme » – dont Béla Kun entreprend aussitôt de démontrer le caractère « nécessaire ». Dans le même temps, les services spécialisés et les groupes de choc du Parti communiste allemand démontrent à chaque occasion que les communistes ne répugnent pas à la violence contre ceux qu'ils dénoncent...

L'analyse selon laquelle il n'y a aucune différence entre la social-démocratie et le fascisme, qui aboutit à la théorie de l'existence d'un « social-fascisme », est aux yeux de Trotsky extrêmement dangereuse. Elle s'oppose en effet radicalement à l'idée – communément acceptée et démontrée par l'évidence des faits –, selon laquelle le « fascisme » est un danger majeur pour l'ensemble du mouvement ouvrier. Elle ouvre aussi la voie à l'autre idée selon laquelle la victoire du fascisme et l'écrasement de la social-démocratie, sa disparition en tant que force politique, deviendraient en quelque sorte la condition de la levée du principal obstacle sur la route vers la victoire du communisme. Tout en rassurant les militants, en leur promettant que le tour des communistes viendra, après Hitler, Manouilsky pontifie : « Dans de nombreux pays hautement développés, le fascisme sera le dernier stade du capitalisme avant la révolution sociale [3]. »

Trotsky, lui, dans son analyse de la situation allemande, insiste beaucoup sur ce qu'il considère comme le plus précieux du capital théorique de l'Internationale communiste, élaboré du temps de Lénine, et que ses successeurs sont en train de fouler aux pieds. Il s'agit en particulier de la politique de lutte pour la constitution, face au nazisme menaçant, d'un front unique ouvrier avec au premier chef les partis socialiste et communiste. Seule une telle unité contre Hitler, souligne-t-il, peut permettre aux travailleurs d'abattre cet adversaire fort de leurs divisions.

Or les dirigeants du parti allemand assurent qu'ils sont partisans d'un tel front unique. Mais ils repoussent par principe tout accord avec les dirigeants du Parti social-démocrate, qu'ils appellent avec mépris le « front unique au sommet », qu'ils jugent opportuniste. Selon eux, le front unique doit se réaliser à la base, c'est-à-dire contre les dirigeants socialistes au départ. Trotsky ironise férocement :

> « Dans l'appel de la *Rote Fahne* (28 janvier), le dernier qui me soit parvenu, on démontre encore une fois qu'il n'est permis de faire le front unique que contre les chefs social-démocrates et sans eux. Pourquoi? Parce que " personne de ceux qui ont vécu l'expérience des dix-huit dernières années et qui ont vu ces ' chefs ' à l'œuvre ne les croira plus ". Et qu'adviendra-t-il, demandons-nous, de ceux qui sont dans la politique depuis moins de dix-huit ans et même depuis moins de dix-huit mois? Depuis le début de la guerre, plusieurs générations politiques se sont élevées qui doivent faire l'expérience de la vieille génération, ne serait-ce qu'à une échelle réduite. " Il sagit précisément – enseignait Lénine aux ultra-gauchistes – de ne pas prendre l'expérience vécue par nous pour celle qu'a vécue la classe, qu'ont vécue les masses [4]. " »

La politique qu'il préconise, c'est de s'adresser aux ouvriers social-démocrates et de leur dire :

> « Puisque vous acceptez d'une part de lutter en commun avec nous et que, d'autre part, vous ne voulez pas rompre avec vos chefs, nous vous proposons : obligez-les à commencer une lutte commune avec nous pour tels ou tels buts pratiques par telles ou telles voies; quant à nous, communistes, nous sommes prêts. »

Il ajoute :

> « Que peut-il y avoir de plus simple, de plus clair et de plus convaincant? C'est précisément dans ce sens que j'écrivis – avec l'intention préméditée de provoquer le sincère effroi ou la feinte indignation des imbéciles et des charlatans – que, dans la lutte contre le fascisme, nous sommes prêts à passer des accords pratiques avec le diable, avec sa grand-mère et même avec Noske et Zörgiebel [5] *. »

Rappelant qu'en Allemagne, des millions d'ouvriers votent pour la social-démocratie et tolèrent la bureaucratie réformiste des syndicats, il revient sur le passé de l'Internationale pour caractériser ceux qui combattent contre une politique de « front unique ». Sa critique est ravageuse. Il écrit :

> « De fait, sous cette crainte que l'on prétend " révolutionnaire ", du " rapprochement " (avec les socialistes), se dissimule au fond une passivité politique qui tend à conserver un état de choses dans lequel les communistes, comme les réformistes, ont chacun leur cercle d'influence, leurs auditoires, leur presse et dans lequel cela suffit à donner aux uns et aux autres l'illusion d'une lutte politique sérieuse. Dans la lutte contre le front unique, nous voyons une tendance passive et indécise de l'intransigeance verbale masquée [...] [6]. »

Il explique :

> « Le Parti communiste compte dans cette lutte avec l'état réel de la classe ouvrière à chaque moment donné : il s'adresse non seulement aux masses, mais aussi aux organisations dont la direction est reconnue par les masses : il confronte aux yeux des masses les organisations réformistes avec les tâches réelles de la lutte de classes. En révélant effectivement que ce n'est pas le sectarisme du Parti communiste, mais le sabotage conscient de la social-démocratie qui sape le travail commun, la politique du front unique accélère le développement révolutionnaire de la classe. Il est évident que ces idées ne peuvent en aucun cas vieillir [7]. »

Ce n'est pas le premier combat qu'il livre pour défendre, contre le stalinisme, ce qu'il considère comme les acquis de l'Internationale communiste en ses premiers congrès : ceux qu'ils clouent ainsi au

* Karl Friedrich Zörgiebel (1878-1961) préfet de police de Berlin, social-démocrate, avait fait tirer sur les ouvriers communistes qui manifestaient le 1er mai 1929 malgré son interdiction, et en avait fait tuer 33. Gustav Noske était le ministre de la Guerre qui avait réprimé en 1919 le « soulèvement de Janvier » et présidé à la « semaine sanglante » au moyen des corps francs qu'il avait organisés.

pilori considèrent pourtant ses arguments, inspirés par la haine de leurs dirigeants ou la « pression de la social-démocratie » et de « l'impérialisme », comme nul et non avenus.

***

Pour Trotsky, dont on connaît l'analyse de l'époque de l'impérialisme, c'est la révolution allemande qui est mise à l'ordre du jour de l'histoire en même temps que la contre-révolution incarnée par le nazisme. La crise de ce pays capitaliste avancé pose une fois de plus l'alternative déjà proclamée par la guerre mondiale : socialisme ou barbarie. Face aux nazis, porteurs en définitive de la solution du grand capital et incarnation de la barbarie, les communistes ont la possibilité, en entraînant dans des actions communes de défense et de front unique les organisations social-démocrates, de devenir les dirigeants reconnus des masses et d'avancer vers le socialisme.

Le parti communiste allemand est sans doute le plus important numériquement à cette époque en dehors du P.C. de l'Union soviétique, mais il est loin d'être le plus sain et le plus solide. Un régime interne autocratique, les zigzags de sa politique ont contribué déjà à écarter de lui les éléments ouvriers les plus solides et les plus capables d'un travail militant systématique. L'application à l'Allemagne de la ligne de la « troisième période » a aggravé cette situation. Le K.P.D. est un parti de tout jeunes gens et de chômeurs, un parti de marginaux, de révoltés plus que de révolutionnaires comme le note Simone Weil, en tout cas un parti-passoire qui se renouvelle constamment. Sa politique de création de « syndicats rouges » a contribué aussi à le couper des travailleurs dans les entreprises. Le parti social-démocrate est, aux yeux de ses membres, moins un parti de frères de classe égarés qu'un parti ennemi, un adversaire de classe : ses dirigeants, d'ailleurs, savent mettre opportunément l'accent sur le sang qui les sépare – depuis l'assassinat de Liebknecht et de Rosa Luxemburg en janvier 1919 jusqu'aux fusillades de Berlin le 1er mai 1929 sur l'ordre du préfet social-démocrate Zörgiebel. Toutes ces conditions font que les membres du parti ne tenteront guère de résister à la théorie du « social-fascisme ».

Toute la politique du Parti communiste allemand, le K.P.D., est donc axée, conformément aux directives de Moscou, sur une violente dénonciation permanente des dirigeants social-démocrates : ces derniers disposent ainsi en permanence, vis-à-vis de leurs troupes, d'un alibi de poids pour interdire toute action commune avec leurs « insulteurs ». Simultanément, le Parti communiste se livre avec le Parti nazi à une véritable surenchère sur le terrain de sa politique, menant grand bruit autour du mot d'ordre commun de « libération nationale » ou reprenant à son compte le mot d'ordre nazi de « révolution populaire ». Adversaire farouche des socialistes, il en arrive à se comporter souvent comme un allié de fait du Parti nazi tant par sa politique générale que par certaines de ses violences contre militants ou réunions socialistes ou oppositionnels.

Le premier éclat spectaculaire en ce sens a lieu lors du référendum organisé le 8 août 1931 en Prusse à la demande des nazis qui veulent obtenir la révocation du gouvernement social-démocrate de minorité et font de cette consultation le « plébiscite brun ». Le K.P.D. appelle, lui aussi, à voter pour le départ du gouvernement social-démocrate, mais parle, lui, de... « plébiscite rouge »! En juillet, lors du XIe plénum de l'exécutif, Manouilsky avait présenté ce qu'il appelait une justification « théorique » de cette politique en s'inscrivant en faux contre le « mensonge social-démocrate » selon lequel le fascisme serait l'ennemi principal de la classe ouvrière.

En 1932, le K.P.D. recueille 5 277 000 voix et 100 députés, la moitié de ce qu'ont obtenu les nazis. Il dissout ses groupes de combattants qui, les années précédentes, affrontaient dans la rue les groupes nazis armés. Le XIIe plénum soutient la nécessité de diriger d'abord les coups contre la social-démocratie. En novembre 1932, du fait de leur politique anti-social-démocratie, les communistes se font déposséder par les nazis de la direction d'une grève des transports déclenchée à Berlin contre la volonté des « bonzes » social-démocrates, et un de leurs dirigeants assure que les communistes se rapprochent tous les jours de leur objectif, « la conquête de la classe ouvrière »...

***

Trotsky aborde la question de l'Allemagne à Prinkipo pour la première fois après les élections au Reichstag de 1930. Après avoir relevé que les hésitations de la grande bourgeoisie sont « le symptôme le plus manifeste d'une situation prérévolutionnaire », il rappelle qu'une des conditions pour qu'une crise sociale débouche sur la révolution prolétarienne est que les couches de la petite bourgeoisie basculent vers la classe ouvrière. Or cette condition n'est pas réalisée : au contraire, la croissance gigantesque des nazis démontre que la masse petite-bourgeoise a été gagnée par « le désespoir contre-révolutionnaire ». A la base de ce phénomène, il y a bien sûr l'expérience directe de ces couches opprimées, mais aussi le fait que le gros des travailleurs qui votent encore pour la social-démocratie le font par une méfiance justifiée à l'égard des communistes, ce qui exprime l'énorme différence entre cette situation et celle de la Russie en 1917.

> « Nous sommes ainsi devant une situation profondément contradictoire. Certaines de ses composantes mettent à l'ordre du jour la révolution prolétarienne; mais d'autres excluent toute possibilité de victoire dans une période très proche, car elles impliquent une profonde modification préalable du rapport des forces politiques [8]. »

On ne s'étonnera donc pas de le voir inscrire au nombre des conditions « la question de vie ou de mort » du « changement de régime du parti » allemand pour « l'arracher à sa prison bureaucratique ». Quant à la formule générale, elle est, selon lui, dans l'adoption d'une politique défensive de « rapprochement avec la majorité de la classe ouvrière allemande et de front unique avec les ouvriers social-démocrates et sans-parti contre le danger fasciste ».

Il s'exprime à nouveau avec insistance sur l'Allemagne à partir de l'été 1931. Immédiatement après le référendum en Prusse, alors que Well et Sénine sont en visite à Prinkipo, il écrit deux articles dont l'un est dirigé contre la politique du K.P.D. sous le titre « Contre le national-communisme (Leçons du référendum rouge) [9] ». Il y pose la question du front unique, tout en soulignant l'échec de la politique du K.P.D. qui, dans certains secteurs ouvriers, a obtenu, avec les nazis, moins de voix au référendum qu'il n'en avait eu tout seul aux élections précédentes. Il assure que c'est une sanction sévère, mais juste pour cette politique de « front unique avec le fascisme ».

Il revient sur la question en septembre, dans un article intitulé « La Clé de la situation internationale se trouve en Allemagne [10] ». Après une rapide revue de la situation mondiale, il explique que l'issue de la crise allemande « règlera pour de très nombreuses années le destin de l'Allemagne [...], de l'Europe et du monde entier ». Pour lui, par la faute de Moscou qui veut attendre et faire traîner les choses en Allemagne du fait de ses propres difficultés internes, l'attitude de l'I.C. est devenue une politique « de panique et de capitulation ». Il argumente :

> « La victoire des fascistes, que l'on déclarait impensable il y a un an, est considérée aujourd'hui comme déjà assurée. Un quelconque Kuusinen, conseillé dans les coulisses par un quelconque Radek, prépare pour Staline une formule stratégique : reculer en temps opportun, retirer les troupes révolutionnaires de la ligne de feu, tendre un piège aux fascistes sous la forme... du pouvoir gouvernemental.
>
> « Si cette théorie était définitivement adoptée [...], ce serait, de la part de l'Internationale communiste, une trahison d'une ampleur historique au moins égale à celle de la social-démocratie le 4 août 1914 – avec des conséquences plus effroyables encore [11]. »

Il entreprend donc de « sonner l'alarme » devant le danger de cette gigantesque catastrophe :

> « L'arrivée au pouvoir des nationaux-socialistes signifierait avant tout l'extermination de l'élite du prolétariat allemand, la destruction de ses organisations, la perte de confiance en ses propres forces et en son propre avenir. [...] Dans l'immédiat, dans les dix ou vingt prochaines années, la victoire du fascisme en Allemagne provoquerait une coupure dans l'héritage révolutionnaire, le naufrage de l'Internationale communiste, le triomphe de l'impérialisme mondial sous ses formes les plus odieuses et les plus sanguinaires. La victoire du fascisme impliquerait forcément une guerre contre l'U.R.S.S. [...], un isolement terrible et une lutte à mort dans les conditions les plus pénibles et les plus dangereuses [12]. »

Devant le danger, il en appelle aux prolétaires du monde entier et même aux soldats et officiers de l'Armée rouge :

> « Le devoir révolutionnaire élémentaire du Parti communiste allemand l'oblige à dire : le fascisme ne peut arriver au pouvoir que par une guerre

civile à mort, impitoyable et destructrice. Les ouvriers social-démocrates, sans parti, le prolétariat dans son ensemble doivent le comprendre. Le prolétariat mondial doit le comprendre. L'Armée rouge doit le comprendre à l'avance [13]. »

La victoire est possible. Le prolétariat a la « supériorité sociale et militante »; le découragement, l'abattement, la résignation sont le résultat des hésitations des chefs et disparaîtront dès que le parti « élèvera sa voix avec assurance, fermeté et clarté ». Et ce sont les convictions de toute sa vie que Trotsky engage, pour convaincre :

« Pour l'instant, le fascisme n'est pas encore au pouvoir en Allemagne. Il doit le conquérir en affrontant le prolétariat. Est-il possible que le parti communiste mette en avant dans ce combat des cadres inférieurs à ceux du fascisme? Et peut-on admettre même un instant que les ouvriers allemands, qui détiennent les puissants moyens de production et de transport, qui, de par leurs conditions de travail, forment l'armée du fer, du charbon, du rail, de l'électricité, ne prouveront pas au moment décisif leur immense supériorité sur la poussière humaine de Hitler [14]? »

A destination de l'U.R.S.S. où il compte toujours, à ce moment-là, sur l'existence du bloc des oppositions et des changements à court terme, il poursuit :

« Tout ouvrier révolutionnaire doit considérer comme un axiome l'affirmation suivante : la tentative des fascistes pour s'emparer du pouvoir en Allemagne doit entraîner une mobilisation de l'Armée rouge. Pour l'État prolétarien, il s'agira d'autodéfense prolétarienne au sens plein du terme. L'Allemagne n'est pas seulement l'Allemagne. Elle est le cœur de l'Europe. Hitler n'est pas seulement Hitler. Il peut devenir un super-Wrangel. Mais l'Armée rouge n'est pas seulement l'Armée rouge. Elle est l'instrument de la révolution prolétarienne mondiale [15]. »

Au printemps de 1932, dans un article destiné au public américain, mais, derrière lui, aux responsables soviétiques, il démontre le caractère inéluctable d'une attaque allemande contre l'Union soviétique. Pour une fois – et c'est, semble-t-il, un exemple unique –, il indique ce qu'il ferait « à la place » du gouvernement soviétique :

« A sa place, dès que j'apprendrais télégraphiquement cet événement, je signerais un ordre de mobilisation de quelques classes. Lorsqu'on se trouve en face d'un ennemi mortel et lorsque la guerre résulte nécessairement de la logique de la situation de fait, il serait d'une impardonnable légèreté de donner à cet ennemi le temps de s'établir et de se renforcer, de conclure ses alliances, de recevoir les secours nécessaires, d'élaborer un plan d'attaque militaire de toute part – non seulement de l'ouest, mais aussi de l'est – et de laisser ainsi grandir un énorme danger. [...] Quel que soit celui des deux qui prenne formellement l'initiative, c'est peu important; une guerre entre un État hitlérien et l'État soviétique serait inévitable, et ce à brève échéance. Les conséquences en seraient incalculables [16]. »

*
* *

C'est alors que Trotsky s'engage dans une fantastique campagne qui constitue peut-être l'épisode le plus étincelant de sa vie de publiciste et, en tout cas, le plus digne de passer à la postérité. De son bureau de Prinkipo, armé des journaux qui lui arrivent d'Allemagne et du monde entier, des coupures de presse que lui adressent ses camarades, des centaines de lettres qu'il reçoit d'hommes et de femmes connus ou inconnus, il entreprend un combat inégal et fascinant contre les forces politiques et les appareils qui semblent dominer de toute leur puissance matérielle sa frêle silhouette d'exilé solitaire : le national-socialisme de Hitler et ses alliés des partis bourgeois qui pavent sa route, le Parti social-démocrate allemand et les partis socialistes du monde, engagés dans une politique de soutien d'un régime parlementaire en train de se décomposer, le Parti communiste allemand et l'Internationale communiste qui tentent de couvrir leurs propres traces en l'injuriant quotidiennement et, derrière tout ce monde, les dirigeants de l'Union soviétique et Staline en personne.

Il mène ce combat par la plume, sous toutes les formes : lettres personnelles, interviews à la presse, articles, brefs ou longs, brochures plus ou moins volumineuses, lettres ouvertes à des destinataires réels ou imaginaires. Certains de ces textes sont peut-être moins importants que d'autres, mais tous traduisent le même effort, la même bataille, la même tension pour le même objectif, celui de convaincre de la réalité mondiale du danger qui menace et des moyens de le conjurer.

Qui Trotsky cherche-t-il à convaincre? Le décalage ici est immense entre la dimension de ses écrits et le caractère restreint, pour ne pas dire mineur, des forces politiques qui le soutiennent, quelques centaines de membres et sympathisants de l'opposition de gauche unifiée allemande en crise permanente, étouffée par les infiltrations du G.P.U. Les militants diffusent ses écrits*, mais sont incapables de capitaliser en termes d'organisation l'intérêt, voire la sympathie qu'ils éveillent à une échelle qui dépasse totalement leurs moyens matériels.

C'est probablement ce qui donne son caractère titanesque à l'entreprise de cet homme seul ou presque seul. Ce sont les travailleurs, par millions, ce sont leurs cadres, par centaines de milliers, qu'il s'efforce de convaincre, par sa plume, en Union soviétique et en Europe, en Allemagne et en Amérique. Il le fait sans jamais se départir de son

* Selon une note de Grylewicz citée par Annegret Schüle, *Ziele und politische Aktivitäten der deutschen Opposition*, Köln, 1987, pp. 87-88, un très intéressant travail reçu après la rédaction de ce chapitre, la brochure *Contre le national-communisme*, publiée à la fin de septembre 1931, fut diffusée à 15 000 exemplaires, *Le Fascisme vaincra-t-il? (La Clé de la situation se trouve en Allemagne)*, au début de décembre 1931, et *Comment vaincre le national-socialisme*, à la fin du même mois à 31 500 exemplaires. En trois mois, *Et Maintenant?* avait atteint 15 000 exemplaires. Les témoins s'accordent pour admettre que chaque brochure avait plusieurs lecteurs, parfois jusqu'à une dizaine, dans le contexte de la crise.

sens de l'humour ni de sa plume assassine, comme quand il répond à l'accusation de *Die rote Fahne* d'avoir conclu un « front unique » avec la presse social-démocrate qui le cite :

> « O sages stratèges! Vous affirmez que nous avons formé un " front unique " avec Wels et Severing? Uniquement dans la mesure où vous avez, vous, formé un front unique avec Hitler et ses bandes ultra-réactionnaires. Et avec la différence qu'il s'agissait, dans votre cas, d'une action politique commune alors que, pour nous, cela s'est résumé à l'utilisation équivoque par l'adversaire de quelques citations de nos articles [17]. »

Dans l'ensemble pourtant, c'est le plus souvent aux ouvriers communistes qu'il s'adresse; c'est eux qu'il s'efforce de convaincre qu'ils tiennent dans une large mesure entre leurs mains le destin de l'humanité pour de longues années, car c'est d'un tournant et d'un redressement de la politique de leur parti que dépend en dernière analyse la victoire de la révolution ou celle de la contre-révolution nazie :

> « Ouvriers communistes, vous êtes des centaines de milliers, des millions, vous n'avez nulle part où aller, il n'y aura pas assez de passeports pour vous. Si le fascisme arrive au pouvoir, il passera sur vos crânes et vos échines comme un effroyable tank! Le salut ne se trouve que dans un combat sans merci. Seul le rapprochement dans la lutte avec les ouvriers social-démocrates peut apporter la victoire. Dépêchez-vous, ouvriers communistes, car il ne vous reste pas beaucoup de temps [18]! »

Il est évidemment impossible, dans le cadre de ce chapitre, de résumer ne fût-ce que les plus importantes des analyses consacrées par Trotsky pendant les deux années décisives à la situation en Allemagne et aux conditions de la victoire ouvrière. Nous nous contenterons d'indiquer ici les thèmes sur lesquels il mène cette bataille.

Bien entendu, selon sa méthode habituelle, il s'appuie sur l'histoire récente. Il explique longuement la façon dont l'Internationale communiste en est venue, entre le IIIe et le IVe congrès, à définir la politique du « front unique ouvrier » et les critiques et oppositions auxquelles elle s'est heurtée. Il cite longuement sa propre intervention devant l'exécutif de l'Internationale communiste en 1926, immédiatement après le coup d'État de Pilsudski en Pologne. Surtout, il revient à plusieurs reprises sur l'expérience même de la révolution russe, le coup d'État de Kornilov et l'engagement des bolcheviks, pour résister à son coup d'État contre-révolutionnaire aux côtés du gouvernement de Kerensky et de ses soutiens, mencheviks et socialistes-révolutionnaires. Il le dit et le répète : les bolcheviks n'ont pas établi une hiérarchie des valeurs entre Kornilov et Kerensky, distingué entre eux celui qui était « le moindre mal » ou dont ils se sentaient plus proches ou moins éloignés. Ils ont simplement, en fonction d'une analyse concrète, établi une hiérarchie des urgences et décidé d'anéantir d'abord Kornilov pour « présenter la note » ensuite à Kerensky – ce qui fut fait.

Il concentre pourtant son argumentation sur la question du « social-fascisme » ou, autrement dit, des rapports entre fascisme et social-démocratie, voire fascisme et démocratie tout court. Il établit dans un premier temps leurs différences. La social-démocratie, plus exactement la bureaucratie social-démocrate qui dirige partis et syndicats, est à ses yeux la partie la plus décomposée de l'Europe capitaliste pourrissante. Née avec l'objectif de renverser la domination de la bourgeoisie, elle a commencé à renoncer à la révolution, d'abord dans les faits, puis en paroles. Elle est aujourd'hui selon lui en train d'essayer de sauver la société bourgeoise en renonçant aux réformes. Mais elle est en fait devenue tout à fait insuffisante, et même gênante, pour la classe dominante, et c'est précisément à ce point qu'intervient le fascisme. Trotsky écrit :

> « Le fascisme n'est pas seulement un système de répression, de violence et de terreur policière. Le fascisme est un système d'État particulier fondé sur l'extirpation de tous les éléments de démocratie prolétarienne dans la société bourgeoise. La tâche du fascisme n'est pas seulement d'écraser l'avant-garde communiste, mais aussi de maintenir toute la classe dans une situation d'atomisation forcée. Pour cela, il ne suffit pas d'exterminer physiquement la couche la plus révolutionnaire des ouvriers. Il lui faut écraser toutes les organisations libres et indépendantes, détruire toutes les bases d'appui du prolétariat et anéantir les résultats de trois quarts de siècle de travail de la social-démocratie et des syndicats [19]. »

Il ne dissimule pas un instant la responsabilité indiscutable à ses yeux de la social-démocratie dans la montée du fascisme mais ajoute que cela ne permet nullement de les identifier. Il résume :

> « Dans la lutte contre la social-démocratie, les communistes allemands doivent s'appuyer à l'étape actuelle sur deux positions distinctes : a) la responsabilité politique de la social-démocratie en ce qui concerne la puissance du fascisme, b) l'incompatibilité absolue qui existe entre le fascisme et les organisations ouvrières sur lesquelles s'appuie la social-démocratie [20]. »

C'est autour du deuxième aspect qu'il argumente le plus, expliquant :

> « La social-démocratie, aujourd'hui principale représentante du régime parlementaire bourgeois, s'appuie sur les ouvriers. Le fascisme s'appuie sur la petite bourgeoisie. La social-démocratie ne peut avoir d'influence sans organisation ouvrière de masse. Le fascisme ne peut instaurer son pouvoir qu'une fois les organisations ouvrières détruites. Le parlement est l'arène principale de la social-démocratie. Le système fasciste est fondé sur la destruction du parlementarisme. Pour la bourgeoisie monopoliste, les régimes parlementaire et fasciste ne sont que les différents instruments de sa domination : elle a recours à l'un ou à l'autre selon les conditions historiques. Mais pour la social-démocratie comme pour le

> fascisme, le choix de l'un et de l'autre instrument a une signification indépendante, bien plus, c'est pour eux une question de vie ou de mort politique [21]. »

Trotsky ironise sur les définitions prétendument « théoriques » de Staline sur le « social-fascisme » mais, au-delà d'une affirmation d'un dirigeant du K.P.D., Werner Hirsch, sur un passage de la démocratie au fascisme comme un « processus organique [...] progressivement et à froid [22] », met le doigt sur le fait que cela « présuppose la plus effroyable capitulation politique du prolétariat qui soit imaginable [23] ».

Or Trotsky souligne que le conflit entre la social-démocratie, avec toutes ses contradictions, et le fascisme, en train d'apparaître, offre aux communistes la possibilité d'intervenir et de gagner les ouvriers restés dans le parti social-démocrate en leur permettant de faire, dans la lutte, l'expérience de leur organisation et de leurs dirigeants. Or il n'y aura bataille que s'il est possible d'opposer aux nazis un front unique des organisations ouvrières. Parce que les ouvriers socialistes ne commenceront à bouger que s'ils font l'expérience de leur organisation dans le combat uni. Il n'y a pas là la moindre caution ni le moindre soutien politique à la social-démocratie. Trotsky donne, dans les lignes qui suivent, la définition du front unique tel qu'il a été conçu par l'Internationale communiste du temps de Lénine :

> « Aucune plate-forme commune avec la social-démocratie ou les dirigeants des syndicats allemands, aucune publication, aucun drapeau, aucune affiche commune! Marcher séparément, frapper ensemble! Se mettre d'accord uniquement sur la manière de frapper, sur qui et quand frapper! On peut se mettre d'accord sur ce point avec le diable, sa grand-mère et même avec Noske et Grzesinski. A la seule condition de ne pas se lier les mains [24]. »

A ceux qui reculent devant le caractère contradictoire des éléments de son analyse concrète, il rappelle, avec un éclat de rire qu'on croit deviner sous sa plume, les exemples que « la dialectique révolutionnaire » a depuis longtemps donnés dans des domaines divers :

> « Combinaison de la lutte pour le pouvoir et de la lutte pour les réformes; indépendance complète du parti, mais unité des syndicats; lutte contre le régime bourgeois, tout en utilisant ses institutions; critique implacable du parlementarisme du haut de la tribune parlementaire; lutte sans pitié contre le réformisme tout en concluant avec eux des accords pratiques pour des tâches partielles [25]. »

Reprenant l'ensemble des problèmes posés en septembre 1932 et s'efforçant de définir le rôle joué par le parti allemand, il écrit :

> « La situation en Allemagne est comme spécialement créée pour permettre au parti communiste de conquérir en peu de temps la majorité des

ouvriers [...]. Au lieu de cela il s'est donné une tactique que l'on peut résumer : ne donner au prolétariat allemand la possibilité ni de mener des luttes économiques, ni d'opposer une résistance au fascisme, ni de saisir l'arme de la grève générale, ni non plus de créer des soviets, avant que l'ensemble du prolétariat ait reconnu d'avance le rôle dirigeant du parti communiste. La tâche politique devient un ultimatum [26]. »

A la question de l'origine de cette politique, il répond avec une totale netteté :

« La réponse nous est donnée par la politique de la fraction stalinienne dans l'Union soviétique. Là, l'appareil a transformé la direction politique en un commandement administratif. En ne permettant aux ouvriers ni de discuter, ni de critiquer, ni d'élire, la bureaucratie stalinienne ne leur parle pas autrement que dans le langage de l'ultimatum. La politique de Thälmann est une tentative de traduire le stalinisme en mauvais allemand. La différence consiste cependant en ceci que la bureaucratie de l'U.R.S.S. dispose pour sa politique de commandement de la puissance d'État qu'elle a reçue des mains de la révolution d'Octobre. Par contre, Thälmann ne possède, pour donner force à son ultimatum, que l'autorité formelle de l'Union soviétique. C'est une grande source d'aide morale, mais, dans les conditions données, elle ne permet que de fermer la bouche aux ouvriers communistes, pas de gagner les ouvriers social-démocrates. Et c'est à cette dernière tâche que se réduit maintenant le problème de la révolution allemande [27]. »

Le parti allemand peut-il se libérer de la tutelle de Staline? Trotsky assure que, s'il disposait de la liberté d'action indispensable, il se serait déjà tourné vers les solutions qu'il préconise lui-même. La dictature personnelle de Staline semble certes approcher de son déclin et des centaines de fissures laissent prévoir que la liquidation du despotisme bureaucratique va coïncider avec l'épanouissement du système soviétique.

« Mais c'est précisément dans sa dernière période que la bureaucratie stalinienne est capable de faire le plus de mal. La question de son prestige est devenue pour elle la question militaire centrale. [...] Le régime plébiscitaire [...] peut-il admettre la reconnaissance des erreurs commises en 1931-1932? Peut-il renoncer à la théorie du social-fascisme? Peut-il désavouer Staline qui a résumé le fond du problème allemand dans la formule suivante : que les fascistes arrivent au pouvoir d'abord, notre tour viendra ensuite [28]? »

Sa conclusion sur ce point est que le problème du régime stalinien et celui de la révolution allemande sont indissolublement liés. La victoire de la révolution allemande effacerait le stalinisme, mais ce dernier risque d'empêcher cette victoire! Dans la brochure *La seule Voie*, il insiste sur le fait que le parti doit redevenir un vrai parti, car « une politique juste exige un régime sain ». Il met en avant le double mot d'ordre de congrès extraordinaire du parti et de l'Internationale communiste. A ceux qui assurent emphatiquement que le parti ne peut se payer le luxe d'une discussion, il rappelle l'autorité dont jouissait en 1917, en Russie, la direction du parti bolchevique, alors que l'ensemble du parti débattait avec passion de la question qui coupait en deux le comité central, celle de l'insurrection – et que c'est dans cette discussion seulement que se forma la certitude générale de justesse de la politique qui permit la victoire. Il s'efforce d'évaluer les chances d'un redressement du K.P.D. :

> « Quel cours les choses prendront-elles en Allemagne? La petite roue de l'opposition réussira-t-elle à faire tourner à temps la grande roue du parti [29]? »

Il comprend et admet le scepticisme de nombre de militants sur ce point, car l'opposition est faible et ses cadres inexpérimentés. Cependant, il est sûr que « les leçons des événements sont plus fortes que la bureaucratie stalinienne » et que la fraction de l'opposition organisée avec ses propres cadres, fait de son mieux pour aider l'avant-garde communiste à élaborer la ligne juste. Il conclut :

> « Le parti révolutionnaire commence avec une idée, un programme qui se dresse contre les plus puissants appareils de la société de classe. Ce ne sont pas les cadres qui créent l'idée, mais l'idée qui crée les cadres. La peur devant la puissance de l'appareil est un des traits typiques de cet opportunisme particulier que cultive la bureaucratie stalinienne. La critique marxiste est plus forte que n'importe quel appareil [30]. »

Il ne nie pas la lenteur des progrès de l'opposition qu'il explique par des circonstances exceptionnelles tout en disant sa certitude qu'il se trouve dans le parti communiste « beaucoup d'oppositionnels incomplets, effrayés ou cachés ». Envisageant la possibilité que ces progrès ne soient pas suffisants pour transformer à temps la situation allemande, il écrit :

> « Pour la formation d'un nouveau parti, il faut, d'une part, de grands événements historiques qui auraient brisé l'épine dorsale du vieux parti, d'autre part une position de principe élaborée sur la base des événements et des cadres éprouvés.
>
> « Tout en luttant de toutes nos forces pour la renaissance de l'Internationale communiste et la continuité de son développement ultérieur, nous ne sommes nullement enclins au fétichisme purement formel. Le sort de la révolution prolétarienne mondiale est pour nous au-dessus du sort organisationnel de l'Internationale communiste. Si la pire variante se réalisait, si, malgré tous nos efforts, les partis officiels d'aujourd'hui étaient menés à l'écroulement par la bureaucratie stalinienne, si cela voulait dire dans un certain sens qu'il faille recommencer de nouveau, alors la Nouvelle Internationale ferait descendre sa généalogie des idées et des cadres de l'Opposition communiste de gauche [31]. »

Pressentant peut-être l'imminence d'une catastrophe contre laquelle il s'était bien battu et de toute la force de son génie, il prend de la hauteur par rapport au coup que cette épouvantable défaite lui portera inévitablement :

> « Les critères courts de " pessimisme " et d' "optimisme " ne sont pas applicables au travail que nous poursuivons. Il est au-dessus des étapes particulières, des défaites et des victoires partielles. Notre politique est une politique à long terme [32]. »

Hitler devient chancelier du Reich le 30 janvier, à la tête d'un gouvernement où les nazis sont encore en minorité parmi les représentants des partis de droite. Quelques jours plus tard, Lev Sedov lui donne de la réalité politique allemande une description assez noire :

> « Ce que nous vivons ressemble à une reddition de la classe ouvrière au fascisme. [...] Au sommet, désorientation, personne ne sait que faire; à la base, pas de foi dans nos propres forces. [...] Je crois que nous entrons maintenant dans les journées et semaines décisives. Si une action vigoureuse de la classe ouvrière – qui, dans son développement, ne peut pas être autre chose que la révolution prolétarienne – ne se produit pas *maintenant,* une effroyable défaite est inévitable. Cette action n'est pas encore exclue, mais, à mon avis, elle n'est plus très vraisemblable [33]. »

Le 5 février 1933 – nous ignorons s'il a reçu cette lettre de Sedov – Trotsky commente l'arrivée de Hitler au pouvoir qui correspond selon lui à un double objectif de redorer à droite la « camarilla » des propriétaires de l'entourage de Hindenburg et de mettre les forces nazies au service des possédants. Il ajoute :

> « L'arrivée de Hitler au pouvoir est, sans aucun doute, un coup terrible pour la classe ouvrière. Mais ce n'est pas encore une défaite définitive et irrémédiable. L'ennemi que l'on pouvait abattre quand il cherchait encore à se hisser au pouvoir, occupe aujourd'hui toute une série de postes de commande. C'est pour lui un avantage considérable, mais la bataille n'a pas encore eu lieu. Occuper des positions avantageuses n'est pas en soi décisif. C'est la force vivante qui tranche. [...] Du gouvernement qui a à sa tête un chancelier fasciste à la victoire complète du fascisme, il y a encore pas mal de chemin. Cela signifie que le camp de la révolution dispose encore d'un certain laps de temps. Combien? Il est impossible de l'évaluer à l'avance. On ne peut le mesurer qu'au combat [34]. »

Un tournant est-il possible? Trotsky rappelle que plus la lutte est aiguë, plus elle est proche du dénouement, plus la clé de la situation peut se trouver dans les mains d'un parti et de sa direction. Personne ne peut dire si la direction du K.P.D. est capable de résister à la pression qui s'exerce certainement sur elle. Trotsky n'exclut pas la possibilité d'un mouvement de masses spontané, mais qui ne règlerait pas la question de l'attitude que prendrait à son égard le parti communiste. De toute façon, il faut appeler, juge-t-il, à une défense active qui peut encore et doit être le point de départ du front unique en direction de la social-démocratie.

C'est son dernier texte avant la catastrophe. Il signera le 23 février 1933 un texte en forme de discussion avec un ouvrier social-démocrate. Il la termine en posant brutalement ce qu'il pense être le problème de fond :

> « Pour faire apparaître plus clairement la signification historique des décisions et des actions du parti dans les jours et les semaines qui viennent, il faut, à mon avis, poser le problème devant les communistes sans la moindre concession, au contraire dans toute son âpreté : le refus par le parti du front unique, le refus de créer des comités locaux de défense, c'est-à-dire les soviets de demain, est la preuve de la capitulation du parti devant le fascisme, c'est-à-dire un crime historique, équivalent à la liquidation du Parti et de l'Internationale communiste. Si une telle catastrophe se produit, le prolétariat passera par-dessus des montagnes de cadavres, à travers des années de souffrances et de malheurs infinis, pour arriver à la IVe Internationale [35]. »

On sait qu'avec l'incendie du Reichstag, sans attendre le déroulement des élections, Hitler avait frappé le mouvement ouvrier qui s'écroula sans résistance, en quelques heures. Les autres partis suivraient. Le lecteur de Trotsky en 1988 ne peut pas ne pas être frappé de la contradiction entre sa vision pénétrante en ce qui concerne le déroulement de l'Histoire et sa persistance dans l'erreur qu'il commet sur les délais, lorsqu'il parle de la « dernière période », déjà commencée, de la domination de la bureaucratie stalinienne, ou lorsqu'il explique que l' « idée crée les cadres », comme s'il était possible, dans les semaines dont il dispose, de créer et de former les cadres en question. Nous retrouverons pendant des années encore chez lui cette difficulté à apprécier les rythmes qui n'est certainement pas une faiblesse personnelle.

Il reste que la tentative de « redressement » de la politique du P.C. allemand avait finalement échoué et que l' « effroyable catastrophe » que Trotsky avait essayé d'empêcher, s'était finalement produite : avec la défaite sans combat du prolétariat allemand, la victoire de la contre-révolution en Allemagne donnait corps à la menace de la « peste brune » s'étendant sur l'Europe entière.

L'histoire venait de faire un bond en arrière.

CHAPITRE XLVI

Le 4 août du stalinisme [1]

Celui qui voudrait écrire aujourd'hui l'histoire du dernier mois d'existence du Parti communiste allemand entre l'arrivée de Hitler au pouvoir et l'incendie du Reichstag, aurait intérêt à se tourner vers les archives de Trotsky où il trouverait lettres, témoignages, comptes rendus adressés à l'exilé par des militants connus ou inconnus de lui.

Il se dégage avant tout de cette correspondance l'image d'un parti profondément démoralisé et même, au sens propre, décomposé. Le 12 février, Lev Sedov écrit à son père en lui donnant des informations terriblement significatives sur le nombre élevé de trésoriers partis avec la caisse et le nombre croissant de militants qui ne répondent plus aux exercices d'alerte [2].

Les premiers jours de la répression, à partir du 1er mars, révèlent des traits plus tragiques encore. L'effondrement rapide de la direction du parti fait apparaître l'extrême fragilité de l'appareil et particulièrement de son secteur qui devrait être le plus solidement trempé, celui du travail « illégal », ainsi que la médiocrité des apparatchiki proches de la direction, dont il semble indiscutable que certains aient mis la police sur la voie de la planque de Thälmann.

Plus grave encore est la découverte, en ces journées de deuil, qu'en de nombreuses localités, le K.P.D. – Parti communiste allemand – a été infiltré par les services de renseignements du parti nazi. Des hommes connus jusqu'alors comme des dirigeants du Front rouge, des comités de chômeurs et autres organisations de masse, proches des organismes de direction, inflexibles dans la persécution des oppositionnels, apparaissent du jour au lendemain en uniformes de S.A. ou dans un bureau de police, dirigeant personnellement perquisitions et arrestations, interrogatoires même de militants arrêtés grâce à eux et par leurs soins. De telles découvertes, on s'en doute, accélèrent l'effondrement de l'appareil, le découragement et l'isolement des militants qui tentent de maintenir des éléments d'organisation.

Tout s'est déroulé très vite à partir de l'incendie du Reichstag, pièce maîtresse de la provocation au moyen de laquelle Hitler cherche à se débarrasser du Parti communiste dans un premier temps. Ce dernier est interdit le 1er mars, 4 000 de ses membres, des cadres essentiellement, sont arrêtés le jour même et le lendemain. A partir du 3 mars, se déroule, sur une plus vaste échelle, une véritable chasse aux communistes qui ne provoque que peu de réactions. Pourtant, à Oranienburg, un détachement de défense ouvrière organisé par un oppositionnel du P.C., Helmuth Schneeweiss, accueille à coups de feu le commando S.A. qui tente de pénétrer dans le quartier ouvrier. Le même jour, Thälmann, chef du K.P.D. est arrêté dans l'appartement où il se cachait à Berlin : la *Pravda* assurait à Moscou que le fascisme ne pourrait pas briser le Parti communiste, car on ne pouvait ni « exterminer l'avant-garde ouvrière », ni détruire un parti qui a obtenu « 6 millions de voix ouvrières [3] ».

Dans un premier temps, Trotsky semble avoir cru encore à la possibilité d'un sursaut de l'appareil en danger de mort. Il explique, le 2 mars, à ses secrétaires qu'il y a toujours quelque chose à faire avec du courage, de la prudence et de la perspicacité : van Heijenoort se souvient de sa comparaison avec la paroi lisse d'une montagne qui semble de loin impossible à escalader, mais qui révèle de près pitons et aspérités [4]. Mais il se rend rapidement compte que tout est fini. Le 12 mars, il adresse à Sedov et au secrétariat international une lettre qui donne son premier bilan :

> « Le stalinisme allemand est en train de s'effondrer, moins sous les coups des fascistes que par suite de sa propre décomposition interne. De même qu'un médecin n'abandonne pas un malade tant qu'il lui reste un souffle de vie, notre devoir était d'essayer de le réformer tant qu'en subsistait le moindre espoir. Mais ce serait criminel que de rester liés à un cadavre. Et le K.P.D. n'est plus qu'un cadavre [5]. »

L'instrument historique détruit, il faut en construire un autre. Un nouveau parti communiste est nécessaire en Allemagne :

> « Bien évidemment, notre tournant ne consiste pas à nous " proclamer " nous-mêmes le nouveau parti. Il ne saurait en être question. Mais nous disons : le parti allemand officiel est politiquement liquidé, il ne pourra pas ressusciter; nous ne voulons pas hériter de ses crimes. L'avant-garde des ouvriers allemands doit constituer un nouveau parti. Nous, bolcheviks-léninistes, nous leur proposons notre collaboration [6]. »

La comparaison historique qui conduit Trotsky à parler du « 4 août du stalinisme » établit une symétrie entre la faillite de la social-démocratie allemande, votant les crédits de guerre le 4 août 1914, et celle du stalinisme, impuissant à appeler la classe ouvrière au combat contre le nazisme.

Trotsky, contrairement à ce qu'il a laissé entendre l'année précédente, ne se prononce pas de la même façon sur l'Internationale communiste et ses autres sections. Il reconnaît que l'écroulement du K.P.D. diminue les chances de régénérer l'Internationale communiste. Mais il lui est impossible d'exclure qu'il se produise des réactions saines dans un certain nombre de sections et l'Opposition de gauche doit être prête à les aider. Il ajoute :

> « La question n'a pas été réglée en ce qui concerne l'U.R.S.S. pour laquelle il serait faux de lancer le mot d'ordre de second parti. Nous appelons aujourd'hui à la création en Allemagne d'un nouveau parti afin d'arracher l'Internationale communiste des mains de la bureaucratie stalinienne. La question n'est pas de créer la IVᵉ Internationale, mais de sauver la IIIᵉ [7]. »

Deux jours plus tard, le 14 mars, il écrit son premier article destiné au public – article de « discussion », précise-t-il en l'envoyant – sur « La Tragédie du prolétariat allemand », signé G. Gourov, dans lequel il développe avec des formules moins algébriques la ligne exposée dans sa lettre du 12 :

> « Le prolétariat le plus puissant d'Europe par sa place dans la production, son poids social, la force de ses organisations, n'a manifesté aucune résistance lors de l'arrivée de Hitler au pouvoir et de ses premières attaques violentes contre les organisations ouvrières. Tel est le fait sur lequel il faut s'appuyer pour les calculs stratégiques ultérieurs [8]. »

Rien ne sert, assure-t-il, de revenir une fois de plus sur le rôle criminel qui a été celui de la social-démocratie allemande : c'est précisément cela qui a justifié en 1919 la fondation de l'Internationale communiste. Il affirme, en revanche, que c'est de la faute directe et immédiate de l'Internationale communiste si le prolétariat allemand s'est trouvé, au moment décisif, « impuissant, désarmé, paralysé ».

Sa responsabilité, celle de sa direction, était déjà pour lui incontestable dans le cas de la défaite de la révolution chinoise en 1927. Mais la réalité de la politique stalinienne n'avait été connue que de très loin et fort mal : la voix de l'Opposition russe n'était parvenue aux sections et aux militants que longtemps après la défaite. Cette fois, en Allemagne, les événements se sont déroulés sous les yeux du prolétariat mondial, avec, à chaque étape, des prises de position publiques de la part de l'Opposition, avertissements et mises en garde. Il reprend en conclusion les affirmations de sa lettre du 12 mars 1933 :

> « Il faut le dire clairement, nettement, ouvertement : le stalinisme en Allemagne a eu son 4 août. Dès aujourd'hui, les ouvriers avancés de ce pays ne parleront de la période de domination stalinienne qu'avec un âpre sentiment de honte, des paroles de haine et de malédiction. Le Parti communiste allemand officiel est condamné. »

Il le répète :

> « Dans quelle mesure l'expérience tragique de l'Allemagne pourra impulser la renaissance des autres sections de l'Internationale communiste, l'avenir le montrera. En Allemagne, la chanson funeste de la

bureaucratie stalinienne est en tout cas finie. Le prolétariat allemand se relèvera, le stalinisme jamais [9]. »

***

La façon dont Trotsky, tout en prenant position pour la construction d'un nouveau parti communiste en Allemagne, ne se prononçait pas pour un « nouveau parti » en U.R.S.S. et laissait ouverte la question de l'Internationale elle-même, peut surprendre. Elle indique cependant clairement combien il ressentait le caractère totalement nouveau de la situation créée par l'accession du nazisme au pouvoir : il ne s'engageait qu'avec prudence dans un contexte intégralement renouvelé et rendu considérablement plus difficile.

Toute la bataille sur l'Allemagne s'était déroulée les années précédentes, depuis 1931 au moins, sous le signe du court terme, et sa conclusion était intervenue incontestablement beaucoup plus tard que Trotsky ne l'avait pensé, à partir de 1931 et au début de 1932, où il la considérait comme imminente.

La victoire hitlérienne ouvre en effet une période très différente. La faillite du K.P.D. est un indice de la gravité de la dégénérescence de l'Internationale communiste et de ses sections nationales. Peut-on penser que, dans un autre pays, une autre de ses sections pourrait mener à la victoire une révolution? C'est évidemment peu probable. Par ailleurs, il est clair que, si c'est la création mondiale de nouveaux partis et d'une nouvelle Internationale qui est mise à l'ordre du jour dans une situation de reflux marquée du sceau de la catastrophe, il faudra aussi beaucoup de temps avant que ces nouvelles organisations, si tant est qu'elles y parviennent, puissent devenir à leur tour un facteur de l'Histoire. Ces développements sont-ils mesurables à l'échelle de la vie d'un homme? C'est un problème que Trotsky ne se pose pas.

Comme il le prévoyait quand il indiquait, en 1932, le lien étroit entre le destin de la révolution en Allemagne et en Union soviétique, la catastrophe allemande porte un très rude coup au travail de l'Opposition de gauche en U.R.S.S. et aux perspectives un instant entrevues avec la naissance du bloc des oppositions dont le sort est finalement scellé par l'incendie du Reichstag, comme celui de l'Opposition unifiée en 1927 l'avait été par le coup d'État de Tchiang Kai-chek à Shanghai. Par le désespoir qu'elle engendre et par la peur qu'elle crée, la victoire de Hitler est un élément majeur dans l'effondrement des oppositions et, à terme, dans un renforcement du pouvoir de la bureaucratie.

Pour Jean van Heijenoort – qui nous l'a dit, mais ne l'avait pas écrit aussi nettement –, Trotsky comprit à cette date que son exil était à la fois le dernier et le bon, et qu'il ne reviendrait jamais en Union soviétique, contrairement à ce qu'il avait pu penser au cours des années précédentes. Il en voyait un élément de preuve dans le profond changement physique qui se produisit en Trotsky pendant les premiers mois de 1933, au cours desquels, comme il le relève, la tragédie personnelle qu'était pour lui le suicide de Zina se fondit avec la tragédie politique de la catastrophe allemande. Observateur affectueux en même temps qu'impitoyable, il a vu blanchir les cheveux du « Vieux », relevé un peu moins de soin dans son habillement et surtout l'extinction de l'appétit physique pour la chasse et la pêche, incontestables signes d'une blessure profonde. Il a même noté la disparition dans les propos familiers de Trotsky de la traditionnelle menace de les « fissiller [10] », une menace qui ne peut plus faire rire...

Ces premiers mois de 1933 sont aussi ceux de la coupure définitive avec l'Union soviétique d'où n'arriveront plus guère au cours des années qui suivent que quelques cartes postales, essentiellement de la proche famille. Sedov, contraint de quitter Berlin pour se réfugier en France, s'efforce, bien entendu, de reconstruire un réseau d'information analogue à celui qui avait fonctionné jusque-là. Mais les conditions sont différentes et il n'aura que des contacts occasionnels. Les seules nouvelles intéressantes qui viendront d'U.R.S.S., dans les années qui suivent cette coupure, viendront de prisonniers, libérés pour une raison ou une autre, comme Ciliga et Victor Serge, évadés comme Davtian-Tarov, ou encore de hauts fonctionnaires faisant défection comme Ignace Reiss et Krivitsky.

Un sérieux problème est posé à l'historien avec la rédaction, le 15 mars, le lendemain de celle de son article sur la faillite du stalinisme en Allemagne, d'une lettre de Trotsky au bureau politique du P.C. de l'U.R.S.S. [11] qui restera secrète pendant deux mois et ne sera publiée qu'en mai par le *Biulleten Oppositsii.* Trotsky explique alors que cette lettre a été adressée « aux responsables du parti et du gouvernement », aux proches collaborateurs de Staline au sommet, par conséquent, « en présumant – en fait en étant certain – qu'au milieu d'éléments à courte vue, lâches et carriéristes, s'[y] trouvent aussi d'honnêtes révolutionnaires dont les yeux ne peuvent continuer à rester fermés devant l'état réel des choses [12] ».

Le texte du 15 mars est « un appel au sens des responsabilités » des dirigeants soviétiques au sommet, dont il est convaincu qu'ils connaissent au moins aussi bien que lui la gravité de la situation intérieure et extérieure de l'U.R.S.S. Il leur écrit :

> « Que faire? Avant tout, faire revivre le parti. [...] L'Opposition de gauche [...] sera disposée à offrir au comité central une totale coopération pour ramener le parti sur la voie de son existence normale. [...] Le destin de l'État ouvrier et de la révolution internationale pour des années est en jeu [...]. Seule la collaboration honnête et franche des deux *fractions* qui ont des racines historiques, avec l'objectif de devenir des *tendances* à l'intérieur du parti, et, à terme, de se dissoudre dans son sein, peut rétablir la confiance dans la direction et ressusciter le parti dans les circonstances actuelles [13]. »

Il revient sur cette question le 30 mars en expliquant pour la première fois dans un texte destiné à publication que « la liquidation du régime de Staline » est « absolument inévitable et [...] plus guère éloignée ». Il redoute cependant qu'elle ne conduise à un effondrement du régime soviétique lui-même. Défendant, une fois de plus, la nécessité de revenir à la démocratie dans le parti, il assure :

> « On peut dire que le *degré* du risque au cours du passage vers la démocratie dépend dans une large mesure de la façon dont prendront forme les relations entre les staliniens et demi-staliniens d'un côté et l'Opposition de gauche de l'autre [14]. »

Cette fois, « sous les yeux du parti et du prolétariat international », selon son expression, il propose au nom de l'Opposition de gauche, un « accord honorable » à « tous les groupes de la fraction dirigeante ». Il répète les mêmes arguments en mai en rédigeant un commentaire pour expliquer la lettre ouverte au bureau politique et sa publication :

> « La clique de Staline marche vers sa propre destruction avec des bottes de sept lieues. La seule question est de savoir si elle va entraîner aussi à l'abîme avec elle le régime soviétique [15]. »

Il est très difficile à l'historien d'analyser et d'interpréter correctement et de façon précise ce moment de la politique de Trotsky en direction de l'Union soviétique. La première tentation est évidemment de voir dans ces démarches réitérées sous diverses formes en direction de groupes dirigeants de la fraction stalinienne, une initiative en rapport avec la démarche relatée par Marcel Body, d'un émissaire de Kirov, membre du bureau politique et du secrétariat, qui voulait connaître les conditions auxquelles Trotsky accepterait sa réintégration et son retour en U.R.S.S. [16]. Mais cette explication trop facile se heurte au témoignage de Body lui-même qui date la démarche en question du « début de l'été 1934 », et ce sont seulement sans doute les archives du Kremlin qui pourraient donner la date et du coup la signification de cette mission exploratoire.

Le seul témoignage utilisable à ce propos est apparemment celui que donne Ruth Fischer dans ses Mémoires inédits. L'ancienne dirigeante du K.P.D., alors exclue depuis des années, réfugiée à Paris, après Prague, raconte comment elle vivait au cœur de l'émigration allemande fréquentant quotidiennement des militants comme Wilhelm Pieck, Münzenberg ou Eberlein et des dirigeants du P.C.F. comme les Français Doriot ou Paul Vaillant-Couturier. L'ambiance qu'elle décrit, même si, à certains égards, elle résulterait de bavardages d'émigrés, ne peut pas ne pas avoir été un reflet plus ou moins déformé de la réalité de la situation à Moscou dans les premiers mois de 1933. En tout cas, Ruth Fischer écrit :

> « Tout ce monde à Paris s'accordait à penser que Staline, après le terrible désastre allemand, avait totalement et définitivement perdu toute autorité en tant que dirigeant communiste international. Une révision

générale était en cours dans le parti russe de sorte que les camarades oppositionnels qui étaient encore en résidence forcée hors de Moscou, pourraient bientôt revenir chez eux. C'est là, à ce moment, que l'on mentionnait le nom de Rakovsky, comme celui d'un homme qui pourrait rendre encore au parti de grands services et, bien entendu, le fait que Zinoviev et Kamenev aient été réintégrés dans le parti six mois après l'affaire Rioutine, était interprété comme une indication du changement en cours. [...] On nous encourageait à critiquer Staline, à voix haute et vivement, à travers une division du travail entre ceux qui devaient agir dans le cadre de la discipline du parti et ceux qui étaient à l'extérieur, parce que le redressement de la politique du parti et la réconciliation avec les oppositionnels ne pouvaient être réalisés que sous la pression de l'extérieur [17]. »

Trotsky, commentant la capitulation de Zinoviev et de Kamenev en mai 1933, part de la constatation – identique à celle de Ruth Fischer – selon laquelle « depuis quelque temps, l'appareil du parti lui-même estime que la direction de Staline coûte déjà trop cher au parti », et que « même Staline l'a senti ». Pour lui, la réintégration de Zinoviev et de Kamenev, tout comme l'invitation à Boukharine et Rykov de prendre place sur la tribune de la grande manifestation du 1er mai, relèvent d'une collecte des « âmes mortes » – une opération de Staline pour démontrer qu'il n'est pas seul et qui ne s'est pas déroulée sans « médiations et intercessions d'un côté, exhortations cyniques de l'autre, de la part de vieux bolcheviks [18] ».

Il reste que, durant les cinq premiers mois de 1933, compte tenu de la tragique situation créée pour l'U.R.S.S. par la catastrophe allemande et s'appuyant sans doute sur des éléments d'information venus directement ou non d'Union soviétique, Trotsky, avec conscience et opiniâtreté, a tendu la main aux membres du bureau politique dont il avait raison de penser qu'ils souhaitaient en finir avec Staline, sa dictature et ses méthodes – et que chancelleries et journaux occidentaux semblent avoir tout à fait pris au sérieux l'éventualité d'une réussite de cette tentative de rapprochement, que l'allié ait porté le nom d'Ordjonikidzé, de Kirov ou d'un autre.

***

Le point de vue exprimé par Trotsky dès mars 1933 sur la faillite du K.P.D. et l'abandon de la politique de réforme en faveur de celle d'un « nouveau parti » n'était pourtant encore qu'une position personnelle – comme il demandait à ses camarades de le souligner en indiquant que son premier article était « un article de discussion ». Il ne fut pas, il s'en faut, immédiatement accepté par tous ses camarades et bien entendu au premier chef par les Allemands. Les 11 et 12 mars, une conférence clandestine de l'Opposition de gauche allemande s'était tenue à Leipzig avec une dizaine de délégués. Reprenant la stratégie d'« opposition » et de « redressement » récemment affirmée à la préconférence internationale de Paris, elle s'était prononcée à une écrasante majorité contre l'idée d'un « nouveau parti » défendue par le jeune délégué Heinz Epe. La majorité, animée par E. Bauer, maintenait fermement l'ancienne position.

Résumant et parfois imaginant les arguments des adversaires du tournant vers le nouveau parti, Trotsky commence à argumenter pour convaincre. Il insiste beaucoup sur le fait que la victoire du fascisme comme l'effondrement du K.P.D. ne sont plus un simple pronostic, voire une simple hypothèse, mais « un événement historique considérable qui va pénétrer de plus en plus profondément dans la conscience des masses » et dont les conséquences commandent désormais perspectives et stratégie.

Il ne nie pas la possibilité de la renaissance du K.P.D. sous la forme d'une organisation illégale et la juge même probable dans un avenir proche. Mais il ne croit pas à la possibilité qu'elle dure, le dévouement total qu'exige une telle entreprise ne pouvant naître que d' « une politique juste et d'une honnêteté idéologique de la direction » que la soumission de l'Internationale rend impossible comme le montre l'exemple italien. Toute régénérescence du parti allemand est à ses yeux impossible :

> « L'appareil est rongé de fonctionnaires rétribués, d'aventuriers, de carriéristes, d'agents fascistes d'hier et d'aujourd'hui. Les éléments honnêtes seront privés de toute boussole. La direction stalinienne instaurera dans le parti illégal un régime plus infâme et plus honteux encore que dans le parti légal. Dans ces conditions, le regain du travail illégal ne sera qu'une flambée, même héroïque. Il n'en résultera que pourriture [19]. »

Insistant sur la nécessité de ne pas « se cramponner aux anciennes formules » et de repenser ses perspectives en fonction d'une situation nouvelle, il se défend contre l'accusation de vouloir « proclamer » le nouveau parti, alors qu'il s'agit seulement, selon lui, pour le moment, de « créer un axe indépendant pour permettre la cristallisation de tous les éléments révolutionnaires indépendamment de leur pensée de parti [20] ».

Quant à la critique la plus fréquente, selon laquelle la décision de construire un « nouveau parti » en Allemagne aurait comme corollaire logique celle de fonder aussi une nouvelle Internationale, il se contente d'assurer à la fois que ce raisonnement relève plus de la logique formelle que de la logique dialectique et que la « vérification », sur ce point, « revient aux événements » et à l'action de l'opposition de gauche [21].

Tel est le sens de la participation, qu'il fait décider, de l'Opposition de gauche au congrès mondial de lutte contre le fascisme, avec une déclaration où il brosse un impitoyable tableau de la politique récente de l'Internationale communiste. Il y mentionne aussi son incroyable retournement du 5 mars, sa prise de position, pour quelques jours, non seulement en faveur du front unique au sommet, mais au renoncement des deux partis ouvriers à la critique mutuelle – transformant ainsi le front unique des socialistes et des communistes en ce qu'il appelle « un complot silencieux contre les masses ».

Les arguments se renouvellent un peu avec l'entrée en lice contre lui de nombreux contradicteurs, les Espagnols Arlen et Vela et les Allemands Bauer et Stoi. Trotsky guerroie contre ceux de ses camarades qui avancent l'idée qu'il faut condamner l'appareil de l'Internationale communiste pour sa « stupidité » et son « incapacité » : il faut, écrit-il, le condamner pour la raison précise que ce sont les intérêts de la bureaucratie soviétique qui ont prévalu dans sa politique en Allemagne. Il polémique également contre ce qu'il appelle « la considération sentimentale inexprimée » de ceux qui refusent de constater la mort du K.P.D. parce que ses militants tombent tous les jours sous les coups des fascistes et souffrent la torture aux mains de l'ennemi. Vers la fin d'avril, il constate avec satisfaction, à travers un texte de la direction allemande, que les points de vue des clandestins commencent à se rapprocher du sien : le différend sera définitivement réglé en juillet.

Dans le même temps, ses camarades de Tchécoslovaquie, Grylewicz et Heinz Epe – sorti d'Allemagne et devenu Held –, Otto Schüssler, qui vient de Prinkipo, Alois Neurath – qui vit à Reichenberg en pays sudète et a des liens dans tous les pays de langue allemande – se retrouvent et renouent avec d'autres militants allemands. Les plus importants sont les représentants du Parti socialiste ouvrier, le S.A.P., un parti de 25 000 à 30 000 membres né de la scission à gauche du Parti social-démocrate en 1931, renforcé en 1932 par l'entrée d'un millier d'anciens communistes.

Au premier rang de ces contacts, deux hommes qui ont eu pas mal d'importance dans le mouvement communiste international, Walcher et Thomas. Jakob Walcher est un vétéran spartakiste spécialisé dans le « travail syndical ». Organisateur de qualité et bon tribun, c'est lui qui, en 1923, a donné à Trotsky les informations qui ont permis à ce dernier de se prononcer pour l'insurrection en Allemagne. Proche de Brandler, il a été exclu en même temps que lui, l'a suivi dans la minorité de droite, puis dans l'opposition du Parti communiste (K.P.-O) où il a été en minorité jusqu'à son départ. « Le camarade Thomas », de son vrai nom Jakob Reich, ancien diplomate soviétique en Suisse en 1918, a été l'un des hommes clés du Comintern, fondateur de son secrétariat d'Europe occidentale à Berlin. Celui qu'on appelle communément « le Gros » – à cause d'une corpulence exceptionnelle – a été en contact avec Lev Sedov au début des années trente, l'a même aidé à trouver pour Trotsky les ouvrages indispensables.

Les deux hommes sont d'anciens oppositionnels de droite. En 1932, ils ont mené à bien une expérience que Trotsky a, sur le moment, sous-estimée, mais qu'il va bientôt réexaminer avec passion dans la nouvelle conjoncture : avec les 800 à 1 000 militants communistes oppositionnels qu'ils ont entraînés avec eux dans le S.A.P., ils ont réussi à s'emparer de la direction de ce dernier au moment où il plongeait dans la clandestinité.

Neurath, dont on se souvient qu'il est un vétéran de la direction de l'I.C., a d'abord été zinoviéviste, puis est passé à l'Opposition de droite, rompant avec elle en 1932 pour rejoindre l'Opposition de gauche. Il s'intéresse de près à la crise de la social-démocratie en pays sudète et ses initiatives irritent certainement les jeunes oppositionnels, plus « conservateurs » et surtout plus attachés à la lettre de l'enseignement de Trotsky. Dès son premier contact avec Walcher et Thomas, Neurath leur fait en tout cas une proposition dont la formulation va avoir des conséquences à longue portée. Il s'agit pour lui, selon Gilles Vergnon, « non seulement de la constitution d'un axe S.A.P. – Opposition de gauche pour regrouper immédiatement tout ce qui se dégage des ruines et des décombres du K.P.D. et du S.P.D., mais aussi un rassemblement international des forces de gauche rompant avec la IIe et la IIIe Internationale » [22].

Cette position n'est pas exactement celle de Trotsky. Mais ce dernier est convaincu que la question du jour est ce qu'il appelle « le développement des fondements d'une politique révolutionnaire pour une longue période ». Ainsi les entretiens entre Walcher-Thomas et Neurath, puis Held et Schüssler, arrivent-ils au bon moment. Trotsky commence en effet à penser que le S.A.P., « la plus grande, mais aussi la moins ferme des organisations communistes d'opposition [...], constitue dès aujourd'hui le matériau brut des forces du communisme [23] ». Au cours des mois de mai et juin ces questions de l'émigration allemande et particulièrement celle du S.A.P. tiennent une place importante dans ses préoccupations et ses thèmes de réflexion. Et cela le conduit à passer insensiblement, à propos de ce parti, du terrain « allemand » au terrain international.

C'est le 15 juin qu'il débouche, adressant à ses camarades un texte de discussion capital, signé G. Gourov et intitulé « Les Organisations socialistes de gauche et nos tâches [24] ».

C'est la première fois, depuis qu'il est hors de l'Union soviétique, que Trotsky s'intéresse à la crise que vit la social-démocratie. Le contact et le travail sur la question du S.A.P. l'ont amené à se poser la question de la nature des perspectives qui s'ouvrent devant les organisations nées, au cours des dernières années, principalement de scissions à gauche de la social-démocratie et devant les tendances « gauches » qui commencent à se développer dans ses principaux partis. De ce nombre, l'I.L.P. – dont l'existence est, à vrai dire, plus ancienne – qui est fort courtisée par l'I.C., mais aussi le S.A.P., l'O.S.P. des Pays-Bas. Il ne fait pour Trotsky aucun doute que l'évolution de ces partis, qui se fait de la droite vers la gauche, a été jusqu'à présent freinée, voire bloquée par la politique stalinienne qui a servi de repoussoir et les a éloignés du communisme vers lequel ils tendaient. Alors que les vieilles organisations sont compromises par la défaite allemande, l'apparition de ces nouvelles organisations, leurs perspectives, imposent à l'Opposition de gauche la tâche nouvelle d'essayer d' « accélérer (leur) évolution vers le communisme, en introduisant dans ce processus ses idées et son expérience [25] ».

L'existence des organisations socialistes de gauche ouvre à l'Opposition de nouvelles possibilités. Jusqu'à présent, elle a recruté les militants individuellement dans la mesure où l'appareil l'empêchait d'exercer sur les partis une influence d'ensemble. Or, pour Trotsky, il est possible maintenant de gagner, ou au moins d'influencer des organisations entières :

« Les organisations socialistes indépendantes ou les fractions d'opposition de gauche à l'intérieur de la social-démocratie sont soit des organisations centristes manifestement, soit incluant des tendances ou des survivances centristes très fortes. Leur côté positif, c'est que, sous l'influence du choc historique qu'elles ont subi, elles se développent dans un sens révolutionnaire. Nous rapprocher sérieusement de ces organisations sur une base principielle claire signifierait un nouveau chapitre du développement de l'Opposition de gauche et, de ce fait, de la renaissance du marxisme révolutionnaire dans le mouvement ouvrier mondial. Une grande organisation internationale révolutionnaire inspirée par les idées de l'Opposition de gauche deviendrait un pôle d'attraction pour les éléments prolétariens des partis communistes officiels. »

Il ajoute ces mots décisifs :

« On ne peut pas dissimuler que c'est dans cette voie, prise dans son ensemble, que réside la possibilité de nouveaux partis communistes [26]. »

Bien entendu, l'histoire prend ici un détour imprévu. L'Opposition de gauche a longtemps cru qu'elle recruterait avant tout dans les rangs des P.C. officiels et l'expérience a montré que nombre d'ex-militants sombraient dans l'indifférence. Les membres des organisations socialistes de gauche manquent sans doute de trempe révolutionnaire, mais, « libres de tout fétichisme à l'égard de la bureaucratie soviétique », ils cherchent honnêtement une issue dans la voie du communisme. Et Trotsky de conclure :

« Telle est la combinaison originale de nouvelles conditions historiques qui ouvre aux bolcheviks-léninistes une nouvelle possibilité, en un certain sens " imprévue " d'activité et de progrès. Il faut l'utiliser jusqu'au bout [27]. »

***

Au moment où Trotsky aborde la question des organisations socialistes de gauche, « imprévue » à son programme, les événements ont presque rendu leur définitif verdict en ce qui concerne l'Internationale elle-même ainsi que ses sections et la possibilité de les voir opérer un redressement. Après le bref intermède « autocritique » du mois de mars, l'Internationale communiste en revient à toutes les affirmations passées. Ainsi, en avril, le comité exécutif, adopte-t-il à l'unanimité une résolution d'autosatisfaction sans doute exigée par les hommes de Staline et qui déclare notamment :

« Après avoir entendu le rapport du camarade Heckert sur la situation en Allemagne, le présidium du comité exécutif de l'Internationale communiste déclare que la ligne politique et d'organisation suivie par le comité central du K.P.D. avec le camarade Thälmann à sa tête jusqu'au coup de Hitler et au moment où il s'était produit, a été entièrement juste [28]. »

La responsabilité de la défaite allemande – le mot n'est pas prononcé – est rejeté sur les social-démocrates accusés d'avoir refusé le front unique avec les communistes et de l'avoir conclu avec la bourgeoisie. La résolution du présidium se termine par l'affirmation que l'établissement de la dictature nazie, « en détruisant dans les masses les illusions démocratiques et, en les affranchissant de l'influence social-démocrate, accélère le rythme de la marche en Allemagne vers la révolution prolétarienne [29] ».

La correspondance de Trotsky ne manque pas d'informations concernant dirigeants ou personnalités communistes qui se prononcent ouvertement en 1933 contre la politique passée ou présente de l'Internationale stalinisée. Mais il ne se produit de résistance sérieuse et de véritable conflit politique que dans le seul parti de Tchécoslovaquie.

Déjà, en août et septembre 1932, lors du XIIe plénum de l'exécutif, la délégation tchécoslovaque formée de Gottwald, Guttmann et Šverma, avait exprimé les réserves de leur parti sur la politique ultimatiste du K.P.D. et le caractère néfaste de la théorie du « social-fascisme ». Guttmann s'en était pris à l'idée selon laquelle la victoire du fascisme constituerait en quelque sorte l'étape intermédiaire inévitable entre démocratie bourgeoise et révolution prolétarienne. La réaction des dirigeants avait été très violente et avait surtout revêtu la forme d'une énorme pression sur Gottwald pour obtenir de lui le désaveu de Guttmann, jugé à juste titre comme l'inspirateur de ces critiques.

La question rebondit après l'arrivée au pouvoir de Hitler : la direction du P.C. admet, au moins tacitement en public, que la victoire hitlérienne constitue une grave menace pour les travailleurs tchécoslovaques. Guttmann, soutenu par le gros des communistes de la région des Sudètes, est chargé du rapport au comité central. Gottwald reçoit mandat de faire une proposition de front unique qui est repoussée par les social-démocrates... Mais cela se passe pendant l'intermède de mars. Le 21 avril, l'Internationale communiste dans une lettre adressée au P.C.T., reprend tous les thèmes et les idées qui ont été critiqués depuis une année par les dirigeants de ce dernier. La direction du P.C.T. résiste, refusant pendant trois semaines de publier dans *Rudé Pravo* la résolution d'avril, censurant un article de son envoyé à Moscou, Bruno Koehler.

Mais il est très vite clair que cette résistance ne peut aller loin : Gottwald et Šverma craquent et plient. Guttmann reste seul et se battra jusqu'au bout, rejoignant Trotsky. C'est la seule véritable résistance qui se soit manifestée dans un parti communiste au plan mondial. Et c'est peu.

Quand le jeune dirigeant allemand E. Bauer, sur décision du secrétariat international, quitte l'Allemagne pour se rendre à Prinkipo, il commence par de longues discussions avec Trotsky. Finalement, il écrit au S.I. une longue lettre proposant une nouvelle modification d'orientation :

> « Dans leur marche vers la gauche, les ouvriers réformistes se heurtent à la IIIe Internationale et à ses partis, qui n'ont pas leur confiance et ne la méritent pas. Devrons-nous donc poser à ces ouvriers la question de la réforme de ces partis et de leur entrée dans la IIIe Internationale [30]? »

Il était désormais évident que Trotsky également considérait que la question de l'Internationale devait être réglée dans le sens indiqué par l'article sur « les organisations socialistes de gauche ».

* * *

Un événement important et nouveau était venu, dans l'intervalle, mettre un terme au séjour de Prinkipo : l'octroi d'un visa pour la France. A la suite des élections de mai 1932 la gauche y était revenue au pouvoir avec un ministère Herriot, constitué le 2 juin. Trotsky fit alors une demande de visa; elle fut refusée. Une note d'un haut fonctionnaire précisait :

> « M. Trotsky, privé de ses droits civiques, avec interdiction de rentrer en U.R.S.S., ne semble pas avoir vu s'améliorer depuis lors ses rapports avec Staline. Dans ces conditions, au moment où des négociations peuvent être reprises en vue de la conclusion d'un pacte de non-agression et peut-être d'un accord commercial, il semblerait inopportun de donner à nos interlocuteurs un motif de nous croire enclins à ménager un homme qui est l'adversaire déclaré du gouvernement actuel et de leur fournir à cet égard des griefs qui pourraient agir défavorablement sur leurs dispositions [31]. »

La décision de refuser, pour le moment, est prise en septembre, Chautemps, ministre de l'Intérieur, précisant qu'en cas de demande nouvelle, celle-ci serait soumise au Conseil des ministres [32].

Fin mai 1933, le traducteur de Trotsky en français, Maurice Parijanine, le prévient qu'il a, de sa propre initiative, sondé le député radical Henri Guernut, qui est aussi l'un des dirigeants de la Ligue des Droits de l'Homme. Il espère obtenir par son intervention l'annulation du décret d'expulsion de 1916 et l'obtention d'un visa de séjour. Le 14 juin, l'arrêté d'expulsion est rapporté, et Trotsky informé par Parijanine. Le 12 juillet 1933, Van fait tamponner les passeports de la maisonnée au consulat français d'Istanbul.

Ici aussi, l'historien doit confesser qu'il ne sait pas tout et qu'il sent que certaines informations lui échappent. Dans les archives du ministère des Affaires étrangères ouvertes aux chercheurs, plusieurs notes permettent de reconstituer au moins dans ses grandes lignes l'accueil fait à la proposition d'Henri Guernut par les milieux gouvernementaux et le cheminement de l'affaire. Une note du ministre de l'Intérieur, Camille Chautemps, datée du 16 mai 1933, fait allusion à la démarche du sénateur radical, qui semble avoir parlé d'un séjour de cure dans le Midi ou en Corse. Le ministre n'oppose à la demande « aucun motif d'ordre public ». Il se contente de formuler deux réserves : Trotsky doit s'engager à ne pas intervenir dans la vie politique française, d'une part, et, de l'autre, « du fait de ses graves démêlés avec certaines fractions du Parti communiste », il ne saurait être admis en France qu' « à ses risques et périls [33] ».

Les Affaires étrangères – le ministre est Paul-Boncour – donnent un avis favorable pour une cure thermale, mais estiment qu'une décision du Conseil des ministres est nécessaire pour une autorisation de résidence. Le secrétaire général du ministère, Alexis Léger (en poésie Saint-John Perse) semble avoir été déterminant dans l'adoption de cette position : il est favorable à l'accueil de Trotsky [34]. Il apparaît, à travers les échanges de notes, qu'il n'y a pas d'obstacle tenant aux relations avec les Soviétiques puisqu'il n'y a aucune négociation en cours avec eux, à laquelle la décision de recevoir Trotsky risquerait de nuire [35]. L'hypothèse d'une résidence limitée à un département du Midi ou à la Corse n'est pas retenue. Elle avait probablement constitué un élément de la manœuvre de Guernut pour introduire l'affaire.

Pourquoi le gouvernement radical-socialiste Daladier a-t-il finalement accordé le visa à l'exilé, un peu moins d'un an après qu'il lui eut été refusé par le gouvernement Herriot? La version implicite dans les notes – la volonté de mener une politique démocratique d' « asile », sans pour autant tendre les rapports avec le gouvernement soviétique – n'est pas totalement convaincante. Ce geste humanitaire ne risquait-il pas de compliquer la vie d'un gouvernement qui ne pouvait apparemment en tirer aucun avantage? Une explication a été proposée par Ruth Fischer, qui ne repose sur aucune documentation, mais qui mérite d'être citée en tant qu'interprétation :

> « C'est une de ces coïncidences bizarres que le gouvernement français donna à Trotsky le droit de vivre en France à peu près au moment où se faisait son rapprochement avec le Kremlin. On peut à coup sûr supposer que le gouvernement français avait reçu des informations semblables aux nôtres quant à la fragilité de la position de Staline et le fait que l'opposition se regroupait contre lui. On considérait donc comme possible, en 1933, d'accorder à Trotsky un traitement amical, avec un œil sur l'avenir après un remaniement du Politburo russe. La vigoureuse campagne de Trotsky contre le national-communisme de Thälmann était bien connue, et les cercles français l'avaient considérée favorablement. Le gouvernement de Paris pouvait donc s'attendre raisonnablement à ce que Trotsky, une fois revenu à Moscou, y défende une coopération étroite entre France et Russie contre l'Allemagne. Son opposition au traité de Brest-Litovsk en 1918 peut aussi avoir été rappelée alors, ainsi que le fait qu'il avait même envisagé alors la reprise de la guerre contre l'Allemagne avec une nouvelle alliance avec les Français [36]. »

Quoi qu'il en soit des motifs profonds des dirigeants français, une période capitale de la vie de l'exilé prenait fin. Non seulement du fait de son départ de Turquie où il avait passé plus de quatre ans, mais du fait de sa décision de rompre avec cette Internationale communiste dont il avait été l'un des fondateurs et dirigeants, dont il avait écrit le premier manifeste et avec laquelle il s'était si longtemps identifié.

CHAPITRE XLVII

Nouvelle Internationale [1]

C'est une fois de plus un article signé G. Gourov – daté du 15 juillet 1933 – qui apprend aux oppositionnels du monde que « le Vieux », après six mois d'observation de la « marche des événements », se prononce désormais pour la création de nouveaux partis communistes et pour une nouvelle Internationale dont la logique des nombres va faire la Quatrième [2]. C'est un tournant capital, le plus important sans doute de sa vie. Publié d'abord dans les bulletins intérieurs, il accède plus tard à la presse oppositionnelle.

Trotsky commence par essayer de dresser un bilan de la politique de « réformes », de l'Internationale et de ses sections, les partis communistes. Disposant, en dehors de l'Union soviétique de forces militantes très faibles, pour ne pas dire dérisoires, l'Opposition, dans sa propagande pour une « réforme », a pu s'appuyer sur les événements de la lutte des classes mondiale, ces défaites qui, écrit-il, « mettaient à nu la politique du centralisme bureaucratique ». Mais elle se heurtait en même temps partout à des mesures de répression de l'appareil stalinien, exclusions, calomnies, violences. Bien que son existence ait constitué un facteur réel de la politique de la direction qui n'a jamais cessé d'en tenir compte, il n'est pas possible de revendiquer un quelconque succès réel de la politique de réforme. Il pense qu'on peut dire au contraire que l'échec de l'Opposition, dans sa tentative pour engager l'Internationale dans un processus de réforme, a finalement été l'une des causes de la dégénérescence de cette dernière. C'est du moins ce qui apparaît maintenant, après la nécessaire vérification des événements par la vie.

Trotsky défend la position qu'il a prise sur l'Internationale et les autres partis au moment de l'effondrement du K.P.D. : personne à l'époque ne pouvait affirmer avec une certitude totale qu'il n'existait aucune possibilité d'un réveil de certains partis voire d'une fraction de l'I.C. qu'il fallait, dans ce cas, aider. Là aussi, la preuve ne pouvait venir que de l'expérience et de la vérification. Il estime qu'elle est désormais faite. Tout le développement depuis le 30 janvier témoigne de ce que les événements d'Allemagne n'ont pas tranché seulement du sort du parti allemand, le K.P.D., mais de celui de l'Internationale tout entière. Le nazisme a vaincu sans avoir à combattre. Les dirigeants communistes n'ont même pas envisagé leurs responsabilités dans ce désastre. Rappelant en quelques mots les affirmations des organismes dirigeants de l'Internationale, le silence dans les rangs des partis où l'on continue bien souvent de se comporter et d'écrire comme s'il n'y avait pas eu de catastrophe allemande, il dresse ce constat de décès :

> « Une organisation que n'a pas réveillée le tonnerre du fascisme et qui supporte humblement de tels outrages de la part de la bureaucratie démontre par là même qu'elle est morte et que rien ne la ressuscitera [3]. »

Rien ne se termine pourtant avec un tel constat et, au contraire, tout commence. En août 1914, à la faillite de la IIe Internationale, les révolutionnaires dans les rangs de la social-démocratie ont riposté en se mettant à préparer la IIIe Internationale, née officiellement cinq ans plus tard. La nécessité de l'Internationale ne disparaît pas pour autant après cette deuxième faillite, 1933 après 1914. C'est maintenant de l'effondrement historique de l'Internationale communiste qu'il faut partir. A ceux que la banqueroute de deux internationales à la suite en moins de vingt ans a rendus sceptiques, à ceux qui demandent quelle garantie ils ont que la IVe Internationale ne dégénérera pas à son tour, Trotsky ne peut répondre que parce qui est une évidence à ses yeux : « Il nous faut avancer sur un chemin coupé d'obstacles et encombré de débris du passé. Que celui qui s'en effraye passe à côté [4]. »

Bien entendu, il ne néglige pas non plus les réserves émises par ceux qui relèvent particulièrement la faiblesse du groupe oppositionnel à l'échelle mondiale, la lenteur de son développement, voire ses reculs, les crises qui l'ont secoué et le secouent encore. Il pense, quant à lui, que ces traits sont liés à la marche générale de la lutte de classes, précisément marquée depuis des années par de graves défaites. Et il ajoute une remarque tirée de l'expérience historique : c'est dans le cours de ces périodes de reflux que se sont toujours trempés les futurs cadres de la révolution.

Les prémisses nécessaires à une nouvelle organisation de l'avant-garde existent-elles? En d'autres termes, qui les bolcheviks-léninistes vont-ils enrôler sous leur drapeau au moment où la faillite de l'Internationale en Allemagne détourne du communisme tant de militants écœurés par le stalinisme? Trotsky répond que les prémisses sont créées précisément par la décomposition de la social-démocratie : des centaines de milliers et peut-être des millions en Allemagne s'éloignent en effet du communisme, mais des dizaines de milliers d'ouvriers social-démocrates se dirigent vers lui en tournant le dos simultanément à la social-démocratie et au stalinisme comme l'indique à ses yeux l'expérience du S.A.P (Parti socialiste ouvrier). Il faut de l'audace, et Trotsky invite ses camarades de tous les pays à entamer aussitôt avec les organisations socialistes de gauche des pourparlers sur le programme d'une nouvelle organisation révolutionnaire. Il ajoute que c'est précisément la formation dans plusieurs pays de fortes organisations révolutionnaires qui attirera finalement nombre d'éléments militants encore prisonniers dans les partis communistes et donnera à la jeune génération ouvrière la réponse qu'elle cherche.

Le problème de l'U.R.S.S. est évidemment au centre des problèmes politiques posés par la situation nouvelle. Là aussi, Trotsky part de la contradiction qui existe entre le caractère historique progressiste de l'État soviétique fondé sur « les conquêtes d'octobre » et le rôle réactionnaire de la bureaucratie stalinienne installée sur ses fondements en parasite et usurpatrice, monopolisant le pouvoir. A partir de là, on peut, pour lui, aborder le problème de la nature du parti communiste au pouvoir en U.R.S.S. où se retrouve la même contradiction, bien que sous une forme légèrement différente :

> « Le P.C. actuel de l'Union soviétique n'est pas un parti, c'est un appareil d'administration aux mains d'une bureaucratie incontrôlée. Dans les rangs du parti communiste d'Union soviétique et en dehors, se groupent les éléments dispersés de deux partis principaux : le parti européen et le parti thermidorien-bonapartiste. Se situant au-dessus de ces deux partis, la bureaucratie stalinienne mène une lutte d'extermination contre les bolcheviks-léninistes [5]. »

De toute évidence, l'exilé hésite encore à se prononcer sur la question du parti en U.R.S.S. comme le montre assez nettement le passage suivant consacré à l'explication du lien dialectique entre l'Union soviétique et le mouvement ouvrier mondial, c'est-à-dire le développement de la nouvelle Internationale :

> « Si, sans révolution prolétarienne en Occident, l'U.R.S.S. ne peut parvenir au socialisme, sans la régénérescence d'une véritable Internationale prolétarienne, les bolcheviks-léninistes ne pourront par leurs propres forces régénérer le parti bolchevique ni sauver la dictature du prolétariat. [...] Seule la création d'une Internationale marxiste, totalement indépendante de la bureaucratie stalinienne et politiquement opposée à elle, peut sauver l'Union soviétique de l'effondrement, en liant son sort ultérieur à celui de la révolution prolétarienne mondiale [6]. »

Trotsky souligne que ses thèses ainsi présentées n'ont pour objectif que de rechercher un accord de principe constatant la fin d'une période historique et ouvrant dans des conditions nouvelles une perspective nouvelle. A tous ceux qui s'émeuvent ou s'indignent à l'idée de voir l'Opposition de gauche, qu'ils considèrent comme une secte, se proclamer elle-même ou proclamer avec quelques autres organisations d'importance diverse la naissance de la IVe Internationale, il répond dans un dernier paragraphe qui fixe avec précision les tâches du moment à partir de la reconnaissance des principes qu'il vient d'exposer :

« Il ne s'agit pas en tout cas de proclamer immédiatement de nouveaux partis et une Internationale indépendante, mais de les préparer. La nouvelle perspective signifie avant tout qu'il faut définitivement rejeter comme utopiques et réactionnaires les phrases sur la " réforme " et la revendication de la réintégration des révolutionnaires dans les partis officiels. Le travail quotidien doit revêtir un caractère indépendant, déterminé par les possibilités et les forces en présence, et non par l'idée formelle de " fraction ". L'Opposition de gauche cesse définitivement de se considérer comme une opposition et d'agir comme telle. Elle devient une organisation indépendante qui se fraie sa voie par elle-même. Non seulement elle constitue ses propres fractions au sein de la social-démocratie et des partis staliniens, mais elle mène un travail autonome parmi les sans-parti et les ouvriers inorganisés. Elle se constitue des points d'appui à l'intérieur des syndicats, indépendamment de la politique syndicale de la bureaucratie stalinienne. Là et quand les conditions sont favorables, elle participe aux élections sous son propre drapeau. Vis-à-vis des organisations réformistes et centristes (staliniens compris), elle s'oriente en fonction des principes généraux de la politique du front unique. En particulier et surtout, elle applique la politique du front unique pour la défense de l'Union soviétique contre une intervention extérieure ou une contre-révolution intérieure [7]. »

Quelques jours plus tard, le 20 juillet 1933, sur le bateau qui le conduit en France, Trotsky revient sur la même question en écrivant, sous la forme d'un dialogue où il est l'un des deux interlocuteurs, un article pour la presse de l'Opposition intitulé « Il est impossible de rester dans la même Internationale que Staline, Manouilsky, Lozovsky et Cie [8] ».

L'initiative est surprenante en elle-même. Les arguments utilisés dans le nouveau texte sont certes plus agitatifs et visiblement destinés à un public plus large, peu familier avec le langage des « thèses » dans la tradition bolchevique. On notera cependant que, pendant les cinq jours qui se sont écoulés entre les deux articles, la pensée de Trotsky s'est développée et qu'il arrive à de nouvelles conclusions. Rien d'étonnant à ce que Pierre Frank, qui l'a accompagné en ces jours et semaines de réflexion, assure qu'il a véritablement imposé alors à sa pensée un effort extraordinaire et pour ainsi dire physique.

Il entre cette fois directement dans le vif du sujet : il faut, écrit-il, rompre avec la « caricature d'Internationale de Moscou » qui, après avoir mis Hitler en selle, a osé proclamer sa propre infaillibilité. Cette prétendue Internationale n'est plus en réalité qu'une « clique », la clique stalinienne, laquelle foule au pied sans vergogne les statuts et les règles de l'organisation dont elle n'a pas convoqué de congrès depuis déjà cinq ans.

L'épreuve des faits l'a montré : après la catastrophe allemande, l'Internationale communiste n'était plus viable puisqu'elle n'a pas entendu la voix des événements. Le parti allemand que la politique dictée par Staline avait réduit au fil des années au squelette d'un appareil corrompu et étranger aux masses, est mort. Le parti communiste de l'Union soviétique, lui non plus, n'a ni congrès ni réunions ni discussions ni presse. Il a été contraint d'assister dans un silence total à l'arrivée au pouvoir de Hitler, principale menace pour la révolution mondiale et pour l'État soviétique lui-même.

La question posée par l'Histoire est celle de la succession. Au programme, à la fois opportuniste et aventuriste adopté en 1928 au VIe congrès de l'Internationale communiste, il faut en opposer un autre. Ces fondements existent, « le fondement marxiste irréprochable » des décisions et résolutions des quatre premiers congrès de l'Internationale communiste, tenus du vivant de Lénine, sur la base desquelles les bolcheviks-léninistes construiront le nécessaire programme de la révolution prolétarienne. Ce n'est que par cette méthode, insiste-t-il, que l'héritage du bolchevisme pourra être préservé contre « les falsificateurs centristes [...], les usurpateurs du drapeau de Lénine, les organisateurs des défaites et des capitulations, les corrupteurs de l'avant-garde prolétarienne : les staliniens [9] ».

Sur l'Union soviétique, il ne se contente pas de dire autrement ce qu'il a déjà écrit le 15 dans ses thèses. Il rappelle comment la révolution d'Octobre, avec le parti bolchevique, a fondé l'État ouvrier et ajoute ces deux phrases, capitales pour la compréhension de sa politique ultérieure vis-à-vis de l'Union soviétique :

> « Maintenant, le parti bolchevique n'existe plus. Mais le contenu social fondamental de la révolution d'Octobre est encore vivant [10]. »

Trotsky explique que ses camarades et lui-même, notamment dans les années d'opposition à l'intérieur du parti, mais aussi après leur exclusion formelle, ont longtemps cru à la possibilité de régénérer le parti et, par conséquent, à travers lui, de régénérer le système soviétique. Or ce qu'on appelle « le parti » en U.R.S.S. n'a plus rien d'un parti. Contre tout ce qui subsistait de l'ancien parti bolchevique dans le cadre de l'organisation de pouvoir et au pouvoir, la bureaucratie a déchaîné la plus féroce répression : il s'agissait de le désorganiser, de le terroriser, de le priver de toute possibilité de penser et d'agir. Maintenant il s'agit d'empêcher sa régénération. Après des années de polémique contre les partisans du « deuxième parti » en U.R.S.S., Trotsky estime que le moment est venu de prendre acte du changement qualitatif intervenu en Union soviétique et d'en tirer les conclusions d'orientations qui s'imposent : « En U.R.S.S., il faut construire de nouveau un parti bolchevique [11]. »

A la question de savoir si un tel mot d'ordre ne signifie pas un appel à la « guerre civile », il répond que l'Union soviétique vit depuis des années une guerre civile. Après celle que la bureaucratie, appuyée par les forces contre-révolutionnaires, a menée contre l'Opposition de gauche, on assiste maintenant à celle des forces contre-révolutionnaires contre la bureaucratie stalinienne, avec à l'horizon la menace mortelle de la guerre déclenchée par le régime hitlérien. Les bolcheviks-léninistes se battront de toutes leurs forces face à la contre-révolution : ils seront, proclame-t-il, « l'aile gauche du front soviétique ».

La tâche ainsi déterminée ne dépasse-t-elle pas, et de loin, les forces des bolcheviks-léninistes dans le monde? Trotsky répond que la question n'a pas encore été abordée. En bonne méthode marxiste, il s'agit d'abord de formuler ce qu'est la tâche historique. On s'efforcera ensuite, une fois l'accord réalisé dans l'ensemble, de rassembler les forces nécessaires. Répétant que ce serait de l'aventurisme pur que de vouloir que l'opposition déclare qu'elle est elle-même « la nouvelle Internationale », il réaffirme avec force qu'il faut proclamer la nécessité de cette dernière et invoque l'autorité de Ferdinand Lassalle pour qui « toute grande action commence par l'expression de ce qui est ».

Il ne nie pas la possibilité d'importantes variantes dans les attitudes prises par les sections nationales de l'I.C. : elles ne peuvent en aucun cas modifier l'orientation vers une nouvelle Internationale, imposée par l'ensemble de la situation, non par ses détails ou exceptions.

Il est également tout à fait certain que ce tournant vers la nouvelle Internationale va éloigner de l'Opposition des éléments des partis communistes officiels qui ont été jusqu'à présent sensibles à ses arguments et ont sympathisé avec elle. Il pense qu'ils reviendront à une étape ultérieure. D'ici là, l'entreprise aura gagné des éléments anciens, exclus, qui s'étaient tenus à l'écart de la ligne de la « fraction » et de la « réforme » à laquelle ils ne croyaient plus, travailleurs en rupture avec « le réformisme », et surtout « la jeune génération d'ouvriers à qui il faut un parti sans tache ». Confiant, il assure, comme un coup de clairon dans un discours public :

> « Alors, tout ce qu'il y a de vivant dans l' " Internationale " stalinienne secouera ses derniers doutes et nous rejoindra [12]. »

Il ajoute qu'il s'attend à beaucoup de résistance dans les rangs de sa propre organisation, mais qu'une discussion « large et sérieuse », ainsi que les événements, apporteront toujours plus d'arguments et finiront par convaincre les éléments les plus attachés aux formules et attitudes du passé.

***

On ne peut qu'être impressionné, à la lecture de ces deux textes fondamentaux, par la détermination de Trotsky et ce qu'on est tenté d'appeler chez lui la force de l'idée – et par l'optimisme qui en résulte. Il sait bien entendu qu'il n'est pas le seul de la vieille garde communiste à avoir dressé le constat de faillite de l'I.C. et à avoir compris la nécessité d'une nouvelle Internationale. Il est apparemment convaincu que ses camarades d'Union soviétique, et, au premier rang d'entre eux, Rakovsky, malgré leur manque d'informations internationales, ont pu mesurer l'importance de la « catastrophe allemande » et comprendront la nécessité comme les objectifs du tournant.

Il a autour de lui d'autres vétérans ou pionniers du communisme, dont il sait qu'ils sont prêts à s'engager sur le difficile chemin parsemé de nombreux obstacles; les Espagnols Nin, Andrade, García Palacios, les Italiens Leonetti et Tresso, l'Allemand Grylewicz, les Américains Cannon, Swabeck, Shachtman, le Belge Lesoil, le Slovaque Lenorovič, l'Allemand des Sudètes Neurath, le Bulgare Gatchev, le Hollandais Sneevliet qui vont les rejoindre parce qu'ils rompent avec la politique de « réforme ». Ce sont tous de ces pionniers qui ont construit de leurs mains l'Internationale communiste, la IIIe, et vont s'engager avec lui dans la construction de la IVe. La IIIe Internationale en ses débuts n'avait pas autant de cadres aussi solides issus de rangs de la IIe.

On a même à le lire le sentiment que la force de l'idée, issue de la nécessité et de la conviction autant que du fonctionnement de cet exceptionnel cerveau, en vient à nourrir une certaine allégresse, particulièrement sensible dans l'article du 20 juillet. On ne peut cependant douter de la difficulté et même de la souffrance qu'il éprouva à se séparer de la IIIe Internationale avec laquelle il s'était, pendant des années, identifié dans le prolongement de cette révolution d'Octobre à laquelle, malgré tant d'efforts de suppression et de falsification, son nom est et restera attaché. Il lui fallut certainement beaucoup de détermination pour exprimer ce qu'il présenta dans ses textes comme une simple constatation mais qui, dans sa formulation, dut être pour lui un véritable arrachement.

Certains communistes relativement proches lui font alors grief de mettre sur le même plan, sous l'étiquette de « 4 août », la trahison des social-démocrates en 1914 et celle des communistes en 1933 : selon ces critiques, les premiers auraient délibérément et sciemment trahi la cause qu'ils avaient pour mission de défendre, tandis que les seconds auraient été seulement totalement désorientés, les premiers seraient allés en direction des fauteuils ministériels et les seconds vers les cellules des prisons. Il admet qu'il y a là un grain de vérité, mais pas plus. Les dirigeants social-démocrates allemands en 1914, ainsi que les dirigeants staliniens de 1933, ont en fait obéi avant tout au souci de défendre non le prolétariat en tant que classe, mais l'appareil, dont ils étaient les fonctionnaires et qui était aussi leur moyen d'existence. Ce qui est capital à ses yeux, c'est que c'est dans l'intérêt d'une couche sociale particulière et d'intérêts privés que les représentants du prolétariat dans ces partis officiels sont passés de l'autre côté, renforçant par leur attitude l'ennemi de classe.

À ses yeux, les conséquences de la « trahison » stalinienne, qui se révèlent en 1933, sont infiniment plus dramatiques et d'une beaucoup plus grande portée que celles de 1914. Il s'agit en effet de la seconde faillite en vingt ans, de l'écroulement répété de l'édifice de l'Internationale sur ses constructeurs. Combien d'entre eux se lanceront-ils pour la deuxième fois dans le terrible combat où ils ont déjà vu s'écrouler l'ouvrage de leur vie? Il relève d'ailleurs, en liaison avec cette première remarque, que l'organisme de la IIe Internationale avait eu plus de réaction en 1914 que celui de la IIIe Internationale en 1933. La catastrophe allemande, la victoire sans combat de Hitler, n'a dressé contre la direction aucun Liebknecht, aucune Rosa Luxemburg, pour dénoncer de l'intérieur la « trahison » des chefs. L'apathie et la démoralisation manifestées par la base des partis de la IIIe Internationale face à la débâcle allemande lui apparaissent comme le phénomène le plus lourd de conséquences, d'une portée incalculable.

L'idée de proclamer la IVe Internationale a été vivement critiquée dans les rangs des partisans de Trotsky et plus encore de ses sympathisants, de 1933 à 1938, date de sa « proclamation ». Ces critiques étaient pour la plupart des hommes qui s'en disaient partisans, mais qui, comme les militants de la section polonaise, jugeaient le moment inopportun et prédisaient l'échec d'une entreprise selon eux mal engagée, de Pivert et Victor Serge à Guttmann et aux Polonais.

L'argument principal était que les deux Internationales précédentes avaient été fondées dans des périodes révolutionnaires, alors que la victoire des nazis en Allemagne venait d'ouvrir pour le prolétariat une période de reflux et de terribles défaites. Ils soulignaient aussi que Marx, comme Lénine, avaient attendu le moment favorable pour une « proclamation » et n'avaient pas cherché à appliquer mécaniquement une nécessité historique. Toujours selon eux, les Internationales précédentes s'étaient appuyées sur l'existence de forts partis nationaux, alors que la IVe Internationale n'avait, pour sa part, aucune base en partis de masse. Ils attiraient aussi l'attention sur le fait que la IVe Internationale aurait à être construite face à deux rivales déjà solidement établies et disposant de moyens matériels réels importants, et ce à un moment où elle ne pouvait s'attendre qu'à une répression accrue.

Ces affirmations contiennent une bonne part de vérité. Il faut cependant les nuancer si l'on veut comprendre la démarche de Trotsky. Il est vrai que la IIe et la IIIe Internationale étaient à cette époque des organisations puissantes et bien établies. Mais il est vrai également qu'elles traversaient une crise profonde, et c'est précisément sur cette donnée que Trotsky faisait reposer les fondements de son tournant. La IIIe Internationale avait dû livrer de durs combats pour se développer au détriment de la IIe. Mais ces deux Internationales étaient-elles vraiment nées dans une « marée haute »? La IIe était née d'un accord entre partis existants, la IIIe moins de la marée haute de l'après-guerre que de son premier résultat en pleine guerre : la victoire de la révolution russe.

Trotsky avait été membre de la IIe Internationale, avait connu de près la plupart de ses dirigeants, participé à nombre de ses congrès. Il avait été l'un des fondateurs et incontestablement l'orateur-vedette de la fondation et des débuts de la IIIe. Mieux que tout autre, il disposait donc d'éléments de comparaison en ce qui concerne les circonstances de la naissance de la IIIe Internationale qui devait lui servir de point de référence pour celle de la IVe.

La IIIe Internationale avait à ses débuts rassemblé dans ses rangs nombre d'éléments issus des diverses gauches et même du « centre » de la IIe. Zinoviev, au congrès de Halle, assurait que le ralliement à l'Internationale communiste du parti social-démocrate indépendant

(U.S.P.D.) signifiait le ralliement de la « vieille école » social-démocrate révolutionnaire à l'organisation née de l'élan de la révolution russe.

Au fond, la IIIe Internationale était née directement des initiatives du parti bolchevique qui avait mené à la victoire une révolution ouvrière et paysanne et avait été partie intégrante de la IIe Internationale. Le parti bolchevique, le P.O.S.D.R. de Lénine, était en réalité le parti russe, aussi traditionnel pour l'Empire du tsar que l'était le parti social-démocrate allemand pour l'Empire allemand. Par son développement et son histoire, par son ambiance comme par ses traditions, il était en quelque sorte un parti établi – avec d'autres, des concurrents comme les socialistes révolutionnaires – à la direction de la classe ouvrière russe depuis des années.

Il n'y avait rien de tel au bénéfice de la IVe Internationale à la fin des années trente, et ses partis – ou, si l'on préfère, ses sections – avaient donc à s'imposer de l'extérieur et à partir de rien. Certains pionniers du mouvement communiste avaient certes accompagné Trotsky sur ses affiches, mais elle allait être, pour l'essentiel, formée de militants de la dernière génération, venus des partis socialistes et communistes, exclus, marginalisés aussi par leurs soins. Les deux organisations traditionnelles auxquelles se heurtait la IVe Internationale, puissantes bien qu'en crise, étaient avant tout des appareils disposant de moyens matériels, et s'appuyant sur la routine. Trotsky allait plus loin et pensait que les deux anciennes Internationales prenaient appui sur la force d'inertie, la lassitude, le découragement, le scepticisme, sans compter le réseau des influences et des intérêts matériels. Et c'était précisément là ce qui justifiait à ses yeux l'appel à une nouvelle Internationale.

Soulignons-le, la « faillite » des partis communistes et de l'Internationale ne signifiait pas pour lui qu'ils avaient cessé d'exister. Ils avaient cessé d'être un facteur révolutionnaire, et c'était en cela qu'ils avaient fait faillite. Ils subsistaient, en tant qu'organisations, comme des obstacles sur la voie de la révolution, des obstacles qu'il faudrait surmonter. Et Trotsky, en parlant de « faillite », n'a jamais prédit leur disparition – sauf à la suite de la victoire de la révolution.

Trotsky se rendait bien compte qu'il appelait à la lutte pour construire la IVe Internationale en plein reflux, sous le signe d'une terrible défaite. C'était même là ce qui rendait son appel nécessaire et d'autant plus urgent à ses yeux. Il argumentait : l'appel pour la IIIe Internationale n'avait-il pas été lancé dès l'été 1914, au moment de l'effondrement de la IIe et de sa « faillite », avec le reniement des chefs et la reddition des troupes? Et cet appel n'avait effectivement abouti, en pleine marée, que cinq ans plus tard, à l'appel des bolcheviks au pouvoir.

Sa correspondance démontre qu'il avait pleinement conscience des obstacles auxquels allait se heurter l'entreprise à laquelle il appelait l'avant-garde de l'avant-garde. Le principal était à ses yeux la faiblesse et le petit nombre de cadres disponibles et le rôle excessif qui lui incombait à lui, à un moment où sa santé n'était pas bonne et où sa sécurité était de plus en plus précaire. C'était la tâche qu'il tentait de résoudre en s'attachant, malgré sa répugnance, aux « problèmes des sections », essayant de discuter avec tous et de ne pas perdre un seul militant. C'était le rassemblement, puis la trempe de ces cadres qui constituaient à ses yeux la tâche essentielle pour la construction de la IVe Internationale à partir de 1933, comme ils l'avaient été pour le parti bolchevique entre 1903 et 1914 – une dépression à laquelle il avait survécu grâce à ses cadres.

Il reste – et ce n'est pas le moins important – le problème des délais. Quand Trotsky, en 1934, traçait les perspectives de la IVe Internationale, qu'il n'appelait pas encore à proclamer, il la voyait naître de « nouveaux congrès de Tours », de la radicalisation d'ailes entières de partis socialistes ou communistes, voire de syndicats et dans les « grands événements » : grèves, soulèvements prolétariens. Ses propres partisans, les « bolcheviks-léninistes », ne devaient être à ses yeux qu'une fraction dans l'Internationale en construction. Ce schéma était cohérent, nullement extravagant. Mais dans quel délai? Les événements de 1936 – grèves de juin en France et en Belgique, début de la guerre civile en Espagne – n'ont pas apporté aux partisans de Trotsky l'audience de masse qu'il avait espérée. Le Front populaire les a disloqués.

Quand il se décide, en 1938, à proclamer la IVe Internationale avec les seules forces de sa fraction, c'est, bien entendu, parce qu'il veut disposer, avant la guerre qui vient, de l'arme d'une organisation et d'un programme, nécessités jumelles et complémentaires. Mais apprécie-t-il correctement les délais?

Le 18 octobre 1938, dans un discours enregistré pour ses camarades américains, il devait en effet assurer :

> « Permettez-moi une prédiction! Dans les dix années qui viennent, le programme de la IVe Internationale deviendra le guide de millions d'hommes, et des millions de révolutionnaires sauront prendre d'assaut le ciel et la terre [13]. »

Impossible de ne pas reconnaître que cette prédiction-là a été cruellement démentie et qu'il péchait au minimum par excès d'optimisme. Mais le délai n'était sans doute pas à ses yeux l'essentiel.

Pour lui, en effet, la crise ouverte par la faillite de la IIIe Internationale, moins de vingt ans après celle de la IIe, confirmait que la crise de l'humanité était bien celle de la direction révolutionnaire. A cet événement capital de l'histoire humaine que fut la victoire de Hitler, cette première avancée de la barbarie dans le XXe siècle, la défaite du prolétariat le mieux éduqué et le mieux organisé du monde entier, devait répondre une initiative sur le plan de la direction révolutionnaire : ce fut le tournant vers une nouvelle Internationale, préconisé avec quelques mois de recul, de réflexion et d'attente.

Mais pour Trotsky, la proclamation de la nécessité de l'Internationale et sa construction s'imposaient presque indépendamment de ses conséquences immédiates. Comme le geste de Liebknecht refusant en 1914 le vote au Reichstag des crédits militaires, comme la tenue de la conférence de Zimmerwald en 1915, c'était pour lui le nœud qu'il fallait faire à tout prix sur le fil de l'Histoire pour rétablir une continuité brisée, et pour qu'au pire moment de la Seconde Guerre mondiale l'humanité mourante et souffrante puisse disposer, même précaire et encore en pièces et morceaux, de l'Internationale – drapeau et programme – qu'elle n'avait pas eue de 1914 à 1918. Ni plus, ni moins.

De ce point de vue, on peut s'étonner que Trotsky ait pris le risque de se laisser aller à une prophétie. Quand il avait formulé la perspective de la IVe Internationale, il n'avait pas indiqué de délai pour sa réalisation, et son appel à la lutte pour elle signifiait seulement à ses yeux qu'il fallait continuer et, suivant le précepte qu'il aimait à répéter, se conformer à la règle morale suprême : « Fais ce que dois, advienne que pourra. »

Peut-on simplement imputer à l'optimisme révolutionnaire qui inspirait ses grandes perspectives une prédiction qui allait être cruellement démentie? Trotsky s'attendait à la Seconde Guerre mondiale dans un délai d'un ou deux ans. Procédant par analogie avec la Première, il pensait sans doute agir prudemment, en parlant d'une dizaine d'années, alors que la révolution russe avait explosé à la troisième année de guerre et alors que l'Internationale nouvelle avait été créée cinq ans après l'ouverture des hostilités.

Imagine-t-on en outre Trotsky, attaché comme il l'était à l'enseignement de Marx et de Lénine, prenant simplement acte qu'il n'existait pas d'Internationale et passant à l'ordre du jour?

CHAPITRE XLVIII

« Tout recommencer [1] »

Ce sont sans doute les analyses de Trotsky sur le nazisme et les perspectives mondiales ouvertes par sa victoire en Allemagne qui lui ont valu cette réputation de prophète qui explique la présence de ce terme dans plusieurs ouvrages consacrés à lui-même ou à ses disciples. Nous croyons avoir montré que, s'il a fait très souvent des prédictions qui se sont révélées correctes, et sur des questions importantes, il n'en a pas moins commis un certain nombre d'erreurs de prévision. Ces données, et la façon dont il concevait son activité intellectuelle, celle d'un militant qui tentait de faciliter l'action pour changer le monde, interdisent de lui reconnaître la qualité de prophète.

Sous cet angle, il y a quelque logique chez les commentateurs de Trotsky et une certaine cohérence dans le fait que des hommes d'orientations aussi différentes que Boris Souvarine et Isaac Deutscher se soient en définitive trouvés d'accord pour déplorer que Trotsky ait cru devoir poursuivre son action militante au niveau des « groupuscules », au lieu de se consacrer à l'observation, au commentaire et... aux prophéties.

Aurait-il dû, comme finalement Marx et Engels l'avaient plus ou moins fait pendant un temps, se retirer dans le « royaume des idées » et y travailler non pas pour l'immédiat, mais pour l'avenir lointain et les générations futures? Je pense que ce n'est pas le rôle d'un biographe que de répondre à une telle question, mais seulement de prendre acte de ce que son personnage rejetait catégoriquement une telle possibilité et qu'il a voulu rester jusqu'au bout sur le terrain du militant, y compris pendant la période de Prinkipo.

Trotsky, en tout cas, n'était pas en dehors de son siècle quand il écrivait dans son asile turc un article d'analyse intitulé « Qu'est-ce que le national-socialisme [2]? » qui permet de mesurer, mieux que tout autre peut-être, en quoi Trotsky se révéla « prophète » et en quoi le prophète fut démenti par le développement historique.

Achevée le 10 juin 1933, dans les derniers jours du séjour à Prinkipo, cette étude esquisse un tableau de la réalité du national-socialisme et de ses conséquences dont aucun contemporain n'a produit l'équivalent, bien que Trotsky n'ait pas eu à l'époque la possibilité d'observer de près la vie dans les villes et les campagnes allemandes [3]...

Il part des conditions générales, le développement rapide et tardif de l'impérialisme allemand, le mur dressé par la défaite de 1918 devant son expansion, le chaos de l'après-guerre qui frappe la petite-bourgeoisie au même titre que le prolétariat et démolit du même coup croyances officielles et « illusions démocratiques ». Il est l'un des premiers à voir en Allemagne ce qu'Antonio Gramsci appelait en Italie « la révolte des singes », l'insurrection de la petite-bourgeoisie :

> « Dans l'atmosphère chauffée à blanc par la guerre, la défaite, les réparations, l'inflation, l'occupation de la Ruhr, la crise, le besoin et la rancune, la petite-bourgeoisie se rebella contre tous les vieux partis qui l'avaient trompée [4]. »

Il saisit parfaitement les hommes qui ont levé le drapeau de cette rébellion, ce type humain fabriqué par la guerre, et explique :

> « Le drapeau du national-socialisme fut brandi par des hommes issus des cadres moyens et subalternes de l'ancienne armée. Couverts de décorations, les officiers et les sous-officiers ne pouvaient admettre que leur héroïsme et leurs souffrances aient été perdus pour la patrie et surtout qu'ils ne leur donnent aucun droit particulier à la reconnaissance du pays. D'où leur haine pour la révolution et pour le prolétariat. Ils ne voulaient pas prendre leur parti du fait que les banquiers, les industriels, les ministres, les reléguaient à des postes insignifiants de comptables, d'ingénieurs, d'employés de postes et d'instituteurs. D'où leur " socialisme ". Pendant les batailles de l'Yser et de Verdun, ils ont appris à risquer leur vie et celle des autres, et à parler la langue du commandement qui en impose tant aux gens de l'arrière. C'est ainsi que ces hommes sont devenus des chefs [5]. »

Parmi ces hommes, Adolf Hitler ne se distinguait « peut-être que par un tempérament plus énergique, une voix plus forte, une étroitesse d'esprit plus sûre d'elle-même. [...] On trouvait dans ce pays suffisamment de gens qui se ruinaient, qui se noyaient, qui étaient couverts de cicatrices et d'ecchymoses encore toutes fraîches. Chacun d'eux voulait frapper du poing sur la table. Hitler le faisait mieux que les autres ». Le chef nazi s'est ainsi formé, à l'écoute et à la remorque de ses auditoires enragés :

> « De ses premières improvisations, l'agitateur ne conservait dans sa mémoire que ce qui rencontrait l'approbation. Ses idées politiques étaient le fruit d'une acoustique oratoire. C'est ainsi qu'il choisissait ses mots d'ordre. C'est ainsi que son programme s'étoffait. C'est ainsi que d'un matériau brut se formait un chef [6]. »

Au moment où les nazis vainqueurs dansent la joie de leur victoire autour des brasiers qui consument des livres dans les rues des villes allemandes, Trotsky poursuit :

> « Les bûchers, sur lesquels brûle la littérature impie du marxisme, éclairent vivement la nature de classe du national-socialisme. Tant que

les nazis agissaient en tant que parti et non en tant que pouvoir d'État, l'accès à la classe ouvrière leur était presque entièrement fermé. D'autre part, la grande bourgeoisie, même celle qui soutenait financièrement Hitler, ne les considérait pas comme son parti. La " renaissance " nationale s'appuyait entièrement sur les classes moyennes – la partie la plus arriérée de la nation, fardeau pesant de l'histoire. L'habileté politique consistait à souder l'unité de la petite-bourgeoisie par la haine contre le prolétariat. Que faut-il faire pour faire mieux? Avant tout, écraser ceux qui sont en bas. La petite-bourgeoisie, impuissante face au grand capital, espère désormais reconquérir sa dignité sociale en écrasant les ouvriers [7]. »

Trotsky s'attache ensuite à démontrer le caractère réactionnaire, au sens littéral du terme, du national-socialisme, calqué sur les aspirations de la petite-bourgeoisie. Hostiles au développement économique comme au matérialisme, qui ont entraîné la victoire du grand capital sur le petit, les chefs du mouvement s'en prennent à ce qu'ils appellent « l'intellectualisme », par refus d'admettre qu'une pensée « soit poussée jusqu'à son terme » :

« Le petit-bourgeois a besoin d'une instance supérieure, placée au-dessus de la matière et de l'histoire, protégée de la concurrence, de l'inflation, de la crise et de la vente aux enchères. Au développement, à la pensée économique, au rationalisme – aux XXe, XIXe et XVIIIe siècles – s'opposent l'idéologie nationaliste, en tant que source du principe héroïque. La nation de Hitler est l'ombre mythique de la petite-bourgeoisie elle-même, son rêve pathétique d'un royaume millénaire sur la terre [8]. »

C'est ici qu'intervient « la race », moyen d'élever la nation au-dessus de l'histoire, puisque ses qualités sont indépendantes des conditions sociales, changeant avec l'histoire. Trotsky a cette formule :

« Rejetant la " pensée économique " comme vile, le national-socialisme descend un étage plus bas : du matérialisme économique, il passe au matérialisme zoologique [9]. »

C'est avec une particulière âpreté qu'il souligne que la faiblesse insigne de la théorie de la race, particulièrement « lamentable à la lumière de l'histoire des idées », n'a pas empêché le ralliement de la science universitaire et de ce qu'il appelle « la racaille professorale ». Et de rappeler qu'Einstein a dû chercher refuge ailleurs...

« Sur le plan politique, assure-t-il, le racisme est une variété hypertrophiée et vantarde du chauvinisme associé à la phrénologie. [...] Il a fallu l'école de l'agitation nationaliste barbare aux confins de la culture pour inspirer aux " chefs " les idées qui ont trouvé par la suite un écho dans le cœur des classes les plus barbares de l'Allemagne [10]. »

L'analyse de la politique économique du nazisme permet à Trotsky de démontrer que, selon sa formule, « le racisme, débarrassé des libertés politiques, revient au libéralisme économique par la porte de derrière [11] ». La chasse au capital usurier et bancaire permet de faire la jonction entre le racisme et la « théorie économique » : « Le pogrom devient la preuve supérieure de la supériorité raciale [12]. »

Tout le talent d'écrivain et d'analyste de Trotsky se trouve dans ce résumé du programme du national-socialisme dans sa marche au pouvoir :

> « Des souvenirs sur le " temps heureux " de la libre concurrence et des légendes sur la solidité de la société divisée en états; des espoirs de renaissance de l'empire colonial et des rêves d'économie fermée; des phrases sur l'abandon du droit romain et le retour au droit germanique et des proclamations sur le moratoire américain; une hostilité envieuse pour l'inégalité que symbolisent l'hôtel particulier et l'automobile et une peur animale devant l'égalité, sous l'aspect de l'ouvrier en casquette et sans col; le déchaînement du nationalisme et sa peur devant les créanciers mondiaux... Tous les déchets de la pensée politique internationale sont venus remplir le trésor intellectuel du nouveau messianisme allemand [13]. »

Le pamphlétaire se déchaîne devant l'arrivée au premier plan de la politique, dans le sillage du fascisme, de ce qu'il appelle « les bas-fonds de la société » avec ses « réserves inépuisables d'obscurantisme, d'ignorance et de barbarie » à qui le fascisme a donné un drapeau. Il conclut sur ce point :

> « Tout ce qu'un développement sans obstacle de la société aurait dû rejeter de l'organisme national sous la forme d'excréments de la culture est maintenant vomi : la civilisation capitaliste vomit une barbarie non digérée. Telle est la physiologie du national-socialisme [14]. »

Les quelques mois de pouvoir du nazisme ont cependant révélé selon lui, de façon indiscutable, que le fascisme au pouvoir « n'est rien moins que le gouvernement de la petite-bourgeoisie », qu'il est au contraire « la dictature la plus impitoyable du capitalisme monopoliste ». C'est là-dessus qu'il conclut :

> « La concentration forcée de tous les forces et moyens du peuple dans l'intérêt de l'impérialisme, qui est la véritable mission historique de la dictature fasciste, implique la préparation de la guerre; ce but, à son tour, ne tolère aucune résistance intérieure et conduit à une concentration mécanique ultérieure du pouvoir. Il est impossible de réformer le fascisme ou de lui donner son congé. On ne peut que le renverser. L'orbite politique du régime nazi bute contre l'alternative : la *guerre* ou la *révolution* [15]? »

Le 2 novembre, dans un post-scriptum, il complète le texte daté du 10 juin :

> « Le temps nécessaire à l'armement de l'Allemagne détermine le délai qui sépare d'une nouvelle catastrophe européenne. Il ne s'agit pas de

mois, ni de décennies. Quelques années suffisent pour que l'Europe se retrouve de nouveau plongée dans la guerre [16]... »

A qui n'a jamais été tenté de qualifier Trotsky de « prophète », il paraît surprenant qu'il ne lui ait pas été donné acte de cette prophétie sur un point, particulier certes, mais intéressant l'ensemble de l'humanité, et même un peu scandaleux que des commentateurs s'empressent de démontrer qu'il s'est trompé en prévoyant la révolution, alors que s'est malheureusement réalisée la possibilité qu'il lui opposait dans l'alternative historique : la Seconde Guerre mondiale.

Sans doute est-ce à ce moment de la réflexion qu'il importe de se souvenir de la formule de Spinoza, si souvent citée par Trotsky : « Ni rire ni pleurer, mais comprendre. »

Il ne nous paraît pas en effet que ce soit un hasard si, de même que l'historiographie passe sous silence la « révolution manquée » d'Allemagne en 1923, sans même en discuter, elle est non moins avare d'éléments sur l'analyse et les perspectives du nazisme par Trotsky.

Des auteurs comme Kater, Hamilton, Turner, présentés aujourd'hui aux États-Unis comme les rénovateurs de l'histoire du nazisme, polémiquent pendant des pages contre une interprétation du nazisme qu'ils baptisent « marxiste » et qui est en réalité une conception mécaniste du national-socialisme manipulé par le Grand Capital et instrument docile de sa politique [17]. Mais les mêmes auteurs ne daignent pas accorder une mention à la seule analyse contemporaine qui ait survécu au temps et qui survivra même à leurs découvertes!

Laissons de côté les auteurs, universitaires ou non, qui, écrivant avant l'ère Gorbatchev, n'osent pas dépasser l'horizon d'alors des censeurs de Moscou. Mais que penser de ce spécialiste de qualité qui, dans un ouvrage consacré aux interprétations du nazisme, explique que Trotsky « n'envisage le fascisme allemand que comme exemple typique des erreurs des staliniens, dont la plus grave à ses yeux est la sous-estimation de l'adversaire [18] »? Comment interpréter cette unique allusion à Trotsky, dans un ouvrage qui affirme par-dessus le marché que Daniel Guérin, disciple de Trotsky (*sic*), « reprit et amplifia » ses remarques [19]? La censure décidée en ces années lointaines par Joseph Staline continue à exercer aujourd'hui ses effets sur des hommes qui n'en ont même pas conscience et s'en défendront en toute bonne foi. Mais qu'ont-ils lu, et comment?

On pourrait faire les mêmes remarques à propos du bloc des oppositions de 1932 que d'autres chercheurs ont aperçu sans le reconnaître, faute d'un outil chronologique suffisant ou du fait de préjugés solides et d'idées préconçues. Comment expliquer la difficulté à donner à cette découverte la publicité qu'elle méritait? Le premier écho à l'article de 1980 où je mentionnais le bloc et reproduisais les documents qui l'attestent [20] est de l'Américain Arch J. Getty et date de 1985 [21].

L'affaire du bloc des oppositions a déjà commencé pourtant à commander une révision des histoires classiques de la Russie soviétique. Elle modifie passablement en effet l'image pathologique de Staline comme clé du développement et nous ramène aux difficultés économiques, aux conflits sociaux et politiques, à la lutte pour le pouvoir, au lieu de la seule soif de sang du « tyran ». Et cela n'enlève rien à la paranoïa du dictateur telle qu'il l'a manifestée à travers la sauvagerie de la répression qu'il a déchaînée contre son propre peuple, méritant ainsi la comparaison que fait Trotsky avec Néron.

Ces réflexions ramènent irrésistiblement au thème formulé pour la première fois sous forme de critique voilée par Boris Souvarine dans sa correspondance avec Trotsky en 1929 et reprise plus ou moins consciemment par nombre d'auteurs. Il écrivait en effet le 8 juin 1929 :

> « Savoir attendre est aussi nécessaire que pouvoir combattre et il est même possible de se taire sans perdre la faculté d'agir, comme on peut se donner l'illusion de l'action en s'épuisant en paroles [22]. »

Vingt ans après ces affirmations de Souvarine, Deutscher assurait que « la force durable » de Trotsky se trouvait désormais dans « le royaume des idées théoriques » et que « sa passion de l'action était maintenant sa faiblesse [23] ».

De telles formulations sont acceptables pour des couches et milieux divers, même quand elles ne correspondent pas à la vérité historique. La volonté de « marginaliser » Trotsky était celle de forces sociales et politiques dont l'appareil stalinien n'était que la plus visible. Et leur pression était suffisante pour convaincre bien des auteurs. Le conservatisme d'écrivains qui se répètent les uns les autres, le souci de n'être pas étiqueté comme « trotskyste » par les critiques et dans les comptes rendus, celui d'avoir accès au « grand public » et aux gros tirages, la paresse intellectuelle – s'agit-il seulement de cela?

On approcherait certainement d'une réponse juste en étudiant avec attention les opinions exprimées au cours de ces années au sujet de Trotsky par quelques-uns des représentants les plus autorisés des classes dirigeantes de la vieille Europe. Aucun auteur n'a, par exemple, manifesté contre Trotsky plus de haine ou de mauvaise foi, accumulé d'injures plus venimeuses et d'accusations plus basses que Winston Churchill, lequel n'a jamais dissimulé ses préférences en matière de « choix de société » et de maintien de « l'ordre impérial », et n'avait pas l'habitude d'être *fair play* avec ses ennemis de classe.

Les âmes conformistes seraient-elles choquées que j'écrive ici qu'au fond Churchill, Staline et Hitler coïncidaient dans leur haine de Trotsky et leur désir de le réduire à l'impuissance? On peut leur concéder que chacun l'a fait à sa manière. Il reste que les grands du monde, devenu « planète sans visa » pour l'illustre exilé, ont pesé de toute leur influence pour donner de lui une appréciation qu'il ne faudrait surtout pas confondre avec le jugement de l'Histoire. Et qu'un Trotsky qui aurait accepté de se taire et d'attendre, pour se réfugier dans le royaume des idées, n'aurait plus été Trotsky.

***

Que signifie pour Trotsky en juillet 1933 son départ pour la France, l'un des pays qu'il chérit le plus? Le visa obtenu grâce à Parijanine et Guernut est sans doute une magnifique et excellente surprise qui explique partiellement l'allégresse relevée dans le ton de l'article écrit sur le bateau, malgré la souffrance que lui vaut un lumbago très douloureux.

Les pages de son *Journal* qui traitent du départ de Prinkipo laissent percer une pointe de regret très humaine. Mais Trotsky n'a pas attendu vingt-quatre heures pour organiser son départ. Le gouvernement français ne lui a finalement posé aucune condition d'ordre géographique pour sa résidence, et il a notamment abandonné la solution un instant envisagée de lui accorder l'asile... en Corse. Pour l'exilé, cela signifie la possibilité de jouir d'une grande liberté de mouvement. Bien entendu, cela veut dire aussi qu'il lui faudra prendre toutes les précautions nécessaires pour se protéger de la surveillance et des attentions du G.P.U. Mais il pense avoir enfin la possibilité de rencontrer des camarades, connus ou inconnus, jeunes ou vieux, et de participer directement à la tâche qu'il vient de déterminer, la préparation de la IVe Internationale, à laquelle, évidemment, sa contribution personnelle peut être tout à fait décisive du fait du prestige qu'il a conservé aux yeux de tant de militants. Du séjour en France, il attend donc la possibilité d'agir autrement que par sa plume et c'est sans doute à ses yeux un acquis extrêmement important.

Le passeport dont il est muni indique qu'il exerce la profession d'écrivain. C'est en tout cas de ses droits d'auteur qu'il tire ses revenus depuis son exil. Le grand élan qui l'a conduit à écrire coup sur coup *Ma Vie* et l'*Histoire de la Révolution russe* s'est momentanément interrompu. A la fin de 1932 et au début de 1933, il a différents projets : un travail sur la situation économique mondiale, un ouvrage qu'il voudrait appeler *Le Roman d'une amitié*, sur les relations entre Marx et Engels, une *Histoire de l'Armée rouge* devenue ensuite un projet d'*Histoire de la Guerre civile*. Il a préparé des dossiers, mais encore rien engagé sérieusement.

En d'autres temps, le voyage vers la côte française de la Méditerranée aurait été une véritable fête, et l'un de ses premiers soucis aurait été de rencontrer les Rosmer. Ce n'est plus possible désormais : le silence s'est installé entre eux, même si Marguerite a écrit une lettre affectueuse – restée sans réponse – après la mort de Zina. En France cependant, il y a Ljova, qu'il a revu en novembre, dans le train, en traversant ce pays au cours du voyage de retour de Copenhague, après une longue séparation de plus de vingt-deux mois. La perspective de retrouver, comme il dit, l'un des *siens*, l'emplit de joie. Il va retrouver aussi les hommes et les femmes qui lui ont rendu visite à Prinkipo : Pierre et Denise Naville, Gérard Rosenthal, Raymond Molinier, Pierre Frank, ceux aussi, moins familiers, qu'il a connus à Copenhague. Il va rejoindre Jan Frankel et Otto Schüssler, tous deux réfugiés en France, après un bref séjour clandestin en Allemagne nazie. Il pense aussi qu'il va être amené à rencontrer quelques-unes de ses connaissances de l'époque des congrès de l'Internationale communiste, que ses camarades fréquentent dans le cadre des perspectives de regroupement, parmi lesquelles, Jakob Walcher, son informateur de 1923, Sneevliet, qu'il a combattu sous le nom de Maring, à propos de l'entrée du P.C. chinois dans le Guomindang, un des deux hommes qu'il tutoie, l'autre étant Rakovsky. Il va connaître, pour la première fois, nombre de ses correspondants, militants, mais aussi écrivains et journalistes. Il se déplace avec ses collaborateurs, Van, Rudolf Klement, Sara Weber qui tous, dans un premier temps, resteront autour de lui.

Nous l'avons relevé, l'homme qui quitte Prinkipo n'est plus tout à fait celui qui y est arrivé quatre années auparavant. La mort de Zina, après celle de Nina, lui a porté un coup d'autant plus rude qu'il ne peut pas ne pas mesurer sa propre responsabilité dans cette tragédie. Il porte aussi sur ses épaules la tragédie allemande, l'horreur des récits qui lui parviennent sur les violences et la brutalité des S.A., les tortures infligées aux militants... La séparation d'avec sa famille et ses amis d'Union soviétique pèse d'un poids particulièrement lourd. Son angoisse s'exprime à travers les revendications réitérées qu'il présente pour avoir des nouvelles de Rakovsky. Khristian Georgévitch a disparu de Barnaoul, et son beau-fils, le docteur Codreanu, qui poursuit ses études à Paris, n'a plus aucune nouvelle de lui. Des informations d'origines diverses assurent qu'il aurait été transféré à Moscou et hospitalisé. Une source oppositionnelle parle de sa mort; on murmurera ensuite qu'il a tenté de s'évader par la Chine, a été repris et blessé. Les autorités soviétiques lâchent qu'il exerce la médecine en Yakoutie. Au mois de mai, lors d'une escale, à Istanbul, du *Jean Jaurès* où Maxime Gorky se repose, Trotsky envoie Van et Pierre Frank à bord du bateau pour réclamer des nouvelles de son ami. Le fils de Gorky les reçoit poliment, assure que son père ne sait rien [24]. Personne ne saura – ou tout au moins ne dira – la vérité sur cet épisode de la vie de Rakovsky, que Trotsky mentionne à l'époque aussi souvent que possible.

Trotsky a maintenant cinquante-quatre ans. Il se plaint de vieillir, de perdre le sommeil et d'avoir besoin de somnifères. Il souffre tout particulièrement de perdre la mémoire des visages connus. Il va écrire à Natalia cette phrase déchirante :

> « La jeunesse s'est enfuie depuis longtemps... mais j'ai remarqué soudain que le souvenir même que j'en avais s'est enfui, le souvenir vivant des visages [25]... »

Il sait que les années de persécution pèsent sur son système nerveux et sa mémoire. Mais il s'en console :

> « En même temps, je ne me sens ni fatigué ni affaibli mentalement. Certes le cerveau est devenu parcimonieux, économe; et il écarte le passé pour venir à bout des nouvelles tâches [26]... »

Pourtant, bientôt, le médecin – un bon camarade venu de Tchécoslovaquie le docteur Breth, oncle de Kopp – va lui conseiller « une manière de vie plus tranquille », la réduction des entretiens, des rendez-vous. Il se demande si le sentiment de vieillesse qu'il éprouve est « définitif » ou temporaire, s'il connaîtra une remontée... jusqu'à un certain point, s'empresse-t-il d'ajouter. Il a parfois le sentiment, au milieu des jeunes qui l'entourent, d'être vraiment « le Vieux » comme ils disent, « sans amertume, plutôt avec une certaine chaleur, légèrement mêlée de tristesse [27] ».

C'est à l'occasion d'une absence de Natalia Ivanovna peu après son arrivée en France, que nous avons eu connaissance de ces confidences et des angoisses secrètes qu'elles trahissent. Pour les autres, qu'il soit malade ou bien portant, L.D. est toujours le devoir incarné du combattant révolutionnaire, sans phrases ni emphase. Un cheminot français, qui le rencontre, raconte :

> « Il nous développa sa conception du nouveau parti et de la IVe Internationale. Je lui posai la question :
> – En somme, vous proposez de tout recommencer?
> – C'est cela même ", répondit-il. »

C'était bien simple : « Tout recommencer [28]. »

CINQUIÈME PARTIE

Le dernier exil : « Planète sans visa »

CHAPITRE XLIX

Séjour libre en France [1]

Le 24 juillet 1933, le vapeur italien *Bulgaria* qui amène de Constantinople Trotsky avec Natalia, ses collaborateurs et son dernier visiteur, s'arrête en mer au petit matin sur instructions de la police marseillaise. Il est alors rejoint au large par une vedette de la police à bord de laquelle est monté Lev Sedov [2]. Déjouant ainsi les journalistes qui les attendent au débarquement à Marseille, Trotsky et Natalia mettent pied à terre dans le petit port de pêche de Cassis où un commissaire de la Sûreté générale notifie à Trotsky un permis de séjour en France qui ne prévoit – agréable surprise – aucune restriction ni aucune condition particulière...

Ils en repartent aussitôt en voiture, avec un collaborateur de Raymond Molinier, Raymond Leprince et un jeune étudiant militant, Jean de Lastérade, vers leur destination finale en France, laquelle doit rester secrète : il s'agit de Saint-Palais, près de Royan, où ils arrivent dans l'après-midi du 25 après un repos d'une nuit dans la petite bourgade de Tonneins. La villa qui va être le premier domicile français de Trotsky en son dernier exil se trouve à une dizaine de kilomètres au nord de Royan, au-dessus d'une falaise et à proximité d'une plage. C'est une maison isolée au milieu d'un grand jardin et qui, les jours où l'océan est agité, justifie le nom qu'elle porte : « Les Embruns ». Un incendie provoqué par les flammèches échappées d'une locomotive et qui a embrasé les broussailles proches, retarde l'installation et inquiète les arrivants [3]. Mais l'anonymat a été bien respecté et les traces brouillées au débarquement : les envoyés spéciaux des journaux parisiens se ruent pendant un temps vers la petite station thermale de Royat où une « fuite » a annoncé la présence de Trotsky et où certains assureront même qu'ils l'ont « vu » avec le dirigeant soviétique Litvinov!

Jeanne et Véra Lanis, la compagne de Raymond Molinier, accueillent les nouveaux arrivants. Le lendemain, Ljova se rend à Saintes pour accueillir Van à la gare. C'est ce dernier qui règle, avec le préfet, à La Rochelle, la question de la résidence légale de Trotsky, laquelle doit, pour les uns et les autres, demeurer secrète. Bientôt arrivent d'autres voyageurs de Prinkipo, Rudolf Klement, puis Sara Weber, qui repartira bientôt rejoindre son mari. Outre Jeanne et Véra, chargées de la cuisine et du ménage, on a fait appel à d'autres militants pour aider à assurer les gardes. Yvan Craipeau, un des animateurs des Jeunesses de l'Opposition, l'étudiant en médecine Jean de Lastérade, le métallo Savall, le maître d'internat Jean Beaussier viennent passer quelques semaines et prendre part aux premières discussions sur le « tournant ». Un peu plus tard arrive un militant allemand originaire de Dantzig, Willy Schmuszkovitz, qui enchante tous les hôtes de la maison par son talent de pianiste.

Dès le 27 juillet, un débat a été organisé, entre les camarades présents, sur la nouvelle perspective. Van se souvient des hésitations de Trotsky sur la question « secondaire et subordonnée » du nom de la future Internationale :

> « Quatrième Internationale? Ce n'est pas très agréable. Quand on a rompu avec la Deuxième Internationale, on a changé les fondements théoriques. Ici, non, nous restons sur la base des quatre premiers congrès. On peut aussi proclamer : l'Internationale communiste, c'est nous! Et nous appeler Internationale communiste (bolcheviks-léninistes). Il y a du pour et du contre. Le titre de Quatrième Internationale est plus net. Il y a peut-être là un avantage pour les larges masses. S'il s'agit de la sélection plus lente des cadres, il y a probablement avantage de l'autre côté : Internationale communiste (bolcheviks-léninistes) [4]. »

Un extrait du procès-verbal de cette réunion « familiale » est publié dans un bulletin intérieur ronéotypé de la section américaine.

Le débat est lancé dans toutes les sections, et Trotsky, désormais, a la possibilité d'y intervenir rapidement et même, à certains égards, directement : c'est un avantage énorme dont il éprouve beaucoup de satisfaction, bien que l'opposition ne se manifeste pas avec une grande vigueur et que le « tournant » soit finalement accepté sans réelle difficulté par la majeure partie des oppositionnels.

L'un des avantages de la résidence en France est, bien entendu, que Trotsky peut maintenant rencontrer militants et responsables, se former une opinion sans avoir besoin d'un intermédiaire, convaincre par la parole au lieu d'écrire, bref, avoir une action militante. Il faut cependant prendre des précautions. Le P.C.F. est menaçant. Dans *L'Humanité* du 25 juillet, on parle du « boyard contre-révolutionnaire voyageant avec sa valetaille »; une légende le montre « entouré de ses domestiques »... Le 25, l'un des rédacteurs les plus répugnants de *L'Humanité*, P. Laurent-Darnar, a parlé du « repaire » du « nouveau garde blanc », tandis qu'un communiqué du bureau politique a appelé toutes les organisations du parti à « prendre toutes dispositions » pour exprimer leur mépris « pour le renégat » en réplique à sa « provocation ». Parlant de l'arrivée à Marseille, Laurent-Darnar assure : « M. Trotsky, couvé par la flicaille de France, s'avère agent méprisable du gouvernement [5]. » Il n'est pas douteux que le P.C.F. peut un jour conduire à la résidence des Trotsky, des agresseurs, voire des tueurs.

C'est cette préoccupation qui explique le luxe de précautions pris pour le choix et l'acheminement des visiteurs, militants ou personnalités privilégiés que Raymond Molinier contacte à Paris et dont il organise le voyage, sans que les intéressés connaissent avant leur arrivée leur destination exacte. Il y a bientôt plusieurs dizaines de personnes qui sont ainsi dans la confidence et connaissent la résidence de Trotsky. Il semble bien qu'aucune fuite ne se soit pourtant produite, malgré des paniques soudaines et des inquiétudes permanentes : la retraite de Saint-Palais ne sera pas connue de la presse, ni du G.P.U., à qui cette information fera d'ailleurs cruellement défaut, au moment de la préparation des procès de Moscou.

C'est Trotsky qui est, au premier chef, responsable des imprudences commises dans ce domaine, mais qui se révéleront finalement sans conséquence. Il insiste beaucoup auprès de ses jeunes camarades pour être mis en contact direct avec des militants communistes, oppositionnels ou susceptibles de le devenir, appartenant à la base, des « ouvriers », y compris, bien entendu, et même surtout quand ils sont encore membres du Parti communiste. Parmi les visiteurs de la maison, on compte des oppositionnels comme l'ostréiculteur Courdavault, d'Oléron, le cheminot du Blanc Louis Saufrignon, le plombier, devenu jardinier, Mary Philippe, l'instituteur Roger Turquois, mais aussi des militants ordinaires du P.C. comme le chauffeur de taxi Cureaudeau et le marchand de vélos Jean Gourbil.

Le gros des visiteurs est composé cependant par les militants des diverses organisations de l'opposition. Ils viennent d'abord pour de simples rencontres, des réunions d'éclaircissements, puis pour des discussions et des concertations. L'Opposition française, la Ligue communiste et, avec elle, l'Opposition internationale, connaissent une nouvelle crise avec les réserves, puis l'hostilité déclarée au tournant du « groupe juif » parisien que va bientôt appuyer un dirigeant de la Nouvelle Opposition Italienne (N.O.I.), Mario Bavassano, dit Giacomi, un ancien de l'appareil militaire de l'I.C. Ils sont soutenus en sous-main par le secrétaire international (du S.I.) le Grec Yotopoulos-Vitte, et rompent en octobre pour constituer l'Union communiste à laquelle ils ont rallié quelques-uns des premiers visiteurs de Trotsky, Lastérade, Beaussier et Savall notamment.

On voit donc beaucoup de monde aux Embruns. A part Raymond Molinier et Ljova qui vont et viennent, la quasi-totalité des militants parisiens importants, Français ou étrangers, viennent séjourner ou seulement passer. On voit Frankel, l'Allemand Bauer (Ackerknecht), l'Italien Blasco (Tresso) et son compatriote Leonetti, tous trois figures de proue du secrétariat international, les Belges Léon Lesoil, géomètre des mines et Georges Vereeken, chauffeur de taxi, tous les deux anciens membres du comité central du Parti communiste belge, le jeune Suisse Walter Nelz (Ost) venu de Zurich à bicyclette [6], le tout jeune Allemand Walter Held, de passage entre Prague et Amsterdam, Pierre Naville, bien entendu, l'Allemand Karl Erde, doublement clandestin, dans la société et dans le K.P.D., ancien responsable du

M. Apparat, l'appareil militaire du parti allemand. Il vient aussi une délégation du « groupe juif », dont nous ne connaissons pas la composition, et le jeune Torielli qu'on appelle Pierre Rimbert, qui a quitté la Ligue et combat le tournant, et l'un des militants ouvriers du Nord, Eugène Devreyer.

D'autres militants viennent pour des raisons techniques. Le docteur Breth, l'oncle de Jiří Kopp, est venu de Reichenberg faire un bilan de la santé de Trotsky et éclaircir, si possible, la question de ses accès de fièvre. Le coiffeur René Lhuillier vient de Paris pour lui couper les cheveux. Jean Meichler et Henri Molinier, comme Maurice Segal et Raymond Leprince, collaborateurs de Raymond Molinier dans les affaires, sont souvent là aussi, en qualité de chauffeurs ou pour des tâches matérielles qui ne manquent pas.

Au moment de la conférence de Paris – dont il sera question dans un chapitre particulier – c'est un défilé, à Saint-Palais, de représentants des différentes organisations socialistes de gauche, avec plusieurs responsables de l'I.L.P. (Independent Labour Party) britannique, Jennie Lee, John Paton, C.A. Smith, les Néerlandais de l'O.S.P. (Parti socialiste indépendant). Jacques de Kadt et P.J. Schmidt, et, venu seul, le dirigeant du R.S.A.P. (parti révolutionnaire socialiste ouvrier) néerlandais, Henk Sneevliet, et celui du Parti socialiste ouvrier allemand, le S.A.P., Jakob Walcher, vieux militant syndical massif et solide; un peu plus tard, c'est l'économiste du S.A.P., Fritz Sternberg, avec qui Trotsky discute pendant plusieurs jours de la situation mondiale.

André Malraux vient le 7 août; les deux hommes ont deux entretiens successifs et parcourent ensemble les vastes horizons. Sur la base des éléments donnés par Malraux, van Heijenoort et Jean Beaussier, Gérard Roche a fait une mise au point : les deux hommes ont parlé de l'art, du cinéma et de la danse, du christianisme, des rapports entre communisme et individualisme, de la campagne de Pologne en 1921, de la situation mondiale, de la mort – dans laquelle Trotsky voit « un décalage d'usure, celle du corps et celle de l'esprit », sans quoi il n'y aurait pas de résistance et la mort serait simple [7].

Trotsky reçoit aussi la visite de Maurice Parijanine, le traducteur en français des grandes œuvres du début de l'exil, celle de l'ingénieur américain John Becker, qui est devenu l'un des principaux agents d'information et de liaison de Sedov avec l'U.R.S.S. Un autre visiteur est Julian Gumperz, ex-militant du parti allemand, candidat au financement d'une revue commune des groupes d'opposition.

Un élément nouveau dans la vie de Trotsky à cette époque, c'est la détérioration de ses relations, tant personnelles que politiques, avec Raymond Molinier, et la crise sérieuse qui les oppose. D'abord parce que Molinier a eu une attitude ambiguë avec les adversaires du tournant. Ensuite parce que Trotsky est informé pour la première fois concrètement, par un homme en qui il a toute confiance, l'Italien Blasco, de la nature – violences et chantage – des méthodes employées, pour faire de l'argent, par l'Institut français de recouvrement qui est le bastion des « affaires » de Molinier.

Guéri de son lumbago, Trotsky connaît à Saint-Palais quelques semaines de très bonne santé et d'activité intense. Il sort peu cependant, seulement pour de brèves promenades en voiture sur les chemins entre les vignes. Mais il passe plus de temps dans le jardin où il joue beaucoup avec les deux bergers allemands amenés par Raymond Molinier pour la garde, Benno et Stella. A la fin d'août pourtant, il est repris par de nouveaux accès de la fièvre mystérieuse dont il n'a jusqu'à présent souffert que dans les moments de tension, au cours de batailles politiques intenses. Il passe des journées entières au lit, ruisselant de sueur, et écrit à Natalia, partie quelques semaines pour se soigner et visiter des amis, des lettres plutôt mélancoliques.

C'est avec joie qu'il a retrouvé Ljova, à cause de qui il a vécu, sans le dire, des mois d'angoisse, dans les derniers temps de son séjour allemand et après la mort de Zinaida. Les retrouvailles ont sérieusement rapproché le père et le fils, dont l'accord politique sur le tournant et ses conséquences semble avoir été total, par-dessus le marché. Le 19 septembre 1933, à la veille du départ de Ljova pour Paris, Trotsky écrit à Natalia cet émouvant aveu :

> « Je regrette que Ljova s'en aille; ici, on me traite très bien, mais, tout de même, il n'y a personne qui soit tout à fait *mien* [8]. »

C'est Ljova qui soulève, dans une des lettres échangées à la hâte entre les deux hommes pendant l'été, la nécessité d'une clarification de ce qu'il appelle « la question russe », loin, selon lui, d'avoir été réglée par l'affirmation de la nécessité d'un « nouveau parti bolchevique ». La formation en U.R.S.S. d'un nouveau parti n'implique-t-elle pas la perspective d'une « nouvelle révolution »? Ne faudra-t-il pas arracher par la force le pouvoir à la bureaucratie, même s'il ne s'agit pas d'une révolution sociale? Ne serait-il pas nécessaire, à la lumière de la nouvelle orientation, de revenir sur la question de la nature sociale de l'Union soviétique pour aider les militants qui, sur ce point au moins, ne voient plus clair [9]?

Trotsky, pendant ces semaines, a finalement tranché la question de ce que sera son prochain travail et s'est décidé pour un *Lénine* qui devrait être l'œuvre de sa vie. Il a commencé à rassembler des matériaux et à penser à l'architecture générale de l'œuvre, mais se rend aux arguments de Ljova, sans résistance, et consacre les dernières semaines de son séjour à Saint-Palais – les heures du moins où la fièvre l'épargne – à l'élaboration du travail que lui a demandé Ljova et qu'il titre « La IVe Internationale et l'U.R.S.S. La nature de classe de l'État soviétique [10]. »

Polémiquant un peu tous azimuts – contre Lucien Laurat, Simone Weil, Urbahns et tous les anciens communistes qui s'efforcent peu ou prou de donner une définition nouvelle de la nature de l'État soviétique, il place au centre de son analyse celle de la bureaucratie dont il considère qu'elle n'est pas une classe et que son monopole du pouvoir en U.R.S.S. ne modifie pas le caractère social « ouvrier » des bases de l'économie et de la société dans ce pays. Il écrit :

« La *classe*, pour un marxiste, représente une notion exceptionnellement importante et d'ailleurs scientifiquement définie. La classe se détermine non pas seulement par la participation dans toute la distribution du revenu national, mais aussi par un rôle indépendant dans la structure générale de l'économie, par des racines indépendantes dans les fondements économiques de la société. Chaque classe (féodaux, paysannerie, petite bourgeoisie, bourgeoisie capitaliste, prolétariat) élabore ses formes particulières de propriété [11].»

Or la bureaucratie ne présente, selon lui, aucun des traits sociaux qui permettent de la considérer comme une classe :

« Elle n'a pas de place indépendante dans le processus de production et de répartition. Elle n'a pas de racines indépendantes de propriété. Ses fonctions se rapportent, dans leur essence, à la *technique* politique de la domination de classe. La présence de la bureaucratie, avec toutes les différences de ses formes, et de son poids spécifique, caractérise *tout* régime de classe. Sa force est un reflet. La bureaucratie, indissolublement liée à la classe économiquement dominante, est nourrie par les racines sociales de celle-ci, se maintient et tombe avec elle [12]. »

A ceux qui, comme Lucien Laurat, s'appuient sur le fait que la bureaucratie dévore une part importante du revenu national, pour la définir comme une nouvelle « classe exploiteuse », Trotsky répond que la bureaucratie existe aussi dans les pays capitalistes où elle engloutit aussi une part importante du revenu national, sans constituer pour autant une classe indépendante de la classe dominante. Sur la bureaucratie stalinienne, il écrit :

« Elle engloutit, dissipe et dilapide une partie importante du bien national. Sa direction revient extrêmement cher au prolétariat. Elle occupe une situation extraordinairement privilégiée dans la société soviétique, non seulement au sens de droits politiques et administratifs, mais aussi au sens d'énormes avantages matériels. Cependant les appartements les plus grands, les beefsteacks les plus saignants et même les Rolls-Royce ne font pas encore de la bureaucratie une classe dominante indépendante [13]. »

Après avoir souligné que l'inégalité sociale est une forme inévitable dans un régime de transition de « l'héritage monstrueux du capitalisme », il écrit :

« La bureaucratie ébranle les attaches morales de la société soviétique, engendre un mécontentement aigu et légitime des masses et prépare de grands dangers. Néanmoins, les privilèges de la bureaucratie en eux-mêmes ne changent pas encore les bases de la société soviétique, car la bureaucratie tire ses privilèges, non de certains rapports particuliers de propriété, propres à elle, en tant que “ classe ”, mais des rapports mêmes de possession qui furent créés par la révolution d'Octobre [14]. »

Sur l'analyse de l'Union soviétique dans son état du moment, il conclut :

« Quand la bureaucratie, pour parler simplement, vole le peuple [...], nous avons affaire non pas à une *exploitation de classe*, au sens scientifique du terme, mais à un *parasitisme social*, quoique sur une très grande échelle [15]. »

Pour être parfaitement clair avec les perspectives, il ajoute :

« Si aujourd'hui en U.R.S.S. apparaissait au pouvoir un parti marxiste, il restaurerait le régime politique, changerait, purifierait et dompterait la bureaucratie par le contrôle des masses, transformerait toute la pratique administrative, introduirait une série de réformes capitales dans la direction de l'économie, mais en aucun cas il n'aurait à accomplir un *bouleversement dans les rapports de propriété, c'est-à-dire une nouvelle révolution sociale* [16]. »

L'appareil stalinien défend certes le régime né d'octobre, qui est la source de ses privilèges, par ses méthodes propres, mais il en prépare l'effondrement avec l'étranglement du parti et des syndicats qui signifient l'atomisation du prolétariat, l'étouffement administratif des antagonismes sociaux. A l'avenir, la véritable guerre civile pourrait éclater, « non pas entre la bureaucratie stalinienne et le prolétariat », mais entre « le prolétariat et les forces actives de la contre-révolution » et ce serait alors la victoire du parti prolétarien sur la contre-révolution qui assurerait l'élimination de la bureaucratie.

Trotsky ne croit pas à la possibilité pour le pouvoir soviétique de se maintenir longtemps sur la base des seules forces de classe intérieures : l'avenir de l'U.R.S.S., il le répète encore, dépend de la victoire de la révolution mondiale – et la victoire de celle-ci dépend de la formation de nouveaux partis communistes et de la nouvelle Internationale qu'il s'est décidé à appeler « IVe Internationale ».

C'est cette dernière qui constitue pour lui la clé de l'avenir, y compris du destin de l'Union soviétique :

« Le jour où la nouvelle Internationale montrera aux ouvriers russes non pas en paroles, mais dans l'action, qu'elle est, et elle seule, pour la défense de l'État ouvrier, la situation des bolcheviks-léninistes à l'intérieur de l'Union soviétique changera en vingt-quatre heures. La nouvelle Internationale proposera à la bureaucratie stalinienne le front unique contre les ennemis communs. Et si notre Internationale représente en soi une force, la bureaucratie ne pourra pas, à la minute du danger, se refuser au front unique. Que restera-t-il alors des mensonges et des calomnies accumulés pendant de nombreuses années [17]? »

Cette mise au point sur l'Union soviétique, réclamée par Ljova, vient clore pratiquement la période de Saint-Palais.

* * *

Nous avons peu d'éléments sur le voyage qui a suivi l'été de Saint-Palais, une détente recommandée par les médecins et souhaitée vivement par Natalia et L.D. comme un séjour à deux dans la solitude.

Revenue de Paris en voiture le 8 octobre avec Henri et Raymond Molinier, Natalia retrouvait un L.D. qui n'avait pas encore changé son aspect physique pour s'assurer l'anonymat dans leur escapade. Ce n'est que le 9 au matin, après avoir renoncé à se teindre les cheveux, que Trotsky rasa lui-même sa barbiche, ce qui, effectivement, le rendait difficilement reconnaissable.

A 11 heures du matin, le couple Trotsky prend la route, avec Henri Molinier et Jean Meichler. Ils arrivent à Bordeaux à 16 heures et s'y arrêtent, du fait d'une avarie de moteur : ils vont coucher à l'hôtel Faisan, place de la Gare. Après une vaine attente pour la réparation de la voiture, les voyageurs se décident à en louer une autre et repartent le 11 octobre, passant la nuit à Mont-de-Marsan. Ce n'est que le 12 qu'ils arrivent à Bagnères-de-Bigorre. Henri Molinier, reparti pour Paris, est remplacé par Jeanne, qui arrive le 17 octobre. Nous savons que Trotsky continue de lire les journaux, mais s'abstient totalement d'écrire. Nous savons qu'ils ont fait une excursion à Lourdes, ce qui l'amènera à écrire un peu plus tard dans son *Journal d'Exil :*

> « Quelle grossièreté, quelle impudence, quelle vilenie! Un bazar aux miracles, un comptoir commercial de grâces divines. La grotte elle-même fait une impression misérable. C'est naturellement là le calcul psychologique des prêtres : ne pas effrayer les petites gens par les grandioses dimensions de l'entreprise commerciale : les petites gens craignent une vitrine trop magnifique. En même temps, ce sont les plus fidèles et les plus avantageux acheteurs. Mais le meilleur de tout, c'est cette bénédiction du Pape, transmise à Lourdes... par la radio. Pauvres miracles évangéliques, à côté du téléphone sans fil!... Et que peut-il y avoir de plus absurde et de plus repoussant que cette combinaison de l'orgueilleuse technique avec la sorcellerie du super-druide de Rome! En vérité, la pensée humaine est embourbée dans ses propres excréments [18]. »

Après ce séjour de repos, les voyageurs, toujours accompagnés de Meichler, prennent le 31 octobre l'autobus du retour pour Tarbes et, de là, pendant la nuit, le train pour Orléans où Raymond Molinier les attend en voiture. Tandis que Jean Meichler continue sur Paris, Raymond conduit les deux voyageurs à Barbizon, dans la ville louée pour eux par Henri Molinier, qui les attend sur place avec Van, le 1er novembre 1933.

C'est encore Van qui décrit la maison, aujourd'hui démolie, à la lisière de la petite ville de Barbizon, en Seine-et-Marne, à une cinquantaine de kilomètres de Paris, connue par ses peintres et extrêmement calme alors. Il écrit :

> « Henri Molinier avait loué une villa qui se trouvait sur un petit chemin longeant la forêt. La villa Ker-Monique avait deux étages; les pièces étaient petites, les escaliers et les couloirs étroits. Nous nous sentions entassés dans cette maison, ce n'était plus l'espace de Prinkipo ou de Saint-Palais. La chambre et le bureau de Trotsky étaient au premier étage. Le jardin n'était pas grand. La villa n'était guère qu'un pavillon de banlieue, mais l'endroit était calme [19]. »

L'immense supériorité de la nouvelle demeure est évidemment dans sa proximité de Paris et la grande facilité des déplacements, en voiture ou en autobus, qui permettent d'éviter les foules des gares de chemin de fer. Du coup, le mode de vie est presque à l'opposé de celui de Saint-Palais. Il n'y a plus de visiteurs, même camarades. La population permanente de la maison est composée de L.D. et Natalia, Rudolf Klement, Sara Weber, Jean van Heijenoort et sa compagne, Gaby Brausch, qui s'occupe de la cuisine et du ménage avec Natalia, et avec l'aide, une fois par semaine, de Barbara, de son vrai nom Deborah Seidenfeld-Stretielski, compagne de Blasco, appelée « la Blascotte ». En février, il faut tout réorganiser. Sara Weber est rentrée précipitamment aux États-Unis. Van et Gaby vont se fixer à Paris où les attendent des tâches politiques. A leur place viennent s'installer Otto Schüssler et sa femme Gertrud Schröter; un militant polonais, Max Gavenski, vient de temps en temps pour dactylographier en russe [20].

Les seuls visiteurs sont des visiteurs réguliers : Henri Molinier, qui connaît la villa puisqu'il l'a trouvée et louée, Ljova et Jeanne qui viennent le plus souvent en voiture, afin de mieux repérer et semer d'éventuels suiveurs indiscrets. Trotsky ne se prive pas de prendre personnellement des contacts. Seulement c'est lui qui se déplace désormais, une fois, parfois deux fois par semaine, pour se rendre à Paris, à des rendez-vous arrangés pour lui par Ljova.

Dans les cas les plus importants, les rencontres ont lieu dans l'appartement de Gérard Rosenthal, mais il a également des rendez-vous dans certains cafés de la porte d'Italie, à d'autres domiciles privés et même dans le local de la Ligue communiste, où, sans être vu, grâce à des portes entrouvertes, il assiste à des discussions politiques qui lui apprennent beaucoup.

Il n'est sans doute pas possible de dresser la liste complète de ses rencontres. Du mouvement oppositionnel il a voulu connaître les provinciaux et particulièrement les ouvriers du Nord Albert Cornette, Devreyer. Il a des réunions avec le secrétariat international, celui de la Ligue française, et celui de l'organisation allemande où il rencontre pour la première fois le jeune Allemand des Sudètes Erwin Wolf.

Pour les autres, il faut se contenter d'énumérer les personnes mentionnées dans la correspondance de Sedov. La députée communiste allemande Maria Reese, amie d'Ernst Torgler, responsable de la fraction K.P.D. au Reichstag, en train de rompre avec ce dernier parti. L'ancienne secrétaire de Rosa Luxemburg, Fania Jezerskaia, qui offre ses services techniques. L'homme d'affaires du pays sudète Friedrich Bergel, qui finance le mouvement et y milite aussi sous le nom de Barton. L'avocat Otto Neustedtl, dit Erich Löffler, du même groupe de Reichenberg, le « groupe Rops », formé d'hommes de professions libérales qui collectent beaucoup d'argent. Le vieux militant communiste juif Hershl Mendel Sztokfisz, venu de Pologne, où il est l'un des dirigeants de l'Opposition. Le député socialiste belge Paul-Henri Spaak, leader de la gauche du parti ouvrier (P.O.B.). Le journaliste Willi

Schlamm a ouvert à Trotsky la porte du prestigieux hebdomadaire allemand de Prague, *Neue Weltbühne*. Ce dernier va aussi rencontrer à sa demande le jeune socialiste italien Carlo Rosselli, fondateur et dirigeant du mouvement *Giustizia e Libertà*, les anciens dirigeants du K.P.D. et de la Gauche allemande, Ruth Fischer et Maslow, et son ancien secrétaire à Prinkipo, Robert Ranc. Des personnalités de « gauche » du mouvement ouvrier français, comme Simone Weil et Daniel Guérin. On peut ajouter à cette liste les noms des visiteurs étrangers membres de l'opposition, comme le jeune Belge Georges Fux ou l'Américain Albert Glotzer.

Certaines de ces rencontres ont été couronnées de succès. Trotsky certes n'a convaincu – le voulait-il? – ni Paul-Henri Spaak ni Carlo Rosselli, mais il a décidé au travail en commun et Ruth Fischer et son compagnon Maslow. Il a gagné à sa fraction l'Allemande Maria Reese et convaincu de la justesse du « tournant » le vétéran venu de Pologne. Cette activité, ses succès personnels contribuent sans doute beaucoup à son moral : pour la première fois depuis des années, il occupe un poste qui lui permet de contribuer directement et personnellement à la construction de l'organisation, de payer de sa personne, de collaborer directement à la marche en avant.

Cette situation était-elle durable? On peut en douter. Les adversaires de Trotsky ne le lâchaient pas des yeux. Au lendemain des violentes manifestations communistes du 9 février 1934, la presse hitlérienne lançait une violente campagne contre lui, le présentant comme l'instigateur des « troubles et de l'agitation » en France. Son ancien secrétaire Jan Frankel, avec qui il était en contact suivi et qu'il avait chargé d'explorer les possibilités d'un « travail de fraction » à l'intérieur de la S.F.I.O., reconnu par un policier parmi les manifestants du 12 février à Paris, fut aussitôt expulsé de France. Le cercle, en fait, se resserre sur lui.

De la part du gouvernement français, Trotsky ne peut raisonnablement s'attendre à ce qu'il ferme les yeux sur son activité, aussi discrète soit-elle, comme l'ont fait les gouvernements à direction radicale qui se sont succédé depuis son arrivée en France. Après la démission de Daladier, au lendemain de l'émeute des Ligues, le 6 février 1934, l'ancien président de la République Gaston Doumergue a constitué le 9 février un « gouvernement d'union » qui ne comprend, bien entendu, ni socialistes ni communistes. Le maréchal Pétain est ministre d'État; le ministre de l'Intérieur est Albert Sarraut, radical, auteur de la célèbre formule : « Le communisme, voilà l'ennemi. » L'aggravation des tensions politiques et sociales rend l'asile de Trotsky de plus en plus précaire.

* * *

Il restait encore à Trotsky à vivre à Barbizon un épisode particulièrement douloureux pour lui : la double capitulation des derniers des « vieux » de l'opposition maintenus en déportation par Staline,

L.S. Sosnovsky, dont la lettre de renonciation – un authentique reniement – parut dans la *Pravda* du 9 février et surtout Khristian Georgévitch Rakovsky, dont le télégramme fut publié le 20 février. Immédiatement prévenu, Trotsky fait, dès le 21 février, une déclaration sur la capitulation de son vieil ami. Il écrit :

« Rakovsky n'a nullement “ capitulé ” dans le sens de Zinoviev, Kamenev et consorts. Il n'a pas renié un seul mot des idées au nom desquelles il combattait avec nous. Il n'a pas reconnu de prétendues fautes commises par l'Opposition de gauche. Il n'a pas proclamé la justesse de la politique dirigeante. Dans les conditions de l'U.R.S.S. que nous connaissons tous, ce trait essentiel de la déclaration de Rakovsky est d'une éloquence exceptionnelle. Il ne fait qu'accentuer le fait que Rakovsky, théoriquement et politiquement, n'a rien à abdiquer ni à abjurer de son passé [21]. »

Rakovsky déclare arrêter un combat qu'il avait en fait cessé depuis des années, dans un isolement absolu et sans aucune perspective. Il faut bien entendu, selon Trotsky, non seulement regretter, mais condamner cette déclaration. Mais c'est peut-être avec un certain soulagement qu'il écrit :

« Nous enregistrons la déclaration purement formelle du vieux lutteur qui, par toute sa vie, a montré son dévouement inébranlable à la cause révolutionnaire, nous l'enregistrons avec douleur et nous passons à l'ordre du jour, c'est-à-dire la lutte doublement vigoureuse pour de nouveaux partis de la nouvelle Internationale [22]. »

En fait, Trotsky a été abusé par l'extrait publié, peut-être à dessein, du télégramme de son ami, et il est difficile, après la publication du texte intégral de la déclaration de Rakovsky dans les *Iszvestia* du 23 février, d'écrire qu'il ne s'agit pas d'une « capitulation » : c'est probablement pour cette raison que, fait sans précédent, *The Militant* du 10 mars publie le texte amputé de ses deux premiers paragraphes.

Trotsky n'a maintenant plus d'illusions. Le 19 mars 1934, il écrit à son fils :

« Au moment même de la victoire de Hitler en Allemagne, nous allions répétant – et avons répété ensuite plus d'une fois – que sans succès de la révolution en Occident, le régime bureaucratique sur le terrain du socialisme national ne pourrait que se renforcer en U.R.S.S. Les quinze mois écoulés ont confirmé cette prévision. La reddition de Rakovsky et de Sosnovsky représente l'une des manifestations de la réaction nationale ou plutôt du désespoir international. On ne peut tenir les positions des communistes internationalistes aujourd'hui que si l'on garde sous les yeux la perspective mondiale. [...] Les anciens oppositionnels en U.R.S.S. étaient hermétiquement coupés de ces perspectives. Leur capitulation est bien entendu pour nous un certain coup moral, mais si l'on pense à toute l'affaire et à la situation individuelle de chacun d'eux vivant littéralement dans une bouteille cachetée – on n'a jamais rien vu de semblable dans l'histoire mondiale du mouvement révolutionnaire –, alors on sera forcément plutôt étonné qu'ils aient tenu ou tiennent sur leur position jusqu'à maintenant [23]. »

Le 31 mars, il revient en public sur la question et, après avoir fait quelques points d'histoire et rappelé les conditions de détention de Rakovsky, il poursuit :

« La déclaration de Rakovsky est l'expression d'un désespoir et d'un pessimisme subjectif. Est-il possible de lutter pour le marxisme quand la réaction triomphe sur toute la ligne? On peut, sans aucune exagération, dire que c'est grâce à Hitler que Staline a vaincu Rakovsky. Cependant cela signifie seulement que la voie choisie par Rakovsky conduit au néant politique. [...] En Rakovsky, nous regrettons l'ami politique perdu. Mais nous ne nous sentons pas affaiblis par sa défection, laquelle, bien qu'elle constitue une tragédie personnelle, apporte une confirmation politique irréfutable de la justesse de notre analyse. L'Internationale communiste est morte en tant que facteur révolutionnaire. Elle n'est capable que de corrompre les idées et les caractères [24]. »

Le coup est pourtant très dur avec la disparition de l' « ami de trente ans », irrémédiablement perdu, dont Trotsky entrevoit peut-être, sans l'imaginer vraiment, le sort tragique qui sera le sien.

C'est en tout cas un signe infaillible de la profondeur de sa douleur que l'ordre donné à Van, quelques jours plus tard, de brûler, avec de vieux papiers, la photo de « Rako » déporté, envoyée par ce dernier en 1932 : « Tenez, vous pouvez brûler cela aussi [25]. »

Dans son *Journal d'Exil*, à la date du 25 mars 1935, il écrit avec une totale lucidité :

« Rakovsky était au fond mon dernier lien avec l'ancienne génération révolutionnaire. Après sa capitulation, il n'est resté personne. Bien que ma correspondance avec Rak-[ovsky] eût cessé – pour raisons de censure – à partir de mon exil, néanmoins, la figure de Rakovsky était restée un lien en quelque sorte symbolique avec les vieux compagnons de lutte. Maintenant il ne reste personne. Le besoin d'échanger des idées, de débattre ensemble des questions, ne trouve plus, depuis longtemps, de satisfaction. Il ne reste qu'à dialoguer avec les journaux, c'est-à-dire à travers les journaux, avec les faits et les opinions [26]. »

* * *

C'est, semble-t-il, accidentellement, qu'a éclaté, en avril 1934, « l'affaire Trotsky », même si son développement et son exploitation n'ont pas relevé du hasard. Au point de départ, il y a d'abord la curiosité, voire l'inquiétude, provoquées à Barbizon, toute petite ville, par des hôtes bizarres ayant des accents étrangers, qui vivent repliés sur eux-mêmes, boivent beaucoup de lait et ne fréquentent guère la population locale. On mumure qu'il s'agit de trafiquants, voire de faux-monnayeurs, on parle de « drogue » et de « traite des blanches ». Les gendarmes de la brigade de Ponthierry – dont Barbizon dépend – sont alertés, intrigués à leur tour. Ils commencent à exercer sur les habitants de la villa une surveillance discrète, attendant patiemment un prétexte pour une intervention qui leur permettrait d'en savoir plus [27].

L'occasion leur en est fournie par une double négligence de Rudolf Klement. Circulant sans éclairage sur son vélomoteur dans la soirée du 12 avril, il est interpellé par les gendarmes de Ponthierry et ne peut produire de papiers d'identité; il est alors gardé à vue dans les locaux de la gendarmerie où l'on examine avec intérêt et stupeur les documents dont il est porteur, à savoir le courrier de Trotsky adressé à Trotsky ou Sedov, à la poste restante de la rue du Louvre à Paris, d'où il revient. Des lettres de Bruxelles, concernant le travail russe, d'Athènes, de Plzen, des États-Unis, des bulletins intérieurs divers, « des documents volumineux » en russe [28]. C'est plus qu'il n'en faut.

Aucun doute n'est possible pour les gendarmes de Ponthierry : ils ont mis la main sur le repaire de Trotsky. Alerté par leurs soins, le procureur de la République de Melun s'adresse immédiatement au contrôleur général des services administratifs, au ministère de l'Intérieur, afin de savoir dans quelles conditions exactes Trotsky a été autorisé à résider en France. Malveillant ou mal informé, le fonctionnaire qu'il obtient au téléphone lui assure que Trotsky a bel et bien été autorisé à résider en France pour raisons de santé, mais à la condition expresse de s'établir en Corse. Cette information est fausse, et plusieurs hauts responsables de la police sont parfaitement informés de sa résidence à Barbizon – à laquelle ils ont donné leur accord, l'ensemble des négociations ayant été menées entre Henri Molinier et un haut fonctionnaire de la Sûreté générale, Henri Cado. Mais aucun des fonctionnaires informés ne démentira publiquement la version invoquée de l'infraction à la résidence autorisée en Corse seulement.

Pendant la nuit, des conversations téléphoniques entre le procureur général, le préfet de Seine-et-Marne et de hauts responsables de la Sûreté générale aboutissent à la décision d'organiser une descente de justice à la villa Ker-Monique, pour s'y assurer de l'identité de ses habitants, dans le cadre d'une information ouverte pour la circonstance, contre Klement « et autres », pour « vol, complicité et recel ». Interrogé par le procureur, Trotsky dément avec indignation la version de l'autorisation de séjour limitée à la Corse. Peu importe cependant que le procureur le croie ou ne le croie pas, vérifie ou ne vérifie pas au bon endroit, à la Sûreté générale. Il est trop tard : prévenus par l'écrivain André Billy, les reporters de la grande presse s'abattent sur Barbizon. Il est désormais difficile, pour des fonctionnaires couards, de rétablir la vérité, et ils ne la rétabliront pas.

Trotsky racontera avec humour, un an plus tard, ce qu'il appelle alors « l'assaut des pouvoirs à Barbizon » :

> « Ce fut le plus comique *quiproquo* qu'on puisse imaginer. L'opération etait dirigée par Monsieur le procureur de la République de Melun – un haut personnage du monde de la justice – accompagné d'un petit fonctionnaire du tribunal, d'un greffier écrivant à la main, d'un commissaire

de la Sûreté générale, de mouchards, de gendarmes, de policiers, au nombre de plusieurs dizaines. L'honnête Benno, la molosse, tirait éperdument sur sa chaîne. Stella lui faisait écho de derrière la maison. Le procureur me déclara que toute cette armée était venue à cause ... d'une motocyclette volée. [...] Il était bien le procureur de la République! Ces hauts dignitaires, il ne faut jamais les regarder de trop près. Il s'était présenté chez moi, soi-disant pour une affaire de motocyclette volée [...], mais me demanda d'emblée quel était mon vrai nom. [...] De tous ces visiteurs, seul le greffier, un vieil homme, donnait une impression sympathique. Quant aux autres [29]... »

Le procureur constate que le passeport de Trotsky comporte la mention « autorisé à résider en Seine-et-Marne » apposée par la Sûreté générale, et le précise dans son rapport. La presse, elle, se déchaîne : Trotsky a reçu le procureur avec deux revolvers sur son bureau, s'est vanté d'être « un vieux conspirateur », parle de « la vie étrange dans la maison », de son activité en faveur de la IVe Internationale, preuve qu'il poursuit sur le territoire français des activités politiques incompatibles avec son statut d'étranger! Le comble de la lâcheté est atteint quand, le même 16 avril, sur proposition du ministre de l'Intérieur Albert Sarraut, le Conseil des ministres décide d'annuler l'autorisation de séjour en France de Trotsky, « ce dernier n'ayant pas observé les devoirs de neutralité politique comme il s'y était engagé au moment où on lui accordait l'hospitalité en France [30] ».

Ainsi se termine ignominieusement le « séjour libre » de Trotsky en France démocratique, par une décision qui satisfait la presse nazie. Van a raconté les derniers jours à Barbizon, le départ clandestin de Trotsky, dans la soirée du 15 avril et son installation secrète dans un pavillon de Lagny, loué par Sedov à titre de précaution, le siège de « Ker-Monique » par les journalistes auxquels il donne le change, son opération d'intoxication des inconnus qui ont mis sur écoutes le téléphone de la maison. Il raconte aussi la foule haineuse du dimanche, les forcenés qui tentent d'escalader la grille et hurlent leurs menaces : il confesse que, pendant toutes les années vécues près de Trotsky, c'est seulement en ces jours qu'il eut peur [31].

Le gouvernement français s'est mis dans une situation difficile. Il cherche un compromis. Formellement expulsé, Trotsky ne le sera pas en fait et ne sera pas non plus interné. Après avoir, semble-t-il, envisagé de l'envoyer à Madagascar ou à la Réunion, le gouvernement Doumergue décide qu'il pourra rester sur le territoire dans des conditions agréées par les autorités qu'elles lui laissent proposer lui-même.

Expulsé juridiquement sans l'être physiquement, vivant en France sans visa, privé de ressources et de toute possibilité d'en appeler à une opinion publique intoxiquée par les clameurs chauvines qui dénoncent en lui l'homme couvert de sang qui a « trahi » les Alliés à Brest-Litovsk, il n'a jamais été aussi démuni et presque sans défense.

Il ne baisse pourtant pas les bras.

CHAPITRE L

Première percée avec les « quatre [1] »

Après avoir expliqué la portée du tournant qu'il proposait, Trotsky s'est personnellement mis au travail comme le lui permettaient les nouvelles conditions de sa résidence.

Il est nécessaire, à ce point du récit, de l'interrompre au moment de la décision d'expulsion pour tenter de dresser un bilan de ses efforts pour établir les fondations de la IVe Internationale.

Dès son installation en France, profitant de la liberté de manœuvre qui lui est laissée initialement par le secret de son séjour, il s'est tourné vers les organisations socialistes de gauche pour chercher à construire avec elles ou à partir d'elles le cadre nécessaire à la nouvelle Internationale et à de nouveaux partis.

Les organisations socialistes de gauche sont, à cette époque, nombreuses et variées. L'Independent Labour Party (l'I.L.P.) [2] est la plus ancienne. Ce parti, fondé en 1898, a été lui-même à l'origine du Labour Party auquel il est resté adhérent jusqu'en 1932, puis « désaffilié » après la crise du Labour qui a suivi le ralliement de son chef Ramsay MacDonald à la politique d'Union nationale. En 1933, l'I.L.P., sous la poussée d'une base ouvrière frustrée d'espérances par la défaite électorale du Labour et l'absence de perspectives, semble hésiter entre un cours révolutionnaire autonome, confusément exprimé par une génération de jeunes comme Fenner Brockway et un rapprochement avec l'Internationale communiste qui lui fait une cour assidue par-dessus la tête du P.C. britannique.

Deux des organisations socialistes de gauche les plus importantes sont aussi les plus récentes. Le S.A.P. allemand [3] a compté jusqu'à 30 000 membres avant l'avènement de Hitler, bien qu'il n'ait jamais réussi à avoir d'audience électorale [4]. Il vient de passer sous la direction d'un groupe de communistes oppositionnels venant de la K.P.O. – opposition du P.C. – brandlérienne, animé par Walcher et Frölich, ce dernier interné début 1933 [5]. Ses Jeunesses sont animées par le jeune Willy Brandt. Né au début de 1932 d'une scission à gauche du parti social-démocrate néerlandais, l'O.S.P. – parti socialiste indépendant, qui s'aligne sur le S.A.P. et est animé par l'ancien communiste

Jacques De Kadt et l'ancien dirigeant social-démocrate P.J. Schmidt [6].

Ces partis ont entamé en 1932 un processus de regroupement international auquel Trotsky n'a pas accordé sur le coup une grande attention, mais que le « tournant » place maintenant au centre de ses préoccupations. Avec le D.N.A. – le Parti ouvrier norvégien exclu en 1923 de l'Internationale communiste et resté, depuis, libre de toute affiliation internationale – et le minuscule Parti indépendant polonais, I.L.P., S.A.P., O.S.P., ont constitué une « Communauté de travail internationale » l'I.A.G. [7].

Ce nouveau centre international n'est pour le moment qu'une organisation composite, réunissant des organisations bien différentes par leur histoire et le sens de leur développement. De toute évidence, le S.A.P. et l'O.S.P. vont à gauche, cependant que le D.N.A. se rapproche de la IIe Internationale en même temps que de la victoire électorale et des portefeuilles ministériels dans le gouvernement royal. Tel qu'il est cependant, il contribue, par sa seule existence, à aggraver la crise qui fait rage dans les organisations de l'opposition brandlérienne internationale, où d'importantes minorités et parfois des sections entières, comme dans le cas du P.C. suédois de Karl Kilbøm, exclu en bloc de l'I.C. en 1929, ne supportent plus la politique de « neutralité » vis-à-vis des questions russes, ni la politique de « redressement ».

Le pas décisif s'est produit en juin 1933, quand la direction clandestine du S.A.P. allemand s'est prononcée en faveur de la constitution d'un « nouveau parti » et d'une « nouvelle Internationale ». A sa suite, la conférence de Bruxelles de l'I.A.G., constatant la « faillite » des deux Internationales existantes et se prononçant en conséquence pour la « recréation du mouvement ouvrier international », a convoqué à Paris pour la fin août une conférence internationale des organisations socialistes et communistes qui se trouvent en dehors des deux grandes Internationales.

Trotsky a très rapidement pris la mesure de l'I.A.G. Ce regroupement hétérogène peut se révéler très vite le principal obstacle à la constitution d'une nouvelle Internationale, en tant que formation « centriste », bloquant l'évolution à gauche de partis comme le S.A.P. et l'O.S.P. en les liant à des partis opportunistes et parlementaristes comme le D.N.A. tout en fournissant à celui-ci une bonne couverture à gauche. Il ne s'agit pas pour autant, selon lui, de dénoncer systématiquement ce regroupement, mais de proposer une solution alternative aux formations de gauche qui l'on rejoint.

Pour le moment, il n'a pas de mal à convaincre ses propres camarades d'accepter les premières implications du tournant. Le plénum du secrétariat international, réuni à Paris les 19 et 20 août 1933, adopte cette politique et, à une large majorité, approuve les négociations qui vont s'ouvrir à Saint-Palais entre Trotsky et des représentants des principales organisations socialistes de gauche.

Celles-ci commencent le 18, avec l'arrivée de Sneevliet et de Walcher. Avec le R.S.P. néerlandais – Parti socialiste révolutionnaire – du premier [8], l'Opposition de gauche a collaboré régulièrement dans les années précédentes. L'obstacle à l'unification a disparu depuis le tournant et l'abandon de la politique de « réforme ». Sneevliet se fait fort de rallier son parti et de collaborer à l'entreprise en direction du S.A.P., ce qui signifie pour lui, à court terme, la fusion avec l'O.S.P. – Parti socialiste indépendant – de P.J. Schmidt et la formation d'un parti socialiste et révolutionnaire au Pays-Bas.

Le compte rendu de la discussion entre Trotsky et Walcher [9], établi par ce dernier, ne relève pas au premier abord de grosses difficultés, puisque le S.A.P. a pris, sur le terrain des principes, une position rigoureusement identique à celle de Trotsky. On prévoit donc une fusion rapide du S.A.P. et des anciens oppositionnels allemands, organisés maintenant dans les I.K.D. Le gros de la discussion entre les deux hommes porte sur la meilleure façon d'organiser ensemble la nouvelle Internationale.

Il est normal que Walcher ait encore les yeux tournés vers les partenaires internationaux de Brandler – la « droite » de l'I.C. [10] –, qu'il connaît bien. Trotsky accepte bien volontiers son point de vue sur la nécessité d'essayer de détacher des brandlériens et de gagner à la politique de la nouvelle Internationale le P.C. de Suède, le groupe norvégien de *Mot Dag* – exclu du P.C. – et la K.P.O. de Suisse, tous les trois proches de la L.C.I. – nouveau nom de l'ancienne Opposition de gauche – et du S.A.P., tant sur la question russe que sur celle des nouveaux partis et de la nouvelle Internationale [11]. Le désaccord subsiste en tout cas sur la question d'une collaboration avec les brandlériens. Walcher souhaite inviter ces derniers à collaborer à la création de la nouvelle Internationale, ce à quoi Trotsky, qui les considère comme une couverture des staliniens, est résolument opposé [12].

Il y a également désaccord entre Trotsky et Walcher sur la question du D.N.A. Tous deux portent certes la même appréciation sur la nature et la politique de cette organisation, son orientation à droite et ses perspectives purement électoralistes. Mais Walcher souhaite la ménager, ne pas précipiter « artificiellement » une rupture qui, assure-t-il, ne serait pas comprise des ouvriers norvégiens qui sont tous, pour le moment, derrière ce parti [13].

Walcher n'accepte pas non plus l'analyse par Trotsky des tendances historiques de l'Internationale communiste, l'étiquette « de gauche » qu'il se donne à lui-même, celle de « droite » qu'il attribue à Brandler – et autres. Il rappelle que, bien qu'étiqueté comme « droitier », il a bel et bien réussi à gagner au communisme une organisation social-démocrate d'origine [14]. Il conteste aussi l'interprétation par Trotsky du fiasco d'octobre 1923 en Allemagne et continue à justifier la décision de retraite prise alors par Brandler [15]. Il justifie enfin, contre Trotsky, la politique qui a inspiré initialement la formation du comité syndical anglo-russe [16]. Ce sont là sans doute des frictions inévitables entre organisations issues de fractions longtemps hostiles et d'une histoire riche en conflits : plus inquiétante peut-être est la réserve exprimée par Walcher, au nom de son parti, contre ce qu'il appelle « le pouvoir personnel » de Trotsky dans l'Opposition de gauche [17] :

n'exprime-t-il pas ici, sinon sa propre résistance, du moins les réticences de nombre des camarades de son organisation à l'égard d'un homme qu'ils ont longtemps combattu et qu'ils redoutent?

Ces divergences n'empêchent pas les deux hommes d'avancer et de se mettre d'accord sur les grandes lignes d'une résolution à présenter à la conférence de Paris sur la nécessité et les principes de la nouvelle Internationale. Impressionné par ce que Walcher lui a dit sur la conquête du S.A.P. par ses partisans, Trotsky suggère l'emploi d'une méthode identique pour accélérer le développement politique de l'I.L.P., et propose de demander au petit groupe de l'opposition britannique, constitué l'année précédente, d'entrer dans l'I.L.P. pour y travailler à la différenciation interne et vertébrer ainsi l'opposition révolutionnaire qui s'y cherche. Il suggère aussi à Walcher d'utiliser l'influence qu'il peut avoir sur le groupe du *Mot Dag* pour lui proposer une opération semblable d'entrée dans le parti travailliste norvégien, le D.N.A., pour y animer un courant de « gauche ».

Le résultat des entretiens de Saint-Palais avec Walcher et Sneevliet, et, un peu plus tard, avec de Kadt et P.J. Schmidt, ainsi qu'à deux reprises avec plusieurs dirigeants de l'I.L.P., est la rédaction et la signature, par Bauer, Walcher (sous le nom de Schwab), Sneevliet et P.J. Schmidt de la « déclaration » qu'on appellera « des quatre » – leurs quatre organisations, Opposition de gauche, S.A.P., R.S.P., O.S.P. – sur « la nécessité et les principes d'une nouvelle Internationale [18] ».

Écrite par Trotsky sous forme de projet, amendée par ses différents partenaires, brève et concise, la déclaration commune part de l'affirmation que la crise a mis à l'ordre du jour la lutte révolutionnaire pour le pouvoir et la dictature du prolétariat. Condamnant la théorie du « socialisme dans un seul pays » et l'attitude « attentiste » de partis social-démocrates comme celui d'Autriche [19], elle constate l' « effondrement » de l'Internationale communiste et assure que tout exige « de façon impérative le rassemblement de l'avant-garde prolétarienne dans une nouvelle Internationale », sans le moindre esprit de conciliation à l'égard du réformisme et du stalinisme, sans la moindre concession aux principes révolutionnaires, « questions de l'insurrection », dictature du prolétariat », « forme soviétique de l'État », etc. [20].

Elle se prononce pour la défense de l'U.R.S.S., « État ouvrier », contre l'impérialisme et la contre-révolution intérieure. Elle rappelle l'absolue nécessité de la démocratie dans le parti, « liberté de critique », « élection des responsables du haut en bas », « contrôle sur l'appareil[21] » et d'une vie interne reposant sur le centralisme démocratique, et informe de la création d'une commission permanente chargée d'élaborer un programme et des thèses et de centraliser les préparatifs en vue de la nouvelle Internationale.

***

L'accord intervenu sur ce texte était aux yeux de Trotsky un événement important, une brèche dans le mur qui isolait jusqu'à présent son organisation. Moins de deux mois après avoir, pour la première fois, signalé l'importance des organisations socialistes de gauche dans la perspective du tournant vers une nouvelle Internationale, il se retrouvait allié avec deux d'entre elles sur cette perspective clairement énoncée. La rapidité avec laquelle se développait ainsi la politique qu'il avait préconisée était sans doute, en même temps qu'un encouragement incontestable, la seule confirmation possible, à ses yeux, de la justesse de sa ligne.

Ce n'était, bien entendu, qu'un premier pas. L'I.L.P. ne suivait pas, et c'était une manœuvre consciente et délibérée de son dirigeant, John Paton, qui avait empêché le texte de devenir une résolution, distribuée en tant que telle à tous les participants, réduisant ainsi sa diffusion et peut-être sa portée immédiate [22]. Plus grave peut-être, aux yeux de Trosky, le S.A.P. et l'O.S.P. avaient accepté de voter la résolution de la majorité, avec des formations opportunistes, et de participer au comité créé au terme de la conférence. Trotsky écrivait cependant à ce sujet qu'il ne fallait pas exagérer ce désaccord :

> « Il serait complètement faux, à partir de là, de renoncer à la tentative honnête de collaborer avec ces deux alliés. Leur participation à un bloc avec nous est une indication sur l'avenir, leur participation au comité un reflet du passé [23]. »

Les difficultés commençaient aussitôt tant dans le S.A.P. que dans l'Opposition de gauche et finalement dans l'O.S.P. et le R.S.P.

La correspondance de Walcher montre en effet qu'il se heurte dans les sommets de son organisation à une certaine résistance. C'est lui qui fait ainsi rebondir la question de la collaboration avec les brandlériens – non abordée pour la conférence où ils n'étaient pas – en proposant de les associer au projet de revue théorique qui est déjà en préparation avec le S.A.P. et la Ligue communiste internationaliste comme noyau. Il insiste longuement dans sa correspondance sur la nécessité de ne pas pousser à la rupture avec le D.N.A. par des initiatives « prématurées [24] ». De toute évidence, le S.A.P. tient à la cohésion de l'I.A.G., la communauté internationale, et redoute un éclatement de cette dernière qui le laisserait en tête à tête avec Trotsky. Celui-ci rétorque en expliquant que c'est aux révolutionnaires de prendre l'initiative et que la question de l'I.L.P., comme celle du D.N.A., sont des questions de principe et non de tactique. Évoquant son propre conflit avec Lénine au temps du bloc d'août, il accuse les amis de Walcher de lui opposer des arguments dans lesquels il voit les pires relents de l'ancien « trotskysme [25] ». Et, sans plus attendre, dans de grands articles explicatifs, il entreprend d'introduire le débat sur et dans l'I.L.P., en les faisant publier dans l'organe de la section américaine. Les désaccords ne sont pas moins sérieux dans les rangs de l'ancienne Opposition de gauche, devenue au plénum de septembre la Ligue communiste internationaliste (L.C.I.).

Les premiers éclatent précisément avec la minuscule section britannique, qui refuse l'application du tournant, sous la forme préconisée par Trotsky, de l'entrée de ses militants dans l'I.L.P. Vitte, qui a approuvé la décision à Paris, l'a combattue en Grande-Bretagne où il s'est appuyé sur la résistance conservatrice de militants exclus une année auparavant du C.P.G.B. et encore pleins des préjugés d'un militant du P.C. à l'égard d'une formation « centriste » qui a, au temps de Lénine, refusé de rejoindre l'Internationale communiste naissante.

Les résistances se révèlent également très vives dans la Ligue française. Le tournant, âprement critiqué de l'extérieur par Landau et par ceux qui sympathisent avec lui, a été néanmoins bien accepté par les militants, faute d'autre perspective. Mais les oppositions se manifestent dès qu'il se concrétise avec la déclaration des Quatre et la participation à la conférence de Paris. Les opposants parlent de manœuvres sans principe, de combinaisons au sommet, d'orientation en direction de la social-démocratie. Trotsky se défend comme un beau diable, évoque Zimmerwald et Kienthal, le vote de Lénine avec Bourderon, explique qu'il n'a fait aucune concession de principe à ses nouveaux alliés et que chacun conserve le droit de « critique réciproque sur la base d'une égalité complète ». Il résume le débat dans la Ligue française en une formule lapidaire :

> « *En avant*, vers une vaste arène, celle de la IVe Internationale, ou *en arrière*, vers les petits cercles cuisant dans leur jus [26]. »

Le mois d'octobre consacre plusieurs ruptures dans les rangs de la L.C.I. : celle du groupe juif qui fonde, comme nous l'avons vu, l'Union communiste; celle du Grec Vitte qui rentre dans son pays pour essayer d'entraîner avec lui son organisation des archiomarxistes. Déjà se dessine la scission de la petite section anglaise, dont la majorité refuse obstinément l'entrée dans l'I.L.P.

Installé à Barbizon, Trotsky dispose cependant des moyens d'intervenir à nouveau personnellement et directement dans le cours de la politique de regroupement qu'il a préconisée et commencé à appliquer.

Au plénum de la L.C.I. qui se tient à Paris les 18 et 19 novembre [27], avec notamment la participation de Sneevliet, il intervient pour défendre sa ligne. Sur la question de la fusion des partis néerlandais, il relève l'hostilité manifeste d'une partie des dirigeants de l'O.S.P., les propos méprisants tenus par des gens comme Sal Tas et de Kadt à l'égard du « marxisme instruit », qui le visent personnellement. A l'accusation d'« ultimatisme » lancée par l'O.S.P., il propose au R.S.P. de répondre par un ultimatum d'avoir à choisir entre le D.N.A. et le R.S.P. et le refus d'aller à la fusion sur une base ambiguë [28].

En ce qui concerne l'unification entre l'I.K.D. et le S.A.P., Trotsky estime que l'attitude du S.A.P. n'est pas exempte d'un certain machiavélisme. A la proposition de discussion faite à l'été par l'Opposition de gauche, il n'y a pas eu de la part du S.A.P. d'autre réponse qu'un accord général de principe. Maintenant, cependant, le S.A.P. réclame la discussion sur... l'attitude sectaire des représentants de l'Opposition de gauche à la conférence de Paris et... un organe théorique en commun avec les brandlériens, ce qui, selon Trotsky, équivaut à une rupture. Il s'interroge et répond :

> « La IVe Internationale se développera-t-elle selon la ligne de l'organisation des Quatre ou bien à travers la Ligue des communistes internationalistes? Ceux qui ont des principes viendront à nous parce que nous sommes l'unique détachement qui comprenne clairement la situation et les perspectives. [...] L'épisode des Quatre est un épisode important, mais nous sommes une organisation permanente. Si nous faisions des concessions, le bloc des quatre deviendrait un frein. C'est un purgatoire par lequel passeront plusieurs organisations [29]. »

Pour le moment, sa perspective continue à passer par les Quatre :

> « C'est notre tâche de faire un produit fini avec la matière brute du S.A.P. Et ce que nous sommes en train de faire avec le S.A.P. et l'O.S.P. se répétera demain avec l'I.L.P. et Kilbøm. [...] Il faut une conférence internationale. La conférence des Quatre constitue un pas important en ce sens [30]. »

Dans les semaines qui suivent, Trosky décide, en attendant la conférence, de lancer une offensive dans le secteur des Jeunesses en mobilisant les forces internationales de la L.C.I. en vue de la conférence internationale organisée par l'O.S.P. dont les jeunes ouvriers constituent la base active [31]... Il accepte finalement le report de la conférence des Quatre réclamé par le S.A.P. qui demande le renvoi de novembre à février, mais insiste et obtient la tenue d'une « conférence préparatoire » à laquelle il va personnellement participer.

C'est le 30 décembre 1933 que celle-ci se tient, à Paris, rue Auguste-Comte dans une pièce prêtée par le docteur et Mme Weil, parents de Simone Weil. Le lieu a été tenu secret jusqu'au dernier moment. Trotsky, une fois de plus, complètement rasé et les cheveux aplatis, est difficilement reconnaissable. Walcher et son lieutenant Boris Goldenberg, Sneevliet et de Kadt se réunissent avec lui et quatre autres délégués de la L.C.I., Bauer, Leonetti (Feroci), Pierre Frank et Pierre Naville, Lev Sedov, sous la présidence de Bauer, avec Rudolf Klement (Steen) comme secrétaire de séance.

Si l'on en croit le compte rendu [32], ce sont les représentants de la L.C.I. qui ouvrent le feu. La réunion tout entière se déroule dans une atmosphère de tension, avec des fréquentes interruptions, des formules assassines, des répliques dures de part et d'autre. L'Allemand Bauer, tourné vers les alliés, leur dit sans ambages qu'ils doivent choisir entre l'I.A.G., devenue dans le langage courant « le bureau de Londres » et le D.N.A., d'un côté, le bloc des Quatre de l'autre [33].

Trotsky développe le point de vue exposé ainsi, d'entrée, par son jeune camarade, dans son style offensif, avec des expressions qu'il affectionne, « parler à coups de fouet », « opérer au rasoir ». Il explique aussi aux gens du S.A.P. et de l'O.S.P. qu'ils doivent choisir, ce qui signifie pour lui qu'ils doivent rompre avec le bureau de Londres. Critiquant au passage le comportement en Norvège, à l'égard du D.N.A., du jeune Willy Brandt, dirigeant du S.A.P., il reprend en conclusion le thème de la nécessaire explication sur la nouvelle Internationale et accuse le S.A.P. d'avoir saboté le projet de revue théorique [34].

Walcher répond avec brutalité. L'Opposition de gauche, dit-il, a changé de politique, mais pas de pratique, comme elle l'a manifesté à Paris où ses délégués se sont distingués par les méthodes « sectaires et stériles bien connues » qui sont les siennes. Il répète qu'il faut inviter, pour la revue, les brandlériens, parce qu'il existe, derrière leurs dirigeants qui refuseront, « des milliers d'excellents camarades ». Il refuse d'accepter que l'on pose « au rasoir » la question « bureau de Londres ou bloc des Quatre ». Il considère que tous les arguments employés aujourd'hui par Trotsky contre sa politique auraient pu l'être contre l'entreprise de conquête du S.A.P. – qui a pourtant été une réussite [35].

A son tour le Néerlandais de Kadt reproche à l'Opposition de gauche de chercher à imposer ses propres principes. Il l'accuse de ne considérer la IVe Internationale que comme un « élargissement de la L.C.I. ». Il ne croit pas personnellement que S.A.P. et O.S.P. demeureront longtemps dans le bureau de Londres, mais se déclare certain qu'on ne peut « rien faire à coups de fouet ». Pour lui, L.C.I. et R.S.P. constituent une « Internationale distincte au sein de la nouvelle Internationale [36] ».

Après Sneevliet, qui souligne les désaccords dans le bloc des Quatre, et aussi entre le S.A.P. et l'O.S.P., et assure que « c'est avec du " sectarisme " qu'on a fait l'histoire du monde [37] », Trotsky reprend la parole pour rappeler qu'à la conférence de Paris il a fallu « l'aide de l'O.S.P. » et « la complaisance du S.A.P. » pour empêcher le vote sur la résolution des Quatre, ce qui devrait inciter Walcher à plus de modération dans ses accusations contre les « sectaires »... Concernant la revue et la proposition Walcher d'y associer Brandler, il répond simplement :

> « Pourquoi pas Manouilsky, le patron, à la place de son laquais Brandler? Il y a certainement, derrière lui aussi, bien des braves gens [38]. »

Il essaie pourtant de calmer les choses et de ramener la discussion à ces questions qu'elle peut régler :

> « Il ne s'agit pas aujourd'hui de savoir quand fonder la IVe Internationale, mais de travailler avec deux fois plus de vigueur à sa construction. Ce serait un non-sens que de proclamer quelque chose qui n'est pas mûr [39]... »

Tourné vers de Kadt, il rappelle des notions élémentaires :

> « Chacun a le droit et le devoir de chercher à convaincre les autres. Personne ne nous prendrait au sérieux ni nous n'essayions pas de faire de

nos principes ceux de la nouvelle Internationale. Nous ne voulons forcer ni rien, ni personne et encore moins les faire passer en contrebande [40]. »

Walcher assure que le bureau de Londres n'est « qu'une source d'information », puis il attaque de nouveau l'Opposition de gauche qui, comme le P.C., à force de dénoncer, n'a fait que s'isoler. Il parle à nouveau, en termes voilés, de la « dictature » de Trotsky dans son organisation, assure que la stérilité de l'Opposition de gauche ne provient pas seulement du fait qu'elle est une ancienne fraction du P.C. et souligne « l'écart entre ses bonnes intentions et le caractère dérisoire de ses réalisations organisationnelles [41] »...

La résolution finale fixe une date pour la conférence proprement dite : qui, des participants de la pré-conférence internationale, y croit véritablement? La question est posée...

L' « épisode » du bloc des Quatre est-il terminé? On pourrait le supposer, mais ce n'est pas l'opinion de Trotsky qui rédige le jour même un communiqué sur la « conférence préparatoire », dans lequel il donne l'essentiel des propositions qu'il y a faites, tout en indiquant qu'elles ont été « acceptées en substance ». Le 5 janvier, il met la dernière main à son troisième article dans *The Militant* sur la question de l'I.L.P., qu'il intitule « Pour la IVe Internationale ». On ne peut pas ne pas voir une justification de son attitude au sein du bloc, quand il écrit :

« Des accords pratiques, temporaires, de combat avec des organisations de masse, même dirigées par les pires réformistes, sont pour un parti révolutionnaire inévitables et obligatoires. Mais des alliances politiques durables avec des dirigeants réformistes, sans programme défini, sans tâches concrètes, sans la participation des masses elles-mêmes à des actions militantes, constituent le pire type d'opportunisme [42]. »

Le 11 janvier, dans un texte qu'il présente comme une réponse à une lettre des militants du S.A.P., il revient sur ces problèmes, sur l'histoire de l'Opposition de gauche, sur l'accusation de « sectarisme » lancée contre elle par les dirigeants sapistes. Tout en affirmant qu'il n'y a pas eu rupture entre le S.A.P. et la L.C.I. et qu'il n'est pas question de mettre un terme au travail commun, il assure :

« Ce serait une prétention inadmissible, pour ne pas parler d'aventurisme, que de proclamer que la nouvelle Internationale a déjà été établie. Bien sûr, nous n'exigeons pas cela. Nous construisons seulement les fondations et préparons la charpente. Mais sur cette charpente, en ce moment même, nous déployons le drapeau de la IVe Internationale afin que tous sachent quel type de construction nous sommes en train de bâtir. Que l'un de ceux qui participent à cette construction arrive demain à la conclusion que ce travail est au-dessus de ses forces ou pas à son goût, nous en serons désolés, mais nous continuerons à dresser les murs. Dans l'intérêt du travail en commun, nous sommes prêts à faire des concessions raisonnables sur toutes les questions pratiques, mais nous ne faisons pas dépendre le destin de la IVe Internationale de la bonne volonté de tel ou tel de nos alliés [43]. »

Le 22 février, dans un article intitulé « Centrisme et IVe Internationale », toujours destiné au *Militant,* il esquisse une phénoménologie du centrisme, ou plus exactement des « innombrables nuances de centrisme » qui se sont, selon lui, à peu près partout substituées aux formes traditionnelles du « réformisme classique ». Il conclut :

> « Il faut traiter avec la plus extrême attention ces groupes qui avancent effectivement vers nous, prêter l'oreille attentivement et patiemment à leurs critiques, leurs doutes et hésitations; les aider à évoluer vers le marxisme; ne pas s'effrayer de leurs caprices, de leurs menaces, de leurs ultimatums (les centristes sont toujours capricieux et susceptibles); ne leur faire aucune concession sur les principes. Et, encore une fois, ne pas craindre de dire ce qui est [44]. »

***

Dans les derniers mois du séjour de Barbizon, en tout cas, après le report *sine die* de la conférence internationale, sur la base du silence obstiné du S.A.P., le climat n'est guère à la collaboration entre les quatre.

Trotsky est bien décidé à ne faire aucune concession sur le terrain des principes. Un article de Jacques de Kadt, dans *De Fakkel,* sur le programme de la nouvelle Internationale, lui suggère un article en forme de lettre dans lequel il présente le point de vue du dirigeant de l'O.S.P. comme un « attentat contre le marxisme », une remise en question de la théorie de classe de la société, un mode de pensée idéaliste et métaphysique [45]. La réponse du même journal de l'O.S.P. à son article « Le Centrisme et la IVe Internationale » lui permet une discussion plus concrète, notamment sur les transformations de la social-démocratie en « centrisme » et l'appui que donnent au réformisme, à travers le bureau de Londres et le D.N.A., les réformistes d'Amsterdam qui, dit-il, se prennent pour des révolutionnaires [46]. Il indique clairement qu'il ne croit pas à la possibilité de gagner à la IVe Internationale la majorité des dirigeants de l'O.S.P. mais qu'il est certain de retrouver sur le même chemin la majorité de ses militants ouvriers.

La conférence des jeunes, organisée par l'O.S.P., sur laquelle Trotsky avait placé beaucoup d'espoirs et investi pas mal d'efforts, se déroule très mal à tout point de vue. Pauvrement organisée, sans précautions particulières et dans un secret total, c'est-à-dire sans aucune publicité protectrice, elle est encerclée un petit matin, dans l'auberge de jeunesse de Laren, où elle se tient, par la police hollandaise, qui retient tous les présents sans papiers et livre notamment trois militants du S.A.P. – dont deux trouveront la mort – à la police de Hitler [47]. Trotsky a des mots durs pour ceux qui traitent une conférence internationale comme « un pique-nique [48] » et voit un rapport étroit entre cette négligence sur le plan de l'organisation et ce qu'il appelle « le flou idéologique du centrisme [49] ».

Il est également déçu par les résultats politiques de la conférence telle qu'elle s'est terminée, après cette tragédie, dans une salle de l'université libre de Bruxelles, où le jeune Walter Held s'est fait manœuvrer par Willy Brandt en acceptant, pour commencer, qu'aucune référence aux organisations communistes ne soit faite dans son titre. La résolution ne comprend pratiquement pas d'allusion, et en tout cas pas d'analyse, à propos du « centrisme » ni *a fortiori* de critique. La partie qui traite de la IVe Internationale parle de la nécessité de « dépasser » la IIe et la IIIe, une « expression menchevique classique », souligne-t-il. Il s'indigne que la résolution ne mentionne pas « la IVe Internationale », mais la formule bien vague d' « une nouvelle Internationale ». Or il découvre que le document qu'il incrimine a été rédigé par une commission spéciale formée de Brandt et du bolchevik-léniniste Held. Ses remarques sont sèches [50]. Il écrit au jeune Allemand :

> « En politique, il s'agit en premier lieu d'affirmer son propre point de vue et non de s'empresser de passer sur les positions de l'adversaire [51]. »

Le seul élément positif qui parvienne à sa connaissance, pendant cette période, lui vient des États-Unis, où ses camarades de la C.L.A. – Communist League of America – ont tenté d'appliquer, dans les conditions de leur pays, les perspectives ouvertes par le tournant. Après des négociations avec les éléments réunis autour de Ben Gitlow, qui sont en rupture avec le groupe brandlérien de Lovestone, ils se sont rapprochés d'un groupe spécifiquement américain, l'American Workers Party (A.W.P.), animé par l'ancien pasteur A.J. Muste, ancien directeur du fameux collège ouvrier de Brookwood, qui a formé, depuis les années vingt, bien des cadres du mouvement syndical nord-américain. L'A.W.P. regroupe des militants ouvriers expérimentés et des jeunes, occupe des positions syndicales et organise les chômeurs. La fusion que la C.L.A. lui propose et dont il accepte le principe ouvre aux anciens oppositionnels la perspective de la fin de leur travail de « propagande » et du début d'un travail de « masse ». Mal informé, trop éloigné pour avoir une opinion personnelle, Trotsky ne peut qu'en prendre acte et, vraisemblablement, se réjouir de la capacité d'initiative de ces disciples, à la fois si lointains sur le plan de la géographie et si proches sur le plan des idées [52].

Dans les premiers mois de 1934, sa politique reçoit des confirmations qui paraissent beaucoup plus importantes que la crise du bloc momentané des Quatre. L'initiative des ligues factieuses françaises, le 6 février, a déclenché au sein du mouvement ouvrier un réflexe défensif qui revêt bientôt l'envergure d'une vague de fond et commence à dicter ses conditions aux appareils politiques des deux grands partis. Pendant les journées décisives, Trotsky a pu lui-même suivre de près les progrès de ses camarades, leur stature nouvelle, leur autorité « unitaire » toute fraîche, notamment dans les rangs de la fédération socialiste de la Seine, autour du social-démocrate de gauche Marceau Pivert et particulièrement au sein des Jeunesses socialistes de l'Entente de la Seine où se développent des courants de gauche tous plus ou moins confusément orientés vers la perspective du combat – donc, à terme, selon lui, de la construction de la IVe Internationale. La dissidence, à Saint-Denis, du rayon prolétarien de Jacques Doriot qui se prononce, contre la politique de division ouvrière, pour le front unique avec les socialistes, lui fait entrevoir la possibilité d'un soulèvement, plus précoce qu'il ne l'avait cru, dans les rangs du Parti communiste français.

Même s'il reste sceptique devant le discours révolutionnariste que dispense désormais en Espagne le vieux leader socialiste réformiste Largo Caballero, il n'ignore pas que cette volte-face du vieux dirigeant reflète une profonde radicalisation des masses [53]. Il est particulièrement attentif à l'évolution des Jeunesses socialistes d'Espagne autour de jeunes dirigeants comme Santiago Carrillo. Elles se déclarent favorables au « bolchevisme », se prononcent pour la « bolchevisation » du Parti socialiste. Elles se sont prononcées pour la IVe Internationale et le portrait de Trotsky est accroché au mur des bureaux de certains de leurs dirigeants [54].

***

Conscient que se noue en France une situation qui peut, à brève échéance, entrer dans une phase révolutionnaire, Trotsky espère à ce moment pouvoir jouer, dans le pays décisif qu'elle est désormais, le rôle de catalyseur et de conseiller qu'il n'a pu vraiment jouer en Allemagne, du fait de son éloignement. Il s'efforce d'armer ses camarades en les conseillant, notamment en vue des combats armés et des affrontements qu'annonce l'ensemble de la situation. Il travaille avec eux à la préparation d'un « programme d'action », teste les nouveaux éléments, rencontre ceux qui s'approchent. Bien sûr, la clandestinité reste de rigueur.

Pourtant, nous l'avons vu, cette période se termine avec l'affaire de Barbizon. C'est de nouveau en exilé et dans les pires conditions matérielles pour un travail politique que Trotsky va devoir faire face à ses tâches de dirigeant. L'errance recommence.

CHAPITRE LI

L'expulsé sans visa [1]

Le 26 avril 1934 commence la pitoyable équipée de l'expulsé sans visa. Les autorités françaises ne veulent pas de Trotsky à Lagny, trop proche de Paris. Il faut donc en partir. Mais où aller?

Les comptes serrés tenus pendant cette période pour les repas au restaurant, chambres d'hôtels, locations de voitures, dépenses diverses comme les lorgnons brisés, nous permettent de reconstituer les trajets avec une certaine précision [2].

Le 27 au petit matin, ou peut-être le 26 au soir, Trotsky et Natalia Ivanovna quittent Lagny en voiture avec Jean Meichler et Raymond Molinier. Ils laissent Natalia à Paris, où elle va rester avec Ljova, et reprennent la route. A midi, ils sont à Saulieu, à l'hôtel de la Poste. Nous les perdons ensuite de vue pendant les trois jours suivants pendant lesquels nous savons que, de son côté, Henri Molinier continue de négocier avec l'Intérieur où l'on parle d'assigner Trotsky à résidence à la Réunion ou à Madagascar.

Il semble que, le 3 mai, ils aient quitté Dijon, où ils avaient fait une halte, et soient allés à Saint-Boil en Saône-et-Loire pour rendre visite à un ancien dirigeant de la Fédération unitaire de l'enseignement, ancien cadre communiste, Jean Aulas, qui s'offre à leur donner l'hospitalité [3]. Mais la maison serait un piège en cas d'attaque armée, et il faut reprendre le sac. Le 4 mai, les trois voyageurs arrivent à Chamonix, où ils descendent à l'hôtel Claret-et-de-Belgique. Raymond Molinier rentre à Paris le 5. La police française craint-elle que l'expulsé s'expulse lui-même? Elle trouve Chamonix trop proche de la frontière suisse. C'est probablement par ses soins que la nouvelle filtre, dans la presse, de la présence de Trotsky. Il faut donc repartir. Raymond Molinier reprend la route le 11 mai avec Natalia Ivanovna et Van. Le soir, ils sont à Bourg-en-Bresse, au Grand-Hôtel Terminus, et c'est vraisemblablement au moment où l'information paraît dans la presse qu'ils sont à Chamonix. Le 12 mai, les cinq se retrouvent à Grenoble où ils couchent au Grand-Hôtel : c'est dans cette région, correspondant aux exigences de la Sûreté, « pas à moins de 300 kilomètres de Paris, pas à plus de 30 kilomètres d'un chef-lieu de département, pas dans une région industrielle », que l'on cherche une maison à louer. En attendant, L.D. et Natalia, avec leur « neveu » Van, vont s'installer à La Tronche dans la pension Gombault. On s'inquiète bientôt : la patronne n'est-elle pas liée à l'Action française? Le 28 mai, la découverte que *L'Illustration* publie une photo du couple Trotsky relance le déménagement perpétuel [4].

Le 28 au soir, Trotsky couche au Royal Hôtel, place Bellecour à Lyon, avec Van qui l'a accompagné depuis Grenoble, tandis que Natalia Ivanovna, conduite par Raymond Molinier dans une nouvelle Ford d'occasion, part à la recherche d'un abri dans la région grenobloise... L'épisode est bref. Le 1er juillet, Van retourne à Paris. Raymond Molinier est venu chercher Trotsky et le conduit en voiture à Saint-Pierre de Chartreuse où il s'installe avec Natalia, Véra Lanis et Raymond Molinier, dans une petite maison au bout du village. On espère que cet asile-là va durer. Max Gavenski vient même quelques jours avec sa machine à écrire à caractères cyrilliques [5]. Les exilés continuent à utiliser les papiers, de vrais faux papiers, au nom de Lanis, que le préfet leur a fait tenir au moment de l'épisode de La Tronche.

Mais le préfet de l'Isère, M. Susini, n'est pas content du choix. Saint-Pierre est un « nid clérical », le maire son « ennemi personnel [6] » : la présence de Trotsky pourrait être utilisée contre le gouvernement aussi bien que contre lui. Il faut chercher encore et ailleurs. Le bon Maurice Dommanget, qui avait suggéré le nom d'Aulas, suggère maintenant Gilbert et France Serret, instituteurs en Ardèche, mais le préfet de ce département met son veto : les Serret sont logés dans l'école, donc dans un bâtiment public [7]. Van se rend en Hollande, pour rencontrer Sneevliet, en Belgique, où il parle de la question à Paul-Henri Spaak qui se dit prêt à faire personnellement entrer Trotsky en Belgique, illégalement en cas de besoin, dans sa propre voiture [8]. Le séjour à Saint-Pierre prend fin aussi brusquement que celui de Chamonix, de la même façon, par un entrefilet dans la presse, évidente menace préfectorale [9].

On est revenu au point de départ. Molinier s'en retourne vers Paris avec Natalia. Trotsky et Van prennent l'autobus pour Lyon, probablement à la fin de juin et vont de nouveau y vivre à l'hôtel. C'est alors qu'intervient la solution. Sur de nouvelles indications de Maurice Dommanget, Henri Molinier ouvre la négociation avec le préfet Susini sur un nouveau refuge que celui-ci, cette fois, agrée : les Trotsky vont être autorisés à habiter dans la maison particulière de l'instituteur Laurent Beau, lui aussi de la Fédération unitaire, à Domène, à quelque dix kilomètres de Grenoble. Les deux voyageurs arrivent à la maison Beau, route de Savoie, le 10 juillet. Ils vont y demeurer un peu moins d'une longue année.

On peut, sans difficulté, ajouter au cadre chronologique, ainsi précisé sur certains points par rapport au livre de van Heijenoort, quelques vignettes extraites de son minutieux travail.

Natalia, vêtue de noir et Trotsky arborant un large brassard de deuil pour écarter les fâcheux et prendre, sans surprendre, leurs repas dans leur chambre à la pension Gombault [10]. L'inspecteur Gagneux, de la Sûreté générale, qui se fait passer pour un agent d'assurances et vit aussi dans la même pension, s'arrangeant pour s'absenter le dimanche à l'heure de la messe et conseillant aux Trotsky d'en faire autant pour ne pas attirer inutilement l'attention [11]. Trotsky, Natalia et Van écoutant le sermon dominical à l'église Saint-André de Grenoble, et Trotsky s'inquiétant de savoir si le prêtre parle aussi bien que Gérard Rosenthal [12]. Trotsky au cinéma le soir à Lyon, lisant Charles Fourier dans une bibliothèque, dictant du courrier dans un jardin public, regardant les enfants jouer, « taciturne et inquiet », car la situation lui pèse [13].

Nous connaissons mieux la vie chez les Beau, tant par les lettres de Trotsky à son fils que par quelques allusions du *Journal d'Exil* et par des témoignages, directs ou indirects, de ses hôtes. Instituteur, ancien du P.C., toujours membre de la fédération unitaire, Laurent Beau est franc-maçon. Il consacre tout son temps libre, en dehors de sa classe, à la recherche, la présentation, l'édition et la diffusion de documents pédagogiques et n'est guère disponible. Il n'est plus du tout militant, et la conversation entre l'exilé et lui s'éteint vite. L'hostilité de Trotsky à son égard n'a jamais désarmé, alors que Natalia parlera de « ces excellentes gens ». A la suite, nous dit Van, d'un conflit sur les frais d'aménagement d'une salle de bains, Trotsky note dans son *Journal* à la date du 12 février 1935 :

> « Il n'y a pas de créature plus répugnante que le petit-bourgeois en train d'amasser du bien; jamais je n'ai eu l'occasion d'observer ce type d'aussi près que maintenant [14]. »

C'est de toute évidence sur la base de son expérience de vie chez Beau que Trotsky écrit à Victor Serge, à propos des militants de la Fédération unitaire de l'enseignement, ces phrases dont Deutscher assure sans vergogne qu'elles se rapportent aux camarades français de Trotsky :

> « J'ai vécu toute une année parmi ces gens-là. [...] Ce sont des petits-bourgeois jusqu'au bout des ongles, leurs maisons, leurs jardins et leurs voitures leur tiennent mille fois plus à cœur que le sort du prolétariat. [...] J'ai vu leur façon de vivre, non seulement je l'ai vue, mais je l'ai sentie. [...] Cette odeur-là ne me trompe pas [15]. »

Son *Journal d'Exil* compte d'autres notations significatives. Ainsi le 17 février 1935 :

> « Notre vie ne diffère que très peu de celle de prisonniers dans leur prison : enfermés dans la maison et la cour, on ne vient pas plus souvent nous voir qu'aux heures de visite d'une prison. Depuis quelques mois, on a installé, il est vrai, un appareil de T.S.F. mais cela existe maintenant, paraît-il, dans certaines prisons [16]... »

Dans une lettre à Ljova, il se plaint amèrement du froid qui règne dans cette maison – 12° seulement dans la pièce où il est censé travailler – parle de son « rapace » propriétaire [17]. Natalia se plaint qu'elle ne peut respecter le régime alimentaire de L.D., les hôtes que l'hébergement leur revient cher. Il y a quelque injustice dans les plaintes du côté de Trotsky : Laurent Beau, en l'accueillant dans sa maison, n'avait pas pour autant épousé sa cause ni renoncé à ses propres intérêts, et personne ne pouvait lui demander de le faire. L'acrimonie de Trotsky s'explique, selon les souvenirs oraux de Van, par le fait qu'il a découvert que son hôte est franc-maçon, comme le préfet, qui l'a autorisé à résider à Domène, et par le sentiment qu'il a d'avoir été pris au piège et fait prisonnier, puisque personne ne lui avait parlé de cette appartenance commune...

Deux militants parisiens de confiance, le technicien de la métallurgie Alfred Bardin et le postier Joannès Bardin, dit Boitel, ont, dès l'arrivée de Trotsky à Domène, imaginé un plan savant pour établir des relations discrètes entre lui et eux, donc la direction parisienne. Ils ont un frère, Alexis, professeur de dessin industriel à l'École Vaucanson, membre de la S.F.I.O., également franc-maçon et qui, de ce fait, n'a pas de difficulté à obtenir la permission de visiter les exilés et de conduire Natalia à Grenoble ou le couple en promenade, ce qui lui permet de remplir la mission que lui ont confiée ses frères. Or Trotsky s'est attaché à le gagner et y a sans peine réussi. C'est lui qui révèle l'appartenance maçonnique de son hôte et du préfet : la rancune de la famille Beau à son égard ne semble pas être éteinte encore aujourd'hui... Il faut dire cependant nettement qu'absolument rien n'est venu étayer l'idée de Trotsky que son logeur était aussi son geôlier : tout indique au contraire, dans l'état de la documentation connue, que Laurent Beau et les siens ont, autant qu'ils l'ont pu, protéger Trotsky et qu'ils y sont tant bien que mal parvenus : il faut souhaiter que l'Histoire soit avec eux plus équitable que ne le fut Trotsky.

Chez eux, en tout cas, et malgré d'inévitables handicaps du fait de l'absence de tout secrétariat permanent, Trotsky est tout de même parvenu à poursuivre son activité politique, à recevoir ses camarades français et étrangers – Vereeken, Sneevliet, Erwin Wolf et l'Américain Cannon qu'il y rencontre pour la première fois –, à tenir une réunion du plénum du secrétariat, à recevoir le dirigeant socialiste Marceau Pivert et d'autres encore que nous ignorons, tout cela sous le nez de l'inspecteur Gagneux : aucun « geôlier » n'eût été assez libéral pour lui permettre pareille activité, et Laurent Beau était, incontestablement, un homme généreux.

***

Le monde ne s'est pas arrêté de tourner avec l'expulsion théorique de Trotsky et le début de sa « grande vadrouille » sur le territoire français. Il y a eu plusieurs meetings pour protester contre la mesure qui l'a frappé : à Lille, le 18 mai, sous la présidence du député-maire S.F.I.O. Roger Salengro; à Paris, salle Albouy, où un millier de personnes acclament André Malraux qui vient d'écrire dans *Marianne* ces lignes inoubliables :

« Nous devons reconnaître un des nôtres en chaque révolutionnaire menacé; ce qu'on chasse en vous au nom du nationalisme, au moment où il n'y a pas assez de respect pour les rois d'Espagne protecteurs des sous-marins allemands, c'est la Révolution. Il y aura cet été à Deauville de quoi refaire le parterre des rois de Voltaire; mais il y a, hélas, dans les bastions et les hôtels misérables de quoi faire une armée de révolutionnaires vaincus. Je sais, Trotsky, que votre pensée n'attend que de la destinée implacable du monde son propre triomphe. Puisse votre ombre clandestine qui, depuis presque dix ans, s'en va d'exil en exil faire comprendre aux ouvriers de France et à tous ceux qu'anime cette obscure volonté de liberté rendue assez claire par les expulsions, que s'unir dans un camp de concentration, c'est s'unir un peu tard : il y a trop de cercles communistes où être suspect de sympathie pour vous est aussi grave que de l'être pour le fascisme. Votre départ, les insultes des journaux mondiaux montrent assez que la révolution est une. Que faudra-t-il encore pour que sachent combattre ensemble ceux qui vous regardent partir en silence, tandis que les guette avec un amer sourire une absurde fatalité qui sait – pas plus qu'eux-mêmes – combien les mêleront les mêmes ennemis, au fond fraternel de la mort [18]. »

Dans la même période s'est terminée victorieusement la grève de Toledo, dirigée par les militants de l'A.W.P. de Muste. La grève des camionneurs de Minneapolis dirigée par les vieux communistes oppositionnels Skoglund et V.R. Dunne et le jeune Farrell Dobbs, a rebondi. En France, Jacques Doriot a été exclu du Parti communiste. Hitler, dans la Nuit des Longs Couteaux, a massacré les S.A. devenus encombrants et compromettants pour ses relations avec la grande bourgeoisie allemande. A Amsterdam, le 1er juillet, dans le quartier ouvrier de Jordaan, chômeurs et jeunes ont sauvagement affronté la police. Schmidt, qui a été solidaire des émeutiers, se retrouve en prison pour l'avoir écrit. Sal Tas et Jacques de Kadt l'accusent d' « aventurisme ». Mais la base militante de l'O.S.P. – Parti socialiste indépendant – s'indigne et les chasse. Comme Trotsky l'avait prévu, la fusion entre l'O.S.P. et le R.S.P. de Sneevliet – membre de la L.C.I. – est ainsi rendue possible par le développement même de la lutte de classes et la pression des travailleurs sur la base de l'O.L.P.

***

Ballotté d'hôtel en pension, de maison d'amis en demeure inconnue, de village en grande ville, Trotsky s'est cramponné de son mieux à l'actualité. C'est de Saint-Pierre-de-Chartreuse qu'il a écrit, le 16 juin, qu'il faut s'attendre à un tournant brusque des staliniens sur la question du front unique, du fait de la peur qu'éprouvent leurs dirigeants « d'une éventuelle jonction de Saint-Denis et de la Ligue communiste [19] ». Il s'attend alors à un accord S.F.I.O.-P.C.F. qui ne tardera pas et qu'il jugera un « astucieux complot des deux bureaucraties dont “ l’unité d’action ” consistera en assurances mutuelles des pressions de chacune à travers une lutte en commun contre les nécessités réelles de la lutte de classes [20] ».

Quelques jours plus tard, toujours de Saint-Pierre, il formule pour la première fois la proposition de ce qu’il appelle un « tournant décisif [21] ». La pression des masses, estime-t-il, a modifié de fond en comble la situation politique en imposant l’accord P.C.-S.F.I.O. dont il prévoit la signature imminente. La Ligue, sous peine d’être rejetée avec irritation par les travailleurs, doit prendre, dans le front unique exigé par les masses, une place organique, c’est-à-dire, du fait de sa faiblesse, dans l’un des deux partis qui concluent cet accord et constituent ce front. Et ce ne peut être que dans la S.F.I.O, où il préconise donc l’entrée des militants de la Ligue y constituant une « fraction bolchevique-léniniste » avec son organe *La Vérité* : il faut pour cela, écrit-il, « audace, rapidité, unanimité [22] ».

Dans les jours qui suivent, il matraque littéralement de courrier, d’articles et d’arguments, toujours affinés ou renouvelés, ses camarades de la Ligue communiste. Le jour même de son installation à Domène, il écrit, sous le titre « L’Évolution du Parti socialiste S.F.I.O. [23] », le premier article public portant sur la perspective de ce qu’on appellera l’ « entrisme », à partir du « tournant français », un article évidemment non signé. Il y décrit le développement en parallèle, mais en sens inverse, de la crise de l’État bourgeois et du Parti socialiste, qui ne cesse, selon lui, de renforcer dans ce dernier la démocratie interne et rend possible la pénétration profonde dans les rangs des ouvriers socialistes.

Bien entendu – c’est devenu une règle à laquelle on ne déroge pas –, cette nouvelle proposition déclenche une crise dans les rangs de la Ligue internationale comme dans ceux de la Ligue française. Une minorité, conduite par Lhuillier, refuse par principe l’entrée dans le Parti socialiste, qu’elle considère comme une capitulation devant la social-démocratie. Une autre, avec Pierre Naville, Gérard Rosenthal, Blasco, s’insurge contre les méthodes employées dans la Ligue par Raymond Molinier pour faire appliquer le nouveau tournant. Se séparant de leurs camarades, ceux-là entreront aussi, mais indépendamment, dans les rangs de la S.F.I.O. La crise touche enfin la Ligue sur le plan international. Bauer et la majorité de ses camarades des I.K.D. s’élèvent contre le « tournant français » : eux aussi vont s’en aller, et Bauer va rejoindre le S.A.P. Au secrétariat international, c’est la fronde. Ruth Fischer, récemment cooptée à la demande de Trotsky, Sneevliet, Leonetti, sont hostiles au « tournant français », de même que le Belge Vereeken.

Dans les conditions difficiles de Domène, Trotsky n’est cependant pas totalement impuissant. Il réussit à recevoir les opposants qui veulent s’entretenir avec lui, les camarades qu’il veut influencer ou orienter. Il peut charger, par exemple, l’Américain Cannon – qu’il rencontre, rappelons-le, pour la première fois – d’une mission de réconciliation avec Naville comme avec Bauer. Il anime un plénum qui permet de reprendre en main l'organisation internationale, de retenir Vereeken par la manche en septembre, alors que ce dernier se prépare à claquer la porte. Il est, en revanche, impuissant à l'égard des Espagnols qui rejettent à l'unanimité ses propositions d'entrer dans le P.S.O.E., et particulièrement les Jeunesses : il est vrai que ces derniers ne se déplacent pas pour le rencontrer, à la différence des militants de sections plus lointaines.

Au mois de décembre, quand les dégâts se révèlent limités et la crise circonscrite, les progrès réalisés à travers l'opération entriste sont évidents : le « Groupe bolchevik-léniniste » (G.B.L.) de la S.F.I.O. occupe des positions importantes dans l'Entente des Jeunesses socialistes de la Seine dont il influence plusieurs dirigeants et où il recrute de jeunes militants. Il a l'oreille de Marceau Pivert, l'un des dirigeants de l'aile gauche de la S.F.I.O. et de la Fédération de la Seine. Il s'implante en province dans des localités nouvelles et double rapidement ses effectifs.

Trotsky donne alors son appui à Léon Lesoil qui est, depuis plusieurs semaines, convaincu de la nécessité d'appliquer en Belgique la politique de l' « entrisme » dans le parti ouvrier belge. Prudemment, dans un premier temps, il s'agit seulement de faire entrer les « Jeunesses léninistes » dans la Jeune Garde socialiste, l'organisation de jeunesse du P.O.B. où Lesoil est convaincu qu'il est possible de progresser rapidement et surtout de gagner un des dirigeants nationaux de cette organisation [24]. Celui-ci, son responsable dans le Borinage, le jeune Walter Dauge, est doué d'un vrai tempérament de tribun et exerce une influence incontestable dans ce pays minier.

La bataille de « l'entrisme » a absorbé, dans ces conditions, une bonne partie du temps de Trotsky, éclipsant, dans son travail, d'autres questions qui ne sont sans doute pas moins importantes. Il ne mentionne, par exemple, qu'au passage dans ses travaux les événements d'octobre en Espagne, la grève générale manquée, l'insurrection ouvrière dans les Asturies, bien que ces événements et la radicalisation grandissante de la Jeunesse socialiste espagnole conduisent certains dirigeants de la Gauche communiste (Izquierda comunista) à reposer la question de l' « entrisme » dans le P.S.O.E.

Il ne dit mot de l'évolution spectaculaire du D.N.A., le Parti travailliste norvégien, qui confirme ses pronostics : l'un de ses dirigeants n'a-t-il pas, au lendemain de la « conférence scandinave » des formations socialistes, lancé dans *Arbeiderbladet,* le 20 août 1934, un appel à « un front commun contre les frères jumeaux, le communisme et le fascisme »?

Il ne commente pas non plus les trois grandes grèves – Toledo, Minneapolis, San Francisco – qui marquent le réveil du mouvement ouvrier américain et font bénéficier de l'élan tout neuf de la classe les petites formations qui les ont encadrées. A la fin de 1934, l'American Workers Party (A.W.P.), formation de cadres syndicaux et d'organisateurs de chômeurs, que dirige l'ancien pasteur A.J. Muste, fusionne avec l'Opposition américaine, la Communist League of America

(C.L.A.) de Cannon et Shachtman : le Workers Party of the United States (W.P.U.S.), qui en résulte, est au fond la première des nouvelles organisations révolutionnaires préconisées à partir du tournant de 1933 et de l'orientation vers le Bloc des Quatre. Pour les États-Unis, c'est un fait important que la naissance d'un parti de deux mille membres, dont des cadres syndicaux et nombre d'anciens dirigeants du P.C. et des Jeunesses.

Mais il n'est pas le seul. En Hollande, amputé de sa droite après les émeutes de Jordaan, l'O.S.P. – le P.S. « indépendant » – reprend les négociations de fusion avec le R.S.P. de Sneevliet – le P.S. « révolutionnaire ». Elles aboutissent, en mars 1935, à la naissance du R.S.A.P. – Parti socialiste révolutionnaire ouvrier – qui annonce cinq mille membres, avec P.J. Schmidt comme président, Henk Sneevliet comme secrétaire, et qui dispose d'une base ouvrière. C'est également le fruit un peu retardé de la conclusion du « Bloc des Quatre ».

Le W.P.U.S. n'a aucune affiliation internationale, et le R.S.A.P. conserve l'affiliation de l'O.S.P. au bureau de Londres. Cela permet d'ailleurs de relancer la politique de rassemblement pour la IVe Internationale.

Après un article de sévère polémique contre le S.A.P., sur « l'alchimie centriste », Trotsky rédige à Domène, dans les derniers jours de mai 1935, un texte qu'il appelle « le Manifeste de la IVe Internationale », qu'on appellera la « Lettre ouverte aux organisations et groupes révolutionnaires prolétariens », qui assure cette relance et tire des arguments nouveaux du développement politique depuis 1935 [25]. Le texte sera ultérieurement signé de P.J. Schmidt et Sneevliet, au nom du R.S.A.P., d'A.J. Muste et Cannon pour le W.P.U.S., de Spector et Jack MacDonald, pour le Workers Party canadien, du G.B.L. français, et, pour la L.C.I., sous les pseudonymes de Crux, Dubois et Feroci, respectivement Trotsky, Ruth Fischer et Leonetti. Tous – sauf Muste – ont été des dirigeants importants de leurs P.C. respectifs. L'accent est mis dans l'argumentation sur la continuité historique :

> « La succession même des Internationales a sa propre logique qui coïncide avec la montée historique du prolétariat. La Ire Internationale a mis en avant le programme scientifique de la révolution prolétarienne, mais elle a été victime de son manque de base de masse. La IIe Internationale est sortie des ténèbres, a éduqué et mobilisé des millions d'ouvriers, mais, à l'heure décisive, elle a été trahie par la bureaucratie parlementaire et syndicale, corrompue par le capitalisme prospère. La IIIe Internationale a donné pour la première fois l'exemple d'une révolution prolétarienne victorieuse, mais elle a été broyée entre les meules de la bureaucratie de l'État soviétique isolé et de la bureaucratie réformiste d'Occident. Aujourd'hui, la IVe internationale, dressée sur les épaules de ses devancières, enrichie par l'expérience de leurs victoires et de leur défaites, mobilisera les travailleurs de l'Occident et de l'Orient pour l'assaut définitif contre les bastions du capitalisme mondial [26]. »

C'est aussi pendant son séjour à Domène que Trotsky réussit à écrire sur la France deux articles d'analyse et d'orientation, « Où va la

France? », en octobre 1934, et « Encore une fois, où va la France? », en mars 1935. Il y polémique contre la politique de l'Internationale et la politique du Front populaire qui cherche à exclure toute perspective révolutionnaire. Il lance un appel brûlant à l'organisation et à l'action, à « se tourner vers les masses, leurs couches les plus profondes », faire appel « à leur raison et leur passion », rejeter la prétendue « prudence » qui n'est que le pseudonyme de la couardise. Les mouvements profonds qu'il devine dans la classe ouvrière française signifient pour lui l'ouverture prochaine de grands mouvements de la classe et d'une situation pré-révolutionnaire. Il faut s'y préparer.

De ce travail-là, il prend aussi sa part à la base. Par Laurent Beau, il a connu un autre instituteur, également ancien du P.C et militant de la C.G.T.U., Raoul Faure, qui enseigne à Noyarey et avec qui il mène des discussions politiques [27]. Par lui, il réussit à obtenir un rendez-vous, le 8 août 1934 à Noyarey, avec les dirigeants de la Fédération de l'enseignement de la C.G.T.U., Dommanget, Aulas, Serret, de retour de leur congrès de Montpellier. Il ne réussit pourtant pas à les convaincre d'avoir une politique audacieuse unitaire sur le plan syndical et de se joindre aux efforts de ses camarades à l'intérieur de la S.F.I.O.

Il a plus de succès avec Alexis Bardin. Le jeune enseignant s'est mis au travail et a réussi à créer dans la S.F.I.O. grenobloise un « groupe b.l. » auquel appartiennent notamment le dirigeant des Jeunesses et un métallo influent parmi ses camarades de l'usine Picard-Pictet, Gustave Serinda. Par Bardin, en tout cas, Trotsky réussit à exercer une réelle influence, le temps de son séjour, sur le secrétaire de l'Union dépatementale C.G.T. de l'Isère, le typographe Marcel Satre. Ce dernier entre bientôt en conflit avec la direction nationale sur la question de l'unité dont il se fait le champion, tout en restant méfiant à l'égard de la politique des dirigeants de la C.G.T.U : la petite histoire retiendra que c'est Trotsky qui rédigea l'intervention du délégué de l'Isère au comité confédéral national de la C.G.T. en mars 1935 pour lequel Alexis Bardin avait été mandaté par les dirigeants de l'Union départementale de la C.G.T. de l'Isère [28].

***

A partir de décembre cependant, l'actualité va ramener Trotsky vers l'Union soviétique où se noue bientôt pour lui un nouveau drame personnel, autour du dernier de ses enfants resté au pays, Sergéi Lvovitch, dit Sérioja.

Le 1er décembre 1934 en effet, le secrétaire du parti et patron de l'appareil de Leningrad, S.M. Kirov, est assassiné devant son bureau à l'intérieur du bâtiment de Smolny. L'assassin a été arrêté immédiatement; c'est un membre du parti, ancien militant des Jeunesses communistes, L.N. Nikolaiev. Il est jugé quelques jours plus tard, à huis clos, en compagnie de plusieurs anciens dirigeants des Jeunesses communistes de Leningrad, également anciens zinoviévistes, qui sont condamnés à mort et exécutés en même temps que lui. Dans la foulée, Zinoviev, Kamenev et leurs proches sont arrêtés, accusés d'avoir été instigateurs ou complices.

Un décret, adopté précipitamment quelques heures après le meurtre, prive les accusés de terrorisme des droits ordinaires de la défense : il prévoit l'accélération de la procédure, la suppression des appels et des recours en grâce, l'exécution immédiate des sentences de mort. C'est le début de la répression de masse en U.R.S.S. qui va culminer, les années suivantes, avec les procès de Moscou et la gigantesque épuration appelée *Ejovtchina,* du nom du chef de la police de Staline à l'époque, N.I. Ejov.

L'attitude de Trotsky à l'égard du meurtre de Kirov est de prime abord surprenante. Dans cette affaire où, des années plus tard, les successeurs de Staline eux-mêmes laisseront entendre que les traces des assassins remontent jusqu'à la personne même de Staline, Trotsky a manifesté, sur le coup et les années suivantes, une surprenante réserve.

On peut relever par exemple qu'il ne fait, dans aucun des articles consacrés à cette affaire et à ses lendemains, allusion à des rumeurs dont nous savons par ses archives qu'il a eu connaissance. Selon celles-ci, Kirov aurait été opposé à la politique de Staline et en particulier au maintien et au renforcement de la terreur politique. Dans une lettre à Lev Sedov [29], puis un article [30], Trotsky signale au passage une déposition de G.I. Safarov devant le tribunal qui juge Zinoviev et Kamenev : l'ancien animateur du « groupe des sans-chefs », y explique qu'en 1932, le bloc des oppositions a développé une activité quasi publique, puis s'est replié dans la clandestinité après les premières mesures répressives prises à l'occasion de la diffusion de la plateforme Rioutine. Trotsky, en revanche, sans commenter le contenu de cette déposition révélatrice, se contente d'indiquer que son auteur a toutes les chances de devenir le principal témoin à charge dans le prochain procès.

La thèse défendue par lui sur l'affaire Kirov est que, dans son désir de contribuer à la préparation d'un amalgame policier contre l'Opposition de gauche et lui, Staline et le G.P.U. ont joué avec le feu en laissant se développer les projets criminels de L.N. Nikolaiev, dont on sait qu'arrêté porteur d'une arme et de croquis indiquant les itinéraires suivis quotidiennement par Kirov, il avait été remis en liberté, muni de son arme! Les éléments que les commentateurs ultérieurs, Khrouchtchev compris, interpréteront comme des indices du rôle du G.P.U. dans l'organisation et le développement d'un « complot » authentique dont Staline tirait les fils ne sont, aux yeux de Trotsky, qu'autant d'imprudences dans l'entreprise policière qui consistait à se servir du projet de Nikolaiev – selon lui, acte d'isolé – pour compromettre l'Opposition de gauche. Pour lui, le meurtre de Kirov n'était en définitive qu'un accident, le résultat d'une défaillance du G.P.U., perdant le contrôle de son intrigue mais tuant ainsi Kirov seulement par accident.

Cette discrétion est exagérée par rapport aux informations dont Trotsky disposait, qu'il n'a pas livrées et qu'il n'a jamais discutées. Elle traduit à notre avis une ferme volonté de ne pas compromettre certains amis ou alliés, voire simples contacts, en reconnaissant publiquement qu'il détenait en effet certains éléments d'information, notamment sur l'attitude de Kirov à l'égard de Staline et par conséquent sur les sérieuses raisons politiques qu'avait Staline pour supprimer Kirov [31]. Au lieu d'axer sa polémique vers le cœur de la politique russe et le conflit d'appareil qui le secoue durement – comme va le montrer, dans les années suivantes, l'ampleur de la répression –, il développe l'épisode du « consul de Lettonie », présenté dans un premier temps comme intermédiaire entre lui et Nikolaiev, et montre, à partir de là, la volonté des dirigeants staliniens de développer un amalgame contre l'Opposition de gauche, à partir de l'assassinat et des premiers procès dont il a été le prétexte.

Le procès contre Zinoviev et Kamenev, en janvier 1935, leur condamnation à tous deux pour « complicité morale » dans le meurtre de Kirov, lui permettent, en revanche, des commentaires très neufs, l'affirmation que le régime stalinien est désormais condamné à déchaîner contre ses adversaires, même seulement potentiels, la « terreur bureaucratique » et que de nouveaux procès, avec de nouveaux amalgames judiciaires, sont inévitables. Constatant l'échec de l'opération montée par Staline contre l'Opposition à la suite du meurtre de Kirov, il se garde bien d'en tirer des leçons d'optimisme et des raisons de se réjouir : pour lui, c'est précisément parce que Staline a totalement échoué dans cette entreprise qu'on peut être certain qu'il recommencera de nouveaux amalgames, qu'il s'efforcera cette fois de mieux réussir.

Tirant, à la fin du mois de janvier 1935, le bilan de ces premiers mois de répression, dont il ignore encore le caractère de masse et l'ampleur réelle, il l'intègre dans ce qu'il considère comme le tournant à droite amorcé en U.R.S.S. depuis un an et demi vers le marché et une sorte de néo-Nep [32]. Il pense que la répression contre la gauche est absolument indispensable à l'approfondissement de ce tournant vers la droite, particulièrement sensible en politique étrangère. Il verra une confirmation éclatante, quelques semaines plus tard, dans les commentaires donnés par Staline au pacte franco-soviétique et la caution donnée à la politique de réarmement des dirigeants français [33]. Plus que jamais, à ses yeux, la clé de la situation en Union soviétique se trouve en dehors de l'U.R.S.S., entre les mains du prolétariat mondial et donc dans les conditions de construction de la IVe Internationale [34].

***

Pourtant, depuis janvier 1935, la question soviétique n'est plus seulement, pour les hôtes de la maison Beau, une question de politique et d'analyse théorique : elle est aussi l'angoisse d'une mère et d'un père pour le sort de leur enfant, dont on peut suivre le développement à travers le *Journal d'Exil*.

On sait que Sergéi – dont l'opposition au père a fait un savant et un technicien apolitique sans pour autant atteindre ses sentiments filiaux – n'a pas voulu suivre ses parents en exil. Après des études supérieures de mathématiques et de mécanique et un brillant diplôme d'ingénieur, rattaché à l'École supérieure technique, il y est devenu enseignant. Resté en contact épistolaire avec sa mère et son frère aîné, en contact direct avec sa famille en U.R.S.S. et avec ses propres neveux à la garde d'Aleksandra Lvovna, ainsi qu'avec son neveu Ljulik Sedov, élevé par sa mère Ana, il s'est séparé de sa première femme Lélia. Il ne semble pas avoir été inquiété pendant les six premières années de l'exil de ses parents, ni individuellement ni dans son activité professionnelle. La dernière lettre que ces derniers ont reçue de lui datait du 12 décembre 1934.

Trotsky relève l'absence de nouvelles à la date du 2 avril 1935 [35], et aussi que Sérioja, dans la dernière lettre qui leur est parvenue, parlait de « bruits alarmants dans son entourage [36] ». Il semble que personne ne l'ai vu ensuite à Moscou, et Trotsky pense qu'il a été exilé. Le 13 avril, il relève « avec quelle intuition et quelle pénétration N[atalia] imaginait Sérioja en prison [37] ». Cette inquiétude se double de celle que fait naître l'incertitude sur le sort d'Aleksandra Lvovna, probablement arrêtée et déportée, et l'incertitude sur ce qui a pu arriver aux trois enfants qu'elle gardait, les deux de Nina et la petite fille aînée de Zina. Il confie à sa femme que la vie qu'ils ont connue à Domène avant l'arrivée des informations qui les concernent lui « paraît presque belle, sans soucis [38] ». Il connaît le goût du sang et de la vengeance de Staline, sait bien qu'il n'hésitera pas à le frapper à travers son enfant, mais il cherche pourtant à se rassurer : Staline ne risque-t-il pas de se trahir, de se discréditer [39]?

Le 5 avril, il relate une conversation avec Natalia qui a émis l'hypothèse qu'« on » avait oublié Sérioja et qu'on s'est souvenu de lui comme d'un gage possible, d'un otage. Il ajoute, montrant qu'il ne mesure pas encore l'ampleur de la répression qui s'est abattue sur l'Union soviétique après l'assassinat de Kirov :

> « Peut-être après tout n'est-il rien arrivé à Sérioja, tandis qu'A[leksandra] L[vovna], à soixante ans, a été expédiée quelque part dans l'Extrême-Nord [40]. »

Le 9 avril, arrive de Ljova une carte d'Aleksandra Lvovna, datée du 30 mars 1935 [41]. Le 10, Trotsky note :

> « Aucune nouvelle de Sérioja, et peut-être n'y en aura-t-il pas avant longtemps. La longue attente a émoussé l'anxiété des premiers jours [42]. »

Le 8 mai, il note qu'une lettre de Moscou parle du « petit désagrément » qui est arrivé à Sérioja : « De Sérioja lui-même, pas de nouvelles [43]... » En relisant sa dernière lettre, celle du 12 décembre 1934, il s'est aperçu qu'il y a une allusion à la « situation générale », « extrêmement difficile » : c'est bien de la situation politique que parlait le garçon. Quels véritables regrets Trotsky exprime-t-il, quand il écrit :

> « S'il y avait chez Sérioja un intérêt politique actif, un esprit de fraction, toutes ces pénibles épreuves se justifieraient. Mais ce ressort intérieur lui manque totalement. Ce qui arrive lui est d'autant plus pénible [44]... »

C'est finalement le 1er juin 1936 qu'il donne la clé :

> « Il y a trois jours, nous avons reçu une lettre de notre fils : Sérioja a été arrêté, il est en prison, ce n'est plus une hypothèse, c'est maintenant à peu près certain, et c'est communiqué directement de Moscou... Il a été arrêté, vraisemblablement, environ au moment où la correspondance s'est interrompue, c'est-à-dire à la fin de décembre ou au début de janvier. Une demi-année a presque passé depuis ce temps... Pauvre gosse... Et pauvre, pauvre Natacha... [45]. »

C'est le même jour que Natalia envoie à la presse mondiale sa « lettre sur mon fils [46] ». Le 8 juin, par la visite de sa fille Lina, ils apprennent que leur vieille amie Anna Konstantinovna Kliatchko a dû quitter Moscou en hâte pour avoir essayé d'obtenir des informations sur le sort de Sérioja. Le 7 juin 1935, il note :

> « Chaque fois que je pense à Sérioja, c'est avec un serrement de cœur. Quant à N[atalia], elle ne " pense " pas, elle porte constamment en elle un profond chagrin [47]. »

Il ajoute : « Tout se passe comme si nous l'avions offert en sacrifice. Et c'est cela [48]... »

Il ne sera jamais plus question de Sérioja sous la plume de son père de ce point de vue affectif, sinon pour indiquer qu'il ignore tout de son sort. Déporté au terme de plusieurs mois de prison, il semble qu'il ait été arrêté en déportation et qu'il ait été envoyé au camp de Vorkouta où il participa à la grève de la faim organisée par les « trotskystes ». Natalia, après la guerre, pourra correspondre avec des hommes qui l'ont connu au camp de Vorkouta dont il a été extrait en 1938 pour être conduit à Moscou et finalement exécuté.

On ne peut douter qu'avant de recevoir la dernière balle, le plus jeune des enfants de Trotsky eut à subir des interrogatoires poussés dont le G.P.U. avait le secret et qui avaient déjà brisé tant de révolutionnaires. Bien qu'il fût privé de ce que son père appelait « le ressort intérieur [49] », à savoir la conviction et la lucidité politique, il tint, à la différence de beaucoup d'autres. Parce qu'il était le fils de Trotsky?

CHAPITRE LII

Asile en Norvège socialiste [1]

Les élections norvégiennes voient la victoire du Parti travailliste, le D.N.A., qui, le 20 mars 1935, forme un gouvernement homogène. Immédiatement, l'avocat de Trotsky, Gérard Rosenthal se rend à Oslo, rencontre Havldan Koht et Trygve Lie, respectivement ministres des Affaires étrangères et de la Justice. Tous deux se montrent réticents, font allusion à la puissance de l'opposition conservatrice et, plus discrètement, à l'U.R.S.S. [2].

Quand il repart, le journal du nazi Quisling a eu le temps de demander sur trois colonnes ce qu'est venu faire en Norvège l'avocat de Trotsky. Pour l'instant, le relais est assuré, et la pression est organisée sur le gouvernement par les amis de Trotsky qui sont sur place : Olav Scheflo, un ancien de l'I.C., l'écrivain Helge Krog, traducteur de *Ma Vie,* et le réfugié allemand Walter Held [3].

Trotsky, averti vers la fin de mai, pense qu'il faut sauter sur l'occasion : si la tension s'aggravait en France, le gouvernement n'hésiterait plus à l'expédier très loin :

> « La Norvège, bien sûr, n'est pas la France : langue inconnue, petit pays à l'écart de la grand route, retard dans le courrier. Mais tout cela vaut mieux que Madagascar [4]. »

Van apporte finalement la nouvelle le 8 juin 1985 : un télégramme d'Oslo annonce le visa. Il faut partir d'urgence pour Paris afin de négocier le transit.

On doit prendre le bateau à Anvers le surlendemain. Après deux journées-bagages fiévreuses, de brefs adieux aux hôtes, c'est l'heure du départ dans la gare de Grenoble presque vide. Van est avec les voyageurs. Bardin, délégué au congrès de Mulhouse de la S.F.I.O., n'est pas là. La seule délégation d'adieu, c'est le commissaire de la Sûreté et, surprise, le préfet lui-même, venu *incognito* s'assurer personnellement, d'un autre quai, du départ de ses hôtes encombrants. Le voyage dure toute la nuit; Trotsky et Natalia ont un compartiment pour eux et s'étendent sur les banquettes. Van monte la garde devant la porte [5].

Accueillis à la gare de Lyon par Ljova, les voyageurs sont immédiatement conduits à l'appartement du docteur Rosenthal, le père de Gérard. Mais ils ont à peine posé les valises que les problèmes commencent. Le consulat de Norvège de Paris n'a aucune instruction pour donner un visa. Les amis d'Oslo, appelés par téléphone, confirment le recul gouvernemental, la crainte du gouvernement d'une ingérence de Trotsky dans les affaires norvégiennes, son incapacité d'assurer sa sécurité [6]. Il n'est plus question d'embarquer le lendemain, mais la permission de séjour à Paris expire le soir même. Les autorités françaises du ministère de l'Intérieur pensent qu'on a essayé de leur forcer la main. Elles sont en tout cas très fermes : il n'est pas question de revenir à Domène, car le nouveau ministre de l'Intérieur, Joseph Paganon, sénateur de l'Isère, ne veut pas de Trotsky dans son département. Finalement, Henri Molinier obtient un nouveau délai de 48 heures [7].

Sur les conseils de ses amis norvégiens – Scheflo notamment –, Trotsky télégraphie le 11 au gouvernement norvégien. Il s'engage à « ne pas intervenir dans la vie publique en Norvège » et déclare que, si le visa lui était accordé, le gouvernement ne serait pas plus « responsable de sa sécurité personnelle qu'il ne l'est de celle de n'importe quel autre étranger [8] ». Le 12, Scheflo a pris l'avion pour arriver juste avant le début du Conseil des ministres à Oslo [9]. Trotsky envoie un second télégramme où il rappelle qu'il a quitté sa résidence sur une promesse des autorités norvégiennes et que les autorités françaises ne le croient pas : « Je suis malade et ma femme est malade [10]. » Il demande une décision immédiate. Quelques heures plus tard, Walter Held téléphone, enfin : le visa est accordé pour six mois. Le Zentral Passkontor – la toute-puissante direction des passeports – le confirme, le jour même, par télégramme. Deux conditions : Trotsky et sa femme ne devront se livrer à « aucune activité politique ou agitation en Norvège ou contre un État ami de la Norvège », et ils devront obtenir l'accord du gouvernement pour le lieu de leur résidence, le gouvernement ne garantissant pas leur sécurité personnelle plus que celle de tout autre étranger [11].

A Paris, on s'agite de nouveau; le 13, le visa norvégien est délivré, le visa de transit belge renouvelé, les places retenues pour le 15 à Anvers sur le bateau norvégien *Paris*.

Malgré l'agitation générale, la tension, la panique parfois, Trotsky a profité de cet arrêt forcé et de l'obligeance du docteur Rosenthal pour discuter de la situation dans la S.F.I.O. et les Jeunesses, s'informer sur le congrès de Mulhouse, faire la connaissance de jeunes qu'il ne connaît pas encore : Parisot, Hic, David Rousset, Rigal, Marcel Baufrère. C'est à minuit et quart, dans la nuit du 13 au 14, que les voyageurs prennent à la gare du Nord le train pour Anvers avec papiers, billets, réservations en règle. Van les escorte et aussi, pour la circonstance, le Catalan Jean Rous, l'un des nouveaux dirigeants du

G.B.L., avec lequel Trotsky veut s'entretenir des problèmes de l'organisation française. Le voyage est sans histoire. A Anvers, où ils descendent à l'hôtel Excelsior, ils retrouvent Jan Frankel, qui arrive de Prague. Dans la journée passée à Anvers, Trotsky rencontre plusieurs ouvriers de Charleroi chez un camarade, l'ouvrier diamantaire Lodewjk Polk, puis s'entretient avec Franz Liebaers, un socialiste de gauche, animateur de l'organisation de lutte contre la guerre.

A 20 heures, L.D. et Natalia, accompagnés de Van et Frankel, embarquent sur le petit vapeur *Paris.* Après deux nuits et trois jours, c'est l'arrivée à Oslo où l'officier de police enregistre leur groupe, « un Français, un Tchécoslovaque et deux Turcs [12] » : l'anonymat tient bon! Les amis les attendent au port et les conduisent en voiture jusqu'à Ringerike où ils vont passer quelques jours dans un petit hôtel très calme, à Jevnaker. Le 23 juin enfin, ils peuvent s'installer, grâce aux bons offices de Scheflo, dans la maison d'un vieux militant du D.N.A., le journaliste et député Konrad Knudsen, au lieu-dit Wexhall, dans la périphérie de la petite ville de Hønefoss, à une soixantaine de kilomètres au nord d'Oslo. L'hôte est souvent absent, mais l'hôtesse, Hilda, est là, avec ses deux enfants, le jeune Bognar, quatorze ans, et sa sœur aînée, la blonde Hjørdis, vingt et un ans, qui va, à leur suite, s'engager dans la tragédie. La maison, écrit Natalia, était spacieuse, « précédée d'une vaste cour dont l'entrée, sur la route, demeurait ouverte la nuit comme le jour [13] ». Pour une fois, l'exilée semble avoir mieux vu le paysage que la maison elle-même; elle écrira :

> « L'hiver norvégien a la beauté immaculée des ciels purs, des neiges étincelantes, des sombres sapins enneigés. Quand tombe le soir, des flammes pourpres se répandent sur l'étendue blanche et le ciel flamboie un moment [14]. »

Les Trotsky disposent de deux pièces confortables, la chambre à coucher et le bureau de L.D. [15]. Il est impossible d'être plus nombreux sans gêner les Knudsen, et la décision est prise de réduire le secrétariat et de se passer de garde [16] : la sécurité semble totale, et Trotsky va même se promener seul dans les bois. Dès le 25 juin Van repart pour la France et va s'occuper de faire expédier bagages et livres restés à Domène.

Bientôt d'ailleurs, il faut revoir la position de Jan Frankel. Celui-ci révèle à Trotsky qu'il a fait gratter sur son passeport la mention de son expulsion de France en février 1934. Le grattage a été fait par un vrai spécialiste, mais les questions posées par la police le 16 août font craindre qu'une enquête révèle cette opération : la prudence impose une séparation, car la découverte d'une falsification des papiers de son collaborateur rejaillirait évidemment sur Trotsky. On décide donc le départ de Frankel [17].

La décision est sage. Le 17 octobre 1935 en effet, une lettre de l'ambassade norvégienne à Paris, adressée au Passkontor qui l'a interrogée, relate l'épisode de l'expulsion de Frankel à la suite de la manifestation du 12 février 1934 : le bureau central répond le 9 novembre que Frankel a quitté la Norvège [18]. C'est le 16 novembre qu'arrive, pour le remplacer, Erwin Wolf, Allemand des Sudètes, fils d'un commerçant en gros de Reichenberg, ancien étudiant à Berlin où il a adhéré à l'Opposition en 1932, émigré en 1933 en France et entré au comité de l'étranger des I.K.D. en 1933.

Le jeune homme est évidemment suivi d'un rapport très précis de l'ambassade norvégienne à Paris, puisé aux meilleures sources de la police française [19], un peu romancées tout de même puisqu'elles situent le centre international des « trotskystes » à Prague*. Trésorier des I.K.D. en 1934, Wolf a permis d'empêcher Bauer d'avoir la majorité et le journal *Unser Wort*. Ce garçon, brillant intellectuel, vit des rentes que lui fait son frère à qui il a laissé sa part du fonds familial. Il a moins d'expérience que Frankel, mais se révèle non seulement un gros travailleur, mais un agréable compagnon, ouvert et très vivant, auquel les Trotsky vont s'attacher personnellement. Bientôt naît une idylle, qui va devenir un grand amour, entre lui et la fille de leurs hôtes, la blonde Hjørdis Knudsen. C'est là un lien supplémentaire entre les deux familles qui partagent la maison de Wexhall.

Trotsky a décrit plus tard la vie qu'ont menée Natalia Ivanovna et lui-même pendant les dix-huit mois de leur asile tranquille en Norvège.

> « Notre existence était tout à fait paisible et régulière, on pourrait même dire petite-bourgeoise. On s'était vite habitué à nous. Des rapports presque silencieux, mais bien amicaux, s'étaient établis entre nous et notre entourage. Une fois par semaine, nous allions au cinéma, avec les Knudsen, voir les productions de Hollywood, vieilles d'un couple d'années. Nous recevions de temps à autre des visites, principalement l'été : nos visiteurs appartenaient le plus souvent à la gauche du mouvement ouvrier. La T.S.F. nous tenait au courant de ce qui se passait dans le monde; nous avions commencé à nous servir de cette invention magique et insupportable trois ans auparavant. [...] L'arrivée de la poste était à Wexhall le moment crucial de la journée. Nous attendions avec impatience, vers une heure de l'après-midi le facteur invalide qui, l'hiver en traîneau, l'été à bicyclette, nous apportait un lourd paquet de journaux et de lettres portant des timbres de toutes les parties du monde [20]. »

* * *

Le séjour norvégien de Trotsky commence sans histoires. Pour la première fois depuis le début de son exil, il vit au grand jour, au vu au

* La vérité est que l'argent fourni par le groupe Rops constituait l'une des principales sinon la principale ressource du secrétariat international. La police française savait que cet argent était porté à Paris par un émissaire qu'elle croyait être Hyňek Lenorovič, à qui son état de santé ne permettait pas de voyager. Le messager voyageait en réalité avec le passeport de Lenorovič et, après, cette expulsion, ce fut souvent Frankel comme le témoignage d'un parent de Lenorovič nous a permis de le vérifier.

su de tout un pays, comme en Turquie, mais, comme à Domène, sans la moindre garde. Mieux, la porte de sa maison reste ouverte jour et nuit. L'accueil officiel a été plutôt favorable. L'organe du parti au pouvoir, *Arbeiderbladet*, écrit que le peuple norvégien est honoré de la présence de Trotsky dans son pays et que tout peuple démocratique devrait considérer comme un devoir agréable de lui donner asile.

Le 19 juillet, arrivent à Wexhall trois visiteurs officiels : le journaliste d'*Arbeiderbladet*, Ole Colbjørnsen, est accompagné de Martin Tranmael, chef historique du Parti travailliste, le D.N.A., et du ministre de la Justice. Ce dernier, Trygve Lie, avocat de trente-neuf ans, membre du parti, en a été le conseiller juridique avant de prendre un portefeuille ministériel. En 1921, il a rendu visite à Moscou à l'exécutif de l'I.C., dans une délégation, et a été reçu par Lénine, Zinoviev et Trotsky. Considéré comme un redoutable juriste et un négociateur habile, il sera plus tard choisi comme secrétaire général de l'O.N.U. Il aura beau répéter à Isaac Deutscher lors de leur entrevue en 1962 que Trotsky était « un grand homme » avec une logique terrible et lui un « ministre jeune et inexpérimenté [21] », il va manifester dans l'affaire Trotsky un cynisme de politicien professionnel.

Les trois visiteurs sont venus à Wexhall pour souhaiter la bienvenue à leur hôte et le présenter au public norvégien. Trygve Lie assurera plus tard qu'il avait aussi pour mission de s'assurer que Trotsky avait bien compris la portée de ses engagements [22]. L'exilé n'a pas apprécié que cet entretien commençât par un rappel, fait par le ministre, de ses engagements de non-ingérence dans la vie politique, et il a demandé à ses interlocuteurs si ces engagements n'impliquaient pas aussi le refus de l'interview qu'ils sollicitaient. Il semble également qu'il n'ait pas apprécié le fait que le photographe d'*Arbeiderbladet* lui demande de poser avec les « camarades ministres » : le destin photographique fera bien les choses, pour les uns et les autres, puisque les photos seront ratées...

Les conditions de son séjour en Norvège permettent à Trotsky de recevoir toutes sortes de visites, plus facilement, bien sûr, pendant la belle saison que lorsque le pays est sous la neige. Il reçoit Raymond Molinier, très brièvement; la section française est en crise. Il reçoit aussi un étudiant en Beaux-Arts, Fred Zeller, dirigeant de l'Entente des Jeunesses socialistes de la Seine, qui vient d'être exclu pour avoir refusé d'abandonner les positions antimilitaristes traditionnelles de son organisation et vient de faire également l'expérience du ralliement des Russes à l'union sacrée en France, au cours d'un entretien avec des dirigeants du Komsomol qui ont cherché à le gagner*. Ce brillant sujet rejoindra effectivement Trotsky et, après la guerre, sera l'un des dirigeants de la franc-maçonnerie française [23].

Deux Canadiens viennent de Londres, Ken Johnstone (Alexander) et Earle Birney (Robertson), qui sera après la guerre l'un des plus grands poètes de son pays. Pour l'instant, les deux hommes entre-

* Le contrat avait été établi par Daniel Béranger, compagnon de Monserrat Mercader, agent infiltré dans les Jeunesses socialistes et contrôlé par Raymond Guyot.

tiennent Trotsky de problèmes concernant le mouvement britannique, comme le chauffeur de taxi londonien Sam Collins et le comptable Arthur Cooper, venus eux aussi.

Des Américains sont parmi les visiteurs connus : Max Shachtman et A.J. Muste, l'ancien pasteur devenu l'un des dirigeants de la section américaine. Mais il y a des inconnus comme celui qu'on appelle Max Sterling – mari de celle qu'on connaîtra plus tard sous le nom de Raya Dunayevskaya –, et surtout le jeune journaliste Harold R. Isaacs. Ce dernier revient de Chine, où il a rompu avec le P.C. et milité avec les trotskystes clandestins; avec sa compagne, l'enseignante Viola Robinson, il vient interviewer Trotsky, après Sneevliet, dans le cadre de la préparation du livre *La Tragédie de la Révolution chinoise,* qui fera de lui un auteur et professeur important, des années plus tard.

Trotsky reçoit aussi le militant allemand Friedrich Kissim de Dantzig, venu offrir ses services, le docteur Breth de Reichenberg, oncle de Kopp, dont la science du diagnostic, exceptionnelle, ne peut percer le secret des fièvres. Il reçoit également des amis norvégiens : le journaliste et homme de théâtre Håkon Meyer, l'écrivain Helge Krog, l'étudiant Ottesen, des amis de Konrad Knudsen et de Scheflo, le jeune Allemand Walter Held – qu'il retrouve à cette occasion – avec sa jeune femme norvégienne Synnøve Rosendahl et son ami et chauffeur Nils Kare Dahl. Il n'est pas certain qu'il se soit aperçu qu'il fait l'objet d'une étroite surveillance policière de la part du Zentral Passkontor, ni qu'une lettre a été volée sur son bureau par un prétendu agent immobilier, en réalité un homme de Quisling [24].

Le climat norvégien est sain. Pourtant Trotsky est de nouveau malade à la fin d'août 1935. Le 19 septembre, il est hospitalisé à Oslo pour une période d'observation : pour la première fois depuis l'époque de la prison d'Odessa, il est seul dans sa chambre avec la Bible, dont nous ignorons malheureusement s'il l'a feuilletée ou dédaignée; Il quitte l'hôpital le 20 octobre, soulagé de sa fièvre, mais pas éclairé sur la nature de son mal.

Peu avant Noël, cherchant, comme à Prinkipo, une détente dans l'activité physique, il part, avec les enfants Knudsen et quelques amis, dans une expédition à skis. Mais d'abondantes chutes de neige, des températures rigoureuses, le bloquent dans un chalet isolé. Son manque d'entraînement fait du retour une expédition difficile. Parti à son secours, N.K. Dahl le trouve quand même sorti d'affaire par ses propres moyens, mais l'alerte a été chaude [25].

A quelques jours près, l'installation de Trotsky en Norvège a coïncidé avec un événement si longtemps attendu qu'il n'a plus guère de signification propre : le VIIe congrès de l'Internationale communiste, sept ans après le VIe, plus de deux ans après la catastrophe allemande, accrédite pour l'ensemble des pays la politique de Front populaire inaugurée en France. Trotsky lui consacre plusieurs articles, visiblement à contrecœur : le VIIe congrès ne fait que confirmer le diagnostic qu'il a déjà formulé nettement : l'Internationale n'est plus qu'un cadavre qui encombre la route du prolétariat mondial.

***

Une fois de plus, pourtant, la lutte pour la IVe Internationale va être ralentie par des crises politiques de gravité variable qui éclatent dans les sections de la L.C.I.

Aux États-Unis, un groupe d'anciens de l'American Workers Party (A.W.P.) de Muste, est parti bruyamment en avril 1935. Animé par Louis Budenz, il se dirige tout droit vers le parti communiste. Puis l'hostilité au tournant d'un vétéran du P.C. et de l'Opposition, Hugo Oehler, semble rééditer la crise de 1934 en Europe au sujet de l'« entrisme » et du « tournant français » qu'il dénonce comme opportunisme le plus pur. Il livre bataille pour exclure des signataires de la « Lettre ouverte » groupes et organisations qui, comme le G.B.L., sont membres de la IIe Internationale. A.J. Muste lui-même est hostile à l' « entrisme » dans le Parti socialiste américain envisagé par Cannon et Shachtman. Un « groupe-tampon », avec Weber et Glotzer, met en question les « méthodes » de Cannon. Trotsky se dépense pour éviter une scission, reçoit longuement le Canadien Spector, porte-parole de la minorité. Il réussit finalement à convaincre tout le monde au début de 1936, de tenter l'expérience de l'entrisme dans le parti socialiste des États-Unis, que sa « vieille garde » droitière vient de quitter et qui se radicalise très vite.

En Belgique, Vereeken a fait scission dès que la majorité, sous l'impulsion de Lesoil, a décidé, au début de 1935, d'entrer à son tour dans le P.O.B. A l'été, la tendance de gauche de l'Action socialiste, qui a perdu son porte-drapeau, P.-H. Spaak, séduit par un portefeuille ministériel dans un gouvernement d'union, éclate. Tandis que le docteur Marteaux, proche du P.C., réussit à conserver l'hebdomadaire de la tendance, le jeune Walter Dauge donne une vigoureuse impulsion à l'Action socialiste révolutionnaire qui s'oriente vers la création d'un nouveau parti et manifeste qu'elle a une réelle influence de masse dans le Borinage.

Le Parti ouvrier révolutionnaire néerlandais (R.S.A.P.), à peine né, est secoué par une crise où Trotsky n'a sans doute pas tort de voir la main des dirigeants du Parti ouvrier socialiste (S.A.P.) allemand : les amis de ce dernier engagent contre la direction de P.J. Schmidt et Sneevliet une bataille fractionnelle féroce. Le départ de la minorité, avec l'organisation de jeunesses notamment, laisse le nouveau parti exsangue.

En Grande-Bretagne, où le petit groupe entré en 1933 dans l'Independent Labour Party (I.L.P.) est devenu le Marxist Group, c'est aussi la crise. Une importante fraction de ses militants estime avoir épuisé les possibilités de l'entrisme dans le Labour Party que pratiquent depuis plusieurs années les anciens de la « majorité » qui avait refusé en 1933 l'entrisme dans l'I.L.P. Le morcellement, ici, est maximal.

En Espagne, ce sont les militants de Madrid, les plus attachés à Trotsky et à l'Opposition internationale, qui ont tranché le débat. Nin avait proposé un compromis : « entrisme » dans la plus grande partie du pays, mais, en Catalogne, fusion des formations socialistes et communistes d'opposition en un nouveau parti. C'est ainsi que les dirigeants de la Izquierda comunista, avec Andrés Nin et Andrade, sont entrés dans le Parti ouvrier d'unification marxiste (P.O.U.M.) constitué en septembre 1935. Jean Rous, qui a visité Barcelone, est optimiste et envisage une évolution positive, mais en fait les relations sont au point mort entre les dirigeants espagnols d'un côté, Trotsky et le secrétariat de l'autre et les rares lettres des premiers sont plutôt aigres-douces.

Mais c'est avec les Français que surgissent les plus graves difficultés. Les succès initiaux de l'entrisme, la croissance du Groupe bolchevik-léniniste (G.B.L.) constitué dans la S.F.I.O, l'élargissement de l'horizon des militants avaient donné à l'exilé les plus grands espoirs : une tentative de Staline d'acheter les dirigeants de la Jeunesse socialiste de la Seine n'avait-elle pas échoué devant la vigilance des trotskystes « entrés »? Les difficultés commencent à partir du moment où la bureaucratie de la S.F.I.O., engagée maintenant dans l'alliance avec le P.C., commence à réprimer sur sa gauche les perturbateurs. Et l'homogénéité du G.B.L. ne résiste pas à cette pression.

Trotsky, avant son départ de Domène, a déjà eu des heurts assez sérieux avec Raymond Molinier. Il constate ensuite la réticence la *La Vérité*, organe du G.B.L., à publier la « Lettre ouverte », puis son refus de la publier intégralement à cause de la référence à la IVe Internationale. Il pense que ceux qui invoquent des raisons de « tactique » pour justifier ces tergiversations sont des militants qui subissent la pression du milieu social-démocrate auquel ils se sont adaptés. Après l'exclusion-surprise brutale – dans tous les sens du terme – des dirigeants de l'Entente des Jeunesses socialistes de la Seine, par la conférence nationale réunie à Lille en juin 1935, la division des « bolcheviks-léninistes » apparaît en pleine lumière : nombre de ses dirigeants sont prêts à faire à la direction de la S.F.I.O. les concessions nécessaires pour pouvoir rester dans ce parti, alors même que Trotsky considère que les soulèvements ouvriers spontanés de Brest et de Toulon en août sonnent le glas de la politique « entriste » et exigent la construction d'un pôle indépendant.

Ce conflit, qui oppose essentiellement Trotsky et Raymond Molinier, va exploser à travers la querelle sur ce qu'il est convenu d'appeler l'« organe de masses ». Après avoir fait un bout de chemin avec Marceau Pivert dans la fondation de la Gauche révolutionnaire de la S.F.I.O. – dont la raison d'être est pour le moment de retenir dans la S.F.I.O. les éléments révolutionnaires –, Raymond Molinier, balayant les arguments de discipline d'une direction qu'il juge incapable, prépare lui-même un nouveau périodique, « organe de masses », *La Commune*, qui paraît en décembre. C'est la rupture avec Trotsky qui n'aura plus désormais de mots assez durs pour qualifier le comportement et même la personnalité de celui qui avait été, en 1930, à l'origine de sa rupture personnelle avec Alfred Rosmer.

Pour la première fois, Trotsky, dans une lettre à Sedov, sollicitant du secrétariat un congé politique [26], exprime ouvertement son immense lassitude et son exaspération devant les luttes fractionnelles, ces « répugnantes vétilles[27] » qui absorbent son temps et l'empêchent de travailler, alors qu'elles n'ont pas de sens et mènent à l'impasse ceux qui s'y engagent totalement. Un certain replâtrage intervient par la suite et, à la veille des grèves de juin 1936, les différents groupes trotskystes s'unifient dans un Parti ouvrier internationaliste (P.O.I.) Il est clair pourtant que, même alors, Trotsky ne fait nullement confiance à la direction du P.O.I. au point qu'il cherchera, avec l'aide de Van, le moyen de publier, indépendamment d'elle, ses premiers articles sur le mouvement de grève de juin 1936 [28].

On peut, à cette date, constater l'importante dégradation du mouvement depuis le départ de Trotsky pour la Norvège. De façon générale, les premières décisions de pratiquer l'entrisme, même si elles ont abouti à un développement numérique, n'ont pas amené les sections à une rupture décisive avec ce que Trotsky appelle « un certain poison » hérité de l'Internationale communiste, les luttes fractionnelles exacerbées, les combats de clique, la dérision de la pratique démocratique.

L'Opposition de gauche a certes attiré à elle des hommes et des femmes dévoués, brillants, courageux, mais ils sont restés marqués par leur passé dans les P.C. bureaucratisés de l'époque zinoviéviste et par l'atmosphère sectaire des groupes qu'ils constituent. La secte, qui vit sur elle-même par la force des choses, avec ses valeurs propres, à contre-courant et fière de l'être, a tendance à ne vouloir ni déboucher ni grandir : il lui suffit d'avoir raison. Forteresse assiégée, elle aspire surtout à être fidèle à elle-même et à résister aux « pressions » et aux intrigues de l'ennemi de classe qu'elle invente au besoin : elle réduit trop souvent la politique à la propagande et la propagande au stéréotype.

Les symptômes du mal sont très apparents au sommet. Le « secrétariat » pour la IVe Internationale, créé par les Cinq après leur « lettre ouverte », avait été confié aux Néerlandais P.J. Schmidt et Sneevliet : il ne prend aucune initiative et ne semble même pas avoir connu un début de fonctionnement. Le secrétariat international, lui, a ressenti comme un coup à son autorité la décision de pratiquer l'entrisme aux États-Unis, prise en dehors de lui et après consultation du seul Trotsky. Depuis ce moment, Sneevliet s'est retiré sur l'Aventin, et Ruth Fischer a cessé toute activité. Le secrétariat repose sur les frêles épaules de Rudolf Klement, aidé, dans les loisirs que leur laissent leurs problèmes « nationaux », par le Français Jean Rous, Leonetti et Ljova. C'est le travail acharné de ce dernier qui a permis, pendant la dernière période, la réalisation d'une importante avancée, avec l'agitation menée sur la question de la répression en U.R.S.S. contre les révolutionnaires et en particulier les révolutionnaires étrangers, et la constitution d'un comité *ad hoc*.

C'est encore de Norvège que Trotsky, aidé par ses collaborateurs Wolf et Held, mais aussi par ses visiteurs, notamment A.J. Muste et

Shachtman, prépare, pendant les mois de juin et de juillet 1936, la conférence internationale, qu'on appellera de « Genève », et les textes essentiels qui vont consacrer la naissance à Paris, salle Pleyel, du « mouvement pour la IVe Internationale », finalement formé exclusivement de groupes et de partis se réclamant de la fraction des « bolcheviks-léninistes ». C'est à partir des informations entendues à la radio sur le grand mouvement gréviste en France qu'il écrit ses articles dont les premiers seront saisis avec le journal *La Lutte ouvrière* sur décision du ministre socialiste de l'Intérieur du gouvernement Léon Blum de Front populaire, Roger Salengro, celui-là même qui, deux ans auparavant, avait présidé le meeting de Lille contre son expulsion.

Trotsky écrit : « La Révolution française a commencé [29]. » Il célèbre la fin de l'isolement de la révolution espagnole. Pour lui, le spectacle que donne la France, « volonté de lutte de *l'ensemble* du prolétariat, mécontentement profond des couches inférieures de la petite bourgeoisie, confusion dans le camp du capital financier », constituent ce qu'il appelle « les prémisses de la révolution prolétarienne [30] ». Il écrit :

> « Ce qui s'est passé, ce ne sont pas des grèves corporatives, ce ne sont même pas des grèves. C'est *la grève*. C'est le rassemblement au grand jour des opprimés contre les oppresseurs, c'est le début classique de la révolution [31]. »

Il souligne le trait, déjà remarqué au cours des révolutions antérieures, de la croissance très rapide des organisations traditionnelles, la S.F.I.O., les syndicats, le P.C. C'est là, assure-t-il, « un symptôme sûr de l'existence d'une crise révolutionnaire [32] » et, en même temps, le signe de leur entrée dans leur agonie.

Il ne formule aucun pronostic sur le rythme des développements révolutionnaires à venir : l'exemple espagnol, depuis 1931, démontre bien que ce sont les dirigeants des organisations ouvrières qui sont, par leur politique, les véritables sauveurs du capitalisme menacé. Comme en Espagne, la clé de l'avenir, en France et en Belgique, est la direction révolutionnaire, car, écrit-il, « les tâches de la lutte révolutionnaire se ramènent inéluctablement à une seule : la construction d'une nouvelle direction réellement révolutionnaire capable d'être à la hauteur des tâches et possibilités de notre époque [33] ». Il va voir dans les « journées de juillet » en France et dans la révolution ouvrière et paysanne en Espagne en riposte au *pronunciamiento* des généraux Mola, Sanjurjo et Franco, la confirmation de ce qu'il répète depuis des mois : la politique de « défense de la République » des partis du Front populaire ne « défend pas la République », mais, au contraire, ouvre la voie au fascisme et à la dictature militaire que seule la révolution ouvrière peut écraser définitivement.

Pour la première fois sans doute depuis des années, il considère la situation mondiale, à la fin de juillet 1936, d'un œil résolument optimiste. Les masses ouvrières sont en train de se mobiliser de nouveau;

elles peuvent renverser le cours réactionnaire ouvert par la victoire hitlérienne en Allemagne et la marche à la guerre, l'extension de la vague fasciste jusqu'alors apparemment irrésistible.

Pour cette « nouvelle montée », comme il l'écrit, de petits partis révolutionnaires se sont constitués, facteur objectif et subjectif à la fois : le P.S.R., Parti socialiste révolutionnaire de Belgique, avec Walter Dauge et Léon Lesoil, le P.O.I., Parti ouvrier internationaliste, de France, où coexistent Molinier, Naville et Jean Rous. Le message qu'il reçoit de ce dernier, de Barcelone, lui fait espérer la reprise de la collaboration avec Andrés Nín et Andrade, placés par les circonstances à la tête du P.O.U.M.

De grandes espérances qui vont être vite déçues.

***

La sortie d'Union soviétique de trois anciens oppositionnels détenus apporte, pendant le séjour de Norvège, des éléments d'information à Trotsky sur ses camarades d'U.R.S.S. C'est à l'été de 1935 que l'ancien commissaire de l'Armée rouge et instructeur politique du parti arménien A.A. Davtian (que Sedov appellera Tarov), membre de l'Opposition unifiée, emprisonné à Verkhnéouralsk puis déporté, s'évade d'Union soviétique et arrive en Perse d'où il se met en communication avec Sedov. Quelques mois plus tard, le Croate Ante Ciliga, citoyen italien, lui aussi ancien membre de l'Opposition de gauche en U.R.S.S. en même temps que dirigeant du P.C. yougoslave, ancien détenu à Verkhnéouralsk, qui a rencontré Sérioja en déportation à Krasnoiarsk, est libéré sur intervention du gouvernement italien. Au printemps de 1936 enfin, c'est Victor Serge, ancien membre de l'Opposition de gauche et de sa commission internationale, qui est libéré au terme d'une campagne menée en Occident dans les milieux intellectuels et syndicaux.

De ces trois revenants, Trotsky reçoit confirmations et informations. Confirmations sur les débats politiques dans les isolateurs et la fidélité politique des oppositionnels. Informations dont certaines sont douloureuses. Ainsi la nouvelle du décès d'Eleazar Solntsev, l'un des plus doués de la jeune génération des bolcheviks-léninistes, mort en janvier 1936 des suites d'une grève de la faim entreprise pour protester contre une nouvelle condamnation administrative par le G.P.U. qui vient de le frapper. Trotsky apprend aussi que survivent quelques-uns de ses vieux camarades : B.M. Eltsine, malade, déporté à Orenbourg et ferme comme un roc, I.N. Smirnov, intraitable dans le terrible pénitencier de Souzdal [34]. Il a aussi quelques éléments concernant le sort de Sérioja et de bien des hommes et femmes qui lui sont chers.

De ces informations et de ce qu'il apprend à la lecture des journaux russes et des coupures de presse que lui envoie Ljova, il tire des conclusions qu'il exprime au début de 1936 sur ce qu'il appelle « la section soviétique » de l'organisation internationale [35]. L'analyse des chiffres donnés dans les rapports sur l'épuration publiés dans la presse le conduit à une évaluation globale de 20 000 membres du parti exclus comme « trotskystes ou zinoviévistes » – et, parmi eux, à peine quelques centaines, voire dizaines de militants ayant appartenu à l'Opposition de 1923 à 1927. Il en déduit que, « même aujourd'hui, la IVe Internationale a déjà en U.R.S.S. sa section la plus forte, la plus nombreuse et la mieux trempée [36] ». Une conclusion que beaucoup discuteront...

Il supporte mal que son article sur cette question ne soit pas traduit en français et publié. Victor Serge ne partage pas du tout son estimation, qu'il juge exagérée, l'étiquette de « trotskyste » donnée par la bureaucratie ne correspondant pas, selon lui, à une position politique. Il est pourtant au moins d'accord avec lui sur ce point : le travailleur français qui suit la presse des bolcheviks-léninistes n'ignorera rien de ce qui est pour lui « les chamailleries de Molinier », mais n'a jamais vu ni entendu le nom de Iakovine [37].

Est-ce vraiment le hasard – une demande de Max Eastman, à court d'argent, d'une réédition américaine de *l'Histoire de la Révolution russe*, avec une nouvelle préface – qui est à l'origine du livre sur l'U.R.S.S. qui s'appellera *La Révolution trahie* [38]? Trotsky assure, dans sa correspondance, que c'est cette préface, remaniée, élargie, sans cesse creusée, qui est devenue le livre le plus important de ses dernières années, intitulé primitivement *Où va l'U.R.S.S.*? et débaptisé par son éditeur français [39].

C'est vraisemblablement ainsi qu'il a vécu cette expérience, sous la poussée de la nécessité de corriger, d'éclairer, de fignoler son explication du phénomène stalinien, de la nature sociale et des perspectives de l'U.R.S.S. Déjà il avait exprimé ce besoin dans une étude qui est en quelque sorte le prologue intellectuel de *La Révolution trahie*, l'article intitulé « État ouvrier, Thermidor et bonapartisme [40] », déjà mentionné.

Cette mise au point lui paraît nécessaire au moment où Staline suit, depuis deux ans déjà, un cours qu'il estime « droitier » et qu'on qualifie souvent de « thermidorien ». Rappelant, sans le nommer, l'opinion de Préobrajensky en 1929, il assure que c'est bien en définitive « la meilleure variante » qui s'est trouvée réalisée dans le développement de l'U.R.S.S., il relève :

> « Le développement des forces productives s'est fait non dans la direction du rétablissement de la propriété privée, mais sur la base de la socialisation, par la voie d'une direction planifiée [41]. »

L'analogie avec Thermidor a pourtant, en définitive, plus obscurci qu'éclairé la question : le mot a été employé comme s'il était synonyme de la restauration capitaliste en U.R.S.S. Or, historiquement, Brumaire, comme Thermidor, ont eu une signification politique et sociale certes, mais se sont accomplis exclusivement sur la base de la nouvelle société et du nouvel État bourgeois. Thermidor fut une réaction, mais sur la base sociale de la révolution.

En ce qui concerne l'U.R.S.S., Trotsky part d'une contradiction, née d'une double constatation. Du fait de l'inégalité, des privilèges de la bureaucratie, la société soviétique est plus proche du régime capitaliste que du communisme. Par ailleurs, l'État soviétique demeure l'arme historique de la classe ouvrière, dans la mesure où c'est lui qui assure le développement de l'économie et de la culture qui crée les conditions de la liquidation de la bureaucratie et de l'inégalité sociale.

Rappelant que la domination sociale d'une classe, en d'autres termes sa « dictature », peut revêtir des formes politiques très variables et bien différentes les unes des autres, il en tire la conclusion que la « dictature de la bureaucratie » est l'une des formes politiques de la « dictature du prolétariat », forme réactionnaire, bien sûr, puisqu'elle s'est établie sur la ruine de la démocratie ouvrière et se maintient par la terreur et puisqu'elle affaiblit le système social sur lequel elle s'est développée en parasite.

Rétrospectivement, il apparaît très clairement à Trotsky que le passage à la droite du régime – l'aristocratie et la bureaucratie ouvrière – du pouvoir politique, à savoir le véritable Thermidor soviétique a été réalisé depuis longtemps et que la période proprement thermidorienne a commencé effectivement en 1924, avec la défaite de l'Opposition de gauche. Le développement des forces productives, l'industrialisation et la collectivisation, ont, depuis, élargi la couche des privilégiés, soutiens de la politique des dirigeants qui l'incarnent et défendent ses intérêts.

Il introduit ici sa deuxième « retouche » importante à sa théorie de l'U.R.S.S. :

> « " Bolchevique " par ses traditions, mais ayant au fond depuis longtemps renié ses traditions, petite-bourgeoise par sa composition et son esprit, la bureaucratie soviétique est appelée à régler l'antagonisme entre le prolétariat et la paysannerie, entre l'État ouvrier et l'impérialisme mondial : telle est la base sociale du *centrisme bureaucratique*, de ses zigzags, de sa force, de sa faiblesse et de son influence si funeste sur le mouvement prolétarien mondial. Plus la bureaucratie deviendra indépendante, plus le pouvoir se concentrera entre les mains d'un seul individu, plus le *centrisme bureaucratique* se changera en *bonapartisme*[42]. »

Il souligne que la politique de Staline contre l'Opposition de gauche est une lutte contre les travailleurs en même temps que le développement d'une nouvelle aristocratie, montre comment Staline a concentré dans ses propres mains tout le pouvoir : ce régime ne peut être appelé autrement que « bonapartisme soviétique ». Pour lui, donc, « le sort de l'U.R.S.S. en tant qu'État *socialiste*, dépend du régime *politique* qui viendra remplacer le bonapartisme stalinien ».

La route est ainsi dégagée, mais tout n'est pas dit. Après s'être plongé en septembre 1935 dans la préface réclamée par Eastman, Trotsky n'en émerge vraiment qu'en août 1936 avec un livre de plusieurs centaines de pages, *La Révolution trahie*.

Il commence par analyser ce qu'il appelle l'acquis, les résultats de l'industrialisation, les indices de la production industrielle, des résultats dont aucun pays arriéré n'a pu obtenir de semblables dans l'histoire en aussi peu de temps :

> « Le socialisme a démontré son droit à la victoire non dans les pages du *Capital*, mais dans une arène économique qui couvre le sixième de la surface du globe, non dans le langage de la dialectique, mais dans celui du fer, du ciment et de l'électricité [43]. »

Il en indique immédiatement les limites qui se manifestent avant tout par la faiblesse de la productivité du travail et les prix de revient plus élevés que ceux du marché mondial. L'agriculture demeure arriérée, très en dessous des pays capitalistes. La technique moderne ne donne pas non plus en U.R.S.S. les mêmes fruits. La qualité des produits industriels demeure médiocre aussi bien en ce qui concerne les machines que les produits de consommation courante. Certains secteurs accusent un dramatique retard : transports ferroviaires, réseau routier, construction de logements, qui touchent les masses. Le rendement individuel et la production par tête d'habitant présentent des indices très bas. Trotsky en conclut que la « phase préparatoire », celle de l'emprunt et de l'assimilation des techniques et conquêtes culturelles de l'Occident, est appelée à se prolonger pendant « toute une période historique ».

Il retrace ensuite l'histoire du développement économique, à travers ses différentes phases, les zigzags de la direction, sa politique d' « élargissement de la Nep » contre l'Opposition qu'elle accusait d'être « super-industrialiste » et finalement le tournant brusque vers le « plan quinquennal en quatre ans » et la « collectivisation complète », insistant au passage – le fait était inconnu à l'époque en général – sur les épouvantables pertes en vies humaines dues, selon lui, aux « méthodes aveugles, hasardeuses et violentes » utilisées pour l'imposer de force à des masses paysannes hostiles.

Abordant la question « Le socialisme et l'État », il souligne que Marx, quand il qualifiait de « socialisme » le « stade inférieur du communisme », entendait par là une société dont le développement économique serait déjà supérieur à celui du capitalisme avancé. Il définit le régime soviétique non comme « socialiste », mais comme « transitoire » ou encore « préparatoire ». Dans le domaine de l'État, le trait le plus spectaculaire de la situation en U.R.S.S. est qu'en dépit des prévisions théoriques de Marx, d'Engels et de Lénine sur le « dépérissement de l'État » et la destruction de la machine bureaucratique, la bureaucratie est devenue une force incontrôlée et toute-puissante.

L'explication, à ses yeux, en est très simple. L'obligation qui pèse sur l'État soviétique, né dans un pays pariculièrement arriéré, de maintenir les normes bourgeoises et inégalitaires de répartition, donne à l'État ouvrier le caractère original d'être un « État bourgeois sans bourgeoisie », avec un caractère double et contradictoire : socialiste dans la mesure où il défend la propriété collective, et « bourgeois » dans la répartition des biens. Il relève :

> « L'expérience a montré ce que la théorie n'a pas su prévoir avec une netteté suffisante : si " l'État des ouvriers armés " répond pleinement à ses fins quand il s'agit de défendre la propriété socialisée contre la contre-révolution, il en va tout autrement quand il s'agit de régler l'inégalité dans la sphère de la consommation. [...] Pour défendre le droit bourgeois, l'État ouvrier se voit contraint de former un organe du type " bourgeois ", bref, de revenir au gendarme, tout en lui donnant un nouvel uniforme [44]. »

Ainsi s'éclaire la première contradiction entre le programme du bolchevisme à l'époque de Lénine et la réalité du régime de Staline :

> « Si l'État, au lieu de dépérir, devient de plus en plus despotique, si les mandataires de la classe ouvrière se bureaucratisent, tandis que la bureaucratie s'érige au-dessus de la société rénovée, ce n'est pas pour des raisons secondaires telles que les survivances psychologiques du passé, etc., c'est en vertu de l'inflexible nécessité de former et d'entretenir une minorité privilégiée, tant qu'il n'est pas possible d'assurer une égalité réelle [45]. »

Relevant l'absence de toute allusion à ces problèmes vitaux dans la littérature théorique du marxisme avant la révolution et à ses débuts, il estime qu'on se trouve là en présence d'une « sous-estimation manifeste des difficultés futures » qui s'explique par le fait que le programme bolchevique reposait entièrement sur la perspective de la révolution internationale.

Dans l'intervalle, les succès économiques ont aggravé l'inégalité, et la bureaucratie, de « déformation », est devenue un système de gouvernement.

Abordant le « Thermidor soviétique », Trotsky énumère les raisons de la victoire de Staline : arriération et pauvreté exigeant l'intervention du « gendarme », reflux du prolétariat après la guerre civile, déception devant les résultats d'années d'espérances et de sacrifices, désillusion après la tension, renaissance de l'individualisme, développement de l'arrivisme, démobilisation d'une armée de cinq millions d'hommes habitués à obéir et à commander. La jeune bureaucratie soviétique n'a cessé de gagner en autonomie et en assurance à partir de l'accumulation des défaites de la révolution mondiale.

A l'Opposition de gauche et ses perspectives révolutionnaires, elle a opposé la « propagande du repos » qui cimentait le bloc des fonctionnaires et des militaires et dont Trotsky pense qu'elle trouvait un écho réel chez les ouvriers fatigués et surtout dans les masses paysannes. Choisi par la bureaucratie à qui il donnait toute garantie par son passé et son aptitude à maîtriser ses rangs et à les unifier, Staline est devenu son chef incontesté :

> « La bureaucratie n'a pas seulement vaincu l'Opposition de gauche, elle a vaincu aussi le parti bolchevique. Elle a vaincu le programme de Lénine, qui voyait le danger principal dans la transformation des organes

de l'État, “ de serviteurs de la société en maîtres de la société ”. Elle a vaincu tous ses adversaires – l'Opposition, le parti de Lénine – non à l'aide d'arguments et d'idées, mais en les écrasant sous son propre poids social. L'arrière-train plombé s'est trouvé plus lourd que la tête de la révolution. Telle est l'explication du Thermidor soviétique [46]. »

Il reste à expliquer la dégénérescence du parti bolchevique, cause et conséquence de celle de l'État soviétique, à travers sa bureaucratisation.

Trotsky rappelle le fonctionnement du parti selon les règles du centralisme démocratique, la libre critique et la lutte des idées formant le contenu intangible de sa démocratie. Il souligne que l'histoire du bolchevisme est en réalité l'histoire d'une lutte permanente entre ses fractions et qu'il ne saurait en être autrement pour « une organisation qui se donne pour but de retourner le monde et qui rassemble sous ses enseignes des négateurs, des révoltés, des combattants de toute témérité ». L'autorité de la direction lui vient seulement de ce qu'elle a le plus souvent raison.

Staline et les siens utilisèrent pour leur cause la décision exceptionnelle de 1921 d'interdire les fractions. Avec celle du « socialisme dans un seul pays » apparut la théorie selon laquelle, pour le bolchevisme, c'est le comité central qui est tout. Trotsky écrit ces lignes qui constituent une véritable autocritique :

> « En libérant la bureaucratie du contrôle de l'avant-garde prolétarienne, la “ promotion Lénine ” porta un coup mortel au parti de Lénine. Les bureaux avaient conquis l'indépendance qui leur était nécessaire. Le centralisme démocratique fit place au centralisme bureaucratique. Les services du parti furent remaniés du haut en bas. L'obéissance devint la principale vertu du bolchevik [47] ».

Citant longuement ses vieux camarades Sosnovsky et surtout Rakovsky à propos de sa fameuse lettre à Valentinov d'août 1928, Trotsky illustre concrètement ce qu'il appelle « les causes sociales de Thermidor », les aspirations et les appétits de nouveaux notables désireux de se dérober à tout contrôle et à toute critique.

Sur la base d'une étude attentive de la presse soviétique, il s'attache à étudier l'accroissement de l'inégalité et des antagonismes sociaux, à décrire misère et luxe, spéculation et différenciation à l'intérieur du prolétariat et entre kolkhozes. Il évalue à 400 000 ou 500 000 personnes le milieu dirigeant proprement dit, des « chefs » qui couronnent une pyramide de privilégiés :

> « Si l'on ajoute aux émoluments tous les avantages matériels, tous les profits complémentaires à demi licites et, pour finir, la part de la bureaucratie aux spectacles, aux villégiatures, aux hôpitaux, aux sanatoriums, aux maisons de repos, aux musées, aux clubs, aux installations sportives, on est bien obligé de conclure que ces 15 % à 20 % de la population jouissent d'autant de biens que les 80 % à 85 % restants [48]. »

Thermidor est également visible au foyer, où la femme est restée asservie au joug séculaire; le droit à l'avortement est redevenu un privilège pour celles qui peuvent payer; la prostitution refleurit; la réaction s'abrite derrière des phrases moralisantes sur la nouvelle famille... C'est aussi une véritable guerre à la jeunesse que le régime a déclenchée : enseignement d'hypocrisie, de formalisme et de conformisme, atmosphère étouffante de la servilité. Le bilan n'est pas moins tragique par rapport aux espoirs de 1917 quand il s'agit de l'oppression nationale et culturelle grand-russiennes, la chappe de plomb qui pèse sur la création littéraire et artistique, la censure et le prétendu « triomphe » intellectuel de ceux que Trotsky désigne comme « les médiocres, les lauréats et les malins ».

Dans le domaine de la politique internationale, les défaites accumulées par la bureaucratie stalinienne ont fini par créer une situation dans laquelle cette dernière n'a plus comme objectif que le maintien conservateur du *statu quo*. A cet égard, Trotsky tient l'entrée de l'U.R.S.S. à la S.D.N. comme une capitulation devant une institution contre-révolutionnaire. De même, la transformation de l'Armée rouge, la résurrection du corps des officiers ne lui paraissent pas dictées par des besoins militaires, mais seulement par les besoins politiques des dirigeants. Au *statu quo*, il propose de substituer le mot d'ordre des « États-Unis socialistes d'Europe ».

Posant enfin la question de la nature sociale de l'État, il s'efforce de démontrer, comme il l'a déjà fait, que la bureaucratie n'est pas une classe, et que la question du caractère social de l'U.R.S.S. n'a pas encore été tranchée par l'Histoire. Il écrit :

> « L'U.R.S.S. est une société intermédiaire dans laquelle : a) les forces productives sont encore trop insuffisantes pour donner à la propriété d'État un caractère socialiste; b) le penchant à l'accumulation primitive, né du besoin, se manifeste à travers tous les pores de l'économie planifiée; c) les normes de répartition, de nature bourgeoise, sont à la base de la différenciation sociale; d) le développement économique, tout en améliorant lentement la condition des travailleurs, contribue rapidement à former une couche de privilégiés; e) la bureaucratie, exploitant les antagonismes sociaux, est devenue une caste incontrôlée, étrangère au socialisme; f) la révolution sociale, trahie par le parti gouvernant, vit encore dans les rapports de propriété et dans la conscience des travailleurs; g) l'évolution des contradictions accumulées peut aboutir au socialisme ou rejeter la société vers le capitalisme; h) la contre-révolution en marche vers le capitalisme devra briser la résistance des ouvriers; i) les ouvriers marchant vers le socialisme devront renverser la bureaucratie [49]. »

La perspective qu'il ouvre pour l'U.R.S.S. est donc celle d'une révolution contre la bureaucratie, qu'il décrit ainsi :

> « La révolution que la bureaucratie prépare contre elle-même ne sera pas sociale comme celle d'octobre 1917 : il ne s'agira pas de changer les bases économiques de la société, de remplacer une forme de propriété par une autre. [...] La subversion de la caste bonapartiste aura naturelle-

ment de profondes conséquences sociales; mais elle se maintiendra dans les cadres d'une transformation politique [50]. »

Il esquisse le programme de cette révolution politique :

« Il ne s'agit pas de remplacer une coterie dirigeante par une autre, mais de changer les méthodes mêmes de la direction économique et culturelle. L'arbitraire bureaucratique devra céder la place à la démocratie soviétique. Le rétablissement du droit de critique et d'une liberté électorale véritable sont des conditions nécessaires du développement du pays. Le rétablissement de la liberté des partis soviétiques, à commencer par le parti bolchevique, et la renaissance des syndicats y sont impliqués. La démocratie entraînera dans l'économie la révision radicale des plans dans l'intérêt des travailleurs. La libre discussion des questions économiques diminuera les frais généraux imposés par les erreurs et les zigzags de la bureaucratie. Les entreprises somptuaires, Palais des soviets, théâtres nouveaux, métros construits pour l'épate, feront place à des habitations ouvrières. Les " normes bourgeoises de répartition " seront d'abord ramenées aux proportions que commande la stricte nécessité, pour reculer, au fur et à mesure de l'accroissement de la richesse sociale, devant l'égalité socialiste. Les grades seront immédiatement abolis, les décorations remisées aux accessoires. La jeunesse pourra librement respirer, critiquer, se tromper et mûrir. La science et l'art secoueront leurs chaînes. La politique étrangère renouera avec la tradition de l'internationalisme révolutionnaire [51]. »

Ces idées pouvaient apparaître totalement utopiques aux observateurs spécialisés pendant la fin des années trente. Elles surgiront cependant, vingt années plus tard exactement, en Pologne et en Hongrie au cours d'un soulèvement ouvrier de masses contre la bureaucratie, et particulièrement en octobre 1956.

CHAPITRE LIII

La descente aux enfers [1]

Pendant les six premiers mois de 1936, tandis que Trotsky travaille à *La Révolution trahie* dans le calme de Wexhall, une nouvelle tragédie se prépare, qui va le frapper de plein fouet au début du mois d'août.

En janvier, à Moscou, le chef du département politique secret du N.K.V.D., G.A. Moltchanov, a réuni une quarantaine des meilleurs agents pour leur expliquer qu'ils vont être détachés sur une affaire de conspiration, où il s'agit de faire avouer les chefs. Staline en personne supervise l'enquête, menée sur place par N.I. Ejov, son homme de confiance [2].

Trois cents détenus, anciens oppositionnels, sont extraits à la même époque des camps et des prisons et dirigés sur les prisons de Moscou : il faut trouver parmi eux une trentaine de gens dociles dont on utilisera les « aveux » pour faire plier les récalcitrants. Pour faire bon poids, on les mélange à une dizaine d'agents dont la mission sera aussi d'« avouer » pour confondre les autres et de contrôler en prison le comportement des futurs accusés et coupables. Si certain parmi eux résistent, on les exécute sans jugement pour l'édification des autres, et seuls leurs « aveux » figureront dans le scénario des procès. C'est vraisemblablement ce qui se passe avec Gaven, l'un des visiteurs de Sedov en 1932, après Holzman.

Mais tout ne va pas tout seul avec les « chefs » présumés de la conspiration, les plus importants au moins des dirigeants du « bloc des oppositions » de 1932, Zinoviev, Kamenev et I.N. Smirnov, eux aussi extraits de leur prison pour être conduits à Moscou et y être spécialement « préparés » par des techniciens de l'obtention des aveux : ils tiennent bon, pendant des semaines, refusent le chantage, les menaces et même les arguments politiques.

Il faut donc aller plus loin. Zinoviev, qui est asthmatique, est maintenu des jours entiers dans une cellule surchauffée. On met sous le nez de Kamenev les aveux d'un de ses anciens camarades qui impliquent son jeune fils dans un attentat contre Staline [3]. Mis en présence l'un de l'autre et autorisés à se parler, les deux hommes s'effondrent enfin.

Ils acceptent de collaborer avec les enquêteurs après que Staline leur a promis – ou fait promettre – qu'aucun vieux-bolchevik ne sera exécuté, l'objectif du procès étant seulement d'atteindre Trotsky qui, comme chacun sait, est hors de la portée des tribunaux [4].

L'ex-trotskyste et lieutenant d'I.N. Smirnov, S.V. Mratchkovsky, a, lui, « claqué », comme disent les enquêteurs, après 90 heures d'interrogatoire ininterrompu [5]. Il essaie d'entraîner avec lui Smirnov, qui tient bon pendant encore plusieurs semaines, mais qui s'effondre à la fin en apercevant sa fille en prison, entourée de gardes qui l'entraînent [6]. Il se décide alors à faire au moins une partie des aveux qu'on exige de lui pour éviter à son enfant bien-aimée de payer la note de sa résistance. Le tout dernier des accusés à céder est aussi l'un des dirigeants du groupe des « trotskystes ex-capitulards », Ter-Vaganian, un autre lieutenant d'I.N. Smirnov, qui signe ses « aveux » le 14 août [7]. Dès lors on peut avancer et préparer le scénario du procès avec ses acteurs. Les enquêteurs préparent les « aveux » de chacun, complètent, corrigent, modifient, font apprendre par cœur, montrent les dents...

Le 5 août, Trotsky, à Wexhall, trace le dernier mot de son manuscrit et envoie les exemplaires correspondants aux traducteurs français et américain. Le même jour, Natalia et lui, avec le couple Knudsen, prennent la route, dans la même voiture, pour un congé de détente de deux semaines dans le sud, au bord de la mer, à Stangnesholmen. Dès le lendemain matin, alors qu'ils sont encore en route, ils apprennent que, pendant la nuit, un commando de fascistes norvégiens du parti de Quisling a pénétré dans la maison Knudsen et tenté de s'emparer des archives. Les agresseurs, désorientés par la résistance déterminée de la jeune Hjørdis, ont dû battre en retraite devant l'arrivée des voisins en emportant tout de même quelques papiers*.

Poursuivant leur route, les voyageurs, peu rassurés, découvrent bientôt qu'ils sont filés par une autre voiture dans laquelle se trouve notamment l'un des dirigeants du parti de Quisling, l'ingénieur Neumann et son secrétaire Franklin Knudsen. Ils réussissent à semer leurs poursuivants, mais, d'ores et déjà, les vacances s'annoncent mal sous l'avalanche des violences verbales de la presse de droite, déchaînée contre Trotsky qu'elle accuse de mener une activité politique en Norvège, sur la base d'une lettre à Schüssler volée à Wexhall et reproduite jusque par la presse nazie allemande.

Le 13 août, les vacanciers doivent interrompre un jour leur repos pour recevoir le chef de la police criminelle, Reidar Sveen, venu en avion recueillir la déposition de Trotsky sur le raid des fascistes : il l'interroge notamment sur le contenu de la lettre volée et publiée, et sur le contenu des accusations de la presse nazie qui l'accuse d'activité « criminelle ».

* Le nazi norvégien Franklin Knudsen, un des organisateurs de l'opération (*I was Quisling's secretary*, p. 57), assure que les voleurs s'étaient emparés de vingt kilos de documents. C'est probablement une fanfaronnade, car quelques documents seulement furent publiés par leurs soins.

Dans la soirée du 14 août, quand Knudsen entend à la radio une information sur le procès qui va s'ouvrir à Moscou, d'un « centre terroriste trotskyste-zinoviéviste », Trotsky observe qu'il doit encore être question d'une « grosse saloperie », sans comprendre de quoi il peut s'agir.

Le 15 au matin, Monsen, ami de Knudsen et journaliste à Kristiansand, apporte aux vacanciers le texte intégral de la dépêche Tass. Trotsky confessera plus tard :

> « Prêt à tout, je n'en pouvais croire mes yeux tant la conjonction de la vilenie, de l'impudence et de la bêtise dans ce document me parut invraisemblable [8]. »

Il dicte en hâte une première déclaration et reprend le chemin de Wexhall : les vacances sont terminées, le cauchemar commence.

***

Le premier procès de Moscou s'ouvre le 19 août. Sur les bancs des accusés : Zinoviev, Kamenev et plusieurs de leurs collaborateurs de toujours à Leningrad, Evdokimov, Bakaiev et autres. Ivan Nikititch Smirnov est là aussi, avec Mratchkovsky et Ter-Vaganian. Autour de ces deux noyaux, des prisonniers qui ont été brisés à temps et les six inconnus qui sont de toute évidence les instruments de la police. Trotsky et les siens scrutent les photos de presse à la recherche du visage d'un Mill, d'un Well ou d'un Frank-Gräf.

Devant eux des juges militaires – l'un d'eux siégera au tribunal de Nuremberg. Le procureur est Andréi E. Vychinsky, ancien menchevik rallié à la fin de la guerre civile, ancien recteur de l'Université de Moscou, qui s'y est distingué par son efficacité dans la chasse aux étudiants trotskystes. Au début de 1988, un juriste soviétique, Arkadi Vaksberg, a ajouté dans un article de *Literatournaia Gazeta*, quelques éléments biographiques supplémentaires : président de tribunal de district à l'été de 1917, il a lancé un mandat d'arrêt contre Lénine suspect d'être un « agent allemand [9] ». Un demi-siècle après Trotsky et ses amis, l'auteur soviétique souligne :

> « L'enchaînement tragique de l'histoire a voulu que ce soit précisément lui, Vychinsky, qui, vingt ans après, devenu procureur général, accusait les compagnons de Lénine d'avoir voulu s'en débarrasser et requérait contre eux la peine de mort [10]. »

Il en donne un portrait saisissant :

> « De petite taille, trapu, de grandes oreilles; une belle chevelure grisonnante; de fines moustaches en brosse. Des lunettes à la monture superbe. Derrière les lunettes, un regard tenace, acéré, pénétrant. Ses yeux qui clignaient à peine étaient d'acier [11]. »

L'auteur de l'article se souvient de l'orateur, « combinaison d'un académisme, d'un scientisme et d'une culture recherchée avec une vulgarité injurieuse exprimée avec naturel et aisance ». Staline, qui a fait sa carrière, a découvert en lui « des qualités incomparables : il était mauvais, cruel, prêt à tout [12] »...

Ce sanguinaire metteur en scène se déchaîne contre ces bolcheviks qui ont été, toute sa vie, ses adversaires et remplace les preuves qu'il n'a pas par des grossièretés et des injures répugnantes. Aux « histrions », « criminels », « bouffons », « chiens enragés à abattre sans pitié » de l'historiographie traditionnelle, Vaksberg ajoute, au hasard : « l'amas fétide de débris humains », les « dégénérés invétérés », les « clébards vénéneux », les « satanés salauds [13] ». Il poursuit :

> « Il ne faut pas seulement anéantir physiquement les accusés; il faut les humilier et les offenser. Tel est le rêve du dirigeant suprême. En le réalisant, Vychinsky a créé un type inconnu jusqu'alors de procès criminel où il n'y a tout simplement pas le moindre besoin de preuves. A quoi bon des preuves quand il s'agit de " charognes puantes " [14]? »

L'acte d'accusation est simple. Les accusés ont, selon lui, constitué fin 1932 un « centre unifié trotskyste-zinoviéviste » terroriste sur la base de « la reconnaissance de la terreur individuelle contre les dirigeants ». On assure qu'ils ont préparé une série d'attentats contre Staline, Vorochilov et d'autres dirigeants, et que c'est un groupe agissant sur leurs ordres qui a préparé et perpétré l'assassinat de Kirov. Tout cela, bien entendu, a été réalisé sur les « directives » de Trotsky avec la participation active de son fils Lev Sedov...

Le public est trié sur le volet, et il y a de curieux « hasards » comme la présence « accidentelle » de l'avocat britannique D. N. Pritt, qui se portera garant pour l'accusation et les juges. Les correspondants de presse donnent pourtant du déroulement des débats une image saisissante. Les accusés récitent des leçons et « avouent » à qui mieux mieux. Ils mettent en cause des absents : Lominadzé, qui s'est suicidé, mais on l'ignore; G. I. Safarov, déjà en prison et totalement brisé; l'ancien dirigeant syndical M. P. Tomsky, compagnon de Boukharine, qui se suicide après avoir été dénoncé. Accusateurs et témoins parlent de « directives terroristes » prétendument apportées en U.R.S.S. par le vieux-bolchevik I. P. Gaven – qui a été ou qui va être exécuté; on met en cause d'autres dirigeants et militants, civils et militaires. Le seul des accusés qui semble avoir nié au moins une partie des accusations et maintenu quelque résistance est I. N. Smirnov.

Il semble qu'aux premières nouvelles du procès, Trotsky comme Sedov aient été pour le moins décontenancés, sinon désorientés. C'est du moins ce qui apparaît à la lecture des lettres qu'ils échangent après les premières informations. Sedov a identifié en Holzman l' « informateur » envoyé en 1932 par Smirnov à Berlin, mais ne peut comprendre pourquoi les deux hommes nient la vérité et avouent une chose qui ne correspond pas à la réalité et qu'ils inventent [15]. Trotsky, lui, se demande si Gaven n'était pas un agent provocateur qui aurait vraiment apporté à Smirnov, au lieu de son message, des directives terroristes fabriquées *ad hoc* par les faussaires de Staline pour faire croire qu'elles émanaient de lui [16]. Le père et le fils se creusent la mémoire au sujet d'un des accusés du groupe des « inconnus », dans lequel ils reconnaissent seulement ce V. P. Olberg qui s'était porté volontaire pour aller en Turquie assurer le secrétariat [17]. Sedov s'irrite contre Smirnov au point d'envisager une déclaration dans laquelle il dirait tout simplement la « vérité » sur leurs contacts – ce qu'il ne fera pas [18]. En fait, ni le père ni le fils ne comprennent, dans les premiers jours, le mécanisme de l'affaire : l'habillage de faits et de rencontres, de réunions et de rendez-vous réels liés à la constitution du « bloc des oppositions » de 1932, et leur habillage en faits et gestes d'un « bloc terroriste », ce qui permet de massacrer ces opposants politiques comme s'ils étaient terroristes [19].

Au centre des aveux, ceux de l'accusé E. S. Holzman. Cet homme, qui a été l'intermédiaire entre Sedov et Smirnov, a rencontré plusieurs fois le premier à Berlin et échangé avec lui mots de passe et de code pour les rendez-vous, apporté lettres, documents, informations. Il assure que, sur les conseils de Sedov, il s'est rendu à Copenhague en 1932 lors du séjour de Trotsky dans cette ville [20]. Après avoir retrouvé Sedov dans le hall de l'hôtel Bristol, il dit l'avoir accompagné « à la maison de Trotsky » sur laquelle il ne donne aucun détail. Et d'assurer que celui-ci lui a alors donné des directives terroristes et d'abord celle d'assassiner Staline [21]. L'accusé Nathan Lourié « avoue » avoir eu depuis longtemps des contacts avec un proche collaborateur de Himmler, chef des S.S. [22]. L'accusé Fritz David « avoue » que Trotsky, qu'il aurait rencontré – mais il ne dit ni où ni quand ni comment – l'a chargé aussi d'assassiner Staline pendant le XVIIe congrès [23].

Vychinsky se déchaîne contre les vieux-bolcheviks à sa merci, et le compte rendu officiel le cite abondamment : « poignée infâme et impuissante de vils traîtres et d'assassins », « poignée infime de vils aventuriers », qui ont tenté de « piétiner les meilleures fleurs les plus parfumées » du « jardin socialiste », « chiens enragés », « misérables pygmées », « roquets [24] ». Il conclut son réquisitoire par la phrase célèbre à laquelle les journaux des partis communistes du monde entier font écho avec empressement : « Je demande que ces chiens enragés soient fusillés tous jusqu'au dernier [25]. »

La sentence est prononcée le 24 août à 2 h 30 du matin. Les seize accusés sont condamnés à mort [26].

On croit généralement alors, chez les gens bien informés – et Sedov semble l'avoir cru – que les condamnés seront épargnés, et le bruit circule à Moscou que le rétablissement, en toute hâte, d'une procédure d'appel, permettra une telle issue et a servi à acheter la sagesse dont ont fait montre, jusqu'au bout, les accusés. Trotsky assure qu'il était convaincu que tout finirait par des exécutions, car seul l'assassinat des accusés ferait prendre l'accusation au sérieux :

> « J'eus pourtant de la peine à admettre les faits quand j'entendis le speaker de Paris, dont la voix trembla à ce moment, annoncer que Staline avait fait fusiller tous les accusés parmi lesquels il y avait quatre membres de l'ancien comité central bolchevique. Ce n'est pas la férocité de ce massacre qui me bouleversa : si cruelle qu'elle soit, l'époque des guerres et des révolutions est notre patrie dans le temps. Je fus bouleversé par la froide préméditation de l'imposture, par le gangstérisme

moral de la clique dirigeante, par cette tentative de tromper l'opinion sur la terre entière, en notre génération et en la postérité [27]. »

Mais, quand au petit matin du 25 août, au bas de chez lui, dans la rue Lacretelle à Paris, Lev Sedov découvre la nouvelle qui occupe la « une » de tous les journaux, l'exécution des seize, il éclate bruyamment en sanglots. L'homme qui a raconté la scène, dont il a été l'unique témoin, est son proche collaborateur, Mordka Zborowski, dit Étienne – qui est aussi et surtout l'agent de Staline chargé de sa surveillance [28]...

* * *

Il serait erroné, pour évaluer la réaction personnelle de Trotsky, de ne s'appuyer que sur ses commentaires militants destinés au public, voire à ses partisans. Il ne faut pas en particulier se laisser abuser, de ce point de vue, par les dures polémiques et les sévères commentaires auxquels il s'est livré à propos des « capitulations » passées des accusés et de la dernière, leur comportement devant leurs juges et Vychinsky [29]. Trotsky juge sans indulgence la conduite politique de ces hommes – y compris d'I. N. Smirnov, dont il avait accueilli avec joie le retour vers l'Opposition –, mais ce sont, en dépit de tout, ses camarades, et ils ont été ses frères de combat. Il ne peut qu'éprouver chagrin et compassion devant l'état auquel ils ont été réduits, devant leur humiliation et leur triste destin... Ici, la politique rejoint le sentiment, loin de s'y opposer. Le Kamenev qui courbe l'échine pour s'aplatir devant Staline est le beau-frère de Trotsky, le mari de sa jeune sœur Olga, son ancien adversaire et partenaire, son camarade de parti pendant des décennies; mais n'a-t-il pas été aussi, de tous les hommes de la vieille garde bolchevique, le plus proche de Lénine personnellement? Ce que Trotsky ressent sans doute le plus durement dans la dégradation publique de ces hommes, c'est qu'elle atteint profondément l'image du Parti bolchevique, de Lénine, de la révolution de 1917, de ce passé qui est sa fierté et sa raison d'être, « en sa génération comme en la postérité [30] »...

Bientôt pourtant, au choc du procès et de l'exécution des condamnés dans des conditions abominables dont la rumeur parviendra jusqu'à lui de Moscou, vient s'ajouter la menace qui pèse sur sa sécurité, l'angoisse devant la possibilité de se voir réduit à l'impuissance, de ne pouvoir défendre ni son honneur ni la mémoire de ses camarades.

Trois facteurs se combinent en effet contre lui : la pression de Moscou, la haine des nazis, la faiblesse, pour ne pas dire la lâcheté du gouvernement norvégien qui recule devant les pressions extérieures et laisse les hauts fonctionnaires pro-nazis prendre les vraies décisions à sa place.

Sur la pression du gouvernement de Moscou, sur la visite de l'ambassadeur Iakoubovitch à Havldan Koht, nous disposons d'informations officielles contradictoires. C'est le 29 août 1936 qu'a eu lieu la démarche. La presse soviétique publie le 30 août le texte de la déclaration que Iakoubovitch aurait remise au ministre norvégien. Il y souligne le caractère inopportun de la prolongation du séjour de Trotsky dont il assure que le procès de Moscou a démontré qu'il se livrait à une activité terroriste et rappelle les délibérations de la S.D.N. sur la collaboration entre États contre le terrorisme. Mais le 4 septembre, l'ambassadeur de France écrit à Yvon Delbos, ministre des Affaires étrangères, qu'il n'y a pas d'aide-mémoire soviétique [31]...

L'Union soviétique est pour Oslo un partenaire commercial non négligeable, et des sanctions, voire un boycott, ne seraient pas difficiles : les armateurs norvégiens ne tiennent nullement à prendre un tel risque pour un exilé rouge et n'ont pas manqué de le faire savoir. Moscou ne réclame pas, à proprement parler, l'expulsion de Trotsky, non plus que son extradition, qui exigerait un acte judiciaire contradictoire et donnerait donc la parole au révolutionnaire russe. Trygve Lie, le ministre norvégien de la Justice, s'est défendu comme un beau diable face à Deutscher, tout en devenant accusateur de lui-même :

> « Ils n'ont jamais demandé l'expulsion de Trotsky. Ils ne nous ont jamais menacés de représailles économiques. Nous avons agi de notre propre initiative, pour nos motifs propres, à cause de notre situation intérieure, des élections et à cause du comportement de Trotsky. Une fois seulement, Iakoubovitch, l'ambassadeur soviétique, est venu me voir au ministère de la Justice, mais c'était déjà après que j'ai fait interner Trotsky. Il est venu, mais je ne l'ai même pas laissé parler, et avant qu'il ait dit quoi que ce soit, je lui ai souri et lui ai dit : " Nous nous sommes occupés de l'affaire Trotsky. J'ai ordonné son internement. " Iakoubovitch a souri, et il est parti sans un mot. Ce fut tout [32]. »

Au demeurant, Staline est vraiment satisfait dans la mesure où le gouvernement, dans son inquiétude, a réduit Trotsky au silence. La note de Trygve Lie à Iakoubovitch, le 3 septembre, relève que Trotsky, du fait de la chronologie, n'a pas pu préparer en Norvège l'assassinat de Kirov, mort depuis longtemps quand il est arrivé en Norvège. Il rappelle les conditions de son isolement, sanctionnant l'infraction commise aux conditions de son séjour... Le zèle du gouvernement d'Oslo apparaît clairement dans cette phrase empressée :

> « Le gouvernement norvégien tient à faire remarquer que, déjà avant la démarche russe, il a soumis Trotsky (et sa femme) à un contrôle qui rend totalement impossible toute action de sa part qui serait susceptible de porter atteinte ou de menacer les intérêts de l'État russe [33]. »

Commentant les démarches soviétiques, le chargé d'affaires français à Moscou Jean Payart relève :

> « Les Soviets chercheront à amener le gouvernement norvégien à renforcer sa surveillance sur l'activité trotskyste. Ils chercheront même – et

cela est tout à fait dans la ligne des préoccupations staliniennes – à s'arroger un droit de regard direct sur cette activité [34]. »

Il ne faut pourtant pas négliger la puissance des nazis norvégiens et de la haine qu'ils portent à Trotsky : au cours d'une mission en Russie soviétique pendant la guerre civile, leur chef, Vidkun Quisling, a pu apprécier le chef de l'Armée rouge... Le bureau central des passeports – dont le chef est Konstad – joue à cet égard un rôle décisif. Dès l'agression contre la maison de Wexhall et comme si l'affaire avait été montée dans une sorte de complicité ou au moins de connivence, il s'efforce de démontrer que Trotsky n'a pas respecté son engagement de ne « pas faire de politique ». A défaut de pouvoir, comme les nazis, qui agissent au grand jour, réclamer aussi l'expulsion, les hauts fonctionnaires nazis ou sympathisants fournissent au gouvernement socialiste les arguments policiers et les mesures administratives pour bâillonner Trotsky.

Sentant venir le vent, celui-ci avait, dès le 19 août, adressé une lettre ouverte à Reidar Sveen, au sujet des questions que ce dernier lui avait posées dans le cours de son interrogatoire de Stangnesholmen. Rappelant que le gouvernement norvégien connaissait ses idées quand il avait pris la décision de l'accueillir, il protestait contre l'intérêt porté par la police norvégienne à ses ouvrages et à sa correspondance dans lesquels il ne pouvait qu'exprimer des vues qui n'étaient du goût ni des fascistes ni des staliniens. En ce qui concernait les accusations monstrueuses lancées contre lui à Moscou, il revendiquait le droit de se défendre, proposant une commission d'enquête ou un tribunal public qui lui permettrait de faire face et de démasquer ses accusateurs [35].

Le 25 août, le chef du bureau central des passeports, Konstad, adresse au ministre de la Justice un rapport dans lequel il affirme, sur la base de la publication à l'étranger de l'article de Trotsky « La Révolution française a commencé », que ce dernier a ainsi violé les engagements qu'il a pris pour obtenir un visa en Norvège [36]. Ce haut fonctionnaire – d'autant plus zélé qu'il est un sympathisant de Quisling, lequel fera de lui un juge de sa Haute Cour – en rajoute en expliquant que les visites de personnes qui sont politiquement en accord avec Trotsky et viennent lui demander son opinion, sont aussi des violations des engagements qu'il a pris [37].

Cette ardeur et ce zèle suffisent apparemment pour que le ministre socialiste charge alors Konstad de la rédaction des conditions nouvelles à imposer à Trotsky. Konstad prépare alors un texte qu'il proposera à l'exilé de signer : celui-ci s'engagerait à s'interdire, en toutes circonstances, d'écrire des articles « sur des questions politiques, sociales et culturelles », dirigées « contre quelque gouvernement que ce soit [38] ». Trotsky raconte sa visite, aux côtés du chef de la police :

« Le 26 août, tandis que huit agents en bourgeois occupaient la cour de la maison, le chef de la police Askvig et un fonctionnaire du bureau des passeports chargé de la surveillance des étrangers se présentèrent chez nous. Ces visiteurs importants m'invitèrent à signer l'acceptation de nouvelles conditions de résidence en Norvège. Je prendrais l'engagement de ne plus traiter dans mes écrits des sujets de politique actuelle et de ne pas donner d'interviews. Je consentirais à ce que toute ma correspondance, à l'arrivée comme au départ, soit visée par la police. Sans faire la moindre allusion au procès de Moscou, le document officiel ne mentionnait, pour m'imputer une activité répréhensible, qu'un article sur la politique française, publié dans l'hebdomadaire américain *Nation* et ma lettre ouverte au chef de la police criminelle, M. Sveen. Le gouvernement norvégien usait manifestement des premiers prétextes venus pour dissimuler la cause véritable de son changement d'attitude [39]. »

Le lendemain 27, il est conduit sous escorte à Oslo afin d'être interrogé comme témoin dans l'affaire du raid des nazis contre Wexhall. Il raconte :

« Le juge d'instruction ne n'intéressait guère aux faits; par contre, il m'interrogea pendant deux heures sur mon activité politique, mes relations, mes visiteurs. De longs débats s'engagèrent sur la question de savoir si je critiquais dans mes articles les autres gouvernements. Il va de soi que je ne le contestai pas. Le magistrat estimait que cette façon de faire était en contradiction avec l'engagement que j'avais pris d'éviter toute action hostile à d'autres États. [...] Il ne pouvait me venir à l'esprit que, me trouvant en Norvège, je ne pourrais publier dans d'autres pays des articles nullement en contradiction avec les lois de ce pays [40]. »

A sa sortie du cabinet du juge, il est conduit au ministère de la Justice, où Trygve Lie lui propose le texte, rédigé par Konstad, acceptant la restriction de ses droits [41]. Trygve Lie raconte :

« Vous auriez dû voir le regard qu'il me lança quand je lui dis [de signer]. C'était un homme fier, vous savez. Il se leva et dit : " Pensez-vous que moi, Lev Trotsky, avec mon passé, avec ce que j'ai fait, je vais vous signer semblable document [42]? " »

Le ministre bafouille quelque explication sur les élections. Trotsky éclate de rire et maintient son refus, déclarant qu'il préfère être arrêté. Il va être exaucé [43-44].

Le jour même, sans les laisser prendre contact avec Trotsky, la police arrête Jean van Heijenoort et Erwin Wolf – sur lesquels elle a accumulé les informations des polices de Belgique et de France –, essaie de leur faire déclarer, en les menaçant, en cas de refus, de les déporter en Allemagne nazie, qu'ils quittent volontairement la Norvège. Finalement ils sont expulsés le lendemain, 28 août, avec une particulière brutalité [45]. La mesure qui vise à isoler Trotsky et à le priver des moyens de travailler, donc de se défendre contre les accusations de Moscou, est très significative. D'abord de la détermination du gouvernement d'Oslo de démontrer à l'Union soviétique et à sa propre opposition de droite et d'extrême droite, sa « fermeté » à l'égard de l'exilé. Ensuite du poids dans la vie politique norvégienne, sous un gouvernement socialiste, des chefs nazis ou sympathisants de la police et de la haute administration.

Le jour même de l'arrestation de leurs jeunes amis, Trotsky et Natalia étaient devenus prisonniers sur place dans la maison de Wexhall, isolés des Knudsen, le téléphone coupé. Le 29 août, nous l'avons vu, une démarche de l'ambassadeur soviétique Iakoubovitch proteste contre l'activité antisoviétique de Trotsky [46]. Le 31, le gouvernement adopte un décret – qu'on appellera décret ou loi Trotsky nº 1 – lui permettant d'interner un étranger qui ne peut être expédié dans un autre pays [47]!

Le 2 septembre, Trotsky et Natalia Ivanovna sont transférés à Sundby, près de Hurum, un village à une trentaine de kilomètres d'Oslo où ils vont vivre trois mois et vingt jours sous la surveillance permanente de treize policiers. Avocat et ami des prisonniers, Gérard Rosenthal raconte ce qu'il vit lors de sa visite, quelques jours plus tard :

> « A Sundby, l'automne était brumeux et pluvieux. Au fond d'un jardin boueux et désolé, dont les arbres dépouillés ne présentaient que leurs branches, on passait devant une cahute qui servait de latrines. Le rez-de-chaussée de la petite maison en bois délabrée servait de corps de garde. Dans la lumière vive, une douzaine de policiers, sans leurs vareuses, les bottes retirées, leurs armes pendues aux râteliers jouaient aux cartes dans la fumée des pipes. [...] La pièce, petite et basse de plafond, où séjournait Trotsky était triste et sombre. Natalia était calme, silencieuse et abattue. Je retrouvais Trotsky, le teint plus gris, plus fermé et préoccupé seulement d'efficacité [48]. »

Les internés sont placés dans des conditions qui ont été déterminées par le ministre de la Justice : isolement et surveillance stricte, contrôle de la correspondance au départ comme à l'arrivée, autorisation de recevoir livres ou journaux, visiteurs, etc. Gérard Rosenthal poursuit :

> « Trotsky était tragiquement muré dans cette baraque, alors que les pires accusations déferlaient contre lui et qu'il se trouvait dans l'impossibilité de libérer l'indignation et le besoin de se faire entendre qui brûlaient en lui. La radio lui avait été retirée. Toutes les lettres passaient par la censure. Les écrits et les mémoires qui mettaient à néant les accusations extravagantes de Moscou étaient simplement confisqués et détruits [49]. »

Le véritable geôlier de Trotsky, avec le ministre socialiste Trygve Lie, qui ne se salit les mains que pour signer les arrêtés, est le chef du Bureau central des passeports, qualifié, depuis le 31 août, pour trancher souverainement de toute question concrète concernant le sort de Trotsky. Ce Leif Ragnvald Konstad, dont Trotsky rappelle que « la presse libérale » le « qualifiait poliment de semi-fasciste », a reçu la récompense de son acharnement : le résultat final de l'agression de

Wexhall et de sa « surveillance » n'est-il pas que le sort de l'exilé est maintenant entre ses mains?

De ce point de vue, les intentions du gouvernement sont particulièrement claires. Il s'agit de le ligoter et de le bâillonner le plus totalement possible, afin de satisfaire aux exigences de Moscou. Quand, le 6 ooctobre, Trotsky fait déposer une double plainte en diffamation contre le journaliste nazi Harlof Harstad de *Fritt Folk* et le stalinien H.W. Christiansen, d'*Arbeideren*, le gouvernement socialiste riposte avec un « décret Trotsky n° 2 » rétroactif..., interdisant à un « étranger interné » de déposer une plainte devant un tribunal norvégien pendant la durée de son internement!

Sur les conditions de son internement, l'intéressé fait de pénétrantes remarques :

> « M. Konstad n'exerçait d'ailleurs que le contrôle de notre vie spirituelle (radio, correspondance, journaux). Nos personnes étaient confiées à deux hauts fonctionnaires de la police, MM. Askvig et Jonas Lie. L'écrivain norvégien Helge Krog, à qui l'on peut se fier, les appelle tous deux des fascistes. Ils furent plus corrects que Konstad. Mais l'aspect politique de tout ceci n'en est pas modifié. Les fascistes tentent un raid sur ma demeure. Staline m'accuse d'être l'allié des fascistes. Pour m'empêcher de réfuter ses impostures, il obtient de ses alliés démocrates mon internement. Et il en résulte que l'on nous enferme, ma femme et moi, sous la surveillance de trois fonctionnaires fascistes. Aucune fantaisie de joueur d'échecs n'imaginera meilleure disposition des pièces [50]. »

L'un des aspects les plus dramatiques de la situation de Trotsky dans la période de son internement est la faiblesse de sa défense légale assurée sur place par le vieil avocat Puntervold, membre du parti au pouvoir, à qui Trotsky reproche sa cupidité, le coût exceptionnellement élevé de ses honoraires et sa totale inactivité, le qualifiant pardessus le marché de « vieil ivrogne ». Le seul service réel qu'il ait rendu à son illustre client est d'avoir, quelques jours après la décision d'internement, embauché Walter Held comme secrétaire, rendant ainsi possible une liaison entre l'interné et l'état-major militant qui essaie, autour de Ljova, d'organiser la défense. C'est grâce à son amicale complicité, dans ces conditions difficiles, que Ljova réussit, le fatidique 9 novembre, à faire parvenir à son père un bouquet de roses rouges.

Quarante-huit heures plus tard, le ministre socialiste de la « justice » atteint de nouveaux sommets dans l'arbitraire et le déni de justice. Il écrit dans une lettre à Me Puntervold :

> « Le ministère de la Justice, après en avoir conféré avec le gouvernement, a décidé de s'opposer à toute tentative de Léon Trotsky d'entreprendre des actions légales devant un tribunal étranger tant qu'il reste en Norvège.
>
> « Si Trotsky désire entreprendre une action légale, ce doit être après avoir quitté ce pays.
>
> « Il lui est conseillé de demander immédiatement un permis de résidence dans un autre pays.

« Toute communication écrite de Trotsky doit à l'avenir ne contenir que des informations factuelles.

« Comme le lieu de résidence actuel de Trotsky et l'entretien d'une garde coûtent au public une dépense considérable, il doit être prêt à être envoyé, dans un avenir proche, à un lieu de résidence qui réduira considérablement ces dépenses.

« Oslo le 11 novembre 1936

« Trygve Lie

« Jørgen Scheel »

Le socialiste Helge Krog, qui cite ce document, dans un article consacré à l'affaire Trotsky, commente simplement :

> « Oui, relisez-le – il faut en croire vos yeux! Trygve Lie, le ministre de la Justice, a réellement écrit cette lettre à l'avocat de Trotsky [51]! »

Amis et camarades prennent des initiatives pour aider le proscrit à tourner l'interdiction de plaider. En Suisse, Walter Nelz et ses amis du M.A.S. engagent l'avocat des Droits de l'homme, Erwin Strobel, pour entamer des poursuites contre les organes de l'I.C., *Die kommunistische Internationale* et *Vorwärts,* qui ont repris les thèmes de l'accusation de Moscou.

A Prague, un Comité international pour le Droit et la Vérité, dirigé officiellement par l'écrivain et poète impressionniste Sonka et animé par Jan Frankel et Anton Grylewicz, réunit le concours de nombre d'intellectuels et cadres du mouvement ouvrier pour faire la lumière sur le procès. Il s'est assuré les services du plus grand avocat des Droits de l'homme du pays, Bedřich (ou Friedrich) Bill.

A Paris, le comité pour l'enquête sur les procès de Moscou – prolongement des efforts de Sedov pour la défense des prisonniers politiques en U.R.S.S. – fonctionne sous l'impulsion de Gérard Rosenthal et Andrée Limbour. Il attire des intellectuels et des syndicalistes. A la demande de Sedov, Marcel Martinet rédige un « Appel aux hommes » sur lequel se groupent des signataires.

Les camarades américains de Trotsky, entrés depuis peu dans le Parti socialiste, profitent des liens ainsi noués pour constituer, avec une audience réelle, un Comité américain pour la défense de Léon Trotsky (A.C.D.L.T.) dont le premier objectif est d'obtenir le droit d'asile pour l'exilé privé de liberté en Norvège et menacé dans sa sécurité, à partir du moment où Staline fait en outre pression pour son expulsion.

C'est par la force des choses que Léon Sedov se trouve placé au centre des tâches de la défense de son père. A travers un réseau de correspondants en Europe, il mène sa propre enquête, recherche documents et témoins pour établir un certain nombre de faits et l'impossibilité de certains autres.

Il s'agit dans un premier temps de prouver qu'un certain nombre des affirmations de Moscou sont fausses, concernant par exemple ses prétendues rencontres à Copenhague, ou la présence de Sedov dans cette ville lors du voyage de son père. Il faut réunir témoignages et documents, se procurer des attestations écrites, dépouiller avec soin la presse mondiale pour découvrir les éléments d'information importants. Pour ne prendre qu'un seul exemple, pour pouvoir prouver ce qui est vrai, à savoir que Sedov n'est pas allé à Copenhague, il faut non seulement trouver témoins et documents – feuilles de présence à l'école par exemple – qui attestent de sa présence à Berlin dans le même temps et retrouver les traces administratives de toutes les démarches entreprises auprès du gouvernement français pour obtenir la permission de se rendre en France, après leur départ de Copenhague, afin d'y rencontrer ses parents au cours de leur voyage. L'élément le plus important est pourtant apporté par un quotidien, sur un point auquel les amis de Trotsky n'ont de toute évidence pas pensé tant ici la faute de fabrication du procès est énorme : c'est le danois *Sozialdemokraten,* le 1er septembre, qui attire en effet l'attention sur le fait que l'hôtel Bristol, prétendu lieu de rendez-vous d'un accusé avec Sedov, n'existe plus depuis longtemps puisqu'il a été démoli en... 1917.

Sedov, pressé par son père, qui lui demande de faire ce qu'il ne lui est désormais plus possible de faire lui-même, commence simultanément la préparation d'une brochure, ce qui le conduit à la fois à préciser le système de défense et à faire une très sérieuse étude critique du compte rendu du procès. Pour des raisons évidentes de sécurité et par souci de ne rien dire qui puisse porter atteinte aux systèmes de défense des hommes aux mains du G.P.U qui n'ont pas encore nié, Sedov décide de nier pratiquement l'existence de tout ce qui ressemble au bloc des oppositions de 1932. Pour la commodité de la défense, Smirnov – que Sedov reconnaît avoir rencontré, mais en banalisant la conversation – est traité par lui comme un ordinaire « capitulard » de 1929, séparé de Zinoviev par de simples nuances, et tous les accusés de Moscou présentés ainsi comme des adversaires politiques de Trotsky, ce qu'ils ont été à une certaine époque mais n'étaient plus exactement en 1932.

Dans le compte rendu officiel du procès, Sedov relève contradictions et dérobades, résumés plus que tendancieux. A travers une étude systématique des personnes, accusés ou témoins, mentionnées comme complices par le procureur, doublée d'un examen attentif de la numérotation des dossiers des accusés, il fait la démonstration que nombre d'hommes qui devraient logiquement figurer sur le banc des accusés, sont absents, alors que leur cas n'est pas expressément disjoint. Ainsi entrevoit-il le mécanisme de l'enquête et la comparution finale des seuls accusés brisés, ceux qui résistent ayant été probablement exécutés pour l'édification de ceux qui seraient tentés de les imiter.

Ce travail de Sedov aboutit, à la fin d'octobre, à la rédaction d'une solide brochure intitulée *Livre rouge sur le Procès de Moscou,* immédiatement traduite en français par Van.

Quelques voix isolées se joignent dans le monde à celle de la défense. Des articles du menchevik russe S. M. Schwarz apportent leur pierre à la démolition de la thèse de l'accusation de Moscou [52]. Friedrich Adler écrit une brochure percutante sur les « nouveaux procès en sorcellerie ». Des journalistes, des écrivains, s'interrogent sur la validité des aveux, les méthodes de « préparation » des accusés. Mais il existe au fond un très solide *consensus* et, chacun à sa manière, Churchill et Hitler, apportent sa caution au crime de Staline.

De toute façon, les voix de la défense demeurent faibles, perdues dans les fracas de la propagande officielle du gouvernement de Moscou, relayée par l'appareil des différents partis communistes et des organisations d' « amis de l'U.R.S.S. » à des titres divers. S'y ajoutent d'innombrables pressions dont le mécanisme n'est pas toujours facile à mettre au jour, mais dont les effets sont, en revanche, tout à fait spectaculaires. En quelques semaines, deux des principaux avocats engagés dans le combat contre le procès vont faire défection. A Prague, F. Bill abandonne ce travail, après un cambriolage qui s'est produit à son domicile et les interventions de nombre de ses amis; Me Strobel, l'avocat suisse, invoque les « vastes conséquences politiques » qu'il lui faut « prendre en considération » pour se dégager de ses engagements.

Le plus gros succès des amis du procureur est cependant remporté à cette époque en France, terrain névralgique du combat, avec la prise de position de la Ligue des Droits de l'homme et le rapport présenté en son nom par l'avocat Rosenmark. « Document effarant », écrit Gérard Rosenthal, des décennies plus tard, « le rapport Rosenmark est entièrement fondé sur le crédit total qu'il accorde aux aveux (ahurissants) des victimes [53] ». Rosenmark juriste, avocat, n'hésite même pas à écrire :

> « La hantise que nous avons tous de l'erreur judiciaire n'existe que si l'accusé nie son crime, s'il crie jusqu'au bout son innocence [54]. »

Trotsky, pour sa part, ne doute pas un instant que la clé de cet épisode, qui constitue pour lui un revers réel, ne se trouve pas, effectivement, dans le caractère à la fois obtus et prétentieux de l'expert juridique de la Ligue, mais dans la politique du Front populaire dans laquelle cette dernière est profondément engagée depuis l'origine. Il stigmatise son attitude dans un article rédigé à Sundby et sorti clandestinement dans la couverture d'un ouvrage de Max Eastman :

> « L' " expertise " de l'avocat Rosenmark sur le procès est l'un des documents les plus scandaleux de notre temps. Sa publication solennelle marque d'une tache indélébile la Ligue française des Droits de l'homme dont le nom même, dans les circonstances présentes, a quelque chose de dérisoire [55]. »

Il est en effet prêt à croire – ce qui est probablement la vérité – que l'auteur du rapport ignore tout du problème politique qu'il prétend trancher en juriste et ne soit tout simplement qu'un « philistin borné ». Mais il pense qu'il y a plus, dans cette affaire, que « la médiocrité du philistin multipliée par le crétinisme juridique [56] ». Car c'est la Ligue qui lui a confié ce rapport et l'a rendu public...

Un seule fois, pendant cette période, Trotsky a la possibilité de s'exprimer en public à l'occasion, le 11 décembre, de sa comparution comme témoin dans l'affaire du vol de documents des nazis dans sa maison. Très à l'aise, il explique posément dans quelles conditions le gouvernement norvégien le maintient dans l'impossibilité de se défendre des accusations conjointes des nazis et de Staline. Répondant aux amis de l'U.R.S.S. à la Rosenmark, il explique le mécanisme des « aveux », arrachés après des années de capitulations, à des hommes qui ont fait le premier pas dans cette voie en reniant leurs propres idées sur l'injonction de la direction du parti. Il montre les procès pour ce qu'ils sont : la défense d'un régime menacé par la faillite de ses propres dirigeants. Sa conclusion est un réquisitoire contre le gouvernement socialiste norvégien :

> « J'accuse le gouvernement norvégien de fouler au pied les principes les plus élémentaires du droit. Le procès des seize ouvre une série de procès analogues où se joueront non seulement mon honneur et ma vie et ceux des miens, mais aussi l'honneur et la vie de centaines de personnes. Comment peut-on, dans ces conditions, m'interdire à moi, accusé principal et témoin le plus informé, de faire connaître ce que je sais ? C'est entraver sciemment la marche de la vérité. Quiconque, par menaces ou violence, empêche un témoin de dire la vérité, commet un crime grave, sévèrement puni par la loi norvégienne, j'en suis convaincu. Il est fort possible que le ministre de la Justice prenne contre moi, après ma déposition d'aujourd'hui, de nouvelles mesures : les ressources de l'arbitraire sont inépuisables. Mais j'ai promis de vous dire la vérité, toute la vérité, et j'ai tenu parole [57]. »

Trygve Lie ne releva pas ce défi. Il lui suffisait sans doute d'avoir muselé son hôte...

Déjà, au moment de l'agression des nazillons contre la maison de Wexhall, Trotsky s'était posé la question d'un lien éventuel entre ses agresseurs et le G.P.U., les services secrets soviétiques, également – sinon plus – intéressés encore par sa correspondance et la possibilité de compromettre son asile, voire tout simplement de le priver de moyens de défense. il l'explique au tribunal le 11 décembre :

> « On comprendrait bien que la Gestapo ait tenté de mettre la main, avec le concours de ses amis politiques en Norvège, sur ma correspondance. Mais une autre explication est tout aussi plausible. Le G.P.U., en préparant le procès de Moscou, ne pouvait manquer de s'intéresser à mes archives. Organiser un raid avec des " communistes ", c'eût été se mettre trop en évidence. Il était plus commode de se servir des fascistes. Le G.P.U. a d'ailleurs des agents dans la Gestapo, comme la Gestapo en a au sein du G.P.U. Les uns et les autres ont pu se servir de ces jeunes gens pour l'exécution de leurs plans [58]. »

Entre l'agression nazie et le départ de Trotsky de Norvège, la collusion entre l'Union soviétique et l'Allemagne nazie est patente en ce qui concerne les prises de position publiques de ces deux pays et des organisations politiques qui en dépendent. Les unes et les autres affirment défendre la Norvège et ses lois contre un révolutionnaire sans foi ni loi pour les secondes, un contre-révolutionnaire terroriste pour les premières. Les unes et les autres sont d'ailleurs d'accord non seulement dans les accusations qu'elles lancent, dans leurs injures et leurs menaces, mais aussi dans la revendication d'expulsion de Norvège de Trotsky, qui ouvrirait pour lui tous les risques y compris celui d'un rapt par l'Union soviétique où l'attendrait un assassinat judiciaire. L'accord fondamental sur ce point entre Staline et Hitler est donné par un commentaire de Quisling en personne sur l'action de ses jeunes adeptes contre la maison de Wexhall :

> « Il aurait été plus simple de le livrer à la légation russe. Ils l'auraient probablement expédié à Moscou dans une urne [59]. »

Ainsi la collusion entre hitlériens et staliniens, déjà relevée au lendemain de février 1934, se manifeste-t-elle une deuxième fois, en cette année 1936, comme elle le fera encore au moment de l'assassinat de Trotsky. On peut vraiment se demander, en 1936, si le nœud coulant ne s'est pas déjà resserré autour du cou de Trotsky grâce à cette alliance, seulement « objective » et pas encore formalisée, et si, de ce fait, la planète n'est pas devenue définitivement « sans visa » pour Trotsky.

L'internement à Sundby lui a brutalement fermé la porte presque entrouverte à l'époque de la Catalogne en pleine révolution, où le P.O.U.M. d'Andrés Nin avait réclamé publiquement le droit d'asile pour l'exilé. Il n'existe plus désormais aucune chance d'obtenir un visa européen, et, par conséquent, des chances infinitésimales pour Trotsky de trouver de nouveau des conditions de vie analogues à celles de la Turquie où il avait pu gagner sa vie avec sa plume.

Ce pays existe-t-il ? Ce n'est pas la Norvège socialiste. Quel autre ? C'est la question que se posent avec angoisse dans le monde entier les camarades de Trotsky. C'est celle que vont tenter de résoudre en la posant les membres américains de son Comité de défense (A.C.D.L.T.) qui concentrent leur action sur la question d'un asile pour lui. Ils décident de la poser au président de la République mexicaine, ce Lázaro Cárdenas, qui ne ressemble à aucun autre chef d'État ou de gouvernement, puisqu'il vient de refuser d'adhérer à l'accord de non-intervention et livre des armes à l'Espagne républicaine.

A l'égard de ces hôtes qui lui paraissent si méprisables, Trotsky n'est qu'arrogance et défi. Trygve Lie raconte qu'il lui a dit, plein de sarcasme :

> « Vous et votre Premier ministre pantouflard, vous serez tous des réfugiés, chassés de votre pays dans deux ans. »

Et l'ancien ministre de la Justice, mauvais joueur, d'ajouter :

> « Nous avons été réfugiés et nous avons été chassés de notre pays, et nous nous sommes souvenu de ses paroles, mais c'était quatre ans après, pas deux [60]... »

La légende veut que, moins mesquin que Trygve Lie, le roi Håkon ait rappelé en 1940 à ses ministres la « malédiction » de Trotsky pour leur lâcheté [61], quand il s'embarqua avec eux, sous un ciel bas, dans un monde de désespoir, pour fuir les *Panzer* de Hitler et se réfugier en Grande-Bretagne...

CHAPITRE LIV

Résurrection au Mexique [1]

Le départ pour le Mexique, dont Trotsky apprend la possibilité le 16 décembre 1936, est pour lui un saut dans l'inconnu.

Il a certes eu dans le passé de brefs contacts épistolaires avec ce pays, échangeant notamment des lettres avec le Nord-Américain Russell Blackwell, dit Rosalio Negrete, puis ce jeune homme inconnu qui sera, beaucoup plus tard, le grand romancier José Revueltas [2], en 1934 enfin avec le peintre mexicain mondialement connu Diego Rivera.

C'est aux États-Unis qu'on a pensé à l'éventualité de l'asile au Mexique, après une consultation des animateurs de l'A.C.D.L.T. avec la journaliste et ethnologue Anita Brenner, dont la famille vit au Mexique et qui connaît personnellement le président Cárdenas : elle juge possible une réponse positive.

Nous possédons aujourd'hui l'indiscutable témoignage d'Octavio Fernández sur la façon dont a été demandé et obtenu le visa mexicain de Trotsky [3]. Le 21 novembre, Anita Brenner télégraphie, avec l'accord des amis américains de Trotsky, qu'il s'agit d'une « question de vie ou de mort » que de savoir si « le vieux Barbiches », comme dit le télégramme, peut venir « se soigner au Mexique [4] ». C'est incontestablement pour Trotsky la démarche de la dernière chance. Une réunion urgente du bureau politique de la section mexicaine de la IVe Internationale, tenue aussitôt, remet l'affaire aux mains de Diego Rivera et de l'enseignant Octavio Fernández, dirigeant de l'organisation. L'après-midi même, les deux dirigeants de la petite organisation sont reçus dans le bureau du ministre secrétaire d'État des Communications, le général Francisco J. Múgica.

Vieux révolutionnaire clandestin, devenu général pendant la révolution et la guerre civile, l'un des orateurs les plus écoutés à la Constituante d'Aguascalientes en 1917, membre du P.C. mexicain à ses débuts, Múgica, qui s'est heurté pendant plusieurs années, au temps où il était gouverneur du Michoacán, aux intérêts pétroliers nord-américains, a été, pendant nombre d'années, exilé comme gouverneur du pénitencier des îles Marias. Il est revenu au premier plan avec l'élection de son ami le général Cárdenas, qui est aussi, d'une certaine façon, son disciple. Secrétaire d'État aux Communications, il est, en 1936, l'un des conseillers les plus écoutés du président. Comme bien des Mexicains de sa génération, il se reconnaît dans la révolution russe en tant que révolutionnaire mexicain, et voit en Trotsky un général révolutionnaire, donc l'un des siens [5].

Il ne saurait hésiter devant la démarche de Fernández et Múgica et écrit aussitôt au président une lettre dans laquelle il indique que les deux hommes vont lui présenter une demande qu'il fait sienne et dont il souhaite qu'il l'accueille favorablement. Rivera et Fernández se mettent en route immédiatement, dans la voiture du peintre, afin de rencontrer le président, alors en train de procéder à des mesures de réforme agraire dans la région de la Laguna. Arrivés à Torreón, ils apprennent que le train *Olive*, dans lequel le président a pris place, va bientôt arriver. Ils n'ont plus qu'à attendre que la lettre de Múgica fasse son effet. Ils sont reçus très vite. Octavio Fernández raconte :

> « Dès qu'ils furent introduits dans le bureau présidentiel, le général Cárdenas, sans préambule et laconiquement, leur dit à peu près ce qui suit : " M. Trotsky peut venir au Mexique. Le gouvernement que je représente lui accordera l'asile de réfugié politique [...] en raison des circonstances qui mettent sa vie en danger, comme vous l'assurez. On lui donnera toutes les garanties nécessaires [...] il ne sera pas prisonnier [6] ". »

Et le président d'ajouter qu'il ne pose aucune condition à Trotsky, et demande seulement à ses partisans de s'abstenir, lors de son arrivée, d'organiser des manifestations qui pourraient provoquer des contre-manifestations.

La décision de Cárdenas est incontestablement prise pour des raisons de principe et résulte de son attachement réel au droit d'asile en tant que droit démocratique universel. Il le manifeste avec éclat, dans les jours qui suivent, en résistant aux objections de son ministre des Affaires étrangères, le général Hay, et de nombre de ses conseillers [7], et en maintenant fermement sa décision face aux montagnes de télégrammes qui lui parviennent de tout le pays de la part du Parti communiste, des syndicats de la C.T.M. et des organisations contrôlées par ces deux organisations.

La nouvelle est accueillie par Trotsky et Natalia Ivanovna avec autant de soulagement que d'appréhension : le risque d'une expulsion sans visa et par conséquent d'une extradition de fait ou de droit en U.R.S.S. disparaît, mais l'avenir mexicain n'est pas pour autant clair. De Paris, Sedov adresse de vifs reproches à ses camarades américains [8] parce qu'ils sont en train, dit-il, d'envoyer son père dans un pays où Shachtman reconnaît que, pour quelques dollars, on peut se procurer un assassin [9]. Van Heijenoort, lui, revenu à Paris, se précipite vers la bibliothèque Sainte-Geneviève pour y acquérir des rudiments de connaissances sur ce pays lointain dont il se doute qu'il va être amené à le visiter prochainement [10].

L'un des principaux sujets d'inquiétude de Trotsky et de Natalia Ivanovna porte sur les conditions de la traversée de l'Atlantique en bateau, dont ils ignorent totalement dans quelles conditions elle va se faire et dont ils pensent, non sans raison, qu'elle se prête facilement à l'organisation criminelle d'un « accident » puisqu'ils vont, pendant des jours, échapper totalement au contrôle de l'opinion publique, de la presse, même hostile, et, en tout cas, à la protection de leurs camarades [11]. Cyniques, les autorités norvégiennes préviennent Held que, s'il embarque avec eux, il n'aura pas de visa de retour – un sacrifice que les Trotsky refusent [12].

Or toutes ces craintes sont vaines. La traversée, sur le pétrolier *Ruth*, se fait de bout en bout sur une mer calme, où Trotsky peut même travailler à des articles consacrés à différents aspects du procès de Moscou et qui constitueront d'importantes fractions de son livre *Les Crimes de Staline*. Son capitaine, Hagbart Wagge, a laissé aux voyageurs sa cabine personnelle. L'officier de police norvégien Jonas Lie – futur chef de la police et des S.S. sous l'occupation – qui les accompagne, leur a fait remettre entre ses mains le revolver de Trotsky et leur interdit l'usage de la radio pour communiquer [13] : à bord, ils sont encore sur le territoire norvégien et il le leur fait sentir.

Du coup, l'arrivée à Tampico apporte aux voyageurs inquiets de bonnes surprises. Un groupe monte les accueillir sur le bateau : au premier rang, le visage bien connu de Shachtman. On leur présente Frida Kahlo, qui représente Diego Rivera, hospitalisé, George Novack, secrétaire de l'A.C.D.L.T. Mais il y a aussi le représentant du président de la République, le général Beltrán, une meute de journalistes avides. A la gare les attend le train présidentiel *Hidalgo*, qui va les conduire vers Coyoacán, faubourg de la capitale, et cette « maison bleue » que Frida met à leur disposition. Ébloui par le soleil et les couleurs après cette sortie brutale du froid norvégien et des brumes atlantiques, Trotsky note :

> « Ce n'est pas sans émoi que nous débarquâmes sur la terre du Nouveau Monde, chaude en janvier. [...] Le contraste entre la Norvège septentrionale et le Mexique tropical ne se faisait pas sentir uniquement dans ce climat. Sortis d'une atmosphère écœurante et de lassante incertitude, nous rencontrions partout l'attention et l'hospitalité [14]. »

Natalia Ivanovna confiera à Victor Serge qu'elle a vu sa nouvelle maison comme une « nouvelle planète » :

> « Une basse maison bleue, un *patio* rempli de plantes, des salles fraîches, des collections d'art précolombien, des tableaux à profusion [15]... »

En fait, pour les nouveaux hôtes du Mexique, après de longs mois d'angoisse et d'enfermement, c'est la découverte soudaine d'un monde éclatant de vie, une véritable résurrection.

***

La résurrection d'un être humain, c'est presque toujours un nouvel amour. Pour Trotsky, dans ce Mexique des couleurs, il eut pour nom Frida Kahlo, la jeune épouse du peintre Diego Rivera.

Cette jeune femme de vingt-neuf ans, elle-même très grand peintre également, victime d'une infirmité accidentelle qui lui fait souffrir mille morts, est une femme aussi belle qu'intelligente, au regard de feu, « d'apparence si fragile par sa silhouette menue », écrit Olivia Gall, « mais en même temps si directe et si puissante dans son langage et son regard, d'allure si élégante et si orgueilleuse, si belle et si mexicaine dans sa tenue et sa coiffure, tellement unique [16] ». Rien d'étonnant qu'elle ait charmé Trotsky : au milieu « de la gaieté de ses toiles, de ses rubans, de ses bijoux », elle fut le symbole de l'accueil de ce pays si beau et si chaleureux. Van, qui fut le confident de Frida, raconte la naissance de cette idylle. Trotsky et elle parlent anglais, et Frida brandit à l'américaine le mot « love ».

> « Trotsky, apparemment, fut pris au jeu. Il se mit à lui écrire des lettres. Il glissait la lettre dans un livre et remettait le livre à Frida, souvent en présence d'autres personnes, y compris Natalia ou Diego, en lui recommandant de le lire [17]. »

Ce flirt devient au mois de juin une liaison qui provoque bien des tempêtes : même si personne n'est au courant de leurs rencontres secrètes dans l'appartement de Cristina, la sœur de Frida, rue Aguayo [18], on le soupçonne dans leur entourage. Jan Frankel, qui se permet de remontrer au « Vieux » que sa conduite pourrait provoquer des catastrophes et qu'elle est dangereuse aussi bien pour sa sécurité que pour la cause, est fermement prié de quitter la maison et les fonctions qu'il a commencé à remplir en 1930 [19]. De son côté, Natalia souffre énormément : la tension entre elle et L.D. provoque crises et éclats, aboutit même à une séparation temporaire, Trotsky allant, le 7 juillet, s'installer dans une hacienda de San Miguel Regla. Van pense que c'est au cours de la visite que lui rend Frida, le 11 juillet, qu'ils ont décidé d'un commun accord de mettre fin à leur romance [20]. Ella G. Wolfe n'a jamais oublié la lettre envoyée par Trotsky à Frida après leur rupture, un des textes, m'a-t-elle dit, les plus beaux et les plus émouvants qu'elle ait jamais lus, des mots d'amour aussi d'un collégien de dix-sept ans [21]. L'affaire est pourtant bien terminée, et l'on peut suivre dans la correspondance entre Trotsky et Natalia, publiée par Van, le renouveau explosif de tendresse de L.D. pour Natalia, après cette rupture consciemment consentie avec Frida [22].

Van précise à ce sujet – et ce n'est pas inutile – que Diego Rivera ne se doute de rien, et il s'en réjouit, car, écrit-il, « le moindre soupçon de sa part aurait provoqué une explosion [23] » aux conséquences incalculables. On peut estimer que les amants surent freiner à temps sur une voie dangereuse. Hayden Herrera, biographe de Frida, pense qu'elle retira beaucoup de satisfaction de cette aventure avec un personnage historique de la stature de Trotsky, mais qu'elle ne l'aima pas [24]. Quant à Trotsky, ses sentiments ne nous sont attestés par aucun document, et l'on peut seulement tenir pour certain qu'il ne joua pas.

Diego Rivera, lui, a un peu plus de cinquante ans quand Trotsky arrive au Mexique. Il est non seulement un peintre mondialement connu, l'un des plus grands artistes révolutionnaires de sa génération de peintres mexicains, mais aussi un homme hors du commun. Immense et très corpulent, il couronne son corps éléphantesque d'une tête souriante de crapaud très lippu : il est si laid qu'il fascine les femmes les plus belles, celles qui rêvent d'étreintes avec la bête. Sa vitalité, son humour, sa vivacité surprenante en font un compagnon extraordinaire malgré ses sautes d'humeur. Avec un entrain inépuisable, il est aussi un intarissable conteur et raconteur. Il abreuve d'histoires et de fables le cercle de ses admirateurs, capable aussi bien de faire le récit de ses imaginaires exploits de la guerre civile que de narrer par le menu sa récente conversion à un régime cannibale, tranches de chair féminine fraîche enveloppée dans des *tortillas*, plus tendre, assure-t-il, que celle du plus tendre des porcelets [25]. Il a été jusqu'à présent l'homme des grandes polémiques et des grands scandales.

Il a vécu dix ans à Paris, après un séjour en Espagne, et a visité l'Union soviétique, ayant beaucoup appris avant de revenir dans son pays et d'y apparaître comme le plus grand des peintres typiquement mexicains de ce qu'on appelle les *murales*, les fresques murales. Il a décoré des chefs-d'œuvre de son art puissant les murs du Palais national à Mexico, avant de devenir le peintre d'un continent à San Francisco, à New York, dans l'immeuble de Radio-City à Detroit, où il décore le centre Rockefeller – et où ses fresques sont détruites par leur « propriétaire » sous le prétexte que l'artiste y a représenté Lénine [26].

Cet immense artiste, qui a longtemps été payé au tarif des peintres en bâtiment, est devenu très riche : il a été également un des pionniers du Parti communiste, et même un de ses dirigeants avant d'en être exclu en 1929. Il reste, à travers les vicissitudes du mouvement syndical, un militant syndicaliste ardent dans le bâtiment. Il a été un moment l'amant de la belle Italienne Tina Modotti et l'a défendue quand elle a été soupçonnée, dans l'affaire de l'assassinat à Mexico du communiste cubain Julio Antonio Mella [27]...

D'abord lié à l'opposition communiste de droite de Jay Lovestone aux États-Unis, il a évolué ensuite vers l'Opposition de gauche et y a financièrement contribué dès 1934, ce qui lui a valu une brève correspondance avec Trotsky [28]. Son tempérament volcanique d'artiste le rend capable des plus grands élans et d'un dynamisme qui force tous les obstacles, mais lui vaut aussi de brutales périodes de découragement et de dépression. Militant dévoué, mais irrégulier, inconstant et fantasque autant que fonceur, il est convaincu d'avoir de grandes capacités de dirigeant politique, brigue des responsabilités qu'il risque pourtant d'oublier pour un croquis, tente ensuite désespérément de se faire pardonner en finançant généreusement des activités politiques, avec évidemment une préférence pour celles qu'il a lui-même préconisées. Il est depuis quelque temps membre de la petite L.C.I., la section mexicaine de la IVe Internationale.

Natalia Ivanovna est, de toute évidence, réservée quand elle l'évoque dans ses *Souvenirs* : elle a néanmoins vu en lui un hôte prévenant, un ami chaleureux, dévoué et enthousiaste. Pour elle, L.D., « parfois séduit, parfois amusé par l'imagination effervescente » du peintre, aime en lui « l'artiste pénétré, dans ses meilleures fresques en tout cas, d'un sentiment passionné, quoique assez élémentaire, de la lutte sociale [29] ». Mais elle est, pour une fois, au-dessous de la réalité.

Diego semble avoir exercé sur Trotsky une sorte de fascination, sans doute du fait de sa maîtrise de son art, de la façon dont le Mexicain le plus humble se retrouve dans ses œuvres, de la passion qu'il apporte à son travail, de son engagement total dans son métier et sa folie de peindre, au moins autant que du goût que l'exilé peut avoir pour son œuvre. Celui-ci, normalement, ne se répète guère : il revient pourtant sans cesse sur la comparaison qu'il fait entre le rôle de Diego Rivera auprès de lui, pour la IVe Internationale, et celui du poète Freiligrath auprès de Marx, ou de Gorky auprès de Lénine. Allant plus loin, dans une lettre du 12 juin 1938, il qualifie Diego de « plus grand artiste de l'époque contemporaine » et de « révolutionnaire implacable » :

> « Nous devons montrer envers Diego Rivera au moins la même attention que Marx eut pour Freiligrath et Lénine pour Gorky. Diego Rivera dépasse Freiligrath et Gorky de beaucoup par son importance dans le domaine de l'art et, ce qui est un cas absolument unique dans l'histoire, ce grand peintre est un vrai révolutionnaire, tandis que Freiligrath n'était qu'un petit-bourgeois " sympathisant " et Gorky un compagnon de route un peu équivoque [30]. »

Van, qui a bien connu Rivera, souligne sa versatilité et se dit quelque peu sceptique sur ses convictions « trotskystes ». Avec des compagnons comme lui, le peintre se montrait volontiers anarchisant, mais, semble-t-il, jouait devant Trotsky un personnage plus orthodoxement marxiste [31].

Trotsky n'a jamais rencontré le général Cárdenas, bien que celui-ci ait eu à son adresse des gestes d'une déférence assez exceptionnelle, comme l'invitation à assister dans une tribune au défilé militaire pour la fête nationale mexicaine [32] : toute rencontre même privée entre eux eût nourri des rumeurs qui n'avaient pas besoin d'aliments pour être malfaisantes sur la collusion entre le président et l'illustre « bolchevik » devenu son hôte à la grande fureur des milieux conservateurs.

Son lien avec les milieux du pouvoir au Mexique est, dès les prémisses de son arrivée, le général Múgica, dont le rôle a déjà été déterminant dans l'obtention du visa et qui veille, pendant tout son séjour, à sa sécurité, à la stabilité de son refuge, et assure le contact discret, mais nécessaire, entre le palais présidentiel et celui qu'il appelle, avec une vraie déférence, « dón León [33] ». De proches collaborateurs de Múgica, l'ancien député, gouverneur et secrétaire d'État à l'Intérieur, chargé à l'époque du contrôle de la presse, Agustín Arroyo, ou Juan de Díos Bojorquez, font partie des relations personnelles de Trotsky, lui rendent visite, le reçoivent, l'informent [34]. Múgica a fait mieux encore en déléguant, en quelque sorte, auprès de Trotsky, l'un de ses proches : ancien combattant de la révolution mexicaine, au cours de laquelle il a combattu sous Emiliano Zapata, lui aussi haut fonctionnaire au ministère des Communications, Antonio Hidalgo va devenir, pendant le séjour de Trotsky, non seulement un authentique ami personnel – c'est un homme un peu plus jeune tout de même – mais probablement un proche compagnon d'idées [35].

Les circonstances politiques ont empêché le développement de relations très étroites entre Trotsky et ses camarades de la section mexicaine. Il a dû, dès son arrivée, les prier de respecter son engagement de « non-ingérence ». Les risques d'être impliqué, malgré tout, dans la vie politique mexicaine, l'ont conduit à les mettre à l'écart. Reste une exception : Octavio Fernández, jeune maître d'école, animateur infatigable de la L.C.I. et de la « deuxième génération » des trotskystes mexicains, qu'il a rejoints en 1933, entrant au P.C.M. comme oppositionnel pour en être exclu peu après comme « trotskyste », en 1934 [36]. C'est lui qui, avec Diego Rivera, est allé chercher le visa. C'est lui, qui, avec les militants du P.O.U.M., dont le vétéran David Rey (Daniel Rebull Cabré), a organisé militairement la sécurité du « Vieux » dans les premiers jours, monté devant sa porte la première garde de nuit [37]. Leurs relations politiques et personnelles n'ont jamais cessé. Trotsky aime à se retrouver dans les fêtes de famille Fernández, avec les frères et les sœurs d'Octavio, sa mère et son vieux père qui raconte à l'ancien chef de l'Armée rouge ses souvenirs de la révolution et de la guerre civile [38].

Éloigné, par la force des choses politiques, des militants de la L.C.I. mexicaine, à l'exception de Diego Rivera et de Octavio Fernández, Trotsky se trouve pourtant au centre d'un cercle amical d'intellectuels sympathisants. La préparation de la lutte contre les procès de Moscou l'amène ainsi à se lier avec l'un des intellectuels mexicains les plus distingués de sa génération, l'ex-Nicaraguayen Francisco Zamora. Journaliste, chroniqueur de la révolution mexicaine, fondateur de la presse moderne au Mexique avec l'*Excélsior*, il a été professeur d'économie et a introduit l'œuvre et la pensée de Marx dans le pays : à l'arrivée de Trotsky, il est secrétaire, chargé des « études techniques », dans le premier comité exécutif de la C.T.M. et se rapproche de l'exilé quand Lombardo Toledano lance la centrale syndicale contre lui [39]. Francisco Zamora a introduit dans la maison de Coyoacán et présenté à Trotsky son jeune frère Adolfo, avocat, et sa femme, une Française : les hommes peuvent parler français, et il naît entre eux, malgré la différence d'âge, une véritable amitié [40].

D'autres hommes, sans être des amis, sont des camarades précieux. Olivia Gall mentionne José Ferrel, qui n'a pas trente ans, mais déjà une solide réputation de traducteur littéraire du français [41]. Rodrigo García Treviño, ancien capitaine pendant la guerre civile, libraire, militant du P.C., exclu, professeur à l'école d'économie de l'Université nationale autonome, a lui aussi abandonné la direction de la C.T.M. et un rôle important dans sa presse, avec le début de la campagne contre Trotsky : sa connaissance profonde de ce milieu lui permet de beaucoup contribuer à la sécurité de l'exilé [42].

Pour en terminer avec cette rapide description de l'entourage de Trotsky au Mexique, de son « environnement humain », il faut évidemment mentionner ceux de ses anciens secrétaires qui ont repris du service auprès de lui dans ces circonstances où leur expérience donnait confiance. Jan Frankel est parti après l'incident que l'on sait, à propos de l'aventure de Trotsky avec Frida, mais son prochain mariage avec la romancière américaine Eleonore Clark, qu'il a connue à Coyoacán, rendait de toute façon la séparation inévitable. Van, de plus en plus homme-orchestre, de plus en plus irremplaçable, reste jusqu'en novembre 1939 : après avoir perdu Gaby, repartie en France après un incident avec Natalia, il a trouvé une compagne américaine, Bunny, et l'accompagne aux États-Unis. Quelques mois plus tôt est arrivé Otto Schüssler – avec sa compagne Gertrude Schröter, la cuisinière de Barbizon – qui restera jusqu'à la fin. En août 1939, avec le jeune Siéva – le fils de Zina, toute la famille qui reste désormais à Trotsky –, arrivent Marguerite et Alfred Rosmer. Ils partiront, eux, avant la fin, conduits au bateau, sans s'en douter, par l'homme qui assassinera Trotsky et qui les comble d'attentions...

Dans la première période, ce sont les militants mexicains, enseignants, électriciens, peintres en bâtiment, forgerons, maçons, qui assurent garde et maintenance. On trouve dans les archives de Múgica une autorisation de port d'armes pour deux bonnes dizaines d'entre eux [43]. Il faudra ultérieurement les remplacer par des Nord-Américains dont la majorité ont été envoyés par la section américaine, fraction dans le Parti socialiste en 1937, Socialist Workers Party ensuite, et dont quelques-uns – Alex Buchman, Christy Moustakis – sont venus en visiteurs la première fois. Ces hommes sont de qualité inégale. Bernard Wolfe, qui fut le premier, ancien étudiant de Yale, ne semble pas avoir accepté l'inévitable rigueur de la discipline de la maison. Mais d'autres vont tenir et développer avec Trotsky des relations personnelles. C'est le cas de l'enseignant Charles O. Cornell, de Rae Spiegel – la future Raya Dunayevskaya, qui connaîtra la notoriété pour ses livres –, et c'est surtout le cas du dernier des secrétaires de Trotsky qui devint son ami, Joseph Hansen, dit familièrement Joe. Né dans une famille de Mormons, gagné à la C.L.A. alors qu'il était étudiant à l'université de l'Utah, il a travaillé pour le compte de l'organisation dans la presse, syndicale et politique, de San Francisco, jusqu'en 1937. Il est arrivé à Coyoacán en septembre de cette même année et a rapidement gagné la confiance de Trotsky.

D'autres, comme Harry Robins, auteur, des décennies plus tard, de témoignages douteux et caution des calomnies contre Joe Hansen étaient sans doute d'un bois différent. Mais on aimera beaucoup, à la maison de Coyoacán, l'officier de la Garde nationale Henry Malter, qui est venu faire les plans de fortification et de défense de la nouvelle maison, le tapissier Sol Lankin, Walter Ketley et bien d'autres. On s'interrogera sans doute encore longtemps sur la personnalité de Robert Sheldon Harte, un jeune homme de vingt-trois ans en qui plusieurs auteurs ont vu, sans argument décisif, un « agent » plutôt qu'un gamin, qui paya de sa vie son inexpérience, comme Trotsky le pensa.

Un couple d'Américains entre à cette époque dans l'intimité de la famille Trotsky : Charlie et Lillian Curtiss. Charlie – de son vrai nom Sam Kurz –, originaire de Chicago, a appris dans l'organisation le métier de linotypiste et a déjà milité au Mexique dans les années trente, quand il revient en 1938 comme représentant du secrétariat international, pour régler la « question mexicaine ». C'est Charlie – à Mexico, Carlos Cortes – qui assure presque seul la fabrication de la revue *Clave*, dont Trotsky, avec l'aide de José Ferrel, des frères Zamora notamment, réussit à faire la première revue marxiste latino-américaine. Pendant ce temps, Lillian sert de dactylo anglaise à Trotsky [44]. Après leur départ, ils resteront au nombre des correspondants fidèles, sinon des visiteurs épisodiques, comme Sara Weber ou Rae Spiegel. Certains jeunes Américains entrent « en trotskysme » par le tourisme : ainsi Christy Moustakis, diplômé d'histoire et chômeur qui parcourt le Mexique, rencontre dans la capitale un groupe de collaborateurs de Trotsky, visite la maison et s'engage... Il vient aussi des latino-américains : le Chilo-Argentin Espinoza. Le Péruvien Velásquez, poète et diplomate, et l'ouvrier argentin Mateo Fossa, un ancien ministre bolivien, des Cubains...

Les visiteurs d'origine européenne sont peu nombreux dans cette période et à une époque où l'Atlantique constitue encore un obstacle. On relèvera l'universitaire français Etiemble, la journaliste Henriette Célarié, une jeune enseignante, militante du P.O.I., Sophie Gallienne.

La colonie des réfugiés d'Europe apporte à Trotsky visiteurs et camarades. Il collabore avec joie à la préparation de recueils de textes de Marx avec le marxologue Otto Rühle et entretient avec lui et sa femme Alice [45] des relations amicales; il fréquente aussi leur gendre, Sulzbachner, dit Fritz Bach, qui a créé le service des statistiques après avoir été un dirigeant des Jeunesses communistes en Suisse.

Nombre de visiteurs viennent des États-Unis. Ce sont d'abord les dirigeants de la section américaine, Cannon, Shachtman, Vincent R. Dunne, mais aussi les dirigeants des Jeunesses, le tribun et écrivain noir C.L.R. James, la vieille militante de Boston, le docteur Antoinette Konikow, des militants ouvriers de Minneapolis, y compris Farrell Dobbs, l'avocat Francis Heisler et son fils, des intellectuels, de simples touristes aussi. Beaucoup sont munis d'une recommandation du S.W.P. Les pratiques de certains journalistes ont désagréablement surpris Trotsky, et les conditions d'interview sont désormais très strictes.

Pour beaucoup, le passage à Coyoacán devient une sorte de rite. On y voit le grand reporter Henry Knickerbocker, comme le débutant sans vergogne Alvin M. Josephy Jr, le grand acteur de Hollywood Edward G. Robinson et sa jeune femme Gladys, le syndicaliste A. Plotkin, des anciens du P.C. comme Melech Epstein. Éditeurs de revue, éditeurs tout court, comme Alan C. Collins et Noël F. Busch, viennent prendre contact directement avec un auteur illustre, mais peu commode. Même des hommes aussi peu recommandables aux yeux d'un bolchevik qu'Henry Allen, sénateur, ancien responsable de la campagne présidentielle de Hoover, et une femme aussi suspecte d'être liée aux services soviétiques qu'Alice Harris, arrivent à se frayer un chemin jusqu'à Trotsky et à l'affronter verbalement dans sa propre maison.

*
* *

Dans ce pays où tant d'hommes et de femmes ont pour lui des visages d'amis, Trotsky a aussi des ennemis.

La droite mexicaine, anticommuniste et antisémite, est remarquable par la bassesse et la virulence de ses attaques [46]. Mais elle est loin d'avoir autant d'écho que ses adversaires qui sont au Mexique les porte-parole de Staline, le Parti communiste mexicain et surtout la centrale syndicale Confederación de Trabajadores de Mexico (C.T.M.), dirigée par Vicente Lombardo Toledano.

Le Parti communiste mexicain est évidemment au premier rang de ceux qui ont protesté avec une bruyante indignation contre l'asile accordé à Trotsky par un président dont ils soutiennent pourtant la politique, après l'avoir vilipendé et couvert d'injures, depuis que le VIIe congrès de l'Internationale communiste s'est vu orienter dans le sens d'un soutien sans faiblesse aux gouvernements nationalistes des pays semi-coloniaux dont on peut espérer qu'ils se rangeront, dans le cours de la prochaine guerre mondiale, dans le camp des adversaires du « fascisme ». Mais il est numériquement très faible, affaibli par les palinodies auxquelles il s'est livré, pendant des années, sur les instructions de Moscou.

De ce point de vue, l'allié le plus sérieux de Moscou, dans la campagne menée au Mexique contre Trotsky, n'est pas le Parti communiste mexicain, mais le principal dirigeant du mouvement syndical lié à Cárdenas et à son parti, la C.T.M., son « lider » Vicente Lombardo Toledano. L'homme, issu d'une grande famille bourgeoise, pieux et élevé dans la perspective de la réussite personnelle, a commencé par d'éclatants succès sur le plan universitaire et un début de carrière d'enseignant. Entré comme avocat et technicien dans le mouvement syndical, il a réussi rapidement à devenir un « chef », passant de l'aile gauche de la C.R.O.M. (Confederación Regional Obrera Mexicana) « gouvernementale » à la direction de la C.T.M. Un temps engagé dans un flirt avec les disciples de Trotsky, qu'il a même envisagé de rencontrer en Norvège en 1935, il est revenu, cette année-là, de Moscou profondément marqué par le congrès de l'Internationale communiste, dont il célèbre les résultats avec une foi et un enthousiasme surprenants chez un homme jusque-là plus réservé et sceptique. Le réquisitoire qu'il dresse contre Trotsky, dès l'arrivée de ce dernier, n'est pas celui d'un partisan du communisme ou même d'un proche du P. C., mais celui d'un homme gagné, quoi qu'il arrive, à la politique extérieure de l'Union soviétique [47].

Dans la personne de Trotsky, le « collaborationniste » qu'est Lombardo Toledano, furieusement attaché au Front populaire, combat la théorie selon laquelle « le prolétariat se suffirait à lui-même pour réaliser ses propres desseins » et selon laquelle « il faut combattre systématiquement le gouvernement en tant que représentant de la bourgeoisie », « théorie » dont il assure qu'elle est « rigide, antidialectique, aux résultats funestes »[48]. Il accuse Trotsky d'être l'ennemi du peuple chinois, du gouvernement espagnol et du prolétariat mexicain, et, du seul fait qu'il « attaque la théorie du Front populaire », de coïncider avec « les idées et les actes du fascisme », ce qui en fait au Mexique un « ennemi du peuple [49] »!

Répondant, dans un autre travail, à la question : « Lombardo Toledano était-il un agent du G.P.U.? », nous avons donné une réponse à laquelle nous n'avons aujourd'hui rien à changer : « Force est, faute d'autres éléments, d'admettre qu'en tout cas il ne se serait pas comporté autrement s'il l'avait été [50]. »

***

Il reste à savoir ce que fut, en dépit et peut-être à cause de son engagement de non-ingérence dans la politique du Mexique, ce qu'on peut appeler la « politique mexicaine » de Trotsky. Olivia Gall a reconstitué avec beaucoup de soin les grandes lignes de cette politique, à travers une analyse serrée des textes qu'il a consacrés à la révolution mexicaine [51] et des études d'Octavio Fernández, qu'il a longuement discutées avec ce dernier [52].

La clé de la nature de la révolution mexicaine est évidemment pour lui l'arriération historique du Mexique. La révolution mexicaine, comme la révolution russe de février 1917, a été une révolution « avortée », mais, à la différence de cette dernière, elle ne s'est pas transformée en révolution socialiste. Trotsky relève ici ce qu'il considère comme la contradiction fondamentale au Mexique : la révolution a triomphé en ce sens que la bourgeoisie a pris partout la place de l'aristocratie féodale cléricale et que la production capitaliste s'est étendue à tous les secteurs. Mais elle a été incapable de mener à bien aucune de ses tâches en liaison avec les intérêts des masses populaires.

Selon lui, les millions de paysans misérables « n'ont pas vu leur situation se résoudre », et la bourgeoisie nationale, malgré ses aspirations nationalistes continue d'être et ne peut pas cesser d'être « un simple appendice de l'impérialisme [53] ».

Pour autant, il n'est pas possible de se contenter pour définir le régime cardéniste d'une définition sommaire. Celui-ci n'est ni démocratique ni dictatorial, et il n'est pas non plus « bonapartiste » ou « césariste », selon la définition donnée par Marx ou Gramsci. Pour sa part, Trotsky expose et développe ce qu'il considère comme une nouvelle catégorie de régime dans les pays dominés par l'impérialisme, « le bonapartisme *sui generis* ».

> « Étant donné que, dans les pays arriérés, le rôle principal n'est pas joué par le capitalisme national, mais par le capitalisme étranger, la

bourgeoisie du pays occupe du fait de sa position sociale, une position insignifiante et en disproportion avec le développement de l'industrie. Tenant compte que le capital étranger n'importe pas d'ouvriers mais qu'il prolétarise la population indigène, le prolétariat du pays commence bientôt à jouer le rôle le plus important dans la vie du pays. Dans ces conditions, dans la mesure où le gouvernement national essaie de résister au capital étranger, il est obligé de s'appuyer plus ou moins sur le prolétariat [54]. »

Il explique par ailleurs :

« Le gouvernement louvoie entre le capital étranger et le capital indigène, entre la faible bourgeoisie nationale et le prolétariat relativement puissant. Cela confère au gouvernement un caractère bonapartiste *sui generis* particulier. Il s'élève pour ainsi dire au-dessus des classes. En réalité, il peut gouverner soit en se faisant l'instrument du capital étranger et en maintenant le prolétariat dans les chaînes d'une dictature policière, soit en manœuvrant avec le prolétariat, en allant même jusqu'à lui faire des concessions et conquérir ainsi la possibilité de jouir d'une certaine liberté à l'égard des capitalistes étrangers [55]. »

Les grandes conquêtes du gouvernement mexicain de Lázaro Cárdenas appartiennent à la deuxième catégorie : les expropriations des chemins de fer et de l'industrie pétrolière ne sont pas des mesures « socialistes », mais seulement, selon Trotsky, des mesures « hautement progressistes de défense nationale » dans la lutte pour « l'indépendance nationale, politique et économique ». Il compare Cárdenas à Abraham Lincoln et à Washington, qui ont accompli, avant lui, pour leur propre pays, un travail comparable.

Il écrit que le gouvernement Cárdenas est « le seul gouvernement courageux et honnête » de son époque. Il ne s'identifie pas pour autant à lui, bien qu'il souligne :

« Bien que Staline porte le nom de communiste, il fait en réalité une politique réactionnaire; le gouvernement du Mexique, qui n'est pas communiste, même dans la plus petite mesure, fait une politique progressiste [56]. »

Les arguments qu'il emploie pour défendre la nationalisation par Cárdenas du pétrole mexicain contre les intérêts de l'impérialisme, le refus du chantage exercé sur le Mexique par les pétroliers qui l'accusent de vouloir vendre son pétrole à Hitler méritent de prendre place parmi les plus belles pages de la lutte anti-impérialiste dans l'entre-deux-guerres, avec celles dans lesquelles il analyse, en Amérique latine, ce qu'il appelle « la politique du poing d'acier » recouverte d'un « gant de velours et de proclamations d'amitié et de démocratie [57] ».

Pour lui, la lutte entre « fascisme » et « démocratie » revêt au Mexique un caractère bien précis :

« La démocratie pour le Mexique, par exemple, signifie l'effort d'un pays semi-colonial pour s'arracher d'une dépendance servile, donner la terre aux paysans, élever les Indiens à un niveau plus poussé de civilisation, etc. Les tâches démocratiques du Mexique ont un caractère progressiste et révolutionnaire [58]. »

Le « fascisme », lui, dans les pays latino-américains, est « l'expression de la dépendance la plus servile de l'impérialisme étranger [59] ».

L'intérêt de Trotsky, pendant son séjour au Mexique, s'est porté aussi vers les syndicats dont il est l'un des premiers à relever leur tendance à s'intégrer à l'État et ainsi à dégénérer et à perdre leur caractère d'organisation représentative des travailleurs – une dégénérescence que l'on ne peut combattre, selon Trotsky, qu'en luttant pour restaurer la démocratie syndicale. Au cours d'une passionnante discussion avec Garciá Treviño, il se rallie au point de vue de ce dernier sur le caractère progressiste d'une « gestion ouvrière des entreprises nationalisées », dont il perçoit cependant les dangers. Sous la signature de Diego, il fait aussi l'analyse de la politique de Staline au Mexique, faisant des gens du P.C.M. des « cardénistes ou anticardénistes, selon les objectifs de Moscou [60] ».

* * *

Trotsky est-il intervenu dans la vie politique du Mexique au sens où il s'était engagé à ne pas le faire? Certainement pas.

Il aimait le Mexique, ses ciels, ses volcans, ses ravins et surtout ses couleurs. Il aimait son peuple, les femmes aux fichus, les paysans silencieux et vigilants, les combattants de la révolution qui le prenaient pour un des leurs, l'univers des Fernández. Il aimait ses arbres et ses fleurs, était passionné par ses cactus, par son histoire, par cette civilisation indienne qui ne ressemble à aucune autre. Il estimait ses dirigeants et particulièrement son président, car il appréciait leur attachement aux principes, leur fidélité à l'idéal démocratique révolutionnaire pour lequel ils avaient combattu dans leur jeunesse.

Sa seule intervention fut sans doute de les aider quand ils le lui demandèrent, c'est-à-dire de leur donner son opinion sur la nationalisation des pétroles, puis sur le « plan sexennal » quand il fut élaboré.

Il a été loyal avec un gouvernement et des dirigeants qui l'étaient avec lui. Et il a aimé un pays qui lui a permis de renaître et lui a donné trois années de vie et de lutte.

CHAPITRE LV

Le révolutionnaire et le philosophe [1]

Rien ne permettait sans doute, au début des années trente, d'imaginer que seraient un jour associés pour la postérité les noms de Léon Trotsky et de John Dewey.

Né en 1859, de vingt ans plus âgé que Trotsky, Dewey fut l'un des plus grands philosophes et pédagogues de son temps, et son influence s'étendait bien au-delà des frontières de ce pays, notamment à la Chine, où il avait vécu, et en Union soviétique, où sa pédagogie avait compté nombre de disciples. Professeur à l'Université de Michigan, puis de Chicago, il avait enseigné à l'Université de Columbia à New York de 1905 à 1929, et exercé une influence profonde sur plusieurs générations d'intellectuels. Il prit sa retraite l'année où Trotsky fut expulsé d'Union soviétique.

D'abord disciple de Hegel, Dewey avait fortement subi l'influence de Darwin, et c'est à partir de cette double influence qu'il avait développé sa conception « instrumentaliste » de la pensée en tant qu'activité organique d'adaptation et de survie, mise en action pour suppléer à la défaillance de l'instinct ou de l'habitude, vérifiée par et dans la pratique. Il plaçait au centre de sa conception l' « intelligence créatrice » qui cherchait à transformer les conditions de vie.

Ses conceptions philosophiques avaient déterminé ses conceptions sur l'éducation et ses conceptions politiques, celles d'un « libéral » à l'américaine, c'est-à-dire d'un démocrate authentique avec de fortes tendances socialistes. Très éloigné de Trotsky, mais attaché à la liberté et aux principes de démocratie, il avait été amené, à soixante-dix-sept ans, à devenir, en 1936, l'animateur du comité de défense de Trotsky (A.C.D.L.T.) et à prendre, en 1937, la tête de la commission d'enquête sur le procès de Moscou.

Il devait écrire à son ami Max Eastman, au retour de son voyage à Mexico, que sa rencontre avec Trotsky avait été pour lui « une expérience intellectuelle unique », la « plus intéressante de sa vie [2] ».

***

Depuis 1917, Trotsky jouit d'un grand prestige chez les intellectuels américains : il incarne chez eux, comme le note T.R. Poole, « la cohabitation romantique du théoricien et de l'homme d'action », « l'esprit étincelant qui pouvait conduire une armée victorieuse [3] ». Aussi n'est-il pas étonnant que le comité de défense, fondé en octobre 1936 par quatre libéraux, dont Dewey, et deux dirigeants socialistes, ait rencontré un tel écho et suscite les adhésions de journalistes, écrivains, publicistes connus à la signature prestigieuse.

Comment Dewey, qui est tout de même un vieil homme, s'est-il décidé à se lancer dans cette bataille en commençant par prendre la tête de la commission préparatoire qui allait à Coyoacán recueillir le témoignage de l'exilé ? Nous savons que James P. Cannon et George Novack se sont employés à le convaincre et que c'est vraisemblablement Sidney Hook qui a emporté ses dernières hésitations [4]. Mais c'est probablement l'énorme pression du Parti communiste américain et de ses compagnons de route pour l'empêcher de s'y engager qui a décidé Dewey à mener en personne une bataille dont l'enjeu lui était ainsi souligné de façon aussi éclatante [5].

La rencontre de Dewey et de Trotsky est circonstancielle. En se rendant à Mexico, Dewey va certes commencer la défense de Trotsky, mais surtout, bien au-delà de la personne de l'exilé, celle des principes qui sont les siens. Il défend ses propres convictions libérales contre le stalinisme qu'il identifie au fascisme. A la différence de Trotsky, il ne pense pas que le stalinisme soit une monstrueuse déformation du bolchevisme : il le tient au contraire pour son développement naturel. Trotsky, lui, comprend que ce vieil homme, qui est, au fond, son adversaire, lui apporte la protection de sa réputation, de son intégrité et de sa fermeté principielle et il fait avec lui le bout de chemin qui doit lui permettre de porter à Staline et à l'édifice des procès de Moscou un coup dont ils ne se remettront pas.

***

Le second procès de Moscou commence en effet peu après l'arrivée de Trotsky au Mexique avec, dans le box des accusés, deux de ceux qui l'ont renié avec le plus d'éclat et n'ont sans doute jamais regretté de l'avoir fait, Radek et Piatakov, et aussi un vieil ami – qui lui ne l'a jamais renié et dont nous ignorons le cheminement par lequel il a été amené, brisé, sur le banc des accusés –, l'intrépide N. I. Mouralov.

Une fois encore, le procès voit s'accumuler accusations et auto-accusations cherchant à impliquer Trotsky dans l'organisation du terrorisme, du sabotage, de l'espionnage et de la trahison [6]. Les accusés sont présentés et se présentent comme les membres d'un « centre de réserve » aux ordres de Trotsky. Ce dernier est accusé d'avoir mené des pourparlers avec les dirigeants nazis, cherché à précipiter la guerre pour prendre le pouvoir : « agent du fascisme », il aurait donc pris part y compris à l'activité d'espionnage, et c'est sur son ordre que N. I. Mouralov aurait organisé un attentat – manqué – contre Molotov [7].

Piatakov est l'une des deux vedettes du procès. L'homme, qui a été un révolutionnaire de premier plan – il est nommé dans le testament de Lénine –, a rompu avec Trotsky très tôt, en 1928, et s'est absorbé depuis dans les tâches techniques. Son nom n'a jamais été prononcé à propos du bloc, de la renaissance de telle ou telle opposition, voire d'une fronde occasionnelle. Il explique au tribunal qu'il était informé des relations entre Sedov et I. N. Smirnov depuis 1931, ayant lui-même rencontré Sedov à Berlin grâce à Smirnov [8]. En 1935, il s'est rendu, selon son interrogatoire, à Berlin pour tenter d'entrer en contact avec Trotsky. Il assure que, muni d'un passeport allemand, il est allé en avion en Norvège, où il l'a rencontré dans une maison de la banlieue d'Oslo. Trotsky lui aurait parlé de ses contacts avec les dirigeants nazis, notamment Rudolf Hess, et de ses perspectives de démembrer l'U.R.S.S. en cas de guerre [9].

L'autre accusé vedette, Karl Radek, est très disert et par moments provocant. Ses aveux complaisants mentionnent des noms de personnes qui vont être arrêtées si elles ne le sont déjà. Il assure avoir reçu – mais « malheureusement » pas conservé – trois lettres de Trotsky avec des « directives terroristes [10] », confirme la thèse de l'accusation au premier procès, affirme avoir été informé des préparatifs de l'assassinat de Kirov. On murmure à Moscou qu'il a été arrêté à cause de ses articles sur l'Espagne et de ce qu'il a dit sur la défense de sa révolution quand Staline se préparait à approuver la non-intervention [11].

D'autres avouent avoir saboté les mines, les chemins de fer, l'industrie chimique. Certains s'accusent d'avoir été au service de l'Okhrana, et plusieurs tentent de démontrer leurs propres liens avec des services d'espionnage.

On note quelques incidents. Piatakov résiste à des accusations précises [12]. Radek a une passe d'armes victorieuse avec le procureur à qui il rappelle, non sans insolence, que l'accusation et tous les aveux reposent sur son témoignage et celui de Piatakov [13]. Nous ne connaissons pas l'objectif de ce qui semble avoir été un vrai chantage. Si Piatakov est condamné à mort et presque aussitôt passé par les armes, Radek sauve sa tête pour le moment.

Destiné à boucher les « trous » du premier procès, à étayer les lézardes dans l'édifice de l'accusation – ce que Trotsky appelle désormais « l'amalgame stalinien » –, le deuxième procès de Moscou n'avait pas plus de cohérence interne et n'avait pas été mieux préparé. Les lacunes de l'information du G.P.U. le conduisent à faire avouer aux accusés des rencontres matériellement impossibles. Ainsi, Trotsky n'a pas pu rencontrer le journaliste soviétique Vladimir Romm au Bois de Boulogne, au moment où il était à Saint-Palais. Plus grave encore, il apparaît que le voyage de Piatakov est matériellement impossible, et que son vol pour la Norvège ne peut avoir eu lieu. Ce n'est pas trente minutes qu'il y a entre sa maison – où Piatakov dit l'avoir rencontré – et l'aéroport d'Oslo, et celui de Kjeller n'a vu aucun atterrissage dans cette période d'enneigement ! Après avoir tenté de replâtrer sa déposition par des « témoignages », il ne reste plus à Staline qu'à faire fusiller Piatakov, comme Trotsky l'avait prévu.

Celui-ci s'impatiente quelque peu du retard de Dewey à se décider, de ses « hésitations à descendre des hauteurs de la philosophie vers les bas-fonds des impostures judiciaires [14] ». Lui-même prend l'engagement de se livrer à l'Union soviétique si une commission d'enquête impartiale conclut à sa culpabilité [15]. Il s'irrite aussi de la lenteur avec laquelle la commission se met en place, de la façon dont sont formulés ses objectifs. Il demeure sceptique devant ce qu'elle appelle « les principes fondamentaux de vérité et de justice », dont elle ajoute que « le sacrifice a toujours conduit et ne peut conduire qu'au chaos moral, social et politique et à la réaction », parle de « conception formelle, morale et politique », reproche à ses camarades américains de se situer sur le même terrain que l'allié libéral [16].

Quand se met en place pourtant le mécanisme de la commission d'enquête, Trotsky prescrit à ses camarades du monde entier de subordonner leurs propres efforts à ceux de la commission dont il fait désormais le centre unique de la lutte contre les procès de Moscou [17].

La composition de la commission n'est en réalité qu'une demi-victoire. La personnalité du professeur Dewey, sa renommée dans le monde entier, l'estime et le respect dont il jouit en tant qu'homme de science sont un atout considérable. Les amis de Trotsky auraient voulu cependant gagner à la commission d'autres personnalités indiscutables et se sont heurtés à des refus désagréables, notamment celui des historiens Charles A. Beard et Carl Becker, qui leur opposent l'argument selon lequel il serait impossible de « prouver le négatif », c'est-à-dire d'assurer que tel ou tel événement n'a pas eu lieu [18]. La présence d'hommes de cette dimension, rompus en outre aux techniques de l'examen des documents de l'enquête, aurait constitué un apport précieux. Moralement, en tout cas, la caution de Dewey suffisait à fonder l'autorité de la commission.

La première tâche consiste à se rendre à Coyoacán pour recueillir le témoignage de Trotsky et le soumettre à un contre-interrogatoire. Dans cette perspective, on constitue une « commission préliminaire », à partir du noyau de la commission proprement dite : à côté de Dewey, la secrétaire Suzanne LaFollette, journaliste libérale et un autre journaliste, spécialiste du mouvement ouvrier, Ben Stolberg. L'anarchiste italien et prestigieux combattant des Droits de l'homme, Carlo Tresca, initialement prévu, ne se joint pas au voyage, faute d'avoir la certitude que les autorités des États-Unis le laisseront s'il en sort, revenir dans ce pays dont il n'est pas citoyen. En revanche, au dernier moment, la commission s'adjoint un autre journaliste, qui connaît bien le Mexique pour y avoir vécu pendant la guerre : Carleton Beals avait été de ces réfugiés nord-américains fuyant la conscription, ces *slackers*, qui avaient été, au début des années vingt, parmi les pionniers du Parti communiste dans ce pays. Au Mexique, Otto Rühle, ancien député social-démocrate allemand, puis dirigeant du K.P.D. et du gauchiste K.A.P.D., devait se joindre aux travaux.

La commission s'était entourée aussi d'un grand nombre de collaborateurs, son avocat John F. Finerty, qui avait plaidé autrefois pour Sacco et Vanzetti, et des intellectuels américains, Herbert Solow, journaliste d'un immense talent, John McDonald et sa femme, le peintre Dorothy Eisner, le romancier James T. Farrell, le secrétaire-sténographe Albert Glotzer, de Chicago et des collaborateurs du comité de défense, George Novack et Pearl Kluger. Venait également des États-Unis l'avocat de Trotsky, lui aussi de Chicago, Albert Goldman. C'est le 2 avril 1937 que Dewey et un petit groupe de collaborateurs montèrent à bord du train « Sunshine Special » qui les emmenait à Mexico où l'équipe technique les avait précédés. Ils arrivèrent le 6 avril [19].

Dewey ne rencontre pas Trotsky à son arrivée. Il pense qu'un contact personnel, avant le début des audiences, serait de « mauvaise politique ». Il rencontre, en revanche, la presse, passionnée par sa présence et a de longues séances de travail avec Goldman qui lui assure que Trotsky est tout à fait d'accord pour se conformer à la conception de conduite des audiences qui est celle de la commission. Les deux hommes ne se trouveront en tête à tête qu'à la fin des audiences, chez l'Américaine de Mexico, Mrs Robert Latham George, belle-mère de Charles R. Walker, membre du comité de défense et responsable des relations avec la presse [20].

Les séances se déroulent dans la maison où habitait Trotsky, avenue de Londres, du 10 au 17 avril, au total, treize sessions de six jours et demi. Devant un public très réduit – quelques dizaines de journalistes et quelques invités –, la commission procède à l'interrogatoire – l'audition, si l'on préfère – de Trotsky. Celui-ci est assisté par son avocat Albert Goldman dont le rôle est important, car il lui pose aussi des questions. Il a, à côté de lui, à sa table, Natalia Ivanovna et aussi Jan Frankel et Jean van Heijenoort, ses secrétaires chargés des documents à produire et à citer, le Tchécoslovaque étant également appelé à témoigner. L'ensemble de ce qui est dit est pris en note par Albert Glotzer. C'est lui dont le témoignage, cité par Alan Wald, donne l'atmosphère de ces audiences historiques :

> « Je suis arrivé à Mexico sortant du triste mars-avril de Chicago pour passer à l'air ensoleillé du Mexique qui semblait se mettre au service des audiences. Nous avions une sorte de joie à être là, tous les présents comprenant véritablement l'importance historique de ses audiences. Ceux d'entre nous qui avaient des conceptions politiques étaient transportés de joie à cause de l'occasion qu'elles donnaient à Trotsky d'abattre la crédibilité des accusations de Moscou. Ceux d'entre nous qui s'étaient engagés dans cette campagne avant le Mexique savaient que L.D.T., comme saint Georges, allait détruire le dragon du stalinisme et son initiateur. C'est pourquoi nous pensions vivre un grand événement [21]. »

A l'ouverture de la première session, le samedi 10 avril, John Dewey fait une brève et remarquable intervention. Après avoir rappelé que la commission, comme des millions de travailleurs, croit que personne ne peut être condamné sans qu'il lui soit permis de se défendre, il rend hommage au gouvernement mexicain dont « la large interprétation de la signification de la démocratie politique » a rendu possible cette enquête [22]. Il conclut par une brève et impressionnante justification :

> « J'ai consacré ma vie au travail de l'éducation que j'ai conçue comme le moyen de diffuser les lumières dans l'intérêt de la société. Si j'ai finalement accepté le poste responsable que j'occupe aujourd'hui, c'est parce que j'ai compris qu'en agissant autrement je n'aurais pas été fidèle à l'œuvre de ma vie [23]... »

Le travail commence alors, essentiellement un contre-interrogatoire de Trotsky par les deux avocats, le sien et celui de la commission. Le tribunal écoute avec une attention passionnée, à la treizième session, la déclaration finale de l'exilé, prononcée en anglais. Les questions portent sur les accusations de Moscou, les faits et gestes, les idées politiques, l'histoire de l'U.R.S.S. et les conceptions de l'Opposition, le courrier de Trotsky et ses visiteurs. En même temps, la commission recueille la documentation présentée par Trotsky pour étayer ses réponses, témoignages réunis dans le monde entier, souvent transmis par Sedov, documents divers comprenant nombre de reproductions et de traductions des archives personnelles de l'exilé. Documentation impressionnante non seulement pour la réfutation des accusations portées à Moscou mais pour l'histoire de l'Union soviétique, et par exemple la prétendue hostilité entre Lénine et Trotsky. Les témoignages cités par Alan Wald dans sa remarquable étude font cependant apparaître que les participants furent surtout impressionnés par Trotsky lui-même, son éloquence dans une langue qu'il ne connaissait pourtant pas parfaitement, sa conviction, sa capacité de convaincre et de séduire, sa combativité et sa disponibilité. Le 15 avril, Dewey raconte :

> « C'est hier qui a été jusqu'à maintenant la journée la plus intéressante. " Vérité, justice, humanité " et tout le reste des raisons de venir ici reculent à l'arrière-plan devant le simple intérêt écrasant pour cet homme et pour ce qu'il a à dire [24]. »

De son côté, James T. Farrell écrit à une de ses correspondantes :

> « Trotsky a démoli de fond en comble les macabres fables des procès de Moscou pour tout être humain susceptible de raisonner et qui n'a pas besoin que son opinion soit forgée pour lui par des gens qui sont à des milliers de kilomètres, de l'autre côté de l'océan. Il a présenté des documents qui provoquent plus qu'un doute raisonnable. Il a construit logiquement son affaire, et bien qu'il ait répondu aux questions pendant presque six heures par jour depuis samedi, son témoignage se tient comme un monument logique des plus extraordinaires [25]. »

Un incident sérieux se produit pendant les audiences avec le commissaire américain Carleton Beals. Après avoir posé une question surprenante parce que passablement indiscrète sur la localisation des archives de Trotsky – question dont la réponse n'avait d'intérêt que pour d'éventuels voleurs –, le journaliste, invoquant sa propre expérience mexicaine, affirme que Borodine, envoyé spécial de l'Internationale communiste au Mexique en 1919 avait reçu de Trotsky personnellement une mission de subversion contre le gouvernement mexicain d'alors [26]. Trotsky réagit tout de suite : une telle affirmation n'a de sens que si l'on cherche à compromettre son asile au Mexique en « révélant » que, lors de sa demande de visa, il a dissimulé une activité subversive menée dans le passé [27]. La commission est unanime à condamner le comportement de Beals qui démissionne alors et adressera à la presse communiste et sympathisante des articles de petite polémique contre Trotsky et ceux qu'il appelle « ses compères » de la commission [28].

On connaît le bilan de ce travail de la commission préliminaire à Coyoacán : la démonstration irréfutable que les affirmations de Vychinsky et du tribunal de Moscou ne peuvent être retenues sur plusieurs points décisifs pour la cohérence même de l'accusation.

Trotsky démontre d'abord sans réplique que Sedov ne pouvait être présent à Copenhague à la date où Holzman prétendait qu'il l'avait conduit chez Trotsky; il démontre du coup que Holzman ne s'est pas rendu à Copenhague et qu'il n'a donc pu y rencontrer Trotsky et recevoir de lui des directives terroristes. La démolition de l'hôtel Bristol – dans lequel Holzman prétendait avoir rencontré Sedov – et sa disparition depuis 1917 n'ajoutent qu'un élément de grotesque à une accusation en miettes.

De la même façon, appuyé non seulement sur des témoignages mais sur des documents officiels émanant des autorités françaises, Trotsky démontre l'impossibilité de la rencontre qu'il aurait eue, selon les aveux de Moscou, avec le journaliste soviétique Romm au Bois de Boulogne à Paris où il peut prouver qu'il n'a pu se rendre. En même temps que la rencontre avec Romm disparaissent donc les fameuses « instructions terroristes » qu'il lui aurait remises pour qu'il les transmette à Radek...

Enfin, il réduit également à néant la possibilité même du voyage aérien de Piatakov de Berlin à Oslo en décembre 1935, en montrant que les aveux de ce dernier ont été fabriqués de toutes pièces et n'ont pas, même replâtrés, résisté aux premières questions et critiques. Avec ce voyage aérien s'effondrent aussi les affirmations sur les prétendues confidences de Trotsky au sujet de ses relations avec Rudolf Hess, l'organisation par les nazis de ce voyage de Piatakov, dont les staliniens avaient fait le pilier de l'accusation au deuxième procès.

Les audiences à Coyoacán de la commission préliminaire d'enquête sur les procès de Moscou, la destruction, l'une après l'autre, des accusations lancées dans les procès de Moscou contre Trotsky, font en outre la démonstration que Charles Beard et Carl Becker assuraient tenir pour « impossible » : celle du « négatif ». Elles mettent en effet de façon irréfutable en évidence que ni Trotsky, ni son fils, ni les vieux-bolcheviks accusés et jugés n'ont été, ni directement ni indirectement, les auteurs d'assassinats, d'actes de terrorisme, d'espionnage, de sabotage et de haute trahison, et que les prétendus témoignages et aveux sur ce point sont faux, résultent de fabrications, de falsifications délibérées, ont été extorqués par la violence ou sous la menace. C'est là un résultat considérable qu'il semble bien que l'opinion publique occidentale a été longue à accepter. Thomas Ray Poole a bien montré comment la presse des États-Unis a occulté les résultats de la commission et les a présentés avec ironie jusqu'à la publication, en août 1937, du livre *L'Affaire Trotsky*, un gros volume de 600 pages qui va confondre ses détracteurs.

Ce travail en lui-même est une confrontation d'idées passionnante. Ainsi ces réflexions de Trotsky en réponse à Ben Stolberg, une sorte de bilan de la révolution, loin des « bergeries » sur la société sans classes :

> « L'humanité n'a pas réussi jusqu'à présent à rationaliser son histoire. C'est un fait. Nous, êtres humains n'avons pas réussi à rationaliser nos corps et nos esprits. Il est vrai que la psychanalyse essaie de nous enseigner à harmoniser notre corps et notre mental, mais sans grand succès jusqu'à présent. Mais la question n'est pas de savoir si nous pouvons atteindre la perfection absolue de la société. Pour moi, la question est de savoir si nous pouvons faire de grands pas en avant. Non rationaliser le caractère de notre histoire, parce qu'après chaque grand pas en avant l'humanité fait un petit détour et même un grand pas en arrière. Je le regrette beaucoup, je n'en suis pas responsable *(Rires)*. Après la révolution, après la révolution mondiale, il est bien possible que l'humanité soit fatiguée. Pour certains, pour une partie d'entre eux, une nouvelle religion peut apparaître, et ainsi de suite. Mais je suis certain, en général, que ce serait un très grand pas en avant, comme la Révolution française. Bien sûr, elle a fini par les Bourbons, mais tout le monde analyse cette victoire par l'enseignement des leçons de la Révolution française. »

Sur cette question de fond, l'inévitabilité de la dégénérescence, il ne se dérobe pas. Dewey lui demande s'il y a quelque raison de penser que la dégénérescence de la dictature du prolétariat en « dictature du secrétariat » n'est pas inévitable. Il répond :

> « C'est une excellente formule. Je dois répondre que, même la dictature du prolétariat, aujourd'hui en Russie, c'est un progrès très important en comparaison avec la dictature du tsar. C'est la première chose. [...] Deuxièmement, c'est précisément parce que la dictature du secrétariat est provoquée par l'arriération du pays et son isolement, la réponse est que les pays les plus civilisés et pas isolés auront une dictature démocratique plus saine et plus démocratique et pour moins de temps [29]. »

A plusieurs reprises, il revient sur la question du « parti unique » et du monopole du P.C. en U.R.S.S. pour assurer qu'il s'est agi seulement à l'origine d'une « mesure de guerre » et que le régime qu'il souhaite instaurer par la révolution politique autoriserait plusieurs partis, n'excluant nullement, en fonction des circonstances et d'une grande stabilité du régime, un parti pro-capitaliste.

Le travail de la commission préliminaire était la partie la plus spectaculaire de la commission d'enquête. Il n'en fut néanmoins qu'une partie et il y eut d'autre sessions et audiences.

C'est sous son égide, avec la collaboration du comité français, que se déroula, du 2 mai au 22 juin 1937, à Paris, l'activité d'une « commission rogatoire » présidée par le socialiste italien Modigliani. Elle entendit et recueillit le témoignage capital de Lev Sedov, ceux du couple Pfemfert, de Bauer, tous liés à Sedov en 1932, époque où Moscou l'accusait d'être allé à Copenhague. Elle entendit également celui de Victor Serge, ancien déporté, recueillit celui de Davtian, dit « Tarov », évadé d'U.R.S.S. en 1935 [30].

Quelques jours plus tard, est organisée à New York une nouvelle sous-commission constituée par Suzanne LaFollette, Stolberg, Alfred Rosmer, l'ancien député du K.P.D. Wendelin Thomas et Carlo Tresca. Elle entend le témoignage de personnes vivant aux États-Unis et ayant visité Trotsky à différentes reprises au cours de son exil : parmi elles, A.J. Muste, Max Shachtman, Herbert Solow, Harold R. Isaacs et bien d'autres [31].

C'est alors que commence le travail herculéen de l'infatigable secrétaire du comité de défense et de la commission d'enquête, Suzanne LaFollette. Après un voyage éclair en Europe pour compléter la documentation de la commission, elle fait à peu près seule – malgré les protestations de Pearl Kluger et Solow, ainsi exclus de fait de cette phase finale – le travail de préparation, classification, vérification, comparaison avec les accusations et déductions, avec un soin admirable et un résultat inattaquable. Ce travail s'étend sur les mois de juillet et août 1937.

Les sessions de la commission plénière peuvent alors commencer, en septembre. Elle a, cette fois, sa composition définitive. En dehors des membres de la commission préliminaire – Dewey, Stolberg et Suzanne LaFollette –, elle réunit Tresca, Wendelin Thomas et Rosmer, déjà cités, les libéraux E.A. Ross et John Chamberlain, et, après le refus pour raisons personnelles du général Villareal, l'unique membre mexicain, Francisco Zamora. Depuis le mois d'avril, Trotsky et ses collaborateurs à Coyoacán, Sedov à Paris, ont continué leurs recherches de documents et de témoignages nouveaux, apporté leurs commentaires, dans une correspondance nourrie avec leurs amis de New York et avec Suzanne LaFollette.

C'est finalement le 21 septembre que celle-ci présente devant la commission plénière des conclusions qui vont être adoptées après une riche discussion. Ce sont elles qui servent de base au rapport final dont la rédaction définitive est confiée à Dewey, à Suzanne LaFollette et à Ben Stolberg.

Le sillon creusé par la commission Dewey a déjà donné des fruits. A l'été 1937, un groupe de jeunes intellectuels venus de la mouvance communiste mais qui ont été influencés par le comité de défense et le travail de la commission d'enquête – Philip Rahv, Dwight Macdonald et autres – reprennent la revue *Partisan Review* dont ils veulent faire une revue marxiste indépendante du P.C. [32].

Par ailleurs, l'atmosphère politique commence à changer aux États-Unis après la parution de *L'Affaire Trotsky* d'une part, et surtout après la publication dans la presse libérale de deux importants articles particulièrement convaincants rendant compte de ce livre : celui d'Edmund Wilson, le grand romancier, dans *Nation* [33], et surtout celui de l'ancien dirigeant communiste Bertram D. Wolfe, dans *The New Republic* [34]. L'effet du second fut d'autant plus considérable que Bertram D. Wolfe avait cru en 1936 aux aveux des accusés du premier procès. Maintenant, en dépit de ses désaccords avec Trotsky, il reconnaissait, sur la base de la lecture du compte rendu des sessions de Coyoacán, qu'il s'était lourdement trompé et que c'était Trotsky qui avait eu raison.

En dépit de la mauvaise volonté évidente d'une grande partie de la presse mondiale, la route était désormais ouverte pour que les conclusions de la commission rencontrent un large écho.

Le verdict « non coupable » – si l'on peut employer ce mot en la circonstance – est finalement rendu le 12 décembre, annoncé publiquement dans un meeting organisé à New York par le comité de défense. Les conclusions expliquent avec minutie toutes les impossibilités relevées dans les affirmations et accusations de Moscou et qualifient les procès eux-mêmes d'impostures.

Les « procès de Moscou » ne sont pas pour autant terminés. Des séances à huis clos – où l'on peut penser que les accusés n'avouent pas – vont faire disparaître les chefs les plus capables de l'Armée rouge autour de Toukhatchevsky et Iakir, les communistes géorgiens autour de Mdivani, de vieux militants comme l'ancien secrétaire de l'exécutif des soviets, le Géorgien A.S. Enoukidzé.

Il y aura un troisième procès public, en mars 1938. Cette fois ce sont les « droitiers » Boukharine et Rykov qui comparaîtront, avec l'ancien chef du G.P.U. Iagoda et certains de ses collaborateurs, avec aussi plusieurs médecins du Kremlin et l'ombre de celui qui a été l'ami de Trotsky, Kh. G. Rakovsky. L'échec est peut-être plus patent encore. Pendant toute une demi-journée, l'accusé Krestinsky renie ses aveux [35]. Boukharine ridiculise à plusieurs reprises le procureur et refuse d'avouer avoir voulu tuer Lénine et fait de l'espionnage [36]. Derrière les aveux des hommes du G.P.U. sur « l'assassinat de Kirov » apparaissent l'ombre de Staline et l'explication du meurtre de Kirov [37].

Bien entendu, Trotsky continue sa polémique contre le stalinisme, démonte une fois de plus les accusations, les invraisemblances des aveux, et son travail de démolition ne saurait être minimisé, mais on peut néanmoins penser que les travaux de la commission Dewey ont, en définitive, porté déjà un coup décisif à ce type d'amalgame et de procès. Le troisième procès de Moscou sera le dernier de ce type avant la guerre.

Expérience faite, Staline préfère assassiner dans le secret des prisons les hommes dont il veut se débarrasser tout en faisant publier dans sa presse mondiale que ces hommes ont « avoué ». Ceux qui affirment croire aux aveux sont des gens qui veulent croire ou font semblant, mais la parade publique ne peut plus désormais gagner des convictions. C'est l'un des acquis indiscutables du travail de la commission.

Sans doute les effets s'en font-ils sentir aujourd'hui encore même dans l'esprit de femmes et d'hommes qui ignorent jusqu'au nom de Dewey. Elle est sensible dans les réhabilitations qui ont commencé en U.R.S.S. en février 1988 avec celles de Boukharine, Rykov, Rakovsky et des autres victimes du troisième procès, Iagoda excepté.

* * *

Ainsi, la rencontre, à l'occasion des procès de Moscou, entre le révolutionnaire et le philosophe a-t-elle eu une portée historique. Et elle a eu une suite dans le domaine de l'histoire des idées.

Au cours des mois suivants, les deux hommes, qui se sont déjà jaugés mutuellement dans le cours de l'action commune s'affrontent en effet dans un bras de fer suffisamment discret pour ne pas compromettre les résultats de leur travail.

A la fin de la dernière session de la commission préliminaire, Trotsky avait remercié Dewey, non sans rappeler ses propres convictions :

> « L'expérience de ma vie, qui n'a manqué ni de succès ni d'échecs, n'a pas détruit ma foi dans l'avenir clair et radieux de l'humanité : bien au contraire, elle lui a donné une trempe indestructible. Cette foi dans la raison, dans la vérité, dans la solidarité humaine, que j'emmenai avec moi à l'âge de dix-huit ans dans les quartiers ouvriers d'une ville russe de province, Nikolaiev, je l'ai conservée pleinement et complètement. Elle est devenue plus mûre, mais non moins ardente. Le simple fait que votre commission ait pu être formée, le fait qu'à sa tête se trouve un homme dont l'autorité morale est inébranlable [...], ce fait m'apparaît comme renforçant, de façon toute nouvelle et véritablement magnifique, l'optimisme révolutionnaire qui constitue l'élément fondamental de ma vie [38]. »

Cette réponse de Trotsky à Staline était aussi un coup de chapeau à Dewey et celui-ci se contenta de dire : « Tout ce que je pourrais ajouter serait plat [39]. »

Mais il ne pouvait pas ne pas y avoir de suite à la rencontre entre le révolutionnaire et le philosophe. Dans son discours au meeting de l'hôtel Mecca, à New York, le 12 décembre 1937, en présentant le verdict de la commission qu'il présidait, John Dewey ne put s'abstenir d'exprimer son opinion selon laquelle le stalinisme était en quelque sorte un développement naturel du bolchevisme. Trotsky n'apprécia pas du tout. Le 26 janvier 1938, il écrivit à Jan Frankel, installé à New York :

« Contrairement à l'opinion de certains camarades, je dois dire qu'il n'était pas très loyal, de la part du Vieux, de clamer ses propres opinions politiques au nom de la commission. C'était doublement déloyal parce que je lui avais confié la lecture de mon câble qui, malheureusement, s'abstenait de toute affirmation politique. Ce que Dewey a dit ne représentait pas la décision de la commission et était contraire à l'opinion de certains de ses membres : Rosmer, Zamora, dans une large mesure, Rühle et, je crois, Tresca aussi. Tous les membres n'étaient pas des libéraux. Tous ne croient pas que le déclin et la dégénérescence de la bureaucratie soviétique disqualifient le communisme et que le déclin de la démocratie prouve la vitalité du libéralisme. [...] Je vais expliquer cela dans un article écrit contre Dewey [40]. »

Trotsky sentait juste. Le 19 décembre 1937, dans une interview au *Washington Post* avec Agnès E. Meyer – dont il semble qu'il n'ait pas eu connaissance –, Dewey assurait qu'il tirait des débats de Coyoacán des conclusions auxquelles on ne peut imaginer que Trotsky pouvait souscrire :

« La grande leçon qu'il faut tirer de ces extraordinaires révélations, c'est l'effondrement complet du marxisme révolutionnaire. Et je ne pense pas qu'un communiste confirmé puisse aboutir quelque part à partir de la conclusion que, puisqu'il ne peut plus croire en Staline, il doit maintenant reporter ses espoirs sur Trotsky [41]. »

Invitant à réfléchir « sur les moyens de la réflexion sur le changement social et les méthodes véritablement démocratiques pour aller vers le changement social », Dewey assurait que Trotsky avait répondu de façon « évasive » à sa question de savoir s'il existait « des éléments rationnels permettant de croire qu'une révolution prolétarienne dans un autre pays serait plus couronnée de succès que celle de Russie [42] ».

Isaac Deutscher, qui y a vu une réponse aux critiques des anarchistes sur Cronstadt, n'a pas compris que « Leur Morale et la nôtre », paru pour la première fois dans *The New International* du S.W.P. américain, était en réalité « l'article contre Dewey » annoncé [43]. Pour Trotsky, la fin, l'abolition de l'exploitation de l'homme par l'homme justifiait les moyens qui permettaient de s'en rapprocher : il opposait cette morale de classe à la morale kantienne qu'il considérait comme l'expression de la morale de la petite bourgeoisie.

A la demande de *The New International*, John Dewey répondit à Trotsky dans « Les Moyens et la Fin ». Montrant que Trotsky utilisait le mot « fin » dans deux acceptions différentes, le philosophe s'en prenait surtout à la conception de son interlocuteur de la lutte de classes comme « loi des lois de l'histoire » au lieu de la tenir comme « un moyen sur la base de l'interdépendance des moyens et des fins ». Le vieil homme attaquait sans aucun ménagement le bolchevisme et Trotsky avec lui :

« La croyance selon laquelle une loi de l'histoire détermine la façon particulière dont la lutte doit être menée semble certainement tendre

> vers une doctrine fanatique et hypermystique de l'utilisation de certains moyens pour la faire aboutir [44]. »

S'attachant à la dégénérescence de la révolution russe, le philosophe allait jusqu'à assurer qu'elle s'expliquait mieux si l'on remarquait que « les moyens en furent déduits d'une prétendue loi scientifique au lieu d'être l'objet d'une recherche et d'un choix en fonction de leur relation à la libération de l'humanité [45] ».

On comprend la définition donnée par John Dewey, des années plus tard, de Trotsky à qui, bien que de vingt ans plus âgé, il devait survivre dix-neuf ans :

> « C'était un personnage tragique. Une telle intelligence naturelle, si brillante, enfermée dans des absolus [46]! »

On ne trouvera pas sous la plume de Trotsky de jugement aussi tranché sur la pensée du grand philosophe américain. Trotsky savait trop, en effet, quelle importance avait eue, pour lui et pour sa cause, à un moment précis de l'histoire, la position prise par ce vieux libéral, dont il s'était fait admirer, mais qu'il n'avait pas convaincu.

CHAPITRE LVI

La grande traque [1]

Il faut, à ce point du récit, quitter le domaine des idées et de la politique, même malodorante, pour se plonger dans l'univers, moins connu, très proche du « milieu », des services secrets qui constituent l'un des éléments les plus importants de la conspiration stalinienne contre Trotsky.

Nous ne manquons pas d'informations fiables sur cette question, pourtant par nature difficile à éclairer. Les services ont en effet connu à la fin des années trente une crise sévère et la défection d'agents importants comme ceux qui furent connus en Occident sous les noms de Reiss, Krivitsky et Orlov.

Plusieurs enquêtes de police, dont les conclusions ont été rendues publiques nous ont apporté de précieux éléments d'information. La véritable histoire reste pourtant à écrire, car les responsables des archives des pays dits démocratiques continuent à défendre les secrets – sans que les raisons de cette attitude soient claires *.

***

Le chapitre qui commence ici est consacré à la grande traque contre les révolutionnaires menée en ces années principalement en Europe par les agents du département politique spécial de ce N.K.V.D. que Trotsky s'obstine alors à appeler du nom ancien de G.P.U. L'agent du G.P.U. est homme de l'ombre, et la description qui suit de l'action des hommes de Moscou est évidemment une reconstitution *a posteriori*.

C'est dans le vivier de l'émigration blanche que les services secrets staliniens ont recruté leurs agents les plus précieux, et notamment les

* Véronique Lossky, auteur de *Marina Tsvétaeva. Un itinéraire politique*, Malakoff, 1987, nous apprend par exemple qu'elle a eu la chance de lire deux dossiers d'archives françaises, de police d'environ deux cents pages, consacrées à Reiss et à son meurtre (p. 372, n. 48). Apparemment aucun historien spécialiste n'a eu la même chance. Mais nous avons lu à Stanford un document de la Sûreté qui est sans doute la traduction anglaise de l'un d'eux!!

tueurs qu'ils ont lancés contre Trotsky et ses amis, après leur avoir, dans un premier temps, envoyé leurs provocateurs. Le double enlèvement du général Koutiépov en 1930, puis du général Miller en 1937 ont fait apparaître des aspects bien intéressants sur l'utilisation par Staline de la main-d'œuvre blanche pour les opérations d'enlèvements et d'exécutions sommaires. Dans les années vingt, c'est probablement l'officier letton Eduard Oupeninch, connu sous le nom d'Opperput dans l'affaire du *Trust,* cette organisation antisoviétique créée de toutes pièces par... Moscou, qui a été, dans l'affaire de la plate-forme de l'opposition, le fameux « officier de Wrangel ». Le général fasciste Turkul, ainsi que le mari de la cantatrice Plévitzkaia, le général N. V. Skobline, adjoint du général Miller, sont également des agents soviétiques [2].

Plus ou moins tolérés et protégés par les polices et les services de renseignements occidentaux, constituant une véritable petite société employant des hommes dans toutes les professions, les organisations blanches d'émigrés, pénétrées d'agents doubles ou triples, constituent un milieu extraordinaire pour de telles activités. Faut-il ajouter qu'on imagine sans peine qu'un officier de Wrangel, un vrai, devenu agent des services soviétiques par cupidité, nécessité, amour de l'aventure ou au terme d'un chantage, ne devait pas éprouver un chagrin excessif lorsqu'il s'agissait de liquider un « communiste », fût-il d'opposition, et surtout s'il était proche de Trotsky, ennemi nº 1 des hommes de cette espèce?

Le G.P.U. en cette période est présent dans l'entourage de Lev Sedov [3]. Nous avons aperçu déjà sa silhouette auprès de lui, rue Lacretelle, quand il a découvert à la une l'exécution des seize et éclaté en sanglots en pleine rue.

L'homme qui est à ses côtés, ce jour-là comme bien d'autres, et qui rend compte au G.P.U. de tous ses faits et gestes, s'appelle Mordka Zborowski. Né en 1908, fils de parents russes émigrés à Lodz, il est venu en France pour y faire des études supérieures. Il s'installe d'abord à Grenoble où il travaille comme polisseur de pierres tombales, puis dans un hôtel, où il est homme à tout faire. C'est dans cet hôtel qu'il rencontre, selon lui, un dénommé Afanassiev, citoyen soviétique, qui lui conseille de revenir en Union soviétique pour y faire ses études dans de bonnes conditions [4]. Le jeune Mordka, qui prétend avoir été déjà membre du P.C. en Pologne, accepte de demander à l'ambassade d'U.R.S.S. à Paris la permission du « retour » et s'entend répondre qu'il faut la « mériter » [5]. A-t-il, comme on l'a dit, été, dès 1934, en contact avec l'organisation de l' « Union pour le rapatriement » qui abrita en fait un nid d'agents du G.P.U.? Ou, comme il le prétend, a-t-il aussitôt été mis en contact avec un responsable secret des services – un communiste polonais – qui lui prescrit d'adhérer à la Ligue communiste, à Paris, où il se fixe désormais et milite obscurément, tout en fournissant régulièrement à l'homme auprès de qui l'ambassade l'a introduit, des rapports généraux sur l'activité des « trotskystes » français pendant l'année 1934?

C'est apparemment en 1935 que Zborowski reçoit de ses chefs hiérarchiques une mission plus précise et, de toute évidence, plus importante que la précédente. Il s'agit d'essayer de se rapprocher de Lev Sedov et de se lier à lui [6]. La première partie de l'opération se révèle d'une dérisoire facilité, la marche d'approche se réduisant pour lui à la rencontre – sans aucune difficulté – de Jeanne Martin, laquelle, apprenant par ses soins que le russe est sa langue maternelle, lui propose immédiatement de travailler avec « Durand », dont elle ne lui dit pas qu'il s'agit de Lev Sedov, ce qu'il comprend vite [7]. C'est alors qu'il commence à collaborer avec le fils de Trotsky, sans connaître ni son adresse ni celle de ses correspondants, traduisant pour lui des textes ou des lettres dont il ne sait rien par ailleurs, gagnant peu à peu sa confiance personnelle [8].

C'est, selon lui, en mars 1936, que s'interrompt la routine de ce travail de renseignements. Il est mis en contact par les services avec un personnage de toute évidence important, vraisemblablement le haut fonctionnaire du G.P.U. Mikhail Spiegelglass, visiblement engagé dans la préparation du procès de Moscou. Celui-ci montre à Zborowski une liste d'une vingtaine de noms – il dira en 1955 se souvenir de ceux de Zinoviev, I. N. Smirnov, Olberg, Kurt Landau – au sujet desquels il doit chercher dans les papiers de Sedov des traces éventuelles; Spiegelglass lui explique que ces hommes conspirent contre l'U.R.S.S., qu'ils ont partie liée avec Sedov et que la surveillance qu'il exerce pourrait peut-être permettre de les démasquer. Bien entendu, Zborowski exécute sa mission avec tout autant de zèle, mais n'obtient guère de résultats [9]. En revanche, il obtient d'un dirigeant trotskyste français l'adresse personnelle de Sedov – 26, rue Lacretelle – et se présente chez lui, à son grand mécontentement. Quelques mois plus tard, on constatera qu'un groupe d'agents du G.P.U. est installé dans l'appartement contigu, au numéro suivant de la rue Lacretelle [10].

Zborowski est l'agent de renseignements du G.P.U., mais il existe à Paris un groupe d'intervention et d'action qui opère à plusieurs reprises sur ses indications et avec qui il ne semble pas avoir eu de rapports directs. La couverture de cette bande se trouve rue de Buci, dans le VIe arrondissement, dans les locaux d'une organisation de Russes blancs dénommée « Union pour le rapatriement ». Parmi ses responsables, Piotr Schwarzenberg, qui part pour l'Espagne en 1936, et l'ancien officier blanc Sergéi Efron, mari de la poétesse Maria Tsvitaieva. Il y a dans ce groupe des Russes blancs, comme Dmitri Smirensky, Anatoli Tchistoganov, des Français comme Ducomet et Martignat, dont nous ne savons rien, et un curieux personnage de la pègre internationale, le Monégasque Roland Abbiate, dit François Rossi *. C'est peu avant son départ en 1936 que Schwarzenberg introduit dans le groupe sa maîtresse – une jeune

* Thémistokles Papasissis, *Der König muss sterben*, pp. 55-75, a étudié la période 1932-1934 dans laquelle Abbiate tenait à Belgrade un restaurant de luxe, couverture d'activités d'espionnage. Il s'enfuit après l'assassinat du roi Alexandre auquel il semble avoir été mêlé.

Suissesse de vingt-huit ans qui veut, elle aussi, mériter d'aller habiter en Union soviétique –, Renata Steiner, qui va devenir spécialiste des filatures [11].

A l'été de 1936, le groupe est sur Sedov. Quand celui-ci – que Jeanne Martin rejoindra un peu plus tard – se rend pour un petit séjour de repos dans la pension de famille que dirige, avec son mari, le peintre André Savanier, Hélène, la jeune femme dont il est épris, Renata Steiner vient en touriste y prendre, elle aussi, des vacances, cherche à se lier avec le jeune homme et conserve d'étroits rapports avec deux hommes de la bande qui l'ont accompagnée à Antibes où ils séjournent à l'hôtel [12]. La filature antiboise doit être interrompue avec le retour brusque de Sedov pour Paris, à la suite de l'annonce du premier procès de Moscou.

Il ressort des aveux de Renata Steiner, faits plus tard devant un juge d'instruction suisse, qu'elle s'est beaucoup intéressée, au cours des mois suivants, aux faits et gestes d'un réfugié d'Europe orientale, M. Bardach, dont on sait seulement qu'elle devait surveiller les visiteurs et faire rapport sur chacun d'entre eux. Elle est déjà bien payée, a touché par exemple pour l'épisode d'Antibes 2 000 francs net, tous frais payés. On saura plus tard que son activité de filature est dirigée vers la surveillance d'un contact possible d'un important agent du G.P.U. à l'étranger qu'on soupçonne de songer à faire défection.

La bande parisienne est-elle mêlée à l'affaire du cambriolage, dans la nuit du 8 au 9 novembre 1936, de l'annexe parisienne, rue Michelet, de l'Institut international d'histoire sociale d'Amsterdam? Il est certain que Zborowski a signalé à ses chefs le dépôt de ces paquets de coupures de presse et de journaux et même de correspondance – les lettres entre Trotsky et Andrés Nin font partie des documents volés – que Sedov, sur les instructions de son père, avait fait déposer dans cette institution pour qu'ils y soient en sécurité. Mais il dit s'être plaint d'une opération qui le compromettait. L'affaire a été, en tout cas, menée par des hommes qui disposent d'un matériel ultramoderne. C'est également un homme de la bande, Tchistoganov, dit Lunettes, qui file Sedov pendant l'enquête. Celui-ci le fait arrêter par la police en plein Palais de Justice, où il l'a suivi, mais l'affaire demeure sans suite, la plainte de Sedov n'étant pas officiellement prise au sérieux [13].

La bande se déplace de nouveau, quelques mois plus tard, toujours sur la base d'informations qu'elle tient de Zborowski. Elle est en effet informée que Sedov doit se rendre par le train à Mulhouse aux environs du 20 janvier pour y rencontrer à l'hôtel de Paris un avocat et des camarades suisses sur la question, toujours d'actualité, du procès intenté à Bâle [14]. La surveillance, qui s'étale sur plusieurs jours, est vaine, car Sedov, malade, a décommandé le rendez-vous : c'était bien, en tout cas, au minimum, son enlèvement qui était préparé là et un assassinat, probablement en Union soviétique même, après un interrogatoire poussé.

Dans le courant de l'année 1937 cependant, une autre affaire va accaparer la bande parisienne des tueurs du G.P.U., et elle va cette fois déboucher sur un meurtre. Un communiste polonais, membre des services secrets, Ignacy S. Poretski, dit Ludwig, chargé notamment en 1936 de la fourniture clandestine d'armes à l'Espagne républicaine, est arrivé en effet à la conclusion que lui dictent les procès de Moscou : que Staline est bel et bien le fossoyeur de la révolution, et que c'est Trotsky qui a raison contre lui [15]. Il annonce donc sa rupture au Néerlandais Sneevliet, qu'il connaît depuis longtemps, professionnellement, et adresse au comité central du P.C. de l'U.R.S.S. une lettre de rupture, dans laquelle il annonce son ralliement à la IVe Internationale [16]. Il demande en outre un rendez-vous à Sedov qu'il doit rencontrer, avec Sneevliet, dans les premiers jours de septembre, à Reims.

La bande d'Efron et Abbiate est tournée tout entière contre lui désormais. Repéré dans son refuge suisse par la trahison d'une de ses anciennes collaboratrices du service, l'Allemande Gertrude Schildbach, il est intercepté à Chamblandes, près de Lausanne, et assassiné. Son cadavre, muni de papiers d'identité au nom du citoyen tchécoslovaque Hans Eberhardt, est formellement identifié, au bout de quelques jours, par sa compagne, Elsa Bernaut, et par Sneevliet sous le nom d'Ignace Reiss qui lui est resté pour l'histoire. L'enquête de la police suisse permet de démasquer les gens de la bande parisienne, d'Efron à Abbiate en passant par Renata Steiner, mais elle ne réussit à mettre la main que sur les exécutants et les « seconds couteaux ». Elle montre aussi qu'Abbiate et Martignac se sont rendus, en mars 1937, à Mexico et qu'ils s'y sont notamment intéressés aux conditions matérielles de la résidence de Trotsky.

Abbiate, dont on découvre qu'il a été identifié comme un agent soviétique aux États-Unis et qu'il a de la famille à Moscou, se volatilise; Sergéi Efron et Vadim Kondratiev *, chef de l'équipe de rechange, qui a attendu, l'arme en poche, le succès de l'opération, mais a été repéré par la police suisse, ont pris la fuite. On ne saura qu'un demi-siècle plus tard, avec certitude, qu'ils se sont réfugiés en U.R.S.S. et qu'ils y ont été fusillés pour s'assurer de leur discrétion définitive. Il faudra en effet les révélations de l'ancien agent soviétique Henkine [17] pour apprendre leur mort et la confirmation du rôle important joué dans la bande du G.P.U. de Paris par un tueur spécialisé dans la disparition des cadavres, Nikolai Podzniakov, à l'égard duquel la police française en était restée aux soupçons. L'enquête révèle aussi la complicité de plusieurs diplomates soviétiques de l'ambassade de Paris, dont Lydia Grosovskaia, que la police du Front populaire a laissé filer sous son nez.

Un ouvrage récent consacré aux « agents de Staline » apporte quelques pistes nouvelles et des noms de personnes susceptibles d'avoir appartenu aux services secrets soviétiques et d'avoir été mêlées à plusieurs meurtres dont celui de Reiss. Alain Brossat désigne notamment

* Dans une lettre récente au *New York Times*, du 6 mars 1988, le fils de Kondratiev, qui vit aujourd'hui aux États-Unis, accuse Reiss d'avoir divulgué des secrets militaires à l'Allemagne nazie et poursuit ainsi la vengeance stalinienne.

Konstantin Rodzévitch, ancien officier rouge puis combattant d'Espagne et Vera Traill, la fille de l'ancien ministre Goutchkov [18].

Ému par les circonstances de l'assassinat de Reiss – dont il juge qu'il a été imprudent en ne donnant pas à sa rupture le maximum de publicité –, Trotsky est également frappé par le fait qu'un bureaucrate de haut rang ait choisi la IVe Internationale. Quelques mois plus tard, quand le diplomate Boutenko choisira de faire à son tour défection pour se rallier au régime fasciste italien, il opérera une distinction, au sein de la bureaucratie, entre la « fraction Reiss », prête à rallier la IVe Internationale, et la « fraction Boutenko » gagnée d'emblée à l'impérialisme et à la réaction.

1937 marque en U.R.S.S. le début de la grande purge connue sous le nom d'*Ejovtchina* – du nom du successeur de Iagoda et chef du N.K.V.D., N. I. Ejov. Selon la formule de L. Schapiro, c'est la « victoire de Staline sur le parti [19] ». Les chiffres sont impressionnants : 1 108 délégués au XVIIe congrès, sur 1 968, sont arrêtés pour « crimes contre-révolutionnaires », ainsi que 98 membres du comité central sur 139 : presque tous sont passés par les armes, et plusieurs centaines de milliers de cadres du Parti communiste à tous les niveaux connaissent le même sort.

On annonce la mort, d'une crise cardiaque, d'Ordjonikidzé, vieux compagnon de Staline et longtemps son complice : s'il ne s'est pas suicidé, on l'a assassiné *. Les condamnations à mort se succèdent : on annoncera celles du diplomate Karakhane, des dirigeants et oppositionnels géorgiens Mdivani et Okoudjava, les principaux dirigeants du P.C. d'Ukraine et de Biélorussie, des anciens et des nouveaux dirigeants des Jeunesses, la plupart des oppositionnels mentionnés dans les pages qui précèdent. Lominadzé s'est suicidé quand la police secrète l'a convoqué. Préobrajensky comme Slepkov, Rioutine comme Smilga sont abattus en secret. Effroyablement torturé, le général Dimitri Schmidt, qui n'est plus « présentable », est achevé. Gaven, l'ancien « émissaire » de Trotsky, est fusillé sur une civière. Parmi les fusillés, on compte encore les anciens chefs de l'administration politique de l'armée, Antonov-Ovseenko, Boubnov, Jan Gamarnik, le dirigeant de l'I.C. Piatnitsky, le Hongrois Béla Kun, des dizaines de communistes allemands, le Suisse Fritz Platten, l'ancien ambassadeur en Norvège Iakoubovitch, des chefs de P.C. nationaux, plus d'officiers du rang que n'en a jamais perdu l'armée dans une guerre et la presque totalité des chefs militaires, dont toute la génération d'Octobre et de la guerre civile. Juristes, historiens, philosophes et pédagogues, mathématiciens, physiciens, biologistes paient un lourd tribut. Le grand metteur en scène Meyerhold, le romancier Isaac Babel périssent également. Il faut arrêter cette énumération, faute de place...

* La mort d'Ordjonikidzé d'une crise cardiaque a été annoncée par un communiqué officiel du 19 février 1937. C'est dans son discours au XXIIe congrès que N. S. Khrouchtchev a assuré qu'il s'était suicidé. Roy Medvedev récapitule dans *Let History Judge*, pp. 193-196, les témoignages qui suggèrent la possibilité d'un meurtre.

La question se pose de savoir si les hommes ainsi exterminés étaient aux yeux du peuple des traîtres, comme on le lui assurait, ou simplement des dirigeants démonétisés, au sort desquels il demeurait indifférent. Seules les archives du N.K.V.D. peuvent donner une réponse à cette question. Les seules qu'il soit possible de consulter en Occident, celles de Smolensk, présentées en un volume par l'historien américain Merle Fainsod [20], donnent de sérieuses indications sur le nombre de ceux que les rapports qualifient de « contre-révolutionnaires », mais en qualifiant leurs activités ou leurs propos avec assez de détails pour permettre une caractérisation politique.

En 1936, dans le cours d'une discussion officielle de la nouvelle Constitution, alors qu'il est question du procès Zinoviev, un ouvrier, le charpentier Stepan Danine, appuyé par les ouvriers de sa brigade, s'exprime nettement :

> « Il nous faut permettre l'existence de plusieurs partis politiques chez nous : ils seront mieux à même de relever les erreurs du Parti communiste.
>
> « L'exploitation n'a pas été éliminée chez nous; les communistes et les ingénieurs emploient et exploitent des domestiques.
>
> « Les trotskystes Zinoviev et Kamenev ne seront pas fusillés – et il ne faut pas qu'ils le soient, car ce sont des vieux-bolcheviks [21]. »

A un agitateur du parti qui lui demande qui il considère comme « vieux-bolchevik », un ouvrier de Smolensk répond : « Trotsky ». Un jeune ouvrier, membre du Komsomol, proteste dans une réunion contre les « calomnies » à l'adresse de Zinoviev, qui, assure-t-il, a « tant fait pour la Révolution [22] ». On découvre chez une kolkhozienne, à « Octobre rouge », en juin 1936, un portrait de Trotsky [23]. Le directeur du kolkhoze « Combinat rouge », Lustenberg, se voit reprocher d'avoir fait un rapport favorable sur « un trotskyste » et de se taire obstinément au moment où la propagande, à la veille du premier procès de Moscou, se déchaîne contre les « trotskystes » [24].

Merle Fainsod relève la présence, au milieu de bien d'autres, d'une lettre d'ouvriers qu'il trouve « incohérente » et que nous aurions tendance à juger « ambiguë » – et sans doute l'est-elle délibérément. Ils parlent de ces « communistes qui se sont bureaucratisés, sont gonflés de vanité, sont devenus de grands magnats, se sont coupés des masses et ne veulent rien entendre » et à cause de qui « nos grands tribuns bolcheviques vont mourir ». Le secrétaire régional, lui, ne s'y trompe pas : il a mis la lettre de côté et y a consigné ses remarques sur « la méthode de l'ennemi [25] ».

Ces éléments – que Trotsky ne connaissait pas – démontrent clairement que la grande épuration n'était pas seulement une opération d'appareil en coulisse, mais, par ses objectifs, son ampleur, ses formes, une véritable guerre civile préventive, comme il le disait alors.

* * *

Le bras séculier de la bureaucratie, le « service spécial » du N.K.V.D., ne s'arrête pas aux frontières de l'Union soviétique.

L'année 1937 est aussi celle où l'organisme que Trotsky continue à appeler le « G.P.U. » étend son activité au monde entier, dirigeant son effort contre ceux que Staline désigne à sa vindicte comme « trotskystes ».

La liste est longue également des meurtres qui lui sont attribués en Espagne à travers ses agences locales qu'on appelle les *tchékas*. Sous l'autorité d'hommes comme les Soviétiques Orlov et Eitingon (général Kotov), de l'Italien Vittorio Vidali, dit « comandante Carlos », de l'Allemand Herz, du Hongrois Geroe, de l'Italo-Américaine Tina Modotti et d'autres, se succèdent enlèvements et meurtres d'adversaires politiques de Staline.

On connaît assez bien quelques affaires qui n'ont pourtant jamais été officiellement élucidées sur le plan judiciaire. Le fils du menchevik russe Rafail Abramovitch, Marc Rein, correspondant en Espagne d'un journal scandinave, a disparu de son hôtel à Barcelone, sans laisser de traces, vraisemblablement enlevé, puis assassiné ou transporté en U.R.S.S. *. Kurt Landau, qui est venu en Espagne rejoindre le P.O.U.M., est longuement pourchassé par les limiers de Staline et, à son tour, disparaît. C'est le même scénario qui se répète avec le jeune allemand Hans Freund, dit Moulin. Le plus énorme scandale est provoqué par l'enlèvement, des mains de la police qui le détenait officiellement, d'un vétéran du Parti communiste espagnol, ancien secrétaire de l'Internationale syndicale rouge et ancien militant de l'Opposition de gauche espagnole puis russe. Ami de Trotsky, traducteur de ses œuvres en espagnol, Andrés Nin, secrétaire national du P.O.U.M., arrêté en juin 1937 à Barcelone par la police officielle, livré aux services, soumis à un interrogatoire terrible dans une prison privée d'Alcalá de Hénarès et finalement exécuté, selon l'ancien ministre Jesús Hernández, sur ordre du responsable de l'opération, le communiste italien Vidali [26]. De Berneri, anarchiste hostile à la collaboration gouvernementale, arrêté, avec son ami Barbieri, par des hommes en uniforme de policiers, munis de cartes en règle, on retrouvera seulement le cadavre, vingt-quatre heures plus tard.

L'un des meurtres d'Espagne, celui d'Erwin Wolf, atteint tout particulièrement Trotsky [27]. Cet homme jeune, qui a trente-quatre ans au moment de sa disparition, militant depuis 1932, a été son secrétaire à Wexhall, de novembre 1935 à juillet 1936. Il a gagné sa confiance et son amitié. Il est devenu le compagnon de Hjørdis Knudsen que les Trotsky aiment tendrement. A la conférence de juillet 1936, au sein du secrétariat international ensuite, il a été l'homme de confiance de Trotsky qu'il a conquis par ses initiatives sur la question des procès de Moscou et la publicité qu'il a su donner à son propre témoignage dans le *Manchester Guardian*. Arrivé à Barcelone à la fin de mai, il y réorganise le groupe bolchevik-léniniste et se prépare à rentrer en France, quand il est arrêté le 27 juillet et libéré le jour même, ses papiers étant en règle. Mais l'homme du G.P.U. à Barcelone, le Hongrois

* Ma demande de consulter aux Archives nationales le dossier concernant la disparition de Marc Rein s'est heurtée à un refus du ministre de l'Intérieur, M. Pasqua.

Gerö, est désormais sur sa trace et ne le lâche plus. Wolf est arrêté une seconde fois le 28 juillet, et l'on suit quelque temps sa trace dans les cellules des *tchékas* catalanes. Il est officiellement « libéré » le 13 septembre, mais personne ne l'a revu. Des rumeurs parlent de son expédition en Union soviétique, de son exécution après d'épouvantables tortures. U.R.S.S. ou Espagne, Wolf, en tout cas, n'a pas parlé aux mains des bourreaux. Trotsky évoque amèrement, à son sujet, le sort de ses anciens secrétaires : Glazman, qui s'est suicidé en 1924; G.V. Boutov, mort d'une grève de la faim en 1928, Sermouks, Poznansky, V.B. Eltsine, dont il est sans nouvelles. Natalia envoie à Hjørdis, qui s'est battue jusqu'au bout, des lettres émouvantes et dignes.

Le G.P.U. opère également en Tchécoslovaquie. C'est un complot préparé par ses agents et une intoxication de la police et des magistrats tchécoslovaques qui y vient à bout du Comité pour le Droit et la Vérité, jugé embarrassant. Le vieil émigré allemand Anton Grylewicz est la victime de cette provocation : après la découverte d'une valise lui appartenant et qui contient des papiers pouvant faire croire à une affaire d'espionnage, il est arrêté en février 1937, inculpé d'espionnage et mis au secret. Les sympathisants du comité dont il est l'un des animateurs, effrayés, s'en détournent. Les juges tchécoslovaques, ayant décelé la provocation, rendent un non-lieu, et il est libéré en novembre. Dans l'intervalle, le comité est mort, et probablement aussi l'agent Bartanyi, qui a dissimulé les papiers dans sa valise et s'est enfui en U.R.S.S. quand l'affaire a éclaté [28].

Une grosse affaire éclate en Amérique, avec l'arrestation à Moscou d'un nommé Donald L. Robinson, présenté comme un espion « trotskyste » en liaison avec les Japonais, les trotskystes américains et des membres de la commission Dewey. La réaction très vive des camarades de Trotsky, l'enquête du remarquable journaliste qu'est Herbert Solow révèlent bientôt qu'il s'agit d'une machination destinée seulement à compromettre la commission Dewey par un procès public à Moscou où Robinson jouerait le rôle d'accusé docile. Mais l'homme, qui ne s'appelle pas Robinson, et s'est appelé successivement aux États-Unis A.C. Rudewitz et A.A. Rubens, ne sera jamais identifié [29].

En revanche, l'enquête sur l'origine de son faux passeport fait apparaître les complicités dont il a bénéficié et l'aide d'un réseau du G.P.U. On se demandera, au cours de l'année 1938, si l'affaire Robinson a un lien avec la disparition de la vieille militante Juliet Stuart Poyntz, une intellectuelle américaine passée au G.P.U., enlevée en plein New York et disparue pour toujours : le militant libertaire italo-américain Carlo Tresca, qui l'affirme, met en cause deux anciens du P.C. américain qu'il accuse d'être passés au G.P.U., Shachno Epstein et George Mink, mais ils ne seront jamais retrouvés [30]. Le nom de Whittaker Chambers, plus tard un des « informateurs » sur le réseau du G.P.U. aux États-Unis, apparaît dans l'enquête de Solow; elle met en relief de façon saisissante les éléments qui incitent à croire à la préparation, dans cette entreprise manquée, d'un amalgame entre les trotskystes et la Gestapo dont l'arrestation de Robinson à Moscou aurait été le point de départ...

Toutes les entreprises du G.P.U. ne se terminent pas sur un avortement, comme l'affaire Robinson-Rubens. Lev Sedov, mort dans une clinique parisienne en février 1938, a-t-il été victime du G.P.U.? Tout semble l'indiquer, en dépit des conclusions en sens inverse d'une enquête récente et, de ce fait, fragile [31]. Le fils aîné de Trotsky, épuisé par les privations et le travail, malheureux en ménage et épris d'une femme mariée qui vit loin de lui, houspillé par son père qui n'est que rarement satisfait de son travail, a été hospitalisé pour une appendicite; sur décision d'un médecin, qui est la belle-sœur d'une autre de ses collaboratrices, Lola Estrine, il l'a été dans la clinique Mirabeau tenue en principe par des Russes blancs, rue Narcisse-Diaz, dans le XVe arrondissement. En réalité le propriétaire de l'établissement est un personnage éminemment suspect, le docteur Boris Girmounski, ancien médecin de la Tchéka, sorti légalement d'U.R.S.S. et qui l'a achetée comptant pour un prix très coquet. C'est Zborowski lui-même qui a amené Sedov à la clinique et il a informé les services de cette hospitalisation.

Sedov meurt quelques jours plus tard, victime, selon certains, d'une occlusion intestinale mal soignée et, selon les bavardages de certains agents de la C.I.A., d'une orange empoisonnée apportée par Zborowski. Son état, au cours des dernières heures, était tel, en tout cas, qu'un simple verre d'eau eût suffi à le tuer. Trotsky, que la mort de son fils aîné a très durement frappé, ne doute pas, après les premiers résultats de l'enquête sur sa mort, qu'il s'agisse d'un nouveau coup des tueurs de Staline.

Jean van Heijenoort, prévenu à la maison de Coyoacán, par des journalistes, du décès de Sedov, s'est rendu avec Diego Rivera à Chapultepec où Trotsky s'est temporairement installé. Il raconte :

> « Lorsque nous entrâmes dans la pièce où se trouvait Trotsky, Rivera s'avança et lui annonça la nouvelle. Trotsky, le visage durci, demanda : " Est-ce que Natalia le sait? – Non ", dit Rivera. Trotsky répliqua : " C'est moi-même qui le lui dirai! " Nous partîmes rapidement. Je conduisais. Rivera était à côté de moi. Trotsky, assis à l'arrière, se tenait droit et silencieux. A Coyoacán, il s'enferma immédiatement avec Natalia dans leur chambre. Ce fut de nouveau la réclusion que j'avais connue à Prinkipo lors de la mort de Zina. Par la porte légèrement entrouverte, on leur passait du thé. Le 18, à une heure de l'après-midi, Trotsky me remit quelques feuillets écrits de sa main en russe, qu'il me demanda de faire taper, de traduire et de distribuer aux journalistes. Dans ces lignes, il réclamait une investigation sur les circonstances de la mort de son fils [32]. »

Il écrit ensuite, d'un seul jet, son ultime hommage « à Lev Sedov, le fils, l'ami, le militant », qui se termine par ces lignes se suffisant à elles-mêmes :

> « Adieu, Lev! Adieu, cher et incomparable ami! Ta mère et moi ne pensions pas, ne nous sommes jamais attendus à ce que la destinée nous

impose la terrible tâche d'écrire ta nécrologie. Nous vivions avec la ferme conviction que, longtemps après notre départ, tu serais le continuateur de notre cause commune. Mais nous n'avons pas su te protéger. Adieu, Lev! Nous léguons ton irréprochable mémoire à la jeune génération de travailleurs du monde. Tu auras droit de cité dans les cœurs de tous ceux qui travaillent, souffrent et luttent pour un monde meilleur [33]. »

La mort tragique de Ljova marque aussi le début d'une terrible crise dans les rapports de Trotsky avec Jeanne, d'abord au sujet de la remise des archives que Trotsky considère comme siennes et que Jeanne prétend garder en tant que légataire universelle de Ljova - alors qu'elle appartient au P.C.I. concurrent, de Raymond Molinier. L'affaire se prolonge et rebondit plus douloureusement encore au sujet de la garde de Sieva, le petit garçon de Zina, élevé jusqu'alors à Paris par son oncle et Jeanne. L'affaire passe devant les tribunaux, fait l'objet d'un scandale dans la presse [34]. Il faudra toute l'énergie de Marguerite Rosmer et l'acharnement de Gérard Rosenthal pour retrouver finalement « le garçonnet », comme dit Trotsky, dans l'établissement religieux où Jeanne a cru pouvoir le cacher comme pensionnaire sous le nom de Stève Martin [35]. Après bien des rebondissements, c'est en août 1939 que le jeune Sieva, escorté par Alfred et Marguerite Rosmer, arrive enfin à la maison de Coyoacán.

A cette date-là, les quatre enfants de Trotsky sont morts. Ce petit Volkov est tout ce qui lui reste de sa famille, et il ne connaîtra jamais le sort de ses autres petits-enfants disparus avec Maria Lvovna, la sœur d'Aleksandra...

***

Au moment où Ljova meurt, en février 1938, le militant espagnol M. Fernández Grandizo, qui, sous le nom de G. Munis, dirige depuis 1936 les bolcheviks-léninistes espagnols, est arrêté, avec son camarade italien venu de Marseille, Domenico Sedran dit Adolfo Carlini. Les deux hommes sont inculpés d'un meurtre qu'ils n'ont pas commis, celui d'un agent du G.P.U. venu en Espagne pour y infiltrer les organisations trotskystes et le P.O.U.M. et a réussi, semble-t-il, au moins une partie des deux opérations : Léon Narvitch, recruté en Belgique et transféré ensuite en France, puis en Espagne [36].

Quelques mois plus tard, c'est encore le service secret soviétique qui se profile derrière l'accusation, lors du procès des dirigeants du P.O.U.M., « procès de Moscou en Espagne », selon une expression heureuse : les documents présentés par l'accusation portent la marque de leur fabrication. Pourtant des hommes que Trotsky a bien connus, Juan Andrade, David Rey, qu'il a même rencontrés à Mexico à son arrivée, sont condamnés à de lourdes peines de prison [37].

1938 est aussi l'année de l'affaire Klement, parfaitement réussie puisque la police n'a pu, semble-t-il, relever aucune piste et parce que le meurtre, incontestable, n'a même pas connu un début de châtiment [38]. Rudolf Klement, qui avait été le secrétaire de Trotsky à Prinkipo, puis à Barbizon, était devenu, en juin 1934, secrétaire administratif du secrétariat international dont il portait sur ses frêles épaules la charge écrasante [39]. Solitaire et secret, renfermé, il vivait dans une solitude misérable marquée par les veilles et les privations – et peut-être une liaison homosexuelle qui put lui être fatale [40]. Il était en tout cas incontestablement suivi par le G.P.U. comme l'étaient, avant lui, Sedov et Reiss. Le 8 juillet, dans le métro parisien, il se fait voler sa serviette contenant des documents politiques, imprudemment déposée dans le filet à bagages. Une semaine après, il disparaît de son domicile. On ne le retrouvera que par petits morceaux et seulement en partie. Découpé par un professionnel – un boucher, disent les enquêteurs –, son cadavre a été jeté dans la Seine en plusieurs paquets, dont ceux qui ont été retrouvés ont permis de l'identifier.

Le G.P.U. a signé son crime en adressant à un certain nombre de camarades de Klement une lettre dans laquelle il est fait état de la « collaboration » de Trotsky « avec le fascisme » et de la « banqueroute de la IVe Internationale ». Cette prétendue lettre de rupture n'explique nullement le cadavre alors, qu'elle porte, dans la forme et le fond, les marques de son origine, comme le démontre Trotsky. J.-P. Joubert a magnifiquement montré depuis, à la lecture de *L'Humanité*, comment, à travers ses comptes rendus de l'enquête, l'organe central du P.C.F. « couvre les traces des tueurs », ce qu'il n'aurait pas à faire s'il ne s'agissait pas des gens du G.P.U. [41]. On pourra discuter longtemps encore pour savoir si la lettre est de la victime, écrite sous la menace, ou, au contraire, l'œuvre d'un habile faussaire, mais cela ne change rien au fond, le meurtre de Klement.

C'est à la même époque que la jeune trotskyste américaine Sylvia Ageloff arrive à Paris et qu'elle y rencontre l'agent du G.P.U. Ramón Mercader et devient sa maîtresse. La rencontre a été organisée à New York avec beaucoup de soin et préparée par deux intermédiaires, une jeune militante du P.C. américain qui a voyagé avec Sylvia et une femme des services qui a pris le relais à Paris.

Une enquête sur ces gens révélerait la présence à ce moment à Paris de la mère de Mercader, Caridad et de son compagnon, le dirigeant du N.K.V.D. N.Ia Eitingon, qui porte alors le pseudonyme de Kotov. Elle révélerait aussi les liens de Ramón Mercader avec un agent français du N.K.V.D., Daniel Béranger et avec sa femme. L'homme avait, en 1935, tenté de gagner les dirigeants des Jeunesses socialistes, où il s'était infiltré, à la politique de Moscou et avait organisé une rencontre entre eux et les dirigeants des J.C. russes venus clandestinement en France. Mais il est probable que la police française ignorait ces hommes et ces détails. Quant aux militants internationaux liés à Trotsky, ils accueillirent amicalement le compagnon de Sylvia, qui rencontra ainsi à Paris, au moins, l'Américain James P. Cannon, venu pour la conférence de septembre, et sans doute quelques autres.

Là encore, les enquêtes ultérieures n'ont rien révélé. Mercader a-t-il été mêlé au meurtre de Klement, comme l'a fait supposer son absence de Paris au moment de la disparition de l'ancien secrétaire de Trotsky? Cherchait-il, dès cette époque, en se liant avec Sylvia, comme l'avaient décidé ses chefs au plus haut niveau, un accès ultérieur à la maison de Trotsky, qu'elle devait effectivement lui ouvrir en 1940? Il faut se contenter de ces questions sans réponses.

On peut également se demander dans quelle mesure l'entourage de Trotsky aurait pu mieux se protéger et surtout le protéger de l'entreprise qui se tramait dans l'ombre. La réponse ne fait aucun doute : il eût peut-être suffi d'un peu de continuité dans les précautions. L'affaire Zborowski en est la preuve. Des hommes comme Naville le soupçonnent ouvertement et le disent. Trotsky reçoit une lettre anonyme – elle émane en réalité de Feldbine, dit Alexandre Orlov – qui lui révèle son rôle et les rapports qu'il entretient avec les « services » à Paris [42]. Rien de cela n'est vérifié, alors qu'une simple filature aurait permis de découvrir ses rencontres et les hommes qu'il retrouvait régulièrement. Mais on ne sait même pas – et c'est finalement peu probable – si la lettre de Trotsky sur cette affaire est arrivée en France [43].

Seul, semble-t-il, le hasard permet à Trotsky et à ses amis d'avoir la quasi-certitude du rôle exact joué dans le passé par Roman Well et Sénine. La certitude ne viendra qu'après la guerre, quand ces deux-là, ainsi que Zborowski, seront démasqués par les services secrets américains...

Trotsky n'avait guère confiance dans les autorités policières et judiciaires de la France sous le gouvernement du Front populaire pour faire le ménage sur leur territoire et se débarrasser des agents du G.P.U. Déjà, en 1937, il avait suggéré au juge d'instruction chargé de l'enquête du vol de ses archives d'interroger l'homme qu'il présentait comme le représentant du G.P.U. dans le P.C.F. et son principal agent en France, Jacques Duclos. Le 24 août 1938, il s'adressa au juge d'instruction chargé de l'enquête sur la mort de Sedov et lui dit qu'il ne trouvait, de la part des autorités françaises, aucun désir de faire la lumière sur cette affaire comme, de façon générale, sur toutes celles où le G.P.U. était impliqué :

> « Iagoda a conduit l'une de mes filles à une mort prématurée et l'autre au suicide. Il a arrêté mes deux gendres qui, par la suite, ont disparu sans laisser de traces. Le G.P.U. a arrêté mon fils cadet, Serge, sous l'invraisemblable accusation d'avoir empoisonné des ouvriers : après quoi le prisonnier a disparu. Le G.P.U., par ses persécutions, a poussé au suicide deux de mes secrétaires, Glazman et Boutov, qui ont préféré mourir que de faire, sous la dictée de Iagoda, des déclarations déshonorantes. Deux autres de mes secrétaires russes, Poznansky et Sermouks, ont disparu en Sibérie sans laisser de traces. Tout récemment, le G.P.U. a enlevé en France un autre de mes anciens secrétaires, Rudolf Klement. La police française le retouvera-t-elle ? Voudra-t-elle le rechercher ? Je me permets d'en douter. La liste des personnes énumérées ci-dessus ne comprend que les personnes les plus proches de moi. Je ne parle pas des milliers et des dizaines de milliers d'hommes qui ont péri en U.R.S.S. des mains du G.P.U. comme " trotskystes " [44]. »

Trotsky sentait juste, bien qu'il ne fût en possession d'aucune information concernant le massacre systématique en U.R.S.S. de ses camarades d'idées. Ce n'est que dans les années soixante, plus de vingt ans après sa mort qu'ont été publiées sur ce point les premières informations, complétées en 1978 par Maria Mikhailovna Joffé, unique rescapée d'une génération exterminée.

Bien des « trotskystes » connus ont disparu en 1938 au moment où commença le dernier acte de la tragédie. Nous ignorons, par exemple, ce que fut, en 1935 le procès au cours duquel des hommes dont nous connaissons les noms, comme Solntsev et Iakovine, des compagnons de déportation de Victor Serge, Pankratov et Pevzner, furent impliqués. Nombre d'entre eux ont vraisemblablement disparu dans le cours des préparatifs des procès de Moscou où l'on ne peut douter que les dirigeants du G.P.U. auraient éprouvé beaucoup de satisfaction à présenter un « trotskyste » authentique, ce que la résistance acharnée de ces derniers rendit finalement impossible. Certains sont peut-être morts de maladie, d'épuisement, sans que personne puisse transmettre l'information. Au nombre de tous ces « disparus », mentionnons Pankratov et Pevzner, justement, Man Nevelson et P.I. Volkov, les maris de Nina et Zina, et les anciens proches collaborateurs de Trotsky, V.B. Eltsine et N.I. Sermouks.

En revanche, ce sont des noms très connus de nos lecteurs que nous retrouvons au cours de l'année 1936 quand les « trotskystes » sont regroupés dans la nébuleuse des camps de la Petchora, au-delà du cercle polaire, autour du bagne de Vorkouta. Il y a là des hommes et des femmes qui ont été les dirigeants de la fraction dans les isolateurs et dans les camps : I.M. Poznansky est là, ainsi que V. V. Kossior, Grigori Iakovine et F. N. Dingelstedt, les anciens de Leningrad, Sokrat Gevorkian, les frères de Tsintsadzé, les étudiants Melnais et Slitinsky, des femmes qui ont joué un rôle important comme Moussia Magid, Ida Choumskaia, M. M. Joffé et la vieille amie personnelle de Natalia Ivanovna, la compagne d'Aleksandr Beloborodov, Faina Viktorovna Iablonskaia, professeur d'histoire à l'Institut du journalisme au temps de lénine. On trouve aussi à leurs côtés des membres des familles de victimes des procès, assimilées au trotskysme : la sœur de Zinoviev, un médecin, Varvara, la fille d'I. N. Smirnov, Sonia, la fille de Dreitser. Ces hommes et ces femmes se sont battus jusqu'au bout. Citons à ce sujet un article qui résume ce combat :

> « Le menchevik M. B., rescapé de Vorkouta, dépeint ces militants – ses adversaires politiques – qu'il évalue à plusieurs milliers, dont mille dans le camp où il vivait lui-même : ils refusent de travailler au-delà de huit heures, ignorent systématiquement le règlement, de façon organisée, critiquent ouvertement Staline et la ligne générale, tout en se déclarant prêts à la défense inconditionnelle de l'U.R.S.S. A l'automne de 1936, après le premier procès de Moscou, ils ont organisé meetings et manifestations de protestation, puis fait décider en assemblée générale, après intervention de leurs dirigeants, une grève de la faim. Leurs revendications sont, selon Maria M. Joffé : 1) Le regroupement des politiques, avec séparation des éléments criminels de droit commun; 2) La réunion des familles dispersées dans des camps différents; 3) Un travail

conforme à la spécialité professionnelle; 4) Le droit de recevoir livres et journaux; 5) L'amélioration des conditions de nourriture et de vie. Le menchevik M. B. ajoute la journée de huit heures, l'envoi hors des régions polaires des invalides, des femmes et des personnes âgées. Le comité de grève élu comprend G. Ja. Iakovine, Sokrat Gevorkian, Vasso Donadzé et Sacha Milechine, tous bolcheviks-léninistes, les trois premiers vétérans des grèves de la faim de 1931 et 1933 à Verkhnéouralsk [45]. »

Tous les éléments d'information se recoupent : la grève, commencée le 27 octobre 1936, date symbolique, dure cent trente-deux jours, tous les moyens étant employés pour la briser, de l'alimentation forcée à l'arrêt du chauffage par des températures extérieures de – 50°. Les grévistes tiennent, et, au début mars, l'ordre vient de Moscou de satisfaire les revendications et de commencer le réalimentation des grévistes sous contrôle médical.

Les autorités n'ont pas l'intention de tenir leurs promesses, et tous les abus recommencent après quelques mois de trêve. Finalement les « trotskystes » et ceux qui les ont accompagnés dans la grève de la faim sont regroupés à Vorkouta dans une vieille briquetterie entourée de barbelés, militairement gardée jour et nuit. Nous avons quelques bribes d'information sur ce dernier asile des militants de la fraction bolchevik-léniniste. Un vieux détenu raconte :

> « Nous avions un journal oral, *La Pravda derrière les barreaux*, nous avions de petits groupes, des cercles où il y avait beaucoup de gens intelligents et instruits. De temps en temps on publiait une feuille satirique. Vilka, le délégué de notre baraquement, était journaliste, les gens dessinaient des illustrations sur le mur. On riait aussi. Il y avait beaucoup de jeunes [46].

Maria Mikhailovna Joffé, elle, atteste :

> « La briquetterie avait réuni sous son toit délabré le meilleur de l'élite créatrice des camps; le peuple des esprits vaillants et courageux. Avec leurs arguments et leur entraînement, leur capacité à donner des réponses logiques, parfois prophétiques, ils avaient apporté un dynamisme de vie dans l'existence statique intolérable de cette boîte incroyablement gelée et pleine de malades [47]... »

C'est un matin de mars 1938 que commence pour eux le dernier voyage. Trente-cinq détenus reçoivent une ration de tabac et l'ordre de se tenir prêts pour un « transport ». Les trente-cinq, hommes et femmes, bolcheviks-léninistes, sont emmenés dans une clairière, alignés le long de fosses préparées à l'avance et exécutés sur place à la mitrailleuse. Ils chantent jusqu'à ce que leurs corps s'effondrent enchevêtrés par grappes. Le commandant du camp, Kachkétine, est présent. C'est lui qui a donné l'ordre de tirer : il veillera, tous les jours qui suivent, à l'exécution de ces prisonniers-là, jusqu'au dernier. Nous retiendrons encore, des images transmises par Maria Joffé, celle de la mort de Faina Iablonskaia, « belle et qui gardait la tête haute malgré ses mains liées derrière le dos [48] », au-dessus du manteau rouge de sang de l'ancienne komsomol Raia V. Loukinova gisant sans vie dans la neige.

Les haut-parleurs des camps donnent la liste des exécutés : le nom de Iakovine vient en premier, suivi des membres du comité de grève, Donadzé, Milechine, Gevorkian... M. M. Joffé a échappé à ce massacre-là : le commandant Kachkétine, caressant des rêves de grandeur, se l'était gardée sous la main dans l'espoir de lui arracher des « aveux » qui eussent pu lui valoir un avancement juteux. Convoqué par Staline avant d'avoir abouti, il est fusillé en arrivant à Moscou, sans doute comme témoin gênant et trop bien informé de ce massacre de masse.

Maria Mikhailovna l'a écouté éructant après boire, et évoquant le discours de Staline au plénum d'août 1927 sur la croissance de l'Opposition, « ces cadres qu'on ne pourrait extirper que par la guerre civile [49] ». Et elle comprend alors ce qu'elle n'écrira que quarante ans plus tard :

> « Émergeant de ces paroles, que Kachkétine avait apprises par cœur, la tragédie commençait par des tortures, des meurtres, des exécutions de masse de plusieurs milliers de trotskystes à Vorkouta et Kolyma – et la complète destruction de la génération d'Octobre et de la guerre civile " infestée par l'hérésie trotskyste "...
>
> « Puisqu'il y a " de plus en plus d'oppositionnels " dans le parti et que c'est une menace directe pour l'autorité du Grand Homme – il n'y a pas de temps à perdre. Aussi invoque-t-on pour les représailles les raisons les plus incroyables et les plus extraordinairement monstrueuses : tentatives d'assassinat, préparation de l'insurrection armée jusqu'à des négociations secrètes avec les pays capitalistes. Jusqu'à ces procès impossibles, impensables.
>
> « Ce sont en réalité les procès de Lénine, de Trotsky et de la Révolution d'Octobre [50]. »

***

Trotsky n'a jamais connu les conditions de ce massacre... On peut cependant penser qu'il s'est douté du sort de ses camarades et de ses amis. L'expérience de la guerre civile, qui l'a vacciné contre la nausée devant les holocaustes, le protège-t-elle aussi contre le sentiment désespérant que Victor Serge disait la vérité quand il lui parlait en 1936 de ces hommes voués au massacre :

> « Une seule autorité subsiste : la vôtre. Vous avez là-bas une situation morale incomparable, des dévouements absolus [51]. »

Depuis 1936, en vérité, à travers Lev Sedov comme à travers Ignace Reiss, à travers Klement comme Poznansky, à travers Erwin Wolf comme Iakovine, c'est vers lui qu'est tournée ce qu'il appelle « la gueule des Mausers ».

CHAPITRE LVII

L'anti-modèle d'Espagne [1]

Trotsky a été tenu à l'écart des mois décisifs de la guerre d'Espagne par son internement en Norvège. Il n'a repris sa liberté de commentaire qu'au Mexique, à un moment où les jeux étaient, dans une large mesure, déjà faits.

Sa correspondance fait apparaître qu'il a rêvé d'écrire un livre pour lequel il a accumulé une sérieuse documentation, mais auquel il a dû finalement renoncer faute d'éditeur [2]. Le terrain espagnol était pour lui comme une pierre de touche pour les différentes formations politiques [3]. Le premier, il sut, avec une totale clarté, faire la démonstration que placés en face d'une nouvelle révolution, les dirigeants staliniens se comportaient délibérément et résolument, franchement et ouvertement, en force contre-révolutionnaire. De la sorte, il a voulu voir dans la guerre d'Espagne le laboratoire dans lequel se sont élaborés quelques-uns des produits les plus délétères du siècle, à l'aube de la Seconde Guerre mondiale. Seule sans doute l'ombre gigantesque de ce conflit a pu, pour un temps, en occulter le déroulement et dissimuler la signification du jeu politique mené en Espagne qui aboutit au tragique final de sa révolution ouvrière et paysanne.

***

Trotsky a beaucoup écrit sur l'Espagne dans le cours de son dernier exil, beaucoup plus – infiniment plus – que dans tout le cours antérieur de son activité d'écrivain politique. Non seulement parce qu'il y a des camarades d'idées avec qui il correspond et qu'il tente d'aider dans leurs efforts de construction, mais parce que, dès le lendemain de la chute de la dictature de Primo de Rivera, il a pressenti l'explosion prochaine de la révolution dont le faire-part sera adressé au monde le 16 avril 1931 avec la fuite et l'abdication d'Alphonse XIII.

C'est pour l'Opposition de gauche espagnole qu'il achève en janvier en 1931 un travail sur « La Révolution espagnole et les tâches communistes », le retard historique de l'Espagne – rançon d'une avance conquérante précoce –, une situation dans laquelle on a assisté en même temps à la décomposition des anciennes classes dominantes et à l'impossibilité de la cristallisation d'une société bourgeoise nouvelle. Les germes révolutionnaires résident dans l'existence d'un prolétariat numériquement réduit mais très concentré, dans l'effroyable misère d'une paysannerie révoltée, dans la sottise de toutes les classes dirigeantes candidates au pouvoir, dans leur impuissance et leur stérilité, leur couardise devant les deux piliers de la réaction héritée du passé : l'Église catholique et la caste des officiers.

Esquissant les grandes lignes du programme de la révolution, Trotsky relève l'importance de la question agraire et du problème de la confiscation des propriétés foncières, de la séparation de l'Église et de l'État et de la confiscation des richesses de la première, du mot d'ordre de large autonomie des régions nationales en réponse au « séparatisme » bourgeois, de la lutte pour les Cortès constituantes révolutionnaires, du mot d'ordre de l'armement des ouvriers et des paysans, et d'un programme avancé de revendications et de législation sociale.

Énumérant toutes les tâches concrètes de la révolution qui vient, Trotsky conclut :

> « La solution victorieuse de toutes ces tâches exige trois conditions : un parti, encore un parti et toujours un parti. [...] De toute façon, le parti doit être créé. Il doit être uni et centralisé [3]. »

En fait, comme on sait, la « renaissance » du P.C. en Espagne se révélera, aux mains de l'Internationale stalinisée, un puissant instrument de division. La crise du mouvement communiste atteint aussi l'Opposition de gauche. Repoussant les propositions de Trotsky d'entrer dans le Parti socialiste ouvrier espagnol (P.S.O.E.) radicalisé à la suite de ses Jeunesses, les militants de l'Opposition se retrouvent finalement dans le P.O.U.M. (parti ouvrier d'unification marxiste), essentiellement implanté en Catalogne, avec les éléments un peu hétéroclites rassemblés par Joaquín Maurín : ouvriers révolutionnaires dressés contre le stalinisme, éléments d'une opposition plus « droitière », socialistes « catalanistes », etc. Au début de juillet 1936, il n'y a plus d'organisation oppositionnelle en Espagne, seulement des contacts personnels avec des militants qui sont dans le P.O.U.M. ou les J.S. et quelques isolés, moins d'une dizaine sans doute au total. L'évolution des Jeunesses socialistes a été brisée net par le ralliement au stalinisme – à travers la constitution de la Jeunesse socialiste unifiée, J.S.U. – de leurs dirigeants, Santiago Carrillo en tête [4].

***

Quand le soulèvement d'un certain nombre de généraux, autour de Sanjurjo et de Franco et avec l'appui des groupes de droite et d'extrême droite déclenche, le 18 juillet 1936, du même mouvement la guerre civile et la révolution ouvrière et paysanne qu'il avait l'ambition de prévenir, Trotsky n'est pas surpris. C'est, à ses yeux, la politique de conciliation et de collaboration du Front populaire, son souci, sinon de se rallier du moins de ne pas mécontenter le corps des officiers qui a permis à la conspiration de se développer sans obstacle; c'est, pour lui, sa couardise qui a permis aux éléments fascisants d'épurer à coups de revolver l'armée de ses éléments socialistes ou socialisants les plus décidés.

Dans les heures du soulèvement, chaque fois que cette politique a prévalu, les organisations ouvrières ont empêché la résistance armée de s'organiser, les ouvriers et les paysans ont été écrasés comme à Séville et à Saragosse. Quand les ouvriers ont réussi à résister les armes à la main, puis à contre-attaquer, ils ont dû le faire en passant par-dessus les organisations du Front populaire et le Front populaire lui-même. Dans la flotte de guerre, dans tous les grands centres de Catalogne, des Asturies – sauf Oviedo où ils se font rouler par le colonel « républicain » Aranda, gagné à Franco – au Levant et à Madrid même, les travailleurs l'emportent.

Dans le même élan, ils créent les organismes de leur combat qui deviennent, du coup, après leur victoire, ceux de leur pouvoir : milices ouvrières, patrouilles de contrôle, comités aux cent noms qui réunissent partis et syndicats et exercent le pouvoir de fait face à des gouverneurs ou des maires impuissants. Les gouvernements – central à Madrid et de la Généralité de Catalogne à Barcelone – n'ont guère d'autorité au-delà du quartier où ils résident. C'est une fois de plus une situation de dualité de pouvoirs qui a été ainsi créée par la réaction des masses au coup d'État militaire. Les *comidades-gobiernos*, (comités-gouvernements) n'en restent pas là et, en quelques semaines s'attachent à régler les grands problèmes de la société espagnole – transformation « démocratique » comme transformation « socialiste » –, confisquant les terres des grands propriétaires et organisant parfois la collectivisation, mettant en marche les entreprises, supprimant radicalement l'Église et le clergé, liquidant l'armée et les forces de police spéciales, etc.

Trotsky reconnaît vite dans ce tableau, qu'il découvre au cours des premières semaines, un certain nombre d'images et de situations avec lesquelles il est familier : c'est la révolution.

Dans son premier article consacré à la situation espagnole, il s'efforce de montrer toutes les virtualités contenues dans cette brusque contre-offensive menée ainsi par les ouvriers qui se sont rendus en quelques heures maîtres d'une partie de l'Espagne. C'est, enfin, la contre-attaque, après les longues années de terribles défaites, et la possibilité de renverser la situation. Rappelant que toutes les révolutions victorieuses, quand elles avaient un caractère social profond, ont détruit l'ancien corps des officiers, il pressent la formation en Espagne, au front, de l'alliance des ouvriers et des paysans, de la conquête du soldat par le prolétaire et en entrevoit les immenses conséquences :

> « Une telle alliance est en train de naître et de se tremper dans le feu de la guerre civile en Espagne. La victoire du peuple signifiera la fin du

> Front populaire et le commencement de l'Espagne soviétique. La révolution sociale victorieuse en Espagne se répandra inévitablement dans le reste de l'Europe. Pour les bourreaux fascistes d'Italie et d'Allemagne, elle sera incontestablement plus terrible que tous les pactes diplomatiques et toutes les alliances militaires [5]. »

Quelques jours plus tard, il reçoit un télégramme l'avisant de la possibilité pour lui d'obtenir un visa pour la Catalogne. Il accepte immédiatement la proposition et saisit l'occasion pour tendre la main à ceux de ses camarades qui se sont séparés de lui au cours de l'année précédente :

> « Quant à Nin, Andrade et les autres, il serait criminel de se laisser guider maintenant par [...] des réminiscences de la période précédente. S'il y a des divergences de programme et de méthodes [...] elles ne devront nullement empêcher *un rapprochement sincère et durable.* L'expérience ultérieure fera le reste [6]. »

Très simplement, en quelques phrases, il donne, à l'intention des dirigeants du P.O.U.M., qu'il imagine engagés dans la lutte pour la dictature du prolétariat, deux conseils essentiels. D'abord ne pas se laisser influencer, surtout vis-à-vis des anarchistes, par des questions de doctrine. Il faut tout faire pour agir avec eux en commun et gagner les meilleurs. Puis il les met en garde :

> « Pendant la guerre civile qui vous est imposée par des fascistes, le plus grand danger est le manque de décision, l'esprit de tergiversation, en un mot, le menchevisme [7]. »

Le 26 août encore, dans une interview pour le *News Chronicle* réalisée par son ami Erwin Wolf, il s'en prend à la politique de non-intervention que le gouvernement de l'U.R.S.S. vient officiellement de rejoindre et la qualifie de « conservatrice, nationaliste et étroite ». Il commente :

> « Ces gens essaient de se justifier en disant : “ Nous ne voulons pas provoquer la guerre. ” Ainsi, ils laissent l'Europe devenir fasciste, puis se retirent. Au bout du compte, ils auront quand même la guerre, mais devront l'affronter dans des conditions infiniment plus défavorables [8]. »

C'est là la dernière déclaration que Trotsky a la possibilité de faire sur la guerre d'Espagne jusqu'au 19 février 1937 où, à Coyoacán, il accorde sur cette question une longue interview à l'agence Havas. Pendant ce temps, son internement en Norvège l'a tenu à l'écart des informations mondiales, et il n'a repris le contact avec cette question qu'à son arrivée au Mexique, notamment par la rencontre qu'il a faite d'un groupe de responsables du P.O.U.M. venus, avec un de leurs dirigeants, David Rey, négocier l'achat d'armes dans ce pays unique au monde qui reçoit Trotsky et livre des armes à l'Espagne républicaine.

Quand Trotsky peut enfin reprendre la parole au sujet de l'Espagne, il a coulé bien de l'eau sous les ponts. La farce de la « non-intervention » n'a pas arrêté les fournitures d'armes aux rebelles, mais elle a étranglé la résistance des miliciens ouvriers, avec la fermeture de la frontière française et l'embargo général sur les armes. Ce n'est que lorsque se sont constitués à Barcelone dans la Généralité et à Madrid, des gouvernements se réclamant du Front populaire et bien décidés à se consacrer à la liquidation de la dualité de pouvoirs et à la reconstruction d'un État à couverture parlementaire, d'une armée et d'une police de type traditionnels, que l'Union soviétique a commencé des livraisons d'armes assorties de conditions politiques précises présentées sous forme de conseils de ne pas mécontenter les démocraties occidentales.

Trotsky a également des raisons d'être déçu du comportement du P.O.U.M. Andrés Nin, par exemple, devenu après la disparition de Maurín le dirigeant principal du P.O.U.M., a accepté la liquidation en Catalogne du pouvoir révolutionnaire – le comité central des milices antifascistes – et est devenu conseiller à la Justice dans le gouvernement de la Généralité qu'il a aidé personnellement à vaincre la résistance des populations ouvrières attachées à leurs comités et leurs conquêtes de juillet-août. Exclu de ce gouvernement, il a mené campagne pour sa réintégration dans la coalition. Il est par ailleurs clair qu'une large fraction dans ses rangs trouve « exagérée » la critique du stalinisme faite par la direction et, par exemple, sa condamnation des procès de Moscou.

Interrogé par l'agence Havas [9], Trotsky répond d'abord nettement et fermement que « seuls les poltrons et les traîtres, agents du fascisme » peuvent renoncer à soutenir les armées républicaines :

> « Le devoir élémentaire de tout révolutionnaire est de lutter contre les bandes de Franco, de Mussolini et de Hitler [10]. »

Concernant le P.O.U.M., Trotsky exprime sa sympathie chaleureuse pour l'héroïsme de ses combattants. Il indique en quelques phrases qu'il a pourtant commis deux erreurs : celle « de participer à la combinaison électorale dite de " Front populaire ", sous le couvert de laquelle Franco a préparé impunément l'insurrection », l'autre d'entrer dans un gouvernement de coalition en Catalogne, cautionnant et même participant ainsi à la politique gouvernementale. Évoquant la guerre de Sécession et la guerre civile russe, il affirme que, dans une guerre civile plus encore que dans une guerre ordinaire, « c'est la politique qui domine la stratégie ». Sans affaiblir le front militairement, il faut savoir rassembler les masses sous le drapeau de la révolution.

Concernant la politique stalinienne, il évoque la formule également adoptée par Largo Caballero : « Victoire militaire d'abord, réforme sociale ensuite [11] », estimant qu'elle constitue un facteur d' « indifférentisme politique » et qu'elle ne peut qu'assurer la victoire du fascisme qui a déjà pour lui la supériorité militaire :

> « Des réformes sociales hardies sont les armes les plus puissantes dans une guerre civile et constituent la condition fondamentale d'une victoire sur le fascisme [12]. »

La politique de Staline en Espagne doit être rapprochée, selon lui, de celle d'Ebert et Scheidemann, ces « socialistes » qui combattirent directement la révolution allemande de 1918.

Balayant l'argument selon lequel la victoire des ouvriers et paysans espagnols signifierait la guerre européenne, il explique que, tout au contraire, c'est la victoire de Franco qui accélérerait la marche à une guerre qui menacerait « de conduire à son déclin le peuple français et ainsi de porter un coup à la culture de l'humanité tout entière [13] ». Au contraire, la victoire des ouvriers et des paysans espagnols ébranlerait sans doute les régimes fascistes et se révélerait ainsi un « puissant facteur de paix ». Il conclut :

> « La tâche des révolutionnaires espagnols authentiques consiste, tout en affermissant et en renforçant le front militaire, à briser la tutelle de la politique de la bureaucratie soviétique, donner aux masses un programme social hardi, découvrir les inépuisables sources d'enthousiasme dont les masses sont capables, d'assurer la victoire de la révolution et, par là de soutenir la cause de la paix en Europe. Le salut de l'Europe est à ce prix [14]. »

Dans les mois qui suivent, au fur et à mesure que se resserre sur l'Espagne l'étreinte du stalinisme, Trotsky poursuit un travail de critique, de mise en garde, qui s'adresse, semble-t-il, essentiellement aux dirigeants du P.O.U.M. dont il juge la politique ambiguë et incertaine :

> « Il faut couper – nettement, résolument, hardiment – le cordon ombilical avec l'opinion publique bourgeoise. Il faut couper avec les partis petits-bourgeois, les chefs syndicalistes compris. Il faut aller aux masses, dans leurs couches les plus profondes et les plus exploitées. Il ne faut pas les bercer d'illusions sur une victoire future qui viendrait toute seule. Il faut leur dire la vérité, si amère soit-elle. Il faut leur apprendre à se méfier de l'agence petite-bourgeoise du capital. Il faut leur apprendre à ne se fier qu'à elles-mêmes. Il faut indissolublement les lier à leur propre sort. Il faut leur apprendre à créer elles-mêmes leurs organismes de combat – les soviets – contre l'État bourgeois [15]. »

Il s'interroge : « Peut-on espérer que la direction du P.O.U.M. effectuera ce tournant [16]? » Sa conclusion est qu'il faut s'adresser aux ouvriers à la base, les « dresser contre les hésitations et les vacillations de Nin [17] ».

Est-il encore temps? L'offensive surprise des fonctionnaires staliniens de la Généralité de Catalogne sur le central téléphonique gardé par des miliciens de la C.N.T. provoque une formidable insurrection dans la capitale catalane à partir du 3 mai 1937. Les ouvriers prennent les armes, coupent les rues par des barricades, résistent et même contre-attaquent. La panique règne dans les milieux gouvernementaux; socialistes de gauche et anarchistes se bousculent à la radio pour lancer des appels au retour au calme... Au premier rang des pompiers dévoués à l'extinction de l'incendie, les chefs anarcho-syndicalistes, dont les dirigeants du P.O.U.M. ne veulent à aucun prix se couper. Après quelques jours d'hésitation, sous la poussée unanime de leurs organisations, même de celles, comme le P.O.U.M. et la C.N.T., qu'ils croyaient le plus à gauche, les travailleurs barcelonais cèdent, abandonnent la rue, reprennent le travail. C'est la défaite – que le P.O.U.M. nie, mais que Trotsky reconnaît.

Il ne croit toutefois pas qu'elle soit définitive, car personne, souligne-t-il, ne peut « assurer à l'avance que la force révolutionnaire de cet admirable prolétariat ibérique soit épuisée [18] ». Pourtant la vérité s'impose peu à peu. La chute du gouvernement Largo Caballero et la formation du gouvernement Negrín, réclamé par le P.C. et par les « diplomates soviétiques », en sont la preuve. La dissolution du P.O.U.M., la persécution de ses militants, l'arrestation de ses dirigeants, l'enlèvement et l'assassinat d'Andrés Nin montrent que l'Espagne républicaine est devenu le champ où opèrent impunément les tueurs de Staline. Trotsky, qui a consacré un article bouleversé à l'assassinat de son ami Nin, écrit :

> « Le stalinisme est devenu le fléau de l'Union soviétique et la lèpre du mouvement ouvrier mondial. Dans le domaine des idées, le stalinisme est un zéro. Il dispose en revanche d'un appareil colossal qui exploite le dynamisme de la plus grande révolution de l'histoire et les traditions de son héroïsme et de son esprit de conquête. Du rôle créateur de la violence révolutionnaire dans une situation historique donnée, Staline, avec son étroitesse congénitale et son empirisme, a fait l'omnipotence de la violence en général. Sans même s'en rendre compte, il est passé de la violence révolutionnaire des exploités contre les exploiteurs à la violence contre-révolutionnaire contre les exploités. Sous les mots et les formules anciennes, c'est la liquidation de la révolution d'Octobre qui est en train de se réaliser. Personne, si ce n'est Hitler, n'a porté au socialisme autant de coups mortels que Staline [19]. »

L'affaire d'Espagne est évidemment l'occasion pour Trotsky de mener de nouvelles polémiques dans les rangs mêmes de la IVe Internationale : contre Sneevliet et Vereeken, qui défendent la politique du P.O.U.M. contre ses critiques, contre les ultra-gauchistes américains qui, à l'exemple de certains ultra-gauchistes européens, préconisent une attitude « défaitiste » en Espagne républicaine, à qui il répond [20] :

> « Nous sommes pour la défense des organisations ouvrières et des conquêtes révolutionnaires contre Franco. Nous sommes " défensistes ". Les " défaitistes ", ce sont Negrín, Staline et compagnie. Nous participons à la lutte contre Franco comme les meilleurs soldats et en même temps, dans l'intérêt de la victoire sur le fascisme, nous faisons de l'agitation pour la révolution sociale et nous préparons le renversement du gouvernement défaitiste de Negrín [21]. »

Et il doit en même temps argumenter discrètement contre Max Shachtman qui, sous prétexte de lutte contre le fascisme, serait prêt à voter la confiance politique à un gouvernement Negrín en lui accordant les crédits militaires.

L'année 1937 a vu se multiplier en Espagne les enlèvements et les assassinats perpétrés par les tueurs de Staline. Le 2 novembre, dans un texte intitulé « Il est temps de passer à une contre-offensive mondiale contre le stalinisme [22] », Trotsky dresse un bilan de cette sinistre activité, souligne les nombreuses complaisances et complicités dont elle bénéficie, met en question les journalistes comme Walter Duranty et Louis Fischer, les écrivains comme Romain Rolland, Malraux, Heinrich Mann, Lion Feuchtwanger, dont il assure qu'ils sont des « stipendiés du G.P.U. » sous le couvert de droits d'auteur [23]. Cet « appel aux organisations ouvrières » ne sera évidemment reproduit que par les journaux de la IVe Internationale.

Le 17 décembre 1937, Trotsky trace les dernières lignes d'une brochure qu'il a consacrée à l'Espagne « dernier avertissement » et à sa « leçon [24] ». Revenant aux débats fondamentaux qui ont, au début du siècle, opposé bolchevisme et menchevisme, il assure que l'action des ouvriers qui se sont fixé en Espagne non seulement des objectifs démocratiques, mais des objectifs socialistes confirme le point de vue bolchevique. A l'inverse, les partis du Front populaire, socialistes et communistes, exigent des ouvriers de ne pas sortir des limites de la démocratie bourgeoise : ce faisant, ils renoncent ainsi à la révolution démocratique et s'engagent dans une voie où ils peuvent être amenés à la combattre de front.

Dans l'Espagne contemporaine, écrit-il, « la politique ouvrière libérale du menchevisme » est devenue « la politique anti-ouvrière, réactionnaire, du stalinisme [25] », caricature du menchevisme. Reprenant sa comparaison avec le parallélogramme des forces qui, en politique, paralyse le prolétariat dans tout système d'alliance avec la bourgeoisie, il relève qu'en Espagne, le rôle de la bourgeoisie a été joué par son ombre, cette mince couche de politiciens qui ont soutenu Staline et sa tentative de démontrer aux bourgeoisies anglaise et française qu'il était digne de leur confiance, de ramener l'ordre et d'étrangler une révolution inopportune. Il écrit :

> « Nous avons autrefois défini le stalinisme comme un centrisme bureaucratique; les événements ont donné un certain nombre de preuves de la justesse de cette affirmation aujourd'hui dépassée. Les intérêts de la bureaucratie bonapartiste ne correspondent plus au caractère hybride du centrisme. Dans sa recherche d'accommodements avec la bourgeoisie, la clique stalinienne est capable de s'allier seulement aux éléments les plus conservateurs de l'aristocratie ouvrière dans le monde : par là, le caractère contre-révolutionnaire du stalinisme dans l'arène mondiale est définitivement établi [26]. »

Pour Trotsky, Staline vient à sa façon de confirmer la théorie de la révolution permanente : on ne peut ni freiner, ni canaliser une révolution sans la combattre, on ne peut l'arrêter sans lui opposer la violence contre-révolutionnaire. C'est à cause de son aptitude à utiliser cette violence contre les révolutionnaires et contre la révolution que le G.P.U. est devenu l'agent d'exécution, l'indispensable bourreau dans l'intérêt de la bourgeoisie contre le prolétariat :

> « La révolution espagnole montre une nouvelle fois qu'il est impossible de défendre la démocratie contre les masses révolutionnaires autrement que par les méthodes de la réaction fasciste. Et inversement il est impossible de mener une véritable lutte contre le fascisme autrement que par les méthodes de la révolution prolétarienne [...]. Cela réfute une fois de plus la vieille théorie menchevique qui fait de la révolution socialiste deux chapitres historiques indépendants, séparés l'un de l'autre dans le temps. L'œuvre des bourreaux de Moscou confirme à sa manière la justesse de la théorie de la révolution permanente [27]. »

C'est la même analyse que Trotsky applique aux anarcho-syndicalistes, ministres du gouvernement de Negrín, après avoir été ministres de Largo Caballero, et qui se sont justifiés en 1936 de ne pas prendre le pouvoir avec les masses par leur refus principiel du pouvoir. De nouveau résonnent sous sa plume les échos des grands débats de 1917 :

> « Renoncer à la conquête du pouvoir, c'est le laisser volontairement à ceux qui l'ont, aux exploiteurs. [...] Se dressant contre le but, la prise du pouvoir, les anarchistes ne pouvaient pas, en fin de compte, ne pas se dresser contre les moyens, la révolution. [...] Ainsi l'anarchiste, qui ne voulait être qu'antipolitique, s'est trouvé en fait antirévolutionnaire et, dans les moments critiques, contre-révolutionnaire [28]. »

Le P.O.U.M., le parti de Nin, a été sans l'avoir voulu, l'obstacle principal sur la voie de la construction d'un parti révolutionnaire, dans « sa tendance à écarter les questions brûlantes, son caractère hybride, son indécision, en un mot son centrisme [29] ».

Revenant au problème général. Trotsky, sur la base d'une expérience vivante que nul ne saurait lui contester, énumère ce qui lui paraît constituer les conditions de la victoire ouvrière dans une guerre civile : la compréhension par les soldats qu'ils se battent pour leur émancipation sociale complète, la même compréhension à l'arrière, une propagande, au front et à l'arrière, imprégnée de l'« esprit de la révolution sociale », un appareil d'État déterminé directement par les classes qui luttent, la réalisation par l'armée des mesures les plus urgentes de révolution sociale dans les territoires conquis, l'épuration des cadres de l'armée de tous les éléments exploiteurs, la préparation de cadres venant de la base, le contrôle des spécialistes, la combinaison de l'art militaire avec les tâches de la révolution sociale; « la politique révolutionnaire domine la stratégie » et doit compter sur les esclaves enrôlés de force dans l'armée ennemie, les fameux « Maures », esclaves coloniaux; la politique extérieure, enfin, doit avoir comme objectif « d'éveiller la conscience révolutionnaire des ouvriers, des paysans et des nationalités opprimées du monde entier [30] ».

Trotsky conclut tout simplement : par sa politique, Staline a assuré les conditions de la défaite et si, ce qui est le plus vraisemblable, il « réussit à mener son travail de fossoyeur de la révolution jusqu'au bout [31] », il n'en obtiendra aucune reconnaissance...

Ce n'est qu'en passant et sans, bien entendu, se donner la peine de répéter les faux monstrueux qui lui donnaient la nausée, que Trotsky mentionne dans ses écrits sur l'Espagne la campagne mondiale d'intoxication de l'opinion ouvrière menée à ce propos, dans la ligne des procès de Moscou. Nin accusé d'espionnage au service de Franco, les militants du P.C. usent d'une rime ignoble en répondant « A Salamanca ou à Berlin » aux inscriptions sur les murs demandant « Où est Nin? » Les gens du P.O.U.M. sont traités d'espions, de terroristes, de saboteurs, d'assassins. On accuse ses miliciens de jouer au football avec les fascistes entre les lignes de feu, sur le front d'Aragon. Certains s'illustrent particulièrement dans ce travail d'autant plus répugnant qu'il sert à protéger des assassins et à leur assurer la plus grande liberté de mouvement possible pour leur permettre de faire impunément leur œuvre de mort.

Contentons-nous d'en citer un qui s'est fait « historien » et qui a publié sur l'Espagne un livre illustré où l'on chercherait vainement les photos des hommes dont il a justifié la torture et l'assassinat. Certains éditeurs et malheureusement nombre de lecteurs le considèrent aujourd'hui comme un homme de cœur, attaché à l'Espagne où il fut journaliste pendant la guerre civile. Il s'agit de Georges Soria. Le 20 juin, alors que Nin, enlevé quelques jours plus tôt à Barcelone, se trouvait déjà aux mains de ses tortionnaires, il écrivait dans *L'Humanité* que « la liaison entre les dirigeants du P.O.U.M. aujourd'hui en prison et les fascistes de la cinquième colonne » était établie de « la manière la plus indiscutable ». Le vieux révolutionnaire irréprochable était déjà mort que M. Soria écrivait, dans le même journal, que le P.O.U.M. était « une organisation de terrorisme et d'espionnage au service de Franco » et énumérait ce qu'il appelait « les faits [32] ».

On comprend la nausée de Trotsky, sa répugnance à simplement nommer les dénonciateurs à gages, complices des tueurs, effaçant leurs traces dans la presse, alors même qu'il estimait nécessaire la dénonciation publique des assassins et de leurs protecteurs, grands ou petits.

En dernière analyse, la conclusion que Trotsky tire de ce qu'il appelle « l'expérience tragique de l'Espagne », c'est, écrit-il, « un avertissement menaçant, peut-être le dernier avertissement avant des événements encore plus grandioses, adressé à tous les ouvriers du monde entier » :

> « Les révolutions, selon les paroles de Marx, sont les locomotives de l'histoire; elles avancent plus vite que la pensée des partis à moitié ou au quart révolutionnaires. Celui qui s'arrête tombe sous les roues de la

locomotive. D'un autre côté, et c'est le principal danger, la locomotive elle-même déraille souvent. Le problème de la révolution doit être pénétré jusqu'au fond, jusqu'à ses dernières conséquences concrètes. Il faut conformer la politique aux lois fondamentales de la révolution, c'est-à-dire au mouvement des classes en lutte et non aux craintes et aux préjugés superficiels des groupes petits-bourgeois qui s'intitulent Front populaire et un tas d'autres choses. La ligne de moindre résistance s'avère, dans la révolution, la ligne de la pire faillite. La peur de s'isoler de la bourgeoisie conduit à s'isoler des masses. L'adaptation aux préjugés conservateurs de l'aristocratie ouvrière signifie la trahison des ouvriers et de la révolution. L'excès de prudence est l'imprudence la plus funeste. Telle est la principale leçon de l'effondrement de l'organisation politique la plus honnête de l'Espagne, le P.O.U.M., parti centriste [33]. »

La solution revient comme un *leitmotiv* sous la plume de l'exilé : c'est le parti, c'est l'Internationale. Il est convaincu qu'à travers les événements d'Espagne, dans l'expérience de milliers d'hommes, une nouvelle génération de révolutionnaires s'éduque aux leçons des défaites, « grande école, inappréciable, payée au sang d'innombrables combattants ». Il rassure, cherchant peut-être à se rassurer lui-même :

« Les cadres révolutionnaires se rassemblent maintenant sous le seul drapeau de la IVe Internationale. Elle est née sous le grondement des défaites pour mener les travailleurs à la victoire [34]. »

On peut évidemment relever bien des lacunes dans les textes de Trotsky à l'époque, dus notamment aux difficultés de sa vie, donc de son information. Il ne semble pas avoir vu nettement le rôle initial de l'Union soviétique, son long attentisme, son appui initial à la non-intervention : tout s'est passé au moment de la pression maximum en Norvège. Il était sans doute à Hurum quand s'est produite, dans les sphères dirigeantes de Moscou, la crise au sujet de l'Espagne, qui pourrait bien être au deuxième procès de Moscou ce que le Bloc des oppositions est au premier : certains articles de Radek dans les *Izvestia* ont nourri la rumeur d'une « opposition » dans les sommets à la politique d'abandon de l'Espagne dont Ordjonikidzé – « suicidé » l'année suivante et Piatakov, exécuté, auraient bien pu faire les frais*. Il n'a pas non plus toujours disposé des informations suffisantes pour suivre le processus de noyautage par le P.C. de l' « État populaire » républicain espagnol et de son armée.

* * *

Les écrits de Trotsky sur l'Espagne ne sont pas des travaux d'historien, mais de polémiste et de commentateur critique. Le gros de ses articles de la fin des années trente a été rédigé dans la période où il n'y avait de minces possibilités d'un changement politique que chez

* Cette hypothèse a été formulée notamment par Stephen Cohen, *Nicolas Boukharine*, trad. française 1979, Paris, pp. 444-445. Malgré le sérieux des indices relevés, elle reste encore à prouver.

les « républicains » et où, de ce fait, le cours vers la victoire de Franco n'avait guère de chances d'être renversé.

Après la rédaction de « Leçons d'Espagne, dernier avertissement », puis après la fin de la guerre civile, Trotsky n'écrivit plus guère que des textes de bilan dans lesquels il aiguisait sa plume et ses analyses, avivant les arêtes de sa politique : il y fit de la révolution espagnole une sorte d'anti-modèle et se préoccupa avant tout de démontrer de quelle manière la contre-révolution avait finalement triomphé en Espagne, ouvrant ainsi la voie à la Seconde Guerre mondiale et au déchaînement de la barbarie.

L'Espagne tint une grande place dans la pensée de Trotsky au cours des dernières années de sa vie. Il avait vu dans la révolution espagnole, surgissant dans toute sa force au moment où la révolution française avait pour lui commencé, une explosion de masses susceptible de réveiller la révolution européenne, d'ébranler les fondements des régimes fascistes et, comme l'écrivait le poumiste catalan Joan Farré, de déplacer le méridien de la révolution de Moscou à Madrid [35]. Et nous savons qu'il avait même songé à s'approcher de ce foyer incandescent et peut-être à y jouer un rôle analogue à celui qu'il avait si bien joué en Russie au temps de l'intervention étrangère et de la guerre civile.

Sa longue détention en Norvège avait brisé net cette espérance et cette possibilité. Le moment des choix et de l'infléchissement du cours des événements était passé quand il en sortit. Il ne lui restait plus qu'à faire une sorte de commentaire presque mécanique de la façon dont la direction stalinienne menait à la défaite dans la guerre civile et démontrait comment perdre la guerre.

Les événements d'Espagne avaient vu la mort de bien des militants proches de lui, au premier chef Erwin Wolf, qu'il considérait non seulement comme un collaborateur de confiance mais comme un jeune ami, et qui avait démontré, en l'occurrence, qu'il avait autant de courage que de capacités politiques. Elle avait vu Staline faire payer de sa vie à Nin le crime d'être un révolutionnaire irréprochable et l'un des rares hommes à qui, en dépit de leurs désaccords, Trotsky réserva jusqu'au bout le qualificatif d'« ami », Nin, dont l'héroïsme sous la torture sauva sans doute bien d'autres vies.

En outre, Trotsky savait que la guerre d'Espagne avait en définitive offert un terrain favorable au recrutement, à l'organisation, à la formation, au lancement dans des opérations des bandes de tueurs dont il allait être, dont il était déjà l'objectif. En Espagne avaient opéré déjà les N. Ia. Eitingon, dit Kotov, dit Leonov, et sa compagne Caridad Mercader, Vittorio Vidali, dit commandant Carlos, sa compagne Tina Modotti, le peintre – une brute – David Alfaro Siqueiros et l'agent du G.P.U. David Serrano, l'aventurier Nestor Sánchez Hernández et tant d'autres, qui furent ensuite lancés sur sa trace en 1940. C'est également en Espagne qu'avait été recruté par les services et formé le jeune tueur Ramón Mercader qui, avec ses amis Béranger, passait de bonnes heures à Paris en attendant d'aller remplir une mission sanglante...

CHAPITRE LVIII

Le révolutionnaire, le peintre et le poète [1]

Vivant dans une maison appartenant à Frida, souvent vu en public avec Diego, Trotsky apparaissait comme étroitement lié au peintre. En réalité, comme le souligne le biographe de Diego Rivera, Bertram D. Wolfe, les deux hommes étaient, l'un comme l'autre, beaucoup trop occupés pour pouvoir se consacrer beaucoup de leur temps. Ils avaient des conversations téléphoniques, mangeaient ensemble chez l'un ou l'autre, faisaient ensemble excursions et petits voyages.

On peut aussi imaginer sans peine que ces deux personnalités puissantes ne pouvaient coexister sans heurts pendant de longues périodes. Bertram D. Wolfe assure que Trotsky était parfois exaspéré par l'imagination luxuriante du peintre, dans des questions qui auraient demandé froideur et précision, et que ce dernier, pendant les premiers mois de leurs relations, s'efforça de lui faire sur ce point les concessions nécessaires [2]. Mais il est également évident que l'intimité de Trotsky avec Rivera l'introduisit à cette époque dans l'univers pictural auquel il était jusqu'alors resté, sinon étranger, du moins un peu extérieur.

Il eut en tout cas vite assez de confiance dans son jugement personnel sur le peintre pour en parler dans une lettre à *Partisan Review* du 17 juin 1938 qui sera publiée sous le titre « L'Art et la Révolution ». Il écrit ces lignes brûlantes d'admiration :

> « Dans le domaine de la peinture, la Révolution d'Octobre a trouvé son meilleur interprète, non en U.R.S.S., mais dans le lointain Mexique, non au milieu des " amis " officiels, mais en la personne d'un " ennemi du peuple " notoire que la IVe Internationale est fière de compter dans ses rangs. Imprégné de la culture artistique de tous les peuples et de toutes les époques, Diego Rivera a su demeurer mexicain dans les fibres les plus profondes de son génie. Ce qui l'a inspiré dans ses fresques grandioses, ce qui l'a transporté au-dessus de la tradition artistique, au-dessus de l'art contemporain et, d'une certaine façon, au-dessus de lui-même, c'est le souffle puissant de la révolution prolétarienne. Sans Octobre, sa capacité créatrice à comprendre l'épopée du travail, son asservissement et sa révolte n'auraient jamais pu atteindre pareille puissance et pareille pro-

fondeur. Voulez-vous voir de vos propres yeux les ressorts secrets de la révolution sociale ? Regardez les fresques de Rivera ! Vous voulez savoir ce que c'est qu'un art révolutionnaire ? Regardez les fresques de Rivera [3] ! »

Interpellant son lecteur par un procédé dont il n'est pas coutumier, Trotsky s'écrie :

« Approchez-vous un peu de ces fresques, et vous verrez sur certaines d'entre elles des éraflures et des taches faites par des vandales pleins de haine, des catholiques et autres réactionnaires parmi lesquels, évidemment, des staliniens. Ces coups et ces blessures donnent aux fresques une vie plus intense encore. Ce n'est pas seulement un " tableau ", l'objet d'une consommation esthétique passive, qui est sous nos yeux, mais un fragment vivant de la lutte sociale. Et en même temps, c'est un sommet de l'art.

« Seule la jeunesse historique d'un pays qui n'a pas encore dépassé le stade de la lutte pour l'indépendance nationale, a permis au pinceau socialiste révolutionnaire de Rivera de décorer les murs des établissements publics du Mexique [4]. »

Évoquant les fresques de Rivera de Radio-City à Detroit et l'exigence de Rockefeller de faire disparaître le visage de Lénine – un conflit qui se termina par la destruction des fresques par leur « propriétaire », le richissime John D. Rockefeller, l'homme de la Standard Oil [5] –, Trotsky poursuit :

« Aux États-Unis, les choses se sont passées plus mal et se sont finalement gâtées. De même que les moines du Moyen Age effaçaient par ignorance les parchemins, les œuvres de la culture antique, pour les recouvrir ensuite de leur délire scolastique, de même les héritiers de Rockefeller, par une malveillance délibérée cette fois, ont recouvert les fresques du grand Mexicain de leurs banalités décoratives. Ce nouveau palimpseste ne fait qu'immortaliser le sort de l'art humilié dans la société bourgeoise en pleine décomposition [6]. »

A ce point, il revient à l'art en Union soviétique :

« La situation n'est pas meilleure dans le pays de la révolution d'Octobre. Bien que cela soit au premier abord incroyable, il n'y a pas place pour l'art de Diego Rivera ni à Moscou, ni à Leningrad, ni dans un quelconque endroit de l'U.R.S.S. où la bureaucratie se construit des palais et des monuments grandioses. Comment la clique du Kremlin admettrait-elle dans ses palais un artiste qui ne dessine pas d'icônes à l'effigie du " chef " ni de portrait grandeur nature du cheval de Vorochilov ? La fermeture des portes soviétiques devant Diego Rivera marque d'une flétrissure indélébile la dictature totalitaire [7]. »

Le commerce entre le révolutionnaire professionnel et le peintre, l'amitié déjà extraordinaire entre Trotsky et Diego Rivera, vont entrer de plain-pied dans la légende avec la visite au Mexique du poète André Breton et la rencontre de ces trois hommes, grands parmi les grands de leur siècle.

***

C'est au mois de mars 1938, dans les semaines atroces qui suivent la mort de Lev Sedov, que Trotsky apprend la venue prochaine au Mexique d'André Breton, sous le couvert d'une « mission » des Affaires étrangères françaises et d'une série de conférences au Mexique.

L'homme à « l'abondante crinière de lion [8] » décrit par un journaliste mexicain est alors, comme l'écrit Gérard Roche, « au faîte de sa maturité de poète et de chef de file incontesté du mouvement surréaliste dont il a jeté les bases théoriques au début des années vingt [9] ». Il n'a jamais cessé de croire que les chemins de la poésie et de la révolution – qui ne se confondent pas – mènent, l'un comme l'autre, l'humanité du règne de la nécessité à celui de la liberté.

Trotsky ne doute pas un instant que la visite de Breton au Mexique va le conduire à la maison de Coyoacán. Il nourrit peut-être à son sujet quelque projet, mais, en attendant, s'inquiète, car il n'a jamais rien lu de lui. Van Heijenoort écrit au critique d'art new-yorkais Meyer Schapiro pour lui demander le prêt de quelques-uns des travaux de Breton. Schapiro envoie à Coyoacán un paquet d'ouvrages de Breton parmi lesquels, suivant le souvenir de Van [10], le *Manifeste du surréalisme, Nadja* et *Les Vases communicants* et un ou deux autres ouvrages, parmi lesquels se trouve, selon Gérard Roche, *L'Amour fou* [11].

Trotsky a-t-il lu les livres que Van a déposés sur un angle de son bureau ? Van pense qu'il les a feuilletés, très probablement, mais exclut qu'il les ait lus d'un bout à l'autre [12]. Gérard Roche, en revanche, sur la base du contenu des entretiens ultérieurs entre les deux hommes, croit qu'il a fait l'effort considérable de les lire [13] pour mieux comprendre le mouvement surréaliste auquel il est tout à fait étranger, ce que semblent corroborer non seulement lesdites conversations, mais le sérieux du projet que Trotsky est en train de concevoir.

De son côté, André Breton a incontestablement une idée derrière la tête lorsqu'il se rend au Mexique : il sait de toute évidence qu'il va rencontrer Léon Trotsky pour lequel il a depuis toujours une grande admiration. Sur lui, il a déjà écrit en 1925 des pages enthousiastes, parues dans *La Révolution surréaliste.* Pourtant, il ne se jette pas sur la route de Coyoacán. Peu après son arrivée, il a rappelé dans une interview – et c'est une sorte d'appel – que les paroles de Marx, « transformer le monde » et celles de Rimbaud, « changer la vie », sont, pour les surréalistes, un seul et même mot d'ordre.

En fait, il est enthousiasmé par le Mexique, « terre de beauté convulsive », « lieu surréaliste par excellence [14] »; comme par la peinture de Diego Rivera et par l'accueil qu'on lui a réservé. Avec sa compagne, Jacqueline Lamba, il commence par rencontrer Van dans un restaurant. Et celui-ci, dans un des premiers jours de mai, va chercher le couple pour le conduire à Coyoacán rencontrer les Trotsky.

Gérard Roche, qui a vu cette rencontre comme celle « de l'aigle et du lion », considère qu'elle est, sur le plan politique, « l'aboutissement d'un long processus marqué de nombreux conflits avec le Parti communiste et l'Internationale communiste [15] ». Dans le courant des années trente, les surréalistes, et Breton à leur tête, se sont dressés avec indignation contre les parades des congrès pacifistes du genre Amsterdam-Pleyel, aux théories venues de Moscou sur la « littérature prolétarienne ». Ils se sont dressés contre l'expulsion de France de Trotsky, publiant alors leur fameux tract « Planète sans visa ». Ils ont participé à la campagne menée en 1935 pour la libération de Victor Serge.

Dans leur brochure *Du temps que les surréalistes avaient raison,* ils ont stigmatisé « le vent de crétinisation systématique qui souffle en U.R.S.S. [16] » et assuré que le régime soviétique était en train de devenir « la négation de ce qu'il a été ». Enfin, dans les mois qui précèdent, les surréalistes en général et André Breton avec une ardeur particulière, se sont associés à l'action du comité pour l'enquête sur les procès de Moscou et sont engagés maintenant résolument contre le stalinisme qui leur rend en injures la monnaie de leur pièce.

Trotsky est informé de tout cela quand il reçoit André Breton dans la « maison bleue ». Il sait aussi que l'homme est courageux. Il a prévenu ses amis de *Partisan Review* de la visite de Breton au Mexique. C'est probablement à son initiative que des militants mexicains ont organisé un discret service d'ordre pour la première conférence publique donnée par Breton au palais des Bellas Artes. Comme lui et à ses côtés, Diego va se mettre à tonner, en défense de Breton, vivement attaqué et de tous côtés, contre « les intellectuels cléricaux, stalinistes, guépéoutistes », compare les attaques lancées contre Breton à celles qu'a subies Siegmund Freud, et salue « Breton, amant du Mexique », qui a compris « le contenu de beauté, de douleur, de force opprimée et d'humour noir dans ce pays [17] ».

André Breton a raconté le déroulement de sa première entrevue avec Trotsky, en présence de Natalia, de Jacqueline et de Van. Les deux hommes s'entretiennent du travail de la commission d'enquête sur les procès de Moscou à Paris sur laquelle Breton donne son opinion. Toujours à propos des procès de Moscou, on parle de l'attitude d'André Gide et de celle de Malraux. On échange informations et impressions. Pas de grand sujet, donc pas de choc : peut-être les deux hommes ont-ils seulement cette fois pris la mesure l'un de l'autre.

La deuxième rencontre a lieu le 20 mai. La première passe d'armes est engagée délibérément par Trotsky qui se lance dans une apologie un tantinet provocante d'Émile Zola écrivain. Il s'agit pour lui, de toute évidence, d'opposer au surréalisme le naturalisme :

> « Quand je lis Zola, je découvre des choses nouvelles que je ne connaissais pas, je pénètre dans une réalité plus large. Le fantastique, c'est l'inconnu. »

Un peu crispé, Breton concède qu' « il y a de la poésie » chez Zola. Puis la conversation change d'axe et s'oriente vers Freud et la psychanalyse. Là encore, l'attaque est lancée par Trotsky, demandant à Breton si les surréalistes ne cherchent pas, contrairement à tout l'effort de Freud, à étouffer le conscient par l'inconscient. Breton nie énergiquement, puis interroge : « Freud est-il compatible avec Marx ? » Et Trotsky de répondre sans répondre : Marx n'a pas connu Freud, et Freud traite encore la société comme une abstraction. Van raconte :

> « L'entretien se détendit. Natalia servit le thé. On parla des rapports entre l'art et la politique. Trotsky émit l'idée de créer une fédération internationale des artistes et écrivains révolutionnaires qui contrebalancerait les organisations staliniennes. [...] On commença à parler d'un manifeste. Breton se déclara d'accord pour en préparer le projet [18]. »

C'était probablement là l'idée que Trotsky avait entretenue depuis qu'il avait été informé de la venue de Breton au Mexique.

Au cours des huit ou dix rencontres qu'ils auront encore, ils abordent d'autres discussions dont Gérard Roche a retracé le contour. Ils sont en désaccord sur les rapports entre l'art et la folie, qui, selon Trotsky, ne peut rien apporter de constructif au devenir humain. Désaccord aussi sur la question du « hasard objectif » dans lequel Trotsky croit deviner une tendance mystique de la part des surréalistes, alors que Breton en défend les fondements matérialistes.

C'est Jacqueline Lamba qui a raconté à Arturo Schwarz la vive discussion de Pátzcuaro au cours de laquelle Trotsky assure devant Breton que les chiens sont capables d'émotions quasi humaines et d'éprouver pour l'homme de l'amitié [19]. Breton est presque indigné non seulement de cette affirmation, mais de la façon dont Trotsky balaie ses arguments sans les prendre vraiment en compte; il reviendra plus tard sur cet incident, s'étonnant – sans nommer Trotsky – qu'un homme qui a joué un rôle historique considérable dans « des événements grandioses », ait ainsi une « vue anthropomorphique du monde animal », ce qui, selon lui, trahit un manque de rigueur dans la pensée.

Van a raconté un voyage à Guadalajara en juin, des incidents mal évités, à cause de menus larcins de Breton dans une église, le conflit qui mûrit entre Trotsky et lui, parce qu'il ne s'est pas décidé à écrire la première ligne du projet de *Manifeste,* le froid qui s'installe brutalement entre les deux hommes : ils se séparent brusquement sur le trajet aller et ne se revoient pas au retour [20].

Au début de juillet, c'est le fameux voyage à Pátzcuaro où se retrouvent Breton, Jacqueline et Van, partis en éclaireurs, Natalia et Trotsky venus avec Joe Hansen et un autre camarade américain, Diego Rivera et Frida enfin. Van raconte :

> « On fit des plans. Après des excursions pendant la journée, il y aurait le soir une conversation sur l'art et la politique. On parla même de publier des conversations sous le titre *Les Entretiens de Pátzcuaro,* signé de Breton et Trotsky. Lors de la première soirée, ce fut surtout Trotsky qui parla. La thèse qu'il développa, c'était que, dans la société commu-

niste future, l'art se dissoudrait dans la vie. Il n'y aurait plus de danses, ni de danseurs, ni de danseuses, mais tous les êtres se déplaceraient d'une manière harmonieuse. Il n'y aurait plus de tableaux, mais les habitations seraient décorées [21]. »

Mais il n'y eut pas de second entretien à Pátzcuaro. Breton tomba malade, fiévreux et frappé d'aphasie. Il s'en expliquera plus tard, dans une lettre écrite à Trotsky sur le bateau qui le ramène en Europe. C'est son « complexe de Cordélia » par rapport à Trotsky-Lear [22] : il est victime d'une inhibition chaque fois qu'il doit faire quelque chose sous les yeux de Trotsky, à cause de l' « admiration sans bornes » qu'il lui porte.

***

Le gros de la troupe rentra alors à Mexico, laissant Breton, malade, aux soins de Jacqueline. Quelques jours plus tard, ils revenaient à leur tour.

Cette fois, Breton prend l'initiative qui pouvait seule débloquer une situation devenue très tendue. Il remet à Trotsky quelques pages écrites de sa main, à l'encre verte. Trotsky répond par quelques pages, tapées en russe que Van traduit pour Breton. La discussion reprend. Finalement Trotsky reprend tous les textes, les découpe, les colle et les recolle, refait finalement un nouveau texte.

Ce *Manifeste,* finalement daté du 25 juillet et intitulé « Pour un Art révolutionnaire indépendant », est signé non de Trotsky, mais du peintre et du poète, de Diego Rivera d'André Breton [23].

Il commence par plusieurs paragraphes écrits par Breton sur la menace qui pèse désormais sur la civilisation mondiale, chancelant « sous la menace des forces réactionnaires armées de toute la technique moderne [24] ».

La découverte, dans le domaine philosophique, scientifique, sociologique, artistique, apparaît alors, selon la formule de Breton, « comme le fruit d'un hasard précieux », c'est-à-dire comme une manifestation plus ou moins spontanée de la nécessité : il importe que soient respectées – et même garanties – les lois spécifiques de la création intellectuelle. Celles-ci sont de plus en plus généralement violées, et le résultat en est « un avilissement de plus en plus manifeste, non seulement de l'œuvre d'art, mais encore de la personnalité " artistique " » en Allemagne comme en U.R.S.S.

Refusant le mot d'ordre « conservateur » « Ni démocratie, ni fascisme », Trotsky écrit dans le quatrième paragraphe :

« L'art véritable, c'est-à-dire celui qui ne se contente pas de variations sur des modèles tout faits, mais s'efforce de donner une expression aux besoins intérieurs de l'homme et de l'humanité d'aujourd'hui ne peut pas ne pas être révolutionnaire, c'est-à-dire ne pas aspirer à une reconstruction complète et radicale de la société, ne serait-ce que pour affranchir la création intellectuelle des chaînes qui l'entravent et permettre à toute l'humanité de s'élever à des hauteurs que seuls des génies isolés ont atteintes dans le passé. En même temps, nous reconnaissons que seule la révolution sociale peut frayer la voie à une nouvelle culture. Si, cependant, nous rejetons toute solidarité avec la caste dirigeante en U.R.S.S., c'est précisément parce qu'à nos yeux elle ne représente pas le communisme, mais en est l'ennemi le plus perfide et le plus dangereux [25]. »

Le *Manifeste* se poursuit par un impitoyable réquisitoire contre l'art officiel de l'époque stalinienne et l'importance de l'opposition artistique. Il souligne que la vocation artistique résulte d'une collision entre l'homme et un certain nombre de forces sociales, donc du besoin d'émancipation de l'homme, ce qui implique « que l'art ne peut consentir sans déchéance à se plier à aucune directive étrangère et à venir docilement remplir les cadres que certains croient pouvoir lui assigner, à des fins pragmatiques, extrêmement courtes. ».

On relèvera avec intérêt qu'au terme du paragraphe 9 – rappelant l'idée que Marx se faisait du rôle de l'écrivain et indiquant que la liberté de la presse avait comme première condition qu'elle ne soit pas un métier –, André Breton avait terminé son projet par la formule « toute licence en art, sauf contre la révolution prolétarienne » et que Trotsky obtient la suppression de la dernière proposition, susceptible, selon lui, de couvrir tous les abus, se contentant d'affirmer tout simplement : « toute licence en art [26] ».

Pour être bien compris, Trotsky ajoute un paragraphe qui portera le numéro 10. Après avoir rappelé le droit de l'État révolutionnaire de se défendre contre la réaction bourgeoise d'autodéfense, il s'oppose nettement à « la prétention d'exercer un commandement sur la création intellectuelle de la société » :

> « Si, pour le développement des forces productives matérielles, la révolution est tenue d'ériger un régime *socialiste* de plan centralisé, pour la création intellectuelle elle doit dès le début même établir et assurer un régime *anarchiste* de liberté individuelle. Aucune autorité, aucune contrainte, pas la moindre trace de commandement [27] ! »

Le texte poursuit en indiquant que « dans la période présente, caractérisée par l'agonie du capitalisme », l'artiste est privé du droit de vivre et tente d'échapper à l'isolement en se tournant vers les organisations staliniennes. Mais il devra renoncer à son message propre et consentir des « complaisances terriblement dégradantes ». Il faut donc l'appeler à rejoindre « ceux qui témoignent de leur fidélité inébranlable aux principes de [la] révolution [...], ceux qui, de ce fait, restent seuls qualifiés pour l'aider à s'accomplir et pour assurer par elle la libre expression ultérieure de tous les modes du génie humain [28] ».

Les quatre derniers paragraphes sont de la plume de Trotsky :

> « Le but du présent appel est de trouver un terrain pour réunir les tenants révolutionnaires de l'art, pour servir la révolution par les méthodes de l'art et défendre la liberté de l'art elle-même contre les usur-

pateurs de la révolution. Nous sommes profondément convaincus que la rencontre sur ce terrain est possible pour les représentants de tendances esthétiques, philosophiques et politiques passablement différentes [29]. »

Après avoir salué « les forces jeunes qui cherchent des voies nouvelles et non des subventions », il poursuit :

« Toute tendance progressiste en art est flétrie par le fascisme comme une dégénérescence. Toute création libre est déclarée fasciste par les staliniste. L'art révolutionnaire indépendant doit se rassembler pour la lutte contre les persécutions réactionnaires et proclamer hautement son droit à l'existence. Un tel rassemblement est le but de la Fédération internationale de l'art révolutionnaire indépendant (F.I.A.R.I) que nous jugeons nécessaire de créer [30]. »

Un appel à discussion et contact international par la presse et la correspondance fixe plusieurs objectifs : des congrès locaux et nationaux modestes dans une première étape, un congrès mondial ensuite, qui consacrera la fondation de la F.I.A.R.I.

Les dernières lignes – reprises du projet de Breton – résument l'entreprise :

« Ce que voulons : l'indépendance de l'art – pour la révolution; la révolution – pour la libération définitive de l'art [31]. »

La rédaction et la diffusion du *Manifeste* marquent le sommet des relations entre le poète et le révolutionnaire auxquelles a été finalement étroitement associé le peintre. Dans l'idée de Trotsky elle doit marquer aussi le début d'un regroupement des artistes et écrivains autour de la F.I.A.R.I.

Gérard Roche a dressé, dans « La Rencontre de l'Aigle et du Lion », un bilan sommaire des efforts accomplis en ce sens par Trotsky en direction des écrivains nord-américains avec qui il est en contact et par André Breton, dès son retour en Europe – Diego Rivera, malade et déprimé, s'étant tenu à l'écart pendant cette période. Revenu en juillet, Breton avait réussi à obtenir en septembre l'adhésion d'une soixantaine d'intellectuels, artistes et écrivains parmi lesquels Jean Giono, Henry Poulaille, Marcel Martinet, l'Italien Ignazio Silone, le Néerlandais Jef Last, le Tchécoslovaque Karel Teige. Il y avait aussi essuyé des refus de marque : André Gide, Roger Martin du Gard, Gaston Bachelard. Aux États-Unis, la volonté de Dwight MacDonald d'amender le *Manifeste*, du fait des désaccords avec les passages touchant à la psychanalyse, fait perdre des mois précieux. Ce n'est qu'en mars 1939, à l'initiative de *Partisan Review*, que fut finalement fondée, par une trentaine d'intellectuels américains, la Ligue pour la liberté de la culture et le socialisme [32].

En fait, le congrès mondial et la constitution formelle de la F.I.A.R.I. n'auront jamais lieu. Il y a à cet avortement une autre cause : la fin brutale et pénible de l'amitié entre Diego Rivera et Trotsky.

***

Tous les témoins et spécialistes s'attachent à souligner l'exceptionnelle qualité des relations entre les deux hommes jusqu'en octobre 1938. Personne ne conteste les efforts des deux partenaires pour les faciliter, les concessions mutuelles évidemment nécessaires entre deux personnalités aussi accusées.

Y eut-il une véritable amitié? Rien ne permet de répondre à la question du côté de Rivera dont Jean van Heijenoort souligne, dans son livre, « le côté erratique » de son caractère, particulièrement clair dans « ses relations et son attitude avec les personnes » et qui se traduisait par une grande versatilité [33]. En ce qui concerne Trotsky, compte tenu de son âge et de son expérience, nous pensons qu'il a apprécié Diego Rivera et donc, d'une certaine façon, qu'il l'a aimé, sans pouvoir s'attacher à lui d'une amitié comparable à celle qu'il avait partagée avec Rakovsky, voire avec Joffé. Selon le témoignage de Van, en tout cas, les relations de Trotsky avaient avec Rivera une chaleur, un naturel, une aisance, qu'elles n'avaient avec personne d'autre [34].

L'un des problèmes entre eux était celui de l'activité du peintre dans le groupe mexicain. Malgré sa faiblesse numérique, l'organisation en question était divisée en deux fractions, l'une derrière Octavio Fernández, l'autre derrière Galicia, enseignant venu en même temps que lui au mouvement. Bien que, dans la grave crise qui avait suivi l'arrivée de Trotsky et la décision de la fraction Galicia de dissoudre la L.C.I. mexicaine, Rivera ait, dans l'ensemble, suivi Octavio Fernández, il faisait plutôt bande à part. Or sa personnalité, sa notoriété, ses moyens financiers, lui donnaient un poids énorme dans l'organisation, à laquelle il ne pouvait cependant réellement se consacrer que dans les rares intervalles que lui laissait sa passion de peindre.

Van décrit en ces termes la situation de Diego qu'il qualifie de « membre assez particulier » de la petite organisation :

> « Rivera était une gloire nationale, la vente de ses tableaux lui rapportait d'assez larges sommes, et c'est lui qui subvenait le plus souvent aux besoins financiers du groupe. Quand se posait la question d'une action quelconque, par exemple l'impression d'une affiche ou l'organisation d'un meeting, il pouvait, soit en contribuant largement et suffisamment, s'il était d'accord, soit en renâclant dans le cas contraire, imposer sa volonté. Une telle situation conduisait inévitablement à des tensions à l'intérieur du groupe. Il eût été bien préférable que Rivera se tînt à l'écart de l'activité quotidienne et ne fût qu'un sympathisant généreux. Mais non, il tenait beaucoup à participer à la vie intérieure du groupe [35]. »

Conscient de l'existence de ce problème, refusant d'engluer Rivera dans des obligations militantes qu'il ne pouvait assumer, soucieux en même temps de ménager son amour-propre, il semble que Trotsky, dans les premiers temps, ait consacré beaucoup de temps à discuter avec le peintre des questions de politique mexicaine et des affaires de la section. Van a le sentiment cependant qu'à l'automne de 1938 Trotsky était arrivé à la conclusion qu'il fallait tenir le peintre à l'écart de l'activité quotidienne du groupe, dans l'intérêt de son travail artistique, mais aussi de celui du bon fonctionnement du groupe. C'est probablement de cette opinion, nettement formulée dans la correspondance de Trotsky avec New York, qu'est sortie une phrase importante de la résolution de la conférence internationale de septembre 1938 :

> « Au sujet du camarade Diego Rivera, la conférence déclare aussi, étant donné les difficultés surgies dans le passé avec ce camarade dans les relations intérieures de la section mexicaine, qu'il ne fera pas partie de l'organisation reconstituée; mais son travail et son activité pour la IVe Internationale resteront sous le contrôle direct du sous-secrétariat international [36]. »

Rivera prend très mal ce qu'il interprète non comme un privilège pour le mettre à l'abri, mais comme une exclusive visant à le mettre à l'écart. Il est en outre ulcéré que la résolution de la même conférence place sur un même plan les deux grands adversaires fractionnels, Fernández et Galicia, et s'étonne que Trotsky – n'est-il pas « le chef »? – refuse d'intervenir plus nettement sur ce plan.

C'est dans cette atmosphère de malaise – Trotsky parle à certains de ses correspondants du « mécontentement de Diego » – que survient l'affaire O'Gorman. Ami de Diego, le peintre Juan O'Gorman a peint des fresques sur les murs de l'aéroport de Mexico. Il y a représenté caricaturalement Hitler, Mussolini et leurs collaborateurs. Le gouvernement s'émeut de ce geste inamical à l'égard de chefs de gouvernement qui sont, après tout, des clients pour le pétrole boycotté par les Britanniques. Avec le plein accord de Cárdenas, Múgica, ministre des Communications, donne l'ordre de détruire les fresques. Diego, Frida et leurs amis considèrent que le gouvernement a chaussé les bottes de Rockefeller, commis un acte de « vandalisme », et pour des raisons identiques [37].

Trotsky n'est pas d'accord : le boycottage du pétrole mexicain par l'Allemagne et l'Italie, dans de telles conditions, est une grave menace, et la disparition des fresques est bien de l'ordre des compétences d'un gouvernement soucieux d'indépendance nationale. Rivera, lui, accuse les membres du gouvernement d'être « des lèche-bottes réactionnaires du gouvernement de Hitler et Mussolini », prêts même à se montrer « antisémites [38] ».

L'affaire des fresques devient politique quand Rivera et O'Gorman adressent à *Clave* un article sur cette question, « Nature intrinsèque et fonctions de l'art », que Trotsky propose de publier en « tribune libre » et que le comité de rédaction publie seulement sous la forme d'une « lettre à la rédaction [39] ». Rivera s'échauffe également contre la désignation, comme responsable de la rédaction de *Clave,* de José Ferrel, à laquelle il est hostile. Dans le même temps, fréquentant *La Casa del*

Pueblo, il se heurte souvent à des militants trotskystes et particulièrement à Charlie Curtiss, se rapproche de la C.G.T. anarcho-syndicaliste, qu'il semble avoir aidée financièrement. Van estime cependant que Rivera hésitait à cette époque, adoptant d'un jour à l'autre des positions diamétralement opposées, et raconte qu'à la mi-décembre, après une explication calme avec Trotsky, venu le voir à San Angel, ils se quittèrent en bons termes.

L'incident qui met le feu aux poudres se situe dans les tout derniers jours de décembre 1938. Rivera est venu dicter à Van une lettre adressée à Breton, dans laquelle il critique durement Trotsky et lui assure qu'il va en parler à l'intéressé. Mais Natalia trouve les copies sur la table de Van. C'est l'explosion. Rivera fait en effet dans la lettre le procès de Trotsky et de ce qu'il appelle ses « méthodes », à propos de la désignation de Ferrel et du sort fait à l'article envoyé à *Clave* avec O'Gorman [40].

La crise va dès lors s'accélérer, avec des pauses qui font, à certains moments, penser à la possibilité d'une réconciliation, mais où la mixture explosive des sentiments personnels et des divergences politiques finit par emporter la retenue. Dans un premier temps, Trotsky demande à Rivera d'écrire à Breton une nouvelle lettre, rectifiant ses affirmations sur les deux affaires de l'article et de ce qu'il a appelé le « coup d'État » à *Clave.* Rivera accepte par deux fois, mais ne vient pas aux rendez-vous fixés et, finalement, refuse. Le 7 janvier 1939, il adresse deux lettres de démission, à *Clave* et au secrétariat international de la IVe Internationale. Il évoque son désir d' « éviter à l'organisation » les inconvénients que pourrait lui valoir sa présence [41].

Trotsky se prononce pour le refus de cette démission, du fait de son importance internationale et pour tenter un ultime effort. C'est lui qui rédige deux lettres dans lesquelles il s'efforce d'expliquer qu'il n'est pas question d'accepter, sans une discussion fraternelle préalable le départ d'un camarade comme lui [42]. Mais apparemment Rivera a rompu les amarres.

Dès le mois de janvier 1939, il annonce la formation, avec La Casa del Pueblo, d'un Parti révolutionnaire ouvrier et paysan (P.R.O.C.), dont il sera le candidat aux élections présidentielles, puis, brutalement, rejoint le comité de soutien à la candidature de Múgica, qu'il dénonçait la veille encore [43]. Il attaque la position de *Clave* sur la campagne électorale en expliquant qu'elle dissimule la volonté de préserver à tout prix l'asile de Trotsky et écrit à Bertram D. Wolfe qu'il a rompu avec Trotsky à cause de son « opportunisme », qui « laisse le champ libre aux ennemis [44] ». Cette série de cabrioles l'amènera à manifester dès le début d'août 1940, son appui à la candidature de droite du secteur agraire-industriel du Nord, le général Almazán [45].

Il y a longtemps que la rupture est devenue inévitable. Dans sa réponse, datée du 19 mars, aux deux lettres qui lui ont été envoyées en janvier par Trotsky, Rivera assure qu'il n'a eu et n'a aucun désaccord ni même critique à l'égard de la ligne générale de la IVe Internationale. Toutes les questions afférentes à la conférence internationale et notamment à sa propre place dans l'organisation mexicaine ont été réglées de façon satisfaisante. Mais il doit démissionner, car, à la suite de l'affaire de sa lettre à Breton, Trotsky l'a accusé de « traîtrise » et de « mensonge », et il ne peut rester dans une organisation dont le dirigeant a cette opinion de lui [46].

Trotsky, de son côté, pense qu'il n'est plus question de refuser la démission offerte, puisque l'activité politique de Diego Rivera l'a placé en dehors du cadre d'organisation, lequel n'est pas « un champ libre pour les expériences individuelles [47] ». On peut encore penser que cette rupture inévitable n'entraînera pas de conséquences spectaculaires susceptibles de lui donner la physionomie d'un scandale.

Tout s'envenime de nouveau à propos de la résidence de Trotsky, laquelle, on s'en souvient, appartient à Frida, absente du Mexique, et que l'exilé a vainement cherché par lettre à gagner pour qu'elle œuvre à une réconciliation. Il ne peut évidemment accepter, après la rupture de relations politiques qui impliquent une rupture des relations personnelles, d'être logé « à titre amical ». Dès la fin de janvier, il propose à Diego Rivera de lui payer, en attendant qu'il ait trouvé un nouveau domicile, un loyer de 200 pesos. Rivera commence par refuser, se laisse convaincre, refuse de nouveau et, finalement, reverse la somme en question au comité de rédaction de *Clave*. Le 14 avril 1939, il déclare à un journaliste du *New York Times* [48] :

> « L'incident entre Trotsky et moi n'est pas une querelle. C'est un lamentable malentendu qui, étant allé trop loin, a provoqué l'irréparable. Cela m'a obligé à rompre mes relations avec un grand homme pour qui j'ai toujours eu et continue à avoir la plus grande admiration et le plus grand respect. »

Il explique que c'est à cause de ce respect qu'il n'a pas voulu s'engager dans une polémique contre Trotsky, « centre et tête visible du mouvement révolutionnaire qu'est la IVe Internationale ». Il parle du travail militant de Trotsky, des persécutions et des coups terribles que lui ont portés, par exemple dans sa famille, Staline « et son G.P.U. », « les organisateurs de la défaite » et indique qu' « il est naturel que les dispositions de Trotsky soient devenues de plus en plus difficiles, en dépit de sa grande réserve de bonté et de générosité ». Il termine en assurant :

> « Je regrette que le destin ait décidé que je devais entrer en conflit avec ce côté difficile de sa nature. Mais ma dignité d'homme m'empêchait de faire quoi que ce soit pour l'éviter [49]. »

Un examen attentif de ce texte, très modéré dans sa forme, fait apparaître les deux points sur lesquels Rivera estime être entré avec Trotsky dans un conflit « irréparable » : les opinions exprimées, après sa lettre à Breton, qu'il a jugé « inacceptables », et l'offre, « injuste et insultante », d'un loyer pour la « maison bleue ».

L'une des premières conséquences de cette rupture est, en tout cas, le déménagement des Trotsky vers une nouvelle maison, très proche d'ailleurs de l'avenue Londres, dans la rue voisine de l'avenue Viena, toujours à Coyoacán.

En cette année 1939, c'était toute une période qui s'achevait pour les Trotsky. Cárdenas allait partir, et son choix, pour sa succession, s'était porté sur le général Manuel 'Avila Camacho qui représentait l'aile droite de son parti. La mise à l'écart, inévitable à terme, de Múgica – qui avait été l'infrastructure de la stabilité de l'asile mexicain de Trotsky – annonçait des jours difficiles. La rupture inattendue avec Diego Rivera en avait été le symbole et peut-être une sorte de signe avant-coureur, si l'on admet que les raisons du peintre n'ont peut-être jamais été consciemment formulées, mais qu'elles pouvaient tenir aussi au poids psychologique considérable qu'était pour cette personnalité fantasque la solidarité et la protection de l'hôte dont tout indiquait qu'il allait être de plus en plus indésirable.

C'était, en tout cas, la fin, dans un fracas de rêves et de verres brisés, d'un lien personnel qui avait été la porte ouverte sur le Mexique, celle aussi de l'aventure des trois – le révolutionnaire, le philosophe et le peintre – pour la défense de l'art et de la révolution.

Trotsky n'aura plus guère de détente dans les mois qui lui restent à vivre. Un de ses gardes américains, l'enseignant de Fresno Charles Olney Cornell, décrit sa vie de travail en 1939-1940 [50] :

> « Sachant que son temps était limité, que l'ordre de Staline serait exécuté avant qu'il ait pu tout faire pour préparer la IVe Internationale, Trotsky travaillait infatigablement. C'était une course contre la montre. [...]
>
> « Selon ce qui le caractérisait en toutes choses, il cherchait la précision de l'expression et l'exactitude scientifique dans la rédaction. [...] Tout ou partie du travail était revu et retapé plusieurs fois avant qu'il soit satisfait d'un projet final.
>
> « [...] Pour tirer le maximum des conditions imposées par la nécessité, il avait entrepris d'élever des poulets et des lapins puisqu'on pouvait les garder derrière ces murs élevés. Il s'en occupait aussi avec méthode et précision. La nourriture était préparée selon la formule la plus scientifique qu'il avait pu trouver. La quantité de nourriture était soigneusement mesurée. Il inspectait régulièrement les animaux en surveillant signes de maladie ou parasites. [...]
>
> « Il ne perdait pas une minute. Il se levait tôt, à six heures du matin, faisait le ménage dans l'enclos, retournait à son bureau et travaillait jusqu'au petit déjeuner. Peu avant midi, il s'occupait de nouveau des animaux. Sauf travail exceptionnel, sur prescription médicale, il se reposait une heure après le repas de midi. Quelquefois il avait une visite à trois heures et L. D. passait environ une heure avec elle. Des visites plus longues étaient rares, car le temps manquait trop.
>
> « Après qu'il eut nourri les poulets et les lapins le soir, il retournait au bureau ou, si le dîner était servi, directement à la salle à manger. Le dîner était généralement un repas vivant où L. D. engageait tout le monde dans la conversation et plaisantait.
>
> « La plus grande partie du temps qu'il passait là, L. D. l'appelait souvent " la prison " : la routine quotidienne répétée de façon monotone.

> « A l'occasion, mais de moins en moins souvent avec la concentration du G.P.U. sur le Mexique, il allait en pique-nique. En fait, il s'agissait d'expéditions pour trouver des cactus pour sa collection. Il admirait particulièrement cette plante mexicaine, et voulait en avoir une collection complète, avec toutes les variétés [51]. »

Le garde américain évoque aussi le souci d'exactitude et de ponctualité qui marquait Trotsky dans le travail :

> « Je me souviens d'une conférence qu'on tint dans le bureau avec des amis de New York à laquelle quelques gardes arrivèrent en retard. Après l'arrivée du premier, L. D. se leva, ferma la porte et empocha la clé. Chaque fois qu'un des retardataires frappait à la porte, il se levait, allait à la porte et le faisait entrer. C'était une démonstration très efficace [52]. »

Ainsi allait la vie dans la maison de l'avenida Viena, dérisoire forteresse d'opérette, pendant que le monde, lui, allait vers un nouveau massacre [53].

CHAPITRE LIX

La IVe Internationale et la guerre [1]

Dès 1933, dans les semaines qui avaient suivi la Déclaration des Quatre et le début du combat pour la IVe Internationale, Trotsky avait rédigé une contribution à la discussion programmatique intitulée « La Guerre et la IVe Internationale [2] ».

Il commençait par affirmer qu'à cette époque, définie par Lénine comme celle des « guerres et des révolutions », les mêmes processus étaient à l'œuvre qui avaient produit déjà la Première Guerre mondiale, « déclenchant la croissance des armements à un niveau technique supérieur et conduisant ainsi à une nouvelle guerre impérialiste dont le fascisme est l'artificier et l'organisateur le plus consistant [3] ».

La guerre qui vient sera, il en est convaincu, plus destructrice encore que la première et infiniment plus cruelle. Cette question est, à ses yeux, « la question clé pour la politique prolétarienne [4] ». Bien entendu, comme lors de la Première Guerre mondiale, les organisations ouvrières ne doivent pas se laisser prendre au piège de la « défense nationale » ou de la « guerre pour la démocratie ». Il faut affirmer avec force qu'une guerre opposant deux grandes puissances ne peut être en aucune façon une lutte entre « la démocratie et le fascisme », mais seulement une lutte entre deux impérialismes rivaux. La défense de l'État national est devenue, au sens le plus plein du terme, une tâche réactionnaire. Le devoir du prolétariat est de défendre l'U.R.S.S. contre l'agression impérialiste qui, en détruisant les conquêtes d'Octobre, rejetterait l'humanité en arrière. Il est aussi de combattre le fascisme et de défendre la démocratie par ses propres méthodes de classe, et en toute indépendance de sa propre bourgeoisie et de son gouvernement.

Ces conditions nouvelles exigent des positions nouvelles, et les camarades de Trotsky se plaignent qu'il ne place plus, du fait de la « défense de l'U.R.S.S. », le « défaitisme révolutionnaire » au centre de la stratégie prolétarienne devant la guerre. Il considère en effet comme probable qu'au cours du prochain conflit l'Union soviétique sera alliée à un État ou à un bloc impérialiste contre un autre : une telle alliance ne diminue pas la nécessité, pour le prolétariat, de défendre l'U.R.S.S. mais rend, en ce cas, plus impérative encore sa propre indépendance vis-à-vis de la bureaucratie soviétique. Il ajoute :

> « Le soutien inconditionnel de l'U.R.S.S. contre les armées impérialistes doit aller de pair avec la critique marxiste révolutionnaire de la guerre et de la politique diplomatique du gouvernement soviétique et avec la formation, à l'intérieur de l'U.R.S.S., d'un parti révolutionnaire authentique des bolcheviks-léninistes [5]. »

Il est évidemment impossible, précise-t-il, de savoir si la guerre éclatera avant que la IVe Internationale soit devenue une force réelle, mais ce qui est évident c'est que la seule façon de lutter contre la guerre, quel que soit le moment où elle éclate, c'est de commencer à lutter tout de suite pour construire la IVe Internationale. C'est une nécessité absolue pour donner à la guerre une suite révolutionnaire, en permettant à la révolution née de la volonté des masses de s'imposer plus vite et de vaincre plus sûrement.

***

Nous touchons ici un point névralgique de l'historiographie de Trotsky. Peu d'auteurs comprennent l'importance attachée par lui à la IVe Internationale : ils la minimisent ou la passent sous silence. Une édition de ses écrits sur la Seconde Guerre mondiale a même été – sans intention malveillante, semble-t-il – expurgée de tous les passages portant sur la IVe Internationale, comme s'il s'agissait d'affirmations rituelles sans rapport avec le reste de l'analyse ou des arguments *! Or, qu'il ait eu raison ou tort, c'est cette tâche que Trotsky plaçait au centre : la construction de la IVe Internationale était, pour lui, la clé des perspectives révolutionnaires.

Le 25 mars 1935, après des remarques concernant Rakovsky qui était son dernier lien avec l'ancienne génération révolutionnaire, il abordait cette question en assurant dans son *Journal d'Exil* :

> « Je crois que le travail que je fais en ce moment – malgré tout ce qu'il a d'extrêmement insuffisant et fragmentaire – est le travail le plus important de ma vie, plus important que 1917, plus important que l'époque de la guerre civile, etc. [6]. »

Après avoir examiné son rôle, qu'il ne minimise pas, pendant la période d'Octobre et la guerre civile, il répète, insiste et argumente :

> « Je ne peux pas dire que mon travail ait été irremplaçable, même en ce qui concerne la période 1917-1921. Tandis que ce que je fais maintenant est dans le plein sens du terme " irremplaçable ". Il n'y a pas dans

* Il s'agit de l'édition de son livre *Sur la Deuxième Guerre mondiale*, Seuil, 1974. Dans l'édition des mêmes textes dans les *Œuvres* (volumes 14 et 24) j'ai rétabli les passages supprimés.

cette affirmation la moindre vanité. L'effondrement de deux Internationales a posé un problème qu'aucun des chefs de ces Internationales n'est le moins du monde apte à traiter. Les particularités de mon destin personnel m'ont placé face à ce problème, armé de pied en cap d'une sérieuse expérience. Munir d'une méthode révolutionnaire la nouvelle génération, par-dessus la tête des chefs de la IIe et de la IIIe Internationale, c'est une tâche qui n'a pas, hormis moi, d'homme capable de la remplir. Et je suis pleinement d'accord avec Lénine (ou plutôt avec Tourguéniev) que le plus grand vice est d'avoir plus de cinquante-cinq ans. Il me faut encore au moins quelque cinq ans de travail ininterrompu pour assurer la transmission de l'héritage [7]. »

Nous avons déjà vu les premiers efforts déployés par Trotsky dans la voie de la IVe Internationale, Déclaration des Quatre, Lettre ouverte... Pour lui, l'approche de la guerre en rend plus impérieuse encore la construction : en aucun cas les révolutionnaires, pense-t-il, ne doivent renouveler l'erreur qu'ils ont tous commise avant 1914, ce refus de la scission qui les jeta dans la Première Guerre mondiale sans organisation, sans moyens et même sans drapeau. De ce point de vue, on ne peut qu'être frappé de l'indifférence avec laquelle il aborde, dans une lettre à Victor Serge en juin 1936, les aspects formels de cette construction :

« J'avoue ne pas comprendre ce que signifie " fonder " la IVe Internationale. Il existe dans différents pays des organisations qui luttent sous ce drapeau. Elles essaient de déterminer ensemble leur position sur tous les événements mondiaux. Elles sont en train de préparer un programme commun fondé sur des concepts pratiques et théoriques qui plongent leurs racines dans l'histoire. Peut-être un futur Riazanov pourra-t-il résoudre à loisir la question de savoir exactement quand la IVe Internationale a été fondée. En ce qui nous concerne, nous devons seulement développer notre travail [8]. »

A cette date, Trotsky a déjà mis en place l'organisation d'une conférence internationale dont l'objectif est de constituer les éléments d'une direction et d'adopter les bases pour l'élaboration d'un programme : ce sera la « conférence de Genève », tenue à Paris, salle Pleyel les 29, 30 et 31 juillet 1936. Nous avons, à son propos, souligné ailleurs que les récentes découvertes dans les papiers de Harvard mettent un terme définitif à la légende – mise en circulation par Pierre Frank et reprise par d'autres – selon laquelle cette conférence se serait opposée à une proposition de Trotsky de proclamer la IVe Internationale [9]. La réponse d'ailleurs se trouvait déjà dans des thèses rédigées par Trotsky pour cette conférence :

« Il est aussi futile qu'absurde de discuter si le moment est venu de la " fonder ". Une Internationale ne se fonde pas comme une coopérative, elle se crée dans la lutte. Les journées de juin [en France] donnent une réponse aux pédants qui discutent pour savoir si " c'est bien le moment ". La discussion est close [10]. »

La conférence internationale « de Genève » avait prévu la tenue dans les sept mois d'une nouvelle conférence, destinée à faire le point et à prendre des mesures d'organisation et de consolidation. Mais les conférences proposent et les développements historiques disposent : les procès de Moscou, l'internement en Norvège, le départ au Mexique, l'activité meurtrière renouvelée du G.P.U., avaient obligé à attendre beaucoup plus. Ce n'est finalement qu'avec la constitution aux États-Unis, au début de 1938, du Socialist Workers Party et l'achèvement de la rédaction par Trotsky du *Programme de Transition* – programme non de la IVe Internationale, comme on le dit souvent, mais de la IVe Internationale pour le passage à la révolution prolétarienne à partir de la crise de la société capitaliste – que les conditions sont jugées suffisantes par Trotsky pour convoquer une nouvelle conférence.

C'est son point de vue sur cette question qui s'exprime sans aucune ambiguïté dans la circulaire de convocation signée par le secrétariat international :

> « Ce sera en fait probablement notre dernière conférence internationale avant l'éclatement de la guerre mondiale et les événements révolutionnaires qu'elle engendrera inévitablement. Il nous faut faire un bilan de notre expérience, vérifier, confirmer, préciser notre programme et notre politique, consolider les bases idéologiques et organisationnelles de la IVe Internationale afin de pouvoir effectivement jouer le rôle que l'Histoire nous a confié. S'agira-t-il de poser la question de la " fondation " de la IVe Internationale? C'est une bien mauvaise façon de poser la question. Le processus de la formation de la IVe Internationale a commencé il y a bien longtemps et il ne se terminera pas dans un avenir proche. Il est en tout cas nécessaire que ceux qui, dans le monde entier, combattent pour le programme bolchevique de la IVe Internationale, construisent, consolident, élargissent leur organisation internationale, appliquent à l'échelle internationale le centralisme démocratique. Puisse la seconde conférence internationale constituer un nouveau pas en avant dans cette direction [11]! »

C'est le point de vue même exprimé à l'époque dans le *Programme de Transition* : « Naturellement, nous sommes une Internationale faible, mais nous sommes une Internationale. »

Trotsky a-t-il abandonné à ce moment l'idée selon laquelle les bolcheviks-léninistes ne sont qu'une fraction de l'Internationale qui se construit avec d'autres courants? Certainement pas. L'approche de la guerre contribue certes à leur isolement et au fait qu'ils soient, au terme de la première étape, les seuls à former les rangs de l'Internationale; il continue à penser que la phase supérieure qui suivra dans la période d'édification sera celle où les bolcheviks-léninistes constitueront une fraction – indispensable, mais une fraction seulement – de la IVe Internationale en construction.

Peut-être est-ce la position des délégués polonais – Sztokfisz et Lamed, en accord à cette époque avec Deutscher – qui a conduit les délégués de la « conférence de Lausanne » (tenue à Périgny le 3 septembre 1938) à adopter une position formelle sur la « fondation » de la IVe Internationale. Ces derniers estiment en effet qu'il ne saurait être question de dire qu'il « existe » une IVe Internationale ni que celle-ci soit « fondée » ou « proclamée », tant qu'elle ne compte pas dans ses rangs plusieurs « partis de masse »...

La majorité des délégués estime, pour leur part, nécessaire d'inclure dans les statuts qu'ils adoptent la décision de la « fonder », à la suite d'un bref débat et d'un vote formel, par 19 voix contre 1. Cela implique-t-il que Trotsky ait personnellement changé d'avis sur ce point? Il semble hasardeux de l'affirmer. On peut tout au plus supposer, avec George Breitman, que la lettre adressée par Trotsky à l'ancien dirigeant du P.C. tchécoslovaque Josef Guttmann et à ses amis par l'intermédiaire du Jiří Kopp, intitulée « Pour la IVe Internationale? Non. La IVe Internationale » a été comprise par ses camarades comme un encouragement à décider cette fondation formelle [12].

Sur cette question comme sur d'autres apparaît en tout cas avec une particulière clarté l'écart qui existait, du vivant de Trotsky, entre sa pensée politique et la traduction qu'en donnaient ses camarades, même les plus proches.

***

Les nouveaux grands textes de Trotsky sur la guerre sont précédés d'escarmouches à l'intérieur de la IVe Internationale révélant l'ampleur de certains désaccords dont l'existence était déjà apparue lors de l'élaboration des thèses sur « La Guerre et la IVe Internationale », où, finalement, il n'avait pas pu faire passer intégralement sa propre position et avait dû se contenter d'une formulation de compromis.

Nous avons déjà mentionné les textes dans lesquels Trotsky manifeste son hostilité résolue aux arguments des ultra-gauchistes américains qui préconisent en Espagne une politique « défaitiste » renvoyant dos à dos les armées de Franco et celles de Negrín. C'est à peu près au même moment qu'il intervient dans la discussion sur le conflit sino-japonais en se solidarisant avec Chen Duxiu :

> « S'il existe au monde une *guerre juste*, c'est bien la guerre du peuple chinois contre ses oppresseurs. [...] Les organisations ouvrières du Japon n'ont pas le droit d'être patriotes, mais celles de Chine l'ont [13]. »

Sur ce point, il est extrêmement net : la distinction doit être opérée entre pays oppresseurs et peuples opprimés. Dans la guerre d'agression lancée en 1935 par l'Italie de Mussolini contre l'Ethiopie du Négus Hailé Sélassié, les révolutionnaires doivent défendre le régime médiéval d'Ethiopie contre l'Italie impérialiste, tout en condamnant les « sanctions » prises par les autres impérialismes. Elle devrait, de même, se situer au côté d'un Brésil, même « fascisant », contre une Grande-Bretagne, impérialisme « démocratique ».

La discussion la plus vive est provoquée par une réponse de Trotsky, lors de son interrogatoire par la commission Dewey, à Stolberg, qui lui demande l'attitude qu'il préconiserait dans le cas d'une guerre où l'U.R.S.S. serait alliée à la France contre l'Allemagne. Il répond qu'il n'est pas question d'appliquer le « défaitisme révolutionnaire » : en France, il préconise l'agitation politique en vue de la révolution prolétarienne, tandis qu'en Allemagne il propose l'action de « sabotage de la machine militaire et de l'effort de guerre [14] ». Il est immédiatement vivement critiqué par le Belge Vereeken qui l'accuse de préconiser en France, pays allié à l'U.R.S.S., une politique d'union sacrée.

Le premier grand texte consacré à la prochaine Seconde Guerre mondiale porte le titre « Une Leçon toute fraîche. Sur le caractère de la guerre prochaine ». Il s'agit des accords de Munich. Sa première réaction, du 22 septembre, a porté presque exclusivement sur la signification de ces accords pour l'U.R.S.S. : Hitler, avec l'effondrement de la Tchécoslovaquie, a gagné une base contre l'U.R.S.S.; cet effondrement est aussi celui de cinq années de politique extérieure de Staline fondée sur « l'alliance des démocraties »; on peut être certain que Staline va maintenant chercher un accord avec Hitler [15].

Revenant sur la question le 10 octobre, Trotsky développe à nouveau le thème que la guerre qui se prépare a pour objectif un nouveau partage du monde. Il s'élève contre la conception diffusée dans la presse occidentale, selon laquelle il s'agirait d'une guerre « des démocraties contre le fascisme ». De ce point de vue, écrit-il, Munich a apporté un éclairage nouveau puisque l'alliance des quatre signataires de Munich – Allemagne et Italie, Grande-Bretagne et France – s'est, au fond, substituée au « front des démocraties ». C'est, en outre, avec la bénédiction desdites démocraties que le régime démocratique de la Tchécoslovaquie a été balayé au profit de la dictature militaire fascisante et pro-allemande du général Syrový [16].

Soulignant la faillite de la politique extérieure de l'U.R.S.S. stalinienne et le complet discrédit de l'Internationale communiste, Trotsky montre l'importance particulière revêtue par cette politique dans les pays coloniaux et semi-coloniaux, invités jusqu'à présent à soutenir une guerre des « démocraties » qui sont aussi les puissances coloniales qui les oppriment. Il signale aussi l'existence au sein des partis communistes de ce qu'il appelle le « com-chauvinisme », résultat, explique-t-il, de la corruption de ces partis par des années de liaison étroite avec leurs bourgeoisies nationales dans le cadre de la politique des Fronts populaires, dans lequel il voit un facteur de l'éclatement à venir de ces partis dans la Seconde Guerre mondiale [17].

***

Aucun des événements qui secouèrent le monde en 1939 ne surprit Trotsky. Il avait prévu à bref délai le début de la Seconde Guerre mondiale, qu'il savait inévitable depuis que les révolutions française et espagnole n'avaient pas réussi à inverser le courant. Il savait depuis Munich que l'U.R.S.S. était condamnée par la faillite de sa politique d'alliance avec les « démocraties », à rechercher désormais désespérément celle de l'Allemagne hitlérienne, et il avait tout au long de l'année relevé calmement et méthodiquement les indices qui s'accumulaient d'une prochaine conclusion d'un « pacte » germano-soviétique. Ce n'est d'ailleurs pas par hasard que c'est seulement le 4 septembre 1939 qu'il rédigea son premier commentaire public de ce pacte, conclu le 23 août précédent :

> « Pour attaquer la Pologne et pour faire la guerre à la Grande-Bretagne et à la France, Hitler avait besoin de la neutralité " amicale " de l'U.R.S.S., plus des matières premières soviétiques. Les pactes politique et commercial lui ont assuré les deux [18]. »

L'unique « mérite » qu'il voie dans le pacte est qu'il arrache le masque de la politique de Staline et de l'Internationale communiste, en les montrant engagés maintenant à la suite de l'entreprise hitlérienne de conquête.

Or les choses ne sont pas perçues de la même façon à ce moment par une fraction de la direction du S.W.P. des États-Unis, à qui le « pacte » apparaît comme une sorte de « révélateur » de la « nature de l'U.R.S.S. », un élément nouveau qui rendrait, par conséquent, nécessaire une profonde révision théorique sur ce point. Dès le 3 septembre, James Burnham a revendiqué la convocation d'un comité national pour « réexaminer la question russe ». Le 3 septembre, il a remis, en vue de la discussion, un texte dans lequel il explique que l'U.R.S.S. ne peut désormais plus être considérée comme « un État ouvrier en quelque sens que ce soit ». Le 18, il assure, dans une résolution présentée au comité national, que « par son invasion de la Pologne, l'Armée rouge participe intégralement à une guerre de conquête impérialiste » et que « cette évaluation de la guerre doit gouverner les éditoriaux et articles d'information de notre presse [19] ». Malgré l'indignation de Cannon, qui ne croit pas que le parti « puisse s'offrir le luxe d'une nouvelle discussion [20] », Trotsky s'engage dans le débat ainsi ouvert, qui s'étalera sur six mois et laissera exsangue la plus vivace et la plus active des sections de l'Internationale.

Pendant cette période, il se trouve totalement engagé dans la bataille interne du S.W.P. Outre d'innombrables lettres, il écrit plusieurs contributions personnelles à la discussion, à paraître dans les bulletins intérieurs, un total de 200 pages environ, dont l'essentiel a été publié en plusieurs langues, et en français sous le titre *Défense du Marxisme*. Partie de l'analyse de classe de l'État soviétique, l'opposition – que rejoint bientôt, à la douloureuse surprise de Trotsky, Max Shachtman, qu'il ne parvient pas à convaincre de venir discuter avec lui à Coyoacán – élargit bientôt le front de sa critique en attaquant ce qu'elle appelle le « régime » Cannon du S.W.P. De plus, elle opère, sous couleur de critique des « méthodes », ce que Trotsky considère comme une remise en cause des principes, à commencer par la dialectique.

C'est la première crise sérieuse de la IVe Internationale qui explose ainsi. Avec Shachtman et Abern à la tête de l'Opposition, elle est le signe du déchirement de la vieille garde et du noyau dirigeant aux États-Unis. Non moins grave est le fait qu'ils réussissent à grouper derrière eux le gros de la jeune génération gagnée au cours des dernières années et notamment dans la période de l' « entrisme » à travers l'activité des Jeunesses socialistes, l'Y.P.S.L. (Young People's Socialist League) organisation de jeunes conquise, précisément, sur le parti socialiste et à travers le « travail entriste ». C'est pour cette dernière que Trotsky a accepté et voulu la discussion, et qu'il s'oppose à tout ce qui pourrait l'interrompre prématurément. Il veut convaincre les jeunes, il veut regagner les anciens et manifestera par mille concessions qu'il est prêt à aller très loin pour empêcher une scission et préserver une unité qui lui permet d'argumenter et de convaincre. On décèle sans peine les divergences sur ce dernier point avec Cannon, pressé d'en finir avec les palabres d'intellectuels et qui invoque l'impatience des « ouvriers » pour clore un débat dont il ne veut pas. Trotsky a certes l'initiative politique et mène la discussion comme il l'entend, mais il n'a pas de possibilité d'intervention pratique ni le contrôle quotidien de ce combat fractionnel.

Son premier article sur l'U.R.S.S., « L'U.R.S.S. dans la guerre », daté du 25 septembre [21], reprend, à la lumière du pacte, le problème de la « nature sociale » de l'Union soviétique. Il s'étonne que des propositions de « révision » soient justifiées par « le pacte » qui n'apporte aucun élément nouveau sauf pour qui se situe sur les positions « antifascistes » de la veille de l'Internationale communiste.

Il souligne qu'à son avis ses critiques ne discutent finalement ni son analyse de la bureaucratie ni celle de ses rapports avec la société soviétique ou les travailleurs du monde : ils lui reprochent seulement la terminologie de ses conclusions : refusant de parler d' « État ouvrier dégénéré », ils exigent qu'on qualifie la bureaucratie de « classe dirigeante ».

Or il ne conteste pas que la bureaucratie soit « une nouvelle formation sociale extrêmement puissante ». Pour lui cependant, s'il fallait, comme Burnham, la caractériser comme une classe, ce ne pourrait en aucun cas être une classe comme les autres. Expliquant l'emploi du terme de « caste » – qui permet de souligner son « caractère fermé », son « despotisme » et sa « morgue » –, il dit que le seul problème est le suivant :

> « La bureaucratie constitue-t-elle une *excroissance* sur l'organisme social ou bien cette excroissance s'est-elle transformée en un *organe* historiquement nécessaire [22]? »

Pour lui, la question ne sera tranchée que par le développement historique :

> « Si cette guerre provoque, comme nous le croyons, la révolution prolétarienne, elle entraînera inévitablement le renversement de la bureaucra-

tie en U.R.S.S. et la résurrection de la démocratie soviétique sur des bases économiques et culturelles infiniment plus élevées qu'en 1918. Dans ce cas, la question de savoir si la bureaucratie stalinienne est une " classe " ou une excroissance [...] se résoudra d'elle-même. Il sera clair alors que, dans le processus du développement de la révolution internationale, la bureaucratie soviétique ne représentait qu'une rechute *épisodique*.

« Si l'on considère au contraire que la guerre actuelle va provoquer non la révolution mais le déclin du prolétariat, il n'existe plus qu'une issue à l'alternative. [...] L'incapacité du prolétariat à prendre en main la direction de la société pourrait effectivement dans ces conditions mener au développement d'une nouvelle classe exploiteuse issue de la bureaucratie bonapartiste et fasciste. Ce serait, selon toute vraisemblance, un régime de décadence qui signifierait le crépuscule de la civilisation [23]. »

Trotsky est cependant convaincu qu'il n'existe aucune donnée objective suffisamment convaincante pour contraindre à renoncer aux perspectives de révolution socialiste. C'est pourquoi il pronostique, dans les territoires polonais incorporés à l'U.R.S.S., une expropriation des grands propriétaires et une étatisation des moyens de production, dans la mesure où la bureaucratie ne veut ni ne peut partager pouvoir et privilèges avec les anciennes classes dirigeantes. Ce serait seulement si la bureaucratie s'accommodait, dans les territoires annexés, de l'existence de la propriété privée des moyens de production qu'il y aurait lieu de réviser l'appréciation sur l'U.R.S.S. et sa nature. Il en profite pour souligner que « l'expropriation des expropriateurs » dans les territoires occupés se fait sous une forme militaro-bureaucratique qui ne laisse aucun doute sur la détermination du régime « conquérant » de réprimer tout mouvement autonome des masses : de ce point de vue décisif, la politique de Moscou conserve son caractère réactionnaire. Il répète :

« Pour que la propriété nationalisée – dans les territoires occupés comme en U.R.S.S. – devienne une base de développement progressiste, c'est-à-dire socialiste, il faut renverser la bureaucratie de Moscou [24]. »

Sa conclusion est qu'il n'existe aucune raison de modifier la position de l'organisation à l'égard de l'U.R.S.S. : il importe seulement de préciser les tâches à la lumière de ce qui se passe à l'Est. Il est net :

« Nous devons formuler nos mots d'ordre de manière que les travailleurs voient clairement ce que nous défendons précisément en U.R.S.S. – la propriété d'État et l'économie planifiée – et contre quoi nous luttons sans merci – la bureaucratie parasitaire et son Internationale communiste.

« [...] La question du renversement de la bureaucratie soviétique est pour nous subordonnée à la question de la préservation de la propriété étatique des moyens de production en U.R.S.S. et que la préservation de la propriété étatique des moyens de production en U.R.S.S. est subordonnée pour nous à la révolution prolétarienne internationale [25]. »

Moins d'un mois plus tard, il revient sur les conceptions défendues par l'Italien Bruno Rizzi, dont il devine qu'il inspire les chefs de la minorité, et polémique contre la notion de « collectivisme bureaucratique ». Il n'accepte pas non plus que la politique extérieure de l'U.R.S.S. soit qualifiée d'impérialiste :

> « Dans la littérature contemporaine, au moins dans la littérature marxiste, on entend par “ impérialisme ” la *politique d'expansion du Capital financier*, qui a un contenu économique bien défini. Employer pour la politique du Kremlin le terme d'impérialisme, sans expliquer ce qu'on entend précisément par là, revient tout simplement à identifier la politique de la bureaucratie bonapartiste à celle du capitalisme monopoliste, sur la base du fait que l'un comme l'autre utilisent la force militaire à des fins d'expansion [26]. »

Dans la deuxième partie de la discussion, il s'efforce de déplacer l'accent vers la question du « matérialisme dialectique », que Burnham ne « reconnaît pas », et engage le débat sur cette question.

Invité par la commission parlementaire américaine, présidée par Martin Dies, sur les « activités non américaines », à lui donner son témoignage, Trotsky, soucieux d'utiliser, malgré l'anticommunisme de ses animateurs, une tribune qui porte loin et peut atteindre un très large public américain, accepte, tout en exigeant que l'audience ait lieu aux États-Unis, ce qui lui donnerait les moyens de la préparer sérieusement. Sa réponse a provoqué les déchaînements de fureur des staliniens – bien que les dirigeants du P.C. américain aient accepté de comparaître et de témoigner –, mais aussi une sévère censure de la part de James Burnham. Cet incident, le cours pris ensuite par le débat dans le S.W.P., le persuadent vite que c'est la pression de l'opinion publique américaine – très hostile au « pacte » – qui a poussé les minoritaires du S.W.P. à remettre en cause, au-delà de la « nature » de l'U.R.S.S., les principes de la IVe Internationale en même temps – il en est persuadé – que la perspective même de la révolution mondiale, au moins pour la majorité d'entre eux.

Malgré tous ses efforts, il n'arrive pourtant pas à susciter dans les rangs de la minorité le clivage qu'il souhaite. Burnham, qui n'a fait que répéter les théories de Rizzi, renonce bien vite à les défendre, rompt avec le marxisme et s'engage dans la voie qui le conduira, dans les années soixante, à l'extrême droite de la vie politique américaine, avec les « faucons » du républicain Goldwater. Les autres minoritaires resserrent leurs rangs autour de Shachtman, beaucoup se retirant tout simplement de l'activité politique.

La polémique menée contre Rizzi d'abord, contre Burnham et Shachtman ensuite ne manque pourtant pas d'intérêt. A propos de la partie orientale de la Pologne et des régions de Finlande occupées après l'attaque soviétique, il a constaté que l'occupation entraîne des transformations sociales et, au premier chef, le renversement de la propriété : demain, il faudra défendre contre Hitler ces changements et ces pays tels qu'ils sont devenus, quand bien même, comme il le pense, l'« État ouvrier contre-révolutionnaire » doive frapper les ouvriers finlandais et polonais. Le processus tourne court en Finlande où l'armée russe est contenue militairement. L'analyse de Trotsky apporte néanmoins une vive lumière sur les transformations contradictoires que connaîtront à la fin de la guerre les pays occupés par l'U.R.S.S., ces « pays du glacis » appelés à devenir les « démocraties populaires ».

On retiendra aussi comme le produit d'une bonne plume que nous connaissons bien l'analyse de l'origine sociale du scepticisme en matière théorique et de l'éclectisme en matière philosophique, fréquents chez les chefs de l'opposition du S.W.P., le poids aussi de l'empirisme, système de pensée propre à la société américaine, dans la façon de penser des militants américains qui se réclament pourtant du marxisme.

***

Ce n'est qu'au printemps de 1940, après la consommation de la scission du S.W.P. et la clôture de la discussion, que Trotsky peut se consacrer à d'autres thèmes que la défense des principes ou de la méthode dialectique, c'est-à-dire à l'exploration de la réalité de la guerre commencée depuis presque dix mois. Il n'aura pas le temps de mener jusqu'au bout sa réflexion, et c'est bien entendu ce qui rend incertaines les conclusions que l'on peut tirer de ces textes inachevés.

Naturellement, Trotsky est tout à fait convaincu – il l'a assez souvent écrit auparavant – que la guerre menace l'existence même de la civilisation humaine. Mais il souligne qu'il est désormais vain d'espérer y échapper. Cette guerre, aucune révolution ne peut plus désormais l'empêcher. Elle est devenue le creuset géant où, au prix d'indicibles souffrances pour des millions d'êtres humains, va naître la nouvelle vague de la révolution mondiale. Là s'arrête la ressemblance avec la guerre de 1914-1918, qu'elle va laisser loin en arrière du point de vue de l'horreur :

> « La guerre actuelle, nous l'avons dit plus d'une fois, n'est que la continuation de la dernière guerre. Mais continuation n'est pas répétition. En règle générale, une continuation signifie un développement, un approfondissement, une accentuation. Notre politique, la politique du prolétariat révolutionnaire à l'égard de la deuxième guerre impérialiste, est une continuation de la politique élaborée pendant la première guerre impérialiste, avant tout sous la direction de Lénine. Mais continuation ne signifie pas répétition. Dans ce cas aussi, une continuation est un développement, un approfondissement, une accentuation [27]. »

Pour lui, la différence est importante entre la politique des révolutionnaires dans le cours de ces deux guerres. Dans la première, non seulement le prolétariat mais son avant-garde ont été surpris, démunis de toute politique révolutionnaire, qu'il a fallu élaborer dans les pires conditions de dictature militaire de période de guerre. Mais les éléments révolutionnaires ne se sentaient pas eux-mêmes comme des candidats au pouvoir et l'ensemble de leur lutte dans cette période porte donc l'empreinte de son caractère avant tout défensif.

Et Trotsky fait une remarque probablement décisive pour sa pensée sur la guerre en relevant que l'attitude de refus de la défense nationale, parfaitement juste, répondait aux besoins de la propagande et de la formation de cadres, mais qu'elle était incapable de gagner les masses qui « ne voulaient pas d'un conquérant étranger [28]». Et ce ne sont pas les mots d'ordre contre la guerre, contre le militarisme, qui ont finalement gagné les masses russes, mais des réponses positives à leurs aspirations.

Pour lui, la différence essentielle entre la Première et la Seconde Guerre mondiale se trouve dans la situation objective, des contradictions aggravées et aussi dans l'expérience mondiale de la classe ouvrière qui sait maintenant que la révolution est nécessaire pour mettre un terme aux souffrances que lui inflige la guerre. Il écrit :

> « C'est cette perspective qui doit être à la base de notre agitation. Il ne s'agit pas simplement d'avoir une position sur le militarisme capitaliste et le refus de défendre l'État bourgeois, mais de la préparation directe pour la prise du pouvoir et la défense de la patrie socialiste [29]. »

Dans le *Manifeste* de la conférence dite d'« alarme » réunie en mai 1940 [30], entièrement rédigé par Trotsky, se trouvent rappelés toutes les analyses sur les causes et le caractère impérialiste de la guerre, les arguments des uns et des autres sur « la défense nationale », la « lutte pour la démocratie », la « défense de la race », l'« espace vital » ou « l'ordre nouveau », le danger qui menace l'U.R.S.S. et la nécessité de sa défense et du « renversement révolutionnaire de la clique bonapartiste stalinienne ». Trotsky étudie ensuite la place dans la guerre des « peuples colonisés », celle de l'Inde, de la Chine, de l'Amérique latine. Il analyse la politique des grandes organisations ouvrières, IIe Internationale, IIIe Internationale, dans les métropoles comme dans les colonies, et débouche sur la perspective de la révolution mondiale et de la IVe Internationale, la seule, dit-il, dont la politique de temps de guerre renforce et continue celle du temps de paix. Il y affirme avec force :

> « Cette guerre n'est pas notre guerre. [...] La IVe Internationale édifie sa politique non sur la fortune des armes des États capitalistes, mais sur la transformation de la guerre impérialiste en guerre civile, une guerre des ouvriers contre les capitalistes, sur le renversement des classes dominantes dans tous les pays, sur la révolution socialiste mondiale [31]. »

Trotsky, au moment où il fut assassiné, venait juste d'avoir la possibilité d'entrevoir ce qu'allait être l'« Europe brune ». Aux rodomontades des nazis qui annonçaient leur règne pour mille ans, il répondait avec assurance qu'ils n'en avaient tout au plus que pour dix ans. En même temps, il avait clairement vu ce qu'allait signifier leur règne, pour les millions de travailleurs européens sous la botte. L'aspect positif sur lequel les révolutionnaires doivent prendre appui, c'était la haine des masses ouvrières contre Hitler, « une haine sentimentale mêlée à des sentiments de classe confus [32] », une haine de classe contre les bandits victorieux.

Il propose à ses camarades américains de s'appuyer sur ce même sentiment, qui prévaut aussi chez les travailleurs des États-Unis. Ils sont pourtant visiblement interloqués quand il les invite à revendiquer pour les syndicats la formation et l'instruction d'officiers ouvriers, la préparation militaire des travailleurs sous contrôle syndical. En fait, il les appelle à envisager toutes les formes nouvelles de la « société militarisée » dans lesquelles ils vont se trouver maintenant insérés. Ces revendications de militarisation et de contrôle en même temps, vont, selon lui, de pair avec le mot d'ordre agitatif autour duquel ils doivent regrouper les plus grandes masses : « Nous voulons lutter contre le fascisme, mais pas à la façon de Pétain [33]. »

Il faut placer sur le même plan le souci, presque obsessionnel, manifesté par Trotsky, que les révolutionnaires, devenus « militaristes » – il précise « militaristes socialistes révolutionnaires prolétariens » – ne puissent en aucun cas être confondus avec les « pacifistes ». Le sort de l'humanité va se régler les armes à la main, et les révolutionnaires doivent être capables de les manier et d'organiser leur propre lutte « militarisée ».

Après la chute de la France – qu'il ne considère pas comme un simple épisode, mais comme la première phase d'une catastrophe européenne menaçant effectivement la civilisation –, il écrit, le 30 juin 1940, un article dans lequel il esquisse pour l'Europe une perspective de développement qui passe par le soulèvement des masses contre l'occupant et la lutte armée :

> « Dans les pays vaincus, la position des masses va être immédiatement aggravée. A l'oppression sociale s'ajoute l'oppression nationale, dont le fardeau principal est supporté par les ouvriers. De toutes les formes de dictature, la dictature totalitaire d'un conquérant étranger est la plus intolérable [34]. »

Comprenant que les nazis vont tout de suite chercher à exploiter l'appareil industriel et les ressources naturelles des pays occupés, il entrevoit la paupérisation qui sera le corollaire de cette surexploitation, la résistance ouvrière et paysanne à laquelle elle ne pourra pas ne pas se heurter :

> « Il est impossible de placer un soldat armé d'un fusil auprès de chaque ouvrier et paysan polonais, norvégien, danois, néerlandais, français [35]. »

C'est de ces conflits que va naître selon lui la révolution européenne :

> « On peut s'attendre avec certitude à la transformation rapide de tous les pays conquis en des poudrières. Le danger est plutôt que les explo-

> sions ne se produisent trop tôt sans préparation suffisante et risquent de conduire à des défaites isolées. Il est en général impossible pourtant de parler de révolution européenne et mondiale sans prendre en compte des défaites partielles [36]. »

Ce qui menace Hitler, c'est donc « la révolution prolétarienne dans toutes les régions de l'Europe [37] ». Trotsky voit se dessiner « l'appauvrissement et le désespoir des masses laborieuses [...], leurs tentatives de résistance et de protestation, tout d'abord voilées, puis de plus en plus ouvertes et hardies », la répression des troupes d'occupation et du rôle de « pacificateurs »-oppresseurs qui provoquera, dans un premier temps, leur démoralisation et à terme leur décomposition inéluctable.

Plutôt que sa vision des luttes de masses en Europe occupée, contre la double oppression nationale et sociale, ceux qui tiennent Trotsky pour un prophète retiendront ses analyses qui concernent la durée de la guerre et de la domination des nazis, le caractère inévitable de l'attaque allemande contre l'U.R.S.S. et de l'intervention des États-Unis, sonnant le glas de l'Europe allemande. Contentons-nous de relever que ni l'une ni les autres n'ont laissé de trace importante dans la littérature historique qui porte sur la Seconde Guerre mondiale.

CHAPITRE LX

L'hallali [1]

Trotsky a vécu les derniers mois de sa vie dans la maison de l'avenue Viena à Coyoacán. Natalia Ivanovna l'a décrite telle que les visiteurs actuels du Museo León Trotsky qu'elle abrite, ne la verront jamais, puisqu'elle est maintenant dominée par des bâtiments modernes à plusieurs étages :

> « Une grande maison en ruine, que l'on a reconstruite très simplement, entourée d'un jardin assez spacieux où des vieux arbres sont, le matin, pleins de pépiements d'oiseaux. L'endroit est désert : d'un côté un large ruisseau, le plus souvent à sec, de l'autre une chaussée poussiéreuse et quelques masures mexicaines en adobe *. Un mur que nous avons surélevé entoure notre domaine. Le visiteur entre par une solide porte de fer qui n'est ouverte, par un jeune camarade, que sur indication précise et après qu'il a examiné le visiteur par un judas. Dehors, la police a fait construire, à trente pas de l'entrée une *casita* de briques, pourvue d'une meurtrière. Des agents veillent là sur notre sécurité [2]. »

Le jardin, dominé par des arbres feuillus est plein d'agaves et de ces cactus barbus, les *viejitos,* que Trotsky affectionne et qu'il cherche, contre leur gré apparemment, à acclimater dans son jardin.

Dans la maison proprement dite, une bibliothèque-secrétariat : livres, journaux, machines à écrire, où travaillent les collaborateurs. A côté, la salle à manger, « grande table en bois blanc, chaises peintes du style hispano-indien, placards », écrit Natalia, qui poursuit :

> « Le cabinet de travail de L.D. [...] est une pièce carrée, haute de plafond, bien éclairée, bien aérée, meublée du strict nécessaire. Table en bois blanc, casiers à livres en face, téléphone, c'est tout. Parmi les livres, les œuvres de Lénine, reliées de toile rouge et bleue [3]. »

* L'adobe est une brique cuite au soleil.

Tel est le cadre dans lequel l'exilé poursuit sa tâche et son exil. Natalia Ivanovna parle de son emploi du temps :

« L. D. se lève de bon matin : la lumière est alors fraîche, le ciel invariablement radiant ne flambe pas encore. Il se donne un moment de détente pour commencer la journée, en allant nourrir les lapins et les poules. Il jette un coup d'œil aux cactus fraîchement apportés du Pedregal, ce désert de laves chaotiques et brûlantes où il est allé les choisir. Ces étranges plantes, résistantes et guerrières, lui plaisent. Puis il s'isole dans son cabinet de travail pour n'en plus sortir qu'aux heures des repas. Le travail presse et toute la vie de l'homme se concentre sur le travail : correspondance, articles, livres, notes pour des écrits projetés. Le plus souvent, il dicte à une secrétaire russe [4]... »

Trotsky a dépassé la soixantaine. « Il est seul », écrit Natalia Ivanovna, qui a cette phrase terrible : « Nous cheminons dans le petit jardin tropical de Coyoacán entouré de fantômes aux fronts troués [5]. » Elle a raconté à Victor Serge :

« J'entendais parfois L. D., seul dans son cabinet, pousser un profond soupir et se parler à lui-même : " Quelle fatigue ! Quelle fatigue ! " murmurait-il, " je n'en peux plus"... Il ne l'eût dit à personne. L'humiliation insensée, la défaite morale des vieux révolutionnaires qu'il aimait, qui étaient morts en l'accablant et en s'accablant eux-mêmes d'infamie le ravageaient d'une peine inextinguible. Un Rakovsky finissant sa noble vie en prison, aux prises avec sa conscience, comme L. D. l'aimait, tout en lui reprochant une certaine légèreté de caractère, une certaine insouciance dans la vaillance ! Ivan Nikititch Smirnov, l'inébranlable Sosnovsky, Mouralov, qui écrivait autrefois que les flots de l'Irtych se mettraient à remonter de la mer vers leur source avant qu'il n'abjurât ! Un Kamenev bolchevique, au tempérament d'universitaire libéral, si dévoué pourtant ! Tous morts d'une mort atroce, tous s'étant trahis eux-mêmes, tous trahissant la conscience de la révolution ! L. D., seul, prononçait parfois leurs noms [6]... »

Témoignage capital. Trotsky certes, suivant sa propre expression, ne connaissait pas de « tragédie personnelle [7] », mais la tragédie de la révolution, celle de l'humanité, pesaient terriblement lourd sur ses épaules d'homme.

Il continue pourtant, avec le sentiment d'être l'unique survivant d'une armée anéantie, l'homme sur qui repose le destin de préserver son héritage et sa mémoire : responsabilité d'autant plus écrasante qu'il a le sentiment aigu d'être un mort en sursis.

Quelques années plus tôt, dressant dans son *Journal d'Exil,* à Domène, une sorte de bilan de la haine de Staline contre lui, il avait écrit d'avance sur son propre assassinat :

« Staline paierait cher, à l'heure qu'il est, pour rapporter la décision qui m'a exilé à l'étranger; comme il serait content de monter un procès " spectaculaire " ! Mais on ne fait pas revenir le passé et il ne reste qu'à

> chercher d'autres moyens [...] en dehors d'un procès. Il va de soi que Staline les cherche. [...] Mais le danger d'être démasqué est excessivement grand : la méfiance des travailleurs d'Occident à l'égard des machinations de Staline n'a pu que s'accentuer depuis l'affaire Kirov. Un acte terroriste (selon la plus grande probabilité avec la coopération des organisations blanches au sein desquelles le G.P.U. a nombre d'agents à lui, ou avec l'aide des fascistes français auxquels il n'est pas difficile de trouver accès), Staline y recourra à coups sûr dans deux cas : si la guerre menace ou si sa propre position empire à l'extrême. Il peut certes y avoir un troisième ou un quatrième cas. [...] Qui vivra verra. Si ce n'est nous, ce seront d'autres [8]. »

Bien des choses avaient changé depuis qu'il avait écrit ces lignes le 20 février 1935. Sur plusieurs points importants, son pronostic avait été sévèrement démenti : Staline n'avait pas, à partir de 1936, reculé devant de nouvelles machinations et s'était même dépassé lui-même avec les procès de Moscou. L'expérience de la guerre d'Espagne avait élargi le champ de recrutement de ses tueurs et lui permettait désormais de ne pas reposer exclusivement sur sa main-d'œuvre blanche. Mais le début de la guerre européenne, la menace directe sur l'U.R.S.S. depuis que l'Allemagne se libérait les mains à l'ouest étaient bien là pour le presser de passer à l' « acte terroriste » auquel il s'était apparemment déjà résolu. En fait, Trotsky était condamné à mort, au plus tard après le pacte germano-soviétique.

***

Les tentatives d'assassinat du « Vieux » ont toujours été à l'ordre du jour des inquiétudes de ses camarades. Dans la première période de son exil, nous avons vu que deux tentatives peuvent être prises en considération, émanant toutes deux de tueurs blancs manipulés par le G.P.U. : celle du groupe Turkul, puis celle de Larionov. Il semble que le service n'ait jamais réussi à localiser leur cible. Ce qui était probablement sa bande principale à Paris paraît à nos yeux en 1935, après le départ de France de Trotsky : c'est le groupe d'Efron, qui a filé Sedov et préparé son enlèvement à Antibes, assassiné Ignace Reiss et tenté d'empoisonner sa femme et son enfant. Mais la bande avait aussi Trotsky en point de mire.

C'est sur un bateau pour le Mexique, en mars 1937, que Roland Abbiate, l'un des tueurs, s'empare de l'identité d'un touriste américain, C. G. Quinn [9], et bien des indices suggèrent qu'Abbiate s'est de nouveau rendu au Mexique après le meurtre de Reiss : c'est là que sa trace se perd.

Au Mexique, avant 1940, une seule alerte véritable se produit, en février 1938. Un inconnu s'est présenté avec des paquets d'engrais, destinés, dit-il, au jardin de Diego Rivera et envoyés par le général Múgica. En l'absence de Trotsky, la garde refuse les paquets et invite le visiteur à revenir le lendemain. Dans l'intervalle, on a vérifié que le général n'a envoyé personne, et l'homme ne reparaît pas.

En revanche, il y aura de nombreuses alertes provoquées par la venue ou la présence au Mexique d'individus suspects d'appartenir aux services. On se préoccupe beaucoup, en 1938, d'un ancien chauffeur de taxi de Philadelphie qui a dû entrer dans les services aux États-Unis, et a purgé une peine de prison à Copenhague, George Mink. L'anarchiste italo-américain Carlo Tresca l'accuse formellement d'avoir organisé plusieurs des meurtres de Barcelone, sous le nom d'Alfred Herz, et d'avoir assassiné à New York l'ancienne militante Juliet Stuart Poyntz [10]. On a de lui une photo que les amis de Trotsky diffusent et sur laquelle les gardes s'exercent au tir [11]. On annonce qu'on l'a vu à Veracruz puis en Californie [12]; il disparaît. Le chef du F.B.I. J. Edgar Hoover, va prétendre, en 1940, que Mink a été tué au Mexique par un groupe de trotskystes dirigé par J. Hansen et que son cadavre a été jeté dans le cratère d'un volcan [13]... Un chercheur allemand soutient aujourd'hui, avec des arguments qui se tiennent, que cet homme n'était pas Mink et que Mink n'était pas Herz [14]...

La correspondance de Trotsky jusqu'en 1939 est riche de communications et d'informations concernant les voyages en direction du Mexique de personnes considérées comme suspectes. Certains voyageurs seront épinglés par la presse trotskyste mondiale, comme l'instituteur français Georges Fournial, que *Socialist Appeal* accuse d'être venu au Mexique chargé d'une mission qui a trait aux projets d'assassiner Trotsky [15].

Mais ce contrôle militant, avec bien des caractères d'amateurisme, devient inopérant avec l'ouverture du Mexique aux anciens d'Espagne, selon les critères déterminés par l'ambassade du Mexique à Paris et l'ambassadeur, ancien ministre et compagnon de route, Narciso Bassols.

Dès lors, comme l'a prévu Trotsky, le Mexique grouille d'hommes susceptibles d'être des agents ou qui ont été démasqués comme tels, ce qui ne les empêche pas d'être admis dans le pays où les services disposent incontestablement d'importantes complicités. Outre les Mexicains déjà mentionnés, autour du peintre David Alfaro Siqueiros, on peut citer l'ancien consul général à Madrid, Lev Haikiss, qui appartient au personnel de l'ambassade soviétique, le haut fonctionnaire du G.P.U., N.Ia. Eitingon, déjà entrevu à Paris, toujours avec sa compagne, la communiste catalane Caridad Mercader, l'Italien Vittorio Vidali, poursuivi depuis les États-Unis et l'Espagne – où il a été « le commandant Carlos » du 5e régiment – et sa compagne Tina Modotti – Maria Ruïz dans les Brigades internationales – où elle contrôlait les « cadres ». Ces gens-là sont entrés très discrètement, et il faudra des semaines d'enquête pour découvrir leur présence.

D'autres sont repérés, plus ou moins connus, parfois confondus avec d'autres. Citons le Vénézuélien Enrique Martínez, dit Rique, venu des États-Unis, l'Italien Carlo Codevilla, ancien garde du corps de Gramsci, entré au G.P.U en U.R.S.S., actif en Espagne, et que l'on confond avec l'envoyé de l'Internationale, l'Italo-Argentin Vittorio

Codovilla. Diego Rivera dénonce aussi très spectaculairement Santiago Garcès, très connu à Madrid, un agent du S.I.M. – Servicio de Investigación Militar –, le service de renseignements de l'armée infiltré, sinon contrôlé par le G.P.U. au cours de la guerre civile.

Ramón Mercader, lui, n'est pas encore là. Il prend son temps. C'est peu avant le début de la guerre qu'il a quitté à Paris ses amis Béranger, en leur laissant entendre qu'il va remplir une mission importante dans le Nouveau Monde. Cet intéressant jeune homme, très attaché à sa mère, a été sans doute recruté par elle et a bénéficié de la protection d'Eitingon. Après des opérations de sabotage en Espagne dans des unités spécialisées et une blessure au bras, il a séjourné environ une année en U.R.S.S. où il a vraisemblablement reçu une formation spéciale. Le soin avec lequel a été préparée, à New York, sa rencontre avec la jeune militante trotskyste Sylvia Ageloff montre non seulement qu'il s'agit d'un agent important et que c'est Trotsky qui est dans sa ligne de mire. Faut-il ajouter que Daniel Béranger, qui a introduit en 1935 deux dirigeants des J. C. russes, venus clandestinement en France, auprès du dirigeant des Jeunesses socialistes de la Seine, Fred Zeller, n'était pas, dans l'appareil, un petit poisson ?

C'est un soir d'août 1938 que Van, sur la base d'informations en provenance du P. C. qui lui ont été apportées par Octavio Fernández à la suite d'une entrevue avec Garciá Treviño, tape un rapport résumant d'importants éléments d'information [16].

Il apparaît d'abord que le comité central du P.C.M., qui vient de se réunir, a été avisé, par l'intermédiaire du P.C. américain et de Browder, qui est son intermédiaire avec l'Internationale, qu'il a été décidé de renforcer sérieusement l'action contre Trotsky et les trotskystes, allant jusqu'au recours à l' « action directe ». Il apparaît également que Hernán Laborde, secrétaire du P.C.M., a été l'objet d'une convocation du P.C. des États-Unis pour y recevoir des instructions concernant cette affaire et qu'il a dû passer quelque temps dans la clandestinité pour échapper à la curiosité des agents américains. Le C.C., précise Van dans son rapport, a décidé de « pousser la campagne anti-Trotsky et anti-trotskyste jusqu'à la liquidation physique des objectifs, T. et ses amis [17] ». Trotsky prévient le S.W.P. [18].

Le 8 septembre 1938, l'avocat nord-américain de Trotsky, Albert Goldman, fait sur cette question une déclaration à la presse. Après avoir rappelé les enlèvements et la mort de Wolf et Klement, la mort suspecte de Sedov, il assure que « le G.P.U. est maintenant déterminé à faire un effort désespéré pour se débarrasser de Trotsky lui-même ». Il donne les informations que lui a transmises Van et précise qu'une « campagne doit être menée par le Parti communiste avec l'aide de hauts fonctionnaires du ministère mexicain de l'Éducation et par Lombardo Toledano qui, au cours de son récent séjour en Europe, a reçu toutes les instructions nécessaires [19] ».

La campagne contre Trotsky, qui s'intensifie en effet à partir de cette date, est surtout menée par la presse de la C.T.M., la revue mensuelle *Futuro* et le quotidien *El Popular*. Le thème est évidemment celui des procès, Trotsky étant présenté comme « traître aux intérêts du peuple » et « complice du fascisme ». Pourtant l'accusation de complicité avec l'Allemagne ne suffirait pas à créer autour de Trotsky un cordon d'isolement. C'est la commission Dies qui va fournir l'occasion d'une attaque plus décisive. Entendus par elle au lendemain du pacte, les dirigeants du P.C. américain Browder et Foster n'ont pu s'en tirer qu'en attaquant frénétiquement Trotsky et en le qualifiant d'ennemi de la démocratie et de saboteur de la paix. Dies saisit la balle au bond, téléphone d'abord pour inviter Trotsky, puis télégraphie, en lui demandant « une histoire complète du stalinisme » et en l'assurant qu'il pourra répondre aux accusations de Browder et Foster [20].

Trotsky et ses amis se concertent. Leur conclusion est nette : il faut utiliser la commission Dies, commission parlementaire, pour « expliquer aux travailleurs la dégénérescence stalinienne et pour porter un coup à la politique réactionnaire de Dies [21] ». Trotsky exige des garanties : audiences aux États-Unis, proximité de grandes bibliothèques [22]. La négociation est interrompue quand l'agence United Press annonce tout bonnement que Trotsky va déposer sur... l'activité des P.C. d'Amérique latine en relation avec l'expropriation pétrolière ! Trotsky dément aussitôt, et le consul des États-Unis l'informe qu'il n'aura pas de visa.

Que s'est-il réellement passé ? Certains ont émis l'hypothèse d'une provocation stalinienne par l'intermédiaire de l'agence, voire de la commission, où il y a plusieurs personnages suspects. La vérité est sans doute plus prosaïque. Le Département d'État juge imprudente l'initiative de Dies, estime dangereux de donner à Trotsky une tribune de cette importance, et prie Dies de reculer. Ce dernier annule tout, par le biais des dépêches d'United Press, puis annonce qu'il va envoyer ses enquêteurs auprès de Trotsky, à quoi ce dernier rétorque qu'il ne les recevra pas : l'affaire est réglée.

En fait la campagne commence. Dès janvier 1940, *Futuro* dénonce l'invitation de Dies et l'acceptation de Trotsky, indiquant que ce dernier s'est ainsi démasqué en tant qu'agent de l'impérialisme yankee. Le communiste paraguayen Oscar Creydt Abelenda reçoit mission d'expliquer dans *Futuro* comment Trotsky, ancien agent de la Gestapo, a été chassé par cette dernière à cause des liens nouveaux qu'il a noués avec l'impérialisme nord-américain par l'intermédiaire de la commission Dies [23] ! Analysant la prose des journalistes payés pour l'insulter à longueur de colonnes, Trotsky aura cette formule brève, mais éloquente : « C'est ainsi qu'écrivent des gens qui sont sur le point d'échanger la plume contre la mitraillette [24]. »

Le deuxième aspect de la préparation politique de l'assassinat est lié à la direction du P.C. mexicain. Comme Trotsky l'a supposé à l'époque et comme les *Mémoires* de Valentin Campa l'ont confirmé depuis [25], la direction du P.C.M. – essentiellement Laborde et lui – émettent des réserves sur le projet de meurtre, en raison d'éventuelles « complications », alors qu'ils le considèrent comme « politiquement vaincu ». Le G.P.U. ne pouvait supporter pareille audace de leur part, et c'est probablement à la suite de cette résistance, pourtant timide, que la décision fut prise d'écarter les deux hommes de la direction et de préparer une sévère épuration afin de soumettre complètement le parti mexicain aux décisions de Moscou.

Ce fut l'œuvre du congrès extraordinaire tenu du 12 au 16 mars 1940, au cours duquel fut consacré le spectaculaire renversement politique du P.C. mexicain vis-à-vis de Roosevelt et du gouvernement des États-Unis, l'élimination de Laborde et de Campa et l'exclusion des éléments « traîtres, diviseurs, fractionnistes, trotskystes, ennemis du peuple, agents du fascisme, almazanistes et corrompus », qui s'y étaient « infiltrés ». L'épuration semble avoir été menée sous la férule de l'envoyé de l'I.C., Codovilla, avec la collaboration de Carlos Contreras, l'*alias* mexicain traditionnel de Vittorio Vidali, depuis 1928.

Le 19 mai 1940, *La Voz de Mexico,* organe central de ce P.C. normalisé, consacre au « vieux traître », comme a écrit un jour Lombardo Toledano, un article d'une extrême violence qui se termine par l'exigence de son expulsion du Mexique pour « ses actes antiprolétariens et antimexicains ».

Le 24 mai 1940, à quatre heures du matin, c'est l'attaque d'un commando armé contre la maison de Trotsky...

***

Quatre voitures, chargées d'une vingtaine d'hommes au total, venant chacune d'un point de rassemblement différent, convergent vers la villa de Coyoacán. Les hommes qui en descendent sont vêtus d'uniformes de l'armée ou de la police, armés de revolvers et de mitraillettes et certains de grenades. Leur chef, en uniforme de commandant, arbore une grosse moustache et des lunettes noires. Les policiers de service ne sont pas tous là, quelques-uns ayant répondu à l'invitation de deux jeunes femmes du voisinage qui ont donné une petite fête bien arrosée en raison de leur départ. Les restants sont désarmés sans avoir eu le temps de réagir, par les arrivants qui crient : « Vive Almazán ! » – le nom du candidat de droite aux élections présidentielles.

Le commando, visiblement très bien préparé, sait où il va. Il coupe à l'extérieur les fils du téléphone et ceux qui relient la maison au commissariat de police. Il n'y a personne dans la tour, contrairement au règlement de sécurité de la maison, et le jeune Américain de garde, un nouveau venu du nom de Bob Sheldon Harte, aurait, selon les enquêteurs, ouvert la porte au premier coup de sonnette. Était-il complice, en ce cas ? Ou aurait-il reconnu l'un des assaillants, à sa voix ou à son visage ? On ne le saura jamais. Trotsky défendra jusqu'au bout ce collaborateur qu'il connaît mal. Natalia le connaît mieux, elle le décrit affectueusement : « Vingt-trois ans, un jeune homme blond aux traits fins, idéaliste, épris du Mexique, il aimait voir vivre, dans une volière, les oiseaux aux vives couleurs [26]... »

Aussitôt entrés, en tout cas, les assaillants occupent les positions qui leur ont, de toute évidence, été assignées avant l'attaque. L'un d'eux tire une rafale d'avertissement sur la baraque des gardes, prise sous le feu d'une Thomson à la moindre tentative de sortie.

Le groupe principal, lui, se dirige sans perdre de temps vers la chambre à coucher de L. D. et de Natalia. Sans essayer d'y pénétrer, car ils déclencheraient contre eux un tir automatique en essayant de forcer l'entrée de l'extérieur, ils tirent par la fenêtre, arrosant de balles les deux pièces pendant plusieurs minutes. Puis, ayant lancé des grenades incendiaires, ils se replient en bon ordre, non sans avoir laissé derrière eux une bombe à retardement. Ils emmènent avec eux le garde américain Bob Sheldon Harte, qu'ils font monter dans une de leurs voitures, et emmènent également les deux autos de la maison qu'ils abandonnent un peu plus loin.

Trotsky a vécu l'attentat dans sa chambre. Il dormait à l'arrivée des tueurs et raconte :

> « Je dormais profondément [...]. Réveillé par le crépitement de la fusillade, mais l'esprit encore très brumeux, j'imaginai d'abord qu'on célébrait la fête nationale avec des pétards. [...] Mais les explosions étaient trop proches, dans la pièce même, tout près et au-dessus de ma tête. L'odeur de la poudre devenait plus âcre, plus pénétrante. De toute évidence, il était en train de se produire ce à quoi nous nous étions toujours attendus : on nous attaquait. Où étaient donc les policiers postés à l'extérieur ? Et les gardes de l'intérieur ? Ligotés ? Enlevés ? Tués ? Ma femme avait déjà sauté du lit. La fusillade continuait sans arrêt. Ma femme m'a dit plus tard qu'elle m'avait poussé à terre, me faisant glisser dans la ruelle. C'était parfaitement exact. Elle était couchée sur moi, le long du mur, comme pour me protéger de son corps. A voix basse et par gestes, je la convainquis de s'aplatir sur le sol. Les coups de feu venaient de tous les côtés, il était difficile de voir exactement d'où... Des éclats de verre des fenêtres et du plâtre des murs sautaient dans tous les sens. Un peu plus tard, je sentis que j'étais légèrement blessé à la jambe en deux endroits. Au moment où la fusillade s'éteignit, nous entendîmes notre petit-fils crier dans la pièce voisine : “ Grand-père ! ” La voix de cet enfant dans les ténèbres sous la fusillade reste le souvenir le plus tragique de cette nuit [27]. »

Siéva était en réalité blessé au gros orteil. Alors que retentissaient des coups de feu tirés par les hommes qui s'éloignaient en couvrant leur retraite, Natalia étouffe les flammes des bombes incendiaires avec une couverture et se brûle assez gravement...

Mais l'incroyable s'est produit. L'attentat, bien préparé, sans aucune erreur, a été réalisé et mené d'un bout à l'autre... et Trotsky n'est pas mort, il n'est même pas sérieusement blessé. Les organisateurs ont certes réussi à replier leurs hommes sans être identifiés, mais l'opération dans la presse a été menée de façon à couvrir un attentat réussi. Son échec exige que tout soit repris à zéro; il faut nier qu'il s'agit d'un attentat si l'on veut préserver des chances de recommencer. Le premier réflexe de la presse complice est de nier toute participation et de répéter les vieilles calomnies. Les assaillants, selon *El Popular,* sont des « éléments provocateurs chassés de la police et de l'armée [28] »; ils ont agi afin de préparer l'opinion à de véritables attentats contre les organisations ouvrières et leurs dirigeants, et il s'agit d'une manœuvre grossière pour que l'attentat soit imputé au gouvernement soviétique.

Le 29 mai, un communiqué du P.C.M., publié dans *El Popular,* atteint sans doute le comble du cynisme; dans le cadre de l'explication selon laquelle l'attentat est l'œuvre de la réaction, il explique que cette provocation doit être sanctionnée... par l'expulsion de Trotsky du Mexique [29].

C'est à peu près à ce moment-là que se produit un tournant dans l'attitude des enquêteurs. Stupéfait du calme de Trotsky, qui a immédiatement désigné le G.P.U comme responsable de l'attaque et s'est remis immédiatement au travail, ahuri qu'un tel effort ait abouti à un résultat aussi piètre, ne s'expliquant pas l'inaction des gardes, qui n'ont pas tiré un seul coup de feu, impressionné par les déclarations de la cuisinière, qui suggèrent une mise en scène, et par le témoignage des policiers, qui assurent que l'Américain de garde est parti de son plein gré avec les assaillants, le général Sanchez Salazar, chef des services secrets, qui dirige l'enquête, fait arrêter pour interrogatoire deux des gardes de Trotsky [30].

Les hommes du G.P.U. ont-ils eux-mêmes mis en circulation l'idée de l' « assaut simulé » ? Ont-ils, au contraire, rapidement saisi au vol un hypothèse ? La cuisinière était-elle dans leur jeu ? Il est impossible de répondre à ces questions, mais on voit bien ce qui suit... Le 30 mai, on annonce l'arrestation, dans le cadre de l'enquête, du chauffeur de Diego Rivera, vu dans les parages le soir de l'attentat. Le soir même, à un meeting, plusieurs orateurs du P.C.M. et de la C.T.M lancent la théorie de l'agression simulée, l'*auto-asalto.* Un dirigeant du P.C.M., Enrique Ramirez y Ramirez, assure :

> « Trotsky s'est attaqué lui-même avec l'objectif de faire apparaître les communistes mexicains comme des terroristes [31]. »

Trotsky ayant protesté contre cette affirmation stupide, le député Luis Lombardo Toledano, frère du secrétaire général de la C.T.M., l'accuse d'avoir insulté la police [32] ! Mais les enquêteurs convoquent Raminez qui recule précipitamment, assurant qu'il n'a parlé que d'un « pseudo-asalto [33] ».

La presse pro-G.P.U. se lance alors à fond. Le peintre David Alfaro Siqueiros lui donne une déclaration dans laquelle il parle de « la dernière farce de Trotsky [...], délateur professionnel [34] ». *El Popular* parle de la conduite provocatrice de Trotsky dont la maison est « une institution politique », et qui a fait de Coyoacán « un État étranger à la souveraineté » du Mexique [35]. Son conseil national assure qu'il n'y a eu aucune tentative d'assassinat : c'est un « intrigant professionnel qui, dans son travail de division et de provocation, fait alterner démagogie et fraude politique [36] ».

Mais cet édifice de mensonges, chaque jour plus assuré, s'effondre brutalement devant les premiers résultats de l'enquête. La police a identifié les agresseurs, dont une partie est en fuite et l'autre sous les verrous : parmi eux, des militants connus et, surtout, un dirigeant du Parti communiste, membre du bureau politique.

La conférence de presse du général Sánchez Salazar, le 18 juin, fait pratiquement toute la lumière. Trente personnes ont été arrêtées. Le premier fil a été donné par l'identification de l'instituteur, membre du P.C.M., Luis Martínez qui a loué des uniformes de police. Deux femmes ont été engagées et rétribuées pour surveiller la maison et se lier avec les policiers de garde. L'une d'elles se trouve être la femme d'un ancien d'Espagne, membre du bureau politique, David Serrano Andoneguí. Un ancien lieutenant en Espagne, Sánchez Hernández, avoue avoir participé à l'attaque. Un communiste canarien, Rosendo Gómez Lorenzo, est en cours d'interrogatoire. Plusieurs inculpés ont dénoncé les chefs du commando : David Alfaro Siqueiros, le peintre, le « coronelazo », ainsi que son collaborateur Antonio Pujol, ses deux beaux-frères Leopoldo et Luis Arenal, son ami Zuñiga Camacho. La police est en outre convaincue que les assaillants avaient deux complices dans la maison qu'ils attaquaient : la cuisinière, Carmen Palma, et Bob S. Harte, dont Siqueiros aurait dit à l'un de ses complices qu'il l'avait acheté [37].

C'est bientôt la débâcle. Les inculpés parlent trop et donnent beaucoup de détails. Les deux femmes ont été contactées en tant que militantes du P.C.M., mais payées pour leurs services. Le soir de l'agression, c'est sur ordre qu'elles ont emmené avec elles quelques-uns des policiers de garde. Elles avouent avoir rencontré le peintre qui leur a assuré que c'était le parti qui organisait et finançait toute l'entreprise. Serrano se défend d'être mêlé à cette affaire sur laquelle il enquêtait, assure-t-il, pour le compte du parti, qui flairait une « provocation »... L'avocat communiste Mário Pavón Flores tente d'unifier la défense d'inculpés en plein désarroi, en renouvelant contre Trostky attaques et insinuations.

En fait, le sérieux de l'enquête, après les errements initiaux, l'étendue de ses découvertes, l'importance de certains aveux constituent un revers sérieux pour les instigateurs et complices de l'agression : le bruit fait autour des plaintes en diffamation contre Trotsky déposées par Bassols et les responsables de la presse de la C.T.M. ne parvient que mal à le cacher. La presse qui couvre les agresseurs tire sa dernière cartouche en soulignant « le rôle suspect » de Bob Harte, mais son cadavre est découvert dans un village où il semble avoir été conduit après l'attentat et assassiné par l'un des frères Arenal.

Le dernier document d'importance de la plume de Trotsky a été rédigé à des fins judiciaires. Il revêt cependant une grande valeur politique. Il s'agit de l'étude consacrée au soubassement politique de l'attentat, « Comintern et G.P.U. »

Il y définit l'oligarchie du Kremlin comme « totalitaire », c'est-à-dire se subordonnant toutes les « fonctions de la vie sociale, politique et idéologique du pays », un caractère qui découle « de la position de la nouvelle couche dirigeante face au peuple » et de l'absolu besoin qu'elle a, face au peuple, du G.P.U., « en tant qu'instrument de domination totalitaire » :

> « La question n'est pas de savoir pourquoi l'égalité n'a pas été complètement réalisée, mais pourquoi les inégalités ne cessent d'augmenter. [...] Ce n'est pas un hasard si 90 % des révolutionnaires qui ont bâti le Parti bolchevique, fait la révolution d'Octobre, créé l'État soviétique et l'Armée rouge, dirigé la guerre civile, ont été exterminés comme " traîtres " dans le cours des douze dernières années. En revanche, l'appareil stalinien a accueilli dans ses rangs, au cours de cette période, l'écrasante majorité de ceux qui se trouvaient de l'autre côté de la barricade pendant ces années de révolution [38]. »

Il en est de même dans les P.C. du reste du monde où, comme en U.R.S.S., on trouve au sommet des hommes qui ne veulent pas se battre pour Octobre, mais acquérir pour leur compte fonctions et faveurs.

Sur la base de cette analyse, Trotsky développe son réquisitoire, montrant le lien concret, personnel et financier, entre le G.P.U. et chacune des sections du Comintern, et la « dépendance » matérielle de ces partis à l'égard du réseau secret des « services » qui les entoure et les vertèbre – un fait complètement ignoré aujourd'hui de soi-disant « spécialistes » de l'U.R.S.S., malgré son caractère quasi public dans le pays.

***

C'est le 28 mai 1940, quatre jours après l'attentat que Ramón Mercader, sous le nom de Jacson, pénètre pour la première fois dans la maison de Coyoacán, avenue Viena, et rencontre personnellement Trotsky. Il vient chercher les Rosmer – avec qui il a noué des relations par Sylvia – afin de les conduire à Veracruz où ils doivent prendre un bateau qui va les conduire aux États-Unis.

Il s'est présenté à Sylvia sous le nom de Jacques Mornard van den Dreschd, se disant fils d'un diplomate belge, qui a fait des études chez les jésuites, est entré dans l'armée qu'il a quittée pour devenir journaliste sportif. C'est Gertrude Allison, du P.C. américain, qui l'a présenté à Sylvia, grâce aux bons soins de Ruby Weil, elle-même chargée par Budenz à New York d'organiser cette rencontre. Identité et passé sont des inventions [39].

L'idylle ainsi préparée a commencé en juin 1938. Les jeunes gens ont habité ensemble à Paris jusqu'en février 1939, date à laquelle Sylvia est rentrée aux États-Unis. « Jacques » n'est pas parti avec elle, renonçant au dernier moment, semble-t-il. Il a réussi, après beaucoup d'efforts, à faire la connaissance de Frida Kahlo, venue à Paris pour une exposition. Ce n'est qu'en septembre, après avoir fait ses adieux à ses amis Béranger, qu'il embarque pour les États-Unis et arrive dans la famille de Sylvia en expliquant qu'il a fui l'Europe pour n'être pas mobilisé et qu'il a voyagé avec un faux passeport au nom de Frank Jacson – sans k [40].

C'est bien Mexico qui est sa destination. Il entre au Mexique pour la première fois le 12 octobre 1939, prétendument embauché par une société d'importation. Il est probablement chargé de la direction et de la coordination et ne fait aucune tentative pour approcher la maison de Coyoacán. Il fréquente des hommes d'affaires et des ingénieurs, roule dans une Buick d'occasion. On le voit parfois avec une femme plus âgée, probablement sa mère qui est effectivement au Mexique avec Eitingon devenu « Leonov [41] ».

En janvier, Sylvia rejoint « Jacques » : elle ne rencontrera évidemment pas sa mère. Elle va seule en visite à Coyoacán. En revanche, elle présente son « mari » aux Rosmer avec lesquels il se montre plein d'attentions et de prévenances, leur rendant de menus services, les emmenant en promenade dans sa Buick, même après que Sylvia est repartie pour New York, en mars. Venu, nous l'avons vu, pour la première fois dans la maison le 28 mai, pour emmener les Rosmer et les conduire au bateau à Veracruz, il revient quelques jours plus tard pour prendre congé, car il est, dit-il, rappelé par son patron : à cette époque, il vit à l'hôtel avec Sylvia. Il disparaît pendant un mois entier, expliquant qu'il a été pendant ce temps gravement malade et immobilisé à Puebla. Il revient à Mexico début juillet et s'installe, toujours avec Sylvia, à l'hôtel Montejo, en plein centre de la ville [42].

Il revient à la maison de Coyoacán le 29 juillet [43], pour reprendre sa Buick, qu'il a confiée aux gardes le mois précédent. On a pris l'habitude de ses visites : il va revenir cinq fois avant le 20 août. Le 8 août d'ailleurs, il est en quelque sorte accepté, puisque invité à prendre le thé : c'est alors qu'il parle à Trotsky d'un projet d'article [44]. On ignore, avenue Viena, qu'il connaît Frida et vient d'être invité à sa table.

Il est évidemment difficile de comprendre pourquoi, alors que les précautions usuelles allaient jusqu'à goûter les plats que Trotsky mangeait, « le mari de Sylvia » a pu être accepté sans problèmes. L'enquête de la police mexicaine, après le meurtre, a mis en relief la fragilité de l'image qu'il donnait de lui. Ce prétendu journaliste sportif n'assiste à aucune compétition et n'écrit rien. Il utilise deux identités dont l'une a une orthographe ahurissante. Il raconte des histoires invraisemblables, notamment à Sylvia, sur l'agence Argus qui le paie et lui paiera des articles de psychologie à elle, si elle ne cherche pas à savoir où ils paraissent [45].

Même confusion à propos de ses emplois. Il dit qu'il va partir à New York comme correspondant d'un quotidien belge, mais, à New York, parle de travail à l'Exposition universelle. La firme qui l'emploie prétendument à Mexico est dirigée par un nommé Peter Lubeck dont personne d'autre que ses proches n'a jamais entendu parler. A l'hôtel, il se fait passer pour ingénieur mécanicien, à une relation, pour ingénieur des mines. Il se dit spécialiste des diamants devant Natalia et Joe Hansen, du sucre et de l'huile devant Otto

Schüssler. Même dans la maison de Trotsky, il choque par un comportement à peine poli et le fait qu'il est, de toute évidence, un homme qui « raconte des histoires ». Trotsky et Natalia s'interrogent sur le personnage, mais il est « le mari de Sylvia » et les liens de camaraderie sont sacrés et commandent la confiance, même en des êtres aussi surprenants que ce personnage qui garde son chapeau sur sa tête dans le bureau de Trotsky et s'assied sur la table surchargée de papiers et de livres [46]...

Le 20 août, en fin d'après-midi, Trotsky a interrompu le ravitaillement de ses lapins pour recevoir « le mari de Sylvia » qui veut lui montrer son fameux article sur la théorie du « troisième camp » de Shachtman. Il le fait entrer dans son bureau, et les deux hommes y sont seuls. Tous les habitants de la maison entendront pendant le reste de leur vie le cri poussé par Trotsky, « cri d'agonie, moitié cri, moitié sanglot [47] » quand Mercader, placé derrière lui, l'a frappé d'un coup de piolet qui a pénétré de sept centimètres dans sa boîte crânienne, atteignant les parties vitales du cerveau. Trotsky sait que la blessure est mortelle et qu'il va mourir. Il a pratiquement réussi à maîtriser son agresseur, à retenir les gardes de le frapper trop fort, car il faut « le faire parler ». Il dira à Hansen qu'il est « sûr de la victoire de la IVe Internationale » et à Natalia qu'il l'aime. En dépit des efforts désespérés des chirurgiens mexicains et de l'appel à un spécialiste américain, il ne peut être sauvé : il n'est pas tout à fait 20 heures, le 21 août 1940, quand il expire [48], alors que se déchaîne de l'autre côté de l'océan, cette « bataille d'Angleterre » qui n'est que la première d'une guerre qui en comportera bien d'autres.

***

La mort d'un homme, même aussi éminent que Lev Davidovitch Trotsky, n'était pas, le 21 août 1940, un événement susceptible de secouer les masses ni même d'émouvoir la presse. La *Pravda,* conformément au plan qui avait conduit ses chefs à munir Mercader d'une lettre dans laquelle il expliquait son crime par sa déception de partisan de la IVe Internationale, assurait avec quarante-huit heures de retard :

> « Ayant dépassé plus encore les limites de l'avilissement humain, Trotsky a été pris au piège dans ses propres filets et a été assassiné par l'un de ses disciples [49] *. »

Hormis la *Deutsche Allgemeine Zeitung,* la presse européenne reste d'une grande discrétion, se contentant de présenter, en quelques lignes, le meurtre, la version de l'assassin, en émettant parfois l'hypothèse d'un crime du G.P.U. L'émotion est plus vive aux États-Unis, l'affaire s'étant produite dans un pays voisin et vassal. Dans

* C'est à peu près ce que Deutscher devait écrire en 1949 dans son *Staline* sur le meurtre de Trotsky par « un individu obscur, se présentant comme un de ses partisans ».

l'ensemble cependant, la mort de Trotsky, quand elle frappa les imaginations et retint l'attention, le fit surtout comme symbole de la fin d'une époque.

Il y a davantage à dire de la réaction au Mexique : l'hypocrisie de la presse de droite, soulagée mais moralement « indignée », la lâcheté du désaveu du crime par ceux qui l'ont couvert. Mais il y eut la réaction du peuple, l'apparition de deux magnifiques *corridos* et de la foule de 300 000 Mexicains venus parfois de très loin, pieds nus, sur le passage du cortège funèbre de Coyoacán à la chambre de crémation du Panthéon. On me permettra de me citer pour la dernière fois :

> « La peine et l'indignation exprimées par le président Cárdenas lui-même, l'affront pour la tradition mexicaine d'hospitalité, l'horreur supplémentaire du crime commis contre l'hôte par un étranger, tout cela contribuait à la profondeur de ces réactions. Pourtant, les centaines de milliers de pauvres et de déshérités, de travailleurs et de paysans sans terre qui se trouvèrent au coude à coude en ces journées pour un mort dont ils ne savaient presque rien, constituaient précisément ces " masses " auxquelles la propagande stalinienne n'avait cessé de répéter qu'il était leur ennemi mortel. Il faut donc bien admettre qu'il existait autour de la figure du proscrit une zone affective émotionnelle qu'aucune propagande de haine n'a jamais pu franchir. Est-il permis d'ajouter que c'est réconfortant [50]? »

Le 24 septembre, commentant la réaction à l'assassinat de Trotsky, le vieux révolutionnaire, combattant de la révolution, introducteur du marxisme au Mexique, champion des droits démocratiques, Francisco Zamora, écrivait ces lignes dont nous aimerions qu'elles servent à Trotsky d'épitaphe dans ce livre :

> « Je n'appartiens pas et je n'ai jamais appartenu à la IVe Internationale; je suis tout à fait étranger à ses activités; je crois cependant que Staline est le plus répugnant et le plus malfaisant des traîtres qu'ait jamais eu à subir la cause du prolétariat et qu'aucun être humain mentalement et moralement sain ne peut continuer à être stalinien après la série de crimes, d'escroqueries, de bassesses et de falsifications des faits et des idées qu'a perpétrés ce sinistre individu; je crois que ce qui a subsisté jusqu'à présent de la révolution d'Octobre, malgré Staline et sa bande, doit être sauvé par l'élimination du stalinisme, lequel a égaré décapité et désorienté la classe ouvrière mondiale, au moment précis où elle avait le plus besoin de sa conscience et de sa certitude. Si c'est cela être trotskyste, alors je suis trotskyste et je suis fier de l'être, parce que, à toutes les époques et dans quelque société que ce soit, il sera toujours plus digne d'être du côté de la victime lâchement assassinée que de servir de laquais et d'apologiste à son tout-puissant bourreau [51]. »

Conclusion

La biographie de Trotsky ne s'achève pas avec sa mort. Soixante-dix ans après la révolution d'Octobre, sa mémoire est sans aucun doute plus proche des préoccupations des peuples soviétiques et même plus susceptible d'y éveiller les passions que celles de Georges Clemenceau, David Lloyd George ou Thomas Woodrow Wilson dans leurs pays respectifs.

Ce sera sans doute un ouvrage fascinant que celui qui, dans quelques années ou décennies, retracera le destin de Trotsky après sa mort, la plus formidable tentative dans l'Histoire, avec les moyens d'État et les appuis internationaux que l'on sait, pour oblitérer un homme et son rôle historique dans la mémoire collective – et son échec final, prévisible à coup sûr dès aujourd'hui, et auquel j'ai voulu contribuer, même modestement.

Bien entendu, le contexte international de ce moment-là, le point atteint par la destinée de l'U.R.S.S., la place occupée dans le monde par la démocratie et le socialisme ne seront pas les uniques facteurs de la remise en place dans l'histoire d'un homme qui soulève aujourd'hui encore tant de passions. Le poids du personnage lui-même ne sera pas négligeable, dans la mesure où il est lourd de l'inachèvement et des contradictions d'un monde qui n'a guère progressé depuis le coup de piolet de Mercader à l'époque de l'alliance Hitler-Staline.

Il faut évidemment une sérieuse accoutumance à la situation aberrante dans laquelle c'est un « bureau politique » de « parti unique » qui décide souverainement de tout, et même du passé, pour débattre, comme l'a fait la presse occidentale, à la veille du soixante-dixième anniversaire de la révolution d'Octobre, de ce qu'elle appelle la « réhabilitation » de Trotsky. Aux *scoops* et à l'agitation de certains, c'est Siéva, devenu l'ingénieur Esteban Volkow, de Mexico, qui a tranquillement répondu que son grand-père n'avait nul besoin d'être réhabilité, mais qu'en revanche, ce serait un réel pas en avant vers la justice et la vérité que ses écrits puissent être mis à la disposition des Soviétiques, afin qu'ils puissent se former eux-mêmes leur opinion sur lui [1].

Accordons cependant des circonstances atténuantes à ceux qui s'émerveillent aujourd'hui de voir la presse soviétique reconnaître de bonnes grosses vérités historiques comme la place de Trotsky à la présidence du soviet de Petrograd ou à la tête de l'Armée rouge. L'homme à qui des « chefs » rendent aujourd'hui ses « titres », en disant simplement les responsabilités qu'il exerça, revient de très loin aux yeux des adorateurs du fait accompli que sont tant de nos contemporains, et particulièrement certains de nos amis journalistes!

Celui qui réintègre ainsi l'histoire officielle et donc, pour beaucoup, l'Histoire tout court, n'a-t-il pas été, pendant un demi-siècle, non seulement un « grand Satan » marqué de l'opprobre de l'« anti-parti » dans tous les dictionnaires, et les notes infrapaginales inévitables, mais aussi la non-personne dont la non-vie s'est déroulée à travers de non-événements? On comprend la stupeur des adorateurs du passé officiel devant cette résurrection de la réalité historique. Et ce sont évidemment les mêmes qui souhaitent que cette résurrection ne soit pas trop gourmande, qu'elle se contente de la récupération d'un siège officiel et qu'on s'abstienne surtout de l'étendre à des idées que le temps a depuis longtemps, selon eux, « dépassées ».

***

Au moment où s'ouvre le processus de réintégration de Trotsky dans les pages des encyclopédies, sur les murs des musées, dans les fichiers des bibliographies et, à terme, des bibliothèques, il est bon de comprendre pourquoi on avait essayé de l'en chasser pour toujours.

Le combat entre Trotsky et l'appareil bureaucratique à partir de 1923, la polémique entre lui et ses anciens camarades qu'il traita de « capitulards », les chantages auxquels il fut soumis, sous toutes les formes, pendant cette période font apparaître un enjeu constant du point de vue du pouvoir. En dernière analyse, du commissariat à la Guerre, Znamenka 23, à Moscou, à l'avenida Viena de Coyoacán, ses adversaires n'ont formulé à son égard et sous toutes les formes qu'une seule revendication : *qu'il se taise.*

Il a été exclu du parti pour avoir voulu s'y exprimer, et expulsé d'U.R.S.S. pour y avoir exposé ses idées dans sa correspondance privée. La grande calomnie a commencé à l'étranger parce qu'il écrivait, notamment pour se défendre.

Pour ne prendre qu'un exemple, c'est précisément pour avoir refusé de se taire, comme il l'a nettement répondu au nazi Konstad, porteur d'un ultimatum du gouvernement socialiste, qu'il a dû subir l'internement en Norvège au moment du déchaînement monstrueux de la calomnie stalinienne contre lui. Son assassinat, sa suppression physique était aussi l'assurance de lui fermer à jamais la bouche.

Il reste que le tyran le plus puissant et le système d'extermination le plus perfectionné peuvent tuer bien des hommes, mais que les idées sont plus difficiles à atteindre. Quand ont commencé, en 1987, les premières allusions non hostiles à Trotsky dans la presse soviétique, il y avait soixante ans que l'évocation de sa personne était pratiquement interdite en Union soviétique, sauf avec le chapelet rituel d'injures, une interdiction maintenue, puis encore aggravée après son assassinat.

Quel était l'enjeu, une fois Trotsky supprimé? Le souvenir du combattant, du révolutionnaire, du chef de l'Armée rouge, de l'adversaire irréductible de Staline? Certainement. Mais il y avait surtout le contenu de ses écrits, des idées qu'il avait défendues et mises en circulation, de tout ce qui demeurait de lui, particulièrement sous la forme de ses livres et de ses articles de presse.

L'Union soviétique, depuis ce demi-siècle, n'est pas précisément de ces pays où l'on peut dire ce que l'on veut parce que personne n'écoute. Tout au contraire et, dans ces conditions, l'interdiction faite si longtemps d'évoquer simplement l'homme Trotsky et ses idées doit avoir un sens.

Est-il excessif et partisan d'imaginer qu'en prenant à ce sujet des mesures aussi draconiennes, Staline et ses successeurs démontraient seulement à quel point ils redoutaient l'impact des idées du mort? Est-il abusif de penser qu'ils n'auraient pas eu peur de ces idées s'ils n'avaient pensé qu'elles étaient susceptibles de devenir des forces matérielles?

Que sont ces idées? En quelques mots, il pensait que le pouvoir « des travailleurs » était monopolisé en U.R.S.S. par une couche bureaucratique privilégiée qui s'était rendue maîtresse du parti et menaçait l'existence des conquêtes d'Octobre; que l'Union soviétique menacée pouvait être sauvée par une révolution politique instaurant, sur la base économique et sociale des conquêtes d'Octobre, une démocratie ouvrière pluraliste.

Pourquoi Staline a-t-il traqué précisément *ces* idées et les hommes qui les véhiculaient? Parce qu'il était fou? L'Histoire est-elle une histoire de fous racontée à des imbéciles? Nous n'en croyons rien.

Qu'on se souvienne des archives de Smolensk et des mentions des rapports policiers sur la popularité en 1936, dans la jeunesse, de Trotsky et de Zinoviev [2]. Et, des décennies plus tard, malgré les bains de sang, la trace des idées qu'on avait voulu effacer n'est-elle pas toujours visible? Vingt ans après le massacre des trotskystes à la mitrailleuse à Vorkouta, sous Khrouchtchev, l'écrivain Kazakiévitch – l'ancien Volodia de l'Opposition de gauche – a écrit *Le Cahier bleu*, où il fait reparaître le visage intact de Zinoviev. Trente ans plus tard, c'est l'ancien déporté I.K. Dachkovsky qui interpelle rudement la *Pravda* et signe de son nom une lettre où il rappelle qui était Trotsky [3]. Cinquante ans plus tard, ce sont les billets qui affluent à la tribune, dans tous les débats : « Encore une question sur Trostky! » s'exclame un historien.

Allons plus loin : c'est là que se manifeste la folie de Staline. Sa peur devant Trotsky et les trotskystes, la peur de ses apparatchiki, étaient telles qu'il a même cru possible, en supprimant, jusqu'au dernier, témoins et éventuels dépositaires d'idées, d'effacer de l'Histoire l'image et le nom de Trotsky. C'était bien un rêve fou que de croire qu'il était possible du même coup d'effacer les traces de ses propres crimes!

Après ces années de disparition totale de Trotsky, suivant une disparition progressive, nous assistons, depuis 1953, au phénomène inverse, sur un rythme aussi inégal. L'écheveau de l'Histoire se dévide maintenant à l'envers. Le visage de Trotsky reparaît; demain ses idées seront de nouveau mentionnées, puis reprises. Il est probable que, sous une forme adaptée aux changements intervenus, elles deviendront des forces matérielles.

Ce n'est pas à nous d'en décider, mais au peuple soviétique. Ce pays de jeunesse et de culture, en partie libéré de la peur, confirme que Staline n'a pas réussi à effacer ses traces. C'est ce peuple qui donnera son verdict.

***

La vie de Trotsky et le développement de sa pensée politique ont été tranchés net par les coups de piolet de l'assassin.

Le champ reste donc ouvert pour les hypothèses les plus contradictoires, permettant à chacun de tirer Trotsky à soi. Était-il, comme le croient certains, un « homme nouveau » en cet été 1940, en train de rompre avec lui-même et avec son analyse de l'U.R.S.S. datant de quelques mois? On invoque, pour conforter cette opinion, son *Staline* inachevé, les fortes épithètes qu'il emploie pour qualifier le dictateur, qu'il compare à Néron, l'emploi, probablement pour la première fois, du vocable de « totalitarisme » pour caractériser le régime stalinien. Certains voient même dans « Comintern et G.P.U. », analyse pratique du réseau des services au sein de l'Internationale, l'esquisse d'une analyse nouvelle des partis communistes et de l'Internationale, pures et simples agences du Kremlin.

Trotsky, en outre, est assassiné à un moment décisif de l'histoire mondiale, cet été 1940 où la France est occupée et où les vagues d'avions de la Luftwaffe se succèdent sur les villes anglaises. Un an plus tard, ce sera l'attaque de la Wehrmacht, à l'est, le déferlement des *Panzer* vers Moscou et Leningrad.

La tentation est grande ici d'interpréter et de surévaluer telle ou telle phrase de Trotsky, de projeter sur un avenir qu'il n'a pas connu tel ou tel jugement antérieur. Et elle est d'autant plus grande que ses prédictions datées, ses espérances en termes d'années n'ont pas été réalisées.

Aucune révolution comparable à celle d'Octobre 1917 n'a triomphé dans le cours de la Deuxième Guerre mondiale, contrairement à son attente. La IVe Internationale n'est pas devenue non plus, contrairement à ce qu'il avait annoncé, la force dirigeante entraînant derrière elle des millions d'hommes à l'assaut du vieux monde.

Trotsky n'avait certes plus en 1940 les illusions qu'il nourrissait encore en 1932-1933 sur un rapide effondrement du régime stalinien, lequel avait été de toute évidence renforcé par l'arrivée au pouvoir des nazis en 1933 et leur alliance avec l'Union soviétique en 1939. Mais le régime stalinien lui paraissait cependant encore condamné à court terme et nullement susceptible de connaître renforcement et extension géographique.

Bien qu'il ait analysé avec minutie les développements en Finlande et en Pologne orientale, l'assimilation des sociétés des pays occupés à la structure de l'U.R.S.S., l'alignement de leur économie, la subordination de leurs instances à Moscou, il n'avait pas supposé la possibilité de voir le régime stalinien émerger renforcé de la guerre, étendant son autorité à une partie importante de l'Europe centrale et orientale, y bouleversant économie et société, y implantant son régime policier.

Et, bien entendu, Trotsky n'a pas prévu Pol Pot, et bien d'autres manifestations évidentes de barbarie parées des couleurs du « marxisme » et du « léninisme ». Cela signifie-t-il qu'il fut, jusqu'à son assassinat, le prophète d'une révolution impensable et hors de saison? Que les révolutions ouvrières et paysannes avaient laissé définitivement leur place à des opérations militaires bureaucratiques de conquête et d'occupation? Il me semble que, s'il en avait été ainsi, les grands de ce monde auraient préféré le laisser vaticiner en paix plutôt que de le traquer ou de le laisser traquer aux quatre coins du globe.

Admettons un instant qu'il ait eu fondamentalement tort, que la révolution ait été, à partir de cette année 1940, où il l'attendait de la guerre en Europe, totalement bannie de l'horizon de l'humanité.

Trotsky n'était pas le seul. Quand il traquait les militants trotskystes en Europe, faisait assassiner Walter Held *, après plusieurs militants polonais et bien des communistes réfugiés en U.R.S.S., Staline continuait à éliminer des révolutionnaires. Pourquoi, sinon par crainte de la révolution? Pour expliquer le déchaînement d'une répression de cette envergure, il devait tout de même supposer l'éventualité d'une articulation concrète entre la pensée de l'exilé et le développement politique et social réel.

Nous n'avons pas rêvé l'alliance qui se réalise contre Trotsky après son exil, la campagne de haine de la presse nazie en février 1934, la capitulation du gouvernement français en avril de la même année. On a vu, en Norvège en 1936, une alliance de fait entre Staline et Hitler. On a relevé au passage la fureur des journaux américains contre l'accueil au Mexique de l'« ogre rouge », puis contre les « mesures bolcheviques » qu'on l'accuse de souffler au président Cárdenas, et le caractère ambigu des soucis de la commission Dies.

On n'a pas, finalement, le sentiment que la révolution était un rêve dépassé et archaïque, à lire le récit de la dernière entrevue, lors de la déclaration de guerre, entre l'ambassadeur français Coulondre et Hitler : le premier fait valoir au second que Trotsky – c'est-à-dire la révolution – sera le seul vainqueur. Hitler ne le conteste pas. Il ne dit pas à Coulondre qu'il rêve. Il se contente de hurler qu'il sait tout cela et que la responsabilité en incombe à Londres et à Paris.

* Walter Held commit l'erreur de traverser l'U.R.S.S. en 1941, avec sa femme et son fils muni d'un passeport américain; ils furent arrêtés et exécutés un an après, Held le dernier, le 28 décembre 1942.

Des commentateurs plus avisés s'attacheront cependant à une idée exprimée par Trotsky au cours du débat de 1939-1940 contre Burnham et Shachtman, et citée plus haut : il y affirme en effet que l'absence de révolution à la fin de la Seconde Guerre mondiale serait la preuve de l'incapacité historique du prolétariat à assumer le destin de la société tout entière, et qu'elle obligerait à revoir les perspectives marxistes et à envisager un processus de décadence de la civilisation humaine, dans laquelle il n'y aurait plus de place pour la révolution socialiste.

En chercheurs consciencieux, mes amis et moi avons pris l'hypothèse au sérieux et cherché dans ses papiers un développement ou au moins un brouillon, des notes, qu'il n'aurait pas manqué de rédiger si cette phrase avait exprimé pour lui une hypothèse sérieuse et non un procédé pour démontrer que ses adversaires manquaient de « l'optimisme révolutionnaire » le plus élémentaire. Nous n'avons rien trouvé. Nous le reprochera-t-on? Notre ami Van pensait, lui, que cette phrase pouvait bien refléter le fond de la pensée de Trotsky et que ce dernier, à cette date, était prêt à « retailler la barbe de Marx », selon son expression. Il a vainement cherché avec nous et finalement renoncé, faute de documents, à faire le travail qu'il avait envisagé sur cette question. Je laisse à d'autres la responsabilité de tirer des conclusions définitives et profondes de ce passage.

J'ajoute qu'il m'est de toute façon impossible d'imaginer un Trotsky qui n'aurait pas scruté la vie et toutes ses formes et qui n'aurait pas changé, avec des réalités nouvelles, ses analyses et ses formulations – sans perdre pour autant cet « optimisme révolutionnaire » qui le caractérisait.

***

Le jugement de l'Histoire se fait parfois attendre, mais il est toujours finalement rendu. Les premiers éléments permettant d'éprouver certaines des analyses de Trotsky ont été donnés par les premières secousses en Europe de l'Est, dans ces pays que l'Union soviétique a intégrés, après la guerre, dans sa zone d'influence, avec le consentement de ses alliés. L'histoire des « démocraties populaires » n'a été que la préface de l'introduction par en haut de transformations économiques et sociales, l'expropriation des propriétaires privés et la soumission de la société civile et de la vie politique à un joug bureaucratique et policier semblable à celui qui pèse sur l'U.R.S.S. et sous le contrôle des mêmes dirigeants.

Il ne peut bien entendu s'agir ici que d'une comparaison, avec les limites qu'impose pareille démarche. Le poids de « l'oppression nationale » dans les pays d'Europe de l'Est est sans doute plus fort encore que pour les nations allogènes d'Union soviétique, bien que la prise de conscience s'accélère partout et que la crise éclate, en Arménie ou ailleurs.

En 1936, dans *La Révolution trahie*, Trotsky traçait pour l'avenir le programme de cette « révolution politique » annoncée que nous avons reproduit ci-dessus [4]. Il y dessinait les grandes lignes des conséquences à attendre de la « subversion de la caste bureaucratique », la démocratie soviétique, le droit de critique, la liberté électorale, la liberté des partis, la renaissance des syndicats, la révision des plans et la libre discussion des plans économiques, la lutte pour l'égalité et contre les privilèges, le droit pour la jeunesse de critiquer et de se tromper, la liberté pour l'art et la science, le retour à la tradition de l'internationalisme révolutionnaire.

Bien entendu, les années passant, les événements dans les pays dominés par la bureaucratie nous ont donné une occasion de vérifier ce programme tracé avec des décennies d'avance, et un simple coup d'œil ne me paraît pas inutile pour faire l'épreuve de ces hypothèses.

Depuis 1953 en effet, à partir des manifestations et émeutes ouvrières de Berlin-Est, l'Europe orientale a été le théâtre de soulèvements ouvertement dirigés contre la bureaucratie et non contre les bases économiques du régime : des émeutes de Poznan aux grèves de Gdansk en passant par le « printemps en Octobre » de Pologne, la révolution hongroise, les manifestations et le soulèvement pacifique de la Tchécoslovaquie en 1968, sans oublier les manifestations étudiantes et les grèves ouvrières en Yougoslavie en 1968, ce sont les ouvriers de ces pays dits « socialistes » qui se sont soulevés, derrière leurs organismes propres – conseils ouvriers ou syndicats indépendants – en alliance avec les étudiants devenus porte-parole de la jeunesse. Le Conseil ouvrier du Grand Budapest, en 1956, a été une véritable autorité de pouvoir – de type « soviétique », émanant des conseils – face au gouvernement Kádár, et chacun sait qu'au-delà d'un syndicat de masse Solidarność a été aussi un deuxième pouvoir, rivalisant avec celui du général Jaruzelski – et qui n'a pu être écarté que par un coup d'État militaire et une répression brutale.

Les revendications qui apparaisssent dans ces mouvements des travailleurs et de la jeunesse reconstituent celles qui définissaient le programme de « révolution politique » tel que l'esquissait Trotsky : démocratie, libertés des partis, destruction de l'appareil bureaucratique, syndicats « libres », liberté électorale et droit de critique, règlement des atteintes aux droits de l'homme, châtiment des responsables des crimes, conquête des droits démocratiques d'expression, de réunion, de manifestation, ainsi que l'apparition d'une presse libérée et, du coup, passionnante. Le message des ouvriers polonais au congrès de Solidarność adressé aux travailleurs soviétiques, la manifestation, le 25 août 1968, place Rouge à Moscou, de huit citoyens soviétiques contre l'intervention en Tchécoslovaquie, renouent avec les traditions d'internationalisme révolutionnaire et s'inscrivent contre le « chauvinisme grand-russe ».

Plus près de nous, dans l'U.R.S.S. de Gorbatchev au temps de la *glasnost* et de la *perestroika*, on voit souvent s'exprimer, en même temps qu'un appui aux « réformes économiques » chères au pouvoir, des revendications de liberté politique, de fin du monopole du pouvoir aux mains du parti impliquant évidemment le retour aux libertés démocratiques, au droit de réunion, d'expression, de manifestation, à la rénovation des syndicats, à la résurrection d'élections véritables et ainsi de suite.

Les thèmes soulevés et débattus largement dans la presse, au grand jour, sont familiers à ceux qui ont étudié la pensée de Trotsky. La bureaucratie, ses privilèges, son monopole du pouvoir, sa définition, son caractère antisocialiste sont au premier rang, et le professeur Boutenko renvoie à Karl Marx ses contradicteurs staliniens qui nient la possibilité de l'usurpation du pouvoir du peuple par la bureaucratie. Ici on discute de la pluralité des partis, et là des modalités antidémocratiques de la désignation des délégués à la conférence du parti. On parle de retour à la norme de l'époque de Lénine, ce qui implique le pouvoir des soviets et la reconnaissance de minorités. On débat de l'érection d'un monument aux victimes de Staline, des méthodes d'instruction des policiers et des juges, de la punition des bourreaux. On discute de la possibilité pour la bureaucratie de « se redresser », on avance la notion du « bonapartisme » pour désigner sa toute-puissance illégitime, on affirme sa confiance dans la jeune génération, « qui n'a pas connu la peur totale », on repère les privilèges et les moyens employés pour leur défense. On défend l'histoire et la vérité historique contre ceux qui veulent « la coordonner ».

Une analyse plus poussée permet de trouver dans le détail des éléments d'analyse mis en avant à la fin des années trente par Trotsky. Comme il l'a annoncé, c'est en effet la classe ouvrière proprement dite qui a été au premier rang de tous les combats contre la bureaucratie et que sa première cible est le monopole du parti au pouvoir. Un Imre Nagy qui, avec ses amis proches, choisit de mourir pour rester fidèle à son peuple alors qu'une parole d'autocritique aurait pu le sauver ne relève-t-il pas de ce que Trotsky appelait la « fraction Reiss » de la bureaucratie? Et comment ne pas penser à la « fraction Boutenko » en voyant un Jan Šejna, général politique et stalinien zélé, choisir la C.I.A. plutôt que d'avoir des comptes à rendre à son peuple en Tchécoslovaquie en 1968?

Qu'on ne me fasse pas écrire ici ce que je n'écris pas et que certains assureront sans doute que j'ai écrit. Les hommes et les femmes qui, au cours des dernières années, ont tenté de faire vivre clandestinement en U.R.S.S. des formations « léninistes », ceux qui, depuis deux décennies, y ont rempli prisons, camps et hôpitaux psychiatriques spéciaux n'ont mis en jeu leur liberté et leur vie que sur la base de leur expérience personnelle et de la fraction de mémoire collective dont ils étaient les détenteurs. Je ne dis ni qu'ils étaient trotskystes ni qu'ils avaient subi l'influence de Trotsky, ni même qu'ils savaient sur lui plus que les quelques mots des calomnies banales.

Il en est de même pour l'Europe de l'Est, à deux exceptions près toutefois. On sait que le brillant journaliste hongrois Miklos Gimes, futur compagnon de potence d'Imre Nagy, avait rapporté à Budapest un exemplaire de *La Révolution trahie* acheté chez un bouquiniste à Paris. Plusieurs dizaines d'intellectuels le dévorèrent à la suite les uns des autres, la nuit. Ils en retirèrent un double sentiment contradictoire d'admiration et d'impuissance : comment réussir là où cet homme avait échoué? A la même époque, en Pologne, un ancien docker d'Anvers, Kazimierz Badowski, rescapé des camps hitlériens et staliniens, eut, parmi les plus attentifs de ses auditeurs à ses entretiens sur Trotsky, les deux jeunes communistes qu'étaient alors Jacek Kuron et Karol Modzelewski.

Le fait que les différents groupes d'opposants – c'est à dessein que je n'emploie pas ici le terme très réducteur de « dissidents » – aient cherché dans une action clandestine ou semi-clandestine, l'organisation du combat pour une démocratie pluraliste, la libre confrontation des idées et des programmes, la lutte pour l'égalité à travers la suppression des privilèges et surtout la lutte pour la vérité ne signifie nullement qu'ils étaient « trotskystes », même inconsciemment.

Personne, pourtant, ne saurait empêcher que ces revendications répondent à d'autres, analogues, qui resurgissent d'un passé lointain. Le fil d'une certaine continuité relie ces hommes et ces femmes, que cela plaise ou non, à Joffé, qui s'est donné la mort en 1927, à Rakovsky, réhabilité en 1988, à Trotsky, assassiné après Lev Sedov, à leurs camarades fusillés à Vorkouta et ailleurs. C'est là un lien de continuité dont, en l'état actuel de nos connaissances, nous pouvons seulement dire que « les trotskystes » ne sont qu'un mince fil, après tout pas indispensable peut-être, mais dont Trotsky et ses idées constituent un élément essentiel.

Il était en toute honnêteté impossible de conclure cette biographie de Trotsky – après avoir souvent souligné qu'il n'était pas prophète – sans évoquer la forme concrète des soulèvements ouvriers qu'il avait esquissée dans sa préfiguration de la « révolution politique ».

***

La question a déjà été posée dans ce livre, au moins de façon indirecte : pourquoi Trotsky conserve-t-il un tel prestige, presque un demi-siècle après son assassinat et après avoir été moralement et politiquement enterré, depuis des décennies, de mille et une manières, que ce soit pour la répression de Cronstadt, sa foi en la révolution mondiale ou son attachement au marxisme « dépassé ». François Mauriac a donné un premier élément de réponse :

> « Ce qui lui faisait horreur dans Staline, ce n'était pas qu'il eût été une " personnalité " dominatrice, mais d'avoir été cette personne-là, si basse et si cruelle, et non une autre. Trotsky dénonce en 1918, durant la bataille autour de Kazan, " le pusillanime fatalisme historique qui, en toutes questions concrètes et privées, se réfère passivement à des lois générales, laissant de côté le ressort principal : l'individu vivant et agissant ".
>
> « Ce Trotsky vivant et agissant nous paraît moins inhumain que son sanglant adversaire. Mais c'est peut-être, après tout, parce que, grâce à son autobiographie, nous l'avons connu enfant et que nous continuons de

suivre cet enfant, de le reconnaître jusque dans l'homme implacable qui n'hésitera pas à abattre, quand il le jugera utile, les socialistes révolutionnaires.

« Voici par où Trotsky se rattache à l'humanité commune : il pose la question, s'interroge sur le sang répandu, nous donne les raisons (dont certaines paraissent valables) de son implacabilité. " La révolution est la révolution, écrit-il, parce qu'elle ramène toutes les contradictions de son développement à une alternative : la vie ou la mort " [...].

« Trotsky récuse d'avance, il est vrai, nos indignations bourgeoises : à ses yeux, nous sommes beaucoup plus féroces qu'aucun terroriste. " Ces réflexions, écrit-il, n'ont aucunement pour objet de justifier la terreur révolutionnaire. Si l'on essayait de la justifier, c'est donc que l'on tiendrait compte de l'opinion des accusateurs. Mais qui sont-ils? Les organisateurs et les exploitants de la grande boucherie mondiale? Les nouveaux riches qui, en l'honneur du soldat inconnu, brûlent l'encens de leur cigare d'après dîner? Les pacifistes qui ont combattu la guerre tant qu'elle n'était pas déclarée? " Il faut lire toute la suite : pas un trait qui ne tremble dans la cible.

« Homme dur, ce Trotsky, dont le durcissement volontaire ne détruit pas la secrète humanité. [...] Plus j'y songe et plus il m'apparaît qu'un Trotsky triomphant eût agi sur les masses socialistes de l'Europe libérale et attiré à lui tout ce que le stalinisme a rejeté dans une opposition irréductible : Staline fut à la lettre " repoussant ". Mais c'est là aussi qu'il fut le plus fort, et les traits qui nous rendent Trotsky presque fraternel sont les mêmes qui l'ont affaibli et perdu [5]. »

Il me semble aussi que, malgré les clameurs des « libéraux » et l'extase de nombre de gens de plume, l'image du monde aujourd'hui n'est apparemment guère plus attrayante que ne l'était celle du tournant du siècle où Trotsky s'interrogeait sur le destin du XXe siècle en train de commencer. En dépit des échecs et des désillusions, malgré tant et tant de déceptions et de souvenirs d'amertume, l'humanité – et particulièrement ses jeunes générations – ne peut renoncer à rêver. Garçons et filles d'aujourd'hui ne peuvent abandonner le désir de changer le monde et en trouvent tous les jours raisons et justifications : il n'est que de voir combien le Chili, l'Afrique du Sud, la Pologne, sont à nombre d'entre eux ce que fut l'Espagne pour ma génération, désespoir et espoir au cœur.

Il est vrai que le drapeau du communisme a été terriblement souillé par le stalinisme et que l'étoile que Victor Serge avait vu naître au ciel d'Orient ne brille plus du même éclat qu'en 1917 : même les ignorants peuvent voir les ombres qui ont nom Pologne, Tchécoslovaquie, Afghanistan. Engagé, avec tous ses camarades, dans les durs affrontements de la guerre civile et de ses lendemains, plus engagé, peut-être, à la mesure de son courage et de son sens des responsabilités, Trotsky a été l'un des premiers, et le plus grand, à dire *non*. Sa haute silhouette, les bandes autour de son crâne fracassé par le tueur, les ombres de ses amis et camarades, les milliers au front troué, comme l'a écrit sa compagne, les martyrs communistes de l'Opposition de gauche torturés à mort dans les prisons, les calomnies grossières et haineuses dont il est encore poursuivi aujourd'hui, tout cela le dégage de cette immense catastrophe, de l'effondrement de cette cathédrale d'espérance qu'avait été Octobre.

N'en déplaise aux anarchistes, la persécution gigantesque qui s'est abattue sur lui, la calomnie et la grande traque dont il a été victime, le massacre des siens – femmes et enfants d'abord –, ont rejeté dans l'ombre leur réquisitoire et anéanti leurs efforts pour l'isoler. Il n'est pas jusqu'à la médiocrité des commentateurs académiques, serviteurs du fait accompli, pour lui restituer, bien involontairement, son véritable visage et valoriser *a contrario* son apport au capital intellectuel de l'humanité.

Pour les générations à venir, en Union soviétique et ailleurs, c'est maintenant une certitude : la trajectoire de Trotsky, la hauteur de sa pensée, ses exigences morales pour l'émancipation de l'humanité, domineront de très haut ses fautes et ses erreurs. On oubliera qu'il n'a pas toujours lutté au moment où il le fallait, parfois lutté quand il fallait temporiser, et qu'il a souvent surestimé le compromis qui le compromettait. On oubliera qu'il a été un chef de guerre impitoyable – en est-il d'autres? – et qu'il n'a pas toujours su faire sentir à ses proches l'amour ou l'amitié qu'il leur portait. Mais on n'oubliera pas le combattant droit jusqu'au bout, la tête haute, le regard fixé sur l'avenir, sentant monter dans sa poitrine les râles de douleur devant le massacre de tant d'êtres chers, et assurant qu'il ne connaissait pas de « tragédie personnelle [6] ». On écoutera avec respect les dernières lignes de son Testament, rédigé le 27 février 1940, à Coyoacán :

> « Pendant quarante-trois ans, de ma vie consciente, je suis resté un révolutionnaire; pendant quarante-deux de ces années, j'ai lutté sous la bannière du marxisme. Si j'avais à recommencer tout, j'essaierai certes d'éviter telle ou telle erreur, mais le cours général de ma vie resterait inchangé. Je mourrai révolutionnaire prolétarien, marxiste, matérialiste dialectique, et par conséquent athée intraitable. Ma foi dans l'avenir communiste de l'humanité n'est pas moins ardente, bien au contraire, elle est plus ferme qu'au temps de ma jeunesse.
>
> « Natacha vient juste de venir à la fenêtre de la cour et de l'ouvrir plus largement pour que l'air puisse entrer plus librement dans ma chambre. Je peux voir la large bande d'herbe verte le long du mur et le ciel bleu clair au-dessus du mur, et la lumière du soleil sur le tout. La vie est belle. Que les générations futures la nettoient de tout mal, de toute oppression et de toute violence et en jouissent pleinement [7]. »

C'était Trotsky vivant.

Trotsky vivant? Quittant Prinkipo où il lui avait rendu visite en 1933, le journaliste John Gunther assurait à ses lecteurs américains que, tant qu'il serait en vie, il resterait lui-même, « une force d'agitation, de développement, de création ». Il ajoutait : « Peut-être est-il l'un des rares qui ne meurent jamais [8]. »

Chronologie

1879 *7 novembre :* Naissance de Lev Davidovitch Bronstein.

1885 L.D. Bronstein fréquente brièvement une école hébraïque.

1888 L.D. va à Odessa habiter chez ses cousins Spenzer et entre dans la classe préparatoire de l' « école réale » (moderne) Saint-Paul.

1890 L.D. est exclu de l'école après une protestation collective, puis réintégré.

1896 L.D. à Nikolaiev, pour terminer ses études secondaires, rencontre les idées socialistes.

1897 Naissance de l'Union des travailleurs de la Russie du Sud, animée par L.D. et ses amis Sokolovsky.

1898 *28 janvier :* L.D. Bronstein et ses amis arrêtés.
Février : Transfert à la prison de Kherson.
1er mars : Congrès de fondation, à Minsk, du P.O.S.D.R. clandestin.
Mars : Transfert à la prison d'Odessa.

1899 En prison à Odessa, après une lente évolution, L.D. se déclare marxiste. Il est condamné à quatre années d'exil.

1900 Mariage en prison avec Aleksandra Lvovna Sokolovskaia. Transfert en Sibérie, à Irkoutsk, puis Oust-Koust.

1901 *27 mars :* Naissance de Zinaïda. Début de la collaboration de L.D., sous le nom d'Antide Oto, à une revue littéraire d'Irkoutsk. Installation à Verkolensk et contact avec l'Union sibérienne social-démocrate.

1902 *Été :* Naissance de Nina. L.D. s'évade, contacte l'organisation de l'*Iskra* à Samara, rencontre Victor Adler à Vienne, P.B. Akselrod à Zurich.

Octobre : Contact avec Lénine à Londres et début de la collaboration de L.D. à l'*Iskra.* Il est devenu « Trotsky ».

? : Rencontre à Paris avec Natalia Ivanovna Sedova.

1903 *Mars :* Plekhanov rejette la proposition de Lénine de coopter L.D. à la rédaction de l'*Iskra.*
30 juillet-23 août : A Bruxelles, puis Londres, deuxième congrès du P.O.S.D.R. : Trotsky, d'abord fidèle de Lénine, se range dans la minorité des « mencheviks » contre les « bolcheviks » que dirige Lénine.
Septembre : Trotsky rédige le « Rapport de la délégation sibérienne », est élu à la direction de l'organisation menchevique et recommence à travailler à l'*Iskra*, reprise aux bolcheviks grâce à Plekhanov.

1904 *Avril :* Sur ultimatum de Plekhanov, Trotsky cesse sa collaboration à l'*Iskra.*
Août : Dans *Nos Tâches politiques*, Trotsky dresse contre Lénine un véritable réquisitoire.
*Septembre :*Trotsky chez Parvus (Helphand) à Munich.
Octobre : Trotsky quitte le groupe menchevique mais reprend sa collaboration à l'*Iskra.*
Novembre/décembre : Trotsky rédige la brochure titrée plus tard *avant le 9 janvier.*

1905 *22 janvier :* « Dimanche rouge » de Saint-Pétersbourg : Trotsky salue le début de la révolution.
Février : Trotsky, rentré clandestinement en Russie, est à Kiev.
Mars-avril : Trotsky à Pétersbourg, clandestin, jusqu'à l'arrestation de Natalia Ivanovna, le 1er mai.
Été-automne : Trotsky en Finlande.
26 octobre : Naissance, dans le cours de la grève, du soviet de Pétersbourg.
28 octobre : Trotsky prend la parole au soviet, comme Ianovsky.
30 octobre : Trotsky élu à l'exécutif du soviet. « Manifeste d'Octobre » et promesses du tsar d'octroyer des réformes démocratiques.
Novembre : Trotsky est devenu l'inspirateur, la plume et l'orateur du soviet. Il fonde avec Parvus la *Rousskaia Gazeta* et collabore au journal menchevique *Natchalo* qui s'identifie à sa politique.
5 décembre : Devenu président du soviet, Trotsky fait partie du groupe chargé de la préparation de l'insurrection armée.
16 décembre : Trotsky et les autres dirigeants du soviet sont arrêtés.

1906 Transfert de Trotsky de la forteresse Pierre-et-Paul à la prison des Kresty (Croix).
24 février : Naissance de Lev Sedov.
2 octobre : Ouverture du procès contre les membres du soviet.
17 octobre : Plaidoirie de Trotsky.
18 novembre : Trotsky condamné au bannissement à vie.

1907 *10 janvier :* Début du transfert vers le cercle polaire.
25 février : Trotsky s'évade et prend le chemin du retour dans un traîneau à rennes.
Mars : Arrivée à Pétersbourg, l'évadé gagne la Finlande, où il rencontre Lénine et Martov, puis Londres.
13 mai-1er juin : 5e congrès du P.O.S.D.R. Trotsky se prononce toujours pour l'unité des bolcheviks et mencheviks mais critique violemment la politique des « expropriations » des premiers.
Juin-juillet : Séjour en Allemagne, repos en Saxe.
18-24 août : Congrès socialiste international de Stuttgart.
Octobre : Trotsky, indésirable à Berlin, s'installe à Vienne avec sa famille et commence à collaborer à la *Kievskaia Mysl.*

1908 ? : Naissance de Sergei Sedov.
Collaboration littéraire à *Kievskaia Mysl, Die neue Zeit, Der Kampf,* etc.
Octobre : Publication de la *Pravda* qu'on appellera « de Vienne ».

1909 *Juin :* Article sur « Nos différends » dans *Przeglad Socjaldemokratyczny* de Rosa Luxemburg.

1910 *15 janvier-5 février :* Plénum de la direction du parti au café d'Harcourt à Paris; la position « unitaire » de Trotsky l'emporte; la *Pravda* est subventionnée et Kamenev entre à sa rédaction, y représentant les bolcheviks.
Août : Rupture avec les bolcheviks que Trotsky dénonce comme les diviseurs; Kamenev quitte la *Pravda.*

1911 *10-16 septembre :* Congrès d'Iéna du parti social-démocrate allemand. Trotsky renonce à la parole sur demande de Bebel, chef du parti social-démocrate, après la nouvelle de l'assassinat en Russie du ministre Stolypine.

1912 *18-30 janvier :* Conférence de Prague : les bolcheviks (Lénine) et les mencheviks du parti (Plekhanov) se proclament représentants du parti.
Février : Trotsky dénonce le scissionnisme de Lénine.
5 mai : Les bolcheviks publient à Pétersbourg leur propre organe, qu'ils appellent *Pravda*, à l'indignation de Trotsky, qui parle de « plagiat ».
25 août-9 septembre : Conférence à Vienne du « bloc d'août » sous la présidence de Trotsky, se fixant pour objectif de construire un « parti de masse » et dirigée contre les bolcheviks.
Septembre : Trotsky correspondant de guerre de la *Kievskaia Mysl* dans les Balkans.

1913 *1er avril :* Lettre de Trotsky à Tchkheidzé dans laquelle il dénonce violemment les « méthodes » de Lénine.

1914 *22 février :* Parution à Saint-Pétersbourg de *Borba*, inspirée par Trotsky, organe de l'Organisation inter-rayons de la capitale.
16-17 juillet : Trotsky à Bruxelles à la conférence pour la réunification du parti russe organisée par le Bureau socialiste international.
3 août : Trotsky et sa famille quittent Vienne pour Zurich.
Septembre : Trotsky rédige *La Guerre et l'Internationale.*
19 novembre : Trotsky à Paris, toujours comme correspondant de la *Kievskaia Mysl*; début de sa collaboration à *Golos*, que dirige Martov.

1915 *14 février :* Trotsky dénonce Parvus devenu « social-patriote ».
29 février : après l'interdiction de *Golos*, parution à Paris de *Naché Slovo.*
Avril : Rencontre à Paris avec le groupe de *La Vie ouvrière.*
5-8 septembre : conférence socialiste internationale de Zimmerwald. Trotsky en rédige le *Manifeste.*

1916 *19 avril :* Martov quitte *Naché Slovo* dont Trotsky est le dirigeant reconnu.
24-30 avril : Conférence socialiste internationale de Kienthal. Trotsky ne peut y prendre part, du fait des autorités françaises.
15 septembre : Interdiction de *Naché Slovo.*
16 septembre : Trotsky prié de quitter le territoire français.
30 septembre : Trotsky conduit par la police à la frontière espagnole.
9 novembre : Trotsky arrêté à Madrid et expulsé : il obtiendra un sursis et de rejoindre les États-Unis plutôt que Cuba.
25 décembre : Natalia et ses deux fils retrouvent Trotsky à Barcelone et embarquent pour New York.

1917 *13 janvier :* Arrivée de Trotsky à New York.
14 janvier : Début de sa collaboration à *Novy Mir*, avec Boukharine et autres. Rôle important dans la gauche du P.S.
12 mars : Révolution « de février » à Petrograd.
27 mars : Trotsky et les siens s'embarquent à New York pour revenir en Russie.
3-29 avril : Trotsky et les siens internés au Canada.
17 avril : Lénine à Petrograd.
17 mai : Arrivée de Trotsky à Petrograd.
18 mai : Trotsky salue au soviet la révolution russe « prologue de la révolution mondiale ».
23 mai : Entretien avec Lénine. Trotsky reporte son entrée dans les rangs des bolcheviks.
Juin : Publication par Trotsky et l'organisation inter-rayons de *Vpériod.* Trotsky devient l'un des orateurs révolutionnaires les plus populaires de Petrograd.
16-18 juillet : Manifestations armées à Petrograd pour « le pouvoir des soviets »; début de la répression contre les bolcheviks; Lénine passe dans la clandestinité.
23 juillet : Dans une « lettre ouverte », Trotsky se déclare solidaire de Lénine.

5 août : Trotsky arrêté, enfermé dans la prison des Kresty.
12-16 août : Le VIe congrès du parti élit Trotsky à son comité central. Le parti a décuplé ses effectifs, dépassant les 200 000.
14-19 septembre : Putsch contre-révolutionnaire du général Kornilov; Trotsky appelle les marins à combattre au côté de Kerensky et du Gouvernement provisoire pour abattre Kornilov.
17 septembre : Libéré, Trotsky prend part pour la première fois au comité central bolchevique.
22 septembre : Les bolcheviks majoritaires au soviet de Petrograd.
6 octobre : Élu président du soviet de Petrograd, Trotsky invite le Gouvernement provisoire à s'en aller.
20 octobre : Création du comité militaire révolutionnaire de Petrograd par le soviet.
23 octobre : le C.C. bolchevique décide l'insurrection.
26 octobre : Le comité militaire révolutionnaire organise le contrôle de la capitale.
29 octobre : Les troupes de Petrograd déclarent ne plus obéir au gouvernement.
3 novembre : Les troupes de la garnison de Petrograd reconnaissent l'autorité du comité militaire révolutionnaire.
6 novembre : Après l'interdiction de la *Pravda*, Trotsky appelle à la « défense de la révolution » à travers le soviet de Petrograd menacé. Le comité militaire révolutionnaire fait occuper les points stratégiques.
7 novembre : Trotsky déclare au nom du comité militaire révolutionnaire que le Gouvernement provisoire a cessé d'exister. Départ des mencheviks et des socialistes-révolutionnaires du congrès des soviets et prise du Palais d'Hiver par les bolcheviks.
8 novembre : Trotsky refuse le commissariat du peuple à l'Intérieur et accepte les Affaires étrangères.
9-10 novembre : Trotsky organise la défense de Petrograd contre les Cosaques qui soutiennent Kerensky.
11-17 novembre : Discussions autour de la proposition d'un « gouvernement socialiste de coalition » dont les partenaires veulent exclure Lénine et Trotsky.
20 novembre : Offre d'un armistice par les Puissances centrales. Appel de Trotsky aux Alliés pour mettre fin à la guerre.
25 novembre : Aux élections à la Constituante, les partis socialistes obtiennent 62 % des voix et les bolcheviks 25 %.
11 décembre : Trotsky défend l'interdiction du parti cadet.
15 décembre : Signature de l'armistice à Brest-Litovsk.
20 décembre : Création de la Tchéka pour combattre la contre-révolution.
22 décembre : Début des négociations de paix à Brest-Litovsk.

1918 *9 janvier :* Trotsky à Brest-Litovsk.
18 janvier : Ultimatum du général Hoffmann. Interruption des négociations de paix.

19 janvier : Dispersion de l'Assemblée constituante par le gouvernement bolchevique.
20 janvier : Retour de Trotsky à Petrograd. Début des discussions. Trois tendances divisent les dirigeants. Lénine est pour l'acceptation des conditions allemandes, Boukharine pour « la guerre révolutionnaire » et la formule de Trotsky est « ni paix ni guerre ».
22 janvier : Le comité central du parti approuve la position de Trotsky.
30 janvier : Reprise des négociations à Brest-Litovsk.
10 février : Trotsky annonce : « Nous sortons de la guerre. »
18 février : Reprise de l'offensive allemande.
27 février : Décret de fondation de l'Armée rouge.
4 mars : Le comité central approuve Lénine et la signature du traité, rendue possible par le ralliement de Trotsky à Lénine.
6-8 mars : Le VIIe congrès du parti approuve le traité.
13 mars : Trotsky devient commissaire du peuple à la Guerre et président du conseil suprême de la guerre.
6 juillet : soulèvement des s.r. de gauche à Moscou, devenue capitale depuis le 12 mars.
8 août : Trotsky et son train partent pour Sviajsk sur la Volga.
Septembre : Conflit entre Trotsky et le commandant du front Sud, Vorochilov, soutenu par Staline.
10 septembre : Les troupes rouges de Sviajsk reprennent Kazan.

1919 *10 janvier :* Le conflit avec Vorochilov, transféré en Ukraine, rebondit. Lénine cherche un compromis.
2-7 mars : Congrès de fondation de l'Internationale communiste dont Trotsky rédige le *Manifeste.*
18-23 mars : Trotsky est au front pendant le VIIIe congrès du parti où sa politique militaire – emploi d'officiers de carrière et discipline rigoureuse – est soumise à de sévères critiques.
3 juillet : Réorganisation du conseil révolutionnaire de la guerre qui provoque la démission – reprise ensuite – de Trotsky.
15 septembre : Trotsky défend contre Lénine la nécessité de défendre à tout prix Petrograd contre l'offensive des Blancs.
16 juillet : Trotsky à Petrograd organise la défense et galvanise les défenseurs.
22 juillet : Début de la contre-attaque de l'Armée rouge devant Petrograd.
25 juillet : Trotsky, son train et Staline sont décorés de l'ordre du Drapeau rouge.

1920 *12 janvier :* Trotsky défend devant les dirigeants communistes des syndicats la nécessité de la « militarisation du travail ».
Février : Organisation des « armées du travail ».
Mars : Trotsky accepte de se charger des transports, dont il devient commissaire du peuple.

29 mars-5 avril : Au IXe congrès, avec l'appui de Lénine, Trotsky défend la « militarisation des syndicats » que combattent les « décistes » (centralisme démocratique).
Juillet : Conflit au sommet du parti et de l'État entre ceux qui croient que l'avance de l'Armée rouge peut provoquer la révolution en Pologne (Lénine) et ceux qui ne le croient pas (Trotsky).
Août : Échec de l'Armée rouge devant Varsovie.
17 août : Trotsky organise la fusion de divers organismes pour la militarisation des syndicats des transports en plaçant ces derniers sous l'autorité du *Tsektran.*
12 octobre : Fin de la guerre avec la Pologne.
8-9 novembre : Au bureau politique, Lénine fait valoir sa conception, désormais hostile à la militarisation des syndicats, et l'emporte sur Trotsky par 8 voix contre 7.
Décembre : La guerre civile vient de se terminer, la discussion sur les syndicats commence.

1921 *Janvier-Février :* Discussion syndicale. Zinoviev et Staline sont avec Lénine contre Trotsky et préconisent une politique qui permette à la classe ouvrière de se défendre contre l'État et ses « déformations bureaucratiques » selon la formule de Lénine.
21 février : Entrée de l'Armée rouge en Géorgie.
23 février : Début des grèves à Petrograd.
28 février : Soulèvement de Cronstadt.
1er mars : Manifeste des insurgés de Cronstadt.
8-16 mars : Xe congrès du parti : interdiction des fractions. Adoption de la Nep. Nombre de délégués sont volontaires pour l'assaut de Cronstadt.
8 mars : Premier échec d'une attaque contre Cronstadt.
17-18 mars : Assaut et prise de Cronstadt; pertes sévères des assaillants et répression massive dans la forteresse une fois tombée.
1er avril : Création de la commission de planification d'État (Gosplan).
3 mai : Lettre de Trotsky à Lénine, critiquant la conception du Gosplan : ses propositions sont repoussées.
22 juin-12 juillet : Trotsky présente le rapport sur les nouvelles tâches de l'I.C. à son IIIe congrès.

1922 *27 mars-2 avril :* Trotsky soutient Lénine contre les critiques de l'Opposition ouvrière au XIe congrès. Staline devient secrétaire général du parti.
4 novembre-5 décembre : IVe congrès de l'Internationale communiste dont Trotsky est l'un des principaux rapporteurs.
Novembre : Lénine propose à Trotsky un « bloc contre le bureaucratisme en général et le bureau d'organisation en particulier ».
13 décembre : Lénine demande à Trotsky de défendre avec lui le monopole du commerce extérieur.

25 décembre : Le testament de Lénine cite Trotsky et Staline et les met sur le même plan, donnant des conseils pour éviter que les conflits entre eux ne mènent à la scission.

1923 *4 janvier :* Lénine ajoute à son testament un post-scriptum recommandant l'élimination de Staline du poste de secrétaire général.
5 mars : Lénine rompt ses relations personnelles avec Staline et prie Trotsky de plaider à sa place au congrès le dossier géorgien.
6 mars : Trotsky conclut un compromis avec Kamenev : il n'attaquera pas Staline.
17-25 avril : Devant un XIIe congrès soigneusement préparé par Staline en ce qui concerne le choix des délégués, Trotsky plaide pour l'industrialisation.
Août : Vague de grèves en Russie soviétique.
23 août : Trotsky propose au bureau politique de passer à la préparation de l'insurrection en Allemagne.
Septembre : Préparatifs de l'insurrection allemande dont la date est fixée au 7 novembre.
8 octobre : Lettre de Trotsky dénonçant au bureau politique le « régime du parti » et la « bureaucratisation de son appareil ».
15 octobre : Déclaration des 46 au politburo, dans le sens de Trotsky.
21 octobre : Après la conférence de Chemnitz, retraite sans combat en Allemagne : l'insurrection décommandée sauf à Hambourg, par erreur.
7 novembre : Début de la discussion officielle sur un « cours nouveau » dans le parti.
5 décembre : Publication de la résolution unanime du bureau politique sur le « cours nouveau ».
11 décembre : Trotsky donne dans une « lettre ouverte » son interprétation du cours nouveau.
15 décembre : Staline ouvre dans la *Pravda* la grande campagne contre Trotsky.

1924 *16 janvier :* Départ de Trotsky pour une cure de repos au Caucase.
16-18 janvier : La 13e conférence du parti condamne les thèses de l'Opposition et qualifie cette dernière de « petite-bourgeoise ».
21 janvier : Mort de Lénine.
26 janvier : Funérailles de Lénine et discours en forme de litanie de Staline; Trotsky, mal renseigné, n'est pas venu.
23-31 mai : XIIIe congrès du parti où une réunion restreinte accepte de ne pas faire connaître au parti le contenu du testament de Lénine : Staline reconduit comme secrétaire général. Trotsky a gardé le silence.
17 juin-8 juillet : V^{e} congrès de l'I.C. et début de l'offensive mondiale contre « le trotskysme ».
Octobre : Parution de « Leçons d'Octobre », préface de Trotsky à ses écrits de 1917. Début de la campagne de discrédit et de calomnie contre lui. Sa défense, « Nos divergences » n'est pas publiée. Staline

décrit le « nouveau » et le « vieux trotskysme » comme « ennemis du léninisme » et développe l'idée du « socialisme dans un seul pays ».

1925 *15 janvier :* Trotsky démissionne du commissariat du peuple à la Guerre.
Mai : Trotsky à la tête de la commission des concessions et de divers organismes techniques.
1er septembre : A la demande du bureau politique, Trotsky désavoue la publication par son ami Max Eastman du « testament de Lénine » dont il l'avait informé à Moscou.
Octobre : début du conflit entre Zinoviev et Kamenev, soutenus par l'appareil du parti de Leningrad et Staline-Boukharine. La « Nouvelle Opposition » critique la politique de concessions aux paysans aisés et la théorie du « socialisme dans un seul pays ».
18-31 décembre : XIVe congrès du parti, où la Nouvelle Opposition est écrasée sous l'œil impassible de Trotsky, dont les camarades sont d'ailleurs divisés sur la conduite à tenir.

1926 *Janvier :* Échanges avec Boukharine qui cherche à empêcher Trotsky de s'allier à Zinoviev et Kamenev.
Janvier-février : Épuration de l'appareil à Leningrad.
6-9 avril : Première manifestation de l'existence d'une « Opposition unifiée » derrière Trotsky-Zinoviev-Kamenev.
Juillet : Déclaration des treize contre « la dégénérescence bureaucratique de l'État ouvrier ».
14-23 juillet : Session du comité central qui condamne les méthodes « illégales » et « scissionnistes » de l'Opposition et sanctionne notamment Zinoviev, exclu du bureau politique.
16 octobre : L'Opposition unifiée reconnaît avoir eu une activité fractionnelle et s'engage à y renoncer désormais.
23-26 octobre : Violent conflit au comité central : Trotsky et Kamenev écartés du bureau politique.

1927 *22 mars :* Trotsky critique la politique chinoise de la direction et la soumission du P.C. chinois au Guomindang nationaliste.
12 avril : Le général Tchiang Kai-chek, chef de l'armée du Guomindang, massacre les communistes et les cadres ouvriers à Shanghai.
24 avril : Rupture des relations diplomatiques anglo-russes.
9 juin : Manifestation d'oppositionnels contre l'exil de Smilga.
29 juin-9 juillet : Trotsky se fait accusateur face à une coalition en train de se défaire. Trotsky et Zinoviev ne sont pas exclus du fait de l'opposition entre Staline et Ordjonikidzé.
Août : Rédaction de la plate-forme de l'Opposition.
8 septembre : Interdiction de publier la plate-forme.
13 septembre : Provocation du G.P.U., dite « affaire de l'officier de Wrangel » : cet officier a agi pour le compte du G.P.U. en proposant ses services à l'Opposition.
21-23 octobre : Le comité central exclut de ses rangs Zinoviev et Trotsky.

7 novembre : Manifestation de l'Opposition à Moscou.
15 novembre : Trotsky et Zinoviev exclus du parti pour « manifestations contre-révolutionnaires ».
16 novembre : Suicide-protestation d'A.A. Joffé.
19 novembre : Discours de Trotsky sur la tombe de Joffé.
2-19 décembre : Le XVe congrès du parti exige des oppositionnels qu'ils renient leurs idées pour rester dans le parti et fassent des déclarations de « repentir ».
10 décembre : Capitulation de Zinoviev, Kamenev et leurs camarades : l'Opposition explose, tandis qu'il y a des exclusions par milliers.

1928 *6 janvier :* Le bureau politique décide en secret des « mesures d'urgence » pour la collecte du blé.
12 janvier : Le G.P.U. informe Trotsky de son bannissement à Alma-Ata.
17 janvier : Trotsky enlevé par la police, envoyé par train vers Alma-Ata.
25 janvier : Trotsky, sa femme et son fils aîné arrivent à Alma-Ata où ses secrétaires, venus de façon indépendante, sont arrêtés et emmenés.
27 janvier : Zinoviev et Kamenev dénoncent l'orientation « scissionniste » de Trotsky.
13 février : Staline obtient des « mesures d'urgence » approuvées par le C.C.
15 février : Les « mesures d'urgence » sont rendues publiques. Capitulation de Piatakov.
6-11 avril : Au comité central, la droite obtient une atténuation des « mesures d'urgence » pour le blé.
9 mai : Lettre-circulaire de Trotsky invitant ses camarades déportés à discuter d'un soutien éventuel des « mesures d'urgence ».
30 mai : Staline se prononce pour la « collectivisation » et l'« industrialisation ».
9 juin : Mort de Nina, deuxième fille de Trotsky.
29 juin : Annonce de la réintégration de Zinoviev, Kamenev et autres.
4-12 juillet : Conflit au C.C. entre Staline et la droite qui obtient que soient rapportées les « mesures d'urgence ».
11 juillet : Entretien secret entre Boukharine et Kamenev. Boukharine, qui se dit terrorisé par Staline, cherche des appuis.
17 juillet-1er septembre : Le VIe congrès de l'Internationale communiste marque le début de la « troisième période ». Trotsky lui a adressé une déclaration de l'Opposition et sa « Critique du projet de programme » dont l'Américain Cannon prend connaissance et qu'il réussit à sortir du pays.
Septembre : Début du blocus du courrier des déportés en U.R.S.S.
27 octobre : Cannon et Shachtman exclus du P.C. des États-Unis.
15 novembre : Premier numéro de *The Militant* aux États-Unis.
16 décembre : Le G.P.U. menace Trotsky de représailles s'il continue son activité politique.

1929 *20 janvier :* Le G.P.U. informe Trotsky qu'il est expulsé d'U.R.S.S. en vertu de l'article 58/10 pour « préparation de la lutte armée contre le pouvoir soviétique ».
22 janvier : Départ d'Alma-Ata.
23 janvier : Plusieurs centaines d'oppositionnels sont arrêtés.
23 janvier-8 février : Le train qui emporte Trotsky arrêté en rase campagne en attente d'instructions.
9 février : Conflit aigu au bureau politique : Boukharine menace de démissionner.
10 février : Le train de Trotsky arrive à Odessa.
12 février : Ayant fait la traversée sur l'*Ilyitch*, Trotsky, sa femme et son fils sont débarqués à Constantinople : pendant des mois Trotsky cherchera vainement à obtenir un visa européen.
5 mars : Les Trotsky quittent le consulat soviétique et s'installent à l'hôtel.
Avril : Les Trotsky s'établissent à l'île de Prinkipo.
16-23 avril : Le C.C. condamne « la déviation de droite ».
23-29 avril : La XVIe conférence du parti décide de fixer rétroactivement le début du premier Plan quinquennal au 1er octobre 1928.
3 juillet : Molotov remplace Boukharine à la tête de l'I.C.
13 juillet : Capitulation de Radek, Préobrajensky, Smilga. Panique dans les rangs des déportés. Publication à Berlin du premier numéro du *Biulleten Oppositsii.*
13 septembre : Premier numéro de *La Vérité.*
25 septembre : Trotsky approuve la déclaration de Rakovsky du 22 août précédent.
4 octobre : Rakovsky contre « la collectivisation radicale ».
3 novembre : Capitulation d'I.N. Smirnov et Bogouslavsky, suivis de centaines de déportés.
10-17 novembre : Boukharine, Rykov et Tomsky font leur autocritique au comité central : Boukharine est exclu du bureau politique.
27 décembre : Staline se prononce pour « la liquidation des koulaks en tant que classe ».

1930 *28 février :* Naissance de l'Opposition de gauche belge.
2 mars : Staline dénonce les excès de la collectivisation, « le vertige du succès ».
30 mars : Naissance de l'Opposition de gauche unifiée allemande (V.L.O.).
6 avril : Conférence internationale de l'Opposition de gauche à Paris.
12 avril : Nouvelle déclaration de Rakovsky.
5 mai : Trois dirigeants du P.C. d'Italie se tournent vers Trotsky (les « trois », Tresso, Leonetti, Ravazzoli).
Juin : Début de la crise de la section française de l'Opposition.
30 juin : Naissance de l'Opposition en Argentine.
26 juin-13 juillet : XVIe congrès du parti : Tomsky exclu du bureau politique.
15 novembre : « Lettre ouverte » de Chen Duxiu.

3 décembre : L'Opposition de gauche autrichienne rompt avec l'Opposition internationale.
Décembre : Découverte, dans le parti russe, d'un groupe « de gauche » avec Syrtsov et les dirigeants ex-J. C. Sten, Lominadzé, Tchapline, Chatskine.

1931 *8 janvier :* Arrivée à Prinkipo de Zinaïda et de son fils Sieva.
18 février : Départ de L. Sedov de Prinkipo.
25 février : Arrivée de L. Sedov à Berlin.
1er mars : Incendie de la villa des Trotsky.
1er avril : Installation à Kadiköy.
Mai : Unification des oppositions en Chine.
Mai : Rencontres à Berlin entre Sedov et I. N. Smirnov.
31 mai : Scission de la section allemande de l'Opposition.
8 août : Communistes et nazis unis dans le plébiscite de Prusse, « rouge » pour les premiers et « brun » pour les seconds.
Octobre : Adhésion à l'Opposition de gauche internationale de l'organisation archiomarxiste grecque.
26 octobre : Arrivée de Zinaïda à Berlin.

1932 *Janvier :* Nouvelle installation à Prinkipo (Buyûk-Ada).
20 février : Trotsky déchu de la nationalité soviétique.
Avril : Scission de la Ligue communiste en France et naissance de la Gauche communiste.
Juin : Formation en U.R.S.S. du bloc des oppositions.
Août : Mise en circulation de la plate-forme Rioutine-Slepkov.
Septembre : Sedov informe Trotsky de la constitution du bloc, que vient de lui apprendre Holzman, envoyé de Smirnov.
Septembre : Correspondance de Trotsky et rencontre de Sedov avec Gaven.
19 octobre : Trotsky commente la nouvelle exclusion du parti de Zinoviev et Kamenev, sanctionnés pour avoir lu la plate-forme Rioutine-Slepkov et ne pas l'avoir dénoncée.
14 novembre : Départ de Trotsky pour Copenhague.
23 novembre : Arrivée à Copenhague.
25 novembre : Conférence sur la révolution d'Octobre devant les étudiants socialistes.
27 décembre : Départ du Danemark.
6-7 décembre : Traversée de la France en train avec Sedov.
12 décembre : Retour de Trotsky à Prinkipo.

1933 *Janvier :* Nombreuses arrestations, en U.R.S.S., d'anciens « capitulards » dont I. N. Smirnov.
4 janvier : Trotsky demande aux allemands d'exclure Roman Well, agent stalinien.
5 janvier : Suicide de Zinaïda à Berlin.
6 janvier : Le P.C. chilien rallie l'Opposition de gauche.
30 janvier : Hitler chancelier du Reich.

4-8 février : Préconférence internationale de l'Opposition de gauche. Réaffirmation de la ligne de la « réforme » et du « redressement » de l'I.C. et des P.C.
27 février : Incendie du Reichstag et début de la destruction systématique des organisations ouvrières en Allemagne.
8 mars : Victor Serge arrêté et déporté.
12 février : Trotsky pour un « nouveau parti » communiste allemand.
5 avril : Le présidium de l'I.C. approuve la politique du P.C. allemand qui a mené Hitler au pouvoir.
14 juillet : Le parti nazi, parti unique en Allemagne.
15 juillet : Trotsky se prononce pour la IVe Internationale.
17 juillet : Départ de Trotsky pour la France.
24 juillet : Arrivée à Marseille.
26 juillet : Installation à Saint-Palais.
Août : Entretiens avec les dirigeants d'organisations socialistes de gauche (Walcher, Sneevliet, de Kadt, Paton, etc. Visite d'André Malraux, le 7 août).
16-27 août : Conférence de Paris des partis socialistes indépendants. Déclaration des quatre pour la IVe Internationale.
14 septembre : Fondation du Partido Bolchevique-Leninista de Cuba.
10-31 octobre : Trotsky et Natalia en vacances à Bagnères-de-Bigorre.
1er novembre : Installation à Barbizon.
30 décembre : Conférence des quatre à Paris.

1934 *Janvier-février :* Participation clandestine de Trotsky à la vie politique française.
26 janvier-10 février : Congrès « des vainqueurs à Moscou ».
6 février : Émeute des Ligues de droite à Paris.
9 février : Capitulation de Sosnovsky.
12 février : Manifestation unitaire ouvrière à Paris. Début de la campagne de la presse nazie dénonçant Trotsky derrière les troubles en France.
23 février : Capitulation de Rakovsky.
14 avril : Le procureur de la République de Melun « découvre » la présence de Trotsky à Barbizon.
16 avril : Expulsion juridique de Trotsky, qui ne se matérialise pas, faute de visa. Trotsky erre pendant plus de deux mois sur le territoire français.
Juin : De Saint-Pierre de Chartreuse, Trotsky propose à ses camarades d'entrer à la S.F.I.O.; c'est « l'entrisme » ou « tournant français ».
10 juillet : Installation à Domène.
Septembre : Crise de l'Opposition sur la question de l' « entrisme ».
1er-2 décembre : La fusion de l'A.W.P. et de la C.L.A. donne naissance au Workers Party of the United States (W.P.U.S.).
1er décembre : Assassinat de Kirov et mesures d'exception.
4 décembre : 66 exécutions pour l'assassinat de Kirov.
16 décembre : Arrestation de Zinoviev, Kamenev et autres pour l'assassinat de Kirov.

25 décembre : Naissance de la section suisse de l'Opposition, le M.A.S.
28 décembre : Nikolaiev et ses « complices » condamnés à mort pour avoir assassiné Kirov.
29 décembre : Exécution de 19 « assassins de Kirov », dont Nikolaiev.

1935 *15-18 janvier :* Procès de Zinoviev, condamné à 10 ans et Kamenev à 5 ans, pour « responsabilité morale » dans l'assassinat de Kirov.
23 janvier : condamnation des dirigeants du G.P.U. de Leningrad.
1er février : N. I. Ejov devient secrétaire du C.C. et membre de la commission de contrôle : vague d'arrestations.
2-3 mars : Les deux partis néerlandais R.S.P. et O.S.P. donnent naissance au R.S.A.P.
10 mars : La section belge décide l'entrée dans le parti ouvrier belge.
8 avril : La peine de mort étendue en U.R.S.S. aux enfants de moins de seize ans.
15 mai : Pierre Laval, après la signature d'un pacte de non-agression franco-soviétique, indique que Staline approuve sa politique de défense nationale.
25 mai : Dissolution de la société des vieux-bolcheviks.
7 juin : Enoukidzé exclu du C.C.
9 juin : Responsabilité familiale en matière pénale.
10 juin : Trotsky quitte Domène.
14 juin : Trotsky quitte Paris.
18 juin : Trotsky à Oslo.
23 juin : Trotsky s'installe à Wexhall, chez les Knudsen.
25 juillet-20 août : Le VIIe congrès de l'I.C. décide de généraliser la politique du Front populaire.
27 juillet : Nouvelle condamnation de Kamenev, à huis clos.
31 juillet : Exclusion des dirigeants de l'Entente des J.S. de la Seine.
19 septembre-20 octobre : Trotsky hospitalisé.
18 novembre : Scission du R.S.A.P.
6 décembre : La publication de *La Commune* matérialise la rupture avec Raymond Molinier.
20-22 décembre : Une excursion à skis manque de peu de se terminer tragiquement du fait d'une tempête de neige.

1936 *16 février :* Victoire électorale du Frente popular en Espagne.
21-24 février : Congrès de fondation de la C.T.M. – centrale syndicale – au Mexique.
1er mars : Le congrès du W.P.U.S. décide l'entrée dans le parti socialiste des États-Unis.
7 mars : Remilitarisation de la Rhénanie.
7 mars : Fondation du P.C.I. avec R. Molinier et P. Frank.
30 mars : Conclusion du Frente popular au Chili.
1er avril : Fusion des J.S. et des J.C. en Espagne : naissance des J.S.U.
26 avril : Premier tour des élections en France favorable à la S.F.I.O. et au P.C.

3 mai : Victoire électorale du Front populaire en France.
26 mai : Début des « grèves de juin 36 ».
31 mai : Congrès de fusion du Groupe bolchevik-léniniste et des Jeunesses socialistes révolutionnaires : naissance du P.O.R. (parti ouvrier révolutionnaire).
1er juin : Fusion du P.C.I. et du P.O.R. : naissance du P.O.I. (parti ouvrier internationaliste).
4 juin : Formation du gouvernement Léon Blum.
7 juin : Signature des accords Matignon.
21 juin : Premiers aveux d'I. N. Smirnov, qui nie toujours les actes terroristes qui lui sont imputés.
6 juillet : Nouvelle Constitution en U.R.S.S.
14 juillet : Grève des ouvriers des pétroles au Mexique.
18-20 juillet : Soulèvement des militaires espagnols sous Sanjurjo et Franco. Début de la guerre civile.
29-31 juillet : « Conférence de Genève » à Paris et création du mouvement pour la IVe Internationale.
5 août : Départ en vacances des Trotsky.
5-6 août : Raid des nazis sur la maison de Wexhall.
19-24 août : Premier procès de Moscou : seize fusillés dont Zinoviev, Kamenev, I. N. Smirnov, qui ont « avoué ».
29 août : Les secrétaires de Trotsky expulsés de Norvège.
2 septembre : Trotsky et sa compagne internés en Norvège.
4 septembre : Gouvernement de Front populaire du socialiste Largo Caballero en Espagne « républicaine ».
22 septembre : Arrestation de Radek.
26 septembre : Andrés Nin conseiller à la Justice en Catalogne.
N.I. Ejov remplace Iagoda à la tête du G.P.U.
3 octobre : Naissance en Belgique du P.S.R. (parti socialiste révolutionnaire).
22 octobre : Naissance à New York de l'American Committee for the Defense of Leon Trotsky (A.C.D.L.T.)
27 octobre : Les déportés trotskystes de Vorkouta commencent une grève de la faim qui durera quatre mois.
7 novembre : Cambriolage des locaux où étaient déposés les papiers de Trotsky à Paris.
15 novembre : Grève des ouvriers du pétrole.
7 décembre : Le président mexicain Cárdenas annonce qu'il accorde le visa mexicain à Trotsky.
19 décembre : Trotsky et sa compagne embarquent sur le pétrolier *Ruth.*

1937 *9 janvier :* Débarquement des Trotsky à Tampico.
11 janvier : Arrivée des Trotsky à Coyoacán où ils s'installent dans la « maison bleue » du peintre Rivera.
21 janvier : Sedov ne vient pas à un rendez-vous à Mulhouse, où l'attendent des tueurs du G.P.U.
23-30 janvier : Deuxième procès de Moscou : Piatakov, Radek, Mouralov.

19 février : Arrivée chez Trotsky de son ancien secrétaire J. Frankel.
1er mars : Création de la commission Dewey d'enquête sur les procès de Moscou.
10-17 avril : Commission d'enquête préliminaire à Coyoacán et déposition de Trotsky.
21 avril : Conférence secrète de l'I.C. sur la lutte contre le trotskysme.
3-6 mai : Insurrection ouvrière à Barcelone.
15 mai : Démission de Largo Caballero.
17 mai : Gouvernement Negrín en Espagne, considéré comme otage de l'U.R.S.S.
12 juin : Procès et exécution des principaux chefs de l'Armée rouge en U.R.S.S.
16 juin : Arrestation en Espagne des dirigeants du P.O.U.M.
24 juin : Le président Cárdenas nationalise les chemins de fer.
26-30 juin : L'Américain Browder dicte au P.C. mexicain la politique dite d'« unité à tout prix » avec Lombardo Toledano et les dirigeants de la C.T.M. qui mènent la campagne contre Trotsky.
3-4 juillet : Le R.S.A.P. néerlandais rompt avec la IVe.
7 juillet : Lettre de l'agent secret Ignace Reiss au C.C. du P.C.U.S. où il annonce sa rupture et son ralliement à la IVe Internationale.
7-26 juillet : Séjour de Trotsky à San Miguel Regla.
31 juillet : E. Wolf arrêté à Barcelone à la veille de son départ.
19 août : Libération en Chine de Chen Duxiu.
4 septembre : Découverte du cadavre d'Ignace Reiss en Suisse.
13 septembre : Disparition de Wolf.
28 septembre : Arrivée à Coyoacán de Joe Hansen.
20 septembre : Départ de Frankel.
7 novembre : Unification des trotskystes argentins.
13 décembre : Verdict de la commission Dewey innocentant Trotsky et Sedov.
31 décembre : Début du congrès du Socialist Workers Party fondé par les partisans américains de Trotsky exclus du P.S.

1938 *13 février :* Unification des groupes tchécoslovaques.
16 février : Mort de L. Sedov à Paris.
29 février : Le congrès de la centrale syndicale C.T.M. vote à l'unanimité une résolution sur Trotsky et le trotskysme.
2-13 mars : Troisième procès de Moscou. Exécution de Boukharine, Rykov, Iagoda; Rakovsky condamné à la prison.
11 mars : Anschluss de l'Autriche à l'Allemagne.
18 mars : Le gouvernement Cárdenas exproprie les compagnies pétrolières au Mexique.
23 mars : Énorme manifestation de soutien à Cárdenas contre les menaces des puissances qui s'estiment lésées par les nationalisations.
30 mars : Naissance du Parti de la Révolution mexicaine (P.R.M.), parti officiel dont la C.T.M. est membre.

Fin mars-début mai : Exécution à la mitrailleuse des détenus trotskystes de Vorkouta.
16 mai : Mutinerie du général Cedillo contre Cárdenas.
10 juillet : Trotsky, Rivera et Breton à Pátzcuaro.
14 juillet : Disparition de R. Klement, secrétaire international.
3 septembre : « Conférence de Lausanne » à Périgny et proclamation de la IVe Internationale.
22 septembre : Grève générale à Prague contre le gouvernement qui capitule devant l'Allemagne.
29 septembre : Conférence et accords de Munich.
7 octobre : Trotsky prédit la conclusion d'un pacte Hitler-Staline.
11-31 octobre : Procès des dirigeants du P.O.U.M. survivants (A. Nin a été assassiné).
20 décembre : Livret du travail obligatoire en U.R.S.S.

1939 *7 janvier :* Diego Rivera quitte la IVe Internationale.
25 janvier : Les troupes franquistes entrent dans Barcelone.
26 janvier : Manifestations antisémites et contre Trotsky à Mexico.
9-10 et 23-26 février : Série d'exécutions de vieux-bolcheviks à Moscou.
Mars : Brouillé avec Rivera, Trotsky quitte la « maison bleue » de l'avenue Londres pour une maison proche, avenue Viena.
10-21 mars : XVIIIe congrès du P.C.U.S.
22 mars : Marguerite Rosmer découvre Siéva, caché dans un pensionnat religieux.
28 mars : Entrée dans Madrid des troupes franquistes.
8 août : Arrivée de Sieva à Coyoacán, avec les Rosmer.
22 août : Pacte germano-soviétique.
1er septembre : Entrée de l'armée allemande en Pologne.
2 septembre : Déclaration de guerre.
3 septembre : Burnham réclame dans le S.W.P. l'ouverture d'une discussion sur « la nature de l'U.R.S.S. »
17 septembre : Entrée de l'Armée rouge en Pologne.
28 septembre : Nouvel accord germano-russe.
12 octobre : Entrée au Mexique de Ramón Mercader. La commission Dies demande à Trotsky son témoignage.
26-28 octobre : L'assemblée nationale d'Ukraine occidentale demande le rattachement à l'U.R.S.S.
28-30 octobre : L'Assemblée nationale de Biélorussie demande le rattachement à l'U.R.S.S.
30 novembre : Attaque de la Finlande par l'armée russe.
12 décembre : Martin Dies retire son invitation à Trotsky.
13 décembre : Texte de la minorité du S.W.P., « La Guerre et le conservatisme bureaucratique ».

1940 *25 janvier :* Commission pour l'épuration du P.C.M.
27 janvier : Trotsky rédige son testament. Laborde et Campa sont exclus du P.C.M.

1er février : Burnham écrit « Science et Style » contre Trotsky.
12 mars : Paix entre la Finlande et l'U.R.S.S.
5-9 avril : Au congrès du S.W.P., la « majorité » (Cannon) l'emporte sur la « minorité » (Schachtman, Burnham).
16 avril : La majorité du S.W.P. suspend les dirigeants de la minorité.
17 avril : La minorité du S.W.P. s'empare de la revue du parti et fonde le Workers Party.
1er mai : Mots d'ordre contre Trotsky lancés au cours de la manifestation ouvrière à l'initiative de la C.T.M. à Mexico.
10 mai : Offensive allemande à l'ouest.
19 mai : Début de la conférence d'alarme : première session à New York.
21 mai : Démission de Burnham du Workers Party.
24 mai : Attentat manqué contre Trotsky à Coyoacán.
26 mai : Deuxième session de la conférence d'alarme à New York et adoption du Manifeste.
28 mai : Première visite de Ramón Mercader chez Trotsky.
22 juin : Armistice franco-allemand.
25 juin : Découverte du cadavre du garde américain de Trotsky, disparu le 24 mai.
3-6 août : Annexion « volontaire » des Républiques baltes à l'U.R.S.S.
20 août : Ramón Mercader frappe Trotsky dans son bureau.
21 août : Mort de Trotsky.

Bibliographie

I. BIBLIOGRAPHIE

1. *Des écrits de Trotsky*

SINCLAIR (Louis), *Léon Trotsky : a Bibliography*, Stanford, Cal, Hoover I.P., 1972-1980.

2. *Des écrits sur Trotsky*

LUBITZ (Wolfgang), *Trotsky. Bibliography*, 2. revised edition. (K.G. Saur, Munich, etc., 1988).

II. CHRONOLOGIE

ABOSCH (Heinz), *Trotzki-Chronik : Daten zu Leben und Werk*, Munich, 1973.

III. ICONOGRAPHIE

KING (David) & BROUÉ (Pierre), *Trotsky*, Paris, 1979.

WYNDHAM (Francis), KING (David), *Trotsky. A Documentary*, Londres, 1972.

DUGRAND (Alain), BROUÉ (Pierre), OLIVEIRA (J.-M.), *Trotsky. Mexico, 1937-1940*, Payot, 1988.

IV. BIOGRAPHIES

CARMICHAEL (Joel), *Trotsky : an Appreciation of his Life*, Londres, 1975.

DEUTSCHER (Isaac), *The Prophet Armed (1879-1921)*, Londres, 1954.

DEUTSCHER (Isaac), *The Prophet Unarmed (1921-1929)*, Londres, 1959.

DEUTSCHER (Isaac), *The Prophet Outcast (1929-1940)*, Londres, 1963.

(La traduction française : *Le Prophète Armée*, *Le Prophète désarmé*, *Le Prophète hors la loi*, de 1962 à 1975, a été suivie d'une publication en six volumes poche de 1972 à 1980, chez 10/18.)

SERGE (Victor), *Vie et Mort de Léon Trotsky*, Paris, 1952, puis 1973 en 2 vol. Ce livre comprend de larges extraits des mémoires de N.I. Sedova.

V. SOUVENIRS ET OPINIONS DE CONTEMPORAINS

BAJANOV (Boris), *Avec Staline, dans le Kremlin*, Paris, 1930.

CHURCHILL (Winston Spencer), « Léon Trotsky, alias Bronstein », *Great Contemporaries*, Londres, 1937, pp. 197-206.

FARRELL (James T.), « A Memoir of Leon Trotsky », trad. fr. dans *Cahiers Léon Trotsky* nº 12, 1982, pp. 97-103.
FERNÁNDEZ VILCHIS (Octavio), « Comment fut obtenu le droit d'asile pour Trotsky au Mexique », trad. fr. *dans Cahiers Léon Trotsky*, nº 11, 1982, pp. 63-73.
HEIJENOORT (Jean van), *Sept ans auprès de Trotsky. De Prinkipo à Coyoacán*, Paris, 1978.
LOUNATCHARSKY (Lunačarskij) A.V., « Lev Davidovitch Trotsky », *in Revoljucionnye siluety*, Moscou, 1923, tra. fr. *Cahiers Léon Trotsky*, nº 12, 1982, pp. 45-49.
MALRAUX (André), « Trotsky » *dans Marianne*, 1934, reproduit *dans Cahiers Léon Trotsky* nº 12, 1982, pp. 79-87.
MARTINET (Marcel), « Quelques souvenirs », *Les Humbles* et *Cahiers Léon Trotsky, ibidem*, pp. 3-12.
NAVILLE (Pierre), *Trotsky vivant*, Paris, 1962.
PORETSKI (Élisabeth K.), *Les Nôtres. Vie et mort d'un agent soviétique*, Paris, 1969.
ROSENTHAL (Gérard), *Avocat de Trotsky*, Paris, 1975.
ROSMER (Alfred), *L'Expulsion de L. Trotsky*, Paris, 1917.
ROSMER (Alfred), « Trotsky à Paris pendant la Première Guerre mondiale », *La Révolution prolétarienne* et *Cahiers Léon Trotsky*, nº 12, 1982, pp. 15-35.
RÜHLE-GERSTEL (Alice), *Kein Gedicht für Trotzki : Tagebuchauf-zeichnungen aus Mexico*, Frankfurt/M, 1979.
WEBER (Sara), « Souvenirs sur Trotsky », *Modern Occasions* et trad. fr. *dans Cahiers Léon Trotsky*, nº 5, 1980, pp. 39-52.
ZIV (G.A.), *Trockij : kharakteristika (po ličnym vospominanijam)*, New York, 1921.

VI. ÉCRITS DE CONTEMPORAINS

AKSELROD (PB.), etc., *Pisma P.B. Akselroda i Yu.I. Martova*, Berlin, 1924.
BOUKHARINE (N.I.), « A bas le fractionnisme », *Le Parti Bolchevik reste bolchevik*, Paris, 1924. pp. 89-142.
BOUKHARINE (N.I.), « Comment il ne faut pas écrire l'histoire d'Octobre : à propos de l'ouvrage de Trotsky 1917 », *Cahiers du bolchevisme*, nº 1, janvier 1924; pp. 12-33.
BOUKHARINE (N.I.), « Der Fraktionskampf der Genossen Trotzky und Sinowjew nach dem August Plenum des ZK und der ZKK des KPSU », *Inprekorr*, nº 109, septembre 1927, pp. 2372-2375.
BOUHKARINE (N.I.), « Die Opposition in der KPSU und in der Komintern », *Inprekorr*, août 1928, nº 118, pp. 369-390.
BOUKHARINE (N.I.), « Le Parti et le Bloc de l'Opposition », *La Correspondance internationale* », nº 92, 1926, pp. 1021-1032.
BOUKHARINE (N.I.), « Sur la théorie de la révolution permanente », *Cahiers du bolchevisme*, janvier 1924, nº 14, pp. 886-900.
CILIGA (Ante), *Au pays du Grand Mensonge*, Paris, 1937.
JAROSLAVSKIJ (Em.), *L.D. Trotckij o partii v 1904 g : Naši političeskii zadači s kommentarijami Istparta i vstupitel'noj Em.Jaroslavskogo*, Moscou, 1928.
JAROSLAVSKIJ (Em.), *Der Kampf gegen den Opportunismus vom XV zum XVI Parteitag der KP(b)SU*, Moscou, 1930.
JAROSLAVSKIJ (Em.), *Protiv Oppozicii : sbornik statej*, Moscou, 1928.
KROUPSKAIA, *Memories of Lénin*, Londres, 1942.
LÉNINE (Sočinenija), *Œuvres* en français.
PRÉOBRAJENSKY (E.A.), *Novaia Ekonomika*, 1927, Trad. fr. *dans La Nouvelle économique*, Paris, 1966.
RADEK (Karl), « Léon Trotsky, organisateur de la victoire », *Portrety i Pamflety*, 1927, pp. 29-34, trad. fr. dans *Cahiers Léon Trotsky* nº 12, 1982, pp. 37-44.
REED (John), *Ten Days that Shook the World*, New York, 1918, trad. fr., *Dix jours qui ébranlèrent le monde*.
RASKOLNIKOV (F.F.), *Kronstadt i Piter v 1917 g*, Moscou 1925.
ROSMER (Alfred), *Le Mouvement ouvrier pendant la Première Guerre mondiale*, Paris, t. I, 1936, t. II, 1959.
SADOUL (Jacques), *Notes sur la Révolution bolchevique*, Paris, 1919.
SEDOV (Léon), *Livre rouge sur le procès de Moscou*, Paris, 1936.

SERGE (Victor), *Mémoires d'un Révolutionnaire*, Paris, 1951.
SOSNOVSKY (L.S.), *Taten und Menschen*, Vienne, 1924.
SOUKHANOV (N.N.), *Zapiski o Revoljucii*, I-VII, Moscou, 1922; édition abrégée anglaise, *The Russian Revolution 1917*, Londres, 1955, 2 vol.
STALINE, *Sočinenija*, I-XIII, Moscou, 1946-1951.
Za Leninizm (recueil), Leningrad, 1925.
ZINOVIEV (G.E.), *Sočinenija* I-XVI, Moscou, 1924-1929.

VII. ÉTUDES ET ESSAIS

ANTONOV-OVSEYENKO (Anton), *The Time of Stalin. Portrait of a Tyranny*, New York, 1980.
AVRICH (Paul), *La tragédie de Cronstadt*, 1921, trad. de l'amér., Paris, 1975.
BRAHM (Heinz), *Trotzkij Kampf um die Nachfolge Lenins : die ideologische Auseinandersetzung (1923-1926)*, Cologne, 1964.
BROUÉ (Pierre), *Le Parti bolchevique. Histoire du P.C. de l'U.R.S.S.*, Paris, 1963.
BROUÉ (Pierre), *L'Assassinat de Trotsky*, Bruxelles, 1980.
CARR (E.H.), *The Bolshevik Revolution*, 3 vol., *Interregnum* et *Socialism in One Country*, 4 vol., Cambridge, de 1950 à 1959.
CONQUEST (Robert), *The Great Terror*, Londres, 1968, trad. fr., *La Grande Terreur*, Paris, 1968.
CONQUEST (Robert), *Inside Stalin's Secret Police. NKVD politics 1936-1939*, Hong Kong, 1985.
DANIELS (Robert Vincent), *The Conscience of the Revolution : Communist Opposition in Soviet Russia*, Cambridge, Ma, 1960.
DAY (Richard Bruce), *L.D. Trotsky and the Economics of Soviet Isolation*, Cambridge, 1973.
DURAND (Damien), *Opposants à Staline. L'Opposition de gauche internationale et Trotsky (1929-1930)*, Grenoble, 1988.
EASTMAN (Max), *Since Lenin Died*, trad. fr., *Depuis la mort de Lénine*, Paris, 1925.
EASTMAN (Max), *Leon Trotsky : the Portrait of a Youth*, New York, 1925.
DEUTSCHER (Isaac), *Stalin*, 1949.
FAINSOD (Merle), *Smolensk under Soviet Rule*, Cambridge, 1958.
FERRO (Marc), *La Révolution de 1917*, 2 vol., Paris, 1967-1969.
GALL (Olivia), *Trotsky et la vie politique dans le Mexique de Cárdenas*, thèse, 2 vol., Grenoble, 1986.
GALL (Olivia), « Trotsky et Múgica », *Cahiers Léon Trotsky*, nº 26, 1986, pp. 16-23.
GETTY (Arch J.), *Origins of the Great Purge. The Soviet Communist Party Reconsidered (1933-1938)*, Cambridge, Ma, 1985.
GETZLER (Israel), *Martov. A Political Biography of a Russian Social-democrat*, Melbourne, 1967.
GORKIN (Julian), *L'Assassinat de Trotsky*, Paris, 1970.
HAUPT (Georges) et MARIE Jean-Jacques), *Les Bolcheviks par eux-mêmes*, Paris, 1969.
HEYMAN (Neil Michael), *Trotsky as a Military Thinker*, thèse, Stanford, 1972.
IVANOV (V.M.), *Bor'ba partii protiv antilenininskich tečenij i grupp v period stroitel'stva socializma (1921-1929 g)*, Leningrad, 1973.
KNEI-PAZ (Baruch), *The Socialist and Political Thought of Leon Trotsky*, Oxford, 1979.
LEWIN (Moshé), *La Paysannerie et le pouvoir soviétique (1928-1930)*, Paris, 1966.
LEWIN (Moshé), *Le Dernier combat de Lénine*, Paris, 1967.
MEDVEDEV (Roy), *Let History Judge. The Origins and Consequences of Stalinism*, New York, 1971; trad. fr., *Le Stalinisme. Origine, histoire, conséquences*, Paris, 1972.
MEHRINGER (HARTMUT), *Permanente Revolution und Russische Revolution : die Entwicklung der Theorie des permanenten Revolution in Rahmen der marxistischen Revolutionskonzeptionen 1848-1907*, Francfort/M, 1977.
MYERS (Constance Ashton), *The Prophet's Army. Trotskists in America (1928-1941)*, Londres, 1977.
NEDAVA (Joseph), *Trotsky and the Jews*, Philadelphie, 1972.

NICOLAIEVSKI (Boris I.), *Power and the Soviet Elite*, New York, 1965, trad. fr., *Les Dirigeants soviétiques et la lutte pour le pouvoir*, Paris, 1969.
NISONGER (Thomas E.), *The Leningrad Opposition of 1925-26 in the Communist Party of the Soviet Union*, thèse, New York, 1976.
POOLE (Thomas Ray), *« Counter-Trial » : Leon Trotsky, on the Soviet Purge Trial*, thèse, Boston, 2 vol., 1974.
RAPPOPORT et ALEKSEIEV, *High Treason*, Durham, 1985.
REIMAN (Michal), *Die Gerburt des Stalinismus*, Frankfurt-am-Main, 1979.
REISNER (Larissa), « Sviajsk », trad. fr. *dans Cahiers Léon Trotsky*, nº 12, 1982, pp. 51-64.
ROCHE (Gérard), « La Rencontre de l'Aigle et du Lion » (Trotsky et Breton), *Cahiers Léon Trotsky*, nº 25, 1986, pp. 23-46.
ROCHE (Gérard), « Malraux et Trotsky : La rencontre de la Légende et de l'Histoire », *ibidem*, nº 31, pp. 103-115.
ROWNEY (Willian), « Broken Journey : Trotsky in Canada 1917 », *Queen's Quarterly*, nº 74, 1967, pp. 649-665.
RODNEY (Don Karl), *The « Generation of October » : the Politics of twentieth Century Socialist Revolution in the View of Leon Trotsky*, thèse, Bloomington, 1965.
SÁNCHEZ SALAZAR (Leandro Apolinar), *Ainsi fut assassiné Trotsky*, Paris, 1984.
SCHAFRANCK (Hans), Das *Kurze Leben des Kurt Landau*, Vienne, 1988.
SCHAPIRO (Leonard), *The Communist Party of the Soviet Union*, Londres, 1960.
SOUVARINE (Boris), *Staline. Aperçu historique du bolchevisme*, Paris, 1935.
TITOV (A.G.), *Bor'ba kommunistisčeskoj Partii s antilenininskimi gruppami i tečenijami v posleoktjabr'skij period 1917-1934 gg*, Moscou, 1974.
USTVEDT (Yngvar), *Verdensrevolusjonen po Hønefoss : en beretning om Leo Trotskij opphold i Norge*, Oslo, 1974.
VASECKIJ (N.A.), *Voprosy ideologičeskog bor'by protiv trockizma (na prim. Francii 30-70e gody)*, thèse, Moscou, 1979.
VENKATARAMANI (M.S.), « Leon Trotsky's Adventure in American Radical Politics 1935-1937 », *International Review of Social History*, nº 1, 1964, pp. 1-46.
WHEELER-BENNETT (John W.), *Brest-Litovsk. The Forgotten Peace, March 1918*, Londres, 1939.
WILSON (Edmund), « The Young Eagle » in *To the Finland Station*, New York, 1940, pp. 405-429.
WILSON (Edmund), « Trotsky », *The New Republic*, 4 et 11 janvier 1933.

VIII. ŒUVRES DE TROTSKY

Agonija kapitalizma i zadači četvertogo Internacionale, Paris, 1938, trad. fr. sous le titre *Le Programme de Transition.*
Balkan Wars 1912-1913, New York, 1980, trad. angl. du tome VI des *Sočinenija.*
Challenge of the Left Opposition 1924-1925, New York, 1975, *1926-1927*, New York 1980, *1928-1929*, 1980.
In Defense of Marxism, New York, 1942, trad. fr., *Défense du Marxisme*, Paris, 1976.
Diary of Exile, Cambridge, Ma, 1958; trad. fr., *Journal d'Exil.*
De la Révolution, Paris, 1963, regroupe *Cours nouveau* (1928), *La Révolution défigurée* (1929), *La Révolution permanente* (1929), *La Révolution trahie* (1936).
Écrits (1928-1940), 3 vol., Paris, 1955-1959.
Ich Moral i naša, Paris, 1938, trad. fr., *Leur morale et la nôtre.*
L'Internationale communiste après Lénine, Paris, 1930.
Istorija russkoj revoljucii, Berlin, 1931-1933, trad. fr., *Histoire de la Révolution russe*, 4 vol.
Itogi i Perspektivy, Moscou, 1919, trad. fr. « Bilan et Perspectives », dans *1905.*
K Socializmu ili k kapitalizmu?, Moscou, 1925, trad. fr., *Vers le capitalisme ou vers le socialisme?*, Paris, 1928.
Kak vooružalas revoljucija (Comment la révolution s'est armée), 3 vol., Moscou, 1923-1925, trad. angl., *How the Revolution was armed*, 5 vol., Londres, 1979-1981.
Literatura i Revoljucija, Moscou 1923, trad. fr., *Littérature et Révolution.*
Meždu imperializmom i revoljiuciej, Berlin, 1922, trad. fr., *Entre les Rouges et les Blancs.*

Moja Žizn, Berlin, 1930, trad. fr., *Ma Vie*.
Naši političeskija zadači, Genève, 1904, trad. fr., *Nos tâches politiques*.
Novyi Kurs, Moscou, 1924, trad. fr., *Cours nouveau. Œuvres*, 1re série, Paris, 24 vol., 1978-1988.
Otčet sibirskoj delegacii, Genève, 1903, trad. fr., *Rapport de la délégation sibérienne*.
Permanentskaja revoljucija, Berlin, 1930, trad. fr., *La Révolution permanente*.
Pjat let kominterna, Moscou, 1924, trad. angl., *The First Five Years of the Communist International*, 2 vol., New York, 1945.
Portraits, Political and Personal, New York, 1977.
Problems of Everyday Life, New York, 1977.
Problems of the Chinese Revolution, New York, 1932.
La Révolution trahie, Paris, 1936.
Schriften über Deutschland, 2 vol., Francfort/M, 1973.
Sočinenija, 1-24 (incomplet), Moscou, 1923-1927.
II/1 : *Nachja pervaia revoliutsia 1905* (écrits 1904-1907), 1925.
II/2 : *Nacha pervaia revoliutsia 1905* (écrits 1907-1908), 1927.
III/1 : *1917/Ot fevralia do oktiabria* (écrits de 1917), préface de Trotsky 15 septembre 1924, 1924.
III/2 : *1917/Ot fevralia do oktiabria*, 1924.
IV : *Polititchenskaia khronika* (écrits 1900-1914), préface 9 novembre 1926, 1926.
VI : *Balkany i Balkanskaia voina* (écrits 1908-1913), préface 19 juin 1926, 1926.
VIII : *Politicheskii silhuety* (écrits 1907-1925), 1926.
IX : *Evropa v voine* (écrits 1914-1918), préface 15 janvier 1925, 1927.
XII : *Osnovnye voprosy proletarskoi revoliutsii* (écrits 1920-1921) préface 4 mai 1923, 1923.
XIII : *Kommunstitcheskii International* (écrits 1919-1921), préface 23 novembre 1925.
XV : *Khoziasistvenoe stroitelstvo Sovetskoi respubliki* (écrits, 1919-1920), préface 14 août 1926, 1927.
XVII : *Sovietskaia respublika i kapitalistitcheskii mir : Pervonachalnyi period organisatsii sil* (écrits 1918), préface 15 décembre 1925, 1926.
XVII/2 : *Sovietskaia respublika i kapitalistitcheskii mir/ Grajdanskaia voina* (écrits 1918-1921), 1926.
XX : *Kultura starogo mira* (écrits 1900-1914), 1926.
XXI : *Kultura perokhodnogo perioda* (écrits 1923-1926), préface 19 février 1927, 1927.
Stalin : an Appraisal of the Man and his Influence, New York, 1941, trad. fr., *Staline*.
Stalinizm i bol'ševizm, Paris, 1938, trad. fr. *Stalinisme et bolchevisme*.
Sur la Deuxième Guerre mondiale, Paris, 1974.
Terrorizm i komunizm, Petrograd, 1920, trad. fr., *Terrorisme et communisme*, puis *Défense du terrorisme*.
Tysjača – devjat'sot pjatyj god, Moscou, 1922, trad. fr., *1905*.
Tysjača devjat'sot pjatyi god; uroki Oktjabrja, Leningrad, 1924, trad. fr., *Leçons d'Octobre*.
Vie de Lénine, t. I, Paris, 1936.
Voprosy byta, Moscou 1923 (Questions de la vie quotidienne).
Writings of Léon Trotsky 1929-1940, 15 vol., New York, 1975-1980.

IX. SOURCES IMPRIMÉES

Comptes rendus des congrès du parti et des soviets. En langue anglaise : *1903. Second Congress of the Russian Social-democratic Labour Party* (Minutes), Londres, 1978.
KEEP (John L.H.), *The Debate on Soviet Power. Minutes of the All Russian Central Executive Committee of Soviets* (octobre 1917-janvier 1918), Oxford, 1979.
GANKIN & FISCHER, *The Bolsheviks and the World War*, Stanford, 1940.
BUNYAN & FISHER, *The Bolshevik Revolution 1917-1918*, Oxford, 1934.
Mirnje Peregovory v Brest-Litovske, Moscou, 1920.
Trotsky's Papers 1917-1922, 2 vol., La Haye, 1964 & 1971. (Il s'agit des archives de Trotsky sur la Guerre Civile, dans une édition bilingue, russe et anglais.)

X. ARCHIVES

Institut international d'histoire sociale, Amsterdam.

Houghton Library, Harvard College, Cambridge, Ma. : la collection des archives de Trotsky connue sous le nom de « Trotsky Papers », entièrement accessible depuis 1980.

Fonds Nicolaievsky, Hoover Institution, Stanford University : la collection des archives de Sedov, ainsi que nombre de lettres, documents et manuscrits de Trotsky.

NOTES

AVANT-PROPOS
PRÉFACE (pp. 13-23)

1. Georges Lichtheim, *The Concept of Ideology and Other Essays*, New York, 1969. p. 224.
2. A. Yakovlev, « La Justice et Nous. Enseignement des années Trente », *Les Nouvelles de Moscou,* 14 février 1988.
3. Cité par *Profil* (Vienne), 13 juillet 1987. Le journal autrichien rend compte d'un forum organisé par les Jeunesses communistes à l'université de Moscou.
4. Iouri Nikoilaiévitch Afanassiev, « Parlons du passé, c'est de l'avenir du socialisme qu'il s'agit », *Les Nouvelles de Moscou*, 10 mai 1987.
5. N. Maslov, « Notre force réside dans la vérité », *Ibidem,* 27 juillet 1987.
6. « Trotsky, le nouveau Héros de la Révolution », *Der Spiegel*, n° 31, 27 juillet 1987.
7. P.V. Volobouiev, « Voir la Logique de l'Histoire », *Fakty i Argumenty*, 29 août 1988.
8. I.N. Afanassiev, « L'Éducation par la Vérité », *Komsomolskaia Pravda,* 1er septembre 1987.
9. I.N. Afanassiev, « Toutes les Archives ne sont pas ouvertes », *Sovietskaia Kultura*, 1er janvier 1988.
10. *Ibidem.*
11. Mikhail Chatrov, *Plus loin, plus loin, plus loin,* cité dans *Le Monde,* 6 janvier 1988.
12. Arkadi Vaksberg, « La Reine des preuves », *Literaturnaia Gazeta,* 27 janvier 1988.
13. *Ibidem.*
14. P. Broué, « Rako » (II), *Cahiers Léon Trotsky,* n° 18, juin 1984, p. 20.
15. K. Ikramov, « Pas d'autorisation? Pourquoi? » *Les Nouvelles de Moscou,* 1er mai 1988.
15. Deutscher, *P.A.*, I, p. 33.
16. *Ibidem,* p. 36.
17. Trotsky, *M.V.,* I, p. 98.
18. *Ibidem.* pp. 112-113.
19. *Ibidem,* p. 116.
20. *Ibidem,* p. 106.
21. *Ibidem,* p. 107.
22. *Ibidem,* p. 102.
23. *Ibidem,* p. 114.
24. *Ibidem,* pp. 115-123.
25. *Ibidem,* p. 124.
26. Deutscher, *op. cit.,* p. 35.

27. Trotsky, *M.V.*, p. 147.
28. *Ibidem*, p. 104.
29. *Ibidem*, p. 149.
30. *Ibidem*, pp. 146-147.
31. F. Mauriac, *Mémoires intérieurs*, p. 196.
32. *Ibidem*.
33. Eastman, *Y.T.*, p. 3.
34. *Ibidem*, p. 5.

PREMIÈRE PARTIE : L'ASCENSION

CHAPITRE PREMIER : *L'enfance* (pp. 27-38)

1. La source principale de ce chapitre est l'autobiographie de Trotsky, *Ma Vie.* Nous avons utilisé la première édition, chez Rieder, en trois volumes et y faisons référence comme *M.V.*, suivi du numéro du tome. Ce texte, dont tous les spécialistes se sont accordés pour le traiter comme un témoignage valable, a reçu quelques éclairages de l'étude d'Edmund Wilson, « Trotsky, the young eagle », *To the Finland Station*, Londres, 1940 et l'étude de Steven Englund et Larry Ceplair, « Un Essai de psychohistoire : portrait d'un jeune révolutionnaire »; *Revue d'Histoire moderne et contemporaine*, 1977, pp. 524-543, mais surtout de Max Eastman, *The Young Trotsky.* Isaac Deutscher, dans son *Trotsky*, vol. I, *Le Prophète Armé*, a utilisé les mêmes sources, à l'exception de la dernière. Nous y faisons référence comme *P.A.*, I.
2. Marx et Engels, *Werke*, vol. 34, p. 374.
3. Trotsky, *M.V.*, I, p. 23.
4. *Ibidem*, pp. 23-24.
5. *Ibidem*, p. 40.
6. *Ibidem*, p. 58.
7. *Ibidem*, p. 76.
8. *Ibidem*, pp. 71-72.
9. *Ibidem*, p. 73.
10. *Ibidem*, pp. 82-83.
11. *Ibidem*, p. 83.
12. *Ibidem*, p. 88.
13. *Ibidem*, p. 87.
14. *Ibidem*, p. 103.

CHAPITRE II : *Le grand carrefour* (pp. 39-52)

1. Aux ouvrages indiqués à la fin du chapitre précédent, il faut ajouter : Grigori A. Ziv, *Trotsky : kharakteristika (pro litchnym vospominianiam)*, New York, 1921, un témoignage malveillant et l'enquête plutôt bienveillante de Max Eastman, parue en 1925 à New York, dont nous avons utilisé une réédition à Londres en 1980 intitulée *The Young Trotsky* (ci-dessous *Y.T.*). Pour le contexte historique du mouvement ouvrier, voir Richard Pipes, *Social-Democracy and the Saint-Petersburg Labor Movement 1885-1897*, Cambridge, *Ma.*, 1963.
2. Trotsky, *M.V.*, I, p. 158.
3. *Ibidem*.
4. Eastman, *Y.T.*, p. 16.
5. *Ibidem*. pp. 15-27.
6. Ziv, *op. cit.*, p. 5.
7. *M.V.*, I, p. 171.
8. *Ibidem*.
9. *Ibidem*, p. 162.
10. *Ibidem*, pp. 162-163.
11. *Ibidem*, p. 163.

12. Pipes, *op. cit.*, pp. 76-98 et 99-116.
13. Eastman, *Y.T.*, pp. 21-23.
14. *Ibidem.*, p. 23.
15. Ziv. *op. cit.*, p. 12 et Eastman, *Y.T.*, p. 38.
16. Deutscher, *op. cit.*, I, n. 2, p. 52.
17. Eastman, *Y.T.*, p. V.
18. Ziv, *op. cit.*, p. 33.
19. Eastman, *Y.T.*, pp. 32-33.
20. *Ibidem*, p. 38.
21. *M.V.*, I, p. 168.
22. *Ibidem*, p. 19.
23. *M.V.*, I, p. 168.
24. *Ibidem*, p. 171.
25. Eastman, *Y.T.*, p. 31.
26. Ziv, *op. cit.*, p. 18.
27. *M.V.*, I, p. 173.
28. *Ibidem*, p. 176.
29. Ziv, *op. cit.*, p. 23.
30. *Ibidem*, pp. 176-177.
31. Eastman, *Y.T.*, pp. 43-44.
32. *Ibidem*, p. 41.
33. Ziv, *op. cit.*, p. 26.
34. Eastman, *Y.T.*, p. 43.
35. Ziv, *op. cit.*, pp. 11-12.
36. *Ibidem*, p. 12.
37. *Ibidem*, p. 20.
38. Deutscher, *op. cit.*, I, p. 61.
39. *Ibidem*, p. 12.
40. *Ibidem*, pp. 35-36.
41. On trouvera une remarquable mise au point sur le livre du Ziv et l'utilisation qu'en a faite Isaac Deutscher dans un article de Michel Kehrnon, « A Propos d'une Source de Deutscher », *Cahiers Léon Trotsky*, nº 2, 1979, pp. 89-98.
42. Eastman, *Y.T.*, p. 43.
43. *Ibidem*, pp. 25-26.
44. *Ibidem*, p. 42.
45. *Ibidem*, p. 45.
46. *Ibidem*, p. 48.
47. *Ibidem.*
48. *Ibidem.*
49. *Ibidem*, p. 54.

CHAPITRE III : *L'université de la prison et de l'exil* (pp. 53-67)

1. Il faut ajouter aux ouvrages fondamentaux déjà cités pour les chapitres précédents la thèse de Don Karl Rowney à l'université d'Indiana, *« The Generation of October ». The Politics of 20th Century social Revolution in the View of L.D. Trotsky*, 1965.
2. Eastman, *Y.T.*, pp. 52-53.
3. Trotsky, *M.V.*, I, p. 184.
4. *Ibidem*, pp. 184-185.
5. *Ibidem*, p. 185.
6. *Ibidem*, p. 186.
7. Eastman, *Y.T.*, p. 55.
8. *Ibidem*, pp. 56-57.
9. *Ibidem*, pp. 58-59.
10. *M.V.*, I, p. 187.
11. Eastman, *Y.T.*, p. 58.
12. *Ibidem*, p. 59.
13. *M.V.*, I, p. 189.

14. Rowney, *op. cit.*, p. 63.
15. *M.V.*, I, pp. 190-191.
16. *Ibidem*, p. 193.
17. *Ibidem*, pp. 188-189.
18. Eastman, *Y.T.*, p. 60.
19. *M.V.*, I, p. 189.
20. Ziv, *op. cit.*, p. 36.
21. *Ibidem*, p. 39.
22. *M.V.*, I, p. 196.
23. Eastman, *Y.T.*, p. 60.
24. Cité par G. Migliardi, « Trotski dal menscevismo alla " rivoluzione permanente " », *Rivista Storica del Socialismo*, nº 3, 1960, pp. 89-129. La phrase est citée p. 92.
25. Eastman, *Y.T.*, pp. 64-66.
26. Trotsky, *Sotch.* XX, pp. 226-240.
27. *Ibidem*, pp. 167-170.
28. *Ibidem*, pp. 27-32.
29. *Ibidem*, pp. 27-32.
30. *Ibidem*, p. 20.
31. *Ibidem*, pp. 41-67.
32. *Ibidem*, pp. 20-27.
33. *Ibidem*, pp. 195-199.
34. *Ibidem*, pp. 116-118.
35. *Ibidem*, pp. 33-40, 41-67.
36. *Ibidem*, pp. 3-9.
37. *Ibidem*, pp. 195-199.
38. *Ibidem*, pp. 170-181.
39. *Ibidem*, pp. 147-162.
40. *Ibidem*, pp. 181-195.
41. *Ibidem*, pp. 199-204.
42. *Ibidem*, p. 173.
43. *Ibidem*, pp. 215-226.
44. Rowney, *op. cit.*, p. 79.
45. *Sotch.*, XX, p. 179.
46. *Ibidem*, p. 171.
47. *Ibidem*, pp. 83-86.
48. *Ibidem*, pp. 78-79.
49. *Ibidem*, pp. 199-204.
50. *Ibidem*, pp. 78-79.
51. Eastman, *Y.T.*, p. 64.
52. *M.V.*, I, p. 208.
53. Eastman, *Y.T.*, p. 71.
54. *Ibidem*, p. 62.
55. *M.V.*, I, pp. 208-209.
56. Winston Churchill, « Trotsky », *in Great Contemporaries*, p. 200, pour cette attaque qui n'est pas la plus basse.
57. V.M. Ivanov, « On refait un Visage au petit Judas », *Sovietskaia Rossia*, 27 septembre 1987.
58. Ziv, *op. cit.*, pp. 45-46.
59. Eastman, *op. cit.*, p. 72.

CHAPITRE IV : *Lénine : collaboration et rupture* (pp. 68-83)

1. La physionomie générale des sources change avec ce chapitre. Si *Ma Vie* et *Le Prophète armé* demeurent, il faut y ajouter les souvenirs de Natalia Ivanovna repris par Victor Serge dans *Vie et mort de Léon Trotsky*, Paris, 1951. (Nous utilisons l'édition de 1973.) Il faut y ajouter le *Lénine* de Trotsky, et son *Rapport de la délégation sibérienne*, compte rendu du congrès de 1903 et de la scission. Parmi les recueils de documents, nous avons utilisé la correspondance Akselrod-Martov, *Pisma P.B. Akselroda i*

Iu. Martova 1901-1916, Berlin, 1924 et *1903. Second Congress of the Russian Social-Democratic Labour Party*, le texte du procès-verbal du 2e congrès P.O.S.D.R. Pour les histoires générales, on a eu recours à des classiques, Leopold H. Haimson, *The Russian Marxist and the Origins of Bolshevism*, 1971, Leonard Schapiro, *The Communist Party of the Soviet Union*, Londres, 1960 et Israel Getzler, *Martov. A political Biography of a Russian Social-democrat*, Melbourne, 1967.

2. E. Wilson, *To the Finland Station* (éd. 1972), p. 416.
3. *M.V.*, I, pp. 211-212.
4. *Ibidem*, p. 214.
5. V.M. Ivanov, dans *Sovietskaia Rossia*, 27 septembre 1987.
6. *M.V.*, I, p. 223.
7. Trotsky, *Lénine*, p. 12.
8. *Ibidem*, p. 14.
9. *M.V.*, I, p. 227.
10. V.M. Ivanov (cf. n. 5) précise qu'elle était « fille d'un marchand de la première guilde ».
11. Victor Serge, *Vie et Mort* (ci-après *V.M.*, p. 16).
12. *M.V.*, I, p. 233.
13. *Ibidem*, pp. 233-234.
14. *M.V.*, I, p. 235.
15. Trotsky, *Lénine*, pp. 34-35.
16. *M.V.*, I, p. 240.
17. L. Schapiro, *op. cit.*, p. 43.
18. *Protokoly* (2e congrès, ci-dessous *Prot.*), p. 136.
19. Haimson, *op. cit.*, pp. 167-169.
20. *Ibidem*, pp. 169-171.
21. *Prot.* p. 22.
22. *Ibidem*, p. 148.
23. *Ibidem*, p. 149.
24. Sam H. Baron, *Plekhanov. The Father of Russian Marxism*, 1963, p. 236.
25. *M.V.*, I, p. 261.
26. Englund & Ceplair, « Un essai de psycho-histoire. Portrait d'un jeune révolutionnaire. Léon Trotsky », *Revue d'Histoire moderne et contemporaine*, nº 24, 1977, p. 536.
27. *M.V.*, I, pp. 252-253.
28. Englund & Ceplair, *op. cit.*, p. 537.
29. Lénine, *Œuvres*, t. VI., p. 527.
30. Trotsky, *Rapport de la Délégation sibérienne* (ci-dessous *R.D.S.*), trad. fr. Paris, 1970 (Authier), p. 60.
31. *R.D.S.*, *ibidem.*
32. *Ibidem*, p. 85.
33. *Pisma P.B. Akselroda*, pp. 94-96.
34. *Ibidem*, p. 104.
35. *Iskra*, nº 53, 25 novembre 1903.
36. G. Migliardi, « Una polémica inedita contre Plejanov », *Pensiero e azione...* I, pp. 71-84.
37. *R.D.S.*, p. 89.
38. *Ibidem*, p. 93.

CHAPITRE V : *Un homme seul?* (pp. 84-96)

1. A la brochure *Nos tâches politiques*, Paris, 1970, il faut ajouter ici la biographie de Parvus par Z.B. Zeman et W.B. Scharlau, *The Merchant et Revolution. The Life of Aleksandr Israelovitch Helphand (Parvus), 1867-1924*, Londres, 1965, ainsi que la communication de G. Migliardi « La Rivoluzione Rusa del 1905 », *Pensiero e Azione...*, pp. 133-146.
2. *Iskra*, 15 mars 1904.
3. *Pisma Akselroda...*, *op. cit.*, pp. 101-104.
4. *Ibidem*, pp. 110-111.
5. « Pisma obo svem », *Iskra*, nº 55, 15 décembre 1903, & nº 59, 18 février 1904.

6. *Nos tâches politiques* (*N.T.P.*), p. 48.
7. *Ibidem*, p. 69.
8. *Ibidem*, p. 93.
9. *Ibidem*, p. 103.
10. *Ibidem*, p. 147.
11. *Ibidem*.
12. *Ibidem*, pp. 126-127.
13. *Ibidem*, p. 144.
14. *Ibidem*, p. 148.
15. *Ibidem*, p. 159.
16. *Ibidem*, pp. 159-160.
17. *Ibidem*, p. 163.
18. Cité *ibidem*, p. 183.
19. *Ibidem*, pp. 187-189.
20. *Ibidem*, p. 190.
21. *Ibidem*, p. 192.
22. *Ibidem*, p. 195.
23. *Ibidem*, pp. 198-199.
24. *Ibidem*, pp. 201-203.
25. *Ibidem*, pp. 40 & 42.
26. Adam B. Ulam, *The Bolsheviks*, New York, 1965, éd. 1968, p. 197.
27. N.S. Weber « Parvus, Luxemburg and Kautsky on the 1905 Russian Revolution : The Relationship with Trotsky », *Australian Journal of Politics and History*, n° 3, 1975, pp. 39-53.
28. Zeman & Scharlau, *op. cit.*, p. 66.
29. *M.V.*, I, p. 261.
30. *Iskra*, n° 82, 1er janvier 1905.
31. Deutscher, *op. cit.*, II, p. 157.
32. Il s'agit de la brochure qui sera finalement titrée *Do deviatogo Janvar*, Genève, 1905.
33. Trotsky, *Sotch.*, II, p. 3.
34. *M.V.*, I, p. 259.
35. Préface de *Do deviatogo Janvar*, p. IX.
36. *M.V.*, I, p. 262.

CHAPITRE VI : *1905 : Sur les ailes de la révolution* (pp. 97-111)

1. Les meilleurs ouvrages disponibles au moment où je rédigeais ce travail sont ceux de Solomon M. Schwarz, *The Russian Revolution of 1905*, Chicago, 1967 et de Sidney Harcave, *First Blood : the Russian Revolution of 1905*, New York, 1964. Nous n'avons pu prendre connaissance du travail d'Abraham Ascher, *The Revolution of 1905. Russia in Disarray*, Stanford, 1988. Outre G. Migliardi, déjà cité note 24, chap. III et le recueil de Trotsky, *1905*, comprenant *Bilan et Perspectives*, que nous avons utilisé dans son édition française de 1969, l'étude de G. Migliardi, « La Rivoluzione rusa del 1905 », dans *Pensiero e azione*, *op. cit.*, pp. 133-146. Il faut ajouter l'article de D.K. Rowney « Development of Trotsky's Theory of Revolution 1898-1907 », dans *Studies in Comparative Communism*, n° 10, 1977 (1/2) pp. 18-33, et Rex Winsbury, « Trotsky in 1905 : the Attempted Revolution of 1905 was the Prologue to greater Events in 1917 », *History Today*, n° 26, avril 1976, pp. 213-222. La première partie de Zeman & Scharlau de *The Merchant of Revolution...*, est d'un grand intérêt.
2. *M.V.*, I, pp. 263-264.
3. *Ibidem*, pp. 264-265.
4. *Ibidem*, p. 265.
5. *Iskra*, n° 90, 3 mars 1905 et n° 93, 17 mars 1905, signés « T ».
6. *M.V.*, I, p. 267.
7. *Ibidem*, pp. 268-269.
8. *Ibidem*, p. 271.
9. Trotsky, *1905*, p. 108.
10. *Ibidem*, pp. 108-109.

11. *Ibidem*, p. 109.
12. *Ibidem*.
13. *Ibidem*.
14. Edmund Wilson, *To the Finland Station*, p. 425.
15. *1905*, p. 119.
16. *Ibidem*, p. 128.
17. Zeman & Scharlau, *op. cit.*, pp. 82-83.
18. *Ibidem*, p. 83.
19. *Ibidem*, p. 84.
20. *Die neue Zeit*, n° 24, 1re partie, 1906, p. 113.
21. Cité dans *1905*, p. 150.
22. *Ibidem*, p. 152.
23. *Ibidem*, p. 156.
24. *Ibidem*, p. 167.
25. *M.V.*, III, p. 16.
26. A.V. Lounatcharsky, extrait de *Revoljucionnye silhuety*, Moscou, 1923; traduction française, « Silhouette de Trotsky », *Cahiers Léon Trotsky* n° 12, décembre 1982, p. 45.
27. *M.V.*, II, p. 14.
28. *Ibidem*, p. 15.
29. *Ibidem*, p. 46.

CHAPITRE VII : *D'une révolution à l'autre* (pp. 112-126)

1. Les éléments bibliographiques sont les mêmes que pour le chapitre précédent.
2. Trotsky, *Sotch.*, II, I, 1, pp. 459-460.
3. Trotsky, *1905*, p. 253.
4. *Ibidem*, pp. 255-256.
5. *Ibidem*, pp. 262-263.
6. *Ibidem*, p. 269.
7. *Ibidem*, p. 276.
8. *Ibidem*, p. 278.
9. *Ibidem*, p. 282.
10. *Ibidem*.
11. *Ibidem*, p. 283.
12. *Ibidem*, p. 285.
13. *Ibidem*, p. 288.
14. *Ibidem*, p. 258.
15. *Ibidem*, p. 259.
16. *Ibidem*, p. 410.
17. *Ibidem*, p. 412.
18. *Ibidem*, p. 417.
19. *Ibidem*.
20. *Ibidem*, p. 419.
21. *Ibidem*.
22. *Ibidem*, p. 421.
23. *Ibidem*, p. 419.
24. *Ibidem*, p. 420.
25. *Ibidem*, p. 424.
26. *Ibidem*, p. 425.
27. *Ibidem*, p. 429.
28. *Ibidem*, p. 434.
29. *Ibidem*, p. 455.
30. *Ibidem*, p. 462.
31. *Ibidem*, pp. 462-463.
32. *Ibidem*, p. 463.
33. *La Révolution trahie*, in *De la Révolution*, p. 324.
34. *Ibidem*, p. 283, n. 1.
35. *M.V.*, III, p. 37.

36. *Ibidem*, p. 38.
37. *Ibidem*, p. 39.
38. Confidence de Natalia Ivanovna à John Gunther, « Trotsky at Elba », *Harpers' Magazine*, n° 166, avril 1933.
39. « Nos différends », *Przeglad Socialdemokratuczny*, juillet 1908, dans *1905*, p. 374.
40. *Ibidem*.
41. *Ibidem*.
42. *Ibidem*, pp. 384-385.
43. « Die Entwicklungstendenzen der russischen Sozialdemokratie », *Die neue Zeit*, 9 septembre 1910.
44. Raya Dunayevskaya, *Rosa Luxemburg, Women's Liberation and Marx's Philosophy of Revolution*, New Jersey, 1981, pp. 171-172.
45. « Der Arbeiterdeputierrat und die Revolution », *Die neue Zeit*, XXV, 2, 1906, n° 7, p. 85.

CHAPITRE VIII : *Citoyen d'Europe* (pp. 127-143)

1. *Ma Vie*, déjà cité, est l'une des principales sources de ce chapitre, avec Victor Serge, *Vie et mort de Trotsky*. Il faut y ajouter *Guerre et Révolution*, 2 vol., Paris 1974, traduction française d'assez médiocre qualité de *Vojna i Revoljucija*, Moscou, 1922 (ci-dessous G.R.). Nous avons utilisé plusieurs témoignages viennois reproduits dans *Leo Trotzki. In denAugen von Zeitgenossen*, Hamburg, 1979 (ci-dessous AdZ), et la traduction anglaise des écrits de Trotsky sur la guerre des Balkans, un ouvrage de 540 pages, *The Balkan Wars*, New York, 1980. Enfin, sur la *Pravda*, de Vienne, il faut se reporter à Frederick Corney, « Trotskii and the Vienna *Pravda* », 1908-1912 », *Canadian Slavonic Papers*, n° 3, 1985, pp. 248-268.
2. R. Luxemburg, « Lettre à Bogdanov », 13 août 1909, *Vive la Lutte*, Paris, 1976, p. 313-314.
3. *Ma Vie*, II, p. 59.
4. *1905*, p. 463.
5. *M.V.*, II, pp. 60 & 61.
6. *Ibidem*, p. 61.
7. *Ibidem*, pp. 62-63.
8. *Ibidem*, p. 63.
9. *Ibidem*, pp. 64-65.
10. *Ibidem*, p. 51.
11. *Ibidem*.
12. *Ibidem*, pp. 63-64.
13. *Kievskaia Mysl* (ci-dessous *K.M.*), 15 octobre 1915; *G.R.*, II, p. 32.
14. *M.V.*, II, p. 60.
15. *K.M.*, 6 avril 1915, *G.R.*, II, pp. 11-12.
16. *M.V.*, II, p. 48.
17. Lettre de l'été 1911 de Rosa Luxemburg à Luise Kautsky, *Vive la Lutte*, p. 339 où Trotsky, « individu douteux », est stigmatisé pour sa « grossièreté ».
18. *M.V.*, II, p. 57.
19. *G.R.*, I, p. 37.
20. J. Deutsch, *Ein werter Weg*, cité dans*AdZ*, p. 33.
21. *M.V.*, II, p. 52.
22. *K.M.*, 3 janvier 1909, reproduit dans *Polititcheskii Siluety*.
23. *Ibidem*, 29 juin 1908.
24. Victor Serge, *V.M.T.*, I, p. 29.
25. « Die revolutionäre Romantik und Asew », *Die neue Zeit*, mai 1909, pp. 184-187.
26. « Terrorismus », *Kampf* n° 11, 1911.
27. « Leo Tolstoï », 15 septembre 1909, *Die neue Zeit*.
28. « Intelligentsia et socialisme », *Sovrenenyi Mir*, novembre 1910.
29. « Sur l'intelligentsia. Contre le messianisme russe », *K.M.*, 4 mars 1912.
30. *M.V.*, II, p. 55.
31. *K.M.*, 30 décembre 1908, 30 avril 1909, 27 mai 1911, entre autres.

32. Franco Nicolini, « Trotsky et la psychanalyse », *Nuova Revista Storica*, n° 5/6, 1978, pp. 605-625.
33. M. Olgin, « Biographical Notes » in L. Trotsky *Our Revolution*, New Haven, 1973, pp. 18-19.
34. *M.V.*, II, p. 85.
35. P. Garvi, *Vospominiania Petersburg 1906 – Petersburg – Odessa-Vena*, 1912, New York, 1961, p. 9.
36. F. Corney, « Trotskii and the Viennese *Pravda* », *Canadian Slavonic Papers*, pp. 249-251.
37. *Ibidem*, p. 51, n. 16.
38. *M.V.*, II, pp. 70-71.
39. L. Schapiro, *The Communist Party of the Soviet Union*, p. 115.
40. *Pravda* (Vienne) 16 octobre 1908.
41. F. Corney, *loc. cit.*, pp. 255-259.
42. *Pravda*, 12 février 1910.
43. « Die russische Sozialdemokratie », *Vorwärts*, 28 août 1910.
44. « Die Entwicklungstendenzen der russischen Sozialdemokratie », *Die neue Zeit*, 9 septembre 1910.
45. *M.V.*, II, pp. 67-68.
46. R. Luxemburg, *Lettres à Karl et Luise Kautsky*, Paris, 1970, p. 97.
47. L. Schapiro, *op. cit.*, p. 124.
48. *Ibidem*, pp. 125-126.
49. *Ibidem*, p. 127.
50. *Ibidem*, pp. 127-128.
51. *Pravda*, 26 novembre 1924, où la lettre, interceptée autrefois par l'Okhrana, est publiée et commentée par Staline.
52. *Vorwärts*, 30 mars 1912.
53. *M.V.*, II, p. 76.
54. *The Balkan Wars*, New York, 1980 (ci-dessous, *B.W.*).
55. *B.W.*, pp. 285-287.
56. *Ibidem*, pp. 421-444.
57. *Ibidem*, pp. 404-412.
58. P. Broué, « Rako », *Cahiers Léon Trotsky*, n° 17, p. 23.
59. A. Vaksberg « La Reine des Preuves » *Literatournaia Gazeta*, 27 janvier 1988.
60. *B.W.*, p. 316.

CHAPITRE IX : *La guerre et l'Internationale* (144-157)

1. *Ma Vie* (*M.V.*) et *Guerre et Révolution* (*G.R.*) sont essentiels pour ce chapitre. Il faut y ajouter Alfred Rosmer, *Le Mouvement ouvrier pendant la Première Guerre mondiale*, 2 vol., Paris 1936 & 1959, et Annie Kriegel, *Aux Origines du Communisme français*, 2 vol., Paris, 1964.
2. *G.R.*, I, pp. 56-57.
3. *Ibidem*, p. 50.
4. Cité dans *AdZ*, p. 35.
5. *M.V.*, II, pp. 89-90 et *G.R.*, I, pp. 36-37.
6. *G.R.*, I, p. 44.
7. *M.V.*, II, pp. 94-95.
8. F. Brupbacher, *60 Jahre Ketzer*, Zurich, 1935, pp. 188-189.
9. *G.R.*, I, p. 53.
10. *Ibidem.*
11. *M.V.*, II, p. 92.
12. *G.R.*, I, p. 57.
13. *M.V.*, pp. 93-94.
14. *G.R.*, I, p. 107.
15. *Ibidem*, p. 63.
16. A. Rosmer, « Trotsky à Paris pendant la Première Guerre mondiale », *Cahiers Léon Trotsky* n° 12, 1982, p. 20.
17. *M.V.*, II, pp. 99-100.

18. *G.R.*, I, p. 18.
19. *G.R.*, I, p. 17.
20. *Golos*, 8 janvier 1915.
21. *M.V.*, II, p. 104.
22. I. Deutscher, *op. cit.*, II, p. 292.
23. *Naché Slovo*, 13 février 1915.
24. Deutscher, *op. cit.*, p. 302.
25. Rosmer, *Le Mouvement ouvrier, op. cit.*, p. 246.
26. Getzler, *op. cit.*, pp. 181-182.
27. A.V. Lounatcharsky, « Polititcheskii siluety », traduction française dans *Cahiers Léon Trotsky*, nº 12, 1982, pp. 45-49.
28. M. Martinet, « Quelques souvenirs », *Ibidem*, p. 13.
29. Ab. P van Goudoever, « Cristian Racovski and Nashé Slovo, 1914-1916 », *Romanian History*, pp. 109-140; la citation, pp. 118-119.
30. *Naché Slovo*, 14 février 1915.
31. *Naché Slovo*, 19 janvier 1916.
32. Annie Kriegel, *Aux Origines du Communisme français*, Paris, 1964, t. I, p. 94.
33. *M.V.*, II, p. 104.
34. P. Monatte, *Trois scissions syndicales*, p. 240.
35. *Ibidem.*
36. Rosmer, *C.L.T.*, *op. cit.*, p. 18.
37. *Ibidem.*
38. Martinet, *op. cit.*, p. 9.
39. *M.V.*, II, p. 105.
40. Rosmer & Martinet, *op. cit. passim.*
41. Traduction française dans l'édition de 1964 de *Littérature et Révolution*, pp. 246-257.
42. *M.V.*, II, p. 107.
43. Lettre de Rosmer à Monatte, 25 septembre 1915, les archives Monatte, *Syndicalisme révolutionnaire et Communisme*, p. 203.
44. *Ibidem.*
45. *Ibidem*, p. 204.
46. Rosmer, *Mouvement ouvrier, op. cit.*, t. I. pp. 379-382.
47. *G.B.*, II, pp. 23-52.
48. A. Kriegel, *op. cit.*, t. I, p. 138.
49. *Ibidem.*
50. Archives de l'Okhrana, Hoover Institution.
51. *Ibidem.*
52. *M.V.*, II, p. 110.
53. *M.V.*, II, p. 117.

CHAPITRE X : *Le début de l'errance* (pp. 158-171)

1. A *Ma Vie* et *Guerre et Révolution*, il convient d'ajouter quelques travaux. Pour l'Espagne, les souvenirs de Trotsky, *Mis Peripecías en Espana*, 1929, réédités sous le titre *En España*, 1977, et l'article de Victor Marquez Reviriego, « Trotsky turista sin libertad y viajero exceptional : Espanã 1916 », *Tiempo de Historia* nº 1, 1975 (16), pp. 116-120. Sur le séjour aux États-Unis, avant tout Theodore Draper, *The Roots of American Communism*, New York, 1967, et l'article de Frederick Charles Giffin, « Léon Trotsky in New York City », *New York History*, 49, 1968 (4), pp. 391-403. Sur l'internement au Canada, voir William Rodney, « Broken Journey : Trotsky in Canada 1917 », *Queen's Quarterly*, 1967, nº 4, pp. 649-655, et Phyllis Blakeley, « Trotsky in Halifax », *Atlantic Advocate*, novembre 1964, pp. 42-48.
2. *G.R.*, II, pp. 230-234.
3. *Ibidem*, pp. 231-232.
4. *Ibidem*, pp. 232-233.
5. *Ibidem*, p. 234.
6. *Ibidem.*
7. *Ibidem.*

8. J. Guttierez Alvarez, « Les " Péripéties " de Trotsky en Espagne », *Cahiers Léon Trotsky* n° 10, 1982, n. 6.
9. *Ibidem.*
10. *Ibidem*, p. 7.
11. *Ibidem.*
12. *M.V.*, II, p. 125.
13. Guttierez, *op. cit.*, p. 8.
14. *M.V.*, II, pp. 125-126.
15. Guttierez, *op. cit.*, pp. 7-8.
16. *M.V.*, II, p. 126.
17. *Ibidem*, p. 131.
18. *Ibidem*, pp. 130-131.
19. Guttierez, *op. cit.*, pp. 9-10.
20. *M.V.*, II, p. 132.
21. Guttierez, *op. cit.*, p. 10.
22. *M.V.*, II, p. 133.
23. Gérard Roche, « L'Aigle et le Lion », *Cahiers Léon Trotsky*, n° 25, 1986, p. 31.
24. *M.V.*, II, p. 134.
25. *Ibidem.*
26. Draper, *Roots...*, p. 77.
27. *Novy Mir*, 16 janvier 1917, *G.R.*, II, p. 242.
28. *M.V.*, II, p. 139.
29. Draper, *Roots*, *op. cit.*, p. 77.
30. *M.V.*, II, p. 137.
31. *Ibidem*, p. 139.
32. Serge, *Vie et Mort*, p. 36.
33. *M.V.*, II, p. 139.
34. *Ibidem*, p. 140.
35. *G.R.*, I, p. 29.
36. Draper, *Roots*, pp. 80-82.
37. *M.V.*, II, p. 142.
38. *Ibidem.*
39. Draper, *Roots*, pp. 80-82.
40. *Novy Mir*, 7 février 1917, *G.R.*, II, p. 250.
41. *Novy Mir*, 7 février 1917, *G.R.*, II, p. 248.
42. Draper, *Roots*, pp. 82-83.
43. *Ibidem*, pp. 83-84.
44. *Ibidem*, pp. 84-85.
45. *Ibidem*, pp. 86-87.
46. *Novy Mir*, 13 mars 1917, *G.R.*, II, p. 283.
47. *Novy Mir*, 16 mars 1917, *G.R.*, II, p. 285.
48. Ziv, *op. cit.*, pp. 68-69.
49. *Ibidem.*
50. *Novy Mir*, 21 mars 1917, *G.R.*, II, p. 295.
51. *Die Zukunft*, avril 1917, *G.R.*, II, pp. 298-299.
52. *M.V.*, II, p. 146.
53. *Ibidem*, pp. 146-147.
54. I. Deutscher, *op. cit.*, II, p. 130.
55. Rodney, *op. cit.*, p. 651.
56. *Ibidem*, p. 655.
57. *M.V.*, II, p. 152.
58. Rodney, *op. cit.*, p. 656.
59. *Ibidem*, p. 659.
60. *Pravda*, 16 avril 1917, cité dans *M.V.*, II, 154-155.
61. David R. Jones, « The Trotsky Affair : April 1917 », *Revue canadienne américaine d'études slaves*, p. 330.
62. Rodney, *op. cit.*, p. 663.
63. *M.V.*, II, p. 156.

CHAPITRE XI : *La marche au pouvoir* (pp. 172-188)

1. *Ma Vie* montre l'événement vu par Trotsky et l'*Histoire de la Révolution russe* tel qu'il l'a reconstitué (on renvoie à l'édition Rieder, la première). On utilise aussi l'abrégé de N.N. Soukhanov, *The Russian Revolution of 1917,* 2 vol., New York, 1962, le recueil des minutes du comité central *Les Bolcheviks et la Révolution d'Octobre,* Paris, 1964, le récit de F.F. Raskolnikov, *Kronstadt i Piter v 1917 godu,* Moscou, 1925 (traduction anglaise, *Kronstadt and Petrograd in 1917,* Londres, 1982). On a également fait référence à l'ouvrage de l'historien américain Alexander Rabinowitch, *The Bolsheviks Come to Power,* New York, 1978.
2. *M.V.,* II, p. 159.
3. Trotsky, « La Révolution défigurée », *De la Révolution,* Paris, 1963.
4. *Ibidem.*
5. *M.V.,* II, p. 160.
6. Soukhanov, *op. cit.,* I, p. 339.
7. *Ibidem,* p. 340.
8. *M.V.,* II, p. 160.
9. Raya Dunayevskaya, « Trotsky's Theory of Permanent Revolution », *Women's Liberation and Marx's Philosophy of Revolution,* pp. 269-270.
10. A. Balabanova, *Memoirs of a Rebel,* p. 135.
11. *Leninskii Sbornik,* IV, pp. 300-303.
12. I. Deutscher, *op. cit.,* I, p. 343.
13. *Leninskii Sbornik* II, pp. 300-303.
14. I. Deutscher, *op. cit.,* p. 347.
15. *M.V.,* II, pp. 169-170.
16. V.M., Ivanov « On refait un visage au petit Judas », *Sovietskaia Rossia,* 25 septembre 1987.
17. A.V. Lounatcharsky, *op. cit.,* p. 47.
18. Trotsky, *Sotchinenija,* III, 1, p. 52.
19. Raskolnikov, *Kronstadt i Piter,* traduction anglaise *Kronstadt and Petersburg,* p. 104. Ce manifeste est publié dans le volume III des *Sotchinenija* daté du 27 mai 1917; il avait été publié dans la *Pravda* du 31 mai.
20. Victor Serge, *Vie et Mort,* p. 46.
21. *M.V.,* II, pp. 170-171.
22. *Ibidem,* p. 172.
23. V.S., *op. cit.,* p. 48.
24. *Pravda,* 5 mai 1917 : *G.R.,* II, pp. 304-308.
25. *Izvestia,* 7 juin 1917.
26. *Ibidem,* 21 juillet 1917.
27. *Novaia Jizn,* 10 juillet 1917.
28. Raskolnikov, *op. cit.,* pp. 214-217; V.S., *op. cit.,* p. 52.
29. V.M. Ivanov, *op. cit.*
30. V.S., *op. cit.,* p. 53.
31. *Ibidem.*
32. Raskolnikov, *op. cit.,* p. 230.
33. *Ibidem,* pp. 217-218, 224.
24. *Ibidem,* p. 225.
35. V.S., *op. cit.,* p. 53.
36. *Ibidem,* p. 54.
37. *Ibidem,* p. 57.
38. *Histoire de la Révolution russe,* Paris, 1931, III, p. 322.
39. *M.V.,* II, p. 100.
40. *Ibidem.*
41. *Ibidem,* pp. 201-202.
42. Soukhanov, *op. cit.,* II, p. 258.
43. *Sotchinenija,* III, pp. 275-293.
44. A. Rabinowitch, *op. cit.,* pp. 177-178.
45. *Les Bolcheviks et la Révolution d'Octobre* (ci-dessous *B.R.D.O.),* p. 103.
46. *Ibidem,* p. 115.
47. Lénine, « Notes d'un publiciste », *Œuvres,* 26, p. 51.

48. *B.R.D.O.*, p. 128.
49. *Rabotchii Put'*, 8 octobre 1917.
50. *B.R.D.O.*, pp. 137-139.
51. J.J. Marie, « Le comité militaire révolutionnaire du soviet de Petrograd et son président », *Cahiers du Monde russe et soviétique*, 7, 1967.
52. Soukhanov, *op. cit.*, II, p. 262.
53. *Ibidem*, p. 578.
54. *Ibidem*, p. 584.
55. *Ibidem*, p. 585.
56. *Ibidem*.
57. *Ibidem*.
58. *Ibidem*, pp. 595-596.
59. V. Serge, *op. cit.*, p. 64.
60. *Ibidem*, p. 65.
61. *Ibidem*, p. 64.
62. *Ibidem*, p. 65.
63. *B.R.D.O.*, pp. 140-146.
64. *Ibidem*, pp. 174-175.
65. *Rabotchii Put'*, 20 octobre 1917.
66. *B.R.D.O.*, pp. 166-173.
67. Trotsky, *Histoire* (H.R.S.), IV, p. 293.
68. *Ibidem*, IV, p. 305.
69. *M.V.*, II, p. 208.
70. *H.R.R.*, IV, p. 312.
71. Soukhanov, *op. cit.*, II, pp. 639-640.
72. F.X. Coquin, *La Révolution russe*, p. 105.
73. Victor Serge, *op. cit.*, I, p. 78.
74. A. Abramowitch, « Lenin and Trotsky in October Revolution », *Il Pensiero e Azione politica di Lev Trockij* (colloque de Follonica), Florence, 1982, II, pp. 199-208.

CHAPITRE XII : *L'assaut du ciel* (pp. 189-201)

1. Ce chapitre, conclusion de la première partie, est appuyé sur l'ensemble des travaux utilisés dans les chapitres précédents.
2. *B.R.D.O.*, p. 198.
3. Deutscher, *op. cit.*, I, p. 442.
4. Trotsky, *H.R.R.*, t. IV, p. 401.
5. *Ibidem*, p. 318.
6. Deutscher, *op. cit.*, I, p. 423.
7. *Pravda*, 26 octobre 1917.
8. Compte rendu cité dans Keep, *The Debate on Soviet Power*, p. 177.
9. Rosa Luxemburg, *La Révolution russe*, éd. 1964, pp. 70-71.
10. *Ibidem*, p. 71.
11. *M.V.*, II, pp. 127-128.
12. Deutscher, *op. cit.*, p. 422.
13. V.A. Antonov-Ovseenko, *Zapiski o Gajdanskoj Vojne*, I, pp. 19-20.
14. *M.V.*, II, p. 167.
15. *Ibidem*, pp. 167-168.

DEUXIÈME PARTIE : LE POUVOIR

CHAPITRE XIII : *A la barre* (pp. 205-219)

1. Outre *Ma Vie* et les ouvrages cités précédemment, on a utilisé ici la fameuse chronique de John Reed, *Dix jours qui ébranlèrent le Monde*, Paris, Club F.L., 1958, le recueil de documents de Bunyan et Fisher, *The Bolshevik Revolution 1917-1918*,

Oxford, 1934, celui des minutes du comité exécutif des soviets entre octobre 1917 et janvier 1918, dans John L.H. Keep, *The Debate on Soviet Power*, Oxford, 1979.

2. Reed, *op. cit.*, p. 238.
3. *Ibidem*, p. 205.
4. *Ibidem*, p. 240.
5. *M.V.*, III, p. 12.
6. *Ibidem*, p. 14.
7. *Ibidem*, pp. 15-16.
8. *Ibidem*, pp. 16-17.
9. *Ibidem*, p. 17.
10. *M.V.*, II, p. 168.
11. V. Serge, *V.M.*, I, p. 89.
12. Keep, *op. cit.*, p. 63.
13. *B.R.D.O.*, p. 198.
14. *Ibidem*, pp. 196-197.
15. *Ibidem*, p. 185.
16. Keep, *op. cit.*, p. 69.
17. *Ibidem*, p. 71.
18. *Ibidem*, pp. 71-72.
19. *Izvestia*, 6 décembre 1917.
20. H. Anweiler, *Les Soviets en Russie 1905-1921*, trad. fr., Paris, 1972.
21. V. Serge, *V.M.*, I, pp. 90-91.
22. *Ibidem*, p. 91.
23. « Lettre à Istpart », *De la Révolution*, p. 125.
24. *M.V.*, III, p. 12.
25. Keep, *op. cit.*, pp. 102-106.
26. *Ibidem*, p. 106.
27. *Delo Naroda*, 10/23 novembre 1917, in Bunyan & Fisher, *op. cit.*, pp. 233-235.
28. *Ibidem*, p. 240.
29. *Ibidem*, pp. 239-240.
30. *Izvestia*, 10/23 novembre 1917; Bunyan-Fisher, p. 243.
31. *Ibidem*, pp. 243-244.
32. *Ibidem*, p. 245.
33. *Izvestia*, 12/25 novembre; Bunyan-Fisher, pp. 245-246.
34. *Pravda*, 15/28 novembre 1917.
35. *M.V.*, III, p. 24.
36. Keep, *op. cit.*, pp. 184-190; Trotsky, *Sotchinenija*, VIII (II), pp. 211-217.
37. Keep, *op. cit.*, pp. 185-186; *Sotch.*, *op. cit.*, pp. 212-213.
38. *Ibidem*, pp. 186 et 213.
39. *Ibidem*, pp. 187 et 214.
40. *Ibidem*, pp. 188 et 215.
41. Deutscher, *op. cit.*, I, pp. 469-470.
42. Keep, *op. cit.*, p. 213.

CHAPITRE XIV : *La paix à tout prix?* (pp. 220-236)

1. Il faut ajouter à *Ma Vie* et au recueil de documents de Bunyan & Fisher, celui qui a été préparé par Joffé sur la paix de Brest, *Mirnye peregovoy v Brest-Litovske*, Moscou, 1920, et l'ouvrage historique de John Wheeler-Bennett, *The Forgotten Peace March 1918*, Londres, 1939. Au lecteur qui hésiterait à suivre *Ma Vie*, on peut indiquer qu'E.H. Carr (*Bolshevik Revolution*, t. III, nº 1, p. 39), dit qu'après vérification avec les autres sources, il lui est possible d'assurer que le récit de Trotsky, partout où il peut être vérifié, apparaît d'une scrupuleuse exactitude.
2. *Mirnye*, p. 718, Bunyan & Fisher, *op. cit.*, pp. 477-478.
3. *Mirnye*, I, pp. 9-11; Bunyan & Fisher, pp. 479-481.
4. Keep, *op. cit.*, p. 235.
5. Bunyan & Fisher, *op. cit.*, p. 285.
6. Keep, *op. cit.*, p. 235.
7. *O. Lenine*, Moscou, 1924, traduction française, *Lénine*, Paris, 1935, p. 51.

8. Sadoul, *op. cit.*, p. 72.
9. *Lénine*, p. 92.
10. Bunyan & Fisher, *op. cit.*, p. 490.
11. *Ibidem.*
12. *Ibidem*, p. 491.
13. *Ibidem*, p. 493.
14. *Mirnye...*, pp. 84-85.
15. *Ibidem*, p. 102.
16. *M.V.*, III, p. 71.
17. *Lénine*, p. 94.
18. *M.V.*, III, p. 71.
19. *Mirnye...*, pp. 97-127; Bunyan & Fisher, *op. cit.*, p. 497.
20. *Ibidem*, p. 130 et p. 498.
21. Anweiler, *op. cit.*, pp. 262-263.
22. *Lénine*, p. 93.
23. *Ibidem*, pp. 94-95.
24. *Ibidem*, pp. 95-96.
25. *Protokoly Tsentral'nogo Komiteta RSDRP*, 1929, p. 287; *M.V.*, III, p. 73.
26. *M.V.*, III, pp. 73-74.
27. *Protokoly...*, pp. 199-207; *M.V.*, III, p. 74.
28. *Tretii vserossiiskii sezd sovetov Rabotchikh, soldatskikh i Krestianskikh Deputatov* (Protocole du 3e congrès des soviets), p. 71.
29. *Mirnye*, p. 207.
30. *Mirnye*, p. 208.
31. Wheeler-Bennett, *op. cit.*, p. 227.
32. *Ibidem*, p. 237.
33. E.H. Carr, *Bolshevik Revolution*, III, p. 38, n. 2.
34. *M.V.*, III, p. 78.
35. *Ibidem.*
36. *Ibidem*, pp. 78-79.
37. Wheeler-Bennett, *op. cit.*, p. 247.
38. *Protokoly Tsentral'nogo Komiteta RSDRP*, pp. 195-196.
39. *M.V.*, III, pp. 79-80.
40. *Prot.*, pp. 197-198.
41. *Ibidem*, pp. 197-201.
42. *Pravda*, 20 février 1918.
43. Wheeler-Bennett, *op. cit.*, p. 250.
44. *Ibidem*, p. 251.
45. *M.V.*, III, p. 80.
46. *Izvestia*, 22 février 1918; Bunyan & Fisher, *op. cit.*, p. 514.
47. *Pravda*, 24 février 1918.
48. *M.V.*, III, p. 82.
49. *Ibidem.*
50. *Ibidem.*
51. *Prot.*, *op. cit.*, p. 201.
52. Bunyan & Fisher, *op. cit.*, p. 523.
53. *Protokoly* (du VIIe congrès du parti), p. 71.
54. *Ibidem.*
55. *M.V.*, III, p. 87.

CHAPITRE XV : *Bâtisseur d'armée* (pp. 237-251)

1. La seule étude d'envergure est la thèse non publiée de N.M. Heyman, *Leon Trotsky as a Military Thinker*, Stanford, 1972. En dehors de *Ma Vie*, les ouvrages à utiliser sont des recueils de documents. Le principal est *Kak voorujalas revoljucija*, Moscou, 1923, dont nous avons utilisé la traduction anglaise par Brian Pearce, *How the Revolution Armed*, 5 volumes, Londres 1979-1981 (ci-dessous *KaK*). Les archives de Trotsky, pour la période de la guerre civile, sont publiées en édition bilingue, *Trotsky's Papers*, 2 vol., 1964-1971 (ci-dessous *T.P.*) et sont également indispensables. On peut ajouter,

pour la discussion, l'article de N.M. Heyman, « Leon Trotsky and the Birth of the Army », *The Army Quarterly and Defense Journal*, nº 4, 1975, pp. 407-418.

2. Deux points de vue différents sont exprimés dans David T. Jones, « Armies and Revolution. Trotsky's pre-1917 Military Thought », *Naval War College Review*, nº 27, 1974, pp. 90-98, qui met l'accent sur les aspects traditionnellement socialistes de la pensée militaire de Trotsky et N.M. Heyman, « Leon Trotsky's Military Education : from the Russo-Japanese War to 1917 », *Journal of Modern History*, nº 2, 1976, pp. 71-98, qui insiste sur ses aspects traditionnels et « conventionnels ».

3. Pierre Naville, « Léon Trotsky, La politique militaire et l'Armée rouge », *Il Pensiero...* pp. 209-238.

4. Trotsky, *Sotch.*, II, p. 269.

5. Il s'agit du point que David T. Jones accuse N.M. Heyman de sous-estimer.

6. *KaK*, I, p. 5.

7. *Ibidem*, I, p. 13.

8. *Ibidem*, I, p. 57.

9. *Ibidem*, I, p. 85.

10. *Ibidem*, I, p. 159.

11. *Ibidem*, I, pp. 28-48.

12. *Ibidem*, II, p. 186.

13. *Ibidem*, I, p. 40.

14. *Ibidem*, II, p. 186.

15. *Ibidem*, I, p. 294.

16. *Ibidem*, I, p. 218.

17. *Ibidem*.

18. *KaK*, II, p. 3.

19. *Ibidem*.

20. *Ibidem*, I, pp. 44-45.

21. *Ibidem*, I, p. 158.

22. *Ibidem*, I, p. 129.

23. *Ibidem*, I, p. 27.

24. *Ibidem*, III, p. 12.

25. *Ibidem*, III, p. 10.

26. *T P.*, I, p. 149.

27. *T.P.*, I, pp. 148-150.

28. *KaK*, II, p. 179.

29. *M.V.*, III. p. 110.

30. *Ibidem*, pp. 111-112.

31. *KaK*, I, p. 160.

32. G. Annenkov, p. 246.

33. *Ibidem*, II, p. 218.

34. Voir, extrait de *Die Seele des Sieges (zur Geschichte der roten Armee)*, « L'organisation communiste de l'Armée rouge », un discours de Rakovsky, traduction française dans *Cahiers Léon Trotsky* nº 17, pp. 73-78.

35. *KaK*, II, p. 578.

36. *Ibidem*, II, p. 580.

37. *Ibidem*, III, p. 920.

38. *Ibidem*, I, pp. 126-156.

39. *Ibidem*, I, p. 149.

40. *Ibidem*, p. 357.

41. *Ibidem*.

42. *Ibidem*.

43. *Ibidem*, I, p. 360.

44. *Trotsky's Papers*, vol. I, La Haye, 1964, p. 301 : la note 7, de Jan M. Meijer résume parfaitement le contenu du VIIIe congrès du parti sur les questions militaires.

45. *Ibidem*, pp. 425-435.

46. *KaK*, II, pp. 64-65.

CHAPITRE XVI : *Chef de guerre* (pp. 252-270)

1. La bibliographie de ce chapitre est la même que celle du chapitre XV. On peut y ajouter une mise au point, malheureusement dépourvue de notes et d'indications de sources, sur le train : Rex Winsbury, « Trotsky's War Train », *History To-Day*, nº 25, 1975, pp. 523-531.
2. *M.V.*, III, p. 112.
3. A. Rosmer, *Moscou sous Lénine*, p. 157.
4. *M.V.*, III, p. 112.
5. *Ibidem*, pp. 118-120.
6. *Ibidem*, p. 112.
7. Rosmer, *op. cit.*, pp. 657-658.
8. *KaK*, II, p. 651, n. 84.
9. Winsbury, *op. cit.*, p. 524.
10. *M.V.*, III, p. 114.
11. Winsbury, *op. cit.*, p. 526.
12. *T.P.*, I, p. 103.
13. A. Barmine, *Vingt ans au service de l'U.R.S.S.*, Paris, 1939, pp. 111-112.
14. L. Schapiro, *Les Bolcheviks et l'Opposition*, Paris, 1957, pp. 113-114.
15. *KaK*, I, pp. XXVII.
16. *Ibidem*, p. 310.
17. *T.P.*, I, pp. 69-70.
18. *Ibidem*, pp. 155-156; *M.V.*, III, pp. 97-98.
19. *M.V.*, III, pp. 101-104.
20. Larissa Reissner, « Sviajsk », traduction française dans *Cahiers Léon Trotsky* nº 12, 1982, p. 56.
21. *KaK*, I, p. 329.
22. *Ibidem.*
23. *Ibidem*, p. 344.
24. L. Reissner, *op. cit.*, p. 56.
25. *T.P.*, I, p. 135.
26. *Ibidem*, I, pp. 85-87, n. 1.
27. *Pravda*, 25 décembre 1918. Voir la réponse de Trotsky dans *T.P.*, I, pp. 204-209.
28. *T.P.*, I, pp. 249-250.
29. *Ibidem*, pp. 565-567.
30. *Ibidem*, pp. 578-581.
31. Cité dans *Staline*, pp. 462-463.
32. *Ibidem*, p. 463.
33. *T.P.*, pp. 594-597.
34. *Ibidem*, I, p. 390.
35. *Ibidem*, p. 392.
36. Ulam, *op. cit.*, p. 445.
37. *KaK*, II, p. 540.
38. *Ibidem*, II, p. 565.
39. *M.V.*, III, p. 132.
40. *Ibidem*, pp. 171-172.
41. *KaK*, III, p. 301.

CHAPITRE XVII : *Communisme de guerre et terreur* (pp. 271-288)

1. A *Ma Vie* et *Comment fut armée la Révolution*, il convient d'ajouter ici *Terrorisme et Communisme*, Moscou, 1920, utilisé ici dans sa traduction édition française de 1936 sous le titre *Défense du Terrorisme* (ci-dessous *D.T.*).
2. *KaK*, II, p. 143.
3. *Ibidem*, I, p. 84.
4. *D.T.*, p. 74.
5. *D.T.*, p. 75.
6. *D.T.*, p. 79.
7. *D.T.*, p. 143.

8. *KaK*, III, p. 48.
9. *Ibidem*, p. 54.
10. *Ibidem*, p. 73.
11. *Ibidem*, p. 77.
12. Cf. n. 1, p. 992.
13. *M.V.*, III, p. 178.
14. F. Benvenuti « Dal comunismo di guerra alla Nep : il dibattito sui sindacati », *Il Pensiero*, I, pp. 261-288. Le texte intégral des propositions de Trotsky en février 1920 se trouve dans *Sotch.*, XVII, 2, pp. 543-544.
15. *KaK*, III, p. 61.
16. *Ibidem*, p. 106.
17. *Ibidem*, p. 113.
18. *Ibidem*, p. 114.
19. *Ibidem*, p. 116.
20. *M.V.*, III, p. 181.
21. *Ibidem*.
22. *Pravda*, 31 mars 1920.
23. *Izvestia* TsK, 4 septembre 1920, p. 7, cité par R.V. Daniels, *Conscience of Revolution*, p. 116.
24. *KP (b) Rezoljutsiakh*, I, pp. 511-512.
25. Cité par Tomsky. Compte rendu X[e] congrès, p. 372.
26. Lénine, *Œuvres* (en français), 31, pp. 389-390.
27. *Pravda*, 13 novembre 1920.
28. *Pravda*, 9 décembre 1920.
29. *Ibidem*.
30. *Ibidem*.
31. *Ibidem*.
32. *Ibidem*.
33. *Ibidem*.
34. *Ibidem*.
35. *Pravda*, 19 décembre 1920.
36. *Ibidem*.
37. Zinoviev, compte rendu XIIIe conférence, p. 324.
38. Lénine, *Œuvres*, 32, pp. 16-17.
39. *Ibidem*, p. 41.
40. *M.V.*, III, p. 177.
41. *Ibidem*, p. 180.
42. *Ibidem*, pp. 181-182.
43. Staline, *Sotch.*, VI, p. 29.

CHAPITRE XVIII : *La crise de la révolution* (pp. 289-302)

1. La littérature est abondante sur la crise de 1921 et en particulier l'insurrection de Cronstadt. On retiendra particulièrement l'étude de Paul Avrich, *Kronstadt 1921*, Princeton, 1970, traduction française *La Tragédie de Cronstadt*, Paris, 1970.
2. *T.P.*, II, pp. 480-485.
3. *Ibidem*, II, p. 495.
4. *New York Times*, 6 mars 1921.
5. P. Avrich, *op. cit.*, p. 42.
6. *Ibidem*, pp. 63-64.
7. *Ibidem*, p. 44.
8. *Ibidem*, p. 47.
9. *Ibidem*, pp. 47-50.
10. *Ibidem*, pp. 53-54.
11. *Ibidem*, p. 52.
12. *Ibidem*, p. 73.
13. *Ibidem*.
14. *Ibidem*, pp. 73-74.
15. *Ibidem*, p. 73.

16. *Ibidem*, p. 68.
17. *Ibidem*, pp. 74-75.
18. *Ibidem*, pp. 75-76.
19. *Ibidem*, p. 77.
20. *Ibidem*, pp. 78-80.
21. *Ibidem*, pp. 83-85.
22. *Ibidem*, p. 86.
23. *Ibidem*, pp. 86-87.
24. *Ibidem*, pp. 100-101.
25. *Ibidem*, p. 95.
26. *Ibidem*, p. 122.
27. *Ibidem*, p. 125.
28. *Ibidem*, p. 103.
29. *KaK*, IV, p. 289.
30. De nombreux auteurs renvoient au IIIe congrès de l'I.C. pour cette déclaration de Boukharine, mais sans référence paginée au compte rendu. La raison est simple : elle n'y figure pas. Prudemment, Stephen Cohen (*Boukharine*, p. 194) écrit qu'il « l'aurait dit à des délégués », en donnant comme référence Abramovitch qui, lui, s'est pourtant contenté de citer, sans référence!
31. Avrich, *op. cit.*, p. 134.
32. *Ibidem*, p. 200.
33. *Ibidem*.
34. *Ibidem*, p. 203.
35. « Encore sur la répression de Cronstadt » (6 juillet 1938), *Œuvres, 18*, p. 135.
36. *Ibidem*, p. 134.
37. *KaK*, IV, pp. 283-284.
38. *Ibidem*, p. 285.
39. Avrich, *op. cit.*, p. 142.
40. *Pravda*, 16 mars 1921.
41. *Pravda*, 23 mars 1921.
42. *KaK*, IV, p. 292.
43. Deutscher, *op. cit.*, III, pp. 673-674.
44. *T.P.*, II, p. 374.
45. *Ibidem*, II, p. 376.
46. *Ibidem*, II, pp. 378-380.
47. *Ibidem*, II, p. 384.
48. *Staline*, p. 494.
49. Traduction française : *Entre l'impérialisme et la Révolution*.

CHAPITRE XIX : *La retraite* (pp. 303-318)

1. L'étude la plus solide de la Nep se trouve dans le tome II de *Bolshevik Revolution*, d'E.H. Carr.
2. Trotsky, *Sotch.*, XVII, 2, pp. 543-544.
3. Lénine, *Œuvres*, t. 32, p. 225.
4. *The First Five Years of the I.C.*, II, p. 233.
5. *Ibidem*.
6. *Ibidem*, p. 236.
7. *Ibidem*, p. 238.
8. *T.P.*, II, pp. 449-451.
9. *Ibidem*, pp. 580-583.
10. *Ibidem*, pp. 578-580.
11. *Ibidem*, p. 582.
12. *Ibidem*, p. 732.
13. *Ibidem*, pp. 746-748.
14. Lénine, *Œuvres*, t. 33, p. 361.
15. Trotsky, *Sotch.*, XIV, p. 223.
16. *T.P.*, II, p. 731.
17. Lénine, *Œuvres*, t. 33, pp. 361-368.

18. *KaK*, V, p. 337.
19. *Ibidem*, pp. 376 et 391.
20. J. Erickson, *The Soviet High Command 1918-1941*, Londres, 1962, p. 135.
21. Trotsky, *Staline*, p. 510.
22. Compte rendu du XIe congrès, p. 89.
23. Lénine, *Œuvres*, t. 33, p. 120.
24. Deutscher, *op. cit.*, II, pp. 63-64.
25. *Ibidem*, p. 63.
26. *M.V.*, III, p. 198.
27. Deutscher, II, p. 63.
28. *T.P.*, II, pp. 710-722.
29. *Ibidem*, p. 724, n. 1.
30. Lettre au bureau politique du 20 juin 1923, *T.P.*, II, pp. 825-833.
31. *Ibidem*, p. 831.
32. *Ibidem*.
33. *Ibidem*.
34. *Ibidem*, p. 833.
35. Deutscher, *op. cit.*, II, p. 103.
36. *T.P.*, II, p. 833.
37. Schapiro, *Les Oppositions*, pp. 177-178.
38. Cité par I. Deutscher, I, p. 637.
39. Lénine, *Œuvres*, t. 32, p. 447.
40. Avrich, *op. cit.*, p. 215.
41. *Bulletin communiste*, nº 24, 9 juillet 1921, pp. 401-405.
42. Lénine, *Œuvres*, t. 32, p. 274.
43. Schapiro, *C.P.S.U.*, p. 246.
44. *Ibidem*, p. 250.
45. Schapiro, *C.P.S.U.*, pp. 249-250.
46. *Ibidem*, pp. 247-248.
47. *Ibidem*, p. 256.
48. Sosnovsky, *Taten und Menschen*, p. 152.
49. *Pravda*, 10 mai 1922.
50. *Ibidem*.
51. *Pravda*, 18 juin 1922.
52. *Ibidem*.
53. *M.V.*, III, p. 195.
54. *KaK*, I, p. 222.
55. *Ibidem*, p. 202.
56. *Ibidem*, p. 223.
57. *Ibidem*.

CHAPITRE XX : *Le « bloc » avec Lénine* (pp. 319-335)

1. Les bases documentaires de ce chapitre qui se trouvaient jusqu'alors dans les archives ou les écrits de Trotsky exclusivement ont été élargies par les publications de l'ère khrouchtchévienne, notamment les documents de Lénine jusque-là dissimulés. Deux ouvrages importants : Lidia Aleksandrovna Fotieva, *Iz vospominianii o Lenine*, Moscou, 1964, et Moshé Lewin, *Le dernier combat de Lénine*, Paris, 1964, ont complété, mais pas modifié de façon substantielle. Voir également Anna Di Biagio « Stalin e Trockij : dopo la revoluzione (1921-1923) », *Problemi del Socialismo* série 4.21.1980. (nº 17) pp. 113-148.
2. Lénine, *Œuvres*, t. 33, p. 60.
3. *Ibidem*, pp. 72-73.
4. *Ibidem*, p. 293.
5. *Ibidem*.
6. *Ibidem*, p. 294.
7. *M.V.*, III. p. 200.
8. Lettre à l'Istpart, *D.L.R.*, p. 165.
9. *Archives Trotsky*, Havard, lettre du 25 janvier 1923, T 775.

10. *M.V.*, III, pp. 200-201.
11. *Ibidem*, p. 201, ainsi que *A.H.*, T 775.
12. *M.V.*, III, p. 201.
13. Lewin, *Dernier combat*, p. 46.
14. *Ibidem*, p. 48.
15. *D.L.R.*, p. 155
16. Lénine, *Œuvres*, t. 33, p. 382.
17. *Ibidem*, pp. 383-384.
18. Fotieva, *op. cit.*, pp. 28-29.
19. *Ibidem.*
20. Lénine, *Œuvres*, t. 45, p. 622.
21. *T.P.*, II, pp. 778-780.
22. Lénine, *Œuvres*, t. 45, p. 622.
23. *Ibidem*, p. 626.
24. *Ibidem*, pp. 623-624.
25. *Ibidem*, p. 627.
26. Lénine, *Œuvres*, t. 36, pp. 611-612.
27. Lewin, *op. cit.*, p. 59.
28. *Ibidem.*
29. *Ibidem*, p. 61.
30. Cité *ibidem*, pp. 146-148.
31. Lewin, *op. cit.*, pp. 149-150.
32. Lénine, *Œuvres*, t. 33, p. 379.
33. Lénine, *Œuvres*, t. 45, p. 601.
34. Fotieva, *op. cit.*, p. 52.
35. *Ibidem*, p. 75.
36. Lewin, *op. cit.*, p. 68.
37. *Ibidem*, p. 78.
38. Lénine, *Œuvres*, t. 36, pp. 618-624.
39. *Ibidem*, p. 618.
40. *Ibidem*, p. 619.
41. *Ibidem.*
42. *Ibidem.*
43. *Ibidem*, p. 620.
44. *Ibidem*, pp. 621-622.
45. Lénine, *Œuvres*, t. 45, p. 628.
46. Adam B. Ulam, *The Bolsheviks*, pp. 571-573.
47. *Cahiers du Monde russe et soviétique*, 26 (27), p. 328.
48. *Ibidem*, m. 1, p. 297.
49. Lénine, *Œuvres*, t. 36, pp. 611-615.
50. Lénine, *Œuvres*, t. 33, pp. 495-500.
51. *Ibidem*, pp. 500-517.
52. *Ibidem*, p. 501.
53. *Ibidem*, pp. 501-502.
54. *Ibidem*, pp. 503.
55. *Ibidem*, p. 504-505.
56. Lénine, *Œuvres*, t. 36, p. 606.
57. *Ibidem*, p. 607.
58. *Ibidem.*
59. Lewin, *op. cit.*, p. 88.
60. *Ibidem*, p. 90.
61. Lénine, *Œuvres*, t. 36, p. 608.
62. Lewin, *op. cit.*, pp. 150-151.
63. *Ibidem*, p. 92.
64. *Ibidem*, p. 93.
65. Lénine, *Œuvres*, t. 45, pp. 628-629.
66. *D.L.R.*, p. 166.
67. *M.V.*, III, pp. 202-203.
68. *Ibidem*, p. 203.
69. *Ibidem*, pp. 203-204.

70. Lewin, *op. cit.*, pp. 140-141.
71. *D.L.R.*, p. 164.

CHAPITRE XXI : *Le parti mondial de la Révolution* (pp. 336-351)

1. Pour ce chapitre, nous avons utilisé les comptes rendus des congrès de l'Internationale communiste, celui du premier dans l'édition française par Pierre Broué, Paris, 1974 et les trois suivants dans l'édition allemande originale, ainsi que les écrits de Trotsky, *Piat Let Kominterna*, Moscou, 1924, dans sa deuxième traduction anglaise, *The First Five Years of the C.I.*, 1975. Enfin, on s'est appuyé sur P. Broué, *Révolution en Allemagne (1918-1923)*, Paris, 1971.
2. *KaK*, I, p. 509.
3. *Ibidem*, pp. 523-524.
4. Discours prononcé par Trotsky au meeting de deuil du soviet de Pétersbourg le 18 janvier 1919, traduction anglaise dans *Portraits, Political and Personal*, New York, 1977, pp. 16-27.
5. La lettre d'invitation a été publiée dans Trotsky, *Sotch.*, XIII pp. 33-37, traduction française dans *Premier Congrès de l'I.C.*, pp. 39-46.
6. *Ibidem*, p. 40.
7. *Ibidem*, p. 41.
8. *Ibidem*. pp· 91-93.
9. *Ibidem*, pp. 206-214.
10. *Ibidem*, p. 206.
11. *Ibidem*, p. 208.
12. *Ibidem*, p. 214.
13. *Pravda*, 26 novembre 1919, traduction française dans *Le Mouvement Communiste en France*, pp. 55-66.
14. Traduction française *ibidem*, pp. 67-74.
15. *Pravda*, 23 avril 1919.
16. *Ibidem*.
17. *Izvestia*, 29 avril 1919.
18. *T.P.*, I, pp. 620-626.
19. *M.V.*, III, pp. 168-174. *Staline*, pp. 474-479.
20. *Pravda*, 22 juillet 1920.
21. *Protokoll des II. Kongresses der Kommunistischen Internationale*, Hambourg, 1921, pp. 92-93.
22. *Ibidem*, p. 94.
23. *Ibidem*, pp. 676-702.
24. Rosmer, *Moscou sous Lénine*, pp. 115-116.
25. *Protokoll III*, pp.705-741.
26. *Ibidem*, pp. 732-733.
27. *Ibidem*, p. 739.
28. *Kommunistitcheskii International*, n° 17, 1921. Intervention au C.E. de l'I.C., le 24 novembre 1920.
29. P. Broué, *op.cit.*, pp. 474-485.
30. *Ibidem*, pp. 475-477.
31. *Archives Levi* P/55/10, P/63/3, cité *ibidem*, p. 498.
32. Trostky, *D.L.R.*, pp. 137-138.
33. *Ibidem*, p. 138.
34. *Ibidem*, pp. 518-525.
35. *Protokoll des III. Kongresses der Kommunistischen Internationale*, p. 136.
36. *T.P.*, II, pp. 472-473.
37. *Ibidem*.
38. *Ibidem*, pp. 474-475.
39. *Ibidem*, p. 475.
40. *Ibidem*, p. 474.
41. *Protokoll III*, pp. 391-398.
42. *Ibidem*, pp. 644-646.
43. *Ibidem*, p. 650.

44. Discours au congrès de l'Internationale communiste des jeunes, 16 juillet 1921, *Pravda.*
45. *Pravda,* 12 juillet 1921.
46. *Ibidem,* 21 décembre 1922.
47. *Izvestia,* 28 décembre 1922.
48. *Ibidem.*

CHAPITRE XXII : *Les occasions perdues* (pp. 352-367)

1. Dans ce chapitre, les archives de Trotsky tiennent une place importante à côté des ouvrages cités pour les chapitres précédents. On retiendra en outre mon travail sur *Révolution en Allemagne (1918-1923),* Paris, 1971 et Werner Angress, *Stillborn Revolution : the Communist Bid for Power in Germany 1921-1923,* Princeton, 1963.
2. *M.V.,* III, p. 209.
3. *Ibidem.*
4. *Ibidem,* pp. 209-210.
5. *Ibidem,* p. 211. Mdivani et Makharadzé en témoignent au Xe congrès (compte rendu pp. 151-152 et 157).
6. *Ibidem,* p. 203.
7. *Ibidem,* p. 204.
8. « Réflexions sur le parti », *Pravda,* 20 mars 1923.
9. Lettre de protestation de Trotsky auprès du secrétariat, 28 mars 1923, parce que le contenu de son intervention ne figure pas dans le compte rendu; *Archives Trotsky* à Harvard *(A.H.),* T 792.
10. Lettre de Fotieva, 16 avril 1923, *A.H.,* T 793.
11. Adam B. Ulam, *The Bolsheviks,* New York, 1965, pp. 571-574.
12. Trotsky au comité central, 16 avril 1923, *A.H.,* T 794.
13. Texte dans la *Note U.S. Department of State,* release, 30 juin 1956, p. 26.
14. Trotsky au bureau politique, 17 avril 1923, *A.H.,* T 795.
15. R.V. Daniels, *The Conscience of the Revolution. Communist Opposition in Soviet Russia,* Cambridge, Ma., 1960, p. 193.
16. Kossior, compte rendu du XIIe congrès, pp. 94-95.
17. Staline, *ibidem,* pp. 183-185 et 441-448.
18. Mdivani, *ibidem,* pp.454-455 et Makharadzé, *ibidem,* p. 156.
19. Rakovsky, *ibidem,* pp. 528-534.
20. Compte rendu du XIIe congrès, p. 563.
21. Ce rapport a été présenté le 20 avril, *Pravda,* 21 avril 1923; traduction française dans *La Lutte antibureaucratique en U.R.S.S.,* I, pp. 25-27.
22. *Ibidem,* p. 50.
23. *Ibidem,* p. 56.
24. *Ibidem,* p. 60.
25. *Ibidem,* p. 61.
26. *Ibidem,* p. 65.
27. *Ibidem,* p. 66.
28. *Ibidem,* p. 74.
29. *Ibidem,* p. 76.
30. Compte rendu du XVe congrès, p. 352.
31. P. Broué, *Révolution en Allemagne,* pp. 675-686.
32. *Ibidem,* pp. 703-705.
33. *Ibidem,* pp. 709-717.
34. *Ibidem,* p. 719.
35. *Ibidem,* pp. 719-720.
36. *Ibidem,* pp. 720-721.
37. *Ibidem,* pp. 727-728.
38. *Ibidem,* pp. 726-727.
39. *Ibidem,* pp. 727-728.
40. *Pravda,* 23 septembre 1923.
41. P. Broué, *op. cit.,* p. 728.

42. *Ibidem*, pp. 735-736.
43. Ruth Fischer, *Stalin and German Communism*, Cambridge, Ma., 1948, p. 323.
44. *KaK*, V, p. 185.
45. *Ibidem*, pp.191-192.
46. *Ibidem*, p. 196.
47. *Ibidem*, p. 197.
48. *Ibidem*.
49. *Ibidem*, p. 203.
50. *Ibidem*, p. 227.
51. *Ibidem*, p. 228.
52. Broué, *op. cit.*, pp. 765-777.

CHAPITRE XXIII : *Débat sans Lénine* (pp. 368-383)

1. On utilise ici *Cours nouveau* dans l'édition *De la Révolution*, ainsi qu'E.H. Carr, *Interregnum*, Londres, 1954 et Anna Di Biagio, *Democrazia e Centralismo : la discussione sul « Nuovo Corso » nel Partito Comunista Sovietico (ott. 1923-gen. 1924)*, Milan, 1978.
2. P. Sorlin, *Lénine, Trotski, Staline 1921-1927*, Paris, 1961, assure que le mot de « léninisme » fut employé pour la première fois par Kamenev, dans la *Pravda* du 24 mars 1923, dans une polémique contre Ossinsky.
3. A. Benningsen, Ch. Lemercier-Quelquejeay, *Sultan-Galiev, le père de la révolution tiers-mondiste*, Paris, 1986.
4. Trotsky, *Staline*, p. 977.
5. Cité par Kamenev, *Pravda*, 13 décembre 1923.
6. *Sotsialistitcheskii Vestnik*, 28 mai 1924, p. 10.
7. Compte rendu du XIVe congrès, pp. 398-399, 455-456, 684, 950, 953.
8. Daniels, *op. cit.*, p. 208.
9. Eastman, *Depuis la mort de Lénine* (ci-dessus *D.L.M.*), pp. 54-55 et extraits pp. 192-194.
10. *Ibidem*, p. 193.
11. *Ibidem*, pp. 193-194.
12. *Ibidem*, p. 194.
13. *Ibidem*, p. 54.
14. *Ibidem*, p. 55.
15. *Ibidem*, p. 195.
16. *Ibidem*, p. 196.
17. *Ibidem*, p. 198.
18. *A.H.*, T 802, traduction anglaise dans E.H. Carr, *Interregnum*, pp. 367-371.
19. Carr, *op. cit.*, p. 368.
20. *Ibidem*, p. 370.
21. Eastman, *D.L.M.*, p. 56.
22. *VKP(B) Rezoljiutsiakh*, (1941), I, pp. 531-532.
23. *Pravda*, 7 décembre 1923.
24. *Ibidem*.
25. *M.V.*, III, p. 227.
26. *Cours nouveau*, in *D.L.R.*, p. 83.
27. *Ibidem*, p. 84.
28. *Ibidem*, p. 85.
29. *Ibidem*.
30. *Ibidem*.
31. *Ibidem*, pp. 85-86.
32. *Ibidem*, p. 86.
33. *Ibidem*.
34. *Ibidem*.
35. *Pravda*, 15 décembre 1923.
36. *Pravda*, 20-21 décembre 1923.
37. *M.V.*, III, p. 229.
38. *Cours nouveau, (D.L.R.)*, p. 33.

39. *Ibidem*, pp. 34-35.
40. *Ibidem*, p. 36.
41. *Ibidem*, p. 37.
42. *Ibidem*, p. 38.
43. *Ibidem*, p. 40.
44. *Ibidem*, p. 41.
45. *Ibidem*, p. 42.
46. *Ibidem*, p. 49.
47. *Ibidem*, p. 58.
48. *Ibidem*, pp. 61-62.
49. *Ibidem*, p. 62.
50. *Ibidem*.
51. *Ibidem*, p. 63.
52. *Pravda*,14-17 décembre 1923.
53. *Pravda*, 23 décembre 1923.
54. Compte rendu du XIVe congrès (1926), pp. 459, 460, 526.
55. Compte rendu XIIe conférence, pp. 123, 124, 190.
56. Eastman, *op. cit.*, p. 109.
57. Sapronov, *in Pravda*, 22 janvier 1924.
58. Carr, *Interregnum*, pp. 332-333.
59. *Pravda*, 18 janvier 1924.
60. *Pravda*, 20 janvier 1924.
61. *Pravda*, 22 janvier 1924.
62. Staline, *Sotch*, VI, pp. 28-29.
63. *VKP(B) Rezoljiutsiakh*, pp. 540-545.

CHAPITRE XXIV : *Dans un seul pays?* (pp. 384-395)

1. Il n'y a pas d'ouvrage particulier qui ait été utilisé pour ce chapitre qui conclut la deuxième partie.
2. Eastman, *D.L.M.*, p. 60.
3. Deutscher, *op. cit.*, II, p. 136.
4. *Ibidem*, p. 134.
5. *Ibidem*, p. 137.
6. *Ibidem*.
7. *Ibidem*, p. 150.
8. *Ibidem*, p. 173.
9. *Ibidem*, pp.179-186.
10. Daniels, *op. cit.*, p. 207.
11. *Ibidem*, p. 206.
12. *Ibidem*, p. 226.
13. Deutscher, *op. cit.*, II, p. 186.
14. Lettre du 30 décembre 1920, Lénine, *Œuvres*, t. 32, p. 15.
15. Carr, *Interregnum*, pp. 327-328.

TROISIÈME PARTIE : DANS L'OPPOSITION EN U.R.S.S.

CHAPITRE XXV : *Le parti sans Lénine* (pp. 399-411)

1. Il n'y a pas d'étude d'ensemble sur les questions traitées dans ce chapitre.
2. Moshé Lewin, *Dernier combat*, p. 142.
3. Victor Serge, *V.M.*, p. 156.
4. *M.V.*, III, p. 240; *Staline*, p. 524.
5. *Ibidem*, p. 241.
6. Trotsky, *Œuvres*, 22, p. 115. Lettre à Malamuth (21 octobre 1939).
7. *Ibidem*, p. 155.

8. *M.V.*, III, p. 241.
9. *Œuvres*, 22, pp. 115-116.
10. *M.V.*, III, p. 243.
11. Lettre à Malamuth (19 novembre 1939), *Œuvres*, 22, p. 154.
12. *M.V.*, III, p. 243.
13. Trotsky, *Lénine*, pp. 227-229.
14. Deutscher, *op. cit.*, II, p. 189 ne donne pas de référence pour cette lettre qui n'est pas dans les archives.
15. Cité par *M.V.*, III, p. 243. Ce passage est sans doute la source de l'interprétation de Deutscher (cf. *n.*, 13).
16. *M.V.*, III, pp. 241-242.
17. *Ibidem*, p. 242.
18. « Le Super-Borgia du Kremlin », *Œuvres*, 22, pp. 66-84.
19. Publié dans *Voprosy Istorii KPSS*, nº 2, 1963, traduction française *Cahiers du Monde russe et soviétique* nº 2, 1967, pp. 264-328.
20. Staline, *Sotch.*, VI, pp. 46-51.
21. *M.V.*, III, p. 248.
22. Valentinov « Le Mausolée de Lénine » *Le Contrat social* nº 5, I, novembre 1957.
23. *Pravda*, 30 janvier 1924.
24. Compte rendu de la XIIIᵉ conférence, pp. 516 sq.
25. « La Révolution trahie », in *De la Révolution*, pp. 586-587.
26. M. Joffé, *One Long Night*, Londres, 1978, pp. 71-72.
27. *Zapad i Vostok*, Moscou, 1924, p. 27.
28. *M.V.*, III, p. 244.
29. Note du Département d'État, 3 septembre 1956, p. 3.
30. Borissov, « Homme et symbole », *Naouka i Jizn*, septembre 1987.

CHAPITRE XXVI : *Trotsky et les siens* (pp. 412-424)

1. L'ouvrage de base pour les autres personnes que Trotsky utilisé ici est le livre de G. Haupt et J. J. Marie, *Les Bolcheviks par eux-mêmes*, Paris, 1968, où les traductions des notices biographiques de l'*Encyclopédie Granat* sont complétées et « mises à jour ».
2. V. Serge, *V.M.*, I, p. 95.
3. Trotsky, « Derrière les Murs du kremlin », *Œuvres*, t. 16, p. 48.
4. *Ibidem*, pp. 48-49.
5. Rosmer, *Moscou sous Lénine*, pp. 63-64.
6. Victor Serge, *V.M.*, I, pp. 138-139.
7. « Derrière les Murs », *op. cit.*, p. 47.
8. *M.V.*, III, pp. 224-225.
9. Max Eastman, *The Young Trotsky* (ci-après *Y.T.*, p. 77).
10. Clare Sheridan, *Russian Portraits*, traduction française, *Cahiers Léon Trotsky*, nº 2, 1979, pp. 53-64.
11. Ignazio Silone, *Sortie de Service*, Paris, 1966, p. 103.
12. *M.V.*, III, pp. 107-108.
13. V. Serge, *V.M.*, I, p. 141.
14. *Ibidem*, p. 140.
15. Clare Sheridan, *op. cit.*, p. 64.
16. A. Barmine, *op. cit.*, p. 113.
17. V. Serge, *V.M.*, I, pp. 96-97.
18. *Ibidem*, p. 140.
19. P. Broué, « Rako », *Cahiers Léon Trotsky*, nº 17, 1984, pp. 7-35, & nº 18, 1984, pp. 3-21.
20. Trotsky, « Derrière », *op. cit.*, p. 56.
21. Dossier Rakovsky-Insarov, ministère de l'Intérieur, Paris.
22. Panaït Istrati, *Vers l'autre flamme*, Paris, 1980, p. 66.
23. Haupt et Marie, *op. cit.*, pp. 164-168.
24. *Ibidem*, pp. 215-218.
25. Larissa Reissner, *op. cit.*, p. 56.
26. V. Serge, *M.R.*, p. 257

27. V. Serge, *V.M.*, I, p. 142.
28. Haupt & Marie, *op. cit.*, pp. 306-311.
29. V. Serge, *V.M.*, I, p. 142.
30. Haupt & Marie, *op. cit.*, pp. 181-197.
31. *Ibidem*, pp. 232-233.
32. *Ibidem*, pp. 198-200.
33. *Ibidem*, pp. 147-150.
34. *Ibidem*, pp. 259-265.
35. *Ibidem*, pp. 321-343.
36. *Ibidem*, pp. 174-179.
37. V. Serge, *V.M.*, I, p. 142.
38. Maria Joffé a raconté sa mort, *op. cit.*, p. 14. Voir également *Mémoires d'un bolchevik-léniniste*, Paris, 1970, p. 21.
39. Bajanov, *op. cit.*, p. 74, assure que l' « accident » qui coûta la vie à Skliansky fut préparé et exécuté par les services dirigés par Iagoda.
40. *M.V.*, III, p. 246.
41. Cf. *supra*.
42. A. Rosmer, *Moscou...*, pp. 129-130.
43. Trotsky à Sérébriakov, 2 avril 1926, *A.H.*, T 873.
44. Manouilsky, intervention au C.E. de l'I.C., *Corr. Int.*, nº 11, 24 janvier 1927, p. 137.

CHAPITRE XXVII : *De nouveau, la plume* (pp. 425-440)

1. Les deux ouvrages essentiels sont ici *Literatura i Revoljucija*, Moscou, 1924, traduction française, *Littérature et Révolution*, ici Paris, 1964 (ci-dessous, *L.R.*), et *Voprosy Byta*, Moscou 1924, traduction anglaise élargie, *Problems of Everyday Life*, New York, 1973.
2. *Zapad i Vostok*, Moscou, 1924, comprend notamment « Sur la route de la Révolution européenne », un discours prononcé à Tiflis le 11 avril 1924 et « Où en sommes-nous? » du 21 juin 1924, tous deux consacrés à la révolution allemande et aux causes de sa défaite.
3. *Pravda*, 14 mars 1923.
4. *Ibidem*.
5. *Pravda*, 10 juillet 1923.
6. *Ibidem*.
7. *Ibidem*.
8. *Ibidem*.
9. *Ibidem*.
10. *L.R.*, p. 161.
11. *Ibidem*, p. 163.
12. *Ibidem*, p. 164.
13. *Ibidem*, p. 166.
14. *Ibidem*.
15. *Ibidem*, pp. 166-167.
16. *Ibidem*, p. 169.
17. *Ibidem*, p. 173.
18. *Ibidem*, p. 188.
19. *Ibidem*, pp. 189-190.
20. *Ibidem*, p. 194.
21. *Pravda*, 10 juillet 1923.
22. *Pravda*, 29 juin 1923.
23. *Ibidem*.
24. *Ibidem*.
25. *Ibidem*.
26. *Ibidem*.
27. *Pravda*, 12 juillet 1923.
28. *Ibidem*.
29. *Ibidem*.

30. *Ibidem.*
31. *Ibidem.*
32. *Ibidem.*
33. *Ibidem.*
34. *Pravda,* 14 avril 1923.
35. *Ibidem,* 14 août 1923.
36. *Ibidem,* 14 juillet 1923.
37. *Ibidem.*
38. *Ibidem,* 4 avril 1923.
39. *Ibidem,* 15 mai 1923.
40. *Ibidem.*
41. *Ibidem.*
42. *L.R.*, pp. 215-217.

CHAPITRE XXVIII : *Naissance du « trotskysme »* (pp. 441-458)

1. E. H. Carr, dans *Socialism in One Country,* t. II, et R. V. Daniels, dans *Conscience of Revolution,* ont consacré chacun un chapitre à ce qu'on appelle le « débat littéraire ».
2. Souvarine à Rosmer, 24 juin 1924, *Archives Souvarine* (ci-dessous *A.S.*).
3. Souvarine à Rosmer, *ibidem.*
4. Ilya Vardine, *Bolchevik,* 9 septembre 1924.
5. *Bolchevik* n° 11, 20 septembre 1924.
6. La première traduction française de « Leçons d'Octobre » est celle des *Cahiers du Bolchevisme,* n° 5, pp. 313-336 et 6, pp. 396-411. Nous renvoyons ici à *Staline contre Trotsky,* Paris, 1965, pp. 31-82.
7. *Ibidem,* p. 32.
8. *Ibidem,* p. 31.
9. *Ibidem,* p. 33.
10. *Ibidem,* p. 76-77.
11. *Ibidem,* pp. 37-38.
12. *Ibidem,* p. 35.
13. *Ibidem,* p. 79.
14. *Ibidem,* p. 80.
15. *Ibidem,* p. 65.
16. *Ibidem,* p. 67.
17. Deutscher, *op. cit.*, II, p. 213.
18. *Ibidem,* p. 211.
19. E. H. Carr, *Socialism in One Country,* III, pp. 33-34.
20. R. V. Daniels, *op. cit.*, p. 243.
21. Trotsky, Note, novembre 1927, *A.H.*, T 3122.
22. B. V. Eltsine à Trotsky, 2 janvier 1928, T 3122.
23. Souvarine à Rosmer, 24 novembre 1924, *A.S.*
24. *Pravda,* 2 novembre 1924.
25. *Ibidem.*
26. *Ibidem.*
27. Kamenev, « Léninisme ou trotskysme », *Pravda,* 26 novembre 1924. Une traduction française se trouve dans *Cahiers du bolchevisme,* n° 5 & 6, décembre 1924.
28. *Ibidem.*
29. *Ibidem.*
30. *Ibidem.*
31. *Ibidem.*
32. *Ibidem.*
33. *Ibidem.*
34. *Ibidem.*
35. Staline, « Trotskysme ou Léninisme », *Pravda,* 26 novembre 1924.
36. *Ibidem.*
37. *Ibidem.*
38. *Ibidem.*

39. *Ibidem.*
40. Zinoviev « Bolchevisme ou trotskysme », *Pravda,* 30 novembre 1924.
41. *M.V.,* III, p. 250.
42. *Pravda,* 9 décembre 1924.
43. Souvarine à Rosmer, 24 novembre 1924, *A.S.*
44. Souvarine à Rosmer, 8 décembre 1924, *A.S.*
45. Trotsky, « Nos divergences », *A.H.,* T 2969. Il manque 13 pages sur les 54 annoncées.
46. *Ibidem.*
47. *Ibidem.*
48. *Ibidem.*
49. *Ibidem.*
50. *Pravda,* 20 janvier 1925.
51. *VKP (b) Resoljutsiakh,* II, pp. 107-113.
52. *Ibidem,* p. 113.

CHAPITRE XXIX : *Lutte de clans, lutte de classes* (pp. 459-473)

1. La documentation pour ce chapitre est très dispersée. Un bon résumé des développements se trouve dans E. H. Carr, *Socialism.,* II. Pour une analyse contemporaine très riche, voir Boris Souvarine, « Le XIVe congrès bolchevik », *Bulletin communiste,* 25 décembre, 1er, 8, 15, 22 et 29 janvier 1926. Le point de vue officiel pour les années 1923-1927, de l'historiographie post-stalinienne, brejnévienne, se trouve dans V. M. Ivanov et A. N. Chmelev, *Leninizm i idejno-polititcheskii razgrom trockizma,* Leningrad, 1970.
2. Ces journaux britanniques sont cités par A. Rosmer, « La Légende du trotskysme », *La Révolution prolétarienne,* 2 février 1925, p. 7.
3. La communication a été publiée d'abord dans *Vestnik kommunistitcheskoj Akademi,* puis comme deuxième chapitre de *Novaia Ekonomika,* Moscou, 1926, traduction française, *Nouvelle économique,* Paris, 1966.
4. *Pravda,* 12 décembre 1924.
5. *Bolchevik,* 15 janvier 1925.
6. « Dymovka, pas exceptionnel », *Pravda,* 2 novembre 1934.
7. Kamenev, *Stati i Retchi,* XII, 1926, pp. 132-133.
8. *Pravda,* 24 avril 1925.
9. Cité par Valentinov, « Boukharine, sa doctrine, son école », *Le Contrat social,* novembre/décembre 1962, no 6, p. 333.
10. Staline, « Problèmes du Léninisme » a bien été réédité dans *Question du Léninisme,* mais amputé de la phrase ci-dessus. La référence est ici à l'édition de 1924 de la *Librairie de l'Humanité.*
11. Staline, *Pravda,* 24 décembre 1924.
12. *Ibidem.*
13. Boukharine, cité par E. H. Carr, *Socialism.,* II, p. 43.
14. Bajanov, *op. cit.,* pp.176-177, donne des détails sur ce ralliement.
15. Compte rendu du XIVe congrès, pp. 502-505.
16. *Ibidem.*
17. Bogouchevsky, « Du koulak rural et du rôle de la tradition dans la terminologie », *Bolchevik,* no 9/10, 1er juin 1925, pp. 59-64.
18. *Pravda,* 17 et 18 septembre 1925.
19. Lénine, *Œuvres,* t. 28, p. 53.
20. N. N. Oustrialov, *Pod znakom Revoljutsii* (1922), p. 148, cité par E. H. Carr, *Socialism.,* I, p. 97.
21. *Pravda,* 19 & 20 septembre 1924 : les passages supprimés ont été donnés par Ouglanov dans son intervention au XIVe congrès (compte rendu, pp. 195-196).
22. *Leninizm,* Leningrad, 1925; traduction française, *Le Léninisme,* Paris, 1926, à laquelle nous faisons référence, p. 186.
23. *Ibidem,* p. 235.
24. *Ibidem,* p. 232.
25. *Ibidem,* p. 247.

26. *Ibidem*, p. 265.
27. *Ibidem*, pp. 275-276.
28. Deutscher, *op. cit.*, II, p. 333.
29. Carr, *Socialism*, pp. 112-114.
30. La lettre de Leonov est citée au XIVe congrès, pp. 358-360.
31. E. H. Carr, *Socialism.*, II, p. 113.
32. Deutscher, *op. cit.*, II, pp. 333-334.
33. E. H. Carr, *op. cit.*, p. 111.
34. Cité au XIVe congrès, pp. 922-923.
35. *Ibidem*, pp. 219-220.
36. Carr, *op. cit.*, p. 118.
37. *Leningradskaia Pravda*,5 décembre 1925.
38. *Ibidem*, 9 décembre 1925.
39. *Pravda*, 10 décembre 1925.
40. *Ibidem*, 8 décembre 1925.
41. Cité au XIVe congrès, p. 172.
42. *Pravda*, 20 décembre 1925.
43. *Ibidem*, 18 décembre 1925.
44. *Ibidem*, 20 décembre 1925.
45. Staline, *Sotch.*, VII, p. 389; XIVe congrès, pp. 506-507.
46. *Ibidem*, p. 297.
47. *Ibidem*, pp. 97-129.
48. Carr, *Socialism.*, II, p. 133.
49. *Ibidem*, pp. 130-132.
50. Boukharine, XIVe congrès, p. 150.
51. Kroupskaia, *ibidem*, pp. 158-166.
52. Lachévitch, *ibidem*, pp. 185-186.
53. Kamenev, *ibidem*, pp. 244-275.
54. Kamenev, *ibidem* ; Mikhail Chatrov cite plus largement ce passage de l'intervention de Kamenev dans *Dalche, dalche...*
55. Zinoviev, *Ibidem*, pp. 422-469.
56. *Ibidem*, pp. 467-469.
57. XIVe congrès, pp. 504-505.
58. Deutscher, *op. cit.*, II, pp. 338-339.
59. *Ibidem*, p. 339.
60. *Ibidem*, pp. 345-347.
61. V. Serge, *M.R.*, p. 229.
62. Carr, *Socialism.*, II, pp. 63-64.
63. M. Eastman, *Love and Revolution*, p. 449.
64. *Bolchevik* no 16, 1er septembre 1925, pp. 67-70.
65. Trotsky à Mouralov, 11 septembre 1928,*A.H.*, T 2538.
66. Deutscher,*op. cit.*, II, p. 339.
67. « Notes de Journal », 9 décembre 1925,*A.H.*, T 2972.
68. « Notes », 14 décembre 1925,*A.H.*, T 2974.
69. « Notes », 22 décembre 1925,*A.H.*, T 2975.
70. B. Souvarine, *Staline*, Paris, 1935, p. 388. La lettre d'Antonov-Ovseenko a été lue par Rykov au Xe congrès du P.C. ukrainien (*Pravda*, 26 novembre 1927).
71. Trotsky à Boukharine, 9 janvier 1926,*A.H.*, T 2976.
72. M. *Joffé*, *One Long Night*, p. 73.

CHAPITRE XXX : *Réalignements* (pp. 474-489)

1. On utilise ici T. Nisonger, *The Leningrad Opposition of 1925-1926 in the Communist Party of the Soviet Union*, thèse, Columbia, 1976, et Gaisinsky, *Borba s uklomani ot Generalnoj linii partii*, Moscou, 1931. Le premier volume de *Challenge of the Left Opposition 1924-1925*, New York, 1981, présente les textes essentiels de Trotsky.
2. *Voprosy Istorii*, no 4, 1966, p. 587.
3. Trotsky le cite dans sa lettre du 9 janvier 1926 à Boukharine,*A.H.*, T 2976.

4. Nisonger, *op. cit.*, pp. 58-139, donne un récit très complet.
5. V. Serge, *M.R.*, p. 232.
6. *Pravda,* 30 janvier 1926.
7. V. Serge, *M.R.*, p. 232.
8. Gaisinsky, *op. cit.*, p. 138.
9. Nisonger, *op. cit.*, p. 222.
10. V. Serge, *M.R.*, pp. 226-228 & 238.
11. *XIVe congrès,* pp. 276-290.
12. Cité dans *Biulleten Oppositsii,* nº 29/30, septembre 1932, p. 31.
13. Trotsky à Boukharine, 4 mars 1926, *A.H.*, T 868.
14. Cité par Carr, *Socialism,* II, p. 271.
15. Trotsky à Boukharine, 4 mars 1926, *A.H.*, T 868.
16. La lettre d'Antonov-Ovseenko en ce sens est citée par Rykov au congrès du P.C. d'Ukraine (*Pravda,* 26 novembre 1927), celle de Radek par Trotsky (*Biulleten Oppositsii* nº 54-55, mars 1937, p. 11). Pour Sérébriakov, voir la réponse de Trotsky, 2 avril 1926, *A.H.*, T 873, à une lettre de lui que nous n'avons pas.
17. *M.V.*, III, p. 257.
18. V. Serge, *M.R.*, p. 232.
19. Le débat est reconstitué dans Carr, *op. cit.*, I, pp. 325-328. Texte des amendements Trotsky dans *Bulletin communiste* nº 22/23, oct.-nov. 1927, pp. 359-365.
20. *M.V.*, III, p. 258.
21. Trotsky à Borodai, 11 novembre 1928, *A.H.*, T 3651.
22. *M.V.*, III, p. 298.
23. *Ibidem,* pp. 259-260.
24. *Ibidem,* p. 257.
25. R. Fischer, *op. cit.*, pp. 545-546.
26. *Ibidem,* p. 548.
27. Déclaration de Zinoviev, *A.H.*, T 286.
28. Trotsky, compte rendu dans *Cahiers du Bolchevisme,* 20 décembre 1926, p. 2191.
29. V. Serge, *V.M.*, p. 169.
30. Trotsky « Épisode significatif », *Œuvres,* 12, pp. 31-32.
31. *Ibidem,* p. 32.
32. V. Serge, *V.M.*, p. 160.
33. *Ibidem,* p. 161.
34. Trotsky, note, 22 décembre 1925, *A.H.*, T 2975.
35. V. Serge, *M.R.*, p. 234.
36. *Ibidem,* p. 232.
37. *Ibidem,* p. 233.
38. *Ibidem.*
39. « Déclaration des treize », *A.H.*, T 880a.
40. *Ibidem.*
41. Ce texte de Boris Souvarine est cité dans sa version française originale dans *Le Contrat social,* mai 1960, nº 3, p. 189. Le texte du *Sotsialistitcheskii Vestnik* nº 4 d'avril 1960 est une traduction en russe de ce texte.
42. *VKP(b) Rezoljiutsiakh,* II, pp. 281-282.
43. *Pravda,* 10 juillet 1926.
44. Extraits dans *Pravda,* lettre intégrale dans *A.H.*, T 804.
45. « Déclaration supplémentaire », *A.H.*, T 880b.
46. Trotsky au bureau politique, 6 juin 1928, *A.H.*, T 2986.
47. Deutscher, *op. cit.*, II, p. 365.
48. *Ibidem.*
49. *M.V.*, III, p. 266.
50. *Ibidem.*
51. Résolution, juillet 1927, *A.H.*, T 881.
52. *Pravda,* 25 juillet 1926.
53. R. Fischer, *op. cit.*, pp. 565-566.
54. P. Broué, « Gauche allemande et Opposition russe », *Cahiers Léon Trotsky,* nº 22, 1986, pp. 4-25.
55. *Ibidem,* p. 7.

56. *Ibidem*, pp. 7-8.

CHAPITRE XXXI : *En un combat obscur* (pp. 490-505)

1. La documentation de ce chapitre est tout à fait éclatée. Voir cependant P. Broué, « La Lutte de l'Opposition unifiée », chap. X de *Le Parti Bolchevique*, pp. 229-272, et surtout Anna Di Biagio, « L'ultima battaglia dell'opposizione (1926-1927) », *Studi di Storia sovietica*, Rome, 1978, pp. 87-223.
2. Staline, discours au plénum du C.C., 19 novembre, *Pravda*, 24 novembre 1928.
3. Deutscher, *op. cit.*, II, p. 373.
4. Kritchevsky, *Pravda*, 1er décembre 1927.
5. *Ibidem.*
6. *Ibidem*, 9 octobre 1926.
7. *Ibidem*, 3 octobre 1926.
8. *Ibidem*, 8 octobre 1926.
9. B. Souvarine, « La " Défaite " de l'Opposition », *La Révolution prolétarienne*, 23 novembre 1926, p. 5.
10. *M.V.*, III, p. 267.
11. B. Souvarine « La " Défaite "... », p. 3.
12. *Cahiers du Bolchevisme*, janvier/décembre 1927, pp. 2112-2118.
13. *Pravda*, du 3 au 17 octobre 1926.
14. P. Pascal, *Mon état d'âme. Journal de Russie 1922-1926*, p. 178.
15. *Ibidem*, p. 279.
16. A. Rosmer, « Après la défense de l'Opposition », *La Révolution prolétarienne*, 26 décembre 1926, p. 17.
17. *Pravda*, 14 octobre 1926.
18. *Ibidem*, 17 octobre 1926.
19. *Ibidem.*
20. Rosmer, « Après la défaite », p. 17.
21. Ruth Fischer, *op. cit.*, p. 570.
22. Eastman, *Love...*, p. 452.
23. V. Serge, *V.M.*, pp. 172-173.
24. Staline, « Thèses », *Pravda*, 26 octobre 1926.
25. *Ibidem.*
26. *Cahiers du Bolchevisme*, 20 décembre 1926, pp. 2189-2221.
27. *Ibidem*, p. 2220.
28. Trotsky, *ibidem*, p. 2262.
29. *Ibidem*, p. 2268.
30. *Ibidem*, pp. 2268-2269.
31. *Ibidem*, p. 2269.
32. « Octobre noir » est le titre d'un article de Souvarine de novembre 1927 dans le *Bulletin communiste*, nº 122-123.
33. Trotsky, Mémorandum, 26 novembre 1926, *A.H.*, T 3015.
34. *Ibidem.*
35. *Ibidem.*
36. *Ibidem.*
37. *Ibidem.*
38. P. Pascal, *État d'âme...*, note du 6 novembre 1926, p. 194.
39. Trotsky au C.E. de l'I.C., 9 décembre 1926, *A.H.*, T 3016.
40. P. Pascal, *État d'âme*, note du 10 décembre 1926, p. 219.
41. *Ibidem*, note du 29 novembre 1926, p. 208.
42. Cité par Trotsky, « La Soif du Pouvoir » (3 janvier 1937), *Œuvres*, 12, p. 57.

CHAPITRE XXXII : *Dix ans après* (pp. 506-530)

1. Voir les remarques concernant le chapitre précédent. Ajouter le livre de Michal Reiman, *Die Geburt des Stalinismus : die Ud.S.S.R. am Vorabend des « Zweiten Revolution »;* Francfort, 1979.

2. Kritchevsky, *Pravda*, 1er décembre 1927.
3. *Ibidem.*
4. Kouzovnikov, *Pravda*, 23 novembre 1927.
5. Kritchevsky, *Pravda*, 1er décembre 1927.
6. Il s'agit de Rosengaus et Lochtchénov, *ibidem.*
7. Lev Kopelev, *No Jail fort Thought*, Londres, 1977.
8. Kritchevsky, *loc. cit.*
9. V. Serge, *V.M.*, p. 173.
10. Trotsky à Shachtman, 10 décembre 1930, *A.H.*, 10286.
11. Kouzovnikov, *loc. cit.*
12. Déclaration de P. Zaloutsky, *Pravda*, 15 mars 1927.
13. *Corr. Int.* n° 26, 23 février 1927, p. 364.
14. Trotsky à Ioudine, 26 mai 1928, *A.H.*, T 1530.
15. V. Serge, *M.R.*, p. 236.
16. H.R. Isaacs, *The Tragedy of the Chinese Revolution*, trad. fr. de la deuxième édition, *La Tragédie de la Révolution chinoise*, Paris, 1979, particulièrement le chap. 11, « Le Coup du 12 avril ».
17. Warren Lerner, *Karl Radek, the Last Internationalist*, Stanford, 1970, p. 142.
18. Vujović, appendice à Trotsky, *Problems of the Chinese Revolution*, New York, 1962.
19. Trotsky, « Note », 22 mars 1927, *A.H.*, T 3033.
20. Le récit de cette histoire a été fait par Trotsky dans une lettre à Shachtman du 10 décembre 1930, *A.H.*, 10286. Ce texte n'a longtemps été connu que par des larges extraits dans la préface de Shachtman à *Problems...*, pp. 18-19.
21. Trotsky au bureau politique, 31 mars 1927, *A.H.*, T 3036.
22. *China Press*, 14 avril 1927.
23. Isaacs, *op. cit.*, pp. 219-245.
24. *Ibidem*, p. 235.
25. *M.V.*, III, p. 268.
26. *Ibidem*, p. 269.
27. Laure Idir-Spindler, « La Résolution de 1925 à l'épreuve de la pratique », *Cahiers du Monde russe et soviétique*, XXI, n° 3-4, juillet/décembre 1980, pp. 361-399.
28. *Pravda*, 23 février 1927.
29. Compte rendu d'*Eaux vives et marécages* dans *Pravda*, 27 avril 1927, par A. Lejnev.
30. *Pravda*, 30 avril 1927. La réunion de reprise en main de la revue avait eu lieu le 18 avril précédent et avait été marquée par l'entrée de Fritché, l'homme de l'appareil dans la rédaction de *Krasnaia Nov'*. (Cf. Idir-Spindler, *loc. cit.*, n. 42, p. 396). C'était la préhistoire du triomphe du « réalisme socialiste ».
31. *La Plate-forme politique de l'Opposition russe*, Paris, 1927, p. 46.
32. *M.V.*, III, p. 270.
33. Trotsky, « Perspectives de la révolution mondiale », 27 juin 1927, *A.H.*, T 964.
34. Cité par Iaroslavsky, *Corr. Int.* n° 85, 18 août 1927, 27 juin 1927.
35. *Ibidem.*
36. Trotsky à Krestinsky, 12 août 1927, *A.H.*, T 996.
37. P. Pascal, *Russie 1927. Mon Journal de Russie*, Lausanne, 1982, p. 118.
38. *Ibidem*, p. 119.
39. *Ibidem*, p. 120.
40. *Ibidem*, pp. 123-124.
41. Ignazio Silone, *Sortie de Service*, Paris, 1966, pp. 96-98.
42. Trotsky à Kroupskaia, 17 mai 1928, *A.H.*, T 951.
43. Pascal, *op. cit.*, p. 129.
44. Trotsky à Kroupskaia, *loc. cit.*
45. *La Révolution défigurée, in D.L.R.*, p. 179.
46. *Ibidem*, p. 178.
47. J. Erickson, *The Soviet High Command*, p. 286.
48. *D.L.R.*, p. 177.
49. *Ibidem*, pp. 185-189.
50. Trotsky au C.C., 27 juin 1927, *A.H.*, T 962.

51. Cité par Staline, *Sotch.*, X, p. 52.
52. Trotsky devant le C.C. et la C.C.C., *D.L.R.*, p. 210.
53. *Ibidem*, pp. 265-269.
54. *Ibidem*, p. 268.
55. *Ibidem*, pp. 271-290.
56. Cf. p. 258.
57. *Corr. Int.* n° 85, 18 août 1927, pp. 1164-1166.
58. « Déclaration des treize », *ibidem* et *A.H.*, T 993 a.
59. *Ibidem.*
60. *Corr. Int.* n° 85, p. 1164.
61. P. Pascal, *op. cit.*, p. 180.
62. *Ibidem.*
63. « Lettre de Moscou : la session du comité central avant, pendant, après », *Bulletin communiste* n° 20/21, juillet-septembre 1927, p. 333.
64. Reiman, *op. cit.*, p. 47.
65. Zinoviev, « Bilan du plénum d'août », *A.H.*, T 998.
66. Trotsky à Radek, 20 octobre 1928, *A.H.*, T 2820.
67. Cité par Trotsky, « Nouvelle Étape », *Œuvres* (2e série), p. 43.
68. Discours à l'exécutif de l'I.C., 27 septembre 1927, *A.H.*, T 3094.
69. Iaroslavsky, *Pravda*, 24 juillet; traduction française « Le nouveau et le vieux bloc de l'Opposition », *Corr. Int.*, n° 81, 3 août 1927, pp. 1102-1104.
70. B. Souvarine, *Staline*, p. 398.
71. Staline, *Corr. Int.*, n° 114, 12 novembre 1927, p. 1641.
72. P. Pascal, *op. cit.*, p. 202.
73. Trotsky & Zinoviev à la C.C.C. de l'exécutif de l'I.C., 12 septembre 1927, *A.H.*, T 1015.
74. « Un Point d'Histoire », *Cahiers Léon Trotsky* n° 4, octobre 1979, pp. 21-35.
75. V. Serge, *M.R.*, p. 265.
76. *Pravda*, 26 octobre 1929.
77. Zorine à Boukharine, septembre 1927, trad. fr. dans *Cahiers Léon Trotsky* n° 4, octobre 1979, pp. 23-26.
78. Trotsky, discours au plénum, 27 septembre 1927, *A.H.*, T 3094.
79. *Ibidem.*
80. Ordjonikidzé, *XVe congrès*, pp. 437-438.
81. V. Serge, *V.M.*, p. 173.
82. V. Serge, *M.R.*, p. 241.
83. P. Pascal, *op. cit.*, p. 235.
84. V. Serge, *M.R.*, pp. 238-239.
85. *M.V.*, III, pp. 272-273.
86. *Ibidem*, p. 273.
87. *D.L.R.*, p. 220.
88. Staline, *Corr. Int.*, n° 114, 12 novembre 1927, p. 1639.
89. V. Serge, *V.M.*, p. 173.
90. V. Serge, *M.R.*, p. 239.
91. P. Pascal, *op. cit.*, p. 244.
92. *Ibidem*, pp. 241 & 245.
93. *Corr. Int.*, n° 110, 2 novembre 1927, p. 1.
94. *Ibidem.*
95. Kouzovnikov, *loc. cit.*
96. Pascal, *Bulletin communiste*, octobre-novembre 1927.
97. *Ibidem.*
98. V. Serge, *M.R.*, p. 247.
99. Pascal, *op. cit.*, p. 251.
100. V. Serge, *M.R.*, p. 247.
101. Kouzovnikov, *loc. cit.*
102. *Ibidem* & Trotsky, « Demande d'enquête », 8 novembre 1927, *A.H.*, T 1048.
103. Cité par Reiman, *op. cit.*, pp. 65-67.
104. *M.V.*, III, p. 275. Voir aussi Trotsky, note, 8 novembre 1927, *A.H.*, T 3103 a, et lettre du 9 novembre 1927, T 1048.
105. V. Serge, *M.R.*, p. 352.

106. Cités par Reiman, *op. cit.*, pp. 237-242.

CHAPITRE XXXIII : *Le retour du pendule* (pp. 531-546)

1. Outre les biographies actuelles, on trouvera le meilleur exposé des positions de Trotsky dans « Nouvelle étape », *Œuvres*, I (2e série), pp. 25-50.
2. V. Serge, *V.M.*, II, pp. 175-176.
3. *Ibidem*, p. 176.
4. Au bureau politique, 9 novembre 1927, *A.H.*, T 1048.
5. *D.L.R.*, pp. 641-644.
6. V. Serge, *M.R.*, pp. 250-251.
7. *Mémoires d'un B.L.*, *op. cit.*, p. 91.
8. P. Naville, *Trotsky vivant*, p. 23.
9. *Mémoires*, p. 91.
10. Trotsky, « Discours sur la tombe de Joffé », 19 novembre 1927, *A.H.*, T 3108.
11. Note, 20 novembre 1927, *A.H.*, T 3105.
12. *Pravda*, 3 décembre 1927.
13. Staline, *Corr. Int.*, 17 décembre 1927, p. 1921.
14. Kamenev, XVe congrès, pp. 251-252.
15. Compte rendu du XVe congrès, p. 1337.
16. *Ibidem*, p. 1338.
17. V. Serge, *M.R.*, pp. 253-254.
18. A. Barmine, *Vingt Ans au Service de l'U.R.S.S.*, Paris 1939, p. 382. On trouve un récit très proche de cet incident dans Rappoport & Alekseiev, *High Treason*, p. 237.
19. « Novyi Etap », *A.H.*, T 3109, traduction française dans « La Nouvelle Étape », Trotsky, *Œuvres*, I (nouvelle série), p. 26.
20. *Ibidem*, p. 29.
21. *Ibidem*, p. 33.
22. *Ibidem*, p. 39.
23. *Ibidem*, p. 45.
24. *Ibidem*, p. 48.
25. *Ibidem*, p. 48-49.
26. *Ibidem*, p. 49.
27. *Pravda*, 15 janvier 1928, traduction française dans *Œuvres*, I (nouvelle série), pp. 54-63. Staline affirme que ces lettres révèlent l'activité « anti-parti » scissionniste de Trotsky.
28. Paul Scheffer, *Sieben Jahre Sowjetunion*, Berlin, 1930, pp. 158-161.
29. *M.V.*, III, p. 281.
30. *Ibidem*, p. 282.
31. *Mémoires d'un bolchevik-léniniste*, pp. 121-122.
32. *M.V.*, III, pp. 283-284.
33. *Ibidem*, p. 286.
34. *Ibidem*, pp. 288-289.
35. *Ibidem*, p. 291.
36. *Ibidem*, pp. 291-292.
37. Iablonskaia à NI. & L.D. Trotsky, 26 février 1928, *A.H.*, T 1158.
38. Lettre de Zinoviev et Kamenev, *Pravda*, 26 janvier 1928.
39. *Ibidem*.
40. Victor Serge, *M.R.*, pp. 254-255.

CHAPITRE XXXIV : *Alma-Ata* (pp. 547-562)

1. Nous revenons, pour ce chapitre, à des sources « privées », les souvenirs de Natalia Ivanovna dans *Vie et mort de Trotsky*, de Victor Serge, à *Ma Vie*, et à la correspondance des archives de Harvard.
2. Deutscher, *op. cit.*, II, p. 532.
3. *M.V.*, III, p. 294.
4. *Ibidem*.

5. Trotsky, lettre circulaire, 16 mai 1928, *A.H.*, T 1470.
6. Tous ces renseignements proviennent d'une analyse de la correspondance de Trotsky et Sedov contenue dans la « partie ouverte » avant 1980 des archives de Harvard.
7. *M.V.*, III, p. 296.
8. Trotsky à I.N. Smirnov, début avril 1928, *A.H.*, T 1255.
9. Trotsky à Préobrajensky, 24 mai 1928, *A.H.*, T 1516.
10. Rakovsky à Trotsky, 24 juin 1928, *A.H.*, T 1694 et MV III, p. 301.
11. Trotsky, lettre circulaire, 24 juin 1928, *A.H.*, T 1770.
12. Trotsky à Rakovsky, 14 juillet 1928, *A.H.*, T 1943.
13. *M.V.*, III, p. 293, V. Serge, *V.M.*, II, p. 10.
14. *M.V.*, III, pp. 306-307.
15. *Ibidem*, pp. 293-294.
16. Trotsky, « Léon Sedov », *op. cit.*, 16, pp. 181-182.
17. M. Lewin, *La Paysannerie...*, pp. 239 sq.
18. *Ibidem*, p. 197.
19. Lettre du C.C. du 13 février, *Pravda*, 15 février 1928.
20. *A.H.*, T 1834, 1901.
21. Trotsky, lettre circulaire, 4 septembre 1928, *A.H.*, T 1422.
22. *Ibidem*, T 1588.
23. *Ibidem.*
24. *Pravda*, 3 juillet 1928.
25. Compte rendu du C.C., *A.H.*, T 1897.
26. *Ibidem*, T 1900.
27. *Ibidem.*
28. Intervention de Boukharine au C.C., *A.H.*, T 1901.
29. *VKP(b) Rezoljutsiakh*, II, p. 515.
30. *Pravda*, 15 juillet 1928.
31. Compte rendu, rédigé probablement par Kamenev de son entretien avec Boukharine, *A.H.*, T 1897.
32. *Pravda*, 21 septembre 1928. Or le discours d'Ouglanov avait été prononcé le 11 septembre : il avait donc été « retenu » pendant dix jours.
33. *Pravda*, 15 & 18 septembre 1928 : les attaques suivent le discours, mais précèdent sa publication.
34. *Pravda*, 20 octobre 1928.
35. *Pravda*, 28 novembre 1928.
36. Trotskystes de Moscou à Trotsky, *A.H.*, T 2442.
37. On trouve un bon résumé de l'épisode dans Daniels, *Conscience...*, pp. 345-348.
38. Trotsky à Beloborodov, 23 mai 1928, *A.H.*, T 1509.
39. *A.H.*, T 3126. La Critique du Projet de Programme, dans une traduction nouvelle, *Œuvres*, I, nouvelle série, pp. 210-416.
40. Trotsky à Chatounovsky, 12 septembre 1928, *A.H.*, T 3132, traduction française, dans *D.L.R.*, pp. 221-243.
41. *Ibidem*, p. 243.
42. Trotsky, lettre circulaire, 21 octobre 1928, *A.H.*, T 3146.
43. Rapport *A.H.*, 15665 (ancienne « partie fermée »).
44. *A.H.*, T 3117.
45. Trotsky, *Œuvres*, I (2e série), p. 217.
46. *Ibidem*, p. 281.
47. *Ibidem*, p. 282.
48. *Ibidem*, p. 283.
49. *Ibidem*, pp. 284-285.
50. *Ibidem*, p. 303.
51. *Ibidem*, p. 305.
52. *Ibidem*, pp. 330-331.
53. *Ibidem*, p. 341.
54. *Ibidem*, p. 342.
55. *Ibidem*, p. 344.
56. *Ibidem*, pp. 344-345.
57. *Ibidem*, p. 353.
58. *Ibidem*, pp. 375-376.

59. William Rodney, *Soldiers of the International*, Toronto, 1968, pp. 169-170.
60. James P. Cannon, *History of American Trotskyism*, New York, 1944, pp. 49-51.

CHAPITRE XXXV : *La fraction des bolcheviks-léninistes* (pp. 563-581)

1. La première recherche systématique menée dans la correspondance de Trotsky et Sedov à Alma-Ata est celle d'Isabelle Longuet, *La Crise de l'Opposition de gauche en 1928-1929*, Paris VIII, mém. de maîtrise, département d'études slaves. Mais sur le contexte du parti et du gouvernement, on a intérêt à se reporter au livre très documenté de Michal Reiman, *Die Geburt des Stalinismus* Francfort/M., 1979.
2. Mratchkovsky à Trotsky, 14 avril 1928, *A.H.*, T 1310.
3. Kievlenko à Sedov, 14 mars 1928, *A.H.*, T 1211.
4. Trotskystes de Moscou à Trotsky, *A.H.*, T 1175.
5. *Archives Hoover*, Fonds Nikolaievsky.
6. Victor Serge, *M.R.*, p. 227.
7. Rosa Léviné-Meyer, « Iakovine et Pankratova », in *Inside German Communism*, Londres, 1977, pp. 209-213.
8. Lettre de Moscou, septembre 1928, *A.H.*, T 2439.
9. Lettre de Moscou, 13 septembre 1928, *A.H.*, T 2560.
10. Lettre de Moscou, 7 septembre 1928, 7 septembre 1928, *A.H.*, T 2502.
11. Lettre de Moscou, fin juillet 1928, *A.H.*, T 2001.
12. Lettre de Moscou, 1er novembre 1928, *A.H.*, T 2854.
13. Lettre de Moscou, septembre 1928, *A.H.*, T 2533.
14. Lettre de Moscou, 13 septembre, *A.H.*, T 2560.
15. Lettre de Moscou, mi-novembre, *A.H.*, T 2875.
16. Tsintsadzé à Trotsky, 17 mai 1928, *A.H.*, T 1476.
17. Lettre de Kiev, novembre 1928, *A.H.*, T 2849.
18. Livshitz à Trotsky, 28 mai 1928, *A.H.*, T 1552.
19. Lettre de Moscou, 22 novembre 1928, *A.H.*, T 2898.
20. *Pravda*, 29 février 1928. Piatakov, « Déclaration ».
21. Antonov-Ovseenko, « Déclaration », *Pravda*, 4 avril 1928.
22. *Pravda*, 31 mai 1928.
23. Trotsky, lettre circulaire, 28 février 1928. *A.H.*, T 1161. En fait, Sérébriakov avait écrit, mais le 25 février seulement.
24. Lettre non datée de M. Joffé, *A.H.*, T 1090.
25. Ostrovaskaia à Trotsky, 20 février 1928, *A.H.*, T 1139.
26. Préobrajensky, « Le cours de gauche », *A.H.*, T 1262.
27. Ichtchenko à Trotsky, avril 1928, *A.H.*, T 1254.
28. Dingelstedt à Trotsky, 8 juillet 1928, *A.H.*, T 1891.
29. Smilga à Trotsky, 4 avril 1928, *A.H.*, T 1273.
30. Valentinov à Trotsky, 14 avril 1928, *A.H.*, T 1309.
31. Valentinov à Trotsky, 19 avril 1928, *A.H.*, T 1326.
32. Kasparova à Trotsky, 30 avril 1928, *A.H.*, T 1377.
33. Trotsky, lettre circulaire, 9 mai 1928, *A.H.*, T 3112.
34. *Ibidem.*
35. *Ibidem.*
36. *Ibidem.*
37. Préobrajensky à Trotsky, fin mai 1928, *A.H.*, T 1497.
38. Préobrajensky, juin 1928, *A.H.*, T 1593.
39. V.B. Eltsine, 16 mai 1928, *A.H.*, T 1464.
40. V.B. Eltsine, début juin 1928, *A.H.*, T 1587.
41. *Ibidem.*
42. V.B. Eltsine, début juin 1928, T 1587.
43. Radek à Trotsky, 18 avril 1928, *A.H.*, T 1325.
44. Lettre de Kainsk, mai 1928, *A.H.*, T 1404.
45. Préobrajensky à Trotsky, 2 juin 1928, *A.H.*, T 1606.
46. Trotsky, lettre circulaire, 24 juin 1928, *A.H.*, T 3114.
47. Lettre-circulaire de Radek, 24 juin 1928, *A.H.*, T 1780 a.
48. Projet de déclaration de Radek, 24 juin 1928, *ibidem*, T 1780 b.

49. Lettre au VIe congrès de l'I.C.
50. Dingelstedt à Trotsky, 8 juillet 1928, *A.H.*, T 1891.
51. V.B. Eltsine à Trotsky, 20 août 1928, *A.H.*, T 2310.
52. Radek, *A.H.*, T 2324.
53. J. Longuet, *op. cit.*, p. 93.
54. Trotsky à Smilga, 4 septembre 1928, *A.H.*, T 2480.
55. Trotsky à Kasparova, 30 août 1928, *A.H.*, T 2419.
56. Trotsky à Ashkenazi, 30 août 1928, *A.H.*, T 2420.
57. Trotsky à Rafail, 10 novembre 1928, *A.H.*, T 2874.
58. Notes de Kamenev sur sa rencontre avec Boukharine, 11 juillet 1928, *A.H.*, T 1897.
59. Trotsky à Chatounovsky, 12 septembre 1928, *A.H.*, T 3132.
60. Anton à Trotsky, 22 septembre 1928, *A.H.*, T 2630.
61. Trotsky, lettre circulaire, 21 octobre 1928, *A.H.*, T 3146.
62. *Ibidem.*
63. *Ibidem.*
64. *Ibidem.*
65. *Ibidem.*
66. *M.V.*, III, p. 309.
67. *Ibidem*, p. 310.
68. *Ibidem*, p. 311.
69. *Ibidem*, pp. 311-312.
70. *Ibidem*, p. 314.
71. Lettre de Moscou, 22 mars 1929, *Biulleten Oppositsii* n° 1, p. 3.
72. *M.V.*, III, p. 315.
73. *Pravda*, 23 février 1929.
74. Staline « Le groupe Boukharine et la déviation de droite », 9/10 février 1929, *Sotch.*, XI, p. 319.

CHAPITRE XXXVI : *La critique des vaincus* (pp. 582-594)

1. Ce chapitre de synthèse fait emprunt à tous les ouvrages cités.
2. *M.V.*, III, p. 245.
3. Trotsky, « Pourquoi Staline a vaincu l'Opposition », 12 novembre 1935, *Œuvres*, 7, pp. 97-107.
4. *Ibidem*, p. 102.
5. *Ibidem*, p. 103.
6. *M.V.*, III, p. 254.
7. Deutscher, *op. cit.*, II, p. 340.
8. *Ibidem.*
9. *Ibidem*, p. 344.
10. *Ibidem.*
11. *Ibidem.*
12. *Ibidem.*
13. *Ibidem*, p. 425.
14. *Ibidem*, pp. 573-574.
15. Lettre circulaire, 22 juillet 1928, *A.H.*, T 3126.
16. Deutscher, *op. cit.*, II, p. 553.
17. J. Caillosse, *La Question du Thermidor soviétique dans la pensée politique de Léon Trotsky*, D.E.S. Rennes, 1972.
18. *Ibidem*, pp. 89-90.
19. *Ibidem*, p. 93.
20. *Ibidem*, p. 94.
21. Trotsky, Mémorandum, 26 novembre 1928, *A.H.*, T 3015.
22. Trotsky, Note, été 1928, *A.H.*, T 3068.
23. *Ibidem.*
24. *Ibidem.*
25. *Ibidem.*
26. *Contre le Courant*, octobre 1928, *Œuvres*, II.

27. Trotsky, lettre circulaire, 17 juillet 1928, *A.H.*, T 3125.
28. Rakovsky à Valentinov, 2 août 1928, *A.H.*, T 2206, traduction française dans *Cahiers Léon Trotsky*, nº 18, juin 1984, pp. 81-95.
29. *Ibidem*, p. 89.
30. *Ibidem*, p. 90.
31. Trotsky, lettre circulaire, 21 octobre 1928, *A.H.*, T 3146.
32. Trotsky « La Crise du Bloc Centre-Droite », novembre 1928, *A.H.*, T 3144.
33. *Ibidem*.
34. Trotsky à Borodai, 11 novembre 1928, *A.H.*, T 3150.
35. *Ibidem*.
36. Trotsky, « État ouvrier, Thermidor et Bonapartisme », *Œuvres*, 5, pp. 68-69.
37. *Ibidem*, p. 77.
38. Rakovsky, *loc. cit.*, p. 92.
39. Deutscher, *op. cit.*, II, p. 587.
40. *Ibidem*, p. 589.

QUATRIÈME PARTIE : DANS L'OPPOSITION EN EXIL

CHAPITRE XXXVII. : *L'asile en Turquie* (pp. 597-610)

1. Il n'y a pas de travail d'ensemble consacré au séjour de Trotsky à Prinkipo. On trouvera le cadre de ce séjour dans le livre de Jean van Heijenoort, *Sept ans auprès de Trotsky. De Prinkipo à Coyoacán*. Voir également le tome III d'Isaac Deutscher, *Le Prophète Hors-la-loi*, P. Naville, *Trotsky vivant* et G. Rosenthal, *Avocat de Trotsky*.
2. *M.V.*, III, p. 139.
3. *Die Rote Fahne*, 31 octobre 1931.
4. *The Legacy of Alexander Orlov*, Washington, 1973.
5. *Archives Hoover, Fonds Nicolaievsky*, N 228, B 17, rapports Tastevin et Roches.
6. Jean van Heijenoort, *Sept ans auprès de Trotsky*, Paris, 1978, p. 26.
7. *Ibidem* p. 30.
8. Deutscher, *op. cit.*, III, p. 23.
9. *Ibidem*.
10. Rosenfeld à Trotsky, février-mars 1929, *A.H.*, 4307 à 4310.
11. Trotsky à Rosenfeld, avril 1929, *A.H.*, 9807.
12. Trotsky à Löbe, *A.H.*, 8929.
13. Article du 22 avril 1929, *A.H.* T 3193.
14. *Ibidem*.
15. Cités par Deutscher, *op. cit.*, III, pp. 41-42.
16. Trotsky à B. Webb, 2 juin 1929, *A.H.*, 10791.
17. Trotsky à Snowden, 14 juin 1929, *A.H.* 10424.
18. Trotsky à Lansbury, 14 juin 1929, *A.H.*, 8802.
19. Trotsky à Paton, 21 juin 1929, *A.H.*, 9464.
20. 11 juin 1929, *A.H.*, T 3205.
21. Colin Holmes, « Trotsky and Britain. The Closed File », *Bulletin of Society for the Study of Labour History*, t. 39, p. 35.
22. *Ibidem*, p. 36.
23. Trotsky à *Daily Herald*, 15 juillet 1929, T 3216.
24. Deutscher, *op. cit.*, III, p. 437, n. 2.
25. Holmes, *op. cit.*, p. 36.
26. Montagu à Trotsky, 26 juillet 1929, *A.H.* 3381.
27. W. Churchill, extraits de *Great Contemporaries*, pp. 37, 51, 78, 88, *Cahiers Léon Trotsky*, nº 12, décembre 1982.
28. Orthographié curieusement Chekh par I. Deutscher.
29. Deutscher assure, III, p. 39 que « Trotsky ne songea même pas à faire une demande de visa pour les États-Unis »!
30. *M.V.*, III, p. 337.
31. Jean van Heijenoort, *Sept ans...* (ci-après, Van, *op. cit.*), pp. 20-21.

32. Sara Weber, « Souvenirs sur Trotsky », *Cahiers Léon Trotsky*, nº 5, janvier 1980, pp. 40-44.
33. *Ibidem* p. 41.
34. *Ibidem.*
35. G. Rosenthal, *Avocat de Trotsky*, Paris, 1975, p. 75.
36. S. Weber, *op. cit.* p. 41.
37. Van, *op. cit.*, p. 38.
38. *Ibidem*, pp. 38-39.
39. *Œuvres*, 1, p. 265.
40. Van, *op. cit.*, p. 23.
41. *Œuvres*, 1, pp. 267-268.
42. S. Weber, *op. cit.*, p. 42.
43. Van, *op. cit.*, p. 49.
44. Trotsky à Sedov, 19 avril 1932, *A.H.F.N.*
45. « Alain Calvié présente la correspondance Trotsky-Glowna en 1932 », *Cahiers Léon Trotsky*, nº 22, juin 1985, pp. 75-109.
46. Van, *op. cit.*, p. 29.
47. *Ibidem*, pp. 38-39.
48. Eastman, *Love and Revolution*, p. 562.
49. *Ibidem*, pp. 562-563.
50. Deutscher, *op. cit.*, III, pp. 34-35.
51. Trotsky, *Œuvres*, 1, p. 270.

CHAPITRE XXXVIII : *Amis et camarades, anciens et nouveaux* (pp. 611-625)

1. Il n'y a pas de source principale pour ce chapitre qui repose sur les témoignages, publiés ou inédits et sur les archives de Harvard et Stanford. La correspondance de Trotsky avec Sedov (Harvard et Amsterdam comme Hoover) donne des renseignements pour la période d'après 1931.
2. *M.V.*, III, p. 321.
3. Cf. chapitre LVI.
4. Solntsev réussit à placer des textes dans la *Neue Freie Presse* de Vienne et le *New Yorker Volkszeitung.*
5. Témoignage de Harry Wicks.
6. P. Broué « Un Capitulard à Paris : l'affaire Kharine », *Cahiers Léon Trotsky*, nº 7/8, pp. 29-35.
7. « Nina Vorovskaia », mars 1931, *A.H.*, T 3368.
8. On ne peut se reporter pour les Rosmer au livre de Christian Gras, *Alfred Rosmer et le Mouvement révolutionnaire international*, Paris, 1971.
9. Témoignage de Jiří Kopp.
10. Témoignage de J. Kopp.
11. Trotsky à Paz, 20 avril 1929, *A.H.*, 3771.
12. Van, *op. cit.*, p. 42.
13. Voir le témoignage de Pierre Naville dans *Trotsky vivant*, Paris, 1979 et Gérard Rosenthal, *op. cit.*
14. Deutscher, *op. cit.*, III, p. 93, n. 1.
15. Rosenthal, *op. cit.*, pp. 102-103.
16. Wang Fan-hsi, *Memoirs of a Chinese Revolutionary*, Londres, 1980, p. 140.
17. *Œuvres*, 11, p. 97.
18. Lettre en U.R.S.S., 1929, *A.H.*, 15696.
19. *Bulletin communiste*, nº 32-33, 1929.
20. Cf. n. 6.
21. Van, *op. cit.*, p. 143.
22. Au moment de la rédaction, nous avions une photocopie de cette thèse non paginée et sans titres. Depuis, nous avons reçu l'ouvrage imprimé : Hans Schafranck, *Das Kurze Leben der Kurt Landau.*
23. Van, p. 140.

CHAPITRE XXXIX : *La crise de l'opposition russe* (pp. 626-639)

1. Les principaux textes de Trotsky pour cette période sont réunis dans *Challenge of the Left Opposition 1928-1929*, New York, 1981. Ils ont commencé à être publiés dans *Œuvres*, 2e série, t. I & II.
2. Staline, « Le groupe Boukharine et la déviation de droite », *Sotch.*, XI, p. 319.
3. *Ibidem*, XII, pp. 3, 7, 90-91.
4. *Ibidem*, XII, pp. 3, 4.
5. Staline, « La déviation de droite dans le P.C.U.S. » *Les problèmes du léninisme*, pp. 225-274.
6. *V.K.P. (b) v rezoljiucitsiakh*, pp. 614, 615, 619.
7. Rakovsky, « Projet de déclaration », mars-avril 1929,*A.H.*, 17114, traduction française dans *Cahiers Léon Trotsky*, nº 8/9, 1981, pp. 55-61.
8. Radek, cité dans B.O. nº 6, octobre 1929, p. 25, *Cahiers Léon Trotsky*, nº 7/8, 1981, p. 62.
9. *Ibidem.*
10. *Pravda*, 9 juin 1929.
11. Préobrajensky, « A tous les Camarades de l'Opposition », 5 avril 1929, *A.H.*, 15264.
12. C.L.T. 7/8, *op. cit.*, p. 63.
13. *Ibidem.*
14. *Ibidem*
15. *Ibidem.*
16. Lettre en U.R.S.S., 22 mai 1929,*A.H.*, T 3199.
17. « Radek et l'Opposition », 26 mai 1929,*A.H.*, T 3200.
18. « Tenir, tenir, tenir », 14 juin 1929,*A.H.*, T 3207.
19. *Pravda*, 13 juillet 1929 et *Cahiers Léon Trotsky*, nº 6, pp. 76-77.
20. « Un Document misérable », 27 juillet 1929,*A.H.*, T 3218.
21. Lev Kopelev, *No Jail for Thought*, Londres, 1977, pp. 108-109, cité par *Pravda*, 20 septembre 1928.
22. Solntsev à Rakovsky, Cahiers Léon Trotsky, nº 7/8, 1981, p. 65.
23. *Ibidem*, p. 67.
24. Rakovsky, « Thèses »,*A.H.*, 17117, *Cahiers Léon Trotsky*, *Ibidem*, pp. 78-85.
25. *Ibidem*, p. 85.
26. *Ibidem.*
27. Trotsky, Lettre en U.R.S.S., 24 août 1929,*A.H.*, T 3224.
28. Trotsky, Lettre aux signataires de la déclaration, 25 septembre 1929,*A.H.*, T 3239.
29. Trotsky, Lettre sur la Déclaration, 25 septembre 1929,*A.H.*, T 3238.
30. Trotsky « La Psychologie de la Capitulation », septembre 1929,*A.H.*, T 3227.
31. La déclaration d'I.N. Smirnov, également signée de M.S. Bogouslavsky, et datée du 27 octobre, a paru dans la *Pravda* du 3 novembre 1929.
32. « Socialisme dans un seul pays et prostration idéologique », novembre 1929,*A.H.*, T 3249.
33. « Iakov Blumkine fusillé par les staliniens », *Biulleten Oppositsii*, nº 9, février-mars 1930, pp. 9-11.
34. Orlov, *I was Stalin's agent*, p. 79.
35. V. Serge, *M.R.*, p. 279.
36. V. Serge, *Destin d'une Révolution*, pp. 116-117.
37. L'information sur l'arrestation de Dukis et sa capitulation est donnée par le *Sotsialistitcheskii Vestnik*, nº 14, 1929, qui le nomme « Dukes », une erreur évidente.

CHAPITRE XL : *Les débuts de l'opposition internationale* (pp. 640-654)

1. Le travail essentiel pour ce chapitre est la thèse de Damien Durand, *La Naissance de l'Opposition de gauche internationale de l'exil de Trotsky à la première conférence (février 1929-avril 1930)*, 2 vol., Grenoble, 1974. Elle a été publiée sous une forme condensée par les *Cahiers Léon Trotsky* (nº 33 & 34, 1988) et va être éditée sous le titre *Opposants à Staline*. Nous renvoyons ici à la thèse dactylographiée.

2. Ruth Fischer, *Stalin...*, pp. 604-605.
3. P. Broué, « La Gauche allemande et l'Opposition russe », *Cahiers Léon Trotsky*, nº 22, septembre 1985, pp. 4-25.
4. Solntsev à Trotsky, 8 novembre 1928, *A.H.*, T 2870.
5. Rüdiger Zimmermann, *Der Leninbund : linke Kommunisten in der Weimarer Republik* », Düsseldorf, 1978.
6. D. Durand, *op. cit.*, pp. 58-59.
7. P. Broué, « La Gauche », pp. 13-14 et « Rako », *Cahiers Léon Trotsky*, nº 18, p. 10.
8. Durand, *op. cit.*, pp. 62-65.
9. *Ibidem*, p. 79.
10. *Ibidem.*
11. *Ibidem.*
12. *Ibidem*, p. 12.
13. *Ibidem*, pp. 79-80.
14. *Ibidem*, p. 66.
15. *Ibidem*, p. 103, nº 53.
16. Wang Fanghsi, *op. cit.* pp. 68-104.
17. Max Eastman, *Love...*, pp. 510-512.
18. Durand, *N.O.G.*, pp. 81-84.
19. Trotsky « A Propos des différents groupements de l'Opposition communiste », 31 mars 1929, *A.H.*, T 3188, traduction française dans *Le Mouvement communiste en France*, Paris, 1971, pp. 317-321.
20. Appel du 10 juin 1929, *A.H.*, 16537; Durand, *op. cit.*, pp. 146-147.
21. Trotsky au Leninbund, 15 juin 1929, *A.H.*, 1910.
21 *bis.* Trotsky, « Le Conflit sino-soviétique », 27 juillet 1929, *A.H.*, T 3217.
22. H.P. (Heinz Pächter), *Die Fahne des Kommunismus*, nº 26, 19 juillet 1929.
23. *Contre le Courant*, nº 35, 28 juillet 1929.
24. Van Overstaeten (4 août 1929), *ibidem*, nº 36-37, 21 septembre 1929.
25. Louzon, « L'héritage du tsar ou de Lénine? », *Révolution prolétarienne*, 1er août 1929.
26. Rosmer à Trotsky, *A.H.*, 4372 (Correspondance Trotsky/Rosmer, pp. 34-37).
27. Rosmer à Trotsky, *A.H.*, 4374 (*ibidem*, pp. 40-44).
28. Frank à Landau, 14 août 1929, *A.H.*, 11959.
29. Durand, *N.O.G.*, I, p. 164.
30. Souvarine à Trotsky, *op. cit.*, pp. 158-208.
31. P. Broué, « Un Capitulard à Paris : l'affaire Kharine », *Cahiers Léon Trotsky*, nº 7/8, 1981, pp. 29-34.
32. Paz à Trotsky, 25 juin 1929, *A.H.*, 3781.
33. Durand, *op. cit.*, pp. 187-188.
34. Grylewicz et Joko, *Die Fahne des Kommunismus*, nº 38, 18 octobre 1929.
35. *N.* « Sur la Déclaration de l'Opposition », *Die Fahne des Kommunismus*, *ibidem.*
36. Lettre du Leninbund, *A.H.*, 14168.
37. Trotsky au Leninbund, 6 février 1930, *A.H.*, T 3293.
38. Durand, *op. cit.*, p. 365.
39. *Ibidem*, pp. 366-367.
40. *Ibidem*, p. 369.
41. *Ibidem*, p. 370-373.
43. P. Broué, « Le Mouvement trotskyste en Amérique latine jusqu'en 1940 », *Cahiers Léon Trotsky*, nº 15, septembre 1983, p. 23.
44. Durand, *op. cit.*, p. 376.
45. *Ibidem*, pp. 376-377.
46. *Ibidem*, p. 378.
47. Wang, *op. cit.*, pp. 132-139.
48. D. Durand, « Naissance de l'Opposition de gauche chinoise », *Cahiers Léon Trotsky*, nº 15, septembre 1983, p. 23.
49. Lee Feigon, *Chen Duxiú*, Princeton, 1983.
50. Durand, *op. cit.*, pp. 436-466.
51. Durand, *op. cit.*, pp. 437-440.
52. Shachtman à Minorité Leninbund, 21 mars 1930, *A.H.*, 15421.

53. Durand, *op. cit.*, pp. 456-457.
54. Markine (Sedov) à Leninbund, 24 février 1930, *Volkswille*, 1er mars 1930.
55. Procès-verbal de la conférence d'unification, 30 mars 1930, *A.H.*, 16207.
56. *Ibidem.*
57. Durand, *op. cit.*, p. 481.
58. *Ibidem*, pp. 482-483.
59. *Ibidem*, p. 486.
60. Trotsky « Un grand Pas en Avant », *Biulleten Oppositsii*, nº 11, mars 1930, pp. 1-3.
61. Trotsky à Shachtman, 16 avril 1930, *A.H.*, 10279.
62. Durand, *op. cit.*, p. 501.
63. *Ibidem*, p. 509.
64. « Déclaration », 13 avril 1930, *A.H.*, 17118, traduction française dans *Cahiers Léon Trotsky*, nº 6, 1980, pp. 90-103.
65. *Ibidem*, p. 96-97.
66. *Ibidem*, p. 97.
67. V.B. Eltsine à Sedov, 11 juin 1930, *A.H.*, 836.
68. B. Souvarine à Trotsky, *op. cit.*, pp. 158-208.
69. *Ibidem*, p. 169.
70. *Ibidem*, p. 205.
71. *Ibidem*, p. 208.
72. *Ibidem*, p. 207.
73. Souvarine, *op. cit.*, p. 204.

CHAPITRE XLI : *Le travail littéraire* (pp. 655-672)

1. Ce chapitre repose évidemment sur les deux œuvres historiques rédigées par Trotsky à Prinkipo, *Ma Vie* et l'*Histoire de la Révolution russe.* On peut y ajouter le chapitre du vol. III de Deutscher intitulé *Le Révolutionnaire historien,* Baruch Knei-Paz, *The Social and Political Thought of Leon Trotsky,* Oxford, 1978, et Peter Beilharz, « Trotsky as Historian », *Historical Workshop Journal,* nº 20, 1985, pp. 36-55.
2. Edmund Wilson, « Trotsky », *The New Republic,* 4 janvier 1933.
3. *1905,* p. 43.
4. Trotsky à Sokolovskaia, mai 1928, *A.H.*, T 1494.
5. *M.V.*, I, p. 13.
6. *Ibidem,* p. 14.
7. Trotsky à A.K. Kliatchko, 1er juin 1929, *A.H.*, 8675.
8. Deutscher, *op. cit.*, III, p. 305.
9. F. Mauriac, *Mémoires intérieurs,* p. 196.
10. E. Wilson, « Trotsky » (2e partie), *The New Republic,* 11 janvier 1933, pp. 237-238.
11. *Histoire de la Révolution russe* (ci-après *H.R.R.*), I, p. 8.
12. *Ibidem,* pp. 8-10.
13. *Ibidem,* p. 13.
14. *Ibidem.*
15. B. Knei-Paz, *op. cit.*, p. 500.
16. *Ibidem.*
17. *H.R.R.*, I, p. 21.
18. *Ibidem,* I, p. 84.
19. *Ibidem,* pp. 84-85.
20. *Ibidem,* p. 85.
21. *H.R.R.*, I, pp. 85-86.
22. *Ibidem,* p. 297.
23. *Ibidem,* p. 298.
24. *Ibidem,* pp. 299-300.
25. *Ibidem,* p. 303.
26. *Ibidem,* III, p. 101.
27. Knei-Paz, *op. cit.*, pp. 500-501.
28. *H.R.R.*, III, p. 11.

29. *Ibidem*, p. 12.
30. *Ibidem*, p. 13.
31. Deutscher, *op. cit.*, III, pp. 18-19.
32. *H.R.R.*, I, p. 275.
33. Deutscher, *op. cit.*, III, p. 319.
34. Knei-Paz, *op. cit.*, p. 501.
35. Peter Beilharz, « Trotsky as Historian », *Historical Workshop Journal*, nº 20, 1985, pp. 36-55.
36. *Ibidem*, p. 39.
37. *Ibidem*, p. 40.
38. *Ibidem*.
39. *Ibidem*, p. 51.
40. Beilharz, *op. cit.*, p. 39.
41. *H.R.R.*, III, p. 101.
42. Pfemfert à Trotsky, 8 avril 1929, *A.H.*, 3986.
43. Trotsky à Schumann, 8 mai 1929, *A.H.*, 10081.
44. Schumann à Trotsky, 16 mai 1929, *A.H.*, 4748.
45. Trotsky à Schumann, 5 juin 1929, 10084.
46. On trouve un récit complet de l'« affaire Parijanine », dans Gérard Rosenthal, *Avocat de Trotsky*, chap. 9, « Un Procès littéraire », pp. 105-116.
47. Ces études inachevées se trouvent sous le titre « Diplomaty », *A.H.*, 3488 à 3492.
48. Deutscher, *op. cit.*, III, p. 51.
49. Publiée dans *Contre le Courant*, 6 mai 1929.

CHAPITRE XLII : *Un certain poison* (pp. 673-687)

1. Outre le travail déjà cité de D. Durand pour la période qui va jusqu'à la conférence d'avril 1930, on doit se reporter ici à deux autres thèses portant sur l'Allemagne, Wolfgang Alles, *Zur Politik und Geschichte der deutschen Trotzkisten ab 1930*, Mannheim, 1978, et Maurice Stobnicer, *Le Mouvement trotskyste allemand sous la république de Weimar*, Paris, Vincennes, 1980. Préparé par moi, avec l'aide de Gérard Roche, le *Léon Trotsky, Alfred et Marguerite Rosmer, Correspondance 1929-1939*, Paris, 1982, apporte des documents essentiels pour « la crise française » notamment.
2. Correspondance Trotsky-Sedov 1931-1938, en préparation sur la base des archives de Harvard, Hoover et Amsterdam, *passim*.
3. Durand, *op. cit.*, pp. 313-315.
4. *Ibidem*, pp. 315-321.
5. Neumann à Trotsky, 21 septembre 1929, *A.H.*, 3930.
6. Joko à Trotsky, 18 octobre 1929, *A.H.*, 2092.
7. *Ibidem*, 18 octobre 1929, *A.H.*, 2053.
8. Frank à Landau, 13 août 1929, *A.H.*, 11959.
9. Durand, *op. cit.*, p. 320.
10. Résolution du 30 décembre 1929, *A.H.*, 14726.
11. Landau à Trotsky, 7 janvier 1930, *A.H.*, 2561.
12. Well à Trotsky, 7 janvier 1930, *A.H.*, 5238.
13. Durand, *op. cit.*, pp. 444-449.
14. Shachtman à Trotsky, 3 avril 1930, *A.H.*, 5034.
15. Procès-verbal de la conférence, 30 mars 1930, *A.H.*, 16207.
16. *Ibidem*.
17. Shachtman à Trotsky, 3 avril 1930, *A.H.*, 5034.
18. *Ibidem*.
19. Un bon résumé de cette crise se trouve dans Gérard Roche, « La Rupture de 1930 entre Trotsky et Rosmer, " affaire Molinier " ou divergences politiques? », *Cahiers Léon Trotsky*, nº 9, janvier 1982, pp. 9-20.
20. *Ibidem*, pp. 9-10.
21. *Ibidem*, pp. 10-11.
22. *Ibidem*, p. 12.
23. Van, *op. cit.*, p. 46.
24. Roche, *op. cit.*, p. 13.

25. Trotsky à Rosmer, 26 juin 1930, *A.H.*, 9867.
26. Roche, *op. cit.*, p. 13.
27. *Ibidem*, p. 14.
28. Rosmer à Trotsky, 24 juin 1930, *A.H.*, 4412.
29. *Ibidem.*
30. Trotsky à Rosmer, 26 juin 1930, *A.H.*, 4412.
31. Marguerite Rosmer à Trotsky, 27 juin 1930, *A.H.*, 4480.
32. Rosmer à Trotsky, 2 juillet 1930, *A.H.*, 4415.
33. Naville à Trotsky, 20 juillet 1930, *A.H.*, 3500.
34. P. Broué, Note dans la correspondance Trotsky/Rosmer, p. 169, n. 1.
35. G. Roche, *op. cit.*, pp. 15-16.
36. M. Rosmer à Trotsky, 27 septembre 1930, *A.H.*, 4482.
37. Molinier à Sedov, 9 janvier 1930, *A.H.*, 12802.
38. Melev, déclaration, 1er juin 1931, *A.H.* 15030.
39. P. Broué, *Correspondance*, n. 2, p. 177.
40. Trotsky, « Mill agent stalinien », *Biulleten Oppositsii*, nº 31, décembre 1932, p. 28.
41. J. Frank, « La Banqueroute du Trotskysme », *Die rote Fahne* (Vienne), 26 janvier 1931.
42. Keller, *Gegen den Strom*, Vienne, 1978, p. 108.
43. M. Stobnicer, *Le Mouvement trotskyste allemand sous la République de Weimar*, Paris VIII, thèse, 1980, p. 142.
44. Trotsky, « Problèmes de la section allemande », 31 janvier 1931, *Bulletin international*, nº 5, mars 1931.
45. *Ibidem*, p. 46.
46. *Ibidem.*
47. Trotsky, « La Crise de l'Opposition allemande » (17 février 1931), *Bulletin international*, nº 6, p. 9 sq.
48. Landau (non signé), « Courants centristes », *Der Kommunist*, février 1931.
49. Melev, cf. n. 32.
50. *Correspondance, passim.*
51. Témoignage d'E.H. Ackerknecht.
52. *Mitteilungsblatt der R.L.*, 1er janvier 1933, à propos de l'article de *Die Permanente Revolution*, 2e semaine décembre 1932, à propos de l'interview de l'ingénieur Campbell.
53. Trotsky au secrétariat international, 4 janvier 1931, *A.H.*, 4979.
54. *Ibidem.*
55. *Die Permanente Revolution*, 3e semaine janvier 1933, faux numéro réalisé par R. Well.
56. On trouvera les principaux textes dans *La Révolution espagnole 1930-1939*, Paris, 1975.
57. Lacroix au C.C. du P.C.E., 15 janvier 1933, archives du P.C.E.
58. North, *Moscow and Chinese Communists*, Stanford, 1953, p. 150.
59. Wang, *op. cit.*, pp. 148-150.
60. Feigon, *op. cit.*, p. 216.
61. Discours de Copenhague, « Défense de la Révolution russe », 27 novembre 1932, *A.H.*, T 3469-3472, trad. fr. *IVe Internationale*, nº 7/10, octobre/novembre 1957, pp. 55-70.
62. *Ibidem*, p. 58.
63. *Ibidem*, p. 65.
64. *Ibidem*, p. 66.
65. *Ibidem*, p. 69.
66. *Ibidem*, p. 70.
67. Rosenthal, *op. cit.*, p. 137.

CHAPITRE XLIII : *Drame et tragédie familiale* (pp. 688-699)

1. La principale source pour ce chapitre est constituée par la Correspondance Trotsky/Sedov, collectée à partir des archives de Harvard, Hoover et Amsterdam. Il faut y

ajouter les lettres de Zinaida Volkova et Aleksandra Lvovna Sokolovskaia, aux archives de Harvard.

2. Van, *op. cit.*, p. 47.
3. *Ibidem*, p. 43.
4. *Ibidem*.
5. *Deutscher, op. cit.*, III, p. 206.
6. *Ibidem*.
7. Van, *op. cit.*, p. 44.
8. Sedov à Trotsky, 29 octobre 1931, *C.T.S.*
9. Trotsky à Sedov, 21 novembre 1931, *ibidem*.
10. Trotsky à Sedov, *Ibidem*.
11. *Ibidem*.
12. *Ibidem*.
13. *Ibidem*.
14. Sedov à Trotsky, 29 octobre 1931, *ibidem*.
15. Trotsky à Sedov, 28 novembre 1931, *ibidem*.
16. Sedov à Trotsky, 1er décembre 1931, *ibidem*.
17. Trotsky à Sedov, 27 novembre 1931, *ibidem*.
18. Sedov à Trotsky, 1er décembre 1931, *ibidem*.
19. Trotsky à Sedov, 12 janvier 1932, *ibidem*.
20. Sedov à Sedova, 15 janvier 1932, *ibidem*.
21. Sedov à Trotsky, 15 avril et Trotsky à Sedov, 15 janvier 1932, *ibidem*.
22. Sedov à Sedova, 21 mai 1932, *ibidem*.
23. Sedov à Sedova, novembre 1932, *ibidem*.
24. Sedov à Sedova, 16 novembre 1932, *ibidem*.
25. Volkova à Trotsky, novembre 1932, *A.H.*, 5770.
26. Sedov à Sedova, 24 décembre 1932, *C.T.S.*
27. Sedov à Sedova, 5 janvier 1933, *ibidem*.
28. Van, *op. cit.*, p. 59.
29. Trotsky à Sedov, 11 janvier 1933, *C.T.S.*
30. Sokolovskaia à Trotsky, 31 janvier 1933, *A.H.*, 2608.
31. *Ibidem*.
32. *Ibidem*.
33. *Ibidem*.
34. *Ibidem*.
35. *Ibidem*.
36. *Ibidem*.

CHAPITRE XLIV : *Regroupement contre Staline en U.R.S.S.* (pp. 700-712)

1. On renvoie ici à P. Broué, « Trotsky et le Bloc des oppositions de 1932 », *Cahiers Léon Trotsky*, nº 5, 1980, pp. 5-37. Ma communication sur cette question au congrès de Washington des études soviétiques paraîtra prochainement dans la publication de textes essentiels de ce congrès.
2. K.G. Rakovsky, « Au congrès et dans le Pays », *B.O.*, 25/26, novembre/décembre 1931, pp. 9-32, traduction française (larges extraits) dans *Cahiers Léon Trotsky*, nº 18, juin 1984, pp. 86-123.
3. *B.O.*, nº 11, 2 avril 1930, p. 33.
4. *Ibidem*.
5. Lettre d'U.R.S.S., avril 1932, A.H.F.N.
6. XYZ « La Crise de la Révolution », B.O., nº 25/26, novembre/décembre 1931, *Cahiers Léon Trotsky*, nº 6, décembre 1980, pp. 154-171.
7. Ciliga a réuni dans le livre qui s'est appelé successivement *Au Pays du Grand Mensonge* et *Au Pays du Mensonge triomphant* ses articles parus d'abord dans le *B.O.*, nº 47, janvier 1936, pp. 1-4, nº 48, février 1936, pp. 11-12 et avril 1936, nº 49, pp. 7-12.
8. Ardachelia et Iakovine, « Lettre sur la vie à Verkhnéouralsk », 11 octobre 1930, *A.H.* 16927, *Cahiers Léon Trotsky*, nº 7/8, 1981, pp. 184-193.
9. Souvenirs de Fishkowski, dans Brossat & Klingsberg, *Le Yiddischland révolutionnaire*. J'ai interrogé le premier des auteurs pour savoir s'il était possible de connaître

davantage que les quelques lignes consacrées à cette prison dans les souvenirs; je n'ai pas été honoré d'une réponse.

10. Isabelle Longuet, *La Crise de l'Opposition russe*, cité p. 562.
11. N.N., Lettre de Moscou, fin août 1930, *B.O.*, nos 17-18, novembre 1930, pp. 37-39, ici 39.
12. P. Broué « Compléments sur les trotskystes en U.R.S.S. », *Cahiers Léon Trotsky*, no 24, décembre 1985, pp. 63-72, ici p. 67.
13. *Ibidem*, pp. 68-69. Voir également Victor Serge, « D'Orenbourg », *A.H.* 17399, *Cahiers Léon Trotsky*, no 7/8, 1981, pp. 221-228, ici p. 227.
14. Frolov sur Jan Sten, in Roy Medvedev, *Let History Judge*, Londres, 1972, pp. 224-225.
15. Margarete Buber-Neumann, *La Révolution mondiale*, Paris, 1971, p. 122.
16. R.W. Davies, « The Syrtsov-Lominadze Affair », *Soviet Studies*, 1er janvier 1981, pp. 29-50.
17. *Ibidem*, p. 61.
18. *Ibidem*, pp. 44-66.
19. N.N. Lettre de Moscou, *B.O.*, no 31, janvier 1931, pp. 17-19.
20. Davies, *op. cit.*, p. 42.
21. Lettre d'U.R.S.S., *B.O.*, no 1933, janvier 1933, p. 24.
22. A. Nin, « Die Lage der russischen Arbeitern », *Der Kommunist*, no 12, début novembre 1930.
23. Sedov à Trotsky, *passim*, fin 1932. Le « centre » du groupe Smirnov a été reconstitué par des recoupements.
24. Sedov à S.I., *archives Rous* et *archives Shachtman* (Tamiment Library), *Cahiers Léon Trotsky*, no 24, pp. 117-120.
25. Trotsky, Lettre aux sections, 16 décembre 1932, *A.H.*, T 3841, *Bulletin international* de l'O.C.G. no 19, décembre 1932.
26. « La Lettre des dix-huit bolcheviks », *Sotsialistitcheskii Vestnik*, nos 17-18, septembre 1932, p. 21, est la première information sur ce groupe. Le rapport de Sedov du 8 octobre 1932 confirme l'existence du groupe et rectifie la version du journal menchevique sur plusieurs points. La lettre posthume de Boukharine aux futurs dirigeants de l'U.R.S.S. mentionne le groupe Rioutine. Voir enfin une lettre d'U.R.S.S., *B.O.*, no 31, novembre 1932, p. 23.
27. Résumé dans P. Broué, *Le Parti bolchevique*, pp. 337-338, des informations données par Ciliga, Victor Serge, Nikolaievsky, Sedov.
28. *Pravda*, 12 octobre 1932.
29. *Procès du Centre terroriste trotskiste zinoviéviste*, Moscou, 1936 contient de très nombreuses allusions à la rencontre Sedov-Smirnov, par exemple.
30. *Ibidem*, p. 72.
31. *Ibidem*.
32. *Ibidem*, pp. 47-48 (Evdokimov) pour l'épisode du wagon, pp. 47-48 (Evdokimov) et 66 (Kamenev) pour la réunion d'Illinskoié.
33. Sedov à Trotsky, septembre 1932, *A.H.*, 4782; traduction dans *Cahiers Léon Trotsky*, no 5, janvier 1980, pp. 36-37. C'est Holzman que Sedov désigne par « l'informateur ».
34. Lettre de Gaven à Moscou et rapport de Sedov à Trotsky sur son entretien avec Gaven, *A.H.F.N.* Également, P. Broué « Compléments sur les trotskystes en U.R.S.S. », *Cahiers Léon Trotsky*, no 24, décembre 1985, p. 69.
35. Trotsky à Sedov, octobre 1932, *A.H.*, 13905 c et 1010, traduit dans *Cahiers Léon Trotsky*, no 5, janvier-mars 1980, p. 35.
36. Trotsky à Sedov, 30 octobre 1932, *A.H.F.N.*
37. Voir notamment les lettres de Trotsky du 9, 17, 27 octobre ainsi que du 7 novembre, adressées à Sedov, *A.H.F.N.*
38. Trotsky à Sedov, 24 octobre 1932, *A.H.F.N.*
39. « Nouvelles de Moscou (dernière minute) », 6 décembre 1932, *B.O.*, no 32, décembre 1932, p. 28.
40. Sedov à Trotsky, 10 juin 1933, *A.H.F.N.*
41. Trotsky, « Les staliniens prennent des mesures », 19 octobre 1932, *B.O.*, no 31, novembre 1932, p. 28.
42. Trotsky à Sedov, septembre 1932, *A.H.*, 4782.

43. Sedov à Trotsky, 16 février 1933, *A.H.*
44. Sedov à Trotsky, 22 février 1933, *A.H.F.N.*
45. Sedov à Trotsky, 14 janvier et 12 février 1933, *A.H.F.N.*
46. Trotsky à Sedov, 20 octobre 1932, *A.H.F.N.*
47. *The Case of Leon Trotsky*, p. 147. Après la déclaration de Trotsky, son avocat cite un témoignage de la Danoise Karen Bøggild paru dans *Sozialdemokraten* et cité dans *Dagbladet* du 20 août 1936 relatant cet incident et le caractère « émouvant » de l'intervention de Trotsky.
48. Voir dans le compte rendu du XVIIe congrès les interventions de Préobrajensky (pp. 236-239), Kamenev (pp. 516-522) et Zinoviev (pp. 492-497).
49. Déposition de Safarov au procès de Zinoviev et Kamenev, *L'Humanité*, 17 janvier 1935.
50. Sedov au S.I., cf. n. 15.

CHAPITRE XLV : *Cassandre devant Hitler* (pp. 713-728)

1. Il existe deux recueils de textes de Trotsky en français sur la situation allemande dans le début des années trente, ses *Écrits* III, Paris, 1959 et le recueil *Comment vaincre le Fascisme*, Paris, 1971. Ce dernier volume se signale par l'absence de notes et l'affirmation que les textes sont traduits du russe, alors qu'on n'est en possession des originaux russes que depuis quelques années, avec la découverte du fonds Sedov à Hoover, des années *après* la parution de ce livre!
2. « Je prévois la guerre avec l'Allemagne », *The Militant*, 26 juillet 1932.
3. Manouilsky, *Corr. Int.* n° 92, 24 septembre 1929, p. 1267.
4. Trotsky, *Et maintenant? La Révolution allemande et la bureaucratie stalinienne*, Paris, 1932, p. 17.
5. *Ibidem.*
6. *Ibidem*, p. 23.
7. *Ibidem.*
8. Trotsky, « Le tournant de l'I.C. et la situation en Allemagne », *B.O.* n°s 17/18, novembre/décembre 1930, p. 30.
9. « Contre le National-communisme », *B.O.*, 24 septembre 1931, pp. 3-13.
10. « La clé de la situation est en Allemagne », *B.O.* n°s 25/26, novembre/décembre 1931, pp. 1-9.
11. *Ibidem*, pp. 5-6.
12. *Ibidem*, p. 6.
13. *Ibidem*, p. 7.
14. *Ibidem*, pp. 7-8.
15. *Ibidem*, p. 8.
16. « Je prévois la guerre », cf. n. 2.
17. « La Clé »..., p. 9.
18. « Quelle est l'erreur du K.P.D. ? », *B.O.* n° 27, mars 1932, pp.16-21, ici, p. 21.
19. *Et Maintenant*... p. 2.
20. *Ibidem.*
21. *Ibidem*, p. 8.
22. *Ibidem*, pp.9-10.
23. *Ibidem*, p. 9.
24. « Quelle est l'erreur... », p. 19.
25. *Et Maintenant*..., p. 16.
26. *La seule voie*, 13 septembre 1932, trad. fr. Paris, 1932, p. 4.
27. *Ibidem.*
28. *Ibidem*, p. 46.
29. *Ibidem*, p. 28.
30. *Ibidem.*
31. *Ibidem*, p. 29.
32. *Ibidem.*
33. Sedov à Trotsky, 3 février 1933. *A.H.F.N.*
34. Trotsky, « Devant la Décision », *B.O.* n° 33, mars 1933, p. 20.
35. Trotsky, « Lettre à un ouvrier social-démocrate », 23 février 1935. *The Militant*, *A.H.*, T 3509.

CHAPITRE XLVI : *Le 4 août du stalinisme* (pp. 729-743)

1. Il n'existe pas de travaux sur la question traitée par ce chapitre. La thèse en préparation de Gilles Vergnon comblera cette lacune.
2. Sedov à Trotsky, 7 février 1933, *A.H.F.N.*
3. *Pravda*, 3 mars 1933.
4. Van, *op. cit.*, p. 63.
5. Trotsky à Sedov, 12 mars 1933, *Œuvres*, 1, p. 55.
6. *Ibidem*, p. 57.
7. *Ibidem*.
8. « La Tragédie du prolétariat allemand », *B.O.* n° 34, mai 1933, pp. 7-11, ici, p. 7.
9. *Ibidem*, p. 11
10. Van, *op. cit.*, pp. 68-70.
11. Trotsky au bureau politique, 15 mars 1933, *A.H.*, T 3521 a), *Œuvres*, 1, pp. 59-61.
12. Trotsky, « Une explication », 10 mai 1933, *A.H.*, T 3522 b).
13. *Œuvres*, 1, p. 60.
14. « Il faut un accord honnête dans le parti », *Œuvres*, 1, pp. 77-82, ici p. 81.
15. *Ibidem*.
16. M. Body, « Pages d'histoire et de sang », *Le Réfractaire*, n° 37, mars 1978.
17. R. Fischer « Trotsky à Paris », *archives Ruth Fischer*, Harvard, traduction française *Cahiers Léon Trotsky*, n° 22, juin 1985, pp. 56-74, ici p. 58.
18. Trotsky « Zinoviev et Kamenev capitulent une fois de plus », *A.H.*, T. 3551.
19. « Il faut un nouveau parti », 29 mars 1933, *A.H.*, T. 3530, *Œuvres*, 1, p.74.
20. *Ibidem*, p. 75.
21. *Ibidem*.
22. Gilles Vergnon, « Les Bases du Tournant de Trotsky vers la IVe », *Cahiers Léon Trotsky* n° 29, juin 1985, p. 30.
23. *Ibidem*, p. 32.
24. Trotsky « Les Organisations socialistes de gauche et nos tâches », *A.H.*, T, 3559; traduction française dans *Œuvres*, 1, pp. 209-214.
25. *Ibidem*, p. 210.
26. *Ibidem*, p. 211.
27. *Ibidem*, p. 214.
28. *Rundschau* n° 6, 12 avril 1933, p. 229.
29. Voir dans Jacques Rupnik, *Histoire du Parti Communiste tchécoslovaque*, Paris, 1981, le sous-chapitre sur « l'affaire Guttmann », pp. 95-104 et surtout l'article de Z. Hradilak : « Jozef Guttmann Konflikt rozumu a svedomi », *Dejin socialismu*, n° 4, 1968, pp. 483-509.
30. Bauer, Lettre au S.I., 16 juillet 1933, *La Vérité*, 28 août 1933.
31. Les renseignements qui suivent se trouvent dans les *Archives du quai d'Orsay*, Z 895, carton 608, Dossier 6, U.R.S.S., Renseignements sur personnalités politiques, ici note du 5 août 1932.
32. *Ibidem*, note du 9 septembre 1933.
33. *Ibidem*, Intérieur à Affaires étrangères, 16 mai 1933.
34. *Ibidem*, note manuscrite non datée.
35. *Ibidem*, notes des 16 juin et 1er juillet 1933.
36. Ruth Fischer, Mémoires inédits, Houghton Library Harvard, traduction française, cf. n. 17 (ici pp. 58-59).

CHAPITRE XLVII : *Nouvelle Internationale* (744-754)

1. Il faut lire les documents de l'époque pour se familiariser avec les problèmes posés par ce chapitre qui ne s'appuie sur aucune synthèse.
2. Trotsky, « Il faut construire de nouveau des partis communistes et une nouvelle Internationale », *Bulletin intérieur* de la L.C.I., n° 2, 30 août 1933; traduction française, *Œuvres* 1, pp. 251-260.

3. *Ibidem*, p. 253.
4. *Ibidem*, p. 254.
5. *Ibidem*, p. 257.
6. *Ibidem*.
7. *Ibidem*, pp. 259-260.
8. Trotsky, « Il est impossible de rester dans la même Internationale que Staline, Manouilsky, Lozovsky et compagnie », 20 juillet 1933, *Œuvres*, 1, pp. 275-284.
9. *Ibidem*, p. 278.
10. *Ibidem*.
11. *Ibidem*, p. 279.
12. *Ibidem*, p. 283.
13. Discours enregistré pour le meeting de New York, 18 octobre 1938, *A.H.*, T 4440-4442.

CHAPITRE XLVIII : *Tout recommencer* (755-763)

1. Pas d'ouvrage particulier pour ce chapitre de synthèse.
2. Trotsky, « Qu'est-ce que le national-socialisme ? », 10 juin 1933, *A.H.* T 3557.
3. L'article paraît dans *Die Neue Weltbühne*, 11 juillet 1933. Il soutient la comparaison, dans la synthèse qu'il fait, avec les meilleurs reportages.
4 à 16 compris. *Ibidem*.
17. Michael Kater, *The Nazi Party. A Social Profile of Members and Leaders 1919-1945*, Cambridge, Ma., 1983; Eichard F. Hamilton, *Who Voted for Hitler?*, Princeton, 1982; Henry Ashby Turner Jr, *German Big Business and the Rise of Hitler*, Oxford, 1985.
18. P. Ayçoberry, *La Question nazie. Les interprétations du national-socialisme 1922-1975*, Paris, 1979, p. 37.
19. *Ibidem*.
20. P. Broué, « Trotsky et le Bloc des Oppositions », *Cahiers Léon Trotsky*, nº 5, janvier-mars 1980, pp. 5-37.
21. J. Arch Getty, *Origins of the Great Purge. The Soviet Communist Party Reconsidered*, Cambridge, Ma., 1985, pp. 119 & 245, n. 24.
22. B. Souvarine in Freymond (éd.), *Contribution à l'Histoire du Comintern*, p. 208.
23. I. Deutscher, *op. cit.*, III, p. 354.
24. Van, *op. cit.*, p. 68.
25. Trotsky à Sedova, 3 septembre 1933, *Correspondance...*, pp. 25-26.
26. *Ibidem*, p. 26.
27. *Ibidem*, 19 septembre 1933, p. 56.
28. Saufrignon, témoignage, 6 avril 1937, *A.H.*, D 69.

CINQUIÈME PARTIE : LA QUATRIÈME INTERNATIONALE

CHAPITRE XLIX : *Séjour libre en France* (767-780)

1. Il n'y a aucune synthèse pour cette période de la vie de Trotsky dont la trame est fournie par le récit de van Heijenoort.
2. Van, *op. cit.*, pp. 77-78.
3. *Ibidem*, p. 79.
4. *Ibidem*, pp. 82-83.
5. *L'Humanité*, 25 juillet 1933.
6. Témoignage de Nelz.
7. G. Roche, « Malraux et Trotsky », *Cahiers Léon Trotsky* nº 31, 1987, pp. 103-115.
8. Trotsky à N. Sedova, 19 septembre 1933, *A.H.*, *Corr.*, p. 56.
9. Sedov à Trotsky, 21 août 1933, *A.H.F.N.*
10. « La Nature de Classe de l'État soviétique », *B.O.*, nº 36/37, octobre 1933, pp. 1-12. *Œuvres*, 2, pp. 243-268.

11. *Ibidem*, p. 256.
12. *Ibidem*, pp. 256-257.
13. *Ibidem*, p. 257.
14. *Ibidem*, p. 258.
15. *Ibidem*, pp. 258-259.
16. *Ibidem*, p. 260.
17. *Ibidem*, p. 267.
18. *Journal d'Exil*, Paris, 1960, 29 avril 1935, p. 122.
19. Van, *op. cit.*, p. 90.
20. *Ibidem*, p. 91.
21. Trotsky, « Déclaration », 21 février 1934, *Œuvres*, 3, pp. 237-238.
22. *Ibidem*, p. 238.
23. Trotsky à Sedov, 19 mars 1934, *A.H.F.N.*
24. « Que signifie la capitulation de Rakovsky ? », 31 mars 1934, *La Vérité*, 27 avril, *Œuvres*, 3, pp. 309-310.
25. Van, *op. cit.*, p. 50.
26. *Journal d'exil*, 25 mars 1935, p. 74.
27. Rapport du Procureur de Melun, 15 avril 1934, *Archives nationales*.
28. *Ibidem*.
29. *Journal d'exil*, pp. 66-69.
30. *Le Matin*, 17 avril 1934.
31. Van, *op. cit.*, p. 101.

CHAPITRE L : *La tentative des « quatre »* (781-792)

1. Le travail essentiel sur cette période est le livre de Willy Buschak, *Das Londoner Büro. Europäische Linkssozialismus in den Zwischenkriegszeit*, Amsterdam, 1986. Voir également la thèse antérieure non publiée de Michel Dreyfus, *Bureau de Londres ou IVe Internationale ? Socialistes de gauche et trotskystes en Europe (1933-1940)*, Paris X, 1978. Voir aussi un récit de Fritz Sternberg, « Entretiens avec Trotsky », *Le Contrat social*, juillet/août 1964, VIII, nº 4, pp. 203-210. Voir également, en traduction du néerlandais, Jacques de Kadt, « Chez Trotsky : controverse et déception », *Le Contrat social*, mars/avril 1967, XI, nº 2, pp. 83-90, et « Chez Simone Weil : rupture avec Trotsky », *ibidem*, mai/juin 1967, XI, nº 3, pp. 139-145.
2. R. Dowse, *Left in the Center. The International Labour Party, 1893-1940*, Londres, 1866.
3. Hanno Drechsler, *Die Sozialistischen Arbeiterpartei Deutschlands*, Meisenheim/Glan, 1965.
4. *Ibidem*, p. 160.
5. *Ibidem*, pp. 190 sq.
6. Max Perthus, *Henk Sneevliet*, Nimègue, pp. 348-349.
7. Drechsler, *op. cit.*, p. 319; voir également M. Dreyfus et W. Buschak, *op. cit.*
8. Max Perthus, *Henk Sneevliet revolutionair-socialist in Europe en Azië*, Nimègue, 1976.
9. « Notes sur les conversations entre Trotsky et Walcher », *Arbeterrörelsen Arkiv*, Stockholm, *Œuvres*, 2, pp. 93-110.
10. K. H. Tjaden, *Struktur und Funktion der « KPD-Opposition »* (K.P.O.), Meisenheim/Glan, 1964.
11. « Notes... », *op. cit.*, 2, p. 95.
12. *Ibidem*, pp. 98-100.
13. *Ibidem*, pp. 96-97.
14. *Ibidem*, pp. 100-101.
15. *Ibidem*, pp. 101-103.
16. *Ibidem*, p. 105.
17. Trotsky à Walcher, 21 août 1933, *A.H.*, D 214. *Œuvres*, *2*, p. 117.
18. « Déclaration des quatre », *ibidem*, pp. 130-135.
19. *Ibidem*, p. 132.
20. *Ibidem*, p. 133.
21. *Ibidem*, p. 134.

22. Walcher à Trotsky, 24 septembre 1933, *A.H.*, 5784. Voir aussi Paton, *Left Turn*, pp. 411-412.
23. Trotsky « La Conférence de Paris... », 1er septembre 1933, *Œuvres*, 2, pp. 158-159.
24. Walcher à Trotsky, 23 août 1933.
25. Trotsky à Walcher, 26 août 1933, *A.H.* D 275. *Œuvres*, 2, pp. 137-138.
26. Article, signé G. Gourov, 18 septembre 1933, *Ibidem*, p. 210.
27. Compte rendu du plénum des 18 et 19 novembre 1933, Bibliothèque d'histoire sociale de New York; *Œuvres*, 3, pp. 63-67.
28. *Ibidem*, pp. 63-64.
29. *Ibidem*, p. 66.
30. *Ibidem*, p. 67.
31. Trotsky au S.I., 6 octobre 1933; *Œuvres*, 2, pp. 280-282.
32. Compte rendu de la préconférence des Quatre, 30 décembre 1933, *Archives Sneevliet*, I.I.H.S. Amsterdam; *Œuvres*, 3, pp.132-149.
33. *Ibidem*, p.138.
34. *Ibidem*, pp. 138-140.
35. *Ibidem*, pp. 140-141.
36. *Ibidem*, p. 142.
37. *Ibidem*, p. 143.
38. *Ibidem*, p. 144.
39. *Ibidem*, p. 145.
40. *Ibidem*.
41. *Ibidem*, p. 146.
42. « Pour la IVe Internationale », *A.H.*, T 3637; *Œuvres*, pp. 154-155.
43. Trotsky à des militants du S.A.P., 11 janvier 1934, *A.H.*, T 3641, *Œuvres*, pp 184-185.
44. « Centrisme et IVe Internationale », 22 février 1934, *A.H.*, T 3649; pp. 239-246, ici, 246.
45. « Un attentat centriste contre le Marxisme », 15 mars 1934; *A.H.*, T 3656, *Œuvres*, 3, pp. 271-276.
46. « Encore une fois sur le centrisme », 23 mars 1934, *A.H.*, T 3662, *Œuvres*, 3, pp. 288-292.
47. *Ibidem*, p. 292, n. 10.
48. *Ibidem*, p. 291.
49. *Ibidem*, p. 292.
50. Trotsky à Held 29 mars 1934, *Œuvres*, 2, pp. 298-302.
51. *Ibidem*, p. 300.
52. Trotsky à Swabeck, 29 mars 1934, Bibliothèque d'histoire sociale, New York, 29 mars 1934, pp. 296-297.
53. P. Broué, « Les Léninistes du P.S.O.E. », *Cahiers Léon Trotsky*, no 20, décembre 1984, pp. 42-67.
54. P. Broué, « Quand Carrillo était gauchiste : les Jeunesses socialistes d'Espagne de 1934 à 1937 », *Cahiers Léon Trotsky*, décembre 1983, pp. 17-53.

CHAPITRE LI : *L'expulsé sans visa* (793-805)

1. Le document essentiel, après l'installation de Trotsky à Domène est son *Journal d'exil 1935*, Paris, 1960. Les archives de Harvard sont muettes. Celles de Sedov, à Hoover, sont en revanche, plus utiles.
2. Nous avons combiné de façon détaillée les indications données par Van, *op. cit.*, pp. 102 sq. et les quittances, notes, reçus, etc. contenus dans une enveloppe préparée par Van et déposée aux archives de l'Institution Hoover. J'ai fait ce travail avec Van, l'année précédant sa mort.
3. Témoignage de Jean Aulas.
4. Van, *op. cit.*, p. 104.
5. *Ibidem*, p. 105.
6. *Ibidem*, p. 108.
7. Témoignage de France Serret.

8. Van, *op. cit.*, pp. 106-107.
9. *Ibidem*, p. 108.
10. *Ibidem*, pp. 102-103.
11. *Ibidem*, p. 104.
12. *Ibidem.*
13. *Ibidem*, p. 109.
14. *Journal d'exil*, p. 41.
15. Trotsky à Serge, 30 juillet 1936; *A.H.*, 10273; *Œuvres*, 10, pp. 303-304.
16. *Journal d'exil*, p. 53.
17. Trotsky à Sedov, 15 février 1935. *A.H.F.N.*
18. A. Malraux, « Trotsky », reproduit dans *Cahiers Léon Trotsky*, pp. 79-88, ici p. 88.
19. Trotsky au S.I., 16 juin 1934, Bibliothèque d'histoire sociale, *Œuvres*, p. 101.
20. *Ibidem*, p. 102.
21. « La Ligue devant un tournant décisif », 16/20 juin 1934, *A.H.*, V 112, pp. 103-110.
22. *Ibidem*, p. 109.
23. Trotsky, « L'Évolution du parti socialiste S.F.I.O. », 10 juillet 1934, *Œuvres*, 4, pp. 132-137.
24. Trotsky à la section belge, 19 novembre 1934, signée Vidal, *Œuvres*, 4, pp. 247-249.
25. « Pour la IVe Internationale » (Lettre ouverte), juin 1935, *A.H.*, T 3673. *Œuvres*, 5, pp. 346-359.
26. *Ibidem*, pp. 357-358.
27. Témoignage de Raoul Faure.
28. P. Saccoman, *Le Front populaire à Grenoble*, D.E.S. Grenoble, 1967.
29. Trotsky à Sedov, 23 janvier 1935, A.H., 10118.
30. Trotsky, « Le Procès de Zinoviev, Kamenev et autres », 16 juillet 1935, *Œuvres*, 5, p. 41.
31. Joubert, « L'affaire Kirov commence en 1934 », *Cahiers Léon Trotsky*, nº 20, décembre 1984, pp. 79-93.
32. Trotsky aux Américains, 26 janvier 1935, *Œuvres*, 5, pp. 45-50.
33. Trotsky, « Staline a signé l'acte de décès de la IIIe Internationale », *Œuvres*, 5, pp. 346-359.
34. *Ibidem*, pp. 357-358.
35. *Journal d'exil*, p. 84.
36. *Ibidem.*
37. *Ibidem*, p. 89.
38. *Ibidem*, p. 90.
39. *Ibidem*, p. 91.
40. *Ibidem*, p. 97.
41. *Ibidem*, pp. 107-108.
42. *Ibidem*, p. 111.
43. *Ibidem*, p. 133.
44. *Ibidem*, p. 135.
45. *Ibidem.*
46. *Ibidem*, p. 155.
47. *Ibidem*, pp. 156-160.
48. *Ibidem*, p. 163.
49. *Ibidem*, p. 48.

CHAPITRE LII : *Asile en Norvège socialiste* (pp. 806-823)

1. Outre les souvenirs de Van et de Rosenthal, souvent cités, il faut mentionner ici avant tout le livre d'Yngvar Ustvedt, *Verdensrevolusjonen på Hønefoss. En beretning om Leo Trotskijs opphold i Norge*, Oslo, 1974.
2. Rosenthal, *Avocat de Trotsky*, pp. 151-152.
3. *Ibidem*, p. 153.
4. *Journal d'exil*, p. 134.

5. Van, *op. cit.*, p. 117.
6. *Journal d'exil*, p. 168.
7. *Ibidem*, p. 169.
8. Trygve Lie, Rapport au Storting (18 février 1937), *Riksarkivet* Oslo, Stortingsmitteilung 19/137) dans *Trotsky. In denAugen der Zeitgenossen* (ci-dessous AvZ), p. 149.
9. *Journal d'exil*, p. 170.
10. Trygve Lie, *Oslo-Moskva-London*, cité dans *Œuvres*, 5, p. 330.
11. AvZ, p. 149.
12. *Journal d'exil*, p. 172.
13. V. Serge, *V. M.*, p. 51.
14. *Ibidem*, p. 54.
15. *Ibidem*, p. 51.
16. Van, *op. cit.*, p. 121.
17. *Ibidem*.
18. Lie, AvZ, p. 150.
19. *Ibidem*.
20. « En Norvège socialiste », *Œuvres*, pp. 31-32.
21. Deutscher « Conversations avec Trygve Lie », *Marxism...*, pp. 163-175.
22. AzV, p. 151.
23. Fred Zeller, « Le Vieux m'a dit », *Trois points, c'est tout*, Paris, 1976, pp. 92-130.
24. Franklin Knudsen, *I was Stalin's secretary*, p. 54.
25. Ustvedt, *op. cit.*, p. 51 et témoignage de N. K. Dahl.
26. Trotsky à Sedov, 27 décembre 1935,*A.H.*, 10135, *Œuvres*, p. 239-240.
27. *Ibidem*. p. 240.
28. Trotsky à Van Heijenoort, 12 juin 1936,*A.H.*, 10695; *Œuvres*, 10, p. 93.
29. *Ibidem*, pp. 78-84.
30. *Ibidem*, p. 79.
31. *Ibidem*, p. 80.
32. « La Nouvelle montée », 3 juillet 1936,*A.H.*, T 3932; *Œuvres*, 10, pp. 150-159, ici, p. 152.
33. *Ibidem*.
34. V. Serge, « Les déportés d'Orenbourg »,*A.H.*, mai 26, 17399; *Cahiers Léon Trotsky* nº 7/8, pp. 221-228.
35. Trotsky, « La section soviétique de la IVᵉ Internationale », 11 janvier 1936,*A.H.*, T 3895, *Œuvres*, 8, pp. 82-90.
36. *Ibidem*, p. 89.
37. Serge à Trotsky, 10 août 1936,*A.H.*
38. Trotsky à Eastman, 17 février 1936,*A.H.*, 10350; *Œuvres*, 8, pp. 210-211.
39. Trotsky à Lieber, 2 avril 1936,*A.H.*, 8916; *Œuvres*, 9, p. 142.
40. Trotsky, « État ouvrier, Thermidor et Bonapartisme »,*A.H.*, V 125; *Œuvres*, 5, pp. 68-88.
41. *Ibidem*, p. 70.
42. *Ibidem*, p. 84-85.
43. *La Révolution trahie*, dans *D.L.R.*, p. 449.
44. *Ibidem*, p. 479.
45. *Ibidem*, p. 480.
46. *Ibidem*, p. 504.
47. *Ibidem*, pp. 506-507.
48. *Ibidem*, pp. 534-535.
49. *Ibidem*, p. 606.
50. *Ibidem*, p. 627.
51. *Ibidem*, p. 628.

CHAPITRE LIII : *La descente aux enfers* (pp. 824-840)

1. Sur le procès de Moscou, voir P. Broué, *Les Procès de Moscou*, Paris, 1962, et Nicolas Werth, *ibidem*, Paris, 1987. Indispensable, l'ouvrage de Robert Conquest traduit en français sous le titre *La Grande Terreur*, Paris, 1970.

2. Orlov, *Secret History of Stalin's Crimes*, New York, 1959, pp. 59-60.
3. *Ibidem*, pp. 112-118.
4. *Ibidem*, pp. 126-128.
5. « Carnets » d'I. Reiss, dans V. Serge *et al. L'Assassinat d'Ignace Reiss*, Paris, 1937, pp. 20-21.
6. Duné, *Sotsialistitcheskii Vestnik*, n° 45, 20 mars 1948.
7. Orlov, *op. cit.*, p. 137.
8. Trotsky, « En Norvège socialiste », *Œuvres*, 11, p. 36.
9. A. Vaksberg, « La reine des preuves », *Literaturnaia Gazeta*, 27 janvier 1988.
10 à 14 compris. *Ibidem*.
15. Sedov à Trotsky, 21 août 1936, *A.H.*, 4868.
16. Trotsky à Sedov, 26 août 1936, *A.H.F.N.*
17. Sedov à Trotsky, 29 août 1936, *A.H.F.N.*
18. Sedov à Trotsky, 21 août 1936, *A.H.*, 4868.
19. P. Broué, « Trotsky et le Bloc des Oppositions de 1932 », *op. cit.*
20. *Le Procès du centre terroriste trotskyste-zinoviéviste*, Moscou, 1936. *Ibidem*.
21. *Ibidem*, p. 100.
22. *Ibidem*, p. 103.
23. *Ibidem*, p. 125.
24. *Ibidem*, pp. 120-121.
25. *Ibidem*, p. 165.
26. *Ibidem*, p. 182.
27. « En Norvège socialiste », *Œuvres*, 11, p. 39.
28. Rapporté par Orlov, *in* Lequenne, « Les demi-aveux de Zborowski », *Cahiers Léon Trotsky* n° 13, pp. 25-43, ici 33.
29. Ces jugements sont particulièrement sévères dans les articles écrits sur le bateau entre la Norvège et le Mexique.
30. « En Norvège socialiste », *Œuvres*, 11, p. 39.
31. Archives du ministère des Affaires étrangères français, lettre de M. Ristelhueber au ministre, 4 septembre 1936, U.R.S.S. Z 896, carton 608, dossier 6, « affaire Trotsky ».
32. Trygve Lie, *in* Deutscher, *Marxism, Wars and Revolutions*, p. 173.
33. Copie de cette note, *ibidem*, dans la lettre du 4 septembre 1936.
34. Note de M. Payart, 31 août 1936, *ibidem*.
35. Trotsky à R. Sveen, 19 août 1936, *A.H.*, 10554, trad. française dans *Œuvres*, 11, pp. 75-78.
36. Lie, AvZ, p. 152.
37. *Ibidem*, pp. 152-153.
38. *Ibidem*, p. 154.
39. « En Norvège socialiste », *Œuvres*, 11, p. 40.
40. *Ibidem*, p. 47.
41. Lie, AvZ, p. 154.
42. Van Heijenoort, *op. cit.*, p. 132.
43. Lie *in* Deutscher, *op. cit.*, p. 173.
44. Lie, AvZ, pp. 154-155.
45. Van Heijenoort, *op. cit.*, p. 133.
46. Lie, AvZ, p. 155.
47. Texte *ibidem*.
48. G. Rosenthal, *op. cit.*, p. 159.
49. *Ibidem*, p. 159.
50. « En Norvège... », p. 147.
51. Cité dans Ustvedt, *op. cit.*, p. 188.
52. Notamment Schwarz, « Peredoviki i rabotchie massi », *Sotsialistitcheskii Vestnik*, n° 21, 10 octobre 1936.
53. Rosenthal, *op. cit.*, p. 170.
54. *Ibidem*.
55. Trotsky, « Honte », 18 décembre 1936, *A.H.*, T 3967, trad. fr. *Œuvres*, 11, p. 331.
56. *Ibidem*, p. 335.
57. «A Huis clos », 11 décembre 1936; trad. fr. *Œuvres*, 11, p. 319.
58. *Ibidem*, p. 299.

59. Franklin Knudsen, *I was Quisling's Secretary*, Londres, 1967, p. 58.
60. Lie *in* Deutscher, *op. cit.*, p. 176.
61. Havldan Koht, cité par Deutscher, *op. cit.*, III, p. 460.

CHAPITRE LIV : *Résurrection au Mexique* (pp. 841-853)

1. Le travail essentiel est la thèse d'Olivia Gall, *Trotsky et la vie politique dans le Mexique de Cárdenas*, 2 vol., Grenoble, 1986, qui paraîtra prochainement. On peut espérer aussi la publication des travaux du colloque de mai 1987 à Mexico sur Trotsky comme « révélateur ».
2. Abern à Trotsky, 30 mars 1930, *A.H.*, 60.
3. *La Prensa*, 20 avril 1956, trad. fr. *Cahier Léon Trotsky* nº 11, septembre 1982, pp. 63-73.
4. *Ibidem*, p. 64.
5. O. Gall, t. I, *op. cit.*, pp. 144-146.
6. O. Fernández, *op. cit.*, p. 68.
7. O. Gall, *op. cit.*, I, pp. 23-25.
8. Sedov à S.W.P., 27 novembre 1936, *A.H.E.N.*
9. Shachtman à Sedov, 23 novembre 1936, *A.H.F.N.*
10. Van, *op. cit.*, p. 155.
11. Trotsky à Meyer, 17 décembre 1936, Riksarchiv, Oslo.
12. Trotsky à S. Rosendahl, 17 décembre 1936, Riksarchiv.
13. Trotsky, pages de journal, 28 décembre 1936, *Œuvres*, 12, p. 25.
14. « Au Mexique », pages de journal, *ibidem*, *Œuvres*, 12, p. 76.
15. V. Serge, *V.M.*, II, p. 69.
16. O. Gall, *Trotsky et la vie politique dans le Mexique de Cárdenas*, 2 vol., thèse, Grenoble, 1975. Ici, p. 135.
17. Van, *op. cit.*, p. 165.
18. Témoignage de van Heijenoort.
18. *Ibidem*.
20. Van, *op. cit.*, p. 166.
21. Témoignage de Mrs Ella G. Wolfe.
22. Léon et Natalia Trotsky, *Correspondance 1933-1938*, Paris, 1980, pp. 118 sq.
23. Van, *op. cit.*, p. 165.
24. H. Herrera, *Frida*, p. 212.
25. *Ibidem*, p. 81.
26. B. D. Wolfe, pp. 257-274.
27. *Ibidem*, p. 191.
28. Trotsky à Rivera, 9 juin 1933, *A.H.*, 9790.
29. V. Serge, *V.M.*, II, p. 116.
30. Trotsky au S.I., 12 juin 1938, *A.H.*, 8059; *Œuvres*, 18, p. 70.
31. Van, *op. cit.*, p. 197.
32. Témoignage de J. van Heijenoort à la soutenance de la thèse d'Olivia Gall.
33. O. Gall, *op. cit.*, I, p. 146.
34. *Ibidem*, I, p. 269.
35. *Ibidem*, I, pp. 146-147.
36. « Octavio Fernández se souvient », *Cahiers Léon Trotsky*, nº 26, juin 1986, pp. 61-80.
37. O. Gall, *op. cit.*, I, p. 121.
38. Témoignage de Van et Octavio Fernández.
39. O. Gall, *op. cit.*, I, p. 147 & II, pp. 462-477.
40. *Ibidem*, pp. 147-148.
41. *Ibidem*, p. 148.
42. *Ibidem*, p. 148.
43. Correspondance avec Cárdenas 1935-1938, *Archives Múgica.*
44. Témoignage de Charlie Curtiss.
45. On a son témoignage d'observatrice attentive dans Alice Gerstel-Rühle, *Hein Gedicht für Trotsky : Tagebuchaufzeichnungen aus Mexico*, Francfort/M, 1979.
46. O. Gall, *op. cit.*, II, pp. 353-357.

47. *Ibidem*, I, 208-243, fait la syntèse des nombreux travaux historiques récents consacrés à Lombardo Toledano.
48. V. Lombardo Toledano, « L'Asile du Mexique », *Futuro*, janvier 1937.
49. V. Lombardo Toledano, « Trotsky au Mexique », *Futuro*, septembre 1938.
50. P. Broué, *L'Assassinat de Trotsky*, p. 71.
51. Voir le chapitre 14 (« Trotsky analyse le Mexique ») de la thèse d'Olivia Gall, pp. 426-451.
52. O. Fernández, « Ce qu'est et où va la Révolution mexicaine », *Clave*, nº 3/4, novembre/décembre 1939.
53. Cité par O. Gall, *op. cit.*, II, p. 428.
54. « Les syndicats à l'époque impérialiste », février 1941.
55. « Le Mexique et l'impérialisme britannique, 5 juin 1938,*A.H.*, T 4539; ici, p. 57.
56. Trotsky, « Lettre ouverte au sénateur Allen », 2 décembre 1938,*A.H.*, T 4477; *Œuvres*, 19, p. 212.
57. Cité par O. Gall, *op. cit.*, II, p. 437.
58. *Ibidem*, cité p. 438.
59. *Ibidem*.
60. Staline et le Mexique », *Œuvres*, 17, pp. 269-270.

CHAPITRE LV : *Le révolutionnaire et le philosophe* (854-866)

1. Les ouvrages essentiels sont le compte rendu de la session de Coyoacán de la commission d'enquête, *The Case of Leon Trotsky*, New York, 1937 et son rapport, *Not Guilty*, New York, 1938.
2. Dewey à Eastman, cité par Alan Wald, « La commission Dewey quarante ans après », traduction française, *Cahiers Léon Trotsky*, nº 3, juillet-septembre 1979, p. 43.
3. T.R. Poole, « *Counter-Trials* ». *Leon Trotsky on Soviet Purge Trials*, thèse Université du Massachusetts 1974, t. I, p. 218.
4. *Ibidem*, pp. 302-303.
5. Sidney Hook, cité par Wald, *op. cit.*, p. 47.
6. *Le procès du « Centre antisoviétique » terroriste*, Moscou, 1937.
7. *Ibidem*, « aveux » de Mouralov, pp. 230-235.
8. *Ibidem*, pp. 22-24, 27, 30, 38, 39, etc.
9. *Ibidem*, « aveux » de Piatakov, pp. 64-69.
10. *Ibidem*, « aveux » de Radek, p. 113.
11. L'article de Radek dans *Izvestia*, 5 août 1936, intitulé « Les fauteurs de guerre préparent l'intervention contre la révolution espagnole » est de fait une critique de la politique stalinienne.
12. *Ibidem*, « aveux » de Piatakov, pp. 70-71.
13. *Ibidem*, « aveux » de Radek, p. 565.
14. Trotsky à S. LaFollette, 15 mars 1937,*A.H.*, 8741; *Œuvres*, 3, p. 88.
15. Discours pour le meeting de New York, 9 février 1937,*A.H.*, T. 4090.
16. Trotsky à Solow (24 février 1937),*A.H.*, 10477, fait une critique détaillée du projet de constitution de la commission d'enquête (*A.H.*, 15848) de ce point de vue : traduction française, *Œuvres*, 12, pp. 374-373. Voir également Trotsky à Novack, 9 mars 1937,*A.H.*, 9428, et la lettre aux trotskystes américains, 17 mars 1937,*A.H.*, 7306 d'où est extraite la phrase ci-dessus.
17. Trotsky à Nelz, 1er février 1937,*A.H.*, 8513, *Œuvres*, 12, pp. 333-334.
18. P. Broué, « L'Histoire et la vie » (Charles Beard et l'enquête sur les procès de Moscou) », *Cahiers Léon Trotsky*, nº 19, septembre 1984, pp. 68-77.
19. Wald, *op. cit.*, pp. 47-52.
20. *Ibidem*, p. 53.
21. *The Case of Leon Trotsky*, p. 12.
23. *Ibidem*, p. 5.
24. Wald, *op. cit.*, p. 55.
25. Cité *ibidem*.
26. *The Case...*, p. 412.
27. *Ibidem*, pp. 415-416.
28. *Ibidem*, pp. 417-418. Beals écrit dans *Saturday Evening Post*, 12 juin 1937 un article qui paraîtra au Mexique dans la revue de la C.T.M. et de V. Lombardo Toledano, *Futuro*.

29. *The Case...* pp. 436-437.
30. G. Roche, « Défense et contre-enquête en France », *Cahiers Léon Trotsky*, nº 3, juillet-septembre 1979, pp. 61-98.
31. Poole, *op. cit.*, II, p. 506.
32. G. Roche, « *Partisan Review*, revue partisane », *Cahiers Léon Trotsky*, nº 19, septembre 1984, pp. 17-40.
33. Edmund Wilson, « Staline, Trotsky et Willi Schlamm », *Nation*, 11 décembre 1937.
34. B.D. Wolfe, « Defense de Trotsky », *The New Republic*, 24 novembre 1937.
35. *Le Procès du « Bloc des droitiers et des trotskystes » antisoviétiques*, 2 vol., Moscou, 1938. Les dénégations de Krestinsky se trouvent pp.56-58.
36. On trouve tout au long de son interrogatoire ces tentatives de Boukharine, notamment, pp. 402, 409, 415, 451, 484, etc.
37. *Ibidem*, dans la déposition de Boulanov, pp. 594-595 et surtout celle d'Iagoda, pp. 609-611.
38. *Ibidem*, pp. 584-585.
39. James T. Farrell « Dewey au Mexique », trad. fr. *Cahiers Léon Trotsky*, nº 19, septembre 1984, pp. 78-100, ici p. 93.
40. Trotsky à Frankel, 26 janvier 1938, *A.H.*, 8157; *Œuvres*, 16, pp. 116-117.
41. Cité par Farrell, *op. cit.*, p. 95.
42. *Ibidem.*
43. Deutscher, *op. cit.*, III, p. 583. En revanche George Novack, « Liberal Morality », *Their Morals and Ours*, New York, 1973, pp. 74-93, a parfaitement saisi la polémique cachée.
44. J. Dewey, « Means and end », *The New International*, juin 1938, p. 177.
45. *Ibidem.*
46. Cité par Farrell, *op. cit.*, p. 97.

CHAPITRE LVI : *La grande traque* (867-882)

1. Il n'existe pas d'ouvrage d'ensemble sérieux. La « grande traque » des révolutionnaires en Espagne fera l'objet d'un prochain travail.
2. P. Broué, « La main-d'œuvre blanche de Staline », *Cahiers Léon Trotsky*, nº 24, décembre 1985, pp. 73-84.
3. Michel Lequenne, « Les demi-aveux de Zborowski », *Cahiers Léon Trotsky*, nº 13, mars 1983, pp. 25-43 et Gérard Rosenthal, *op. cit.*, pp. 271-273. voir également l'enquête parlementaire aux États-Unis et le compte rendu des dépositions de Zborowski et de Lola Dallin dans *Scope of Soviet Activity in the United States*, nᵒˢ 4 et 5, séances du 29 février et du 2 mars 1956, Washington, 1956.
4. *Scope*, nº 4, pp. 82-83; Lequenne, *op. cit.*, p. 29.
5. *Ibidem*, p. 30.
6. *Ibidem.*
7. *Ibidem.*
8. *Ibidem*, pp. 30-31.
9. *Ibidem*, p. 32.
10. Témoignage de Raymond Molinier.
11. Multiples renseignements sur tous ces personnages dans les pièces de l'enquête sur l'assassinat de Reiss, *A.H.*, 17299, 148 pages, et dans un résumé en anglais du dossier aux archives de l'Institution Hoover.
12. Trotsky, *Œuvres*, 16, p. 190.
13. Note, Préfecture de Police, 27 et 28 janvier 1937, *archives Préfecture de Police.*
14. *Œuvres*, 16, p. 90.
15. Sur Reiss, le récit de sa veuve, Elsa Poretski, *Les Nôtres*, Paris, 1969.
16. Texte reproduit dans *L'Assassinat d'Ignace Reiss*, Paris 1938, pp. 32-36.
17. Cyril Henkin, *L'Espionnage soviétique*, Paris, 1981, p. 50.
18. Alain Brossat, *Agents de Staline*, Paris 1988, notamment les chapitres où Rodzévitch et Véra Trail avaient été interrogés dans le cours de l'enquête sur le meurtre de Reiss.
19. « Victoire de Staline sur le parti » est le titre du chapitre 22 du livre de L. Schapiro. *The Communist Party of the Soviet Union.*

20. Merle Fainsod, *Smolensk under Soviet Rule*, Cambridge, Ma., 1958.
21. *Ibidem*, p. 322.
22. *Ibidem*, p. 422.
23. *Ibidem*, p. 234.
24. *Ibidem*, p. 235.
25. *Ibidem*, p. 237.
26. J. Hernandez, *La Grande trahison*, Paris, 1953, pp. 103-107.
27. P. Broué « La dernière Mission de Wolf », *Cahiers Léon Trotsky*, n° 10, juin 1982, pp. 75-84.
28. P. Broué « Procès manqué à Prague : l'affaire Grylewicz », *Cahiers Léon Trotsky*, n° 3, juillet-septembre 1979, pp. 141-150.
29. P. Broué, « Procès d'Américains à Moscou ou Procès de Moscou à New York : l'affaire Robinson-Rubens », *ibidem.*, pp. 151-200.
30. *Ibidem*, pp. 160-164.
31. M.F. Kahn et J.M. Krivine, « La mort de Sedov », *Cahiers Léon Trotsky*, 13 mars 1983, pp. 25-43.
32. Van, *op. cit.*, pp. 176-177.
33. Trotsky, « Léon Sedov, l'homme, l'ami, le militant », *Œuvres*, 16, p. 194, 20 février 1938, *A.H.*, T 4281.
34. Trotsky, A. & M. Rosmer, *Correspondance*, pp. 258-263.
35. Rosenthal, *op. cit.*, pp. 305-308.
36. R. Revol « Procès de Moscou en Espagne », *Cahiers Léon Trotsky*, n° 3, juillet-septembre 1979, pp. 130-132.
37. *Ibidem*, pp. 121-130.
38. Rosenthal, *op. cit.*, pp. 275-280.
39. P. Broué, « Quelques collaborateurs de Trotsky », *Cahiers Léon Trotsky*, n° 1, janvier 1979, pp. 73-76.
40. L'homme qui aurait été recherché par la police, appelé Kauffman par certaines sources policières, serait en réalité appelé Toman, selon des documents des archives Robrieux; indication donnée verbalement par Philippe Robrieux.
41. Jean P. Joubert, « Quand *L'Humanité* couvrait les traces des tueurs », *Cahiers Léon Trotsky*, n° 3, juillet-septembre 1979, pp. 203-206.
42. Orlov à Trotsky, 27 décembre 1937, *A.H.*, 6137.
43. Trotsky à ses camarades des États-Unis, 1er janvier 1939, *A.H.*, 8105; *Œuvres*, 20, pp. 29-30.
44. Trotsky à Pagenel, 24 octobre 1938, *A.H.*, T 4389, *Œuvres* 18, pp. 251-252.
45. P. Broué, « Les trotskystes en U.R.S.S., 1929-1938 », *Cahiers Léon Trotsky*, n° 6, 1980, pp. 5-65, ici p. 58.
46. Cité par Maria Joffé, *One Long Night*, pp. 41-42.
47. *Ibidem*, p. 44.
48. *Ibidem*, p. 34.
49. *Ibidem*, p. 188.
50. *Ibidem*, p. 190.
51. Serge à Trotsky, 27 mai 1936, *A.H.*, 5013, cité par P. Broué, « Les Trotskystes », p. 56.

CHAPITRE LVII : *L'anti-modèle de la guerre d'Espagne* (pp. 884-894)

1. La principale source de la place de la guerre d'Espagne dans la biographie de Trotsky est évidemment le volume *La Révolution espagnole. 1930-1940*, Paris, 1975. Ce volume de 788 pages comprend tous les textes de Trotsky sur l'Espagne connus avant l'ouverture de la « partie fermée » de ses archives en 1980 (ci-dessous, *R.E.*).
2. M. Blanco Rodríguez, « Le Livre que Trotsky n'a pas écrit sur l'Espagne », *Cahiers Léon Trotsky*, n° 10, juin 1982, pp. 115-117.
3. « La Révolution et les tâches communistes », 24 janvier 1931, *A.H.*, T 3358; *R.E.*, 59-81, ici p. 80.
4. P. Broué « Quand Carrillo était gauchiste : les Jeunesses socialistes d'Espagne de 1934 à 1936 », *Cahiers Léon Trotsky*, n° 16, décembre 1983, pp. 48-53.
5. Trotsky, « Premières leçons d'Espagne », 30 juillet 1936, *A.H.*, T 3944.; *R.E.*, pp. 339-347, ici p. 347.

6. Lettre de Trotsky, 16 août 1936, découverte dans les archives de la police secrète italienne, *R.E.*, pp. 348-352, ici, p. 350.
7. *Ibidem*, p. 351.
8. Trotsky « La Sainte-alliance contre l'Espagne », 26 août 1936, *R.E.*, p. 354.
9. Trotsky, « Pour la Victoire de la Révolution espagnole », 19 février 1937, *A.H.*, T 4104, *R.E.*, pp. 355-359.
10. *Ibidem*, p. 355.
11. *Ibidem*, p. 357.
12. *Ibidem*, pp. 357-358.
13. *Ibidem*, p. 358.
14. *Ibidem*, p. 359.
15. Trotsky, « La victoire est-elle possible? », 23 avril 1937, *A.H.*, T 4142; *R.E.*, pp. 382-392, ici p. 390.
16. *Ibidem*, p. 390.
17. *Ibidem*.
18. Trotsky, « Remarques sur l'insurrection », 12 mai 1937, *A.H.*, T 4147, *R.E.*, p. 398.
19. Trotsky « L'I.C. soutient la contre-révolution en Espagne », *R.E.*, p. 406.
20. Trotsky, « contre le défaitisme en Espagne », 14 septembre 1937, *A.H.*, T 4208, *R.E.*, pp. 430-440.
21. *Ibidem*, p. 440.
22. Trotsky, « Il est temps de passer à une contre-offensive internationale contre le stalinisme », *A.H.*, T 4227; *R.E.*, 464-472, ici p. 469.
23. *Ibidem*, p. 469.
24. Trotsky, « Leçons d'Espagne, dernier avertissement », 17 décembre 1937, *A.H.*, T 4258; *R.E.*, pp. 473-501.
25. *Ibidem*, p. 476.
26. *Ibidem*, p. 481.
27. *Ibidem*, p. 484.
28. *Ibidem*, p. 486.
29. *Ibidem*, p. 492.
30. *Ibidem*, pp. 495-496.
31. *Ibidem*, p. 499.
32. G. Soria, « Le trotskysme au service d'Hitler », *L'Humanité* 20 juin 1937, et « Le P.O.U.M. organisation de terrorisme et d'espionnage au service de Franco », *L'Humanité*, 25 octobre 1937.
33. Trotsky, « Leçons d'Espagne », pp. 500-501.
34. *Ibidem*, p. 501.
35. *La Batalla*, 24 décembre 1936. Selon les militants du P.O.U.M., Farré fut tué en France sous l'Occupation par un commando aux ordres du P.C.

CHAPITRE LVIII : *La révolution, le peintre et le poète* (pp. 895-908)

1. Voir B.D. Wolfe, *La fabulosa Vida de Diego Rivera*, Mexico, 1972, et Arturo Schwarz, *Breton, Trotsky et l'Anarchie*, Paris 1977, ainsi que la thèse de Marlene Kadar, *Cultural Politics in the 1930 s. Partisan Review. The Surrealists and Leon Trotsky*, Alberta 1983.
2. B.D. Wolfe, *op. cit.*, p. 197.
3. Trotsky « L'Art et la Révolution », 17 juin 1938, Lettre à *Partisan Review*, *A.H.*, 4366; *Œuvres*, 18, pp. 88-89.
4. *Ibidem*, p. 89.
5. B.D. Wolfe, *op. cit.*, pp. 263-267.
6. *Ibidem*, pp. 89-90.
7. *Ibidem*, p. 90.
8. G. Roche, « La Rencontre de l'Aigle et du Lion », *Cahiers Léon Trotsky*, n° 25, mars 1986, pp. 23-46.
9. *Ibidem*, p. 23.
10. Van, *op. cit.*, p. 179.
11. Roche, « Rencontre »..., p. 31.

12. Van, *op. cit.*, p. 179.
13. Roche, *op. cit.*, p. 26.
14. *Ibidem*, p. 24.
15. *Ibidem.*
16. *Ibidem.*
17. *Ibidem*, p. 26.
18. *Ibidem*, p. 27.
19. Van, *op. cit.*, pp. 180-181.
20. A. Schwarz, *Breton-Trotsky*, Paris, 1977, p. 210.
21. Van, *op. cit.*, p. 184.
22. *Ibidem*, p. 187.
23. Roche, « Rencontre »..., p. 35.
24. « Manifeste pour un Art révolutionnaire indépendant », 25 juillet 1938, *A.H.*, T 4394; *Œuvres* 18, pp. 198-211.
25. *Ibidem*, p. 198.
26. *Ibidem*, p. 201.
27. *Ibidem*, p. 206.
28. *Ibidem.*
29. *Ibidem*, p. 208.
30. *Ibidem*, p. 209.
31. *Ibidem*, pp. 209-210.
32. *Ibidem*, p. 211.
33. Roche, « Rencontre... », pp. 42-43.
34. Van, *op. cit.*, p. 195.
35. *Ibidem*, p. 198.
36. *Ibidem*, p. 196.
37. *Ibidem*, pp.196-197.
38. O. Gall, I, pp. 385-386.
39. Cité par Trotsky, « Bilan de la rupture avec Diego Rivera », 27 mai 1938, *A.H.*, 8186; *Œuvres*, 20, pp. 304-305.
40. O. Gall, *op. cit.*, I, pp. 387, n. 1.
41. Van, *op. cit.*, pp. 199-200.
42. Rivera à Ferrel et Rivera à S.I., 7 janvier 1939, *archives Curtiss.*
43. « La démission de Rivera », 17 janvier 1939, *archives Curtiss; Œuvres*, 20, pp. 59, et « Ce qu'il faut répondre », 17 janvier 1939, *archives Curtiss, Œuvres*, pp. 60-61.
44. Gall, *op. cit.*, I, p. 192.
45. Rivera à B.D. Wolfe (extraits), 19 mars 1939, *archives Curtiss.*
46. O. Gall, *op. cit.*, I, p. 395.
47. Rivera au Pan-American Bureau, 10 mars 1939, *archives Curtiss*; Trotsky, « Bilan... », p. 308.
48. *Ibidem.*
49. *New York Times*, 14 avril 1939; traduction française dans *Cahiers Léon Trotsky*, n° 26, juin 1986, p. 86.
50. *Ibidem*, p. 87.
51. Charles O. Cornell; « Avec Trotsky au Mexique », *Fourth International*, août 1944, pp. 246-249.
52. *Ibidem*, pp. 248-249.
53. *Ibidem*, p. 248.

CHAPITRE LIX : *La IVe Internationale et la guerre* (pp. 909-922)

1. Sur cette question, nous l'avons dit. D. Guérin a édité, malheureusement avec de fâcheuses coupures, les principaux textes sous le titre *sur la Deuxième Guerre mondiale*, Paris, 1974. Les textes du débat de 1939-1940 sont édités dans *Défense du Marxisme*, Paris 1972. Voir également, Jean J. Joubert, « Le défaitisme révolutionnaire », *Cahiers Léon Trotsky*, n° 23, septembre 1985, pp. 6-22 et P. Broué « Trotsky et les trotskystes face à la Deuxième Guerre mondiale », *Ibidem*, pp. 35-60.
2. Trotsky, « La guerre et la IVe Internationale », *Œuvres*, 4, pp. 48-85.
3. *Ibidem*, p. 49.

4. *Ibidem*, p. 53.
5. *Ibidem*, p. 69.
6. *Ibidem*, p. 74.
7. *Ibidem*, p. 75.
8. Trotsky à V. Serge, 3 juin 1936, *A.H.*, 10271, *Œuvres* 10, p. 36.
9. P. Broué, « Trockij et la IVe Internationale », *Il Pensiero, op. cit.*, pp. 517-518.
10. Trotsky « La nouvelle montée et les tâches de la IVe Internationale », 3 juillet 1936; *A.H.*, T 3932; *Œuvres*, 10, pp. 150-159, ici p. 157.
11. Circulaire de convocation, *Cahiers Léon Trotsky*, nº 1, janvier 1979, p. 9.
12. G. Breitman, *The Rocky Road of the Fourth Internationale*, New York, 1973, p. 22.
13. Trotsky/Li Furen, « Discussion sur la question chinoise », 11 août 1937, *Œuvres*, 14, 271 et 276.
14. *The Case*, p. 190.
15. Post-scriptum sur les accords de Munich, *A.H.*, T 4424; *Œuvres*, 18, p. 313-314.
16. Trotsky, « Une leçon toute fraîche, sur le caractère de la guerre prochaine », (10 octobre 1938, *A.H.*, T 4436; *Œuvres*, 19, pp. 53-83.
17. *Ibidem*, pp. 71-75.
18. Trotsky, « Le pacte germano-soviétique », 4 septembre 1939, *A.H.*, T 4614; *Œuvres*, 21, pp. 380-392, ici, p. 391.
19. Trotsky, *Œuvres*, 22, n. 1, p. 27.
20. *Ibidem*.
21. Trotsky « L'U.R.S.S. dans la guerre », 25 septembre 1939, *A.H.*, T 4633; *Œuvres*, 22, pp. 40-62.
22. *Ibidem*, pp. 44-45.
23. *Ibidem*, pp. 47-48.
24. *Ibidem*, p. 60.
25. *Ibidem*, p. 62.
26. « Encore une fois sur la nature de l'U.R.S.S. », 18 octobre 1939, *A.H.*, 4642; *Œuvres*, 22, p. 102.
27. « Bonapartisme, Fascisme et Guerre », fragments d'un texte inachevé, août 1940, *Œuvres*, 24, pp. 366-376, ici p. 369.
28. *Ibidem*, p. 370.
29. *Ibidem*, pp. 371-372.
30. Manifeste sur la Guerre impérialiste et la révolution prolétarienne mondiale (mai 1940) *A.H.*, 7842-7846, *Œuvres*, 24, pp. 27-75.
31. *Ibidem*, p. 75.
32. « Bonapartisme... », *Œuvres*, 24, p. 371.
33. P. Broué « Trotsky et les trotskystes », *Cahiers Léon Trotsky*, nº 23, p. 38.
34. Trotsky « Notre cap ne change pas », 30 juin 1940, *A.H.*, T 4904; *Œuvres*, 24, p. 186.
35. *Ibidem*.
36. *Ibidem*.
37. *Ibidem*.

CHAPITRE LX : *L'hallali* (pp. 923-936)

1. Sur l'assassinat de Trotsky la littérature est abondante. Citons simplement, de Gorkin et du général Sánchez Salazar, *Ainsi fut assassiné Trotsky*, Paris, 1948, et Isaac Don Levine, *L'Homme qui a tué Trotsky*, Paris 1960. Mon livre, *L'assassinat de Trotsky*, Bruxelles 1980, est le premier qui utilise en même temps les archives de Trotsky à Harvard, les archives accessibles au Mexique et la presse de ce pays.
2. V. Serge, *V.M.*, II, p. 113.
3. *Ibidem*.
4. *Ibidem*, pp. 113-114.
5. *Ibidem*, p. 84.
6. *Ibidem*, pp. 117-118.
7. *M.V.*, III, p. 341.
8. *Journal d'Exil*, 20 février 1935, pp. 57-58.

9. Lettre de C.G. Quinn au consul général des États-Unis, cité dans P. Broué, *op. cit.*
10. Broué, *op. cit.*, pp. 26-27.
11. Témoignage de van Heijenoort.
12. *Socialist Appeal,* 16 avril 1938.
13. Rapport de J. Edgar Hoover, 1er octobre 1940, *archives F.B.I.*, cité dans *Newsline*, 30 septembre 1978.
14. P.v.z. Mülhen, *Spanien war ihre Hoffnung*, Bonn, 183, pp. 146-155.
15. *Lutte ouvrière,* 17 mai et *Socialist Appeal*, 3 avril 1938.
16. Rapport de J. van Heijenoort, n.d., *A.H.*, 17304.
17. *Ibidem.*
18. Trotsky à S.W.P., 4 septembre 1938, *A.H.*, T 4418; *Œuvres*, 18, pp. 273-275.
19. Goldman, déclaration de presse, 8 septembre 1938, *A.H.*, 16882.
20. Sur l'appel téléphonique de Matthews, cf. Broué, *L'Assassinat...*, pp. 79-80.
21. Rapport de J. Hansen, 14 décembre 1939, *A.H.*, 18906.
22. Lettre au S.W.P., 13 octobre 1939, *A.H.*, 8109; *Œuvres*, 22, pp. 94-96.
23. O. Creydt Abelenda, « La Signification du Trotskysme », *Futuro*, mai 1940, cité dans Broué, *op. cit.*, pp. 144-152.
24. *Œuvres*, 24, p. 325.
25. Campa, *Mi Testimonio*, « El Caso Trotsky », pp. 159-166.
26. Victor Serge, *V.M.*, II, p. 119.
27. Trotsky, « L'Attentat du 14 mai », 8 juin 1940; *Œuvres*, 24, pp. 100-101.
28. *El Popular,* 29 mai 1940.
29. *Ibidem.*
30. P. Broué, *L'Assassinat...* pp. 95-97.
31. *Excelsior*, 31 mai 1940.
32. Luis Lombardo Toledano, « Trotsky insulte la police mexicaine », *El Popular*, 2 juin 1940.
33. E. Ramírez y Ramírez, *Novedades*, 3 juin 1940.
34. D. Alfaro Siqueiros, Déclaration, *El Popular*, 3 juin 1940.
35. *El Popular*, 3 juin 1940.
36. *Excelsior*, 6 juin 1940.
37. Broué, *op. cit.*, pp. 100-105.
38. « Le Comintern et le G.P.U. », 17 août 1940, *A.H.*, T 4927; *Œuvres*, 24, pp. 312-314.
39. Broué, *op. cit.*, p. 115.
40. *Ibidem*, p. 114.
41. Broué, *op. cit.*, pp. 114, 115.
42. *Ibidem*, p. 117.
43. *Ibidem*, pp. 116-117.
44. *Ibidem*, pp. 117-118.
45. *Ibidem*, pp. 119-120.
46. *Ibidem*, p. 120.
47. *Ibidem*, p. 10.
48. Hansen, « Avec Trotsky, jusqu'au dernier moment », trad. fr. dans *Cahiers Léon Trotsky*, n° 2, avril-juin 1979, pp. 25-51.
49. *Pravda*, 24 août 1940.
50. P. Broué, *op. cit.*, p. 142.
51. F. Zamora, « L'Assassinat comme révélateur », *El Universal*, 24 août 1940.

CONCLUSION (pp. 937-947)

1. *Libération*, 12/13 septembre 1987; *New York Times*, 16 septembre 1987.
2. Merle Fainsod, *op. cit.*
3. « Quand un vieux révolutionnaire engueule les bureaucrates de la *Pravda* », *Cahiers Léon Trotsky*, n° 24, décembre 1985, pp. 121-124.
4. Cf., p. 823.
5. François Mauriac, *op. cit.*, pp. 197-200.
6. *M.V.* III, p. 361.
7. *A.H.*, T 4828a.
8. John Gunther, « Trotsky at Elba, *Harpers' Magazine*, n° 166, avril 1933, p. 597.

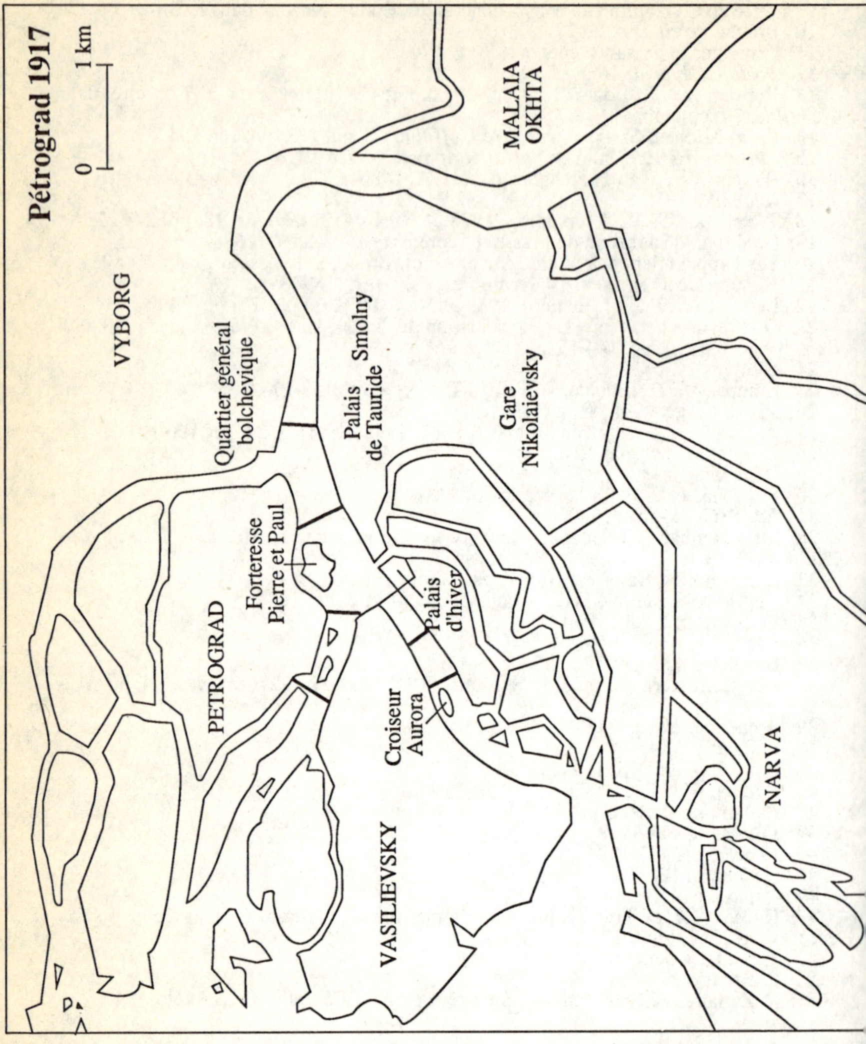
Pétrograd 1917
0
1 km
VYBORG
MALAIA OKHTA
Quartier général bolchevique
Smolny
Palais de Tauride
Gare Nikolaievsky
Forteresse Pierre et Paul
PETROGRAD
Palais d'hiver
Croiseur Aurora
VASILIEVSKY
NARVA

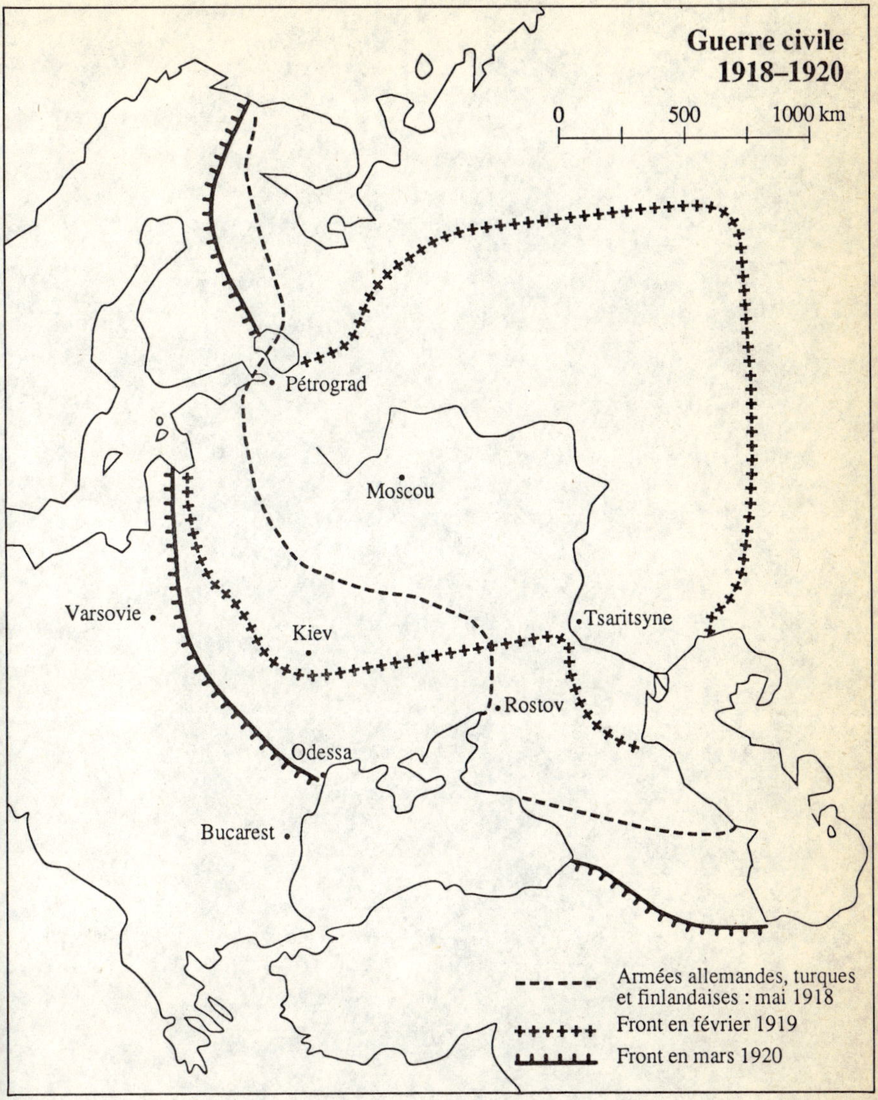
Guerre civile
1918–1920
0
500
1000 km
Pétrograd
Moscou
Varsovie
Kiev
Tsaritsyne
Rostov
Odessa
Bucarest
Armées allemandes, turques et finlandaises : mai 1918
Front en février 1919
Front en mars 1920

Index

niste. Il rejoignit la S.F.I.O. en 1931 puis le P.S.O.P. en 1938. Sous l'occupation, membre du C.D.L.R., il fut condamné à mort en juillet 1941 puis grâcié. Il fut conseiller de la République de 1946 à 1958 et dirigeant d'organisations d'anciens déportés : 641.

BARTANYI, Ondrej, citoyen tchécoslovaque, déposa chez le trotskyste allemand Grylewicz une valise contenant des documents compromettants et disparut : 875.

BARTON, pseudonyme de Friedrich BERGEL, homme d'affaires de Reichenberg, membre de l'Opposition de gauche qu'il contribue à financer sur le plan international : 775.

BARYTCHKINE, ancien collaborateur de Trotsky, commande son escorte dans le train en 1928 : 543.

BASSOLS, Narciso (1897-1959), professeur de droit, plusieurs fois ministre et ambassadeur du Mexique : 626, 932.

BAUDELAIRE, Charles (1821-1867), poète français, auteur des *Fleurs du Mal* (1857) : 71.

BAUER, Eugen, voir ACKERKNECHT : 500.

BAUER, Otto (1881-1935), dirigeant et théoricien de la social-démocratie autrichienne. Secrétaire d'État aux affaires étrangères en 1918, il émigra en 1934 : 131, 741.

BAUFRÈRE, Marcel (né en 1914), membre des J.S., rejoint le G.B.L. en 1934 mais ne quitte la S.F.I.O. pour le P.O.I. qu'en 1936. Il fut arrêté en octobre 1943 et déporté à Buchenwald. Plus tard, directeur de l'A.F.P. : 807.

BAVASSANO, Mario, dit GIACOMI (1895-1964), ouvrier de Turin, syndicaliste puis dans l'appareil de l'I.C., rompt avec le P.C. d'I et rejoint les « trois » en 1930 : 769.

BEALS, Carleton (1893-1979), émigré au Mexique comme *slacker*, enseignant puis journaliste, revient aux E.U. comme spécialiste de l'Amérique latine ; démissionne de la commission Dewey : 858, 860.

BEARD, Charles A. (1874-1948), historien et professeur de sciences politiques à l'Université Columbia : 857, 860.

BEAU, Laurent (1888-1943), instituteur, ex-communiste, membre de la fédération unitaire de l'enseignement et de la loge « Les arts réunis » en 1935 ; hébergea les Trotsky en 1934-1935 : 794, 798, 801, 803.

BEAUSSIER, Jean (1912-1984), étudiant, membre de la Ligue communiste en 1930, un des gardes de Trotsky en 1933, une des chevilles ouvrières de la contre-enquête sur le procès de Moscou en 1936-1937 : 768, 770.

BEBEL, Auguste (1840-1913), co-fondateur et dirigeant du parti social-démocrate de 1869 à sa mort : 42, 128-130, 465.

BECKER, John dit BROWN, ingénieur américain, probablement lié à Mratchkovsky et l'un des informateurs de Lev Sedov sur l'U.R.S.S. : 607, 770, 857, 860.

BEDNY, Demian, E.A. PRIDVOROV, dit (1883-1945), poète russe, membre du parti en 1912, devient à partir de 1925 une sorte de poète officiel : 563.

BEILIS, Menahem (1874-1934), ouvrier de Kiev, accusé en 1913 de crime rituel sur un enfant chrétien, avait été acquitté au terme d'une violente campagne antisémite : 704.

BELENKY, G.Ja (1885-1938), vieux bolchevik en 1903, après avoir été « iskriste », militant clandestin souvent emprisonné, exclu avec l'Opposition unifiée en 1927 : 485.

BELINSKY, G.V. (1811-1848), critique littéraire et occidentaliste, initiateur de la critique sociologique : 63.

BELOBORODOV, A.G. (1891-1938), ouvrier électricien bolchevik en 1907, organisateur dans l'Oural, commissaire politique et Commissaire du peuple à l'Intérieur de la R.S.F.S.R. Exclu en 1927, capitule en 1928. Fusillé : 421, 484, 531, 536, 537, 541, 550, 556, 567, 629, 640, 880.

BELTRAN, Joaquin (1876-1946), aide de camp du Président Cárdenas : 843.

BENTHAM, Jeremy (1748-1832), moraliste anglais : 41.

BENTINCK, Lord William (1774-1839),

fois président du Conseil en France : 742, 776.

DAN, Fedor Ilytch Gourvitch, dit (1871-1947), médecin, leader social-démocrate, menchevik : 81, 185-186, 489.

DANIELSON, N.F. (1844-1918), traducteur de Marx en russe : 27.

DANINE, Stevan, charpentier de Smolensk : 873.

DANTON, Georges (1759-1794), révolutionnaire français : 17, 107, 521.

DARWIN, Charles Robert (1809-1882), grand naturaliste, auteur de *L'Origine des espèces* : 56, 854.

DA SILVA, Colvin R. (né en 1907), avocat, en rapport avec les oppositionnels britanniques en 1930, organisateur de la grève du textile en 1932, l'un des fondateurs du Lanka Sama Samaja Party en 1935, future section de Ceylan de la IVe Internationale. Ministre en 1970 dans le gouvernement Bandaranaike : 648.

DASZYNSKI, Ignacy (1866-1936), dirigeant du P.P.S. en pologne : 42.

DAUGE, Walter (1907-1944), fils de mineur, speaker à la radio et leader des Jeunesses socialistes du Borinage. Fonde et dirige après 1936 le Parti socialiste révolutionnaire et se retire en 1940 : 799, 812, 816.

DAVID-KROUGLIANSKY, Fritz (1897-1936), un des accusés « provocateurs » dans le premier procès de Moscou : 828.

DAVTIAN, A.A. (1898-1944), dit TAROV, ouvrier arménien, commissaire politique, exclu en 1927 comme oppositionnel de gauche. Arrêté puis déporté, il s'évade d'U.R.S.S. en 1934 et correspond en 1935 avec Trostky ; en France en 1937, il rejoint pendant la guerre les F.T.P.-M.O.I. et est fusillé avec les autres membres du groupe Manouchian : 733, 816.

DEBS, Eugene V. (1855-1926), prisonnier du socialisme aux E.U., chauffeur de locomotive, héros de la grève Pullman en 1894, il fut le candidat socialiste aux élections présidentielles à plusieurs reprises et purgea nombre d'années de prison : 164.

DE KADT, Jacques (né en 1897), venu du P.C. néerlandais, ayant été à partir de 1932 l'un des dirigeants du parti socialiste indépendant, l'O.S.P. : 770-782-784, 786-788, 797.

DELBOS, Yvon (1885-1936), ministre des Affaires étrangères français : 830.

DE LEON, Daniel (1852-1914), professeur, originaire d'Amérique centrale, fonda et dirigea aux États-Unis le Socialist Labor Party, puis la formation révolutionnaire de Industrial Workers of the World : 164.

DE MAN, Henri (1885-1953), avait dirigé la « centrale d'éducation ouvrière » du P.O.B. Il élabora en 1930 le « Plan du travail » pour ce parti dont il devint vice-président : 171.

DENIKINE, A.I. (1872-1947), général de division en 1914, commandant des armées blanches au Sud en mars 1918 ; militairement écrasé en novembre 1919, il émigre : 260, 262, 263, 264, 265, 267, 268, 422, 452.

DESPRÈS, dit GABIER, agent d'assurances à Madrid, ancien militant syndicaliste lié à *La Vie ouvrière*, Monatte et Rosmer : 160, 161.

DEUTSCH, Julius (1884-1968), social-démocrate autrichien, spécialiste des questions militaires, chef du Schutzbund, milice socialiste en 1934, combattant en Espagne en 1936 : 131.

DEUTSCH, Lev G. (1855-1941), militant populiste en 1876, passé au marxisme en 1884 ; livré au gouvernement tsariste par la Prusse, auteur d'une évasion retentissante en 1901. Plus tard, à *Iskra* et menchevik : 27 : membre du premier groupe marxiste russe : 70, 117.

DEUTSCHER, Isaac (1907-1967), journaliste, adhère au P.C. polonais en 1926, en est exclu en 1932 avec l'Opposition de gauche. Il inspire en 1938 l'hostilité des Polonais à la formation de la IVe Internationale. Biographe de Staline et de Trotsky : 912.

DE VREYER, Eugène (1897-1960), ouvrier maçon, responsable dans le P.C. et la C.G.T.U. du Nord, membre de l'Opposition de gauche, exclu du P.C. en 1931 : 770, 775.

DEWEY, John (1859-1952), philosophe et éducateur, longtemps professeur à l'Université de Columbia, partisan

en 1939. Se liera pendant la guerre avec D. Dallin et émigrera aux E.U. avec lui : 14, 876.

ETIEMBLE, René dit (né en 1909), successivement élève de l'École normale supérieure et de Langues orientales, proche du P.C., il était en 1936 secrétaire de l'association des écrivains pour la défense de la Culture. Il avait pris part au Congrès de Moscou des écrivains en 1934. Il rendit visite à Trotsky à Coyoacán : 849.

EVDOKIMOV, G.E. (1884-19346), bolchevik en 1903, marin, quatre fois exilé. Commissaire dans l'Armée rouge, vice-président du soviet de Petrograd. Membre du groupe Zinoviev, il partage sa destinée jusqu'à son exécution en 1936 : 370, 481, 483, 491, 493, 494, 497, 508, 528, 707.

FARRELL, James T. (1904-1979), d'origine irlandaise, il a fait tous les métiers avant de devenir journaliste et écrivain avec le célèbre roman *Studs Lonigan* ; un des principaux collaborateurs du comité de défense et de la commission d'enquête : 858, 859.

FAURE, Raoul (1895-1986), instituteur, dans l'Isère il fonde l'A.R.A.C. dans son département en 1919 et se prononce pour l'adhésion du parti socialiste à la IIIe Internationale. Il quitte le P.C. en 1931 et continue à militer à la Fédération unitaire. Il organise en 1934, une rencontre entre Trotsky et ses dirigeants dans son logement à Noyarey : 801.

FAUXPAS BIDET, Charles : 197.

FARRÉ, Gasso Jean (1892-1944), ouvrier de Lérida, membre du P.C. catalan puis du Bloc ouvrier et paysan. Dirigeant du P.O.U.M. à Lérida, membre de son deuxième C.E. clandestin. Assassiné comme « trotskyste » dans un maquis français : 894.

FEDOROV, G.O. (1891-1936), métallurgiste de Petrograd : 172.

FENG YUXIANG (1880-1948), général chinois appelé « le général chrétien » ; visite Moscou en 1926-1927, pratique une politique « indépendante » : 511.

FERNÁNDEZ, Vilchis, Octavio (né en 1914), instituteur, organise une grève à l'école normale en 1932 ; entré au P.C.M., il le quitte la même année et milite dès lors pour l'Opposition de gauche, puis le Liga comunista. Il est lié avec Trotsky et l'aide à publier *Clave*. Il sera exclu de la IVe Internationale en 1947 : 14, 841-842, 847, 903, 927.

FEROCI, v. LEONETTI.

FERREL, José (1908-1950), traducteur coté d'œuvres littéraires françaises et anglaises. Collaborateur de *Clave*, secrétaire de la F.I.A.R.I. mexicaine : 847, 849, 904, 905.

FEUCHTWANGER, Lion (1884-1958), romancier dramaturge allemand, donna spectaculairement sa caution aux procès de Moscou : 890.

FICHELEV, M.S., au P.O.S.D.R., arrêté en 1906, déporté à vie, émigre aux E.U. où il imprime *Novy Mir*. Revenu en 1917, organise le syndicat des typos de Kharkov et lutte dans la clandestinité avec les menchevistes. Bolchevik en 1919, il sympathise avec l'Opposition de gauche et imprime la Plate-forme. Exclu en octobre 1927 : 524.

FIELD, B.J., Max GOULD, dit (1900-1977), économiste, membre du P.C. puis de la C.L.A. dont il est exclu à deux reprises, il commence à travailler avec Trotsky dans une période où il était exclu : 618, 619.

FIELD, Esther, GOULD dite (1893-1974), épouse de B.J. Field (v. B.J. Field) : 618.

FINERTY, John F. (1885-1967), avocat, spécialiste du droit ferroviaire défend l'Irlandais E. de Valera, le dernier appel de Sacco et Vanzetti, puis Tom Mooney. Après-guerre, il défendra les Rosenberg. En 1937, il est l'avocat-conseil de la commission Dewey : 858.

FISCHER, Louis (1896-1970), professeur de lycée, puis journaliste à l'*Evening Post* et à *Nation* : correspondant à Moscou de 1923 à 1936 : 890.

FISCHER, Ruth (1895-1961), née Eisler,

1914 une position internationaliste, collabore à *Naché Slovo* puis *Novy Mir.* Liée à Lénine dès 1915, anime plus tard avec A.G. Chliapnikov, l'« Opposition ouvrière » : 150, 163, 507.

KOLTCHAK, A.V. (1874-1920), vice-amiral au moment de la révolution, tente d'unifier sous son « commandement suprême » les armées blanches ; battu en Sibérie et en fuite, pris et fusillé : 256, 260, 262, 263, 268, 421, 452, 565, 777.

KONDRATIEV, Vadim (né en 1903), ancien officier blanc, émigré en France participe à l'assassinat d'Ignace Reiss : 871.

KONIKOW, Antoinette (1869-1946), née en Russie, médecin, socialiste et féministe, une des premières du P.C. gagnée à l'opposition, en 1927 : 849.

KONSTAD, Leif Ragnvald (né en 1889), secrétaire du Ministre de la Justice en 1917, sympathisant nazi, chef du bureau central des passeports en 1928, juge à la Haute-Cour de Justice à partir de 1940 sous l'occupation allemande : 831, 833, 834, 938.

KONSTANTINOV Andréi dit KOSTIA (1900-194?), jeune militant, exclu de la *Pravda* en 1923, plus tard oppositionnel de gauche : 382, 402, 472, 703, 712.

KOPELEV, Lev (né en 1912), traducteur, ancien de l'opposition, longtemps emprisonné, écrivain d'opposition : 507, 634.

KOPP, Jiří (né en 1907), fils d'un patron de presse, gagné au communisme en sanatorium. Membre de l'opposition du P.C. tchèque, visite Trotsky à Prinkipo puis fonde le groupe *Jiskra* et participe à l'unification de 1938. Il émigre ensuite finalement en Amérique latine : 14, 614, 615, 763, 811.

KOPP, Viktor L. (1880-1930), militant clandestin, collaborateur de la *Pravda* de Vienne, devient diplomate après la révolution : 136, 770.

KORFMAN, bolchevik en 1903, ouvrier à Kiev et membre de l'Opposition de gauche : 566.

KORNILOV, L.G. (1870-1918), officier de carrière, commandant en chef en juillet 1917, tente son coup d'État et s'enfuit après son échec. Il fonde l'armée volontaire et meurt au début de la guerre civile en avril 1918 : 178, 206, 209, 722.

KORSCH, Karl (1886-1961), universitaire, communiste, exclu en 1926 du K.P.D., gauchiste : 488, 495.

KOSSIOR, V.V. (1891-1938), membre du parti en 1907, instructeur du syndicat des métallos, membre de l'Opposition de gauche, déporté, fusillé à Vorkouta : 355, 372, 517, 635, 652, 880.

KOSTRZEWA, Wera, Maria KOSZUCKA, dite (1879-1938), militante polonaise, active très jeune, aurait été déportée en même temps que Staline. Dirigeante du P.C.P. écartée par Staline en 1925, établie en U.R.S.S. en 1930, elle est arrêtée et fusillée en 1939 : 409.

KOTCHERETS, Iakov, dit Jean RENAUD, dit VETTER, traducteur d'Aragon en russe, membre du P.C. et de l'Opposition de gauche : 620, 703, 712.

KOTZIOUBINSKY, Iou M. (1895-1938), membre du parti en 1913, du C.M.R. de Petrograd en 1917, commande les forces armées d'Ukraine en 1918 ; plus tard, diplomate. Déporté, fusillé à Vorkouta : 517.

KOUIBYCHEV, V.V. (1888-1935), ancien étudiant de l'École de santé militaire, militant clandestin, commissaire de l'armée rouge, membre du bureau politique, de la commission centrale de contrôle, président du Gosplan : 314, 334, 360, 370, 468, 471.

KOUKLINE, A.S. (1876-193?), un des plus anciens ouvriers bolcheviques de St-Petersbourg, membre du C.C. en 1925-1927, lié à Zinoviev : 709.

KOUTIEPOV, A.P. (1882- ?), officier de carrière, général commandant pendant la guerre civile un corps de volontaires ; émigré en 1920 et successeur de Wrangel à la tête de la principale organisation de Russes blancs ; kidnappé en janvier 1930, disparaît : 868.

KOUZENKO, ouvrier de l'usine *Avtopribor*, membre du P.C. et de l'Opposition de gauche : 491.

line. Plus tard secrétaire général des Nations-Unies de 1946 à 1953 : 806, 810, 830, 832, 833, 834, 835, 837, 839, 840.

LIEBAERS, Frans (1895-1957), militant syndicaliste et pacifiste (secrétaire général de la Liga) de Belgique : 808.

LIEBKNECHT, Karl (1871-1919), fils de Wilhelm Liebknecht, apôtre du travail anti-militariste, condamné en 1916 aux travaux forcés et membre du petit noyau du P.C. Assassiné par les Corps-Francs aux ordres du gouvernement social-démocrate : 130, 142, 146, 159, 197-198, 216, 339, 587, 684, 717, 751, 754.

LIEBKNECHT, Theodor (1870-1948), fils de Wilhelm et frère de Karl : 315.

LIEBKNECHT, Wilhelm (1826-1900), un des chefs historiques du S.P.D.

LIMBOUR, Andrée (née en 1900), professeur, animatrice du comité contre les procès de Moscou : 835.

LINCOLN, Abraham (1809-1865), président des États-Unis, conduit la guerre civile et abolit l'esclavage : 852.

LIPPERT, Julius (1839-1909), professeur d'histoire sociale : 41, 57.

LITKENS, A.A., médecin-colonel au quartier général d'artillerie Konstantini, abrite des militants socialistes : 99, 124.

LITVINOV, Maksim M. Wallach, dit (1876-1951), Commissaire du peuple aux Affaires étrangères de l'U.R.S.S. : 599, 767.

LIU RENJING (né en 1899), étudiant à Pékin, marxiste en 1920, délégué au 1er congrès du P.C., élu au C.D. Passe plusieurs années à Moscou et rejoint l'opposition de gauche. Il « se repent » en 1937, après avoir été torturé et se rallie à Tchiang Kai-chek, plus tard à Mao Zedong : 620, 649.

LIVNOVSKY, cadre de l'opposition de gauche en 1927 : 507.

LIVSHITZ, A. : 503.

LIVSHITZ, Boris Salomonovitch (1896-1949), bolchevik en 1917, commissaire politique de division pendant la guerre civile, diplômé de l'I.P.R., économiste. Membre de l'Opposition de gauche en 1923. Capitule en 1930. A nouveau arrêté en 1932 avec le groupe Smirnov. Libéré à une date inconnue, correspondant de guerre en 1941-1945 : 566, 568, 636.

LIZDINE, G.A., bolchevik en 1903 membre de l'opposition de gauche, exclu et déporté en 1927 : 483.

LLOYD GEORGE, David (1863-1945), homme d'État britannique, député libéral en 1890, ministre en 1905, Premier Ministre de 1916 à 1922 : 316, 937.

LÖBE, Paul (1875-1967), journaliste militant social-démocrate, élu président du Reichstag : 599.

LÖFFLER, Eric, Otto NEUSTEDTL, dit (né en 1896), avocat à Reichenberg, animateur du groupe Rops, collaborateur intérimaire de Trotsky en 1936 en remplacement de son ami Erwin Wolf : 775.

LOGUINE, membre de l'opposition de gauche en Ukraine : 507.

LOMINADZÉ, V.V. (1897-1935), bolchevik en 1917, dirigeant des Jeunesses communistes, « jeune turc » des staliniens, entre en opposition en 1930 et doit faire son autocritique. Membre du bloc des oppositions en 1932, il se suicide à la veille d'être arrêté : 704, 705, 709-710, 712, 827-872.

LOMBARDO TOLEDANO, Luis, député, frère de Vicente Lombardo Toledano : 931.

LOMBARDO TOLEDANO, Vicente (1893-1968), professeur de philosophie et de droit à l'université de Mexico. Fondateur et dirigeant de la C.T.M. liée au parti officiel : 847, 850, 927, 931.

LOMOV, G.I., dit OPPOKOV (1888-1938) : 234.

LONGUET, Jean (1876-1936), avocat, petit-fils de Karl Marx, chef de file des « centristes » en 1914, demeure à la S.F.I.O. après le congrès de Tours : 156, 157, 339.

LOPOUKHINE, A.A. (1864-1927), directeur du département de la police de 1902-1905, découvre en 1906 les fameux « documents » et informe Bourtsev du rôle provocateur d'Azev, est condamné en 1909 : 116.

LORE, Ludwig (1875-1942), secrétaire de la fédération de langue allemande du S.P.A., éditeur du *New York*

PAYART, Jean, chargé d'Affaires français à Moscou : 830.

PAZ, Maurice (1896-1985), avocat, socialiste, au P.C. après Tours, dans « l'opposition de 1923 », soutien de Loriot en 1925, fonde *Contre le courant* en 1927. Rompt avec Trotsky à l'été 1927, revient à la S.F.I.O. en décembre 1931 : 488, 601, 615, 616.

PEDROSA, Mário (1905-1982), critique d'art brésilien, organise l'opposition en 1930-1931 ; blessé en 1934, clandestin, vient en Europe puis aux États-Unis : 14, 648.

PENG, SHUZHI (1895-1983), fils de paysans, un des premiers communistes chinois, au C.C. et au B.P. en 1926, secrétaire d'organisation ; exclu avec Chen Duxiu en décembre 1929, il participe à l'unification en 1931 puis passe cinq ans en prison ; il quitte la Chine en 1950 et atteint l'Europe en 1951 : 649, 673, 685.

PÉRA, Jean. *Voir* BERCHER.

PEREVERZEV, N.N., dit PIERRE, communiste ukrainien, oppositionnel de gauche, membre de la Commission internationale de Genève, contribue à l'organisation de l'opposition en Europe : 517, 540, 546, 636, 641, 703, 711, 712.

PESTAÑA, NUÑEZ, Angel (1886-1938), horloger, dirigeant de la C.N.T., hostile à la IIIe Internationale. Évolue vers la position réformiste avec le « manifeste des Trente » et fonde en 1933 le Parti syndicaliste : 342.

PÉTAIN, Philippe (1856-1951), colonel en retraite avant-guerre, maréchal de France en 1918, ministre de la Guerre en 1934, ambassadeur chez Franco en 1939, chef de l'État à Vichy : 776, 921.

PETERSON, A.A., communiste letton, membre de la commission de contrôle : 483.

PETERSON, K.A. (1877-1928), ancien ouvrier agricole, commissaire politique dans les troupes lettones : 255.

PETOUKHOV, F.F., ouvrier à l'usine Aviopribor et oppositionnel de gauche : 491.

PETRITCHENKO, S.M., marin, bolchevik pendant peu de temps, organisateur des mutins de Cronstadt : 294, 295, 298.

PETROVSKY, G.I. (1878-1958), membre du parti en 1897, un des négociateurs de Brest-Litovsk, membre du C.C. de 1921 à 1939, relevé de toutes ses fonctions à cette date : 312, 708.

PEVZNER, Kh.M., officier de l'Armée Rouge, grand mutilé ; au parti en 1920, exclu en 1927 dans l'affaire de l'imprimerie, arrêté en déportation à Saratov, disparu : 523, 564, 608, 880.

PEVZNER, M.I., citoyenne soviétique habitant Constantinople, secrétaire salariée de Trotsky jusqu'à l'arrivée de Sara Weber : 617.

PFEMFERT, Alexandra Ilyichna Sfera CHAJA, dite Alexandra Ania RAMM, épouse (1883-1963), russe de naissance, épouse de Franz Pfemfert, traductrice de Trotsky : 612, 613, 671.

PFEMFERT, Franz (1879-1957), écrivain expressionniste, directeur de *Die Aktion*, ami personnel de Trotsky : 612, 613, 618, 622, 669, 675, 862.

PHILIPPE, Mary (1897-1961), maçon, membre de la Ligue communiste en 1933 : 769.

PIATAKOV, G.L. (1890-1937), fils d'industriel, d'abord anarchiste, membre du parti en 1910, communiste de gauche en 1918, chef du gouvernement d'Ukraine. Membre de l'Opposition de gauche, capitule en 1928. Condamné à mort et exécuté en 1937 après des « aveux » publics : 19, 331, 360, 363, 367, 372, 392, 410, 421, 423, 457, 474, 483, 486-488, 493-497, 507, 509, 517, 522, 551, 566, 586-698, 856, 857, 860, 893.

PIATNITSKY, O.A. (1882-1939), militant en 1898, agent de l'*Iskra*, travaille à l'I.C. à partir de 1920, exécuté en prison : 872.

PIECK, Wilhelm (1876-1960), menuisier, dirigeant du K.P.D. : 734.

PIKAS, M.M., responsable du « groupe juif » à Paris : 647, 651.

PILSUDSKI, Jósef (1867-1935), agitateur socialiste et nationaliste, chef de l'État polonais et maréchal en 1920, en retrait à cette date, revient avec le coup d'État de 1926 : 268, 486, 722

PIVERT, Marceau (1895-1958), profes-

Index des auteurs

Table des matières

Troisième partie : dans l'opposition en U.R.S.S.

Quatrième partie : dans l'opposition en exil

Cinquième partie : la quatrième Internationale

Composition réalisée par
la Société Nouvelle Firmin-Didot, Mesnil-sur-l'Estrée
Achevé d'imprimer en octobre 1988
sur presse CAMERON
dans les ateliers de la S.E.P.C.
à Saint-Amand-Montrond (Cher)
pour le compte de la librairie Arthème Fayard
75, rue des Saints-Pères — 75006 Paris

Dépôt légal : octobre 1988.
N° d'Édition : 965. N° d'Impression : 2059.

35-65-7984-01

ISBN 2-213-02212-7

Imprimé en France

35-7984-4